阅读本书建议登录
北大法宝引证码查询系统：www.pkulaw.cn/fbm

中国法律资源阅读检索系统

北大法宝法律人高级助手书系

合同法
精要与依据指引（增订本）

主　编／刘有东

撰稿人／刘有东　洪海林　汪　洋　郑佳宁

北京大学出版社
PEKING UNIVERSITY PRESS

图书在版编目(CIP)数据

合同法精要与依据指引/刘有东主编.—增订本.—北京:北京大学出版社,2011.1
(北大法宝法律人高级助手书系)
ISBN 978-7-301-18230-7

Ⅰ.①合… Ⅱ.①刘… Ⅲ.①合同法-基本知识-中国 Ⅳ.①D923.6

中国版本图书馆 CIP 数据核字(2010)第 242148 号

书　　　名：合同法精要与依据指引(增订本)
著作责任者：刘有东　主编
责 任 编 辑：苏燕英
标 准 书 号：ISBN 978-7-301-18230-7/D·2770
出 版 发 行：北京大学出版社
地　　　址：北京市海淀区成府路 205 号　100871
网　　　址：http://www.yandayuanzhao.com　电子邮箱：law@pup.pku.edu.cn
电　　　话：邮购部 62752015　发行部 62750672　编辑部 62117788　出版部 62754962
印　刷　者：河北滦县鑫华书刊印刷厂
经　销　者：新华书店
　　　　　　787 毫米×1092 毫米　16 开本　40 印张　1316 千字
　　　　　　2011 年 1 月第 2 版　2012 年 3 月第 3 次印刷
定　　　价：76.00 元

未经许可,不得以任何方式复制或抄袭本书之部分或全部内容。
版权所有,侵权必究
举报电话：010-62752024　电子邮箱：fd@pup.pku.edu.cn

总目录

编写说明	001
凡例	003
北大法宝引证码说明	005
目录	007
正文	001—572
本书所引法律规范性文件与北大法宝引证码对照表	573
本书所引司法案例与北大法宝引证码对照索引表	575
本书所引法学论文与北大法宝引证码对照索引表	603
法律问题拼音索引	611

编写说明

最高人民法院一位资深法官曾经说过,在中国这样一个成文法国家,法官判案的过程实际上就是一个查找法律依据和运用法理解释法律的过程。对此,很多法律专家深有同感。

事实上,无论是法官、律师还是其他法律从业人员,遇到具体法律问题着重需要做的事情,一方面是判断该问题在法理上属于什么性质和范畴,另一方面就是查找相关的法律依据,并在此基础上运用法理、适用法律,参考司法判例解决问题。但是,日渐庞杂的法律体系中法律文件频繁的立、改、废,使对法律文献的检索面临困境。传统的纸本法律图书已跟不上这种变化,从这个意义上说,目前的专业法律实务出版物与法律从业人员的实际需求衔接得还不够紧密,要么是简单的法律条文释义,要么是有可能失效的法律、法规的罗列汇编,实在难以满足法律从业人员的深层次需求。

基于以上认识,我们先后召开了多次由资深法官、律师参加的论证会,在充分了解法律专业人员实际需求的基础上,组织近百位法律专家,按不同的法律门类,分成十八个专家小组,历时三年,编写了《法律专业人员高级助手书系》。2005年,本书系首批图书在人民出版社出版后,以其资料性、系统性、实用性强,使用便捷,体例独特等优点,在法律界和读者中产生了较大反响,受到广泛欢迎。一些读者通过写信或打电话的方式,询问或交流有关问题,把作者或编者当成了他们的"法律顾问",表现出很大的信任和期待。书系一度成为一些法律图书专门销售店的月度最畅销品种,成为2005年相对平稳的法律专业图书市场的一个亮点。《法制日报》、《检察日报》、《中国图书商报》等有关媒体对书系的读者反应和销售情况纷纷予以关注、报道。

为了解决法律、法规更新过快,纸本工具书成本高、内容更新不及时的问题,北京大学出版社与北大英华公司合作,引入了"北大法宝引证码"的概念,在对原书系部分分册进行了深度"改造"后,于2011年推出新产品——《北大法宝法律人高级助手书系》,首次实现了法律专业纸本工具书与网络数据库的结合。

本书系按学科门类分册,正文由众多"法律问题"依章、节组成,"法律问题"下一般设置了"法律问题解读"、"法条指引"、"案例链接"和"学者观点"四个项目(后三个项目按需设置)。"法条指引"列明了"法律问题"所涉及的法规名称及相关法条,完整的法规可以通过文后所附"本书所引法律规范性文件与北大法宝引证码对照表"到北大法宝数据库中查询;"案例链接"和"学者观点"中所引用的案例、论文也可以根据其引证码,分别结合文后所附"本书所引司法案例与北大法宝引证码对照索引表"或"本书所引法学论文与北大法宝引证码对照索引表"进行查询。

需要说明的是，由于本书系涉及的法律门类众多，编写工作量大，参与编写的作者有的来自司法实践部门，有的来自教学、科研部门，分属不同行业和专业，尽管我们力求做到编写体例上的统一，但在语言风格、表述方式等方面，不同图书还存在一些差别。对以上方面存在的问题，希望专家和从事法律实践工作的读者为我们及时提供宝贵意见，以便再版时一并修订、补正。

本书纸本出版物使用资料的截止时间为2010年12月。北大法宝数据库中的文献资料将在专业人士的维护下即时在线更新。

欢迎读者按照本书的指引，进入北大法宝数据库，检索专业、准确的法律资源。

编者
2010年12月

凡例

一、分册与体例概述

本书系按学科门类分册，正文由众多"法律问题"按章、节构成，"法律问题"下一般设置了"法律问题解读"、"法条指引"、"案例链接"和"学者观点"四个项目（后三个项目按需设置）。"法条指引"列明了"法律问题"所涉及的法规名称及相关法条，完整的法规可以通过文后所附"本书所引法律规范性文件与北大法宝引证码对照表"到北大法宝数据库中查询；"案例链接"和"学者观点"中所引用的案例、论文也可以根据其引证码，分别结合文后所附"本书所引司法案例与北大法宝引证码对照索引表"或"本书所引法学论文与北大法宝引证码对照索引表"进行查询。

二、具体说明

（一）法律问题

"法律问题"项是由编者根据法律实务工作中经常会遇到的具体法律问题提炼出来的一个个主题。读者既可按图书章节阅读，也可通过文后"法律问题拼音索引"进行查询。

（二）法律问题解读

"法律问题解读"项是由作者根据法律实务经验，对"法律问题"所作出的解读，对法律人具有较高的参考价值。

（三）法条指引

"法条指引"列明了"法律问题"所涉及的法规名称及相关法条，方便读者在看完法律问题的解读后，即时获得准确的法条依据。完整的法规可以通过文后所附"本书所引法律规范性文件与北大法宝引证码对照表"到北大法宝数据库中查询。

（四）案例链接

"案例链接"列明了北大法宝司法案例库中与当前"法律问题"相关的部分重要司法案例名称及案例的北大法宝引证码，读者欲了解案例详情，可以在北大法宝网站（www.pkulaw.cn）的地址栏或者引证码检索框中查询。

（五）学者观点

"学者观点"列明了北大法宝法学论文库中与当前"法律问题"相关的部分重要法学论文名称及论文的北大法宝引证码，读者欲了解论文全文，可以在北大法宝网站（www.pkulaw.cn）的地址栏或者引证码检索框中查询。

（六）法律问题拼音索引

为便于读者在遇到法律问题后能够迅速地查找到与解决该法律问题相关的法律信息，特设置了此项。

（七）本书所引法律规范性文件与北大法宝引证码对照表

虽然"法条指引"列明了"法律问题"所涉及的法规名称及相关法条，但其列明的未必就是相关法律文件的全文，完整的法律文件可以通过文后所附"本书所引法律规范性文件与北大法宝引证码对照表"到北大法宝数据库中查询。此表在平时要查询某个法律文件时也非常有用。

（八）本书所引司法案例与北大法宝引证码对照索引表

虽然"案例链接"列明了北大法宝司法案例库中与当前"法律问题"相关的部分重要司法案例名称及案例的北大法宝引证码，但独立的"本书所引司法案例与北大法宝引证码对照索引表"也非常具有使用价值。

（九）本书所引法学论文与北大法宝引证码对照索引表

虽然"学者观点"列明了北大法宝法学论文库中与当前"法律问题"相关的部分重要法学论文名称及论文的北大法宝引证码，但独立的"本书所引法学论文与北大法宝引证码对照索引表"也非常具有使用价值。

（十）北大法宝引证码

本书"法条指引"中所引用的法律、法规，"案例链接"中所引的司法案例，"学者观点"中所引的法学论文，均源自"北大法宝"专业法律数据库。为方便读者使用，书中引用资料采用了"北大法宝引证码"作为标志。凡购买《北大法宝法律人高级助手书系》的读者，在"北大法宝"数据库网站（www.pkulaw.cn）的地址栏或者引证码检索框（www.pkulaw.cn/fbm）中输入"北大法宝引证码"，即可免费使用书中所引用的资料。

编者
2010 年 12 月

北大法宝引证码说明

随着互联网的迅速发展,数字化已成为时代的标志,读者已不再满足单纯地从传统的纸本书上获取知识,而是希望通过图书这个媒介得到更多及时、准确的信息。在此形势下,纸本书面临从传统的编纂和出版模式向数字化转变的挑战。

《北大法宝法律人高级助手书系》是北京大学出版社首次尝试将纸本工具书与专业法律数据库相结合之作。通过与国内最大的法律数据库研发者"北大法宝"合作,将纸本书的内容延伸到互联网,极大地丰富了纸本工具书的内容比重,可满足读者的深度需求。北京大学出版社和"北大法宝"希冀由此在业界首开先河,开创一种新的法律图书编撰模式,实现纸本书向数字出版的华丽转身。

"北大法宝"法律专业数据库于1985年在北京大学法律学系诞生,是国内最早的法律信息检索系统,作为国家科委重点科技项目,曾荣获省部级科技进步奖。旗下拥有法律、司法案例、法学期刊、法律英文译本等多个检索系统,内容全面涵盖法律、法规、规章,司法解释,地方法规、规章,司法案例,仲裁裁决,中外条约,合同范本,法律文书,法学论文,法学期刊,专题参考及英文法规案例译本等中国法律信息的各个方面。

本书"法条指引"中所引的法律、法规,"案例链接"中所引的司法案例,"学者观点"中所引的法学论文,均源自"北大法宝"专业法律数据库,引用的资料数量近一万一千篇,极大地丰富了书籍的知识含量。为方便读者使用,书中所引用近一万一千篇资料均采用了"北大法宝引证码"作为标志。

"北大法宝引证码"缘起2004、2005年在北京大学法学院召开的两次"中国法律文献引用注释标准论证会",该会由美国华盛顿大学法学院图书馆罗伟博士提议,北大法制信息中心主办。根据会议成果,"北大法宝"针对国内法律文献引用领域对法律数据库引证码研究的空白及对法律数据库和网络资源引证不规范的现状,借鉴美国通行引注标准——《蓝皮书:统一注释体系》模式,同时根据数据库的发展趋势,积极探索,自主研发出一套专业化程度高、实用性强的引证编码体系。希望以此推动业内对法律信息引证码体系的重视,建立法律数据库引证码规范,引领该领域引证码的发展方向,开创法律信息检索领域引证趋势。

"北大法宝引证码"主要用于引证和检索,现已在"北大法宝"法律法规、司法案例、法学期刊、法学文献、英文译本五个数据库中应用。凡购买《北大法宝法律人高级助手书系》的读者,在"北大法宝"数据库网站(www.pkulaw.cn)的地址栏或者引证码检索框中输入北大法宝引证码,即可免费参考使用书中所引用的资料。

下面将"北大法宝引证码"的编写规则进行说明。

"北大法宝引证码"的统一标志为CLI,即"Chinalawinfo"的简写,意即中国法律信息编码。中文部分编写体例为"CLI.文件类型代码.文件编码",英文部分编写体例为"CLI.文件类型代码.文件编码(EN)",其中文件编码具有唯一性。

法律法规、司法案例、法学期刊、法学文献和英文译本的引证码编写规范分述如下。

一、法律法规

1. 文件类型代码
法律:1
行政法规:2
司法解释:3
部门规章:4
团体规定:5
行业规定:6
军事法规:7
军事规章:8
军事规范性文件:9
地方性法规:10
地方政府规章:11
地方规范性文件:12
地方司法文件:13
2. 例如:《中华人民共和国保险法》(2009年2月28日修订)
北大法宝引证码:CLI.1.113980

二、司法案例

1. 文件类型代码:C(case)
2. 例如:郑筱萸受贿、玩忽职守案
北大法宝引证码:CLI.C.99328

三、法学期刊、法学文献

1. 文件类型代码:A(Article)
2. 例如:陈兴良:《四要件:没有构成要件的犯罪构成》
北大法宝引证码:CLI.A.1143788

四、英文译本(法律法规、司法案例、法学期刊、法学文献)

1. 文件类型代码与中文部分相同
2. 例如:Law of the Application of Law for Foreign-related Civil Relations of the People's Republic of China《中华人民共和国涉外民事关系法律适用法》(2010.10.28)
北大法宝引证码:CLI.1.139684(EN)

编者

2010年12月

目录

第一章　一般规定　001

- 本章为读者提供与以下题目有关的法律问题的解读及相关法律文献依据

合同法 …………… 001	合同法与债法 ………… 005	合同公平原则 ………… 009
合同法的立法目的 …… 002	合同 …………………… 006	诚实信用原则 ………… 010
现代合同法的特征 …… 002	有关身份关系的协议 … 007	公序良俗原则 ………… 010
鼓励交易原则 ………… 003	合同平等原则 ………… 008	合同严守原则 ………… 011
合同法的调整对象 …… 004	合同自由原则 ………… 008	

第二章　合同的订立　012

- 本章为读者提供与以下题目有关的法律问题的解读及相关法律文献依据

合同的主体 …………… 012	…………………… 023	合同成立的时间 ……… 030
订立合同的能力 ……… 015	要约邀请 ……………… 024	合同确认书 …………… 031
自然人订立合同的能力	商业广告的性质 ……… 025	合同成立的地点 ……… 031
…………………… 016	承诺 …………………… 026	没有签字或者盖章订立的
法人订立合同的能力	承诺的方式 …………… 027	合同 ………………… 032
…………………… 017	承诺的期限 …………… 027	缔约上过失责任 ……… 032
合同的内容 …………… 018	承诺生效的时间 ……… 028	缔约上过失责任与违约责
要约 …………………… 019	承诺的撤回 …………… 028	任 …………………… 033
要约的有效期间 ……… 021	因主观原因导致的逾期承	缔约上过失责任与侵权责
要约的法律效力 ……… 021	诺 …………………… 029	任 …………………… 034
要约的撤回 …………… 022	因客观原因导致的逾期承	缔约上过失责任的适用范
要约的撤销 …………… 023	诺 …………………… 029	围 …………………… 034
要约法律效力的消灭	承诺对要约的变更 …… 029	

第三章　合同的内容和形式　　037

• 本章为读者提供与以下题目有关的法律问题的解读及相关法律文献依据

合同的内容 …………… 037	订立的合同 …………… 040	格式条款与格式合同 …… 043
提示性合同条款 ………… 037	合同权利 ……………… 041	对格式合同的评价 …… 044
合同的主要条款 ………… 038	主给付义务 …………… 042	格式条款的无效 ……… 045
合同的形式 …………… 038	附随义务 ……………… 042	格式条款的解释 ……… 046
应采用而未采用书面形式	电子合同 ……………… 043	

第四章　合同的效力　　048

• 本章为读者提供与以下题目有关的法律问题的解读及相关法律文献依据

合同生效与合同成立 …… 048	因无权处分行为而订立的	可变更或者可撤销的合同
合同效力的相对性 ……… 049	合同的效力 ………… 059	……………………… 071
合同生效的时间 ………… 050	无效合同 ……………… 060	因重大误解订立的合同
附条件的合同 …………… 051	以欺诈手段订立的合同	……………………… 071
附条件的合同的效力 …… 052	……………………… 063	显失公平的合同 ……… 072
附期限的合同及其效力	以胁迫手段订立的合同	乘人之危订立的合同 … 073
……………………… 052	……………………… 065	撤销权的消灭 ………… 074
限制民事行为能力人订立	恶意串通订立的合同	无效合同和被撤销合同的
的合同的效力 ………… 053	……………………… 066	效力 ………………… 075
因无权代理而订立的合同	以合法形式掩盖非法目的	解决争议条款的独立性
的效力 ………………… 054	的合同 ……………… 067	……………………… 076
表见代理 ……………… 056	损害社会公共利益的合同	合同无效或者被撤销的法
表见代理的类型 ………… 057	……………………… 068	律后果 ……………… 076
表见代理的法律后果 …… 058	违反法律行政法规的强制	返还财产 ……………… 078
因代表行为越权而订立的	性规定的合同 ……… 069	赔偿损失 ……………… 079
合同的效力 …………… 058	免责条款无效 ………… 070	

第五章　合同的履行　　081

• 本章为读者提供与以下题目有关的法律问题的解读及相关法律文献依据

合同履行的原则 ………… 081	的合同履行 …………… 083	同时履行抗辩权 ……… 085
合同履行的推定条款 …… 082	向第三人履行 ………… 083	行使同时履行抗辩权的条
执行政府定价或者指导价	第三人履行 …………… 084	件 …………………… 085

同时履行抗辩权的效力 …… 086	难的处理 …… 089	撤销权 …… 095
同时履行抗辩权与合同解除 …… 086	提前履行 …… 090	撤销权的成立要件 …… 095
先履行抗辩权 …… 087	部分履行 …… 090	撤销权的行使 …… 096
不安抗辩权 …… 088	代位权 …… 091	行使撤销权的效力 …… 097
不安抗辩权的行使 …… 089	代位权的成立要件 …… 092	撤销权的行使期限 …… 098
因债权人原因致使履行困	行使代位权的效力 …… 093	当事人变更或者变动时的
	代位权诉讼程序 …… 094	合同履行 …… 099

第六章　合同的变更和转让　　100

- 本章为读者提供与以下题目有关的法律问题的解读及相关法律文献依据

合同变更 …… 100	合同权利转让的对内效力 …… 106	债务承担 …… 109
合同变更的条件 …… 101	合同权利转让的对外效力 …… 107	债务承担的条件 …… 110
合同变更约定不明 …… 101	债权让与通知 …… 107	债务承担的效力 …… 110
合同变更的效力 …… 102	债权让与通知的效力 …… 108	债权转让或债务承担的形式 …… 111
合同转让 …… 102	债权从权利的转让 …… 108	合同的概括转让 …… 112
合同转让的要件 …… 103	合同权利转让中的抵销 …… 108	合同承受 …… 113
合同权利的转让 …… 104		合同继受 …… 114
债权让与合同的条件 …… 105		
合同权利转让的范围 …… 106		

第七章　合同的权利义务终止　　115

- 本章为读者提供与以下题目有关的法律问题的解读及相关法律文献依据

合同的终止 …… 115	行使解除权的程序 …… 123	提存 …… 130
合同终止的事由 …… 116	合同解除的溯及力 …… 124	提存的原因 …… 132
合同终止的效力 …… 117	合同解除后的损害赔偿 …… 125	提存的条件 …… 134
后合同义务 …… 117	清偿 …… 125	提存的主体和客体 …… 135
合同的解除 …… 118	代为清偿 …… 126	提存的通知 …… 135
约定解除 …… 119	清偿费用 …… 127	提存的效力 …… 136
法定解除 …… 120	抵销 …… 128	免除 …… 138
法定解除的事由 …… 121	法定抵销 …… 128	免除的效力 …… 138
解除权的消灭 …… 122	合意抵销 …… 129	混同 …… 139
协议解除的程序 …… 123		

第八章 违约责任 | 141

• 本章为读者提供与以下题目有关的法律问题的解读及相关法律文献依据

违约行为的种类 …… 141	法定的免责事由（不可抗力）…… 157	损害赔偿 …… 168
预期违约 …… 142	不可抗力免责方的义务 …… 158	约定损害赔偿和法定损害赔偿 …… 169
不安履行抗辩权与预期违约 …… 143	非违约方的减损义务 …… 158	完全赔偿原则 …… 170
明示预期违约 …… 143	约定的免责事由 …… 159	合理预见原则 …… 171
默示预期违约 …… 144	双方违约 …… 160	过失相抵原则 …… 172
实际违约 …… 145	因第三人原因违约 …… 161	惩罚性赔偿责任 …… 173
不能履行 …… 145	违约责任方式 …… 161	损害赔偿与其他违约责任方式的关系 …… 174
拒绝履行 …… 147	继续履行 …… 162	违约金 …… 175
迟延履行 …… 147	金钱债务的继续履行责任 …… 164	违约金的适用 …… 177
不完全履行 …… 149	非金钱债务的继续履行责任 …… 164	定金 …… 178
违约责任 …… 150	质量不符合约定时的违约责任 …… 165	定金与预付款 …… 180
物的瑕疵担保责任与违约责任 …… 154		定金与违约金的选择 …… 180
违约责任的归责原则（严格责任）…… 154		违约责任与侵权责任的竞合 …… 182
过错责任 …… 155		

第九章 其他规定 | 183

• 本章为读者提供与以下题目有关的法律问题的解读及相关法律文献依据

其他法律中合同规范的适用 …… 183	合同解释的概述 …… 184	的处理 …… 188
无名合同及其处理规则 …… 183	涉外合同的法律适用 …… 185	合同争议的解决方式 …… 190
	最密切联系原则 …… 186	合同的诉讼时效 …… 194
	对利用合同进行违法行为	

第十章 买卖合同 | 198

• 本章为读者提供与以下题目有关的法律问题的解读及相关法律文献依据

买卖合同 …… 198	标的物所有权转移时间 …… 201	出卖人的基本义务 …… 203
买卖合同的条款 …… 199	所有权保留条款 …… 202	出卖人的从给付义务 …… 204
买卖合同的标的物 …… 200		标的物上的知识产权归属

……………………… 205	质量瑕疵与风险负担 …… 212	多交标的物的处理 ……… 226
出卖人交付标的物的时间	风险负担与违约责任 …… 214	标的物孳息的归属 ……… 227
……………………… 206	标的物的权利瑕疵担保	合同解除与主物及从物的
标的物交付期限的确定与	……………………… 214	关系 …………………… 227
推定 …………………… 206	权利瑕疵担保责任的免除	标的物为数物的合同解除
简易交付的交付时间 …… 207	……………………… 215	……………………… 228
交付标的物的地点及其推	价金支付拒绝权 ………… 215	分批交付标的物的合同解
定 ……………………… 208	标的物的质量瑕疵担保	除 ……………………… 228
标的物风险负担的原则	……………………… 216	分期付款买卖的处理 …… 229
……………………… 209	标的物质量的推定 ……… 217	样品买卖中的质量瑕疵担保
因买受人原因致标的物未	质量瑕疵担保责任 ……… 218	……………………… 229
按期交付的风险负担	标的物的包装方式 ……… 221	样品隐蔽瑕疵 …………… 230
……………………… 209	买受人的检验义务 ……… 222	试用买卖的试用期间 …… 230
路货买卖中的风险负担	买受人的通知义务 ……… 222	试用买卖中买受人对标的
……………………… 209	价金数额的确定与推定 … 223	物的认可 ……………… 231
法律推定交付地点的标的	价金支付地点的确定与推	招标投标买卖 …………… 231
物风险负担 …………… 210	定 ……………………… 224	拍卖 ……………………… 232
受领迟延的风险负担 …… 211	价金支付时间的确定与推	买卖合同规范的准用 …… 232
出卖人违反从给付义务的	定 ……………………… 225	互易合同 ………………… 233
风险负担 ……………… 212		

第十一章　供用电、水、气、热力合同　　234

• 本章为读者提供与以下题目有关的法律问题的解读及相关法律文献依据

供用电合同 ……………… 234	中断供电的通知义务 …… 239	用电人安全用电义务 …… 241
供用电合同的内容 ……… 235	供电人的抢修义务 ……… 239	供用水、供用气、供用热力
供用电合同的履行地 …… 236	用电人交付电费的义务	合同的法律适用 ……… 242
供电人的供电质量 ……… 236	……………………… 240	

第十二章　赠与合同　　244

• 本章为读者提供与以下题目有关的法律问题的解读及相关法律文献依据

赠与合同 ………………… 244	……………………… 247	撤销赠与的法律后果 …… 249
赠与财产的登记 ………… 245	受赠人的履行请求权 …… 247	赠与义务的法定解除 …… 250
附义务的赠与 …………… 246	赠与合同的任意撤销 …… 248	赠与合同的法定撤销与赠与
赠与人的瑕疵担保责任	赠与合同的法定撤销 …… 248	义务的法定解除………… 250
……………………… 246	继承人和法定代理人的撤	赠与合同与遗赠扶养协议
赠与人的损害赔偿责任	销权 …………………… 249	……………………… 251

第十三章　借款合同　　252

• 本章为读者提供与以下题目有关的法律问题的解读及相关法律文献依据

借款合同 …………… 252	金融机构借款合同 ……… 261	民间借贷合同 ………… 272
借款合同与借贷合同 …… 253	金融机构的合同权利义务	民间借贷的利息和利率
借款合同的形式 ………… 253	……………………… 262	……………………… 273
借款合同的内容 ………… 254	利息预扣禁止 …………… 263	贷款合同的种类 ………… 274
还款期限 ………………… 255	贷款人的监督检查权 …… 264	保证贷款 ………………… 275
借款合同的展期 ………… 257	借款人的合同义务 ……… 264	抵押贷款 ………………… 280
贷款利率 ………………… 258	借款合同的担保 ………… 266	质押贷款 ………………… 284
复利 ……………………… 259	借款人的附随义务 ……… 269	住房按揭贷款 …………… 289
借款合同当事人的违约责任 …… 261	合理使用借款 …………… 270	同业拆借 ………………… 290
	提前还款 ………………… 271	

第十四章　租赁合同　　291

• 本章为读者提供与以下题目有关的法律问题的解读及相关法律文献依据

租赁合同的主体 ………… 291	出租人的费用返还义务	买卖不破租赁 …………… 304
租赁合同的形式 ………… 292	……………………… 299	房屋承租人的优先权 …… 305
租赁合同的内容 ………… 293	承租人的合理使用义务	房屋租赁权法定让与 …… 306
租赁合同的期限 ………… 294	……………………… 299	租赁合同的明示续订 …… 307
不定期租赁 ……………… 295	租赁物的改善 …………… 300	租赁合同的默示续订 …… 307
出租人的交付义务 ……… 295	转租 ……………………… 301	房屋租赁合同 …………… 307
出租人的权利瑕疵担保责任 …… 296	承租人的保管义务 ……… 302	土地使用权租赁合同 …… 308
出租人的物的瑕疵担保责任 …… 297	承租人的支付租金义务 …… 303	企业租赁经营合同 ……… 309
出租人的修缮义务 ……… 298	承租人的租赁物返还义务 …… 304	定期租船合同 …………… 310
		光船租赁合同 …………… 311

第十五章　融资租赁合同　　313

• 本章为读者提供与以下题目有关的法律问题的解读及相关法律文献依据

融资租赁合同 …………… 313	融资租赁合同的租金 …… 316	出租人瑕疵担保责任之免除 …… 318
融资租赁合同的内容和形式 …… 315	融资租赁合同的无效情形 …… 317	出租人侵权责任之免除

.... 318　　用租赁物的义务 ……… 321　　物的义务 …………… 322
出租人的取回权 ………… 319　出卖人的直接交付义务　　　承租人支付租金的义务 … 323
出租人合同变更权的限制　　　　…………………… 321　　租赁期间届满租赁物的归
　………………… 320　承租人的直接索赔权 …… 322　　属 ………………… 324
出租人保证承租人占有使　　承租人保管使用维修租赁

第十六章　承揽合同　　　　　　　　　　　325

• 本章为读者提供与以下题目有关的法律问题的解读及相关法律文献依据

承揽合同 ……………… 325　　………………… 328　　求 ………………… 331
承揽合同的种类 ………… 326　承揽人的保管义务 ……… 328　报酬支付 ……………… 332
承揽合同的内容 ………… 326　承揽人的保密义务 ……… 329　承揽人的留置权 ……… 332
承揽人亲自完成工作的义　　定作人的合同变更权 …… 329　承揽合同中的风险负担
　务 ………………… 327　定作人的合同解除权 …… 330　　…………………… 334
承揽人提供材料的有关要　　定作人的协助义务 ……… 331　再承揽 ………………… 335
　求 ………………… 327　定作人提供材料的有关要　　共同承揽 ……………… 335
承揽人的瑕疵担保责任

第十七章　建设工程合同　　　　　　　　　337

• 本章为读者提供与以下题目有关的法律问题的解读及相关法律文献依据

建设工程合同 ………… 337　转包 …………………… 362　承包人的质量瑕疵担保责
建设工程招投标 ………… 339　国家重点建设工程合同　　　　任 ………………… 368
建设勘察、设计合同 …… 346　　…………………… 364　建设工程质量瑕疵致人损
建设施工合同 ………… 349　发包人的检查权 ……… 365　　害 ………………… 370
建设监理合同 ………… 353　隐蔽工程检查 ………… 365　发包人的违约责任 …… 371
发包 …………………… 358　竣工验收 ……………… 366　承包人优先权 ………… 372
分包 …………………… 360　承包人的违约责任 …… 367

第十八章　运输合同　　　　　　　　　　　373

• 本章为读者提供与以下题目有关的法律问题的解读及相关法律文献依据

运输合同 ……………… 373　公共运输 ……………… 378　运输路线 ……………… 383
运输合同的主体 ………… 376　运到期限 ……………… 380　运费 …………………… 384

客运合同 …………… 387	旅客伤亡赔偿责任 …… 409	货物损害赔偿 ………… 441
客运合同的成立 ……… 392	行李损害赔偿责任 …… 416	赔偿额 ………………… 446
客票 …………………… 393	货运合同 ……………… 423	不可抗力灭失运费的处理
误时乘坐 ……………… 395	如实申报义务 ………… 424	…………………… 449
行李携带与托运 ……… 397	提交文件和办理托运手续	承运人的留置权 ……… 450
违禁品携带夹带之禁止	义务 ………………… 428	货物提存 ……………… 451
…………………… 402	运输包装 ……………… 429	同式联运 ……………… 452
服务标准 ……………… 405	危险品的托运 ………… 433	多式联运合同 ………… 453
承运人的告知义务 …… 406	托运人的变更权和解除权	多式联运经营人 ……… 454
承运人的按时运输义务	…………………… 435	多式联运单据 ………… 454
…………………… 407	到货通知 ……………… 436	多式联运经营人的法律责
承运人的救助义务 …… 408	提货及提货检验 ……… 438	任 …………………… 455

第十九章 技术合同 | 456

• 本章为读者提供与以下题目有关的法律问题的解读及相关法律文献依据

技术合同 ……………… 456	务 …………………… 476	的义务 ……………… 492
订立技术合同的基本原则	合作开发合同的违约责任	技术转让合同中让与人的
…………………… 458	…………………… 477	保证责任 …………… 494
技术合同的内容 ……… 459	技术开发合同的解除条件	技术转让合同中受让人的
技术合同价款、报酬和使用	…………………… 478	保密义务 …………… 495
费 …………………… 460	技术开发合同的风险责任	技术转让合同中让与人的
定额支付 ……………… 461	…………………… 478	违约责任 …………… 495
提成支付 ……………… 461	委托开发完成的技术成果	技术转让合同中受让人的
职务技术成果及其转让使	的归属和分享 ……… 479	违约责任 …………… 496
用权 ………………… 462	合作开发完成的技术成果	技术转让合同中让与人的
非职务技术成果及其转让	的归属和分享 ……… 480	侵权责任 …………… 496
使用权 ……………… 465	技术秘密的归属和分享	技术转让合同中的后续技
技术成果的精神权利 …… 466	…………………… 481	术改进成果分享办法
技术合同无效的特殊条件	技术转让合同 ………… 482	…………………… 497
…………………… 467	技术转让合同的分类 … 483	技术进出口合同的特别规
技术合同无效的法律后果	技术转让合同的"使用范	定 …………………… 498
…………………… 469	围"条款和"不合理限制"	技术咨询合同 ………… 502
技术开发合同 ………… 471	条款 ………………… 485	技术咨询合同中委托方的
委托开发合同委托方的义务	专利实施许可的限制 … 487	义务 ………………… 502
…………………… 473	专利实施许可合同让与人	技术咨询合同中受托方的
委托开发合同研究开发方	的义务 ……………… 488	义务 ………………… 503
的义务 ……………… 474	专利实施许可合同受让人	技术咨询合同中委托方的
委托方的违约责任 …… 475	的义务 ……………… 489	违约责任 …………… 504
研究开发方的违约责任	技术秘密转让合同让与人	技术咨询合同中受托方的
…………………… 475	的义务 ……………… 490	违约责任 …………… 504
合作开发合同当事人的义	技术秘密转让合同受让人	技术咨询合同的风险责任

……………… 505	义务 ……………… 509	技术咨询合同与技术服务
技术服务合同 ……… 506	技术服务合同中委托方的	合同中新技术成果的归
技术服务合同中委托方的	违约责任 ………… 511	属 ……………………… 515
义务 …………………… 507	技术服务合同中受托方的	技术中介合同和技术培训
技术服务合同中受托方的	违约责任 ………… 513	合同的法律适用 …… 515

第二十章　保管合同　　518

- 本章为读者提供与以下题目有关的法律问题的解读及相关法律文献依据

保管合同 ……………… 518	保管人不得使用或者许可	寄存人特定情形下的告知
保管合同的费用 ……… 519	第三人使用保管物的义	义务 ………………… 525
保管合同的成立时间 … 520	务 ………………… 522	寄存人在特定情形下的声
保管人向寄存人给付保管	保管人返还保管物的义务	明义务 ……………… 525
凭证的义务 ………… 520	及危险通知义务 …… 523	领取保管物的时间 …… 526
保管人对保管物妥善保管	消费保管合同 ………… 524	保管合同保管费用的支付
的义务 ……………… 521	保管人损害赔偿责任构成	时间 ………………… 526
保管人亲自保管保管物的	要件 ………………… 524	保管人的留置权 ……… 527
义务 ………………… 522		

第二十一章　仓储合同　　530

- 本章为读者提供与以下题目有关的法律问题的解读及相关法律文献依据

仓储合同 ……………… 530	仓单的必要记载事项 …… 533	储存期间不明确时如何提
仓储合同生效的时间 …… 531	仓单的转让和出质 …… 534	取仓储物 …………… 537
存货人在特定情形下的告	仓单持有人检查仓储物或	储存期间明确时如何提取
知义务 ……………… 531	者提取样品的权利 … 535	仓储物 ……………… 537
保管人的验收义务 …… 531	保管人对仓储物发生异状	储存逾期的情况 ……… 538
保管人的仓单填发义务	时的通知义务 ……… 536	保管人保管不善的违约责
……………………… 532	保管人在紧急情况下对仓	任 …………………… 538
仓单 ………………… 532	储物的处置权 ……… 536	仓储合同的法律适用 … 539

第二十二章　委托合同　　540

• 本章为读者提供与以下题目有关的法律问题的解读及相关法律文献依据

委托合同 …………… 540	受托人转移利益的义务
受托人的权限 ………… 542	…………… 549
受托人的忠实义务 …… 544	委托人支付费用的义务
受托人亲自处理委托事务	…………… 550
和转委托 …………… 545	委托人支付报酬的义务
受托人的报告义务 …… 546	…………… 550
委托人的自动介入 …… 547	受托人因过失和越权产生
委托人的介入权 ……… 547	的损害赔偿责任 …… 551
第三人的选择权 ……… 548	委托人的损失赔偿责任
受托人的披露义务 …… 549	…………… 552
	重复委托 ……………… 553
	共同受托 ……………… 553
	委托人和受托人的合同解
	除权 ………………… 554
	委托合同的法定终止要件
	…………… 555
	受托人的继续处理义务
	…………… 555

第二十三章　行纪合同　　557

• 本章为读者提供与以下题目有关的法律问题的解读及相关法律文献依据

行纪合同 ……………… 557	务 …………………… 559	行纪人的提存权 ……… 562
行纪合同与其他合同的区	行纪人对委托物的处置义	行纪人与第三人之间的关
别 …………………… 558	务 …………………… 560	系 …………………… 563
行纪人的费用负担义务	行纪人遵从委托人指示的	行纪人的报酬请求权和对
…………… 559	义务 ………………… 561	委托物的留置权 …… 563
行纪人对委托物的保管义	行纪人的介入权 ……… 561	行纪合同的法律适用 … 564

第二十四章　居间合同　　566

• 本章为读者提供与以下题目有关的法律问题的解读及相关法律文献依据

居间合同 ……………… 566	…………… 568	居间人的报酬支付 …… 570
居间人的如实报告义务	居间人的其他义务 …… 568	居间人居间费用的负担
…………… 567	居间人和经纪人 ……… 569	…………… 570
居间人的忠实尽力义务		

第一章 一般规定

● 本章为读者提供与以下题目有关的法律问题的解读及相关法律文献依据

合同法（001）　合同法的立法目的（002）　现代合同法的特征（002）　鼓励交易原则（003）　合同法的调整对象（004）　合同法与债法（005）　合同（006）　有关身份关系的协议（007）　合同平等原则（008）　合同自由原则（008）　合同公平原则（009）　诚实信用原则（010）　公序良俗原则（010）　合同严守原则（011）

【合同法】

法律问题解读

合同法是通过规范民事主体的合同行为，调整民事主体之间的以商品交换为核心的民事财产流转关系的法律。在形式层面上，合同法直接表现为规范民事主体合同行为的法律，合同行为既包括民事主体订立合同的行为，也包括民事主体履行合同的行为。在实质层面上，合同法是调整以商品交换关系为核心的民事财产流转关系的法律。合同法的形式与实质两方面的关系是手段与目的的关系。

我国现行《中华人民共和国合同法》（以下简称《合同法》）又被称为统一合同法，于1999年3月15日第九届全国人民代表大会第二次会议通过，并自同年10月1日起实施。它是以过去的《经济合同法》、《涉外经济合同法》、《技术合同法》为基础，根据我国社会主义市场经济法律调整的需要，在广泛借鉴国际先进合同立法经验的基础上制定的。《合同法》的制定打破了我国20世纪80年代形成的三足鼎立的合同立法格局，统一了我国合同立法；从总则到分则，为我国合同立法体系上的科学化作出了贡献，弥补了我国过去合同立法欠缺的许多规范。民事主体的合同行为除了要遵守《合同法》的规定外，还要遵循《民法通则》及其他民事法律、法规及司法解释的相关规范。《合同法》实施以后成立的合同发生纠纷起诉到人民法院的，适用《合同法》的规定；合同法实施以前成立的合同发生纠纷起诉到人民法院的，除另有规定的以外，适用当时的法律规定，当时没有法律规定的，可以适用《合同法》的有关规定。人民法院对《合同法》实施以前已经作出终审裁决的案件进行再审，不适用《合同法》。

法条指引

❶《中华人民共和国合同法》（1999年10月1日施行）（略）

❷《中华人民共和国民法通则》（1987年1月1日施行）（略）

❸ 最高人民法院《关于贯彻执行〈中华人民共和国民法通则〉若干问题的意见（试行）》（1988年1月26日施行）（略）

❹ 最高人民法院《关于适用〈中华人民共和国合同法〉若干问题的解释（一）》（1999年12月29日施行）（略）

❺ 最高人民法院《关于适用〈中华人民共和国合同法〉若干问题的解释（二）》（2009年5月13日施行）（略）

案例链接

❶《徐兴均诉五谷香村餐饮管理（北京）有限公司特许经营合同纠纷案》，参见北大法宝引证码：Pkulaw.cn/CLI.C.291361。

❷《徐书锋诉李宗营等买卖合同纠纷案》，参见北大法宝引证码：Pkulaw.cn/CLI.C.290878。

❸《宋守波诉高宏俊租赁合同纠纷案》，参见

北大法宝引证码：Pkulaw.cn/CLI.C.290398。

❹《黄志国与陈志奇买卖合同纠纷案》，参见北大法宝引证码：Pkulaw.cn/CLI.C.291474。

学者观点

❶ 张榕、米良：《中国合同法与马来西亚合同法之比较研究》，参见北大法宝引证码：Pkulaw.cn/CLI.A.1127831。

❷ 杨圣坤：《合同法上的默示条款制度研究》，参见北大法宝引证码：Pkulaw.cn/CLI.A.1143654。

❸ 郑景元：《论〈合同法〉中的公共利益》，参见北大法宝引证码：Pkulaw.cn/CLI.A.1146619。

【合同法的立法目的】

法律问题解读

合同法的立法目的是保护合同当事人的合法权益，维护社会经济秩序，促进社会主义现代化建设。一个国家的经济发展状况往往取决于市场的活跃程度，在当前社会分工越来越细的条件下，合同当事人的权益得到有效保障会刺激人们积极主动地从事交易活动，以使自己的利益最大化，同时也会促进资源的最佳配置，提高整个社会的财富积累，其结果将有利于维护整个社会的经济秩序，从而更易于达到社会主义现代化这一终极目标。

合同法的立法目的对合同法的具体规范起着统率作用，它虽然不能作为裁判案件所能援引的法律依据，但是在理解具体规范性条文时应当予以考虑。在法律没有明文规定或者对法律的具体规定存在争议的情况下，裁判者应当根据合同法的立法目的对法律规定进行解释。

法条指引

❶《中华人民共和国合同法》（1999年10月1日施行）

第一条 为了保护合同当事人的合法权益，维护社会经济秩序，促进社会主义现代化建设，制定本法。

❷《中华人民共和国民法通则》（1987年1月1日施行）

第一条 为了保障公民、法人的合法的民事权益，正确调整民事关系，适应社会主义现代化建设事业发展的需要，根据宪法和我国实际情况，总结民事活动的实践经验，制定本法。

案例链接

❶《北京华夏恒泰电子技术有限公司诉许昌意斯特精机有限公司承揽合同纠纷案》，参见北大法宝引证码：Pkulaw.cn/CLI.C.262228。

❷《王雅芝与李达承包合同纠纷上诉案》，参见北大法宝引证码：Pkulaw.cn/CLI.C.284040。

【现代合同法的特征】

法律问题解读

传统合同法强调的是合同双方当事人主体的抽象平等和意思自治。然而随着社会经济的不断发展，合同法的理念和制度基础都受到了现实社会变迁的冲击，出现了一些新的变化：

1. 具体人格在合同中凸显。如在劳动合同和消费合同中，对劳动者和消费者等合同相对弱势方的保护。

2. 合同自由受到限制。大企业、大集团出于提高缔约效率等因素的考虑，格式条款和格式合同被广泛地应用在诸如保险、交通等领域中，作为合同的另一方"要么接受，要么走开"，不能够自由协商，因此格式条款又称为附合条款。此外，在涉及社会公共利益的领域如邮政、电信、自来水、铁路、公路，为了保护消费者利益，法律规定非基于正当理由，不能够拒绝当事人的缔约请求。这就是所谓的"强制缔约"。

3. 合同中的社会责任抬头。对于产品责任以及医疗事故责任，越来越多的国家采取无过错责任原则，通过保险机制将损害分散到整个社会。此外，合同责任的范围进一步扩张，如出现了缔约责任、附随义务和安全保障义务，传统的个人责任向社会责任转变。

4. 国家间的合同法出现统一的趋势。随着国际贸易的发达，人们对于统一合同规则的需求越来越强烈。关于国际贸易的国际公约产生如《联合国国际货物销售合同公约》。此外，大陆法系和英美法系国家的合同理论和制度相互借鉴，呈现融合、统一的趋势，如英美法系国家逐渐采纳要约和承诺为合同订立的两阶段，如我国合同法规定了源于英美法系的预期违约制度。

法条指引

❶《中华人民共和国合同法》（1999年10月

1 日施行）

第二百八十九条 从事公共运输的承运人不得拒绝旅客、托运人通常、合理的运输要求。

❷《中华人民共和国电力法》（1996 年 4 月 1 日施行）

第二十六条 供电营业区内的供电营业机构，对本营业区内的用户有按照国家规定供电的义务；不得违反国家规定对其营业区内申请用电的单位和个人拒绝供电。

申请新装用电、临时用电、增加用电容量、变更用电和终止用电，应当依照规定的程序办理手续。

供电企业应当在其营业场所公告用电的程序、制度和收费标准，并提供用户须知资料。

❸《中华人民共和国执业医师法》（1999 年 5 月 1 日施行）

第二十四条 对急危患者，医师应当采取紧急措施进行诊治；不得拒绝急救处置。

❹《医疗机构管理条例》（1994 年 9 月 1 日施行）

第三十一条 医疗机构对危重病人应当立即抢救。对限于设备或者技术条件不能诊治的病人，应当及时转诊。

❺《中华人民共和国证券法》（2005 年 10 月 27 日修订）

第八十五条 投资者可以采取要约收购、协议收购及其他合法方式收购上市公司。

第八十八条 通过证券交易所的证券交易，投资者持有或者通过协议、其他安排与他人共同持有一个上市公司已发行的股份达到百分之三十时，继续进行收购的，应当依法向该上市公司所有股东发出收购上市公司全部或者部分股份的要约。

收购上市公司部分股份的收购要约应当约定，被收购公司股东承诺出售的股份数额超过预定收购的股份数额的，收购人按比例进行收购。

第八十九条 依照前条规定发出收购要约，收购人必须事先向国务院证券监督管理机构报送上市公司收购报告书，并载明下列事项：

（一）收购人的名称、住所；
（二）收购人关于收购的决定；
（三）被收购的上市公司名称；
（四）收购目的；
（五）收购股份的详细名称和预定收购的股份数额；
（六）收购期限、收购价格；
（七）收购所需资金额及资金保证；
（八）报送上市公司收购报告书时持有被收购公司股份数占该公司已发行的股份总数的比例。

收购人还应当将上市公司收购报告书同时提交证券交易所。

第九十条 收购人在依照前条规定报送上市公司收购报告书之日起十五日后，公告其收购要约。在上述期限内，国务院证券监督管理机构发现上市公司收购报告书不符合法律、行政法规规定的，应当及时告知收购人，收购人不得公告其收购要约。

收购要约约定的收购期限不得少于三十日，并不得超过六十日。

第九十一条 在收购要约确定的承诺期限内，收购人不得撤销其收购要约。收购人需要变更收购要约的，必须事先向国务院证券监督管理机构及证券交易所提出报告，经批准后，予以公告。

第九十二条 收购要约提出的各项收购条件，适用于被收购公司的所有股东。

【鼓励交易原则】

法律问题解读

只有确立鼓励交易原则，才能使民事主体积极主动地寻求自身的最大利益，使保护当事人的合同权益落到实处。《合同法》虽然没有明文规定该原则，但是从该法的立法目的和价值取向上进行分析可以得出这一结论。鼓励交易中的"交易"应指合法有效自愿且能够实际履行的交易，对那些不合法的交易，除了依照法律的规定认定为无效或者被撤销外，过错方还将承担一定的法律责任。

鼓励交易原则在《合同法》中主要表现在以下几个方面：缩小了无效合同的范围，主要限制在违反法律、行政法规的强制性规定和损害社会公共利益的几种情况内，对于一方以欺诈、胁迫的手段或者乘人之危，使对方在违背真实意思的情况下订立的合同允许变更或者撤销；在可变更、撤销合同制度中，倡导变更而非撤销；区分了合同无效和效力待定严格限制合同解除的条件；对无名合同采取宽容的态度。

法条指引

❶《中华人民共和国合同法》（1999 年 10 月 1 日施行）

第五十二条 有下列情形之一的，合同无效：

（一）一方以欺诈、胁迫的手段订立合同，损害国家利益；

（二）恶意串通，损害国家、集体或者第三人利益；

（三）以合法形式掩盖非法目的；

（四）损害社会公共利益；

（五）违反法律、行政法规的强制性规定。

第五十三条 合同中的下列免责条款无效：

（一）造成对方人身伤害的；

（二）因故意或者重大过失造成对方财产损失的。

第五十四条 下列合同，当事人一方有权请求人民法院或者仲裁机构变更或者撤销：

（一）因重大误解订立的；

（二）在订立合同时显失公平的。

一方以欺诈、胁迫的手段或者乘人之危，使对方在违背真实意思的情况下订立的合同，受损害方有权请求人民法院或者仲裁机构变更或者撤销。

当事人请求变更的，人民法院或者仲裁机构不得撤销。

第九十六条 当事人一方依照本法第九十三条第二款、第九十四条的规定主张解除合同的，应当通知对方。合同自通知到达对方时解除。对方有异议的，可以请求人民法院或者仲裁机构确认解除合同的效力。

法律、行政法规规定解除合同应当办理批准、登记等手续的，依照其规定。

第九十七条 合同解除后，尚未履行的，终止履行；已经履行的，根据履行情况和合同性质，当事人可以要求恢复原状、采取其他补救措施，并有权要求赔偿损失。

第九十八条 合同的权利义务终止，不影响合同中结算和清理条款的效力。

案例链接

❶《吴阿毛等诉南京东宝实业有限公司案》，参见北大法宝引证码：Pkulaw.cn/CLI.C.81517。

❷《张雪峰与赵成安等房屋买卖合同纠纷上诉案》，参见北大法宝引证码：Pkulaw.cn/CLI.C.108173。

❸《张家荣与佛山市顺德区容桂大福基资产管理有限公司租赁合同纠纷上诉案》，参见北大法宝引证码：Pkulaw.cn/CLI.C.53149。

❹《获嘉县史庄镇史庄村村民委员会诉李敬朝农村土地承包合同纠纷案》，参见北大法宝引证码：Pkulaw.cn/CLI.C.9843。

学者观点

❶ 杨文雄、徐妍：《合同法适用诸问题研究》，参见北大法宝引证码：Pkulaw.cn/CLI.A.177946。

❷ 郑奇：《论合同意思自治原则》，参见北大法宝引证码：Pkulaw.cn/CLI.A.1111690。

【合同法的调整对象】

法律问题解读

合同法的调整对象，是指由合同法加以规定，可以适用合同法解决其中矛盾、冲突的特定社会关系。合同法调整部分动态财产关系，动态财产关系又称财产流转关系，是财产由一主体向另一主体移转时，在财产转让者与受让者之间形成的财产关系。与动态财产关系对应的是静态财产关系，又称为财产支配关系，是财产在特定主体支配下形成的支配者与社会一般人之间的财产关系。

合同法调整的财产流转关系必须同时具备主体地位平等和在形式上表现为合同关系两个方面。后者是说由合同法调整的财产关系是基于双方共同意志行为而发生的财产流转关系，其内容由双方订立的合同确定。由合同法调整的财产流转关系根据是否有偿可以分为两类：商品交换关系和无偿性民事财产流转关系，其中商品交换关系是调整的重点。对于无偿性民事财产流转关系的调整主要由伦理道德调整，合同法仅在维护公平正义的限度内给予必要的干预，这集中体现在：对于无偿合同，合同法一般只保护履行的结果，并不赋予其强制履行的效力，仅在非常特殊的情况下才强制履行；无偿合同的瑕疵履行仅在因为故意或者重大过失使财产或者劳务接受方受到损害时，无偿转让财产或者提供劳务方才承担违约责任。《合同法》总则和分则中的大多数合同制度，都是针对有偿合同规定的，分则中规定的合同除赠与合同外都是有偿合同或者既可以有偿也可以无偿的合同。并且《合同法》在规定既可以有偿也可以无偿的合同时其基本取向也是偏向对有偿合同的调整，只有在必要时才提出处理有关无偿合同的规则，如《合同法》第374条关于减轻无偿保管人责任的规定和第406条关于减轻无偿受托人责任的规定等。

另外，基于私法体系内部分工的需要，《合同法》也不调整下列财产流转关系，而是由私法体系中其他法律规范加以调整：以劳动力为客体的商品交换关系，以资本为客体的商品交换关系，以智慧财产为客体的商品交换关系，物质财产的用益关系和担保关系，遗赠扶养关系等。

法条指引

❶《中华人民共和国合同法》（1999 年 10 月 1 日施行）

第二条 本法所称合同是平等主体的自然人、法人、其他组织之间设立、变更、终止民事权利义务关系的协议。

婚姻、收养、监护等有关身份关系的协议，适用其他法律的规定。

第一百八十九条 因赠与人故意或者重大过失致使赠与的财产毁损、灭失的，赠与人应当承担损害赔偿责任。

第一百九十一条 赠与的财产有瑕疵的，赠与人不承担责任。附义务的赠与，赠与的财产有瑕疵的，赠与人在附义务的限度内承担与出卖人相同的责任。

赠与人故意不告知瑕疵或者保证无瑕疵，造成受赠人损失的，应当承担损害赔偿责任。

第三百七十四条 保管期间，因保管人保管不善造成保管物毁损、灭失的，保管人应当承担损害赔偿责任，但保管是无偿的，保管人证明自己没有重大过失的，不承担损害赔偿责任。

第四百零六条 有偿的委托合同，因受托人的过错给委托人造成损失的，委托人可以要求赔偿损失。无偿的委托合同，因受托人的故意或者重大过失给委托人造成损失的，委托人可以要求赔偿损失。

受托人超越权限给委托人造成损失的，应当赔偿损失。

❷《中华人民共和国民法通则》（1987 年 1 月 1 日施行）

第二条 中华人民共和国民法调整平等主体的公民之间、法人之间、公民和法人之间的财产关系和人身关系。

❸《中华人民共和国劳动法》（1994 年 7 月 5 日）（略）

❹《中华人民共和国公司法》（2006 年 1 月 1 日施行）（略）

❺《中华人民共和国合伙企业法》（2007 年 6 月 1 日施行）（略）

❻《中华人民共和国著作权法》（2010 年 2 月 26 日修正）（略）

❼《中华人民共和国商标法》（2001 年 10 月 27 日修正）（略）

❽《中华人民共和国专利法》（2008 年 12 月 27 日施行）（略）

❾《中华人民共和国担保法》（1995 年 10 月 1 日施行）（略）

❿《中华人民共和国婚姻法》（2001 年 4 月 28 日修正）（略）

学者观点

❶ 杨振山：《合同法理论的新探索》，参见北大法宝引证码：Pkulaw.cn/CLI.A.115297。

【合同法与债法】

法律问题解读

在民法体系中，合同法与侵权行为法、不当得利法、无因管理法均属民法的同一分支——债法的组成部分，这是因为合同、侵权行为、不当得利和无因管理四种法律事实所产生的法律效果都是债发生的原因，都表现为特定当事人之间一方有权请求另一方为一定给付的民事法律关系，均可以成立债权，均受债法有关债的主体、债的客体、债的履行、债的保全、债的救济、债的转移、债的消灭等一般规则的支配。

因此合同法与债法是特殊与一般的关系，债法更为抽象，债权制度对合同制度有重要的指导意义。在合同法领域内，当事人可以订立法律规定有名称的合同——有名合同，也可以订立法律未规定名称的合同——无名合同。对于无名合同或者具体处理有名合同时在法律没有明文规定的情况下，应当适用民法关于债权制度的规定。当然，合同法在债法中有着相对的独立性，我们在处理案件时既要看到其与债法其他制度共性的一面，又要注意其个性的一面。在调整对象立法目的上和规范方法上，合同法与侵权行为法、不当得利法、无因管理法均存在很大不同。

法条指引

❶《中华人民共和国合同法》（1999 年 10 月 1 日施行）（略）

❷《中华人民共和国民法通则》（1987 年 1 月

1日施行）

第八十四条 债是按照合同的约定或者依照法律的规定，在当事人之间产生的特定的权利和义务关系。享有权利的人是债权人，负有义务的人是债务人。

债权人有权要求债务人按照合同的约定或者依照法律的规定履行义务。

第九十二条 没有合法根据，取得不当利益，造成他人损失的，应当将取得的不当利益返还受损失的人。

第九十三条 没有法定的或者约定的义务，为避免他人利益受损失进行管理或者服务的，有权要求受益人偿付由此而支付的必要费用。

案例链接

❶《范国文诉胡军超等债权纠纷案》，参见北大法宝引证码：Pkulaw.cn/CLI.C.277128。

❷《深圳市子康实业有限公司与云南纵横时代传媒有限公司合同纠纷上诉案》，参见北大法宝引证码：Pkulaw.cn/CLI.C.204392。

❸《宁波市润泽进出口有限公司与宁波航姆国际物流有限公司货运代理合同违约赔偿纠纷案》，参见北大法宝引证码：Pkulaw.cn/CLI.C.240749。

❹《刘烈昉诉余深斌等房屋买卖、抵押权纠纷案》，参见北大法宝引证码：Pkulaw.cn/CLI.C.211920。

【合同】

法律问题解读

《合同法》所规范的合同是平等主体的自然人、法人、其他组织之间设立、变更、终止民事权利义务关系的协议。合同有广义、狭义、最狭义之分，广义的合同泛指所有以确定权利义务为内容的协议，它除了民事合同以外，还包括行政合同、国际法上的国家合同等；狭义的合同即民事合同，是以设立、变更、终止民事权利义务关系为内容的协议，包括债权合同、物权合同、身份合同等；最狭义的合同仅指债权合同。我国《民法通则》与《合同法》上的合同系指最狭义的合同即债权合同。

《合同法》中所称的合同是平等主体之间的民事法律行为，依据合同的这一法律特征，所谓行政合同显然不属于我们这里所说的合同，行政合同不属于《合同法》所调整的对象。民事合同是双方或多方民事法律行为，这类民事法律行为又可分为两种类型：（1）由两个或两个以上方向一致的意思表示所构成的民事法律行为，如合伙、联营、公司的设立等；（2）由两个方向相对应的意思表示达成一致所构成的民事法律行为，这类民事法律行为当事人双方所追求的目标刚好相反，但能使他们的利益均得到满足，如买卖、租赁等。前者可以是多方民事法律行为或者双方民事法律行为，但后者只能是双方民事法律行为，一般认为，我国《合同法》所规范的合同属于后者。《合同法》中所称的合同是明确当事人之间权利义务的协议。在实际生活中，可能存在各种各样的协议或约定，那些不能在人们之间产生权利义务的约定，不属于我们这里所说的合同，不具备任何法律意义，不是法律所调整的对象，当然不受法律调控，如约定晨练、约定请客等。

法条指引

❶《中华人民共和国合同法》（1999年10月1日施行）

第二条 本法所称合同是平等主体的自然人、法人、其他组织之间设立、变更、终止民事权利义务关系的协议。

婚姻、收养、监护等有关身份关系的协议，适用其他法律的规定。

❷《中华人民共和国民法通则》（1987年1月1日施行）

第五十四条 民事法律行为是公民或者法人设立、变更、终止民事权利和民事义务的合法行为。

第八十五条 合同是当事人之间设立、变更、终止民事关系的协议。依法成立的合同，受法律保护。

案例链接

❶《王华诉靳鹭借款合同纠纷案》，参见北大法宝引证码：Pkulaw.cn/CLI.C.291809。

❷《徐兴均诉五谷香村餐饮管理（北京）有限公司特许经营合同纠纷案》，参见北大法宝引证码：Pkulaw.cn/CLI.C.291361。

❸《栾兆安等诉中国法制出版社著作权权属、侵权纠纷案》，参见北大法宝引证码：Pkulaw.cn/CLI.C.291004。

❹《徐书锋诉李宗营等买卖合同纠纷案》，参

见北大法宝引证码：Pkulaw. cn/CLI. C. 290878。

学者观点

❶ 李锡鹤：《合同理论的两个疑问》，参见北大法宝引证码：Pkulaw. cn/CLI. A. 1144265。

❷ 龚海南：《合同解除的实务分析与理论探索》，参见北大法宝引证码：Pkulaw. cn/CLI. A. 1145110。

❸ Claude Witz：《CISG视角下的合同缔结》，参见北大法宝引证码：Pkulaw. cn/CLI. A. 1137870。

❹ 马育红：《"完备合同"理论与格式合同的法律控制》，参见北大法宝引证码：Pkulaw. cn/CLI. A. 1131374。

【有关身份关系的协议】

法律问题解读

《合同法》规定，婚姻、收养、监护等有关身份关系的协议，适用其他法律的规定。这些协议主要包括结婚协议、离婚协议、收养协议、监护协议、遗赠扶养协议等。该规定意味着上述协议不由《合同法》调整，即这些协议不属于《合同法》所规范的合同，虽然它们在性质上也是设立、变更、终止民事权利义务关系的协议。

《合同法》如此规定的主要原因在于：（1）合同主要是市场交易即商品交换关系的法律形式，《合同法》是直接反映、规范市场经济的基本法。而与身份有关的协议缺乏直接的经济内容，与市场经济活动存在本质的区别，其自身运作的特殊性注定了对其法律调整的特殊性。（2）在我国，目前婚姻家庭法具有相对的独立性。我们认为，婚姻、收养、监护等有关身份关系的协议仍然属于一般意义上的合同，那种认为将身份关系当做合同关系处理是将人格商品化的观点是不成立的，这种观点是建立在对合同本质误解基础上的，是将合同的本质界定为经济性，而实际上，合同的本质应为合意，从这个意义上说，身份协议当然属于合同。目前，人们普遍认为婚姻家庭关系属市民社会关系，即平等主体之间的关系，婚姻家庭法也是传统民法的亲属编，婚姻家庭关系属于民法所调整的范畴。但现行《合同法》是作为规范市场经济的法律而存在的，不具有直接经济内容的身份协议不由该法调整当然是合适的，否则不仅有越俎代庖之嫌，而且会导致该法体系的混乱。解决婚姻家庭法单独立法的不当做法只能由未来的民法典加以解决，《合同法》难担此重任。

法条指引

❶《中华人民共和国合同法》（1999年10月1日施行）

第二条　本法所称合同是平等主体的自然人、法人、其他组织之间设立、变更、终止民事权利义务关系的协议。

婚姻、收养、监护等有关身份关系的协议，适用其他法律的规定。

❷《中华人民共和国民法通则》（1987年1月1日施行）

第八十五条　合同是当事人之间设立、变更、终止民事关系的协议。依法成立的合同，受法律保护。

❸《中华人民共和国婚姻法》（2001年4月28日修正）

第五条　结婚必须男女双方完全自愿，不许任何一方对他方加以强迫或任何第三者加以干涉。

第三十一条　男女双方自愿离婚的，准予离婚。双方必须到婚姻登记机关申请离婚。婚姻登记机关查明双方确实是自愿并对子女和财产问题已有适当处理时，发给离婚证。

❹《中华人民共和国收养法》（1998年11月4日修正）

第十一条　收养人收养与送养人送养，须双方自愿。收养年满十周岁以上未成年人的，应当征得被收养人的同意。

第十三条　监护人送养未成年孤儿的，须征得有抚养义务的人的同意。有抚养义务的人不同意送养、监护人不愿意继续履行监护职责的，应当依照《中华人民共和国民法通则》的规定变更监护人。

第十四条　继父或者继母经继子女的生父母同意，可以收养继子女，并可以不受本法第四条第三项、第五条第三项、第六条和被收养人不满十四周岁以及收养一名的限制。

第十五条　收养应当向县级以上人民政府民政部门登记。收养关系自登记之日起成立。

收养查找不到生父母的弃婴和儿童的，办理登记的民政部门应当在登记前予以公告。

收养关系当事人愿意订立收养协议的，可以订立收养协议。

收养关系当事人各方或者一方要求办理收养

公证的，应当办理收养公证。

第二十六条 收养人在被收养人成年以前，不得解除收养关系，但收养人、送养人双方协议解除的除外，养子女年满十周岁以上的，应当征得本人同意。

收养人不履行抚养义务，有虐待、遗弃等侵害未成年养子女合法权益行为的，送养人有权要求解除养父母与养子女间的收养关系。送养人、收养人不能达成解除收养关系协议的，可以向人民法院起诉。

❺《中华人民共和国继承法》（1985年10月1日施行）

第三十一条 公民可以与扶养人签订遗赠扶养协议。按照协议，扶养人承担该公民生养死葬的义务，享有受遗赠的权利。

公民可以与集体所有制组织签订遗赠扶养协议。按照协议，集体所有制组织承担该公民生养死葬的义务，享有受遗赠的权利。

案例链接

❶《王保柱与王瑞莲物权纠纷上诉案》，参见北大法宝引证码：Pkulaw. cn/CLI. C. 183450。

❷《林少娴与罗健祥离婚后财产纠纷上诉案》，参见北大法宝引证码：Pkulaw. cn/CLI. C. 102653。

❸《李新洪诉金华一通拍卖有限公司东阳分公司拍卖合同案》，参见北大法宝引证码：Pkulaw. cn/CLI. C. 48226。

❹《李文东等诉李先凯等案》，参见北大法宝引证码：Pkulaw. cn/CLI. C. 81719。

学者观点

❶ 刘引玲：《婚姻契约之特性分析》，参见北大法宝引证码：Pkulaw. cn/CLI. A. 1143623。

❷ 史季群：《替身演员的署名权》，参见北大法宝引证码：Pkulaw. cn/CLI. A. 1118969。

【合同平等原则】

法律问题解读

平等原则是民法的基本原则之一，在我国《合同法》中表述为：合同当事人的法律地位平等，一方不得将自己的意志强加给另一方。这里的平等不是指事实上的平等，而是指当事人法律地位上的平等；不是指实质平等，而是指机会平等。合同当事人的法律地位平等是贯彻合同自由原则的基础和前提，在不违反法律、行政法规强制性规定的前提下，合同可由当事人平等协商订立、变更或者消灭，不允许国家公权力的不当干预。

平等原则体现在合同法的所有条款中，在合同法对具体事项的处理有明文规定的情况下，它不能作为裁判的根据，否则会虚化合同法的具体规范，也不利于当事人预测自己的行为在法律上的评价。在法律没有具体规定时，可以依据此原则，科学地运用法律解释学方法，探寻具体化的规则。只有在没有办法获取具体化的规则的情况下，方能援引本原则。

法条指引

❶《中华人民共和国合同法》（1999年10月1日施行）

第三条 合同当事人的法律地位平等，一方不得将自己的意志强加给另一方。

❷《中华人民共和国民法通则》（1987年1月1日施行）

第二条 中华人民共和国民法调整平等主体的公民之间、法人之间、公民和法人之间的财产关系和人身关系。

第三条 当事人在民事活动中的地位平等。

案例链接

❶《卫风金诉空军第一建筑安装工程总队买卖合同纠纷案》，参见北大法宝引证码：Pkulaw. cn/CLI. C. 291249。

❷《禹州市交通第一运输公司与韦天运雇佣合同纠纷上诉案》，参见北大法宝引证码：Pkulaw. cn/CLI. C. 280556。

❸《杨玉伦等诉杨红光侵犯土地承包经营权纠纷案》，参见北大法宝引证码：Pkulaw. cn/CLI. C. 279336。

❹《河南裕华建设安装工程有限公司与郑州中亚皮革有限公司建设工程合同纠纷上诉案》，参见北大法宝引证码：Pkulaw. cn/CLI. C. 242177。

【合同自由原则】

法律问题解读

根据合同自由原则，合同当事人有权决定是否订立合同，有权选择合同的相对方，有权决定合同的内容,有权选择订立合同的方式等,任何单位和个人不得非法干预。为了防止当事人的行为损害他人或者社会公共利益,法律还对合同自由原则进行了诸多的限制。如我国邮政、电信、供用电、自来水、燃气、交通运输、医疗、教育等领域的强制缔约规定,对格式合同和要约收购的规制以及《消费者权益保护法》、《劳动合同法》对消费者、劳动者合法权益的特别保护。

该原则是《合同法》的一般原则,不宜直接作为裁判的依据。根据《合同法》的规定,对合同自由原则进行限制的法律规范是指全国人民代表大会及其常务委员会制定的"法律"和国务院制定的"行政法规"。

法条指引

❶《中华人民共和国合同法》(1999年10月1日施行)

第四条 当事人依法享有自愿订立合同的权利,任何单位和个人不得非法干预。

❷《中华人民共和国民法通则》(1987年1月1日施行)

第四条 民事活动应当遵循自愿、公平、等价有偿、诚实信用的原则。

案例链接

❶《济源环球运输有限公司与宋济源等租赁合同纠纷上诉案》,参见北大法宝引证码:Pkulaw. cn/CLI. C. 284074。

❷《张文军与闫战红合作经营合同纠纷上诉案》,参见北大法宝引证码:Pkulaw. cn/CLI. C. 251237。

❸《上海某某房地产经纪事务所诉白某某等居间合同纠纷案》,参见北大法宝引证码:Pkulaw. cn/CLI. C. 248635。

❹《方利军诉何宇来民间借贷纠纷案》,参见北大法宝引证码:Pkulaw. cn/CLI. C. 251688。

学者观点

❶ 唐彩虹:《论合同自由原则与合同正义原则的统一性》,参见北大法宝引证码:Pkulaw. cn/CLI. A. 119117。

❷ 徐美君:《社会主义市场经济和合同自由原则》,参见北大法宝引证码:Pkulaw. cn/CLI. A. 170919。

❸ 孙戈:《论市场经济条件下的合同自由原则》,参见北大法宝引证码:Pkulaw. cn/CLI. A. 1118915。

❹ 焦富明:《试论合同自由原则的地位》,参见北大法宝引证码:Pkulaw. cn/CLI. A. 18463。

【合同公平原则】

法律问题解读

合同公平原则主要是针对合同的内容而言的,即在有偿合同中,当事人设定的权利义务要对等。主要包括合同义务和风险分配负担的对等。至于何谓对等,一般采取主观等值原则,即当事人主观上愿以此给付换取另一种给付,认为公平合理即可。只是在胁迫、欺诈、乘人之危等违背当事人真实的意思表示的情况下依客观等值处理。在《合同法》的具体条文中主要体现在:对于显失公平的合同一方当事人有变更或者撤销的权利;合理分配风险的负担;对合同中免责条款的规制;对格式合同的规制等。

该原则是合同法规定的一般原则,不宜于直接作为裁判的依据。

法条指引

❶《中华人民共和国合同法》(1999年10月1日施行)

第五条 当事人应当遵循公平原则确定各方的权利和义务。

❷《中华人民共和国民法通则》(1987年1月1日施行)

第四条 民事活动应当遵循自愿、公平、等价有偿、诚实信用的原则。

案例链接

❶《包某军等诉深圳市金某住宅开发有限公司商品房预售合同纠纷案》,参见北大法宝引证码:Pkulaw. cn/CLI. C. 267248。

❷《王雪财等与西安市中进商贸有限责任公司欠款纠纷上诉案》,参见北大法宝引证码:Pkulaw. cn/CLI. C. 139494。

❸《戴梅芳与三明市福成成套设备有限公司技术服务合同纠纷上诉案》,参见北大法宝引证码:Pkulaw. cn/CLI. C. 129017。

❹《佛山市石湾区风行陶瓷有限公司与广东科达机电股份有限公司买卖合同纠纷上诉案》,参见北大法宝引证码:Pkulaw. cn/CLI. C. 62541。

学者观点

❶ 杨思斌、吕世伦:《和谐社会实现公平原则的法律机制》,参见北大法宝引证码:Pkulaw.cn/CLI.A.1109612。

❷ 赵莉:《公平原则对契约严守的修正》,参见北大法宝引证码:Pkulaw.cn/CLI.A.185301。

❸ 罗万里:《论不可抗力的风险分配与公平原则》,参见北大法宝引证码:Pkulaw.cn/CLI.A.171240。

❹ 彭真明、葛同山:《论合同显失公平原则》,参见北大法宝引证码:Pkulaw.cn/CLI.A.123701。

【诚实信用原则】

法律问题解读

诚实信用原则是现代民法的最高原则。"诚实"要求民事主体进行民事活动时对他人以诚相待,不为欺诈行为;"信用"要求民事主体进行民事活动时讲求信誉,恪守诺言,严格履行自己承担的义务,不得擅自毁约。在合同义务上,诚实信用原则的贯彻主要体现在适当履行合同义务、合同的附随义务、缔约过失责任、债权人的不真正义务等。

在合同没有约定或者约定不明和法律没有明文规定或者规定不明而需要对合同或者法律的具体规定进行解释时,可依照诚实信用原则解释,从某种意义上讲,该原则赋予法官一定的自由裁量权。但是需要注意的是,在合同法对具体问题有规定时,不能以该原则加以对抗。

法条指引

❶《中华人民共和国合同法》(1999年10月1日施行)

第六条 当事人行使权利、履行义务应当遵循诚实信用原则。

❷《中华人民共和国民法通则》(1987年1月1日施行)

第四条 民事活动应当遵循自愿、公平、等价有偿、诚实信用的原则。

案例链接

❶《栾兆安等诉中国法制出版社著作权权属、侵权纠纷案》,参见北大法宝引证码:Pkulaw.cn/CLI.C.291004。

❷《北京市永定林工商公司苗圃诉杨德广林业承包合同纠纷案》,参见北大法宝引证码:Pkulaw.cn/CLI.C.291241。

❸《河南派普建设工程有限公司等与河南华圣工贸有限公司买卖合同纠纷上诉案》,参见北大法宝引证码:Pkulaw.cn/CLI.C.280814。

❹《柴石泽诉宜阳县文化局房屋买卖合同纠纷案》,参见北大法宝引证码:Pkulaw.cn/CLI.C.280732。

学者观点

❶ 刘春英:《诚实信用原则综论》,参见北大法宝引证码:Pkulaw.cn/CLI.A.120305。

❷ 陈年冰:《试论合同法中的诚实信用原则》,参见北大法宝引证码:Pkulaw.cn/CLI.A.1115857。

❸ 杨峰:《试论诚实信用原则的经济基础》,参见北大法宝引证码:Pkulaw.cn/CLI.A.184559。

❹ 郑强:《合同法诚实信用原则比较研究》,参见北大法宝引证码:Pkulaw.cn/CLI.A.127813。

【公序良俗原则】

法律问题解读

公序良俗即公共秩序和善良风俗的统称,在市场经济社会中,它有维护国家和社会一般利益及道德观念、平衡市民社会成员私人利益与社会公共利益、实现市民社会的安全价值的重要功能。违反公序良俗的民事行为一般应被认定为无效。

该原则是合同法规定的一般原则,不宜直接作为裁判的依据。在判断合同当事人的行为是否违背公序良俗时,应该站在一个普通的理性人的角度考量。

法条指引

❶《中华人民共和国合同法》(1999年10月1日施行)

第七条 当事人订立、履行合同,应当遵守法律、行政法规,尊重社会公德,不得扰乱社会经济秩序,损害社会公共利益。

❷《中华人民共和国民法通则》(1987年1月1日施行)

第七条 民事活动应当尊重社会公德,不得损害社会公共利益,破坏国家经济计划,扰乱社会经济秩序。

案例链接

❶《何惧诉中银保险有限公司宁波中心支公司财产保险合同纠纷案》，参见北大法宝引证码：Pkulaw.cn/CLI.C.236858。

❷《韩雪娥诉中国人民财产保险股份有限公司慈溪支公司保险合同纠纷案》，参见北大法宝引证码：Pkulaw.cn/CLI.C.230109。

❸《邱燕鹏与邱连增农村土地承包合同纠纷上诉案》，参见北大法宝引证码：Pkulaw.cn/CLI.C.178847。

❹《中国银行新加坡分行诉广州滨江大厦有限公司等借款合同纠纷案》，参见北大法宝引证码：Pkulaw.cn/CLI.C.237341。

学者观点

❶ 于飞：《论诚实信用原则与公序良俗原则的区别适用》，参见北大法宝引证码：Pkulaw.cn/CLI.A.142438。

❷ 肖和保、刘锦海：《论公序良俗原则滥用的限制》，参见北大法宝引证码：Pkulaw.cn/CLI.A.1143230。

❸ 黄江东：《公序良俗原则的规范功能》，参见北大法宝引证码：Pkulaw.cn/CLI.A.1111865。

❹ 赵中孚、张谷：《市场经济和意思自治、公序良俗原则》，参见北大法宝引证码：Pkulaw.cn/CLI.A.194271。

【合同严守原则】

法律问题解读

合同严守原则即依法成立的合同，对当事人具有法律约束力，当事人应当按照约定履行自己的义务，不得擅自变更或者解除合同。依法成立的合同，受法律保护。基于合同的相对性原理，一般情况下，该原则只针对合同当事人。在特殊情况下，合同对第三人也会产生法律约束力，例如在涉他合同中和债权人在行使代位权或者撤销权时。根据合同严守原则，当事人应当依照合同的约定，适当履行合同义务；不得擅自变更、解除合同；在不按照合同的约定行事时要承担相应的违约责任。

需要注意的是，合同严守原则中所谓的"合同"应指合法有效的合同。

法条指引

❶《中华人民共和国合同法》（1999年10月1日施行）

第八条 依法成立的合同，对当事人具有法律约束力。当事人应当按照约定履行自己的义务，不得擅自变更或者解除合同。

依法成立的合同，受法律保护。

第六十四条 当事人约定由债务人向第三人履行债务的，债务人未向第三人履行债务或者履行债务不符合约定，应当向债权人承担违约责任。

第六十五条 当事人约定由第三人向债权人履行债务的，第三人不履行债务或者履行债务不符合约定，债务人应当向债权人承担违约责任。

案例链接

❶《新野县联威捻线有限责任公司与王化鹏委托合同纠纷上诉案》，参见北大法宝引证码：Pkulaw.cn/CLI.C.261731。

❷《许何英与新同济工程有限公司租赁合同纠纷上诉案》，参见北大法宝引证码：Pkulaw.cn/CLI.C.284287。

❸《徐志飞等与海宁市黄湾乡群乐村经济合作社企业出售纠纷上诉案》，参见北大法宝引证码：Pkulaw.cn/CLI.C.51836。

第二章 合同的订立

● 本章为读者提供与以下题目有关的法律问题的解读及相关法律文献依据

> 合同的主体（012）　订立合同的能力（015）　自然人订立合同的能力（016）　法人订立合同的能力（017）　合同的内容（018）　要约（019）　要约的有效期间（021）　要约的法律效力（021）　要约的撤回（022）　要约的撤销（023）　要约法律效力的消灭（023）　要约邀请（024）　商业广告的性质（025）　承诺（026）　承诺的方式（027）　承诺的期限（027）　承诺生效的时间（028）　承诺的撤回（028）　因主观原因导致的逾期承诺（029）　因客观原因导致的逾期承诺（029）　承诺对要约的变更（029）　合同成立的时间（030）　合同确认书（031）　合同成立的地点（031）　没有签字或者盖章订立的合同（032）　缔约上过失责任（032）　缔约上过失责任与违约责任（033）　缔约上过失责任与侵权责任（034）　缔约上过失责任的适用范围（034）

【合同的主体】

法律问题解读

合同的主体是享有合同权利、承担合同义务的人。《合同法》规定，合同是平等主体的自然人、法人、其他组织之间设立、变更、终止民事权利义务关系的协议。据此，只要具有民事权利能力的人均能成为相应的合同主体。民事权利能力是指民事主体取得民事权利、承担民事义务的资格。具体而言，在我国，合同的主体有自然人、法人、非法人组织，在特殊情况下，集体所有制组织和国家也可以成为合同的主体。

在这里，我们要把从事订立合同行为的主体与合同的主体相区别。从事订立合同行为的主体需要具备一定的民事行为能力，但是合同的主体并不必须具备一定的民事行为能力。民法上，将民事主体依据民事行为能力的不同分为完全民事行为能力人、限制民事行为能力人、无民事行为能力人。只要是民事主体，即使并不具备相应的民事行为能力，仍然可以享有合同权利、承担合同义务。无民事行为能力人和限制民事行为能力人可以成为权利的主体自不待言，不具备相应的民事行为能力的民事主体所订立的合同只是在效力上可能存在瑕疵，但并不是说其就可以因此不承担民事责任。故此，具备民事权利能力的民事主体当然可以成为与该能力相对应的合同的主体。另外，事实上从事订立合同的人不一定是该合同的主体，他可能仅仅是合同主体的代理人或者代表人，并不享有合同权利，也不承担合同义务，在此情况下，合同的主体是被代理人或者被代表人。代理人或代表订立合同的主体也应当具有相应的民事权利能力和民事行为能力。

法条指引

❶《中华人民共和国合同法》（1999年10月1日施行）

第九条　当事人订立合同，应当具有相应的民事权利能力和民事行为能力。

当事人依法可以委托代理人订立合同。

❷《中华人民共和国民法通则》（1987年1月1日施行）

第九条　公民从出生时起到死亡时止，具有民事权利能力，依法享有民事权利，承担民事义务。

第十条　公民的民事权利能力一律平等。

第二十六条　公民在法律允许的范围内，依法经核准登记，从事工商业经营的，为个体工商户。个体工商户可以起字号。

第二十七条　农村集体经济组织的成员，在法律允许的范围内，按照承包合同规定从事商品经营的,为农村承包经营户。

第二十八条 个体工商户、农村承包经营户的合法权益,受法律保护。

第二十九条 个体工商户、农村承包经营户的债务,个人经营的,以个人财产承担;家庭经营的,以家庭财产承担。

第三十六条 法人是具有民事权利能力和民事行为能力,依法独立享有民事权利和承担民事义务的组织。

法人的民事权利能力和民事行为能力,从法人成立时产生,到法人终止时消灭。

第三十七条 法人应当具备下列条件:
(一)依法成立;
(二)有必要的财产或者经费;
(三)有自己的名称、组织机构和场所;
(四)能够独立承担民事责任。

第四十一条 全民所有制企业、集体所有制企业有符合国家规定的资金数额,有组织章程、组织机构和场所,能够独立承担民事责任,经主管机关核准登记,取得法人资格。

在中华人民共和国领域内设立的中外合资经营企业、中外合作经营企业和外资企业,具备法人条件的,依法经工商行政管理机关核准登记,取得中国法人资格。

第四十二条 企业法人应当在核准登记的经营范围内从事经营。

第四十三条 企业法人对它的法定代表人和其他工作人员的经营活动,承担民事责任。

第五十条 有独立经费的机关从成立之日起,具有法人资格。

具备法人条件的事业单位、社会团体,依法不需要办理法人登记的,从成立之日起,具有法人资格;依法需要办理法人登记的,经核准登记,取得法人资格。

第五十一条 企业之间或者企业、事业单位之间联营,组成新的经济实体,独立承担民事责任,具备法人条件的,经主管机关核准登记,取得法人资格。

❸《**中华人民共和国公司法**》(2006年1月1日施行)

第二条 本法所称公司是指依照本法在中国境内设立的有限责任公司和股份有限公司。

第十四条 公司可以设立分公司。设立分公司应当向公司登记机关申请登记,领取营业执照。分公司不具有法人资格,其民事责任由公司承担。

公司可以设立子公司,子公司具有法人资格,依法独立承担民事责任。

❹《**中华人民共和国合伙企业法**》(2007年6月1日施行)(略)

❺ 最高人民法院《**关于贯彻执行〈中华人民共和国民法通则〉若干问题的意见(试行)**》(1988年1月26日施行)

1. 公民的民事权利能力自出生时开始。出生的时间以户籍证明为准;没有户籍证明的,以医院出具的出生证明为准。没有医院证明的,参照其他有关证明认定。

41. 起字号的个体工商户,在民事诉讼中,应以营业执照登记的户主(业主)为诉讼当事人,在诉讼文书中注明系某字号的户主。

42. 以公民个人名义申请登记的个体工商户和个人承包的农村承包经营户,用家庭共有财产投资,或者收益的主要部分供家庭成员享用的,其债务应以家庭共有财产清偿。

60. 清算组织是以清算企业法人债权、债务为目的而依法成立的组织。它负责对终止的企业法人的财产进行保管、清理、估价、处理和清偿。

对于涉及终止的企业法人债权、债务的民事诉讼,清算组织可以用自己的名义参加诉讼。

以逃避债务责任为目的而成立的清算组织,其实施的民事行为无效。

❻《**全国经济审判工作座谈会纪要**》(1993年5月6日)(略)

❼ 最高人民法院《**关于城市街道办事处是否应当独立承担民事责任的批复**》(1997年7月14日)

四川省高级人民法院:

你院《关于城市街道办事处能否独立承担民事责任的请示》(川高法〔1996〕117号)收悉。经研究,答复如下:

街道办事处开办的企业具有法人资格的,街道办事处只在收取管理费范围内承担民事责任;其开办的企业不具有法人资格的,应先由企业承担相应的民事责任,不足部分由街道办事处在企业注册资金范围内独立承担。街道办事处财产不足以承担时,不能由设立该街道办事处的市或区人民政府承担民事责任。街道办事处进行自身民事活动产生纠纷的,应当独自承担民事责任。

此复

❽ 最高人民法院《**关于产业工会、基层工会是否具备社团法人资格和工会经费集中户可否冻结划拨问题的批复**》(1997年5月16日)

各省、自治区、直辖市高级人民法院,解放军军事法院:

山东省高级人民法院就审判工作中如何认定产业工会、基层工会的社团法人资格和对工会财产、经费查封、扣押、冻结、划拨的问题,向我院请示。经研究,批复如下:

一、根据《中华人民共和国工会法》(以下简称工会法)的规定,产业工会社团法人资格的取得是由工会法直接规定的,依法不需要办理法人登记。基层工会只要符合《中华人民共和国民法通则》(以下简称民法通则)、工会法和《中国工会章程》规定的条件,报上一级工会批准成立,即具有社团法人资格。人民法院在审理案件中,应当严格按照法律规定的社团法人条件,审查基层工会社团法人的法律地位。产业工会、具有社团法人资格的基层工会与建立工会的企业法人是各自独立的法人主体。企业或企业工会对外发生的经济纠纷,各自承担民事责任。上级工会对基层工会是否具备法律规定的社团法人的条件审查不严或不实,应当承担与其过错相应的民事责任。

二、确定产业工会或者基层工会兴办企业的法人资格,原则上以工商登记为准;其上级工会依据有关规定进行审批是必须程序,人民法院不应以此为由冻结、划拨上级工会的经费并替欠债企业清偿债务。产业工会或基层工会投资兴办的具备法人资格的企业,如果投资不足或者抽逃资金的,应当补足投资或者在注册资金不实的范围内承担责任;如果投资全部到位,又无抽逃资金的行为,当企业负债时,应当以企业所有的或者经营管理的财产承担有限责任。

三、根据工会法的规定,工会经费包括工会会员缴纳的会费,建立工会组织的企业事业单位、机关按每月全部职工工资总额的百分之二的比例向工会拨交的经费,以及工会所属的企业、事业单位上缴的收入和人民政府的补助等。工会经费要按比例逐月向地方各级总工会和全国总工会拨交。工会的经费一经拨交,所有权随之转移。在银行独立列的"工会经费集中户",与企业经营资金无关,专门用于工会经费的集中与分配,不能在此账户上开支费用或挪用、转移资金。因此,人民法院在审理案件中,不应将工会经费视为所在企业的财产,在企业欠债的情况下,不应冻结、划拨工会经费及"工会经费集中户"的款项。

此复。

❾ **最高人民法院《关于企业开办的其他企业被撤销或者歇业后民事责任承担问题的批复》**
(1994年3月30日)
广东省高级人民法院:

你院《关于审理企业开办的其他企业被撤并后的经济纠纷案件是否适用国发〔1990〕68号文规定的请示》收悉。经研究,答复如下:

一、企业开办的其他企业被撤销、歇业或者依照《中华人民共和国企业法人登记管理条例》第二十二条规定视同歇业后,其民事责任承担问题应根据下列不同情况分别处理:

1. 企业开办的其他企业领取了企业法人营业执照并在实际上具备企业法人条件的,根据《中华人民共和国民法通则》第四十八条的规定,应当以其经营管理或者所有的财产独立承担民事责任。

2. 企业开办的其他企业已经领取了企业法人营业执照,其实际投入的自有资金虽与注册资金不符,但达到了《中华人民共和国企业法人登记管理条例实施细则》第十五条第(七)项或者其他有关法规规定的数额,并且具备了企业法人其他条件的,应当认定其具备法人资格,以其财产独立承担民事责任。但如果该企业被撤销或者歇业后,其财产不足以清偿债务的,开办企业应当在该企业实际投入的自有资金与注册资金差额范围内承担民事责任。

3. 企业开办的其他企业虽然领取了企业法人营业执照,但实际没有投入自有资金,或者投入的自有资金达不到《中华人民共和国企业法人登记管理条例实施细则》第十五条第(七)项或其他有关法规规定的数额,或者不具备企业法人其他条件的,应当认定其不具备法人资格,其民事责任由开办该企业的企业法人承担。

二、人民法院在审理案件中,对虽然领取了企业法人营业执照,但实际上并不具备企业法人资格的企业,应当依据已查明的事实,提请核准登记该企业为法人的工商行政管理部门吊销其企业法人营业执照。工商行政管理部门不予吊销的,人民法院对该企业的法人资格可不予认定。

三、从本批复公布之日起,本院法(研)复〔1987〕33号《关于行政单位或企业开办的企业倒闭后债务由谁承担》的批复第二条中关于如果企业开办的分支机构是公司,不论是否具备独立法人资格,可以根据国发〔1985〕102号通知处理的规定和法(经)发〔1991〕10号通知第六条的规定,即行废止。

案例链接

❶《王红军与王合照租赁合同纠纷再审案》,

参见北大法宝引证码：Pkulaw. cn/CLI. C. 286893。

❷《山海关开发区电站辅机厂与马成群等侵犯商业秘密纠纷上诉案》，参见北大法宝引证码：Pkulaw. cn/CLI. C. 283704。

❸《长沙铁安科技有限公司诉衡阳铁路新光通信器材厂技术转让合同纠纷案》，参见北大法宝引证码：Pkulaw. cn/CLI. C. 291397。

❹《沈以标等与薛世蓉股权转让纠纷上诉案》，参见北大法宝引证码：Pkulaw. cn/CLI. C. 280001。

学者观点

❶ 孙德强、沈建峰：《集体合同主体辨析》，参见北大法宝引证码：Pkulaw. cn/CLI. A. 1130176。

❷ 刘兴桂、刘文清：《物业服务合同主体研究》，参见北大法宝引证码：Pkulaw. cn/CLI. A. 142335。

【订立合同的能力】

法律问题解读

当事人订立合同，应当具有相应的民事权利能力和民事行为能力。民事权利能力是民事主体享有民事权利和承担民事义务的资格，不具有该资格的人不能订立合同自不待言。民事行为能力是民事主体以自己的行为取得和行使民事权利、承担和履行民事义务的资格。只有具备相应民事行为能力，才能正确理解其订立合同行为的法律性质及其产生的法律效果。在合同法上，具备订立合同的民事权利能力和民事行为能力，统称为缔约能力。

法条指引

❶《中华人民共和国合同法》（1999年10月1日施行）

第九条 当事人订立合同，应当具有相应的民事权利能力和民事行为能力。

当事人依法可以委托代理人订立合同。

❷《中华人民共和国民法通则》（1987年1月1日施行）

第九条 公民从出生时起到死亡时止，具有民事权利能力，依法享有民事权利，承担民事义务。

第十条 公民的民事权利能力一律平等。

第二十六条 公民在法律允许的范围内，依法经核准登记，从事工商业经营的，为个体工商户。个体工商户可以起字号。

第二十七条 农村集体经济组织的成员，在法律允许的范围内，按照承包合同规定从事商品经营的，为农村承包经营户。

第二十八条 个体工商户、农村承包经营户的合法权益，受法律保护。

第二十九条 个体工商户、农村承包经营户的债务，个人经营的，以个人财产承担；家庭经营的，以家庭财产承担。

第三十六条 法人是具有民事权利能力和民事行为能力，依法独立享有民事权利和承担民事义务的组织。

法人的民事权利能力和民事行为能力，从法人成立时产生，到法人终止时消灭。

第三十七条 法人应当具备下列条件：

（一）依法成立；

（二）有必要的财产或者经费；

（三）有自己的名称、组织机构和场所；

（四）能够独立承担民事责任。

第四十一条 全民所有制企业、集体所有制企业有符合国家规定的资金数额，有组织章程、组织机构和场所，能够独立承担民事责任，经主管机关核准登记，取得法人资格。

在中华人民共和国领域内设立的中外合资经营企业、中外合作经营企业和外资企业，具备法人条件的，依法经工商行政管理机关核准登记，取得中国法人资格。

第四十二条 企业法人应当在核准登记的经营范围内从事经营。

第四十三条 企业法人对它的法定代表人和其他工作人员的经营活动，承担民事责任。

第五十条 有独立经费的机关从成立之日起，具有法人资格。

具备法人条件的事业单位、社会团体，依法不需要办理法人登记的，从成立之日起，具有法人资格；依法需要办理法人登记的，经核准登记，取得法人资格。

第五十一条 企业之间或者企业、事业单位之间联营，组成新的经济实体，独立承担民事责任、具备法人条件的，经主管机关核准登记，取得法人资格。

❸ 最高人民法院《关于贯彻执行〈中华人民共和国民法通则〉若干问题的意见（试行）》（1988年1月26日施行）

1. 公民的民事权利能力自出生时开始。出生的时间以户籍证明为准；没有户籍证明的，以医院出具的出生证明为准。没有医院证明的，参照其他有关证明认定。

41. 起字号的个体工商户，在民事诉讼中，应以营业执照登记的户主（业主）为诉讼当事人，在诉讼文书中注明系某字号的户主。

42. 以公民个人名义申请登记的个体工商户和个人承包的农村承包经营户，用家庭共有财产投资，或者收益的主要部分供家庭成员享用的，其债务应以家庭共有财产清偿。

60. 清算组织是以清算企业法人债权、债务为目的而依法成立的组织。它负责对终止的企业法人的财产进行保管、清理、估价、处理和清偿。

对于涉及终止的企业法人债权、债务的民事诉讼，清算组织可以用自己的名义参加诉讼。

以逃避债务责任为目的而成立的清算组织，其实施的民事行为无效。

案例链接

❶《卢天义与河南胜达建筑工程有限公司工程款纠纷再审案》，参见北大法宝引证码：Pkulaw. cn/CLI.C.286896。

【自然人订立合同的能力】

法律问题解读

自然人订立合同的能力在民事权利能力方面一般不会存在瑕疵，只要其不违反法律的强制性规范即可。民法中关于民事权利能力的规定属于强制性规定，不允许基于当事人的意志予以限制或者排除。由于自然人在民事行为能力方面存在着较大的差异，所以自然人订立合同的能力就有着很大的不同。

18周岁以上的自然人和16周岁以上不满18周岁并以自己的劳动收入为主要生活来源的自然人具有完全民事行为能力，可以独立进行订立合同的民事活动。10周岁以上不满18周岁的自然人和不能完全辨认自己行为的精神病人是限制民事行为能力人，可以进行与他的年龄、智力相适应的民事活动，如果订立某类合同的民事活动与其年龄智力状况或者精神健康状况相适应，即应认定其有订立该类合同的能力。根据现行法律的规定，不满10周岁和不能辨认自己行为的精神病人是无民事行为能力人，一般认为其不能亲自进行包括订立所有合同在内的全部民事活动，对此我们并不赞同。外国民法对无民事行为能力人可以进行哪些民事活动通常设有明文规定，我国现行法律对此虽无规定，但也未禁止无民事行为能力人进行所有的民事活动，所以我们认为应从实际出发，认定无民事行为能力人也可以亲自进行某些与他们的生活密切相关的细小的民事活动，例如订立购买价格较低的文具用品和零食的合同，否则就会影响到这些合同的效力，与实际生活相悖。另外，根据现行法律的规定，无民事行为能力人与限制民事行为能力人一样，他们亲自进行的以接受奖励、赠与、报酬等为内容的、只对他们有利的民事活动，包括订立合同，也应认为有效。

法条指引

❶《中华人民共和国合同法》（1999年10月1日施行）

第九条 当事人订立合同，应当具有相应的民事权利能力和民事行为能力。

当事人依法可以委托代理人订立合同。

第四十七条 限制民事行为能力人订立的合同，经法定代理人追认后，该合同有效，但纯获利益的合同或者与其年龄、智力、精神健康状况相适应而订立的合同，不必经法定代理人追认。

相对人可以催告法定代理人在一个月内予以追认。法定代理人未作表示的，视为拒绝追认。合同被追认之前，善意相对人有撤销的权利。撤销应当以通知的方式作出。

❷《中华人民共和国民法通则》（1987年1月1日施行）

第九条 公民从出生时起到死亡时止，具有民事权利能力，依法享有民事权利，承担民事义务。

第十条 公民的民事权利能力一律平等。

第十一条 18周岁以上的公民是成年人，具有完全民事行为能力，可以独立进行民事活动，是完全民事行为能力人。

十六周岁以上不满十八周岁的公民，以自己的劳动收入为主要生活来源的，视为完全民事行为能力人。

第十二条 十周岁以上的未成年人是限制民事行为能力人，可以进行与他的年龄、智力相适应的民事活动；其他民事活动由他的法定代理人代理，或者征得他的法定代理人的同意。

不满十周岁的未成年人是无民事行为能力人，

由他的法定代理人代理民事活动。

第十三条 不能辨认自己行为的精神病人是无民事行为能力人，由他的法定代理人代理民事活动。

不能完全辨认自己行为的精神病人是限制民事行为能力人，可以进行与他的精神健康状况相适应的民事活动；其他民事活动由他的法定代理人代理，或者征得他的法定代理人的同意。

第十四条 无民事行为能力人、限制民事行为能力人的监护人是他的法定代理人。

❸ **最高人民法院《关于贯彻执行〈中华人民共和国民法通则〉若干问题的意见（试行）》**（1988年1月26日施行）

1. 公民的民事权利能力自出生时开始。出生的时间以户籍证明为准；没有户籍证明的，以医院出具的出生证明为准。没有医院证明的，参照其他有关证明认定。

2. 十六周岁以上不满十八周岁的公民，能够以自己的劳动取得收入，并能维持当地群众一般生活水平的，可以认定为以自己的劳动收入为主要生活来源的完全民事行为能力人。

3. 十周岁以上的未成年人进行的民事活动是否与其年龄、智力状况相适应，可以从行为与本人生活相关联的程度、本人的智力能否理解其行为，并预见相应的行为后果，以及行为标的数额等方面认定。

4. 不能完全辨认自己行为的精神病人进行的民事活动，是否与其精神健康状态相适应，可以从行为与本人生活相关联的程度、本人的精神状态能否理解其行为，并预见相应的行为后果，以及行为标的数额等方面认定。

5. 精神病人（包括痴呆症人）如果没有判断能力和自我保护能力，不知其行为后果的，可以认定为不能辨认自己行为的人；对于比较复杂的事物或者比较重大的行为缺乏判断能力和自我保护能力，并且不能预见其行为后果的，可以认定为不能完全辨认自己行为的人。

6. 无民事行为能力人、限制民事行为能力人接受奖励、赠与、报酬，他人不得以行为人无民事行为能力、限制民事行为能力为由，主张以上行为无效。

7. 当事人是否患有精神病，人民法院应当根据司法精神病学鉴定或者参照医院的诊断、鉴定确认。在不具备诊断、鉴定条件的情况下，也可以参照群众公认的当事人的精神状态认定，但应以利害关系人没有异议为限。

8. 在诉讼中，当事人及利害关系人提出一方当事人患有精神病（包括痴呆症），人民法院认为确有必要认定的，应当按照民事诉讼法规定的特别程序，先作出当事人有无民事行为能力的判决。

确认精神病人（包括痴呆症人）为限制民事行为能力人的，应当比照民事诉讼法规定的特别程序进行审理。

案例链接

❶《邓昌顺与罗文祥等合同纠纷上诉案》，参见北大法宝引证码：Pkulaw. cn/CLI. C. 291290。

❷《张国乐等与宋红玲等租赁合同纠纷上诉案》，参见北大法宝引证码：Pkulaw. cn/CLI. C. 281517。

【法人订立合同的能力】

法律问题解读

法人订立合同也应具备相应的民事权利能力和民事行为能力。与自然人的民事权利能力不同，法人民事权利能力开始和终止的原因是设立和终止法人的行为，其不仅受到法律的限制，而且还受其设立目的及其依法批准的业务范围的限制，故此，不同的法人具有不同的民事权利能力。法人的民事行为能力也与自然人的民事行为能力不同，法人的民事行为能力和民事权利能力同时取得、同时终止，二者的范围完全一致。

法人订立合同应当具备相应的民事权利能力和民事行为能力，需要注意的是，遵循合同法鼓励交易的原则，只要合同内容不违反法律、行政法规的强行性规定，法人超越章程或经营范围而订立的合同也应该有效。不过，专为特定目的设立的法人不得超越营业执照规定的范围签订合同，否则无效。

法条指引

❶《中华人民共和国合同法》（1999年10月1日施行）

第九条 当事人订立合同，应当具有相应的民事权利能力和民事行为能力。

当事人依法可以委托代理人订立合同。

❷《中华人民共和国民法通则》（1987年1月1日施行）

第三十六条 法人是具有民事权利能力和民事行为能力，依法独立享有民事权利和承担民事义务的组织。

法人的民事权利能力和民事行为能力，从法人成立时产生，到法人终止时消灭。

第三十七条 法人应当具备下列条件：

（一）依法成立；

（二）有必要的财产或者经费；

（三）有自己的名称、组织机构和场所；

（四）能够独立承担民事责任。

第四十一条 全民所有制企业、集体所有制企业有符合国家规定的资金数额，有组织章程、组织机构和场所，能够独立承担民事责任，经主管机关核准登记，取得法人资格。

在中华人民共和国领域内设立的中外合资经营企业、中外合作经营企业和外资企业，具备法人条件的，依法经工商行政管理机关核准登记，取得中国法人资格。

第四十二条 企业法人应当在核准登记的经营范围内从事经营。

第四十四条 企业法人分立、合并或者有其他重要事项变更，应当向登记机关办理登记并公告。

企业法人分立、合并，它的权利和义务由变更后的法人享有和承担。

案例链接

❶《程军与深圳市桑夏计算机与人工智能开发有限公司奖金分配纠纷上诉案》，参见北大法宝引证码：Pkulaw.cn/CLI.C.136899。

❷《郑州兴华耐火材料有限公司与卢超群买卖合同纠纷上诉案》，参见北大法宝引证码：Pkulaw.cn/CLI.C.287388。

【合同的内容】

法律问题解读

一般而言，合同应包括当事人的名称或者姓名和住所、标的、数量、质量、价款或者报酬、履行期限、地点和方式、违约责任、解决争议的方法等条款，当事人也可以参照各类合同的示范文本订立合同。

根据合同自由原则，在不违反法律的强制性和禁止性规定，不侵犯社会公共利益和他人合法权利的情况下，当事人依法享有自愿订立合同和确定合同具体条款的权利，合同的具体内容如何应完全由合同当事人进行约定。所以《合同法》上关于合同内容的规定，除了当事人的名称或者姓名、标的、数量外，应是任意性的规范，当事人的自由意志优先于该规定，不能因为合同的条款未全部包含上述内容而认定其为无效。

法条指引

❶《中华人民共和国合同法》（1999年10月1日施行）

第十二条 合同的内容由当事人约定，一般包括以下条款：

（一）当事人的名称或者姓名和住所；

（二）标的；

（三）数量；

（四）质量；

（五）价款或者报酬；

（六）履行期限、地点和方式；

（七）违约责任；

（八）解决争议的方法。

当事人可以参照各类合同的示范文本订立合同。

❷《经济合同示范文本管理办法》（1998年12月3日修订）

为了推行经济合同示范文本制度，逐步规范当事人的签约行为，维护社会经济秩序，根据《中华人民共和国经济合同法》和《国务院办公厅转发国家工商行政管理局关于在全国逐步推行经济合同示范文本制度请示的通知》的规定，特制定本办法。

一、经济合同示范文本的制订和发布，按下列规定执行：

（一）购销合同、建设工程承包合同、加工承揽合同、财产租赁合同、仓储保管合同的示范文本，由国家工商行政管理局商国务院有关业务主管部门制订后，由国家工商行政管理局发布，或者由国家工商行政管理局会同国务院有关业务主管部门联合发布。

（二）借款合同、财产保险合同的示范文本由中国人民银行制订；货物运输合同示范文本由铁道部、交通部、中国民用航空局制订；电、水、热、气供用合同示范文本由能源部、建设部制订。国家工商行政管理局对上述经济合同示范文本审定、编号后，会同各制订部门联合发布。

（三）联营、企业承包经营、企业租赁经营等合同的示范文本，由国家工商行政管理局会同国务院有关业务主管部门根据实际需要，制订并发布。

二、经济合同示范文本需要修订的，由原制订机关修订，并将修订稿送国家工商行政管理局审定。修订后的经济合同示范文本，由原发布机关发布。

三、国家工商行政管理局制订的经济合同示范文本，由各省、自治区、直辖市、计划单列市工商行政管理局指定印制企业印制，并负责监制。其他经济合同示范文本，由制订机关指定印刷企业印制，负责监制，并向省、自治区、直辖市、计划单列市工商行政管理局备案。被指定的印刷企业应当按照国家工商行政管理局和国务院有关业务主管部门制订、提供的示范文本的格式、内容进行印刷，不得擅自改动。

四、经济合同示范文本的分发工作，由各级工商行政管理机关和业务主管部门负责。当事人可到当地工商行政管理机关或有关业务主管部门及它们指定的发放单位领取经济合同示范文本，发放单位可收取工本费。收费标准按国家工商行政管理局、国家物价局、财政部《关于收取经济合同示范文本工本费的通知》执行。非发放单位和个人不得把经济合同示范文本当作商品在市场上销售，从中牟利。

五、实行经济合同示范文本制度后，当事人在签约时应使用经济合同示范文本。对于某些有特殊要求，当事人确需自行印制合同文本的，须经所在地省、自治区、直辖市工商行政管理局审查同意后，方可制订和印刷。印制的合同文本只限本单位使用，不得对外销售。原有的经济合同文本，经所在地省、自治区、直辖市、计划单列市工商行政管理局审查同意，在限期内可以继续使用。印制、分发、使用单位对经济合同示范文本的保管与使用，要建立必要的管理制度。

六、各级工商行政管理机关要对经济合同示范文本制度的实施加强监督、检查。有下列行为之一者，工商行政管理机关可视其情节轻重，分别给予警告、处以违法所得额三倍以下的罚款，但最高不超过三万元，没有违法所得的，处以一万元以下的罚款：

（一）非指定印刷企业或虽经业务主管部门指定但未向工商行政管理机关备案的印刷企业擅自印制经济合同示范文本的；

（二）被指定的印刷企业未按照国家发布的经济合同示范文本格式和内容印制合同文本的；

（三）非发放单位和个人在市场上销售经济合同示范文本的；

（四）当事人擅自制订、印制合同文本的。

七、经济合同示范文本需要废止的，由原发布机关宣布废止。

八、本办法自公布之日起施行。

案例链接

❶《栾兆安等诉中国法制出版社著作权权属、侵权纠纷案》，参见北大法宝引证码：Pkulaw.cn/CLI.C.291004。

❷《张清兰诉中国人寿保险股份有限公司西平分公司等人身保险合同纠纷案》，参见北大法宝引证码：Pkulaw.cn/CLI.C.291536。

❸《安阳县崔家桥乡沙岸村村民委员会与秦尚荣农村土地承包合同纠纷上诉案》，参见北大法宝引证码：Pkulaw.cn/CLI.C.278775。

❹《黄玉凤与郑州万发机械厂劳动争议纠纷再审案》，参见北大法宝引证码：Pkulaw.cn/CLI.C.286902。

学者观点

❶ 张金海：《预期违约与不安抗辩制度的界分与衔接》，参见北大法宝引证码：Pkulaw.cn/CLI.A.1147029。

❷ 杨圣坤：《合同法上的默示条款制度研究》，参见北大法宝引证码：Pkulaw.cn/CLI.A.1143654。

❸ 冉克平：《缔约过失责任性质新论》，参见北大法宝引证码：Pkulaw.cn/CLI.A.1142810。

【要约】

法律问题解读

要约是希望和他人订立合同的意思表示。根据《合同法》的规定，当事人订立合同应当采取要约、承诺的方式，因此，要约是订立合同的必经阶段。

要约在本质上是意思表示，在此应将要约与附条件的法律行为区别开来。要约的内容必须具体，即要约中应包括所欲订立合同的基本内容，而不仅仅是表达订立合同的意向。合同的基本内容应根据合同的性质予以确定，同时还要考虑要约当时当地的商业惯例等因素，如果仍然无法确定，就要根据合同意思解释的原则加以判断。要约的内容必须确定，即要约的内容必须明确，不能含混不清，否则受要约人便不能理解要约的真实含义。要约人应当向受要约人表明，该要约一旦由受要约人承诺，合同即告成立，要约人即受到拘束。需要注意的是，实践中，要约人不一定用清晰的语言表达了这一意旨，这就需要受要约人对此进行仔细分析。一般而言，要约应当向特定的人发出，包括特定的一个人和特定的一群人，但是在有些情况下要约也可以向不特定的人发出，如悬赏广告等。

法条指引

❶《中华人民共和国合同法》（1999年10月1日施行）

第十三条 当事人订立合同，采取要约、承诺方式。

第十四条 要约是希望和他人订立合同的意思表示，该意思表示应当符合下列规定：

（一）内容具体确定；

（二）表明经受要约人承诺，要约人即受该意思表示约束。

❷《中华人民共和国证券法》（2005年10月27日修订）

第八十五条 投资者可以采取要约收购、协议收购及其他合法方式收购上市公司。

第八十八条 通过证券交易所的证券交易，投资者持有或者通过协议、其他安排与他人共同持有一个上市公司已发行的股份达到百分之三十时，继续进行收购的，应当依法向该上市公司所有股东发出收购上市公司全部或者部分股份的要约。

收购上市公司部分股份的收购要约应当约定，被收购公司股东承诺出售的股份数额超过预定收购的股份数额的，收购人按比例进行收购。

第八十九条 依照前条规定发出收购要约，收购人必须事先向国务院证券监督管理机构报送上市公司收购报告书，并载明下列事项：

（一）收购人的名称、住所；

（二）收购人关于收购的决定；

（三）被收购的上市公司名称；

（四）收购目的；

（五）收购股份的详细名称和预定收购的股份数额；

（六）收购期限、收购价格；

（七）收购所需资金额及资金保证；

（八）报送上市公司收购报告书时持有被收购公司股份数占该公司已发行的股份总数的比例。

收购人还应当将上市公司收购报告书同时提交证券交易所。

第九十二条 收购要约提出的各项收购条件，适用于被收购公司的所有股东。

❸《上市公司收购管理办法》（2008年8月27日修订）

第二十四条 通过证券交易所的证券交易，收购人持有一个上市公司的股份达到该公司已发行股份的30％时，继续增持股份的，应当采取要约方式进行，发出全面要约或者部分要约。

第二十六条 以要约方式进行上市公司收购的，收购人应当公平对待被收购公司的所有股东。持有同一种类股份的股东应当得到同等对待。

第二十九条 前条规定的要约收购报告书，应当载明下列事项：

（一）收购人的姓名、住所；收购人为法人的，其名称、注册地及法定代表人，与其控股股东、实际控制人之间的股权控制关系结构图；

（二）收购人关于收购的决定及收购目的，是否拟在未来12个月内继续增持；

（三）上市公司的名称、收购股份的种类；

（四）预定收购股份的数量和比例；

（五）收购价格；

（六）收购所需资金额、资金来源及资金保证，或者其他支付安排；

（七）收购要约约定的条件；

（八）收购期限；

（九）报送收购报告书时持有被收购公司的股份数量、比例；

（十）本次收购对上市公司的影响分析，包括收购人及其关联方所从事的业务与上市公司的业务是否存在同业竞争或者潜在的同业竞争，是否存在持续关联交易；存在同业竞争或者持续关联交易的，收购人是否已作出相应的安排，确保收购人及其关联方与上市公司之间避免同业竞争以及保持上市公司的独立性；

（十一）未来12个月内对上市公司资产、业务、人员、组织结构、公司章程等进行调整的后续计划；

（十二）前24个月内收购人及其关联方与上市公司之间的重大交易；

（十三）前6个月内通过证券交易所的证券交易买卖被收购公司股票的情况；

（十四）中国证监会要求披露的其他内容。

收购人发出全面要约的，应当在要约收购报告书中充分披露终止上市的风险、终止上市后收购行为完成的时间及仍持有上市公司股份的剩余股东出售其股票的其他后续安排；收购人发出以终止公司上市地位为目的的全面要约，无须披露前款第（十）项规定的内容。

案例链接

❶《河南省温县怡光工贸集团有限责任公司诉黄河水资源保护科学研究所技术合同纠纷案》，参见北大法宝引证码：Pkulaw. cn/CLI. C. 271345。

学者观点

❶ 孙占利：《电子订约中要约邀请与要约的区别》，参见北大法宝引证码：Pkulaw. cn/CLI. A. 1117943。

❷ 孙占利：《电子要约若干法律问题探析》，参见北大法宝引证码：Pkulaw. cn/CLI. A. 1113657。

❸ 刘兆兴：《三大法系的要约与承诺制度》，参见北大法宝引证码：Pkulaw. cn/CLI. A. 199042。

❹ 高嵩：《谈谈美国合同法中的要约》，参见北大法宝引证码：Pkulaw. cn/CLI. A. 1111396。

【要约的有效期间】

法律问题解读

要约的有效期间是要约效力的存续期间，也是受要约人可以承诺的时间，所以又称之为承诺期限。在此期间之内，受要约人如果承诺，则合同成立；超过此期间未为承诺，则要约失去效力。

在要约开始生效的时间方面，存在发信主义和到达主义之分，我国《合同法》奉行到达主义：采用数据电文形式订立合同，收件人指定特定系统接收数据电文的，该数据电文进入该特定系统的时间，视为到达时间；未指定特定系统的，数据电文进入收件人的任何系统的首次时间，视为到达时间。这里所说的到达，应该是指要约到达受要约人可以接触、控制的地方，并非是指到达受要约人的手中。要约的存续时间应该视不同的情况作出判断：如果要约确定了承诺期限，应按此期限计算；而在要约未确定承诺期限时，如果是以对话的方式作出要约，除非当事人另有约定，应当及时作出承诺的意思表示；如果要约人在非对话要约中未确定具体时间，则应以通常合理的时间为承诺期间，所谓通常合理的时间，应包括要约到达受要约人的时间、为承诺所必要的时间和承诺到达要约人所必须的时间。

法条指引

❶《中华人民共和国合同法》（1999 年 10 月 1 日施行）

第十六条 要约到达受要约人时生效。

采用数据电文形式订立合同，收件人指定特定系统接收数据电文的，该数据电文进入该特定系统的时间，视为到达时间；未指定特定系统的，该数据电文进入收件人的任何系统的首次时间，视为到达时间。

第二十三条 承诺应当在要约确定的期限内到达要约人。

要约没有确定承诺期限的，承诺应当依照下列规定到达：

（一）要约以对话方式作出的，应当即时作出承诺，但当事人另有约定的除外；

（二）要约以非对话方式作出的，承诺应当在合理期限内到达。

❷《中华人民共和国证券法》（2005 年 10 月 27 日修订）

第九十条 收购人在依照前条规定报送上市公司收购报告书之日起十五日后，公告其收购要约。在上述期限内，国务院证券监督管理机构发现上市公司收购报告书不符合法律、行政法规定的，应当及时告知收购人，收购人不得公告其收购要约。

收购要约约定的收购期限不得少于三十日，并不得超过六十日。

❸《上市公司收购管理办法》（2008 年 8 月 27 日修订）

第三十七条 收购要约约定的收购期限不得少于 30 日，并不得超过 60 日；但是出现竞争要约的除外。

在收购要约约定的承诺期限内，收购人不得撤销其收购要约。

学者观点

❶ 黄积虹：《论合同订立的实质及其立法完善》，参见北大法宝引证码：Pkulaw. cn/CLI. A. 1133823。

【要约的法律效力】

法律问题解读

要约一经生效，要约人即受到它的约束。对

于受要约人而言,其取得承诺资格。要约在法律效力上包括形式拘束力和实质拘束力。前者是要约一经生效即对要约人所具有的拘束力;后者又被称为承诺适格,是指受要约人在要约生效时,即取得依照要约进行承诺而成立合同的法律地位。

我国合同法承认要约的形式拘束力,但在要约未生效前,要约人可以撤回,在符合生效条件时也可以撤销。当然,如果要约人错误地撤回或者撤销要约,应承担相应的民事责任。在要约的形式效力方面,如果要约人在要约中声明不受其拘束,对该声明是理解为仅仅是要约人可以自由地变更要约的内容或者撤回要约,抑或理解为受要约人作出承诺后,要约人也不受要约的拘束,我们认为前者较为适当。

要约的实质拘束力表现在以下几个方面:(1) 要约生效后,只有受要约人才享有承诺的权利,他人所为的承诺只能视为对要约人发出的新要约,不产生承诺的效力。(2) 承诺的权利不能作为继承的标的,也不能随意转让,否则,承诺对要约人不产生效力。(3) 受要约人有权决定是否承诺其所收到的要约,如果在要约有效期间内明确拒绝或者超过有效期间不予承诺,都会导致要约失去效力;即使要约人在要约中单方注明,不为明确拒绝即为承诺,除非法律另有规定或者当事人之间另有约定,同样不对受要约人产生效力;如果要约人于要约外寄送物品或者直接以寄送物品的方式为要约的,受要约人也没有接受或者保管这些物品的义务。

法条指引

❶《中华人民共和国合同法》(1999年10月1日施行)

第十六条 要约到达受要约人时生效。

采用数据电文形式订立合同,收件人指定特定系统接收数据电文的,该数据电文进入该特定系统的时间,视为到达时间;未指定特定系统的,该数据电文进入收件人的任何系统的首次时间,视为到达时间。

第十七条 要约可以撤回。撤回要约的通知应当在要约到达受要约人之前或者与要约同时到达受要约人。

第十八条 要约可以撤销。撤销要约的通知应当在受要约人发出承诺通知之前到达受要约人。

第二十三条 承诺应当在要约确定的期限内到达要约人。

要约没有确定承诺期限的,承诺应当依照下列规定到达:

(一) 要约以对话方式作出的,应当即时作出承诺,但当事人另有约定的除外;

(二) 要约以非对话方式作出的,承诺应当在合理期限内到达。

案例链接

❶《北京一对一管理顾问有限公司诉世界知识出版社等侵犯著作权纠纷案》,参见北大法宝引证码:Pkulaw.cn/CLI.C.27651。

❷《北京一对一管理顾问有限公司诉地震出版社著作权侵权纠纷案》,参见北大法宝引证码:Pkulaw.cn/CLI.C.16915。

学者观点

❶ 朱颖俐:《国际商事合同要约生效时间比较研究》,参见北大法宝引证码:Pkulaw.cn/CLI.A.119203。

【要约的撤回】

法律问题解读

要约的撤回是指要约人在发出要约后,在该要约生效前取消要约。撤回要约的通知应当在要约到达受要约人之前或者与要约同时到达受要约人。由于撤回是在要约到达受要约人之前或者与要约同时到达受要约人时作出的,撤回时要约并未生效,因此撤回要约不会影响到受要约人的利益,同时,允许要约人撤回要约也是对其利益和意志的尊重。

从严格意义上讲,要约的撤回并不是要约失效的原因,因为撤回要约的当时要约尚未产生效力,当然无所谓失去效力。实际上,要约的撤回是根据要约人的意志阻止要约产生效力的手段。

法条指引

❶《中华人民共和国合同法》(1999年10月1日施行)

第十七条 要约可以撤回。撤回要约的通知应当在要约到达受要约人之前或者与要约同时到达受要约人。

案例链接

❶《杨东海诉杨土兴等建设工程分包合同纠

纷案》，参见北大法宝引证码：Pkulaw. cn/CLI. C. 285386。

【要约的撤销】

法律问题解读

要约的撤销是指要约人在要约生效后，将该要约取消，从而使其效力归于消灭。撤销要约的通知应当在受要约人发出承诺通知之前到达受要约人。要约的撤销和撤回都意味着取消要约，并且都只能在承诺作出之前实施。二者的区别在于，撤回发生在要约生效之前，而撤销发生在要约已经到达并生效，但受要约人尚未作出承诺的期限之内。

允许要约人撤销要约能够有效地保护要约人的利益，减少不必要的损失，但是也应顾及受要约人的利益，所以在下列情况下，要约不得撤销：（一）要约人确定了承诺期限或者以其他形式明示要约不可撤销；（二）受要约人有理由认为要约是不可撤销的，并已经为履行合同作了准备工作。

法条指引

❶ 《中华人民共和国合同法》（1999年10月1日施行）

第十八条 要约可以撤销。撤销要约的通知应当在受要约人发出承诺通知之前到达受要约人。

第十九条 有下列情形之一的，要约不得撤销：

（一）要约人确定了承诺期限或者以其他形式明示要约不可撤销；

（二）受要约人有理由认为要约是不可撤销的，并已经为履行合同作了准备工作。

❷ 《中华人民共和国证券法》（2005年10月27日修订）

第九十一条 在收购要约确定的承诺期限内，收购人不得撤销其收购要约。收购人需要变更收购要约的，必须事先向国务院证券监督管理机构及证券交易所提出报告，经批准后，予以公告。

❸ 《上市公司收购管理办法》（2008年8月27日修订）

第三十七条 收购要约约定的收购期限不得少于30日，并不得超过60日；但是出现竞争要约的除外。

在收购要约约定的承诺期限内，收购人不得撤销其收购要约。

案例链接

❶ 《秦涛诉北京搜狐互联网信息服务有限公司其他合同纠纷案》，参见北大法宝引证码：Pkulaw. cn/CLI. C. 79379。

❷ 《浙江老蔡酒业有限公司与上海利比玻璃制品有限公司定作合同纠纷上诉案》，参见北大法宝引证码：Pkulaw. cn/CLI. C. 26760。

❸ 《李丽兰等与温叔流房屋买卖纠纷再审案》，参见北大法宝引证码：Pkulaw. cn/CLI. C. 33232。

❹ 《郭燕诉众弘公司买卖合同纠纷案》，参见北大法宝引证码：Pkulaw. cn/CLI. C. 47456。

学者观点

❶ 吴礼洪：《要约撤销权初探》，参见北大法宝引证码：Pkulaw. cn/CLI. A. 131059。

【要约法律效力的消灭】

法律问题解读

有下列情形之一的，要约的法律效力归于消灭：拒绝要约的通知到达要约人；要约人依法撤销要约；承诺期限届满，受要约人未作出承诺；受要约人对要约的内容作出实质性变更。

需要注意的是，要约是否因要约人或者受要约人死亡或者丧失民事行为能力而失去效力？《合同法》并未明确规定。我们认为，在要约人死亡或者丧失民事行为能力的情况下，如果要约人在要约中明确表明发生上述情况时要约失去效力或者受要约人在承诺之前即已知晓要约人死亡或者丧失民事行为能力的事实时，要约失去效力。否则原则上不妨碍要约的效力，除非合同必须由要约人本人履行。受要约人死亡或者丧失民事行为能力的情况，如果是在受要约人作出承诺之前发生的，要约对要约人当然不发生效力；如果是在受要约人作出承诺之后发生的，除非合同必须由受要约人本人履行，否则原则上也不妨碍要约的效力。

法条指引

❶ 《中华人民共和国合同法》（1999年10月1日施行）

第二十条 有下列情形之一的，要约失效：

（一）拒绝要约的通知到达要约人；
（二）要约人依法撤销要约；
（三）承诺期限届满，受要约人未作出承诺；
（四）受要约人对要约的内容作出实质性变更。

【要约邀请】

法律问题解读

要约邀请又被称之为要约引诱，是希望他人向自己发出要约的意思表示。要约邀请与要约存在很大的区别：在目的上，要约是希望和对方订立合同的意思表示，而要约邀请的目的是希望对方向自己发出要约；在内容上，要约必须确定、具体，应包括合同得以成立的必要条款，而要约邀请在内容上则无此要求；在效力上，要约人要受要约的约束，要约一经对方承诺，合同即告成立，而要约邀请则不能因对方的承诺而成立合同，要约邀请人也无须向对方承担任何法律责任。

在当事人并未明确自己的意思表示到底是要约邀请抑或要约的情况下，认定其性质可以参考如下标准：（1）根据法律的规定予以确定，例如《合同法》明确规定寄送的价目表、拍卖公告、招标公告、招股说明书等为要约邀请。（2）按照表示行为的内容加以确定，如果表示行为已经指明合同的内容，使对方可以经过承诺而成立合同的，为要约，否则应为要约邀请。（3）依照表示行为是否对对方的自身条件予以关注进行确定，若不予关注的，多为要约，如商店的销售行为；若注重对方的身份、信用、资历等自身条件的，多为要约邀请，如招聘职员的广告等。（4）按照交易习惯、一般的社会观念加以确定，如询问商品的价格应视为要约邀请。

法条指引

❶《中华人民共和国合同法》（1999年10月1日施行）

第十五条　要约邀请是希望他人向自己发出要约的意思表示。寄送的价目表、拍卖公告、招标公告、招股说明书、商业广告等为要约邀请。

商业广告的内容符合要约规定的，视为要约。

❷《中华人民共和国拍卖法》（2004年8月28日修正）

第四十五条　拍卖人应当于拍卖日七日前发布拍卖公告。

第四十六条　拍卖公告应当载明下列事项：
（一）拍卖的时间、地点；
（二）拍卖标的；
（三）拍卖标的展示时间、地点；
（四）参与竞买应当办理的手续；
（五）需要公告的其他事项。

第四十七条　拍卖公告应当通过报纸或者其他新闻媒介发布。

❸《中华人民共和国招标投标法》（2000年1月1日施行）

第十六条　招标人采用公开招标方式的，应当发布招标公告。依法必须进行招标的项目的招标公告，应当通过国家指定的报刊、信息网络或者其他媒介发布。

招标公告应当载明招标人的名称和地址、招标项目的性质、数量、实施地点和时间以及获取招标文件的办法等事项。

❹《中华人民共和国公司法》（2006年1月1日施行）

第八十七条　招股说明书应当附有发起人制订的公司章程，并载明下列事项：
（一）发起人认购的股份数；
（二）每股的票面金额和发行价格；
（三）无记名股票的发行总数；
（四）募集资金的用途；
（五）认股人的权利、义务；
（六）本次募股的起止期限及逾期未募足时认股人可以撤回所认股份的说明。

第八十八条　发起人向社会公开募集股份，应当由依法设立的证券公司承销，签订承销协议。

❺《中华人民共和国商品房销售管理办法》（2001年6月1日施行）

第十五条　房地产开发企业、房地产中介服务机构发布的商品房销售广告和宣传资料所明示的事项，当事人应当在商品房买卖合同中约定。

❻最高人民法院《关于审理商品房买卖合同纠纷案件适用法律若干问题的解释》（2003年6月1日施行）

第三条　商品房的销售广告和宣传资料为要约邀请，但是出卖人就商品房开发规划范围内的房屋及相关设施所作的说明和允诺具体确定，并对商品房买卖合同的订立以及房屋价格的确定有重大影响的，应当视为要约。该说明和允诺即使未载入商品房买卖合同，亦应当视为合同内容，当事人违反的，应当承担违约责任。

案例链接

❶《王光玉诉作家出版社侵犯著作权纠纷案》,参见北大法宝引证码:Pkulaw. cn/CLI. C. 291029。

❷《温州银行股份有限公司诉吴培柱信用卡纠纷案》,参见北大法宝引证码:Pkulaw. cn/CLI. C. 227417。

❸《交通银行股份有限公司温州分行诉朱胜利信用卡纠纷案》,参见北大法宝引证码:Pkulaw. cn/CLI. C. 228248。

❹《中国大地财产保险股份有限公司赣州中心支公司与龙南县王记健身旅游休闲有限公司保险合同纠纷上诉案》,参见北大法宝引证码:Pkulaw. cn/CLI. C. 253002。

学者观点

❶ 孙占利:《电子订约中要约邀请与要约的区别》,参见北大法宝引证码:Pkulaw. cn/CLI. A. 1117943。

❷ 隋彭生:《论要约邀请的效力及容纳规则》,参见北大法宝引证码:Pkulaw. cn/CLI. A. 1142397。

❸ 蒋笃亮、马治国:《网页信息,要约?要约邀请?》,参见北大法宝引证码:Pkulaw. cn/CLI. A. 118802。

【商业广告的性质】

法律问题解读

根据《合同法》的规定,商业广告一般为要约邀请,在其内容符合要约规定的情况下,视为要约。所谓符合要约规定,即商业广告表达了希望和收到广告者订立合同的愿望,并且其内容具体确定,表明一经相对人承诺,广告发出者即受该意思表示的约束。

商业广告原则上属于要约邀请,是因为一般情况下它不含有可能订立的合同的全部必要条款,收到广告者也就无法进行承诺;另外,收到广告者人数众多,若都能据此承诺,并要求收到广告者受同样的履行约束,则有可能出现广告发出者难以履行的情况。只有在商业广告本身内容具体确定,同时广告发出者表达了收到者不需要与之进行进一步的商谈即可订立合同的意思表示。与商业广告对应的广告是悬赏广告,我国《合同法》未对之性质进行明确界定,理论界对此也有不同的见解。悬赏广告是以广告声明对完成一定行为的人给予报酬的广告。英美法系国家的法律认为其为要约,大陆法系国家的法律却存在严重分歧。有的大陆法系国家的法律认为其为要约,相对人完成广告要求的内容即为承诺,广告发出者应对其负担合同上的给付义务;也有的将悬赏广告作为单方法律行为,即使完成广告内容者并不知悉广告,也就是在未与广告发出者达成合意的情况下,也有权要求广告上载明的报酬。我们认为,将悬赏广告视为要约在实践中处理此类纠纷较为简便易行。

法条指引

❶《中华人民共和国合同法》(1999 年 10 月 1 日施行)

第十五条 要约邀请是希望他人向自己发出要约的意思表示。寄送的价目表、拍卖公告、招标公告、招股说明书、商业广告等为要约邀请。

商业广告的内容符合要约规定的,视为要约。

❷《中华人民共和国商品房销售管理办法》(2001 年 6 月 1 日施行)

第十五条 房地产开发企业、房地产中介服务机构发布的商品房销售广告和宣传资料所明示的事项,当事人应当在商品房买卖合同中约定。

❸ 最高人民法院《关于审理商品房买卖合同纠纷案件适用法律若干问题的解释》(2003 年 6 月 1 日施行)

第三条 商品房的销售广告和宣传资料为要约邀请,但是出卖人就商品房开发规划范围内的房屋及相关设施所作的说明和允诺具体确定,并对商品房买卖合同的订立以及房屋价格的确定有重大影响的,应当视为要约。该说明和允诺即使未载入商品房买卖合同,亦应当视为合同内容,当事人违反的,应当承担违约责任。

案例链接

❶《安阳市大鼎劳务输出有限公司与张金涛劳务输出合同纠纷上诉案》,参见北大法宝引证码:Pkulaw. cn/CLI. C. 270401。

❷《唐宁与新华人寿保险股份有限公司北京分公司人身保险合同纠纷上诉案》,参见北大法宝引证码:Pkulaw. cn/CLI. C. 177744。

❸《广州市天信物业管理有限公司与广东南方拍卖行有限公司等侵权损害赔偿纠纷上诉案》,

参见北大法宝引证码：Pkulaw. cn/CLI. C. 118932。

❹《俞兴超等诉上海新黄浦置业股份有限公司商品房预售合同案》，参见北大法宝引证码：Pkulaw. cn/CLI. C. 235568。

【承诺】

法律问题解读

承诺是受要约人同意要约的意思表示，它是当事人订立合同的又一必经过程。承诺生效时合同即成立。

承诺必须由受要约人作出，受要约人可以亲自承诺，也可以委托他人代为承诺。其他人作出的承诺仅应视为向要约人发出的一项要约，而不能构成有效的承诺。这一方面是基于要约的实质拘束力；另一方面，承诺人是要约人选择的，如允许其他人进行承诺有可能会违背要约人的意志。承诺必须向要约人或者要约人指定的代理人作出，向非要约人作出的意思表示，应视为独立的要约而不构成承诺。承诺的内容应当与要约的内容一致，受要约人对要约的内容作出实质性变更的，为新要约。承诺对要约的内容作出非实质性变更的，除要约人及时表示反对或者要约表明承诺不得对要约的内容作出任何变更的以外，该承诺有效，合同的内容以承诺的内容为准。所谓对要约内容的实质性变更是指有关合同标的、数量、质量、价款或者报酬、履行期限、履行地点和方式、违约责任和解决争议方法等的变更。承诺必须在承诺期间内作出。

法条指引

❶《中华人民共和国合同法》（1999年10月1日施行）

第二十一条 承诺是受要约人同意要约的意思表示。

第二十三条 承诺应当在要约确定的期限内到达要约人。

要约没有确定承诺期限的，承诺应当依照下列规定到达：

（一）要约以对话方式作出的，应当即时作出承诺，但当事人另有约定的除外；

（二）要约以非对话方式作出的，承诺应当在合理期限内到达。

第二十五条 承诺生效时合同成立。

第三十条 承诺的内容应当与要约的内容一致。受要约人对要约的内容作出实质性变更的，为新要约。有关合同标的、数量、质量、价款或者报酬、履行期限、履行地点和方式、违约责任和解决争议方法等的变更，是对要约内容的实质性变更。

第三十一条 承诺对要约的内容作出非实质性变更的，除要约人及时表示反对或者要约表明承诺不得对要约的内容作出任何变更的以外，该承诺有效，合同的内容以承诺的内容为准。

❷《上市公司收购管理办法》（2006年9月1日施行）

第四十二条 同意接受收购要约的股东（以下简称预受股东），应当委托证券公司办理预受要约的相关手续。收购人应当委托证券公司向证券登记结算机构申请办理预受要约股票的临时保管。证券登记结算机构临时保管的预受要约的股票，在要约收购期间不得转让。

前款所称预受，是指被收购公司股东同意接受要约的初步意思表示，在要约收购期限内不可撤回之前不构成承诺。在要约收购期限届满3个交易日前，预受股东可以委托证券公司办理撤回预受要约的手续，证券登记结算机构根据预受要约股东的撤回申请解除对预受要约股票的临时保管。在要约收购期限届满前3个交易日内，预受股东不得撤回其对要约的接受。在要约收购期限内，收购人应当每日在证券交易所网站上公告已预受收购要约的股份数量。

出现竞争要约时，接受初始要约的预受股东撤回全部或者部分预受的股份，并将撤回的股份售予竞争要约人的，应当委托证券公司办理撤回预受初始要约的手续和预受竞争要约的相关手续。

案例链接

❶《郑州水工混凝土机械有限公司与郑州东方混凝土有限公司承揽合同纠纷上诉案》，参见北大法宝引证码：Pkulaw. cn/CLI. C. 287907。

学者观点

❶ 李军：《从"强制缔约"到"承诺在先"》，参见北大法宝引证码：Pkulaw. cn/CLI. A. 1109020。

❷ 余子新：《承诺附加条件之比较研究》，参见北大法宝引证码：Pkulaw. cn/CLI. A. 119632。

❸ 韩世远：《默示的承诺与意思实现》，参见北大法宝引证码：Pkulaw. cn/CLI. A. 1115790。

❹ 康拉德·茨威格特、海因·克茨、孙宪忠：

《三大法系的要约与承诺制度》,参见北大法宝引证码：Pkulaw. cn/CLI. A. 160332。

【承诺的方式】

法律问题解读

承诺必须以某种方式将承诺的意思表示送达要约人,承诺的方式就是承诺人（受要约人）回应要约的意思表示借以表达的方式。如果要约对承诺的作出和送达方式有明确的规定,根据要约的拘束力和意思自治原则,承诺自应遵从该规定。当然,如果承诺人采取的方式较要约要求的方式更快捷地到达要约人也应该允许。如果要约中未对承诺的方式作出明确要求,承诺一般应以向要约人发出承诺通知的方式作出,但是,根据交易习惯或者要约表明可以通过行为承诺的除外。

需要注意的是,沉默或者不行为一般不能作为承诺的方式,否则可能会构成对当事人自由意志的违背,因为在沉默或者不行为的情况下,外界无法据以判断受要约人是否接受要约的内容,如果轻易允许其作为承诺的方式,可能与受要约人的真实意思相反,从而导致对其不利的后果。当然,对有些沉默或者不行为的情况应作具体分析,特殊情况下也可视为承诺,主要有以下几种：受要约人曾经向要约人发出过要约邀请,其中明确表示在对方发出要约后的规定期限内己方不作答复则视为承诺,此种情况,沉默或者不行为可以构成承诺。当事人之间在经过磋商后已达成了初步协议,一方更改了初步协议中的某些条款,并要求对方作出答复,并提出如不在规定的时间内答复则视为接受,这时,修改初步协议的一方已经对对方产生合理信赖,在这种情况下,也可以根据具体案情,将沉默或者不行为视作承诺。如果当事人先前的交易习惯或者当地的交易习惯将沉默或者不行为作为承诺方式的应该允许。按照法律规定负担承诺义务的人,如果未拒绝要约也应视为承诺。

法条指引

❶《中华人民共和国合同法》（1999年10月1日施行）

第二十二条　承诺应当以通知的方式作出,但根据交易习惯或者要约表明可以通过行为作出承诺的除外。

案例链接

❶《中国人寿股份有限公司辉县支公司与申海清不当得利纠纷上诉案》,参见北大法宝引证码：Pkulaw. cn/CLI. C. 283459。

❷《商城县金桥建筑工程有限公司与北京华尔信物资供应公司等租赁合同纠纷上诉案》,参见北大法宝引证码：Pkulaw. cn/CLI. C. 189778。

❸《蒋刚与张世雄股权转让纠纷上诉案》,参见北大法宝引证码：Pkulaw. cn/CLI. C. 234091。

学者观点

❶ 冉克平：《论强制缔约制度》,参见北大法宝引证码：Pkulaw. cn/CLI. A. 1142637。

❷ 易军、宁红丽：《强制缔约制度研究》,参见北大法宝引证码：Pkulaw. cn/CLI. A. 1123269。

❸ 朱遂斌、陈源源：《电子商务合同成立的法律问题》,参见北大法宝引证码：Pkulaw. cn/CLI. A. 115321。

【承诺的期限】

法律问题解读

承诺的期限对于要约承诺的双方当事人利益攸关。在要约明确了承诺期限的情况下,承诺应当在要约确定的期限内到达要约人。在要约没有确定承诺期限的情况下,如果要约以对话方式作出,应当即时作出承诺,但当事人另有约定的除外；如果要约以非对话方式作出,承诺应当在合理期限内到达。

上文所谓合理期限应当根据交易性质、交易习惯和要约采用的传递方式进行综合考虑予以确定。要约以信件或者电报作出的,承诺期限自信件载明的日期或者电报交发之日开始计算；信件未载明日期的,自投寄该信件的邮戳日期开始计算；要约以电话、传真等快速通信方式作出的,承诺期限自要约到达受要约人时开始计算。

法条指引

❶《中华人民共和国合同法》（1999年10月1日施行）

第二十三条　承诺应当在要约确定的期限内到达要约人。

要约没有确定承诺期限的,承诺应当依照下

列规定到达：

（一）要约以对话方式作出的，应当即时作出承诺，但当事人另有约定的除外；

（二）要约以非对话方式作出的，承诺应当在合理期限内到达。

第二十四条 要约以信件或者电报作出的，承诺期限自信件载明的日期或者电报交发之日开始计算。信件未载明日期的，自投寄该信件的邮戳日期开始计算。要约以电话、传真等快速通讯方式作出的，承诺期限自要约到达受要约人时开始计算。

案例链接

❶《温州银行股份有限公司诉吴培柱信用卡纠纷案》，参见北大法宝引证码：Pkulaw. cn/CLI. C. 227417。

【承诺生效的时间】

法律问题解读

由于承诺生效时合同成立，故承诺生效的时间对当事人极其重要。与要约生效时间的规则一样，承诺生效时间的规则也有到达主义和发信主义之分。我国《合同法》采用的是到达主义：承诺通知到达要约人时生效；承诺不需要通知的，根据交易习惯或者要约的要求作出承诺的行为时生效。采用数据电文形式订立合同，收件人指定特定系统接收数据电文的，该数据电文进入该特定系统的时间，视为到达时间；未指定特定系统的，该数据电文进入收件人的任何系统的首次时间，视为到达时间。

根据到达主义，要约人在收到承诺人的承诺通知时，承诺生效。在此之前，由于邮局或者其他原因导致承诺丢失或者延误的后果，一律由承诺人承担。

法条指引

❶《中华人民共和国合同法》（1999年10月1日施行）

第二十六条 承诺通知到达要约人时生效。承诺不需要通知的，根据交易习惯或者要约的要求作出承诺的行为时生效。

采用数据电文形式订立合同的，承诺到达的时间适用本法第十六条第二款的规定。

案例链接

❶《李九州诉裴三合租赁合同纠纷案》，参见北大法宝引证码：Pkulaw. cn/CLI. C. 285506。

❷《王玉杰与郑州市金水区庙李镇陈砦村村民委员会招投标合同纠纷上诉案》，参见北大法宝引证码：Pkulaw. cn/CLI. C. 250321。

❸《邹焕巨诉邹海滨等民间借贷纠纷案》，参见北大法宝引证码：Pkulaw. cn/CLI. C. 226743。

❹《岑荣钿诉王林军等民间借贷纠纷案》，参见北大法宝引证码：Pkulaw. cn/CLI. C. 227076。

学者观点

❶ 李锡鹤：《合同理论的两个疑问》，参见北大法宝引证码：Pkulaw. cn/CLI. A. 1144265。

❷ 张榕、米良：《中国合同法与马来西亚合同法之比较研究》，参见北大法宝引证码：Pkulaw. cn/CLI. A. 1127831。

【承诺的撤回】

法律问题解读

承诺的撤回是受要约人（承诺人）在发出承诺之后并且在承诺生效之前采取一定的行为将承诺取消，使其失去效力。根据到达主义，受要约人发出承诺通知后可以将其撤回，只要撤回的通知早于或者同时与承诺通知到达要约人。允许受要约人在一定条件下撤回承诺符合其意志，也有利于当事人根据市场交易的变化而作出是否缔约的决定，以实现其利益。而根据发信主义，承诺在承诺通知发出之后即生效，承诺人不可能撤回其承诺通知。

法条指引

❶《中华人民共和国合同法》（1999年10月1日施行）

第二十七条 承诺可以撤回。撤回承诺的通知应当在承诺通知到达要约人之前或者与承诺通知同时到达要约人。

学者观点

❶ 陈煜、彭俊瑜：《刍议网络电子合同中要约和承诺的法律问题》，参见北大法宝引证码：Pkulaw. cn/CLI. A. 181839。

❷ 蔡庆辉:《〈合同法〉若干问题比较研究》,参见北大法宝引证码:Pkulaw. cn/CLI. A. 1116979。

【因主观原因导致的逾期承诺】

法律问题解读

因主观原因导致的逾期承诺是指受要约人知道或者应该知道其承诺逾期,即此种逾期是由受要约人的主观过错造成的。它有两种情况:(1) 受要约人超过承诺期限发出承诺,该承诺到达要约人时也超过了承诺期限;(2) 受要约人在承诺期限内发出承诺,但是在通常情况下该承诺不可能在承诺期限内到达要约人。我国《合同法》只规定了第一种情况,我们认为,对第二种情况的处理应与第一种相同。

因主观原因导致的逾期承诺到达受要约人时已经超出了承诺期限,影响到要约人希望从合同中应取得的期限利益时,尽管要约人收到了承诺,为了保护要约人的利益,也不能因此认定该承诺当然有效,从而对要约人产生拘束力。这时,要约人有权决定该承诺的效力:要约人可以通过及时通知受要约人的方式承认该承诺有效;也可以不对该承诺作任何的意思表示,在这种情况下,该承诺不产生效力,而成为新要约,在当事人之间产生新的要约法律关系。

法条指引

❶《中华人民共和国合同法》(1999 年 10 月 1 日施行)

第二十八条　受要约人超过承诺期限发出承诺的,除要约人及时通知受要约人该承诺有效的以外,为新要约。

案例链接

❶《黄岩第三罐头厂诉宁波工艺品公司买卖合同中传真是要约还要约邀请案》,参见北大法宝引证码:Pkulaw. cn/CLI. C. 26198。

学者观点

❶ 杜小清:《关于合同成立的比较研究》,参见北大法宝引证码:Pkulaw. cn/CLI. A. 177942。

【因客观原因导致的逾期承诺】

法律问题解读

因客观原因导致的逾期承诺是指受要约人在承诺期限内发出承诺,按照通常情形能够及时到达要约人,但因其他原因承诺到达要约人时出现超过承诺期限的情况。通常情形应该根据具体情况,结合具体的交易习惯来认定。这里所说的其他原因是要约人预料之外的原因,也即受要约人对该事由的发生无主观上的过错。

在上述情况下,受要约人并不知道也不应知道其承诺已经逾期,其作为善意的一方,可能还在为合同的履行作准备,如果一概将这种逾期承诺认定为无效,可能会给其带来较大的损失。而如果一概将这种逾期承诺认定为有效,可能会对要约人产生不利。为了平衡要约人和受要约人的利益,《合同法》规定,如果要约人不愿接受该承诺的约束应承担通知的义务,否则,该承诺有效。即除要约人及时通知受要约人因承诺超过期限不接受该承诺的以外,该承诺有效。

法条指引

❶《中华人民共和国合同法》(1999 年 10 月 1 日施行)

第二十九条　受要约人在承诺期限内发出承诺,按照通常情形能够及时到达要约人,但因其他原因承诺到达要约人时超过承诺期限的,除要约人及时通知受要约人因承诺超过期限不接受该承诺的以外,该承诺有效。

学者观点

❶ 黄亚英、韩汉卿:《对国际货物销售中承诺制度的研究》,参见北大法宝引证码:Pkulaw. cn/CLI. A. 1114891。

❷ 朱兴榜:《国际货物买卖合同的要约与承诺》,参见北大法宝引证码:Pkulaw. cn/CLI. A. 125639。

【承诺对要约的变更】

法律问题解读

对要约的变更包括实质性变更和非实质性变更。有关合同标的、数量、质量、价款或者报酬、履行期限、履行地点和方式、违约责任和解决争议方法等的变更，是对要约内容的实质性变更。对要约其他内容的变更为非实质性变更。下列情况应属于非实质性变更：承诺的用语与要约的用语略有出入；承诺对要约附加了某些要求，如要求要约人提供交易商品的质量保证书；承诺中附加了某些法定义务，如要求要约人保证商品的质量；承诺人明确表示同意要约的内容，同时也表达了某种心态，如怨言等。

传统理论认为，承诺的内容应当与要约的内容完全一致，承诺必须是无条件的承诺，不得对要约的内容作任何限制、扩张或者变更，否则不构成承诺，应视为对原要约的拒绝并作出一项新的要约，即反要约。我国《合同法》顺应了现代立法的潮流，对要约的实质性变更和非实质性变更的法律后果作出了不同的规定：受要约人对要约的内容作出实质性变更的，为新要约；承诺对要约的内容作出非实质性变更的，除要约人及时表示反对或者要约表明承诺不得对要约的内容作出任何变更的以外，该承诺有效，合同的内容以承诺的内容为准。

法条指引

❶《中华人民共和国合同法》（1999年10月1日施行）

第三十条　承诺的内容应当与要约的内容一致。受要约人对要约的内容作出实质性变更的，为新要约。有关合同标的、数量、质量、价款或者报酬、履行期限、履行地点和方式、违约责任和解决争议方法等的变更，是对要约内容的实质性变更。

第三十一条　承诺对要约的内容作出非实质性变更的，除要约人及时表示反对或者要约表明承诺不得对要约的内容作出任何变更的以外，该承诺有效，合同的内容以承诺的内容为准。

【合同成立的时间】

法律问题解读

我国《合同法》关于合同成立的时间有两条规定：承诺生效时合同成立；当事人采用合同书形式订立合同的，自双方当事人签字或者盖章时合同成立。对合同成立时间的理解应结合这两条规定进行。

合同是当事人之间意思一致的产物，当事人订立合同有两个阶段：一为要约；二为承诺。故有承诺生效时合同成立的规定。采用合同书的形式订立合同的，双方当事人的签字或者盖章是意思一致的表现，故以双方当事人签字或者盖章的时间作为合同成立的时间。而不是受承诺人的承诺到达要约人的时间，如果双方当事人签字或者盖章不在同一时间的，最后签字或者盖章的时间为合同成立的时间。需要注意的是，根据《合同法》的文义，在合同书上签字、盖章或者在合同书上同时签字及盖章应具有同等效力。

法条指引

❶《中华人民共和国合同法》（1999年10月1日施行）

第二十五条　承诺生效时合同成立。

第三十二条　当事人采用合同书形式订立合同的，自双方当事人签字或者盖章时合同成立。

案例链接

❶《重庆云河实业（集团）有限公司忠州水轮机厂与忠县鑫嘉源水力发电有限公司索道工程合同纠纷上诉案》，参见北大法宝引证码：Pkulaw. cn/CLI. C. 290863。

❷《北京亚光亚装饰工程有限责任公司与石群峰联营合同纠纷上诉案》，参见北大法宝引证码：Pkulaw. cn/CLI. C. 179903。

❸《成树红与刘继安买卖合同纠纷上诉案》，参见北大法宝引证码：Pkulaw. cn/CLI. C. 158880。

❹《南昌天吉铝塑门窗有限公司诉中南安源镀膜玻璃（萍乡）有限公司加工承揽合同纠纷案》，参见北大法宝引证码：Pkulaw. cn/CLI. C. 93999。

学者观点

❶ 李巍：《若干国际货物销售合同成立争议案的讨论》，参见北大法宝引证码：Pkulaw. cn/CLI. A. 128076。

❷ 尹飞：《合同成立与生效区分的再探讨》，参见北大法宝引证码：Pkulaw. cn/CLI. A. 1123264。

❸ 王宏、范明志：《自然人在订立合同过程中死亡或丧失行为能力对合同成立的影响》，参见北大法宝引证码：Pkulaw. cn/CLI. A. 1112251。

❹ 王全弟、孔向荣：《合同成立与生效的区别》，参见北大法宝引证码：Pkulaw. cn/CLI. A. 1125375。

【合同确认书】

法律问题解读

当事人采用信件、数据电文等形式订立合同的，可以在合同成立之前要求签订确认书。所谓数据电文形式包括电报、电传、传真、电子数据交换和电子邮件等可以有形地表现所载内容的形式。

根据《合同法》的规定可知，签订确认书的要求只能在要约或者承诺的阶段提出。如果在有效的承诺已经作出后，一方才提出要求签订确认书，则属于合同变更的意思表示，因为合同已经成立，故不能以未签订确认书为由主张合同不成立。当事人采用信件、数据电文等形式订立合同的，可以在合同成立之前要求签订确认书，签订确认书时合同成立。这时合同成立的时间以最后一方当事人签字或者盖章的时间为准。

法条指引

❶《中华人民共和国合同法》（1999年10月1日施行）

第十一条 书面形式是指合同书、信件和数据电文（包括电报、电传、传真、电子数据交换和电子邮件）等可以有形地表现所载内容的形式。

第三十二条 当事人采用合同书形式订立合同的，自双方当事人签字或者盖章时合同成立。

第三十三条 当事人采用信件、数据电文等形式订立合同的，可以在合同成立之前要求签订确认书。签订确认书时合同成立。

案例链接

❶《唐红星诉张冰伟等房屋买卖合同纠纷案》，参见北大法宝引证码：Pkulaw.cn/CLI.C.225593。

❷《台州市黄岩炜大塑料机械有限公司与上海捷宝金属材料有限公司买卖合同纠纷上诉案》，参见北大法宝引证码：Pkulaw.cn/CLI.C.252209。

❸《上海索村卫浴设备有限公司与东方家园有限公司买卖合同纠纷上诉案》，参见北大法宝引证码：Pkulaw.cn/CLI.C.204536。

❹《上海某金属制品有限公司诉上海某1精密模具有限公司买卖合同纠纷案》，参见北大法宝引证码：Pkulaw.cn/CLI.C.206388。

【合同成立的地点】

法律问题解读

合同成立的地点在诉讼法上具有非常重要的意义。合同成立的地点与合同成立的时间有着十分紧密的联系，所以，确定该地点应结合合同成立的时间。一般而言，合同成立时的地点即为合同成立的地点，而承诺生效时合同即成立，所以原则上承诺生效的地点为合同成立的地点。另外，根据《合同法》的规定，采用数据电文形式订立合同的，收件人的主营业地为合同成立的地点；没有主营业地的，其经常居住地为合同成立的地点；当事人另有约定的，按照其约定。

当事人采用合同书形式订立合同的，合同成立的时间是双方当事人签字或者盖章时，基于此，合同成立的地点也应当为双方当事人签字或者盖章的地点。

法条指引

❶《中华人民共和国合同法》（1999年10月1日施行）

第十三条 当事人订立合同，采取要约、承诺方式。

第十六条 要约到达受要约人时生效。

采用数据电文形式订立合同，收件人指定特定系统接收数据电文的，该数据电文进入该特定系统的时间，视为到达时间；未指定特定系统的，该数据电文进入收件人的任何系统的首次时间，视为到达时间。

第二十五条 承诺生效时合同成立。

第二十六条 承诺通知到达要约人时生效。承诺不需要通知的，根据交易习惯或者要约的要求作出承诺的行为时生效。

采用数据电文形式订立合同的，承诺到达的时间适用本法第十六条第二款的规定。

第三十二条 当事人采用合同书形式订立合同的，自双方当事人签字或者盖章时合同成立。

第三十四条 承诺生效的地点为合同成立的地点。

采用数据电文形式订立合同的，收件人的主营业地为合同成立的地点；没有主营业地的，其经常居住地为合同成立的地点。当事人另有约定的，按照其约定。

第三十五条 当事人采用合同书形式订立合

同的，双方当事人签字或者盖章的地点为合同成立的地点。

案例链接

❶《宁波波导股份有限公司诉艾睿电子中国有限公司货物买卖合同纠纷案》，参见北大法宝引证码：Pkulaw. cn/CLI. C. 51451。

【没有签字或者盖章订立的合同】

法律问题解读

《合同法》规定，当事人采用合同书形式订立合同的，自双方当事人签字或者盖章时合同成立。对此不能反推，即不能认为，只要双方当事人未在合同书上签字或者盖章，合同就不成立。采用合同书形式订立合同，在签字或者盖章之前，当事人一方已经履行主要义务，并且对方接受的，该合同也成立。

需要注意的是，没有在合同书上签字或者盖章有下列情况，在效果上要根据具体情况加以认定：第一种是只有一方当事人在合同书上签字或者盖章了，如果一方（不论是否是签字或者盖章的一方）履行了合同的主要义务并且为对方所接受，该合同成立，而不论接受方是否履行了其应负的义务；第二种是只有一方当事人在合同书上签字或者盖章了，如果一方（不论是否是签字或者盖章的一方）履行了合同的主要义务但不为对方所接受，该合同不成立；第三种是只有一方当事人在合同书上签字或者盖章了，但是双方当事人都未履行合同的主要义务，该合同不成立；第四种是双方当事人均未在合同书上签字或者盖章，但是当事人一方已经履行了其主要义务而且为对方所接受的，该合同成立，而不论接受方是否履行了其应负的义务；第五种是双方当事人均未在合同书上签字或者盖章，当事人一方已经履行了其主要义务但不为对方所接受的，该合同不成立；第六种是双方当事人均未在合同书上签字或者盖章，双方当事人也都未履行合同的主要义务，该合同不成立。

法条指引

❶《中华人民共和国合同法》（1999年10月1日施行）

第三十七条 采用合同书形式订立合同，在签字或者盖章之前，当事人一方已经履行主要义务，对方接受的，该合同成立。

案例链接

❶《姜敏等诉吴克继等劳务中介合同纠纷案》，参见北大法宝引证码：Pkulaw. cn/CLI. C. 199146。

❷《内蒙古荣峰贸易有限责任公司诉北京市燕山水泥有限公司买卖合同纠纷案》，参见北大法宝引证码：Pkulaw. cn/CLI. C. 205203。

❸《浙江祥华房地产有限公司与衢州金泰建筑工程有限公司建设工程施工合同纠纷上诉案》，参见北大法宝引证码：Pkulaw. cn/CLI. C. 209480。

【缔约上过失责任】

法律问题解读

缔约上过失责任，是指在合同订立过程中，一方因违背其依据诚实信用原则所应负的义务，而致另一方的信赖利益损失时所应承担的民事责任。

缔约上过失责任发生在合同订立的过程中。只有在合同尚未成立，或者虽然成立，但是因为不符合法定生效要件而被确认为无效或者被撤销时，缔约人才承担缔约上过失责任。如果合同已经成立，但是其为附生效条件的合同，因条件不成就而尚未发生效力，所产生的责任当为合同责任，而非缔约上过失责任。需要注意的是，缔约上过失责任虽然发生在合同成立之前，但是它要求当事人之间已经进行某种缔约联系并实际展开缔约活动。

缔约上过失责任产生的前提是一方违背基于诚实信用原则所应负的义务。依据诚实信用原则，在缔约过程中，在当事人之间产生一定的附随义务，即先合同义务。先合同义务主要包括以下几种：与合同订立有关的重要事项的告知义务；相互协作和保护的义务，即缔约当事人在缔约之际应尽必要的注意，尽力保护对方的利益，尽可能地为其提供方便；忠实与保密义务，即当事人在缔约之际，不得欺诈、胁迫以及滥用优势地位，也不得随意泄露其在缔约过程中知晓的对方的商业秘密。从这个角度看，缔约上过失责任就是故意或者过失地违反这些先合同义务所产生的民事责任。

缔约上过失责任以造成相对方信赖利益损失为前提。信赖利益又被称为消极利益或者消极合同利益，指一方当事人信赖合同成立或者有效但因为合同不成立而蒙受的损失。它包括因对方的缔约过错行为致使其财产直接减少，如为了缔结合同所支付的差旅费等有关费用；也包括信赖人的财产应增加而未增加的利益，如信赖合同有效而失去的其他可以获得的机会等。当然，对合同成立或者有效的信赖必须合理，否则不能通过缔约上过失责任主张赔偿。

法条指引

❶《中华人民共和国合同法》（1999年10月1日施行）

第四十二条　当事人在订立合同过程中有下列情形之一，给对方造成损失的，应当承担损害赔偿责任：

（一）假借订立合同，恶意进行磋商；

（二）故意隐瞒与订立合同有关的重要事实或者提供虚假情况；

（三）有其他违背诚实信用原则的行为。

第四十三条　当事人在订立合同过程中知悉的商业秘密，无论合同是否成立，不得泄露或者不正当地使用。泄露或者不正当地使用该商业秘密给对方造成损失的，应当承担损害赔偿责任。

❷最高人民法院《关于适用〈中华人民共和国合同法〉若干问题的解释（二）》（2009年5月13日施行）

第八条　依照法律、行政法规的规定经批准或者登记才能生效的合同成立后，有义务办理申请批准或者申请登记等手续的一方当事人未按照法律规定或者合同约定办理申请批准或者未申请登记的，属于合同法第四十二条第（三）项规定的"其他违背诚实信用原则的行为"，人民法院可以根据案件的具体情况和相对人的请求，判决相对人自己办理有关手续；对方当事人对由此产生的费用和给相对人造成的实际损失，应当承担损害赔偿责任。

案例链接

❶《沈以标等与薛世蓉股权转让纠纷上诉案》，参见北大法宝引证码：Pkulaw. cn/CLI. C. 280001。

❷《丁汝等诉徐根浩等民间借贷纠纷案》，参见北大法宝引证码：Pkulaw. cn/CLI. C. 231323。

❸《施明诉陈新昌等民间借贷纠纷案》，参见北大法宝引证码：Pkulaw. cn/CLI. C. 234598。

❹《康泰公司诉新华保险公司保险合同纠纷案》，参见北大法宝引证码：Pkulaw. cn/CLI. C. 234069。

学者观点

❶ 冉克平：《缔约过失责任性质新论》，参见北大法宝引证码：Pkulaw. cn/CLI. A. 1142810。

❷ 李中原：《缔约过失责任之独立性质疑》，参见北大法宝引证码：Pkulaw. cn/CLI. A. 1117783。

❸ 雷继平：《缔约过失责任制度及在审判实践中的适用》，参见北大法宝引证码：Pkulaw. cn/CLI. A. 159780。

❹ 梁春海、刘晓军：《缔约过失责任概念辨析》，参见北大法宝引证码：Pkulaw. cn/CLI. A. 119917。

【缔约上过失责任与违约责任】

法律问题解读

缔约上过失责任与违约责任的区别主要表现在以下方面：

1. 发生的时间不同。缔约上过失责任发生在合同缔结阶段；违约责任则发生在合同有效成立之后。

2. 性质不同。缔约上过失责任是一种法定的损害赔偿责任，其目的是解决没有合同关系的情况下因一方的过错而造成另一方信赖利益损失的问题；违约责任则可以由当事人自行约定，如当事人可以约定违约金、损害赔偿金的计算方法和数额等。

3. 赔偿范围不同。缔约上过失责任应赔偿当事人的信赖利益损失，以求恢复到先前的状态；违约责任则应赔偿当事人的期待利益损失，目的在于达到犹如合同全部履行的状态；在具体的责任形式上，缔约上过失责任表现为单一的损害赔偿责任，而违约责任则表现为支付违约金、赔偿损失和实际履行等。

4. 损害赔偿的限度不同。基于违约责任而产生的损失赔偿原则上不能超过违反合同的一方在订立合同时应当预见到的因违约可能造成的损失；在缔约上过失责任中则不存在这样的限制性规定。

法条指引

❶《中华人民共和国合同法》（1999年10月1日施行）

第四十二条 当事人在订立合同过程中有下列情形之一，给对方造成损失的，应当承担损害赔偿责任：

（一）假借订立合同，恶意进行磋商；

（二）故意隐瞒与订立合同有关的重要事实或者提供虚假情况；

（三）有其他违背诚实信用原则的行为。

第四十三条 当事人在订立合同过程中知悉的商业秘密，无论合同是否成立，不得泄露或者不正当地使用。泄露或者不正当地使用该商业秘密给对方造成损失的，应当承担损害赔偿责任。

第一百零七条 当事人一方不履行合同义务或者履行合同义务不符合约定的，应当承担继续履行、采取补救措施或者赔偿损失等违约责任。

案例链接

❶《潘保友与杨世万互易纠纷上诉案》，参见北大法宝引证码：Pkulaw.cn/CLI.C.277084。

❷《中国建设银行股份有限公司内乡支行与闫立宏债权转让合同、不当得利纠纷上诉案》，参见北大法宝引证码：Pkulaw.cn/CLI.C.229948。

❸《张性田与新乡市晖苑房地产置业有限公司房屋买卖合同纠纷再审案》，参见北大法宝引证码：Pkulaw.cn/CLI.C.194613。

❹《葫芦岛渤船重工船舶铆焊修配厂诉中国船舶工业物资总公司等招标投标买卖合同纠纷案》，参见北大法宝引证码：Pkulaw.cn/CLI.C.205039。

【缔约上过失责任与侵权责任】

法律问题解读

缔约上过失责任与一般侵权责任都以当事人有过错为构成要件，二者主要有以下区别：

1. 缔约上过失责任以当事人已经进行交易上的接触并基于此接触而产生信赖关系为前提；侵权责任的发生则不需要当事人之间存在任何特定关系。

2. 在缔约上过失责任中，当事人违反的是基于诚实信用原则、交易惯例所生的附随义务；在侵权责任中，当事人所违反的则是不得侵害他人财产和人身等绝对权的一般性义务。

3. 缔约上过失责任赔偿的是信赖关系被破坏所生的信赖利益的损失，这种信赖利益可以不是既有财产；侵权责任赔偿的则是财产、人身受损害而生的实际损害。

法条指引

❶《中华人民共和国合同法》（1999年10月1日施行）

第四十二条 当事人在订立合同过程中有下列情形之一，给对方造成损失的，应当承担损害赔偿责任：

（一）假借订立合同，恶意进行磋商；

（二）故意隐瞒与订立合同有关的重要事实或者提供虚假情况；

（三）有其他违背诚实信用原则的行为。

第四十三条 当事人在订立合同过程中知悉的商业秘密，无论合同是否成立，不得泄露或者不正当地使用。泄露或者不正当地使用该商业秘密给对方造成损失的，应当承担损害赔偿责任。

❷《中华人民共和国民法通则》（1987年1月1日施行）

第一百一十七条 侵占国家的、集体的财产或者他人财产的，应当返还财产，不能返还财产的，应当折价赔偿。

损坏国家的、集体的财产或者他人财产的，应当恢复原状或者折价赔偿。

受害人因此遭受其他重大损失的，侵害人并应当赔偿损失。

第一百一十八条 公民、法人的著作权（版权）、专利权、商标专用权、发现权、发明权和其他科技成果权受到剽窃、篡改、假冒等侵害的，有权要求停止侵害，消除影响，赔偿损失。

第一百一十九条 侵害公民身体造成伤害的，应当赔偿医疗费、因误工减少的收入、残废者生活补助费等费用；造成死亡的，并应当支付丧葬费、死者生前扶养的人必要的生活费等费用。

第一百二十条 公民的姓名权、肖像权、名誉权、荣誉权受到侵害的，有权要求停止侵害，恢复名誉，消除影响，赔礼道歉，并可以要求赔偿损失。

法人的名称权、名誉权、荣誉权受到侵害的，适用前款规定。

❸《中华人民共和国侵权责任法》（2010年7月1日施行）（略）

【缔约上过失责任的适用范围】

法律问题解读

当事人在订立合同过程中如果假借订立合同

恶意进行磋商、故意隐瞒与订立合同有关的重要事实或者提供虚假情况和有其他违背诚实信用原则的行为，以及泄露或者不正当地使用在订立合同过程中知悉的商业秘密，给对方造成损失的，应当承担损害赔偿责任。在实践中，主要适用以下情形：

1. 要约人错误地撤销要约，指要约人撤销不能撤销的要约或者未按法律规定的条件和程序撤销要约，而受要约人已经对要约产生合理信赖并且因要约的错误撤销而遭受损失，应承担缔约上过失责任。

2. 合同在实质上不成立，是指合同在表面上已经成立，但实际上当事人之间并无合意，或者虽有合意，但未满足特定的形式要求，例如要物行为中标的物并未交付、要式行为中尚未满足特定的合同形式，致使合同未能成立，如果相对方已经产生合理的信赖，则对合同不成立有过错的一方应当赔偿对方因信赖所遭受的损失，即承担缔约上的过失责任。

3. 缔约之际未尽通知义务而致相对方遭受损失。如甲与乙商谈购买乙的一幅名画，双方约定甲于某日前往乙处查看，然而乙已于数日前就将该画售予他人，使甲蒙受损失，乙应对甲之损失承担缔约上过失责任。

4. 缔约之际未尽保护义务、保密义务而致相对方遭受损失。

因合同不符合法律要求的要件而被确定无效或者被撤销的，当事人一方因信赖此合同有效而蒙受损失，有过错的当事人所负的赔偿之责也可视为缔约上过失责任。

法条指引

❶《中华人民共和国合同法》（1999年10月1日施行）

第四十二条　当事人在订立合同过程中有下列情形之一，给对方造成损失的，应当承担损害赔偿责任：

（一）假借订立合同，恶意进行磋商；

（二）故意隐瞒与订立合同有关的重要事实或者提供虚假情况；

（三）有其他违背诚实信用原则的行为。

第四十三条　当事人在订立合同过程中知悉的商业秘密，无论合同是否成立，不得泄露或者不正当地使用。泄露或者不正当地使用该商业秘密给对方造成损失的，应当承担损害赔偿责任。

第四十八条　行为人没有代理权、超越代理权或者代理权终止后以被代理人名义订立的合同，未经被代理人追认，对被代理人不发生效力，由行为人承担责任。

相对人可以催告被代理人在一个月内予以追认。被代理人未作表示的，视为拒绝追认。合同被追认之前，善意相对人有撤销的权利。撤销应当以通知的方式作出。

第五十八条　合同无效或者被撤销后，因该合同取得的财产，应当予以返还；不能返还或者没有必要返还的，应当折价补偿。有过错的一方应当赔偿对方因此所受到的损失，双方都有过错的，应当各自承担相应的责任。

❷《中华人民共和国民法通则》（1987年1月1日施行）

第六十六条　没有代理权、超越代理权或者代理权终止后的行为，只有经过被代理人的追认，被代理人才承担民事责任。未经追认的行为，由行为人承担民事责任。本人知道他人以本人名义实施民事行为而不作否认表示的，视为同意。

代理人不履行职责而给被代理人造成损害的，应当承担民事责任。

代理人和第三人串通、损害被代理人的利益的，由代理人和第三人负连带责任。

第三人知道行为人没有代理权、超越代理权或者代理权已终止还与行为人实施民事行为给他人造成损害的，由第三人和行为人负连带责任。

❸《中华人民共和国反不正当竞争法》（1993年12月1日施行）

第十条　经营者不得采用下列手段侵犯商业秘密：

（一）以盗窃、利诱、胁迫或者其他不正当手段获取权利人的商业秘密；

（二）披露、使用或者允许他人使用以前项手段获取的权利人的商业秘密；

（三）违反约定或者违反权利人有关保守商业秘密的要求，披露、使用或者允许他人使用其所掌握的商业秘密。

第三人明知或者应知前款所列违法行为，获取、使用或者披露他人的商业秘密，视为侵犯商业秘密。

本条所称的商业秘密，是指不为公众所知悉、能为权利人带来经济利益、具有实用性并经权利人采取保密措施的技术信息和经营信息。

第二十条　经营者违反本法规定，给被侵害的经营者造成损害的，应当承担损害赔偿责任，被侵害的经营者的损失难以计算的，赔偿额为侵权人在侵权期间因侵权所获得的利润；并应当承担被侵害的经营者因调查该经营者侵害其合法权益的不正当竞争行为所支付的合理费用。

被侵害的经营者的合法权益受到不正当竞争行为损害的，可以向人民法院提起诉讼。

❹ 国家工商行政管理局《关于禁止侵犯商业秘密行为的若干规定》（1998年12月3日修订）

第二条 本规定所称商业秘密，是指不为公众所知悉、能为权利人带来经济利益、具有实用性并经权利人采取保密措施的技术信息和经营信息。

本规定所称不为公众所知悉，是指该信息是不能从公开渠道直接获取的。

本规定所称能为权利人带来经济利益、具有实用性，是指该信息具有确定的可应用性，能为权利人带来现实的或者潜在的经济利益或者竞争优势。

本规定所称权利人采取保密措施，包括订立保密协议，建立保密制度及采取其他合理的保密措施。

本规定所称技术信息和经营信息，包括设计、程序、产品配方、制作工艺、制作方法、管理诀窍、客户名单、货源情报、产销策略、招投标中的标底及标书内容等信息。

本规定所称权利人，是指依法对商业秘密享有所有权或者使用权的公民、法人或者其他组织。

第三条 禁止下列侵犯商业秘密行为：

（一）以盗窃、利诱、胁迫或者其他不正当手段获取权利人的商业秘密；

（二）披露、使用或者允许他人使用以前项手段获取的权利人的商业秘密；

（三）与权利人有业务关系的单位和个人违反合同约定或者违反权利人保守商业秘密的要求，披露、使用或者允许他人使用其所掌握的权利人的商业秘密；

（四）权利人的职工违反合同约定或者违反权利人保守商业秘密的要求，披露、使用或者允许他人使用其所掌握的权利人的商业秘密。

第三人明知或者应知前款所列违法行为，获取、使用或者披露他人的商业秘密，视为侵犯商业秘密。

第九条 权利人因损害赔偿问题向工商行政管理机关提出调解要求的，工商行政管理机关可以进行调解。

权利人也可以直接向人民法院起诉，请求损害赔偿。

❺ 国家工商行政管理局《关于商业秘密构成要件问题的答复》（1998年6月12日）

江苏省工商行政管理局：

你局《关于权利人提供的技术信息能否定为商业秘密的请示》（苏工商〔1998〕41号）收悉。经研究，答复如下：

商业秘密的构成要件有三：一是该信息不为公众所知悉，即该信息是不能从公开渠道直接获取的；二是该信息能为权利人带来经济利益，具有实用性；三是权利人对该信息采取了保密措施。概括地说，不能从公开渠道直接获取的，能为权利人带来经济利益，具有实用性，并经权利人采取保密措施的信息，即为《反不正当竞争法》所保护的商业秘密。

权利人采取保密措施，包括口头或书面的保密协议、对商业秘密权利人的职工或与商业秘密权利人有业务关系的他人提出保密要求等合理措施。只要权利人提出了保密要求，商业秘密权利人的职工或与商业秘密权利人有业务关系的他人知道或应该知道存在商业秘密，即为权利人采取了合理的保密措施，职工或他人就对权利人承担保密义务。

案例链接

❶《重庆丽桥房地产开发有限公司诉邻水县恒升工程建设有限责任公司建设工程施工合同案》，参见北大法宝引证码：Pkulaw. cn/CLI. C. 235450。

❷《临沂一鸣装饰有限公司诉临沂金氏玛帝奥商贸有限公司著作权侵权纠纷案》，参见北大法宝引证码：Pkulaw. cn/CLI. C. 132814。

❸《朱翼翔与珠海出版社作品原件损害赔偿纠纷上诉案》，参见北大法宝引证码：Pkulaw. cn/CLI. C. 22252。

❹《泉州花卉城有限公司诉被告王建建土地租赁合同案》，参见北大法宝引证码：Pkulaw. cn/CLI. C. 49134。

第三章 合同的内容和形式

● 本章为读者提供与以下题目有关的法律问题的解读及相关法律文献依据

合同的内容（037） 提示性合同条款（037） 合同的主要条款（038） 合同的形式（038） 应采用而未采用书面形式订立的合同（040） 合同权利（041） 主给付义务（042） 附随义务（042） 电子合同（043） 格式条款与格式合同（043） 对格式合同的评价（044） 格式条款的无效（045） 格式条款的解释（046）

【合同的内容】

法律问题解读

合同内容是指当事人依程序订立合同，意思表示一致达成的合同条款。从合同关系的角度来讲，合同内容包括合同权利和合同义务。针对于具体的合同，一般来说，合同条款包括主要条款和普通条款。合同主要条款是指合同必须具备的条款，决定着合同的类型和性质，确定着当事人之间的主要权利与义务。欠缺主要条款的合同不能成立。它可以由法律直接规定，也可以由当事人约定产生。不同类型的合同其主要条款往往是不同的。合同的普通条款，是指合同主要条款以外的条款，它不决定合同的类型和性质，可以由法律规定，也可以由当事人约定，既可以表现为明示条款，也可以是默示条款。

案例链接

❶《栾兆安等诉中国法制出版社著作权权属、侵权纠纷案》，参见北大法宝引证码：Pkulaw. cn/CLI. C. 291004。

❷《张清兰诉中国人寿保险股份有限公司西平分公司等人身保险合同纠纷案》，参见北大法宝引证码：Pkulaw. cn/CLI. C. 291536。

❸《安阳县崔家桥乡沙岸村村民委员会与秦尚荣农村土地承包合同纠纷上诉案》，参见北大法宝引证码：Pkulaw. cn/CLI. C. 278775。

❹《黄玉凤与郑州万发机械厂劳动争议纠纷再审案》，参见北大法宝引证码：Pkulaw. cn/CLI. C. 286902。

学者观点

❶ 张金海：《预期违约与不安抗辩制度的界分与衔接》，参见北大法宝引证码：Pkulaw. cn/CLI. A. 1147029。

❷ 杨圣坤：《合同法上的默示条款制度研究》，参见北大法宝引证码：Pkulaw. cn/CLI. A. 1143654。

❸ 冉克平：《缔约过失责任性质新论》，参见北大法宝引证码：Pkulaw. cn/CLI. A. 1142810。

【提示性合同条款】

法律问题解读

所谓提示性合同款是指为完备合同条款而提供的示范性条款。一般包括当事人的名称或者姓名和住所、标的（主要指的是标的物）、标的物的质量和数量、价款或酬金、履行的期限、履行地点和方式、违约责任、解决争议的办法等。值得注意的是，合同的提示性条款并不是合同中必须具备的条款，它只具有示范的意义，为当事人订立合同提供蓝本。事实上，不同性质的合同其必要条款都不相同，当事人订立合同时应当具体问题具体分析，不能够照搬照抄。

法条指引

❶《中华人民共和国合同法》（1999年10月1日施行）

第十二条 合同的内容由当事人约定，一般包括以下条款：

（一）当事人的名称或者姓名和住所；
（二）标的；
（三）数量；
（四）质量；
（五）价款或者报酬；
（六）履行期限、地点和方式；
（七）违约责任；
（八）解决争议的方法。

当事人可以参照各类合同的示范文本订立合同。

【合同的主要条款】

法律问题解读

合同的主要条款，是指合同必须具备的条款，欠缺主要条款的，合同不成立。合同条款决定着合同的类型，不同类型的合同其主要条款都不相同。如价款是买卖合同的主要条款，而赠与合同中的价款则不是主要条款。一般认为，合同的主要条款由法律直接规定，如《合同法》要求借款合同中应有借款币种的条款，币种属于借款合同的法定主要条款。此外，还由合同的类型和性质决定。值得注意的是，合同的主要条款也可以由当事人约定。不过，由当事人约定形成的主要条款一般不能决定合同的类型。

案例链接

❶《荥阳市中原房地产发展有限公司与浙江省浦江县建筑安装工程有限公司建设工程施工合同纠纷上诉案》，参见北大法宝引证码：Pkulaw.cn/CLI.C.281715。

❷《黄太飞与河南金马劳务合作有限公司劳务合同纠纷上诉案》，参见北大法宝引证码：Pkulaw.cn/CLI.C.286064。

❸《广州市白云区江高镇杨山村民委员会与广东达裕实业有限公司土地租赁纠纷上诉案》，参见北大法宝引证码：Pkulaw.cn/CLI.C.272695。

【合同的形式】

法律问题解读

合同的形式即合同的表达方式，作为合同当事人意思表示的载体，对合同的效力产生一定的影响。对要式合同而言，合同形式直接关系到合同的成立乃至生效。合同的形式可以分为书面形式、口头形式和其他形式。法律、行政法规规定采用书面形式或者当事人约定采用书面形式的，应当采用书面形式。书面形式是指合同书、信件和数据电文（包括电报、电传、传真、电子数据交换和电子邮件）等可以有形地表现所载内容的形式。

需要注意的是，应当采用书面形式而未采用书面形式订立的合同，不能当然认定其为无效。根据立法精神，对合同书面形式的要求主要是基于证据上的考虑，以便更容易地解决这类合同纠纷。也就是说，这里的"应当"不同于"必须"，即使应当采用书面形式而未采用，但一方已经履行主要义务，对方接受的，该合同也成立。

法条指引

❶《中华人民共和国合同法》（1999年10月1日施行）

第十条 当事人订立合同，有书面形式、口头形式和其他形式。

法律、行政法规规定采用书面形式的，应当采用书面形式。当事人约定采用书面形式的，应当采用书面形式。

第十一条 书面形式是指合同书、信件和数据电文（包括电报、电传、传真、电子数据交换和电子邮件）等可以有形地表现所载内容的形式。

第三十六条 法律、行政法规规定或者当事人约定采用书面形式订立合同，当事人未采用书面形式但一方已经履行主要义务，对方接受的，该合同成立。

第三十七条 采用合同书形式订立合同，在签字或者盖章之前，当事人一方已经履行主要义务，对方接受的，该合同成立。

第一百九十七条 借款合同采用书面形式，但自然人之间借款另有约定的除外。

借款合同的内容包括借款种类、币种、用途、数额、利率、期限和还款方式等条款。

第二百一十五条 租赁期限六个月以上的，

应当采用书面形式。当事人未采用书面形式的,视为不定期租赁。

第二百三十八条 融资租赁合同的内容包括租赁物名称、数量、规格、技术性能、检验方法、租赁期限、租金构成及其支付期限和方式、币种、租赁期间届满租赁物的归属等条款。

融资租赁合同应当采用书面形式。

第二百七十条 建设工程合同应当采用书面形式。

第三百三十条 技术开发合同是指当事人之间就新技术、新产品、新工艺或者新材料及其系统的研究开发所订立的合同。

技术开发合同包括委托开发合同和合作开发合同。

技术开发合同应当采用书面形式。

当事人之间就具有产业应用价值的科技成果实施转化订立的合同,参照技术开发合同的规定。

第三百四十二条 技术转让合同包括专利权转让、专利申请权转让、技术秘密转让、专利实施许可合同。

技术转让合同应当采用书面形式。

❷《中华人民共和国民法通则》(1987年1月1日施行)

第五十六条 民事法律行为可以采取书面形式、口头形式或者其他形式。法律规定用特定形式的,应当依照法律规定。

❸ 最高人民法院《关于贯彻执行〈中华人民共和国民法通则〉若干问题的意见(试行)》(1988年1月26日施行)

65. 当事人以录音、录像等视听资料形式实施的民事行为,如有两个以上无利害关系人作为证人或者有其他证据证明该民事行为符合民法通则第五十五条的规定,可以认定有效。

66. 一方当事人向对方当事人提出民事权利的要求,对方未用语言或者文字明确表示意见,但其行为表明已接受的,可以认定为默示。不作为的默示只有在法律有规定或者当事人双方有约定的情况下,才可以视为意思表示。

❹《中华人民共和国劳动合同法》(2008年1月1日施行)

第十条 建立劳动关系,应当订立书面劳动合同。

已建立劳动关系,未同时订立书面劳动合同的,应当自用工之日起一个月内订立书面劳动合同。

用人单位与劳动者在用工前订立劳动合同的,劳动关系自用工之日起建立。

第八十二条 用人单位自用工之日起超过一个月不满一年未与劳动者订立书面劳动合同的,应当向劳动者每月支付二倍的工资。

用人单位违反本法规定不与劳动者订立无固定期限劳动合同的,自应当订立无固定期限劳动合同之日起向劳动者每月支付二倍的工资。

❺《中华人民共和国担保法》(1995年10月1日施行)

第十三条 保证人与债权人应当以书面形式订立保证合同。

第三十八条 抵押人和抵押权人应当以书面形式订立抵押合同。

第六十四条 出质人和质权人应当以书面形式订立质押合同。

质押合同自质物移交于质权人占有时生效。

第九十条 定金应当以书面形式约定。当事人在定金合同中应当约定交付定金的期限。定金合同从实际交付定金之日起生效。

❻《中华人民共和国物权法》(2007年10月1日施行)

第一百三十八条 采取招标、拍卖、协议等出让方式设立建设用地使用权的,当事人应当采取书面形式订立建设用地使用权出让合同。

建设用地使用权出让合同一般包括下列条款:

(一)当事人的名称和住所;

(二)土地界址、面积等;

(三)建筑物、构筑物及其附属设施占用的空间;

(四)土地用途;

(五)使用期限;

(六)出让金等费用及其支付方式;

(七)解决争议的方法。

第一百四十四条 建设用地使用权转让、互换、出资、赠与或者抵押的,当事人应当采取书面形式订立相应的合同。使用期限由当事人约定,但不得超过建设用地使用权的剩余期限。

第一百五十七条 设立地役权,当事人应当采取书面形式订立地役权合同。

地役权合同一般包括下列条款:

(一)当事人的姓名或者名称和住所;

(二)供役地和需役地的位置;

(三)利用目的和方法;

(四)利用期限;

(五)费用及其支付方式;

(六)解决争议的方法。

第一百八十五条 设立抵押权，当事人应当采取书面形式订立抵押合同。

抵押合同一般包括下列条款：

（一）被担保债权的种类和数额；

（二）债务人履行债务的期限；

（三）抵押财产的名称、数量、质量、状况、所在地、所有权归属或者使用权归属；

（四）担保的范围。

第二百一十条 设立质权，当事人应当采取书面形式订立质权合同。

质权合同一般包括下列条款：

（一）被担保债权的种类和数额；

（二）债务人履行债务的期限；

（三）质押财产的名称、数量、质量、状况；

（四）担保的范围；

（五）质押财产交付的时间。

案例链接

❶《天津市中环温度仪表有限公司诉平顶山神马汇源氯碱有限公司买卖合同纠纷案》，参见北大法宝引证码：Pkulaw.cn/CLI.C.281635。

❷《河北安泰工程建设有限公司与胡子荣劳动合同纠纷上诉案》，参见北大法宝引证码：Pkulaw.cn/CLI.C.286128。

❸《广东粤财投资控股有限公司诉新乡市无氧铜材有限公司借款担保合同纠纷案》，参见北大法宝引证码：Pkulaw.cn/CLI.C.282129。

❹《舞钢市农村信用合作联社诉张连美等借款合同纠纷案》，参见北大法宝引证码：Pkulaw.cn/CLI.C.291487。

【应采用而未采用书面形式订立的合同】

法律问题解读

法律、行政法规规定或者当事人约定采用书面形式订立合同的，当事人订立合同应当采用书面形式，但是这并不能反推认为在上述情况下，当事人未采用书面形式则合同不成立。对合同书面形式的要求主要是基于证据上的考虑，《合同法》规定：法律、行政法规规定或者当事人约定采用书面形式订立合同，当事人未采用书面形式但一方已经履行主要义务，对方接受的，该合同成立，从这个角度看，书面形式的主要目的在于举证。

但是需要注意的是，对于应采用而未采用书面形式并且一方拒绝履行主要义务或者其履行义务对方不接受，应当认定合同不成立。另外，《合同法》并未规范全部的合同关系，诸如担保合同、保险合同等仍然通过相应的民事特别法加以调控，在这些法律明确规定书面形式为合同的成立要件时，如果未采用书面形式订立合同，即使一方已经履行主要义务并且对方接受的，该合同也不成立。

法条指引

❶《中华人民共和国合同法》（1999年10月1日施行）

第十条 当事人订立合同，有书面形式、口头形式和其他形式。

法律、行政法规规定采用书面形式的，应当采用书面形式。当事人约定采用书面形式的，应当采用书面形式。

第十一条 书面形式是指合同书、信件和数据电文（包括电报、电传、传真、电子数据交换和电子邮件）等可以有形地表现所载内容的形式。

第二十五条 承诺生效时合同成立。

第三十二条 当事人采用合同书形式订立合同的，自双方当事人签字或者盖章时合同成立。

第三十三条 当事人采用信件、数据电文等形式订立合同的，可以在合同成立之前要求签订确认书。签订确认书时合同成立。

第三十四条 承诺生效的地点为合同成立的地点。

采用数据电文形式订立合同的，收件人的主营业地为合同成立的地点；没有主营业地的，其经常居住地为合同成立的地点。当事人另有约定的，按照其约定。

第三十五条 当事人采用合同书形式订立合同的，双方当事人签字或者盖章的地点为合同成立的地点。

第三十六条 法律、行政法规规定或者当事人约定采用书面形式订立合同，当事人未采用书面形式但一方已经履行主要义务，对方接受的，该合同成立。

❷《中华人民共和国民法通则》（1987年1月1日施行）

第五十六条 民事法律行为可以采取书面形式、口头形式或者其他形式。法律规定用特定形式的，应当依照法律规定。

❸ 最高人民法院《关于贯彻执行〈中华人民

共和国民法通则〉若干问题的意见（试行）》（1988年1月26日施行）

65. 当事人以录音、录像等视听资料形式实施的民事行为，如有两个以上无利害关系人作为证人或者有其他证据证明该民事行为符合民法通则第五十五条的规定，可以认定有效。

66. 一方当事人向对方当事人提出民事权利的要求，对方未用语言或者文字明确表示意见，但其行为表明已接受的，可以认定为默示。不作为的默示只有在法律有规定或者当事人双方有约定的情况下，才可以视为意思表示。

案例链接

❶《王光玉诉作家出版社侵犯著作权纠纷案》，参见北大法宝引证码：Pkulaw.cn/CLI.C.291029。

❷《荆平方与荆小娟侵权纠纷上诉案》，参见北大法宝引证码：Pkulaw.cn/CLI.C.282195。

❸《江苏玉龙钢管股份有限公司与金属国际有限公司国际货物买卖合同纠纷上诉案》，参见北大法宝引证码：Pkulaw.cn/CLI.C.285194。

❹《北京大国上医健康科技有限公司诉北京海特网联信息技术有限公司计算机软件开发合同纠纷案》，参见北大法宝引证码：Pkulaw.cn/CLI.C.274075。

学者观点

❶ 王洪：《合同形式欠缺与履行治愈论》，参见北大法宝引证码：Pkulaw.cn/CLI.A.132802。

❷ 邓小明：《欠缺法定面形式合同效力的探讨》，参见北大法宝引证码：Pkulaw.cn/CLI.A.1112654。

【合同权利】

法律问题解读

合同权利又称合同债权，是指存在合同关系的债权人根据法律规定或合同约定向合同相对方请求给付并予以保有的权利。合同权利是一种请求权，债权人只能请求债务人给付。在债务人给付之前，不能直接支配给付客体，也不能够支配债务人的给付行为或人身。此外，合同权利是一项相对权。合同债权人只能基于合同向合同的相对方请求给付，而不能向社会第三人主张合同权利。当然，合同的相对性也有例外的情况，如承租人可以基于租赁合同对抗租赁标的物的买受人；预告登记的房屋的买受人可以获得购买房屋顺序上的优先性；由第三人履行的合同，合同债权人有权请求第三人给付。另外，合同债权具有请求力、执行力、依法自力实现力、处分权能和保持力。其中依法自力实现力是指在合同债权受到侵害或妨碍、情事紧迫而又不能及时请示国家机关予以救济的情况下，债权人自行救助、拘束债务人、扣押其财产的效力。需要注意的是，合同权利的自力实现是一种私力救济手段，必须控制在合法的范围内，不能滥用。处分权能，是指合同权利本身也能够被处分、抵消、免除、转让或者用作担保，如债券质押等。

法条指引

❶《中华人民共和国合同法》（1999年10月1日施行）

第二百二十九条 租赁物在租赁期间发生所有权变动的，不影响租赁合同的效力。

❷《城市房屋租赁管理办法》（1995年6月1日施行）

第十一条 租赁期限内，房屋出租人转让房屋所有权的，房屋受让人应当继续履行原租赁合同的规定。

出租人在租赁期限内死亡的，其继承人应当继续履行原租赁合同

住宅用房承租人在租赁期限内死亡的，其共同居住两年以上的家庭成员可以继续承租。

❸ 最高人民法院《关于贯彻执行〈中华人民共和国民法通则〉若干问题的意见（试行）》（1988年1月26日施行）

119. 承租户以一人名义承租私有房屋，在租赁期内，承租人死亡，该户共同居住人要求按原租约履行的，应当准许。

私有房屋在租赁期内，因买卖、赠与或者继承发生房屋产权转移的，原租赁合同对承租人和新房主继续有效。

未定租期，房主要求收回房屋自住的，一般应当准许。承租人有条件搬迁的，应责令其搬迁；如果承租人搬迁确有困难的，可给一定期限让其找房或者腾让部分房屋。

案例链接

❶《北京东方清软科技有限公司诉北京琅德北软教育科技有限责任公司不正当竞争纠纷案》，

参见北大法宝引证码：Pkulaw. cn/CLI. C. 291022。

❷《张忠良与肖跃祥物权保护纠纷上诉案》，参见北大法宝引证码：Pkulaw. cn/CLI. C. 286225。

❸《山海关开发区电站辅机厂与马成群等侵犯商业秘密纠纷上诉案》，参见北大法宝引证码：Pkulaw. cn/CLI. C. 283704。

❹《阮景勇与李玉兰房屋租赁合同纠纷上诉案》，参见北大法宝引证码：Pkulaw. cn/CLI. C. 286947。

【主给付义务】

法律问题解读

合同的主给付义务是指合同关系所固有、必备，并以决定合同类型的基本义务。例如，在买卖合同中，出卖人负交付买卖物及移转其所有权的义务，买受人负支付价款的主给付义务。就双务合同而言，此类主给付义务，构成对待给付义务，在对方未为对待给付之前，得拒绝履行自己的给付。发生不履行或者不适当履行的情况的，若没有免责事由，则债务人应当承担违约责任。

案例链接

❶《俞碧晖与中国新兴建设开发总公司买卖合同纠纷上诉案》，参见北大法宝引证码：Pkulaw. cn/CLI. C. 250356。

❷《嘉兴市法秋特斯澳制衣有限公司诉台州环林进出口有限公司买卖合同纠纷案》，参见北大法宝引证码：Pkulaw. cn/CLI. C. 238184。

❸《中国唱片深圳公司与北京金视光盘有限公司加工合同纠纷上诉案》，参见北大法宝引证码：Pkulaw. cn/CLI. C. 204008。

❹《大连乐庭电线工业有限公司与北京纳姆数控设备有限公司买卖合同纠纷上诉案》，参见北大法宝引证码：Pkulaw. cn/CLI. C. 208858。

学者观点

❶ 许德风：《论破产中尚未履行完毕的合同》，参见北大法宝引证码：Pkulaw. cn/CLI. A. 1142845。

❷ 傅鼎生：《不安抗辩适用之限定》，参见北大法宝引证码：Pkulaw. cn/CLI. A. 1117842。

❸ 李虎、张新：《主从给付义务关系可以产生后履行抗辩权》，参见北大法宝引证码：Pkulaw. cn/CLI. A. 1114179。

❹ 邱业伟：《双务合同履行中的抗辩权比较分析》，参见北大法宝引证码：Pkulaw. cn/CLI. A. 174278。

【附随义务】

法律问题解读

附随义务是伴随着合同的发展，依诚实信用原则产生的不同于合同主给付义务和从给付义务的义务。主要体现为说明、保密、协助等义务。附随义务是合同义务范围的扩张。以附随义务的功能，可以将其分为两类：（1）促进实现主给付义务，使债权人的给付利益获得最大可能满足的功能。（2）保护对方人身或财产利益的功能，如购买电器时出卖人的风险警示告知义务。附随义务区别于合同的主给付义务和从给付义务。违反附随义务，原则上不得解除合同，如果有损害的可以主张损害赔偿。它不决定合同的类型，随着合同关系的发展而不断形成。与从给付义务的主要区别点在于是否可以提起独立诉讼，能基以提起独立诉讼的，为从给付义务，反之为附随义务。

法条指引

❶《中华人民共和国合同法》（1999年10月1日施行）

第六十条　当事人应当按照约定全面履行自己的义务。

当事人应当遵循诚实信用原则，根据合同的性质、目的和交易习惯履行通知、协助、保密等义务。

案例链接

❶《许昌万里运输（集团）有限公司诉马红涛分期付款买卖合同纠纷案》，参见北大法宝引证码：Pkulaw. cn/CLI. C. 291099。

❷《驻马店市神州亚飞汽车连锁店有限公司诉王国松车辆挂靠经营合同纠纷案》，参见北大法宝引证码：Pkulaw. cn/CLI. C. 285613。

❸《驻马店市汽车运输总公司诉刘明国车辆挂靠经营合同纠纷案》，参见北大法宝引证码：Pkulaw. cn/CLI. C. 285519。

❹《荥阳市中原房地产发展有限公司与浙江省浦江县建筑安装工程有限公司建设工程施工合同纠纷上诉案》，参见北大法宝引证码：Pkulaw. cn/CLI. C. 281715。

学者观点

❶ 叶榅平:《保护义务的历史及其意义》,参见北大法宝引证码:Pkulaw.cn/CLI.A.1144183。

【电子合同】

法律问题解读

所谓电子合同是指利用电子数据交换订立的合同。按照我国合同法的规定,书面形式是指合同书、信件和数据电文等可以有形地表现所载内容的形式,可见,电子合同也是采用书面形式的合同。电子形式与传统的纸质书面形式存在着很大的差异,其签字问题相比之下具有其复杂性。电子合同签字的最大的障碍是技术问题,实践中电子签名的方式包括数字签名、密码、认证机构认证等。

案例链接

❶ 《于开明诉义乌市金中正文具用品有限公司专利侵权纠纷案》,参见北大法宝引证码:Pkulaw.cn/CLI.C.125665。

❷ 《无锡昆达制球有限责任公司诉张醒狮等商标侵权纠纷案》,参见北大法宝引证码:Pkulaw.cn/CLI.C.84538。

❸ 《上海自得科技发展有限公司与北京珠峰万维商贸有限公司买卖合同纠纷上诉案》,参见北大法宝引证码:Pkulaw.cn/CLI.C.154374。

学者观点

❶ 董玉鹏:《论国际航空运输电子合同的法律适用》,参见北大法宝引证码:Pkulaw.cn/CLI.A.174576。

❷ 齐恩平:《电子合同争议的司法管辖权研究》,参见北大法宝引证码:Pkulaw.cn/CLI.A.110006。

❸ 赵金龙、任学婧:《论电子合同》,参见北大法宝引证码:Pkulaw.cn/CLI.A.178198。

❹ 张艳:《电子合同若干法律问题研究》,参见北大法宝引证码:Pkulaw.cn/CLI.A.1111994。

【格式条款与格式合同】

法律问题解读

《合同法》规定,格式条款是当事人为了重复使用而预先拟定,并在订立合同时未与对方协商的条款。含有格式条款的合同被称为格式合同,也有学者将其称为标准合同、附合合同、定式合同、定型化合同等。需要注意的是,全部条款均为格式条款的合同为格式合同,部分条款为格式条款的合同仍然属于格式合同。格式合同主要具有以下特点:

1. 格式合同的要约具有广泛性、持久性和细节性。格式合同的要约一般是向公众发出的,或者是向某一类可能成为承诺人的人发出的;要约总是涉及某一特定时期所要订立的所有合同;要约中一般包含了成立合同所需的全部条款。

2. 格式条款的不可协商性。格式条款的提供者预先将自己的意志表达出来,对方当事人要么接受,要么不接受,不能对格式条款予以变更。

《合同法》规定,格式条款是当事人为了重复使用而预先拟定的,需要注意的是,不能将重复使用作为格式合同的特点而与一般的合同区分开来。因为预先拟订的格式条款不一定都会重复使用,而经由当事人双方协商而确立的条款也可能重复使用。虽然生活中格式条款的确经常重复使用,但它也仅仅是格式条款的经济功能,而非法律特征。

法条指引

❶《中华人民共和国合同法》(1999年10月1日施行)

第三十九条 采用格式条款订立合同的,提供格式条款的一方应当遵循公平原则确定当事人之间的权利和义务,并采取合理的方式提请对方注意免除或者限制其责任的条款,按照对方的要求,对该条款予以说明。

格式条款是当事人为了重复使用而预先拟定,并在订立合同时未与对方协商的条款。

❷最高人民法院《关于适用〈中华人民共和国合同法〉若干问题的解释(二)》(2009年5月13日施行)

第九条 提供格式条款的一方当事人违反合同法第三十九条第一款关于提示和说明义务的规定,导致对方没有注意免除或者限制其责任的条款,对方当事人申请撤销该格式条款的,人民法院应当支持。

案例链接

❶《焦建民诉许昌市四通房地产开发有限公

司合同变更权和合同撤销权纠纷案》,参见北大法宝引证码:Pkulaw. cn/CLI. C. 291105。

❷《张清兰诉中国人寿保险股份有限公司西平分公司等人身保险合同纠纷案》,参见北大法宝引证码:Pkulaw. cn/CLI. C. 291536。

❸《陈含新与天安保险股份有限公司保险合同纠纷上诉案》,参见北大法宝引证码:Pkulaw. cn/CLI. C. 287379。

❹《漯河市郾城区某某信用社诉中国某某保险股份有限公司漯河中心支公司等人身保险合同纠纷案》,参见北大法宝引证码:Pkulaw. cn/CLI. C. 280681。

学者观点

❶ 秦伟:《善意:格式条款可执行性之前提》,参见北大法宝引证码:Pkulaw. cn/CLI. A. 1113708。

❷ 张友连:《论格式条款的司法规制》,参见北大法宝引证码:Pkulaw. cn/CLI. A. 1119043。

❸ 姚淑媛:《格式条款利用之我见》,参见北大法宝引证码:Pkulaw. cn/CLI. A. 120357。

❹ 王宏军:《论格式条款的成立》,参见北大法宝引证码:Pkulaw. cn/CLI. A. 1123795。

【对格式合同的评价】

法律问题解读

因其强大的功能,格式合同自产生之日起就在社会经济生活中扮演越来越重要的角色。(1) 格式合同能够避免重复谈判,使合同的订立手续简便、程序快捷,能够节约成本,效率高。(2) 由于格式合同往往是重复使用的,所以其提供者在制定的过程中较为审慎,标准化使条款漏洞较少,从某种程度上讲,也保护了缺乏相关知识的一般消费者的利益。(3) 格式合同作为要约形式,其内容一经确定便相对稳定,任何不特定的对方当事人都不能对之加以更改,对格式合同不加拒绝的所有受要约人都平等地按照格式合同的规定享有权利、承担义务,这体现了一种强制的平等。(4) 随着时代的发展,新型交易形态不断出现,由于法律的滞后性,对这些交易中当事人的权利义务往往没有明确规定,而采取格式合同在一定程度上能够弥补法律的空白,准确规定合同的内容,能为法律的完善提供参照。

格式合同出现的根本原因是格式合同的提供者在经济上的优势地位,凭借此种地位,提供者极有可能损害合同相对方的利益。格式合同实际上剥夺了对方当事人进行协商的权利,其自愿可能是无奈的自愿。格式合同的大量使用,尤其对对方当事人的不公平条款,导致该领域的不平等和特权,由此可能造成利益上的矛盾和冲突。基于其内在的、不可能由自身解决的缺陷,现代各国合同法均对格式合同予以特别的规制,我国《合同法》也是如此。

法条指引

❶《中华人民共和国合同法》(1999年10月1日施行)

第三十九条 采用格式条款订立合同的,提供格式条款的一方应当遵循公平原则确定当事人之间的权利和义务,并采取合理的方式提请对方注意免除或者限制其责任的条款,按照对方的要求,对该条款予以说明。

格式条款是当事人为了重复使用而预先拟定,并在订立合同时未与对方协商的条款。

第四十条 格式条款具有本法第五十二条和第五十三条规定情形的,或者提供格式条款一方免除其责任、加重对方责任、排除对方主要权利的,该条款无效。

第四十一条 对格式条款的理解发生争议的,应当按照通常理解予以解释。对格式条款有两种以上解释的,应当作出不利于提供格式条款一方的解释。格式条款和非格式条款不一致的,应当采用非格式条款。

❷《中华人民共和国保险法》(2009年2月28日修订)

第十七条 订立保险合同,保险人应当向投保人说明保险合同的条款内容,并可以就保险标的或者被保险人的有关情况提出询问,投保人应当如实告知。

投保人故意隐瞒事实,不履行如实告知义务的,或者因过失未履行如实告知义务,足以影响保险人决定是否同意承保或者提高保险费率的,保险人有权解除保险合同。

投保人故意不履行如实告知义务的,保险人对于保险合同解除前发生的保险事故,不承担赔偿或者给付保险金的责任,并不退还保险费。

投保人因过失未履行如实告知义务,对保险事故的发生有严重影响的,保险人对于保险合同解除前发生的保险事故,不承担赔偿或者给付保险金的责任，但可以退还保险费。

保险事故是指保险合同约定的保险责任范围内的事故。

第十八条 保险合同中规定有关于保险人责任免除条款的，保险人在订立保险合同时应当向投保人明确说明，未明确说明的，该条款不产生效力。

案例链接

❶《耿永辉诉中华联合财产保险股份有限公司鹤壁中心支公司保险合同纠纷案》，参见北大法宝引证码：Pkulaw. cn/CLI. C. 291522。

❷《朱广玉与洛阳市居和物业管理有限公司物业管理纠纷上诉案》，参见北大法宝引证码：Pkulaw. cn/CLI. C. 281389。

❸《南京华韵建筑科技发展有限公司与陈信孚等专利申请权权属纠纷上诉案》，参见北大法宝引证码：Pkulaw. cn/CLI. C. 291331。

❹《孙连中与郑州长城康桥商业管理有限公司租赁合同纠纷上诉案》，参见北大法宝引证码：Pkulaw. cn/CLI. C. 287317。

学者观点

❶ 马育红：《"完备合同"理论与格式合同的法律控制》，参见北大法宝引证码：Pkulaw. cn/CLI. A. 1131374。

❷ 蒋剑伟：《美国格式合同中管辖权条款效力评析》，参见北大法宝引证码：Pkulaw. cn/CLI. A. 124704。

❸ 张建军：《格式合同的立法规制》，参见北大法宝引证码：Pkulaw. cn/CLI. A. 184548。

❹ 幸红：《格式合同基本问题探讨》，参见北大法宝引证码：Pkulaw. cn/CLI. A. 178366。

【格式条款的无效】

法律问题解读

除了导致合同无效的一般情形之外，鉴于格式条款的特殊性，合同法规定，提供格式条款的一方免除其责任、加重对方责任、排除对方主要权利的，该条款无效。需要指出的是，某个或者某些格式条款的无效，不影响其他部分效力的，其他部分仍然有效。导致合同无效的一般情形我们在相应的题目中进行解释，本题目只涉及提供格式条款一方免除其责任、加重对方责任、排除对方主要权利而导致格式合同无效的原因，在这里，我们将它们统称为不公平条款。

在实践中，不公平条款主要有以下几种表现形式：直接免除或者限制责任的条款；赋予供应商以任意解除合同的权利的条款；限制或者排除对方主要权利的条款，这里所说的"主要权利"应根据合同的性质本身予以确定；就与合同无关的事项限制或者排除对方权利的条款，如为了达到长期占有客户或者垄断市场的目的，在合同中规定对方只能与自己交易的条款；要求对方放弃权利的条款，如商店中标示的"本店商品一经售出概不退换"的告示；限制对方寻求法律救济手段的条款，如供应商在合同中规定排除以诉讼和仲裁的方式解决争议的条款，要求对方在遇到问题时只能通过与自己协商进行解决；其他违背诚实信用原则的不公平条款。

需要注意的是，《合同法》第40条仅规定格式条款可以适用第52条和第53条关于合同无效的规定，而并未规定格式条款在显失公平的情况下是否可以适用第54条关于可变更和可撤销合同的规定。在实践中，绝大多数关于格式条款的争议都涉及显失公平问题，而合同的对方当事人在很多情况下不愿意该条款被确认无效，因为这样可能会危及整个合同，根据利益最大化原则可能其只愿意变更该条款，在此情况下应允许对方当事人要求适用第54条的规定，在确认格式条款无效不利于纠纷的公正解决时也应该如此。

法条指引

❶《中华人民共和国合同法》（1999年10月1日施行）

第四十条 格式条款具有本法第五十二条和第五十三条规定情形的，或者提供格式条款一方免除其责任、加重对方责任、排除对方主要权利的，该条款无效。

第五十二条 有下列情形之一的，合同无效：

（一）一方以欺诈、胁迫的手段订立合同，损害国家利益；

（二）恶意串通，损害国家、集体或者第三人利益；

（三）以合法形式掩盖非法目的；

（四）损害社会公共利益；

（五）违反法律、行政法规的强制性规定。

第五十三条 合同中的下列免责条款无效：

（一）造成对方人身伤害的；

（二）因故意或者重大过失造成对方财产损失的。

第五十四条 下列合同，当事人一方有权请求人民法院或者仲裁机构变更或者撤销：

（一）因重大误解订立的；

（二）在订立合同时显失公平的。

一方以欺诈、胁迫的手段或者乘人之危，使对方在违背真实意思的情况下订立的合同，受损害方有权请求人民法院或者仲裁机构变更或者撤销。

当事人请求变更的，人民法院或者仲裁机构不得撤销。

第五十五条 有下列情形之一的，撤销权消灭：

（一）具有撤销权的当事人自知道或者应当知道撤销事由之日起一年内没有行使撤销权；

（二）具有撤销权的当事人知道撤销事由后明确表示或者以自己的行为放弃撤销权。

第五十六条 无效的合同或者被撤销的合同自始没有法律约束力。合同部分无效，不影响其他部分效力的，其他部分仍然有效。

❷《中华人民共和国消费者权益保护法》（1994年1月1日施行）

第二十四条 经营者不得以格式合同、通知、声明、店堂告示等方式作出对消费者不公平、不合理的规定，或者减轻、免除其损害消费者合法权益应当承担的民事责任。

格式合同、通知、声明、店堂告示等含有前款所列内容的，其内容无效。

❸《中华人民共和国保险法》（2009年2月28日修订）

第十七条 订立保险合同，采用保险人提供的格式条款的，保险人向投保人提供的投保单应当附格式条款，保险人应当向投保人说明合同的内容。

对保险合同中免除保险人责任的条款，保险人在订立合同时应当在投保单、保险单或者其他保险凭证上作出足以引起投保人注意的提示，并对该条款的内容以书面或者口头形式向投保人作出明确说明；未作提示或者明确说明的，该条款不产生效力。

案例链接

❶《武陟县第二汽车运输有限公司与河南新世纪亚飞汽车贸易有限公司担保合同纠纷上诉案》，参见北大法宝引证码：Pkulaw. cn/CLI. C. 287906。

❷《李静与南阳和平医院劳动合同纠纷上诉案》，参见北大法宝引证码：Pkulaw. cn/CLI. C. 286039。

❸《何惧诉中银保险有限公司宁波中心支公司财产保险合同纠纷案》，参见北大法宝引证码：Pkulaw. cn/CLI. C. 236858。

❹《上海剧酷文化传播有限公司与浙江影视（集团）有限公司著作权许可使用合同纠纷上诉案》，参见北大法宝引证码：Pkulaw. cn/CLI. C. 292094。

学者观点

❶ 张友连：《论格式条款的司法规制》，参见北大法宝引证码：Pkulaw. cn/CLI. A. 1119043。

❷ 张广兴：《法律行为之无效》，参见北大法宝引证码：Pkulaw. cn/CLI. A. 111902。

❸ 张建军：《格式合同的立法规制》，参见北大法宝引证码：Pkulaw. cn/CLI. A. 184548。

【格式条款的解释】

法律问题解读

由于格式条款是当事人为了重复使用而预先拟定并在订立合同时未与对方协商的条款，格式条款的提供者可能基于自己的优势地位将不利于对方当事人的条款订入合同。另外，由于对方当事人没有机会针对这些条款与提供者协商，就可能出现双方对之有不同理解的情况发生。为了保护相对方的利益，合同法规定了对格式条款的解释方法。

在对格式条款的理解发生争议的情况下，首先应该根据社会大众的通常理解进行解释；如果对格式条款有两种以上解释的，应当作出不利于提供格式条款一方的解释；如果格式条款和非格式条款不一致的，应当采用非格式条款。需要注意的是，后两种的解释规则是无条件的。

法条指引

❶《中华人民共和国合同法》（1999年10月1日施行）

第四十一条 对格式条款的理解发生争议的，应当按照通常理解予以解释。对格式条款有两种以上解释的，应当作出不利于提供格式条款一方的解释。格式条款和非格式条款不一致的,应当采用非格式条款。

❷《中华人民共和国保险法》(2009年2月28日修订)

第三十条 采用保险人提供的格式条款订立的保险合同,保险人与投保人、被保险人或者受益人对合同条款有争议的,应当按照通常理解予以解释。对合同条款有两种以上解释的,人民法院或者仲裁机构应当作出有利于被保险人和受益人的解释。

案例链接

❶《北京桑榆情老年服饰用品有限公司与严颖华特许经营合同纠纷上诉案》,参见北大法宝引证码:Pkulaw. cn/CLI. C. 208558。

❷《北京桑榆情老年服饰用品有限公司与徐晓艳特许经营合同纠纷上诉案》,参见北大法宝引证码:Pkulaw. cn/CLI. C. 208587。

❸《余姚市华夏建筑工程有限公司与宁波市江北恩惠建筑设备租赁站租赁合同纠纷上诉案》,参见北大法宝引证码:Pkulaw. cn/CLI. C. 282801。

❹《三亚昌达房地产开发有限公司与石利利商品房预售合同纠纷上诉案》,参见北大法宝引证码:Pkulaw. cn/CLI. C. 121024。

学者观点

❶ 王丽萍、李燕:《格式条款解释研究》,参见北大法宝引证码:Pkulaw. cn/CLI. A. 121178。

第四章 合同的效力

● 本章为读者提供与以下题目有关的法律问题的解读及相关法律文献依据

合同生效与合同成立（048） 合同效力的相对性（049） 合同生效的时间（050） 附条件的合同（051） 附条件的合同的效力（052） 附期限的合同及其效力（052） 限制民事行为能力人订立的合同的效力（053） 因无权代理而订立的合同的效力（054） 表见代理（056） 表见代理的类型（057） 表见代理的法律后果（058） 因代表行为越权而订立的合同的效力（058） 因无权处分行为而订立的合同的效力（059） 无效合同（060） 以欺诈手段订立的合同（063） 以胁迫手段订立的合同（065） 恶意串通订立的合同（066） 以合法形式掩盖非法目的合同（067） 损害社会公共利益的合同（068） 违反法律行政法规的强制性规定的合同（069） 免责条款无效（070） 可变更或者可撤销的合同（071） 因重大误解订立的合同（071） 显失公平的合同（072） 乘人之危订立的合同（073） 撤销权的消灭（074） 无效合同和被撤销合同的效力（075） 解决争议条款的独立性（076） 合同无效或者被撤销的法律后果（076） 返还财产（078） 赔偿损失（079）

【合同生效与合同成立】

法律问题解读

合同生效是指已经成立的合同在当事人之间产生了法律约束力，即在当事人之间产生了法律效力。合同成立是合同生效的必要条件之一，但是二者是两个完全不同的概念。

合同是否成立取决于当事人是否就合同的必要条款达成合意；而合同是否生效则取决于其是否符合法律规定的生效条件。合同成立之后，既可能因符合法律规定而生效，也可能因违反法律规定而无效、变更或者撤销。合同成立标示着合同订立过程的完成，它只是解决了合同是否存在的问题，属于事实判断；而已经成立的合同是否生效则是合同生效制度所要解决的问题，属于价值判断。合同成立制度主要依赖于当事人的意志，是合同自由原则的体现；而合同生效制度则体现了国家对合同关系肯定或者否定的态度或者评价，反映了国家对合同关系的干预。

在实践中，区分合同成立与合同生效有助于正确处理有关的纠纷。在合同条款不清楚或者不完备的情况下，应该将二者严格区分开来。对于这种情况，首先要对合同是否已经成立作出判断，如果合同不符合成立的条件，当然不需要对其是否生效进行判断。当合同符合成立的条件，则要看其条款是否符合生效条件，如果并不违背生效条件，可以通过合同解释的方法来完善合同内容，相反，则只能认定其为无效。将合同成立与合同生效区别开来，还可以避免混淆合同不成立和合同无效，以正确处理当事人对合同不成立或者合同无效所要承担的责任。

法条指引

❶《中华人民共和国合同法》（1999年10月1日施行）

第十三条 当事人订立合同，采取要约、承诺方式。

第二十五条 承诺生效时合同成立。

第四十四条 依法成立的合同，自成立时生效。

法律、行政法规规定应当办理批准、登记等手续生效的，依照其规定。

❷《中华人民共和国民法通则》（1987年1月1日施行）

第五十五条 民事法律行为应当具备下列条件：

（一）行为人具有相应的民事行为能力；

（二）意思表示真实；

（三）不违反法律或者社会公共利益。

案例链接

❶《驻马店市东高置业有限公司与河南群立地基基础工程有限公司等建设工程施工合同纠纷上诉案》，参见北大法宝引证码：Pkulaw. cn/CLI. C. 277467。

❷《中国人寿保险股份有限公司夏邑支公司与孙爱莲保险合同纠纷上诉案》，参见北大法宝引证码：Pkulaw. cn/CLI. C. 279571。

❸《沈以标等与薛世蓉股权转让纠纷上诉案》，参见北大法宝引证码：Pkulaw. cn/CLI. C. 280001。

❹《上海宏友纺织品有限公司与上海银信投资担保有限公司保证合同纠纷再审案》，参见北大法宝引证码：Pkulaw. cn/CLI. C. 276215。

学者观点

❶ 王珊珊：《合同成立与合同生效》，参见北大法宝引证码：Pkulaw. cn/CLI. A. 1117031。

❷ 杨建勇、郭海容：《合同成立与合同生效区分问题研究》，参见北大法宝引证码：Pkulaw. cn/CLI. A. 171030。

❸ 尹飞：《合同成立与生效区分的再探讨》，参见北大法宝引证码：Pkulaw. cn/CLI. A. 1123264。

❹ 王全弟、孔向荣：《合同成立与生效的区别》，参见北大法宝引证码：Pkulaw. cn/CLI. A. 1125375。

【合同效力的相对性】

法律问题解读

合同之债属于债的一种类型，债具有相对性，故合同效力也具有相对性的特征。合同效力相对性意味着合同权利义务只能在合同当事人之间发生，除合同当事人外，任何人都不能享受合同权利，任何人也都不必负担合同义务。合同效力相对性具体体现在以下几个方面：

1. 主体的相对性，即合同关系只能在特定的主体之间，只有合同当事人一方才能向合同的另一方当事人基于合同提出请求或者提起诉讼。

2. 内容的相对性，即除法律、合同另有规定之外，只有合同当事人才能享有合同规定的权利，并承担合同规定的义务，当事人之外的任何第三人均不能主张合同上的权利，不负担合同上的义务。在双务合同中，内容的相对性还表现在一方的权利就是另一方的义务。既然合同权利与义务主要对合同当事人产生约束力，合同之债是一种对内效力，合同内容就不具有公示效果，合同内容也不能对抗第三人。例如发包人与承包人之间的承包合同约定"承包人在承包经营期间以发包人名义对外开展民事活动，但所负债务发包人概不负责"，即只能对发包人和承包人产生效力，发包人不能以此条款对抗债权人对其提出的债务履行请求。

3. 违约责任的相对性，即违约责任只能在合同关系的当事人之间发生，合同关系以外的人不负违约责任，合同当事人也不对其承担违约责任。违约责任相对性主要体现在三个方面：（1）违约当事人应对因自己方面的原因造成的违约后果承担违约责任，而不能将责任推卸给他人，例如因为债务履行辅助人的过错致债务未履行，债务人仍然应该对债权人负违约责任。（2）在因第三人的行为造成债务不能履行的情况下，债务人仍然应该向债权人承担违约责任，当然，债务人在承担违约责任以后有权向第三人追偿。（3）债务人只能向债权人承担违约责任，而不向第三人承担违约责任，即使根据合同的规定向第三人履行。

4. 效力判断的相对性，即在认定某一合同有效、无效、可撤销或者效力待定时，应当基于该合同本身提供的事实作出判断，而不受其前后合同的影响。

法条指引

❶《中华人民共和国合同法》（1999年10月1日施行）

第六十四条 当事人约定由债务人向第三人履行债务的，债务人未向第三人履行债务或者履行债务不符合约定，应当向债权人承担违约责任。

第一百二十一条 当事人一方因第三人的原因造成违约的，应当向对方承担违约责任。当事人一方和第三人之间的纠纷，依照法律规定或者按照约定解决。

案例链接

❶《深圳市爱网信息技术有限公司诉珠海市

时代互联信息技术有限公司网络域名注册合同纠纷案》,参见北大法宝引证码:Pkulaw. cn/CLI. C. 130580。

❷《苟美波诉临沂市水利工程公司建设工程施工合同纠纷案》,参见北大法宝引证码:Pkulaw. cn/CLI. C. 73310。

学者观点

❶ 孔东菊:《论第三人侵害债权与合同相对性的关系》,参见北大法宝引证码:Pkulaw. cn/CLI. A. 110157。

❷ 薛军:《"不真正利他合同"研究》,参见北大法宝引证码:Pkulaw. cn/CLI. A. 1103252。

【合同生效的时间】

法律问题解读

在一般情况下,合同有效成立的时间即为合同生效的时间。如果法律、行政法规将办理批准、登记等手续作为合同生效的条件的,合同自手续完备时生效。法律、行政法规规定合同应当办理批准手续,或者办理批准、登记等手续才生效,在一审法庭辩论终结前当事人仍未办理批准手续的,或者仍未办理批准、登记等手续的,人民法院应当认定该合同未生效;法律、行政法规规定合同应当办理登记手续,但未规定登记后生效的,当事人未办理登记手续不影响合同的效力,合同标的物所有权及其他物权不能转移。需要注意的是,这里所说的"法律"指全国人民代表大会及其常务委员会颁布的立法文件;"行政法规"系指国务院颁布的法规。

根据《物权法》的规定,我国采取的是债权形式主义为主的物权变动模式。物权的变动效力和债权合同的生效独立开来。债权合同的生效不受是否物权变动中登记的影响。也就是意味着只要以满足债权合同的一般生效要件,合同即可生效。

法条指引

❶《中华人民共和国合同法》(1999 年 10 月 1 日施行)

第四十四条 依法成立的合同,自成立时生效。

法律、行政法规规定应当办理批准、登记等手续生效的,依照其规定。

❷《中华人民共和国民用航空法》(1996 年 3 月 1 日施行)

第十六条 设定民用航空器抵押权,由抵押权人和抵押人共同向国务院民用航空主管部门办理抵押权登记;未经登记的,不得对抗第三人。

❸《中华人民共和国海商法》(1993 年 7 月 1 日施行)

第十三条 设定船舶抵押权,由抵押权人和抵押人共同向船舶登记机关办理抵押权登记;未经登记的,不得对抗第三人。

船舶抵押权登记,包括下列主要项目:

(一)船舶抵押权人和抵押人的姓名或者名称、地址;

(二)被抵押船舶的名称、国籍、船舶所有权证书的颁发机关和证书号码;

(三)所担保的债权数额、利息率、受偿期限。

船舶抵押权的登记状况,允许公众查询。

❹ 最高人民法院《关于适用〈中华人民共和国合同法〉若干问题的解释(一)》(1999 年 12 月 29 日施行)

第九条 依照合同法第四十四条第二款的规定,法律、行政法规规定合同应当办理批准手续,或者办理批准、登记等手续才生效,在一审法庭辩论终结前当事人仍未办理批准手续的,或者仍未办理批准、登记等手续的,人民法院应当认定该合同未生效;法律、行政法规规定合同应当办理登记手续,但未规定登记后生效的,当事人未办理登记手续不影响合同的效力,合同标的物所有权及其他物权不能转移。

合同法第七十七条第二款、第八十七条、第九十六条第二款所列合同变更、转让、解除等情形,依照前款规定处理。

❺ 最高人民法院《关于适用〈中华人民共和国担保法〉若干问题的解释》(2000 年 12 月 13 日施行)

第四十九条 以尚未办理权属证书的财产抵押的,在第一审法庭辩论终结前能够提供权利证书或者补办登记手续的,可以认定抵押有效。

当事人未办理抵押物登记手续的,不得对抗第三人。

❻ 最高人民法院《关于国有工业企业以机器设备等财产为抵押物与债权人签订的抵押合同的效力问题的批复》(2002 年 6 月 18 日)

重庆市高级人民法院:

你院渝高法[2001]37 号《关于认定国有工

业企业以机器设备、厂房为抵押物与债权人签订的抵押合同的法律效力的请示》收悉。经研究，答复如下：

根据《中华人民共和国担保法》第三十四条和最高人民法院《关于适用〈中华人民共和国合同法〉若干问题的解释》（一）第九条规定的精神，国有工业企业以机器设备、厂房等财产与债权人签订的抵押合同，如无其他法定的无效情形，不应当仅以未经政府主管部门批准为由认定抵押合同无效。

本批复施行后，正在审理或者尚未审理的案件，适用本批复，但判决、裁定已经发生法律效力的案件提起再审的除外。

此复。

本批复自 2002 年 6 月 22 日起施行。

❼《中华人民共和国物权法》（2007 年 10 月 1 日施行）

第十五条 当事人之间订立有关设立、变更、转让和消灭不动产物权的合同，除法律另有规定或者合同另有约定外，自合同成立时生效；未办理物权登记的，不影响合同效力。

第二十四条 船舶、航空器和机动车等物权的设立、变更、转让和消灭，未经登记，不得对抗善意第三人。

❽ 最高人民法院《关于审理商品房买卖合同纠纷案件适用法律若干问题的解释》（2003 年 6 月 1 日施行）

第二条 出卖人未取得商品房预售许可证明，与买受人订立的商品房预售合同，应当认定无效，但是在起诉前取得商品房预售许可证明的，可以认定有效。

第六条 当事人以商品房预售合同未按照法律、行政法规规定办理登记备案手续为由，请求确认合同无效的，不予支持。

当事人约定以办理登记备案手续为商品房预售合同生效条件的，从其约定，但当事人一方已经履行主要义务，对方接受的除外。

案例链接

❶《许继电气股份有限公司与河南东方科技有限公司买卖合同纠纷上诉案》，参见北大法宝引证码：Pkulaw. cn/CLI. C. 250336。

❷《中国人寿财产保险股份有限公司河南省分公司南阳市营销服务部与南阳市宛运集团九州货运有限公司财产保险合同纠纷上诉案》，参见北大法宝引证码：Pkulaw. cn/CLI. C. 260983。

❸《朱德林与鲁山县让河乡江寨村民委员会财产损害赔偿纠纷上诉案》，参见北大法宝引证码：Pkulaw. cn/CLI. C. 229186。

❹《许军铁诉郑爱富等民间借贷纠纷案》，参见北大法宝引证码：Pkulaw. cn/CLI. C. 244045。

学者观点

❶ 吴一平：《合同的有效与合同的生效》，参见北大法宝引证码：Pkulaw. cn/CLI. A. 171544。

【附条件的合同】

法律问题解读

附条件的合同是指第三人在合同中特别约定一定的条件，以条件的是否成就作为合同效力的发生或者消灭的根据。这里所说的条件应当符合以下要求：

1. 条件必须是将来发生的事实。当事人如果将已经发生的事实作为条件，并且当事人对此已经知晓的，应根据具体情况进行如下处理：如果该条件决定着合同效力的产生，应视为未附任何条件；如果该条件决定着合同效力的消灭，则应视为当事人并不希望签订此合同，故该合同应被认定为无效。当事人如果将已经发生的事实作为条件，但是当事人对此并不知晓的，应根据具体情况进行如下处理：如果当事人知道该事实已经发生后就不会订立此合同的，该合同应被认定为无效；如果当事人知道该事实已经发生后仍然会订立此合同的，则应该按照上述已经知晓的情况进行处理。

2. 条件必须是不确定的事实，即当事人不能肯定条件在将来是否会成就。如果将以后肯定要发生的事实作为条件的，应视该条件为期限；如果将以后不可能发生的事实作为条件的，应认定该合同无效。

3. 条件是当事人约定的，而不是法定的。如果将法定条件约定在合同中，应视为未附条件。

4. 条件必须合法。在将不法事实作为条件的情况下，应认定该合同无效。

5. 条件不得与合同的主要内容相矛盾。如果二者之间相互矛盾，则表明行为人的意思表示不真实，应认定合同不成立。

法条指引

❶《中华人民共和国合同法》（1999年10月1日施行）

第四十五条　当事人对合同的效力可以约定附条件。附生效条件的合同，自条件成就时生效。附解除条件的合同，自条件成就时失效。

当事人为自己的利益不正当地阻止条件成就的，视为条件已成就；不正当地促成条件成就的，视为条件不成就。

❷《中华人民共和国民法通则》（1987年1月1日施行）

第六十二条　民事法律行为可以附条件，附条件的民事法律行为在符合所附条件时生效。

❸ 最高人民法院《关于贯彻执行〈中华人民共和国民法通则〉若干问题的意见（试行）》（1988年1月26日施行）

75. 附条件的民事行为，如果所附的条件是违背法律规定或者不可能发生的，应当认定该民事行为无效。

案例链接

❶《郭江涛与洛阳顺驰房地产开发有限公司租赁合同纠纷上诉案》，参见北大法宝引证码：Pkulaw. cn/CLI. C. 281409。

❷《朱金伟诉沈金松等租赁合同纠纷案》，参见北大法宝引证码：Pkulaw. cn/CLI. C. 248986。

❸《中俄联合（北京）商品交易中心与北京天居房地产有限公司合同纠纷上诉案》，参见北大法宝引证码：Pkulaw. cn/CLI. C. 207025。

❹《王柏林与严佩玉等股权转让纠纷上诉案》，参见北大法宝引证码：Pkulaw. cn/CLI. C. 285961。

【附条件的合同的效力】

法律问题解读

《合同法》规定，附条件的合同分为附生效条件的合同和附解除条件的合同，故此，条件可分为生效条件和解除条件。生效条件又被称为停止条件、延缓条件，是指合同效力发生的条件。在附生效条件的合同中，虽然合同已经成立，但是并不发生效力，只有当条件成就时，权利人才能行使权利，义务人才应履行义务。解除条件又被称为消灭条件，是指合同效力消灭的条件。在附解除条件的合同中，合同在条件成就以后即失去效力。

条件与负担不同，前者属于合同的特别生效要件，有控制合同效力的功能，而负担属于合同义务，是必须履行的。条件的成就与不成就，应依靠事实的自然发展，当事人不应以自己的行为阻止或者促成条件的成就。如果当事人为自己的利益不正当地阻止条件成就的，视为条件已成就；如果不正当地促成条件成就的，视为条件不成就。

法条指引

❶《中华人民共和国合同法》（1999年10月1日施行）

第四十五条　当事人对合同的效力可以约定附条件。附生效条件的合同，自条件成就时生效。附解除条件的合同，自条件成就时失效。

当事人为自己的利益不正当地阻止条件成就的，视为条件已成就；不正当地促成条件成就的，视为条件不成就。

案例链接

❶《朱金伟诉沈金松等租赁合同纠纷案》，参见北大法宝引证码：Pkulaw. cn/CLI. C. 248986。

❷《成都东林电子通讯有限公司与深圳市宝丽雅铝制品有限公司买卖合同纠纷上诉案》，参见北大法宝引证码：Pkulaw. cn/CLI. C. 132386。

学者观点

❶ 程国彬：《附条件与附期限合同及其效力解析》，参见北大法宝引证码：Pkulaw. cn/CLI. A. 110336。

【附期限的合同及其效力】

法律问题解读

附期限的合同是指当事人在合同中设定一定的期限，并将期限的到来作为合同效力发生或者消灭的依据。此处所谓期限是指当事人以将来客观确定到来的事实，作为决定合同效力的附款，它可以分为生效期限和终止期限。生效期限是使合同效力在所设事实发生时才产生的期限；终止期限是使合同效力在所设事实发生时就终止的期限。

期限与条件的区别在于，作为期限的事实是

将来确定要发生的，而作为条件的事实是否发生并不确定。根据事实到来的日期是否确定，可以将期限分为确定期限和不确定期限。此处所谓期限与合同的履行期限也不同，前者特指决定合同效力发生或者消灭的事实，而后者是对当事人基于已经生效的合同所负义务的履行所施加的限制。

法条指引

❶《中华人民共和国合同法》（1999年10月1日施行）

第四十六条　当事人对合同的效力可以约定附期限。附生效期限的合同，自期限届至时生效。附终止期限的合同，自期限届满时失效。

❷ 最高人民法院《关于贯彻执行〈中华人民共和国民法通则〉若干问题的意见（试行）》（1988年1月26日施行）

76.附期限的民事法律行为，在所附期限到来时生效或者解除。

案例链接

❶《北京博力建筑工程有限公司与北京金司马租赁有限责任公司合同纠纷上诉案》，参见北大法宝引证码：Pkulaw.cn/CLI.C.221295。

❷《北京海力联合科技有限公司与北京北广电子集团有限责任公司股权确认纠纷上诉案》，参见北大法宝引证码：Pkulaw.cn/CLI.C.160674。

❸《吕宇华与王福隅等房屋租赁纠纷上诉案》，参见北大法宝引证码：Pkulaw.cn/CLI.C.121601。

❹《李桂梅与赖昆蓉房屋买卖合同纠纷上诉案》，参见北大法宝引证码：Pkulaw.cn/CLI.C.68986。

学者观点

❶ 程国彬：《附条件与附期限合同及其效力解析》，参见北大法宝引证码：Pkulaw.cn/CLI.A.110336。

❷ 程国林：《合同效力状态及其转化》，参见北大法宝引证码：Pkulaw.cn/CLI.A.110355。

【限制民事行为能力人订立的合同的效力】

法律问题解读

限制民事行为能力人属于缔约能力受到限制的合同主体，由于意思表示能力的欠缺，为了保护其利益，在订立与他们意思表示能力不相符的合同时，应由其法定代理人代理或者征得法定代理人同意后实施，当然，订立纯获利益的合同或者与其年龄、智力、精神健康状况相适应的合同不必如此。需要注意的是，限制民事行为能力人订立的与其年龄、智力、精神健康状况不相适应的非纯获利益的合同并非一概无效，而属于效力待定，只要符合合同的其他生效要件，经法定代理人追认，该合同有效，这样能够更有效地维护其利益。需要注意的是，《民法通则》将限制民事行为能力人依法不能独立实施的民事行为认定为无效民事行为，这一点与《合同法》的规定不同，根据后法优于前法、特别法优于普通法的原则，限制民事行为能力人订立的合同的效力应适用《合同法》的规定。

为了保护相对人的利益，《合同法》赋予了相对人催告权和撤销权。催告权属于形成权，基于催告权，相对人有权催促法定代理人在一定期限内明确答复是否承认限制民事行为能力人的订立合同的行为。催告权行使的前提是限制民事行为能力人订立的合同已经成立，但效力能否发生尚未确定。相对人（催告权人）可以催告法定代理人在一个月内予以追认，法定代理人未作表示的，视为拒绝追认。撤销权也属于形成权，基于撤销权，善意相对人在合同未经限制民事行为能力人的法定代理人追认之前，有权撤销该合同，撤销应当以通知的方式作出。需要注意的是，催告权的享有和行使不以相对人的善意为条件，而撤销权的享有及行使应以相对人的善意为前提。

法条指引

❶《中华人民共和国合同法》（1999年10月1日施行）

第四十七条　限制民事行为能力人订立的合同，经法定代理人追认后，该合同有效，但纯获利益的合同或者与其年龄、智力、精神健康状况相适应而订立的合同，不必经法定代理人追认。

相对人可以催告法定代理人在一个月内予以追认。法定代理人未作表示的，视为拒绝追认。合同被追认之前，善意相对人有撤销的权利。撤销应当以通知的方式作出。

❷最高人民法院《关于适用〈中华人民共和国合同法〉若干问题的解释（二）》（2009年5月13日施行）

第十一条 根据合同法第四十七条、第四十八条的规定,追认的意思表示自到达相对人时生效,合同自订立时起生效。

❸《中华人民共和国民法通则》(1987年1月1日施行)

第十二条 十周岁以上的未成年人是限制民事行为能力人,可以进行与他的年龄、智力相适应的民事活动;其他民事活动由他的法定代理人代理,或者征得他的法定代理人的同意。

不满十周岁的未成年人是无民事行为能力人,由他的法定代理人代理民事活动。

第十三条 不能辨认自己行为的精神病人是无民事行为能力人,由他的法定代理人代理民事活动。

不能完全辨认自己行为的精神病人是限制民事行为能力人,可以进行与他的精神健康状况相适应的民事活动;其他民事活动由他的法定代理人代理,或者征得他的法定代理人的同意。

第十四条 无民事行为能力人、限制民事行为能力人的监护人是他的法定代理人。

第五十八条 下列民事行为无效:

(一)无民事行为能力人实施的;

(二)限制民事行为能力人依法不能独立实施的;

(三)一方以欺诈、胁迫的手段或者乘人之危,使对方在违背真实意思的情况下所为的;

(四)恶意串通,损害国家、集体或者第三人利益的;

(五)违反法律或者社会公共利益的;

(六)经济合同违反国家指令性计划的;

(七)以合法形式掩盖非法目的的。

无效的民事行为,从行为开始起就没有法律约束力。

❹ 最高人民法院《关于贯彻执行〈中华人民共和国民法通则〉若干问题的意见(试行)》(1988年1月26日施行)

3. 十周岁以上的未成年人进行的民事活动是否与其年龄、智力状况相适应,可以从行为与本人生活相关联的程度、本人的智力能否理解其行为,并预见相应的行为后果,以及行为标的数额等方面认定。

4. 不能完全辨认自己行为的精神病人进行的民事活动,是否与其精神健康状态相适应,可以从行为与本人生活相关联的程度、本人的精神状态能否理解其行为,并预见相应的行为后果,以及行为标的数额等方面认定。

6. 无民事行为能力人、限制民事行为能力人接受奖励、赠与、报酬,他人不得以行为人无民事行为能力、限制民事行为能力为由,主张以上行为无效。

案例链接

❶《李纹纹与刘海涛婚约财产纠纷上诉案》,参见北大法宝引证码:Pkulaw.cn/CLI.C.286481。

❷《任某等诉王某1等民间借贷纠纷案》,参见北大法宝引证码:Pkulaw.cn/CLI.C.239807。

❸《尹前富等诉台州市椒江东风海洋渔业有限公司船舶挂靠经营合同费用返还纠纷案》,参见北大法宝引证码:Pkulaw.cn/CLI.C.247712。

❹《米艳艳与王伟合同纠纷上诉案》,参见北大法宝引证码:Pkulaw.cn/CLI.C.210925。

学者观点

❶ 李先波:《未成年人合同欺诈规制探析》,参见北大法宝引证码:Pkulaw.cn/CLI.A.1135854。

【因无权代理而订立的合同的效力】

法律问题解读

这里讲的无权代理为狭义的无权代理,其与表见代理都属于广义的无权代理。无权代理是指行为人无代理权而以他人名义为法律行为,它是代理行为其他要件都已具备而只是代理人欠缺代理权的代理。无权代理具有以下特点:(1)无权代理的代理人以被代理人的名义为法律行为,代理行为已经成立;(2)无权代理行为是具备法律行为一般有效要件的行为;(3)在代理行为的特殊有效要件上,无权代理只欠缺代理权这一有效要件,并不欠缺被代理人存在、确定、合格等有效要件。

根据代理人欠缺代理权的不同情况,我国法律将无权代理分为三种类型:(1)没有代理权的无权代理,包括未经他人委托授权而以他人名义订立合同、法定代理人以外的人以无民事行为能力人或者限制民事行为能力人的名义订立合同等情况,如盗用单位介绍信订立合同等。(2)超越代理权的无权代理,包括部分超越代理权或完全超越代理权的无权代理。前者如被代理人就订立某一合同之代理只授予了代理人部分代理权,而保留了对该合同某些事项的决定权,代理人却不顾该限制而为全权代理;后者如被代理人仅授权订立此合同,而代理人在代理活动中订立了与此合同有一定牵连关系的彼合同,例如采购员在采购活动中因携带的钱款不足而以单位的名义与他人签订借款合同等。(3)代理权终止后的无权代理,包括代理人不知其代理权消灭而继续进行代理活动和代理人明知其代理权消灭而继续进行代理活动。

因无权代理而订立的合同也属于效力待定的合同,未经被代理人追认,对被代理人不发生效力,由行为人承担责任。相对人可以催告被代理人在一个月内予以追认。被代理人未作表示的,视为拒绝追认。合同被追认之前,善意相对人有撤销的权利,撤销应当以通知的方式作出。

法条指引

❶《中华人民共和国合同法》(1999年10月1日施行)

第四十八条　行为人没有代理权、超越代理权或者代理权终止后以被代理人名义订立的合同,未经被代理人追认,对被代理人不发生效力,由行为人承担责任。

相对人可以催告被代理人在1个月内予以追认。被代理人未作表示的,视为拒绝追认。合同被追认之前,善意相对人有撤销的权利。撤销应当以通知的方式作出。

❷《中华人民共和国民法通则》(1987年1月1日施行)

第六十三条　公民、法人可以通过代理人实施民事法律行为。

代理人在代理权限内,以被代理人的名义实施民事法律行为。被代理人对代理人的代理行为,承担民事责任。

依照法律规定或者按照双方当事人约定,应当由本人实施的民事法律行为,不得代理。

第六十四条　代理包括委托代理、法定代理和指定代理。

委托代理人按照被代理人的委托行使代理权,法定代理人依照法律的规定行使代理权,指定代理人按照人民法院或者指定单位的指定行使代理权。

第六十五条　民事法律行为的委托代理,可以用书面形式,也可以用口头形式。法律规定用书面形式的,应当用书面形式。

书面委托代理的授权委托书应当载明代理人的姓名或者名称、代理事项、权限和期间,并由委托人签名或者盖章。

委托书授权不明的,被代理人应当向第三人承担民事责任,代理人负连带责任。

第六十六条　没有代理权、超越代理权或者代理权终止后的行为,只有经过被代理人的追认,被代理人才承担民事责任。未经追认的行为,由行为人承担民事责任。本人知道他人以本人名义实施民事行为而不作否认表示的,视为同意。

代理人不履行职责而给被代理人造成损害的,应当承担民事责任。

代理人和第三人串通,损害被代理人的利益的,由代理人和第三人负连带责任。

第三人知道行为人没有代理权、超越代理权或者代理权已终止还与行为人实施民事行为给他人造成损害的,由第三人和行为人负连带责任。

第六十七条　代理人知道被委托代理的事项违法仍然进行代理活动的,或者被代理人知道代理人的代理行为违法不表示反对的,由被代理人和代理人负连带责任。

第六十八条　委托代理人为被代理人的利益需要转托他人代理的,应当事先取得被代理人的同意。事先没有取得被代理人同意的,应当在事后及时告诉被代理人,如果被代理人不同意,由代理人对自己所转托的人的行为负民事责任,但在紧急情况下,为了保护被代理人的利益而转托他人代理的除外。

第六十九条　有下列情形之一的,委托代理终止:

(一)代理期间届满或者代理事务完成;

(二)被代理人取消委托或者代理人辞去委托;

(三)代理人死亡;

(四)代理人丧失民事行为能力;

(五)作为被代理人或者代理人的法人终止。

第七十条　有下列情形之一的,法定代理或者指定代理终止:

(一)被代理人取得或者恢复民事行为能力;

(二)被代理人或者代理人死亡;

(三)代理人丧失民事行为能力;

(四)指定代理的人民法院或者指定单位取消指定;

(五)由其他原因引起的被代理人和代理人之间的监护关系消灭。

❸ 最高人民法院《关于贯彻执行〈中华人民共和国民法通则〉若干问题的意见(试行)》(1988年1月26日施行)

78. 凡是依法或者依双方的约定必须由本人亲自实施的民事行为，本人未亲自实施的，应当认定行为无效。

79. 数个委托代理人共同行使代理权的，如果其中一人或者数人未与其他委托代理人协商，所实施的行为侵害被代理人权益的，由实施行为的委托代理人承担民事责任。

被代理人为数人时，其中一人或者数人未经其他被代理人同意而提出解除代理关系，因此造成损害的，由提出解除代理关系的被代理人承担。

80. 由于急病、通讯联络中断等特殊原因，委托代理人自己不能办理代理事项，又不能与被代理人及时取得联系，如不及时转托他人代理，会给被代理人的利益造成损失或者扩大损失的，属于民法通则第六十八条中的"紧急情况"。

81. 委托代理人转托他人代理的，应当比照民法通则第六十五条规定的条件办理转托手续。因委托代理人转托不明，给第三人造成损失的，第三人可以直接要求被代理人赔偿损失；被代理人承担民事责任后，可以要求委托代理人赔偿损失，转托代理人有过错的，应当负连带责任。

82. 被代理人死亡后有下列情况之一的，委托代理人实施的代理行为有效：（1）代理人不知道被代理人死亡的；（2）被代理人的继承人均予承认的；（3）被代理人与代理人约定到代理事项完成时代理权终止的；（4）在被代理人死亡前已经进行、而在被代理人死亡后为了被代理人的继承人的利益继续完成的。

83. 代理人和被代理人对已实施的民事行为负连带责任的，在民事诉讼中，可以列为共同诉讼人。

案例链接

❶《翁某某与陈某某房屋买卖合同纠纷上诉案》，参见北大法宝引证码：Pkulaw. cn/CLI. C. 275457。

❷《上海昆鹏木业有限公司与上海贝地思木业有限公司买卖合同纠纷上诉案》，参见北大法宝引证码：Pkulaw. cn/CLI. C. 275863。

❸《罗某某与上海新马建设（集团）有限公司债权转让合同纠纷上诉案》，参见北大法宝引证码：Pkulaw. cn/CLI. C. 275951。

❹《贾路林与王保云委托合同纠纷上诉案》，参见北大法宝引证码：Pkulaw. cn/CLI. C. 250236。

学者观点

❶ 董学立：《重新审视和设计无权代理》，参见北大法宝引证码：Pkulaw. cn/CLI. A. 1113889。

❷ 付翠英：《无权代理的内涵与效力分析》，参见北大法宝引证码：Pkulaw. cn/CLI. A. 111730。

❸ 吴久宏：《试析我国关于无权代理人签订的合同效力的立法及实践》，参见北大法宝引证码：Pkulaw. cn/CLI. A. 1110546。

❹ 钟毅：《对无权代理的探析》，参见北大法宝引证码：Pkulaw. cn/CLI. A. 157754。

【表见代理】

法律问题解读

表见代理是指行为人虽无代理权，但善意相对人客观上有充分理由相信行为人有代理权，并基于此信赖而与行为人为民事法律行为，其行为后果直接归属于被代理人的制度。这里所说的无代理权包括没有代理权、超越代理权或者代理权终止三种情况。表见代理属于广义的无权代理，表见代理制度的宗旨在于保护善意相对人，维护社会交易安全，一般情况下对善意相对人有利而对被代理人不利。

按通说，表见代理的构成要件有三个：（1）客观上具有使相对人相信无权代理人具有代理权的根据，此为表见代理的客观要件；（2）相对人误认无权代理人有代理权，且对此误认善意无过失，此为表见代理的主观要件；（3）无权代理人与相对人所为的民事法律行为符合民事行为一般有效要件和代理的表面特征。

需要注意的是，我国《合同法》并未将被代理人具有过错作为表见代理的构成要件，很多学者认为如此规定不妥。

法条指引

❶《中华人民共和国合同法》（1999年10月1日施行）

第四十九条 行为人没有代理权、超越代理权或者代理权终止后以被代理人名义订立合同，相对人有理由相信行为人有代理权的，该代理行为有效。

案例链接

❶《梁秀花与娄国付恢复原状纠纷再审案》，

参见北大法宝引证码：Pkulaw. cn/CLI. C. 285758。
❷《任何云与焦顺利等合伙纠纷再审案》，参见北大法宝引证码：Pkulaw. cn/CLI. C. 291400。
❸《新疆陆通交通建设有限责任公司与彭韬运输合同纠纷上诉案》，参见北大法宝引证码：Pkulaw. cn/CLI. C. 284577。
❹《西安路桥机电设备技术有限公司与中交第二公路工程局有限公司等租赁合同纠纷再审案》，参见北大法宝引证码：Pkulaw. cn/CLI. C. 283478。

学者观点

❶ 吴国喆：《表见代理中本人可归责性的认定及其行为样态》，参见北大法宝引证码：Pkulaw. cn/CLI. A. 1143386。
❷ 石必胜：《表见代理的经济分析》，参见北大法宝引证码：Pkulaw. cn/CLI. A. 1128113。
❸ 孙鹏：《表见代理构成要件新论》，参见北大法宝引证码：Pkulaw. cn/CLI. A. 1113512。
❹ 范增辉：《租赁合同中的表见代理及其责任》，参见北大法宝引证码：Pkulaw. cn/CLI. A. 171507。

【表见代理的类型】

法律问题解读

表见代理的类型主要有：被代理人以书面或者口头形式直接或者间接地向相对人表示以某人为自己的代理人，而事实上并未对该人进行代理授权；被代理人将有证明代理权存在意义的文件交予某人，或者该人从其他途径获取这些文件，相对人因信赖这些文件而与该人交易，而事实上，被代理人对该人并无授予代理权的意图；代理关系终止后，被代理人未采取必要措施公示代理关系终止的事实并收回代理人持有的代理证书，造成相对人不知代理关系终止而仍然与代理人交易等。

有些学者认为代理证书授权不明，代理人超越代理权限为代理行为，相对人善意无过失地因代理证书授权不明相信其为有权代理的情况属于表见代理，对此我们持有异议。《民法通则》规定：委托书授权不明的，被代理人应当向第三人承担民事责任，代理人负连带责任。该规定旨在衡量被代理人与代理人的关系，而二者承担连带责任，实际上就否定了表见代理的构成。

针对被代理人知道他人以自己的名义进行活动而不作否认表示的情况是否构成表见代理，《民法通则》与《合同法》的规定有冲突。《民法通则》规定，本人知道他人以本人名义实施民事行为而不作否认表示的，视为同意。据此，既可以将"视为同意"理解为授予代理权，也可以将之理解为本人对无权代理行为的追认，但无论如何都不能理解为表见代理。而《合同法》规定，在狭义的无权代理中，相对人可以催告被代理人在一个月内予以追认，被代理人未作表示的，视为拒绝追认。相对人催告被代理人追认后，被代理人肯定知道"他人以本人名义实施民事行为"，如果被代理人未作表示的，则视为拒绝追认。这样，两部法律就发生了冲突。我们认为，在这种情况下，根据新法优先于旧法，特别法优先于一般法原则，应根据《合同法》的规定处理，将之认定为一种表见代理。

法条指引

❶《中华人民共和国合同法》（1999年10月1日施行）

第四十八条 行为人没有代理权、超越代理权或者代理权终止后以被代理人名义订立的合同，未经被代理人追认，对被代理人不发生效力，由行为人承担责任。

相对人可以催告被代理人在一个月内予以追认。被代理人未作表示的，视为拒绝追认。合同被追认之前，善意相对人有撤销的权利。撤销应当以通知的方式作出。

第四十九条 行为人没有代理权、超越代理权或者代理权终止后以被代理人名义订立合同，相对人有理由相信行为人有代理权的，该代理行为有效。

❷《中华人民共和国民法通则》（1987年1月1日施行）

第六十五条 民事法律行为的委托代理，可以用书面形式，也可以用口头形式。法律规定用书面形式的，应当用书面形式。

书面委托代理的授权委托书应当载明代理人的姓名或者名称、代理事项、权限和期间，并由委托人签名或者盖章。

委托书授权不明的，被代理人应当向第三人承担民事责任，代理人负连带责任。

第六十六条 没有代理权、超越代理权或者代理权终止后的行为，只有经过被代理人的追认，被代理人才承担民事责任。未经追认的行为，由行为人承担民事责任。本人知道他人以本人名义实施民事行为而不作否认表示的，视为同意。

代理人不履行职责而给被代理人造成损害的，应当承担民事责任。

代理人和第三人串通，损害被代理人的利益的，由代理人和第三人负连带责任。

第三人知道行为人没有代理权、超越代理权或者代理权已终止还与行为人实施民事行为给他人造成损害的，由第三人和行为人负连带责任。

案例链接

❶《许根生等诉赵介宝等案》，参见北大法宝引证码：Pkulaw. cn/CLI. C. 81535。

【表见代理的法律后果】

法律问题解读

符合构成要件的表见代理，该代理行为有效，能够发生与有权代理相同的法律后果，被代理人应当向相对人承担责任。被代理人承担责任后，可以向无权代理人追偿。需要注意的是，对于表见代理，被代理人不能主张狭义的无权代理，但是相对人却有权在表见代理和狭义的无权代理之间进行选择。

在司法实践中，存在相对人能否重复行使选择权的争议，我们认为，相对人在选择了表见代理或者狭义的无权代理之后，不能再主张另一个。这是因为，表见代理制度本身对被代理人就是不公平的，如果允许相对人重复行使选择权，会带来更不公平的结果。有学者认为，无权代理符合表见代理的构成要件，而善意相对人主张狭义的无权代理时，被代理人与代理人有权在负担举证责任的情况下主张表见代理成立，对此，我们持反对意见，因为这样会产生对相对人不利的后果，有悖于表见代理制度的宗旨。

法条指引

❶《中华人民共和国合同法》（1999年10月1日施行）

第四十九条　行为人没有代理权、超越代理权或者代理权终止后以被代理人名义订立合同，相对人有理由相信行为人有代理权的，该代理行为有效。

案例链接

❶《秦福强诉张掖市第五建筑工程公司等买卖合同纠纷案》，参见北大法宝引证码：Pkulaw. cn/CLI. C. 140727。

❷《黄冠山与何勤刚等委托代理合同纠纷上诉案》，参见北大法宝引证码：Pkulaw. cn/CLI. C. 68306。

❸《郑礼助诉福建省德化县金红谷锰业有限公司等承包经营权案》，参见北大法宝引证码：Pkulaw. cn/CLI. C. 231365。

❹《王香兰等51人诉平顶山市市郊铁炉农村信用合作社及赵玉玲储蓄合同案》，参见北大法宝引证码：Pkulaw. cn/CLI. C. 88657。

学者观点

❶ 尚彦卿：《论表见代理之定性》，参见北大法宝引证码：Pkulaw. cn/CLI. A. 182517。

【因代表行为越权而订立的合同的效力】

法律问题解读

法人的法定代表人和其他组织的负责人的职权由法律和章程规定，对外代表法人或者其他组织，其活动的目的是为了实现法人或者其他组织的职能，因此，以法定代表人或者负责人的身份所为的行为是法人或者其他组织的行为，其行为后果理应由法人或者其他组织承担。需要注意的是，当事人超越经营范围订立合同，人民法院不因此认定合同无效，但违反国家限制经营、特许经营以及法律、行政法规禁止经营规定的除外。另外，为了保护善意相对人的利益，即使是超越权限订立的合同，也将发生效力，因为善意相对人不应当知道法人的法定代表人或者其他组织的负责人与自己订立合同的行为属于超越权限的行为。

《民法通则》规定，企业法人对它的法定代表人和其他工作人员的经营活动，承担民事责任。这里所说的其他工作人员一般是指除法定代表人以外的，能够代表法人对外从事经营活动的法人的机关成员，他们同法定代表人一样对外实施职务行为。按照《合同法》的精神，我们认为，其超越权限订立的合同，除相对人知道或者应当知道其超越权限的以外，该行为也应有效。需要注意的是，并不是所有的法人内部的成员都能够以法人的名义对外从事经营活动，除了法律、章程规定能够代表法人从事经营活动的人以外，其他人员要以法人的名义从事经营活动，必须获得法人的委托授权，以代理人的身份代理法人从事经营活动，他们与法人之间是委托代理关系。

法条指引

❶《中华人民共和国合同法》（1999 年 10 月 1 日施行）

第五十条　法人或者其他组织的法定代表人、负责人超越权限订立的合同，除相对人知道或者应当知道其超越权限的以外，该代表行为有效。

❷《中华人民共和国民法通则》（1987 年 1 月 1 日施行）

第三十八条　依照法律或者法人组织章程规定，代表法人行使职权的负责人，是法人的法定代表人。

第四十三条　企业法人对它的法定代表人和其他工作人员的经营活动，承担民事责任。

❸《中华人民共和国民事诉讼法》（2007 年 10 月 28 日修正）

第四十九条　公民、法人和其他组织可以作为民事诉讼的当事人。

法人由其法定代表人进行诉讼。其他组织由其主要负责人进行诉讼。

❹ 最高人民法院《关于适用〈中华人民共和国担保法〉若干问题的解释》（2000 年 12 月 13 日施行）

第十一条　法人或者其他组织的法定代表人、负责人超越权限订立的担保合同，除相对人知道或者应当知道其超越权限以外，该代表行为有效。

案例链接

❶《广州市花都珠江商贸发展公司诉花都市振达公司买卖合同案》，参见北大法宝引证码：Pkulaw.cn/CLI.C.49470。

【因无权处分行为而订立的合同的效力】

法律问题解读

这里所谓处分是指法律上的处分，包括财产的出让、赠与、在财产上设定抵押、质押等行为。原则上对财产的处分只能由享有处分权的人行使，无处分权的人处分他人财产构成对他人财产权的侵害。根据《合同法》的规定，因无权处分行为而订立的合同属于效力待定合同，无处分权的人处分他人财产并不当然导致合同无效，经权利人追认或者无处分权的人订立合同后取得处分权的，该合同仍然发生效力。无处分权主要包括两种情况：一是无所有权；二是处分权受到限制。前者如出卖他人之物，后者如对共有财产的处分、对抵押物的处分等。权利人可以对是否追认进行选择，但需要注意的是，权利人不能因自己的追认行为而成为合同的当事人。

然而根据我国《物权法》的规定及精神，无权处分仅仅涉及物权能否发生变动的问题。至于无权处分合同如果符合合同一般的生效要件的，即告生效。此外无权处分还涉及善意取得制度。如果无权处分的受让人受让该动产或不动产或其他物权时，是出于善意，且以合理的价格受让，受让的动产已经交付或不动产已经登记的，则受让人取得该不动产或者动产的所有权或者其他物权。否则，不动产或者动产的所有权人或其他物权享有人有权追回。

法条指引

❶《中华人民共和国合同法》（1999 年 10 月 1 日施行）

第五十一条　无处分权的人处分他人财产，经权利人追认或者无处分权的人订立合同后取得处分权的，该合同有效。

❷《中华人民共和国民法通则》（1987 年 1 月 1 日施行）

第七十八条　财产可以由两个以上的公民、法人共有。

共有分为按份共有和共同共有。按份共有人按照各自的份额，对共有财产分享权利，分担义务。共同共有人对共有财产享有权利，承担义务。

按份共有财产的每个共有人有权要求将自己的份额分出或者转让。但在出售时，其他共有人在同等条件下，有优先购买的权利。

❸ 最高人民法院《关于贯彻执行〈中华人民共和国民法通则〉若干问题的意见（试行）》（1988 年 1 月 26 日施行）

89. 共同共有人对共有财产享有共同的权利，承担共同义务。在共同共有关系存续期间，部分共有人擅自处分共有财产的，一般认定无效。但第三人善意、有偿取得该财产的，应当维护第三人的合法权益；对其他共有人的损失，由擅自处分共有财产的人赔偿。

❹《中华人民共和国物权法》（2007年10月1日施行）

第十五条 当事人之间订立有关设立、变更、转让和消灭不动产物权的合同，除法律另有规定或者合同另有约定外，自合同成立时生效；未办理物权登记的，不影响合同效力。

第一百零六条 无处分权人将不动产或者动产转让给受让人的，所有权人有权追回；除法律另有规定外，符合下列情形的，受让人取得该不动产或者动产的所有权：

（一）受让人受让该不动产或者动产时是善意的；

（二）以合理的价格转让；

（三）转让的不动产或者动产依照法律规定应当登记的已经登记，不需要登记的已经交付给受让人。

受让人依照前款规定取得不动产或者动产的所有权的，原所有权人有权向无处分权人请求赔偿损失。

当事人善意取得其他物权的，参照前两款规定。

案例链接

❶《汤成斌与周建梅相邻权纠纷上诉案》，参见北大法宝引证码：Pkulaw. cn/CLI. C. 285922。

❷《韩永改诉薛杰房屋买卖合同纠纷案》，参见北大法宝引证码：Pkulaw. cn/CLI. C. 285587。

❸《杨新焕诉王守强宅基地使用权纠纷案》，参见北大法宝引证码：Pkulaw. cn/CLI. C. 285776。

❹《刘保才诉许要峰装饰装修合同纠纷案》，参见北大法宝引证码：Pkulaw. cn/CLI. C. 253802。

学者观点

❶ 李璐玲：《对形成权几个问题的再认识》，参见北大法宝引证码：Pkulaw. cn/CLI. A. 1146550。

❷ 李锡鹤：《合同理论的两个疑问》，参见北大法宝引证码：Pkulaw. cn/CLI. A. 1144265。

❸ 钟维：《论物权变动区分原则在无权处分领域之贯彻》，参见北大法宝引证码：Pkulaw. cn/CLI. A. 1143632。

❹ 邢玉霞：《我国法律体系下无权处分效力制度冲突的选择》，参见北大法宝引证码：Pkulaw. cn/CLI. A. 171638。

【无效合同】

法律问题解读

无效合同是违反合同生效要件的合同，它虽然已经成立，但因其在内容上违反了法律、行政法规规定的生效要件而被确认为无效。无效合同自始无效，它具有违法性，国家要对之进行干预，当事人也不得履行。《合同法》规定：一方以欺诈、胁迫的手段订立的损害国家利益的合同，恶意串通并损害国家、集体或者第三人利益的合同，以合法形式掩盖非法目的的合同，损害社会公共利益的合同和违反法律、行政法规的强制性规定的合同均为无效合同。合同的无效与不成立是不同的，合同不成立是当事人未就合同的必要条款达成合意，而合同无效是合同在内容上违反了法律、行政法规的强制性规定。

由于对无效合同实行国家干预，法院和仲裁机构不需经当事人请求即可以主动予以审查争议的合同是否构成无效合同，如认定属于无效合同，便应主动地确认合同无效。另外，由于无效合同具有违法性，请求确认合同无效之诉不应该受到诉讼时效的限制。

需要注意的是，《合同法》规定的合同无效的事由较《民法通则》规定的民事行为无效的事由在范围上有所缩小，根据后法优于前法、特别法优于普通法的原理，在确定无效合同方面应适用《合同法》的规定。另外，人民法院确认合同效力时，对《合同法》实施以前成立的合同，适用当时的法律导致合同无效，而适用《合同法》使合同有效的，则适用《合同法》。

法条指引

❶《中华人民共和国合同法》（1999年10月1日施行）

第五十二条 有下列情形之一的，合同无效：

（一）一方以欺诈、胁迫的手段订立合同，损害国家利益；

（二）恶意串通，损害国家、集体或者第三人利益；

（三）以合法形式掩盖非法目的；

（四）损害社会公共利益；

（五）违反法律、行政法规的强制性规定。

❷《中华人民共和国民法通则》（1987年1月1日施行）

第五十八条 下列民事行为无效：

（一）无民事行为能力人实施的；

（二）限制民事行为能力人依法不能独立实施的；

（三）一方以欺诈、胁迫的手段或者乘人之危，使对方在违背真实意思的情况下所为的；

（四）恶意串通，损害国家、集体或者第三人利益的；

（五）违反法律或者社会公共利益的；

（六）经济合同违反国家指令性计划的；

（七）以合法形式掩盖非法目的的。

无效的民事行为，从行为开始起就没有法律约束力。

❸ **《中华人民共和国担保法》**（1995年10月1日施行）

第二十九条 企业法人的分支机构未经法人书面授权或者超出授权范围与债权人订立保证合同，该合同无效或者超出授权范围的部分无效，债权人和企业法人有过错的，应当根据其过错各自承担相应的民事责任；债权人无过错的，由企业法人承担民事责任。

❹ **最高人民法院《关于适用〈中华人民共和国合同法〉若干问题的解释（一）》**（1999年12月29日施行）

第三条 人民法院确认合同效力时，对合同法实施以前成立的合同，适用当时的法律合同无效而适用合同法合同有效的，则适用合同法。

❺ **最高人民法院《关于贯彻执行〈中华人民共和国民法通则〉若干问题的意见（试行）》**（1988年1月26日施行）

67. 间歇性精神病人的民事行为，确能证明是在发病期间实施的，应当认定无效。

行为人在神志不清的状态下所实施的民事行为，应当认定无效。

❻ **最高人民法院《关于适用〈中华人民共和国担保法〉若干问题的解释》**（2000年12月13日施行）

第三条 国家机关和以公益为目的的事业单位、社会团体违反法律规定提供担保的，担保合同无效。因此给债权人造成损失的，应当根据担保法第五条第二款的规定处理。

第四条 董事、经理违反《中华人民共和国公司法》第六十条的规定，以公司资产为本公司的股东或者其他个人债务提供担保的，担保合同无效。除债权人知道或者应当知道的外，债务人、担保人应当对债权人的损失承担连带赔偿责任。

第五条 以法律、法规禁止流通的财产或者不可转让的财产设定担保的，担保合同无效。

以法律、法规限制流通的财产设定担保的，在实现债权时，人民法院应当按照有关法律、法规的规定对该财产进行处理。

第六条 有下列情形之一的，对外担保合同无效：

（一）未经国家有关主管部门批准或者登记对外担保的；

（二）未经国家有关主管部门批准或者登记，为境外机构向境内债权人提供担保的；

（三）为外商投资企业注册资本、外商投资企业中的外方投资部分的对外债务提供担保的；

（四）无权经营外汇担保业务的金融机构、无外汇收入的非金融性质的企业法人提供外汇担保的；

（五）主合同变更或者债权人将对外担保合同项下的权利转让，未经担保人同意和国家有关主管部门批准的，担保人不再承担担保责任。但法律、法规另有规定的除外。

第十八条 企业法人的职能部门提供保证的，保证合同无效。债权人知道或者应当知道保证人为企业法人的职能部门的，因此造成的损失由债权人自行承担。

债权人不知保证人为企业法人的职能部门，因此造成的损失，可以参照担保法第五条第二款的规定和第二十九条的规定处理。

第五十二条 当事人以农作物和与其尚未分离的土地使用权同时抵押的，土地使用权部分的抵押无效。

❼ **最高人民法院《关于原审法院确认合同效力有错误而上诉人未对合同效力提出异议的案件第二审法院可否变更问题的复函》**（1991年8月14日）

四川省高级人民法院：

你院川法研〔1991〕34号《关于原审法院确认合同效力有错误而上诉人未对合同效力提出异议的案件二审法院可否变更的请示》收悉。经研究，答复如下：

《中华人民共和国民事诉讼法》第一百五十一条规定："第二审人民法院应当对上诉请求的有关事实和适用法律进行审查。"这一规定并不排斥人民法院在审理上诉案件时，对上诉人在上诉请求中未提出的问题进行审查。如果第二审人民法院发现原判对上诉请求未涉及的问题的处理确有错误，应当在二审中予以纠正。

此复

❽ 最高人民法院《关于对注册资金投入未达到法规规定最低限额的企业法人签订的经济合同效力如何确认问题的答复》（1997年2月25日）

江苏省高级人民法院：

你院（1996）苏经请字第4号请示收悉。经研究，答复如下：

企业法人注册资金投入未达到法规规定的最低限额，在对外承担民事责任时，应根据本院1994年3月30日法复〔1994〕4号批复第一条第三项的规定处理，即其民事责任由开办该企业的企业法人承担。但为了稳定经济秩序，保护权利人的合法权益，对这类企业法人被依法吊销《企业法人营业执照》之前签订的经济合同，不宜因其注册资金投入未达到法规规定的最低限额而确认为无效。

此复

❾ 最高人民法院《关于企业被人民法院依法宣告破产后在破产程序终结前经人民法院允许从事经营活动所签合同是否有效问题的批复》（2000年12月1日）

四川省高级人民法院：

你院川高法〔1999〕23号《关于企业被人民法院依法宣告破产后，在破产程序终结前经人民法院允许从事经营活动所签经济合同是否有效的请示》收悉。经研究，答复如下：

企业被人民法院宣告破产后，破产企业应当自人民法院宣告破产裁定之日起停止生产经营活动。但经清算组允许，破产企业可以在破产程序终结之前，以清算组的名义从事与清算工作相关的生产经营活动。清算组应当将从事此种经营活动的情况报告人民法院。如果破产企业在此期间对外签订的合同，并非以清算组的名义，且与清算工作无关，应当认定为无效。

我院以前发布的司法解释与本批复不一致的，以本批复为准。

此复

❿ 最高人民法院《关于审理商品房买卖合同纠纷案件适用法律若干问题的解释》（2003年6月1日施行）

第九条 出卖人订立商品房买卖合同时，具有下列情形之一，导致合同无效或者被撤销、解除的，买受人可以请求返还已付购房款及利息、赔偿损失，并可以请求出卖人承担不超过已付购房款一倍的赔偿责任：

（一）故意隐瞒没有取得商品房预售许可证明的事实或者提供虚假商品房预售许可证明；

（二）故意隐瞒所售房屋已经抵押的事实；

（三）故意隐瞒所售房屋已经出卖给第三人或者为拆迁补偿安置房屋的事实。

第十条 买受人以出卖人与第三人恶意串通，另行订立商品房买卖合同并将房屋交付使用，导致其无法取得房屋为由，请求确认出卖人与第三人订立的商品房买卖合同无效的，应予支持。

⓫ 最高人民法院《关于适用〈中华人民共和国担保法〉若干问题的解释》（2000年9月29日）

第三条 国家机关和以公益为目的的事业单位、社会团体违反法律规定提供担保的，担保合同无效。因此给债权人造成损失的，应当根据担保法第五条第二款的规定处理。

第四条 董事、经理违反《中华人民共和国公司法》第六十条的规定，以公司资产为本公司的股东或者其他个人债务提供担保的，担保合同无效。除债权人知道或者应当知道的外，债务人、担保人应当对债权人的损失承担连带赔偿责任。

第五条 以法律、法规禁止流通的财产或者不可转让的财产设定担保的，担保合同无效。

以法律、法规限制流通的财产设定担保的，在实现债权时，人民法院应当按照有关法律、法规的规定对该财产进行处理。

第六条 有下列情形之一的，对外担保合同无效：

（一）未经国家有关主管部门批准或者登记对外担保的；

（二）未经国家有关主管部门批准或者登记，为境外机构向境内债权人提供担保的；

（三）为外商投资企业注册资本、外商投资企业中的外方投资部分的对外债务提供担保的；

（四）无权经营外汇担保业务的金融机构、无外汇收入的非金融性质的企业法人提供外汇担保的；

（五）主合同变更或者债权人将对外担保合同项下的权利转让，未经担保人同意和国家有关主管部门批准的，担保人不再承担担保责任。但法律、法规另有规定的除外。

⓬ 《中华人民共和国劳动合同法》（2008年1月1日施行）

第二十六条 下列劳动合同无效或者部分无效：

（一）以欺诈、胁迫的手段或者乘人之危，使对方在违背真实意思的情况下订立或者变更劳动合同的；

（二）用人单位免除自己的法定责任、排除劳动者权利的；

（三）违反法律、行政法规强制性规定的。

对劳动合同的无效或者部分无效有争议的，由劳动争议仲裁机构或者人民法院确认。

案例链接

❶《刘艳丽诉谢留根等买卖合同纠纷案》，参见北大法宝引证码：Pkulaw.cn/CLI.C.291309。

❷《安阳县崔家桥乡沙岸村村民委员会与秦尚荣农村土地承包合同纠纷上诉案》，参见北大法宝引证码：Pkulaw.cn/CLI.C.278775。

❸《李玉忠与杨景亮土地补偿款纠纷再审案》，参见北大法宝引证码：Pkulaw.cn/CLI.C.291369。

❹《郑州市鸿聚建筑材料有限公司与郑州市捷顺电子科技有限公司买卖合同纠纷上诉案》，参见北大法宝引证码：Pkulaw.cn/CLI.C.287175。

学者观点

❶ 余冬爱：《无效合同诉讼时效问题探析》，参见北大法宝引证码：Pkulaw.cn/CLI.A.1122004。

❷ 王利明：《关于无效合同确认的若干问题》，参见北大法宝引证码：Pkulaw.cn/CLI.A.121271。

❸ 宋茂荣、刘永贤、王小林：《无效合同的识别与处理》，参见北大法宝引证码：Pkulaw.cn/CLI.A.173448。

❹ 郑新民：《浅议新合同法对无效合同的规定》，参见北大法宝引证码：Pkulaw.cn/CLI.A.1111390。

【以欺诈手段订立的合同】

法律问题解读

以欺诈手段订立的合同，是一方当事人故意告知对方虚假情况或者故意隐瞒真实情况，使其陷于错误认识并因此作出错误意思表示而订立的合同。如果该合同损害了国家利益（如欺诈国有银行使国有资产流失），应属于无效合同，否则为可撤销合同。

合同欺诈有四个构成要件：（1）欺诈方有欺诈的故意。所谓有欺诈的故意是指明知告知对方的情况是虚假的或者故意隐瞒真实情况会使对方陷于错误认识，而希望或者放任这种结果的发生。(2）欺诈方实施了欺诈行为。欺诈行为包括积极的行为和消极的行为，前者即故意告知对方虚假情况，如将黄铜说成黄金等；后者即故意隐瞒真实情况，如未履行瑕疵告知义务等。（3）相对人因欺诈行为而陷于错误认识，即相对人陷于错误认识与欺诈方的欺诈行为有因果关系。（4）相对方因错误认识而作出意思表示，即因为错误认识而与之订立了合同。

需要注意的是，欺诈与履行能力的有无没有必然的联系。也就是说，有履行能力的人订立的合同可能存在欺诈；无履行能力的人订立的合同可能不存在欺诈。所以，在实践中不宜将无实际履行能力的人订立合同的行为一概认定为有欺诈行为，只有那些无实际履行能力也不打算履行合同，签订合同的目的只是为了骗取定金、预付款、货物、货款等的行为才属于欺诈行为。

法条指引

❶《中华人民共和国合同法》（1999年10月1日施行）

第五十二条 有下列情形之一的，合同无效：

（一）一方以欺诈、胁迫的手段订立合同，损害国家利益；

（二）恶意串通，损害国家、集体或者第三人利益；

（三）以合法形式掩盖非法目的；

（四）损害社会公共利益；

（五）违反法律、行政法规的强制性规定。

第五十四条 下列合同，当事人一方有权请求人民法院或者仲裁机构变更或者撤销：

（一）因重大误解订立的；

（二）在订立合同时显失公平的。

一方以欺诈、胁迫的手段或者乘人之危，使对方在违背真实意思的情况下订立的合同，受损害方有权请求人民法院或者仲裁机构变更或者撤销。

当事人请求变更的，人民法院或者仲裁机构不得撤销。

❷《中华人民共和国民法通则》（1987年1月1日施行）

第五十八条 下列民事行为无效：

（一）无民事行为能力人实施的；

（二）限制民事行为能力人依法不能独立实施的；

（三）一方以欺诈、胁迫的手段或者乘人之危，使对方在违背真实意思的情况下所为的；

（四）恶意串通，损害国家、集体或者第三人利益的；
（五）违反法律或者社会公共利益的；
（六）经济合同违反国家指令性计划的；
（七）以合法形式掩盖非法目的的。

无效的民事行为，从行为开始起就没有法律约束力。

❸《中华人民共和国担保法》（1995年10月1日施行）

第三十条 有下列情形之一的，保证人不承担民事责任：

（一）主合同当事人双方串通，骗取保证人提供保证的；
（二）主合同债权人采取欺诈、胁迫等手段，使保证人在违背真实意思的情况下提供保证的。

❹《中华人民共和国反不正当竞争法》（1993年12月1日施行）

第十四条 经营者不得捏造、散布虚伪事实，损害竞争对手的商业信誉、商品声誉。

❺《中华人民共和国消费者权益保护法》（1994年1月1日施行）

第八条 消费者享有知悉其购买、使用的商品或者接受的服务的真实情况的权利。

消费者有权根据商品或者服务的不同情况，要求经营者提供商品的价格、产地、生产者、用途、性能、规格、等级、主要成分、生产日期、有效期限、检验合格证明、使用方法说明书、售后服务，或者服务的内容、规格、费用等有关情况。

第十九条 经营者应当向消费者提供有关商品或者服务的真实信息，不得作引人误解的虚假宣传。

经营者对消费者就其提供的商品或者服务的质量和使用方法等问题提出的询问，应当作出真实、明确的答复。

商店提供商品应当明码标价。

第二十条 经营者应当标明其真实名称和标记。

租赁他人柜台或者场地的经营者，应当标明其真实名称和标记。

❻ 最高人民法院《关于贯彻执行〈中华人民共和国民法通则〉若干问题的意见（试行）》（1988年1月26日施行）

68.一方当事人故意告知对方虚假情况，或者故意隐瞒真实情况，诱使对方当事人作出错误意思表示的，可以认定为欺诈行为。

❼ 最高人民法院《关于适用〈中华人民共和国担保法〉若干问题的解释》（2000年12月13日施行）

第四十条 主合同债务人采取欺诈、胁迫等手段，使保证人在违背真实意思的情况下提供保证的，债权人知道或者应当知道欺诈、胁迫事实的，按照担保法第三十条的规定处理。

❽ 最高人民法院《关于审理商品房买卖合同纠纷案件适用法律若干问题的解释》（2003年6月1日施行）

第九条 出卖人订立商品房买卖合同时，具有下列情形之一，导致合同无效或者被撤销、解除的，买受人可以请求返还已付购房款及利息、赔偿损失，并可以请求出卖人承担不超过已付购房款一倍的赔偿责任：（一）故意隐瞒没有取得商品房预售许可证明的事实或者提供虚假商品房预售许可证明；

（二）故意隐瞒所售房屋已经抵押的事实；
（三）故意隐瞒所售房屋已经出卖给第三人或者为拆迁补偿安置房屋的事实。

案例链接

❶《郭梦远与乌鲁木齐市辰康科技发展中心买卖合同纠纷上诉案》，参见北大法宝引证码：Pkulaw.cn/CLI.C.284579。

❷《温州市博达海运有限公司与林其财等海事海商纠纷上诉案》，参见北大法宝引证码：Pkulaw.cn/CLI.C.247164。

❸《上海某广告传播有限公司诉李某经济补偿金纠纷案》，参见北大法宝引证码：Pkulaw.cn/CLI.C.276054。

❹《台州市得意达汽车销售服务有限公司等与中国建设银行股份有限公司临海支行金融借款合同纠纷上诉案》，参见北大法宝引证码：Pkulaw.cn/CLI.C.236035。

学者观点

❶ 葛云松：《纯粹经济损失的赔偿与一般侵权行为条款》，参见北大法宝引证码：Pkulaw.cn/CLI.A.1142504。

❷ 李先波：《未成年人合同欺诈规制探析》，参见北大法宝引证码：Pkulaw.cn/CLI.A.1135854。

【以胁迫手段订立的合同】

法律问题解读

以胁迫手段订立的合同，是指一方当事人以将要发生的物质性损害或者精神性损害为要挟，使对方当事人产生恐惧，迫使其违背自己的真实意愿而订立的合同。如果该合同损害了国家利益，应属于无效合同，否则为可撤销合同。

胁迫的构成要件有五个：（1）胁迫人有胁迫的故意。它有两个层面，一是使相对人陷于恐惧的故意；二是希望相对人基于恐惧而作出意思表示。需要注意的是，胁迫的故意不包含胁迫人通过胁迫行为使自己获取某种利益的内容，谋取某种利益仅属于胁迫的动机。（2）胁迫人实施了胁迫行为。以给自然人及其亲友的生命健康、荣誉、名誉、财产等造成损害或者以给法人或者其他组织的荣誉、名誉、财产等造成损害为要挟，迫使对方作出违背真实意思表示的，可以认定为胁迫行为。（3）胁迫行为是非法的。这里所谓非法包括目的违法、手段违法，据此，如果一方以将要提起诉讼等合法手段对对方施加压力则不构成胁迫。（4）相对人因胁迫人的胁迫产生恐惧，即恐惧与胁迫之间具有因果关系。（5）相对人因恐惧而作出意思表示，即因为恐惧而与胁迫人订立了合同。

胁迫与欺诈均为故意行为，但二者有区别：（1）受胁迫者是出于恐惧而被迫订立合同，而受欺诈者表面上是自愿订立合同。（2）受胁迫的内容不可能构成合同的条款，而受欺诈的内容则相反。（3）胁迫只能是积极的行为，而欺诈既可以是积极的行为，也可以是消极的行为。（4）胁迫可以是合同当事人以外的第三人的行为，而欺诈则是合同当事人的行为。

法条指引

❶《中华人民共和国合同法》（1999年10月1日施行）

第五十二条 有下列情形之一的，合同无效：
（一）一方以欺诈、胁迫的手段订立合同，损害国家利益；
（二）恶意串通，损害国家、集体或者第三人利益的；
（三）以合法形式掩盖非法目的；
（四）损害社会公共利益；
（五）违反法律、行政法规的强制性规定。

第五十四条 下列合同，当事人一方有权请求人民法院或者仲裁机构变更或者撤销：
（一）因重大误解订立的；
（二）在订立合同时显失公平的。
一方以欺诈、胁迫的手段或者乘人之危，使对方在违背真实意思的情况下订立的合同，受损害方有权请求人民法院或者仲裁机构变更或者撤销。
当事人请求变更的，人民法院或者仲裁机构不得撤销。

❷《中华人民共和国民法通则》（1987年1月1日施行）

第五十八条 下列民事行为无效：
（一）无民事行为能力人实施的；
（二）限制民事行为能力人依法不能独立实施的；
（三）一方以欺诈、胁迫的手段或者乘人之危，使对方在违背真实意思的情况下所为的；
（四）恶意串通，损害国家、集体或者第三人利益的；
（五）违反法律或者社会公共利益的；
（六）经济合同违反国家指令性计划的；
（七）以合法形式掩盖非法目的的。
无效的民事行为，从行为开始起就没有法律约束力。

❸《中华人民共和国担保法》（1995年10月1日施行）

第三十条 有下列情形之一的，保证人不承担民事责任：
（一）主合同当事人双方串通，骗取保证人提供保证的；
（二）主合同债权人采取欺诈、胁迫等手段，使保证人在违背真实意思的情况下提供保证的。

❹ 最高人民法院《关于贯彻执行〈中华人民共和国民法通则〉若干问题的意见（试行）》（1988年1月26日施行）

69. 以给公民及其亲友的生命健康、荣誉、名誉、财产等造成损失或者以给法人的荣誉、名誉、财产等造成损害为要挟，迫使对方作出违背真实的意思表示的，可以认定为胁迫行为。

❺ 最高人民法院《关于适用〈中华人民共和国担保法〉若干问题的解释》（2000年12月13日施行）

第四十条 主合同债务人采取欺诈、胁迫等手段，使保证人在违背真实意思的情况下提供保证的，债权人知道或者应当知道欺诈、胁迫事实的，按照担保法第三十条的规定处理。

案例链接

❶《张朝辉等与新疆金和企业集团房地产开发有限公司撤销权纠纷上诉案》，参见北大法宝引证码：Pkulaw. cn/CLI. C. 285003。

❷《褚卫民与新疆金和企业集团房地产开发有限公司撤销权纠纷上诉案》，参见北大法宝引证码：Pkulaw. cn/CLI. C. 285005。

❸《梁金凤与新疆金和企业集团房地产开发有限公司撤销权纠纷上诉案》，参见北大法宝引证码：Pkulaw. cn/CLI. C. 286758。

❹《于文斌与新疆金和企业集团房地产开发有限公司撤销权纠纷上诉案》，参见北大法宝引证码：Pkulaw. cn/CLI. C. 286760。

学者观点

❶ 夏凤英：《胁迫相关问题探讨》，参见北大法宝引证码：Pkulaw. cn/CLI. A. 111570。

【恶意串通订立的合同】

法律问题解读

恶意串通订立的合同是指当事人为牟取不正当利益，互相勾结、串通而订立的损害他人利益的合同。这类合同的后果通常归属于当事人之外的国有企事业单位、集体经济组织、私营企业、其他组织及公民个人。在我国当前的经济生活中，企事业单位的法定代表人、代理人与相对人恶意串通订立的损害本单位利益的合同是最典型的恶意串通订立的合同。恶意串通，损害国家、集体或者第三人利益的合同为无效合同。

恶意串通的构成要件有：(1) 合同当事人在订立合同时有损害他人利益的故意；(2) 当事人在订立合同时有串通一气、互相勾结的行为，如果没有这种串通、勾结，该合同将不可能订立，或者订立后，合同的内容将有所改变；(3) 该合同履行的结果将损害他人的利益。《合同法》规定，当事人恶意串通，损害国家、集体或者第三人利益的，因此取得的财产收归国家所有或者返还集体、第三人。这里所说的"取得的财产"包括双方当事人已经取得和约定取得的财产。将取得的财产收归国家所有即追缴财产，它属于民事制裁措施。需要注意的是，在追缴财产的同时，当事人可能还要承担返还财产的民事责任。在追缴财产和返还财产这两种责任进行同时追究的情况下，应适用民事责任优先的原则，即在返还财产后还有剩余时才应收归国家所有。

法条指引

❶《中华人民共和国合同法》（1999年10月1日施行）

第五十二条 有下列情形之一的，合同无效：
（一）一方以欺诈、胁迫的手段订立合同，损害国家利益；
（二）恶意串通，损害国家、集体或者第三人利益；
（三）以合法形式掩盖非法目的；
（四）损害社会公共利益；
（五）违反法律、行政法规的强制性规定。

第五十九条 当事人恶意串通，损害国家、集体或者第三人利益的，因此取得的财产收归国家所有或者返还集体、第三人。

❷《中华人民共和国民法通则》（1987年1月1日施行）

第五十八条 下列民事行为无效：
（一）无民事行为能力人实施的；
（二）限制民事行为能力人依法不能独立实施的；
（三）一方以欺诈、胁迫的手段或者乘人之危，使对方在违背真实意思的情况下所为的；
（四）恶意串通，损害国家、集体或者第三人利益的；
（五）违反法律或者社会公共利益的；
（六）经济合同违反国家指令性计划的；
（七）以合法形式掩盖非法目的的。

无效的民事行为，从行为开始起就没有法律约束力。

第六十一条 民事行为被确认为无效或者被撤销后，当事人因该行为取得的财产，应当返还给受损失的一方。有过错的一方应当赔偿对方因此所受的损失，双方都有过错的，应当各自承担相应的责任。

双方恶意串通，实施民事行为损害国家的、集体的或者第三人的利益的，应当追缴双方取得的财产，收归国家、集体所有或者返还第三人。

❸《中华人民共和国反不正当竞争法》（1993年12月1日施行）

第十五条 投标者不得串通投标，抬高标价

第四章 合同的效力

或者压低标价。

投标者和招标者不得相互勾结，以排挤竞争对手的公平竞争。

❹ 最高人民法院《关于贯彻执行〈中华人民共和国民法通则〉若干问题的意见（试行）》（1988年1月26日施行）

74.民法通则第六十一条第二款中的"双方取得的财产"，应当包括双方当事人已经取得和约定取得的财产。

❺ 最高人民法院《关于审理联营合同纠纷案件若干问题的解答》（1990年11月12日）

八、关于无效联营收益的处理问题

联营合同被确认无效后，联营体在联营合同履行期间的收益，应先用于清偿联营的债务及补偿无过错方因合同无效所遭受的经济损失。

当事人恶意串通，损害国家利益、集体或第三人的合法利益，或者因合同内容违反国家利益或社会公共利益而导致联营合同无效的，根据民法通则第六十一条第二款和第一百三十四条第三款规定，对联营体在联营合同履行期间的收益，应当作为非法所得予以收缴，收归国家、集体所有或者返还第三人。对联营各方还可并处罚款；构成犯罪的，移送公安、检察机关查处。

❻ 最高人民法院《关于审理商品房买卖合同纠纷案件适用法律若干问题的解释》（2003年6月1日施行）

第十条　买受人以出卖人与第三人恶意串通，另行订立商品房买卖合同并将房屋交付使用，导致其无法取得房屋为由，请求确认出卖人与第三人订立的商品房买卖合同无效的，应予支持。

❼ 《中华人民共和国担保法》（1995年10月1日施行）

第三十条　有下列情形之一的，保证人不承担民事责任：

（一）主合同当事人双方串通，骗取保证人提供保证的；

（二）主合同债权人采取欺诈、胁迫等手段，使保证人在违背真实意思的情况下提供保证的。

案例链接

❶《夏登权与江玉珍等确认土地转让合同无效纠纷上诉案》，参见北大法宝引证码：Pkulaw.cn/CLI.C.277453。

❷《王崇明等与郑州市市郊农村信用合作联社古荥信用社等借款合同纠纷上诉案》，参见北大法宝引证码：Pkulaw.cn/CLI.C.287325。

❸《柘城县农业机械管理局诉柘城县农业机械技术推广服务站等确认房屋买卖合同无效纠纷再审案》，参见北大法宝引证码：Pkulaw.cn/CLI.C.275969。

❹《王万海诉时倩返还财产纠纷案》，参见北大法宝引证码：Pkulaw.cn/CLI.C.276269。

学者观点

❶ 肖青松：《论经济合同、保证合同当事人的"恶意串通"》，参见北大法宝引证码：Pkulaw.cn/CLI.A.154673。

❷ 朱建农：《论民法上恶意串通行为之效力》，参见北大法宝引证码：Pkulaw.cn/CLI.A.184912。

【以合法形式掩盖非法目的的合同】

法律问题解读

以合法形式掩盖非法目的的合同是指当事人为了越过法律障碍进而达到违法目的而订立的以合法形式表现的合同。

这类合同主要有两种：（1）为达到违法目的而订立的虚伪的合同。如为逃避追赃或者法院强制执行其财产而以虚伪的买卖合同或者赠与合同隐匿财产。（2）为达到违法目的以一个虚伪的合同掩盖另一个真实的合同。在这种情况下，虚伪的合同应当被认定为无效；被虚伪合同掩盖的真实的合同，如果不违反法律，可以有效，反之，也应无效。如为逃避税收而以联营合同掩盖门面出租合同，应按出租合同处理；房屋倒塌后以房屋买卖合同掩盖宅基地买卖合同，由于被掩盖的合同是一个违法合同，两个合同都应无效。

法条指引

❶《中华人民共和国合同法》（1999年10月1日施行）

第五十二条　有下列情形之一的，合同无效：

（一）一方以欺诈、胁迫的手段订立合同，损害国家利益；

（二）恶意串通，损害国家、集体或者第三人利益；

（三）以合法形式掩盖非法目的；

（四）损害社会公共利益；

（五）违反法律、行政法规的强制性规定。

❷《中华人民共和国民法通则》（1987年1月

1日施行)

第五十八条 下列民事行为无效：
(一) 无民事行为能力人实施的；
(二) 限制民事行为能力人依法不能独立实施的；
(三) 一方以欺诈、胁迫的手段或者乘人之危，使对方在违背真实意思的情况下所为的；
(四) 恶意串通，损害国家、集体或者第三人利益的；
(五) 违反法律或者社会公共利益的；
(六) 经济合同违反国家指令性计划的；
(七) 以合法形式掩盖非法目的。
无效的民事行为，从行为开始起就没有法律约束力。

案例链接

❶《焦建民诉许昌市四通房地产开发有限公司合同变更权和合同撤销权纠纷案》，参见北大法宝引证码：Pkulaw.cn/CLI.C.291105。

❷《郭某某诉鹤壁市鹤山区鹤壁集镇东街村村民委员会房屋买卖合同纠纷案》，参见北大法宝引证码：Pkulaw.cn/CLI.C.282342。

❸《邓昌顺与罗文祥等合同纠纷上诉案》，参见北大法宝引证码：Pkulaw.cn/CLI.C.291290。

❹《赵彩萍等与苏秀英等继承纠纷上诉案》，参见北大法宝引证码：Pkulaw.cn/CLI.C.281315。

【损害社会公共利益的合同】

法律问题解读

社会公共利益的概念相当于我国民法中的公共秩序和善良风俗。梁慧星先生归纳了十种损害社会公共利益的行为，对司法实践有参考作用，具体内容如下：
(1) 危害国家公序的行为，如以从事犯罪或者帮助犯罪行为作为内容的合同、规避课税的合同等；(2) 危害家庭关系的行为，如约定断绝亲子关系的合同、婚姻关系中的违约金条款等；(3) 违反性道德的行为，如对婚外同居人所作出的赠与和遗赠合同等；(4) 射幸合同，此处所说的射幸合同为非法射幸合同，如赌博合同等；(5) 违反人格和人格尊严的行为，如以债务人人身为抵押的约款、规定企业有权对顾客或者雇员搜身检查的标准合同条款等；(6) 限制经济自由的行为，如限制职业自由的条款、行业自律等；(7) 违反公平竞争的行为，如拍卖或者招标中的串通行为、以贿赂方法诱使对方的雇员或者代理人与自己订立的合同等；(8) 违反消费者保护的行为，如利用欺诈性的交易方法致消费者重大损害等；(9) 违反劳动者保护的行为，如规定"工伤概不负责"及女雇员一旦结婚立即辞退等合同；(10) 暴利行为。

法条指引

❶《中华人民共和国合同法》(1999年10月1日施行)

第七条 当事人订立、履行合同，应当遵守法律、行政法规，尊重社会公德，不得扰乱社会经济秩序，损害社会公共利益。

第五十二条 有下列情形之一的，合同无效：
(一) 一方以欺诈、胁迫的手段订立合同，损害国家利益；
(二) 恶意串通，损害国家、集体或者第三人利益；
(三) 以合法形式掩盖非法目的；
(四) 损害社会公共利益；
(五) 违反法律、行政法规的强制性规定。

❷《中华人民共和国民法通则》(1987年1月1日施行)

第七条 民事活动应当尊重社会公德，不得损害社会公共利益，破坏国家经济计划，扰乱社会经济秩序。

第五十八条 下列民事行为无效：
(一) 无民事行为能力人实施的；
(二) 限制民事行为能力人依法不能独立实施的；
(三) 一方以欺诈、胁迫的手段或者乘人之危，使对方在违背真实意思的情况下所为的；
(四) 恶意串通，损害国家、集体或者第三人利益的；
(五) 违反法律或者社会公共利益的；
(六) 经济合同违反国家指令性计划的；
(七) 以合法形式掩盖非法目的的。
无效的民事行为，从行为开始起就没有法律约束力。

案例链接

❶《泉州市兴达轻工(集团)有限公司与九牧集团有限公司侵犯注册商标专用权和不正当竞争纠纷再审案》，参见北大法宝引证码：Pkulaw.cn/

CLI. C. 291281。

❷《刘某某诉洛阳正奇建设开发有限公司经济适用房买卖合同纠纷案》,参见北大法宝引证码:Pkulaw. cn/CLI. C. 281967。

❸《曹玉振等诉陈成轩排除妨害纠纷案》,参见北大法宝引证码:Pkulaw.cn/CLI. C. 279145。

❹《李某某与管某某等房屋买卖合同纠纷上诉案》,参见北大法宝引证码:Pkulaw. cn/CLI. C. 276168。

学者观点

❶ 钟瑞栋:《民法规范的概念和类型》,参见北大法宝引证码:Pkulaw. cn/CLI. A. 1144191。

❷ 倪斐:《公共利益法律化:理论、路径与制度完善》,参见北大法宝引证码:Pkulaw. cn/CLI. A. 1142872。

【违反法律行政法规的强制性规定的合同】

法律问题解读

这里所说的法律是由全国人民代表大会及其常务委员会制定的法律,行政法规是由国务院制定的法规。《合同法》实施以后,人民法院确认合同无效,应当以全国人大及其常委会制定的法律和国务院制定的行政法规为依据,不得以地方性法规、行政规章为依据。违反法律行政法规的强制性规定的合同当然是无效的,而不论当事人在订立合同时是否知晓。

需要注意的是,违反法律行政法规的任意性规定的合同不能因此被认定为无效;同时,违反行政规章、地方性法规和地方性规章的强制性规定或者任意性规定的合同也不能因此被认定为无效。

法条指引

❶《中华人民共和国合同法》(1999年10月1日施行)

第七条 当事人订立、履行合同,应当遵守法律、行政法规,尊重社会公德,不得扰乱社会经济秩序,损害社会公共利益。

第五十二条 有下列情形之一的,合同无效:

(一)一方以欺诈、胁迫的手段订立合同,损害国家利益;

(二)恶意串通,损害国家、集体或者第三人利益;

(三)以合法形式掩盖非法目的;

(四)损害社会公共利益;

(五)违反法律、行政法规的强制性规定。

❷ 最高人民法院《关于适用〈中华人民共和国合同法〉若干问题的解释(一)》(1999年12月29日施行)

第四条 合同法实施以后,人民法院确认合同无效,应当以全国人大及其常委会制定的法律和国务院制定的行政法规为依据,不得以地方性法规、行政规章为依据。

❸《中华人民共和国民法通则》(1987年1月1日施行)

第六条 民事活动必须遵守法律,法律没有规定的,应当遵守国家政策。

第五十八条 下列民事行为无效:

(一)无民事行为能力人实施的;

(二)限制民事行为能力人依法不能独立实施的;

(三)一方以欺诈、胁迫的手段或者乘人之危,使对方在违背真实意思的情况下所为的;

(四)恶意串通,损害国家、集体或者第三人利益的;

(五)违反法律或者社会公共利益的;

(六)经济合同违反国家指令性计划的;

(七)以合法形式掩盖非法目的的。

无效的民事行为,从行为开始起就没有法律约束力。

案例链接

❶《陈振林与中国建设银行股份有限公司广州经济技术开发区支行借款合同纠纷上诉案》,参见北大法宝引证码:Pkulaw.cn/CLI. C. 277365。

❷《中国工商银行股份有限公司北京丰台支行诉北京华农天润科技有限公司等金融借款合同纠纷案》,参见北大法宝引证码:Pkulaw. cn/CLI. C. 277835。

❸《丁心芬与岳彦丽等生命权纠纷上诉案》,参见北大法宝引证码:Pkulaw. cn/CLI. C. 260837。

❹《贵阳权兴贸易有限公司与北京博度科技发展有限公司买卖合同纠纷上诉案》,参见北大法宝引证码:Pkulaw. cn/CLI. C. 218571。

学者观点

❶ 李珍、周口:《违反法律、行政法规强制性规定的合同的法律效力辨析》,参见北大法宝引证码:

Pkulaw.cn/CLI.A.1119017。

❷ 潘丽：《关于违法合同效力的若干问题分析》，参见北大法宝引证码：Pkulaw.cn/CLI.A.1112776。

【免责条款无效】

法律问题解读

《合同法》规定，合同中造成对方人身伤害的和因故意或者重大过失造成对方财产损失的免责条款无效。根据该规定，只要造成对方人身伤害，无论是故意还是过失均不能免责。与此不同，造成对方财产损失的免责条款只有在故意或者重大过失的情况下才无效。

故意和过失均为过错的形式。故意是行为人预见到自己的行为可能造成损害后果，而仍希望或者放任这种损害后果发生的心理状态。过失是行为人违反了其应尽的注意义务，对自己行为所造成的损害结果应当预见或者能够预见而没有预见，或者虽然预见到了却轻信能够避免的心理状态。重大过失与轻微过失相对，判断行为人是否具有重大过失，应根据法律对行为人的要求和行为人的主观认识程度与产生的客观结果来衡量。法律对行为人只有一般要求，而行为人欠缺一般人应注意的程度而产生严重损害后果时，应认定有重大过失；法律对特定职业的人有特殊要求，而行为人欠缺特定职业人特殊的注意程度并造成严重损害后果时，也应认定有重大过失。

法条指引

❶《中华人民共和国合同法》（1999年10月1日施行）

第五十三条 合同中的下列免责条款无效：

（一）造成对方人身伤害的；

（二）因故意或者重大过失造成对方财产损失的。

❷《中华人民共和国消费者权益保护法》（1994年1月1日施行）

第二十四条 经营者不得以格式合同、通知、声明、店堂告示等方式作出对消费者不公平、不合理的规定，或者减轻、免除其损害消费者合法权益应当承担的民事责任。

格式合同、通知、声明、店堂告示等含有前款所列内容的，其内容无效。

❸ 最高人民法院《关于雇工合同应当严格执行劳动保护法规问题的批复》（1988年10月14日）

天津市高级人民法院：

你院〔1987〕第60号请示报告收悉。据报告称，你市塘沽区张学珍、徐广秋开办的新村青年服务站，于1985年6月招雇张国胜（男，21岁）为临时工，招工登记表中注明"工伤概不负责任"的内容。次年11月17日，该站在天津碱厂拆除旧厂房时，因房梁断落，造成张国胜左踝关节挫伤，引起局部组织感染坏死，导致因脓毒性败血症而死亡。张国胜生前为治伤用去医疗费14151.15元。为此，张国胜的父母张连起、焦容兰向雇主张学珍等索赔。张等则以"工伤概不负责任"为由拒绝承担民事责任。张连起、焦容兰遂向法院起诉。

经研究认为，对劳动者实行劳动保护，在我国宪法中已有明文规定，这是劳动者所享有的权利，受国家法律保护，任何个人和组织都不得任意侵犯。张学珍、徐广秋身为雇主，对雇员理应依法给予劳动保护，但他们却在招工登记表中注明"工伤概不负责任"。这是违反宪法和有关劳动保护法规的，也严重违反了社会主义公德，对这种行为应认定无效。

此复

案例链接

❶《中国太平洋财产保险股份有限公司商丘中心支公司与谢玉奇等机动车交通事故责任强制保险合同纠纷上诉案》，参见北大法宝引证码：Pkulaw.cn/CLI.C.277234。

❷《徐瑞乾诉新华人寿保险股份有限公司北京分公司人身保险合同纠纷案》，参见北大法宝引证码：Pkulaw.cn/CLI.C.291272。

❸《郑玉洪诉阳光财产保险股份有限公司北京分公司大兴营销服务部保险合同纠纷案》，参见北大法宝引证码：Pkulaw.cn/CLI.C.279749。

❹《方乃成与阳光财产保险股份有限公司北京分公司保险合同纠纷上诉案》，参见北大法宝引证码：Pkulaw.cn/CLI.C.213624。

学者观点

❶ 闻银玲：《论提单中"喜马拉雅条款"的效力》，参见北大法宝引证码：Pkulaw.cn/CLI.A.186848。

❷ 幸红：《格式合同基本问题探讨》，参见北大

法宝引证码：Pkulaw.cn/CLI.A.178366。

【可变更或者可撤销的合同】

法律问题解读

可变更或者可撤销的合同是指因当事人在订立合同时意思表示不真实等原因，法律允许当事人一方请求人民法院或者仲裁机构将该合同予以变更或者撤销的合同。根据《合同法》的规定，因重大误解订立的、在订立合同时显失公平的和一方以欺诈、胁迫的手段，或者乘人之危，使对方在违背真实意思的情况下订立的合同，属于可变更或者可撤销的合同。较之于《民法通则》，《合同法》规定的可变更或者可撤销的合同在范围上有所扩大。这类合同有以下特点：（1）它主要是意思表示不真实的合同；（2）必须由当事人主动提出变更或者撤销，人民法院或者仲裁机构不能主动干预；（3）在变更或者撤销之前该合同是有效的。

变更权与撤销权是有区别的。撤销权的行使旨在使合同归于消灭；变更权的行使则并不使合同归于消灭，而只是变更合同的部分条款。为鼓励交易，《合同法》规定，当事人请求变更的，人民法院或者仲裁机构不得撤销。如果当事人既要求变更也要求撤销的，根据该规定的精神，人民法院或者仲裁机构应当首先考虑当事人变更的要求，只有在难以变更合同，或者变更后的条款对当事人双方均不利的情况下才应撤销合同。

法条指引

❶《中华人民共和国合同法》（1999年10月1日施行）

第五十四条　下列合同，当事人一方有权请求人民法院或者仲裁机构变更或者撤销：

（一）因重大误解订立的；

（二）在订立合同时显失公平的。

一方以欺诈、胁迫的手段或者乘人之危，使对方在违背真实意思的情况下订立的合同，受损害方有权请求人民法院或者仲裁机构变更或者撤销。

当事人请求变更的，人民法院或者仲裁机构不得撤销。

❷《中华人民共和国民法通则》（1987年1月1日施行）

第五十九条　下列民事行为，一方有权请求人民法院或者仲裁机关予以变更或者撤销：

（一）行为人对行为内容有重大误解的；

（二）显失公平的。

被撤销的民事行为从行为开始起无效。

案例链接

❶《济南京津商业有限公司与北京瑞而士进出口有限责任公司买卖合同纠纷上诉案》，参见北大法宝引证码：Pkulaw.cn/CLI.C.204992。

❷《北京环球艺狮家居贸易有限责任公司与北京环宇尊煌灯饰有限公司买卖合同纠纷上诉案》，参见北大法宝引证码：Pkulaw.cn/CLI.C.204962。

❸《潘怀义诉苗向前用益物权确认纠纷案》，参见北大法宝引证码：Pkulaw.cn/CLI.C.290164。

❹《张朝辉等与新疆金和企业集团房地产开发有限公司撤销权纠纷上诉案》，参见北大法宝引证码：Pkulaw.cn/CLI.C.285003。

学者观点

❶ 隋彭生：《可撤销合同的认定及财产后果的处理》，参见北大法宝引证码：Pkulaw.cn/CLI.A.114640。

❷ 沈幼伦：《浅析荷兰民法典关于无效和可撤销合同的规定》，参见北大法宝引证码：Pkulaw.cn/CLI.A.1124703。

❸ 黎炽森：《论可撤销合同》，参见北大法宝引证码：Pkulaw.cn/CLI.A.122909。

【因重大误解订立的合同】

法律问题解读

因重大误解订立的合同是指当事人一方因为自己的认识错误对合同的内容产生误解而订立的合同，并且该误解直接影响到其应该享有的权利和承担的义务。误解可以分为双方误解和单方误解。

重大误解的构成要件有以下四个方面：（1）必须是表意人因误解而作出了意思表示，而不论对方当事人是否知道其产生误解；（2）误解必须是由当事人自己的原因造成的，即当事人基于自己的认识错误而订立了合同，而不是因为受他人的欺骗或者不正当影响造成的；（3）表意人必须无主观上的故意；（4）误解必须是重大的，当事人因为对合同的性质、对方当事人、标的物的品种、质量、规格和数量等的错误认识，使合同的后果与自己的意思相悖，并造成较大损失的，可以认定为重大误解。

重大误解和欺诈都存在表意人的认识错误问题，二者的区别主要有两个：（1）在重大误解的情况下，表意人陷于错误认识不是受对方欺诈的结果，而是基于其过失造成的；而在欺诈的情况下则相反。（2）在重大误解的情况下，误解一方受到较大的损失是其构成条件之一；而在欺诈的情况下，不管欺诈行为是否给对方造成较大损失，均不影响欺诈的构成。

法条指引

❶《中华人民共和国合同法》（1999年10月1日施行）

第五十四条 下列合同，当事人一方有权请求人民法院或者仲裁机构变更或者撤销：

（一）因重大误解订立的；

（二）在订立合同时显失公平的。

一方以欺诈、胁迫的手段或者乘人之危，使对方在违背真实意思的情况下订立的合同，受损害方有权请求人民法院或者仲裁机构变更或者撤销。

当事人请求变更的，人民法院或者仲裁机构不得撤销。

❷《中华人民共和国民法通则》（1987年1月1日施行）

第五十九条 下列民事行为，一方有权请求人民法院或者仲裁机关予以变更或者撤销：

（一）行为人对行为内容有重大误解的；

（二）显失公平的。

被撤销的民事行为从行为开始起无效。

❸ 最高人民法院《关于贯彻执行〈中华人民共和国民法通则〉若干问题的意见（试行）》（1988年1月26日施行）

71.行为人因对行为的性质、对方当事人、标的物的品种、质量、规格和数量等的错误认识，使行为的后果与自己的意思相悖，并造成较大损失的，可以认定为重大误解。

73.对于重大误解或者显失公平的民事行为，当事人请求变更的，人民法院应当予以变更；当事人请求撤销的，人民法院可以酌情予以变更或者撤销。

可变更或者可撤销的民事行为，自行为成立时起超过一年当事人才请求变更或者撤销的，人民法院不予保护。

案例链接

❶《杨遂明等与牛冬枝所有权纠纷上诉案》，参见北大法宝引证码：Pkulaw.cn/CLI.C.286265。

❷《任玉英诉白勇等房屋买卖合同纠纷案》，参见北大法宝引证码：Pkulaw.cn/CLI.C.290275。

❸《郭瑞诉陈米金土地承包经营权转让合同纠纷案》，参见北大法宝引证码：Pkulaw.cn/CLI.C.279184。

❹《广东省第二人民医院与胡章俊保管合同纠纷上诉案》，参见北大法宝引证码：Pkulaw.cn/CLI.C.277908。

学者观点

❶ 徐澜波：《因重大误解而撤销或变更合同的法律问题》，参见北大法宝引证码：Pkulaw.cn/CLI.A.1141790。

❷ 隋彭生：《关于合同法中"重大误解"的探讨》，参见北大法宝引证码：Pkulaw.cn/CLI.A.11722。

【显失公平的合同】

法律问题解读

显失公平的合同是指当事人一方在订立合同时因情况紧迫或者缺乏经验而订立的对自己有重大不利的合同。需要注意的是，这类合同在订立时就应存在对双方当事人明显不公平的情况，而如果明显不公平的结果是在合同订立后才出现的，可能属于情势变更的范畴，而不属于可变更或者可撤销的合同。

显失公平的构成要件有：（1）双方当事人订立的必须是有偿合同。对于无偿合同，由于没有对价问题，所以不存在双方利益的不平衡。（2）合同内容明显背离公平原则。需要注意的是，对于那些以特定物、特殊服务等为标的的合同，因为很难确定其实际价值，故一般不适用显失公平制度。（3）显失公平是一方利用优势或者对方没有经验所致。利用优势是指一方利用其经济等方面的优越地位，而使对方难以拒绝对其明显不利的合同内容；没有经验是指欠缺一般的生活经验或者交易经验。

法条指引

❶《中华人民共和国合同法》(1999年10月1日施行)

第五十四条 下列合同,当事人一方有权请求人民法院或者仲裁机构变更或者撤销:

(一)因重大误解订立的;

(二)在订立合同时显失公平的。

一方以欺诈、胁迫的手段或者乘人之危,使对方在违背真实意思的情况下订立的合同,受损害方有权请求人民法院或者仲裁机构变更或者撤销。

当事人请求变更的,人民法院或者仲裁机构不得撤销。

❷《中华人民共和国民法通则》(1987年1月1日施行)

第五十九条 下列民事行为,一方有权请求人民法院或者仲裁机关予以变更或者撤销:

(一)行为人对行为内容有重大误解的;

(二)显失公平的。

被撤销的民事行为从行为开始起无效。

❸ 最高人民法院《关于贯彻执行〈中华人民共和国民法通则〉若干问题的意见(试行)》(1988年1月26日施行)

72. 一方当事人利用优势或者利用对方没有经验,致使双方的权利与义务明显违反公平、等价有偿原则的,可以认定为显失公平。

73. 对于重大误解或者显失公平的民事行为,当事人请求变更的,人民法院应当予以变更;当事人请求撤销的,人民法院可以酌情予以变更或者撤销。

可变更或者可撤销的民事行为,自行为成立时起超过一年当事人才请求变更或者撤销的,人民法院不予保护。

案例链接

❶《隋朝壮诉三门峡市湖滨区九鼎清洁服务部财产损害赔偿纠纷案》,参见北大法宝引证码:Pkulaw. cn/CLI. C. 285753。

❷《漯河市郾城区龙城镇某村第某村民组诉漯河市郾城区龙城镇某村民委员会等土地租赁合同纠纷案》,参见北大法宝引证码:Pkulaw. cn/CLI. C. 280676。

❸《闫某某1等诉闫某2抚养费纠纷案》,参见北大法宝引证码:Pkulaw. cn/CLI. C. 280714。

❹《姚旭芳与许正良变更房产证纠纷上诉案》,参见北大法宝引证码:Pkulaw. cn/CLI. C. 281112。

学者观点

❶ 颜炜:《显失公平立法探讨》,参见北大法宝引证码:Pkulaw. cn/CLI. A. 1102587。

❷ 张燕玲:《浅析显失公平的合同》,参见北大法宝引证码:Pkulaw. cn/CLI. A. 111529。

❸ 彭真明、葛同山:《论合同显失公平原则》,参见北大法宝引证码:Pkulaw. cn/CLI. A. 123701。

【乘人之危订立的合同】

法律问题解读

乘人之危订立的合同是指当事人一方利用对方的危难处境或者紧迫需要,为牟取不正当利益,迫使对方违背自己的真实意愿而订立的合同。乘人之危的构成要件有:(1)一方当事人处于危难处境或者紧迫需要;(2)行为人有乘人之危的行为,使对方迫于无奈而与之订立了合同;(3)行为人具有主观上的故意;(4)受害人的意思表示对自己严重不利。

乘人之危与显失公平是不同的。乘人之危的行为一般会带来显失公平的后果,但它强调的是行为人利用对方的危难处境或者紧迫需要,使其不得不作出于己不利的意思表示;而显失公平则是利用对方经验的缺乏而与之订立的合同。由此可见,与显失公平相比,乘人之危的主观恶性较大。乘人之危与胁迫都涉及一方因危难而作出违心的意思表示,二者的区别在于因胁迫而订立合同是由于行为人威胁要实施某种行为,使对方出于恐惧而违背自己真实意愿的结果;而乘人之危的行为人只是利用了对方的处境而使其不得已与之订立合同。

法条指引

❶《中华人民共和国合同法》(1999年10月1日施行)

第五十四条 下列合同,当事人一方有权请求人民法院或者仲裁机构变更或者撤销:

(一)因重大误解订立的;

(二)在订立合同时显失公平的。

一方以欺诈、胁迫的手段或者乘人之危,使对方在违背真实意思的情况下订立的合同,受损害方有权请求人民法院或者仲裁机构变更或者撤销。

当事人请求变更的,人民法院或者仲裁机构不得撤销。

❷《中华人民共和国民法通则》(1987年1月1日施行)

第五十八条 下列民事行为无效:
(一) 无民事行为能力人实施的;
(二) 限制民事行为能力人依法不能独立实施的;
(三) 一方以欺诈、胁迫的手段或者乘人之危,使对方在违背真实意思的情况下所为的;
(四) 恶意串通,损害国家、集体或者第三人利益的;
(五) 违反法律或者社会公共利益的;
(六) 经济合同违反国家指令性计划的;
(七) 以合法形式掩盖非法目的的。

无效的民事行为,从行为开始起就没有法律约束力。

❸ 最高人民法院《关于贯彻执行〈中华人民共和国民法通则〉若干问题的意见(试行)》(1988年1月26日施行)

70. 一方当事人乘对方处于危难之机,为牟取不正当利益,迫使对方作出不真实的意思表示,严重损害对方利益的,可以认定为乘人之危。

案例链接

❶《彭国刚与新疆四方锅炉有限公司买卖合同纠纷上诉案》,参见北大法宝引证码:Pkulaw.cn/CLI.C.284574。

❷《马秀如与汪秀玲等房屋买卖合同纠纷再审案》,参见北大法宝引证码:Pkulaw.cn/CLI.C.285752。

❸《陕西邓邦房地产开发有限公司与薛永成房屋拆迁安置补偿合同纠纷上诉案》,参见北大法宝引证码:Pkulaw.cn/CLI.C.244700。

❹《窦思林诉巩义市供电公司合同纠纷案》,参见北大法宝引证码:Pkulaw.cn/CLI.C.259596。

学者观点

❶ 王礼伟:《乘人之危行为的构成与效力辨》,参见北大法宝引证码:Pkulaw.cn/CLI.A.119028。

【撤销权的消灭】

法律问题解读

撤销权在性质上属于形成权,撤销权人只能请求人民法院或者仲裁机构作出撤销合同的决定。需要注意的是,撤销权人只能是可变更或者可撤销合同中受损害的一方当事人。《合同法》规定,在两种情况下撤销权消灭:(1) 具有撤销权的当事人自知道或者应当知道撤销事由之日起一年内没有行使撤销权;(2) 具有撤销权的当事人知道撤销事由后,明确表示或者以自己的行为放弃撤销权。

需要注意的是,这里的"一年"为除斥期间,与诉讼时效一样,二者都是法律事实,都具有确定法律关系的目的和作用,但二者也存在着区别:诉讼时效仅适用于请求权;而除斥期间除可适用于请求权之外,还可适用于撤销权、变更权、解除权等形成权。诉讼时效可以中断、中止或者延长;而除斥期间不能中断、中止或者延长,也就是说,这"一年"为不变期间。诉讼时效是权利人在权利受侵害时请求国家强制保护的期限,超过诉讼时效,国家对其不予以保护,该权利成为自然权利;而除斥期间是权利人可以行使权利的期限,超过此期限,该权利消灭。诉讼时效必须经时效利益人提出主张后,人民法院才予以审查和适用(目前的司法实践就是如此操作的);而对于除斥期间是否届满的问题,人民法院应依职权进行调查。另外,按照《合同法》的规定,这一年的除斥期间从具有撤销权的当事人自知道或者应当知道撤销事由之日起计算,它与最高人民法院《关于贯彻执行〈中华人民共和国民法通则〉若干问题的意见(试行)》的规定不同,在实践中应优先适用《合同法》的规定。

法条指引

❶《中华人民共和国合同法》(1999年10月1日施行)

第五十五条 有下列情形之一的,撤销权消灭:
(一) 具有撤销权的当事人自知道或者应当知道撤销事由之日起一年内没有行使撤销权;
(二) 具有撤销权的当事人知道撤销事由后明确表示或者以自己的行为放弃撤销权。

❷ 最高人民法院《关于贯彻执行〈中华人民

共和国民法通则〉若干问题的意见（试行）》（1988年1月26日施行）

73. 对于重大误解或者显失公平的民事行为，当事人请求变更的，人民法院应当予以变更；当事人请求撤销的，人民法院可以酌情予以变更或者撤销。

可变更或者可撤销的民事行为，自行为成立时起超过一年当事人才请求变更或者撤销的，人民法院不予保护。

❸ 最高人民法院《关于适用〈中华人民共和国合同法〉若干问题的解释（一）》（1999年12月29日施行）

第八条　合同法第五十五条规定的"一年"、第七十五条和第一百零四条第二款规定的"五年"为不变期间，不适用诉讼时效中止、中断或者延长的规定。

案例链接

❶《广州市番禺区绿庭雅苑房地产有限公司与何文华房屋买卖合同纠纷上诉案》，参见北大法宝引证码：Pkulaw. cn/CLI. C. 234940。

❷《刘现法与河南省公路工程局集团有限公司建设工程合同纠纷上诉案》，参见北大法宝引证码：Pkulaw. cn/CLI. C. 239585。

❸《郑永枢等诉梅湘东等股权转让纠纷案》，参见北大法宝引证码：Pkulaw. cn/CLI. C. 227873。

❹《王蕾与乌鲁木齐市龙之健体育用品有限公司买卖合同纠纷上诉案》，参见北大法宝引证码：Pkulaw. cn/CLI. C. 251216。

学者观点

❶ 董安生、陈洁：《不公平关联交易合同的可撤销性问题研究》，参见北大法宝引证码：Pkulaw. cn/CLI. A. 1143239。

❷ 李锡鹤：《论民法撤销权》，参见北大法宝引证码：Pkulaw. cn/CLI. A. 1141595。

❸ 张里安、胡振玲：《略论合同撤销权的行使》，参见北大法宝引证码：Pkulaw. cn/CLI. A. 180204。

【无效合同和被撤销合同的效力】

法律问题解读

合同被人民法院或者仲裁机构确认无效或者撤销的，自合同成立时起就没有法律约束力，即不能产生当事人预期的法律后果。如果合同部分无效，不影响其他部分效力的，其他部分仍然有效。

"不影响其他部分效力"是指合同的某些条款与其他部分条款相比较是相对独立的，该部分的内容就合同整体而言具有可分性。但是如果合同的某些条款与整个合同具有不可分性，或者当事人约定这些合同条款为合同生效的必要条款，若否认了这部分条款的效力也就等于否认了整个合同的效力，将导致整个合同无效。

法条指引

❶《中华人民共和国合同法》（1999年10月1日施行）

第五十六条　无效的合同或者被撤销的合同自始没有法律约束力。合同部分无效，不影响其他部分效力的，其他部分仍然有效。

❷《中华人民共和国民法通则》（1987年1月1日施行）

第五十八条　下列民事行为无效：

（一）无民事行为能力人实施的；

（二）限制民事行为能力人依法不能独立实施的；

（三）一方以欺诈、胁迫的手段或者乘人之危，使对方在违背真实意思的情况下所为的；

（四）恶意串通，损害国家、集体或者第三人利益的；

（五）违反法律或者社会公共利益的；

（六）经济合同违反国家指令性计划的；

（七）以合法形式掩盖非法目的的。

无效的民事行为，从行为开始起就没有法律约束力。

第五十九条　下列民事行为，一方有权请求人民法院或者仲裁机关予以变更或者撤销：

（一）行为人对行为内容有重大误解的；

（二）显失公平的。

被撤销的民事行为从行为开始起无效。

第六十条　民事行为部分无效，不影响其他部分的效力的，其他部分仍然有效。

❸ 最高人民法院《关于适用〈中华人民共和国担保法〉若干问题的解释》（2000年12月13日施行）

第五十七条　当事人在抵押合同中约定，债务履行期届满抵押权人未受清偿时，抵押物的所有权转移为债权人所有的内容无效。该内容的无效不影响抵押合同其他部分内容的效力。

债务履行期届满后抵押权人未受清偿时，抵押权人和抵押人可以协议以抵押物折价取得抵押物。但是，损害顺序在后的担保物权人和其他债权人利益的，人民法院可以适用合同法第七十四条、第七十五条的有关规定。

学者观点

❶ 翟云岭：《论凭样品买卖》，参见北大法宝引证码：Pkulaw.cn/CLI.A.1127062。

【解决争议条款的独立性】

法律问题解读

一般而言，合同争议的解决方法有协商、调解、仲裁、诉讼等，合同当事人可以选择相应的解决方式作为合同的条款，就分别形成了合同中的以协商或者调解方式解决争议的条款、仲裁条款和选择受诉法院的条款等。合同无效、被撤销或者终止的，不影响合同中独立存在的有关解决争议方法的条款的效力。这里所说的"独立存在"是指解决争议条款作为合同条款的组成部分，其不仅不会因为合同发生争议、变更、解除、终止或者无效而失去效力，反而因此得以实施。

需要注意的是，不要将解决争议的条款仅理解为仲裁条款，除此之外，它还包括上述解决争议的条款。另外，在实践中，也应该承认合同中约定的选择检验、鉴定机构条款的独立性，与解决争议的条款相联系起来。

法条指引

❶ 《中华人民共和国合同法》（1999年10月1日施行）

第五十七条 合同无效、被撤销或者终止的，不影响合同中独立存在的有关解决争议方法的条款的效力。

❷ 《中华人民共和国仲裁法》（1995年9月1日施行）

第四条 当事人采用仲裁方式解决纠纷，应当双方自愿，达成仲裁协议。没有仲裁协议，一方申请仲裁的，仲裁委员会不予受理。

第十六条 仲裁协议包括合同中订立的仲裁条款和以其他书面方式在纠纷发生前或者纠纷发生后达成的请求仲裁的协议。

仲裁协议应当具有下列内容：

（一）请求仲裁的意思表示；
（二）仲裁事项；
（三）选定的仲裁委员会。

第十九条 仲裁协议独立存在，合同的变更、解除、终止或者无效，不影响仲裁协议的效力。

仲裁庭有权确认合同的效力。

案例链接

❶ 《佛山市海粤星进出口有限公司诉江惠婵承包经营合同纠纷案》，参见北大法宝引证码：Pkulaw.cn/CLI.C.49706。

❷ 《某建筑安装工程有限公司诉电力建设总公司建设工程分包合同纠纷案》，参见北大法宝引证码：Pkulaw.cn/CLI.C.121201。

❸ 《广州市富安娜家饰用品有限公司与广州市正佳企业有限公司仲裁协议效力异议纠纷上诉案》，参见北大法宝引证码：Pkulaw.cn/CLI.C.123312。

学者观点

❶ 唐仲清、李建伟：《解决争议条款的独立性刍议》，参见北大法宝引证码：Pkulaw.cn/CLI.A.172817。

【合同无效或者被撤销的法律后果】

法律问题解读

因为无效的合同或者被撤销的合同自始就没有法律约束力，故合同被确认无效或者被撤销以后，将溯及既往。对于无效合同而言，因其内容上的违法性较严重，即使当事人在事后追认，也不能使这些合同生效。一旦合同被确认无效或者被撤销，合同关系即不再存在，原合同对当事人不再具有法律约束力，当事人也不得基于原合同主张权利，如当事人不得请求实际履行或者要求另一方承担违约责任。

合同被确认无效或者被撤销后，虽然不能产生当事人预期的法律后果，但并非不产生任何法律后果，当事人应负返还财产、赔偿损失的民事责任，当事人恶意串通，损害国家、集体或者第三人利益的，因此取得的财产收归国家所有或者返还集体、第三人。对于无效合同而言，由于当事人侵犯了法律所保护的社会秩序和公共利益，除了要承担民事责任以外，还可能承担行政责任或者刑事责任。

法条指引

❶《中华人民共和国合同法》（1999年10月1日施行）

第五十六条 无效的合同或者被撤销的合同自始没有法律约束力。合同部分无效，不影响其他部分效力的，其他部分仍然有效。

第五十八条 合同无效或者被撤销后，因该合同取得的财产，应当予以返还；不能返还或者没有必要返还的，应当折价补偿。有过错的一方应当赔偿对方因此所受到的损失，双方都有过错的，应当各自承担相应的责任。

❷《中华人民共和国民法通则》（1987年1月1日施行）

第五十八条 下列民事行为无效：

（一）无民事行为能力人实施的；

（二）限制民事行为能力人依法不能独立实施的；

（三）一方以欺诈、胁迫的手段或者乘人之危，使对方在违背真实意思的情况下所为的；

（四）恶意串通，损害国家、集体或者第三人利益的；

（五）违反法律或者社会公共利益的；

（六）经济合同违反国家指令性计划的；

（七）以合法形式掩盖非法目的的。

无效的民事行为，从行为开始起就没有法律约束力。

第五十九条 下列民事行为，一方有权请求人民法院或者仲裁机关予以变更或者撤销：

（一）行为人对行为内容有重大误解的；

（二）显失公平的。

被撤销的民事行为从行为开始起无效。

第六十一条 民事行为被确认为无效或者被撤销后，当事人因该行为取得的财产，应当返还给受损失的一方。有过错的一方应当赔偿对方因此所受的损失，双方都有过错的，应当各自承担相应的责任。

双方恶意串通，实施民事行为损害国家的、集体的或者第三人的利益的，应当追缴双方取得的财产，收归国家、集体所有或者返还第三人。

❸《中华人民共和国担保法》（1995年10月1日施行）

第五条 担保合同是主合同的从合同，主合同无效，担保合同无效。担保合同另有约定的，按照约定。

担保合同被确认无效后，债务人、担保人、债权人有过错的，应当根据其过错各自承担相应的民事责任。

第二十九条 企业法人的分支机构未经法人书面授权或者超出授权范围与债权人订立保证合同的，该合同无效或者超出授权范围的部分无效，债权人和企业法人有过错的，应当根据其过错各自承担相应的民事责任；债权人无过错的，由企业法人承担民事责任。

第三十条 有下列情形之一的，保证人不承担民事责任：

（一）主合同当事人双方串通，骗取保证人提供保证的；

（二）主合同债权人采取欺诈、胁迫等手段，使保证人在违背真实意思的情况下提供保证的。

❹ 最高人民法院《关于适用〈中华人民共和国担保法〉若干问题的解释》（2000年9月29日）

第七条 主合同有效而担保合同无效，债权人无过错的，担保人与债务人对主合同债权人的经济损失，承担连带赔偿责任；债权人、担保人有过错的，担保人承担民事责任的部分，不应超过债务人不能清偿部分的二分之一。

第八条 主合同无效而导致担保合同无效，担保人无过错的，担保人不承担民事责任；担保人有过错的，担保人承担民事责任的部分，不应超过债务人不能清偿部分的三分之一。

第九条 担保人因无效担保合同向债权人承担赔偿责任后，可以向债务人追偿，或者在承担赔偿责任的范围内，要求有过错的反担保人承担赔偿责任。

担保人可以根据承担赔偿责任的事实对债务人或者反担保人另行提起诉讼。

❺ 最高人民法院《关于审理商品房买卖合同纠纷案件适用法律若干问题的解释》（2003年6月1日施行）

第九条 出卖人订立商品房买卖合同时，具有下列情形之一，导致合同无效或者被撤销、解除的，买受人可以请求返还已付购房款及利息、赔偿损失，并可以请求出卖人承担不超过已付购房款一倍的赔偿责任：

（一）故意隐瞒没有取得商品房预售许可证明的事实或者提供虚假商品房预售许可证明的；

（二）故意隐瞒所售房屋已经抵押的事实；

（三）故意隐瞒所售房屋已经出卖给第三人或者为拆迁补偿安置房屋的事实。

❻ 最高人民法院《关于审理建设工程施工合

同纠纷案件适用法律问题的解释》（2005年1月1日）

第一条　建设工程施工合同具有下列情形之一的，应当根据合同法第五十二条第（五）项的规定，认定无效：

（一）承包人未取得建筑施工企业资质或者超越资质等级的；

（二）没有资质的实际施工人借用有资质的建筑施工企业名义的；

（三）建设工程必须进行招标而未招标或者中标无效的。

第二条　建设工程施工合同无效，但建设工程经竣工验收合格，承包人请求参照合同约定支付工程价款的，应予支持。

第三条　建设工程施工合同无效，且建设工程经竣工验收不合格的，按照以下情形分别处理：

（一）修复后的建设工程经竣工验收合格，发包人请求承包人承担修复费用的，应予支持。

（二）修复后的建设工程经竣工验收不合格，承包人请求支付工程价款的，不予支持。

因建设工程不合格造成的损失，发包人有过错的，也应承担相应的民事责任。

第四条　承包人非法转包、违法分包建设工程或者没有资质的实际施工人借用有资质的建筑施工企业名义与他人签订建设工程施工合同的行为无效。人民法院可以根据民法通则第一百三十四条规定，收缴当事人已经取得的非法所得。

❼《城市房屋租赁管理办法》（1995年6月1日施行）

第三十二条　违反本办法有下列行为之一的，由人民政府房地产管理部门对责任者给予行政处罚：

（一）伪造、涂改《房屋租赁证》的，注销其证书，并可处以罚款；

（二）不按期申报、领取《房屋租赁证》的，责令限期补办手续，并可处以罚款；

（三）未征得出租人同意和未办理登记备案，擅自转租房屋的，其租赁行为无效，没收其非法所得，并可处以罚款。

❽《中华人民共和国劳动合同法》（2008年1月1日施行）

第二十七条　劳动合同部分无效，不影响其他部分效力的，其他部分仍然有效。

第二十八条　劳动合同被确认无效，劳动者已付出劳动的，用人单位应当向劳动者支付劳动报酬。劳动报酬的数额，参照本单位相同或者相近岗位劳动者的劳动报酬确定。

案例链接

❶《王某某与苏某某房屋买卖合同纠纷上诉案》，参见北大法宝引证码：Pkulaw. cn/CLI. C. 281051。

❷《宁波申江科技股份有限公司诉浙江国泰水产集团有限公司企业借贷纠纷案》，参见北大法宝引证码：Pkulaw. cn/CLI. C. 239379。

❸《移动八月（北京）技术有限公司与上海终胜信息技术有限公司等股权转让纠纷上诉案》，参见北大法宝引证码：Pkulaw. cn/CLI. C. 208557。

❹《环宇弘兴（北京）汉语文化传播有限公司与肖振华合同纠纷上诉案》，参见北大法宝引证码：Pkulaw. cn/CLI. C. 184528。

学者观点

❶田书华：《无效合同制度中的几个问题》，参见北大法宝引证码：Pkulaw. cn/CLI. A. 171400。

【返还财产】

法律问题解读

合同被确认无效或者被撤销以后，当事人依据合同取得的财产应当返还对方。返还财产可以分为单方返还和双方返还。前者是指当事人一方履行了合同而对方未履行，未履行的一方应将取得的财产返还对方的情况；后者是指双方都履行了合同，应当分别返还的情况。返还财产旨在使双方的财产关系恢复到合同订立前的状态，它不是违反合同义务所产生的法律后果，也不是法律对当事人的惩罚。因此，返还财产不适用过错责任原则，不论接受财产的一方是否有过错，都应负返还财产的责任。

返还财产适用全部返还原则和恢复原状原则，返还财产的范围限于因合同取得的财产，即作出履行的一方所交付的财产，不能根据接受方现存的财产利益来决定返还范围。返还财产的责任是以能够返还和有必要返还为条件的，如果不能返还或者没有必要返还的，应当折价补偿。不能返还包括事实上不能返还和法律上不能返还两种情况。前者主要是指标的物灭失且无替代品，或者毁损严重无法修复，或者标的物属于专有技术等信息，或者所给付的是劳务和物的使用等情况；后者是指因合同取得的财产已经转让给善意第三人,该善意第三人取得了该财产所有权的情况。没有必要返还主要是指根据实际需要,当事人相互协商后认为,不采用返还原物的方式对双方更为有利,衡量有无必要返还只能以当事人双方的意思一致为准。当出现不能返还或者没有必要返还的情况时,首先应以双方协商的价款补偿;双方协商不一致的,应以当时国家规定的价格折合成钱款补偿;双方协商不一致并且没有国家规定价格的,应以市场价格或者同类劳务的报酬为标准折合成钱款补偿。

法条指引

❶《中华人民共和国合同法》(1999年10月1日施行)

第五十八条 合同无效或者被撤销后,因该合同取得的财产,应当予以返还;不能返还或者没有必要返还的,应当折价补偿。有过错的一方应当赔偿对方因此所受到的损失,双方都有过错的,应当各自承担相应的责任。

❷《中华人民共和国民法通则》(1987年1月1日施行)

第六十一条 民事行为被确认为无效或者被撤销后,当事人因该行为取得的财产,应当返还给受损失的一方。有过错的一方应当赔偿对方因此所受的损失,双方都有过错的,应当各自承担相应的责任。

双方恶意串通,实施民事行为损害国家的、集体的或者第三人的利益的,应当追缴双方取得的财产,收归国家、集体所有或者返还第三人。

案例链接

❶《王万海诉时倩返还财产纠纷案》,参见北大法宝引证码:Pkulaw.cn/CLI.C.276269。

❷《陈新民与开封华茂实业有限责任公司租赁合同纠纷上诉案》,参见北大法宝引证码:Pkulaw.cn/CLI.C.283247。

❸《高振斌与新疆天易进出口有限责任公司租赁合同纠纷上诉案》,参见北大法宝引证码:Pkulaw.cn/CLI.C.284982。

❹《郑州黎明电子产品有限公司与王三茂买卖合同纠纷上诉案》,参见北大法宝引证码:Pkulaw.cn/CLI.C.290687。

学者观点

❶ 崔建远:《关于恢复原状、返还财产的辨析》,参见北大法宝引证码:Pkulaw.cn/CLI.A.14356。

❷ 赵金龙:《浅论合同无效而返还财产的几个基本问题》,参见北大法宝引证码:Pkulaw.cn/CLI.A.176784。

❸ 宋瑞良:《无效经济合同处理中的返还财产》,参见北大法宝引证码:Pkulaw.cn/CLI.A.1134667。

【赔偿损失】

法律问题解读

《合同法》规定,导致合同被确认无效或者被撤销有过错的一方当事人应当赔偿对方因合同无效或者被撤销而遭受的损失,如果双方均有过错,应根据各自过错的性质和程度,向对方承担相应的责任。这里所说的赔偿损失的要件有三个:必须有损害事实的存在;赔偿义务人必须有过错,即因故意或者过失使合同被确认无效或者被撤销;过错行为和损失之间有因果关系。

因合同无效或者被撤销而产生的赔偿损失的责任属于缔约过失责任,缔约过失行为所造成的损失为信赖利益的损失,即对方当事人因信赖合同有效而遭受的损失。信赖利益损失的赔偿范围包括三个方面:(1)缔约费用,即为订立合同所支出的费用;(2)履行费用,包括为准备履行所支出的费用和实际履行所支出的费用;(3)合理的间接损失,如由于信赖所订立的合同有效从而丧失了与他人订立有效合同的机会而产生的损失。缔约过失的赔偿范围与违约损害赔偿的范围不同。前者仅限于信赖利益的损失,即当事人因信赖合同有效和对方将履行合同而给自己带来的损失;后者为期待利益的损失,即当事人通过合同履行所能获得的利益。原则上讲,信赖利益的赔偿不能超过期待利益。

法条指引

❶《中华人民共和国合同法》(1999年10月1日施行)

第五十八条 合同无效或者被撤销后,因该合同取得的财产,应当予以返还;不能返还或者没有必要返还的,应当折价补偿。有过错的一方应当赔偿对方因此所受到的损失,双方都有过错的,应当各自承担相应的责任。

❷《中华人民共和国民法通则》(1987年1月

1日施行）

第六十一条 民事行为被确认为无效或者被撤销后，当事人因该行为取得的财产，应当返还给受损失的一方。有过错的一方应当赔偿对方因此所受的损失，双方都有过错的，应当各自承担相应的责任。

双方恶意串通，实施民事行为损害国家的、集体的或者第三人的利益的，应当追缴双方取得的财产，收归国家、集体所有或者返还第三人。

❸ 最高人民法院《关于适用〈中华人民共和国担保法〉若干问题的解释》（2000年12月13日施行）

第七条 主合同有效而担保合同无效，债权人无过错的，担保人与债务人对主合同债权人的经济损失，承担连带赔偿责任；债权人、担保人有过错的，担保人承担民事责任的部分，不应超过债务人不能清偿部分的二分之一。

第八条 主合同无效而导致担保合同无效，担保人无过错的，担保人不承担民事责任；担保人有过错的，担保人承担民事责任的部分，不应超过债务人不能清偿部分的三分之一。

第九条 担保人因无效担保合同向债权人承担赔偿责任后，可以向债务人追偿，或者在承担赔偿责任的范围内，要求有过错的反担保人承担赔偿责任。

担保人可以根据承担赔偿责任的事实对债务人或者反担保人另行提起诉讼。

案例链接

❶《于凤琪诉郑州市惠济区花园口镇八堡村村民委员会等组建设工程合同纠纷案》，参见北大法宝引证码：Pkulaw. cn/CLI. C. 291821。

❷《北京市永定林工商公司苗圃诉杨德广林业承包合同纠纷案》，参见北大法宝引证码：Pkulaw. cn/CLI. C. 291241。

❸《郑杰诉刘宇民间借贷纠纷案》，参见北大法宝引证码：Pkulaw. cn/CLI. C. 291813。

学者观点

❶ 韩豫宛、何志：《论赔偿损失》，参见北大法宝引证码：Pkulaw. cn/CLI. A. 1111502。

❷ 赵广成：《关于对无效合同适用赔偿损失的几个问题》，参见北大法宝引证码：Pkulaw. cn/CLI. A. 117576。

❸ 李延彬：《违反合同赔偿损失原则的探讨》，参见北大法宝引证码：Pkulaw. cn/CLI. A. 156361。

第五章　合同的履行

● 本章为读者提供与以下题目有关的法律问题的解读及相关法律文献依据

> 合同履行的原则（081）　合同履行的推定条款（082）　执行政府定价或者指导价的合同履行（083）
> 向第三人履行（083）　第三人履行（084）　同时履行抗辩权（085）　行使同时履行抗辩权的条件
> （085）　同时履行抗辩权的效力（086）　同时履行抗辩权与合同解除（086）　先履行抗辩权（087）
> 不安抗辩权（088）　不安抗辩权的行使（089）　因债权人原因致使履行困难的处理（089）　提前
> 履行（090）　部分履行（090）　代位权（091）　代位权的成立要件（092）　行使代位权的效力
> （093）　代位权诉讼程序（094）　撤销权（095）　撤销权的成立要件（095）　撤销权的行使
> （096）　行使撤销权的效力（097）　撤销权的行使期限（098）　当事人变更或者变动时的合同履行（099）

【合同履行的原则】

法律问题解读

根据《合同法》的规定，合同履行的原则有全面履行原则和诚实信用原则。

全面履行原则又被称为适当履行原则或者正确履行原则，它要求当事人按照合同约定的标的及其质量、数量、履行期限、履行地点、履行方式等全面完成合同义务的履行。

合同履行中的诚实信用原则是民法的诚实信用原则在合同履行中的具体化，它要求当事人应当善意履行合同。根据这项原则，《合同法》要求当事人根据合同的性质、目的和交易习惯履行通知、协助、保密等义务，这些义务在传统民法上又被称为附随义务。附随义务并非自始确定，而是随着合同的不同阶段，在具体情形下要求当事人一方为某种行为或者不为某种行为，以维护对方当事人的利益。另外，这些义务也并非仅在合同履行阶段才存在，合同履行完毕后也可能存在，如在承揽合同履行完毕后，承揽人仍然承担保密义务，这在理论上被称为后合同义务。

需要注意的是，如果《合同法》对合同履行有具体规定时，应援引该具体规定，只有在没有具体规定时，才可以援引这些原则。

法条指引

❶《中华人民共和国合同法》（1999年10月1日施行）

第六条　当事人行使权利、履行义务应当遵循诚实信用原则。

第六十条　当事人应当按照约定全面履行自己的义务。

当事人应当遵循诚实信用原则，根据合同的性质、目的和交易习惯履行通知、协助、保密等义务。

❷《中华人民共和国民法通则》（1987年1月1日施行）

第四条　民事活动应当遵循自愿、公平、等价有偿、诚实信用的原则。

案例链接

❶《朱爱辉与丁国华股权转让纠纷上诉案》，参见北大法宝引证码：Pkulaw.cn/CLI.C.282464。

❷《黄德亮与北京市怀柔区雁栖镇陈各庄村股份合作社农业承包合同纠纷上诉案》，参见北大法宝引证码：Pkulaw.cn/CLI.C.205174。

❸《温显才与北京市怀柔区雁栖镇陈各庄村股份合作社农业承包合同纠纷上诉案》，参见北大法宝引证码：Pkulaw.cn/CLI.C.205176。

❹《赣州百大超市有限公司与李剑莹经营合同纠纷上诉案》，参见北大法宝引证码：Pkulaw.cn/CLI.C.80657。

学者观点

❶ 薛军：《部分履行的法律问题研究》，参见北大法宝引证码：Pkulaw.cn/CLI.A.1142466。

❷ 石少侠：《实际履行原则辨析》，参见北大法宝引证码：Pkulaw.cn/CLI.A.176188。

【合同履行的推定条款】

法律问题解读

合同生效后，当事人就质量、价款或者报酬、履行地点、履行期限、履行方式、履行费用的负担等内容没有达成补充协议，也无法按照合同有关条款或者交易习惯确定的，人民法院或者仲裁机构应按照以下规定来确定合同的内容：

1. 质量要求不明确的，按照国家标准、行业标准履行；没有国家标准、行业标准的，按照通常标准或者符合合同目的的特定标准履行。这里所说的"通常标准"应指具有中等品质，适于通常用途的物或者工作成果。

2. 价款或者报酬不明确的，按照订立合同时履行地的市场价格履行；依法应当执行政府定价或者政府指导价的，按照规定履行。政府指导价通常有一定范围的浮动幅度，应以中等价格为准。

3. 履行地点不明确，给付货币的，在接受货币一方所在地履行；交付不动产的，在不动产所在地履行；其他标的，在履行义务一方所在地履行。

4. 履行期限不明确的，债务人可以随时履行，债权人也可以随时要求履行，但应当给对方必要的准备时间。这里所说的"准备时间"，包括债务人为履行合同所需的准备时间和债权人为接受履行所需的时间。

5. 履行方式不明确的，按照有利于实现合同目的的方式履行。是否"有利于实现合同目的"，应根据诚实信用原则予以判断。

6. 履行费用的负担不明确的，由履行义务一方负担。

上述内容属于补缺性的规定。需要注意的是，如果《合同法》分则规定了具体合同的补缺性条款，应优先适用《合同法》分则规定。

法条指引

❶《中华人民共和国合同法》（1999年10月1日施行）

第六十二条 当事人就有关合同内容约定不明确，依照本法第六十一条的规定仍不能确定的，适用下列规定：

（一）质量要求不明确的，按照国家标准、行业标准履行；没有国家标准、行业标准的，按照通常标准或者符合合同目的的特定标准履行。

（二）价款或者报酬不明确的，按照订立合同时履行地的市场价格履行；依法应当执行政府定价或者政府指导价的，按照规定履行。

（三）履行地点不明确，给付货币的，在接受货币一方所在地履行；交付不动产的，在不动产所在地履行；其他标的，在履行义务一方所在地履行。

（四）履行期限不明确的，债务人可以随时履行，债权人也可以随时要求履行，但应当给对方必要的准备时间。

（五）履行方式不明确的，按照有利于实现合同目的的方式履行。

（六）履行费用的负担不明确的，由履行义务一方负担。

❷《中华人民共和国民法通则》（1987年1月1日施行）

第八十八条 合同的当事人应当按照合同的约定，全部履行自己的义务。

合同中有关质量、期限、地点或者价款约定不明确，按照合同有关条款内容不能确定，当事人又不能通过协商达成协议的，适用下列规定：

（一）质量要求不明确的，按照国家质量标准履行，没有国家质量标准的，按照通常标准履行。

（二）履行期限不明确的，债务人可以随时向债权人履行义务，债权人也可以随时要求债务人履行义务，但应当给对方必要的准备时间。

（三）履行地点不明确，给付货币的，在接受给付一方的所在地履行，其他标的在履行义务一方的所在地履行。

（四）价款约定不明确的，按照国家规定的价格履行；没有国家规定价格的，参照市场价格或者同类物品的价格或者同类劳务的报酬标准履行。

合同对专利申请权没有约定的，完成发明创造的当事人享有申请权。

合同对科技成果的使用权没有约定的，当事

人都有使用的权利。

❸ 最高人民法院《关于贯彻执行〈中华人民共和国民法通则〉若干问题的意见（试行）》（1988年1月26日施行）

105. 依据民法通则第八十八条第二款第（一）项规定，合同对产品质量要求不明确，当事人未能达成协议，又没有国家质量标准的，按部颁标准或者专业标准处理；没有部颁标准或者专业标准的，按经过批准的企业标准处理；没有经过批准的企业标准的，按标的物产地同行业其他企业经过批准的同类产品质量标准处理。

❹《中华人民共和国票据法》（2004年8月28日修正）

第二十三条 汇票上记载付款日期、付款地、出票地等事项的，应当清楚、明确。

汇票上未记载付款日期的，为见票即付。

汇票上未记载付款地的，付款人的营业场所、住所或者经常居住地为付款地。

汇票上未记载出票地的，出票人的营业场所、住所或者经常居住地为出票地。

案例链接

❶《葛军涛诉河南省电力公司焦作供电公司等房屋买卖合同纠纷案》，参见北大法宝引证码：Pkulaw.cn/CLI.C.258464。

❷《王翠兰与温县温泉社会福利塑料厂民间借贷纠纷上诉案》，参见北大法宝引证码：Pkulaw.cn/CLI.C.254332。

【执行政府定价或者指导价的合同履行】

法律问题解读

合同如果约定执行政府定价或者政府指导价，实际上只是确定了价格的计算方法，而没有明确合同总价金的数量。在当事人按照合同约定的时间交付标的物的情况下，如果交付期限内政府价格调整的，应当按照交付时的价格计价，当事人可据此计算出合同的总价金。

如果逾期交付标的物的，遇价格上涨时，按照原价格执行；价格下降时，按照新价格执行。如果逾期提取标的物或者逾期付款的，遇价格上涨时，按照新价格执行；价格下降时，按照原价格执行。需要注意的是，该规定属于价格制裁条款，目的在于保护守约方，制裁违约方，而不是违约责任。另外，价格制裁与违约责任可以并用。

法条指引

❶《中华人民共和国合同法》（1999年10月1日施行）

第六十三条 执行政府定价或者政府指导价的，在合同约定的交付期限内政府价格调整时，按照交付时的价格计价。逾期交付标的物的，遇价格上涨时，按照原价格执行；价格下降时，按照新价格执行。逾期提取标的物或者逾期付款的，遇价格上涨时，按照新价格执行；价格下降时，按照原价格执行。

案例链接

❶《姚尧灿诉陈红苗民间借贷纠纷案》，参见北大法宝引证码：Pkulaw.cn/CLI.C.228563。

❷《安阳市钢电建筑安装公司诉中国第二十二冶金建设公司等建筑承包合同纠纷案》，参见北大法宝引证码：Pkulaw.cn/CLI.C.268770。

❸《眭某某与深圳金某某旅游度假俱乐部有限公司商品房预售合同纠纷上诉案》，参见北大法宝引证码：Pkulaw.cn/CLI.C.268206。

❹《平金辉等与中国银行股份有限公司洛阳分行等储蓄存款合同纠纷上诉案》，参见北大法宝引证码：Pkulaw.cn/CLI.C.282534。

【向第三人履行】

法律问题解读

以合同是否严格贯彻了合同相对性原则为标准，可以将其分为束己合同和涉他合同，向第三人履行和第三人履行的合同均为涉他合同，它突破了合同的相对性。《合同法》规定，当事人可以约定由债务人向第三人履行债务。如果债务人因为向第三人履行债务而增加了费用，并且合同当事人未对该增加的费用的负担作出约定的，应由债权人负担，其原因是在这种情况下是基于债权人的意思并且对债权人有利。

当事人约定由债务人向第三人履行债务的，该第三人既可以同意接受也可以拒绝接受，在拒绝接受合同权利的情况下，债务人的债务不能因此而得到免除，他应向合同的债权人履行合同义务。在第三人同意接受合同权利的情况下，他可以请求债务人履行，需要注意的是，该请求是基于当事人约定的由债务人向其履行债务的条款而产生的，而非基于他与债务人或者与债权人之间的合同。债务人如果未按照履行期限向第三人履行的应构成履行迟延。在第三人同意接受合同权利的情况下，债务人则不能向债权人履行合同义务。如果债务人向债权人履行并且为债权人接受的，可以视为双方当事人取消了向第三人履行的约定，仍然构成合同的履行。

债务人未向第三人履行债务或者履行债务不符合约定的，应当向债权人承担违约责任，而不是向该第三人承担违约责任，这是因为其并非是合同的当事人。需要注意的是，在第三人同意接受合同权利的情况下，债务人仍然向债权人履行但不为债权人接受并且因此造成未能按时向第三人履行的，应向第三人承担违约责任。第三人如果与债权人订立了债权转让合同，债务人未向第三人履行债务或者履行债务不符合约定的，第三人可以按照其与债权人之间的合同要求债权人向其承担违约责任。

法条指引

❶《中华人民共和国合同法》（1999年10月1日施行）

第六十四条 当事人约定由债务人向第三人履行债务的，债务人未向第三人履行债务或者履行债务不符合约定，应当向债权人承担违约责任。

❷ 最高人民法院《关于适用〈中华人民共和国合同法〉若干问题的解释（二）》（2009年5月13日施行）

第十六条 人民法院根据具体案情可以将合同法第六十四条、第六十五条规定的第三人列为无独立请求权的第三人，但不得依职权将其列为该合同诉讼案件的被告或者有独立请求权的第三人。

案例链接

❶《南阳市新禧房地产经纪有限公司与南阳市天和房地产营销策划有限公司委托合同纠纷上诉案》，参见北大法宝引证码：Pkulaw.cn/CLI.C.260845。

❷《王二同等与王素琴借款纠纷上诉案》，参见北大法宝引证码：Pkulaw.cn/CLI.C.281887。

❸《上海诺顶仪器设备有限公司诉浙江锡仪试验机制造有限公司买卖合同纠纷案》，参见北大法宝引证码：Pkulaw.cn/CLI.C.236668。

❹《储小青与郑百荣等民间借贷纠纷上诉案》，参见北大法宝引证码：Pkulaw.cn/CLI.C.253421。

学者观点

❶ 韩世远：《试论向第三人履行的合同》，参见北大法宝引证码：Pkulaw.cn/CLI.A.1115970。

【第三人履行】

法律问题解读

《合同法》规定，当事人可以约定由第三人向债权人履行债务。根据合同的相对性和合同的全面履行原则，当事人应当亲自履行义务，故该规定也是对合同相对性的突破。需要注意的是，由第三人向债权人履行债务必须由双方当事人明确约定。

当事人约定由第三人向债权人履行债务的，该第三人全面履行了债务后，该合同终止。第三人不履行债务或者履行债务不符合约定的，债务人应当向债权人承担违约责任，而不是由第三人向债权人承担违约责任，这也是因为该第三人并非本合同的当事人。当然，如果第三人与债务人订有协议向债权人履行，在不履行债务或者履行债务不符合约定的情况下，应当向债务人承担违约责任。

法条指引

❶《中华人民共和国合同法》（1999年10月1日施行）

第六十五条 当事人约定由第三人向债权人履行债务的，第三人不履行债务或者履行债务不符合约定，债务人应当向债权人承担违约责任。

❷ 最高人民法院《关于适用〈中华人民共和国合同法〉若干问题的解释（二）》（2009年5月13日施行）

第十六条 人民法院根据具体案情可以将合同法第六十四条、第六十五条规定的第三人列为无独立请求权的第三人，但不得依职权将其列为该合同诉讼案件的被告或者有独立请求权的第三人。

案例链接

❶《河南省洛宁县银矿与崔泽锋等租赁合同纠纷上诉案》，参见北大法宝引证码：Pkulaw.cn/CLI.C.281284。

❷《苏州中环集团有限公司与苏州赛琅泰克高技术陶瓷有限公司技术转让合同纠纷上诉案》,参见北大法宝引证码：Pkulaw.cn/CLI.C.291350。

❸《安阳广源能源有限责任公司与郝新德商品房买卖合同纠纷再审案》,参见北大法宝引证码：Pkulaw.cn/CLI.C.268894。

❹《西华县宏基建筑有限公司诉西华县西夏镇人民政府建设工程合同纠纷案》,参见北大法宝引证码：Pkulaw.cn/CLI.C.244204。

学者观点

❶ 李岩：《是债务转移还是由第三人履行》,参见北大法宝引证码：Pkulaw.cn/CLI.A.131938。

【同时履行抗辩权】

法律问题解读

同时履行抗辩权又被称为履行合同的抗辩权或者不履行抗辩权，它是指在双务合同中，双方互负债务，没有先后履行顺序的，应当同时履行义务，当事人一方在他方没有作出对待给付之前，有权拒绝自己相应的履行义务。

同时履行抗辩权产生的理论基础是诚实信用原则，后者对前者的指导作用体现在以下方面：（1）在双务合同中，一方在对方作出履行之前可以拒绝对方提出的履行请求，这样就能够避免一方自己不履行却能获得对方履行的不公平情况的发生，使双方的利益关系处于平衡状态。（2）诚实信用原则要求双务合同当事人彼此尊重对方的利益，建立密切的协作关系，当事人在履行合同义务时应充分考虑对方的利益，若自己未履行，不能要求对方先为履行，一方已经构成严重违约而仍然要求对方履行，对方有权拒绝。（3）行使同时履行抗辩权要受到诚实信用原则的限制而不能滥用，所以在对方当事人已经部分履行合同义务的情况下，如果拒绝履行违背诚实信用原则的，则不得拒绝履行。

同时履行抗辩权产生的直接法律前提是双务合同对价的交换性、原因的相互依赖性和与此相关的本质上的牵连性。双方当事人的权利义务因同一合同关系产生，从一开始就互为条件，一方的权利不成立、无效，另一方的权利也必然发生同样的效果。在合同成立后，当事人各基于合同负履行义务，一方负担义务以他方负担义务为前提，如果一方不履行自己的义务，对方的权利则不能实现，其义务的履行也必然受到影响。

法条指引

❶《中华人民共和国合同法》（1999年10月1日施行）

第六十六条 当事人互负债务，没有先后履行顺序的，应当同时履行。一方在对方履行之前有权拒绝其履行要求。一方在对方履行债务不符合约定时，有权拒绝其相应的履行要求。

案例链接

❶《马秀如与汪秀玲等房屋买卖合同纠纷再审案》,参见北大法宝引证码：Pkulaw.cn/CLI.C.285752。

❷《俞碧晖与中国新兴建设开发总公司买卖合同纠纷上诉案》,参见北大法宝引证码：Pkulaw.cn/CLI.C.250356。

❸《赛博数码科技（郑州）有限公司与洛阳全城置业有限公司租赁合同纠纷上诉案》,参见北大法宝引证码：Pkulaw.cn/CLI.C.282533。

❹《刘志敏与北京益丰物业经营有限责任公司物业服务合同纠纷上诉案》,参见北大法宝引证码：Pkulaw.cn/CLI.C.222665。

学者观点

❶ 韩世远：《构造与出路：中国法上的同时履行抗辩权》,参见北大法宝引证码：Pkulaw.cn/CLI.A.1142372。

❷ 戚枝淬：《试论同时履行抗辩权与违约关系》,参见北大法宝引证码：Pkulaw.cn/CLI.A.177557。

❸ 马强：《试论同时履行抗辩权》,参见北大法宝引证码：Pkulaw.cn/CLI.A.111660。

【行使同时履行抗辩权的条件】

法律问题解读

行使同时履行抗辩权须符合以下条件：

1. 必须因双务合同而互负债务。由于同时履行抗辩权产生的基础在于合同双方权利义务在本质上的牵连性，而只有双务合同才具有这种性质，所以必须是双务合同才能适用同时履行抗辩权。需要注意的是，合伙合同不能适用同时履行抗辩权，这是因为合伙合同的目的不在于交换财产，其目的是经营合伙事业，合伙人履行其出资义务并非为了换取对价，而是为了形成合伙财产。如果允许合伙人以其他合伙人未履行出资义务为由而拒绝自己的出资义务，则不仅难以形成合伙财产，合伙事业也不可能实现。

2. 必须因同一双务合同互负到期债务，且没有先后履行顺序。也就是说，双方当事人所负的债务具有对价的牵连关系，是基于同一个合同产生的，并且均已届履行期。

3. 对方未履行债务或者履行债务不符合约定。需要注意的是，如果履行仅有细微的瑕疵的，根据诚实信用原则，当事人不能主张同时履行抗辩权。我们认为，一方当事人按照合同的约定提出履行后，对方当事人无正当理由而迟延受领，已经提出履行的一方当事人请求受领迟延一方履行义务时，受领迟延方仍应享有同时履行抗辩权，但是应承担受领迟延的责任，这样既保护了提出履行一方的利益，也不会使对方不利。

4. 对方的履行必须是可能的，否则只能解除合同。

法条指引

❶《中华人民共和国合同法》（1999年10月1日施行）

第六十六条 当事人互负债务，没有先后履行顺序的，应当同时履行。一方在对方履行之前有权拒绝其履行要求。一方在对方履行债务不符合约定时，有权拒绝其相应的履行要求。

案例链接

❶《株式会社CTI日本与海南台健旅业开发有限公司一般委托合同纠纷上诉案》，参见北大法宝引证码：Pkulaw. cn/CLI. C. 82133。

❷《刘建军与黄志高房屋买卖合同纠纷上诉案》，参见北大法宝引证码：Pkulaw. cn/CLI. C. 110589。

学者观点

❶ 何平、邓剑光：《论合伙合同中同时履行抗辩权的适用》，参见北大法宝引证码：Pkulaw. cn/CLI. A. 177501。

【同时履行抗辩权的效力】

法律问题解读

《合同法》规定，当事人互负债务，没有先后履行顺序的，应当同时履行。一方在对方履行之前有权拒绝其履行要求。一方在对方履行债务不符合约定时，有权拒绝其相应的履行要求。

抗辩分为延期的抗辩和消灭的抗辩。前者并不完全拒绝请求权人的请求，而是表示推迟一定的时间再予以满足；后者是从根本上否定请求权人的主张，如诉讼时效完成后债务人的抗辩等。同时履行抗辩权在性质上属于延期的抗辩，并没有消灭对方的请求权，其效力仅使对方请求权延期，即在对方履行债务前，得拒绝自己债务的履行。同时履行抗辩权应由当事人自己行使，人民法院和仲裁机构不得依职权主动适用。当事人主张同时履行抗辩权无需承担对方未履行或者履行不符合约定的证明责任，证明责任应由对方承担，即由其证明自己已经履行。

法条指引

❶《中华人民共和国合同法》（1999年10月1日施行）

第六十六条 当事人互负债务，没有先后履行顺序的，应当同时履行。一方在对方履行之前有权拒绝其履行要求。一方在对方履行债务不符合约定时，有权拒绝其相应的履行要求。

案例链接

❶《刘邓与李新德股权转让纠纷上诉案》，参见北大法宝引证码：Pkulaw. cn/CLI. C. 228478。

❷《孙慰祖与北京东方容和物业管理有限责任公司物业服务合同纠纷上诉案》，参见北大法宝引证码：Pkulaw. cn/CLI. C. 207088。

❸《北京伟恒科技有限公司与北京北方丰益汽车配件批发市场有限责任公司委托经营合同纠纷上诉案》，参见北大法宝引证码：Pkulaw. cn/CLI. C. 184908。

【同时履行抗辩权与合同解除】

法律问题解读

同时履行抗辩为延期的抗辩，并不从根本上

否定对方的请求,仅仅表明在对方履行之前拒绝自己的履行。解除合同是彻底地消除当事人之间的权利义务关系,而同时履行抗辩则是在保持合同效力的情况下进行的。二者有如下区别:

1. 同时履行抗辩权的行使以有效的合同关系为前提,并且双方当事人都希望维持合同的效力;而解除合同将终止合同关系,使双方当事人之间的关系恢复到缔约前的状态。

2. 同时履行抗辩权的行使,仅仅使当事人获得暂时不履行合同的权利,但是并没有免除他的履行义务;而合同解除后当事人则不负履行合同的义务。

3. 适用条件不同。同时履行抗辩权的条件是如上所述;而解除合同需要双方的约定或者有法律的具体规定。

4. 程序不同。同时履行抗辩权在条件成就时得任意行使;而解除合同必须满足法律规定的程序要求。

法条指引

❶《中华人民共和国合同法》(1999年10月1日施行)

第六十六条 当事人互负债务,没有先后履行顺序的,应当同时履行。一方在对方履行之前有权拒绝其履行要求。一方在对方履行债务不符合约定时,有权拒绝其相应的履行要求。

第九十三条 当事人协商一致,可以解除合同。

当事人可以约定一方解除合同的条件。解除合同的条件成就时,解除权人可以解除合同。

第九十四条 有下列情形之一的,当事人可以解除合同:

(一) 因不可抗力致使不能实现合同目的;

(二) 在履行期限届满之前,当事人一方明确表示或者以自己的行为表明不履行主要债务;

(三) 当事人一方迟延履行主要债务,经催告后在合理期限内仍未履行;

(四) 当事人一方迟延履行债务或者有其他违约行为致使不能实现合同目的;

(五) 法律规定的其他情形。

第九十六条 当事人一方依照本法第九十三条第二款、第九十四条的规定主张解除合同的,应当通知对方。合同自通知到达对方时解除。对方有异议的,可以请求人民法院或者仲裁机构确认解除合同的效力。

法律、行政法规规定解除合同应当办理批准、登记等手续的,依照其规定。

案例链接

❶《丽江多能水利水电工程有限公司与昆明龙源鑫科技有限公司买卖合同纠纷上诉案》,参见北大法宝引证码:Pkulaw.cn/CLI.C.204170。

❷《湖北楚星律师事务所与中国银行股份有限公司三峡分行委托合同纠纷上诉案》,参见北大法宝引证码:Pkulaw.cn/CLI.C.209310。

❸《隋军明诉王涛租赁合同纠纷案》,参见北大法宝引证码:Pkulaw.cn/CLI.C.180519。

❹《陈名国与丁海龙股权转让纠纷上诉案》,参见北大法宝引证码:Pkulaw.cn/CLI.C.249265。

【先履行抗辩权】

法律问题解读

先履行抗辩权是指合同中约定了债务履行的先后顺序,在先履行一方未履行债务或者履行债务不符合约定的情况下,后履行一方有权拒绝其相应的履行要求的权利。在满足下列条件的情况下,当事人取得先履行抗辩权:(1)合同双方当事人因双务合同而互负债务;(2)双方互负的债务有先后履行顺序,并且后履行一方的债务已届履行期;(3)先履行债务的一方未履行或者履行不适当。

需要注意的是,只有在先履行义务的一方未履行义务或者履行义务不符合约定的情况下,后履行一方才能行使先履行抗辩权。这里所说的"义务"应指合同的主给付义务,如果先履行一方履行了主给付义务而未履行从给付义务,一般不能产生先履行抗辩权。例如买卖合同中约定出卖人先交付标的物,然后买受人再支付货款,在出卖人已经交付了标的物但未按照合同的约定交付与标的物有关的资料的情况下,买受人不得主张先履行抗辩权。

法条指引

❶《中华人民共和国合同法》(1999年10月1日施行)

第六十七条 当事人互负债务,有先后履行顺序,先履行一方未履行的,后履行一方有权拒绝其履行要求。先履行一方履行债务不符合约定的,后履行一方有权拒绝其相应的履行要求。

案例链接

❶《凯能高科技工程（上海）有限公司与华电新乡发电有限公司买卖合同纠纷上诉案》，参见北大法宝引证码：Pkulaw. cn/CLI. C. 281111。

❷《张彦中诉王保明等运输合同纠纷案》，参见北大法宝引证码：Pkulaw. cn/CLI. C. 280509。

❸《郑州裕惠置业有限公司与贺浩债权转让合同纠纷上诉案》，参见北大法宝引证码：Pkulaw. cn/CLI. C. 287213。

❹《吴建材与河南德宝置业有限公司买卖合同纠纷上诉案》，参见北大法宝引证码：Pkulaw. cn/CLI. C. 250328。

学者观点

❶ 周立胜：《先履行抗辩权初探》，参见北大法宝引证码：Pkulaw. cn/CLI. A. 171115。

❷ 隋彭生：《先履行抗辩权刍议》，参见北大法宝引证码：Pkulaw. cn/CLI. A. 115009。

【不安抗辩权】

法律问题解读

不安抗辩权是指在双务合同中，负有先履行义务的一方有确切证据证明对方履行能力严重恶化时，为保护自己的权益，可以中止履行的权利。

行使不安抗辩权的条件有：（1）合同双方当事人因双务合同而互负债务。（2）负有先履行义务的一方当事人才能享有不安抗辩权。（3）后履行义务的一方出现履行能力严重恶化的事实，并且存在到期不能履行、难以履行或者不会履行的现实危险。根据《合同法》的规定，负有先履行义务的一方主张不安抗辩权时必须有确切的证据证明对方有下列情形之一：经营状况严重恶化；转移财产、抽逃资金，以逃避债务；丧失商业信誉；有丧失或者可能丧失履行债务能力的其他情形。应当先履行债务的当事人有确切证据证明对方有上述情形之一的，可以中止履行，当事人没有确切证据中止履行的，属于违约行为，仍应履行合同义务，并应当承担相应的违约责任。（4）行使不安抗辩权时应通知对方当事人。

行使不安抗辩权是权利人依法享有的权利，不以相对方同意为必要，但行使权利时，依诚实信用原则，应当及时通知对方。这样做一方面是尽量避免对方因此所受到的损害，另一方面也便于对方在获得通知后及时提供担保，以消灭不安抗辩权。

法条指引

❶《中华人民共和国合同法》（1999 年 10 月 1 日施行）

第六十八条 应当先履行债务的当事人，有确切证据证明对方有下列情形之一的，可以中止履行：

（一）经营状况严重恶化；

（二）转移财产、抽逃资金，以逃避债务；

（三）丧失商业信誉；

（四）有丧失或者可能丧失履行债务能力的其他情形。

当事人没有确切证据中止履行的，应当承担违约责任。

案例链接

❶《胡惠玲与洛阳安详物业管理有限公司物业服务合同纠纷上诉案》，参见北大法宝引证码：Pkulaw. cn/CLI. C. 281285。

❷《许兆飞等与南阳市国家税务局商品房预售合同纠纷上诉案》，参见北大法宝引证码：Pkulaw. cn/CLI. C. 258805。

❸《河南六合科技有限公司与巩义瑞康医院合同纠纷上诉案》，参见北大法宝引证码：Pkulaw. cn/CLI. C. 250196。

❹《户相竹诉宁陵县万顺出租汽车有限公司等借款合同纠纷案》，参见北大法宝引证码：Pkulaw. cn/CLI. C. 259914。

学者观点

❶ 郭玉坤：《不安抗辩权制度的不安事由探究》，参见北大法宝引证码：Pkulaw. cn/CLI. A. 1143201。

❷ 葛云松：《不安抗辩权的效力与适用范围》，参见北大法宝引证码：Pkulaw. cn/CLI. A. 1115775。

❸ 樊艳霞：《浅论我国〈合同法〉中的不安抗辩权》，参见北大法宝引证码：Pkulaw. cn/CLI. A. 1109091。

【不安抗辩权的行使】

法律问题解读

负有先履行义务的一方当事人行使不安抗辩权而中止履行的,应当及时通知对方,否则不能视为行使不安抗辩权,反而应根据具体情况承担违约责任。通知对方后,如果对方提供适当担保的,负有先履行义务的一方当事人应当恢复履行。需要注意的是,对方提供担保并非其义务,提供适当的担保实际上是对不安抗辩的抗辩,其结果是消灭不安抗辩权。另外,提供的担保可以是人的担保也可以是物的担保,但无论是何种担保,均应当适当,即与其承担的义务相当。

负有先履行义务的一方当事人行使不安抗辩权而中止履行后,对方在合理期限内未恢复履行能力并且未提供适当担保的,中止履行的一方可以解除合同。也就是说,在上述情况下,对方实际上可能构成了预期违约,中止履行的一方有权解除合同,并基于《合同法》关于预期违约的规定追究对方的违约责任。

法条指引

❶《中华人民共和国合同法》(1999年10月1日施行)

第六十八条 应当先履行债务的当事人,有确切证据证明对方有下列情形之一的,可以中止履行:

(一)经营状况严重恶化;

(二)转移财产、抽逃资金,以逃避债务;

(三)丧失商业信誉;

(四)有丧失或者可能丧失履行债务能力的其他情形。

当事人没有确切证据中止履行的,应当承担违约责任。

第六十九条 当事人依照本法第六十八条的规定中止履行的,应当及时通知对方。对方提供适当担保时,应当恢复履行。中止履行后,对方在合理期限内未恢复履行能力并且未提供适当担保的,中止履行的一方可以解除合同。

第一百零八条 当事人一方明确表示或者以自己的行为表明不履行合同义务的,对方可以在履行期限届满之前要求其承担违约责任。

案例链接

❶《徐亚荣诉邵忠元等民间借贷纠纷案》,参见北大法宝引证码:Pkulaw.cn/CLI.C.216843。

❷《富滇银行股份有限公司昆明科技支行与昆明安迪多好味食品饮料有限公司等金融借款合同纠纷上诉案》,参见北大法宝引证码:Pkulaw.cn/CLI.C.158901。

❸《上海水清木华广告发展有限公司诉〈行报〉社等委托合同纠纷案》,参见北大法宝引证码:Pkulaw.cn/CLI.C.139917。

❹《明新弹性织物(中国)有限公司诉上海百利安制衣有限公司等定作合同纠纷案》,参见北大法宝引证码:Pkulaw.cn/CLI.C.151767。

学者观点

❶傅鼎生:《不安抗辩适用之限定》,参见北大法宝引证码:Pkulaw.cn/CLI.A.1117842。

❷李伟:《不安抗辩权、给付拒绝和预期违约关系的思考》,参见北大法宝引证码:Pkulaw.cn/CLI.A.128226。

❸黄建中:《我国不安抗辩权制度的若干理论与实务问题研究》,参见北大法宝引证码:Pkulaw.cn/CLI.A.159478。

【因债权人原因致使履行困难的处理】

法律问题解读

债权人分立、合并或者变更住所没有通知债务人,致使债务人履行债务发生困难的属于因债权人原因致使履行困难的情形。债权人分立、合并使原债权人的主体资格发生变化,债权人分立、合并后的组织因此成为合同的当事人,概括地继受合同的权利和义务。如果债权人未向债务人通知该变化,则可能导致债务人不知应向何人履行债务情形的发生,使履行债务发生困难,在债权人变更住所没有通知债务人的情况下也是如此。需要注意的是,虽然债权人未将上述发生变化的情况通知债务人,但是债务人对此已经知晓的,则不能视为因债权人原因致使履行困难的情形。

合同的履行往往需要债权人的协助,债务人履行债务时,债权人应予受领。如果因为债权人的原因致使合同履行发生困难,债权人应负受领迟延的责任。除此之外,为了更好地保护债务人的利益,使其脱离合同的拘束,《合同法》规定,在这种情况下，债务人可以中止履行或者将标的物提存。需要注意的是，债务人可以在这两种方式之间进行选择，但不论选择何种方式，均不负迟延履行的责任，并且不承担标的物在迟延受领期间的毁损、灭失的风险，债务人对标的物只需负与保管自己的物一般的注意义务。

法条指引

❶《中华人民共和国合同法》（1999 年 10 月 1 日施行）

第七十条 债权人分立、合并或者变更住所没有通知债务人，致使履行债务发生困难的，债务人可以中止履行或者将标的物提存。

第一百零一条 有下列情形之一，难以履行债务的，债务人可以将标的物提存：

（一）债权人无正当理由拒绝受领；

（二）债权人下落不明；

（三）债权人死亡未确定继承人或者丧失民事行为能力未确定监护人；

（四）法律规定的其他情形。

标的物不适于提存或者提存费用过高的，债务人依法可以拍卖或者变卖标的物，提存所得的价款。

第一百零三条 标的物提存后，毁损、灭失的风险由债权人承担。提存期间，标的物的孳息归债权人所有。提存费用由债权人负担。

【提前履行】

法律问题解读

按照全面履行原则，债务人应当在合同约定的期限内履行自己的债务，债权人有权对损害其利益的提前履行予以拒绝。但是基于诚实信用原则和公平原则，在债务人希望提前履行，而提前履行又不损害债权人利益的情况下，债权人则不能拒绝，如拒绝受领应承担迟延受领的责任，承受迟延受领期间标的物毁损、灭失的风险。当然，债务人提前履行债务给债权人增加的费用，应由债务人负担。

判断可否提前履行的关键在于提前履行是否会对债权人的利益造成损害。需要注意的是，这里所说的利益应为重大利益，如果提前履行仅仅使债权人增加了相关费用，则不能因此认为损害了债权人的利益，因为它只涉及这些费用应由债务人负担的问题，在这种情况下，债权人不能拒绝债务人的提前履行。另外，对于合同中未约定履行期限，事后也未达成补充协议，不能按照合同有关条款或者交易习惯确定履行期限的，债务人可以随时履行，债权人也可以随时要求履行，只要给对方必要的准备时间即可。在这种情况下，当然不涉及提前履行的问题。

法条指引

❶《中华人民共和国合同法》（1999 年 10 月 1 日施行）

第六条 当事人行使权利、履行义务应当遵循诚实信用原则。

第七十一条 债权人可以拒绝债务人提前履行债务，但提前履行不损害债权人利益的除外。

债务人提前履行债务给债权人增加的费用，由债务人负担。

案例链接

❶《刘某某与凌云建筑公司建筑工程承包合同纠纷再审案》，参见北大法宝引证码：Pkulaw. cn/CLI. C. 258646。

❷《中国建设银行股份有限公司北京丰台支行诉胡万胜等金融借款合同纠纷案》，参见北大法宝引证码：Pkulaw. cn/CLI. C. 291082。

❸《宁波永宏紧固件制造有限公司诉宁波鑫泰紧固件制造有限公司担保追偿权纠纷案》，参见北大法宝引证码：Pkulaw. cn/CLI. C. 241941。

❹《宁波今日汽车经纪服务有限公司诉严剑方等汽车按揭服务合同纠纷案》，参见北大法宝引证码：Pkulaw. cn/CLI. C. 242673。

学者观点

❶ 翟云岭、吕海宁：《论提前付款（还贷）的法律规制》，参见北大法宝引证码：Pkulaw. cn/CLI. A. 1136371。

【部分履行】

法律问题解读

根据全面履行原则，债务人应当按照合同约定的履行方式履行债务，如果合同中未约定可以部分履行的，债权人有权对损害其利益的部分履行予以拒绝。但是基于诚实信用原则和公平原则，在债务人希望部分履行，而部分履行又不损害债权人利益的情况下，债权人则不能拒绝，如拒绝受领应承担迟延受领的责任，承受迟延受领期间标的物毁损、灭失的风险。当然，债务人部分履行债务给债权人增加的费用，应由债务人负担。

判断可否提前履行的关键在于部分履行是否会对债权人的利益造成损害。需要注意的是，这里所说的利益应为重大利益，如果部分履行仅仅使债权人增加了相关费用，则不能因此认为损害了债权人的利益，因为它只涉及这些费用应由债务人负担的问题，在这种情况下，债权人不能拒绝债务人的部分履行。另外，对于合同中未约定履行方式，事后也未达成补充协议，不能按照合同有关条款或者交易习惯确定履行方式的，应当按照有利于实现合同目的的方式履行，即如果部分履行不利于实现合同目的，应当一次全部履行。

法条指引

❶ 《中华人民共和国合同法》（1999 年 10 月 1 日施行）

第七十二条 债权人可以拒绝债务人部分履行债务，但部分履行不损害债权人利益的除外。

债务人部分履行债务给债权人增加的费用，由债务人负担。

❷ 《中华人民共和国民法通则》（1987 年 1 月 1 日施行）

第一百零八条 债务应当清偿。暂时无力偿还的，经债权人同意或者人民法院裁决，可以由债务人分期偿还。有能力偿还拒不偿还的，由人民法院判决强制偿还。

案例链接

❶ 《某1厂与某2厂等买卖合同纠纷上诉案》，参见北大法宝引证码：Pkulaw.cn/CLI.C.283702。

❷ 《焦作市金玉龙实业有限公司与焦作市环宇石化装备科技有限公司加工承揽合同赔偿纠纷上诉案》，参见北大法宝引证码：Pkulaw.cn/CLI.C.253411。

❸ 《崔利伟等与新郑市宏达建筑安装工程公司等建设工程分包合同纠纷上诉案》，参见北大法宝引证码：Pkulaw.cn/CLI.C.287321。

❹ 《薛明蓉等与重庆世外园房地产开发有限公司等其他合同纠纷上诉案》，参见北大法宝引证码：Pkulaw.cn/CLI.C.291201。

学者观点

❶ 薛军：《部分履行的法律问题研究》，参见北大法宝引证码：Pkulaw.cn/CLI.A.1142466。

【代位权】

法律问题解读

代位权制度属于债的保全制度。《合同法》规定，因债务人怠于行使其到期债权，对债权人造成损害的，债权人可以向人民法院请求以自己的名义代位行使债务人的债权。由此可知，代位权是债权人以自己的名义行使属于债务人原有权利的权利；它并非对于债务人或者第三人固有的请求权，而是以行使他人权利为内容的管理权或权能，因此，债权人应以善良管理人的注意义务行使该权利；它属于债权的保全，由债权人代债务人行使权利，这与扣押债务人财产的权利和就收取的财产优先受偿的权利有着本质的不同；代位权的行使只能通过诉讼的方式行使。基于代位权制度，债权人在债务人有权利而不行使致使其债权的实现受到威胁的情况下，可代位行使本属于债务人的权利，从而维护自己的利益。

最高人民法院《关于适用〈中华人民共和国民事诉讼法〉若干问题的意见》中规定了代位清偿，但是它与《合同法》中的代位权制度不同。我们认为，从保护债权人利益的角度出发，可以由债权人根据具体情况来选择适用该规定或者《合同法》的规定。

法条指引

❶ 《中华人民共和国合同法》（1999 年 10 月 1 日施行）

第七十三条 因债务人怠于行使其到期债权，对债权人造成损害的，债权人可以向人民法院请求以自己的名义代位行使债务人的债权，但该债权专属于债务人自身的除外。

代位权的行使范围以债权人的债权为限。债权人行使代位权的必要费用，由债务人负担。

❷ 最高人民法院《关于适用〈中华人民共和国民事诉讼法〉若干问题的意见》（1992 年 7 月 14 日）

300. 被执行人不能清偿债务，但对第三人享有到期债权的，人民法院可依申请执行人的申请，通知该第三人向申请执行人履行债务。该第三人对债务没有异议但又在通知指定的期限内不履行的,人民法院可以强制执行。

案例链接

❶《周某某与上海海舍仪器设备有限公司债权人代位权纠纷上诉案》,参见北大法宝引证码:Pkulaw.cn/CLI.C.275769。

❷《高平凤诉朱善华等追索劳动报酬纠纷案》,参见北大法宝引证码:Pkulaw.cn/CLI.C.253227。

❸《王振法诉朱善华等买卖合同纠纷案》,参见北大法宝引证码:Pkulaw.cn/CLI.C.253272。

❹《刘友胜诉朱善华等追索劳动报酬纠纷案》,参见北大法宝引证码:Pkulaw.cn/CLI.C.253284。

学者观点

❶ 李琴:《代位权受偿规则微探》,参见北大法宝引证码:Pkulaw.cn/CLI.A.1119310。

❷ 姜世波:《代位权制度的法律冲突与准据法》,参见北大法宝引证码:Pkulaw.cn/CLI.A.184732。

❸ 唐烈英:《论代位权行使的债权范围与效率公平》,参见北大法宝引证码:Pkulaw.cn/CLI.A.1111924。

【代位权的成立要件】

法律问题解读

根据相关规定,代位权的成立要同时具备以下要件:

1. 债权人对债务人的债权合法。

2. 债务人怠于行使其到期债权,对债权人造成损害。它是指债务人不履行其对债权人的到期债务,又不以诉讼方式或者仲裁方式向其债务人主张其享有的具有金钱给付内容的到期债权,致使债权人的到期债权不能实现。

在实践中需要注意以下几个方面:(1)只有在债务人已经陷于履行迟延的情况下,才可能产生代位权,一旦债务人陷于履行迟延,其债权发生的原因和该债权成立于被代位债权之前或者之后均在所不问,即使被代位的债权附有抗辩权也不影响代位权的成立;(2)不要求债务人的债权到期后持续一定的期间,只要到期即可;(3)债务人以诉讼或者仲裁的方式向次债务人主张权利不构成"怠于",直接向次债务人或其代理人主张权利,或者向民间调解委员会或行政机关请求处理均属于"怠于";(4)"对债权人造成损害"中的损害不同于损害赔偿中的损害,只要债务人未履行其对债权人的债务,使债权人的债权未能实现,便可视为对债权人造成了损害;(5)次债务人(即债务人的债务人)不认为债务人有怠于行使其到期债权情况的,应当承担举证责任。

3. 债务人的债权已到期。

4. 债务人的债权不是专属于债务人自身的债权。专属于债务人自身的债权,是指基于扶养关系、抚养关系、赡养关系、继承关系产生的给付请求权和劳动报酬、退休金、养老金、抚恤金、安置费、人寿保险、人身伤害赔偿请求权等权利。这些权利一般是与债务人的人格权、身份权相关的债权,与债务人的生活密切相关,故对这些债权不能由债权人代位行使。

法条指引

❶《中华人民共和国合同法》(1999年10月1日施行)

第七十三条 因债务人怠于行使其到期债权,对债权人造成损害的,债权人可以向人民法院请求以自己的名义代位行使债务人的债权,但该债权专属于债务人自身的除外。

代位权的行使范围以债权人的债权为限。债权人行使代位权的必要费用,由债务人负担。

❷ 最高人民法院《关于适用〈中华人民共和国合同法〉若干问题的解释(一)》(1999年12月29日施行)

第十一条 债权人依照合同法第七十三条的规定提起代位权诉讼,应当符合下列条件:

(一)债权人对债务人的债权合法;

(二)债务人怠于行使其到期债权,对债权人造成损害;

(三)债务人的债权已到期;

(四)债务人的债权不是专属于债务人自身的债权。

第十二条 合同法第七十三条第一款规定的专属于债务人自身的债权,是指基于扶养关系、抚养关系、赡养关系、继承关系产生的给付请求权和劳动报酬、退休金、养老金、抚恤金、安置费、人寿保险、人身伤害赔偿请求权等权利。

第十三条 合同法第七十三条规定的"债务人怠于行使其到期债权,对债权人造成损害的",

是指债务人不履行其对债权人的到期债务，又不以诉讼方式或者仲裁方式向其债务人主张其享有的具有金钱给付内容的到期债权，致使债权人的到期债权未能实现。

次债务人（即债务人的债务人）不认为债务人有怠于行使其到期债权情况的，应当承担举证责任。

学者观点

❶ 夏凤英：《合同法对代位权制度的发展完善与突破》，参见北大法宝引证码：Pkulaw. cn/CLI. A. 177048。

❷ 张驰：《代位权法律制度比较研究》，参见北大法宝引证码：Pkulaw. cn/CLI. A. 1127023。

【行使代位权的效力】

法律问题解读

行使代位权的效力有如下几个方面：

1. 债权人行使代位权以后，债务人对其权利不得处分，否则债权人可以主张该处分无效。

2. 债权人向次债务人提起的代位权诉讼经人民法院审理后认定代位权成立的，由次债务人直接向该债权人履行清偿义务，债权人与债务人、债务人与次债务人之间相应的债权债务关系即予消灭；当两个或者两个以上的债权人以同一次债务人为被告提起代位权诉讼的，人民法院可以合并审理，财产不足的，依据各自债权数额的大小按照比例分配。

3. 代位权的行使范围以债权人的债权为限；在代位权诉讼中，债权人行使代位权的请求数额超过债务人所负债务额或者超过次债务人对债务人所负债务额的，对超出部分人民法院不予支持。

4. 债权人可以代位债务人向次债务人提起代位权诉讼，无论债务人是否参加诉讼，人民法院的判决均对其产生效力；如果其他债权人参加诉讼，该判决也对其产生效力，反之则否。

5. 在代位权诉讼中，次债务人对债务人的抗辩，可以向债权人主张。债权人已着手实行代位权并在通知债务人之后，次债务人才取得的对债务人的抗辩是否可以对抗债权人要视情况而定：如因债务人的处分行为而对债务人所取得的抗辩，不得以之对抗债权人；如因其他事由取得的抗辩可以对抗债权人，例如对债务人的清偿等。

6. 债权人行使代位权的必要费用，由债务人负担；在代位权诉讼中，债权人胜诉的，诉讼费由次债务人负担，从实现的债权中优先支付。

7. 在代位权诉讼中，债权人请求人民法院对次债务人的财产采取保全措施的，应当提供相应的财产担保。

法条指引

❶《中华人民共和国合同法》（1999年10月1日施行）

第七十三条　因债务人怠于行使其到期债权，对债权人造成损害的，债权人可以向人民法院请求以自己的名义代位行使债务人的债权，但该债权专属于债务人自身的除外。

代位权的行使范围以债权人的债权为限。债权人行使代位权的必要费用，由债务人负担。

❷ 最高人民法院《关于适用〈中华人民共和国合同法〉若干问题的解释（一）》（1999年12月29日施行）

第十七条　在代位权诉讼中，债权人请求人民法院对次债务人的财产采取保全措施的，应当提供相应的财产担保。

第十八条　在代位权诉讼中，次债务人对债务人的抗辩，可以向债权人主张。

债务人在代位权诉讼中对债权人的债权提出异议，经审查异议成立的，人民法院应当裁定驳回债权人的起诉。

第十九条　在代位权诉讼中，债权人胜诉的，诉讼费由次债务人负担，从实现的债权中优先支付。

第二十条　债权人向次债务人提起的代位权诉讼经人民法院审理后认定代位权成立的，由次债务人向债权人履行清偿义务，债权人与债务人、债务人与次债务人之间相应的债权债务关系即予消灭。

第二十一条　在代位权诉讼中，债权人行使代位权的请求数额超过债务人所负债务额或者超过次债务人对债务人所负债务额的，对超出部分人民法院不予支持。

案例链接

❶《武书杰诉王方周等债权人代位权纠纷案》，参见北大法宝引证码：Pkulaw. cn/CLI. C. 280529。

❷《张文平与广东粤景集团有限公司等债权人代位求偿权纠纷上诉案》，参见北大法宝引证码：

Pkulaw. cn/CLI. C. 235121。

❸《章利娟诉阮爱根等债权人代位权纠纷案》,参见北大法宝引证码:Pkulaw. cn/CLI. C. 227419。

❹《中国人民财产保险股份有限公司宁波市江东支公司与余姚市特种防腐材料厂债权人代位求偿权纠纷上诉案》,参见北大法宝引证码:Pkulaw. cn/CLI. C. 245301。

学者观点

❶ 张晓飞、任亚爱:《代位权行使效力研究》,参见北大法宝引证码:Pkulaw. cn/CLI. A. 177429。

❷ 潘小玉:《债权人代位权行使若干问题探讨》,参见北大法宝引证码:Pkulaw. cn/CLI. A. 148415。

❸ 王利明:《论代位权的行使要件》,参见北大法宝引证码:Pkulaw. cn/CLI. A. 111623。

【代位权诉讼程序】

法律问题解读

司法解释规定,债权人提起代位权诉讼的,由被告住所地人民法院管辖。该规定符合《民事诉讼法》原告就被告的一般管辖原则和关于合同纠纷的管辖原则。需要注意的是,除依照法律规定债务人与次债务人之间的债权债务纠纷由特定的人民法院专属管辖外,代位权诉讼一概由被告住所地人民法院管辖,而不论债权人与债务人之间或者债务人与次债务人之间的合同是否约定有协议管辖的内容。另外,在债权人与债务人之间或者债务人与次债务人之间的合同订有有效仲裁条款的情况下,次债务人以仲裁协议为由提起的管辖异议同样不成立。

债权人向人民法院起诉债务人以后,又向同一人民法院对次债务人提起代位权诉讼,如果该人民法院也是次债务人住所地人民法院并符合起诉条件的,应当立案受理;如果该人民法院不是次债务人住所地人民法院但符合起诉条件的,应告知债权人向次债务人住所地人民法院另行起诉。受理代位权诉讼的人民法院在债权人起诉债务人的诉讼裁决发生法律效力以前,应当中止代位权诉讼。债务人在代位权诉讼中,对超过债权人代位请求数额的债权部分起诉次债务人的,人民法院应当告知其向有管辖权的人民法院另行起诉。债务人的起诉符合法定条件的,人民法院应当受理;受理债务人起诉的人民法院在代位权诉讼裁决发生法律效力以前,应当依法中止。

债权人以次债务人为被告向人民法院提起代位权诉讼,未将债务人列为第三人的,人民法院可以追加债务人为第三人。债务人的加入有助于人民法院查明案件事实。两个或者两个以上债权人以同一次债务人为被告提起代位权诉讼的,人民法院可以合并审理。

法条指引

❶《中华人民共和国合同法》(1999年10月1日施行)

第七十三条 因债务人怠于行使其到期债权,对债权人造成损害的,债权人可以向人民法院请求以自己的名义代位行使债务人的债权,但该债权专属于债务人自身的除外。

代位权的行使范围以债权人的债权为限。债权人行使代位权的必要费用,由债务人负担。

❷ 最高人民法院《关于适用〈中华人民共和国合同法〉若干问题的解释(一)》(1999年12月29日施行)

第十四条 债权人依照合同法第七十三条的规定提起代位权诉讼的,由被告住所地人民法院管辖。

第十五条 债权人向人民法院起诉债务人以后,又向同一人民法院对次债务人提起代位权诉讼,符合本解释第十三条的规定和《中华人民共和国民事诉讼法》第一百零八条规定的起诉条件的,应当立案受理;不符合本解释第十四条规定的,告知债权人向次债务人住所地人民法院另行起诉。

受理代位权诉讼的人民法院在债权人起诉债务人的诉讼裁决发生法律效力以前,应当依照《中华人民共和国民事诉讼法》第一百三十六条第(五)项的规定中止代位权诉讼。

第十六条 债权人以次债务人为被告向人民法院提起代位权诉讼,未将债务人列为第三人的,人民法院可以追加债务人为第三人。

两个或者两个以上债权人以同一次债务人为被告提起代位权诉讼的,人民法院可以合并审理。

第二十二条 债务人在代位权诉讼中,对超过债权人代位请求数额的债权部分起诉次债务人的,人民法院应当告知其向有管辖权的人民法院另行起诉。

债务人的起诉符合法定条件的,人民法院应

当受理；受理债务人起诉的人民法院在代位权诉讼裁决发生法律效力以前，应当依法中止。

案例链接

❶《周口市顺通贸易有限公司与云南华通建设总公司代位权纠纷再审案》，参见北大法宝引证码：Pkulaw. cn/CLI. C. 182092。

❷《中国农业银行汇金支行诉张家港涤纶厂代位权纠纷案》，参见北大法宝引证码：Pkulaw. cn/CLI. C. 66653。

学者观点

❶ 蒲菊花：《论债权人代位诉讼的诉讼标的》，参见北大法宝引证码：Pkulaw. cn/CLI. A. 119115。

❷ 王静：《代位权诉讼若干问题研究》，参见北大法宝引证码：Pkulaw. cn/CLI. A. 1111799。

❸ 李蓉：《债权人代位权诉讼理论问题研究》，参见北大法宝引证码：Pkulaw. cn/CLI. A. 118526。

【撤销权】

法律问题解读

这里所说的撤销权又被称为废罢诉权，是指债权人对于债务人所为的危害其债权实现的行为可以请求法院撤销的权利。《合同法》规定，因债务人放弃其到期债权或者无偿转让财产，对债权人造成损害的，债权人可以请求人民法院撤销债务人的行为。债务人以明显不合理的低价转让财产，对债权人造成损害，并且受让人知道该情形的，债权人也可以请求人民法院撤销债务人的行为。撤销权制度与代位权制度同属于债的保全制度，目的是维系债务人的履行能力，保障债权人债权的实现，如果允许债务人任意处分其财产，就会降低其履行能力，使债权人债权的实现失去保障。

撤销权的行使虽然必须要通过诉讼，但它是一项实体法上的权利。撤销权是附属于债权的权利，它专属于债权人所有，因此，债权的有效存在是撤销权发生的前提条件。同时，撤销权不能脱离债权而单独转让，债权移转时，撤销权也随之移转。撤销权包含两层内容：否定债务人与第三人所为的法律行为的效力和将债务人移转的财产取回以实现债权人的债权，所以，撤销权兼具形成权和请求权的性质。

法条指引

❶《中华人民共和国合同法》（1999 年 10 月 1 日施行）

第七十四条 因债务人放弃其到期债权或者无偿转让财产，对债权人造成损害的，债权人可以请求人民法院撤销债务人的行为。债务人以明显不合理的低价转让财产，对债权人造成损害，并且受让人知道该情形的，债权人也可以请求人民法院撤销债务人的行为。

撤销权的行使范围以债权人的债权为限。债权人行使撤销权的必要费用，由债务人负担。

案例链接

❶《焦建民诉许昌市四通房地产开发有限公司合同变更权和合同撤销权纠纷案》，参见北大法宝引证码：Pkulaw. cn/CLI. C. 291105。

❷《信阳市津乾机械设备制造有限公司与彭子青劳动争议纠纷上诉案》，参见北大法宝引证码：Pkulaw. cn/CLI. C. 281759。

❸《隋朝壮诉三门峡市湖滨区九鼎清洁服务部财产损害赔偿纠纷案》，参见北大法宝引证码：Pkulaw. cn/CLI. C. 285753。

❹《杨遂明等与牛冬枝所有权纠纷上诉案》，参见北大法宝引证码：Pkulaw. cn/CLI. C. 286265。

学者观点

❶ 李锡鹤：《论民法撤销权》，参见北大法宝引证码：Pkulaw. cn/CLI. A. 1141595。

❷ 张里安、胡振玲：《略论合同撤销权的行使》，参见北大法宝引证码：Pkulaw. cn/CLI. A. 180204。

❸ 王松、张媛媛：《从一起撤销权案件的审理看撤销权法律规定的不足》，参见北大法宝引证码：Pkulaw. cn/CLI. A. 110117。

❹ 韩世远：《债权人撤销权研究》，参见北大法宝引证码：Pkulaw. cn/CLI. A. 128071。

【撤销权的成立要件】

法律问题解读

撤销权的成立要件因债务人的行为是有偿抑或无偿而有所不同。在无偿行为只须有客观要件即该行为有害债权人的债权即可；而在有偿行为除应具备客观要件之外,还须有债务人和受益人明知其行为有害于债权人这一主观要件。

客观要件有如下三个:

1. 债务人须有以财产为标的的行为。该行为一般为法律行为,如买卖、赠与等;在特殊情况下也可以是非法律行为,如诉讼上的和解与抵销等。这些行为有可能使债务人的现有财产减少而危及债权人的债权,故可以成为撤销权的客体。需要注意的是,债务人的有些行为虽以财产为对象并且会使其财产减少,但是不能成为撤销权的客体,如物的毁损抛弃、继承权的抛弃、债务人订立的劳动合同等。

2. 债务人的行为害及债权人的债权。害及债权应具备以下条件:(1) 债务人的行为致使足够清偿的财产减少。这里所说的减少分为直接的减少和间接的减少,前者如债务人将现有的财产赠与他人或者免除他人的债务,后者如债务人负担新的债务。(2) 债务人财产的减少致使债权人有不能受清偿的危险,我们认为,只要债务人财产的减少使债权人的债权一时不能受清偿即为已足,而无须债务人永久不能给付,也不以经强制执行债务人的财产仍不得全部清偿为必要。(3) 债务人的行为与害及债权有因果关系。

3. 害及债权的行为须于债权发生后有效成立而且继续有效。针对有偿行为成立撤销权的主观要件有如下两个:(1) 债务人于行为时明知有害于债权人的债权,即债务人对其行为可能引起或者增加自己资力不足的状态并有害于债权人的利益有所认识,这里所说的明知应以行为时为准。(2) 受益人受益时明知有害于债权人的债权。

法条指引

❶《中华人民共和国合同法》(1999年10月1日施行)

第七十四条 因债务人放弃其到期债权或者无偿转让财产,对债权人造成损害的,债权人可以请求人民法院撤销债务人的行为。债务人以明显不合理的低价转让财产,对债权人造成损害,并且受让人知道该情形的,债权人也可以请求人民法院撤销债务人的行为。

撤销权的行使范围以债权人的债权为限。债权人行使撤销权的必要费用,由债务人负担。

案例链接

❶《梁炽标与刘就祥等财产相关权利纠纷上诉案》,参见北大法宝引证码:Pkulaw. cn/CLI. C. 68649。

❷《农行荥阳市支行诉郑州炭素总厂负债未还又将该厂租赁给他人经营要求撤销其租赁合同案》,参见北大法宝引证码:Pkulaw. cn/CLI. C. 21737。

❸《中华制漆(深圳)有限公司上海经营部诉潘云龙等撤销债务人无偿转让财产行为案》,参见北大法宝引证码:Pkulaw. cn/CLI. C. 47468。

❹《张奕诉戴瑜案》,参见北大法宝引证码:Pkulaw. cn/CLI. C. 81506。

学者观点

❶ 王丽萍:《论撤销仅》,参见北大法宝引证码:Pkulaw. cn/CLI. A. 19116。

【撤销权的行使】

法律问题解读

撤销权行使的主体即撤销权的主体,是因债务人的行为而使其债权受到损害的债权人。这里所说的债权必须是以财产的给付为标的的债权,但不限于金钱债权,凡是以财产权为标的的债权,债权人均可行使撤销权。因此,以劳务为标的的债权则不发生撤销权的问题,当然,如果这类债权由于不履行而变为损害赔偿之债时仍可成立撤销权。另外,撤销权主体的债权要因债务人的行为而受到损害,因此,设有抵押权或者质权的债权,债务人虽减少其他财产或者增加负担,其清偿并不发生困难,则债权人不得行使撤销权。当然,如果担保物的价值低于其被担保的债权额的,债权人就不足之差额可以行使撤销权。需要注意的是,我国大多数学者认为,撤销权的成立不以债权人的债权已届清偿期为条件。

撤销权的行使应由债权人以自己的名义以诉讼的形式为之,债权人提起撤销诉讼的,由被告住所地人民法院管辖。债权人提起撤销权诉讼时只以债务人为被告,未将受益人或者受让人列为第三人的,人民法院可以追加该受益人或者受让人为第三人。债权人提起撤销权诉讼,请求人民法院撤销债务人放弃债权或转让财产的行为,人民法院应当就债权人主张的部分进行审理,依法撤销的,该行为自始无效。两个或者两个以上债权人以同一债务人为被告,就同一标的提起撤销权诉讼的,人民法院可以合并审理。

撤销权的行使范围以债权人的债权为限。债权人行使撤销权所支付的律师代理费、差旅费等必要费用，由债务人负担；第三人有过错的，应当适当分担。

一般而言，撤销权成立的客观要件应由债权人加以证明，债权人不能证明者不成立撤销权；撤销权成立的主观要件应由债务人或者受益人承担证明责任，即只要债务人实施了害及债权人债权的行为或者受益人受让了利益即可推定有诈害的意思，除非债务人或者受益人举出反证将之推翻。

法条指引

❶《中华人民共和国合同法》（1999年10月1日施行）

第七十四条　因债务人放弃其到期债权或者无偿转让财产，对债权人造成损害的，债权人可以请求人民法院撤销债务人的行为。债务人以明显不合理的低价转让财产，对债权人造成损害，并且受让人知道该情形的，债权人也可以请求人民法院撤销债务人的行为。

撤销权的行使范围以债权人的债权为限。债权人行使撤销权的必要费用，由债务人负担。

❷ 最高人民法院《关于适用〈中华人民共和国合同法〉若干问题的解释（一）》（1999年12月29日施行）

第二十三条　债权人依照合同法第七十四条的规定提起撤销权诉讼的，由被告住所地人民法院管辖。

第二十四条　债权人依照合同法第七十四条的规定提起撤销权诉讼时只以债务人为被告，未将受益人或者受让人列为第三人的，人民法院可以追加该受益人或者受让人为第三人。

第二十五条　债权人依照合同法第七十四条的规定提起撤销权诉讼，请求人民法院撤销债务人放弃债权或转让财产的行为，人民法院应当就债权人主张的部分进行审理，依法撤销的，该行为自始无效。

两个或者两个以上债权人以同一债务人为被告，就同一标的提起撤销权诉讼的，人民法院可以合并审理。

第二十六条　债权人行使撤销权所支付的律师代理费、差旅费等必要费用，由债务人负担；第三人有过错的，应当适当分担。

案例链接

❶《张凯诉王灵芝撤销权纠纷案》，参见北大法宝引证码：Pkulaw. cn/CLI. C. 290190。

❷《北京天客达航空设备有限公司与北京中大燕京汽车销售有限公司加工承揽合同纠纷上诉案》，参见北大法宝引证码：Pkulaw. cn/CLI. C. 205285。

❸《王某等与洛阳市某某区某某村村民委员会土地承包合同纠纷上诉案》，参见北大法宝引证码：Pkulaw. cn/CLI. C. 285163。

❹《郑希文与袁成军所有权确认纠纷上诉案》，参见北大法宝引证码：Pkulaw. cn/CLI. C. 210614。

学者观点

❶ 张里安、胡振玲：《略论合同撤销权的行使》，参见北大法宝引证码：Pkulaw. cn/CLI. A. 180204。

【行使撤销权的效力】

法律问题解读

在撤销权成立的情况下，债权人可以根据不同情况而为下列请求：

1. 当债务人的行为是无偿行为或者债务人的行为是恶意有偿行为并且受益人也为恶意的，债权人可以请求撤销其行为，当受益人受有给付时，可同时请求其将利益返还。

2. 当受益人和从受益人处转得利益的人为无偿取得或者恶意有偿取得时，债权人可以请求受益人补偿或者请求转得人返还财产，债权人可以对这二者进行选择。

3. 受益人为无偿取得或者为恶意有偿取得，而转得人取得利益时为善意并且支付了对价，此时转得人基于善意取得保有其所受给付，受益人因转让行为所获利益为不当得利，债权人可请求其返还。

需要注意的是，债权人行使利益返还请求权所接受的财产属于债务人的一般财产，债权人不得以之直接充抵债权，若欲实现其债权，仍应以强制执行程序为主。

对于债务人而言，债权人撤销权的行使将导致债务人的行为溯及地归于无效，即免除债务的视为未免除；承担债务的，视为未承担；设定负担的，视为未设定；让与债权的，视为未让与；移转财产的，视为未移转。

对于受益人而言，债务人的行为被撤销后，受益人已经受领债务人财产的，应当返还，原物不能返还的，应折价赔偿。如果受益人已为对价给付，受益人对债务人享有不当得利返还请求权。

撤销权的行使是为全体债权人的利益，因撤销权的行使而收回的财产或者代替原财产的损害赔偿金属于全体债权人的担保财产，不能使行使撤销权的债权人优先受偿。

法条指引

❶《中华人民共和国合同法》（1999年10月1日施行）

第七十四条　因债务人放弃其到期债权或者无偿转让财产，对债权人造成损害的，债权人可以请求人民法院撤销债务人的行为。债务人以明显不合理的低价转让财产，对债权人造成损害，并且受让人知道该情形的，债权人也可以请求人民法院撤销债务人的行为。

撤销权的行使范围以债权人的债权为限。债权人行使撤销权的必要费用，由债务人负担。

案例链接

❶《广东省高速公路有限公司诉深圳市南方通发实业公司撤销权纠纷案》，参见北大法宝引证码：Pkulaw.cn/CLI.C.144444。

❷《中国信达资产管理公司乌鲁木齐办事处、中国农业银行新疆分行营业部诉乌鲁木齐新通房地产开发公司等撤销权案》，参见北大法宝引证码：Pkulaw.cn/CLI.C.45410。

学者观点

❶ 刘永贤、曹柯：《从一则案例谈撤销权的效力范围》，参见北大法宝引证码：Pkulaw.cn/CLI.A.1111909。

【撤销权的行使期限】

法律问题解读

撤销权属于形成权，因一定期限的经过而消灭，该期限属于除斥期间，不能中断、中止、延长，期限届满后，撤销权消灭。《合同法》规定，在债权人知道或者应当知道撤销事由的情况下，应从知道或者应当知道之日起1年内行使撤销权。法律如此规定的目的主要在于促使债权人尽快行使权利，以维护市场交易秩序，如其怠于行使其权利，法律不应予以保护。需要注意的是，如果债权人不知道也不应当知道撤销事由，则不能适用1年除斥期间的规定。

《合同法》规定，自债务人的行为发生之日起5年内没有行使撤销权的，该撤销权消灭。该规定的主要目的在于稳定市场交易秩序，如果在很长时间内都允许债权人行使撤销债务人行为的权利，将造成社会经济秩序的紊乱，不利于发挥财产的效用和促进正常的经济流转。在撤销权诉讼司法实践中，如果能够认定诉讼时自债务人行为发生之日起已经届满5年，就应判定撤销权消灭，而不需要认定债权人是否知道或者应当知道撤销事由。

法条指引

❶《中华人民共和国合同法》（1999年10月1日施行）

第七十五条　撤销权自债权人知道或者应当知道撤销事由之日起一年内行使。自债务人的行为发生之日起五年内没有行使撤销权的，该撤销权消灭。

案例链接

❶《郑希文与袁成军所有权确认纠纷上诉案》，参见北大法宝引证码：Pkulaw.cn/CLI.C.210614。

❷《乌鲁木齐经济技术开发区农村信用合作社与新疆宏运房地产开发有限公司抵押合同纠纷上诉案》，参见北大法宝引证码：Pkulaw.cn/CLI.C.250514。

❸《谷茂林与广州市地下铁道总公司等财产损害赔偿纠纷上诉案》，参见北大法宝引证码：Pkulaw.cn/CLI.C.246720。

❹《谈小云与广州市地下铁道总公司等财产损害赔偿纠纷上诉案》，参见北大法宝引证码：Pkulaw.cn/CLI.C.246721。

学者观点

❶ 熊伟、王华：《论税收撤销权中的第三人利益保护》，参见北大法宝引证码：Pkulaw.cn/CLI.A.124521。

【当事人变更或者变动时的合同履行】

法律问题解读

《合同法》规定,合同生效后,当事人不得因姓名、名称的变更或者法定代表人、负责人、承办人的变动而不履行合同义务。合同从缔结到终止是一个过程,在这个过程中,其内容可能会发生一定的变化,但是这些变化并不能使合同关系消灭。在当事人本身未发生变化,只是一些基本情况改变的情况下,合同关系当然应存在,不能因这些基本情况的改变而不履行合同。

需要注意的是,这里所说的当事人是指合同双方当事人,不仅变更方不得以此为由拒绝履行合同,对方也不能以此为由拒绝履行合同。另外,需注意法人或者其他组织名称的变更和法定代表人、负责人、承办人的变动与法人的分立与合并的区别。

法条指引

❶《中华人民共和国合同法》(1999年10月1日施行)

第七十六条 合同生效后,当事人不得因姓名、名称的变更或者法定代表人、负责人、承办人的变动而不履行合同义务。

案例链接

❶《庄月珠与王雪珍承包合同纠纷上诉案》,参见北大法宝引证码:Pkulaw.cn/CLI.C.229004。

❷《北京梅格空中大道航空服务有限公司与哈尔滨俄风行国际旅行社有限公司合同纠纷上诉案》,参见北大法宝引证码:Pkulaw.cn/CLI.C.199571。

❸《广州市天河满江红商务活动中心与广东粤剧艺术大剧院租赁合同纠纷上诉案》,参见北大法宝引证码:Pkulaw.cn/CLI.C.105646。

学者观点

❶ 吴杰:《当事人确定标准再构筑》,参见北大法宝引证码:Pkulaw.cn/CLI.A.1103594。

❷ 吴文嫔:《第三人利益合同之效力根源:法律对第三人合同利益之正当化》,参见北大法宝引证码:Pkulaw.cn/CLI.A.181551。

第六章 合同的变更和转让

● 本章为读者提供与以下题目有关的法律问题的解读及相关法律文献依据

> 合同变更（100） 合同变更的条件（101） 合同变更约定不明（101） 合同变更的效力（102）
> 合同转让（102） 合同转让的要件（103） 合同权利的转让（104） 债权让与合同的条件（105）
> 合同权利转让的范围（106） 合同权利转让的对内效力（106） 合同权利转让的对外效力（107）
> 债权让与通知（107） 债权让与通知的效力（108） 债权从权利的转让（108） 合同权利转让中
> 的抵销（108） 债务承担（109） 债务承担的条件（110） 债务承担的效力（110） 债权转让或
> 债务承担的形式（111） 合同的概括转让（112） 合同承受（113） 合同继受（114）

【合同变更】

法律问题解读

合同变更，有广义和狭义两种含义。广义的合同变更是指合同内容和主体发生变化。所谓主体的变更，是指以新的主体取代原合同关系的主体，即新的债权人、债务人代替原来的债权人、债务人，但合同的内容并没有发生变化。此种变更，通常称之为合同的转让。合同内容的变更乃是狭义的合同变更，它是指在合同成立以后，尚未履行或尚未完全履行以前，当事人就合同的内容达成修改和补充的协议。通常所讲的合同变更，指的是狭义的合同变更，即合同内容的变更。

把握合同变更这一概念，应当注意以下几个问题：

1. 从原则上说，合同的变更必须经当事人双方协商一致，并在原来合同的基础上达成新的协议。任何一方不得未经过对方同意，无正当理由擅自变更合同内容。当然，这并非意味着合同的变更只能由约定产生。事实上，在一些特殊情形（例如根本违约）之下，法律赋予当事人解除合同的法定权利。

2. 合同内容的变更，是指合同关系的局部变化，也就是说合同变更只是对原合同关系作某些修改和补充，而不是对合同内容的全部变更区别于合同的更改。如果对合同内容进行了全部变更，则实际上导致原合同关系的消灭，产生了一个新的合同。合同的标的是合同的核心内容，因此，如果合同的标的发生变化，事实上是原合同关系已经消灭，产生了一个新的合同。

3. 合同的变更，也会产生新的债权债务关系。事实上，合同的变更是指在保留原合同的实质内容的基础上产生一个新的合同关系，而变更之外的债权债务关系仍继续生效。

法条指引

❶《中华人民共和国合同法》（1999年10月1日施行）

第七十七条 当事人协商一致，可以变更合同。

法律、行政法规规定变更合同应当办理批准、登记等手续的，依照其规定。

❷《中华人民共和国劳动合同法》（2008年1月1日施行）

第三十五条 用人单位与劳动者协商一致，可以变更劳动合同约定的内容。变更劳动合同，应当采用书面形式。

变更后的劳动合同文本由用人单位和劳动者各执一份。

案例链接

❶《吴昕烨与新疆康德环保热力科技有限公司供用热力合同纠纷上诉案》，参见北大法宝引证

第六章 合同的变更和转让

码:Pkulaw.cn/CLI.C.284886。

❷《石全喜与中国人民解放军71622部队农副业基地土地承包合同纠纷再审案》,参见北大法宝引证码:Pkulaw.cn/CLI.C.281666。

❸《梁永正与洛阳首龙集团有限公司借款纠纷上诉案》,参见北大法宝引证码:Pkulaw.cn/CLI.C.281607。

❹《苏娜等与张遂群物权保护纠纷上诉案》,参见北大法宝引证码:Pkulaw.cn/CLI.C.246274。

学者观点

❶ 赵金龙:《合同变更的缔约过失责任问题》,参见北大法宝引证码:Pkulaw.cn/CLI.A.171273。

❷ 管贻升:《缄默在国际贸易合同变更中的默示推定》,参见北大法宝引证码:Pkulaw.cn/CLI.A.110946。

【合同变更的条件】

法律问题解读

为了防止当事人滥用合同变更制度,维护市场经济秩序,法律对合同的变更作了专门的规定,设立了一定的制度要求。具体而言,合同变更应当具备以下条件:

1. 已存在合同关系。合同的变更,是改变原合同关系,无原合同关系便无合同变更的对象。在合同无效、可撤销的合同被撤销、效力未定的合同效力未被追认等情形下,由于不存在合同关系,因此不发生合同的变更。

2. 合同内容发生变化。合同内容的变更通常包括:标的变更;标的物数量增减;标的物品质改变;价款或酬金增减;履行期限变更;履行地点改变;履行方式改变;结算方式改变;所附条件增添或除去;单纯债权变为选择债权;担保设定或消失;违约金变更;利息变化等。

3. 合同的变更须依当事人协议或依法律直接规定及法院裁决,有时依形成权人的意思表示。基于法律的直接规定而变更合同,法律效果可直接发生,不以法院的裁决或当事人协议为必经程序。合同的变更须经法院裁决程序的,不论是撤销还是变更,均须经过法院裁决。在我国,主要为意思表示不真实合同的变更或撤销如因重大误解成立的合同。合同的变更基于形成权人单方意思表示的,例如选择权人行使选择权,当事人一方使合同变更。除此以外的合同变更,一律由当事人各方协商一致。

4. 须遵守法律要求的方式。对合同的变更,法律要求采取一定方式,须遵守此种要求。当事人协议变更合同,有时需要采用书面形式,有时则无此要求。债务人违约而变更合同一般不强求特定方式。法律、行政法规规定变更合同应当办理批准、登记等手续的,依照其规定。

法条指引

❶《中华人民共和国合同法》(1999年10月1日施行)

第七十七条 当事人协商一致,可以变更合同。

法律、行政法规规定变更合同应当办理批准、登记等手续的,依照其规定。

案例链接

❶《广州海上救助打捞局诉福州雄盛航运贸易有限公司海上救助合同纠纷案》,参见北大法宝引证码:Pkulaw.cn/CLI.C.4669。

❷《姜某与上海某服务有限公司道路交通事故人身损害赔偿纠纷案》,参见北大法宝引证码:Pkulaw.cn/CLI.C.247647。

❸《尚义县雪城毛纺厂诉兖州毛纺厂购销洗净改良羊毛合同违约纠纷案》,参见北大法宝引证码:Pkulaw.cn/CLI.C.230547。

【合同变更约定不明】

法律问题解读

所谓合同变更约定不明,是指合同当事人为变更合同而作出的意思表示未明确表明或者未表明变更事项。合同是当事人之间设立、变更、终止民事关系的协议。当事人意思表示的一致性是合同得以成立的本质要件。按我国合同法的规定,当事人意思表示一致即要约和承诺的统一。合同既然是双方当事人协商一致的结果,当然应当允许当事人对原合同重新协商,并达成新的意思表示一致,即对合同进行变更。合同变更仍需经历要约与承诺阶段,意思表示不明确的,可不视为合同变更的内容。

既然合同的变更必须由双方当事人作出一致的意思表示,任何一方未经对方同意都不得擅自变更合同,双方协商同意的意思表示必须通过一定的形式表现出来。如签订新的变更后的合同书,或一方提出变更通知，对方收到后在法定期限内给予肯定的答复。若在新的变更合同书中或变更通知中没有明确约定变更的内容，则视为没有变更。我国《合同法》第 78 条对此作了明确的规定。

法条指引

❶《中华人民共和国合同法》（1999 年 10 月 1 日施行）

第七十八条 当事人对合同变更的内容约定不明确的，推定为未变更。

案例链接

❶《钱某某与上海齐佳物业管理有限公司物业服务合同纠纷上诉案》，参见北大法宝引证码：Pkulaw. cn/CLI. C. 195141。

❷《赵甲与上海沃盟轻工城有限公司房屋买卖合同纠纷上诉案》，参见北大法宝引证码：Pku-law. cn/CLI. C. 195340。

【合同变更的效力】

法律问题解读

合同变更的效力，是指合同变更对于当事人产生的法律拘束力。合同的变更，主要是在保持原合同关系的基础上，使合同内容发生变化。合同变更的实质是以变更后的合同代替了原合同。因此，在合同发生变更以后，当事人应当按照变更后的合同内容作出履行，任何一方违反变更后的合同内容都将构成违约，应当就此承担违约责任。

合同变更原则上没有溯及力，它仅向将来发生效力。对已经按照原合同所作的履行无溯及力，已经履行的债权债务关系不因合同的变更而失去法律依据，任何一方当事人都不得因合同的变更要求对方返还已为的给付，当事人另有约定的除外。同时，合同变更仅对已经变更的部分有效，没有变更部分的权利义务继续有效。

合同变更不影响当事人要求赔偿损失的权利。但何种类型的合同变更可与损害赔偿并存则因视具体情况而定。例如，基于不可抗力的发生而变更合同，则不存在损害赔偿；对于因重大误解而订立的合同予以变更，在相对人遭受损失的情况下，误解人应赔偿相对人的损失。双方当事人协议变更合同的，双方就损失的赔偿有约定的，依

其约定；没有约定的，应当承担与其过错相适应的责任。

法条指引

❶《中华人民共和国合同法》（1999 年 10 月 1 日施行）

第五十四条 下列合同，当事人一方有权请求人民法院或者仲裁机构变更或者撤销：

（一）因重大误解订立的；

（二）在订立合同时显失公平的。

一方以欺诈、胁迫的手段或者乘人之危，使对方在违背真实意思的情况下订立的合同，受损害方有权请求人民法院或者仲裁机构变更或者撤销。

当事人请求变更的，人民法院或者仲裁机构不得撤销。

案例链接

❶《北京市海淀区供暖经营中心诉中国建筑工程总公司供用热力合同纠纷案》，参见北大法宝引证码：Pkulaw. cn/CLI. C. 180706。

❷《黄华等诉天安保险股份有限公司保险合同案》，参见北大法宝引证码：Pkulaw. cn/CLI. C. 49575。

❸《亨特建筑构件（厦门）有限公司与陕西艺林实业有限责任公司定作合同纠纷上诉案》，参见北大法宝引证码：Pkulaw. cn/CLI. C. 110307。

【合同转让】

法律问题解读

所谓合同转让，是指合同当事人一方依法将其合同的权利或者义务或者合同权利以及义务的全部或者部分转让给第三人，由第三人享有合同权利或者承受合同义务或者概括承受合同权利义务的法律制度。合同转让按照其转让的权利义务的不同，可以分为合同权利的转让、合同义务的转让及合同权利义务的概括转让。仅仅将合同转让理解为合同权利义务的概括转让是不正确的。理解合同转让这一法律制度必须注意以下几个问题：

1. 合同转让并不改变原合同的权利义务内容。合同转让旨在使原合同权利义务全部或者部分地从合同一方当事人转移给第三人，因此不会从实质上更改原合同的权利义务内容。如果有合同内

容的更改,则是合同转让之后的合同变更。

2. 合同的转让将发生合同主体的变化。这就是说,合同的转让通常将导致第三人代替原合同关系当事人一方而成为合同新的一方当事人。主体的变更是合同的根本性变化,主体的变化将导致原合同关系消灭,而产生一个新的合同关系。可见,合同的转让并非在于保持原合同关系继续有效,而是通过转让终止原合同,产生新的合同。在这一意义上,合同的转让区别于一般的合同的变更。

3. 合同的转让通常要涉及两种不同的法律关系。即原合同双方当事人之间的关系、转让人与受让人之间的关系。合同转让主要是在转让人和受让人之间完成的,但因为合同的转让往往会涉及原合同另一方第三人的利益,因此法律要求义务的转让应当取得原合同权利人的同意,而转让权利应及时通知原合同义务人。

法条指引

❶《中华人民共和国合同法》(1999年10月1日施行)

第七十九条 债权人可以将合同的权利全部或者部分转让给第三人,但有下列情形之一的除外:

(一) 根据合同性质不得转让;
(二) 按照当事人约定不得转让;
(三) 依照法律规定不得转让。

第八十条 债权人转让权利的,应当通知债务人。未经通知,该转让对债务人不发生效力。

债权人转让权利的通知不得撤销,但经受让人同意的除外。

第八十四条 债务人将合同的义务全部或者部分转移给第三人的,应当经债权人同意。

第八十八条 当事人一方经对方同意,可以将自己在合同中的权利和义务一并转让给第三人。

❷《中华人民共和国民法通则》(1987年1月1日施行)

第九十一条 合同一方将合同的权利、义务全部或者部分转让给第三人的,应当取得合同另一方的同意,并不得牟利。依照法律规定应当由国家批准的合同,需经原批准机关批准。但是,法律另有规定或者原合同另有约定的除外。

案例链接

❶《山海关开发区电站辅机厂与马成群等侵犯商业秘密纠纷上诉案》,参见北大法宝引证码:Pkulaw. cn/CLI. C. 283704。

❷《范卫东与范金清果园承包合同纠纷上诉案》,参见北大法宝引证码:Pkulaw. cn/CLI. C. 253415。

❸《任某某与俞某某委托合同纠纷上诉案》,参见北大法宝引证码:Pkulaw. cn/CLI. C. 276236。

❹《嵩县水产技术推广站等与洛阳市圣星科工贸有限公司联营合同纠纷再审案》,参见北大法宝引证码:Pkulaw. cn/CLI. C. 282035。

学者观点

❶ 李彤:《论合同转让中仲裁协议对未签字人的延伸效力》,参见北大法宝引证码:Pkulaw. cn/CLI. A. 1133545。

❷ 高建新、樊建兵:《是合同转让,还是让与担保》,参见北大法宝引证码:Pkulaw. cn/CLI. A. 1126696。

❸ 田韶华:《论合同转让对担保责任的影响》,参见北大法宝引证码:Pkulaw. cn/CLI. A. 171241。

【合同转让的要件】

法律问题解读

合同转让必须具备如下条件,始得发生法律效力:

1. 必须有合法有效的合同关系存在。合同的有效存在,是该合同中的权利义务能够转让的前提。在合同不存在、无效或者已经被解除等情况下所发生的转让行为是无效的。当然,对于可撤销的合同在特殊情况下是可以转让的,例如可撤销合同在被撤销前,如果撤销权人为让与人,即表明其已经放弃撤销权,此时合同的转让应当有效。

2. 合同的转让应当符合法律规定的程序。由于合同权利义务转让涉及原合同第三人的利益,因此,法律要求在转让合同的权利或者义务时,要通知原合同另一方第三人或者取得其同意。另外,对于法律规定需经国家批准的合同,转让同时应当经过批准。违背上述法律程序的转让是无效的。

3. 合同转让必须让与人与受让人达成协议。合同的转让本身是让与人与受让人之间的一个合同关系,合同转让必须在让与人与受让人之间达成意思表示一致。依法律规定进行的合同转让除外。

4. 合同转让必须合法并且不得违背社会公共利益。

根据我国《民法通则》第91条的规定，合同的转让不得牟利。此处法律所称的牟利，是针对非法倒卖合同、谋取非法所得并危害社会经济秩序的行为而言的。法律的这一规定并不意味着禁止任何有偿的合同转让行为。在市场经济条件下，合同的转让特别是权利转让，大部分是有偿行为，转让人转让其权利都要收取一定的利益或者合理的报酬。如果对这些合法行为一律加以禁止，是不利于市场经济建设的。

法条指引

❶《中华人民共和国合同法》（1999年10月1日施行）

第七十九条 债权人可以将合同的权利全部或者部分转让给第三人，但有下列情形之一的除外：

（一）根据合同性质不得转让；

（二）按照当事人约定不得转让；

（三）依照法律规定不得转让。

第八十条 债权人转让权利的，应当通知债务人。未经通知，该转让对债务人不发生效力。

债权人转让权利的通知不得撤销，但经受让人同意的除外。

第八十四条 债务人将合同的义务全部或者部分转移给第三人的，应当经债权人同意。

第八十八条 当事人一方经对方同意，可以将自己在合同中的权利和义务一并转让给第三人。

❷《中华人民共和国民法通则》（1987年1月1日施行）

第九十一条 合同一方将合同的权利、义务全部或者部分转让给第三人的，应当取得合同另一方的同意，并不得牟利。依照法律规定应当由国家批准的合同，需经原批准机关批准。但是，法律另有规定或者原合同另有约定的除外。

❸《中华人民共和国公司法》（2006年1月1日施行）

第一百七十五条 公司合并时，合并各方的债权、债务，应当由合并后存续的公司或者新设的公司承继。

第一百七十七条 公司分立前的债务由分立后的公司承担连带责任。但是，公司在分立前与债权人就债务清偿达成的书面协议另有约定的除外。

❹《中华人民共和国继承法》（1985年10月1日施行）

第三十三条 继承遗产应当清偿被继承人依法应当缴纳的税款和债务，缴纳税款和清偿债务以他的遗产实际价值为限。超过遗产实际价值部分，继承人自愿偿还的不在此限。

继承人放弃继承的，对被继承人依法应当缴纳的税款和债务可以不负偿还责任。

【合同权利的转让】

法律问题解读

合同权利的转让，又称合同债权转让，是指合同权利人通过协议将其全部债权或者部分债权转让给第三人的行为。理解合同债权的转让，应当注意下列问题：

1. 合同权利转让是指不改变合同权利的内容，由债权人将权利转让给第三人。因此，权利转让的主体是债权人和第三人。尽管法律规定债权转让应当通知原合同债务人，但这并不意味着其将成为合同权利转让的当事人。

2. 合同权利转让的对象是合同债权。在实践中最值得注意的是，不能混淆债权的转让和物权的转让。土地使用权的出让和转让以及共有人转让其共有份额，这在性质上是物权的转让，而非债权的转让，它们归根到底是所有权权能的分离和处分行为，虽然它们也通过合同形式进行。在这些转让行为中，不仅涉及合同法的问题，还涉及物权法的问题。物权法关于交付、登记等规定适用于此类转让行为。

3. 权利的转让可以是全部转让，也可以是部分转让。在权利的全部转让时，受让人将完全取代转让人的地位而成为合同新的当事人；在权利部分转让时，受让人在一定程度上也取代了原权利人的地位成为合同新的当事人。在上述两种情形中，合同主体都已经发生了变化，产生了新的合同关系。

需要特别指出的是，不管采取何种方式转让权利，都不得因权利的转让而加重债务人的义务，否则，应当由转让人或者受让人承担增加的费用以及因此给债务人造成的损失。

法条指引

❶《中华人民共和国合同法》（1999年10月

1日施行)

第八十条 债权人转让权利的,应当通知债务人。未经通知,该转让对债务人不发生效力。

债权人转让权利的通知不得撤销,但经受让人同意的除外。

案例链接

❶《阮海斌与台州东润电镀有限公司合同纠纷上诉案》,参见北大法宝引证码:Pkulaw. cn/CLI. C. 235921。

❷《肖水金与广州市宝宣生物科技有限公司等买卖合同纠纷上诉案》,参见北大法宝引证码:Pkulaw. cn/CLI. C. 217321。

❸《徐爱荣诉胡伟等民间借贷纠纷案》,参见北大法宝引证码:Pkulaw. cn/CLI. C. 253955。

❹《陈添福与林耀洪等土地使用权转让合同纠纷上诉案》,参见北大法宝引证码:Pkulaw. cn/CLI. C. 190240。

学者观点

❶ 侯登华:《合同权利转让仲裁协议效力的再认识》,参见北大法宝引证码:Pkulaw. cn/CLI. A. 1112979。

❷ 申卫星:《试论合同权利转让的条件》,参见北大法宝引证码:Pkulaw. cn/CLI. A. 1115487。

【债权让与合同的条件】

法律问题解读

债权让与的条件包括:(1)须存在有效的债权。有效的债权是指债权真是存在且并未消灭的债权,不要求一定是效力齐备的债权。下列债权都可以转让:已届诉讼时效的债权,成为权利质押标的的债权,可撤销的债权,附条件或附期限的债权。(2)被转让的债权须具有可让与性。依合同法规定合同性质不得转让的债权,按照当事人约定不得转让的债权,依照法律规定不得转让的债权不可以转让。(3)让与人与受让人之间达成合法的转让协议。(4)合同转让应当符合法律规定的程序。

法条指引

❶《中华人民共和国合同法》(1999年10月1日施行)

第七十九条 债权人可以将合同的权利全部或者部分转让给第三人,但有下列情形之一的除外:

(一)根据合同性质不得转让;
(二)按照当事人约定不得转让;
(三)依照法律规定不得转让。

第八十条 债权人转让权利的,应当通知债务人。未经通知,该转让对债务人不发生效力。

债权人转让权利的通知不得撤销,但经受让人同意的除外。

❷《中华人民共和国担保法》(1995年10月1日施行)

第六十一条 最高额抵押的主合同债权不得转让。

❸《中华人民共和国物权法》(2007年10月1日施行)

第二百零四条 最高额抵押担保的债权确定前,部分债权转让的,最高额抵押权不得转让,但当事人另有约定的除外。

案例链接

❶《北京汇成万泰科技发展有限责任公司诉北京市新锐市政建设有限责任公司债权让与合同纠纷案》,参见北大法宝引证码:Pkulaw. cn/CLI. C. 175548。

❷《Rui Hua Investment Holding Limited(瑞华投资控股公司)诉扬州雄鹰鞋业有限公司等借款合同纠纷案》,参见北大法宝引证码:Pkulaw. cn/CLI. C. 89813。

❸《四川成都天一集团公司诉中国华融资产管理公司成都办事处债务纠纷案》,参见北大法宝引证码:Pkulaw. cn/CLI. C. 3062。

学者观点

❶ 周小锋:《定位债权让与之性质》,参见北大法宝引证码:Pkulaw. cn/CLI. A. 1128431。

❷ 崔建远:《债权让与续论》,参见北大法宝引证码:Pkulaw. cn/CLI. A. 1104612。

❸ 李永锋:《债权让与中的若干争议问题》,参见北大法宝引证码:Pkulaw. cn/CLI. A. 132628。

❹ 申建平:《论债权让与中债务人之抵销权》,参见北大法宝引证码:Pkulaw. cn/CLI. A. 1114171。

【合同权利转让的范围】

法律问题解读

合同转让本质是一种交易行为,从鼓励交易、搞活经济的角度出发,应当允许大多数的合同权利可以被转让。但是并非所有合同债权都可以被转让。基于社会公共利益以及社会合同相对性的考虑,下列合同债权不得转让:

1. 根据合同性质不得转让的合同债权。有些合同是基于当事人之间的特殊信赖关系而产生的,因此其内容仅针对特定的当事人才具有意义,才符合当事人订立合同的目的。这类合同一经转让,将使当事人订立合同的目的落空,因而一般不得转让。这类合同通常包括:基于个人信任关系而发生的合同债权,例如雇佣、委托等合同;以选定的债权人为基础发生的合同债权,例如以某个特定的演员的演出活动为基础订立的演出合同;不作为的债权;属于从权利的债权等。

2. 按照当事人约定不得转让的债权。合同法实行当事人意思自治,当事人可以在合同中约定不违反法律强行性规定的内容。合同一旦达成,在当事人之间即产生相当于法律的效力,当事人不得随意违反。因此,如果当事人已在合同中有禁止债权让与的约定,当事人必须遵守,否则构成违约。

3. 依照法律规定不得转让的合同债权。当事人的意思表示不得违背法律的强制性规定,否则因该意思表示而作出的行为无效。合同权利的转让应当遵守这一基本的法律原理。例如,我国《担保法》第61条规定,最高额抵押担保的主合同债权不得转让。另外,对于法律规定须经国家批准的合同,在合同权利转让时应当经原批准机关批准,否则转让无效。

法条指引

❶《中华人民共和国合同法》(1999年10月1日施行)

第七十九条 债权人可以将合同的权利全部或者部分转让给第三人,但有下列情形之一的除外:

(一)根据合同性质不得转让;
(二)按照当事人约定不得转让;
(三)依照法律规定不得转让。

❷《中华人民共和国担保法》(1995年10月1日施行)

第六十一条 最高额抵押的主合同债权不得转让。

❸《中华人民共和国物权法》(2007年10月1日施行)

第二百零四条 最高额抵押担保的债权确定前,部分债权转让的,最高额抵押权不得转让,但当事人另有约定的除外。

【合同权利转让的对内效力】

法律问题解读

所谓合同权利转让的对内效力,是指合同权利转让在转让双方即转让人(原合同债权人)和受让人(第三人)之间发生的法律效力。此种效力具体表现在以下几个方面:

1. 法律地位的取代。合同权利转让生效后,在权利全部让与时,该合同债权人即由转让人变成了受让人,让与人脱离原合同关系,受让人成为新的债权人。如果仅仅是权利的部分转让,则受让人加入合同关系,与转让人一起成为共同债权人。

2. 从权利随之转让。《合同法》第81条规定,债权人让与权利的,受让人取得与债权有关的从权利,但该从权利专属于债权人的除外。随同债权一并转移的从权利一般包括:担保物权、保证债权、定金债权、利息债权、违约金债权和损害赔偿请求权等。

3. 让与人应将债权证明文件全部交付受让人,并告知受让人行使合同权利所必要的一切情况。《合同法》对此虽然没有明确规定,但是根据诚实信用原则,该义务构成让与人的从给付义务和附随义务。

4. 让与人对其让与的合同债权应负瑕疵担保责任。由于债权让与本身是一种合同行为,因而当转让债权为有偿时,在瑕疵担保问题上可以准用买卖合同的有关规定。

5. 转让人在某项权利转让给他人后,不得就该项权利再作出转让。如果发生重复转让的行为,一般认为应当按照以下原则处理:有偿让与的受让人优先于无偿让与的受让人;全部让与人优先于部分让与的受让人;在先的受让人优先于在后的受让人。

法条指引

❶《中华人民共和国合同法》(1999年10月

1 日施行）

第八十条 债权人转让权利的，应当通知债务人。未经通知，该转让对债务人不发生效力。

债权人转让权利的通知不得撤销，但经受让人同意的除外。

第八十一条 债权人转让权利的，受让人取得与债权有关的从权利，但该从权利专属于债权人自身的除外。

【合同权利转让的对外效力】

法律问题解读

所谓合同权利转让的对外效力，是指合同权利转让对债务人所具有的法律拘束力。合同债权转让在生效后，针对债务人产生如下效力：

1. 债务人不得再向转让人即原合同关系的债权人履行债务。如果债务人仍然向原权利人履行债务，则不构成合同的履行，也不会引起合同的终止。如果原权利人接受此种履行，则构成不当得利，受让人和债务人均可向其主张不当得利返还。另外，如果债务人向原权利人履行，给受让人造成损失的，债务人应当负损害赔偿责任。

2. 债务人应负向受让人即新的债权人作出履行的义务，同时免除其对原债权人的义务。合同权利转让之后，受让人已经取代了原权利人的地位，成了新的债权人。受让人不仅取得债权人转让的债权，而且取得与债权有关的从权利。

3. 债务人在合同权利转让时就已经享有的对抗原债权人的抗辩权，并不因为合同权利的转让而消灭。我国《合同法》第82条规定，债务人接到债权转让的通知后，债务人对让与人的抗辩，可以对受让人主张。这一规定保护了债务人的利益。这些抗辩权包括：同时履行抗辩、时效完成的抗辩、债权业已消灭的抗辩、债权从未发生的抗辩、债权无效的抗辩等。

4. 债务人的抵消权。《合同法》第83条规定，债务人的接到债权转让通知时，债务人对让与人享有到期债权，并且债务人的债权先于转让的债权到期或者同时到期的，债务人可以向受让人主张抵消。

法条指引

❶《中华人民共和国合同法》（1999年10月1日施行）

第八十二条 债务人接到债权转让通知后，债务人对让与人的抗辩，可以向受让人主张。

第八十三条 债务人接到债权转让通知时，债务人对让与人享有债权，并且债务人的债权先于转让的债权到期或者同时到期的，债务人可以向受让人主张抵消。

❷ 最高人民法院《关于适用〈中华人民共和国合同法〉若干问题的解释（一）》（1999年12月29日施行）

第二十七条 债权人转让合同权利后，债务人与受让人之间因履行合同发生纠纷诉至人民法院，债务人对债权人的权利提出抗辩的，可以将债权人列为第三人。

【债权让与通知】

法律问题解读

根据我国合同法的规定，通知具有对抗效力，未经通知债务人的，债权让与合同对债务人不生效。一旦发生债权让与的，由债权人发出通知，通知的对象可以是债务人或者债务人的履行辅助人。通知采用到达主义，即只要通知到达债务人或者债务人的履行辅助人即发生效力。此通知可以是口头、书面等形式，包括非诉和诉讼通知形式。

法条指引

❶《中华人民共和国合同法》（1999年10月1日施行）

第八十条 债权人转让权利的，应当通知债务人。未经通知，该转让对债务人不发生效力。

债权人转让权利的通知不得撤销，但经受让人同意的除外。

案例链接

❶《豪特容积热水器（成都）有限责任公司与国美电器有限公司债权转让合同纠纷上诉案》，参见北大法宝引证码：Pkulaw.cn/CLI.C.174656。

❷《钦州市大港仓储有限公司与中国石油化工股份有限公司广西北海石油分公司油料运输、仓储合同纠纷上诉案》，参见北大法宝引证码：Pkulaw.cn/CLI.C.34036。

【债权让与通知的效力】

法律问题解读

由于债权让与合同不具有公示性，债务人可能不知道债权让与的事实，如果允许债权让与合同的生效不需要通知债务人，就对债务人产生约束力，很可能导致债务人利益受损害，如他仍然向原债权人履行债务，但是不发生法律上的清偿效果。因此为了衡平债权人、受让人以及债务人的利益，我国合同法规定，债权让与合同未经通知债务人的，对债务人不发生效力，也就意味着我国采取的是折中主义。因为在世界立法例中就债权让与对债务人的效力问题共存在三种情况：严格限制主义，即须经债务人同意原则；自由主义，即债权自由让与原则；折中主义，即让与通知原则。

法条指引

❶《中华人民共和国合同法》（1999年10月1日施行）

第八十条 债权人转让权利的，应当通知债务人。未经通知，该转让对债务人不发生效力。

债权人转让权利的通知不得撤销，但经受让人同意的除外。

学者观点

❶ 刘燕：《债权让与通知的效力》，参见北大法宝引证码：Pkulaw.cn/CLI.A.115776。

【债权从权利的转让】

法律问题解读

所谓从权利，是指附随于主权利的权利。依民法一般原理，从权利随主权利的转移而转移，随主权利的消灭而消灭，主权利无效，从权利也就无效。因此，从权利不得与主权利相分离而进行单独转让。在转让合同权利时，从属于主债权的从权利，例如抵押权、定金债权、利息债权、违约金债权及损害赔偿请求权等也将随主权利的转移而发生转移。《担保法》第22条规定："保证期间，债权人依法将主债权转让给第三人的，保证人在原保证担保的范围内继续承担保证责任。保证合同另有约定的，按照约定。"可见，保证债权作为从权利将随主债权的转移而转移。

但是，并不是所有的从权利都随主债权的转移而转移。专属于债权人自身的权利，一般具有专属性和不可替代性。这样的权利往往与权利人的人身或者人格有着不可分离的属性，因此具有不可转让性。

适用法律关于"债权从权利的转让"这一规定，需要重点把握以下两个问题：（1）判断"与债权有关的从权利"的范围是什么。这包括合同转让后，受让人应当取得的合同的从债权，如担保物权、利息债权、违约金债权、定金债权等；也包括基于合同债权产生的权利，例如请求权、给付受领权及保有权、诉权等。（2）对"专属于债权人自身的权利"的判断。判断的主要标准是该权利是否具有专属性、人身性及不可替代性。

法条指引

❶《中华人民共和国合同法》（1999年10月1日施行）

第八十一条 债权人转让权利的，受让人取得与债权有关的从权利，但该从权利专属于债权人自身的除外。

❷《中华人民共和国担保法》（1995年10月1日施行）

第二十二条 保证期间，债权人依法将主债权转让给第三人的，保证人在原保证担保的范围内继续承担保证责任。保证合同另有约定的，按照约定。

❸《中华人民共和国物权法》（2007年10月1日施行）

第一百九十二条 抵押权不得与债权分离而单独转让或者作为其他债权的担保。债权转让的，担保该债权的抵押权一并转让，但法律另有规定或者当事人另有约定的除外。

案例链接

❶《中国建设银行股份有限公司佛山分行与佛山市嘉达投资有限公司不当得利纠纷上诉案》，参见北大法宝引证码：Pkulaw.cn/CLI.C.102761。

【合同权利转让中的抵销】

法律问题解读

抵消是指二人互负债务时，各以其债权充当债务清偿，而使其债务与对方债务在对等额内相互消灭的一种法律制度。但是，并不是所有二人互有债务时都可以抵消。抵消必须具备以下要件才能生效：

1. 须是双方当事人互负债务、互享债权。双方债权的存在是抵消的前提，而且当事人双方存在的两个债权债务必须合法有效，任何一个债权债务不成立或者无效时，抵消就当然不发生。

2. 双方所负的债务，其给付种类必须相同；或者虽然其种类不同，但双方就此已经达成一致。根据私法自治的原则，虽然给付种类不同，但是当事人仍然愿意就此不同给付之间进行抵消，法律也应当允许。

3. 必须是主动债权已届清偿期。债权人通常只有在其债权清偿期届满时，才可以现实地请求债务人清偿，从而实现债权。如果未届清偿期也允许抵消，就等于在清偿期前强制债务人清偿，损害债务人的期限利益，这显然不合理。

4. 必须是非依债的性质不能抵消。所谓非依债的性质不能抵消，是指依给付的性质，如果允许抵消，就不能达到合同的目的。例如，不作为的债务依其性质不得抵消。

司法实践中适用《合同法》第83条时，应当结合上述抵消的要件加以全面综合考虑。

法条指引

❶《中华人民共和国合同法》（1999年10月1日施行）

第八十三条 债务人接到债权转让通知时，债务人对让与人享有债权，并且债务人的债权先于转让的债权到期或者同时到期的，债务人可以向受让人主张抵销。

第九十九条 当事人互负到期债务，该债务的标的物种类、品质相同的，任何一方可以将自己的债务与对方的债务抵销，但依照法律规定或者按照合同性质不得抵销的除外。

当事人主张抵销的，应当通知对方。通知自到达对方时生效。抵销不得附条件或者附期限。

第一百条 当事人互负债务，标的物种类、品质不相同的，经双方协商一致，也可以抵销。

案例链接

❶《宋建峰与尚志礼债权转让纠纷上诉案》，参见北大法宝引证码：Pkulaw. cn/CLI. C. 281906。

❷《翁祖盛与深圳市南北进出口贸易有限公司债权转让合同纠纷上诉案》，参见北大法宝引证码：Pkulaw. cn/CLI. C. 205860。

❸《富士康精密组件（北京）有限公司与北京易成一拉法基混凝土有限公司债权转让合同纠纷上诉案》，参见北大法宝引证码：Pkulaw. cn/CLI. C. 178859。

【债务承担】

法律问题解读

所谓债务承担，是指在不改变合同的前提下，债权人、债务人通过与第三人订立转让债务的协议，将债务全部或者部分转移给第三人承担的法律现象。债务承担，按照承担后债务人是否免责为标准，可分为免责的债务承担和并存的债务承担。其中免责的债务承担是指第三人代原债务人的地位而承担全部合同债务，使债务人脱离合同关系的债务承担方式。并存的债务承担是指债务人并不脱离合同关系，而由第三人加入到合同关系当中，与债务人共同承担合同义务的债务承担方式。

必须指出的是，合同义务的转移有广义和狭义之分。广义的合同义务转移包括两种情况。（1）债务承担，何谓债务承担，上文已作解释。（2）由第三人代替债务人履行合同义务。这种形式的特点在于第三人与债权人、债务人并没有达成转让合同义务的协议，并不由此而成为合同的当事人。第三人只是自愿代替债务人履行合同义务。在这种情况下，第三人只是履行主体，而不是合同当事人，他无权代替债务人的合同履行而对抗债权人。对于债权人而言，他只能将第三人作为债务履行的辅助人而不能将其当作当事人来对待，不得直接向第三人请求履行合同义务。正因为债务承担与第三人代替履行（由第三人履行）有时容易混淆，我们在此特地加以明确。《合同法》第84条规定：债务人将合同义务全部或者部分转移给第三人的情况，是指狭义的合同义务的转移，即债务承担。

法条指引

❶《中华人民共和国合同法》（1999年10月1日施行）

第八十四条 债务人将合同的义务全部或者部分转移给第三人的，应当经债权人同意。

案例链接

❶《河南派普建设工程有限公司等与河南华圣工贸有限公司买卖合同纠纷上诉案》,参见北大法宝引证码:Pkulaw.cn/CLI.C.280814。

❷《王崇明等与郑州市市郊农村信用合作联社古荥信用社等借款合同纠纷上诉案》,参见北大法宝引证码:Pkulaw.cn/CLI.C.287325。

❸《周口豫之龙贸易运输有限公司与齐国苟等公路货物运输合同纠纷上诉案》,参见北大法宝引证码:Pkulaw.cn/CLI.C.287173。

❹《路煜与闫文琴民间借贷纠纷上诉案》,参见北大法宝引证码:Pkulaw.cn/CLI.C.286938。

学者观点

❶ 李显先:《债务承担理论与审判实务》,参见北大法宝引证码:Pkulaw.cn/CLI.A.158590。

❷ 张颖杰、李茂华:《论国有企业公司制改造后的债务承担》,参见北大法宝引证码:Pkulaw.cn/CLI.A.184650。

❸ 潘晓军:《债务承担类型的实践观》,参见北大法宝引证码:Pkulaw.cn/CLI.A.120766。

【债务承担的条件】

法律问题解读

根据债务承担的基本理论和《合同法》关于债务承担的有关规定,债务承担应当具备以下条件:

1. 须有有效债务存在。债务有效存在是债务承担的前提,债务自始无效或者承担时已经消灭,即使当事人就此订有承担合同,也不发生效力。但就效力存在瑕疵的债务,在一定情形之下仍然可以成立债务承担。将来发生的债务,也可以设立债务承担,只是要等到该债务成立时才发生转移的效果。诉讼中的债务也可以由第三人承担。

2. 被转移的债务应当具有可转移性。不具有可转移性的债务,不能够成为债务承担合同的标的。司法实务中通常认为下列债务不具有可转让性:(1)性质上不可转移的债务,往往指与特定债务人的人身具有密切联系的债务,需要特定债务人亲自履行,因而不得转让;(2)当事人特别约定不得转移的债务;(3)合同中的不作为义务。

3. 第三人须与债务人就债务的转移达成合意。

4. 债务承担须经债权人的同意。只有征得债权人的同意,原合同义务人与第三人之间的转让合同义务的协议才能对债权人生效。这主要是因为债务作为一种义务乃是债务人必须履行的,而且合同义务的履行直接关系到债权人权利的实现。如果允许债务人随便处分或者转让其债务,债权人权利的实现就很难保证。倘若合同义务受让人没有履行义务的能力,或信用不佳,债权人的利益甚至根本不能实现。因此,《合同法》明确要求"债务人将合同义务全部或者部分转移给第三人的,应当经债权人同意"。

法条指引

❶《中华人民共和国合同法》(1999年10月1日施行)

第八十四条 债务人将合同的义务全部或者部分转移给第三人的,应当经债权人同意。

案例链接

❶《慈溪市新亚管件有限公司诉宁波东沅管业有限公司买卖合同债务承担是否须通知债务人案》,参见北大法宝引证码:Pkulaw.cn/CLI.C.26200。

学者观点

❶ 吴丽洁:《论合同中第三人存在的几种形式》,参见北大法宝引证码:Pkulaw.cn/CLI.A.171412。

【债务承担的效力】

法律问题解读

有效的债务承担发生以下法律效力:

1. 第三人作为债务人法律地位的产生。免责的债务承担有效成立以后,第三人取代原债务人,成为新的债务人;原债务人脱离合同关系,由第三人直接向债权人承担债务。如果发生第三人不履行或不完全履行债务的情况,应当由第三人而非原债务人承担违约责任。并存的债务承担有效成立以后,第三人加入到合同关系中来,成为新的债务人,同原债务人一起共同向债权人按照合同的约定承担按份或连带责任。

2. 抗辩权随之转移。根据《合同法》第85条的规定,债务人转移债务的,新债务人可以主张原债务人对债权人的抗辩。这一点无论对于免责的债务承担还是并存的债务承担都适用。合同债务存在无效的原因，第三人可以主张无效；合同履行期限尚未届满，第三人可以进行抗辩；此外，在双务合同中，第三人还可以主张同时履行抗辩权。值得注意的是，债务承担是一种无因行为，没有特别约定，第三人不能基于原因行为的事由对债权人进行抗辩，只能基于所承担的合同债务本身所具有的抗辩事由向债权人行使抗辩权。

3. 从债务一并转移。《合同法》第86条规定，债务人转移义务的，新债务人应当承担与主债务有关的从债务，例如附随于主债务的利息债务，随着主债务的转移而转移于第三人。当然，如果从债务是专属于原债务人自身的除外，例如保证债务往往从属于原债务人自身，不当然随主债务的转移而转移于第三人，除非保证人重新作出同意的意思表示。

法条指引

❶《中华人民共和国合同法》（1999年10月1日施行）

第八十五条　债务人转移义务的，新债务人可以主张原债务人对债权人的抗辩。

第八十六条　债务人转移义务的，新债务人应当承担与主债务有关的从债务，但该从债务专属于原债务人自身的除外。

❷ 最高人民法院《关于适用〈中华人民共和国合同法〉若干问题的解释（一）》（1999年12月29日施行）

第二十八条　经债权人同意，债务人转移合同义务后，受让人与债权人之间因履行合同发生纠纷诉至人民法院，受让人就债务人对债权人的权利提出抗辩的，可以将债务人列为第三人。

❸《中华人民共和国物权法》（2007年10月1日施行）

第一百七十五条　第三人提供担保，未经其书面同意，债权人允许债务人转移全部或者部分债务的，担保人不再承担相应的担保责任。

❹《中华人民共和国担保法》（1995年10月1日施行）

第二十三条　保证期间，债权人许可债务人转让债务的，应当取得保证人书面同意，保证人对未经其同意转让的债务，不再承担保证责任。

案例链接

❶《北京安家宝房地产经纪有限公司诉霍凤及北京资合房地产开发有限公司房屋买卖合同案》，参见北大法宝引证码：Pkulaw.cn/CLI.C.49183。

❷《王俊华与广东省粤港经济发展有限公司等民间借贷纠纷上诉案》，参见北大法宝引证码：Pkulaw.cn/CLI.C.217148。

学者观点

❶ 张晓梅：《第三人主动履行债务的性质及效力》，参见北大法宝引证码：Pkulaw.cn/CLI.A.1112344。

【债权转让或债务承担的形式】

法律问题解读

转让权利或者转移义务依法律法规规定应当办理批准、登记等手续的，需依照其规定办理。

在司法实践中，应当注意以下两方面：（1）法律、行政法规规定应当办理批准、登记等手续的，当事人就有办理登记或批准的义务，义务的承担可以是一方当事人，也可能是双方当事人，具体情况由法律、行政法规加以规定。（2）当事人如果不履行或者未履行上述义务，并不必然导致民事行为（债权转让或债务转移）无效，其效力状况如何，要视法律法规的具体规定而定。如法律、行政法规规定不办理批准、登记手续，民事行为不发生法律效力的，当事人未履行上述义务的民事行为则自始不生效，但允许当事人补办。民事行为经补办批准或者登记手续后，发生法律效力。如法律、行政法规仅规定应当办理批准、登记手续，而未涉及民事行为的效力，则民事行为依然具有一定的约束力，即在第三人之间即具有"不得反悔"的效力。但该民事行为对外则不具有对抗效力，即不得对抗真正的权利人或者不得对抗善意第三人。

法条指引

❶《中华人民共和国合同法》（1999年10月1日施行）

第八十七条　法律、行政法规规定转让权利或者转移义务应当办理批准、登记等手续的，依照其规定。

❷ 最高人民法院《关于适用〈中华人民共和国合同法〉若干问题的解释（一）》（1999年12月29日施行）

第九条 依照合同法第四十四条第二款的规定,法律、行政法规规定合同应当办理批准手续,或者办理批准、登记等手续才生效,在一审法庭辩论终结前当事人仍未办理批准手续的,或者仍未办理批准、登记等手续的,人民法院应当认定该合同未生效;法律、行政法规规定合同应当办理登记手续,但未规定登记后生效的,当事人未办理登记手续不影响合同的效力,合同标的物所有权及其他物权不能转移。

合同法第七十七条第二款、第八十七条、第九十六条第二款所列合同变更、转让、解除等情形,依照前款规定处理。

案例链接

❶《郭忠来与杨鹏飞民间借贷纠纷上诉案》,参见北大法宝引证码:Pkulaw.cn/CLI.C.282947。

❷《孙胜利与陈学德债权转让合同纠纷上诉案》,参见北大法宝引证码:Pkulaw.cn/CLI.C.246688。

❸《李成阳等与崇州市公安局其他财产所有权纠纷上诉案》,参见北大法宝引证码:Pkulaw.cn/CLI.C.144857。

【合同的概括转让】

法律问题解读

原合同当事人一方将其合同权利义务一并转移给第三人,由第三人概括地继受这些权利义务的法律现象,称为合同的概括转让,又称合同转让或者合同权利义务概括转移。合同概括转让是合同当事人的彻底变更,原有当事人退出合同关系,新的第三人进入合同关系之中。在计划经济年代不允许转让合同牟利,因此转让合同被视为倒卖行为,受到法律禁止。但在社会主义市场经济社会中,合同转让成为市场经济运行的重要现象,当事人不仅会因获取利润的需要转让合同,而且会因经济因素之外的其他需要转让合同,合同转让不再受法律禁止。

合同的概括转让,可以是基于当事人之间的法律行为而产生,被称为意定的概括转让,如《合同法》第88条规定,当事人一方经对方同意,可以将自己在合同中的权利和义务一并转让给第三人。也可以是基于法律的规定而产生,被称为法定概括转让,如《合同法》第90条规定。

合同的概括转让,可以是合同权利义务全部由出让人转移至承受人,即全部转移。全部转移将使承受人取代出让人的法律地位,成为新的合同当事人。也可以是合同权利义务的一部分由出让人转移至受让人,即一部分转移。一部分转移时,出让人和受让人按照约定的份额享有权利承担义务,如果约定不明或者没有约定,则视为连带之债。

法条指引

❶《中华人民共和国合同法》(1999年10月1日施行)

第八十八条 当事人一方经对方同意,可以将自己在合同中的权利和义务一并转让给第三人。

第八十九条 权利和义务一并转让的,适用本法第七十九条、第八十一条至第八十三条、第八十五条至第八十七条的规定。

第九十条 当事人订立合同后合并的,由合并后的法人或者其他组织行使合同权利,履行合同义务。当事人订立合同后分立的,除债权人和债务人另有约定的以外,由分立的法人或者其他组织对合同的权利和义务享有连带债权,承担连带债务。

❷《中华人民共和国民法通则》(1987年1月1日施行)

第四十四条 企业法人分立、合并或者有其他重要事项变更,应当向登记机关办理登记并公告。

企业法人分立、合并,它的权利和义务由变更后的法人享有和承担。

第九十一条 合同一方将合同的权利、义务全部或者部分转让给第三人的,应当取得合同另一方的同意,并不得牟利。依照法律规定应当由国家批准的合同,需经原批准机关批准。但是,法律另有规定或者原合同另有约定的除外。

❸《中华人民共和国公司法》(2006年1月1日施行)

第一百八十四条 公司合并可以采取吸收合并和新设合并两种形式。

一个公司吸收其他公司为吸收合并,被吸收的公司解散。两个以上公司合并设立一个新的公司为新设合并,合并各方解散。

公司合并,应当由合并各方签订合并协议,并编制资产负债表及财产清单。公司应当自作出合并决议之日起十日内通知债权人,并于三十日内在报纸上至少公告三次。债权人自接到通知书之日起三十日内，未接到通知书的自第一次公告之日起九十日内，有权要求公司清偿债务或者提供相应的担保。不清偿债务或者不提供相应的担保的，公司不得合并。

公司合并时，合并各方的债权、债务，应当由合并后存续的公司或者新设的公司承继。

第一百八十五条 公司分立，其财产作相应的分割。

公司分立时，应当编制资产负债表及财产清单。公司应当自作出分立决议之日起十日内通知债权人，并于三十日内在报纸上至少公告三次。债权人自接到通知书之日起三十日内，未接到通知书的自第一次公告之日起九十日内，有权要求公司清偿债务或者提供相应的担保。不清偿债务或者不提供相应的担保的，公司不得分立。

公司分立前的债务按所达成的协议由分立后的公司承担。

❹ 最高人民法院《关于适用〈中华人民共和国合同法〉若干问题的解释（一）》（1999年12月29日施行）

第二十九条 合同当事人一方经对方同意将其在合同中的权利义务一并转让给受让人，对方与受让人因履行合同发生纠纷诉至人民法院，对方就合同权利义务提出抗辩的，可以将出让方列为第三人。

案例链接

❶《中国航空港建设总公司与北京林发建筑设备租赁有限公司租赁合同纠纷上诉案》，参见北大法宝引证码：Pkulaw.cn/CLI.C.176762。

❷《创基（商场策划）集团有限公司等与陈学新居间合同纠纷上诉案》，参见北大法宝引证码：Pkulaw.cn/CLI.C.162911。

❸《何耀炯与罗志滔租赁合同纠纷上诉案》，参见北大法宝引证码：Pkulaw.cn/CLI.C.115373。

【合同承受】

法律问题解读

合同承受，是指一方当事人依照其与第三人的约定，并经对方当事人的同意，将合同上的权利义务一并转移于第三人，由第三人承受自己在合同上的地位，享有权利并承担义务的法律制度。合同承受一般是基于当事人与他人之间的合同而发生，有时也可以基于法律的规定而发生。例如

《合同法》第229条规定："租赁物在租赁期间发生所有权变动的，不影响租赁合同的效力。"这就是说，当买卖租赁物时，基于"买卖不破租赁"的原则，买受人除可以取得物的所有权外，还承受该租赁物上原已存在的租赁合同关系的出租人的权利和义务。此种合同权利义务的概括转让并非基于当事人的意志，而是基于法律的直接规定，属于法定转移。

合同承受必须具备以下要件才能生效：(1)须有有效的合同存在。(2)承受合同须为双务合同。只有双务合同中才有权利义务并存的情况，才能发生债权债务的概括转移。单务合同只能发生特定承受，即债权让与或债务承担，不能产生概括承受。(3)须原合同当事人与第三人达成合同承受的合意。(4)须经原合同相对人的同意。因为合同承受不仅包括合同权利的转移，还包括合同义务的转让，必须取得对方当事人的同意，否则可能会给对方当事人的利益带来损害。因此，在合同对方第三人不同意时，合同承受不发生效力。

合同承受会发生一定的法律效力。合同承受的效力主要在于承受人取得原合同当事人的权利和义务，同时取得原合同当事人合同关系。其后，如果合同承受人不履行合同义务，权利人也不得再诉请原当事人承担责任。

法条指引

❶《中华人民共和国合同法》（1999年10月1日施行）

第八十八条 当事人一方经对方同意，可以将自己在合同中的权利和义务一并转让给第三人。

第八十九条 权利和义务一并转让的，适用本法第七十九条、第八十一条至第八十三条、第八十五条至第八十七条的规定。

第二百二十九条 租赁物在租赁期间发生所有权变动的，不影响租赁合同的效力。

案例链接

❶《刘景桐与北京首欣物业管理有限责任公司物业服务合同纠纷上诉案》，参见北大法宝引证码：Pkulaw.cn/CLI.C.222150。

【合同继受】

法律问题解读

合同依法成立后即具有法律约束力，不因当事主体发生合并或分立发生实质影响。

企业合并，是指两个以上的企业合并为一个企业，通常包括吸收合并和新设合并这两种情形。企业分立则是指一个企业分立为两个及两个以上的企业，通常包括派生分立和新设分立两种情形。

企业合并或分立后，原企业的债权债务转移，属于法定转移，因而不需取得相对人的同意，依合并或分立的通知或者公告发生效力。通知的方式可以是单独通知，也可以是公告通知。公告通知的，应当保证在一般情况下能为相对人所知悉。通知到达相对人或者公告期满，原债权债务即移转于合并或者分立后的新企业，该企业成为合同关系的一方当事人，享有一切债权，承担一切债务。

法条指引

❶《中华人民共和国合同法》（1999年10月1日施行）

第九十条 当事人订立合同后合并的，由合并后的法人或者其他组织行使合同权利，履行合同义务。当事人订立合同后分立的，除债权人和债务人另有约定的以外，由分立的法人或者其他组织对合同的权利和义务享有连带债权，承担连带债务。

❷《中华人民共和国民法通则》（1987年1月1日施行）

第四十四条 企业法人分立、合并或者有其他重要事项变更，应当向登记机关办理登记并公告。

企业法人分立、合并，它的权利和义务由变更后的法人享有和承担。

❸《中华人民共和国公司法》（2006年1月1日施行）

第一百八十四条 公司合并可以采取吸收合并和新设合并两种形式。

一个公司吸收其他公司为吸收合并，被吸收的公司解散。两个以上公司合并设立一个新的公司为新设合并，合并各方解散。

公司合并，应当由合并各方签订合并协议，并编制资产负债表及财产清单。公司应当自作出合并决议之日起十日内通知债权人，并于三十日内在报纸上至少公告三次。债权人自接到通知书之日起三十日内，未接到通知书的自第一次公告之日起九十日内，有权要求公司清偿债务或者提供相应的担保。不清偿债务或者不提供相应的担保的，公司不得合并。

公司合并时，合并各方的债权、债务，应当由合并后存续的公司或者新设的公司承继。

第一百八十五条 公司分立，其财产作相应的分割。

公司分立时，应当编制资产负债表及财产清单。公司应当自作出分立决议之日起十日内通知债权人，并于三十日内在报纸上至少公告三次。债权人自接到通知书之日起三十日内，未接到通知书的自第一次公告之日起九十日内，有权要求公司清偿债务或者提供相应的担保。不清偿债务或者不提供相应的担保的，公司不得分立。

公司分立前的债务按所达成的协议由分立后的公司承担。

❹《中华人民共和国劳动合同法》（2008年1月1日施行）

第三十四条 用人单位发生合并或者分立等情况，原劳动合同继续有效，劳动合同由承继其权利和义务的用人单位继续履行。

案例链接

❶《广东杰盛唱片有限公司与普拉提亚娱乐有限公司（プラテイア・エンタテインメント株式会社，PLATIAENTERTAINMENTINC.）著作权、邻接权纠纷上诉案》，参见北大法宝引证码：Pkulaw.cn/CLI.C.24291。

第七章 合同的权利义务终止

● 本章为读者提供与以下题目有关的法律问题的解读及相关法律文献依据

> 合同的终止（115） 合同终止的事由（116） 合同终止的效力（117） 后合同义务（117） 合同的解除（118） 约定解除（119） 法定解除（120） 法定解除的事由（121） 解除权的消灭（122） 协议解除的程序（123） 行使解除权的程序（123） 合同解除的溯及力（124） 合同解除后的损害赔偿（125） 清偿（125） 代为清偿（126） 清偿费用（127） 抵销（128） 法定抵销（128） 合意抵销（129） 提存（130） 提存的原因（132） 提存的条件（134） 提存的主体和客体（135） 提存的通知（135） 提存的效力（136） 免除（138） 免除的效力（138） 混同（139）

【合同的终止】

法律问题解读

合同的终止，又称合同权利义务的终止或者合同的消灭，是指合同关系在客观上不复存在，合同权利和合同义务归于消灭的法律现象。

合同权利义务终止的原因大致有三类：（1）基于当事人的意思表示而终止，例如免除、合意解除等；（2）基于合同目的的不能实现或者已经实现而消灭，例如履行不能、清偿、混同等；（3）基于法律的直接规定而消灭，例如，我国解放初期以法律规定的方式废除劳动人民所欠地主的债务。

在司法实践中，尤其值得注意的是合同的终止区别于合同的转移以及合同的中止。（1）合同权利义务的终止不同于合同的转移。合同的终止，是指合同的内容客观上不复存在，合同已经无须履行或者无法再履行；而合同的转移只是合同主体的变化，它仍然须履行，而且应当继续履行。所以，合同的转移并不导致合同权利义务的终止。（2）合同的终止也不同于合同的中止。合同的中止是指合同的效力因某种原因的发生而暂时停止，而合同的终止为合同效力的完全终结。我国《合同法》第六章专门规定了合同权利义务的终止制度。

法条指引

❶《中华人民共和国合同法》（1999年10月1日施行）

第九十一条 有下列情形之一的，合同的权利义务终止：

（一）债务已经按照约定履行；

（二）合同解除；

（三）债务相互抵销；

（四）债务人依法将标的物提存；

（五）债权人免除债务；

（六）债权债务同归于一人；

（七）法律规定或者当事人约定终止的其他情形。

案例链接

❶《许昌万里运输（集团）有限公司诉马红涛分期付款买卖合同纠纷案》，参见北大法宝引证码：Pkulaw.cn/CLI.C.291099。

❷《茹敬军与刘志财产权属纠纷上诉案》，参见北大法宝引证码：Pkulaw.cn/CLI.C.290772。

❸《郑州正力聚合物科技有限公司与司丙文劳动合同纠纷上诉案》，参见北大法宝引证码：Pkulaw.cn/CLI.C.282345。

❹《河南省郑州种畜场等与帅大举租赁合同

纠纷上诉案》，参见北大法宝引证码：Pkulaw.cn/CLI.C.286862。

学者观点

❶ 陈芳：《德国劳动合同终止制度与我国劳动合同解除制度之比较》，参见北大法宝引证码：Pkulaw.cn/CLI.A.1125089。

❷ 张楚：《简论合同终止》，参见北大法宝引证码：Pkulaw.cn/CLI.A.1119598。

【合同终止的事由】

法律问题解读

在出现法律规定或者当事人约定的某些情形时，合同关系在客观上将不复存在，合同权利和合同义务归于消灭。合同终止的事由主要包括：(1) 清偿；(2) 解除；(3) 抵销；(4) 提存；(5) 免除；(6) 混同。以下对合同终止的事由逐一作简要介绍。

1. 清偿是按照合同的约定实现债的目的的行为。《合同法》第 91 条规定的"债务已经按照约定履行"，即此处所谓的清偿。清偿以全面清偿为原则。清偿合同债务的人为清偿人，清偿人可以是债务人，也可以是第三人。清偿债务的费用，除法律有特别规定或当事人有约定之外，由债务人负担。

2. 解除包括单方解除和双方解除，单方解除指当事人一方通过行使解除权而使合同归于消灭的意思表示，双方解除指双方协议消灭原有的合同。解除还包括约定解除和法定解除。

3. 抵销，是指二人互负债务时，各以其债权充当债务之清偿，而使其债务与对方的债务在对等额内相互消灭。提出抵销的债权，为主动债权；被抵销的债权，为被动债权。抵销根据其产生原因不同，有法定抵销和合意抵销之分。

4. 提存，是指由于债权人的原因而无法向其交付合同标的物时，债务人将该标的物交给提存部门保存以消灭合同权利义务的法律制度。按照《提存公证规则》的规定，我国公证机关可以负责办理提存事务。

5. 免除，即债权人抛弃债权从而消灭合同关系的意思表示。

6. 混同，是指债权人和债务人同归于一人，致使合同关系消灭的法律事实。

在以上事由出现时，均会导合同关系消灭。

法条指引

❶《中华人民共和国合同法》（1999 年 10 月 1 日施行）

第九十一条 有下列情形之一的，合同的权利义务终止：

（一）债务已经按照约定履行；
（二）合同解除；
（三）债务相互抵销；
（四）债务人依法将标的物提存；
（五）债权人免除债务；
（六）债权债务同归于一人；
（七）法律规定或者当事人约定终止的其他情形。

第九十三条 当事人协商一致，可以解除合同。

当事人可以约定一方解除合同的条件。解除合同的条件成就时，解除权人可以解除合同。

第九十四条 有下列情形之一的，当事人可以解除合同：

（一）因不可抗力致使不能实现合同目的；
（二）在履行期限届满之前，当事人一方明确表示或者以自己的行为表明不履行主要债务；
（三）当事人一方迟延履行主要债务，经催告后在合理期限内仍未履行；
（四）当事人一方迟延履行债务或者有其他违约行为致使不能实现合同目的；
（五）法律规定的其他情形。

第九十九条 当事人互负到期债务，该债务的标的物种类、品质相同的，任何一方可以将自己的债务与对方的债务抵销，但依照法律规定或者按照合同性质不得抵销的除外。

当事人主张抵销的，应当通知对方。通知自到达对方时生效。抵销不得附条件或者附期限。

第一百条 当事人互负债务，标的物种类、品质不相同的，经双方协商一致，也可以抵销。

第一百零一条 有下列情形之一，难以履行债务的，债务人可以将标的物提存：

（一）债权人无正当理由拒绝受领；
（二）债权人下落不明；
（三）债权人死亡未确定继承人或者丧失民事行为能力未确定监护人；
（四）法律规定的其他情形。

标的物不适于提存或者提存费用过高的，债务人依法可以拍卖或者变卖标的物，提存所得的价款。

第一百零五条 债权人免除债务人部分或者全部债务的,合同的权利义务部分或者全部终止。

第一百零六条 债权和债务同归于一人的,合同的权利义务终止,但涉及第三人利益的除外。

❷《中华人民共和国劳动合同法》(2008年1月1日施行)

第四十四条 有下列情形之一的,劳动合同终止:

(一)劳动合同期满的;

(二)劳动者开始依法享受基本养老保险待遇的;

(三)劳动者死亡,或者被人民法院宣告死亡或者宣告失踪的;

(四)用人单位被依法宣告破产的;

(五)用人单位被吊销营业执照、责令关闭、撤销或者用人单位决定提前解散的;

(六)法律、行政法规规定的其他情形。

案例链接

❶《云南现代医疗投资管理有限公司与昆明星火节能技术研究所房屋租赁合同纠纷上诉案》,参见北大法宝引证码:Pkulaw.cn/CLI.C.188363。

【合同终止的效力】

法律问题解读

合同终止后,便失去了法律上的效力。除法律另有规定外,原债权人不得主张合同债权,债务人也不再负合同义务,债权债务关系归于消灭。同时,合同关系的终止,使合同的担保及其他从权利义务关系也归于消灭。如抵押权、违约金债权、利息债权等和主债权一样也归于消灭。

合同终止后,还应清理一切有关合同关系的手续,如负债字据的返还与注销。合同权利义务终止后,债权人应将负债字据返还予债务人。债权人如能证明字据灭失,不能返还,应向债务人出具债务消灭的字据。

合同权利义务终止后,当事人应当遵循诚实信用原则,根据交易习惯,履行通知、协助、保密等义务。通知,是指当事人在有条件的情况下应当将合同终止的有关事宜告诉合同对方当事人。协助,是指当事人一方配合另一方作好善后工作。保密,是指当事人在合同终止后对于了解到的对方当事人的秘密不向外泄露。

应当注意的是,合同权利义务的终止,不影响合同中结算和清算条款的效力。合同中的结算和清算条款是合同中相对独立的部分。所谓结算条款,就是当事人把某个时期的各项经济收支往来核算清楚的约定;清算在此指金钱债务的了结。同合同约定的争议解决方法的条款一样,合同中结算和清算都不因合同的终止而影响其效力。

法条指引

❶《中华人民共和国合同法》(1999年10月1日施行)

第九十二条 合同的权利义务终止后,当事人应当遵循诚实信用原则,根据交易习惯履行通知、协助、保密等义务。

第九十八条 合同的权利义务终止,不影响合同中结算和清理条款的效力。

案例链接

❶《刘猛与王锋等技术转让合同纠纷上诉案》,参见北大法宝引证码:Pkulaw.cn/CLI.C.222722。

学者观点

❶ 崔建远:《解除权问题的疑问与释答(下篇)》,参见北大法宝引证码:Pkulaw.cn/CLI.A.132565。

❷ 黄卉:《德国劳动法中的解雇保护制度》,参见北大法宝引证码:Pkulaw.cn/CLI.A.170721。

【后合同义务】

法律问题解读

在合同法中,后合同义务是相对于先合同义务而言的。所谓后合同义务,是指合同的履行终止后,当事人依诚实信用原则应当负有的某种作为或者不作为义务,例如通知、协助、保密等义务即是。

在合同的权利义务终止后,尽管双方当事人不再履行给付义务,并不意味着当事人不再承担其他义务,相反,当事人还应当依诚实信用原则承担各种附随义务,即后合同义务。具体包括:(1)通知义务。当事人一方依照法律的规定或者合同的约定主张解除合同的,应当通知对方,合同自通知到达对方时解除。当事人主张抵销的,应当通知对方，通知到达对方时生效。标的物提存后，除债权人不明下落的，债务人应当及时通知债权人或者其继承人或监护人。（2）协助义务。例如合同履行终止后，一方负有协助对方处理善后事务的义务。（3）保密义务。例如受雇人在雇佣合同终止后，应当对雇用人的商业秘密等情况负有保密义务。此外，合同终止后，当事人还应当履行相互协作和照顾的义务、忠实的义务等。与违反给付义务一样，违反后合同义务给对方造成损失的，应当赔偿其损失。

后合同义务的确立根据是诚实信用原则。诚实信用原则要求民事主体在从事民事活动时，应当诚实守信，以善意的方式履行其义务，不得滥用权利及规避法律或合同规定的义务。后合同义务的范围还应当根据交易习惯来确定，当事人依合同的性质和某行业、某领域进行交易的习惯，具体把握后合同义务的范围。

法条指引

❶《中华人民共和国合同法》（1999年10月1日施行）

第九十二条 合同的权利义务终止后，当事人应当遵循诚实信用原则，根据交易习惯履行通知、协助、保密等义务。

❷《中华人民共和国劳动合同法》（2008年1月1日施行）

第五十条 用人单位应当在解除或者终止劳动合同时出具解除或者终止劳动合同的证明，并在十五日内为劳动者办理档案和社会保险关系转移手续。

案例链接

❶《丘保荣与广州市龙的出租汽车股份有限公司合同纠纷上诉案》，参见北大法宝引证码：Pkulaw.cn/CLI.C.277903。

❷《毕为相诉世一文化事业股份有限公司等著作权侵权纠纷案》，参见北大法宝引证码：Pkulaw.cn/CLI.C.291458。

❸《中国联合网络通信有限公司江苏省分公司与江苏网通家园科技发展有限公司特许经营合同纠纷上诉案》，参见北大法宝引证码：Pkulaw.cn/CLI.C.224178。

❹《洛阳永安特钢有限公司与河南省安阳市豫北建筑安装公司侵权纠纷上诉案》，参见北大法宝引证码：Pkulaw.cn/CLI.C.277843。

学者观点

❶ 韩中节：《商业秘密侵权案件的几点思考》，参见北大法宝引证码：Pkulaw.cn/CLI.A.1116766。

❷ 许明月、袁文全：《离职竞业禁止的理论基础与制度设计》，参见北大法宝引证码：Pkulaw.cn/CLI.A.1114300。

❸ 王洪礼：《安全保障义务性质辨析》，参见北大法宝引证码：Pkulaw.cn/CLI.A.1141906。

【合同的解除】

法律问题解读

所谓合同的解除，是指合同有效成立之后，当具备合同解除条件时，因当事人一方或者双方的意思表示而使合同关系自始消灭或者向将来消灭的一种行为。认识合同解除这一法律制度，必须注意把握以下几方面的问题：

1. 合同解除适用于有效成立的合同。（1）合同只有在成立以后，履行完毕之前，才能发生合同解除的效力。（2）对于无效和可撤销的合同，不能发生合同解除，此类合同应当由合同无效或者可撤销制度来调整。

2. 合同解除必须具备一定的条件。合同解除的条件可以是法定的，也可以是约定的。所谓法定的解除条件，是指由法律直接规定在何种情况下当事人享有合同解除权利。所谓约定的合同解除条件就是当事人在合同中约定如果出现某种情况，当事人一方或者双方享有解除权。另外，根据法律的规定，某些合同的解除应办理批准和登记手续。

3. 合同的解除必须有解除行为。我国合同法对于合同解除，没有采取当然解除主义。在我国，合同当事人的解除行为分为两种：（1）由当事人协商一致解除合同；（2）由享有解除权的一方当事人作出解除合同的意思表示，这种意思表示虽然不必经过对方的同意，但是必须通知对方当事人。

4. 合同解除的效力是使合同关系自始消灭或者向将来消灭。合同解除的效力首先是导致合同关系消灭。至于导致合同自何时消灭，应当尊重当事人的意思。当事人有约定的，只要约定合法并且不损害社会公共利益，就尊重当事人的约定；如果当事人没有约定，合同解除的效力就应当根据《合同法》第 97 条的规定而具体确定。

法条指引

❶《中华人民共和国合同法》（1999 年 10 月 1 日施行）

第九十三条　当事人协商一致，可以解除合同。

当事人可以约定一方解除合同的条件。解除合同的条件成就时，解除权人可以解除合同。

第九十四条　有下列情形之一的，当事人可以解除合同：

（一）因不可抗力致使不能实现合同目的；

（二）在履行期限届满之前，当事人一方明确表示或者以自己的行为表明不履行主要债务；

（三）当事人一方迟延履行主要债务，经催告后在合理期限内仍未履行；

（四）当事人一方迟延履行债务或者有其他违约行为致使不能实现合同目的；

（五）法律规定的其他情形。

第九十六条　当事人一方依照本法第九十三条第二款、第九十四条的规定主张解除合同的，应当通知对方。合同自通知到达对方时解除。对方有异议的，可以请求人民法院或者仲裁机构确认解除合同的效力。

法律、行政法规规定解除合同应当办理批准、登记等手续的，依照其规定。

第九十七条　合同解除后，尚未履行的，终止履行；已经履行的，根据履行情况和合同性质，当事人可以要求恢复原状、采取其他补救措施，并有权要求赔偿损失。

案例链接

❶《李文科等与孙先芹等土地承包经营权纠纷上诉案》，参见北大法宝引证码：Pkulaw. cn/CLI. C. 291931。

❷《乔进卿与郑红伟等房屋租赁合同纠纷上诉案》，参见北大法宝引证码：Pkulaw. cn/CLI. C. 287369。

❸《西安康复医院诉巩义市中医院合同纠纷案》，参见北大法宝引证码：Pkulaw. cn/CLI. C. 287385。

❹《新疆高新技术项目开发研究院与新疆新天房地产开发有限公司房屋租赁纠纷上诉案》，参见北大法宝引证码：Pkulaw. cn/CLI. C. 285000。

学者观点

❶ 李新天、汤薇：《试论我国保险合同的解除制度》，参见北大法宝引证码：Pkulaw. cn/CLI. A. 124639。

❷ 王存：《略论保险合同的解除》，参见北大法宝引证码：Pkulaw. cn/CLI. A. 1115281。

❸ 伍载阳：《合同的解除、变更、终止》，参见北大法宝引证码：Pkulaw. cn/CLI. A. 1124609。

【约定解除】

法律问题解读

根据合同自由原则，合同当事人享有解除合同的权利。也就是说，当事人可以通过其约定或行使约定的解除权而使合同解除。当事人双方经过协商，达成一致的意思表示可以导致合同的解除；当事人也可以在合同中约定一方行使解除权的条件，待条件成就时单方解除合同，这就是合同的约定解除。只要当事人的约定不违背法律和社会公共道德，在法律上是有效的，且可以产生当事人的预期效果。

约定解除包括两种情况：协议解除和约定解除权。所谓协议解除，是指合同成立后，未履行或未完全履行前，当事人双方通过协商而解除合同，使合同效力消灭的行为。由于协议解除是在合同成立后而非合同订立时约定解除，因而又称为事后协商解除。约定解除权，是指当事人双方在合同中约定，在合同成立以后，未履行或者未完全履行之前，由当事人一方在出现某种情况后通过行使解除权，使合同关系消灭。解除权既可以由一方享有，也可以双方都享有；既可以在订立合同时约定，也可以在订立合同后另行约定。值得注意的是，约定解除权与解除权的行使是两码事，不能混为一谈。约定解除权的行使应当以当事人在订约同时或其后约定解除权条款为前提，解除权的行使建立在解除权约定条款基础之上。正是在这个意义上，约定解除权的方式也称为约定解除，而不是法定解除。

法条指引

❶《中华人民共和国合同法》（1999 年 10 月 1 日施行）

第九十三条　当事人协商一致，可以解除合同。

当事人可以约定一方解除合同的条件。解除合同的条件成就时，解除权人可以解除合同。

案例链接

❶《北京市永定林工商公司苗圃诉杨德广林业承包合同纠纷案》，参见北大法宝引证码：Pkulaw. cn/CLI. C. 291241。

❷《安阳县交通鸿发装载有限责任公司与牛春祥劳动争议纠纷再审案》，参见北大法宝引证码：Pkulaw. cn/CLI. C. 291548。

❸《崔砚垄与巩义市义诚机动车驾驶员培训学校租赁纠纷上诉案》，参见北大法宝引证码：Pkulaw. cn/CLI. C. 287380。

❹《珠海市中捷汽车租赁有限公司与康奈可（广州）汽车科技有限公司租赁合同纠纷上诉案》，参见北大法宝引证码：Pkulaw. cn/CLI. C. 277384。

学者观点

❶ 龚海南：《合同解除的实务分析与理论探索》，参见北大法宝引证码：Pkulaw. cn/CLI. A. 1145110。

❷ 李锡鹤：《合同理论的两个疑问》，参见北大法宝引证码：Pkulaw. cn/CLI. A. 1144265。

【法定解除】

法律问题解读

所谓法定解除，是指在合同成立后，没有履行或者没有履行完毕之前，当事人一方行使法定的解除权而使合同效力消灭的行为。法定解除的根本特点在于：由法律直接规定解除的条件，当此种条件具备时，当事人可以解除合同。

在司法实践中，要注意法定解除和协议解除以及约定解除权的合同解除是不同的。

1. 法定解除区别于协议解除。法定解除是当事人一方行使法定解除权，将合同解除，不必征得对方的同意。而协议解除则是一种双方法律行为，并非一方行使解除权的结果。

2. 法定解除与约定解除权的合同解除也不同。约定解除权的合同解除，其关键要点在于合同解除的条件是由当事人通过自由的意思表示进行约定，当事人可以约定任何不违反法律以及社会公共利益的事由为合同解除的条件，当条件成就时，由当事人根据约定的条件行使合同解除权。因此，归根到底，约定解除权的合同解除属于合同的约

定解除。但是对于法定解除而言，合同解除的条件是由法律直接规定的，不需要当事人之间事先有约定，只要条件成就，按照法律规定享有解除权的当事人就可以直接根据法律的规定解除合同。

另外，法定解除和约定解除是可以并存的。一方面，约定解除可以对法定解除作出具体的补充。例如，对不可抗力作出解释，规定何种具体事件属于不可抗力。另一方面，当事人之间的约定也可以改变法定解除。例如，当事人可以约定，即使一方违约，对方也不得解除合同；或者约定，不管违约是否严重，均可导致合同解除。

法条指引

❶《中华人民共和国合同法》（1999年10月1日施行）

第九十四条　有下列情形之一的，当事人可以解除合同：

（一）因不可抗力致使不能实现合同目的；

（二）在履行期限届满之前，当事人一方明确表示或者以自己的行为表明不履行主要债务；

（三）当事人一方迟延履行主要债务，经催告后在合理期限内仍未履行；

（四）当事人一方迟延履行债务或者有其他违约行为致使不能实现合同目的；

（五）法律规定的其他情形。

❷《中华人民共和国劳动合同法》（2008年1月1日施行）

第三十七条　劳动者提前三十日以书面形式通知用人单位，可以解除劳动合同。劳动者在试用期内提前三日通知用人单位，可以解除劳动合同。

第三十八条　用人单位有下列情形之一的，劳动者可以解除劳动合同：

（一）未按照劳动合同约定提供劳动保护或者劳动条件的；

（二）未及时足额支付劳动报酬的；

（三）未依法为劳动者缴纳社会保险费的；

（四）用人单位的规章制度违反法律、法规的规定，损害劳动者权益的；

（五）因本法第二十六条第一款规定的情形致使劳动合同无效的；

（六）法律、行政法规规定劳动者可以解除劳动合同的其他情形。

用人单位以暴力、威胁或者非法限制人身自由的手段强迫劳动者劳动的，或者用人单位违章

指挥、强令冒险作业危及劳动者人身安全的,劳动者可以立即解除劳动合同,不需事先告知用人单位。

第三十九条 劳动者有下列情形之一的,用人单位可以解除劳动合同:

(一)在试用期间被证明不符合录用条件的;

(二)严重违反用人单位的规章制度的;

(三)严重失职,营私舞弊,给用人单位造成重大损害的;

(四)劳动者同时与其他用人单位建立劳动关系,对完成本单位的工作任务造成严重影响,或者经用人单位提出,拒不改正的;

(五)因本法第二十六条第一款第一项规定的情形致使劳动合同无效的;

(六)被依法追究刑事责任的。

第四十条 有下列情形之一的,用人单位提前三十日以书面形式通知劳动者本人或者额外支付劳动者一个月工资后,可以解除劳动合同:

(一)劳动者患病或者非因工负伤,在规定的医疗期满后不能从事原工作,也不能从事由用人单位另行安排的工作的;

(二)劳动者不能胜任工作,经过培训或者调整工作岗位,仍不能胜任工作的;

(三)劳动合同订立时所依据的客观情况发生重大变化,致使劳动合同无法履行,经用人单位与劳动者协商,未能就变更劳动合同内容达成协议的。

❸《中华人民共和国物权法》(2007年6月29日)

第一百六十八条 地役权人有下列情形之一的,供役地权利人有权解除地役权合同,地役权消灭:

(一)违反法律规定或者合同约定,滥用地役权;

(二)有偿利用供役地,约定的付款期间届满后在合理期限内经两次催告未支付费用。

案例链接

❶《珠海市中捷汽车租赁有限公司与康奈可(广州)汽车科技有限公司租赁合同纠纷上诉案》,参见北大法宝引证码:Pkulaw. cn/CLI. C. 277384。

❷《刘梅等与郑显房屋买卖合同纠纷上诉案》,参见北大法宝引证码:Pkulaw. cn/CLI. C. 283351。

❸《广州奇昱精细化工有限公司与广州银田石料有限公司买卖合同纠纷上诉案》,参见北大法宝引证码:Pkulaw. cn/CLI. C. 277396。

❹《苏永勤与杨爱中房屋租赁合同纠纷上诉案》,参见北大法宝引证码:Pkulaw. cn/CLI. C. 286778。

学者观点

❶ 武建奇:《保险合同法定解除制度的全面阐释》,参见北大法宝引证码:Pkulaw. cn/CLI. A. 1144947。

【法定解除的事由】

法律问题解读

法定解除的事由,主要是因不可抗力或一方违约致使合同履行行为成为不必要、不可能的客观事实。我国《合同法》规定的的法定解除事由,主要包括下列情形:

1. 不可抗力。根据《民法通则》的规定,不可抗力是指不能预见、不能避免并且不能克服的客观情况。例如地震、火灾等自然现象以及战争、法律的变化等社会现象。必须提出的是,并非出现不可抗力就会导致合同解除,只有在不可抗力影响到合同目的的实现时,才能导致合同解除。

2. 预期违约。预期违约是英美法上的概念,指当事人一方在合同规定的履行期到来之前,明示或默示其将来不履行合同的行为。预期违约本身并不具有合同解除的效力,只有当债权人接受预期违约的既成事实,已不再准备继续维护合同效力的情况下,债权人才能获得单方解除权。

3. 迟延履行。迟延履行是指已届履行期而能给付的债务,因可归责于债务人的事由而未为给付所发生的迟延。然而,并非债务人的迟延履行行为必然带来合同解除的后果,只有当"当事人一方迟延履行主要债务,经债权人催告后在合理的期限内债务人仍未履行债务的",债权人始得解除合同。

4. 其他违约行为。当事人一方迟延履行债务或者有其他违约行为(如完全不能履行、不适当履行、部分履行等)也可能导致合同解除。当然,这是以债务人的违约行为构成根本违约或者造成合同目的落空为前提的。

5. 法律规定的其他情形。对"其他情形"要从严解释,应当以法律有明文规定为限。

法条指引

❶《中华人民共和国合同法》（1999年10月1日施行）

第九十四条 有下列情形之一的，当事人可以解除合同：

（一）因不可抗力致使不能实现合同目的；

（二）在履行期限届满之前，当事人一方明确表示或者以自己的行为表明不履行主要债务；

（三）当事人一方迟延履行主要债务，经催告后在合理期限内仍未履行；

（四）当事人一方迟延履行债务或者有其他违约行为致使不能实现合同目的；

（五）法律规定的其他情形。

第一百零八条 当事人一方明确表示或者以自己的行为表明不履行合同义务的，对方可以在履行期限届满之前要求其承担违约责任。

第六十条 当事人应当按照约定全面履行自己的义务。

当事人应当遵循诚实信用原则，根据合同的性质、目的和交易习惯履行通知、协助、保密等义务。

❷《中华人民共和国民法通则》（1987年1月1日施行）

第一百五十三条 本法所称的"不可抗力"，是指不能预见、不能避免并不能克服的客观情况。

案例链接

❶《上海希灿实业有限公司与上海莽原机电有限公司买卖合同纠纷上诉案》，参见北大法宝引证码：Pkulaw. cn/CLI. C. 208286。

❷《上海溢盛纺织品贸易有限公司诉南华纺织（集团）有限公司买卖合同纠纷案》，参见北大法宝引证码：Pkulaw. cn/CLI. C. 144606。

❸《上海电话线路器材总厂与上海宏锐微电子有限公司租赁合同纠纷上诉案》，参见北大法宝引证码：Pkulaw. cn/CLI. C. 152801。

❹《秦岚诉王亮租赁合同案》，参见北大法宝引证码：Pkulaw. cn/CLI. C. 48733。

【解除权的消灭】

法律问题解读

解除权应当在法律规定或者当事人约定的期限内行使，当事人逾期不行使解除权的，则该权利丧失。

解除权行使的期限，无论是法定期限还是约定期限，在性质上都属于除斥期间，即法律预定解除权于存续期间届满当然消灭的期间。除法律另有规定外，当事人双方也可以在合同中事先约定一方行使解除权的期限，该期限应当明确地订入合同的解除权条款中。正如法定解除权和约定解除权可以同时并存一样，在有法律规定的解除期限时，当事人之间可以通过约定解除权行使的期限排斥法定解除权期限的适用。从合同自由的原则出发，应当承认这些约定的效力。

解除权的行使无法定或者约定期限的，则经对方催告后在合理期限内不行使的，解除权消灭。此处所谓的"催告"，是义务人向解除权人发出的要求其行使权利的意思表示，它最终可能导致对方当事人解除权消灭。此处所谓的"合理期限"，是指根据合同的性质、交易的目的和交易的习惯所需要的正常的时间，对于合理期限，要作具体分析，不能一概而论。

法条指引

❶《中华人民共和国合同法》（1999年10月1日施行）

第九十五条 法律规定或者当事人约定解除权行使期限，期限届满当事人不行使的，该权利消灭。

法律没有规定或者当事人没有约定解除权行使期限，经对方催告后在合理期限内不行使的，该权利消灭。

案例链接

❶《北京中铁金方物业管理中心与北京金贸旅馆房屋租赁合同纠纷上诉案》，参见北大法宝引证码：Pkulaw. cn/CLI. C. 168512。

❷《向建平诉重庆市酉阳县万家福商业有限责任公司等房屋租赁合同纠纷案》，参见北大法宝引证码：Pkulaw. cn/CLI. C. 157104。

❸《三亚市建筑工程总公司与林葆龙集资建房合同纠纷上诉案》，参见北大法宝引证码：Pkulaw. cn/CLI. C. 158299。

❹《陆某某等与上海东兴置业（集团）有限公司商品房预售合同纠纷上诉案》，参见北大法宝引证码：Pkulaw. cn/CLI. C. 182084。

学者观点

❶ 张学文:《试论合同解除权的消灭》,参见北大法宝引证码:Pkulaw.cn/CLI.A.1124758。

【协议解除的程序】

法律问题解读

协议解除不以解除权的存在为依据,而以当事人双方协商一致为前提。协议解除的程序必须遵循合同订立的程序,即必须经过要约和承诺这两个阶段,也就是说,双方必须就解除合同达成一致的意见。协议解除以当事人双方协商为前提,如果一方当事人在解除合同中所作的意思表示不真实,可以请求人民法院撤销解除合同的协议。解除合同的协议被撤销后,原合同继续有效。关于协议解除的程序,司法实践中经常会遇到下面两个问题:

1. 合同解除本身已经达成协议,但是就已经履行的部分是否恢复原状或者返还尚未达成协议,合同是否已经解除?我们认为,合同的解除是一个整体的概念,它既包括合同关系的消灭,也包括对合同关系存续期间已经履行部分的处理。而后一方面的问题也直接影响当事人在合同中的利益,如果就此未能协商一致,不能认为双方已经达成了合同解除的协议。

2. 一方提出解除合同要约后,另一方在法律规定的期限内没有作出答复,是否构成对解除合同的默认?我们认为,为避免和减少一些不必要的合同解除方面的纠纷,不应当承认默认自动导致协议解除的成立。如果对这一问题采取肯定的回答,很可能会严重损害交易效率,并且会导致不利于保护无过错当事人利益的情形。

法条指引

❶《中华人民共和国合同法》(1999年10月1日施行)

第九十三条 当事人协商一致,可以解除合同。

当事人可以约定一方解除合同的条件。解除合同的条件成就时,解除权人可以解除合同。

❷《中华人民共和国劳动合同法》(2008年1月1日施行)

第三十六条 用人单位与劳动者协商一致,可以解除劳动合同。

案例链接

❶《唐包根诉肖永辉等合伙协议纠纷案》,参见北大法宝引证码:Pkulaw.cn/CLI.C.285793。

❷《芜湖捷泰精密工业有限公司与中国第四冶金建设公司等建设工程施工合同纠纷上诉案》,参见北大法宝引证码:Pkulaw.cn/CLI.C.291163。

❸《赵援朝诉驻马店中集华骏车辆有限公司运输合同纠纷案》,参见北大法宝引证码:Pkulaw.cn/CLI.C.285618。

❹《金德成与无锡先迪德宝电子有限公司侵犯实用新型专利权纠纷上诉案》,参见北大法宝引证码:Pkulaw.cn/CLI.C.291332。

学者观点

❶ 陈国柱:《论协议解除》,参见北大法宝引证码:Pkulaw.cn/CLI.A.175922。

【行使解除权的程序】

法律问题解读

解除权,包括法定解除权和约定解除权,在性质上都属于形成权。享有解除权的当事人一方将解除合同的意思表示送达到合同另一方当事人,就能发生合同解除的法律效果,而无须对方当事人的同意。也就是说,解除权的行使,应当向对方当事人以意思表示为之,不需要其他方式辅助,即可发生合同解除的效力。当事人一方行使解除权,应当通知对方,对方有异议权。如果当事人就解除权问题发生争议,可以要求人民法院或者仲裁机构确认解除合同的效力。

解除权的行使,应当遵循下列程序:

1. 解除权的行使应当符合法律规定的程序。只有出现了合同规定的条件和法律规定的情况,一方才有权通知对方解除合同。

2. 解除合同应当通知对方当事人,通知到达对方当事人时生效。当事人在作出解除合同的通知以后,不得随意撤销。对方有异议的,可以请求人民法院或者仲裁机构确认解除合同的效力。至于通知的形式,我国法律没有特别的要求。

3. 解除权的行使必须及时。如果当事人约定了或者法律规定了解除权行使期限,解除权必须在约定的或者法定的期限内行使。如果既没有约定的期限也没有法定的期限,不享有解除权的一方,有权催告解除权人在合理期限内行使解除权,合理期限的经过将导致解除权消灭。当然,如果当事人对催告的合理期限有异议的,应由人民法院或者仲裁机构确定。

4. 法律、行政法规规定了解除合同应办理批准、登记手续的,应依照其规定,否则不发生解除合同的效力。

法条指引

❶《中华人民共和国合同法》(1999年10月1日施行)

第九十六条 当事人一方依照本法第九十三条第二款、第九十四条的规定主张解除合同的,应当通知对方。合同自通知到达对方时解除。对方有异议的,可以请求人民法院或者仲裁机构确认解除合同的效力。

法律、行政法规规定解除合同应当办理批准、登记等手续的,依照其规定。

案例链接

❶《北京市永定林工商公司苗圃诉杨德广林业承包合同纠纷案》,参见北大法宝引证码:Pkulaw.cn/CLI.C.291241。

❷《中国太平洋人寿保险股份有限公司重庆分公司与胡显国保险合同纠纷上诉案》,参见北大法宝引证码:Pkulaw.cn/CLI.C.291211。

❸《上海嘉腾通讯系统工程有限公司与上海国广房地产经营有限公司建设工程合同纠纷上诉案》,参见北大法宝引证码:Pkulaw.cn/CLI.C.275518。

❹《巩义市海盛房地产置业有限公司与梁娱荣房屋买卖合同纠纷上诉案》,参见北大法宝引证码:Pkulaw.cn/CLI.C.250167。

学者观点

❶ 李璐玲:《对形成权几个问题的再认识》,参见北大法宝引证码:Pkulaw.cn/CLI.A.1146550。

❷ 朱巍:《论房屋转租》,参见北大法宝引证码:Pkulaw.cn/CLI.A.1144936。

❸ 龚海南:《合同解除的实务分析与理论探索》,参见北大法宝引证码:Pkulaw.cn/CLI.A.1145110。

【合同解除的溯及力】

法律问题解读

合同解除的法律效果是使合同关系消灭,但是对于合同解除以前的债权债务关系如何处理,这是司法实践中的一个重要问题。如果合同解除具有溯及力,就要发生恢复原状的法律后果;如果没有溯及力,则解除以前已经发生的债权债务关系仍然有效,已经履行的部分不需要恢复原状。我国《合同法》关于合同解除的效力问题,(1)承认合同的解除向将来发生效力即对于尚未履行的,终止履行;(2)承认合同的解除可以产生溯及既往的效果,即已经履行的可以要求恢复原状或采取其他补救措施。可见,《合同法》的这一规定将合同解除的效力分为两块:前者无溯及力,后者有溯及力,并相应产生不同的财产处理后果。

无溯及力的合同解除,是就合同中尚未履行部分而言的,指合同解除向将来发生效力,即提前终止合同尚未履行部分的效力。如果双方均未履行合同,合同终止履行自然不发生问题;如果一方尚未履行而另一方已经履行,则已履行的部分发生溯及力,未履行的部分终止履行。解除后无溯及力的合同,通常是继续性合同,即履行必须在一定继续的时间完成,而不是一时或者一次完成的合同。

有溯及力的合同解除,是就合同中已经履行的部分而言的,指合同解除使基于合同发生的债权债务关系溯及既往地消灭。解除后有溯及力的合同,通常是非继续性合同,即履行为一次性行为的合同。已履行的合同解除后,自合同订立时起失去效力由此产生的直接财产处理后果是恢复原状,当然,当事人根据具体情况还可以要求采取其他补救措施或者要求赔偿损失。

法条指引

❶《中华人民共和国合同法》(1999年10月1日施行)

第九十七条 合同解除后,尚未履行的,终止履行;已经履行的,根据履行情况和合同性质,当事人可以要求恢复原状、采取其他补救措施,并有权要求赔偿损失。

案例链接

❶《山东三株实业有限公司诉山东山大华特软件有限公司等技术服务合同纠纷案》,参见北大法宝引证码:Pkulaw. cn/CLI. C. 21886。

❷《北京华侨大厦有限公司诉华泰财产保险股份有限公司保险合同案》,参见北大法宝引证码:Pkulaw. cn/CLI. C. 88599。

❸《胡君富诉来雨田加工承揽合同纠纷案》,参见北大法宝引证码:Pkulaw. cn/CLI. C. 232065。

学者观点

❶ 方芳:《保险合同解除权的时效与溯及力》,参见北大法宝引证码:Pkulaw. cn/CLI. A. 183105。

❷ 宁踢坡:《合同解除溯及力探讨》,参见北大法宝引证码:Pkulaw. cn/CLI. A. 178179。

❸ 彭庆伟:《浅论合同法定解除权的行使》,参见北大法宝引证码:Pkulaw. cn/CLI. A. 123932。

【合同解除后的损害赔偿】

法律问题解读

在合同解除后,确因一方当事人的过错造成另一方的损害,有过错的一方应当向受害方赔偿损失,不能因合同解除而免除其应负的赔偿责任。

在司法实践中,需要注意的问题是:

1. 赔偿损失以过错为要件,无过错不承担合同解除后的赔偿责任。

2. 赔偿的范围,由双方当事人在协议解除时商定。如果没有达成协议,赔偿范围一般应包括:对方订立合同所支出的必要费用;因相信合同能适当履行而作准备所支出的必要费用;合同解除后因恢复原状而发生的损害。

3. 赔偿的范围不包括因债务不履行而产生的可得利益的损失。合同解除的效力是使合同恢复到订立以前的状态,而可得利益的损失只有在合同完全履行后才可能产生。既然当事人选择了解除合同,就说明非违约方不愿意继续履行合同,故而不应当得到在合同完全履行情况下所应得的利益。

另外,损害赔偿是合同解除后的一项法律后果,但不能滥用。在某些情况下,损害赔偿与合同解除具有相互排斥性,只能选择其中之一。表现在:(1)在协议解除中,双方经过协商免除了一方的损害赔偿责任,另一方不得在合同解除后再主张损害赔偿;(2)因不可抗力引起的解除,当事人双方对解除的发生均无过错,任何一方都不应在合同解除后负赔偿责任。

法条指引

❶《中华人民共和国合同法》(1999年10月1日施行)

第九十七条 合同解除后,尚未履行的,终止履行;已经履行的,根据履行情况和合同性质,当事人可以要求恢复原状、采取其他补救措施,并有权要求赔偿损失。

❷《中华人民共和国民法通则》(1987年1月1日施行)

第一百一十五条 合同的变更或者解除,不影响当事人要求赔偿损失的权利。

案例链接

❶《丘保荣与广州市龙的出租汽车股份有限公司合同纠纷上诉案》,参见北大法宝引证码:Pkulaw. cn/CLI. C. 277903。

❷《中国工商银行股份有限公司台州分行诉林正江等金融借款合同纠纷案》,参见北大法宝引证码:Pkulaw. cn/CLI. C. 233409。

❸《徐海良诉河南巴伦啤酒有限公司企业租赁经营合同纠纷案》,参见北大法宝引证码:Pkulaw. cn/CLI. C. 238544。

【清偿】

法律问题解读

清偿,是指能达到消灭债权效果的给付,即债务已经按照约定履行。清偿是债的消灭最基本、最常见、最重要的原因。债务人履行债务,属于清偿;第三人为满足债权人的利益而为给付的行为,也属于清偿。此外,债权人通过强制执行或者实现担保物权而满足债权的,性质上也为受清偿。清偿一般应当由债务人为之,但不以债务人为限。清偿人主要包括:债务人、债务人的代理人、第三人。但当事人另有约定或者依债的性质只能由债务人亲自清偿的,不能由债务人的代理人或者第三人作清偿人。清偿受领人可以是:债权人、债权人的代理人、破产财产管理人或者清算人、受领证书持有人。

清偿与履行意义基本相同,只不过履行定位于动态地满足合同债权的层面,而清偿则定位于静态地满足债的目的而使合同消灭的层面。在《民法通则》中，清偿与履行是在同等意义上交互使用的。不过，在使合同绝对终止方面，清偿与履行还是存在差别的。清偿指的是完全履行，即按照合同中约定的时间、地点和方式进行，并以全面清偿为原则。也就是说，清偿将导致合同关系的绝对消灭，但履行还存在瑕疵履行、部分履行等情形，在这些情况下，履行不能引起合同关系绝对消灭。

清偿人以清偿为目的而实施的行为不外乎三种：(1) 事实行为，如劳务的提供；(2) 法律行为，如代购代销；(3) 不作为，如按照劳动合同的约定为用工单位保守商业秘密。在实施这些行为的时候，所产生的费用即清偿费用，除法律有特别规定或当事人另有约定外，清偿费用由债务人承担。

法条指引

❶《中华人民共和国合同法》(1999年10月1日施行)

第九十一条 有下列情形之一的，合同的权利义务终止：

（一）债务已经按照约定履行；

（二）合同解除；

（三）债务相互抵销；

（四）债务人依法将标的物提存；

（五）债权人免除债务；

（六）债权债务同归于一人；

（七）法律规定或者当事人约定终止的其他情形。

案例链接

❶《周拥军诉徐海兰债权纠纷案》，参见北大法宝引证码：Pkulaw.cn/CLI.C.291497。

❷《黄志国与陈志奇买卖合同纠纷案》，参见北大法宝引证码：Pkulaw.cn/CLI.C.291474。

❸《彭勇军与陈志奇买卖合同纠纷上诉案》，参见北大法宝引证码：Pkulaw.cn/CLI.C.291473。

❹《李发顺诉赵万甫等买卖合同纠纷案》，参见北大法宝引证码：Pkulaw.cn/CLI.C.291239。

学者观点

❶ 刘黎明、田鑫：《美国破产法之偏颇清偿制度及对我国的借鉴意义》，参见北大法宝引证码：Pkulaw.cn/CLI.A.1109007。

❷ 张晨颖：《合伙企业债务清偿方式选择的经济分析》，参见北大法宝引证码：Pkulaw.cn/CLI.A.181063。

❸ 阮兴文：《合伙企业债务与合伙人个人债务清偿顺序研究》，参见北大法宝引证码：Pkulaw.cn/CLI.A.1123658。

❹ 陈建勋：《论债的清偿抵充》，参见北大法宝引证码：Pkulaw.cn/CLI.A.158313。

【代为清偿】

法律问题解读

所谓代为清偿，是指在法律没有规定或者当事人之间也没有约定清偿可以由第三人进行时，第三人向权利人所为的债务履行行为。在法律有规定或者合同有约定清偿可以由第三人进行时，这种现象我们称为"由第三人履行"，在"合同的履行"一章中我们已经作了介绍，同时要注意，代为清偿和代理清偿也是不同的。

代为清偿制度有一定的适用条件，具体而言，通常应当考虑下列因素：

1. 依合同的性质，可以由第三人代为清偿。如果作为合同关系内容的债务属于专属性的，则不得代为清偿。普遍认为下列债务不得代为清偿：不作为债务；以债务人本身的特别技能、技术为内容的债务；因债权人与债务人之间的特别信任关系所生的债务等。

2. 债权人与债务人之间无不得第三人代为清偿的约定。

3. 债权人没有拒绝代为清偿的特别理由，债务人也无提出异议的正当理由。如果代为清偿有违社会公共利益、社会公德或诚实信用，对债权人、债务人或社会有不利影响；或代为清偿违背其他强行性规范时，债权人有权拒绝受领代为清偿，债务人也有权提出异议，不发生清偿的效力。

4. 代为清偿的第三人必须有为债务人清偿的意思。在这点上，代为清偿与债务承担不同。若为清偿人的错误，误信为自己的债务而为清偿时，不成立代为清偿。另外，也有学者认为，连带债务人、不可分债务人在其超过自己本来负担的给付义务而为清偿的范围内，始构成代为清偿。

法条指引

❶《中华人民共和国合同法》(1999年10月1日施行)

第九十一条 有下列情形之一的，合同的权利义务终止：

（一）债务已经按照约定履行；
（二）合同解除；
（三）债务相互抵销；
（四）债务人依法将标的物提存；
（五）债权人免除债务；
（六）债权债务同归于一人；
（七）法律规定或者当事人约定终止的其他情形。

案例链接

❶《南阳市盛宛建材有限公司等与王秀丽等道路交通事故人身损害赔偿纠纷上诉案》，参见北大法宝引证码：Pkulaw.cn/CLI.C.258676。

❷《河南省医药保健品进出口公司诉焦作市联盟卫生材料有限责任公司等担保追偿权纠纷案》，参见北大法宝引证码：Pkulaw.cn/CLI.C.290191。

❸《宋光明等与民权县军粮供应站返还财产纠纷再审案》，参见北大法宝引证码：Pkulaw.cn/CLI.C.279280。

❹《郑州市金水区民政局不服濮阳县人民法院(2010)濮县法执异字第21号执行裁定书申请复议案》，参见北大法宝引证码：Pkulaw.cn/CLI.C.249437。

学者观点

❶ 施建辉：《第三人代为清偿研究》，参见北大法宝引证码：Pkulaw.cn/CLI.A.185329。

❷ 王轶：《代为清偿制度论纲》，参见北大法宝引证码：Pkulaw.cn/CLI.A.123214。

【清偿费用】

法律问题解读

清偿费用，是指清偿债务所需的必要开支。例如，物品交付的费用、运送物品的费用、金钱邮汇的费用等，但不包括合同标的本身的价值。通常情况下，清偿费用有运送费、包装费、汇费、登记费、通知费用等。

对于清偿费用负担，如果法律有明文规定或者当事人之间有约定，按照法律规定或者当事人的约定办理。例如《合同法》规定，债务人提前履行债务给债权人增加的费用，由债务人承担；债务人部分履行债务给债权人增加的费用，由债务人承担；债权人行使代位权或者撤销权的必要费用，由债务人负担；提存期间的提存费用由债权人负担，等等。对于清偿费用负担，如果法律无明文规定且当事人又无约定时，由债务人承担。但因债权人变更住所或其他行为导致增加清偿费用的，增加的费用由债权人承担。例如，债权人受领迟延而致清偿费用增加，债权人请求对物品进行特殊包装而增加的费用，债权人请求将物品运往清偿地以外的地点而增加的费用，因债权转移增加费用等，均由债权人负担。

法条指引

❶《中华人民共和国合同法》（1999年10月1日施行）

第七十一条 债权人可以拒绝债务人提前履行债务，但提前履行不损害债权人利益的除外。

债务人提前履行债务给债权人增加的费用，由债务人负担。

第七十二条 债权人可以拒绝债务人部分履行债务，但部分履行不损害债权人利益的除外。

债务人部分履行债务给债权人增加的费用，由债务人负担。

第七十三条 因债务人怠于行使其到期债权，对债权人造成损害的，债权人可以向人民法院请求以自己的名义代位行使债务人的债权，但该债权专属于债务人自身的除外。

代位权的行使范围以债权人的债权为限。债权人行使代位权的必要费用，由债务人负担。

第七十四条 因债务人放弃其到期债权或者无偿转让财产，对债权人造成损害的，债权人可以请求人民法院撤销债务人的行为。债务人以明显不合理的低价转让财产，对债权人造成损害，并且受让人知道该情形的，债权人也可以请求人民法院撤销债务人的行为。

撤销权的行使范围以债权人的债权为限。债权人行使撤销权的必要费用，由债务人负担。

第一百零三条 标的物提存后，毁损、灭失的风险由债权人承担。提存期间，标的物的孳息归债权人所有。提存费用由债权人负担。

案例链接

❶《上海液压气动总公司与中国农业银行上海市分行营业部借款合同纠纷再审案》，参见北大法宝引证码：Pkulaw.cn/CLI.C.196002。

❷《兴业银行广州环市东支行诉广东金中华通讯服务有限公司等借款合同纠纷案》,参见北大法宝引证码:Pkulaw. cn/CLI. C. 78190。

【抵销】

法律问题解读

抵销,是指双方互负债务时,各以其债权充当债务之清偿,而使其债务与对方的债务在对等额内相互消灭。为抵销的债权,即债务人的债权,称为自动债权、能动债权或主动债权。被抵销的债权,即债权人的债权,叫作反对债权、受动债权或被动债权。

抵销依其产生的根据不同,可以分为法定抵销和合意抵销两种。法定抵销由法律规定其构成要件,当要件具备时,依当事人一方的意思表示即可发生抵销的效力(《合同法》第99条)。依当事人一方的意思表示即可发生抵销效力的权利,称为抵销权,属于形成权。合意抵销是指按照当事人双方的合意所为的抵销。它重视当事人的意思自由,可不受法律规定构成要件的限制(《合同法》第100条)。当事人订立的这种合同称为抵销合同,其成立应依民法关于意思表示的一般规定和《合同法》关于合同订立的规则。抵销合同的效力是消灭当事人之间同等数额之内的合同关系。

抵销可以产生债的消灭的法律后果,当事人之间只需有抵销的意思表示,就可以产生债务清偿的法律效果。因此,抵销是一种特殊的债的消灭方式。抵销的立法原意,首先,抵销在于方便当事人。抵销使当事人本应履行的债务不再履行,从而简便了债权满足的方式,节省了费用。其次,抵销还有保护债权人权利的作用。这一点在破产程序中表现得尤其突出。当债务人破产时,债权人可以向债务人主张抵销,以避免破产清算时按比例分配给自己带来的不利。

法条指引

❶《中华人民共和国合同法》(1999年10月1日施行)

第九十九条 当事人互负到期债务,该债务的标的物种类、品质相同的,任何一方可以将自己的债务与对方的债务抵销,但依照法律规定或者按照合同性质不得抵销的除外。

当事人主张抵销的,应当通知对方。通知自到达对方时生效。抵销不得附条件或者附期限。

第一百条 当事人互负债务,标的物种类、品质不相同的,经双方协商一致,也可以抵销。

案例链接

❶《刘国栋诉于占营等财产所有权纠纷案》,参见北大法宝引证码:Pkulaw. cn/CLI. C. 291980。

❷《郑州安德利游乐设备有限公司诉刘保军等民间借贷纠纷案》,参见北大法宝引证码:Pkulaw. cn/CLI. C. 281091。

❸《长葛市后河镇小辛庄村民委员会诉孙太红租赁合同纠纷案》,参见北大法宝引证码:Pkulaw. cn/CLI. C. 280205。

❹《张怀林诉河南省安阳市第一制药厂等买卖合同纠纷案》,参见北大法宝引证码:Pkulaw. cn/CLI. C. 290883。

学者观点

❶ 王欣新:《企业破产法中的别除权、取回权与抵消权》,参见北大法宝引证码:Pkulaw. cn/CLI. A. 122467。

【法定抵销】

法律问题解读

法定抵销,是指二人互负同种类的债务,且债务均已届清偿期的,为使相互间所负相当额之债务同归消灭的一方的意思表示。

法定抵销必须具备如下要件:

1. 须当事人互负债务,互享债权。抵销仅于对待之债适用,故须有可供抵销的双方债权债务的存在,这是抵销发生的前提。

2. 抵销的债务必须标的物种类、品质相同。

3. 必须双方债权均已届清偿期。因债务人有权抛弃期限利益,提前清偿债务,因此,以对方债务已届清偿期的主动债权与己方债务未届清偿期的被动债权相抵销,应予允许。对于破产企业所享有的债权未届清偿期的,可以在清算前抵销,但所得的期限利益应从债权中扣除。

4. 双方债务必须均非按照合同性质或者依照法律规定不得抵销的债务。债务以得抵销为原则,在两种情况下债务禁止抵销:(1)因合同的性质禁止抵销的,例如不作为的债务、提供劳务的债务等;(2)依照法律规定禁止抵销的,例如劳动报酬、抚恤金等。

抵销权的行使,应当以意思表示向对方当事

人为之,且此种意思表示应当以通知的方式作出。通知一经到达对方即发生法律效力,不须对方当事人同意,也不以诉讼上的裁判为必要。抵销不得附有条件或者期限,抵销的通知附有条件或者期限的,该抵销的意思表示无效。

法条指引

❶ **《中华人民共和国合同法》**(1999 年 10 月 1 日施行)

第九十九条 当事人互负到期债务,该债务的标的物种类、品质相同的,任何一方可以将自己的债务与对方的债务抵销,但依照法律规定或者按照合同性质不得抵销的除外。

当事人主张抵销的,应当通知对方。通知自到达对方时生效。抵销不得附条件或者附期限。

❷ **《中华人民共和国企业破产法(试行)》**(2007 年 6 月 1 日施行)

第三十一条 破产宣告时未到期的债权,视为已到期债权,但是应当减去未到期的利息。

第三十三条 债权人对破产企业负有债务的,可以在破产清算前抵销。

❸ **最高人民法院《关于破产债权能否与未到位的注册资金抵销问题的复函》**(1995 年 4 月 10 日)

湖北省高级人民法院:

你院(1994)鄂经初字第 10 号请示报告收悉,经研究,答复如下:

据你院报告称:中国外运武汉公司(下称武汉公司)与香港德仓运输股份有限公司(下称香港公司)合资成立的武汉货柜有限公司(下称货柜公司),于1989年3月7日至8日曾召开董事会议,决定将注册资金由原来的110万美元增加到180万美元。1993年1月4日又以董事会决议对合资双方同意将注册资金增加到240万美元的《合议书》予以认可。事后,货柜公司均依规定向有关审批机构和国家工商行政管理局办理了批准、变更手续。因此,应当确认货柜公司的注册资金已变更为240万美元,尚未到位的资金应由出资人予以补足。货柜公司被申请破产后,武汉公司作为货柜公司的债权人同货柜公司的其他债权人享有平等的权利。为保护其他债权人的合法权益,武汉公司对货柜公司享有的破产债权不能与该公司对货柜公司未出足的注册资金相抵销。

❹ **《中华人民共和国企业破产法》**(2007 年 6 月 1 日施行)

第四十条 债权人在破产申请受理前对债务人负有债务的,可以向管理人主张抵销。但是,有下列情形之一的,不得抵销:

(一)债务人的债务人在破产申请受理后取得他人对债务人的债权的;

(二)债权人已知债务人有不能清偿到期债务或者破产申请的事实,对债务人负担债务的;但是,债权人因为法律规定或者有破产申请一年前所发生的原因而负担债务的除外;

(三)债务人的债务人已知债务人有不能清偿到期债务或者破产申请的事实,对债务人取得债权的;但是,债务人的债务人因为法律规定或者有破产申请一年前所发生的原因而取得债权的除外。

案例链接

❶ 《东营市大鹏房地产开发有限公司与山东安泰建筑筑路有限公司债务纠纷上诉案》,参见北大法宝引证码:Pkulaw.cn/CLI.C.33270。

❷ 《中国人民武装警察部队黄金指挥部厦门办事处诉厦门恒金珠宝首饰厂、庄惠珍借款纠纷抗诉案》,参见北大法宝引证码:Pkulaw.cn/CLI.C.71033。

学者观点

❶ 傅松苗:《论执行程序中抵销权的行驶》,参见北大法宝引证码:Pkulaw.cn/CLI.A.1111633。

【合意抵销】

法律问题解读

双方互负债务时,可依他们之间订立的抵销契约而消灭债的关系,这种抵销方式即为合意抵销。合意抵销是当事人意思自治原则的贯彻和体现,其要件及效力,无须依法律规定,可由当事人双方自由商定。

在司法实践中,要注意把握合意抵销与法定抵销的区别。由于合意抵销与法定抵销的发生原因不同,对当事人的意思表示的要求也有所不同。合意抵销当事人可以就抵销的要件、抵销的标的物、抵销的范围、抵销效力以及禁止抵销的债务进行协商。

合意抵销与法定抵销的不同之处主要体现在以下几个方面:

1. 双方债务是否届清偿期不同。在法定抵销,双方债务均须已届清偿期；在合意抵销，债务是否已届清偿期在所不问。

2. 抵销的方法不同。在法定抵销，须由抵销权人通知对方当事人；而在合意抵销，则须有主动债权人与受动债权人的意思表示一致，即双方一致订立抵销协议。

3. 对抵销标的物的要求不同。在法定抵销，要求抵销的"标的物种类、品质相同"；而在合意抵销，当事人双方可以商定种类、品质不同的标的物进行抵销。

4. 能否附条件或期限不同。法定抵销中对抵销的通知不得附条件或者期限；而合意抵销中，双方当事人可以在抵销合同中商定抵销的条件或者期限。

5. 效力不同。合意抵销具有消灭当事人之间同等数额之内的债务关系的基本效力，这一点与法定抵销相同。但是，由于合意抵销贯彻了当事人的意思自由，故具体的效力可以决定于当事人双方在抵销契约中的约定。

法条指引

❶《中华人民共和国合同法》（1999 年 10 月 1 日施行）

第一百条 当事人互负债务，标的物种类、品质不相同的，经双方协商一致，也可以抵销。

案例链接

❶《程运水诉程亮劳务报酬纠纷案》，参见北大法宝引证码：Pkulaw.cn/CLI.C.290648。

❷《海南省国营西联农场诉国投洋浦港有限公司房屋买卖纠纷案》，参见北大法宝引证码：Pkulaw.cn/CLI.C.2133。

学者观点

❶ 薛智胜、马淑亚：《我国金融衍生品发展的法律困境解析》，参见北大法宝引证码：Pkulaw.cn/CLI.A.1117935。

【提存】

法律问题解读

提存，是指由于债权人的原因而无法向其交付债的标的物的时候，债务人得将该标的物交给一定的机关保存，从而消灭债权债务关系的一种法律制度。特殊的提存不要求具备由于债权人的原因而难以履行的条件，如《担保法》第 49 条第 3 款的规定。债权人对于债务人的给付负有协助和受领的义务。当债权人无正当理由拒不受领时，债务人的债务不能消灭，其时刻处于准备履行状态，对债务人有失公平。法律为结束这一不公平的状态，特设提存制度解决这一问题。

提存涉及三方当事人，即提存人（债务人）、提存部门和债权人，因此发生提存人与提存部门、提存部门与债权人、提存人与债权人的三方法律关系。就提存人与债权人之间的关系而言，为私法上的法律关系，且提存的目的也在于消灭债权人与提存人之间的债权债务关系。但提存部门为国家所设的机关，接受提存标的物并为保管及将提存物发还债权人，系公法上的义务，故提存又具有公法上的法律关系的因素。提存人与债权人的关系为私法关系，他们与提存部门的关系为公法关系。

以前的三个合同法都没有对提存作出规定。最高人民法院《关于贯彻执行〈中华人民共和国民法通则〉若干问题的意见》第 104 条明确承认了提存是债的消灭原因。1995 年司法部发布的《提存公证规则》全面规定了提存制度，详细规定了提存的原因、条件、程序、法律效力等。同时，该规则把提存分为以清偿为目的与以担保为目的两种类型。《担保法》相关条文规定了以担保为目的的提存。《合同法》以市场经济基本法的地位再次规定了提存制度，其规定统一适用提存关系，除非特别法另有规定。

法条指引

❶《中华人民共和国合同法》（1999 年 10 月 1 日施行）

第一百零一条 有下列情形之一，难以履行债务的，债务人可以将标的物提存：

（一）债权人无正当理由拒绝受领；

（二）债权人下落不明；

（三）债权人死亡未确定继承人或者丧失民事行为能力未确定监护人；

（四）法律规定的其他情形。

标的物不适于提存或者提存费用过高的，债务人依法可以拍卖或者变卖标的物，提存所得的价款。

第三百一十六条 收货人不明或者收货人无正当理由拒绝受领货物的，依照本法第一百零一条的规定，承运人可以提存货物。

❷《中华人民共和国担保法》（1995年10月1日施行）

第四十九条 抵押期间，抵押人转让已办理登记的抵押物的，应当通知抵押权人并告知受让人转让物已经抵押的情况；抵押人未通知抵押权人或者未告知受让人的，转让行为无效。

转让抵押物的价款明显低于其价值的，抵押权人可以要求抵押人提供相应的担保；抵押人不提供的，不得转让抵押物。

抵押人转让抵押物所得的价款，应当向抵押权人提前清偿所担保的债权或者向与抵押权人约定的第三人提存。超过债权数额的部分，归抵押人所有，不足部分由债务人清偿。

第六十九条 质权人负有妥善保管质物的义务。因保管不善致使质物灭失或者毁损的，质权人应当承担民事责任。

质权人不能妥善保管质物可能致使其灭失或者毁损的，出质人可以要求质权人将质物提存，或者要求提前清偿债权而返还质物。

第七十条 质物有损坏或者价值明显减少的可能，足以危害质权人权利的，质权人可以要求出质人提供相应的担保。出质人不提供的，质权人可以拍卖或者变卖质物，并与出质人协议将拍卖或者变卖所得的价款用于提前清偿所担保的债权或者向与出质人约定的第三人提存。

第七十七条 以载明兑现或者提货日期的汇票、支票、本票、债券、存款单、仓单、提单出质的，汇票、支票、本票、债券、存款单、仓单、提单兑现或者提货日期先于债务履行期的，质权人可以在债务履行期届满前兑现或者提货，并与出质人协议将兑现的价款或者提取的货物用于提前清偿所担保的债权或者向与出质人约定的第三人提存。

第七十八条 以依法可以转让的股票出质的，出质人与质权人应当订立书面合同，并向证券登记机构办理出质登记。质押合同自登记之日起生效。

股票出质后，不得转让，但经出质人与质权人协商同意的可以转让。出质人转让股票所得的价款应当向质权人提前清偿所担保的债权或者向与质权人约定的第三人提存。

以有限责任公司的股份出质的，适用公司法股份转让的有关规定。质押合同自股份出质记载于股东名册之日起生效。

❸ 最高人民法院《关于贯彻执行〈中华人民共和国民法通则〉若干问题的意见》（1988年1月26日施行）

104.债权人无正当理由拒绝债务人履行义务，债务人将履行的标的物向有关部门提存的，应当认定债务已经履行。因提存所支出的费用，应当由债权人承担。提存期间，财产收益归债权人所有，风险责任由债权人承担。

❹《提存公证规则》（1995年6月2日施行）

第二条 提存公证是公证处依照法定条件和程序，对债务人或担保人为债权人的利益而交付的债之标的物或担保物（含担保物的替代物）进行寄托、保管，并在条件成就时交付债权人的活动。为履行清偿义务或担保义务而向公证处申请提存的人为提存人。提存之债的债权人为提存受领人。

第三条 以清偿为目的的提存公证具有债的消灭和债之标的物风险责任转移的法律效力。

以担保为目的的提存公证具有保证债务履行和替代其他担保形式的法律效力。

不符合法定条件的提存或提存人取回提存标的的，不具有提存公证的法律效力。

❺《国内水路货物运输规则》（2001年1月1日施行）

第四十二条 承运人交付货物的情况符合《中华人民共和国合同法》第一百零一条、第三百一十六条规定的条件时，承运人可以根据《中华人民共和国合同法》的规定将货物提存。

案例链接

❶《吴东魁诉赵广臣租赁合同纠纷案》，参见北大法宝引证码：Pkulaw.cn/CLI.C.291591。

❷《嵩县林产品经销公司诉林旦房屋租赁合同纠纷案》，参见北大法宝引证码：Pkulaw.cn/CLI.C.291620。

❸《Grand Rodosi Inc.（格兰德罗德西公司）与舟山万邦永跃船舶修造有限公司船舶修理合同纠纷上诉案》，参见北大法宝引证码：Pkulaw.cn/CLI.C.253886。

❹《毛某与王某离婚纠纷上诉案》，参见北大法宝引证码：Pkulaw.cn/CLI.C.276257。

学者观点

❶ 韩世远：《提存论》，参见北大法宝引证码：Pkulaw.cn/CLI.A.173888。

❷ 陈静波：《论我国提存制度及其完善》，参见

❸ 崔令之:《论提存的法律性质》,参见北大宝引证码:Pkulaw. cn/CLI. A. 158202。

❹ 史浩明:《论提存》,参见北大宝引证码:Pkulaw. cn/CLI. A. 142061。

【提存的原因】

法律问题解读

根据我国《合同法》第101条的规定,有下列情形之一,难以履行债务的,债务人可以将标的物提存:

1. 债权人无正当理由拒绝受领。构成该原因,必须是债务人现实地提出了给付,个别情况下是以言词提出给付的。如果债务人未现实地提出给付(包括允许以言词提出给付),则不构成提存原因。债权人无正当理由拒绝受领,使债务人无法履行,为保护其合法权益,应当允许债务人提存。

2. 债权人下落不明。债权人下落不明是指债权人离开住所无任何消息,包括债权人不清、地址不详、债权人失踪又无代管人等。债权人下落不明使债务无法履行,即使履行也达不到合同目的,因此允许债务人提存。

3. 债权人死亡未确定继承人或者丧失民事行为能力未确定监护人。债权人死亡未确定继承人,是指债权人死亡后,债务人不知道谁是债权人,或者数个继承人中谁是真正的债权人,因此难以履行债务。行为能力欠缺者,其进行民事活动应当由其监护人代理或者征得其监护人的同意,监护人未确定时,债务人无法履行债务。在上述两种情况之下,法律允许债务人将标的物提存。

4. 法律规定的其他情形。这是一项弹性规定,其范围应当以有关法律明文规定为限。理解"法律规定的其他情形"这一条款时,应当从严把握。即只有全国人大及其常委会颁布的立法文件中有规定的才能适用这一关于提存的规定,应当特别注意这里的用语为"法律",不包括行政法规。例如,为了保护债权人的利益,我国《担保法》规定,抵押权人或者质权人可以请求提存担保物或者其代替物。

法条指引

❶《中华人民共和国合同法》(1999年10月1日施行)

第一百零一条 有下列情形之一,难以履行债务的,债务人可以将标的物提存:

(一)债权人无正当理由拒绝受领;

(二)债权人下落不明;

(三)债权人死亡未确定继承人或者丧失民事行为能力未确定监护人;

(四)法律规定的其他情形。

标的物不适于提存或者提存费用过高的,债务人依法可以拍卖或者变卖标的物,提存所得的价款。

❷《中华人民共和国担保法》(1995年10月1日施行)

第四十九条 抵押期间,抵押人转让已办理登记的抵押物的,应当通知抵押权人并告知受让人转让物已经抵押的情况;抵押人未通知抵押权人或者未告知受让人的,转让行为无效。

转让抵押物的价款明显低于其价值的,抵押权人可以要求抵押人提供相应的担保;抵押人不提供的,不得转让抵押物。

抵押人转让抵押物所得的价款,应当向抵押权人提前清偿所担保的债权或者向与抵押权人约定的第三人提存。超过债权数额的部分,归抵押人所有,不足部分由债务人清偿。

第六十九条 质权人负有妥善保管质物的义务。因保管不善致使质物灭失或者毁损的,质权人应当承担民事责任。

质权人不能妥善保管质物可能致使其灭失或者毁损的,出质人可以要求质权人将质物提存,或者要求提前清偿债权而返还质物。

第七十条 质物有损坏或者价值明显减少的可能,足以危害质权人权利的,质权人可以要求出质人提供相应的担保。出质人不提供的,质权人可以拍卖或者变卖质物,并与出质人协议将拍卖或者变卖所得的价款用于提前清偿所担保的债权或者向与出质人约定的第三人提存。

第七十七条 以载明兑现或者提货日期的汇票、支票、本票、债券、存款单、仓单、提单出质的,汇票、支票、本票、债券、存款单、仓单、提单兑现或者提货日期先于债务履行期的,质权人可以在债务履行期届满前兑现或者提货,并与出质人协议将兑现的价款或者提取的货物用于提前清偿所担保的债权或者向与出质人约定的第三人提存。

第七十八条 以依法可以转让的股票出质的,出质人与质权人应当订立书面合同,并向证券登记机构办理出质登记。质押合同自登记之日起生效。

股票出质后,不得转让,但经出质人与质权人协商同意的可以转让。出质人转让股票所得的价款应当向质权人提前清偿所担保的债权或者向与质权人约定的第三人提存。

以有限责任公司的股份出质的,适用公司法股份转让的有关规定。质押合同自股份出质记载于股东名册之日起生效。

❸ 最高人民法院《关于适用〈中华人民共和国担保法〉若干问题的解释》(2000年12月13日施行)

第七十八条 同一财产向两个以上债权人抵押的,顺序在后的抵押权所担保的债权先到期的,抵押权人只能就抵押物价值超出顺序在先的抵押担保债权的部分受偿。

顺序在先的抵押权所担保的债权先到期的,抵押权实现后的剩余价款应予提存,留待清偿顺序在后的抵押担保债权。

第九十二条 按照担保法第六十九条的规定将质物提存的,质物提存费用由质权人负担;出质人提前清偿债权的,应当扣除未到期部分的利息。

❹《中华人民共和国物权法》(2007年10月1日施行)

第一百七十四条 担保期间,担保财产毁损、灭失或者被征收等,担保物权人可以就获得的保险金、赔偿金或者补偿金等优先受偿。被担保债权的履行期未届满的,也可以提存该保险金、赔偿金或补偿金等。

第一百九十一条 抵押期间,抵押人经抵押权人同意转让抵押财产的,应当将转让所得的价款向抵押权人提前清偿债务或者提存。转让的价款超过债权数额的部分归抵押人所有,不足部分由债务人清偿。

抵押期间,抵押人未经抵押权人同意,不得转让抵押财产,但受让人代为清偿债务消灭抵押权的除外。

第二百一十五条 质权人负有妥善保管质押财产的义务;因保管不善致使质押财产毁损、灭失的,应当承担赔偿责任。

质权人的行为可能使质押财产毁损、灭失的,出质人可以要求质权人将质押财产提存,或者要求提前清偿债务并返还质押财产。

第二百一十六条 因不能归责于质权人的事由可能使质押财产毁损或者价值明显减少,足以危害质权人权利的,质权人有权要求出质人提供相应的担保;出质人不提供的,质权人可以拍卖、变卖质押财产,并与出质人通过协议将拍卖、变卖所得的价款提前清偿债务或者提存。

第二百二十五条 汇票、支票、本票、债券、存款单、仓单、提单的兑现日期或者提货日期先于主债权到期的,质权人可以兑现或者提货,并与出质人协议将兑现的价款或者提取的货物提前清偿债务或者提存。

第二百二十六条 以基金份额、股权出质的,当事人应当订立书面合同。以基金份额、证券登记结算机构登记的股权出质的,质权自证券登记结算机构办理出质登记时设立;以其他股权出质的,质权自工商行政管理部门办理出质登记时设立。

基金份额、股权出质后,不得转让,但经出质人与质权人协商同意的除外。出质人转让基金份额、股权所得的价款,应当向质权人提前清偿债务或者提存。

第二百二十七条 以注册商标专用权、专利权、著作权等知识产权中的财产权出质的,当事人应当订立书面合同。质权自有关主管部门办理出质登记时设立。

知识产权中的财产权出质后,出质人不得转让或者许可他人使用,但经出质人与质权人协商同意的除外。出质人转让或者许可他人使用出质的知识产权中的财产权所得的价款,应当向质权人提前清偿债务或者提存。

第二百二十八条 以应收账款出质的,当事人应当订立书面合同。质权自信贷征信机构办理出质登记时设立。

应收账款出质后,不得转让,但经出质人与质权人协商同意的除外。出质人转让应收账款所得的价款,应当向质权人提前清偿债务或者提存。

❺《提存公证规则》(1995年6月2日施行)

第五条 债务清偿期限届至,有下列情况之一使债务人无法按时给付的,公证处可以根据债务人申请依法办理提存:

(一)债权人无正当理由拒绝或延迟受领债之标的的;

(二)债权人不在债务履行地又不能到履行地受领的;

(三)债权人不清、地址不详,或失踪、死亡(消灭)其继承人不清,或无行为能力其法定代理人不清的。

第六条 有下列情况之一的,公证处可以根据当事人申请办理提存公证:

(一)债的双方在合同(协议)中约定以提存

方式给付的；

（二）为了保护债权人利益，保证人、抵押人或质权人请求将担保物（金）或其替代物提存的。

当事人申办前款所列提存公证，必须列明提存物给付条件，公证处应按提存人所附条件给付提存标的物。

学者观点

❶ 张谷：《论债务免除的性质》，参见北大法宝引证码：Pkulaw. cn/CLI. A. 1115823。

❷ 汪良平：《论提存的构成要件与效力》，参见北大法宝引证码：Pkulaw. cn/CLI. A. 118602。

【提存的条件】

法律问题解读

关于提存的条件，虽然《合同法》基本未作规定，但《提存公证规则》对此进行了较为详细的规定。实践中，遇到有关提存案件的实务操作问题，应当注意参考《提存公证规则》等规定。具体而言，提存必须符合下列条件：

1. 提存人有提存能力，且意思表示真实。所谓提存人，是指为履行清偿义务或担保义务而向公证处申请提存的人。由于提存是一种法律行为，因此需要提存人为提存时具有行为能力，且意思表示真实，提存方能有效。

2. 提存之债真实、合法。真实、合法的债权债务关系的存在是提存的前提；不存在债的关系，就不产生提存问题。

3. 存在提存的原因，存在适宜提存的标的物。提存的原因已如上述。适宜提存的标的物包括：货币；有价证券、票据、提单、权利证书；贵重物品；担保物（金）或其替代物；其他适宜提存的标的物。标的物不适宜提存或者提存费用过高的，债务人依法可以拍卖或者变卖标的物，提存所得价款。

4. 提存标的与债的标的相符。提存仍然属于履行债务，因而提存的标的必须与债的标的相符，否则就是违约，而不构成提存。提存标的与债的标的不符或在提存时难以辨明两者是否相符的，公证处应当告知提存人，如提存受领人因此原因拒绝受领提存物，则不产生提存的效力。提存人仍要求提存的，公证处可以办理提存，并记载上述条件。对不符合提存条件的，公证处应当拒绝办理提存公证，并告知申请人对拒绝公证不服的复议程序。

法条指引

❶《中华人民共和国合同法》（1999年10月1日施行）

第一百零一条 有下列情形之一，难以履行债务的，债务人可以将标的物提存：

（一）债权人无正当理由拒绝受领；

（二）债权人下落不明；

（三）债权人死亡未确定继承人或者丧失民事行为能力未确定监护人；

（四）法律规定的其他情形。

标的物不适于提存或者提存费用过高的，债务人依法可以拍卖或者变卖标的物，提存所得的价款。

❷《提存公证规则》（1995年6月2日施行）

第二条 提存公证是公证处依照法定条件和程序，对债务人或担保人为债权人的利益而交付的债之标的物或担保物（含担保物的替代物）进行寄托、保管，并在条件成就时交付债权人的活动。为履行清偿义务或担保义务而向公证处申请提存的人为提存人。提存之债的债权人为提存受领人。

第七条 下列标的物可以提存：

（一）货币；

（二）有价证券、票据、提单、权利证书；

（三）贵重物品；

（四）担保物（金）或其替代物；

（五）其他适宜提存的标的物。

第十三条 符合下列条件的，公证处应当予以提存：

（一）提存人具有行为能力，意思表示真实；

（二）提存之债真实、合法；

（三）符合本规则第五条或第六条以及第七条规定条件；

（四）提存标的与债的标的相符。

提存标的与债的标的不符或在提存时难以判明两者是否相符的，公证处应告知提存人如提存受领人因此原因拒绝受领提存物则不能产生提存的效力。提存人仍要求提存的，公证处可以办理提存公证，并记载上述条件。

不符合前两款规定的，公证处应当拒绝办理提存公证，并告知申请人对拒绝公证不服的复议程序。

第七章 合同的权利义务终止

案例链接

❶《朱玉兰等与姚远刚等房屋买卖合同纠纷上诉案》,参见北大法宝引证码:Pkulaw. cn/CLI. C. 188410。

❷《张伟康等与增城市公证处等股权转让纠纷上诉案》,参见北大法宝引证码:Pkulaw. cn/CLI. C. 113196。

❸《粟春林与珠海市良邦石油化工有限公司等股权转让合同纠纷上诉案》,参见北大法宝引证码:Pkulaw. cn/CLI. C. 116320。

【提存的主体和客体】

法律问题解读

提存的主体,又称提存的当事人,包括提存人、债权人(提存受领人)、提存部门。

1. 提存人,是指为履行给付义务或担保义务而向提存部门申请提存的人。他是提存之债的债务人。因为提存是一种民事法律行为,所以需要提存人在提存时具有民事行为能力。在一般情况下,提存人为债务人,但是,得为清偿的第三人也可作为提存人。我国《提存公证规则》第2条规定提存人为"履行清偿义务"的人,自然包括第三人。

2. 提存受领人,是指提存之债的债权人。提存受领人一般为债权人或其代理人。

3. 提存机关,是指国家设立的接收提存物而为保管的机关。按我国《提存公证规则》规定为公证处。

提存的客体,即提存的标的,原则上应为依债务的规定应当交付的标的物。提存的标的物以适于提存者为限。根据《提存公证规则》的规定,货币、有价证券、票据、提单、权利证书、贵重物品、担保物(金)及其替代物以及其他适宜提存的标的物,均为可提存的客体。标的物不适于提存或有毁损灭失的危险,以及提存费用过高的,提存人可以申请法院拍卖而提存其价金。该标的物有市场价者,法院也可以允许提存人按照市价出卖而提存价金。

法条指引

❶《中华人民共和国合同法》(1999年10月1日施行)

第一百零一条 有下列情形之一,难以履行债务的,债务人可以将标的物提存:

(一)债权人无正当理由拒绝受领;

(二)债权人下落不明;

(三)债权人死亡未确定继承人或者丧失民事行为能力未确定监护人;

(四)法律规定的其他情形。

标的物不适于提存或者提存费用过高的,债务人依法可以拍卖或者变卖标的物,提存所得的价款。

❷《提存公证规则》(1995年6月2日施行)

第二条 提存公证是公证处依照法定条件和程序,对债务人或担保人为债权人的利益而交付的债之标的物或担保物(含担保物的替代物)进行寄托、保管,并在条件成就时交付债权人的活动。为履行清偿义务或担保义务而向公证处申请提存的人为提存人。提存之债的债权人为提存受领人。

第七条 下列标的物可以提存:

(一)货币;

(二)有价证券、票据、提单、权利证书;

(三)贵重物品;

(四)担保物(金)或其替代物;

(五)其他适宜提存的标的物。

学者观点

❶ 王兰萍:《试论重印稿酬提存》,参见北大法宝引证码:Pkulaw. cn/CLI. A. 1115433。

❷ 韩世远:《提存论》,参见北大法宝引证码:Pkulaw. cn/CLI. A. 173888。

【提存的通知】

法律问题解读

提存通知是提存手续的最后一个步骤,其意义在于使债权人或者其继承人、监护人知悉提存的事实。一般来说,提存通知的义务应当由提存人承担,因为提存人对债权人的情况更为熟悉,提存部门同时负有把提存通知书送达债权人的责任。

我国现行《合同法》仅仅规定了债务人(提存人)的通知义务。《合同法》第102条规定:"标的物提存后,除债权人下落不明的以外,债务人应当及时通知债权人或者债权人的继承人、监护人。"提存通知的内容是告知债权人有关债务的标的物提存的详细情况,如提存物的名称、种类、数量、提存部门的名称、住所以及提存的时间等，并且提示债权人前往提存部门领取提存物。此外，债务人还应当在提存通知中附上提存证书的复印件。提存通知的方式一般应当采用书面形式。提存通知必须及时作出，所谓"及时"，是指债务人提存标的物后的合理时间。如果债务人怠为通知或未及时通知，给债权人造成损失的，提存人应当负损害赔偿责任。但是因债权人下落不明，无法通知债权人的除外。

《提存公证规则》对提存的通知作了更具有可操作性的规定：提存人应将提存事实及时通知提存受领人。以清偿为目的的提存或提存人通知有困难的，公证处应自提存之日起 7 日内，以书面形式通知提存受领人，告知其领取提存物的时间、地点、方法。提存受领人不清或下落不明、地址不详无法送达通知的，公证处应自提存之日起 60 日内以公告方式通知。公告刊登在国家或者债权人在国内住所地的法制报刊上，公告在 1 个月内应在同一报刊上刊登 3 次。

法条指引

❶《中华人民共和国合同法》（1999 年 10 月 1 日施行）

第一百零二条 标的物提存后，除债权人下落不明的以外，债务人应当及时通知债权人或者债权人的继承人、监护人。

❷《提存公证规则》（1995 年 6 月 2 日施行）

第十八条 提存人应将提存事实及时通知提存受领人。

以清偿为目的的提存或提存人通知有困难的，公证处应自提存之日起七日内，以书面形式通知提存受领人，告知其领取提存物的时间、期限、地点、方法。

提存受领人不清或下落不明、地址不详无法送达通知的，公证处应自提存之日起六十日内，以公告方式通知。公告应刊登在国家或债权人在国内住所地的法制报刊上，公告应在一个月内在同一报刊刊登三次。

案例链接

❶《重庆木器厂与重庆珠江实业有限公司拆迁补偿纠纷上诉案》，参见北大法宝引证码：Pkulaw. cn/CLI. C. 18440。

❷《陈达辉诉陈达安撤销权纠纷案》，参见北大法宝引证码：Pkulaw. cn/CLI. C. 165137。

❸《余学梅与广州市海珠区潮正旺酒家房屋租赁合同纠纷上诉案》，参见北大法宝引证码：Pkulaw. cn/CLI. C. 106858。

学者观点

❶ 韩世远：《提存论》，参见北大法宝引证码：Pkulaw. cn/CLI. A. 173888。

❷ 汪良平：《论提存的构成要件与效力》，参见北大法宝引证码：Pkulaw. cn/CLI. A. 118602。

【提存的效力】

法律问题解读

关于提存的效力，应分为提存人与债权人之间、提存人与提存部门之间和债权人与提存部门之间的效力三个部分。

1. 提存在提存人与债权人之间的效力。自提存之日起，债务人（提存人）的债务即告消灭。提存物在提存期间所产生的孳息归提存受领人所有。提存的不动产或其他物品的收益，除用于维护费用外，剩余部分应当存入提存账户。标的物提存使债权得到清偿，标的物的所有权归债权人，其毁损灭失的风险也归债权人负担。

2. 提存在提存人与提存部门之间的效力。在符合提存的条件下，提存人有权利请求提存部门办理提存业务，提存部门有义务提存。提存人可以凭人民法院生效的判决、裁定或提存之债已经清偿的公证证明取回提存物。

3. 提存在债权人与提存部门之间的效力。债权人可以随时领取提存物，法律另有规定的除外。债权人领取提存物的权利自提存之日起 5 年内不行使而消灭，提存物扣除提存费用后归国家所有。提存受领人领取提存物时应当提供身份证明、提存通知书或公告、债权的有关证明，并承担因提存所支出的费用。除当事人另有约定外，提存费用由债权人承担。提存部门有保管提存标的物的权利和义务。提存部门应当采取适当的方法妥善保管标的物，以防造成毁损灭失。对不宜保存的，提存人到期不受领或者超过保管期限的标的物，提存部门可以拍卖，保存其价款。提存的存款单、有价证券、奖券需要领息、承兑、领奖的，公证处应代为承兑或领取。提存部门应当按照法律规定或者当事人约定向当事人给付提存物，提存部门不得挪用提存物，拒绝给付或者挪用提存物的，应当依法承担相应的法律责任。

法条指引

❶《中华人民共和国合同法》（1999年10月1日施行）

第一百零三条 标的物提存后，毁损、灭失的风险由债权人承担。提存期间，标的物的孳息归债权人所有。提存费用由债权人负担。

第一百零四条 债权人可以随时领取提存物，但债权人对债务人负有到期债务的，在债权人未履行债务或者提供担保之前，提存部门根据债务人的要求应当拒绝其领取提存物。

债权人领取提存物的权利，自提存之日起五年内不行使而消灭，提存物扣除提存费用后归国家所有。

❷《提存公证规则》（1995年6月2日施行）

第十七条 公证处应当从提存之日起三日内出具提存公证书。提存之债从提存之日即告清偿。

第十九条 公证处有保管提存标的物的权利和义务。公证处应当采取适当的方法妥善保管提存标的，以防毁损、变质或灭失。

对不宜保存的、提存受领人到期不领取或超过保管期限的提存物品，公证处可以拍卖，保存其价款。

第二十条 下列物品的保管期限为六个月：

（一）不适于长期保管或长期保管将损害其价值的；

（二）六个月的保管费用超过物品价值5%的。

第二十二条 提存物在提存期间所产生的孳息归提存受领人所有。提存人取回提存物的，孳息归提存人所有。

提存的存款单、有价证券、奖券需要领息、承兑、领奖的，公证处应当代为承兑或领取，所获得的本金和孳息在不改变用途的前提下，按不损害提存受领人利益的原则处理。无法按原用途使用的，应以货币形式存入提存账户。

定期存款到期的，原则上按原来期限将本金和利息一并转存。股息红利除用于支付有关的费用外，剩余部分应当存入提存专用账户。

提存的不动产或其他物品的收益，除用于维护费用外剩余部分应当存入提存账户。

第二十三条 公证处应当按照当事人约定或法定的条件给付提存标的。本规则第六条第一项规定的以对待给付为条件的提存，在提存受领人未为对待给付之前，公证处不得给付提存标的物。

提存受领人领取提存标的物时，应提供身份证明、提存通知书或公告，以及有关债权的证明，并承担因提存所支出的费用。提存受领人负有对待给付义务的，应提供履行对待给付义务的证明。委托他人代领的，还应提供有效的授权委托书。由其继承人领取的，应当提交继承公证书或其他有效的法律文书。

第二十五条 除当事人另有约定外，提存费用由提存受领人承担。

提存费用包括：提存公证费、公告费、邮电费、保管费、评估鉴定费、代管费、拍卖变卖费、保险费，以及为保管、处理、运输提存标的物所支出的其他费用。

提存受领人未支付提存费用前，公证处有权留置价值相当的提存标的物。

第二十六条 提存人可以凭人民法院生效的判决、裁定或提存之债已经清偿的公证证明取回提存物。

提存受领人以书面形式向公证处表示抛弃提存受领权的，提存人得取回提存物。

提存人取回提存物的，视为未提存。因此产生的费用由提存人承担。提存人未支付提存费用前，公证处有权留置价值相当的提存标的。

第二十七条 公证处不得挪用提存标的。公证处或公证人员挪用提存标的的，除应负相应的赔偿责任外，对直接责任人员要追究行政或刑事责任。

提存期间，提存物毁损灭失的风险责任由提存受领人负担；但因公证处过错造成毁损、灭失的，公证处负有赔偿责任。

公民、法人以不正当手段骗取提存标的的，负有赔偿责任；构成犯罪的，依法追究刑事责任。

公证处未按法定或当事人约定条件给付提存标的给当事人造成损失的，公证处负有连带赔偿责任。

第二十八条 符合法定或当事人约定的给付条件，公证处拒绝给付的，由其主管的司法行政机关责令限期给付；给当事人造成损失的，公证处负有赔偿责任。

根据人民法院、仲裁机构的裁决或司法行政机关决定给付的，由此产生的法律后果由作出决定的机构承担。

案例链接

❶《田志为诉杨智敏房屋买卖合同案》，参见北大法宝引证码：Pkulaw.cn/CLI.C.235564。

学者观点

❶ 汪良平:《论提存的构成要件与效力》,参见北大法宝引证码:Pkulaw.cn/CLI.A.118602。

❷ 周小昀、胡志超:《论提存担保制度》,参见北大法宝引证码:Pkulaw.cn/CLI.A.1110931。

【免除】

法律问题解读

免除,是指债权人放弃部分或者全部债权,对债务人为一方意思表示而使债务部分或者全部归于消灭的一种法律制度。债权人免除债务人债务,必须具备如下条件:

1. 免除须以意思表示为之。免除在性质上一般认为属单方法律行为,且为无因行为。它仅依债权人表示免除债务的意思而发生效力,不以债务人的同意为必要。免除既为债权人放弃权利的意思表示,则民法关于意思表示的规定,在免除中应予适用。

2. 免除须向债务人为之。向第三人为免除的意思表示,不发生免除的法律效力,债的关系并不消灭。例如,债权人与第三人约定抛弃对债务人的债权,而由第三人给予适当补偿。在此情况下,仍应由债权人向债务人另行作出免除的意思表示,债的关系才能消灭。当然,免除的意思表示可以向债务人的代理人为之。

3. 债权人抛弃债权的意思表示不得撤回。免除为单方法律行为,自向债务人或其代理人表示后,即产生了债务消灭的法律效力。因此,一旦债权人作出了免除的意思表示,即不得撤回。

4. 债权人须有处分能力。免除为债权人处分债权的行为,因而需要免除人具有处分该项权利的能力,无行为能力或限制行为能力人未取得其法定代理人的同意,不得为免除行为;无权处分时,也不发生免除效力。债权人被宣告破产时,因债权人不得任意处分其债权,故不得为免除的意思表示。债务人因纯获利益,且债务人的处分能力与免除的效力无关,所以即使债务人行为能力有欠缺,免除仍可成立。

法条指引

❶《中华人民共和国合同法》(1999年10月1日施行)

第一百零五条 债权人免除债务人部分或者全部债务的,合同的权利义务部分或者全部终止。

案例链接

❶《北京时越网络技术有限公司与中国电影集团公司电影营销策划分公司侵犯著作财产权纠纷上诉案》,参见北大法宝引证码:Pkulaw.cn/CLI.C.292388。

❷《获嘉县史庄镇闫庄村村民委员会诉徐天青农村土地承包合同纠纷案》,参见北大法宝引证码:Pkulaw.cn/CLI.C.291539。

❸《河南派普建设工程有限公司等与河南华圣工贸有限公司买卖合同纠纷上诉案》,参见北大法宝引证码:Pkulaw.cn/CLI.C.280814。

❹《邵保顺等与冯洁民承揽合同纠纷上诉案》,参见北大法宝引证码:Pkulaw.cn/CLI.C.286122。

学者观点

❶ 张谷:《论债务免除的性质》,参见北大法宝引证码:Pkulaw.cn/CLI.A.1115823。

【免除的效力】

法律问题解读

债务免除将发生如下法律效力:

1. 债的关系的绝对消灭。债的关系因免除而发生绝对消灭的效果。债务全部免除者,合同的权利义务关系全部消灭;债务部分免除者,则仅该免除部分消灭。债务消灭的结果,合同的从债务如利息债务、担保债务等,也同时归于消灭。免除不得损害第三人的合法权益。例如,已就债权设定质权的债权人不得免除债务人的债务,而以之对抗质权人。在债务被全部免除的情况下,有债权证书的,债务人可以请求返还债权证书,债务人也可以要求债权人交付免除证书。

2. 保证债务的免除。保证债务以主合同的存在或将来存在为前提,所以,主合同消灭,保证债务随之消灭。但是,债权人与保证人之间保证债务的免除不影响主合同的存在,主债务并不因此消灭。

3. 一般债权或一般债务的免除。债权人仅免除部分债务人的债务的,其余债务人的债务不消灭;部分债权人免除债务人债务的,其余债权人的债权不消灭。

4. 不可分债权债务的免除。对于给付不可分割的不可分债权或不可分债务,免除须对全部债权或者债务为之。债权人仅免除部分不可分债务人的债务或者部分不可分债权人免除债务人的部分不可分债务时,不发生免除效力。

5.法律禁止抛弃的债权不得为免除。例如,最高人民法院《关于雇工合同应当严格执行劳动保护法规问题的批复》指出,受雇人对雇用人的工伤事故赔偿请求权不得预先抛弃。

法条指引

❶《中华人民共和国合同法》(1999年10月1日施行)

第一百零五条 债权人免除债务人部分或者全部债务的,合同的权利义务部分或者全部终止。

❷ 最高人民法院《关于雇工合同应当严格执行劳动保护法规问题的批复》(1988年10月14日)

天津市高级人民法院:

你院〔1987〕第60号请示报告收悉。据报告称,你市塘沽区张学珍、徐广秋开办的新村青年服务站,于1985年6月招雇张国胜(男,21岁)为临时工,招工登记表中注明"工伤概不负责任"的内容。次年11月17日,该站在天津碱厂拆除旧厂房时,因房梁断落,造成张国胜左踝关节挫伤,引起局部组织感染坏死,导致因脓毒性败血症而死亡。张国胜生前为治伤用去医疗费14151.15元。为此,张国胜的父母张连起、焦容兰向雇主张学珍等索赔。张等则以"工伤概不负责任"为由拒绝承担民事责任。张连起、焦容兰遂向法院起诉。

经研究认为,对劳动者实行劳动保护,在我国宪法中已有明文规定,这是劳动者所享有的权利,受国家法律保护,任何个人和组织都不得任意侵犯。张学珍、徐广秋身为雇主,对雇员理应依法给予劳动保护,但他们却在招工登记表中注明"工伤概不负责任"。这是违反宪法和有关劳动保护法规的,也严重违反了社会主义公德,对这种行为应认定无效。

此复

学者观点

❶ 王松:《不真正连带债务诉讼实证探析》,参见北大法宝引证码:Pkulaw.cn/CLI.A.1112966。

❷ 刘保玉:《共同保证的结构形态与保证责任的承担》,参见北大法宝引证码:Pkulaw.cn/CLI.A.12226。

【混同】

法律问题解读

混同,即债权和债务同归于一人,是合同绝对终止的法律事实。混同成立的原因在于债权债务的概括承受与特定承受。其中,概括承受为发生混同的主要原因。例如企业合并,合并前的两个企业之间有债权债务时,企业合并后,债权债务关系因同归于一个企业而消灭。由特定承受而发生的混同,是指债务人受让债权人的债权,债权人承受债务人的债务,此时也因混同而使合同的权利义务终止。

合同关系及其他债之关系,因混同而绝对消灭。消灭效力不仅及于债权人和债务人的抗辩权,还及于合同债权的从权利,如利息债权、违约金债权、担保物权等。但是,当债权债务同归于一人而合同权利义务关系涉及第三人利益,也就是说,合同权利系他人权利的标的时,从保护第三人利益出发,债权不因混同而消灭。例如,债权为他人质权的标的时,质权人就债权的继续存在享有利益,在此种情况下,即使债权债务关系发生混同,债权也不发生消灭。另外,在法律另有规定时,混同也不发生消灭债的效力。例如,按照银行结算办法的规定,商业汇票的收款人、付款人(或承兑人)以及其他票据债务人,在票据未到期前依背书转让的,票据上的债权债务即使同归于一人的,票据仍可流通,所以票据所示之债仍不消灭。

法条指引

❶《中华人民共和国合同法》(1999年10月1日施行)

第一百零六条 债权和债务同归于一人的,合同的权利义务终止,但涉及第三人利益的除外。

案例链接

❶《马秀如与汪秀玲等房屋买卖合同纠纷再审案》,参见北大法宝引证码:Pkulaw.cn/CLI.C.285752。

❷《咸阳偏转集团公司诉北京北方执信影视策划中心其他合同纠纷案》,参见北大法宝引证码:Pkulaw.cn/CLI.C.91121。

❸《方某与何某某离婚纠纷上诉案》,参见北

大法宝引证码：Pkulaw.cn/CLI.C.235025。

学者观点

❶ 朱广新：《论物权混同规则及其在我国物权法草案中的应有地位》，参见北大法宝引证码：Pkulaw.cn/CLI.A.1113815。

第八章 违约责任

● 本章为读者提供与以下题目有关的法律问题的解读及相关法律文献依据

> 违约行为的种类（141） 预期违约（142） 不安履行抗辩权与预期违约（143） 明示预期违约（143） 默示预期违约（144） 实际违约（145） 不能履行（145） 拒绝履行（147） 迟延履行（147） 不完全履行（149） 违约责任（150） 物的瑕疵担保责任与违约责任（154） 违约责任的归责原则（严格责任）（154） 过错责任（155） 法定的免责事由（不可抗力）（157） 不可抗力免责方的义务（158） 非违约方的减损义务（158） 约定的免责事由（159） 双方违约（160） 因第三人原因违约（161） 违约责任方式（161） 继续履行（162） 金钱债务的继续履行责任（164） 非金钱债务的继续履行责任（164） 质量不符合约定时的违约责任（165） 损害赔偿（168） 约定损害赔偿和法定损害赔偿（169） 完全赔偿原则（170） 合理预见原则（171） 过失相抵原则（172） 惩罚性赔偿责任（173） 损害赔偿与其他违约责任方式的关系（174） 违约金（175） 违约金的适用（177） 定金（178） 定金与预付款（180） 定金与违约金的选择（180） 违约责任与侵权责任的竞合（182）

【违约行为的种类】

法律问题解读

违约行为，是指合同当事人违反合同义务的行为。当事人一方不履行合同义务或者履行合同义务不符合约定的，即构成违约行为。这里指的合同义务包括给付义务、从给付义务、附随义务在内。

依据我国《合同法》的规定，对违约行为可以作出如下的分类：

1. 单方违约和双方违约。这是根据违约行为的主体进行的分类。所谓单方违约，是指违约是由一方当事人的行为造成的。在单方违约的情况下，应由一方承担违约责任。所谓双方违约，是指双方当事人的行为都构成违约。

2. 根本违约和非根本违约。这是根据违约行为所致后果的严重程度进行的分类，这种分类标准突出了违约行为与合同目的间的相互关系。所谓根本违约，是指一方的违约致使另一方订约目的不能实现或违约行为后果严重。所谓非根本违约，是指一方的违约并没有导致另一方订约目的不能实现，或者使其遭受重大损害。根本违约和非根本违约的区别主要表现在：当事人一方迟延履行债务或者有其他违约行为致使不能实现合同目的，另一方享有单方解除权；而在非根本违约的情况下，非违约方可以要求对方承担违约责任，但不能解除合同。

3. 预期违约和实际违约。这是根据违约行为发生的时间进行的分类。所谓预期违约是指在履行期到来之前的违约，包括明示预期违约和默示预期违约。所谓实际违约，是指在履行期到来以后因为一方不履行或不适当履行合同义务而构成违约。尽管预期违约和实际违约都会发生违约责任，但两者在构成要件以及救济措施方面是不完全相同的。

法条指引

❶《中华人民共和国合同法》（1999年10月1日施行）

第一百零七条 当事人一方不履行合同义务或者履行合同义务不符合约定的，应当承担继续履行、采取补救措施或者赔偿损失等违约责任。

第一百零八条 当事人一方明确表示或者以自己的行为表明不履行合同义务的，对方可以在履行期限届满之前要求其承担违约责任。

❷《中华人民共和国民法通则》（1987年1月1日施行）

第一百零六条　公民、法人违反合同或者不履行其他义务的，应当承担民事责任。

公民、法人由于过错侵害国家的、集体的财产，侵害他人财产、人身的，应当承担民事责任。

没有过错，但法律规定应当承担民事责任的，应当承担民事责任。

第一百一十一条　当事人一方不履行合同义务或者履行合同义务不符合约定条件的，另一方有权要求履行或者采取补救措施，并有权要求赔偿损失。

第一百一十三条　当事人双方都违反合同的，应当分别承担各自应负的民事责任。

案例链接

❶《云南耐力建筑装饰防水工程有限公司与深圳市嘉达化工有限公司建设工程施工合同纠纷上诉案》，参见北大法宝引证码：Pkulaw. cn/CLI. C. 144396。

学者观点

❶ 李小华：《民事法律行为概念正解》，参见北大法宝引证码：Pkulaw. cn/CLI. A. 120086。

【预期违约】

法律问题解读

预期违约，又称为期前毁约、先期违约，它是指在合同有效成立后履行期限届满之前，当事人一方无正当理由而明确表示其在履行期到来后将不履行合同，或者其行为表明在履行期到来后将不可能履行合同。预期违约包括两种形态，即明示预期违约和默示预期违约。

在实践中，要注意预期违约、不安抗辩权与合同履行不能的区分。

1. 预期违约与不安抗辩权的区别：（1）预期违约是对当事人特定违约行为的表述，不安抗辩权是对可能丧失对待给付一方行使的权利，是一种法定的救济权。（2）不安抗辩权的行使，要受履行先后顺序的限制。在后履行的一方不能产生不安抗辩权。预期违约是当事人一方在合同履行期届至以前，明示或默示毁约。不论是在先履行的一方，还是在后履行的一方都有可能预期毁约。

(3) 不安抗辩权的产生原因，是对方财产急剧减少，信用恶化，有不能为对待给付之虞。预期违约的原因则是多方面的，仅由于主观上的原因就可能毁约。（4）不安抗辩权行使的结果，表现为保留自己的给付。对预期违约的救济，可以是立即起诉，追究违约人的责任；也可以是通知对方解除合同；还可以是消极地等待履行期限届至，再提起诉讼，给对方收回毁约意思的机会。

2. 预期违约是合同有效成立后，履行期届至以前的违约行为。预期违约的效力，与实际违约的效力并无本质的不同。履行不能常常是作为预期违约的条件。自始不能与预期违约无关。合同订立后，履行合同不能的，即嗣后不能，有可能构成预期违约。

法条指引

❶《中华人民共和国合同法》（1999年10月1日施行）

第一百零八条　当事人一方明确表示或者以自己的行为表明不履行合同义务的，对方可以在履行期限届满之前要求其承担违约责任。

案例链接

❶《于国宾诉王杏粉等民间借贷纠纷案》，参见北大法宝引证码：Pkulaw. cn/CLI. C. 256756。

❷《郑州市市场发展局与李京买卖合同纠纷上诉案》，参见北大法宝引证码：Pkulaw. cn/CLI. C. 250394。

❸《中国农业银行股份有限公司余姚市支行诉周益军等金融借款合同纠纷案》，参见北大法宝引证码：Pkulaw. cn/CLI. C. 227371。

❹《秦皇岛渤海铝幕墙装饰工程有限公司与北京银晶玻璃有限公司承揽合同纠纷上诉案》，参见北大法宝引证码：Pkulaw. cn/CLI. C. 217171。

学者观点

❶ 张华平：《预期违约的若干法律问题的比较分析》，参见北大法宝引证码：Pkulaw. cn/CLI. A. 178206。

❷ 郭玉萍：《论〈联合国国际货物销售合同公约〉中的预期违约制度》，参见北大法宝引证码：Pkulaw. cn/CLI. A. 1143387。

❸ 徐亚龙：《〈合同法〉预期违约阻却机制之建构评析》，参见北大法宝引证码：Pkulaw. cn/CLI. A. 173961。

❹ 吴志宇:《预期违约制度新论》,参见北大法宝引证码:Pkulaw.cn/CLI.A.178021。

【不安履行抗辩权与预期违约】

法律问题解读

不安履行抗辩权与预期违约都是不安抗辩权,都是善意一方当事人自我保护的手段,在调整范围上存在一定的交叉。但两者在性质、适用条件和法律效果等方面却存在诸多不同之处。

1. 在性质上的区别为。预期违约制度属于违约形态的范畴,而不安抗辩权是一种合同履行中一时抗辩权,通过这种权利的行使能使对方的请求权效力延期发生,从而可以中止履行合同债务,它仅仅是阻却合同履行效力的发生,并不产生消灭合同的法律效果。

2. 在适用条件上,不安抗辩权的适用条件之一是一方的财产于订约后明显减少,有难为对待给付之虞。而预期违约则是一方无正当理由且明确表示或者以自己的行为向另一方表示其将不履行或不能履行合同的主要义务。且不安抗辩权的行使必须是在合同双方履行义务有先后顺序,只能由先履行义务的当事人提起,而预期违约没有这一要求,合同任何一方都可提起。

3. 法律效果不同。不安抗辩权的行使,必须是先为催告,中止履行,只有在对方在催告的合理期限内仍未恢复履行能力且未提供担保的情况下,中止履行的一方才可以解除合同。而预期违约中,主张预期违约的一方可以直接解除合同,也可以不主张预期违约,待合同履行期届满再主张违约损害赔偿。

法条指引

❶《中华人民共和国合同法》(1999年10月1日施行)

第六十八条 应当先履行债务的当事人,有确切证据证明对方有下列情形之一的,可以中止履行:

(一)经营状况严重恶化;

(二)转移财产、抽逃资金,以逃避债务;

(三)丧失商业信誉;

(四)有丧失或者可能丧失履行债务能力的其他情形。

当事人没有确切证据中止履行的,应当承担违约责任。

第六十九条 当事人依照本法第六十八条的规定中止履行的,应当及时通知对方。对方提供适当担保时,应当恢复履行。中止履行后,对方在合理期限内未恢复履行能力并且未提供适当担保的,中止履行的一方可以解除合同。

第一百零八条 当事人一方明确表示或者以自己的行为表明不履行合同义务的,对方可以在履行期限届满之前要求其承担违约责任。

第一百一十九条 当事人一方违约后,对方应当采取适当措施防止损失的扩大;没有采取适当措施致使损失扩大的,不得就扩大的损失要求赔偿。

当事人因防止损失扩大而支出的合理费用,由违约方承担。

学者观点

❶ 张金海:《预期违约与不安抗辩制度的界分与衔接》,参见北大法宝引证码:Pkulaw.cn/CLI.A.1147029。

❷ 汤苏莉:《〈合同法〉下不安抗辩权和预期违约制度之重述》,参见北大法宝引证码:Pkulaw.cn/CLI.A.1112591。

❸ 李伟:《不安抗辩权、给付拒绝和预期违约关系的思考》,参见北大法宝引证码:Pkulaw.cn/CLI.A.128226。

❹ 韩桂君、肖广文:《预期违约与不安抗辩权比较研究》,参见北大法宝引证码:Pkulaw.cn/CLI.A.119231。

【明示预期违约】

法律问题解读

所谓明示预期违约,是指一方当事人无正当理由,明确肯定地向另一方当事人表示他将在履行期限到来时不履行合同。

1. 构成明示预期违约必须要具备如下条件:(1)必须发生在合同有效成立后,合同履行期到来前这段时间内,否则,就无所谓"预期"的问题。如果债务人在履行期间届满后明确表示不履行合同,则属于实际违约。(2)必须是一方明确肯定地向对方作出毁约的表示。换言之,一方表示的毁约意图是十分明确的、确定的、不附有任何条件的。(3)当事人表示的必须是不履行合同的主要义务。正是由于一方表示其在履行期到来之后,将不履行合同的主要义务,从而会使另一方订约目的不能实现,或严重损害其期待利益。如果被拒绝履行的仅是合同的部分内容或次要义务,并且不妨碍债权人所追求的根本目的,这种拒绝履行并没有使债权期待成为不能,就不构成预期违约。(4)提出不履行合同义务无正当理由。在具有正当理由的情况下,一方拒绝履行义务是合法的,因此不构成明示预期违约。

2. 对于明示毁约的法律救济,债权人可以有两种选择:(1)债权人可解除合同并要求对方承担违约责任,而不必坐等履行期的到来。(2)也可以不理会对方的明示毁约而继续保持合同效力,等到继续履行期到来后,按照实际违约得到救济。但债权人应负担减损义务,且应承担履行期内意外事变的风险。

法条指引

❶《中华人民共和国合同法》(1999年10月1日施行)

第一百零八条 当事人一方明确表示或者以自己的行为表明不履行合同义务的,对方可以在履行期限届满之前要求其承担违约责任。

第一百一十九条 当事人一方违约后,对方应当采取适当措施防止损失的扩大;没有采取适当措施致使损失扩大的,不得就扩大的损失要求赔偿。

当事人因防止损失扩大而支出的合理费用,由违约方承担。

学者观点

❶ 李悦佳:《违约行为及其形态》,参见北大法宝引证码:Pkulaw.cn/CLI.A.178441。

❷ 张华平:《预期违约的若干法律问题的比较分析》,参见北大法宝引证码:Pkulaw.cn/CLI.A.178206。

❸ 吴志宇:《预期违约制度新论》,参见北大法宝引证码:Pkulaw.cn/CLI.A.178021。

❹ 李先治:《论预期违约法律制度》,参见北大法宝引证码:Pkulaw.cn/CLI.A.177648。

【默示预期违约】

法律问题解读

所谓默示预期违约,是指在履行期到来之前,一方以自己的行为表明其将在履行期限届满后不履行主要债务。

我国《合同法》虽然规定了预期违约,但对其构成要件和法律后果却未明确规定。在构成要件上,默示预期违约与明示预期违约的不同在于,预期违约一方并没有将到期不履行合同义务的意思明确地表示出来,而是以其行为使另一方预见到期将不履行义务。这种预见毕竟属于主观上的推断,故在默示预期违约制度中,就要求该预见必须具有合理性。如何判断预见是否合理?这是默示预期违约构成要件中的主要问题。在判断一方的预见是否合理方面,从采用预期违约制度的国家判例或立法以及国际公约来看,大约有两种:

1.《美国统一商法典》第2-609条规定:"有合理理由认为对方不能正常履行"。根据判例法,这种"合理的理由"主要有以下三种:(1)债务人的经济状况不佳,没有能力履约;(2)商业信用不佳,令人担忧;(3)债务人在准备履约或履约过程中的行为或实际状况表明,债务人有违约的危险。

2.《联合国国际货物买卖合同公约》第71条规定的标准,即对方履行义务的能力有缺陷,债务人的信用有严重缺陷,债务人在准备履行合同或履行合同中的行为表明他将不会或不能履约。公约规定的判断标准比美国统一商法典规定得更加具体和客观,值得我国《合同法》借鉴。

在默示预期违约的情况下,非违约方可以采取如下补救措施:(1)非违约方可以要求对方提供履约担保,并且在得到保证前中止履行合同。如果对方在合理期限内没有提供履约担保,则可以不必等待履行期限的到来而直接要求解除合同,并要求其承担违约责任。(2)非违约方可以在履行期限到来以后要求毁约方继续履行或承担违约责任,这就是说,非违约方可以不考虑对方的默示违约而等到履行期限到来后再要求对方承担违约责任。

法条指引

❶《中华人民共和国合同法》(1999年10月1日施行)

第一百零八条 当事人一方明确表示或者以自己的行为表明不履行合同义务的,对方可以在履行期限届满之前要求其承担违约责任。

案例链接

❶《佛山市三水粤华泰金属饰品有限公司与

第八章 违约责任

江门三捷电池实业有限公司买卖合同纠纷上诉案》,参见北大法宝引证码:Pkulaw. cn/CLI. C. 80659。

❷《傅震鸣因业主在房屋租赁合同期限内另行挂牌招租诉辛少鹏、李秀勉预期违约案》,参见北大法宝引证码:Pkulaw. cn/CLI. C. 45443。

❸《马延荣诉李培芳等案》,参见北大法宝引证码:Pkulaw. cn/CLI. C. 229360。

学者观点

❶ 李军:《默示预期违约与不安抗辩权制度法系适应性之探讨》,参见北大法宝引证码:Pkulaw. cn/CLI. A. 116005。

❷ 樊艳霞:《浅论我国〈合同法〉中的不安抗辩权》,参见北大法宝引证码:Pkulaw. cn/CLI. A. 1109091。

❸ 解冲:《我国借鉴预期违约制度之检讨分析》,参见北大法宝引证码:Pkulaw. cn/CLI. A. 119140。

【实际违约】

法律问题解读

在履行期限到来以后,当事人不履行或不适当履行合同义务,都构成实际违约。

实际违约行为可以分为如下几种类型:

1. 不履行。不履行是指在合同期限到来以后,一方当事人无正当理由拒绝履行或者不能履行合同规定的主要义务。不履行包括拒绝履行与不能履行两种情形。拒绝履行是能够履行而不履行的行为,是故意毁约行为,自然构成违约责任。

2. 不适当履行合同义务。不适当履行是指当事人一方履行合同义务不符合约定或法定的要求。包括履行迟延和不完全履行等。不完全履行,即债务虽然已经履行,但是履行没有完全按照债务的内容进行,而且造成不适当履行的原因是债务人方面引起的。可以分为瑕疵给付和加害给付等。瑕疵履行,主要指标的物的质量含有瑕疵,也可以指履行的数量、规格、方法、地点等不符合要求。加害给付是债务人的给付不但含有瑕疵,而且其瑕疵还造成了债权人的损害,例如因电梯安装不合格而导致商场停业。

法条指引

❶《中华人民共和国合同法》(1999年10月1日施行)

第一百零七条 当事人一方不履行合同义务或者履行合同义务不符合约定的,应当承担继续履行、采取补救措施或者赔偿损失等违约责任。

❷《中华人民共和国民法通则》(1987年1月1日施行)

第一百零六条 公民、法人违反合同或者不履行其他义务的,应当承担民事责任。

公民、法人由于过错侵害国家的、集体的财产,侵害他人财产、人身的,应当承担民事责任。

没有过错,但法律规定应当承担民事责任的,应当承担民事责任。

第一百一十一条 当事人一方不履行合同义务或者履行合同义务不符合约定条件的,另一方有权要求履行或者采取补救措施,并有权要求赔偿损失。

第一百一十二条 当事人一方违反合同的赔偿责任,应当相当于另一方因此所受到的损失。

当事人可以在合同中约定,一方违反合同时,向另一方支付一定数额的违约金;也可以在合同中约定对于违反合同而产生的损失赔偿额的计算方法。

第一百一十三条 当事人双方都违反合同的,应当分别承担各自应负的民事责任。

案例链接

❶《广州恒鑫实业发展有限公司与王飞商品房预售合同纠纷上诉案》,参见北大法宝引证码:Pkulaw. cn/CLI. C. 276920。

❷《重庆云河实业(集团)有限公司忠州水轮机厂与忠县鑫嘉源水力发电有限公司索道工程合同纠纷上诉案》,参见北大法宝引证码:Pkulaw. cn/CLI. C. 290863。

❸《新疆四友彩印包装有限公司与李群喜承揽合同纠纷上诉案》,参见北大法宝引证码:Pkulaw. cn/CLI. C. 252509。

❹《卡特彼勒(中国)融资租赁有限公司诉管道友等租赁协议欠款纠纷案》,参见北大法宝引证码:Pkulaw. cn/CLI. C. 226438。

【不能履行】

法律问题解读

不能履行,又叫给付不能,是指债务人在客观上已经没有履行能力,或者法律禁止债务的履行。

不能履行有自始不能履行和嗣后不能履行之分，通常系以合同订立时为标准。前者是合同无效的原因，后者是违约的类型，分别债务人是否具有免责事由，或依风险负担规则处理，或依违约责任规则处理。

不能履行还有永久不能履行与一时不能履行之分。前者指在履行期限或者可以为履行的期限届满时不能履行。后者则为在履行期满时因暂时的障碍而不能履行。永久不能履行如属嗣后不能履行，则可为违约责任的构成要件。一时不能履行在继续性合同场合便成为部分不能履行，可构成违约责任的要件。一时不能履行因债务人在不能履行的暂时障碍消除后仍不履行，可以成为迟延履行，可为违约责任的构成要件。

不能履行又可以分为全部不能履行与部分不能履行。全部不能履行如属嗣后不能履行，可构成违约责任的要件。部分不能履行如属嗣后不能履行时，自然属于违约责任的构成要件；如属自始不能履行，仍可能产生违约责任，即在能履行部分而不为履行时，构成违约责任。

不能履行还可以分成事实上的不能履行与法律上的不能履行。前者是指基于自然法则而构成的不能履行。特定物灭失造成的不能履行，属于此类。后者是指基于法律的规定而构成的不能履行。出卖禁止流通物为其典型。如订立之后，履行之前，标的物被禁止流通，这属于法律不能，违约人可以免责。再如订立合同之后，特定标的物意外灭失，出卖人无法交付，这属于事实不能。嗣后履行事实不能是否构成违约责任，要具体问题具体分析。如果标的物是因不可抗力灭失的，出卖人则免责。如果承揽人转产，以致不能交付工作成果，则应当承担违约责任。

法条指引

❶《中华人民共和国合同法》（1999年10月1日施行）

第一百一十条 当事人一方不履行非金钱债务或者履行非金钱债务不符合约定的，对方可以要求履行，但有下列情形之一的除外：

（一）法律上或者事实上不能履行；

（二）债务的标的不适于强制履行或者履行费用过高；

（三）债权人在合理期限内未要求履行。

第一百一十七条 因不可抗力不能履行合同的，根据不可抗力的影响，部分或者全部免除责任，但法律另有规定的除外。当事人迟延履行后发生不可抗力的，不能免除责任。

本法所称不可抗力，是指不能预见、不能避免并不能克服的客观情况。

第一百一十八条 当事人一方因不可抗力不能履行合同的，应当及时通知对方，以减轻可能给对方造成的损失，并应当在合理期限内提供证明。

❷《中华人民共和国民法通则》（1987年1月1日施行）

第一百零七条 因不可抗力不能履行合同或者造成他人损害的，不承担民事责任，法律另有规定的除外。

第一百一十六条 当事人一方由于上级机关的原因，不能履行合同义务的，应当按照合同约定向另一方赔偿损失或者采取其他补救措施，再由上级机关对它因此受到的损失负责处理。

❸《中华人民共和国担保法》（1995年10月1日施行）

第十七条 当事人在保证合同中约定，债务人不能履行债务时，由保证人承担保证责任的，为一般保证。

一般保证的保证人在主合同纠纷未经审判或者仲裁，并就债务人财产依法强制执行仍不能履行债务前，对债权人可以拒绝承担保证责任。

有下列情形之一的，保证人不得行使前款规定的权利：

（一）债务人住所变更，致使债权人要求其履行债务发生重大困难的；

（二）人民法院受理债务人破产案件，中止执行程序的；

（三）保证人以书面形式放弃前款规定的权利的。

❹《中华人民共和国海商法》（1993年7月1日施行）

第九十条 船舶在装货港开航前，因不可抗力或者其他不能归责于承运人和托运人的原因致使合同不能履行的，双方均可以解除合同，并互相不负赔偿责任。除合同另有约定外，运费已经支付的，承运人应当将运费退还给托运人；货物已经装船的，托运人应当承担装卸费用；已经签发提单的，托运人应当将提单退还承运人。

第一百五十八条 起拖前，因不可抗力或者其他不能归责于双方的原因致使合同不能履行的，双方均可以解除合同，并互相不负赔偿责任。除合同另有约定外，拖航费已经支付的，承拖方应当退还给被拖方。

❺ 最高人民法院《关于适用〈中华人民共和国担保法〉若干问题的解释》（2000 年 12 月 13 日施行）

第一百二十二条　因不可抗力、意外事件致使主合同不能履行的，不适用定金罚则。因合同关系以外第三人的过错，致使主合同不能履行的，适用定金罚则。受定金处罚的一方当事人，可以依法向第三人追偿。

学者观点

❶ 李志一：《有些科技协作合同为什么不能履行》，参见北大法宝引证码：Pkulaw. cn/CLI. A. 1124031。

❷ 渐远：《过错所致的合同不能履行与解除权》，参见北大法宝引证码：Pkulaw. cn/CLI. A. 125238。

【拒绝履行】

法律问题解读

拒绝履行是大陆法上的概念，它指债务人能够履行债务而违法地作出不为履行的意思表示，它是违约的一种形态。

1. 拒绝履行的要件：（1）有合法债务存在，而且这种债务的履行须为可能，拒绝履行是债务人能为履行而不为，若不能为履行则属于履行不能的问题。（2）债务人须有明确的拒绝履行的表示，这种表示是明示的而不是默示的。（3）拒绝履行是债务人违法地表示不履行债务，对于债务的履行，债务人若有正当的拒绝权，如同时履行抗辩权、先诉抗辩权、不安抗辩权、时效完成抗辩权、条件不成就抗辩权、履行期限未届至抗辩权等，行使这些权利，不构成拒绝履行。

2. 从拒绝的时间上看，拒绝履行有两种：（1）履行期限到来之前的拒绝履行；（2）履行期限到来之后届满之前的拒绝履行。履行期限到来，是指履行期限的开始时间的来临。履行期限的届满，是指履行期限的最后时间的来临。履行期限届满之前，是指合同的履行期限的最后一天或者当天（当天仅适用于履行期限为一天的情况）结束之前。如规定履行期限为 3 月 1 日至 3 月 10 日，3 月 1 日的到来即为履行期限的到来。3 月 10 日的结束即为履行期限的届满。3 月 10 日结束之前即为履行期限届满之前。履行期限的结束时间一般指工作时间的结束，而并非截止到当天的 24 时。在学理上，有人将履行期限到来之前的拒绝履行称为预期违约，而且还是明示的预期违约。

法条指引

❶《中华人民共和国合同法》（1999 年 10 月 1 日施行）

第一百零八条　当事人一方明确表示或者以自己的行为表明不履行合同义务的，对方可以在履行期限届满之前要求其承担违约责任。

案例链接

❶《张来应诉种祥伍赡养纠纷案》，参见北大法宝引证码：Pkulaw. cn/CLI. C. 290815。

❷《胡惠玲与洛阳安详物业管理有限公司物业服务合同纠纷上诉案》，参见北大法宝引证码：Pkulaw. cn/CLI. C. 281285。

❸《杜亚飞诉许晓燕婚约财产纠纷案》，参见北大法宝引证码：Pkulaw. cn/CLI. C. 262162。

❹《李朝军诉李相轩等健康权纠纷案》，参见北大法宝引证码：Pkulaw. cn/CLI. C. 285853。

学者观点

❶ 蔡素惠：《论废止请求权与拒绝履行权》，参见北大法宝引证码：Pkulaw. cn/CLI. A. 1113638。

【迟延履行】

法律问题解读

迟延履行，又称债务人迟延或逾期履行，是指债务人能够履行，但在履行期限届满时却未履行债务的现象。构成迟延履行：（1）存在着有效的债务；（2）能够履行；（3）债务履行期届满后，债务人没有履行债务，这里的没有履行不包括不适当履行或者其他履行不完全的行为（如履行地点不当）；（4）债务人未履行不具有正当理由。

是否构成迟延履行，履行期限具有重要意义。具体可区分确定期限、不确定期限和履行期限不明确三种情形。

1. 定有履行期限的，履行期限的届满是指履行期限的最后时间的来临。上述原则，存在例外。（1）关于往取债务，即由债权人到债务人的住所请求债务履行的债务。依《合同法》第 62 条第 3

项的规定，除给付货币的债务和交付不动产的债务之外，"其他标的，在履行义务一方所在地履行"。债权人不去催收，债务人并不因履行期限的经过而陷于迟延。(2) 其他以债权人的协助为必要的债务，比如债务人交付标的物需要债权人受领的情形。对于此类债务，即使存在确定的期限，倘若债权人没有到债务人所在地催收债务，或者债权人没有作出必要的协助，债务履行期限经过，亦不使债务人陷于迟延。(3) 票据债权人行使票据债权只有一种法定的方式，即向债务人"提示"票据。持票人对票据债务人行使票据权利，应当在票据当事人的营业场所或其住所进行(《票据法》第 16 条)。债权到期而债务人不提示，不生债务人延迟问题。

2. 合同有不确定期限的，比如约定某人死亡之日给付某物。我国法律欠缺明文规定，原则上自债权人通知或债务人知道期限到来时起，发生履行迟延；但依据诚实信用原则，债务人履行其债务需要一段合理的时间(宽限期)的，可以存在例外。

3. 合同履行期限不明确的，债权人可随时请求债务人履行，但须给债务人以必要的准备时间。准备时间届满以后，债务人仍未履行债务则构成延迟履行。催告是此种场合使债务人负迟延责任的必要条件。

法条指引

❶《中华人民共和国合同法》(1999 年 10 月 1 日施行)

第九十四条　有下列情形之一的，当事人可以解除合同：

(一) 因不可抗力致使不能实现合同目的；

(二) 在履行期限届满之前，当事人一方明确表示或者以自己的行为表明不履行主要债务；

(三) 当事人一方迟延履行主要债务，经催告后在合理期限内仍未履行；

(四) 当事人一方迟延履行债务或者有其他违约行为致使不能实现合同目的；

(五) 法律规定的其他情形。

第一百一十四条　当事人可以约定一方违约时应当根据违约情况向对方支付一定数额的违约金，也可以约定因违约产生的损失赔偿额的计算方法。

约定的违约金低于造成的损失的，当事人可以请求人民法院或者仲裁机构予以增加；约定的违约金过分高于造成的损失的，当事人可以请求人民法院或者仲裁机构予以适当减少。

当事人就迟延履行约定违约金的，违约方支付违约金后，还应当履行债务。

第一百一十七条　因不可抗力不能履行合同的，根据不可抗力的影响，部分或者全部免除责任，但法律另有规定的除外。当事人迟延履行后发生不可抗力的，不能免除责任。

本法所称不可抗力，是指不能预见、不能避免并不能克服的客观情况。

❷最高人民法院《关于适用〈中华人民共和国合同法〉若干问题的解释(二)》(2009 年 5 月 13 日施行)

第二十七条　当事人通过反诉或者抗辩的方式，请求人民法院依照合同法第一百一十四条第二款的规定调整违约金的，人民法院应予支持。

第二十八条　当事人依照合同法第一百一十四条第二款的规定，请求人民法院增加违约金的，增加后的违约金数额以不超过实际损失额为限。增加违约金以后，当事人又请求对方赔偿损失的，人民法院不予支持。

第二十九条　当事人主张约定的违约金过高请求予以适当减少的，人民法院应当以实际损失为基础，兼顾合同的履行情况、当事人的过错程度以及预期利益等综合因素，根据公平原则和诚实信用原则予以衡量，并作出裁决。

当事人约定的违约金超过造成损失的百分之三十的，一般可以认定为合同法第一百一十四条第二款规定的"过分高于造成的损失"。

❸最高人民法院《关于适用〈中华人民共和国担保法〉若干问题的解释》(2000 年 12 月 13 日施行)

第一百二十条　因当事人一方迟延履行或者其他违约行为，致使合同目的不能实现，可以适用定金罚则。但法律另有规定或者当事人另有约定的除外。

当事人一方不完全履行合同的，应当按照未履行部分所占合同约定内容的比例，适用定金罚则。

案例链接

❶《开封聚杰饲料有限公司诉刘刚一般买卖纠纷案》，参见北大法宝引证码：Pkulaw.cn/CLI.C.291818。

❷《王华诉靳鹭借款合同纠纷案》，参见北大

法宝引证码:Pkulaw. cn/CLI. C. 291809。

❸《安桂洲诉河南伟彤科技有限公司健康权纠纷案》,参见北大法宝引证码:Pkulaw. cn/CLI. C. 291904。

❹《王蓉诉王翠莲健康权纠纷案》,参见北大法宝引证码:Pkulaw. cn/CLI. C. 291684。

学者观点

❶ 刘志英、康占伟:《民事责任与迟延履行责任的区别》,参见北大法宝引证码:Pkulaw. cn/CLI. A. 117580。

❷ 陈守华:《民事责任与迟延履行责任的区别》,参见北大法宝引证码:Pkulaw. cn/CLI. A. 155613。

【不完全履行】

法律问题解读

不完全履行是指债务人虽然履行了债务,但其履行不符合债务的本旨。其包括以下几个类别:

1. 违约瑕疵,是指债务人履行的标的物不符合合同规定的质量要求,也就是说履行具有瑕疵。我国合同法没有采取大陆法系的瑕疵担保责任,而认为瑕疵履行是一种违约行为,当事人应当承担违约责任。对于违约瑕疵,根据《合同法》第111条规定,在不适当履行的情况下,如果合同对责任形式和补救方式已经作出了明确规定(如规定产品有瑕疵应当首先实行修理,三次修理不好应予退货),则应当按照合同的规定确定责任。如果合同没有作出明确规定或者规定不明确,受害人可以根据具体情况,选择各种不同的补救方式和责任形式。

2. 损害瑕疵,又称为加害给付,是指债务人的违约瑕疵履行行为造成债权人的履行利益以外的人身或其他财产损失。例如,交付不合格的电器造成火灾,致债务人受伤。债权人享有的履行利益实际上是债权人享有的债权,而债权人享有的履行利益以外的其他利益,主要是债权人享有的绝对权,这两种权利分别受到合同法和侵权法的保护,根据《合同法》第122条的规定,受害人有权选择要求债务人承担违约责任或者依照其他法律要求其承担侵权责任。

3. 部分履行,指合同虽然履行,但没有按照合同约定履行全部合同义务。例如,不符合数量的规定,或者说履行在数量上存在着不足。对于部分履行,债权人可以拒绝接受,但部分履行不损害债权人利益的除外。在部分履行的情况下,非违约方首先有权要求违约方依据合同继续履行,交付尚未交付的货物、金钱以及提供未提供的服务。非违约方也有权要求违约方支付违约金。如果因部分履行造成了损失,有权要求违约方赔偿损失。在一般情况下,对部分不履行,债务人可以补足,因此没必要解除合同。如果因部分履行而导致合同解除,则对已经履行的部分作出返还,会增加许多不必要的费用。所以,除非债权人能够证明部分履行已构成根本违约,导致其订约目的不能实现,则一般不能解除合同。

4. 其他的不适当履行。主要包括:履行的标的物的品种、规格、型号等不符合合同约定;履行方式不适当,如依约应一次性履行而分期履行;履行地点不适当,即未在合同规定的履行地点履行;违反附随义务的行为,如违反告知义务的行为等。

法条指引

❶《**中华人民共和国合同法**》(1999年10月1日施行)

第六十一条 合同生效后,当事人就质量、价款或者报酬、履行地点等内容没有约定或者约定不明确的,可以协议补充;不能达成补充协议的,按照合同有关条款或者交易习惯确定。

第一百一十一条 质量不符合约定的,应当按照当事人的约定承担违约责任。对违约责任没有约定或者约定不明确,依照本法第六十一条的规定仍不能确定的,受损害方根据标的的性质以及损失的大小,可以合理选择要求对方承担修理、更换、重作、退货、减少价款或者报酬等违约责任。

第一百二十二条 因当事人一方的违约行为,侵害对方人身、财产权益的,受损害方有权选择依照本法要求其承担违约责任或者依照其他法律要求其承担侵权责任。

❷《**中华人民共和国消费者权益保护法**》(1994年1月1日施行)

第四十条 经营者提供商品或者服务有下列情形之一的,除本法另有规定外,应当依照《中华人民共和国产品质量法》和其他有关法律、法规的规定,承担民事责任:

(一)商品存在缺陷的;

(二)不具备商品应当具备的使用性能而出售

时未作说明的;

（三）不符合在商品或者其包装上注明采用的商品标准的;

（四）不符合商品说明、实物样品等方式表明的质量状况的;

（五）生产国家明令淘汰的商品或者销售失效、变质的商品的;

（六）销售的商品数量不足的;

（七）服务的内容和费用违反约定的;

（八）对消费者提出的修理、重作、更换、退货、补足商品数量、退还货款和服务费用或者赔偿损失的要求，故意拖延或者无理拒绝的;

（九）法律、法规规定的其他损害消费者权益的情形。

第四十一条 经营者提供商品或者服务，造成消费者或者其他受害人人身伤害的，应当支付医疗费、治疗期间的护理费、因误工减少的收入等费用，造成残疾的，还应当支付残疾者生活自助具费、生活补助费、残疾赔偿金以及由其扶养的人所必需的生活费等费用；构成犯罪的，依法追究刑事责任。

第四十二条 经营者提供商品或者服务，造成消费者或者其他受害人死亡的，应当支付丧葬费、死亡赔偿金以及由死者生前扶养的人所必需的生活费等费用；构成犯罪的，依法追究刑事责任。

第四十三条 经营者违反本法第二十五条规定，侵害消费者的人格尊严或者侵犯消费者人身自由的，应当停止侵害、恢复名誉、消除影响、赔礼道歉，并赔偿损失。

第四十四条 经营者提供商品或者服务，造成消费者财产损害的，应当按照消费者的要求，以修理、重作、更换、退货、补足商品数量、退还货款和服务费用或者赔偿损失等方式承担民事责任。消费者与经营者另有约定的，按照约定履行。

第四十五条 对国家规定或者经营者与消费者约定包修、包换、包退的商品，经营者应当负责修理、更换或者退货。在保修期内两次修理仍不能正常使用的，经营者应当负责更换或者退货。

对包修、包换、包退的大件商品，消费者要求经营者修理、更换、退货的，经营者应当承担运输等合理费用。

第四十六条 经营者以邮购方式提供商品的，应当按照约定提供。未按照约定提供的，应当按照消费者的要求履行约定或者退回货款；并应当承担消费者必须支付的合理费用。

第四十七条 经营者以预收款方式提供商品或者服务的，应当按照约定提供。未按照约定提供的，应当按照消费者的要求履行约定或者退回预付款；并应当承担预付款的利息、消费者必须支付的合理费用。

第四十八条 依法经有关行政部门认定为不合格的商品，消费者要求退货的，经营者应当负责退货。

第四十九条 经营者提供商品或者服务有欺诈行为的，应当按照消费者的要求增加赔偿其受到的损失，增加赔偿的金额为消费者购买商品的价款或者接受服务的费用的一倍。

案例链接

❶《河北省磁县特种建筑队等诉安徽德力日用玻璃股份有限公司等合同纠纷案》，参见北大法宝引证码：Pkulaw. cn/CLI. C. 280817。

❷《许昌市神力液化石油气有限公司诉许昌市新丰液化气有限公司租赁合同纠纷案》，参见北大法宝引证码：Pkulaw. cn/CLI. C. 291108。

❸《河南省郑州种畜场等与帅大举租赁合同纠纷上诉案》，参见北大法宝引证码：Pkulaw. cn/CLI. C. 286862。

❹《马秀如与汪秀玲等房屋买卖合同纠纷再审案》，参见北大法宝引证码：Pkulaw. cn/CLI. C. 285752。

学者观点

❶ 韩世远：《医疗服务合同的不完全履行及其救济》，参见北大法宝引证码：Pkulaw. cn/CLI. A. 133995。

【违约责任】

法律问题解读

违约责任，又称为违反合同的民事责任，是指合同当事人不履行合同义务或者履行合同义务不符合约定时所承担的民事责任。违约责任制度的目的在于债务人不履行合同债务时，使该债务在性质上转化为一种强制履行的责任，从而使合同所设立的债权得以实现。对于违约责任，需注意以下问题：

1. 违约责任以违反合同义务为前提。合同义务是发生违约责任的前提，违约责任则是违反合同义务的必然后果。如果合同不成立或者无效、被撤销，则不发生违约责任，而产生缔约过失责任等其他形式的合同责任。

2. 违约责任的确定，具有相对的任意性。侵权责任的方式和范围一般由法律直接规定，而违约责任的确定，除法律的强制规定外，当事人可以在法律规定的范围内，通过合同确定。

3. 违约责任具有补偿性。从我国《合同法》所确认的违约责任方式来看，无论是强制继续履行，还是支付违约金、赔偿金，或者采用其他补救措施，无不体现出补偿性。当然，这一补偿性并不意味着违约责任就不能具有一定的惩罚性，在某些情形下，合同法也承认惩罚性的违约责任形式。

4. 违约责任具有相对性，即违约责任只能在特定的当事人之间即合同关系的债权人和债务人之间发生，合同关系以外的第三人不负违约责任，合同当事人也不对第三人承担违约责任。因此，违约责任只能由债务人向债权人承担，不得将责任推卸给他人。即使是债务人因第三人的行为造成债务不能履行时，债务人仍应向债权人承担违约责任；债务人在承担违约责任后，有权向第三人追偿。当然违约责任的相对性也存在例外突破的情形，如对利益第三人合同中，违约责任有时向特定第三人承担。比如货运合同中运输人对收货人的赔偿责任。

法条指引

❶《中华人民共和国合同法》（1999年10月1日施行）

第一百零七条 当事人一方不履行合同义务或者履行合同义务不符合约定的，应当承担继续履行、采取补救措施或者赔偿损失等违约责任。

第一百零八条 当事人一方明确表示或者以自己的行为表明不履行合同义务的，对方可以在履行期限届满之前要求其承担违约责任。

第一百一十条 当事人一方不履行非金钱债务或者履行非金钱债务不符合约定的，对方可以要求履行，但有下列情形之一的除外：

（一）法律上或者事实上不能履行；

（二）债务的标的不适于强制履行或者履行费用过高；

（三）债权人在合理期限内未要求履行。

第一百一十一条 质量不符合约定的，应当按照当事人的约定承担违约责任。对违约责任没有约定或者约定不明确，依照本法第六十一条的规定仍不能确定的，受损害方根据标的的性质以及损失的大小，可以合理选择要求对方承担修理、更换、重作、退货、减少价款或者报酬等违约责任。

第一百一十二条 当事人一方不履行合同义务或者履行合同义务不符合约定的，在履行义务或者采取补救措施后，对方还有其他损失的，应当赔偿损失。

第一百一十三条 当事人一方不履行合同义务或者履行合同义务不符合约定，给对方造成损失的，损失赔偿额应当相当于因违约所造成的损失，包括合同履行后可以获得的利益，但不得超过违反合同一方订立合同时预见到或者应当预见到的因违反合同可能造成的损失。

经营者对消费者提供商品或者服务有欺诈行为的，依照《中华人民共和国消费者权益保护法》的规定承担损害赔偿责任。

第一百一十四条 当事人可以约定一方违约时应当根据违约情况向对方支付一定数额的违约金，也可以约定因违约产生的损失赔偿额的计算方法。

约定的违约金低于造成的损失的，当事人可以请求人民法院或者仲裁机构予以增加；约定的违约金过分高于造成的损失的，当事人可以请求人民法院或者仲裁机构予以适当减少。

当事人就迟延履行约定违约金的，违约方支付违约金后，还应当履行债务。

第一百一十五条 当事人可以依照《中华人民共和国担保法》约定一方向对方给付定金作为债权的担保。债务人履行债务后，定金应当抵作价款或者收回。给付定金的一方不履行约定的债务的，无权要求返还定金；收受定金的一方不履行约定的债务的，应当双倍返还定金。

第一百一十六条 当事人既约定违约金，又约定定金的，一方违约时，对方可以选择适用违约金或者定金条款。

第一百二十一条 当事人一方因第三人的原因造成违约的，应当向对方承担违约责任。当事人一方和第三人之间的纠纷，依照法律规定或者按照约定解决。

❷《中华人民共和国民法通则》（1987年1月1日施行）

第一百零六条 公民、法人违反合同或者不履行其他义务的，应当承担民事责任。

公民、法人由于过错侵害国家的、集体的财

产，侵害他人财产、人身的，应当承担民事责任。

没有过错，但法律规定应当承担民事责任的，应当承担民事责任。

第一百一十一条 当事人一方不履行合同义务或者履行合同义务不符合约定条件的，另一方有权要求履行或者采取补救措施，并有权要求赔偿损失。

第一百一十二条 当事人一方违反合同的赔偿责任，应当相当于另一方因此所受到的损失。

当事人可以在合同中约定，一方违反合同时，向另一方支付一定数额的违约金；也可以在合同中约定对于违反合同而产生的损失赔偿额的计算方法。

第一百一十三条 当事人双方都违反合同的，应当分别承担各自应负的民事责任。

❸《**中华人民共和国消费者权益保护法**》（1994年1月1日施行）

第四十条 经营者提供商品或者服务有下列情形之一的，除本法另有规定外，应当依照《中华人民共和国产品质量法》和其他有关法律、法规的规定，承担民事责任：

（一）商品存在缺陷的；

（二）不具备商品应当具备的使用性能而出售时未作说明的；

（三）不符合在商品或者其包装上注明采用的商品标准的；

（四）不符合商品说明、实物样品等方式表明的质量状况的；

（五）生产国家明令淘汰的商品或者销售失效、变质的商品的；

（六）销售的商品数量不足的；

（七）服务的内容和费用违反约定的；

（八）对消费者提出的修理、重作、更换、退货、补足商品数量、退还货款和服务费用或者赔偿损失的要求，故意拖延或者无理拒绝的；

（九）法律、法规规定的其他损害消费者权益的情形。

第四十一条 经营者提供商品或者服务，造成消费者或者其他受害人人身伤害的，应当支付医疗费、治疗期间的护理费、因误工减少的收入等费用；造成残疾的，还应当支付残疾者生活自助具费、生活补助费、残疾赔偿金以及由其扶养的人所必需的生活费等费用；构成犯罪的，依法追究刑事责任。

第四十二条 经营者提供商品或者服务，造成消费者或者其他受害人死亡的，应当支付丧葬费、死亡赔偿金以及由死者生前扶养的人所必需的生活费等费用；构成犯罪的，依法追究刑事责任。

第四十三条 经营者违反本法第二十五条规定，侵害消费者的人格尊严或者侵犯消费者人身自由的，应当停止侵害、恢复名誉、消除影响、赔礼道歉，并赔偿损失。

第四十四条 经营者提供商品或者服务，造成消费者财产损害的，应当按照消费者的要求，以修理、重作、更换、退货、补足商品数量、退还货款和服务费用或者赔偿损失等方式承担民事责任。消费者与经营者另有约定的，按照约定履行。

第四十五条 对国家规定或者经营者与消费者约定包修、包换、包退的商品，经营者应当负责修理、更换或者退货。在保修期内两次修理仍不能正常使用的，经营者应当负责更换或者退货。

对包修、包换、包退的大件商品，消费者要求经营者修理、更换、退货的，经营者应当承担运输等合理费用。

第四十六条 经营者以邮购方式提供商品的，应当按照约定提供。未按照约定提供的，应当按照消费者的要求履行约定或者退回货款；并应当承担消费者必须支付的合理费用。

第四十七条 经营者以预收款方式提供商品或者服务的，应当按照约定提供。未按照约定提供的，应当按照消费者的要求履行约定或者退回预付款；并应当承担预付款的利息、消费者必须支付的合理费用。

第四十八条 依法经有关行政部门认定为不合格的商品，消费者要求退货的，经营者应当负责退货。

第四十九条 经营者提供商品或者服务有欺诈行为的，应当按照消费者的要求增加赔偿其受到的损失，增加赔偿的金额为消费者购买商品的价款或者接受服务的费用的一倍。

❹《**中华人民共和国海商法**》（1993年7月1日施行）

第一百一十四条 在本法第一百一十一条规定的旅客及其行李的运送期间，因承运人或者承运人的受雇人、代理人在受雇或者受委托的范围内的过失引起事故，造成旅客人身伤亡或者行李灭失、损坏的，承运人应当负赔偿责任。

请求人对承运人或者承运人的受雇人、代理人的过失，应当负举证责任；但是，本条第三款和第四款规定的情形除外。

旅客的人身伤亡或者自带行李的灭失、损坏，是由于船舶的沉没、碰撞、搁浅、爆炸、火灾所引起或者是由于船舶的缺陷所引起的，承运人或者承运人的受雇人、代理人除非提出反证，应当视为其有过失。

旅客自带行李以外的其他行李的灭失或者损坏，不论由于何种事故所引起，承运人或者承运人的受雇人、代理人除非提出反证，应当视为其有过失。

❺《中华人民共和国铁路法》（1991年5月1日施行）

第五十八条 因铁路行车事故及其他铁路运营事故造成人身伤亡的，铁路运输企业应当承担赔偿责任；如果人身伤亡是因不可抗力或者由于受害人自身的原因造成的，铁路运输企业不承担赔偿责任。

违章通过平交道口或者人行过道，或者在铁路线路上行走、坐卧造成的人身伤亡，属于受害人自身的原因造成的人身伤亡。

❻《中华人民共和国民用航空法》（1996年3月1日施行）

第一百二十四条 因发生在民用航空器上或者在旅客上、下民用航空器过程中的事件，造成旅客人身伤亡的，承运人应当承担责任；但是，旅客的人身伤亡完全是由于旅客本人的健康状况造成的，承运人不承担责任。

第一百二十五条 因发生在民用航空器上或者在旅客上、下民用航空器过程中的事件，造成旅客随身携带物品毁灭、遗失或者损坏的，承运人应当承担责任。因发生在航空运输期间的事件，造成旅客的托运行李毁灭、遗失或者损坏的，承运人应当承担责任。

旅客随身携带物品或者托运行李的毁灭、遗失或者损坏完全是由于行李本身的自然属性、质量或者缺陷造成的，承运人不承担责任。

本章所称行李，包括托运行李和旅客随身携带的物品。

因发生在航空运输期间的事件，造成货物毁灭、遗失或者损坏的，承运人应当承担责任；但是，承运人证明货物的毁灭、遗失或者损坏完全是由于下列原因之一造成的，不承担责任：

（一）货物本身的自然属性、质量或者缺陷；

（二）承运人或者其受雇人、代理人以外的人包装货物的，货物包装不良；

（三）战争或者武装冲突；

（四）政府有关部门实施的与货物入境、出境或者过境有关的行为。

本条所称航空运输期间，是指在机场内、民用航空器上或者机场外降落的任何地点，托运行李、货物处于承运人掌管之下的全部期间。

航空运输期间，不包括机场外的任何陆路运输、海上运输、内河运输过程；但是，此种陆路运输、海上运输、内河运输是为了履行航空运输合同而装载、交付或者转运，在没有相反证据的情况下，所发生的损失视为在航空运输期间发生的损失。

第一百二十六条 旅客、行李或者货物在航空运输中因延误造成的损失，承运人应当承担责任；但是，承运人证明本人或者其受雇人、代理人为了避免损失的发生，已经采取一切必要措施或者不可能采取此种措施的，不承担责任。

第一百二十七条 在旅客、行李运输中，经承运人证明，损失是由索赔人的过错造成或者促成的，应当根据造成或者促成此种损失的过错的程度，相应免除或者减轻承运人的责任。旅客以外的其他人就旅客死亡或者受伤提出赔偿请求时，经承运人证明，死亡或者受伤是旅客本人的过错造成或者促成的，同样应当根据造成或者促成此种损失的过错的程度，相应免除或者减轻承运人的责任。

在货物运输中，经承运人证明，损失是由索赔人或者代行权利人的过错造成或者促成的，应当根据造成或者促成此种损失的过错的程度，相应免除或者减轻承运人的责任。

案例链接

❶《徐兴均诉五谷香村餐饮管理（北京）有限公司特许经营合同纠纷案》，参见北大法宝引证码：Pkulaw. cn/CLI. C. 291361。

❷《栾兆安等诉中国法制出版社著作权属、侵权纠纷案》，参见北大法宝引证码：Pkulaw. cn/CLI. C. 291004。

❸《安阳市鑫盛房地产开发有限责任公司与方建林买卖合同纠纷上诉案》，参见北大法宝引证码：Pkulaw. cn/CLI. C. 291922。

❹《高金龙诉河南省路达建设投资有限公司建设工程合同纠纷案》，参见北大法宝引证码：Pkulaw. cn/CLI. C. 290877。

学者观点

❶ 朱产新：《违约责任的归责原则探究》，参见

❷ 孙良国:《违约责任中的所获利益赔偿研究》,参见北大法宝引证码:Pkulaw. cn/CLI. A. 186873。

❸ 易军:《违约责任与风险负担》,参见北大法宝引证码:Pkulaw. cn/CLI. A. 1115909。

❹ 李炜:《略论我国合同违约责任的归责原则》,参见北大法宝引证码:Pkulaw. cn/CLI. A. 184414。

【物的瑕疵担保责任与违约责任】

法律问题解读

关于物的瑕疵担保责任是否独立于违约责任,存在两种观点:一种观点认为,物的瑕疵担保制责任不同于违约责任,具有独立性。物的瑕疵担保和违约责任存在请求权受到的期限限制、救济方式、构成要件等方面的区别。而另一种观点认为,物的瑕疵担保责任就是违约责任,违约责任是严格责任,因此其不具有独立性,应当包含在违约责任当中。在我国合同法上,实际上采纳的是第二种观点。如《合同法》第111条、第155条,都规定交付质量不符合约定的标的物的义务人,应当承担违约责任。

法条指引

❶《中华人民共和国合同法》(1999年10月1日施行)

第一百一十一条 质量不符合约定的,应当按照当事人的约定承担违约责任。对违约责任没有约定或者约定不明确,依照本法第六十一条的规定仍不能确定的,受损害方根据标的的性质以及损失的大小,可以合理选择要求对方承担修理、更换、重作、退货、减少价款或者报酬等违约责任。

第一百五十五条 出卖人交付的标的物不符合质量要求的,买受人可以依照本法第一百一十一条的规定要求承担违约责任。

案例链接

❶《曹润朝与杨慧飞租赁合同纠纷上诉案》,参见北大法宝引证码:Pkulaw. cn/CLI. C. 282089。

❷《付成贵与原相林等租赁合同纠纷上诉案》,参见北大法宝引证码:Pkulaw. cn/CLI. C. 269464。

❸《东莞生益电子有限公司与闻泰集团有限公司买卖合同纠纷上诉案》,参见北大法宝引证码:Pkulaw. cn/CLI. C. 283019。

❹《靖玉庆与河南省滑县种子公司租赁合同纠纷上诉案》,参见北大法宝引证码:Pkulaw. cn/CLI. C. 272271。

学者观点

❶ 韩世远:《出卖人的物的瑕疵担保责任与我国合同法》,参见北大法宝引证码:Pkulaw. cn/CLI. A. 174117。

❷ 崔建远:《物的瑕疵担保责任的定性与定位》,参见北大法宝引证码:Pkulaw. cn/CLI. A. 170694。

❸ 何乐心:《物的瑕疵担保责任制度的改革趋向及我国的立法完善》,参见北大法宝引证码:Pkulaw. cn/CLI. A. 111780。

【违约责任的归责原则(严格责任)】

法律问题解读

所谓严格责任,是指违约方不履行合同义务,不管其主观上是否有过错,只要不存在法定或者约定的免责事由,均应承担违约责任。严格责任以违约方的违约行为与违约后果之间的因果关系为要件。从举证责任来看,非违约方只要能够证明某一违约后果系因违约方不履行合同或者不完全履行合同的行为所引起,即可要求违约方承担责任。《合同法》第107条明确将严格责任原则确定为违约责任的归责原则。其立法理由主要在于:

1. 严格责任更符合违约责任的本质。违约责任由合同义务转化而来,本质上出于当事人的约定,不是法律强加的。法律确认合同具有拘束力,在一方不履行合同义务时追究违约责任,不过是执行当事人的意愿和约定而已。因此,违约责任与一般侵权责任相比,应更严格。

2. 由于不履行和免责事由属于客观存在的事实,其存在与否的证明和判断相对来说比较容易,实行严格责任可以方便裁判,有利于诉讼经济。另外,在严格责任下,使不履行与违约责任直接联系,有违约行为即有违约责任,违约行为与违约责任互为因果关系,有利于促使当事人严肃对待合同。

3. 严格责任是合同法的发展趋势。

当然,实行严格责任,并不意味着在任何情

况下，只要债务人不履行合同债务，就必然承担违约责任，还应结合免责事由综合考察。若违约方具备免责事由，则仍可部分或全部免除其责任。

法条指引

❶《中华人民共和国合同法》（1999年10月1日施行）

第一百零七条 当事人一方不履行合同义务或者履行合同义务不符合约定的，应当承担继续履行、采取补救措施或者赔偿损失等违约责任。

❷《中华人民共和国民法通则》（1987年1月1日施行）

第一百零六条 公民、法人违反合同或者不履行其他义务的，应当承担民事责任。

公民、法人由于过错侵害国家的、集体的财产，侵害他人财产、人身的，应当承担民事责任。

没有过错，但法律规定应当承担民事责任的，应当承担民事责任。

第一百一十一条 当事人一方不履行合同义务或者履行合同义务不符合约定条件的，另一方有权要求履行或者采取补救措施，并有权要求赔偿损失。

第一百一十二条 当事人一方违反合同的赔偿责任，应当相当于另一方因此所受到的损失。

当事人可以在合同中约定，一方违反合同时，向另一方支付一定数额的违约金；也可以在合同中约定对于违反合同而产生的损失赔偿额的计算方法。

第一百一十三条 当事人双方都违反合同的，应当分别承担各自应负的民事责任。

案例链接

❶《珠海市中捷汽车租赁有限公司与康奈可(广州)汽车科技有限公司租赁合同纠纷上诉案》，参见北大法宝引证码：Pkulaw. cn/CLI. C. 277384。

❷《李娜与中国农业银行河南省分行直属支行等储蓄存款合同纠纷上诉案》，参见北大法宝引证码：Pkulaw. cn/CLI. C. 211397。

❸《丁昌凤与合肥市康居房地产发展公司房屋买卖合同纠纷上诉案》，参见北大法宝引证码：Pkulaw. cn/CLI. C. 243330。

❹《刘煌与吴从女等果园承包合同纠纷上诉案》，参见北大法宝引证码：Pkulaw. cn/CLI. C. 195467。

学者观点

❶ 王竹：《论法定型不真正连带责任及其在严格责任领域的扩展适用》，参见北大法宝引证码：Pkulaw. cn/CLI. A. 1143631。

❷ 田韶华：《论我国合同法上的严格责任原则》，参见北大法宝引证码：Pkulaw. cn/CLI. A. 171303。

【过错责任】

法律问题解读

我国《合同法》将违约责任的归责原则确定为严格责任原则，但合同法采纳严格责任并不是绝对的，首先，在总则的许多地方仍体现了过错责任原则：《合同法》的缔约过失责任制度适用过错责任原则；在确定违约方的赔偿范围时，《合同法》规定了合理预见规则、减轻损失规则等制度，而这些制度均体现了过错责任的精神。《合同法》第113条第2款规定："经营者对消费者提供商品或服务有欺诈行为的，依照《中华人民共和国消费者权益保护法》的规定承担损害赔偿责任。"这表明承担损害赔偿责任的大小与违约人主观过错程度直接相关，鲜明地体现了过错责任的精神。

并且，在《合同法》分则中，多处使用"故意"、"重大过失"、"过失"、"过错"等概念，作为普遍性的严格责任的例外，仍然适用过错（推定）原则。综观《合同法》分则，涉及过错的条款可归纳为两大类：

1. 因一方过错造成对方损害的，应承担损害赔偿责任。这种情形，又可分为两类：（1）因故意或重大过失造成对方损害的，违约方才承担损害赔偿责任。此类情形主要体现在赠与合同、无偿保管合同、无偿委托合同等无偿合同中。（2）对因过错造成对方损害的，违约方应承担损害赔偿责任。这种情形主要体现在运输合同中。

对于这两种情形，要求违约方有过错才承担民事责任，应属于过错责任。

2. 因对方过错造成的损失，违约方可不承担责任。这种情形主要体现在《合同法》第302条、第311条和第425条等条文中。从这些规定中可以看出，由于对方过错，造成某种损失，违约方是不承担责任的。在这种情形下，法律将对方的过错作为免责事由，违约方证明该违约后果系对方过错行为所致，而与自己的违约行为无关，即可不承担违约责任。

法条指引

❶《中华人民共和国合同法》(1999年10月1日施行)

第一百一十三条 当事人一方不履行合同义务或者履行合同义务不符合约定,给对方造成损失的,损失赔偿额应当相当于因违约所造成的损失,包括合同履行后可以获得的利益,但不得超过违反合同一方订立合同时预见到或者应当预见到的因违反合同可能造成的损失。

经营者对消费者提供商品或者服务有欺诈行为的,依照《中华人民共和国消费者权益保护法》的规定承担损害赔偿责任。

第一百八十九条 因赠与人故意或者重大过失致使赠与的财产毁损、灭失的,赠与人应当承担损害赔偿责任。

第一百九十一条 赠与的财产有瑕疵的,赠与人不承担责任。附义务的赠与,赠与的财产有瑕疵的,赠与人在附义务的限度内承担与出卖人相同的责任。

赠与人故意不告知瑕疵或者保证无瑕疵,造成受赠人损失的,应当承担损害赔偿责任。

第三百零二条 承运人应当对运输过程中旅客的伤亡承担损害赔偿责任,但伤亡是旅客自身健康原因造成的或者承运人证明伤亡是旅客故意、重大过失造成的除外。

前款规定适用于按照规定免票、持优待票或者经承运人许可搭乘的无票旅客。

第三百零三条 在运输过程中旅客自带物品毁损、灭失,承运人有过错的,应当承担损害赔偿责任。

旅客托运的行李毁损、灭失的,适用货物运输的有关规定。

第三百一十一条 承运人对运输过程中货物的毁损、灭失承担损害赔偿责任,但承运人证明货物的毁损、灭失是因不可抗力、货物本身的自然性质或者合理损耗以及托运人、收货人的过错造成的,不承担损害赔偿责任。

第三百二十条 因托运人托运货物时的过错造成多式联运经营人损失的,即使托运人已经转让多式联运单据,托运人仍然应当承担损害赔偿责任。

第三百七十四条 保管期间,因保管人保管不善造成保管物毁损、灭失的,保管人应当承担损害赔偿责任,但保管是无偿的,保管人证明自己没有重大过失的,不承担损害赔偿责任。

第三百九十四条 储存期间,因保管人保管不善造成仓储物毁损、灭失的,保管人应当承担损害赔偿责任。因仓储物的性质、包装不符合约定或者超过有效储存期造成仓储物变质、损坏的,保管人不承担损害赔偿责任。

第四百零六条 有偿的委托合同,因受托人的过错给委托人造成损失的,委托人可以要求赔偿损失。无偿的委托合同,因受托人的故意或者重大过失给委托人造成损失的,委托人可以要求赔偿损失。

受托人超越权限给委托人造成损失的,应当赔偿损失。

第四百二十五条 居间人应当就有关订立合同的事项向委托人如实报告。

居间人故意隐瞒与订立合同有关的重要事实或者提供虚假情况,损害委托人利益的,不得要求支付报酬并应当承担损害赔偿责任。

❷《中华人民共和国民法通则》(1987年1月1日施行)

第一百零六条 公民、法人违反合同或者不履行其他义务的,应当承担民事责任。

公民、法人由于过错侵害国家的、集体的财产,侵害他人财产、人身的,应当承担民事责任。

没有过错,但法律规定应当承担民事责任的,应当承担民事责任。

案例链接

❶《中华联合财产保险股份有限公司安阳中心支公司与张景亮等道路交通事故人身及财产损害赔偿纠纷上诉案》,参见北大法宝引证码:Pkulaw.cn/CLI.C.291940。

❷《盖某某诉靳某某等人身损害赔偿纠纷案》,参见北大法宝引证码:Pkulaw.cn/CLI.C.290255。

❸《罗振军诉固始县供销合作社联合社沙河铺供销社房屋买卖合同纠纷案》,参见北大法宝引证码:Pkulaw.cn/CLI.C.291811。

❹《闫淑英诉开封市第一人民医院医疗损害赔偿纠纷案》,参见北大法宝引证码:Pkulaw.cn/CLI.C.290256。

学者观点

❶ 喻志耀:《过错责任:民法的基本归责原

则》,参见北大法宝引证码：Pkulaw. cn/CLI. A. 1102486。

❷ 汤唯、高卉：《过错责任原则之定位》,参见北大法宝引证码：Pkulaw. cn/CLI. A. 1102242。

❸ 陈辉：《析无过错责任原则在环境污染损害赔偿中的适用》,参见北大法宝引证码：Pkulaw. cn/CLI. A. 159092。

【法定的免责事由（不可抗力）】

法律问题解读

免责事由是免除违反合同的债务人承担违约责任的原因和理由，它通常包括两种方式：一是法定的免责事由；二是约定免责事由。我国法律规定的免责事由主要有不可抗力、货物本身的自然性质、货物的合理损耗、债权人的过错等。其中，不可抗力是普遍适用的免责条件，其他则仅适用于法律特别规定的个别场合。

不可抗力是指合同订立后发生的，当事人订立合同时不能预见的，且不能避免和不能克服的导致合同不能履行或不能按期履行的客观现象。学理上通常认为不可抗力的范围包括以下三种情况：（1）自然灾害，如地震、台风、洪水、旱灾、海啸等。（2）政府行为，主要指当事人在订立合同以后，政府当局颁布新政策、法律和行政措施而导致合同不能履行。（3）社会异常事件，主要指一些偶发的事件阻碍合同的履行，如战争、罢工、骚乱等。

值得注意的是，不可抗力的法律后果并不当然都是全部免除违约责任，而应视不可抗力的影响程度和给债务人造成的困难程度来分别处理。如果不可抗力已使合同债务人的履行成为不可能，则应解除合同，并免除违约方的违约责任。如果不可抗力只造成合同债务人的履行部分不能，则应变更合同关系，免除违约方的部分违约责任；如果不可抗力仅造成债务人履行债务的暂时困难，则可要求债务人迟延履行，但免除迟延履行的违约责任。

此外，根据《合同法》的规定，在下列两种情形下不能因不可抗力而免责：（1）金钱债务的迟延履行。在金钱债务未能及时履行时，无论迟延履行因何种原因引起，债务人都负迟延责任。因不可抗力而不履行金钱债务只能导致延期履行、分期履行，不存在履行不能，因此不能免除继续履行的责任。（2）迟延履行后发生不可抗力。

法条指引

❶《中华人民共和国合同法》（1999年10月1日施行）

第九十四条 有下列情形之一的，当事人可以解除合同：

（一）因不可抗力致使不能实现合同目的；

（二）在履行期限届满之前，当事人一方明确表示或者以自己的行为表明不履行主要债务；

（三）当事人一方迟延履行主要债务，经催告后在合理期限内仍未履行；

（四）当事人一方迟延履行债务或者有其他违约行为致使不能实现合同目的；

（五）法律规定的其他情形。

第一百一十七条 因不可抗力不能履行合同的，根据不可抗力的影响，部分或者全部免除责任，但法律另有规定的除外。当事人迟延履行后发生不可抗力的，不能免除责任。

本法所称不可抗力，是指不能预见、不能避免并不能克服的客观情况。

第一百一十八条 当事人一方因不可抗力不能履行合同的，应当及时通知对方，以减轻可能给对方造成的损失，并应当在合理期限内提供证明。

第三百一十一条 承运人对运输过程中货物的毁损、灭失承担损害赔偿责任，但承运人证明货物的毁损、灭失是因不可抗力、货物本身的自然性质或者合理损耗以及托运人、收货人的过错造成的，不承担损害赔偿责任。

❷《中华人民共和国民法通则》（1987年1月1日施行）

第一百零七条 因不可抗力不能履行合同或者造成他人损害的，不承担民事责任，法律另有规定的除外。

第一百五十三条 本法所称的"不可抗力"，是指不能预见、不能避免并不能克服的客观情况。

案例链接

❶《中国联合网络通信有限公司江苏省分公司与江苏网通家园科技发展有限公司特许经营合同纠纷上诉案》,参见北大法宝引证码：Pkulaw. cn/CLI. C. 224178。

❷《上海樟马建材市场经营管理有限公司与周田经生命权、健康权、身体权纠纷上诉案》,参见北大法宝引证码：Pkulaw. cn/CLI. C. 206136。

❸《王慧艳与穆左利房屋买卖合同纠纷上诉案》，参见北大法宝引证码：Pkulaw.cn/CLI.C.251131。

❹《周进诉厦门旅游集团国际旅行社有限公司旅游合同纠纷案》，参见北大法宝引证码：Pkulaw.cn/CLI.C.290615。

学者观点

❶ 叶林：《论不可抗力制度》，参见北大法宝引证码：Pkulaw.cn/CLI.A.1129876。

❷ 杨立新：《地震作为民法不可抗力事由的一般影响》，参见北大法宝引证码：Pkulaw.cn/CLI.A.1104702。

❸ 谭启平、龚军伟：《不可抗力与合同中的民事责任承担》，参见北大法宝引证码：Pkulaw.cn/CLI.A.118821。

❹ 王军：《论不可抗力》，参见北大法宝引证码：Pkulaw.cn/CLI.A.1111765。

【不可抗力免责方的义务】

法律问题解读

因不可抗力不能履行合同的一方当事人负有通知义务和提供证明的义务。

1. 通知义务。在不可抗力事件发生以后，当事人一方因不可抗力的原因不能履行合同的，应及时向对方通报合同不能履行或者需要迟延履行、部分履行的事由，从而让对方能够及时采取措施减少合同不能履行而造成的损失。例如，可以在条件允许的情况下再寻找新的交易伙伴或者通过别的途径使损失不再扩大。至于通知的形式，以能到达相对方为准，书面通知或口头通知均可。

2. 提供证明的义务。因不可抗力而不能履行合同的一方当事人还要在合理期限内向对方当事人提供有关不可抗力事件的证明。提供证明的机关可以是公证机关、政府部门及其他能证明不可抗力存在或发生的机关。例如，由水利部门提供洪水暴发的证明。

如果当事人怠于实施这些行为，造成对方当事人损失的，仍应承担损害赔偿责任。

法条指引

❶《中华人民共和国合同法》（1999年10月1日施行）

第一百一十八条 当事人一方因不可抗力不能履行合同的，应当及时通知对方，以减轻可能给对方造成的损失，并应当在合理期限内提供证明。

【非违约方的减损义务】

法律问题解读

减损义务是英美法上的概念。是指一方当事人违约后，另一方应当及时采取措施防止损失的扩大，否则无权就扩大的损失要求赔偿，这种防止损失扩大的义务简称为减损义务。减损义务，虽由债务人的违约行为所引起，因是债权人对自己权利或者事务的疏怠，因而其结果不可归责于债务人，而应当由债权人自己承担，故债权人无权就因未尽减损义务而扩大的损失部分请求违约方承担责任。

我国合同法还规定了当事人因防止损失扩大支出的合理费用由违约方负担，这是因为采取防止损失扩大而导致的费用的支出是由违约方的违约行为引起的，所以让违约方承担这部分费用是合理的。

在实践中，值得注意的是，如果当事人虽已采取措施，但措施不当，因此扩大损失的，当事人也不能就扩大部分的损失请求赔偿。合理费用中不应包括对当事人劳务的报酬。

法条指引

❶《中华人民共和国合同法》（1999年10月1日施行）

第一百一十九条 当事人一方违约后，对方应当采取适当措施防止损失的扩大；没有采取适当措施致使损失扩大的，不得就扩大的损失要求赔偿。

当事人因防止损失扩大而支出的合理费用，由违约方承担。

第三百三十八条 在技术开发合同履行过程中，因出现无法克服的技术困难，致使研究开发失败或者部分失败的，该风险责任由当事人约定。没有约定或者约定不明确，依照本法第六十一条的规定仍不能确定的，风险责任由当事人合理分担。

当事人一方发现前款规定的可能致使研究开发失败或者部分失败的情形时，应当及时通知另一方并采取适当措施减少损失。没有及时通知并采取适当措施，致使损失扩大的，应当就扩大的损失承担责任。

❷《**中华人民共和国民法通则**》（1987年1月1日施行）

第一百一十四条 当事人一方因另一方违反合同受到损失的，应当及时采取措施防止损失的扩大；没有及时采取措施致使损失扩大的，无权就扩大的损失要求赔偿。

❸《**联合国国际货物销售合同公约**》（1980年4月11日）

第七十七条 声称另一方违反合同的一方，必须按情况采取合理措施，减轻由于该另一方违反合同而引起的损失，包括利润方面的损失。如果他不采取这种措施，违反合同一方可以要求从损害赔偿中扣除原可以减轻的损失数额。

案例链接

❶《温州市博达海运有限公司与林其财等海事海商纠纷上诉案》，参见北大法宝引证码：Pkulaw. cn/CLI. C. 247164。

❷《佑昌（新乡）电光机械有限公司与杭州宇中高虹照明电器有限公司买卖合同纠纷上诉案》，参见北大法宝引证码：Pkulaw. cn/CLI. C. 238816。

❸《青岛路法沥青有限公司与宁波绪扬海运有限公司货损纠纷上诉案》，参见北大法宝引证码：Pkulaw. cn/CLI. C. 243002。

❹《张家口利丰燃料运销有限公司与北京立马水泥有限公司买卖合同纠纷上诉案》，参见北大法宝引证码：Pkulaw. cn/CLI. C. 204889。

学者观点

❶ 夏海英、傅君：《拒绝接受货物制度的比较分析》，参见北大法宝引证码：Pkulaw. cn/CLI. A. 1113654。

❷ 傅智超：《试论明示毁约中受害方选择权的限制》，参见北大法宝引证码：Pkulaw. cn/CLI. A. 1111815。

【约定的免责事由】

法律问题解读

约定的免责事由，又称为免责条款，是指合同双方当事人在合同中约定一定的事由或条件，当违约符合所约定的事由或条件时，可限制或免除违约方的违约责任。免责条款以意思表示为要素，以排除或限制当事人的未来责任为目的，因而应受《合同法》第52条、第53条、第54条的规定调整。就是说，一方以欺诈、胁迫的手段将免责条款订入合同，损害国家利益时无效；双方当事人恶意串通，免责条款损害国家、集体或者第三人的利益时无效；免责条款损害社会公共利益时无效；免责条款违反法律、行政法规的强行性规定时无效；对造成对方人身伤害的免责条款无效；因故意或者重大过失造成对方财产损失的免责条款无效；等等。免责条款因重大误解订入合同时可被撤销，免责条款显失公平时亦然，但应注意的是，如果其中存在无效原因时，仍按无效处理。

在现代社会里，免责条款被大量的格式合同所采用，而格式条款的使用者往往是经济强者，尤其是垄断或准垄断集团，条款的接受者则往往是处于弱势的消费者。为了保护消费者权益，维护合同的公平正义，各国法律又毫无例外地对免责条款进行控制。我国《合同法》第39条、第40条、第41条、第52条、第53条分别对格式合同中的免责条款的效力作出了限制。（1）提供格式条款的一方应采取合理的方式提请对方注意免除或限制其责任的条款，按照对方的要求对该条款予以说明。如果违背了法定的提示义务、说明义务，该免责条款无效。（2）提供格式条款一方免除其责任、加重对方责任、排除对方主要权利的，该条款无效。（3）免除造成对方人身伤害或免除因故意或重大过失造成对方财产损失的责任的免责条款无效。

法条指引

❶《**中华人民共和国合同法**》（1999年10月1日施行）

第三十九条 采用格式条款订立合同的，提供格式条款的一方应当遵循公平原则确定当事人之间的权利和义务，并采取合理的方式提请对方注意免除或者限制其责任的条款，按照对方的要求，对该条款予以说明。

格式条款是当事人为了重复使用而预先拟定，并在订立合同时未与对方协商的条款。

第四十条 格式条款具有本法第五十二条和第五十三条规定情形的，或者提供格式条款一方免除其责任、加重对方责任、排除对方主要权利的，该条款无效。

第四十一条 对格式条款的理解发生争议的，应当按照通常理解予以解释。对格式条款有两种以上解释的，应当作出不利于提供格式条款一方的解释。格式条款和非格式条款不一致的，应当采用非格式条款。

第五十二条 有下列情形之一的，合同无效：

（一）一方以欺诈、胁迫的手段订立合同，损害国家利益；

（二）恶意串通，损害国家、集体或者第三人利益；

（三）以合法形式掩盖非法目的；

（四）损害社会公共利益；

（五）违反法律、行政法规的强制性规定。

第五十三条 合同中的下列免责条款无效：

（一）造成对方人身伤害的；

（二）因故意或者重大过失造成对方财产损失的。

第五十四条 下列合同，当事人一方有权请求人民法院或者仲裁机构变更或者撤销：

（一）因重大误解订立的；

（二）在订立合同时显失公平的。

一方以欺诈、胁迫的手段或者乘人之危，使对方在违背真实意思的情况下订立的合同，受损害方有权请求人民法院或者仲裁机构变更或者撤销。

当事人请求变更的，人民法院或者仲裁机构不得撤销。

案例链接

❶《张某等诉陈某 1 等交通事故人身损害赔偿纠纷案》，参见北大法宝引证码：Pkulaw. cn/CLI. C. 276148。

❷《刘庆阳诉刘福平等道路交通事故人身损害赔偿纠纷案》，参见北大法宝引证码：Pkulaw. cn/CLI. C. 276292。

❸《中国人民财产保险股份有限公司唐山市路南支公司汉沽营业部与赵志云等道路交通事故人身损害赔偿纠纷上诉案》，参见北大法宝引证码：Pkulaw. cn/CLI. C. 283432。

❹《渤海财产保险股份有限公司许昌中心支公司与于宝州道路交通事故人身损害赔偿纠纷上诉案》，参见北大法宝引证码：Pkulaw. cn/CLI. C. 277021。

学者观点

❶ 吴春燕：《合同救济方法之选择与适用》，参见北大法宝引证码：Pkulaw. cn/CLI. A. 182652。

❷ 曹松志：《关于抗辩问题的几点思考》，参见北大法宝引证码：Pkulaw. cn/CLI. A. 1111400。

【双方违约】

法律问题解读

双方违约是指合同双方当事人都有违约行为，或者一方当事人有违约行为，另一方当事人对损害的发生也有一定过错的情况。前者如买卖合同中，供方提供的标的物有缺陷，同时买方并非出于标的物有瑕疵而无故迟延付款，即为双方都有违约行为。要注意，双方的违约行为一定是各自具有不同的动机和目的，而不是互为因果关系，并非是因对方瑕疵履行，另一方则拒绝付款，这种情况不应看作另一方违约，而是其获得的应有权利。后者如保管合同中，保管方疏于管理，而委托方隐瞒了货物易燃这一自然属性，使保管方在未采取相应防火措施条件下引起货物灭失，这种情况即为受害人对损害的发生有一定的过错。

我国《合同法》第 120 条规定："当事人双方都违反合同的，应当各自承担相应的责任。"在实践中，要注意以下问题：

1. 实际上双方均违约的情况并不必然发生双方的违约责任。如果一方的违约行为系基于不可抗力免责的，另一方的违约是不能免责的，在这种情况下，也仅有一方承担责任，因不可抗力违约的一方不应承担违约责任。

2. 如双方的违约行为产生的违约责任是同种责任，依其性质可以抵消的，双方可以在法律规定的范围内将各自负担的责任抵消。如双方合同当事人之间为数人或一方合同当事人为数人的，在双方违约的情形下，会发生较为复杂的连带债务或按份债务。这需要根据具体情况进行判断。

总之，在双方违约的情况下，一般法院通过考察双方过失的大小、比较双方行为与损害后果间关系的紧密程度以及其他情事加以认定。合同法没有具体规定适用哪一种标准来分担责任，具体的操作主要由法官综合权衡各方面的因素自由裁量。

法条指引

❶《中华人民共和国合同法》（1999 年 10 月 1 日施行）

第一百二十条 当事人双方都违反合同的，应当各自承担相应的责任。

❷《中华人民共和国民法通则》(1987 年 1 月 1 日施行)

第一百一十三条 当事人双方都违反合同的，应当分别承担各自应负的民事责任。

案例链接

❶《贾红诉三门峡市正信置业经纪有限公司居间合同纠纷案》，参见北大法宝引证码：Pkulaw. cn/CLI. C. 281551。

❸《蔡某与上海联友美容美发有限公司房屋租赁合同纠纷上诉案》，参见北大法宝引证码：Pkulaw. cn/CLI. C. 275630。

❹《栾川县汉秋选矿厂诉王留成等承揽合同纠纷案》，参见北大法宝引证码：Pkulaw. cn/CLI. C. 277168。

学者观点

❶ 杨明刚：《论双方违约》，参见北大法宝引证码：Pkulaw. cn/CLI. A. 147731。

【因第三人原因违约】

法律问题解读

当事人一方因为第三人的原因造成违约，这一方当事人首先应当向对方承担违约责任，然后，再与第三方按法律或约定解决纠纷。关于因第三人原因违约的问题，在实践中需要注意以下几点：

1. 对第三人原因的理解。(1) 第三人原因并不局限于"第三人"的行为。如邮政物品丢失，其丢失与否决定了当事人是否根据无过错责任原则承担责任，至于是否第三人的行为而导致邮政物品丢失，则与是否发生无过错责任无关。(2) 第三人原因是否必须为第三人"行为"？不一定。如因邻近工厂意外失火而烧毁合同标的物的情况。(3) 第三人原因是否查证属实，也无关紧要，因为有的第三人原因是可以通过证明方法获得证实的，有的则无法证实。(4) 第三人原因与不可抗力事件。第三人行为在一定的条件下，可以构成不可抗力。但是否构成不可抗力，则需根据不可抗力的构成条件予以具体分析和判断。

2. 合同法对因第三人原因违约的处理规则。(1) 合同一方应向对方承担违约责任。在因第三人原因违约的情况下，第三人并不向债权人承担违约责任的请求。(2) 当事人一方与第三方的关系依法律规定或约定处理。在因第三人原因违约的情形，当事人一方应首先向对方承担责任，但这并不意味着第三人不再承担任何责任。因第三人原因违约而使违约方遭受了损失，违约方当然可向第三人主张权利。

3. 在审判实践中，对因第三人原因违约的诉讼，法院可根实际情况决定是否将第三人作为诉讼第三人。在产品责任中，合同相对方可能向第三人直接基于产品责任提起诉讼。如甲出售乙制造的不合格的热水器予丙，因漏电致丙身体受伤，此时，丙得基于侵权行为向乙起诉。但此时诉讼事由并非违约责任，而系侵权责任。我国《合同法》并没规定第三人侵害债权制度，因此，第三人侵害债权的也应按因《合同法》第 121 条处理。合同一方对第三方不享有诉权，违约方仍需向合同相对方履行，之后再向第三人行使追偿权。

法条指引

❶《中华人民共和国合同法》(1999 年 10 月 1 日施行)

第一百二十一条 当事人一方因第三人的原因造成违约的，应当向对方承担违约责任。当事人一方和第三人之间的纠纷，依照法律规定或者按照约定解决。

案例链接

❶《张瑞荣与广州市新福利巴士服务有限公司公路旅客运输合同纠纷上诉案》，参见北大法宝引证码：Pkulaw. cn/CLI. C. 270354。

❷《云南山林文化发展有限公司与昆明唯斯文化传播有限公司演出合同纠纷上诉案》，参见北大法宝引证码：Pkulaw. cn/CLI. C. 78684。

❸《张晓先诉南通宏丰公司房屋买卖合同纠纷案》，参见北大法宝引证码：Pkulaw. cn/CLI. C. 86752。

❹《赵姝婧诉南通文峰旅游公司等客运合同案》，参见北大法宝引证码：Pkulaw. cn/CLI. C. 86752。

【违约责任方式】

法律问题解读

违约责任方式是指合同当事人违反合同义务后，按照合同的约定或者法律的规定承担违约责任的具体方式。根据《合同法》第七章的规定，违约责任的承担方式主要有如下几种：继续履行，采取补救措施，损害赔偿，支付违约金。

继续履行合同是指违反合同的当事人不论是否已经承担赔偿金或者违约责任，都必须根据对方的要求，在自己能够履行的条件下，对原合同未履行的部分继续履行。采取补救措施是指违反合同的事实发生后，为防止损失发生或者扩大，而由违反合同行为人采取修理、重作、更换等措施。赔偿损失是一方当事人违反合同造成对方损失时，应以其相应价值的财产予以补偿。

从上可以看出，继续履行只要求债务人继续履行合同规定的义务，并每天增加其合同之外的负担。从经济利益方面讲，继续履行根本谈不上对违约责任人的任何制裁。那么，为什么把它归于违约责任形式的范围呢？其实，继续履行虽然是合同履行的继续，但已带上了国家强制力这一突出特点。它作为对违约方的一种强制方式，显示法律对违约行为作出了某种否定性评价，并带有对违约者惩戒的性质，因此，继续履行也应认为是一种违约责任形式。

法条指引

❶《中华人民共和国合同法》（1999年10月1日施行）

第一百零七条 当事人一方不履行合同义务或者履行合同义务不符合约定的，应当承担继续履行、采取补救措施或者赔偿损失等违约责任。

第一百零九条 当事人一方未支付价款或者报酬的，对方可以要求其支付价款或者报酬。

第一百一十五条 当事人可以依照《中华人民共和国担保法》约定一方向对方给付定金作为债权的担保。债务人履行债务后，定金应当抵作价款或者收回。给付定金的一方不履行约定的债务的，无权要求返还定金；收受定金的一方不履行约定的债务的，应当双倍返还定金。

❷《中华人民共和国民法通则》（1987年1月1日施行）

第一百零六条 公民、法人违反合同或者不履行其他义务的，应当承担民事责任。

公民、法人由于过错侵害国家的、集体的财产，侵害他人财产、人身的，应当承担民事责任。

没有过错，但法律规定应当承担民事责任的，应当承担民事责任。

第一百三十四条 承担民事责任的方式主要有：

（一）停止侵害；
（二）排除妨碍；
（三）消除危险；
（四）返还财产；
（五）恢复原状；
（六）修理、重作、更换；
（七）赔偿损失；
（八）支付违约金；
（九）消除影响、恢复名誉；
（十）赔礼道歉。

以上承担民事责任的方式，可以单独适用，也可以合并适用。

人民法院审理民事案件，除适用上述规定外，还可以予以训诫、责令具结悔过、收缴进行非法活动的财物和非法所得，并可以依照法律规定处以罚款、拘留。

❸《中华人民共和国消费者权益保护法》（1994年1月1日施行）

第四十五条 对国家规定或者经营者与消费者约定包修、包换、包退的商品，经营者应当负责修理、更换或者退货。在保修期内两次修理仍不能正常使用的，经营者应当负责更换或者退货。

对包修、包换、包退的大件商品，消费者要求经营者修理、更换、退货的，经营者应当承担运输等合理费用。

案例链接

❶《台湾瀚重尼克股份有限公司与夏新电子股份有限公司买卖合同纠纷上诉案》，参见北大法宝引证码：Pkulaw.cn/CLI.C.283632。

❷《广西桂冠电力股份有限公司与广西泳臣房地产开发有限公司房屋买卖合同纠纷案》，参见北大法宝引证码：Pkulaw.cn/CLI.C.242284。

❸《无锡市塞尔空气净化设备有限公司诉河南前峰药业科技有限公司承揽合同纠纷案》，参见北大法宝引证码：Pkulaw.cn/CLI.C.253098。

❹《山东顺兴机械有限公司与郑州振东耐磨材料有限公司买卖合同纠纷上诉案》，参见北大法宝引证码：Pkulaw.cn/CLI.C.287331。

【继续履行】

法律问题解读

继续履行，也称为实际履行、强制履行，是指一方当事人不履行合同义务或履行合同义务不符合约定条件的，人民法院依债权人的请求作出判决，强迫债务人在一定期限内履行合同债务的责任方式。继续履行就其性质而言，是原合同义务的转化形式，它是通过法律规定的强制手段迫使债务人履行其原义务，是一种违约责任的承担方式。继续履行作为一种违约责任形式，须具备下列条件：

1. 须由非违约方在合理期限内提出继续履行的请求。从保护债权人的利益出发，由非违约方决定是否请求违约方继续履行。如果他认为继续履行已无必要，可以请求赔偿损失。没有非违约方的请求，法院或仲裁机构不得依职权强制违约方继续履行。如果请求继续履行，必须在合理的期限内向违约方提出，超出合理的期限，继续履行的请求权消灭。

2. 须依据法律和合同的性质能够强制履行。一般来说，在债务人违约后，如果债务履行仍有可能，债权人可以不解除合同，而向法院请求强制继续履行。如果合同债务已陷于法律上或事实上的履行不能，则不得要求违约方继续履行。

3. 继续履行在经济上是合理的。根据《合同法》第110条，在非金钱债务中，如果债务的标的不适合于强制履行或履行费用过高的，则不能采取继续履行措施。

在司法实践中，应注意以下几个问题：(1) 是否请求继续履行是债权人享有的一项权利，但并不意味着当事人必须采用；继续履行可以与违约金、损害赔偿、定金责任并用，但不能与解除合同并用。(2) 有些情形下不适用继续履行。见后文"非金钱债务的继续履行责任"(3) 虽然《合同法》第107条把继续履行摆在其他违约责任形式的前面，但这并不表明继续履行之违约责任要优先适用。是否请求继续履行是受害人的权利，受害人可以请求违约方继续履行，也可以请求以其他责任形式替代继续履行。法院只能基于受害人的请求判决继续履行，而且，只要有继续履行的必要和可能，当事人请求继续履行的，法院应当满足受害人的请求。在不适用继续履行责任时，必须给予受害人足够的赔偿。

法条指引

❶《中华人民共和国合同法》（1999年10月1日施行）

第一百零七条 当事人一方不履行合同义务或者履行合同义务不符合约定的，应当承担继续履行、采取补救措施或者赔偿损失等违约责任。

第一百零九条 当事人一方未支付价款或者报酬的，对方可以要求其支付价款或者报酬。

第一百一十条 当事人一方不履行非金钱债务或者履行非金钱债务不符合约定的，对方可以要求履行，但有下列情形之一的除外：

（一）法律上或者事实上不能履行；

（二）债务的标的不适于强制履行或者履行费用过高；

（三）债权人在合理期限内未要求履行。

❷《中华人民共和国海商法》（1993年7月1日施行）

第一百三十八条 船舶所有人转让已经租出的船舶的所有权，定期租船合同约定的当事人的权利和义务不受影响，但是应当及时通知承租人。船舶所有权转让后，原租船合同由受让人和承租人继续履行。

第一百五十九条 起拖后，因不可抗力或者其他不能归责于双方的原因致使合同不能继续履行的，双方均可以解除合同，并互相不负赔偿责任。

❸《中华人民共和国劳动合同法》（2008年1月1日施行）

第四十八条 用人单位违反本法规定解除或者终止劳动合同，劳动者要求继续履行劳动合同的，用人单位应当继续履行；劳动者不要求继续履行劳动合同或者劳动合同已经不能继续履行的，用人单位应当依照本法第八十七条规定支付赔偿金。

案例链接

❶《郑州鸿成公司与李深拆迁安置补偿纠纷再审案》，参见北大法宝引证码：Pkulaw.cn/CLI.C.286903。

❷《洛阳市宜阳工业开发公司诉宜阳县机械厂等侵权纠纷案》，参见北大法宝引证码：Pkulaw.cn/CLI.C.280650。

❸《李斌诉吴小玲房屋买卖合同纠纷案》，参见北大法宝引证码：Pkulaw.cn/CLI.C.285610。

❹《耿中兴诉刘利勋转让合同纠纷案》，参见北大法宝引证码：Pkulaw.cn/CLI.C.290668。

学者观点

❶ 朱广新：《违约责任的归责原则探究》，参见

北大法宝引证码：Pkulaw.cn/CLI.A.1117548。

❷ 郑小川、雷明光：《对"继续履行"的再思考》，参见北大法宝引证码：Pkulaw.cn/CLI.A.119038。

【金钱债务的继续履行责任】

法律问题解读

金钱债务，又称为金钱之债、货币之债，是指以给付一定数额的金钱为标的的债务。由于此类债务给付的标的本身是充当一切商品的等价物的货币，不可能也没有必要转化为其他债务或者以其他违约责任形式取代继续履行。所以《合同法》第109条规定："当事人一方未支付价款或者报酬的，对方可以要求其支付价款或者报酬。"

在实践中，需要注意的有以下几个问题：

1. 各国法律虽一致规定不可抗力是违约责任的免责事由，但对金钱债务，即使发生不可抗力亦不能免除，即便免除，也只能免除其支付迟延利息的责任，而不能免除其债务。

2. 金钱债务不可能发生客观履行不能的情况，只可能发生履行迟延或拒绝履行。如违约方拒绝履行的，相对方可以请求违约方继续履行。依有关法律规定，如违约方违约履行的，当事人可以请求其支付逾期利息，逾期利息应从违约方应当支付时起计算至实际履行时止，利率一般按银行同期商业贷款利率计算。在这里，债务人虽然支付了一定的价款或者报酬，但是支付的方式、地点、时间或者金钱的数量与合同约定的不符合，影响了债权人的利益的，也是违约行为。

3. 在现实生活中，因违约方迟延履行金钱债务的，可能会给相对方造成间接损失，如损失订约机会等。对此，违约方是否应该赔偿呢？应当认为不能赔偿。其理由是：金钱具有高度流通性，是一种特殊的种类物，相对人可通过其他方法融通资金。

4. 金钱债务的继续履行责任与损害赔偿不能并立，违约方仅负支付逾期利息的责任，而不赔偿相对方的损失。

法条指引

❶《中华人民共和国合同法》（1999年10月1日施行）

第一百零九条 当事人一方未支付价款或者报酬的，对方可以要求其支付价款或者报酬。

❷《中华人民共和国民法通则》（1987年1月1日施行）

第一百一十一条 当事人一方不履行合同义务或者履行合同义务不符合约定条件的，另一方有权要求履行或者采取补救措施，并有权要求赔偿损失。

案例链接

❶《深圳某建筑装饰工程有限公司与何某建设工程施工合同纠纷上诉案》，参见北大法宝引证码：Pkulaw.cn/CLI.C.268208。

❷《葛大成与广州市南华高尔夫俱乐部有限公司服务合同纠纷上诉案》，参见北大法宝引证码：Pkulaw.cn/CLI.C.276400。

❸《李云骏与广州南华高尔夫俱乐部有限公司服务合同纠纷上诉案》，参见北大法宝引证码：Pkulaw.cn/CLI.C.276402。

❹《曾仕康与广州南华高尔夫俱乐部有限公司服务合同纠纷上诉案》，参见北大法宝引证码：Pkulaw.cn/CLI.C.276405。

【非金钱债务的继续履行责任】

法律问题解读

非金钱债务，是指除了金钱作为标的的债务之外的债务，这类债务的标的包括金钱以外的物、行为和智力成果。当事人一方不履行非金钱债务或者履行非金钱债务不符合约定的，对方可以要求继续履行。违约方不得以违约金等责任形式拒绝实际履行。

法律同时规定了对继续履行请求权的限制。在如下三种情形时，不得请求继续履行：

1. 法律上或者事实上不能履行。在某些情况下，法律明文规定不适用继续履行而责令违约方只承担违约金责任或赔偿损失责任。比如货运合同场合，承运人对运输过程中货物的损毁、灭失承担损害赔偿责任，而不负继续履行责任。因不可归责于当事人双方的原因致使合同履行实在困难，如果继续履行则显失公平。比如适用情事变更原则时。

2. 债务的标的不适于继续履行或者履行费用过高。比如具有人身专属性的委托合同、技术开发合同、演出合同、出版合同等。履行费用过高是指对标的物若要强制履行，代价太大。

3. 债权人在合理期限内未要求履行。所谓合理期间既非诉讼时效，亦非除斥期间，是一个需要在审判时间中不断完善的概念。如果当事人在订立合同时明确规定，一方违约另一方只能要求其承担违约金和损害赔偿责任，而不得要求强制履行（此种约定不违背法律和社会公共道德），则应当认定其有效。根据这一约定，债权人已实际上不再享有要求实际履行的权利。

虽然合同法并没规定继续履行责任可以与违约金并用，但依合同法对违约金性质的界定，应当认为两者可以并用。需要注意的是，继续履行与合同解除是不能并用的，因为合同解除后，双方的合同义务即不存在，而转化成为其他义务，自然无继续履行存在之余地。

法条指引

❶《中华人民共和国合同法》（1999年10月1日施行）

第一百一十条 当事人一方不履行非金钱债务或者履行非金钱债务不符合约定的，对方可以要求履行，但有下列情形之一的除外：

（一）法律上或者事实上不能履行；

（二）债务的标的不适于强制履行或者履行费用过高；

（三）债权人在合理期限内未要求履行。

❷ 最高人民法院《关于适用〈中华人民共和国担保法〉若干问题的解释》（2000年12月13日施行）

第十三条 保证合同中约定保证人代为履行非金钱债务的，如果保证人不能实际代为履行，对债权人因此造成的损失，保证人应当承担赔偿责任。

❸《中华人民共和国民法通则》（1987年1月1日施行）

第一百一十一条 当事人一方不履行合同义务或者履行合同义务不符合约定条件的，另一方有权要求履行或者采取补救措施，并有权要求赔偿损失。

案例链接

❶《吴广华与广州五元名都房地产开发有限公司房屋拆迁安置合同纠纷上诉案》，参见北大法宝引证码：Pkulaw.cn/CLI.C.227247。

❷《葛大成与广州市南华高尔夫俱乐部有限公司服务合同纠纷上诉案》，参见北大法宝引证码：Pkulaw.cn/CLI.C.276400。

❸《李云骏与广州南华高尔夫俱乐部有限公司服务合同纠纷上诉案》，参见北大法宝引证码：Pkulaw.cn/CLI.C.276402。

❹《北京天润新能投资有限公司与北京中盛联盟资产评估有限公司资产评估纠纷上诉案》，参见北大法宝引证码：Pkulaw.cn/CLI.C.204968。

【质量不符合约定时的违约责任】

法律问题解读

质量不符合约定的履行又称为不当履行，是一种违约行为。包括瑕疵履行和加害给付。在此情况下，合同双方当事人约定了违约责任的，依照约定；如果对违约责任没有约定或者约定不明确，依照我国《合同法》第61条的规定仍不能确定的，受损害方根据标的的性质以及损失的大小，可以合理选择要求对方承担修理、更换、重作、退货、减少价款或者报酬等违约责任。

在实践中，需要注意的问题有以下几个：

1. 标的物不符合质量要求的，既指不符合当事人在合同中的约定，也指不符合法律推定的质量要求，需注意数量不足一般不适用本规定，但在特殊情况下也可适用。

2. 注意运用《合同法》第61条的规定，并了解各种责任形式的适用条件：（1）修理，主要适用于买卖合同、承揽合同等合同中。承揽人应对工作物的瑕疵负责，并负修理义务。（2）更换，其适用前提是合同的标的物是种类物，一般发生在买卖合同中，即以种类物为合同标的物的，在出卖人交付的标的物存在瑕疵的情况下，买受人可以请求出卖人另行交付无质量瑕疵的物。（3）重作，主要发生在提供服务的合同中，如加工承揽合同。（4）退货，意味着解除合同，应符合《合同法》第95条关于当事人的单方解除权的条件。只有在标的物的质量瑕疵影响到合同目的的实现时，买方才可退货。（5）如合同的标的物存在质量瑕疵，一方又已领受货物的，可以请求违约方依据瑕疵的程度减少价金或报酬。

3. 符合《合同法》第111条规定的，因卖方的加害给付既成立违约行为，又成立侵权行为，买方可以选择侵权行为或违约行为为诉由，提起诉讼请求损害赔偿。

法条指引

❶《中华人民共和国合同法》（1999年10月

1日施行）

第六十一条 合同生效后，当事人就质量、价款或者报酬、履行地点等内容没有约定或者约定不明确的，可以协议补充；不能达成补充协议的，按照合同有关条款或者交易习惯确定。

第一百一十一条 质量不符合约定的，应当按照当事人的约定承担违约责任。对违约责任没有约定或者约定不明确，依照本法第六十一条的规定仍不能确定的，受损害方根据标的的性质以及损失的大小，可以合理选择要求对方承担修理、更换、重作、退货、减少价款或者报酬等违约责任。

❷《中华人民共和国消费者权益保护法》（1994年1月1日施行）

第二十三条 经营者提供商品或者服务，按照国家规定或者与消费者的约定，承担包修、包换、包退或者其他责任的，应当按照国家规定或者约定履行，不得故意拖延或者无理拒绝。

第四十五条 对国家规定或者经营者与消费者约定包修、包换、包退的商品，经营者应当负责修理、更换或者退货。在保修期内两次修理仍不能正常使用的，经营者应当负责更换或者退货。

对包修、包换、包退的大件商品，消费者要求经营者修理、更换、退货的，经营者应当承担运输等合理费用。

第四十八条 依法经有关行政部门认定为不合格的商品，消费者要求退货的，经营者应当负责退货。

❸《中华人民共和国民法通则》（1987年1月1日施行）

第一百一十一条 当事人一方不履行合同义务或者履行合同义务不符合约定条件的，另一方有权要求履行或者采取补救措施，并有权要求赔偿损失。

第一百一十二条 当事人一方违反合同的赔偿责任，应当相当于另一方因此所受到的损失。

当事人可以在合同中约定，一方违反合同时，向另一方支付一定数额的违约金；也可以在合同中约定对于违反合同而产生的损失赔偿额的计算方法。

第一百三十四条 承担民事责任的方式主要有：

（一）停止侵害；
（二）排除妨碍；
（三）消除危险；
（四）返还财产；
（五）恢复原状；
（六）修理、重作、更换；
（七）赔偿损失；
（八）支付违约金；
（九）消除影响、恢复名誉；
（十）赔礼道歉。

以上承担民事责任的方式，可以单独适用，也可以合并适用。

人民法院审理民事案件，除适用上述规定外，还可以予以训诫、责令具结悔过、收缴进行非法活动的财物和非法所得，并可以依照法律规定处以罚款、拘留。

❹《中华人民共和国产品质量法》（2000年7月8日修正）

第四十一条 因产品存在缺陷造成人身、缺陷产品以外的其他财产（以下简称他人财产）损害的，生产者应当承担赔偿责任。

生产者能够证明有下列情形之一的，不承担赔偿责任：

（一）未将产品投入流通的；
（二）产品投入流通时，引起损害的缺陷尚不存在的；
（三）将产品投入流通时的科学技术水平尚不能发现缺陷的存在的。

第四十八条 仲裁机构或者人民法院可以委托本法第十九条规定的产品质量检验机构，对有关产品质量进行检验。

❺ 最高人民法院《关于贯彻执行〈中华人民共和国民法通则〉若干问题的意见（试行）》（1988年1月26日施行）

153. 消费者、用户因为使用质量不合格的产品造成本人或者第三人人身伤害、财产损失的，受害人可以向产品制造者或者销售者要求赔偿。因此提起的诉讼，由被告所在地或侵权行为地人民法院管辖。

运输者和仓储者对产品质量负有责任，制造者或者销售者请求赔偿损失的，可以另案处理，也可以将运输者和仓储者列为第三人，一并处理。

❻《部分商品修理更换退货责任规定》（1995年8月25日施行）

第一条 为保护消费者的合法权益，明确销售者、修理者、生产者承担的部分商品的修理、更换、退货（以下称为三包）的责任和义务，根据《中华人民共和国产品质量法》、《中华人民共和国消费者权益保护法》及有关规定制定本规定。

第二条 本规定所称部分商品，系指《实施三包的部分商品目录》（以下简称目录）中所列产品。

目录由国务院产品质量监督管理部门会同商业主管部门、工业主管部门共同制定和调整，由国务院产品质量监督管理部门发布。

第三条 列入目录的产品实行谁经销谁负责三包的原则。销售者与生产者、销售者与供货者、销售者与修理者之间订立的合同，不得免除本规定的三包责任和义务。

第四条 目录中规定的指标是履行三包规定的最基本要求。国家鼓励销售者和生产者制定严于本规定的三包实施细则。

本规定不免除未列入目录产品的三包责任和销售者、生产者向消费者承诺的高于列入目录产品三包的责任。

第五条 销售者应当履行下列义务：

（一）不能保证实施三包规定的，不得销售目录所列产品；

（二）保持销售产品的质量；

（三）执行进货检查验收制度，不符合法定标识要求的，一律不准销售；

（四）产品出售时，应当开箱检验，正确调试，介绍使用维护事项、三包方式及修理单位，提供有效发票和三包凭证；

（五）妥善处理消费者的查询、投诉，并提供服务。

第六条 修理者应当履行下列义务：

（一）承担修理服务业务；

（二）维护销售者、生产者的信誉，不得使用与产品技术要求不符的元器件和零配件。认真记录故障及修理后产品质量状况，保证修理后的产品能够正常使用 30 日以上；

（三）保证修理费用和修理配件全部用于修理。接受销售者、生产者的监督和检查；

（四）承担因自身修理失误造成的责任和损失；

（五）接受消费者有关产品修理质量的查询。

第七条 生产者应当履行下列义务：

（一）明确三包方式。生产者自行设置或者指定修理单位的，必须随产品向消费者提供三包凭证、修理单位的名单、地址、联系电话等；

（二）向负责修理的销售者、修理者提供修理技术资料、合格的修理配件，负责培训，提供修理费用。保证在产品停产后五年内继续提供符合技术要求的零配件；

（三）妥善处理消费者直接或者间接的查询，并提供服务。

第八条 三包有效期自开具发票之日起计算，扣除因修理占用和无零配件待修的时间。

三包有效期内消费者凭发票及三包凭证办理修理、换货、退货。

第九条 产品自售出之日起 7 日内，发生性能故障，消费者可以选择退货、换货或修理。退货时，销售者应当按发票价格一次退清货款，然后依法向生产者、供货者追偿或者按购销合同办理。

第十条 产品自售出之日起 15 日内，发生性能故障，消费者可选择换货或者修理。换货时，销售者应当免费为消费者调换同型号同规格的产品，然后依法向生产者、供货者追偿或者按购销合同办理。

第十一条 在三包有效期内，修理两次，仍不能正常使用的产品，凭修理者提供的修理记录和证明，由销售者负责为消费者免费调换同型号同规格的产品或者按本规定第十三条的规定退货，然后依法向生产者、供货者追偿或者按购销合同办理。

第十二条 在三包有效期内，因生产者未供应零配件，自送修之日起超过 90 日未修好的，修理者应当在修理状况中注明，销售者凭此据免费为消费者调换同型号同规格产品。然后依法向生产者、供货者追偿或者按购销合同办理。

因修理者自身原因使修理期超过 30 日的，由其免费为消费者调换同型号同规格产品。费用由修理者承担。

第十三条 在三包有效期内，符合换货条件的，销售者因无同型号同规格产品，消费者不愿调换其他型号、规格产品而要求退货的，销售者应当予以退货；有同型号同规格产品，消费者不愿调换而要求退货的，销售者应当予以退货，对已使用过的商品按本规定收取折旧费。

折旧费计算自开具发票之日起至退货之日止，其中应当扣除修理占用和待修的时间。

第十四条 换货时，凡属残次产品、不合格产品或者修理过的产品均不得提供给消费者。换货后的三包有效期自换货之日起重新计算。由销售者在发票背面加盖更换章并提供新的三包凭证或者在三包凭证背面加盖更换章。

第十五条 在三包有效期内，除因消费者使用保管不当致使产品不能正常使用外，由修理者免费修理（包括材料费和工时费）。

对应当进行三包的大件产品，修理者应当提

供合理的运输费用，然后依法向生产者或者销售者追偿，或者按合同办理。

第十六条 在三包有效期内，提倡销售者、修理者、生产者上门提供三包服务。

第十七条 属下列情况之一者，不实行三包，但是可以实行收费修理：

（一）消费者因使用、维护、保管不当造成损坏的；

（二）非承担三包修理者拆动造成损坏的；

（三）无三包凭证及有效发票的；

（四）三包凭证型号与修理产品型号不符或者涂改的；

（五）因不可抗力造成损坏的。

第十八条 修理费用由生产者提供。修理费用指三包有效期内保证正常修理的待支费用。

第十九条 销售者负责修理的产品，生产者按照合同或者协议一次拨出费用，具体办法由产销双方商定。销售者委托或者指定修理者的，其修理费的支付形式由销售者和修理者双方合同约定。专款专用。生产者自行选择其他方式或者自行设置修理网点的，由生产者直接提供修理费用。

第二十条 生产者、销售者、修理者破产、倒闭、兼并、分立的，其三包责任按国家有关法规执行。

第二十一条 消费者因产品三包问题与销售者、修理者、生产者发生纠纷时，可以向消费者协会、质量管理协会、用户委员会和其他有关组织申请调解，有关组织应当积极受理。

第二十二条 销售者、修理者、生产者未按本规定执行三包的，消费者可以向产品质量监督管理部门或者工商行政管理部门申诉，由上述部门责令其按三包规定办理。消费者也可以依法申请仲裁解决，还可以直接向人民法院起诉。

第二十三条 本规定由国务院产品质量监督管理部门负责解释。

第二十四条 本规定自发布之日起施行。原国家经济委员会等八部委局发布的国标发（1986）177号《部分国产家用电器三包规定》同时废止。其他有关规定与本规定不符的，以本规定为准。

案例链接

❶《上海康大泵业制造有限公司诉鹤壁煤股份有限公司买卖合同纠纷案》，参见北大法宝引证码：Pkulaw.cn/CLI.C.282175。

❷《董学林与贾志鹏建设工程施工合同纠纷上诉案》，参见北大法宝引证码：Pkulaw.cn/CLI.C.279579。

❸《孙新年诉范新四建筑合同纠纷案》，参见北大法宝引证码：Pkulaw.cn/CLI.C.280461。

❹《刘保三与梁红涛建筑工程施工合同纠纷上诉案》，参见北大法宝引证码：Pkulaw.cn/CLI.C.286212。

【损害赔偿】

法律问题解读

损害赔偿，又称赔偿损失，是指因合同一方当事人的违约行为而给对方当事人造成损失时，违约方向对方当事人赔偿所受的损失。我国合同法中的赔偿损失主要是指金钱赔偿，也有以实物赔偿的，但仅限于以合同标的物以外的物品予以赔偿，否则，即为实际履行。损害赔偿具有补偿性，另外，在某些特定情况下，损害赔偿还具有惩罚性。

违约损害赔偿责任的构成要件包括损害的客观存在以及损害与违约行为之间的因果关系两项：

1. 损失。适用赔偿损失责任方式，需要受害人受有损失这一要件。不过，如果合同债务只限于支付一定数额的金钱时，无论是否存在损失，只要逾期支付的，受害人均可主张赔偿损失。在我国，对逾期偿还贷款是通过罚息的形式进行赔偿的，而不以借款方受有实际损失为条件。

2. 因果关系。所谓因果关系是用来描述违约行为和受害人所受损失之间的相互联系的。一方面，任何人都必须对自己的行为所造成的损害后果承担责任（不可抗力造成的损害除外），要确定责任，必须确定引起损害后果发生的真正原因。另一方面，因果关系对于损害赔偿的范围的确定具有重要意义，这不仅表现在因果关系决定着直接损害与间接损害的区分，而且也是对损害赔偿范围作出限度的标准。此外，在双方违约的情况下，因果关系是确定双方各自应承担的责任的重要依据。至于可预见规则，只能在因果关系已然存在的基础上才得以适用。具体来说，可预见规则是确定债务人在某一具体场合或案件中，是否应当承担赔偿责任的主观标尺，必须以存在因果关系为前提，其主要功能在于判定哪些损失应予赔偿，或者哪些损失不应赔偿。

法条指引

❶《中华人民共和国合同法》（1999年10月

1 日施行)

第一百一十二条 当事人一方不履行合同义务或者履行合同义务不符合约定的,在履行义务或者采取补救措施后,对方还有其他损失的,应当赔偿损失。

第一百一十三条 当事人一方不履行合同义务或者履行合同义务不符合约定,给对方造成损失的,损失赔偿额应当相当于因违约所造成的损失,包括合同履行后可以获得的利益,但不得超过违反合同一方订立合同时预见到或者应当预见到的因违反合同可能造成的损失。

经营者对消费者提供商品或者服务有欺诈行为的,依照《中华人民共和国消费者权益保护法》的规定承担损害赔偿责任。

❷《中华人民共和国消费者权益保护法》(1994 年 1 月 1 日施行)

第四十九条 经营者提供商品或者服务有欺诈行为的,应当按照消费者的要求增加赔偿其受到的损失,增加赔偿的金额为消费者购买商品的价款或者接受服务的费用的一倍。

❸《中华人民共和国民法通则》(1987 年 1 月 1 日施行)

第一百一十二条 当事人一方违反合同的赔偿责任,应当相当于另一方因此所受到的损失。

当事人可以在合同中约定,一方违反合同时,向另一方支付一定数额的违约金;也可以在合同中约定对于违反合同而产生的损失赔偿额的计算方法。

第一百三十四条 承担民事责任的方式主要有:

(一) 停止侵害;
(二) 排除妨碍;
(三) 消除危险;
(四) 返还财产;
(五) 恢复原状;
(六) 修理、重作、更换;
(七) 赔偿损失;
(八) 支付违约金;
(九) 消除影响、恢复名誉;
(十) 赔礼道歉。

以上承担民事责任的方式,可以单独适用,也可以合并适用。

人民法院审理民事案件,除适用上述规定外,还可以予以训诫、责令具结悔过、收缴进行非法活动的财物和非法所得,并可以依照法律规定处以罚款、拘留。

案例链接

❶《闫淑英诉开封市第一人民医院医疗损害赔偿纠纷案》,参见北大法宝引证码:Pkulaw. cn/CLI. C. 290256。

❷《张某诉王某人身损害赔偿纠纷案》,参见北大法宝引证码:Pkulaw. cn/CLI. C. 290188。

❸《李会等诉杜留安等产品质量损害赔偿纠纷案》,参见北大法宝引证码:Pkulaw. cn/CLI. C. 285499。

❹《席志敏诉冯建波等财产损害赔偿纠纷案》,参见北大法宝引证码:Pkulaw. cn/CLI. C. 285841。

学者观点

❶ 王丽莎:《承租人优先购买权的损害赔偿研究》,参见北大法宝引证码:Pkulaw. cn/CLI. A. 1144925。

❷ 孙良国、于忠春:《有意违约的研究》,参见北大法宝引证码:Pkulaw. cn/CLI. A. 1142827。

❸ 马忠法、冯凯:《委托合同任意解除的赔偿责任》,参见北大法宝引证码:Pkulaw. cn/CLI. A. 1133454。

【约定损害赔偿和法定损害赔偿】

法律问题解读

所谓法定损害赔偿,是指违约方因违约行为给对方当事人造成财产损失时,应全部赔偿该损失,这是损害赔偿责任的一般要求,即全部赔偿原则。《合同法》第 113 条第 1 款规定:"当事人一方不履行合同义务或者履行合同义务不符合约定,给对方造成损失的,损失赔偿额应当相当于因违约所造成的损失,包括合同履行后可以获得的利益,但不得超过违反合同一方订立合同时预见到或者应当预见到的因违反合同可能造成的损失。"这是我国法对损害赔偿的一般法定赔偿范围所作的原则性规定。但完全赔偿并不意味着各种损失都应当赔偿,为了实现公平、正义,有必要对损害赔偿的范围设定一些规则,进行限制。

法定损害赔偿范围,是指按照法律直接规定的损害赔偿数额或者计算方法所确定的违约方应予赔偿的损失范围。根据《合同法》第 113 条、119 条、120 条的规定,确定损害赔偿一般应遵循以下几种原则:(1) 完全赔偿原则。(2) 合理预见原则。(3) 减轻损失原则。(4) 过失相抵原则。

所谓约定损害赔偿,是指当事人在订立合同时,预先约定一方违约时,应向对方支付一定的金钱或约定损害赔偿额的计算方法。《民法通则》第112条和《合同法》第114条都允许当事人约定损害赔偿。

约定赔偿与法定赔偿的关系,以及约定的赔偿数额是否得为增减,是两个密切联系的问题。我国《合同法》基本上承认约定损害赔偿对法定损害赔偿的相对排斥力。如果当事人约定一笔赔偿金,则在适用该约定损害赔偿条款以后就不能再适用法定损害赔偿,要求违约方另外赔偿损失。不过,与违约金条款一样,如果约定的损害赔偿额过高或过低,法院有权基于当事人的请求增减赔偿额。

法条指引

❶《中华人民共和国合同法》(1999年10月1日施行)

第一百一十二条 当事人一方不履行合同义务或者履行合同义务不符合约定的,在履行义务或者采取补救措施后,对方还有其他损失的,应当赔偿损失。

第一百一十三条 当事人一方不履行合同义务或者履行合同义务不符合约定,给对方造成损失的,损失赔偿额应当相当于因违约所造成的损失,包括合同履行后可以获得的利益,但不得超过违反合同一方订立合同时预见到或者应当预见到的因违反合同可能造成的损失。

经营者对消费者提供商品或者服务有欺诈行为的,依照《中华人民共和国消费者权益保护法》的规定承担损害赔偿责任。

第一百一十四条 当事人可以约定一方违约时应当根据违约情况向对方支付一定数额的违约金,也可以约定因违约产生的损失赔偿额的计算方法。

约定的违约金低于造成的损失的,当事人可以请求人民法院或者仲裁机构予以增加;约定的违约金过分高于造成的损失的,当事人可以请求人民法院或者仲裁机构予以适当减少。

当事人就迟延履行约定违约金的,违约方支付违约金后,还应当履行债务。

❷《中华人民共和国消费者权益保护法》(1994年1月1日施行)

第四十九条 经营者提供商品或者服务有欺诈行为的,应当按照消费者的要求增加赔偿其受到的损失,增加赔偿的金额为消费者购买商品的价款或者接受服务的费用的一倍。

❸《中华人民共和国民法通则》(1987年1月1日施行)

第一百一十二条 当事人一方违反合同的赔偿责任,应当相当于另一方因此所受到的损失。

当事人可以在合同中约定,一方违反合同时,向另一方支付一定数额的违约金;也可以在合同中约定对于违反合同而产生的损失赔偿额的计算方法。

第一百三十四条 承担民事责任的方式主要有:

(一)停止侵害;
(二)排除妨碍;
(三)消除危险;
(四)返还财产;
(五)恢复原状;
(六)修理、重作、更换;
(七)赔偿损失;
(八)支付违约金;
(九)消除影响、恢复名誉;
(十)赔礼道歉。

以上承担民事责任的方式,可以单独适用,也可以合并适用。

人民法院审理民事案件,除适用上述规定外,还可以予以训诫、责令具结悔过、收缴进行非法活动的财物和非法所得,并可以依照法律规定处以罚款、拘留。

案例链接

❶《章彦诉云南〈女性大世界〉杂志社著作权许可使用合同纠纷案》,参见北大法宝引证码:Pkulaw. cn/CLI. C. 8704。

❷《赵辉诉初海滨技术服务纠纷案》,参见北大法宝引证码:Pkulaw. cn/CLI. C. 133402。

❸《谢建英诉罗维华股权转让协议纠纷案》,参见北大法宝引证码:Pkulaw. cn/CLI. C. 119540。

【完全赔偿原则】

法律问题解读

完全赔偿原则,是指违约方对于受害方因违约行为所遭受的全部损失应当承担全部赔偿责任。换言之,只要是违约方的违约行为给对方造成的损失，违约方都应该予以赔偿。

完全赔偿原则规定于《合同法》第113条中，其表述是："损害赔偿额应当相当于因违约所造成的损失，包括合同履行后可以获得的利益。"损害赔偿范围包括现有财产损失和可得利益损失。

现有财产损失即所谓的直接损失，是指因一方违约给对方造成的财产减少和支出的增加。常见的有：（1）作为合同标的物的财产的毁损灭失；（2）为准备履行合同而支出的费用；（3）停工损失；（4）为减少违约损失而支出的费用；（5）诉讼费用。从理论上讲，受害方为追究违约方违约责任而提起诉讼的诉讼费用应当计入损失。

可得利益是指受害方在合同正常履行时可以获得的利益，主要是指利润。一般来说，只要是合理预期能够取得的利润，都可以认定为可得利益。可得利益只是对可能或者预计获取的财产的预期，容易发生争议，计算也存在种种实际困难，应综合当事人的预期、市场行情、当事人同样交易的获利情况、其他经营者同类交易的一般获利情况等进行判断，尽量做到公平合理。

现有财产损失和可得利益损失是违约损害赔偿范围的两个组成部分，两者有不同的内容，并行不悖，受害人可以同时请求。

法条指引

❶《中华人民共和国合同法》（1999年10月1日施行）

第一百一十三条　当事人一方不履行合同义务或者履行合同义务不符合约定，给对方造成损失的，损失赔偿额应当相当于因违约所造成的损失，包括合同履行后可以获得的利益，但不得超过违反合同一方订立合同时预见到或者应当预见到的因违反合同可能造成的损失。

经营者对消费者提供商品或者服务有欺诈行为的，依照《中华人民共和国消费者权益保护法》的规定承担损害赔偿责任。

❷《中华人民共和国民法通则》（1987年1月1日施行）

第一百一十二条　当事人一方违反合同的赔偿责任，应当相当于另一方因此所受到的损失。

当事人可以在合同中约定，一方违反合同时，向另一方支付一定数额的违约金；也可以在合同中约定对于违反合同而产生的损失赔偿额的计算方法。

第一百三十四条　承担民事责任的方式主要有：

（一）停止侵害；
（二）排除妨碍；
（三）消除危险；
（四）返还财产；
（五）恢复原状；
（六）修理、重作、更换；
（七）赔偿损失；
（八）支付违约金；
（九）消除影响、恢复名誉；
（十）赔礼道歉。

以上承担民事责任的方式，可以单独适用，也可以合并适用。

人民法院审理民事案件，除适用上述规定外，还可以予以训诫、责令具结悔过、收缴进行非法活动的财物和非法所得，并可以依照法律规定处以罚款、拘留。

❸《联合国国际货物销售合同公约》（1980年4月11日）

第七十四条　一方当事人违反合同应负的损害赔偿额，应与另一方当事人因他违反合同而遭受的包括利润在内的损失额相等。这种损害赔偿不得超过违反合同一方在订立合同时，依照他当时已知道或理应知道的事实和情况，对违反合同预料到或理应预料到的可能损失。

案例链接

❶《成都南星实业有限责任公司与周琦商品房预售合同纠纷上诉案》，参见北大法宝引证码：Pkulaw.cn/CLI.C.99103。

❷《赖一德诉南宁市城市内河管理处拆迁合同纠纷案》，参见北大法宝引证码：Pkulaw.cn/CLI.C.176005。

❸《王琴与飞达仕空调（上海）有限公司承包合同纠纷上诉案》，参见北大法宝引证码：Pkulaw.cn/CLI.C.11216。

❹《周宏举诉徐州西关法律服务所等委托合同纠纷案》，参见北大法宝引证码：Pkulaw.cn/CLI.C.210285。

【合理预见原则】

法律问题解读

合理预见原则是指违约损害赔偿的范围以违约方在订立合同时预见或者应当预见到的损失为

准。或者说，违约方对违约所造成损失的赔偿责任不得超过违约合同一方订立合同时预见或应当预见到的因违约可能造成的损失。合理预见规则是限制违约损害赔偿范围的一项重要规则，是划分应当赔偿的违约损失与不应赔偿的违约损失的法律界限。合理预见原则是对完全赔偿原则的限制，或者说是确定损失赔偿范围的消极原则。

在司法实践中，适用合理预见原则应把握以下几点：

1. 合理预见原则是限制包括现有财产和可得利益损失在内的损失赔偿总额的原则，而不是仅仅用于限制可得利益计算的原则。

2. 合理预见原则不适用于约定损害赔偿，即在当事人约定违约金或损害赔偿的计算方法时，约定的数额或者根据约定的计算方法确定的数额具有优先效力，无论该数额有多高，都属于当事人能预见到的损失数额。由于过高而出于公平的考虑予以减少的除外。

3. 损失是否属已预见或者应当预见到要依据违约方在订立合同时实际知道或应当知道的事实和情势判断，即根据订约时而不是其他时候的情势判断，而且要根据依违约方的身份、职业实际知道和应当知道的事实和情势判断。

法条指引

❶《中华人民共和国合同法》（1999年10月1日施行）

第一百一十三条　当事人一方不履行合同义务或者履行合同义务不符合约定，给对方造成损失的，损失赔偿额应当相当于因违约所造成的损失，包括合同履行后可以获得的利益，但不得超过违反合同一方订立合同时预见到或者应当预见到的因违反合同可能造成的损失。

经营者对消费者提供商品或者服务有欺诈行为的，依照《中华人民共和国消费者权益保护法》的规定承担损害赔偿责任。

❷《联合国国际货物销售合同公约》（1980年4月11日）

第七十四条　一方当事人违反合同应负的损害赔偿额，应与另一方当事人因他违反合同而遭受的包括利润在内的损失额相等。这种损害赔偿不得超过违反合同一方在订立合同时，依照他当时已知道或理应知道的事实和情况，对违反合同预料到或理应预料到的可能损失。

【过失相抵原则】

法律问题解读

过失相抵原则是指赔偿权利人基于损害发生的同一违约行为而获得利益时，应将所受利益从所受损害中扣除。损害赔偿责任的目的，仅在于填补受害人的损失，并非给予受害人利益，故赔偿额与损失额应当一致。因同一事实，既使债权人受到损害，又使债权人获得利益时，应在其应受的损害内扣除所受的利益。损益相抵的结果，当损害大于利益时，赔偿额即是所受损失与利益的差额；当所受利益大于损失时，无须赔偿。

在减轻损失规则中，因受害方没有采取适当措施致使损失扩大的，就扩大的损失免除违约方的赔偿责任，实际上也是根据受害方的过错减轻了违约方的赔偿金额，因此在大陆法系国家，减轻损失规则属于过失相抵的一部分。但我国法律对减轻损失和过失相抵是分别规定的。根据权威学者的解释，《合同法》第119条规定了减轻损失原则，第120条规定了过失相抵原则。

法条指引

❶《中华人民共和国合同法》（1999年10月1日施行）

第一百一十九条　当事人一方违约后，对方应当采取适当措施防止损失的扩大；没有采取适当措施致使损失扩大的，不得就扩大的损失要求赔偿。

当事人因防止损失扩大而支出的合理费用，由违约方承担。

第一百二十条　当事人双方都违反合同的，应当各自承担相应的责任。

❷《中华人民共和国民法通则》（1987年1月1日施行）

第一百三十一条　受害人对于损害的发生也有过错的，可以减轻侵害人的民事责任。

案例链接

❶《刘某等与芦某雇佣合同赔偿纠纷上诉案》，参见北大法宝引证码：Pkulaw. cn/CLI. C. 281805。

❷《林传春等诉浙江省衢州公路运输有限公司租赁合同纠纷案》，参见北大法宝引证码：Pkulaw. cn/CLI. C. 192131。

❸《李玉芳与赵贵云等道路交通事故人身损害赔偿纠纷上诉案》,参见北大法宝引证码:Pkulaw. cn/CLI. C. 122101。

❹《董俊兰与郑州市中医院医疗服务合同纠纷上诉案》,参见北大法宝引证码:Pkulaw. cn/CLI. C. 254354。

学者观点

❶ 伍鉴萍、龚军伟:《论违约损害赔偿范围的确定》,参见北大法宝引证码:Pkulaw. cn/CLI. A. 182351。

❷ 张景峰、贾广建、邵世星:《对"行人违章,撞了白撞"的法理分析》,参见北大法宝引证码:Pkulaw. cn/CLI. A. 118532。

【惩罚性赔偿责任】

法律问题解读

针对交易中各种严重的欺诈行为,特别是出售假冒伪劣产品的欺诈行为的严重存在。我国《消费者权益保护法》第49条明确规定:"经营者提供商品或者服务有欺诈行为的,应当按照消费者的要求赔偿其受到的损失,增加赔偿的金额为消费者购买商品的价款或者接受服务的费用的一倍。"这就在法律上确立了惩罚性损害赔偿制度。我国《合同法》第113条第2款规定了对《消费者权益保护法》的准用。

惩罚性赔偿原则的适用应符合以下条件:

1. 经营者提供商品、服务有欺诈行为的存在。交易中常见的欺诈行为有:直接出售假冒商品的行为;故意短斤少两的行为;消费加工承揽中偷工减料、偷换原材料的行为;在修理服务中偷换零件、虚列修理项目、增报修理费的行为,等等。

2. 消费者受到损害。(1)要有消费者受到损害的事实发生,即对经营者提供的虚假消息,消费者信以为真并因此而蒙受财产损失。(2)受损害者只能是消费者,即为了生活需要而购买商品或服务的人。

3. 消费者要求经营者承担惩罚性赔偿责任。

在以上条件同时具备的情况下,经营者应增加赔偿消费者所受到的损失,增加赔偿的数额为消费者购买商品的价款或接受服务的费用的一倍。

确立惩罚性损害赔偿制度,其直接作用主要体现在以下两个方面:(1)通过惩罚性损害赔偿制度可以督促经营者诚实经营。(2)可以鼓励消费者积极同不诚实的经营行为作斗争,检举揭发经营者的不法行为。

通过这两个方面的作用机制,可以更充分地保护消费者的利益。

法条指引

❶《中华人民共和国合同法》(1999年10月1日施行)

第一百一十三条 当事人一方不履行合同义务或者履行合同义务不符合约定,给对方造成损失的,损失赔偿额应当相当于因违约所造成的损失,包括合同履行后可以获得的利益,但不得超过违反合同一方订立合同时预见到或者应当预见到的因违反合同可能造成的损失。

经营者对消费者提供商品或者服务有欺诈行为的,依照《中华人民共和国消费者权益保护法》的规定承担损害赔偿责任。

❷《中华人民共和国消费者权益保护法》(1994年1月1日施行)

第四十九条 经营者提供商品或者服务有欺诈行为的,应当按照消费者的要求增加赔偿其受到的损失,增加赔偿的金额为消费者购买商品的价款或者接受服务的费用的一倍。

❸《欺诈消费者行为处罚办法》(1996年3月15日)

第三条 经营者在向消费者提供商品中,有下列情形之一的,属于欺诈消费者行为:

(一)销售掺杂、掺假,以假充真,以次充好的商品的;

(二)采取虚假或者其他不正当手段使销售的商品分量不足的;

(三)销售"处理品"、"残次品"、"等外品"等商品而谎称是正品的;

(四)以虚假的"清仓价"、"甩卖价"、"最低价"、"优惠价"或者其他欺骗性价格表示销售商品的;

(五)以虚假的商品说明、商品标准、实物样品等方式销售商品的;

(六)不以自己的真实名称和标记销售商品的;

(七)采取雇用他人等方式进行欺骗性的销售诱导的;

(八)作虚假的现场演示和说明的;

(九)利用广播、电视、电影、报刊等大众传播媒介对商品作虚假宣传的;

（十）骗取消费者预付款的；

（十一）利用邮购销售骗取价款而不提供或者不按照约定条件提供商品的；

（十二）以虚假的"有奖销售"、"还本销售"等方式销售商品的；

（十三）以其他虚假或者不正当手段欺诈消费者的行为。

第四条 经营者在向消费者提供商品中，有下列情形之一，且不能证明自己确非欺骗、误导消费者而实施此种行为的，应当承担欺诈消费者行为的法律责任：

（一）销售失效、变质商品的；

（二）销售侵犯他人注册商标权的商品的；

（三）销售伪造产地、伪造或者冒用他人的企业名称或者姓名的商品的；

（四）销售伪造或者冒用他人商品特有的名称、包装、装潢的商品的；

（五）销售伪造或者冒用认证标志、名优标志等质量标志的商品的。

第五条 对本办法第三条、第四条所列欺诈消费者行为，法律、行政法规对处罚机关和处罚方式有规定的，从其规定；法律、行政法规未作规定的，由工商行政管理机关依照《中华人民共和国消费者权益保护法》第五十条的规定处罚。

第六条 经营者提供商品或者服务有欺诈行为的，应当按照消费者的要求增加赔偿其受到的损失，增加赔偿的金额为消费者购买商品的价款或者接受服务的费用的一倍。

案例链接

❶《天津市速派奇电动自行车有限公司与常州普利司通自行车有限公司侵犯专利权纠纷上诉案》，参见北大法宝引证码：Pkulaw.cn/CLI.C.73917。

❷《广州白云山天心制药股份有限公司等与张素光等商品房预售合同纠纷上诉案》，参见北大法宝引证码：Pkulaw.cn/CLI.C.115323。

❸《张志强诉徐州苏宁电器有限公司侵犯消费者权益纠纷案》，参见北大法宝引证码：Pkulaw.cn/CLI.C.67418。

❹《邹景贤诉重庆燕山建设（集团）有限公司商品房买卖合同纠纷案》，参见北大法宝引证码：Pkulaw.cn/CLI.C.194036。

学者观点

❶ 杨路明：《商品房销售广告性质与责任的法理剖析》，参见北大法宝引证码：Pkulaw.cn/CLI.A.1123888。

❷ 关淑芳：《论惩罚性赔偿责任的可保性》，参见北大法宝引证码：Pkulaw.cn/CLI.A.181196。

【损害赔偿与其他违约责任方式的关系】

法律问题解读

损害赔偿与违约金。二者的联系受违约金的性质影响。具体来说，对于补偿性违约金来说，因为这种违约金的目的在于赔偿实际损失，因而可以替代损失赔偿。一般来说，如果获得这种补偿性的违约金，不得另行要求损害赔偿。但是，因为违约金的事先预定性，当事人很难完全正确地对实际损失予以估计，所以，当事人过高过低约定违约金的，可以请求人民法院或仲裁机关予以减少或者增加。而对于惩罚性违约金，由于这种违约金旨在制裁违约行为，因而可以与旨在恢复受害人所受的损失的损害赔偿方式并用，即非违约方在获得这种违约金的同时，可另行要求赔偿损失。

损害赔偿与实际履行。我国一直比较强调实际履行，实际履行的功能在于恢复双方当事人在履行上的平衡，满足守约方订立合同的目的。损害赔偿的功能则在于补偿守约方因违约所受的损失，两者的功能不同，因此可以并存。但两者可以并存的更为主要的原因是，实际履行虽具有实现当事人订约目的的功能，但是，仅仅适用实际履行仍不足以弥补债权人的损失，如果不对债权人因即使实际履行仍造成的损失给予补偿，不仅不能保护受害者的利益，也不能有效地制裁违约当事人，维护交易秩序和安全。而且，对受害人来说，在其他补救方式特别是损失赔偿能够有效地维护其利益的情况下，完全可以放弃实际履行方式，而仅采用损害赔偿方式。

在实践中，值得注意的是损失的计算，如已采取实际履行或其他补救措施的，适用这些方式所弥补的损失应从全部损失中扣减。还要注意《合同法》第113条的规定，确定损失的范围及违约行为与损失之间的因果关系。

法条指引

❶《中华人民共和国合同法》（1999年10月1日施行）

第一百一十一条 当事人一方不履行合同义

务或者履行合同义务不符合约定条件的,另一方有权要求履行或者采取补救措施,并有权要求赔偿损失。

第一百一十二条 当事人一方不履行合同义务或者履行合同义务不符合约定的,在履行义务或者采取补救措施后,对方还有其他损失的,应当赔偿损失。

第一百一十三条 当事人一方不履行合同义务或者履行合同义务不符合约定,给对方造成损失的,损失赔偿额应当相当于因违约所造成的损失,包括合同履行后可以获得的利益,但不得超过违反合同一方订立合同时预见到或者应当预见到的因违反合同可能造成的损失。

经营者对消费者提供商品或者服务有欺诈行为的,依照《中华人民共和国消费者权益保护法》的规定承担损害赔偿责任。

第一百一十四条 当事人可以约定一方违约时应当根据违约情况向对方支付一定数额的违约金,也可以约定因违约产生的损失赔偿额的计算方法。

约定的违约金低于造成的损失的,当事人可以请求人民法院或者仲裁机构予以增加;约定的违约金过分高于造成的损失的,当事人可以请求人民法院或者仲裁机构予以适当减少。

当事人就迟延履行约定违约金的,违约方支付违约金后,还应当履行债务。

❷《中华人民共和国民法通则》(1987年1月1日施行)

第一百一十二条 当事人一方违反合同的赔偿责任,应当相当于另一方因此所受到的损失。

当事人可以在合同中约定,一方违反合同时,向另一方支付一定数额的违约金;也可以在合同中约定对于违反合同而产生的损失赔偿额的计算方法。

第一百三十四条 承担民事责任的方式主要有:

(一)停止侵害;
(二)排除妨碍;
(三)消除危险;
(四)返还财产;
(五)恢复原状;
(六)修理、重作、更换;
(七)赔偿损失;
(八)支付违约金;
(九)消除影响、恢复名誉;
(十)赔礼道歉。

以上承担民事责任的方式,可以单独适用,也可以合并适用。

人民法院审理民事案件,除适用上述规定外,还可以予以训诫、责令具结悔过、收缴进行非法活动的财物和非法所得,并可以依照法律规定处以罚款、拘留。

【违约金】

法律问题解读

违约金是指合同当事人一方违约后,依照合同的预先约定或者法律的直接规定向对方支付一定数额的金钱。违约金作为违约责任的方式,直接来源于双方当事人在合同中的约定,若当事人在合同中未约定违约金条款,除法律另有特别规定之外,不产生违约金责任。违约金作为预先确定的赔偿数额,在违约后对损失予以补偿,非常简便迅速,免除了受害人一方在另一方违约后就实际损失所负的举证责任,同时也省去了法院和仲裁机关在计算实际损失方面的麻烦。由于违约金数额是预先确定的,它在事先向债务人指明了违约后所应承担责任的具体范围,从而既能督促债务人履行合同,又有利于当事人在订约时计算风险和成本,从而也有利于促进交易的发展。

违约金依其发生原因不同,可以分为约定违约金和法定违约金。当事人在合同中约定的违约金为约定违约金。由法律直接规定的违约金为法定违约金(例如,关于逾期利息的规定)。《合同法》不再强调法定违约金,这符合合同自由原则的要求,适合违约金系赔偿损失额预定的性质。

违约金依其性质不同,可分为惩罚性违约金与赔偿性违约金。我国的违约金制度在规定赔偿性违约金的同时承认了惩罚性违约金,以赔偿性违约金为原则,以惩罚性违约金为例外。从《合同法》第114条的规定来看,第1款要求依据违约情况向对方支付违约金,第2款规定违约金于损失悬殊时可以请求人民法院或仲裁机构予以增减,在精神实质上是以赔偿性违约金为原则的,第3款规定迟延违约金与履行义务的并存,确认了惩罚性违约金的合法地位。

违约金是惩罚性的还是赔偿性的,一般来说取决于当事人的具体约定,属当事人意思自治的领域。如果当事人没有作出具体的特别约定,或者约定不明确,在法律上应视为赔偿性违约金。

法条指引

❶《中华人民共和国合同法》(1999年10月1日施行)

第一百一十四条 当事人可以约定一方违约时应当根据违约情况向对方支付一定数额的违约金,也可以约定因违约产生的损失赔偿额的计算方法。

约定的违约金低于造成的损失的,当事人可以请求人民法院或者仲裁机构予以增加;约定的违约金过分高于造成的损失的,当事人可以请求人民法院或者仲裁机构予以适当减少。

当事人就迟延履行约定违约金的,违约方支付违约金后,还应当履行债务。

第一百一十六条 当事人既约定违约金,又约定定金的,一方违约时,对方可以选择适用违约金或者定金条款。

❷《中华人民共和国民法通则》(1987年1月1日施行)

第一百一十二条 当事人一方违反合同的赔偿责任,应当相当于另一方因此所受到的损失。

当事人可以在合同中约定,一方违反合同时,向另一方支付一定数额的违约金;也可以在合同中约定对于违反合同而产生的损失赔偿额的计算方法。

第一百三十四条 承担民事责任的方式主要有:

(一)停止侵害;
(二)排除妨碍;
(三)消除危险;
(四)返还财产;
(五)恢复原状;
(六)修理、重作、更换;
(七)赔偿损失;
(八)支付违约金;
(九)消除影响、恢复名誉;
(十)赔礼道歉。

以上承担民事责任的方式,可以单独适用,也可以合并适用。

人民法院审理民事案件,除适用上述规定外,还可以予以训诫、责令具结悔过、收缴进行非法活动的财物和非法所得,并可以依照法律规定处以罚款、拘留。

❸ 最高人民法院《关于审理商品房买卖合同纠纷案件适用法律若干问题的解释》(2003年6月1日施行)

第十六条 当事人以约定的违约金过高为由请求减少的,应当以违约金超过造成的损失30%为标准适当减少;当事人以约定的违约金低于造成的损失为由请求增加的,应当以违约造成的损失确定违约金数额。

第十七条 商品房买卖合同没有约定违约金数额或者损失赔偿额计算方法,违约金数额或者损失赔偿额可以参照以下标准确定:

逾期付款的,按照未付购房款总额,参照中国人民银行规定的金融机构计收逾期贷款利息的标准计算。

逾期交付使用房屋的,按照逾期交付使用房屋期间有关主管部门公布或者有资格的房地产评估机构评定的同地段同类房屋租金标准确定。

第十八条 由于出卖人的原因,买受人在下列期限届满未能取得房屋权属证书的,除当事人有特殊约定外,出卖人应当承担违约责任:

(一)商品房买卖合同约定的办理房屋所有权登记的期限;

(二)商品房买卖合同的标的物为尚未建成房屋的,自房屋交付使用之日起90日;

(三)商品房买卖合同的标的物为已竣工房屋的,自合同订立之日起90日。

合同没有约定违约金或者损失数额难以确定的,可以按照已付购房款总额,参照中国人民银行规定的金融机构计收逾期贷款利息的标准计算。

❹《中华人民共和国电信条例》(2000年9月25日施行)

第三十二条 电信用户申请安装、移装电信终端设备的,电信业务经营者应当在其公布的时限内保证装机开通;由于电信业务经营者的原因逾期未能装机开通的,应当每日按照收取的安装费、移装费或者其他费用数额百分之一的比例,向电信用户支付违约金。

案例链接

❶《耿中兴诉刘利勋转让合同纠纷案》,参见北大法宝引证码:Pkulaw.cn/CLI.C.290668。

❷《任玉英诉白勇等房屋买卖合同纠纷案》,参见北大法宝引证码:Pkulaw.cn/CLI.C.290275。

❸《陈新峰诉张雪峰买卖合同纠纷案》,参见北大法宝引证码:Pkulaw.cn/CLI.C.285625。

学者观点

❶ 冯彦君、王天玉:《劳动合同服务期规则的

适用》，参见北大法宝引证码：Pkulaw.cn/CLI.A.
1135756。

❷ 冯彦君：《劳动合同解除中的"三金"适用》，参见北大法宝引证码：Pkulaw.cn/CLI.A.181254。

❸ 车辉：《对适用定金罚则的几点思考》，参见北大法宝引证码：Pkulaw.cn/CLI.A.171390。

【违约金的适用】

法律问题解读

惩罚性违约金的主要功能在于对违约行为的制裁，以确保合同的履行，故惩罚性违约金与实际损失并无直接联系，无论违约的后果是否发生损失，非违约方均可向违约方请求支付违约金，同时仍得请求违约方履行债务或赔偿损失。

由于《合同法》对于赔偿性违约金的适用规定颇为笼统，因此，实践中应注意下列问题：

1. 赔偿性违约方与继续履行。对于二者是否可以并用，应根据违约行为的类型作不同的解释。在履行不能时，非违约方只能请求支付违约金，不得请求继续履行；在拒绝履行时，非违约方可以在请求支付违约金与继续履行之间选择其一，但不得并用；在不适当履行时，非违约方既可请求支付违约金，并可以同时请求继续履行或采取其他补救措施。《合同法》第114条第3款规定："当事人就迟延履行约定违约金的，违约方支付违约金后，还应当履行债务。"

2. 赔偿性违约金与损害赔偿。当事人可以在合同中同时约定违约金和损害赔偿的计算方法，但不能因此认为，约定违约金和约定损失赔偿的计算方法是相互排斥的。

3. 赔偿性违约金与定金。见后文定金与违约金的选择。

另外，《合同法》第114条第2款规定了违约金的增减制度，其具体适用的条件是：（1）违约金低于实际损失或过分高于实际损失。低于实际损失的，受害方可要求增加，过分高于实际损失的，违约方可要求适当减少。（2）享有增加或减少职权的机关是人民法院和仲裁机构，即人民法院在审理合同纠纷案件和仲裁机构裁决合同纠纷案件中，都有权变更违约金。（3）变更违约金的前提是当事人的请求。当事人如果没有请求，人民法院和仲裁机构都不能依职权主动变更违约金。

法条指引

❶《中华人民共和国合同法》（1999年10月1日施行）

第一百一十四条 当事人可以约定一方违约时应当根据违约情况向对方支付一定数额的违约金，也可以约定因违约产生的损失赔偿额的计算方法。

约定的违约金低于造成的损失的，当事人可以请求人民法院或者仲裁机构予以增加；约定的违约金过分高于造成的损失的，当事人可以请求人民法院或者仲裁机构予以适当减少。

当事人就迟延履行约定违约金的，违约方支付违约金后，还应当履行债务。

第一百一十六条 当事人既约定违约金，又约定定金的，一方违约时，对方可以选择适用违约金或者定金条款。

❷《中华人民共和国民法通则》（1987年1月1日施行）

第一百一十二条 当事人一方违反合同的赔偿责任，应当相当于另一方因此所受到的损失。

当事人可以在合同中约定，一方违反合同时，向另一方支付一定数额的违约金；也可以在合同中约定对于违反合同而产生的损失赔偿额的计算方法。

第一百三十四条 承担民事责任的方式主要有：

（一）停止侵害；
（二）排除妨碍；
（三）消除危险；
（四）返还财产；
（五）恢复原状；
（六）修理、重作、更换；
（七）赔偿损失；
（八）支付违约金；
（九）消除影响、恢复名誉；
（十）赔礼道歉。

以上承担民事责任的方式，可以单独适用，也可以合并适用。

人民法院审理民事案件，除适用上述规定外，还可以予以训诫、责令具结悔过、收缴进行非法活动的财物和非法所得，并可以依照法律规定处以罚款、拘留。

❸ **最高人民法院《关于逾期付款违约金应当按照何种标准计算问题的批复》**（1999年2月12日）

广东省高级人民法院：

你院〔1998〕粤法经一行字第17号《关于逾期贷款如何计算利息问题的请示》收悉。经研究，

答复如下:

对于合同当事人没有约定逾期付款违约金标准的,人民法院可以参照中国人民银行规定的金融机构计收逾期贷款利息的标准计算逾期付款违约金。中国人民银行调整金融机构计收逾期贷款利息的标准时,人民法院可以相应调整计算逾期付款违约金的计算标准。参照中办银行1996年4月30日发布的银发〔1996〕156号《关于降低金融机构存、贷款利率的通知》的规定,目前,逾期付款违约金标准可以按每日万分之四计算。

本批复公布后,人民法院尚未审结的案件中有关计算逾期付款违约金的问题,按照本批复办理。本批复公布前,已经按我院1996年5月16日作出的法复〔1996〕7号《关于逾期付款违约金的应当依据何种标准计算问题的批复》审结的案件不再变动。

此复。

❹ **最高人民法院《关于修改〈最高人民法院关于逾期付款违约金应当按照何种标准计算问题的批复〉的批复》**(2000年11月15日)

各省、自治区、直辖市高级人民法院,解放军军事法院,新疆维吾尔自治区高级人民法院生产建设兵团分院:

一些法院反映,我院法释〔1999〕8号《关于逾期付款违约金应当按照何种标准计算问题的批复》的有关内容与中国人民银行《关于降低金融机构存贷款利率公告》不一致。经研究,现批复如下:

将最高人民法院法释〔1999〕8号批复中"参照中国人民银行1996年4月30日发布的银发〔1996〕156号《关于降低金融机构存、贷款利率的通知》的规定,目前,逾期付款违约金标准可以按每日万分之四计算"的内容删除。

此复。

案例链接

❶《郁芳诉钦利明等民间借贷纠纷案》,参见北大法宝引证码:Pkulaw. cn/CLI. C. 209967。

❷《苏月平与广州市东轩食品有限公司合作合同纠纷上诉案》,参见北大法宝引证码:Pkulaw. cn/CLI. C. 277574。

❸《包雄关与宁波泰茂海运有限公司光船租赁合同纠纷上诉案》,参见北大法宝引证码:Pkulaw. cn/CLI. C. 253934。

【定金】

法律问题解读

定金是指合同双方当事人约定的,为保证合同的履行,由一方预先向对方给付的一定数量的货币或其他替代物。定金合同是要式合同,必须采用书面形式;也是实践合同,定金合同的成立以定金的实际交付为条件,未实际交付定金的,定金合同不成立。此外,由于定金合同是为担保主合同履行的从合同,因此,主合同无效或者被撤销的,也将影响定金合同的效力。反过来说,定金合同的成立和生效一般不对主合同的成立和生效发生影响。例外的情形为,如果定金是成约定金的,成约定金的交付是主合同成立或生效的条件,成约定金合同是否生效将影响主合同的成立或生效,然而,若给付定金的一方未支付定金,但主合同已经履行或者已经履行主要部分的,不影响主合同的成立或生效。依据定金的功能,我们可以将定金划分为立约定金、证约定金、成约定金、解约定金和违约定金。我国立法例上规定的定金一般为违约定金。根据《合同法》第115条之规定,给付定金一方不履行约定的,无权要求返还定金,收受定金的一方不履行约定的债务的,应当双倍返还定金,这就是定金罚则。对于定金的数额,当事人可以约定,但约定的定金数额不得超过主合同标的额的20%。超过20%的,超过部分法院将不予支持。

法条指引

❶《中华人民共和国民法通则》(1987年1月1日施行)

第八十九条 依照法律的规定或者按照当事人的约定,可以采用下列方式担保债务的履行:

(一)保证人向债权人保证债务人履行债务,债务人不履行债务的,按照约定由保证人履行或者承担连带责任;保证人履行债务后,有权向债务人追偿。

(二)债务人或者第三人可以提供一定的财产作为抵押物。债务人不履行债务的,债权人有权依照法律的规定以抵押物折价或者以变卖抵押物的价款优先得到偿还。

(三)当事人一方在法律规定的范围内可以向对方给付定金。债务人履行债务后,定金应当抵作价款或者收回。给付定金的一方不履行债务的，无权要求返还定金；接受定金的一方不履行债务的，应当双倍返还定金。

（四）按照合同约定一方占有对方的财产，对方不按照合同给付应付款项超过约定期限的，占有人有权留置该财产，依照法律的规定以留置财产折价或者以变卖该财产的价款优先得到偿还。

❷《中华人民共和国合同法》（1999年10月1日施行）

第一百一十五条 当事人可以依照《中华人民共和国担保法》约定一方向对方给付定金作为债权的担保。债务人履行债务后，定金应当抵作价款或者收回。给付定金的一方不履行约定的债务的，无权要求返还定金；收受定金的一方不履行约定的债务的，应当双倍返还定金。

❸《中华人民共和国担保法》（1995年10月1日施行）

第八十九条 当事人可以约定一方向对方给付定金作为债权的担保。债务人履行债务后，定金应当抵作价款或者收回。给付定金的一方不履行约定的债务的，无权要求返还定金；收受定金的一方不履行约定的债务的，应当双倍返还定金。

第九十条 定金应当以书面形式约定。当事人在定金合同中应当约定交付定金的期限。定金合同从实际交付定金之日起生效。

第九十一条 定金的数额由当事人约定，但不得超过主合同标的额的百分之二十。

第七章 附则

第九十二条

本法所称不动产是指土地以及房屋、林木等地上定着物。

本法所称动产是指不动产以外的物。

❹ 最高人民法院《关于适用〈中华人民共和国担保法〉若干问题的解释》（2000年9月29日）

第一百一十五条 当事人约定以交付定金作为订立主合同担保的，给付定金的一方拒绝订立主合同的，无权要求返还定金；收受定金的一方拒绝订立合同的，应当双倍返还定金。

第一百一十六条 当事人约定以交付定金作为主合同成立或者生效要件的，给付定金的一方未支付定金，但主合同已经履行或者已经履行主要部分的，不影响主合同的成立或者生效。

第一百一十七条 定金交付后，交付定金的一方可以按照合同的约定以丧失定金为代价而解除主合同，收受定金的一方可以双倍返还定金为代价而解除主合同。对解除主合同后责任的处理，适用《中华人民共和国合同法》的规定。

第一百一十八条 当事人交付留置金、担保金、保证金、订约金、押金或者订金等，但没有约定定金性质的，当事人主张定金权利的，人民法院不予支持。

第一百一十九条 实际交付的定金数额多于或者少于约定数额，视为变更定金合同；收受定金一方提出异议并拒绝接受定金的，定金合同不生效。

第一百二十条 因当事人一方迟延履行或者其他违约行为，致使合同目的不能实现，可以适用定金罚则。但法律另有规定或者当事人另有约定的除外。

当事人一方不完全履行合同的，应当按照未履行部分所占合同约定内容的比例，适用定金罚则。

第一百二十一条 当事人约定的定金数额超过主合同标的额百分之二十的，超过的部分，人民法院不予支持。

第一百二十二条 因不可抗力、意外事件致使主合同不能履行的，不适用定金罚则。因合同关系以外第三人的过错，致使主合同不能履行的，适用定金罚则。受定金处罚的一方当事人，可以依法向第三人追偿。

❺ 最高人民法院《关于审理商品房买卖合同纠纷案件适用法律若干问题的解释》（2003年6月1日施行）

第四条 出卖人通过认购、订购、预订等方式向买受人收受定金作为订立商品房买卖合同担保的，如果因当事人一方原因未能订立商品房买卖合同，应当按照法律关于定金的规定处理；因不可归责于当事人双方的事由，导致商品房买卖合同未能订立的，出卖人应当将定金返还买受人。

第二十三条 商品房买卖合同约定，买受人以担保贷款方式付款，因当事人一方原因未能订立商品房担保贷款合同并导致商品房买卖合同不能继续履行的，对方当事人可以请求解除合同和赔偿损失。因不可归责于当事人双方的事由未能订立商品房担保贷款合同并导致商品房买卖合同不能继续履行的，当事人可以请求解除合同，出卖人应当将收受的购房款本金及其利息或者定金返还买受人。

案例链接

❶《韩永改诉薛杰房屋买卖合同纠纷案》，参

见北大法宝引证码：Pkulaw. cn/CLI. C. 285587。

❷《驻马店市第一高级中学诉李爱菊租赁合同纠纷案》，参见北大法宝引证码：Pkulaw. cn/CLI. C. 285628。

❸《驻马店市第一高级中学诉袁国强租赁合同纠纷案》，参见北大法宝引证码：Pkulaw. cn/CLI. C. 285627。

学者观点

❶ 崔建远：《保证金刍议》，参见北大法宝引证码：Pkulaw. cn/CLI. A. 185177。

❷ 冯彦君：《劳动合同解除中的"三金"适用》，参见北大法宝引证码：Pkulaw. cn/CLI. A. 181254。

❸ 李兴淳：《论定金》，参见北大法宝引证码：Pkulaw. cn/CLI. A. 182067。

【定金与预付款】

法律问题解读

预付款是指由双方当事人商定的在合同履行前所给付的一部分价款。根据定金的定义，定金也具有预先给付的作用性质。由于两者都是事先给付，在合同实践当中往往容易造成混淆。实际上，两者是完全不同的概念，性质不同。两者的区别体现在如下方面：

1. 预付款的交付在性质上是一种履行主合同义务的行为，不具有合同的担保作用，而定金的交付是基于主合同所产生得从合同义务，主要起担保合同履行的作用。

2. 由于预付款的交付在性质上是履行主合同义务，因此，它不适用定金罚则。主合同不履行或者没有适当履行的，不发生预付款的丧失或双倍返还的法定后果。而定金适用定金罚则。

3. 预付款的数额比例没有法律上的限制，当事人可以自由商定。而定金的数额不得超过主合同标的额的20%。超过20%的，超过部分法院将不予支持。

法条指引

❶《中华人民共和国担保法》（1995年10月1日施行）

第九十一条　定金的数额由当事人约定，但不得超过主合同标的额的百分之二十。

第一百二十一条　当事人约定得定金数额超过主合同标的额百分之二十得，超过的部分，人民法院不予支持。

案例链接

❶《王盛锋与林先力等林木收益权转让合同纠纷上诉案》，参见北大法宝引证码：Pkulaw. cn/CLI. C. 165516。

❷《石河子市石粮粮油经销处与石河子亚龙油脂加工厂购销合同违约纠纷上诉案》，参见北大法宝引证码：Pkulaw. cn/CLI. C. 11462。

❸《绵阳市科学城泰裕机械有限公司与绵阳市恒泰机械厂加工定作合同纠纷案》，参见北大法宝引证码：Pkulaw. cn/CLI. C. 1468。

【定金与违约金的选择】

法律问题解读

所谓定金是指合同当事人为了确保合同的履行，依据法律规定或者当事人双方的约定，由当事人一方在合同订立时，或订立后，履行前，按合同标的额的一定比例，预先给付对方当事人的金钱。我国《合同法》第115条规定："当事人可以依照《中华人民共和国担保法》约定一方向另一方给付定金作为债权的担保。债务人履行债务后，定金应当抵作价款或者收回。给付定金的一方不履行约定的债务的，无权要求返还定金；收受定金的一方不履行约定的债务的，应当双倍返还定金。"根据这一规定，定金具有双重属性，既是一种担保形式，又可作为一种违约责任形式。

根据定金罚则，给付定金一方不履行债务的，无权要求返还定金；接受定金一方不履行债务的，应当双倍返还定金。这在很大程度上会促使当事人信守承诺，认真履行合同，定金因此可以起到较好的担保效果。同时，违约方丧失定金或双倍返还定金无疑是其违约后所承担的法律后果，因此，定金可以说是一种变相的违约金形式。《合同法》规定：当事人既约定违约金，又约定定金的，一方违约时，对方只能选择适用违约金条款或定金条款，理由即在于此。但《合同法》的定金制度并未与实际损失相联系，在实践中如果损失高于或过分低于"定金罚则"时，是否类推适用违约金增减规则，不得而知，有待司法作出解释。

法条指引

❶《中华人民共和国合同法》（1999年10月1日施行）

第一百一十四条　当事人可以约定一方违约时应当根据违约情况向对方支付一定数额的违约金,也可以约定因违约产生的损失赔偿额的计算方法。

约定的违约金低于造成的损失的,当事人可以请求人民法院或者仲裁机构予以增加;约定的违约金过分高于造成的损失的,当事人可以请求人民法院或者仲裁机构予以适当减少。

当事人就迟延履行约定违约金的,违约方支付违约金后,还应当履行债务。

第一百一十五条　当事人可以依照《中华人民共和国担保法》约定一方向对方给付定金作为债权的担保。债务人履行债务后,定金应当抵作价款或者收回。给付定金的一方不履行约定的债务的,无权要求返还定金;收受定金的一方不履行约定的债务的,应当双倍返还定金。

第一百一十六条　当事人既约定违约金,又约定定金的,一方违约时,对方可以选择适用违约金或者定金条款。

❷《中华人民共和国民法通则》(1987年1月1日施行)

第八十九条　依照法律的规定或者按照当事人的约定,可以采用下列方式担保债务的履行:

(一)保证人向债权人保证债务人履行债务,债务人不履行债务的,按照约定由保证人履行或者承担连带责任;保证人履行债务后,有权向债务人追偿。

(二)债务人或者第三人可以提供一定的财产作为抵押物。债务人不履行债务的,债权人有权依照法律的规定以抵押物折价或者以变卖抵押物的价款优先得到偿还。

(三)当事人一方在法律规定的范围内可以向对方给付定金。债务人履行债务后,定金应当抵作价款或者收回。给付定金的一方不履行债务的,无权要求返还定金;接受定金的一方不履行债务的,应当双倍返还定金。

(四)按照合同约定一方占有对方的财产,对方不按照合同给付应付款项超过约定期限的,占有人有权留置该财产,依照法律的规定以留置财产折价或者以变卖该财产的价款优先得到偿还。

❸《中华人民共和国担保法》(1995年10月1日施行)

第八十九条　当事人可以约定一方向对方给付定金作为债权的担保。债务人履行债务后,定金应当抵作价款或者收回。给付定金的一方不履行约定的债务的,无权要求返还定金;收受定金的一方不履行约定的债务的,应当双倍返还定金。

第九十条　定金应当以书面形式约定。当事人在定金合同中应当约定交付定金的期限。定金合同从实际交付定金之日起生效。

第九十一条　定金的数额由当事人约定,但不得超过主合同标的额的百分之二十。

❹ 最高人民法院《关于适用〈中华人民共和国担保法〉若干问题的解释》(2000年12月13日施行)

第一百一十五条　当事人约定以交付定金作为订立主合同担保的,给付定金的一方拒绝订立主合同的,无权要求返还定金;收受定金的一方拒绝订立合同的,应当双倍返还定金。

第一百一十六条　当事人约定以交付定金作为主合同成立或者生效要件的,给付定金的一方未支付定金,但主合同已经履行或者已经履行主要部分的,不影响主合同的成立或者生效。

第一百一十七条　定金交付后,交付定金的一方可以按照合同的约定以丧失定金为代价而解除主合同,收受定金的一方可以双倍返还定金为代价而解除主合同。对解除主合同后责任的处理,适用《中华人民共和国合同法》的规定。

第一百二十二条　因不可抗力、意外事件致使主合同不能履行的,不适用定金罚则。因合同关系以外第三人的过错,致使主合同不能履行的,适用定金罚则。受定金处罚的一方当事人,可以依法向第三人追偿。

❺ 最高人民法院《关于因第三人的过错导致合同不能履行应如何适用定金罚则问题的复函》(1995年6月16日)

江苏省高级人民法院:

你院关于因第三人的过错导致合同不能履行的,应如何适用定金罚则的请示收悉。经研究,答复如下:

凡当事人在合同中明确约定给付定金的,在实际交付定金后,如一方不履行合同除有法定免责的情况外,即应对其适用定金罚则。因该合同关系以外第三人的过错导致合同不能履行的,除该合同另有约定的外,仍应对违约方适用定金罚则。合同当事人一方在接受定金处罚后,可依法向第三人追偿。

❻ 国家工商行政管理局经济合同仲裁委员会《关于定金和预付款性质的复函》(1984年12月28日)

浙江省工商局仲裁委员会:

你省金华县工商局仲裁委员会来函提出关于

定金和预付款性质的问题，现答复如下，请转告该会：

　　定金和预付款的性质是不同的。定金具有担保性质，依照定金法律关系的要求，如果合同如期履行，定金可充抵应给付货款的一部分；如果给付定金的一方不履行合同，即无权请求返还定金；接受定金的一方不履行合同，应当双倍返还定金。预付款则不具有这种性质。如果预付款的一方不履行合同，可将预付款一部分或者全部抵作违约金或者赔偿金，余款应退还给预付方，如果接受预付款一方不履行合同，应将预付款返还给预付方，并按照规定支付违约金或赔偿金。根据我国货币管理的规定，使用预付款有一定的范围，不得随意使用。

【违约责任与侵权责任的竞合】

法律问题解读

　　我国《合同法》第122条规定："因当事人一方的违约行为，侵害对方人身、财产权益的，受损害方有权选择依照本法要求其承担违约责任或者依照其他法律要求其承担侵权责任。"明确承认了违约责任和侵权责任的竞合。在违约责任与侵权责任发生竞合的情况下，受害人可以根据自己的利益判断选择行使请求权，既可以基于侵权行为提起侵权责任之诉，也可以基于违约行为提起违约责任之诉。二者均以损害赔偿为给付内容，故债权人不得双重请求。受害人依照合同法的规定向人民法院起诉时作出选择后，在一审开庭以前又变更诉讼请求的，人民法院应当准许。

　　我国合同法对当事人的选择权没有限制，因此在实务上一般不应限制当事人的选择权。但在考虑违约责任与侵权责任的竞合时，应具体分析下列情况：

　　1. 因不法行为造成受害人的人身伤亡和精神损害的，当事人之间虽然存在着合同关系，也应按侵权责任而不能按合同责任处理。

　　2. 当事人之间事先并不存在合同关系，虽然不法行为人并未给受害人造成人身伤亡和精神损害，也不能按违约责任而只能按侵权责任处理。尤其应当指出，如果双方当事人事先存在合同关系，一方当事人与第三人恶意通谋，损害合同另一方当事人的利益，则由于恶意串通的一方当事人与第三人的行为构成共同侵权，第三人与受害人之间又无合同关系存在，因此应按侵权责任处理，使恶意串通的行为人向受害人负侵权责任。

　　3. 在责任竞合的情况下，如果当事人事先通过合同特别约定，双方仅承担合同责任而不承担侵权责任，原则上应依照当事人的约定处理，一方不得行使侵权行为的请求权。但是如果在合同关系形成以后，一方基于故意和重大过失使另一方遭受人身伤害或死亡，则应承担侵权责任。

　　另外，如合同中存在免责条款的，这些免责条款合法有效，不能因为当事人免除了违约责任而请求其承担侵权责任。

法条指引

❶《中华人民共和国合同法》（1999年10月1日施行）

　　第一百二十二条　因当事人一方的违约行为，侵害对方人身、财产权益的，受损害方有权选择依照本法要求其承担违约责任或者依照其他法律要求其承担侵权责任。

❷ 最高人民法院《关于适用〈中华人民共和国合同法〉若干问题的解释（一）》（1999年12月29日施行）

　　第三十条　债权人依照合同法第一百二十二条的规定向人民法院起诉时作出选择后，在一审开庭以前又变更诉讼请求的，人民法院应当准许。对方当事人提出管辖权异议，经审查异议成立的，人民法院应当驳回起诉。

案例链接

❶《刘乾优与刘宜执客运合同纠纷上诉案》，参见北大法宝引证码：Pkulaw. cn/CLI. C. 32550。

❷《李建国诉郑州站旅行社濮阳分社旅游合同纠纷案》，参见北大法宝引证码：Pkulaw. cn/CLI. C. 47480。

❸《燕泰食品有限公司诉京华客车有限责任公司大兴分公司买卖合同案》，参见北大法宝引证码：Pkulaw. cn/CLI. C. 49428。

❹《杨昌成等诉上海瑞缘婚姻介绍所服务合同案》，参见北大法宝引证码：Pkulaw. cn/CLI. C. 47565。

第九章　其他规定

● 本章为读者提供与以下题目有关的法律问题的解读及相关法律文献依据

> 其他法律中合同规范的适用（183）　无名合同及其处理规则（183）　合同解释的概述（184）　涉外合同的法律适用（185）　最密切联系原则（186）　对利用合同进行违法行为的处理（188）　合同争议的解决方式（190）　合同的诉讼时效（194）

【其他法律中合同规范的适用】

法律问题解读

合同是现代社会中的典型交易形态，是商品交换的基本形式。正因为合同在日常生活中居于如此重要的地位，所以不仅合同法，其他相关法律也对合同作了规定。我国《合同法》第123条规定，其他法律对合同另有规定的，依照其规定。

在实践中，要注意以下几个问题：

1. "其他法律对合同另有规定的"，既包括对合同法总则内容的规定，也包括对合同法分则内容的规定。在合同法总则中，也有直接规定适用其他法律的规定，如《合同法》第95条第5项"法律规定的其他解除情形"等。这里的"法律"既指合同法制定时已有的法律，也包括合同法制定后颁布的法律。但是需要指出，这里的"法律"应理解为狭义上的法律，即由全国人民代表大会以及由全国人民代表大会常务委员会制定的法律。合同法是国家的基本法律，是由全国人民代表大会通过的。在法律体系中，其效力层次较行政法规高，因而行政法规不能违背合同法。

2. 依据《合同法》第2条第1款之规定，合同法的调整对象是"平等主体的自然人、法人、其他组织之间设立、变更、终止债权债务关系的协议"，即债权合同。但在法律上，合同并不仅限于债权合同，它还包括行政合同，劳动法上的合同，婚姻法、收养法及继承法上的合同，法律规定的其他类合同。对于上述几类合同，因不属于合同法的调整对象，因此，不能适用合同法的规定，而应适用规定这些合同的法律。

法条指引

❶《中华人民共和国合同法》（1999年10月1日施行）

第二条　本法所称合同是平等主体的自然人、法人、其他组织之间设立、变更、终止民事权利义务关系的协议。

婚姻、收养、监护等有关身份关系的协议，适用其他法律的规定。

第一百二十三条　其他法律对合同另有规定的，依照其规定。

【无名合同及其处理规则】

法律问题解读

无名合同是指法律尚未特别规定，相对应于有名合同而言也未赋予一定名称的合同。

无名合同的法律适用的一般原则是：（1）首先适用其他法律及合同法总则的规定，以确定合同的效力。又因为无名合同属于民事法律行为的一种，因而在《合同法》总则没有具体规定时，应适用《民法通则》关于民事法律行为的一般规定。（2）如该无名合同的权利义务关系类似于《合同法》分则中规定的一类或几类有名合同的，可参照有关分则规定来适用法律。不同类型的非典型合同，其适用的法律规则亦应不同。

无名合同依其样态，可细分为纯粹无名合同、联立无名合同及混合无名合同三类。在实践中，需要注意的有以下几个问题：

1. 无论是有名合同还是无名合同，只要需要进行合同解释的，均可适用合同法有关合同解释的规定。此外，合同法的有关诉讼时效等规定亦可适用。

2. 在对无名合同进行补充时，既可适用分则中最相类似的规定，亦可适用《合同法》总则第61条、第62条的规定。在无名合同中，适用第61条、第62条的情形更为普遍。

3. 如无名合同系有偿合同的，根据合同法关于买卖合同法律准用规范之规定，可以参照买卖合同的有关规定，而无论该无名合同的权利义务是否与买卖合同相似。

4. 判断无名合同是否与分则中的有名合同最相类似的标准应当是，看无名合同的双方当事人的主给付义务的类型与哪种有名合同最相似。因为合同法主要是以主给付义务为标准对各种有名合同进行分类的。如无名合同的给付义务系移转财产所有权的，应参照买卖合同的有关规定；如其主给付义务系无偿合同的，应参照赠与合同的有关规定；如其主给付义务与技术有关，则应参照技术合同的有关规定，等等。

法条指引

❶《中华人民共和国合同法》（1999年10月1日施行）

第一百二十四条 本法分则或者其他法律没有明文规定的合同，适用本法总则的规定，并可以参照本法分则或者其他法律最相类似的规定。

案例链接

❶《秦福喜等与吴世明等合同纠纷上诉案》，参见北大法宝引证码：Pkulaw.cn/CLI.C.250276。

❷《郭鹏等与高乐美等合同纠纷上诉案》，参见北大法宝引证码：Pkulaw.cn/CLI.C.190350。

❸《马小秀与新绿源置业（集团）有限公司等合同纠纷上诉案》，参见北大法宝引证码：Pkulaw.cn/CLI.C.178281。

【合同解释的概述】

法律问题解读

所谓合同解释，是指运用各种解释规则和方法，确定合同条款的真意，以探究当事人的效果意思，消弭纷争的作业。

合同（法律行为）之所以需要解释，最根本的原因在于语言文字的多义性。由此多义性，使合同所使用的文字、词句、条款可能有不同的含义，不经解释不能判明其真实意思。解释合同（法律行为）的目的，在于探求当事人在合同中所表示的真实意思。合同的解释有助于使合同内容得到补充和完善，使合同漏洞得到填补；合同解释使合同用语明确化、具体化，这有利于合同的履行，有利于合同争议的解决。

目前通说认为，合同解释不是对事实的确定，而是运用解释规则，对合同文字、交易习惯、交易目的等事实进行法律判断，对当事人意思表示的合理明确的补充，因而合同解释是对意义的确定，是法律问题。

合同解释原则包括：（1）以合同文义为出发点，客观主义结合主观主义原则；（2）体系解释原则；（3）历史解释原则；（4）符合合同目的原则；（5）参照习惯和惯例原则。

法条指引

❶《中华人民共和国合同法》（1999年10月1日施行）

第四十一条 对格式条款的理解发生争议的，应当按照通常理解予以解释。对格式条款有两种以上解释的，应当作出不利于提供格式条款一方的解释。格式条款和非格式条款不一致的，应当采用非格式条款。

第六十二条 当事人就有关合同内容约定不明确，依照本法第六十一条的规定仍不能确定的，适用下列规定：

（一）质量要求不明确的，按照国家标准、行业标准履行；没有国家标准、行业标准的，按照通常标准或者符合合同目的的特定标准履行。

（二）价款或者报酬不明确的，按照订立合同时履行地的市场价格履行；依法应当执行政府定价或者政府指导价的，按照规定履行。

（三）履行地点不明确，给付货币的，在接受货币一方所在地履行；交付不动产的，在不动产所在地履行；其他标的，在履行义务一方所在地履行。

（四）履行期限不明确的，债务人可以随时履行，债权人也可以随时要求履行，但应当给对方必要的准备时间。

（五）履行方式不明确的，按照有利于实现合同目的的方式履行。

（六）履行费用的负担不明确的，由履行义务一方负担。

第一百二十五条 当事人对合同条款的理解有争议的,应当按照合同所使用的词句、合同的有关条款、合同的目的、交易习惯以及诚实信用原则,确定该条款的真实意思。

合同文本采用两种以上文字订立并约定具有同等效力的,对各文本使用的词句推定具有相同含义。各文本使用的词句不一致的,应当根据合同的目的予以解释。

【涉外合同的法律适用】

法律问题解读

涉外合同,是指具有涉外因素的合同,涉外因素包括:合同主体的一方或双方是外国自然人,或法人,或无国籍人;合同标的是位于外国的物、财产或需要在外国完成的行为;合同关系的内容的权利和义务据以产生的法律事实发生在外国。

关于涉外合同的法律适用,在实践中需要注意以下几个问题:

1. 涉外合同的当事人可以选择合同适用的法律,这是意思自治原则在涉外合同的法律适用上的体现。其选择只能是以明示的方式作出,排除默示的选择;选择的范围只包括所选国家法律中现行的实体法,而不包括冲突法。当法律有特别规定排除当事人在法律适用问题上的意思自治时,则不能选择。当事人选择法律必须善意,合法。不存在规避公共政策的情况,否则视为无效。当事人协议选择的法律必须与合同有联系,一般只允许在合同缔结地法、履行地法、物之所在地法、当事人住所地法、当事人国籍国法五者之间进行选择,我国《合同法》对此虽无明确规定,但解释上应如此。

2. 当事人没有选择,适用与合同有最密切联系的国家的法律,这被称之为"最密切联系原则",具体解释见后文。

3. 有三类合同绝对地适用于中国法律,不能适用当事人意思自治原则及最密切联系原则,即为在中国境内履行的中外合资经营企业合同、中外合作经营企业合同、中外合作勘探开发自然资源的合同。因为要么我国对其有专门的强制性法律规范,不允许当事人任意选择,要么涉及我国的根本利益,只能适用我国的法律。通常在中外合资经营企业合同中、中外合作经营企业合同中,还有技术进口、设备进口等有关合同,对这些合同应视为主合同的一部分,亦应适用我国法律。上述三种合同如系在国外履行的,不能适用《合同法》第126条的规定。

法条指引

❶《中华人民共和国合同法》(1999年10月1日施行)

第一百二十六条 涉外合同的当事人可以选择处理合同争议所适用的法律,但法律另有规定的除外。涉外合同的当事人没有选择的,适用与合同有最密切联系的国家的法律。

在中华人民共和国境内履行的中外合资经营企业合同、中外合作经营企业合同、中外合作勘探开发自然资源合同,适用中华人民共和国法律。

❷《中华人民共和国民法通则》(1987年1月1日施行)

第一百四十二条 涉外民事关系的法律适用,依照本章的规定确定。

中华人民共和国缔结或者参加的国际条约同中华人民共和国的民事法律有不同规定的,适用国际条约的规定,但中华人民共和国声明保留的条款除外。

中华人民共和国法律和中华人民共和国缔结或者参加的国际条约没有规定的,可以适用国际惯例。

第一百四十五条 涉外合同的当事人可以选择处理合同争议所适用的法律,法律另有规定的除外。

涉外合同的当事人没有选择的,适用与合同有最密切联系的国家的法律。

第一百五十条 依照本章规定适用外国法律或者国际惯例的,不得违背中华人民共和国的社会公共利益。

❸《中华人民共和国票据法》(2004年8月28日修正)

第九十五条 涉外票据的法律适用,依照本章的规定确定。

前款所称涉外票据,是指出票、背书、承兑、保证、付款等行为中,既有发生在中华人民共和国境内又有发生在中华人民共和国境外的票据。

第九十七条 票据债务人的民事行为能力,适用其本国法律。

票据债务人的民事行为能力,依照其本国法律为无民事行为能力或者为限制民事行为能力而依照行为地法律为完全民事行为能力的,适用行

第九十八条　汇票、本票出票时的记载事项，适用出票地法律。

支票出票时的记载事项，适用出票地法律，经当事人协议，也可以适用付款地法律。

第九十九条　票据的背书、承兑、付款和保证行为，适用行为地法律。

第一百条　票据追索权的行使期限，适用出票地法律。

第一百零一条　票据的提示期限、有关拒绝证明的方式、出具拒绝证明的期限，适用付款地法律。

第一百零二条　票据丧失时，失票人请求保全票据权利的程序，适用付款地法律。

❹ 最高人民法院《关于贯彻执行〈中华人民共和国民法通则〉若干问题的意见（试行）》
(1988年1月26日施行)

178. 凡民事关系的一方或者双方当事人是外国人、无国籍人、外国法人的；民事关系的标的物在外国领域内的；产生、变更或者消灭民事权利义务关系的法律事实发生在外国的，均为涉外民事关系。

人民法院在审理涉外民事关系的案件时，应当按照民法通则第八章的规定来确定应适用的实体法。

186. 土地、附着于土地的建筑物及其他定着物、建筑物的固定附属设备为不动产。不动产的所有权买卖、租赁、抵押、使用等民事关系，均应适用不动产所在地法律。

193. 对于应当适用的外国法律，可通过下列途径查明：①由当事人提供；②由与我国订立司法协助协定的缔约对方的中央机关提供；③由我国驻该国使领馆提供；④由该国驻我国使馆提供；⑤由中外法律专家提供。通过以上途径仍不能查明的，适用中华人民共和国法律。

195. 涉外民事法律关系的诉讼时效，依冲突规范确定的民事法律关系的准据法确定。

案例链接

❶ 《北京京皇国际大厦有限公司与中国人寿保险（海外）股份有限公司香港分公司借款合同纠纷上诉案》，参见北大法宝引证码：Pkulaw. cn/CLI. C. 77727。

❷ 《承运人纳瓦嘎勒克西航运有限公司因接受保函放货被判向提单持有人赔偿诉保函出具人中国冶金进出口山东公司履行保函中承诺的义务案》，参见北大法宝引证码：Pkulaw. cn/CLI. C. 23984。

【最密切联系原则】

法律问题解读

当事人没有选择的，适用与合同有最密切联系的国家的法律，这被称之为"最密切联系原则"。该原则是一个灵活的富于弹性的开放性冲突原则。在我国涉外合同的法律适用中，最密切联系原则是意思自治原则的补充原则。

法院在判断最密切联系的标准上享有一定的自由裁量权，为了限制法院在判断时的主观任意性，我国主要采用"特征履行说"，以特征履行方的营业所所在国或特征履行行为地国家为标准，主要有以下一些规定：

1. 国际货物买卖合同，适用合同订立时卖方营业所所在地的法律，但如合同是在买方营业所所在地谈判并订立的，或者合同主要是依买方确定的条件并是应买方发出的招标订立的，或者合同明确规定卖方必须在买方营业所所在地履行交货义务的，则适用合同订立时买方营业所所在地的法律。

2. 银行贷款或者担保合同，适用贷款银行或担保银行所在地的法律。

3. 保险合同，适用保险人营业所所在地的法律。

4. 加工承揽合同，适用加工承揽人营业所所在地的法律。

5. 技术转让合同，适用受让人营业所所在地的法律。

6. 工程承包合同，适用工程所在地的法律。

7. 科技咨询或设计合同，适用委托人营业所所在地的法律。

8. 劳务合同，适用劳务实施地的法律。

9. 成套设备供应合同，适用设备安装运转地的法律。

10. 代理合同，适用代理人营业所所在地的法律。

11. 关于不动产租赁、买卖抵押的合同，适用不动产所在地的法律。

12. 动产租赁合同，适用出租营业所所在地的法律。

13. 仓储保管合同，适用仓储保管管理人营业所所在地的法律。

在适用当事人营业所所在地法时,如当事人有一个以上营业所的,应以与合同有最密切关系的营业所在为准;当事人没有营业所所在的,以其住所或居所为准。

如果合同明显地与另一国家或者地区的法律具有更密切的关系,人民法院应以另一国家或者地区的法律作为处理合同争议的依据。

法条指引

❶《中华人民共和国合同法》(1999年10月1日施行)

第一百二十六条 涉外合同的当事人可以选择处理合同争议所适用的法律,但法律另有规定的除外。涉外合同的当事人没有选择的,适用与合同有最密切联系的国家的法律。

在中华人民共和国境内履行的中外合资经营企业合同、中外合作经营企业合同、中外合作勘探开发自然资源合同,适用中华人民共和国法律。

❷《中华人民共和国民法通则》(1987年1月1日施行)

第一百四十二条 涉外民事关系的法律适用,依照本章的规定确定。

中华人民共和国缔结或者参加的国际条约同中华人民共和国的民事法律有不同规定的,适用国际条约的规定,但中华人民共和国声明保留的条款除外。

中华人民共和国法律和中华人民共和国缔结或者参加的国际条约没有规定的,可以适用国际惯例。

第一百四十五条 涉外合同的当事人可以选择处理合同争议所适用的法律,法律另有规定的除外。

涉外合同的当事人没有选择的,适用与合同有最密切联系的国家的法律。

第一百五十条 依照本章规定适用外国法律或者国际惯例的,不得违背中华人民共和国的社会公共利益。

❸《中华人民共和国票据法》(2004年8月28日修正)

第九十五条 涉外票据的法律适用,依照本章的规定确定。

前款所称涉外票据,是指出票、背书、承兑、保证、付款等行为中,既有发生在中华人民共和国境内又有发生在中华人民共和国境外的票据。

第九十七条 票据债务人的民事行为能力,适用其本国法律。

票据债务人的民事行为能力,依照其本国法律为无民事行为能力或者为限制民事行为能力而依照行为地法律为完全民事行为能力的,适用行为地法律。

第九十八条 汇票、本票出票时的记载事项,适用出票地法律。

支票出票时的记载事项,适用出票地法律,经当事人协议,也可以适用付款地法律。

第九十九条 票据的背书、承兑、付款和保证行为,适用行为地法律。

第一百条 票据追索权的行使期限,适用出票地法律。

第一百零一条 票据的提示期限、有关拒绝证明的方式、出具拒绝证明的期限,适用付款地法律。

第一百零二条 票据丧失时,失票人请求保全票据权利的程序,适用付款地法律。

❹ 最高人民法院《关于贯彻执行〈中华人民共和国民法通则〉若干问题的意见(试行)》(1988年1月26日施行)

178. 凡民事关系的一方或者双方当事人是外国人、无国籍人、外国法人的;民事关系的标的物在外国领域内的;产生、变更或者消灭民事权利义务关系的法律事实发生在外国的,均为涉外民事关系。

人民法院在审理涉外民事关系的案件时,应当按照民法通则第八章的规定来确定应适用的实体法。

186. 土地、附着于土地的建筑物及其他定着物、建筑物的固定附属设备为不动产。不动产的所有权买卖、租赁、抵押、使用等民事关系,均应适用不动产所在地法律。

193. 对于应当适用的外国法律,可通过下列途径查明:①由当事人提供;②由与我国订立司法协助协定的缔约对方的中央机关提供;③由我国驻该国使领馆提供;④由该国驻我国使馆提供;⑤由中外法律专家提供。通过以上途径仍不能查明的,适用中华人民共和国法律。

195. 涉外民事法律关系的诉讼时效,依冲突规范确定的民事法律关系的准据法确定。

案例链接

❶《周东阳与人米建平租赁合同纠纷上诉案》,参见北大法宝引证码:Pkulaw. cn/CLI. C.

244933。

❷《李哲俊与日进综合通商买卖合同纠纷上诉案》，参见北大法宝引证码：Pkulaw. cn/CLI. C. 237990。

❸《陈钱君与林汉璋民间借贷纠纷上诉案》，参见北大法宝引证码：Pkulaw. cn/CLI. C. 277275。

❹《沈柏兆与蔡柏华等合作经营合同纠纷上诉案》，参见北大法宝引证码：Pkulaw. cn/CLI. C. 277272。

【对利用合同进行违法行为的处理】

法律问题解读

对利用合同危害国家利益，社会利益的违法行为，由县级以上工商行政管理部门及其他有关主管部门处理。这里的其他主管部门，依据利用合同进行危害国家利益，社会利益的违法行为的主体、性质来确定，如公安机关、检察机关、国有资产管理部门等。例如，有关股票交易的合同，全国证监会即有权监督，对于涉外贸易合同，商务部有权监督。

违法行为人承担的责任也不仅限于民事责任，还包括行政责任和刑事责任。

在实践中，需要注意的有以下几个问题：

1. 追究行政责任的前提是，合同违法行为触犯了有关行政法规范，从而成为一种行政违法行为；或者合同违法行为人违反了国家法律或单位规章制度，构成了行政违法违纪行为。

2. 行政制裁的对象主要是实施了合同违法行为，也包括在合同违法行为中受害，违反了有关法律、法规和规章制度的人，包括公民、法人和其他经济组织。

3. 对合同违法行为的行政处罚必须由特定的国家行政机关，主要是依法享有处罚权的国家工商行政管理机关来行使。

4. 对利用合同危害国家利益，社会利益的违法行为，构成犯罪的，应当按照刑法、刑事诉讼法的有关规定进行处理，此时，应注意刑法、刑事诉讼法有关规定的适用。刑事责任追究是对违法行为人最为严厉的一种制裁。我国刑法规定的与合同有关的犯罪有：强迫交易罪，合同诈骗罪，签订、履行合同失职被骗罪，国家机关工作人员签订、履行合同失职被骗罪，等等。

法条指引

❶《中华人民共和国合同法》（1999 年 10 月 1 日施行）

第一百二十七条 工商行政管理部门和其他有关行政主管部门在各自的职权范围内，依照法律、行政法规的规定，对利用合同危害国家利益、社会公共利益的违法行为，负责监督处理；构成犯罪的，依法追究刑事责任。

❷《中华人民共和国行政处罚法》（1996 年 10 月 1 日施行）（略）

❸《中华人民共和国行政复议法》（1999 年 10 月 1 日施行）（略）

❹《行政处罚听证规则》（2007 年 4 月 18 日施行）

第一条 为了规范中国证券监督管理委员会（以下简称中国证监会）行政处罚听证程序，保障中国证监会依法实施行政处罚，维护公民、法人和其他组织的合法权益，根据《证券法》、《行政处罚法》的有关规定，制定本规则。

第二条 中国证监会对当事人依法作出下述一项或一项以上行政处罚以前，当事人要求举行听证的，应当按照本规则组织听证：

（一）责令停止发行证券；

（二）责令停业整顿；

（三）暂停或者撤销证券、期货业务许可；

（四）撤销任职资格或者证券从业资格；

（五）对个人处以罚款或者没收违法所得人民币 5 万元以上；

（六）对法人或者其他组织处以罚款或者没收违法所得人民币 30 万元以上；

（七）法律、法规和规章规定的可以要求听证的其他情形。

第三条 听证应当遵循公正、公开的原则，保障当事人的合法权益。

第四条 中国证监会行政处罚委员会履行中国证监会行政处罚的听证职责，组织听证。

第五条 行政处罚委员会举行听证时，由主审委员与其他委员组成听证会，主审委员担任听证主持人，其他委员作为听证员。主任委员到会听证的，主任委员是听证主持人。

行政处罚委员会举行听证时，可以根据需要邀请有关部门的人员或专家作为听证员，参加听证。

第六条 听证依法实行回避制度。

当事人认为听证主持人、听证员与本案有直接利害关系的，有权申请回避。听证员是否回避，由听证主持人决定；听证主持人是否回避，由主任委员决定；主任委员是否回避，由会分管领导决定。

第七条 案件经行政处罚委员会审理，在作出本规则第二条规定的行政处罚决定前，应当送达《行政处罚事先告知书》，载明认定当事人违法的基本事实和拟作出的行政处罚，并告知当事人有要求举行听证的权利。

第八条 当事人要求听证的，应当在收到告知书后3日内以书面形式向中国证监会提出听证要求。当事人逾期未提出书面听证要求的，视为放弃听证权利。

当事人不要求听证的，也可以在告知书送达后3日内向中国证监会提出书面陈述和申辩，其提出的事实、理由或者证据成立的，中国证监会应予以采纳。

第九条 中国证监会收到当事人的听证要求后，应当进行审查，对符合规定的，应当及时组织听证，并应当在举行听证7日前书面通知当事人举行听证的时间、地点等有关事宜；同时通知案件调查人员。

当事人应当按期参加听证。当事人未按期参加听证的，视为放弃听证权利。

第十条 当事人可以亲自参加听证，也可以委托1至2人代理参加听证。

当事人委托代理人参加听证的，应当在举行听证前向中国证监会提交授权委托书。授权委托书应当具体写明授权范围和权限。

第十一条 当事人在听证中的权利和义务：

（一）有权对案件涉及的事实、适用法律及有关情况进行陈述和申辩；

（二）有权对案件调查人员提出的证据进行质证和提出新的证据；

（三）如实陈述案件事实和回答提问；

（四）遵守听证纪律，服从听证主持人的要求。

第十二条 听证应当按下列程序进行：

（一）听证开始前，书记员应当查明案件当事人及其代理人、案件调查人员等听证参加人是否到场，并宣布听证纪律；

（二）听证主持人核对听证参加人，宣布出席听证的听证员、书记员和案件调查人员名单，告知听证参加人在听证中的权利义务，询问案件当事人是否申请回避；

（三）听证主持人宣布听证开始，宣布案由；

（四）案件调查人员提出当事人违法的具体事实、证据和行政处罚建议、法律依据；

（五）当事人及其代理人陈述申辩意见并质证，提出为自己辩解的证据；

（六）经听证主持人允许，当事人及其代理人和案件调查人员双方可以就案件事实相互进行质证，并均可向证人、鉴定人发问；

（七）主持人、听证员提问；

（八）当事人作补充陈述；

（九）听证主持人宣布听证结束。

第十三条 听证主持人在听证中有权对听证参加人不当的辩论内容及行为予以制止；对不听制止的，可以责令其退出听证会场。

第十四条 听证结束，案件当事人及其代理人应将申辩材料及有关证据提交听证会。

第十五条 书记员应当将听证活动记入笔录。听证笔录应当交由案件当事人及其代理人、本案调查人员、证人及其他有关人员确认无误后签字或者盖章。认为有错误的，可以要求补充或者改正。没有错误又拒绝签名或者盖章的，由书记员在听证笔录上记明情况。

第十六条 听证结束后，听证员应当进行合议，案件调查人员、案件审理人员可以参加合议并发表意见。案件合议情况应当制作《合议纪要》，并由听证员签名。

主审委员根据听证情况，对原拟作出的处罚决定的事实、理由和依据进行复核，提出《复核意见》。《复核意见》由主审委员签署，合议委员附属。合议委员有不同意见的，应当在《复核意见》中单独列明意见及理由。

第十七条 听证的举行，不影响行政处罚决定作出后当事人申请行政复议、提起行政诉讼的权利。

第十八条 中国证监会举行听证，不向当事人收取费用。

第十九条 中国证监会对当事人拟采取市场禁入措施的，当事人可以要求举行听证，听证程序参照本规则的规定执行。

第二十条 本规则自2007年4月18日起施行。《中国证券监督管理委员会行政处罚听证规则（试行）》同时废止。

❺《中华人民共和国刑法》（1997年3月14日修订）

第一百六十七条 国有公司、企业、事业单位直接负责的主管人员，在签订、履行合同过程中，因严重不负责任被诈骗，致使国家利益遭受重大损失的，处三年以下有期徒刑或者拘役；致使国家利益遭受特别重大损失的，处三年以上七年以下有期徒刑。

第二百二十四条 有下列情形之一,以非法占有为目的,在签订、履行合同过程中,骗取对方当事人财物,数额较大的,处三年以下有期徒刑或者拘役,并处或者单处罚金;数额巨大或者有其他严重情节的,处三年以上十年以下有期徒刑,并处罚金;数额特别巨大或者有其他特别严重情节的,处十年以上有期徒刑或者无期徒刑,并处罚金或者没收财产:

(一)以虚构的单位或者冒用他人名义签订合同的;

(二)以伪造、变造、作废的票据或者其他虚假的产权证明作担保的;

(三)没有实际履行能力,以先履行小额合同或者部分履行合同的方法,诱骗对方当事人继续签订和履行合同的;

(四)收受对方当事人给付的货物、货款、预付款或者担保财产后逃匿的;

(五)以其他方法骗取对方当事人财物的。

第二百三十一条 单位犯本节第二百二十一条至第二百三十条规定之罪的,对单位判处罚金,并对其直接负责的主管人员和其他直接责任人员,依照本节各该条的规定处罚。

第四百零六条 国家机关工作人员在签订、履行合同过程中,因严重不负责任被诈骗,致使国家利益遭受重大损失的,处三年以下有期徒刑或者拘役;致使国家利益遭受特别重大损失的,处三年以上七年以下有期徒刑。

❻ 最高人民法院《关于审理诈骗案件具体应用法律的若干问题的解释》(1996年12月24日施行)

二、根据《刑法》第一百五十一条和第一百五十二条的规定,利用经济合同诈骗他人财物数额较大的,构成诈骗罪。

利用经济合同进行诈骗的,诈骗数额应当以行为人实际骗取的数额认定,合同标的数额可以作为量刑情节予以考虑。

行为人具有下列情形之一的,应认定其行为属于以非法占有为目的,利用经济合同进行诈骗:

(一)明知没有履行合同的能力或者有效的担保,采取下列欺骗手段与他人签订合同,骗取财物数额较大并造成较大损失的:

1. 虚构主体;

2. 冒用他人名义;

3. 使用伪造、变造或者无效的单据、介绍信、印章或者其他证明文件的;

4. 隐瞒真相,使用明知不能兑现的票据或者其他结算凭证作为合同履行担保的;

5. 隐瞒真相,使用明知不符合担保条件的抵押物、债权文书等作为合同履行担保的;

6. 使用其他欺骗手段使对方交付款、物的。

(二)合同签订后携带对方当事人交付的货物、货款、预付款或者定金、保证金等担保合同履行的财产逃跑的;

(三)挥霍对方当事人交付的货物、货款、预付款或者定金、保证金等担保合同履行的财产,致使上述款物无法返还的;

(四)使用对方当事人交付的货物、货款、预付款或者定金、保证金等担保合同履行的财产进行违法犯罪活动,致使上述款物无法返还的;

(五)隐匿合同货物、货款、预付款或者定金、保证金等担保合同履行的财产,拒不返还的;

(六)合同签订后,以支付部分货款,开始履行合同为诱饵,骗取全部货物后,在合同规定的期限内或者双方另行约定的付款期限内,无正当理由拒不支付其余货款的。

❼ 公安部《关于办理利用经济合同诈骗案件有关问题的通知》(1997年1月9日)(略)

【合同争议的解决方式】

法律问题解读

1. 协商解决。协商是指合同纠纷发生后,由合同当事人就合同争议的问题进行磋商,双方都作出一定的让步,在彼此都认为可以接受的基础上达成和解协议的方式。协商在合同各方当事人之间进行,一般没有外界参与。

2. 和解与调解。和解是指当事人自行协商解决因合同发生的争议。调解是指在第三人的主持下协调双方当事人的利益,使双方当事人在自愿的原则下解决争议的方式。和解、调解可以在诉讼外进行,也可以在诉讼中某个阶段进行。用和解和调解的方式能够便捷地解决争议,省时、省力,又不伤双方当事人的和气,因此,提倡解决合同争议首先利用和解和调解的方式。当事人不愿和解、调解或者和解、调解不成功的,可以根据达成的仲裁协议申请仲裁。但和解与调解并非当事人申请仲裁或提起诉讼的必经程序。

3. 仲裁。仲裁是指合同当事人根据仲裁协议将合同争议提交给仲裁机构并由仲裁机构作出裁决的方式。仲裁机构是依照法律规定成立的专门裁决合同争议的机构。仲裁机构作出的裁决具有法律约束力。仲裁机构不是司法机关，其裁决程序简便，处理争议较快。当事人发生合同纠纷，可以根据事先或者事后达成的仲裁协议向仲裁机构申请仲裁。涉外合同的当事人不仅可以约定向中国仲裁机构申请仲裁，也可以约定向国外的仲裁机构申请仲裁。

仲裁协议有两种类型：一种是各方当事人在争议发生前订立的，表示愿意将将来发生的争议提交仲裁机构解决的协议，这种协议一般包括在合同当中，是合同的一项条款，被称为仲裁条款；另一种是当事人在争议发生后订立表示愿意将合同争议提交仲裁机构解决的协议。仲裁协议的内容一般包括仲裁的内容、仲裁地点、仲裁机构、等等。申请仲裁需要合同双方当事人订立仲裁协议，没有订立仲裁协议，一方当事人不能申请仲裁。当事人没有订立仲裁协议或者订立的仲裁协议无效，可以向人民法院起诉，通过诉讼解决合同争议。

4. 起诉。起诉必须具备民事诉讼法规定的相关实质要件。

值得注意的是，当事人应当根据实际情况选择其中的一个或几个方式，但是，当事人一旦选择了仲裁的方式就不能再向人民法院起诉。人民法院的判决、裁定、调解书和仲裁机构的裁决书是发生法律效力的法律文书，当事人应当自动履行；拒不履行的，对方当事人可以申请人民法院强制执行。

法条指引

❶《中华人民共和国合同法》（1999年10月1日施行）

第一百二十八条　当事人可以通过和解或者调解解决合同争议。

当事人不愿和解、调解或者和解、调解不成的，可以根据仲裁协议向仲裁机构申请仲裁。涉外合同的当事人可以根据仲裁协议向中国仲裁机构或者其他仲裁机构申请仲裁。当事人没有订立仲裁协议或者仲裁协议无效的，可以向人民法院起诉。当事人应当履行发生法律效力的判决、仲裁裁决、调解书；拒不履行的，对方可以请求人民法院执行。

❷《合同争议行政调解办法》（1997年11月3日）

第一条　为规范合同争议调解工作，及时解决合同争议，保护当事人的合法权益，维护社会经济秩序，根据国家有关法律的规定，制定本办法。

第二条　工商行政管理机关调解合同争议，适用本办法的规定。

第三条　调解合同争议，实行双方自愿原则。

第四条　调解应当符合有关法律、行政法规的规定，应当公平合理。

第五条　除双方当事人要求外，调解不公开进行。

第六条　工商行政管理机关受理法人、个人合伙、个体工商户、农村承包经营户以及其他经济组织相互之间发生的以实现一定经济目的为内容的合同争议，法律、行政法规另有规定的从其规定。

第七条　申请调解合同争议应当符合下列条件：

（一）申请人必须是与本案有直接利害关系的当事人；

（二）有明确的被申请人、具体的调解请求和事实根据；

（三）符合本办法第六条规定的受案范围。

第八条　下列调解申请不予受理：

（一）已向人民法院起诉的；

（二）已向仲裁机构申请仲裁的；

（三）一方要求调解，另一方不愿意调解的。

第九条　申请合同争议调解，应当向工商行政管理机关提出书面调解申请和合同副本。

合同争议调解申请应当写明申请人和被申请人的名称或者姓名、地址，法定代表人姓名、职务，申请的理由和要求，申请日期。

第十条　工商行政管理机关收到调解申请后，应当认真审查有关材料。对被申请人同意调解，符合立案条件的，应当在五日内予以受理，并通知双方当事人提交有关证据材料、法定代表人证明书、授权委托书以及其他必要的证明材料。对被申请人不同意调解，或者虽然同意调解，但不符合立案条件的，应当在五日内书面通知申请人不予受理，并说明理由。

第十一条　受理合同争议调解申请后，应当指定调解员一至二人进行调解。简单的合同争议案件，可以派出调解员就地进行调解。

第十二条　当事人发现调解员与本案有利害关系或者不能公正处理案件的，有权以口头或者书面方式申请其回避；参加办案的调解员认为自己不宜办理本案的，应当自行申请回避。

第十三条　调解员应当提前将调解时间、地

点通知当事人。

第十四条 当事人应当对自己的主张提供证据。

第十五条 调解员调解合同争议，应当拟定调解提纲，认真听取双方当事人的意见，如实做好调解笔录，积极促使双方当事人互相谅解，达成调解协议。

第十六条 当事人一方因正当的或者对方当事人可以谅解的理由不参加调解或者中途退出调解的，可以延期调解。

第十七条 一方当事人不愿意继续调解的，应当终止调解。

第十八条 合同争议涉及第三人的，应当通知第三人参加。解调结果涉及第三人利益的，应当征得第三人同意，第三人不同意的，终止调解。

第十九条 调解成立的，双方当事人应当签署调解协议，或者签订新的合同。

调解协议或者新的合同一式三份，双方当事人各保留一份，另一份由工商行政管理机关存档。

第二十条 调解不成立或者当事人不履行调解协议的，工商行政管理机关应当告知当事人根据仲裁协议向仲裁机构申请仲裁，或者向人民法院起诉。

第二十一条 合同争议应当自受理之日起两个月内调解终结。遇有特殊情况确需延长的，可以适当延长，但延长期不得超过一个月。

第二十二条 调解终结后，应当制作调解终结书。

调解终结书应当写明当事人的名称或者姓名、地址，法定代表人或者代理人姓名、职务，争议的主要事实，当事人的请求和调解结果，并由调解员署名，加盖合同争议调解专用章。

应当事人的要求，调解终结书可以送达给当事人。

❸《中华人民共和国仲裁法》（1995年9月1日施行）

第十六条 仲裁协议包括合同中订立的仲裁条款和以其他书面方式在纠纷发生前或者纠纷发生后达成的请求仲裁的协议。

仲裁协议应当具有下列内容：

（一）请求仲裁的意思表示；

（二）仲裁事项；

（三）选定的仲裁委员会。

第五十八条 当事人提出证据证明裁决有下列情形之一的，可以向仲裁委员会所在地的中级人民法院申请撤销裁决：

（一）没有仲裁协议的；

（二）裁决的事项不属于仲裁协议的范围或者仲裁委员会无权仲裁的；

（三）仲裁庭的组成或者仲裁的程序违反法定程序的；

（四）裁决所根据的证据是伪造的；

（五）对方当事人隐瞒了足以影响公正裁决的证据的；

（六）仲裁员在仲裁该案时有索贿受贿，徇私舞弊，枉法裁决行为的。

人民法院经组成合议庭审查核实裁决有前款规定情形之一的，应当裁定撤销。

人民法院认定该裁决违背社会公共利益的，应当裁定撤销。

❹《中华人民共和国民事诉讼法》（2007年10月28日修正）

第二百五十五条 涉外经济贸易、运输和海事中发生的纠纷，当事人在合同中订有仲裁条款或者事后达成书面仲裁协议，提交中华人民共和国涉外仲裁机构或者其他仲裁机构仲裁的，当事人不得向人民法院起诉。

当事人在合同中没有订有仲裁条款或者事后没有达成书面仲裁协议的，可以向人民法院起诉。

第二百五十九条 仲裁裁决被人民法院裁定不予执行的，当事人可以根据双方达成的书面仲裁协议重新申请仲裁，也可以向人民法院起诉。

❺ 最高人民法院《关于同时选择两个仲裁机构的仲裁条款效力的函》（1996年12月12日）

山东省高级人民法院：

你院鲁法经〔1996〕88号"关于齐鲁制药厂诉美国安泰国际贸易公司合资合同纠纷一案中仲裁条款效力的审查报告"收悉。经研究，答复如下：本案当事人订立的合同中仲裁条款约定"合同争议应提交中国国际贸易促进委员会对外经济贸易仲裁委员会，或瑞典斯德哥尔摩商会仲裁院仲裁"，该仲裁条款对仲裁机构的约定是明确的，亦是可以执行的。当事人只要选择约定的仲裁机构之一即可进行仲裁。根据《中华人民共和国民事诉讼法》第一百一十一条第二项之规定，本案纠纷应由当事人提交仲裁解决，人民法院对本案没有管辖权。

❻ 最高人民法院《关于仅选择仲裁地点而对仲裁机构没有约定的仲裁条款效力问题的函》（1997年3月19日）

浙江省高级人民法院：

你院浙法经字〔1997〕7号关于朱国珲诉浙江

省义乌市对外经济贸易公司国际货物买卖合同纠纷一案中仲裁条款效力的函收悉。经研究，答复如下：本案合同仲裁条款中双方当事人仅约定仲裁地点，而对仲裁机构没有约定。发生纠纷后，双方当事人就仲裁机构达不成补充协议，应依据《中华人民共和国仲裁法》第十八条之规定，认定本案所涉仲裁协议无效，浙江省金华市中级人民法院可以依法受理本案。

❼ 最高人民法院《关于确认仲裁协议效力几个问题的批复》（1998年10月26日）

山东省高级人民法院：

你院鲁高法函〔97〕84号《关于认定重建仲裁机构前达成的仲裁协议的效力的几个问题的请示》收悉。经研究，答复如下：

一、在《中华人民共和国仲裁法》实施后重新组建仲裁机构前，当事人达成的仲裁协议只约定了仲裁地点，未约定仲裁机构，双方当事人在补充协议中选定了在该地点依法重新组建的仲裁机构的，仲裁协议有效；双方当事人达不成补充协议的，仲裁协议无效。

二、在仲裁法实施后依法重新组建仲裁机构前，当事人在仲裁协议中约定了仲裁机构，一方当事人申请仲裁，另一方当事人向人民法院起诉的，经人民法院审查，按照有关规定能够确定新的仲裁机构的，仲裁协议有效。对当事人的起诉，人民法院不予受理。

三、当事人对仲裁协议的效力有异议，一方当事人申请仲裁机构确认仲裁协议效力，另一方当事人请求人民法院确认仲裁协议无效，如果仲裁机构先于人民法院接受申请并已作出决定，人民法院不予受理；如果仲裁机构接受申请后尚未作出决定，人民法院应予受理，同时通知仲裁机构终止仲裁。

四、一方当事人就合同纠纷或者其他财产权益纠纷申请仲裁，另一方当事人对仲裁协议的效力有异议，请求人民法院确认仲裁协议无效并就合同纠纷或者其他财产权益纠纷起诉的，人民法院受理后应当通知仲裁机构中止仲裁。人民法院依法作出仲裁协议有效或者无效的裁定后，应当将裁定书副本送达仲裁机构，由仲裁机构根据人民法院的裁定恢复仲裁或者撤销仲裁案件。

人民法院依法对仲裁协议作出无效的裁定后，另一方当事人拒不应诉的，人民法院可以缺席判决；原受理仲裁申请的仲裁机构在人民法院确认仲裁协议无效后仍不撤销其仲裁案件的，不影响人民法院对案件的审理。

❽ 最高人民法院《关于确认仲裁协议效力请示的复函》（2006年3月9日）

江苏省高级人民法院：

你院〔2005〕苏民三立终字第0039号"关于张家港星港电子公司与博泽国际公司中外合资经营合同中涉外仲裁条款效力问题的请示"收悉。经研究，答复如下：

本案双方当事人在合资合同中约定："凡因解释或执行本合同所发生争议，双方应首先通过友好协商予以解决。如果双方在协商开始后的六十天内无法达成和解，任何一方可以将该争议按照《国际商会调解和仲裁规则》提交仲裁。仲裁应在瑞士苏黎世进行。仲裁员应使用本合同的英文版。任何这样的仲裁的全部程序应用英文进行，有关仲裁情况应每天用英文记录。仲裁应由三名仲裁员来进行，仲裁员应使用流利的英语，双方可各委派一位仲裁员，第三位仲裁员由仲裁院委派，该仲裁员为该仲裁庭主席。仲裁裁决是终局的，对双方均有约束力，双方同意遵守并执行。仲裁费用应由败诉方承担，除非在仲裁裁决中另有规定。"根据多年的司法实践以及本院《第二次全国涉外商事海事审判工作会议纪要》所确定的原则，当事人在合同中约定的适用于解决合同争议的准据法，不能用来确定涉外仲裁条款的效力。当事人在合同中明确约定了仲裁条款效力的准据法的，应当适用当事人明确约定的法律；未约定仲裁条款效力的准据法但约定了仲裁地的，应当适用仲裁地国家或者地区的法律。只有在当事人未约定仲裁条款效力的准据法亦未约定仲裁地或者仲裁地约定不明的情况下，才能适用法院地法即我国法律作为确认仲裁条款效力的准据法。本案当事人双方虽然在合同中约定"合同的订立、生效、解释和执行受中国现行和公布的有关法律的管辖"，但该约定是当事人对解决合同争议的准据法作出的选择，而不是对认定合同中仲裁条款效力的准据法作出的选择。《中华人民共和国合同法》第一百二十六条第二款规定的"在中华人民共和国境内履行的中外合资经营企业合同、中外合作经营企业合同、中外合作勘探开发自然资源合同，适用中华人民共和国法律"，是对解决合同实体争议的准据法作出的规定，而并非对认定合同中仲裁条款效力的准据法作出的规定。我国法律并未强制规定在确认中外合资经营合同中仲裁条款效力时必须适用我国的法律作为准据法。由于本案当事人未明确约定仲裁条款效力的准据法，故应适用当事人约定的仲裁地瑞士的法律，对仲裁条款的效力作出认定。你院关于确定本案仲裁条款的效力应当适用我国法律的意见缺乏根据。根据瑞士的相关法律规定，本案仲裁条款有效。依照《中华人民共和国民事诉讼法》第二百五十七条（修正后第一百五十五条）第一款、《中华人民共和国仲裁法》第五条的规定，本案纠纷应根据当事人的约定，通过仲裁方式解决，人民法院对该纠纷无管辖权。苏州市中级人民法院〔2004〕苏中民三初字第 064 号民事裁定对本案的处理意见是正确的。

此复

❾ 最高人民法院《关于审理民事级别管辖异议案件若干问题的规定》（2010 年 1 月 1 日施行）

为正确审理民事级别管辖异议案件，依法维护诉讼秩序和当事人的合法权益，根据《中华人民共和国民事诉讼法》的规定，结合审判实践，制定本规定。

第一条 被告在提交答辩状期间提出管辖权异议，认为受诉人民法院违反级别管辖规定，案件应当由上级人民法院或者下级人民法院管辖的，受诉人民法院应当审查，并在受理异议之日起十五日内作出裁定：

（一）异议不成立的，裁定驳回；

（二）异议成立的，裁定移送有管辖权的人民法院。

第二条 在管辖权异议裁定作出前，原告申请撤回起诉，受诉人民法院作出准予撤回起诉裁定的，对管辖权异议不再审查，并在裁定书中一并写明。

第三条 提交答辩状期间届满后，原告增加诉讼请求金额致使案件标的额超过受诉人民法院级别管辖标准，被告提出管辖权异议，请求由上级人民法院管辖的，人民法院应当按照本规定第一条审查并作出裁定。

第四条 上级人民法院根据民事诉讼法第三十九条第一款的规定，将其管辖的第一审民事案件交由下级人民法院审理的，应当作出裁定。当事人对裁定不服提起上诉的，第二审人民法院应当依法审理并作出裁定。

第五条 对于应由上级人民法院管辖的第一审民事案件，下级人民法院不得报请上级人民法院交其审理。

第六条 被告以受诉人民法院同时违反级别管辖和地域管辖规定为由提出管辖权异议的，受诉人民法院应当一并作出裁定。

第七条 当事人未依法提出管辖权异议，但受诉人民法院发现其没有级别管辖权的，应当将案件移送有管辖权的人民法院审理。

第八条 对人民法院就级别管辖异议作出的裁定，当事人不服提起上诉的，第二审人民法院应当依法审理并作出裁定。

第九条 对于将案件移送上级人民法院管辖的裁定，当事人未提出上诉，但受移送的上级人民法院认为确有错误的，可以依职权裁定撤销。

第十条 经最高人民法院批准的第一审民事案件级别管辖标准的规定，应当作为审理民事级别管辖异议案件的依据。

第十一条 本规定施行前颁布的有关司法解释与本规定不一致的，以本规定为准。

❿ 最高人民法院《关于经济合同的名称和内容不一致时如何确定管辖权问题的批复》（1996 年 11 月 13 日）

江苏省高级人民法院：

你院苏高法〔1995〕229 号请示收悉。经研究，答复如下：

一、当事人签订的经济合同虽具有明确、规范的名称，但合同约定的权利义务内容与名称不一致的，应当以该合同约定的权利义务内容确定合同的性质，从而确定合同的履行地和法院的管辖权。

二、合同的名称与合同约定的权利义务内容不一致，而且根据该合同约定的权利义务内容难以区分合同性质的，以及合同的名称与该合同约定的部分权利义务内容相符的，则以合同的名称确定合同的履行地和法院的管辖权。

案例链接

❶《东阳市菲特制衣厂与浙江名龙纺织有限公司买卖合同纠纷案》，参见北大法宝引证码：Pkulaw.cn/CLI.C.250621。

❷《浙江省商业工业有限公司诉江苏中厦集团有限公司等管辖权异议纠纷案》，参见北大法宝引证码：Pkulaw.cn/CLI.C.237897。

❸《榆林市金龙北郊热电有限责任公司与洛阳顶尖非标设备制造有限公司等买卖合同纠纷上诉案》，参见北大法宝引证码：Pkulaw.cn/CLI.C.202830。

【合同的诉讼时效】

法律问题解读

由于国际货物买卖合同和技术进出口合同发

生的争议一般都比较复杂，涉及的标的额也较大，为了更有效地保护当事人的合法权益，合同法对这类合同发生争议提起诉讼或者仲裁的期限规定为4年。相比国内同类案件提起诉讼或者申请仲裁的期限要长。提起诉讼或者申请仲裁期限的起算点，自当事人知道或者应当知道其权利受到侵害之日起计算。

其他合同争议的诉讼时效主要有如下两类：

1. 如关于某类合同无单行法专门加以规定的，应适用《民法通则》第135条、第136条的规定，即一般应为两年。下列情形为1年：（1）在买卖合同中，出卖人出售不合格产品未声明的（合同法已将这种情况的诉讼时效规定为2年）；（2）在租赁合同中，延付或拒付租金的；（3）在保管合同中，寄存财物被丢失或毁损的。

2. 如果单行法对某类合同有专门规定的，适用该单行法的规定。其诉讼时效自然也适用单行法的规定。

关于诉讼时效的起算时间，具体有如下几种情况：（1）合同请求权系附条件、附期限的，应从停止条件成就期限到来时起算。（2）如合同规定有履行期限的，应自履行期限届满时起计算。（3）如合同没有规定履行期限的，应从权利人可以行使权利之时起计算。（4）合同无效或合同被撤销后的返还请求权，应自合同被确认为无效或被撤销时起计算。（5）如合同的标的为不作为的，其诉讼时效自合同义务人违反不作为义务时起计算。（6）因违约行为而产生的强制实际履行权、损害赔偿请求权和违约金请求权，应自违约行为成立时起计算。

权利被侵害后，因特殊情况而同时适用一般诉讼时效期间与长期诉讼时效期间，发生诉讼时效期间的竞合时，应适用长期诉讼时效。关于诉讼时效的中止、中断及延长等内容，也应依据《民法通则》的规定。

法条指引

❶《中华人民共和国合同法》（1999年10月1日施行）

第一百二十九条 因国际货物买卖合同和技术进出口合同争议提起诉讼或者申请仲裁的期限为四年，自当事人知道或者应当知道其权利受到侵害之日起计算。因其他合同争议提起诉讼或者申请仲裁的期限，依照有关法律的规定。

❷《中华人民共和国民法通则》（1987年1月1日施行）

第一百三十五条 向人民法院请求保护民事权利的诉讼时效期间为二年，法律另有规定的除外。

第一百四十一条 法律对诉讼时效另有规定的，依照法律规定。

❸《中华人民共和国仲裁法》（2009年8月27日修正）

第七十四条 法律对仲裁时效有规定的，适用该规定。法律对仲裁时效没有规定的，适用诉讼时效的规定。

❹《中华人民共和国海商法》（1993年7月1日施行）

第二百五十七条 就海上货物运输向承运人要求赔偿的请求权，时效期间为一年，自承运人交付或者应当交付货物之日起计算；在时效期间内或者时效期间届满后，被认定为负有责任的人向第三人提起追偿请求的，时效期间为九十日，自追偿请求人解决原赔偿请求之日起或者收到受理对其本人提起诉讼的法院的起诉状副本之日起计算。

有关航次租船合同的请求权，时效期间为二年，自知道或者应当知道权利被侵害之日起计算。

第二百六十七条 时效因请求人提起诉讼、提交仲裁或者被请求人同意履行义务而中断。但是，请求人撤回起诉、撤回仲裁或者起诉被裁定驳回的，时效不中断。

请求人申请扣船的，时效自申请扣船之日起中断。

自中断时起，时效期间重新计算。

❺《中华人民共和国产品质量法》（2000年7月8日修正）

第四十五条 因产品存在缺陷造成损害要求赔偿的诉讼时效期间为二年，自当事人知道或者应当知道其权益受到损害时起计算。

因产品存在缺陷造成损害要求赔偿的请求权，在造成损害的缺陷产品交付最初消费者满十年丧失；但是，尚未超过明示的安全使用期的除外。

❻《中华人民共和国民用航空法》（1996年3月1日施行）

第一百三十五条 航空运输的诉讼时效期间为二年，自民用航空器到达目的地点、应当到达目的地点或者运输终止之日起计算。

第一百七十一条 地面第三人损害赔偿的诉讼时效期间为二年，自损害发生之日起计算；但是，在任何情况下，时效期间不得超过自损害发生之日起三年。

❼《中华人民共和国专利法》（2008年12月27日施行）

第六十八条 侵犯专利权的诉讼时效为二年，自专利权人或者利害关系人得知或者应当得知侵权行为之日起计算。

发明专利申请公布后至专利权授予前使用该发明未支付适当使用费的，专利权人要求支付使用费的诉讼时效为二年，自专利权人得知或者应当得知他人使用其发明之日起计算，但是，专利权人于专利权授予之日前即已得知或者应当得知的，自专利权授予之日起计算。

❽ 最高人民法院《对在审判工作中有关适用民法通则时效的几个问题的批复》（1987年5月22日）

上海市高级人民法院：

你院〔86〕沪高法办字168号《关于民法通则施行后几个问题的请示报告》收悉。经征求全国人民代表大会常务委员会法制工作委员会的意见，现答复如下：

一、人民法院审理民法通则施行前发生的民事案件，无论是已经受理尚未审结，还是今后受理的，凡民法通则施行前法律、政策已有规定的，则适用原来的法律、政策；民法通则施行前法律、政策没有规定的，可以参照民法通则的规定。

二、民法通则施行前已经发生法律效力的判决，当事人提出申诉或者按审判监督程序决定再审的案件，仍应依照原来的法律、政策处理。

三、民法通则施行前民事权利被侵害尚未处理的，无论被侵害人知道与否，向人民法院请求保护民事权利的诉讼时效期间，分别为民法通则第一百三十五条规定的二年或第一百三十六条规定的一年。诉讼时效期间自民法通则施行之日起计算。

民法通则施行前民事权利被侵害尚未处理的，无论是否超过二十年，向人民法院请求保护民事权利的诉讼时效期间，分别为民法通则第一百三十五条规定的二年或第一百三十六条规定的一年。诉讼时效期间自民法通则施行之日起计算。

对于上述诉讼时效期间，有特殊情况的，人民法院可以延长。

此复

❾ 最高人民法院《关于企业或个人欠国家银行贷款逾期两年未还应当适用民法通则规定的诉讼时效问题的批复》（1993年2月22日）

河南省高级人民法院：

你院豫法研〔1990〕23号请示收悉。关于企业或个人欠国家银行贷款逾期两年未还是否适用民法通则规定的诉讼时效问题，经研究，答复如下：

国家各专业银行及其他金融机构系实行独立核算的经济实体。它们与借款的企业或公民之间的借贷关系，是平等主体之间的债权债务关系。国家各专业银行及其他金融机构向人民法院请求保护其追偿贷款权利的，应当适用民法通则关于诉讼时效的规定。确已超过诉讼时效期间，并且没有诉讼时效中止、中断或者延长诉讼时效期间情况的，人民法院应当判决驳回其诉讼请求。

❿ 最高人民法院《关于债务人在约定的期限届满后未履行债务而出具没有还款日期的欠款条诉讼时效期间应从何时开始计算问题的批复》（1994年3月26日）

山东省高级人民法院：

你院鲁高法〔1992〕70号请示收悉。关于债务人在约定的期限届满后未履行债务，而出具没有还款日期的欠款条，诉讼时效期间应从何时开始计算的问题，经研究，答复如下：

据你院报告称，双方当事人原约定，供方交货后，需方立即付款。需方收货后因无款可付，经供方同意写了没有还款日期的欠款条，根据《中华人民共和国民法通则》第一百四十条的规定，对此应认定诉讼时效中断。如果供方在诉讼时效中断后一直未主张权利，诉讼时效期间则应从供方收到需方所写欠款条之日的第二天开始重新计算。

此复

⓫ 最高人民法院《关于审理经济合同纠纷案件有关保证的若干问题的规定》（1994年4月15日）

27. 保证合同约定有保证责任期限的，债权人应当在保证责任期限届满前向保证人主张权利。保证人拒绝承担保证责任的，债权人向人民法院请求保护其权利的诉讼时效期间，适用民法通则的有关诉讼时效的规定。

30. 依照《中华人民共和国民法通则》第一百三十九条的规定，主债务诉讼时效中止的，保证债务的诉讼时效同时中止。

⓬ 最高人民法院《关于超过诉讼时效期间当事人达成的还款协议是否应当受法律保护问题的批复》（1997年4月16日）

四川省高级人民法院：

你院川高法〔1996〕116号《关于超过诉讼时

效期限达成的还款协议是否应受法律保护问题的请示》收悉。经研究，答复如下：

根据《中华人民共和国民法通则》第九十条规定的精神，对超过诉讼时效期间，当事人双方就原债务达成还款协议的，应当依法予以保护。

此复

❸ 最高人民法院《关于承运人就海上货物运输向托运人、收货人或提单持有人要求赔偿的请求权时效期间的批复》（1997年8月5日）

山东省高级人民法院：

你院《关于赔偿请求权时效期间的请示》（鲁法经〔1996〕74号）收悉。经研究，答复如下：

承运人就海上货物运输向托运人、收货人或提单持有人要求赔偿的请求权，在有关法律未予以规定前，比照适用《中华人民共和国海商法》第二百五十七条第一款的规定，时效期间为1年，自权利人知道或者应当知道权利被侵害之日起计算。

此复

❹ 最高人民法院《关于适用〈中华人民共和国合同法〉若干问题的解释（一）》（1999年12月29日施行）

第六条 技术合同争议当事人的权利受到侵害的事实发生在合同法实施之前，自当事人知道或者应当知道其权利受到侵害之日至合同法实施之日超过1年的，人民法院不予保护；尚未超过1年的，其提起诉讼的时效期间为2年。

第七条 技术进出口合同争议当事人的权利受到侵害的事实发生在合同法实施之前，自当事人知道或者应当知道其权利受到侵害之日起至合同法施行之日超过2年的，人民法院不予保护；尚未超过2年的，其提起诉讼的时效期间为4年。

第八条 合同法第五十五条规定的"1年"、第七十五条和第一百零四条第二款规定的"5年"为不变期间，不适用诉讼时效中止、中断或者延长的规定。

案例链接

❶《宝丰县农村信用合作联社诉韩国超等借款合同纠纷案》，参见北大法宝引证码：Pkulaw. cn/CLI. C. 283000。

❷《余强与福贡县石月亮供销社房屋买卖合同纠纷案》，参见北大法宝引证码：Pkulaw. cn/CLI. C. 239931。

❸《某1某某公司与某2某某办事处借款担保合同纠纷上诉案》，参见北大法宝引证码：Pkulaw. cn/CLI. C. 250805。

❹《朱仁金诉黄喜和保证合同纠纷案》，参见北大法宝引证码：Pkulaw. cn/CLI. C. 235896。

第十章 买卖合同

● 本章为读者提供与以下题目有关的法律问题的解读及相关法律文献依据

> 买卖合同（198） 买卖合同的条款（199） 买卖合同的标的物（200） 标的物所有权转移时间（201） 所有权保留条款（202） 出卖人的基本义务（203） 出卖人的从给付义务（204） 标的物上的知识产权归属（205） 出卖人交付标的物的时间（206） 标的物交付期限的确定与推定（206） 简易交付的交付时间（207） 交付标的物的地点及其推定（208） 标的物风险负担的原则（209） 因买受人原因致标的物未按期交付的风险负担（209） 路货买卖中的风险负担（209） 法律推定交付地点的标的物风险负担（210） 受领迟延的风险负担（211） 出卖人违反从给付义务的风险负担（212） 质量瑕疵与风险负担（212） 风险负担与违约责任（214） 标的物的权利瑕疵担保（214） 权利瑕疵担保责任的免除（215） 价金支付拒绝权（215） 标的物的质量瑕疵担保（216） 标的物质量的推定（217） 质量瑕疵担保责任（218） 标的物的包装方式（221） 买受人的检验义务（222） 买受人的通知义务（222） 价金数额的确定与推定（223） 价金支付地点的确定与推定（224） 价金支付时间的确定与推定（225） 多交标的物的处理（226） 标的物孳息的归属（227） 合同解除与主物及从物的关系（227） 标的物为数物的合同解除（228） 分批交付标的物的合同解除（228） 分期付款买卖的处理（229） 样品买卖中的质量瑕疵担保（229） 样品隐蔽瑕疵（230） 试用买卖的试用期间（230） 试用买卖中买受人对标的物的认可（231） 招标投标买卖（231） 拍卖（232） 买卖合同规范的准用（232） 互易合同（233）

【买卖合同】

法律问题解读

买卖合同是出卖人转移标的物的所有权于买受人，买受人支付价款的合同。除了对某些特殊标的物的买卖之外，任何民事主体均可成为买卖合同的当事人。根据《合同法》的规定，买卖合同的标的物指的是实物，而不包括权利，买卖合同的标的物也必须是法律允许流通的商品。

需要注意的是，涉及权利买卖时，要根据具体权利的类型来确定其所应依据的法律规范。如债权买卖应适用《合同法》中关于债权转让的规定，知识产权买卖应适用技术转让合同的相关规定。鉴于买卖合同属于典型的有偿合同，对于其他有偿合同具有一定的示范性，故《合同法》规定，法律对其他有偿合同有规定的，依照其规定；没有规定的，参照买卖合同的有关规定。

法条指引

❶《中华人民共和国合同法》（1999年10月1日施行）

第一百三十条 买卖合同是出卖人转移标的物的所有权于买受人，买受人支付价款的合同。

第一百七十四条 法律对其他有偿合同有规定的，依照其规定；没有规定的，参照买卖合同的有关规定。

❷ 最高人民法院《关于审理商品房买卖合同纠纷案件适用法律若干问题的解释》（2003年6月1日施行）

第一条 本解释所称的商品房买卖合同，是指房地产开发企业（以下统称为出卖人）将尚未建成或者已竣工的房屋向社会销售并转移房屋所有权于买受人，买受人支付价款的合同。

❸《商品房销售管理办法》（2001年6月1日施行）

第三条 商品房销售包括商品房现售和商品房预售。

本办法所称商品房现售，是指房地产开发企业将竣工验收合格的商品房出售给买受人，并由买受人支付房价款的行为。

本办法所称商品房预售，是指房地产开发企业将正在建设中的商品房预先出售给买受人，并由买受人支付定金或者房价款的行为。

案例链接

❶《张国良诉孟高峰买卖合同纠纷案》，参见北大法宝引证码：Pkulaw. cn/CLI. C. 290277。

❷《李献红诉孔小红买卖合同纠纷案》，参见北大法宝引证码：Pkulaw. cn/CLI. C. 285556。

❸《王海明诉驻马店市建筑公司等买卖合同纠纷案》，参见北大法宝引证码：Pkulaw. cn/CLI. C. 285617。

学者观点

❶ 李锡鹤：《合同理论的两个疑问》，参见北大法宝引证码：Pkulaw. cn/CLI. A. 1144265。

❷ 翟云岭：《买卖合同形式及内容的法律规制》，参见北大法宝引证码：Pkulaw. cn/CLI. A. 1114048。

❸ 张伟：《论买卖合同的瑕疵担保责任》，参见北大法宝引证码：Pkulaw. cn/CLI. A. 120611。

【买卖合同的条款】

法律问题解读

买卖合同一般包括下列条款：当事人的名称或者姓名和住所、标的、数量、质量、价款、履行期限、履行地点、履行方式、违约责任、解决争议的方法。除此之外，买卖合同还可以包括包装方式、检验标准和方法、结算方式、合同使用的文字及其效力等条款。当然，一个具体的买卖合同即使缺少上述一些条款，也并不影响其效力，只要缺少的条款不属于必备条款即可。我们认为，买卖合同的必备条款是当事人、标的和数量。

当事人如果对合同使用的文字及其效力作出了约定，自应从其约定。在对之未作约定的情况下，我们认为，如果合同文本同时采用中文和外文的，应以中文为准；如果以文字和阿拉伯数字同时表示数量且二者不一致时，应以文字为准。

法条指引

❶《中华人民共和国合同法》（1999 年 10 月 1 日施行）

第一百三十一条 买卖合同的内容除依照本法第十二条的规定以外，还可以包括包装方式、检验标准和方法、结算方式、合同使用的文字及其效力等条款。

❷ 最高人民法院《关于审理商品房买卖合同纠纷案件适用法律若干问题的解释》（2003 年 6 月 1 日施行）

第五条 商品房的认购、订购、预订等协议具备《商品房销售管理办法》第十六条规定的商品房买卖合同的主要内容，并且出卖人已经按照约定收受购房款的，该协议应当认定为商品房买卖合同。

❸《商品房销售管理办法》（2001 年 6 月 1 日施行）

第十六条 商品房销售时，房地产开发企业和买受人应当订立书面商品房买卖合同。商品房买卖合同应当明确以下主要内容：

（一）当事人名称或者姓名和住所；

（二）商品房基本状况；

（三）商品房的销售方式；

（四）商品房价款的确定方式及总价款、付款方式、付款时间；

（五）交付使用条件及日期；

（六）装饰、设备标准承诺；

（七）供水、供电、供热、燃气、通讯、道路、绿化等配套基础设施和公共设施的交付承诺和有关权益、责任；

（八）公共配套建筑的产权归属；

（九）面积差异的处理方式；

（十）办理产权登记有关事宜；

（十一）解决争议的方法；

（十二）违约责任；

（十三）双方约定的其他事项。

案例链接

❶《刘伟等与番禺富门花园房地产有限公司商品房预售合同纠纷上诉案》，参见北大法宝引证码：Pkulaw. cn/CLI. C. 226970。

❷《张磊与番禺富门花园房地产有限公司商品房预售合同纠纷上诉案》，参见北大法宝引证码：Pkulaw. cn/CLI. C. 226972。

❸《芜湖市爱德运输机械有限公司与洛阳新安电力集团万基水泥有限公司买卖合同纠纷上诉案》，参见北大法宝引证码：Pkulaw. cn/CLI. C. 282404。

❹《吕帛霏等与周口市信谊药业有限公司租赁权纠纷上诉案》，参见北大法宝引证码：Pkulaw. cn/CLI. C. 242786。

【买卖合同的标的物】

法律问题解读

《合同法》规定，出卖的标的物，应当属于出卖人所有或者出卖人有权处分。对标的物享有所有权的人可以将该物售予他人自不待言，依法享有处分权的人在条件成熟时也可以将该物出售，依法享有处分权的人主要有抵押权人、质权人、留置权人、行纪人和人民法院等。需要注意的是，对标的物既无所有权又无处分权的人将该物出卖给他人的买卖合同应为效力待定的合同，经权利人追认或者无处分权的人订立合同后取得处分权的，该合同有效。如果标的物为动产且买受人是善意、有偿取得的，买受人可以根据善意取得制度取得该标的物的所有权，在这种情况下，买卖合同也有效，标的物所有人可以向出卖人请求损害赔偿。除上述情况之外，对标的物既无所有权又无处分权的人出卖该标的物的行为应为无效民事行为，该买卖合同为无效合同。

《合同法》规定，法律、行政法规禁止或者限制转让的标的物，依照其规定。根据该规定，以禁止流通物为标的物的买卖合同应为无效合同，其他法律、行政法规另有规定的，依照其处理。违反限制流通物转让的规定而转让的，也发生同样的效力。

法条指引

❶《中华人民共和国合同法》（1999年10月1日施行）

第五十一条 无处分权的人处分他人财产，经权利人追认或者无处分权的人订立合同后取得处分权的，该合同有效。

第一百三十二条 出卖的标的物，应当属于出卖人所有或者出卖人有权处分。

法律、行政法规禁止或者限制转让的标的物，依照其规定。

❷《中华人民共和国担保法》（1995年10月1日施行）

第五十三条 债务履行期届满抵押权人未受清偿的，可以与抵押人协议以抵押物折价或者以拍卖、变卖该抵押物所得的价款受偿；协议不成的，抵押权人可以向人民法院提起诉讼。

抵押物折价或者拍卖、变卖后，其价款超过债权数额的部分归抵押人所有，不足部分由债务人清偿。

第六十三条 本法所称动产质押，是指债务人或者第三人将其动产移交债权人占有，将该动产作为债权的担保。债务人不履行债务时，债权人有权依照本法规定以该动产折价或者以拍卖、变卖该动产的价款优先受偿。

前款规定的债务人或者第三人为出质人，债权人为质权人，移交的动产为质物。

第八十二条 本法所称留置，是指依照本法第八十四条的规定，债权人按照合同约定占有债务人的动产，债务人不按照合同约定的期限履行债务的，债权人有权依照本法规定留置该财产，以该财产折价或者以拍卖、变卖该财产的价款优先受偿。

❸《中华人民共和国民事诉讼法》（2007年10月28日修正）

第二百二十三条 财产被查封、扣押后，执行员应当责令被执行人在指定期间履行法律文书确定的义务。被执行人逾期不履行的，人民法院可以按照规定交有关单位拍卖或者变卖被查封、扣押的财产。国家禁止自由买卖的物品，交有关单位按照国家规定的价格收购。

❹最高人民法院《关于贯彻执行〈中华人民共和国民法通则〉若干问题的意见（试行）》（1988年1月26日施行）

89. 共同共有人对共有财产享有共同的权利，承担共同的义务。在共同共有关系存续期间，部分共有人擅自处分共有财产的，一般认定无效。但第三人善意、有偿取得该财产的，应当维护第三人的合法权益，对其他共有人的损失，由擅自处分共有财产的人赔偿。

❻《商品房销售管理办法》（2001年6月1日施行）

第七条 商品房现售，应当符合以下条件：

（一）现售商品房的房地产开发企业应当具有企业法人营业执照和房地产开发企业资质证书；

（二）取得土地使用权证书或者使用土地的批准文件；

（三）持有建设工程规划许可证和施工许可

证；

（四）已通过竣工验收；

（五）拆迁安置已经落实；

（六）供水、供电、供热、燃气、通讯等配套基础设施具备交付使用条件，其他配套基础设施和公共设施具备交付使用条件或者已确定施工进度和交付日期；

（七）物业管理方案已经落实。

第八条 房地产开发企业应当在商品房现售前将房地产开发项目手册及符合商品房现售条件的有关证明文件报送房地产开发主管部门备案。

第十二条 商品住宅按套销售，不得分割拆零销售。

❼ 最高人民法院《关于审理商品房买卖合同纠纷案件适用法律若干问题的解释》（2003年6月1日施行）

第二条 出卖人未取得商品房预售许可证明，与买受人订立的商品房预售合同，应当认定无效，但是在起诉前取得商品房预售许可证明的，可以认定有效。

第六条 当事人以商品房预售合同未按照法律、行政法规规定办理登记备案手续为由，请求确认合同无效的，不予支持。

当事人约定以办理登记备案手续为商品房预售合同生效条件的，从其约定，但当事人一方已经履行主要义务，对方接受的除外。

第九条 出卖人订立商品房买卖合同时，具有下列情形之一，导致合同无效或者被撤销、解除的，买受人可以请求返还已付购房款及利息、赔偿损失，并可以请求出卖人承担不超过已付购房款一倍的赔偿责任：

（一）故意隐瞒没有取得商品房预售许可证明的事实或者提供虚假商品房预售许可证明；

（二）故意隐瞒所售房屋已经抵押的事实；

（三）故意隐瞒所售房屋已经出卖给第三人或者为拆迁补偿安置房屋的事实。

案例链接

❶《穆林森诉南阳市港达房地产开发有限公司商品房买卖合同纠纷案》，参见北大法宝引证码：Pkulaw. cn/CLI. C. 254375。

❷《常建纲诉南阳市港达房地产开发有限公司商品房买卖合同纠纷案》，参见北大法宝引证码：Pkulaw. cn/CLI. C. 254368。

❸《周付安与王荣超买卖合同纠纷上诉案》，参见北大法宝引证码：Pkulaw. cn/CLI. C. 277465。

❹《郭梦远与乌鲁木齐市辰康科技发展中心买卖合同纠纷上诉案》，参见北大法宝引证码：Pkulaw. cn/CLI. C. 284579。

【标的物所有权转移时间】

法律问题解读

除了法律另有规定或者当事人另有约定之外，标的物的所有权自标的物交付时起转移。根据相关法律的规定，在不动产和法律规定的特殊动产买卖中，标的物所有权自登记时起转移。需要特别注意的是，我国法律并未规定机动车辆的所有权自登记时起转移，所以所有权转移的时间仍然是交付时。另外，当事人对标的物转移的时间另有约定，自应从其约定，但是约定不得排除法律另有规定的情形。

在司法实践中，经常出现一物数卖的情况，对此问题应根据不同情形具体分析。如果当事人双方已经订立了合法有效的买卖合同，但标的物尚未交付或者登记，而且当事人也未约定所有权已经转移的，出卖人又将该标的物出卖予他人，这时，出卖人有权将该标的物的所有权转移与任何一个买受人，未能取得标的物所有权的买受人只能请求违约损害赔偿。如果出卖人已经将一特定的标的物所有权转移给一买受人，又与他人就该标的物签订了买卖合同，这时，后一买受人可以基于对方的欺诈请求撤销该合同，并要求其承担合同被撤销的法律后果。

法条指引

❶《中华人民共和国合同法》（1999年10月1日施行）

第一百三十三条 标的物的所有权自标的物交付时起转移，但法律另有规定或者当事人另有约定的除外。

❷《中华人民共和国物权法》（2007年10月1日施行）

第九条 不动产物权的设立、变更、转让和消灭，经依法登记，发生效力；未经登记，不发生效力，但法律另有规定的除外。

依法属于国家所有的自然资源，所有权可以不登记。

第十四条 不动产物权的设立、变更、转让和消灭，依照法律规定应当登记的，自记载于不动产登记簿时发生效力。

第二十三条 动产物权的设立和转让,自交付时发生效力,但法律另有规定的除外。

第二十四条 船舶、航空器和机动车等物权的设立、变更、转让和消灭,未经登记,不得对抗善意第三人。

第二十五条 动产物权设立和转让前,权利人已经依法占有该动产的,物权自法律行为生效时发生效力。

第二十六条 动产物权设立和转让前,第三人依法占有该动产的,负有交付义务的人可以通过转让请求第三人返还原物的权利代替交付。

第二十七条 动产物权转让时,双方又约定由出让人继续占有该动产的,物权自该约定生效时发生效力。

❸《**商品房销售管理办法**》(2001年6月1日施行)

第十条 房地产开发企业不得在未解除商品房买卖合同前,将作为合同标的物的商品房再行销售给他人。

案例链接

❶《长兴(广州)精细涂料有限公司与广州可美可化工科技有限公司买卖合同纠纷上诉案》,参见北大法宝法引证码:Pkulaw.cn/CLI.C.120933。

【所有权保留条款】

法律问题解读

《合同法》规定,当事人可以在买卖合同中约定买受人未履行支付价款或者其他义务的,标的物的所有权属于出卖人。所有权保留作为一种新型担保制度,在实践中经常与分期买卖结合在一起。与一般的买卖不同,在所有权保留买卖中,买受人虽能够对标的物为占有、使用、收益,但是不能擅自处分,因其并未取得所有权,在占有、使用、收益中,也应尽善良管理人的注意义务。当然,买受人在条件成就前享有所有权的期待权。如果当事人对该标的物的风险负担未作特别约定的,在该标的物交付后,标的物毁损、灭失的风险由买受人承担,买受人不得以未取得所有权为由,逃避剩余价金的给付义务或者其他的约定义务。在所有权保留买卖中,出卖人的瑕疵担保责任与一般买卖相同。

在所有权保留买卖的情况下,如果出卖人再将标的物出卖予第三人的,如该标的物为动产,因该标的物为买受人所占有,并且该占有为有权占有,买受人可依此对抗出卖人和第三人的返还请求权。如果该标的物为不动产,因所有权尚未转移,所有权的名义登记人仍为出卖人,这时出卖人可以将该标的物的所有权转移给第三人,买受人只能向出卖人请求违约损害赔偿。在出卖人被强制执行时,因标的物的所有权尚未转移给买受人,仍归出卖人所有,故出卖人的一般债权人可以请求将其作为强制执行的标的,买受人自不能提起异议之诉。在买受人被强制执行时,因标的物的所有权并未归其所有,故该标的物不能作为强制执行的标的。在买受人破产时,出卖人可以从买受人的清算组织处取回标的物,但出卖人应退回买受人所支付的价金,该价金应作为买受人的责任财产。在出卖人破产时,因买受人对标的物不享有所有权,其已经交付的价金只能列为一般债权清偿,在这种情况下,买受人可以请求违约损害赔偿,违约金或者损害赔偿金也只能列为一般债权清偿。在第三人侵害标的物时,出卖人可以基于其所有权请求救济,买受人可以基于其有权占有请求救济。

法条指引

❶《**中华人民共和国合同法**》(1999年10月1日施行)

第一百三十四条 当事人可以在买卖合同中约定买受人未履行支付价款或者其他义务的,标的物的所有权属于出卖人。

第一百三十七条 出卖具有知识产权的计算机软件等标的物的,除法律另有规定或者当事人另有约定的以外,该标的物的知识产权不属于买受人。

案例链接

❶《北京中青旅创格科技有限公司诉黑龙江省应用电子有限责任公司买卖合同纠纷案》,参见北大法宝法引证码:Pkulaw.cn/CLI.C.218084。

❷《深圳市大族激光科技股份有限公司诉范伟买卖合同纠纷案》,参见北大法宝法引证码:Pkulaw.cn/CLI.C.253113。

❸《上海鸿得利机械设备营销有限责任公司与遵义建工(集团)有限公司厦门分公司买卖合同纠纷上诉案》,参见北大法宝法引证码:Pkulaw.cn/CLI.C.192264。

❹《群翊工业股份有限公司诉雅新实业股份有限公司等买卖合同纠纷案》，参见北大法宝引证码：Pkulaw.cn/CLI.C.158055。

【出卖人的基本义务】

法律问题解读

出卖人的基本义务是向买受人交付标的物或者交付提取标的物的单证，并转移标的物所有权，即交付义务和转移所有权的义务。我国《合同法》关于作为出卖人基本义务的交付，仅指交付标的物或者交付提取标的物的单证，即现实交付和拟制交付。前者是将标的物的占有转移给买受人，使其处于可以直接管领、控制标的物的地位；后者是在标的物不实际转移的情况下，出卖人将标的物的所有权凭证交予买受人，常见的所有权凭证有仓单、提单、不动产所有权证书等。出卖人履行转移所有权的义务的方式有交付和登记。

如果出现了法律上或者事实上履行不能的情形和不可抗力的情形，出卖人得免除转移所有权的义务，但是按规定应承担违约责任的，出卖人的违约责任不能免。在买卖合同的标的物为一般动产时，出卖人的两项基本义务实际上合二为一，但在标的物为不动产或者需经登记方能转移所有权的动产的情况下，出卖人的双重义务具有实际的意义。

法条指引

❶《中华人民共和国合同法》（1999年10月1日施行）

第一百一十条 当事人一方不履行非金钱债务或者履行非金钱债务不符合约定的，对方可以要求履行，但有下列情形之一的除外：

（一）法律上或者事实上不能履行；

（二）债务的标的不适于强制履行或者履行费用过高；

（三）债权人在合理期限内未要求履行。

第一百一十七条 因不可抗力不能履行合同的，根据不可抗力的影响，部分或者全部免除责任，但法律另有规定的除外。当事人迟延履行后发生不可抗力的，不能免除责任。

本法所称不可抗力，是指不能预见、不能避免并不能克服的客观情况。

第一百三十三条 标的物的所有权自标的物交付时起转移，但法律另有规定或者当事人另有约定的除外。

第一百三十五条 出卖人应当履行向买受人交付标的物或者交付提取标的物的单证，并转移标的物所有权的义务。

第一百四十条 标的物在订立合同之前已为买受人占有的，合同生效的时间为交付时间。

❷《商品房销售管理办法》（2001年6月1日施行）

第三十五条 商品房交付使用后，买受人认为主体结构质量不合格的，可以依照有关规定委托工程质量检测机构重新核验。经核验，确属主体结构质量不合格的，买受人有权退房；给买受人造成损失的，房地产开发企业应当依法承担赔偿责任。

❸ 最高人民法院《关于审理商品房买卖合同纠纷案件适用法律若干问题的解释》（2003年6月1日施行）

第十一条 对房屋的转移占有，视为房屋的交付使用，但当事人另有约定的除外。

房屋毁损、灭失的风险，在交付使用前由出卖人承担，交付使用后由买受人承担；买受人接到出卖人的书面交房通知，无正当理由拒绝接收的，房屋毁损、灭失的风险自书面交房通知确定的交付使用之日起由买受人承担，但法律另有规定或者当事人另有约定的除外。

第十八条 由于出卖人的原因，买受人在下列期限届满未能取得房屋权属证书的，除当事人有特殊约定外，出卖人应当承担违约责任：

（一）商品房买卖合同约定的办理房屋所有权登记的期限；

（二）商品房买卖合同的标的物为尚未建成房屋的，自房屋交付使用之日起90日；

（三）商品房买卖合同的标的物为已竣工房屋的，自合同订立之日起90日。

合同没有约定违约金或者损失数额难以确定的，可以按照已付购房款总额，参照中国人民银行规定的金融机构计收逾期贷款利息的标准计算。

第十九条 商品房买卖合同约定或者《城市房地产开发经营管理条例》第三十三条规定的办理房屋所有权登记的期限届满后超过一年，由于出卖人的原因，导致买受人无法办理房屋所有权登记，买受人请求解除合同和赔偿损失的，应予支持。

❹《中华人民共和国物权法》（2007年10月1日施行）

第十四条 不动产物权的设立、变更、转让和消灭，依照法律规定应当登记的，自记载于不动产登记簿时发生效力。

第二十三条 动产物权的设立和转让，自交付时发生效力，但法律另有规定的除外。

第二十四条 船舶、航空器和机动车等物权的设立、变更、转让和消灭，未经登记，不得对抗善意第三人。

第二十五条 动产物权设立和转让前，权利人已经依法占有该动产的，物权自法律行为生效时发生效力。

第二十六条 动产物权设立和转让前，第三人依法占有该动产的，负有交付义务的人可以通过转让请求第三人返还原物的权利代替交付。

第二十七条 动产物权转让时，双方又约定由出让人继续占有该动产的，物权自该约定生效时发生效力。

案例链接

❶《南文峰诉冯双喜房屋买卖合同纠纷案》，参见北大法宝引证码：Pkulaw. cn/CLI. C. 240126。

❷《王振环与日本国永丰食品工业株式会社买卖合同纠纷上诉案》，参见北大法宝引证码：Pkulaw. cn/CLI. C. 237586。

❸《钟锴与沈阳加州阳光花园房屋开发有限公司商品房买卖合同纠纷上诉案》，参见北大法宝引证码：Pkulaw. cn/CLI. C. 116430。

❹《张伟丽与沈阳加州阳光花园房屋开发有限公司商品房买卖合同纠纷上诉案》，参见北大法宝引证码：Pkulaw. cn/CLI. C. 117034。

【出卖人的从给付义务】

法律问题解读

出卖人的从给付义务是指出卖人所负的应当按照约定或者交易习惯向买受人交付提取标的物单证以外的有关单证和资料的义务。根据《合同法》的规定，出卖人的从给付义务可以基于当事人之间的约定，如当事人可以约定出卖人交付产品质量保证书、保修单、保险单等；该义务也可以基于交易习惯，如出卖人一般应将标的物的产品质量合格证、产品使用说明书、发票等交付予买受人。需要注意的是，有些法律规定了法定的从给付义务，《消费者权益保护法》规定：经营者提供商品或者服务，应当按照国家有关规定或者商业惯例向消费者出具购货凭证或者单据；消费者索要购货凭证或者服务单据的，经营者必须出具。

在出卖人按照约定或者交易习惯向买受人交付提取标的物单证以外的有关单证和资料后，必须对这些单证和资料所载的内容承担责任，例如，出卖人将保修卡交付买受人后，必须在保修卡规定的范围、时间内承担保修责任。如果出卖人不履行其从给付义务，买受人可以诉请人民法院强制其履行，这是因为，在该义务是双方当事人约定的情况下，不履行是一种违约行为；在该义务源于交易习惯的情况下，不履行则违反了法律的规定。在出卖人已经履行了基本义务但未履行从给付义务的情况下，买受人不享有同时履行抗辩权。这是因为，对于出卖人的从给付义务，买受人并无对待给付义务，如果出卖人已经履行向买受人交付标的物或者交付提取标的物的单证并转移标的物所有权的义务，买受人就应支付价金，这两项义务为对待给付义务。如果出卖人在履行期限届满之前，明确表示或者以自己的行为表明不履行从给付义务，或者迟延履行从给付义务，经催告后，在合理期限内仍未履行的，买受人不能因此而解除合同。

法条指引

❶《中华人民共和国合同法》（1999年10月1日施行）

第六十条 当事人应当按照约定全面履行自己的义务。

当事人应当遵循诚实信用原则，根据合同的性质、目的和交易习惯履行通知、协助、保密等义务。

第六十六条 当事人互负债务，没有先后履行顺序的，应当同时履行。一方在对方履行之前有权拒绝其履行要求。一方在对方履行债务不符合约定时，有权拒绝其相应的履行要求。

第九十四条 有下列情形之一的，当事人可以解除合同：

（一）因不可抗力致使不能实现合同目的；

（二）在履行期限届满之前，当事人一方明确表示或者以自己的行为表明不履行主要债务；

（三）当事人一方迟延履行主要债务，经催告后在合理期限内仍未履行；

（四）当事人一方迟延履行债务或者有其他违约行为致使不能实现合同目的；

（五）法律规定的其他情形。

第一百三十六条　出卖人应当按照约定或者交易习惯向买受人交付提取标的物单证以外的有关单证和资料。

❷《中华人民共和国消费者权益保护法》（1994年1月1日施行）

第二十一条　经营者提供商品或者服务，应当按照国家有关规定或者商业惯例向消费者出具购货凭证或者服务单据；消费者索要购货凭证或者服务单据的，经营者必须出具。

❸《商品房销售管理办法》（2001年6月1日施行）

第三十二条　销售商品住宅时，房地产开发企业应当根据《商品住宅实行质量保证书和住宅使用说明书制度的规定》（以下简称《规定》），向买受人提供《住宅质量保证书》、《住宅使用说明书》。

第三十三条　房地产开发企业应当对所售商品房承担质量保修责任。当事人应当在合同中就保修范围、保修期限、保修责任等内容做出约定。保修期从交付之日起计算。

商品住宅的保修期限不得低于建设工程承包单位向建设单位出具的质量保修书约定保修期的存续期；存续期少于《规定》中确定的最低保修期限的，保修期不得低于《规定》中确定的最低保修期限。

非住宅商品房的保修期限不得低于建设工程承包单位向建设单位出具的质量保修书约定保修期的存续期。

在保修期限内发生的属于保修范围的质量问题，房地产开发企业应当履行保修义务，并对造成的损失承担赔偿责任。因不可抗力或者使用不当造成的损坏，房地产开发企业不承担责任。

【标的物上的知识产权归属】

法律问题解读

知识产权的范围很广，而且随着社会的发展还不断出现新的类型的知识产权，我国目前主要的知识产权有著作权、专利权、商标专用权、商业秘密权、集成电路布图设计权、植物新品种权、中药品种权等。知识产权保护的对象是信息，而这些信息往往需要一定的物质载体才能被人们所感知，信息物质载体的所有权与权利人针对信息本身所享有的知识产权是并列的，除非另有约定，作为知识产权保护对象的信息的物质载体的所有权的转移不能视为知识产权转移。

需要注意的是，上述情况也有例外，《著作权法》规定：美术作品原件等物品所有权的转移，不视为作品著作权的转移，但美术作品原件的展览权由原件所有人享有。根据该规定，当美术作品的原件出售予他人时，该美术作品原件的展览权随着原件所有权的转移而转移。《著作权法》如此规定，目的是便于美术作品原件展览权的行使，否则会出现原件的展览权与原件所有权分别由不同的人享有的情况（享有原件展览权的人不享有原件的所有权，享有原件所有权的人不享有原件的展览权），这样对原件进行展览就会产生障碍。需要注意的是，根据该规定，只有美术作品原件的展览权随着原件所有权的转移而转移，美术作品其他的著作权不能随着原件所有权的转移而转移，美术作品复制件的展览权不能随着原件或者复制件所有权的转移而转移，其他作品的任何著作权不能随着原件或者复制件所有权的转移而转移。

法条指引

❶《中华人民共和国合同法》（1999年10月1日施行）

第一百三十七条　出卖具有知识产权的计算机软件等标的物的，除法律另有规定或者当事人另有约定的以外，该标的物的知识产权不属于买受人。

❷《中华人民共和国著作权法》（2010年2月26日修正）

第十八条　美术等作品原件所有权的转移，不视为作品著作权的转移，但美术作品原件的展览权由原件所有人享有。

案例链接

❶《山海关开发区电站辅机厂与马成群等侵犯商业秘密纠纷上诉案》，参见北大法宝引证码：Pkulaw. cn/CLI. C. 283704。

❷《上海直真节点技术开发有限公司与上海福卫软件科技有限公司技术转让合同纠纷上诉案》，参见北大法宝引证码：Pkulaw. cn/CLI. C. 242778。

❸《温州强盛石化机械有限公司与北京中油洁能环保科技有限责任公司买卖合同纠纷上诉案》，参见北大法宝引证码：Pkulaw. cn/CLI. C. 204524。

❹《山东聚丰网络有限公司与韩国 MGAME 公司、天津风云网络技术有限公司网络游戏代理及许可合同纠纷管辖权异议案》,参见北大法宝引证码:Pkulaw.cn/CLI.C.215799。

【出卖人交付标的物的时间】

法律问题解读

《合同法》规定,出卖人应当按照约定的期限交付标的物。约定交付期间的,出卖人可以在该交付期间内的任何时间交付。出卖人如果未按照约定的时间交付标的物的,买受人可以根据情况解除合同,要求出卖人承担违约责任。

一般而言,约定了交付期间的买卖合同,出卖人可以在该交付期间内的任何时间交付,但应当在交付之前通知买受人。出卖人提前交付标的物的,如果交付期限是有利于买受人的,应取得买受人的同意,否则买受人可以拒收。当事人未约定交付期限或约定不明确的,可以协议补充;不能达成补充协议的,按照合同有关条款或交易习惯确定;仍不能确定的,债务人可以随时履行,债权人也可以随时要求履行,但应该给对方必要的准备时间。

法条指引

❶《中华人民共和国合同法》(1999 年 10 月 1 日施行)

第六十一条 合同生效后,当事人就质量、价款或者报酬、履行地点等内容没有约定或者约定不明确的,可以协议补充;不能达成补充协议的,按照合同有关条款或者交易习惯确定。

第六十二条 当事人就有关合同内容约定不明确,依照本法第六十一条的规定仍不能确定的,适用下列规定:

(一)质量要求不明确的,按照国家标准、行业标准履行;没有国家标准、行业标准的,按照通常标准或者符合合同目的的特定标准履行。

(二)价款或者报酬不明确的,按照订立合同时履行地的市场价格履行;依法应当执行政府定价或者政府指导价的,按照规定履行。

(三)履行地点不明确,给付货币的,在接受货币一方所在地履行;交付不动产的,在不动产所在地履行;其他标的,在履行义务一方所在地履行。

(四)履行期限不明确的,债务人可以随时履行,债权人也可以随时要求履行,但应当给对方必要的准备时间。

(五)履行方式不明确的,按照有利于实现合同目的的方式履行。

(六)履行费用的负担不明确的,由履行义务一方负担。

第七十一条 债权人可以拒绝债务人提前履行债务,但提前履行不损害债权人利益的除外。

债务人提前履行债务给债权人增加的费用,由债务人负担。

第九十四条 有下列情形之一的,当事人可以解除合同:

(一)因不可抗力致使不能实现合同目的;

(二)在履行期限届满之前,当事人一方明确表示或者以自己的行为表明不履行主要债务;

(三)当事人一方迟延履行主要债务,经催告后在合理期限内仍未履行;

(四)当事人一方迟延履行债务或者有其他违约行为致使不能实现合同目的;

(五)法律规定的其他情形。

第一百三十八条 出卖人应当按照约定的期限交付标的物。约定交付期间的,出卖人可以在该交付期间内的任何时间交付。

第一百三十九条 当事人没有约定标的物的交付期限或者约定不明确的,适用本法第六十一条、第六十二条第四项的规定。

案例链接

❶《云南中天不锈钢有限公司与昆明康立信电子机械有限公司买卖合同纠纷上诉案》,参见北大法宝引证码:Pkulaw.cn/CLI.C.158940。

❷《赣州市新文行灯饰有限公司与江西省建筑安装工程公司等购销合同货款纠纷上诉案》,参见北大法宝引证码:Pkulaw.cn/CLI.C.82497。

❸《潘森等与邹春花买卖合同纠纷上诉案》,参见北大法宝引证码:Pkulaw.cn/CLI.C.235362。

【标的物交付期限的确定与推定】

法律问题解读

当事人如果在买卖合同中约定了标的物的交付期限,自应从其约定。如果当事人就标的物交付期限内容没有约定或者约定不明确的,可以协议补充;不能达成补充协议的,按照合同有关条款或者交易习惯确定。需要注意的是,只有在当事人不能达成协议补充的情况下才应按照合同有关条款或者交易习惯来确定标的物的交付期限。

如果当事人就标的物的交付期限约定不明确，并且未达成补充协议也不能按照合同有关条款或者交易习惯予以确定，出卖人可以随时交付标的物，买受人也可以随时要求出卖人交付标的物，但应当给对方必要的准备时间。

法条指引

❶《中华人民共和国合同法》（1999 年 10 月 1 日施行）

第六十一条 合同生效后，当事人就质量、价款或者报酬、履行地点等内容没有约定或者约定不明确的，可以协议补充；不能达成补充协议的，按照合同有关条款或者交易习惯确定。

第六十二条 当事人就有关合同内容约定不明确，依照本法第六十一条的规定仍不能确定的，适用下列规定：

（一）质量要求不明确的，按照国家标准、行业标准履行；没有国家标准、行业标准的，按照通常标准或者符合合同目的的特定标准履行。

（二）价款或者报酬不明确的，按照订立合同时履行地的市场价格履行；依法应当执行政府定价或者政府指导价的，按照规定履行。

（三）履行地点不明确，给付货币的，在接受货币一方所在地履行；交付不动产的，在不动产所在地履行；其他标的，在履行义务一方所在地履行。

（四）履行期限不明确的，债务人可以随时履行，债权人也可以随时要求履行，但应当给对方必要的准备时间。

（五）履行方式不明确的，按照有利于实现合同目的的方式履行。

（六）履行费用的负担不明确的，由履行义务一方负担。

第一百二十五条 当事人对合同条款的理解有争议的，应当按照合同所使用的词句、合同的有关条款、合同的目的、交易习惯以及诚实信用原则，确定该条款的真实意思。

合同文本采用两种以上文字订立并约定具有同等效力的，对各文本使用的词句推定具有相同含义。各文本使用的词句不一致的，应当根据合同的目的予以解释。

第一百三十八条 出卖人应当按照约定的期限交付标的物。约定交付期间的，出卖人可以在该交付期间内的任何时间交付。

第一百三十九条 当事人没有约定标的物的交付期限或者约定不明确的，适用本法第六十一条、第六十二条第四项的规定。

❷《中华人民共和国民法通则》（1987 年 1 月 1 日施行）

第八十八条 合同的当事人应当按照合同的约定，全部履行自己的义务。

合同中有关质量、期限、地点或者价款约定不明确，按照合同有关条款内容不能确定，当事人又不能通过协商达成协议的，适用下列规定：

（一）质量要求不明确的，按照国家质量标准履行，没有国家质量标准的，按照通常标准履行。

（二）履行期限不明确的，债务人可以随时向债权人履行义务，债权人也可以随时要求债务人履行义务，但应当给对方必要的准备时间。

（三）履行地点不明确，给付货币的，在接受给付一方的所在地履行，其他标的在履行义务一方的所在地履行。

（四）价款约定不明确的，按照国家规定的价格履行；没有国家规定价格的，参照市场价格或者同类物品的价格或者同类劳务的报酬标准履行。

合同对专利申请权没有约定的，完成发明创造的当事人享有申请权。

合同对科技成果的使用权没有约定的，当事人都有使用的权利。

【简易交付的交付时间】

法律问题解读

在简易交付的情况下，即标的物在订立买卖合同之前已为买受人占有的，合同生效的时间为交付时间，如此规定的目的在于方便买卖双方的交易，节省交易时间和费用。

需要注意的是，简易交付中的标的物包括动产和不动产，在标的物为一般动产的情况下，买卖合同生效的时间即为所有权转移的时间，在标的物为不动产和特殊动产的情况下，还需办理登记手续方能转移所有权。简易交付中的买受人除了买受人本人外，还应包括买受人的代理人、雇用的员工等辅助人或者使用人。这里所说的占有应理解为既包括买受人本人的占有，也包括买受人的代理人、雇用的员工等辅助人或者使用人的占有，但无论何种占有，均应为合法占有。具体而言，可以是基于债权的占有，如基于租赁合同、运输合同、保管合同、仓储合同、委托合同等对标的物的占有；也可以是基于物权的占有，如基于质权、留置权的占有等。另外，当事人可以排除《合同法》规定的简易交付时间的适用。

法条指引

❶《中华人民共和国合同法》（1999年10月1日施行）

第一百四十条 标的物在订立合同之前已为买受人占有的，合同生效的时间为交付时间。

❷《中华人民共和国物权法》（2007年10月1日施行）

第二十五条 动产物权设立和转让前，权利人已经依法占有该动产的，物权自法律行为生效时发生效力。

案例链接

❶《梁结贞与张学武财产损害赔偿纠纷上诉案》，参见北大法宝引证码：Pkulaw.cn/CLI.C.58314。

❷《金巨人科贸公司诉微蓝科技公司等买卖电脑合同标的物意外灭失案》，参见北大法宝引证码：Pkulaw.cn/CLI.C.26201。

【交付标的物的地点及其推定】

法律问题解读

交付标的物是出卖人的基本义务，如果买卖合同中对标的物的交付地点有明确约定的，出卖人应当按照约定的地点交付标的物。当事人没有约定交付地点或者约定不明确，可以协议补充；不能达成补充协议的，按照合同有关条款或者交易习惯确定。需要注意的是，只有在当事人不能达成协议补充的情况下，才应按照合同有关条款或者交易习惯来确定标的物的交付地点。

如果当事人就标的物的交付地点约定不明确，未达成补充协议也不能按照合同有关条款或者交易习惯予以确定时，应该适用如下规则：标的物需要运输的，出卖人应当将标的物交付给第一承运人以运交给买受人；标的物不需要运输，出卖人和买受人订立合同时知道标的物在某一地点的，出卖人应当在该地点交付标的物；标的物不需要运输，出卖人和买受人订立合同时不知道标的物在某一地点的，应当在出卖人订立合同时的营业地交付标的物。需要注意的是，如果是出卖人自己运输标的物的，交付地点应为买受人受领标的物的实际地点。

法条指引

❶《中华人民共和国合同法》（1999年10月1日施行）

第六十一条 合同生效后，当事人就质量、价款或者报酬、履行地点等内容没有约定或者约定不明确的，可以协议补充；不能达成补充协议的，按照合同有关条款或者交易习惯确定。

第一百四十一条 出卖人应当按照约定的地点交付标的物。

当事人没有约定交付地点或者约定不明确，依照本法第六十一条的规定仍不能确定的，适用下列规定：

（一）标的物需要运输的，出卖人应当将标的物交付给第一承运人以运交给买受人；

（二）标的物不需要运输，出卖人和买受人订立合同时知道标的物在某一地点的，出卖人应当在该地点交付标的物；不知道标的物在某一地点的，应当在出卖人订立合同时的营业地交付标的物。

❷《中华人民共和国民法通则》（1987年1月1日施行）

第八十八条 合同的当事人应当按照合同的约定，全部履行自己的义务。

合同中有关质量、期限、地点或者价款约定不明确，按照合同有关条款内容不能确定，当事人又不能通过协商达成协议的，适用下列规定：

（一）质量要求不明确的，按照国家质量标准履行，没有国家质量标准的，按照通常标准履行。

（二）履行期限不明确的，债务人可以随时向债权人履行义务，债权人也可以随时要求债务人履行义务，但应当给对方必要的准备时间。

（三）履行地点不明确，给付货币的，在接受给付一方的所在地履行，其他标的在履行义务一方的所在地履行。

（四）价款约定不明确的，按照国家规定的价格履行；没有国家规定价格的，参照市场价格或者同类物品的价格或者同类劳务的报酬标准履行。

合同对专利申请权没有约定的，完成发明创造的当事人享有申请权。

合同对科技成果的使用权没有约定的，当事人都有使用的权利。

案例链接

❶《河南省中原建设有限公司与北京金双燕工贸有限责任公司买卖合同纠纷上诉案》,参见北大法宝引证码:Pkulaw.cn/CLI.C.184365。

【标的物风险负担的原则】

法律问题解读

这里所说的风险是指标的物毁损、灭失的风险,均为标的物的意外损失,如被盗、非正常的腐败腐烂、被强制征收、被征用、被查封等,它们与当事人的意志无关,不能按照过错责任来确定由谁来承担。根据《合同法》的规定,除法律另有规定或者当事人另有约定的以外,标的物毁损、灭失的风险,在标的物交付之前由出卖人承担,交付之后由买受人承担。

在由出卖人负担标的物毁损、灭失的风险的情况下,如果标的物已经毁灭,出卖人应该返还全部价金;如果标的物已经损坏,出卖人应该按标的物价值减少的程度返还相应的价金;如果标的物已经损坏并且买受人不愿接受的,出卖人应该返还全部价金。在由买受人负担标的物毁损、灭失的风险的情况下,无论标的物是毁灭抑或损坏,买受人均不能免除给付全部价金的义务。

法条指引

❶《中华人民共和国合同法》(1999年10月1日施行)

第一百四十二条 标的物毁损、灭失的风险,在标的物交付之前由出卖人承担,交付之后由买受人承担,但法律另有规定或者当事人另有约定的除外。

❷ 最高人民法院《关于审理商品房买卖合同纠纷案件适用法律若干问题的解释》(2003年6月1日施行)

第十一条 对房屋的转移占有,视为房屋的交付使用,但当事人另有约定的除外。

房屋毁损、灭失的风险,在交付使用前由出卖人承担,交付使用后由买受人承担;买受人接到出卖人的书面交房通知,无正当理由拒绝接收的,房屋毁损、灭失的风险自书面交房通知确定的交付使用之日起由买受人承担,但法律另有规定或者当事人另有约定的除外。

案例链接

❶《孙红亮以分期付款期满所有权转移方式承包车辆后因在期间内车辆被抢灭失诉中原汽车出租租赁公司退还抵押金和按已交款比例分享保险赔款案》,参见北大法宝引证码:Pkulaw.cn/CLI.C.22076。

【因买受人原因致标的物未按期交付的风险负担】

法律问题解读

《合同法》规定,因买受人的原因致使标的物不能按照约定的期限交付的,买受人应当自违反约定之日起承担标的物毁损、灭失的风险。一般情况下,标的物的风险自交付时起转移,但是如果由于买方的原因致使交付迟延,风险仍然自交付时转移显然对出卖人不公平,在这种情况下,虽然标的物仍然处于出卖人的支配之下,但是风险已经按照约定的交付时间转移。

需要注意的是,因买受人的原因致使标的物不能按照约定的期限交付的情况下,风险转移的时间是合同约定出卖人交付标的物的时间,而不是买受人违反合同约定的时间。另外,买受人承担标的物毁损、灭失的风险不以买受人有过错为条件,也就是说,无论买受人是否有过错,只要是因为他的原因致使标的物不能按照合同约定的期限交付,就要自合同约定的交付标的物的时间起承担标的物毁损、灭失的风险。

法条指引

❶《中华人民共和国合同法》(1999年10月1日施行)

第一百四十三条 因买受人的原因致使标的物不能按照约定的期限交付的,买受人应当自违反约定之日起承担标的物毁损、灭失的风险。

【路货买卖中的风险负担】

法律问题解读

路货买卖是指买卖正在运输途中的标的物。路货买卖与普通买卖的一个主要区别是标的物交付的时间和地点难以确定,从货物装载上运输工具至成交后卸货的任何时间均可以理解为交付时间，从货物的装载地到卸货地，运输工具途经的任何地点都可以理解为交付地点，所以法律必须对路货买卖标的物风险的承担作出特殊的规定。《合同法》规定，出卖人出卖交由承运人运输的在途标的物，除当事人另有约定的以外，毁损、灭失的风险自合同成立时起由买受人承担。

需要注意的是，出卖在运输途中的标的物，不论在合同订立时出卖人是否将标的物所有权的凭证或者提取标的物的单证等有关资料等交付买受人，均不影响标的物风险的转移。另外，如果买受人有证据证明在途标的物的毁损、灭失是在合同成立之前发生的，风险仍应由出卖人承担。当然，路货买卖合同的双方当事人可以另行约定在途标的物的风险负担。

法条指引

❶《中华人民共和国合同法》（1999年10月1日施行）

第一百四十四条 出卖人出卖交由承运人运输的在途标的物，除当事人另有约定的以外，毁损、灭失的风险自合同成立时起由买受人承担。

案例链接

❶《蓬莱外贸集团公司与环球株式会社购销扇贝柱欠款纠纷上诉案》，参见北大法宝引证码：Pkulaw.cn/CLI.C.5544。

【法律推定交付地点的标的物风险负担】

法律问题解读

当事人没有约定交付地点或者约定不明确，可以协议补充；不能达成补充协议的，按照合同有关条款或者交易习惯确定；如果不能达成补充协议的，也无法按照合同有关条款或者交易习惯确定。在标的物需要运输的情况下，出卖人应当将标的物交付给第一承运人以运交给买受人，出卖人将标的物交付给第一承运人后，标的物毁损、灭失的风险由买受人承担。

在上述情况下，出卖人承担将标的物交付给第一承运人之前的风险，交付之后的风险即由买受人承担。若发生保险范围内的损失，应由买受人向保险公司索赔。若由第三人或承运人责任造成损失，应由买受人向第三人或者承运人索赔。所谓交付承运人，是指出卖人将标的物现实地交付承运人，并取得托运单证。第一承运人是指在运输过程中，从出卖人处取得标的物，第一个开始运输标的物的人。不论运输过程中是否还有其他承运人，只要出卖人将标的物交付给第一承运人后，标的物毁损、灭失的风险就由买受人承担。

法条指引

❶《中华人民共和国合同法》（1999年10月1日施行）

第六十一条 合同生效后，当事人就质量、价款或者报酬、履行地点等内容没有约定或者约定不明确的，可以协议补充；不能达成补充协议的，按照合同有关条款或者交易习惯确定。

第一百四十一条 出卖人应当按照约定的地点交付标的物。

当事人没有约定交付地点或者约定不明确，依照本法第六十一条的规定仍不能确定的，适用下列规定：

（一）标的物需要运输的，出卖人应当将标的物交付给第一承运人以运送给买受人；

（二）标的物不需要运输，出卖人和买受人订立合同时知道标的物在某一地点的，出卖人应当在该地点交付标的物；不知道标的物在某一地点的，应当在出卖人订立合同时的营业地交付标的物。

第一百四十五条 当事人没有约定交付地点或者约定不明确，依照本法第一百四十一条第二款第一项的规定标的物需要运输的，出卖人将标的物交付给第一承运人后，标的物毁损、灭失的风险由买受人承担。

❷《中华人民共和国民法通则》（1987年1月1日施行）

第八十八条 合同的当事人应当按照合同的约定，全部履行自己的义务。

合同中有关质量、期限、地点或者价款约定不明确，按照合同有关条款内容不能确定，当事人又不能通过协商达成协议的，适用下列规定：

（一）质量要求不明确的，按照国家质量标准履行，没有国家质量标准的，按照通常标准履行。

（二）履行期限不明确的，债务人可以随时向债权人履行义务，债权人也可以随时要求债务人履行义务，但应当给对方必要的准备时间。

（三）履行地点不明确，给付货币的，在接受给付一方的所在地履行，其他标的在履行义务一方的所在地履行。

（四）价款约定不明确的，按照国家规定的价格履行；没有国家规定价格的，参照市场价格或者同类物品的价格或者同类劳务的报酬标准履行。

合同对专利申请权没有约定的，完成发明创造的当事人享有申请权。

合同对科技成果的使用权没有约定的，当事人都有使用的权利。

【受领迟延的风险负担】

法律问题解读

买卖合同双方当事人约定了标的物交付地点的，出卖人应当按照约定的地点交付标的物。当事人没有约定交付地点或者约定不明确，可以协议补充；不能达成补充协议的，按照合同有关条款或者交易习惯确定；如果不能达成补充协议，也无法按照合同有关条款或者交易习惯确定的，在标的物不需要运输的情况下，出卖人和买受人订立合同时知道标的物在某一地点的，出卖人应当在该地点交付标的物，不知道标的物在某一地点的，应当在出卖人订立合同时的营业地交付标的物。出卖人按照约定或者法律推定将标的物置于交付地点，买受人违反约定没有收取的，标的物毁损、灭失的风险由买受人自违反约定之日起承担。

需要注意的是，确定买受人受领迟延是适用上述规定的前提条件。（1）出卖人必须按照约定或者法律规定提出给付，即出卖人需按约定或者法定的履行期限提出给付并且其提交的标的物的质量、数量、品种、规格等方面符合约定或者法定的要求，如果出卖人提前给付或者给付不符合要求，在特定的情况下，买受人有权拒绝受领，该行为不构成受领迟延。（2）买受人受领迟延，即买受人受领标的物的时间超过了合同约定或者法律规定的期限。另外，买受人"违反约定没有收取"应理解为事实问题，而不以买受人有过错为条件。

法条指引

❶《中华人民共和国合同法》（1999年10月1日施行）

第六十一条 合同生效后，当事人就质量、价款或者报酬、履行地点等内容没有约定或者约定不明确的，可以协议补充；不能达成补充协议的，按照合同有关条款或者交易习惯确定。

第六十二条 当事人就有关合同内容约定不明确，依照本法第六十一条的规定仍不能确定的，适用下列规定：

（一）质量要求不明确的，按照国家标准、行业标准履行；没有国家标准、行业标准的，按照通常标准或者符合合同目的的特定标准履行。

（二）价款或者报酬不明确的，按照订立合同时履行地的市场价格履行；依法应当执行政府定价或者政府指导价的，按照规定履行。

（三）履行地点不明确，给付货币的，在接受货币一方所在地履行；交付不动产的，在不动产所在地履行；其他标的，在履行义务一方所在地履行。

（四）履行期限不明确的，债务人可以随时履行，债权人也可以随时要求履行，但应当给对方必要的准备时间。

（五）履行方式不明确的，按照有利于实现合同目的的方式履行。

（六）履行费用的负担不明确的，由履行义务一方负担。

第七十一条 债权人可以拒绝债务人提前履行债务，但提前履行不损害债权人利益的除外。

债务人提前履行债务给债权人增加的费用，由债务人负担。

第七十二条 债权人可以拒绝债务人部分履行债务，但部分履行不损害债权人利益的除外。

债务人部分履行债务给债权人增加的费用，由债务人负担。

第一百三十九条 当事人没有约定标的物的交付期限或者约定不明确的，适用本法第六十一条、第六十二条第四项的规定。

第一百四十一条 出卖人应当按照约定的地点交付标的物。

当事人没有约定交付地点或者约定不明确，依照本法第六十一条的规定仍不能确定的，适用下列规定：

（一）标的物需要运输的，出卖人应当将标的物交付给第一承运人以运交给买受人；

（二）标的物不需要运输，出卖人和买受人订立合同时知道标的物在某一地点的，出卖人应当在该地点交付标的物；不知道标的物在某一地点的，应当在出卖人订立合同时的营业地交付标的物。

第一百四十六条 出卖人按照约定或者依照本法第一百四十一条第二款第二项的规定将标的物置于交付地点，买受人违反约定没有收取的，标的物毁损、灭失的风险自违反约定之日起由买受人承担。

❷《中华人民共和国民法通则》（1987年1月1日施行）

第八十八条 合同的当事人应当按照合同的约定，全部履行自己的义务。

合同中有关质量、期限、地点或者价款约定不明确，按照合同有关条款内容不能确定，当事人又不能通过协商达成协议的，适用下列规定：

（一）质量要求不明确的，按照国家质量标准履行，没有国家质量标准的，按照通常标准履行。

（二）履行期限不明确的，债务人可以随时向债权人履行义务，债权人也可以随时要求债务人履行义务，但应当给对方必要的准备时间。

（三）履行地点不明确，给付货币的，在接受给付一方的所在地履行，其他标的在履行义务一方的所在地履行。

（四）价款约定不明确的，按照国家规定的价格履行；没有国家规定价格的，参照市场价格或者同类物品的价格或者同类劳务的报酬标准履行。

合同对专利申请权没有约定的，完成发明创造的当事人享有申请权。

合同对科技成果的使用权没有约定的，当事人都有使用的权利。

案例链接

❶《周进诉厦门旅游集团国际旅行社有限公司旅游合同纠纷案》，参见北大法宝引证码：Pkulaw.cn/CLI.C.290615。

❷《海南卓奥实业有限公司与吴萍等房屋买卖合同纠纷上诉案》，参见北大法宝引证码：Pkulaw.cn/CLI.C.90372。

❸《海南卓奥实业有限公司与冷勇等买卖房屋纠纷上诉案》，参见北大法宝引证码：Pkulaw.cn/CLI.C.90279。

❹《匈牙利凯雷特工业贸易和科技开发股份公司诉华力空运有限公司天津分公司航空运输合同赔偿纠纷案》，参见北大法宝引证码：Pkulaw.cn/CLI.C.4665。

【出卖人违反从给付义务的风险负担】

法律问题解读

《合同法》规定，出卖人应当按照约定或者交易习惯向买受人交付提取标的物单证以外的有关单证和资料。如果出卖人按照约定未交付有关标的物的单证和资料的，不影响标的物毁损、灭失风险的转移，即标的物毁损、灭失的风险，在标的物交付之前由出卖人承担，交付之后由买受人承担，但法律另有规定或者当事人另有约定的除外。

需要注意的是，不能因为出卖人违反从给付义务，标的物毁损、灭失的风险就由其来承担，这里所说的从给付义务不包括出卖人按照约定交付提取标的物的单证，这是他的基本给付义务，因为交付提取标的物的单证即视为交付标的物。标的物毁损、灭失的风险，在提取标的物的单证交付之前由出卖人承担，交付之后由买受人承担，但法律另有规定或者当事人另有约定的除外。另外，出卖人未按照约定交付有关标的物的单证和资料的，虽然不影响标的物毁损、灭失风险的转移，但是买受人可以主张违约责任，诉请人民法院强制其履行。

法条指引

❶《中华人民共和国合同法》（1999年10月1日施行）

第一百三十五条 出卖人应当履行向买受人交付标的物或者交付提取标的物的单证，并转移标的物所有权的义务。

第一百三十六条 出卖人应当按照约定或者交易习惯向买受人交付提取标的物单证以外的有关单证和资料。

第一百四十二条 标的物毁损、灭失的风险，在标的物交付之前由出卖人承担，交付之后由买受人承担，但法律另有规定或者当事人另有约定的除外。

第一百四十七条 出卖人按照约定未交付有关标的物的单证和资料的，不影响标的物毁损、灭失风险的转移。

【质量瑕疵与风险负担】

法律问题解读

因标的物质量不符合质量要求，致使不能实现合同目的，买受人可以拒绝接受标的物或者解除合同。买受人拒绝接受标的物或者解除合同的，标的物毁损、灭失的风险由出卖人承担。

如果买卖合同中对标的物的质量有明确约定的，出卖人自应按照约定的标的物的质量履行；标的物的质量没有约定或者约定不明确的，可以协议补充，不能达成补充协议的，按照合同有关条款或者交易习惯予以确定；如果根据上述标准仍不能确定的，应按照国家标准、行业标准履行，没有国家标准、行业标准的，按照通常标准或者符合合同目的的特定标准履行。因标的物质量不符合质量要求，致使不能实现合同目的的情况为根本违约。需要注意的是，在标的物质量虽然不符合质量要求，但是并未达到不能实现合同目的的情况下，买受人无权拒绝接受标的物或者解除合同，在出卖人交付标的物后，标的物毁损、灭失的风险由买受人承担。另外，在标的物质量不符合质量要求，致使合同目的不能实现，但是买受人并不解除合同仍接受标的物的情况下，标的物毁损、灭失的风险也应由买受人承担。

法条指引

❶《中华人民共和国合同法》（1999年10月1日施行）

第六十一条　合同生效后，当事人就质量、价款或者报酬、履行地点等内容没有约定或者约定不明确的，可以协议补充；不能达成补充协议的，按照合同有关条款或者交易习惯确定。

第六十二条　当事人就有关合同内容约定不明确，依照本法第六十一条的规定仍不能确定的，适用下列规定：

（一）质量要求不明确的，按照国家标准、行业标准履行；没有国家标准、行业标准的，按照通常标准或者符合合同目的的特定标准履行。

（二）价款或者报酬不明确的，按照订立合同时履行地的市场价格履行；依法应当执行政府定价或者政府指导价的，按照规定履行。

（三）履行地点不明确，给付货币的，在接受货币一方所在地履行；交付不动产的，在不动产所在地履行；其他标的，在履行义务一方所在地履行。

（四）履行期限不明确的，债务人可以随时履行，债权人也可以随时要求履行，但应当给对方必要的准备时间。

（五）履行方式不明确的，按照有利于实现合同目的的方式履行。

（六）履行费用的负担不明确的，由履行义务一方负担。

第一百四十二条　标的物毁损、灭失的风险，在标的物交付之前由出卖人承担，交付之后由买受人承担，但法律另有规定或者当事人另有约定的除外。

第一百四十八条　因标的物质量不符合质量要求，致使不能实现合同目的的，买受人可以拒绝接受标的物或者解除合同。买受人拒绝接受标的物或者解除合同的，标的物毁损、灭失的风险由出卖人承担。

❷《中华人民共和国民法通则》（1987年1月1日施行）

第八十八条　合同的当事人应当按照合同的约定，全部履行自己的义务。

合同中有关质量、期限、地点或者价款约定不明确，按照合同有关条款内容不能确定，当事人又不能通过协商达成协议的，适用下列规定：

（一）质量要求不明确的，按照国家质量标准履行，没有国家质量标准的，按照通常标准履行。

（二）履行期限不明确的，债务人可以随时向债权人履行义务，债权人也可以随时要求债务人履行义务，但应当给对方必要的准备时间。

（三）履行地点不明确，给付货币的，在接受给付一方的所在地履行，其他标的在履行义务一方的所在地履行。

（四）价款约定不明确的，按照国家规定的价格履行；没有国家规定价格的，参照市场价格或者同类物品的价格或者同类劳务的报酬标准履行。

合同对专利申请权没有约定的，完成发明创造的当事人享有申请权。

合同对科技成果的使用权没有约定的，当事人都有使用的权利。

❸ 最高人民法院《关于贯彻执行〈中华人民共和国民法通则〉若干问题的意见（试行）》（1988年1月26日施行）

105. 依据民法通则第八十八条第二款第（一）项规定，合同对产品质量要求不明确，当事人未能达成协议，又没有国家质量标准的，按部颁标准或者专业标准处理；没有部颁标准或者专业标准的，按经过批准的企业标准处理；没有经过批准的企业标准的，按标的物产地同行业其他企业经过批准的同类产品质量标准处理。

案例链接

❶《王长江与西华县城建工程有限公司建设工程施工合同纠纷上诉案》，参见北大法宝引证码：Pkulaw.cn/CLI.C.281673。

❷《新疆国兴工程技术有限公司与上海东方泵业(集团)有限公司买卖合同纠纷上诉案》，参见

北大法宝引证码：Pkulaw.cn/CLI.C.284555。

❸《杨好书诉张杏芬等承揽合同纠纷案》，参见北大法宝引证码：Pkulaw.cn/CLI.C.262133。

❹《李西成与沈付丑建设工程合同纠纷上诉案》，参见北大法宝引证码：Pkulaw.cn/CLI.C.287368。

【风险负担与违约责任】

法律问题解读

标的物上的风险负担与违约责任的承担互相独立，互不排斥，也不相互吸收。标的物毁损、灭失的风险由买受人承担的，不影响因出卖人履行债务不符合约定时，买受人要求其承担违约责任的权利；同样，标的物毁损、灭失的风险由出卖人承担的，也不影响因买受人履行债务不符合约定时，出卖人要求其承担违约责任的权利。

买卖合同中的"风险"，仅指由于不可抗力或者意外事件等造成的损失，不包括由于一方履行义务不符合约定或者法律规定而给另一方造成的损失。所以，不论风险转移与否，一方对因违约而给对方造成的损失均应承担责任，即使其违约的后果是在风险转移后才变得明显起来。风险负担是法律上对危险的一种分配机制，它与买卖合同本身没有本质的联系。

法条指引

❶《中华人民共和国合同法》（1999年10月1日施行）

第一百四十九条 标的物毁损、灭失的风险由买受人承担的，不影响因出卖人履行债务不符合约定，买受人要求其承担违约责任的权利。

【标的物的权利瑕疵担保】

法律问题解读

买卖合同中的出卖人所承担的标的物的权利瑕疵担保义务，是指出卖人应当保证对标的物享有合法的权利，没有侵犯任何第三人的权利，并且任何第三人都不会就该标的物向买受人主张任何权利。买卖合同根本上就是标的物所有权的转让，因此，出卖人的这项义务是一项最基本的义务，同时也是一项法定义务。标的物存在权利瑕疵主要有以下几种情形：非所有人的出卖人向买受人转移标的物的所有权；没有处分权的人出卖标的物；共有人出卖全部共有的财产或者出卖他人份额的财产；标的物上存在留置权、抵押权、质押权或者第三人的优先受偿权；第三人对标的物享有优先购买权；出卖人出卖的标的物侵犯了他人的知识产权等。

权利瑕疵担保责任的构成要件有：权利瑕疵须于买卖合同成立时存在；权利瑕疵须于买卖合同履行时仍然存在；须买受人不知道也不应当知道权利瑕疵的存在；当事人之间没有相反的约定；须因权利瑕疵使买受人遭受损害或者损失。对于标的物上存在权利瑕疵的买受人，他可以行使履行的抗辩权，中止支付相应价款，除非出卖人提供适当担保。需要注意的是，出卖人是否有过错不影响权利瑕疵担保责任的构成。出卖人如果违反权利瑕疵担保的义务，使得合同订立后标的物上的权利缺陷没有去除，买受人可以请求出卖人承担违约责任。即使在标的物的部分权利属于他人的情况下，也可以认为出卖人的行为构成了根本违约，即严重影响了买受人订立合同所期望的经济利益，买受人可以单方解除合同。如果买受人不想解除合同，则可以请求出卖人减少标的物的价款。如果有关专门立法对有权利缺陷标的物的买卖作出特别规定，首先要依照其规定，如《担保法》规定，抵押期间，抵押人转让已办理登记的抵押物的，应当通知抵押权人并告知受让人转让物已经抵押的情况；抵押人未通知抵押权人或者未告知受让人的，转让行为无效。因此，在这种情况下，有关抵押物的买卖合同就应当按照无效处理，当事人应当依照本法有关合同无效的条文确定其权利义务关系。另外，第三人主张的权利不包括基于相邻关系产生的相邻权，因其是法定的权利，是不动产所有权必须负的责任。

法条指引

❶《中华人民共和国合同法》（1999年10月1日施行）

第一百五十条 出卖人就交付的标的物，负有保证第三人不得向买受人主张任何权利的义务，但法律另有规定的除外。

❷《中华人民共和国担保法》（1995年10月1日施行）

第四十九条 抵押期间，抵押人转让已办理登记的抵押物的，应当通知抵押权人并告知受让人转让物已经抵押的情况；抵押人未通知抵押权人或者未告知受让人的，转让行为无效。

转让抵押物的价款明显低于其价值的，抵押权人可以要求抵押人提供相应的担保；抵押人不提供的，不得转让抵押物。

抵押人转让抵押物所得的价款，应当向抵押权人提前清偿所担保的债权或者向与抵押权人约定的第三人提存。超过债权数额的部分，归抵押人所有，不足部分由债务人清偿。

案例链接

❶《丁思云与杨菊芬买卖合同纠纷上诉案》，参见北大法宝引证码：Pkulaw.cn/CLI.C.120133。

❷《毛必田等与云和县沙铺乡回龙山村民委员会等山林经营权买卖合同纠纷上诉案》，参见北大法宝引证码：Pkulaw.cn/CLI.C.80054。

❸《王艳等与栗晶房屋买卖合同纠纷上诉案》，参见北大法宝引证码：Pkulaw.cn/CLI.C.108523。

【权利瑕疵担保责任的免除】

法律问题解读

《合同法》规定，买受人订立合同时知道或者应当知道第三人对买卖的标的物享有权利的，出卖人不承担权利瑕疵担保义务。根据合同自愿的原则，如果买受人知道或者应当知道第三人对买卖的标的物享有权利的，可以不订合同或者可以在合同中约定由出卖人负责。但是，在订立合同时，如果买受人已知或者应知标的物在权利上存在缺陷，除非合同中约定了相反的意思，否则就应当认为买受人愿意购买有权利缺陷的标的物。

需要注意的是，如果就买受人和出卖人就是否知情发生争议，出卖人主张买受人在订立合同时明知标的物的权利缺陷，则对此举证的责任在出卖人，而非买受人。

法条指引

❶《中华人民共和国合同法》（1999年10月1日施行）

第一百五十一条 买受人订立合同时知道或者应当知道第三人对买卖的标的物享有权利的，出卖人不承担本法第一百五十条规定的义务。

【价金支付拒绝权】

法律问题解读

出卖人应对出卖的标的物承担权利瑕疵担保义务，即除法律另有规定的以外，出卖人就交付的标的物，负有保证第三人不得向买受人主张任何权利的义务。为了保护买受人的利益，《合同法》规定，如果买受人有确切证据证明第三人可能就标的物主张权利的，可以中止支付相应的价款。据此可知，买受人价金支付拒绝权成立的前提必须是其有确切证据证明第三人可能就标的物主张权利。要求"买受人有确切的证据"的目的在于严格限制买受人行使价金支付拒绝权，并使其承担举证责任。第三人向人民法院提起诉讼的方式或者直接提出权利要求均属于对标的物主张权利的方式。为了保护出卖人的利益，在出卖人提供适当担保的情况下，买受人不得中止支付相应的价款。

需要注意的是，第三人向买受人或者向出卖人主张标的物上的权利均可以成为买受人主张价金支付拒绝权的证据；第三人对标的物主张权利的时间既可以在标的物交付之前，也可以在标的物交付之后，只要买受人可能因为第三人的权利主张丧失该标的物的部分或者全部的权利即可，而不需要人民法院确定第三人的权利。为了平衡双方当事人的利益，根据《合同法》的规定，如果出卖人提供了适当的担保，买受人则应支付合同约定的价金，而不能拒绝支付；如果出卖人不提供担保或者提供的担保不合适的，买受人仍有权不支付相应的价金。出卖人提供"适当"的担保是指出卖人必须按照第三人对标的物主张权利的范围，按合同约定的价金的比例提供担保，该担保可以是人的担保，也可以是物的担保。

法条指引

❶《中华人民共和国合同法》（1999年10月1日施行）

第一百五十条 出卖人就交付的标的物，负有保证第三人不得向买受人主张任何权利的义务，但法律另有规定的除外。

第一百五十二条 买受人有确切证据证明第三人可能就标的物主张权利的，可以中止支付相应的价款，但出卖人提供适当担保的除外。

案例链接

❶《深圳市安立达通信设备有限公司诉广东盈通网络投资有限公司买卖合同纠纷案》，参见北大法宝引证码：Pkulaw.cn/CLI.C.118842。

【标的物的质量瑕疵担保】

法律问题解读

对标的物的权利瑕疵担保义务和质量瑕疵担保义务是出卖人的两项基本义务。质量瑕疵担保义务要求出卖人应当按照约定的质量要求交付标的物；出卖人提供有关标的物质量说明的，交付的标的物应当符合该说明的质量要求。质量瑕疵包括价值上的瑕疵、效用瑕疵和保证品质瑕疵。

质量瑕疵担保责任成立的要件有以下几点：(1) 质量瑕疵于标的物交付时存在；(2) 买受人不知道标的物有质量瑕疵，即使买受人因重大过失而不知标的物有质量瑕疵的，出卖人也不能因此而免除该责任；(3) 买受人就受领之物已经进行检验，并通知了出卖人。需要注意的是，质量瑕疵担保责任是一种无过错责任，不以出卖人的故意或者过失为条件。

出卖人提供有关标的物质量说明是指出卖人对买受人所作的关于标的物的构造、性能、功用、使用等方面的陈述，它可以是出卖人提供的书面说明书或者口头说明，也可以是回答买受人所问问题时所作的承诺，但它必须成为买卖合同的一部分。要构成这里所谓的"说明"，必须符合下列条件：(1) 说明的目的是为了订立买卖合同；(2) 买受人基于出卖人所作的说明才与之订立了合同；(3) 出卖人所作的说明必须是对标的物质量的说明，而不是对标的物的价值发表的主观的见解和评价。

法条指引

❶《中华人民共和国合同法》（1999年10月1日施行）

第一百零七条 当事人一方不履行合同义务或者履行合同义务不符合约定的，应当承担继续履行、采取补救措施或者赔偿损失等违约责任。

第一百五十三条 出卖人应当按照约定的质量要求交付标的物。出卖人提供有关标的物质量说明的，交付的标的物应当符合该说明的质量要求。

第一百五十七条 买受人收到标的物时应当在约定的检验期间内检验。没有约定检验期间的，应当及时检验。

第一百五十八条 当事人约定检验期间的，买受人应当在检验期间内将标的物的数量或者质量不符合约定的情形通知出卖人。买受人怠于通知的，视为标的物的数量或者质量符合约定。

当事人没有约定检验期间的，买受人应当在发现或者应当发现标的物的数量或者质量不符合约定的合理期间内通知出卖人。买受人在合理期间内未通知或者自标的物收到之日起两年内未通知出卖人的，视为标的物的数量或者质量符合约定，但对标的物有质量保证期的，适用质量保证期，不适用该两年的规定。

出卖人知道或者应当知道提供的标的物不符合约定的，买受人不受前两款规定的通知时间的限制。

❷《商品房销售管理办法》（2001年6月1日施行）

第十五条 房地产开发企业、房地产中介服务机构发布的商品房销售广告和宣传资料所明示的事项，当事人应当在商品房买卖合同中约定。

第三十一条 房地产开发企业销售商品房时设置样板房的，应当说明实际交付的商品房质量、设备及装修与样板房是否一致，未作说明的，实际交付的商品房应当与样板房一致。

第三十二条 销售商品住宅时，房地产开发企业应当根据《商品住宅实行质量保证书和住宅使用说明书制度的规定》（以下简称《规定》），向买受人提供《住宅质量保证书》、《住宅使用说明书》。

第三十三条 房地产开发企业应当对所售商品房承担质量保修责任。当事人应当在合同中就保修范围、保修期限、保修责任等内容做出约定。保修期从交付之日起计算。

商品住宅的保修期限不得低于建设工程承包单位向建设单位出具的质量保修书约定保修期的存续期；存续期少于《规定》中确定的最低保修期限的，保修期不得低于《规定》中确定的最低保修期限。

非住宅商品房的保修期限不得低于建设工程承包单位向建设单位出具的质量保修书约定保修期的存续期。

在保修期限内发生的属于保修范围的质量问题，房地产开发企业应当履行保修义务，并对造成的损失承担赔偿责任。因不可抗力或者使用不当造成的损坏，房地产开发企业不承担责任。

第三十五条　商品房交付使用后，买受人认为主体结构质量不合格的，可以依照有关规定委托工程质量检测机构重新核验。经核验，确属主体结构质量不合格的，买受人有权退房；给买受人造成损失的，房地产开发企业应当依法承担赔偿责任。

❸ 最高人民法院《关于审理商品房买卖合同纠纷案件适用法律若干问题的解释》（2003年6月1日施行）

第三条　商品房的销售广告和宣传资料为要约邀请，但是出卖人就商品房开发规划范围内的房屋及相关设施所作的说明和允诺具体确定，并对商品房买卖合同的订立以及房屋价格的确定有重大影响的，应当视为要约。该说明和允诺即使未载入商品房买卖合同，亦应当视为合同内容，当事人违反的，应当承担违约责任。

第十二条　因房屋主体结构质量不合格不能交付使用，或者房屋交付使用后，房屋主体结构质量经核验确属不合格，买受人请求解除合同和赔偿损失的，应予支持。

第十三条　因房屋质量问题严重影响正常居住使用，买受人请求解除合同和赔偿损失的，应予支持。

交付使用的房屋存在质量问题，在保修期内，出卖人应当承担修复责任；出卖人拒绝修复或者在合理期限内拖延修复的，买受人可以自行或者委托他人修复。修复费用及修复期间造成的其他损失由出卖人承担。

❹《关于进一步加强房地产广告管理的通知》（工商广字〔2002〕68号）

四、房地产开发企业、房地产中介服务机构发布的各种形式的房地产广告，其中明示及承诺的内容和事项，应当与购房者在《商品房买卖合同》中予以明确。

案例链接

❶《原告某贵金属有限公司诉被告某黄金交易所等买卖合同案》，参见北大法宝引证码：Pkulaw.cn/CLI.C.120364。

❷《上海城开派特贵金属有限公司与中国工商银行上海市卢湾支行等买卖合同纠纷上诉案》，参见北大法宝引证码：Pkulaw.cn/CLI.C.79745。

【标的物质量的推定】

法律问题解读

在很多的买卖合同特别是即时交易的买卖合同中，双方当事人可能并未对标的物的质量进行约定或者所作的约定不明确，这就需要对其进行推定。《合同法》规定，当事人对标的物的质量要求没有约定或者约定不明确的，可以协议补充；不能达成补充协议的，按照合同有关条款或者交易习惯确定；既未达成补充协议，又无法按照合同有关条款或者交易习惯确定的，出卖人应当按照国家标准、行业标准履行，没有国家标准、行业标准的，按照通常标准或者符合合同目的的特定标准履行。

这里所说的通常标准主要是指标的物的通常用途，即标的物应达到同种物的一般用途。需要注意的是，这个标准是针对种类物而言的，如果标的物是独一无二的特定物，当然就无法根据此标准予以衡量。在实践中，判断标的物是否达到通常标准，可以按照标的物的品质是否达到同种物的中等品质的标准进行判断。符合合同目的的特定标准中的"合同目的"，应理解为买受人购买标的物的主观目的，而不是通常购买该种标的物的一般目的。如果买受人在合同中明示了其购买该标的物的特定用途或者出卖人应当知道买受人的特定用途的，该标的物就应符合该特定用途。

法条指引

❶《中华人民共和国合同法》（1999年10月1日施行）

第六十一条　合同生效后，当事人就质量、价款或者报酬、履行地点等内容没有约定或者约定不明确的，可以协议补充；不能达成补充协议的，按照合同有关条款或者交易习惯确定。

第六十二条　当事人就有关合同内容约定不明确，依照本法第六十一条的规定仍不能确定的，适用下列规定：

（一）质量要求不明确的，按照国家标准、行业标准履行；没有国家标准、行业标准的，按照通常标准或者符合合同目的的特定标准履行。

（二）价款或者报酬不明确的，按照订立合同时履行地的市场价格履行；依法应当执行政府定价或者政府指导价的，按照规定履行。

（三）履行地点不明确，给付货币的，在接受货币一方所在地履行；交付不动产的，在不动产所在地履行；其他标的，在履行义务一方所在地履行。

（四）履行期限不明确的，债务人可以随时履行，债权人也可以随时要求履行，但应当给对方必要的准备时间。

（五）履行方式不明确的，按照有利于实现合同目的的方式履行。

（六）履行费用的负担不明确的，由履行义务一方负担。

第一百五十四条 当事人对标的物的质量要求没有约定或者约定不明确，依照本法第六十一条的规定仍不能确定的，适用本法第六十二条第一项的规定。

❷《中华人民共和国民法通则》（1987年1月1日施行）

第八十八条 合同的当事人应当按照合同的约定，全部履行自己的义务。

合同中有关质量、期限、地点或者价款约定不明确，按照合同有关条款内容不能确定，当事人又不能通过协商达成协议的，适用下列规定：

（一）质量要求不明确的，按照国家质量标准履行，没有国家质量标准的，按照通常标准履行。

（二）履行期限不明确的，债务人可以随时向债权人履行义务，债权人也可以随时要求债务人履行义务，但应当给对方必要的准备时间。

（三）履行地点不明确，给付货币的，在接受给付一方的所在地履行，其他标的在履行义务一方的所在地履行。

（四）价款约定不明确的，按照国家规定的价格履行；没有国家规定价格的，参照市场价格或者同类物品的价格或者同类劳务的报酬标准履行。

合同对专利申请权没有约定的，完成发明创造的当事人享有申请权。

合同对科技成果的使用权没有约定的，当事人都有使用的权利。

❸ 最高人民法院《关于贯彻执行〈中华人民共和国民法通则〉若干问题的意见（试行）》（1988年1月26日施行）

105. 依据民法通则第八十八条第二款第（一）项规定，合同对产品质量要求不明确，当事人未能达成协议，又没有国家质量标准的，按部颁标准或者专业标准处理；没有部颁标准或者专业标准的，按经过批准的企业标准处理；没有经过批准的企业标准的，按标的物产地同行业其他企业经过批准的同类产品质量标准处理。

案例链接

❶《新疆国兴工程技术有限公司与上海东方泵业（集团）有限公司买卖合同纠纷上诉案》，参见北大法宝引证码：Pkulaw. cn/CLI. C. 284555。

❷《洛阳开天餐饮管理有限公司与河南六合物业管理服务有限公司租赁合同纠纷上诉案》，参见北大法宝引证码：Pkulaw. cn/CLI. C. 281611。

❸《上海坤炜实业有限公司与南通金泰海绵制品有限公司买卖合同纠纷上诉案》，参见北大法宝引证码：Pkulaw. cn/CLI. C. 276266。

❹《东风汽车有限公司等与李选英等买卖合同纠纷上诉案》，参见北大法宝引证码：Pkulaw. cn/CLI. C. 290759。

【质量瑕疵担保责任】

法律问题解读

质量瑕疵担保责任属于违约责任，不仅适用于种类物，也适用于特定物，由于违约责任归责原则是无过错责任原则，故对买受人较为有利。《合同法》规定，出卖人交付的标的物不符合质量要求的，买受人可以依照买卖合同的约定要求出卖人承担违约责任；对违约责任没有约定或者约定不明确的，可以协议补充；不能达成补充协议的，按照合同有关条款或者交易习惯确定违约责任的内容；在根据上述方法仍不能确定的情况下，买受人根据标的物的性质以及损失的大小，可以合理选择要求出卖人承担修理、更换、重作、退货、减少价款等违约责任。

我们认为，出卖人退货的责任仅仅在标的物的质量瑕疵影响到合同目的的实现时才应承担，因为从某种意义上讲，退货就意味着解除合同。另外，如果出卖人交付标的物的质量不符合双方当事人的约定或者法律规定而给买受人造成其他损失的，买受人可以请求出卖人赔偿损失。因出卖人交付标的物的质量不符合双方当事人的约定或者法律规定，侵害了买受人人身、财产权益的，买受人可以依照《合同法》要求其承担违约责任或者依照其他法律要求其承担侵权责任。在出卖人的行为既违反《合同法》的规定，又违反了《产品质量法》和《消费者权益保护法》等特别法的规定的情况下，应优先适用特别法。

法条指引

❶《中华人民共和国合同法》(1999年10月1日施行)

第六十一条 合同生效后,当事人就质量、价款或者报酬、履行地点等内容没有约定或者约定不明确的,可以协议补充;不能达成补充协议的,按照合同有关条款或者交易习惯确定。

第一百一十一条 质量不符合约定的,应当按照当事人的约定承担违约责任。对违约责任没有约定或者约定不明确,依照本法第六十一条的规定仍不能确定的,受损害方根据标的的性质以及损失的大小,可以合理选择要求对方承担修理、更换、重作、退货、减少价款或者报酬等违约责任。

第一百一十二条 当事人一方不履行合同义务或者履行合同义务不符合约定的,在履行义务或者采取补救措施后,对方还有其他损失的,应当赔偿损失。

第一百一十三条 当事人一方不履行合同义务或者履行合同义务不符合约定,给对方造成损失的,损失赔偿额应当相当于因违约所造成的损失,包括合同履行后可以获得的利益,但不得超过违反合同一方订立合同时预见到或者应当预见到的因违反合同可能造成的损失。

经营者对消费者提供商品或者服务有欺诈行为的,依照《中华人民共和国消费者权益保护法》的规定承担损害赔偿责任。

第一百一十四条 当事人可以约定一方违约时应当根据违约情况向对方支付一定数额的违约金,也可以约定因违约产生的损失赔偿额的计算方法。

约定的违约金低于造成的损失的,当事人可以请求人民法院或者仲裁机构予以增加;约定的违约金过分高于造成的损失的,当事人可以请求人民法院或者仲裁机构予以适当减少。

当事人就迟延履行约定违约金的,违约方支付违约金后,还应当履行债务。

第一百二十二条 因当事人一方的违约行为,侵害对方人身、财产权益的,受损害方有权选择依照本法要求其承担违约责任或者依照其他法律要求其承担侵权责任。

第一百五十五条 出卖人交付的标的物不符合质量要求的,买受人可以依照本法第一百一十一条的规定要求承担违约责任。

❷《中华人民共和国民法通则》(1987年1月1日施行)

第一百二十二条 因产品质量不合格造成他人财产、人身损害的,产品制造者、销售者应当依法承担民事责任。运输者、仓储者对此负有责任的,产品制造者、销售者有权要求赔偿损失。

❸《中华人民共和国消费者权益保护法》(1994年1月1日施行)

第十一条 消费者因购买、使用商品或者接受服务受到人身、财产损害的,享有依法获得赔偿的权利。

第三十五条 消费者在购买、使用商品时,其合法权益受到损害的,可以向销售者要求赔偿。销售者赔偿后,属于生产者的责任或者属于向销售者提供商品的其他销售者的责任的,销售者有权向生产者或者其他销售者追偿。

消费者或者其他受害人因商品缺陷造成人身、财产损害的,可以向销售者要求赔偿,也可以向生产者要求赔偿。属于生产者责任的,销售者赔偿后,有权向生产者追偿。属于销售者责任的,生产者赔偿后,有权向销售者追偿。

消费者在接受服务时,其合法权益受到损害的,可以向服务者要求赔偿。

第四十条 经营者提供商品或者服务有下列情形之一的,除本法另有规定外,应当依照《中华人民共和国产品质量法》和其他有关法律、法规的规定,承担民事责任:

(一)商品存在缺陷的;

(二)不具备商品应当具备的使用性能而出售时未作说明的;

(三)不符合在商品或者其包装上注明采用的商品标准的;

(四)不符合商品说明、实物样品等方式表明的质量状况的;

(五)生产国家明令淘汰的商品或者销售失效、变质的商品的;

(六)销售的商品数量不足的;

(七)服务的内容和费用违反约定的;

(八)对消费者提出的修理、重作、更换、退货、补足商品数量、退还货款和服务费用或者赔偿损失的要求,故意拖延或者无理拒绝的;

(九)法律、法规规定的其他损害消费者权益的情形。

第四十一条 经营者提供商品或者服务,造成消费者或者其他受害人人身伤害的,应当支付医疗费、治疗期间的护理费、因误工减少的收入等费用，造成残疾的，还应当支付残疾者生活自助具费、生活补助费、残疾赔偿金以及由其扶养的人所必需的生活费等费用；构成犯罪的，依法追究刑事责任。

第四十二条 经营者提供商品或者服务，造成消费者或者其他受害人死亡的，应当支付丧葬费、死亡赔偿金以及由死者生前扶养的人所必需的生活费等费用；构成犯罪的，依法追究刑事责任。

第四十三条 经营者违反本法第二十五条规定，侵害消费者的人格尊严或者侵犯消费者人身自由的，应当停止侵害、恢复名誉、消除影响、赔礼道歉，并赔偿损失。

第四十四条 经营者提供商品或者服务，造成消费者财产损害的，应当按照消费者的要求，以修理、重作、更换、退货、补足商品数量、退还货款和服务费用或者赔偿损失等方式承担民事责任。消费者与经营者另有约定的，按照约定履行。

第四十五条 对国家规定或者经营者与消费者约定包修、包换、包退的商品，经营者应当负责修理、更换或者退货。在保修期内两次修理仍不能正常使用的，经营者应当负责更换或者退货。

对包修、包换、包退的大件商品，消费者要求经营者修理、更换、退货的，经营者应当承担运输等合理费用。

第四十九条 经营者提供商品或者服务有欺诈行为的，应当按照消费者的要求增加赔偿其受到的损失，增加赔偿的金额为消费者购买商品的价款或者接受服务的费用的一倍。

❹《中华人民共和国产品质量法》（2000年7月8日修正）

第四十条 售出的产品有下列情形之一的，销售者应当负责修理、更换、退货；给购买产品的消费者造成损失的，销售者应当赔偿损失：

（一）不具备产品应当具备的使用性能而事先未作说明的；

（二）不符合在产品或者其包装上注明采用的产品标准的；

（三）不符合以产品说明、实物样品等方式表明的质量状况的。

销售者依照前款规定负责修理、更换、退货、赔偿损失后，属于生产者的责任或者属于向销售者提供产品的其他销售者（以下简称供货者）的责任的，销售者有权向生产者、供货者追偿。

销售者未按照第一款规定给予修理、更换、退货或者赔偿损失的，由产品质量监督部门或者工商行政管理部门责令改正。

生产者之间，销售者之间，生产者与销售者之间订立的买卖合同、承揽合同有不同约定的，合同当事人按照合同约定执行。

第四十一条 因产品存在缺陷造成人身、缺陷产品以外的其他财产（以下简称他人财产）损害的，生产者应当承担赔偿责任。

生产者能够证明有下列情形之一的，不承担赔偿责任：

（一）未将产品投入流通的；

（二）产品投入流通时，引起损害的缺陷尚不存在的；

（三）将产品投入流通时的科学技术水平尚不能发现缺陷的存在的。

第四十二条 由于销售者的过错使产品存在缺陷，造成人身、他人财产损害的，销售者应当承担赔偿责任。

销售者不能指明缺陷产品的生产者也不能指明缺陷产品的供货者的，销售者应当承担赔偿责任。

第四十三条 因产品存在缺陷造成人身、他人财产损害的，受害人可以向产品的生产者要求赔偿，也可以向产品的销售者要求赔偿。属于产品的生产者的责任，产品的销售者赔偿的，产品的销售者有权向产品的生产者追偿。属于产品的销售者的责任，产品的生产者赔偿的，产品的生产者有权向产品的销售者追偿。

第四十四条 因产品存在缺陷造成受害人人身伤害的，侵害人应当赔偿医疗费、治疗期间的护理费、因误工减少的收入等费用；造成残疾的，还应当支付残疾者生活自助具费、生活补助费、残疾赔偿金以及由其扶养的人所必需的生活费等费用；造成受害人死亡的，并应当支付丧葬费、死亡赔偿金以及由死者生前扶养的人所必需的生活费等费用。

因产品存在缺陷造成受害人财产损失的，侵害人应当恢复原状或者折价赔偿。受害人因此遭受其他重大损失的，侵害人应当赔偿损失。

第四十六条 本法所称缺陷，是指产品存在危及人身、他人财产安全的不合理的危险；产品有保障人体健康和人身、财产安全的国家标准、行业标准的，是指不符合该标准。

❺ 最高人民法院《关于贯彻执行〈中华人民共和国民法通则〉若干问题的意见（试行）》（1988年1月26日施行）

153. 消费者、用户因为使用质量不合格的产品造成本人或者第三人人身伤害、财产损失的，受害人可以向产品制造者或者销售者要求赔偿。因此提起的诉讼，由被告所在地或侵权行为地人民法院管辖。

运输者和仓储者对产品质量负有责任，制造者或销售者请求赔偿损失的，可以另案处理，也可以将运输者和仓储者列为第三人，一并处理。

❻**《商品房销售管理办法》**（2001年6月1日施行）

第三十一条 房地产开发企业销售商品房时设置样板房的，应当说明实际交付的商品房质量、设备及装修与样板房是否一致，未作说明的，实际交付的商品房应当与样板房一致。

第三十二条 销售商品住宅时，房地产开发企业应当根据《商品住宅实行质量保证书和住宅使用说明书制度的规定》（以下简称《规定》），向买受人提供《住宅质量保证书》、《住宅使用说明书》。

第三十三条 房地产开发企业应当对所售商品房承担质量保修责任。当事人应当在合同中就保修范围、保修期限、保修责任等内容做出约定。保修期从交付之日起计算。

商品住宅的保修期限不得低于建设工程承包单位向建设单位出具的质量保修书约定保修期的存续期；存续期少于《规定》中确定的最低保修期限的，保修期不得低于《规定》中确定的最低保修期限。

非住宅商品房的保修期限不得低于建设工程承包单位向建设单位出具的质量保修书约定保修期的存续期。

在保修期限内发生的属于保修范围的质量问题，房地产开发企业应当履行保修义务，并对造成的损失承担赔偿责任。因不可抗力或者使用不当造成的损坏，房地产开发企业不承担责任。

第三十五条 商品房交付使用后，买受人认为主体结构质量不合格的，可以依照有关规定委托工程质量检测机构重新核验。经核验，确属主体结构质量不合格的，买受人有权退房；给买受人造成损失的，房地产开发企业应当依法承担赔偿责任。

❼ 最高人民法院**《关于审理商品房买卖合同纠纷案件适用法律若干问题的解释》**（2003年6月1日施行）

第十二条 因房屋主体结构质量不合格不能交付使用，或者房屋交付使用后，房屋主体结构质量经核验确属不合格，买受人请求解除合同和赔偿损失的，应予支持。

第十三条 因房屋质量问题严重影响正常居住使用，买受人请求解除合同和赔偿损失的，应予支持。

交付使用的房屋存在质量问题，在保修期内，出卖人应当承担修复责任；出卖人拒绝修复或者在合理期限内拖延修复的，买受人可以自行或者委托他人修复。修复费用及修复期间造成的其他损失由出卖人承担。

案例链接

❶《尚某某与漯河市第三建筑工程公司产品质量损害赔偿纠纷再审案》，参见北大法宝引证码：Pkulaw. cn/CLI. C. 243320。

❷《广州市爱圣服装有限公司与王士秀买卖合同纠纷上诉案》，参见北大法宝引证码：Pkulaw. cn/CLI. C. 276063。

❸《北京市京联鑫路用材料有限公司一分公司与北京筑盟建筑装饰工程有限公司买卖合同纠纷上诉案》，参见北大法宝引证码：Pkulaw. cn/CLI. C. 205585。

❹《上海奋发服饰有限公司诉宁波杉杉摩顿服装有限公司承揽合同纠纷案》，参见北大法宝引证码：Pkulaw. cn/CLI. C. 251223。

【标的物的包装方式】

法律问题解读

在商业实践中，很多标的物都需要合适的包装才能交付，在标的物需要运输时更是如此。在买卖合同中对包装方式有明确约定的情况下，出卖人应按照约定的包装方式交付标的物。如果双方当事人对包装方式没有约定或者约定不明确的，可以协议补充；不能达成补充协议的，按照合同有关条款或者交易习惯予以确定。在根据上述方法仍不能确定的情况下，出卖人应当按照通用的方式包装，没有通用方式的，应当采取足以保护标的物的包装方式。

这里所说的通用方式为该类标的物通常使用的包装方式。足以保护标的物的包装方式要求出卖人应以标的物损耗最小、安全、实用的方式包装，具体可根据包装是否牢固、是否符合运输要求、是否注明了包装标志等方面进行判断。

法条指引

❶《中华人民共和国合同法》（1999年10月1日施行）

第六十一条 合同生效后，当事人就质量、价款或者报酬、履行地点等内容没有约定或者约定不明确的，可以协议补充；不能达成补充协议的，按照合同有关条款或者交易习惯确定。

第一百五十六条 出卖人应当按照约定的包装方式交付标的物。对包装方式没有约定或者约定不明确，依照本法第六十一条的规定仍不能确定的，应当按照通用的方式包装，没有通用方式的，应当采取足以保护标的物的包装方式。

案例链接

❶《中国人民财产保险股份有限公司舟山市普陀区支公司与上海航捷货运代理有限公司等水路货物运输合同代位求偿纠纷上诉案》，参见北大法宝引证码：Pkulaw.cn/CLI.C.33766。

❷《上海德祥皮具有限公司与上海中垦进出口公司承揽合同欠款纠纷及承揽合同赔偿纠纷上诉案》，参见北大法宝引证码：Pkulaw.cn/CLI.C.49993。

【买受人的检验义务】

法律问题解读

买受人检验标的物是其义务，但是不履行该义务并不需要承担法律责任，只是不能再要求出卖人对其交付的标的物的数量或者质量承担相应的责任。双方当事人如果在买卖合同中约定了检验期间的，买受人收到标的物时应当在约定的检验期间内检验，没有约定检验期间的，应当及时检验。

买受人可以自己检验，也可以委托他人检验。当事人双方对检验标的物的地点有约定的，自应从其约定，没有约定或者约定不明确的，一般应在交付地检验。当事人双方对检验费用的负担有约定的，应从其约定，没有约定或者约定不明确的，如果标的物合格应由买受人负担，如果标的物不合格的，检验费用则应由出卖人负担。

法条指引

❶《中华人民共和国合同法》（1999年10月1日施行）

第一百五十七条 买受人收到标的物时应当在约定的检验期间内检验。没有约定检验期间的，应当及时检验。

案例链接

❶《白建立与北京中机科通机械设备有限公司买卖合同纠纷上诉案》，参见北大法宝引证码：Pkulaw.cn/CLI.C.205279。

【买受人的通知义务】

法律问题解读

当事人约定检验期间的，买受人应当在检验期间内将标的物的数量或者质量不符合约定的情形通知出卖人，买受人怠于通知的，视为标的物的数量或者质量符合约定。如果出卖人知道或者应当知道提供的标的物不符合约定的，不论买受人是否知道该情况，买受人一律不受上述通知时间的限制。

当事人没有约定检验期间的，买受人应当在发现或者应当发现标的物的数量或者质量不符合约定的合理期间内通知出卖人。

由于在实践中各个买卖合同之间相差甚大，无法在法律中作出统一的规定，因此用"合理期间"的概念作出一个原则性的规定，在具体的买卖合同中确定"合理期间"，应当根据该合同的实际情况判断。买受人在合理期间内未通知或者自标的物收到之日起两年内未通知出卖人的，视为标的物的数量或者质量符合约定，但对标的物有质量保证期的，适用质量保证期，不适用该两年的规定。

买受人通过对标的物的检验，如果发现标的物的数量、品种、型号、规格、花色和质量不符合同规定，应当一面对标的物妥为保管，一面向出卖人发出异议通知。此项通知义务是法定义务，买受人必须履行此义务后，才可向出卖人追究相应的违约责任。对出卖人交付的标的物的检验在需要有关技术资料时，出卖人应负交付该有关技术资料的义务，如果拒不交付而导致买受人无法检验标的物的，买受人可以诉请强制履行。在上述情况下，即使买受人已经接受标的物的，也应不受《合同法》规定的通知期限的限制。另外，《民法通则》对此的规定与《合同法》不一致，在适用法律的时候要优先适用《合同法》。

法条指引

❶《中华人民共和国合同法》(1999年10月1日施行)

第一百五十七条 买受人收到标的物时应当在约定的检验期间内检验。没有约定检验期间的，应当及时检验。

第一百五十八条 当事人约定检验期间的，买受人应当在检验期间内将标的物的数量或者质量不符合约定的情形通知出卖人。买受人怠于通知的，视为标的物的数量或者质量符合约定。

当事人没有约定检验期间的，买受人应当在发现或者应当发现标的物的数量或者质量不符合约定的合理期间内通知出卖人。买受人在合理期间内未通知或者自标的物收到之日起两年内未通知出卖人的，视为标的物的数量或者质量符合约定，但对标的物有质量保证期的，适用质量保证期，不适用该两年的规定。

出卖人知道或者应当知道提供的标的物不符合约定的，买受人不受前两款规定的通知时间的限制。

❷《中华人民共和国民法通则》(1987年1月1日施行)

第一百三十六条 下列的诉讼时效期间为一年：

（一）身体受到伤害要求赔偿的；

（二）出售质量不合格的商品未声明的；

（三）延付或者拒付租金的；

（四）寄存财物被丢失或者损毁的。

【价金数额的确定与推定】

法律问题解读

支付价金是买卖合同中买受人的基本义务，是出卖人交付标的物并转移其所有权的对等条件。在一般情况下，买卖合同都对标的物的价金作出了约定，买受人应当依照约定履行义务。有时合同可能并未直接约定价款的数目，而是约定了一个如何计算价金的方法，如果该方法清晰明确，同样属于对价金有约定的情形。但是在现实生活中，确实存在买卖合同当事人未就价金作出约定或者约定不明确的情况，这虽然不会导致合同不成立，但需要法律对此进行推定。

对价金没有约定或者约定不明确的，可以协议补充；不能达成补充协议的，按照合同有关条款或者交易习惯确定；在根据上述方法仍不能确定的情况下，买受人应按照订立合同时履行地的市场价格支付价金，依法应当执行政府定价或者政府指导价的，按照规定支付价金。执行政府定价或者政府指导价的，在合同约定的交付期限内政府价格调整时，按照交付时的价格计价。逾期交付标的物的，遇价格上涨时，按照原价格执行；价格下降时，按照新价格执行。逾期提取标的物或者逾期付款的，遇价格上涨时，按照新价格执行；价格下降时，按照原价格执行。

法条指引

❶《中华人民共和国合同法》(1999年10月1日施行)

第六十一条 合同生效后，当事人就质量、价款或者报酬、履行地点等内容没有约定或者约定不明确的，可以协议补充；不能达成补充协议的，按照合同有关条款或者交易习惯确定。

第六十二条 当事人就有关合同内容约定不明确，依照本法第六十一条的规定仍不能确定的，适用下列规定：

（一）质量要求不明确的，按照国家标准、行业标准履行；没有国家标准、行业标准的，按照通常标准或者符合合同目的的特定标准履行。

（二）价款或者报酬不明确的，按照订立合同时履行地的市场价格履行；依法应当执行政府定价或者政府指导价的，按照规定履行。

（三）履行地点不明确，给付货币的，在接受货币一方所在地履行；交付不动产的，在不动产所在地履行；其他标的，在履行义务一方所在地履行。

（四）履行期限不明确的，债务人可以随时履行，债权人也可以随时要求履行，但应当给对方必要的准备时间。

（五）履行方式不明确的，按照有利于实现合同目的的方式履行。

（六）履行费用的负担不明确的，由履行义务一方负担。

第六十三条 执行政府定价或者政府指导价的，在合同约定的交付期限内政府价格调整时，按照交付时的价格计价。逾期交付标的物的，遇价格上涨时，按照原价格执行；价格下降时，按照新价格执行。逾期提取标的物或者逾期付款的，遇价格上涨时，按照新价格执行；价格下降时，按照原价格执行。

第一百五十九条 买受人应当按照约定的数额支付价款。对价款没有约定或者约定不明确的,适用本法第六十一条、第六十二条第二项的规定。

❷《**中华人民共和国民法通则**》(1987年1月1日施行)

第八十八条 合同的当事人应当按照合同的约定,全部履行自己的义务。

合同中有关质量、期限、地点或者价款约定不明确,按照合同有关条款内容不能确定,当事人又不能通过协商达成协议的,适用下列规定:

(一)质量要求不明确的,按照国家质量标准履行,没有国家质量标准的,按照通常标准履行。

(二)履行期限不明确的,债务人可以随时向债权人履行义务,债权人也可以随时要求债务人履行义务,但应当给对方必要的准备时间。

(三)履行地点不明确,给付货币的,在接受给付一方的所在地履行,其他标的在履行义务一方的所在地履行。

(四)价款约定不明确的,按照国家规定的价格履行;没有国家规定价格的,参照市场价格或者同类物品的价格或者同类劳务的报酬标准履行。

合同对专利申请权没有约定的,完成发明创造的当事人享有申请权。

合同对科技成果的使用权没有约定的,当事人都有使用的权利。

❸《**商品房销售管理办法**》(2001年6月1日施行)

第十七条 商品房销售价格由当事人协商议定,国家另有规定的除外。

第十八条 商品房销售可以按套(单元)计价,也可以按套内建筑面积或者建筑面积计价。商品房建筑面积由套内建筑面积和分摊的共有建筑面积组成,套内建筑面积部分为独立产权,分摊的共有建筑面积部分为共有产权,买受人按照法律、法规的规定对其享有权利,承担责任。

按套(单元)计价或者按套内建筑面积计价的,商品房买卖合同中应当注明建筑面积和分摊的共有建筑面积。

第十九条 按套(单元)计价的现售房屋,当事人对现售房屋实地勘察后可以在合同中直接约定总价款。

按套(单元)计价的预售房屋,房地产开发企业应当在合同中附所售房屋的平面图。平面图应当标明详细尺寸,并约定误差范围。房屋交付时,套型与设计图纸一致,相关尺寸也在约定的误差范围内,维持总价款不变;套型与设计图纸不一致或者相关尺寸超出约定的误差范围,合同中未约定处理方式的,买受人可以退房或者与房地产开发企业重新约定总价款。买受人退房的,由房地产开发企业承担违约责任。

第二十条 按套内建筑面积或者建筑面积计价的,当事人应当在合同中载明合同约定面积与产权登记面积发生误差的处理方式。

合同未作约定的,按以下原则处理:

(一)面积误差比绝对值在3%以内(含3%)的,据实结算房价款;

(二)面积误差比绝对值超出3%时,买受人有权退房。买受人退房的,房地产开发企业应当在买受人提出退房之日起30日内将买受人已付房价款退还给买受人,同时支付已付房价款利息。买受人不退房的,产权登记面积大于合同约定面积时,面积误差比在3%以内(含3%)部分的房价款由买受人补足;超出3%部分的房价款由房地产开发企业承担,产权归买受人。产权登记面积小于合同约定面积时,面积误差比绝对值在3%以内(含3%)部分的房价款由房地产开发企业返还买受人;绝对值超出3%部分的房价款由房地产开发企业双倍返还买受人。

$$面积误差比 = \frac{产权登记面积 - 合同约定面积}{合同约定面积} \times 100\%$$

因本办法第二十四条规定的规划设计变更造成面积差异,当事人不解除合同的,应当签署补充协议。

第二十一条 按建筑面积计价的,当事人应当在合同中约定套内建筑面积和分摊的共有建筑面积,并约定建筑面积不变而套内建筑面积发生误差以及建筑面积与套内建筑面积均发生误差时的处理方式。

案例链接

❶《北京圣廷科技有限公司与唐海峰买卖合同纠纷上诉案》,参见北大法宝引证码:Pkulaw.cn/CLI.C.183607。

❷《北京圣廷科技有限公司与荣少栋买卖合同纠纷上诉案》,参见北大法宝引证码:Pkulaw.cn/CLI.C.176792。

【价金支付地点的确定与推定】

法律问题解读

买卖合同双方当事人对价金的支付时间有明

确约定的，应从其约定。对支付时间没有约定或者约定不明确，可以协议补充；不能达成补充协议的，按照合同有关条款或者交易习惯确定。在根据上述方法仍不能确定的情况下，买受人应当在出卖人的营业地支付，但约定支付价款以交付标的物或者交付提取标的物单证为条件的，在交付标的物或者交付提取标的物单证的所在地支付。

需要注意的是，在当事人双方对支付地点没有约定或者约定不明确，而且既未达成补充协议也无法按照合同有关条款或者交易习惯确定的情况下，约定支付价款以交付标的物或者交付提取标的物单证为条件的，买受人只能在交付标的物或者交付提取标的物单证的所在地支付，而不能选择在出卖人的营业地支付。另外，对于价金支付地点的推定，《民法通则》第88条和《合同法》第62条的规定与上述内容有差异，在具体适用时应根据《合同法》的规定适用。

法条指引

❶《中华人民共和国合同法》（1999年10月1日施行）

第六十一条 合同生效后，当事人就质量、价款或者报酬、履行地点等内容没有约定或者约定不明确的，可以协议补充；不能达成补充协议的，按照合同有关条款或者交易习惯确定。

第六十二条 当事人就有关合同内容约定不明确，依照本法第六十一条的规定仍不能确定的，适用下列规定：

（一）质量要求不明确的，按照国家标准、行业标准履行；没有国家标准、行业标准的，按照通常标准或者符合合同目的的特定标准履行。

（二）价款或者报酬不明确的，按照订立合同时履行地的市场价格履行；依法应当执行政府定价或者政府指导价的，按照规定履行。

（三）履行地点不明确，给付货币的，在接受货币一方所在地履行；交付不动产的，在不动产所在地履行；其他标的，在履行义务一方所在地履行。

（四）履行期限不明确的，债务人可以随时履行，债权人也可以随时要求履行，但应当给对方必要的准备时间。

（五）履行方式不明确的，按照有利于实现合同目的的方式履行。

（六）履行费用的负担不明确的，由履行义务一方负担。

第一百六十条 买受人应当按照约定的地点支付价款。对支付地点没有约定或者约定不明确，依照本法第六十一条的规定仍不能确定的，买受人应当在出卖人的营业地支付，但约定支付价款以交付标的物或者交付提取标的物单证为条件的，在交付标的物或者交付提取标的物单证的所在地支付。

❷《中华人民共和国民法通则》（1987年1月1日施行）

第八十八条 合同的当事人应当按照合同的约定，全部履行自己的义务。

合同中有关质量、期限、地点或者价款约定不明确，按照合同有关条款内容不能确定，当事人又不能通过协商达成协议的，适用下列规定：

（一）质量要求不明确的，按照国家质量标准履行，没有国家质量标准的，按照通常标准履行。

（二）履行期限不明确的，债务人可以随时向债权人履行义务，债权人也可以随时要求债务人履行义务，但应当给对方必要的准备时间。

（三）履行地点不明确，给付货币的，在接受给付一方的所在地履行，其他标的在履行义务一方的所在地履行。

（四）价款约定不明确的，按照国家规定的价格履行；没有国家规定价格的，参照市场价格或者同类物品的价格或者同类劳务的报酬标准履行。

合同对专利申请权没有约定的，完成发明创造的当事人享有申请权。

合同对科技成果的使用权没有约定的，当事人都有使用的权利。

【价金支付时间的确定与推定】

法律问题解读

买卖合同双方当事人对价金的支付地点有明确约定的，自应从其约定。对支付地点没有约定或者约定不明确，可以协议补充；不能达成补充协议的，按照合同有关条款或者交易习惯确定。在根据上述方法仍不能确定的情况下，买受人应当在收到标的物或者提取标的物单证的同时支付。

需要注意的是，在当事人双方对价金支付时间和标的物交付时间均没有约定或者约定不明确，而且既未达成补充协议也无法按照合同有关条款或者交易习惯确定的情况下，由于当事人双方都享有同时履行抗辩权，双方应同时履行；如果当事人双方在买卖合同中明确约定了出卖人交付标的物的时间而对买受人支付价金的时间没有约定或者约定不明确的,买受人应当在收到标的物或者提取标的物单证的同时支付。另外,在简易交付时,因买受人在合同成立前即已经占有标的物,按照《合同法》的相关规定,标的物自合同成立时起视为交付,因此,在当事人双方对价金支付时间没有约定或者约定不明确,而且既未达成补充协议也无法按照合同有关条款或者交易习惯确定的情况下,买受人应在合同成立时支付价金。

法条指引

❶《中华人民共和国合同法》(1999 年 10 月 1 日施行)

第六十一条　合同生效后,当事人就质量、价款或者报酬、履行地点等内容没有约定或者约定不明确的,可以协议补充;不能达成补充协议的,按照合同有关条款或者交易习惯确定。

第六十二条　当事人就有关合同内容约定不明确,依照本法第六十一条的规定仍不能确定的,适用下列规定:

(一)质量要求不明确的,按照国家标准、行业标准履行;没有国家标准、行业标准的,按照通常标准或者符合合同目的的特定标准履行。

(二)价款或者报酬不明确的,按照订立合同时履行地的市场价格履行;依法应当执行政府定价或者政府指导价的,按照规定履行。

(三)履行地点不明确,给付货币的,在接受货币一方所在地履行;交付不动产的,在不动产所在地履行;其他标的,在履行义务一方所在地履行。

(四)履行期限不明确的,债务人可以随时履行,债权人也可以随时要求履行,但应当给对方必要的准备时间。

(五)履行方式不明确的,按照有利于实现合同目的的方式履行。

(六)履行费用的负担不明确的,由履行义务一方负担。

第六十六条　当事人互负债务,没有先后履行顺序的,应当同时履行。一方在对方履行之前有权拒绝其履行要求。一方在对方履行债务不符合约定时,有权拒绝其相应的履行要求。

第一百四十条　标的物在订立合同之前已为买受人占有的,合同生效的时间为交付时间。

第一百六十一条　买受人应当按照约定的时间支付价款。对支付时间没有约定或者约定不明确,依照本法第六十一条的规定仍不能确定的,买受人应当在收到标的物或者提取标的物单证的同时支付。

❷《中华人民共和国民法通则》(1987 年 1 月 1 日施行)

第八十八条　合同的当事人应当按照合同的约定,全部履行自己的义务。

合同中有关质量、期限、地点或者价款约定不明确,按照合同有关条款内容不能确定,当事人又不能通过协商达成协议的,适用下列规定:

(一)质量要求不明确的,按照国家质量标准履行,没有国家质量标准的,按照通常标准履行。

(二)履行期限不明确的,债务人可以随时向债权人履行义务,债权人也可以随时要求债务人履行义务,但应当给对方必要的准备时间。

(三)履行地点不明确,给付货币的,在接受给付一方的所在地履行,其他标的在履行义务一方的所在地履行。

(四)价款约定不明确的,按照国家规定的价格履行;没有国家规定价格的,参照市场价格或者同类物品的价格或者同类劳务的报酬标准履行。

合同对专利申请权没有约定的,完成发明创造的当事人享有申请权。

合同对科技成果的使用权没有约定的,当事人都有使用的权利。

案例链接

❶《北京圣廷科技有限公司与唐海峰买卖合同纠纷上诉案》,参见北大法宝引证码:Pkulaw. cn/ CLI. C. 183607。

❷《北京圣廷科技有限公司与荣少栋买卖合同纠纷上诉案》,参见北大法宝引证码:Pkulaw. cn/ CLI. C. 176792。

【多交标的物的处理】

法律问题解读

在双方当事人明确约定了标的物数量的情况下,出卖人应当按照约定的数量向买受人交付标的物,如果出卖人交付的标的物超出了约定的数量,买受人可以接收也可以拒绝接收多交的部分。买受人接收多交部分的,应当按照合同的价格支付价款,这可以认为是双方变更了合同中标的物数量的条款。为了维护出卖人的利益,在买受人拒绝接收多交部分的情况下,应当及时通知出卖人。

在买受人拒绝接收多交部分的情况下，买受人除了承担通知义务外，还要承担保管义务。该保管义务实际上是基于诚实信用原则和当事人之间的联系而产生的附随义务，它属于法定义务，保管费用理应由出卖人负担，但是买受人无权因为其保管行为而向出卖人要求报酬。在买受人接收多交标的物但拒不按照合同价格支付价款的，出卖人可以要求其承担违约责任，也可以要求其返还不当得利。

法条指引

❶《中华人民共和国合同法》（1999年10月1日施行）

第六十条 当事人应当按照约定全面履行自己的义务。

当事人应当遵循诚实信用原则，根据合同的性质、目的和交易习惯履行通知、协助、保密等义务。

第一百六十二条 出卖人多交标的物的，买受人可以接收或者拒绝接收多交的部分。买受人接收多交部分的，按照合同的价格支付价款；买受人拒绝接收多交部分的，应当及时通知出卖人。

案例链接

❶《上海玉鼎制衣有限公司与上海泰锋纺织制品有限公司买卖合同纠纷上诉案》，参见北大法宝引证码：Pkulaw.cn/CLI.C.152136。

❷《南海市盐步金丰折光彩印实业有限公司与何泽棠买卖合同纠纷上诉案》，参见北大法宝引证码：Pkulaw.cn/CLI.C.63297。

❸《上蔡县海洋环保证照工艺彩印厂诉桦南县计划生育局定作合同报酬款纠纷案》，参见北大法宝引证码：Pkulaw.cn/CLI.C.10772。

【标的物孳息的归属】

法律问题解读

以两物之间存在的相生关系为标准，可以将物分为原物和孳息。原物是指依其自然属性或者法律规定能够产生新物的物；而孳息正是由原物所产生的物，孳息从本质上讲是原物所生的收益。根据收益取得的方式的不同，孳息可分为自然孳息和法定孳息。自然孳息是原物依据自然规律产生的新物，如母牛所生之牛犊；法定孳息是原物依据法律规定产生的新物，如存款利息、房屋租金。我国《合同法》确定孳息归属的原则是交付主义，即标的物在交付之前产生的孳息，归出卖人所有；交付之后产生的孳息，归买受人所有。

在物的买卖中，由于一般动产所有权的转移也是采用交付主义，买受人在取得所有权的情况下对标的物的孳息也享有所有权当然比较公平，但对于不动产和登记方能转移所有权的特殊动产而言，由于交付和登记在时间上可能不一致，孳息的归属是否还应适用交付主义？我们认为，仍然应该这样。但需要注意的是，当事人可以在买卖合同中以约定排除法定的适用。另外，孳息根据法定的交付主义确定所有权的归属，其前提是买卖合同有效，如果合同被确认无效、被撤销或者被解除，接受标的物的买受人应该将其返还，标的物的孳息也应同时予以返还。

法条指引

❶《中华人民共和国合同法》（1999年10月1日施行）

第一百三十三条 标的物的所有权自标的物交付时起转移，但法律另有规定或者当事人另有约定的除外。

第一百六十三条 标的物在交付之前产生的孳息，归出卖人所有，交付之后产生的孳息，归买受人所有。

【合同解除与主物及从物的关系】

法律问题解读

以两个独立存在的物在用途上客观存在的主从关系为标准，可以将物分为主物和从物。为同一民事主体所有，但须互相配合使用的两个独立存在的物，其中在使用中发挥主要作用的物为主物，配合主物起辅助作用的物为从物。物之主从，必须同为一个民事主体所有，能够独立存在并相互依存为条件。任何主从关系，都是相对的，是在比较中存在的。在最高人民法院《关于贯彻执行〈中华人民共和国民法通则〉若干问题的意见（试行）》中，将从物表述为附属物。《合同法》规定，因标的物的主物不符合约定而解除合同的，解除合同的效力及于从物；因标的物的从物不符合约定被解除的，解除的效力不及于主物。

各国民法一般均规定，对主物的处分，其效力及于从物，但对从物的处分则不及于主物。这是因为，从物对主物是起辅助效用的，一般不单独处分，故对主物的处分及于从物。而从物也是单独的物，本身虽然可以处分，但不能及于主物。对于因标的物的主物不符合约定而解除买卖合同的，因解除合同的效力涉及整个合同，因此如果当事人双方均已受领给付，应负返还全部合同给付的义务。对于因标的物的从物不符合约定而解除买卖合同的，当事人双方仅需要在合同的从物范围内返还，即出卖人返还从物部分的价金予买受人，买受人返还从物予出卖人。

法条指引

❶《中华人民共和国合同法》（1999年10月1日施行）

第一百六十四条 因标的物的主物不符合约定而解除合同的，解除合同的效力及于从物。因标的物的从物不符合约定被解除的，解除的效力不及于主物。

❷ 最高人民法院《关于贯彻执行〈中华人民共和国民法通则〉若干问题的意见（试行）》（1988年1月26日施行）

87. 有附属物的财产，附属物随财产所有权的转移而转移。但当事人另有约定又不违法的，按约定处理。

【标的物为数物的合同解除】

法律问题解读

以数物作为买卖合同的标的物是指多个物在同一个买卖合同中出卖。其合同解除分不同情况有两种处理结果：（1）如果其中一物不符合合同的约定，买受人可以就该物解除；（2）如果不符合约定的物与符合约定的物分离将使标的物的价值显受损害的，当事人可以就数物解除合同。

需要注意的是，每个物之间必须没有主从关系，即相互之间不成立主物和从物的关系，否则应根据上文予以处理。在数物中的一物不符合合同约定的情况下，除非当事人另有约定，仅买受人一方有解除权，出卖人一方无此权利；买受人也只能就该物解除，而不能延及其他的物，这属于合同的部分解除。买受人对一物解除的，在当事人之间对该物发生合同解除的效力，当事人之间要互相返还。在不符合约定的物与符合约定的物分离将使标的物的价值显受损害的情况下，为了保持数物间的关联价值，当事人均可以就数物解除合同，而不仅仅买受人有此权利。数物的分离是否会使标的物的价值显受损害，可以从主观方面和客观方面综合予以考虑。主观方面主要是看当事人买受或者出卖标的物的目的，如果仅解除一物会妨碍其目的，可以全部解除；客观方面主要是看数物的分离是否使符合约定的物的使用价值或者交换价值大为降低。

法条指引

❶《中华人民共和国合同法》（1999年10月1日施行）

第一百六十五条 标的物为数物，其中一物不符合约定的，买受人可以就该物解除，但该物与他物分离使标的物的价值显受损害的，当事人可以就数物解除合同。

【分批交付标的物的合同解除】

法律问题解读

出卖人分批交付标的物的，出卖人对其中一批标的物不交付或者交付不符合约定，致使该批标的物不能实现合同目的的，买受人可以就该批标的物解除合同。对不交付或者交付不符合约定的该批标的物的合同解除属于合同的部分解除，其效力仅及于该批标的物，对其他已经交付的和未交付的标的物不产生任何效力，出卖人仍然负有交付其他未交付的标的物的义务。

出卖人分批交付标的物的，出卖人不交付其中一批标的物或者交付不符合约定，致使今后其他各批标的物的交付不能实现合同目的的，买受人可以就该批以及今后其他各批标的物解除。基于此，买受人解除某批标的物和今后各批标的物的条件是：今后各批标的物即使已经交付也不能实现合同目的。在这种情况下，当事人就该批标的物进行解除的同时，可以解除今后各批标的物。这种解除可以是合同的全部解除，也可以是合同的部分解除。如果第一批标的物就未交付或者交付不符合约定，买受人的解除行为将导致合同的全部解除；如果出卖人不交付或者已交付的不符合约定的标的物是第二批或者以后的各批，买受人的解除行为仅导致合同的部分解除。

买受人如果就其中一批标的物解除，该批标的物与其他各批标的物相互依存的，可以就已经交付和未交付的各批标的物解除。在这种情况下，买受人的解除行为将导致合同的全部解除，双方当事人均要承担返还的责任。

法条指引
❶《中华人民共和国合同法》（1999年10月1日施行）

第一百六十六条　出卖人分批交付标的物的，出卖人对其中一批标的物不交付或者交付不符合约定，致使该批标的物不能实现合同目的的，买受人可以就该批标的物解除。

出卖人不交付其中一批标的物或者交付不符合约定，致使今后其他各批标的物的交付不能实现合同目的的，买受人可以就该批以及今后其他各批标的物解除。

买受人如果就其中一批标的物解除，该批标的物与其他各批标的物相互依存的，可以就已经交付和未交付的各批标的物解除。

【分期付款买卖的处理】
法律问题解读

分期付款买卖的基本特征是标的物的一次交付性和价金的分期支付性，从而对出卖人造成了较大的风险。为了有效地保护出卖人的利益，《合同法》规定，分期付款的买受人未支付到期价款的金额达到全部价款的五分之一的，出卖人可以要求买受人支付全部价款或者解除合同；出卖人解除合同的，可以向买受人要求支付该标的物的使用费；且出卖人可与买受人约定在特定条件成就前，标的物所有权由出卖人保留。

需要注意的是，买受人未支付到期价款的金额必须达到全部价款的五分之一的情况下，出卖人才可以行使请求买受人支付全部价金的权利或者解除合同的权利。如果当事人在合同中约定的条件低于全部价款的五分之一的，应按照五分之一执行；如果约定的条件高于全部价款的五分之一的，按照约定执行。这是因为，分期付款的买受人与出卖人相比较往往是弱者，其利益容易受到损害，经济地位上的弱势又使得买受人难以对抗出卖人，为了平衡双方当事人的利益，法律就应当对出卖人的上述权利作出限制，以防止出卖人提出的条件过于苛刻。出卖人解除合同后，当事人双方应当将从对方取得的财产返还给对方，同时，出卖人可以向买受人要求支付该标的物的使用费，该使用费可以比照同期的租金计算。

法条指引
❶《中华人民共和国合同法》（1999年10月1日施行）

第一百六十七条　分期付款的买受人未支付到期价款的金额达到全部价款的五分之一的，出卖人可以要求买受人支付全部价款或者解除合同。

出卖人解除合同的，可以向买受人要求支付该标的物的使用费。

第一百三十三条　标的物的所有权自标的物交付时起转移，但法律另有规定或者当事人另有约定的除外。

第一百三十四条　当事人可以在买卖合同中约定买受人未履行支付价款或者其他义务的，标的物的所有权属于出卖人。

案例链接
❶《杨进良诉商丘交通运输集团货运有限公司挂靠经营合同纠纷案》，参见北大法宝引证码：Pkulaw.cn/CLI.C.279333。

❷《许昌万里运输（集团）有限公司诉张利强分期付款买卖合同纠纷案》，参见北大法宝引证码：Pkulaw.cn/CLI.C.262230。

❸《漯河市某混凝土有限公司诉刘某等分期付款买卖合同纠纷案》，参见北大法宝引证码：Pkulaw.cn/CLI.C.265047。

❹《浙江圣普电梯有限公司诉温州市集美餐具有限公司分期付款买卖合同纠纷案》，参见北大法宝引证码：Pkulaw.cn/CLI.C.234556。

【样品买卖中的质量瑕疵担保】
法律问题解读

样品通常是指从一批货物中抽取出来的或由生产、使用部门加工、设计出来的，用以反映和代表整批商品品质的少量实物。样品买卖又称货样买卖，是按货物样品确定买卖标的物的买卖，出卖人交付的货物应当与样品具有相同的质量。样品买卖是一种特殊买卖，其特殊性表现在以货物样品来定标的物。订货交易多采用凭样品买卖方式，样品买卖标的物的品质标准是按照样品确定的，凭样品买卖的当事人应当封存样品，并可以对样品质量予以说明。出卖人交付的标的物应当与样品及其说明的质量相同。

样品买卖要求有样品存在，而且样品一般应

当在订立合同时就存在。当事人在买卖合同中应当约定以样品来确定标的物的品质或者表明凭样品买卖的意思，如果出卖人先向买受人提供样品，而后双方订立合同时未明确表明进行的是样品买卖，则双方不成立样品买卖，所以，按照商店中摆列商品购物不属于样品买卖。对于是否样品买卖而发生争议的，买受人主张是样品买卖的，由买受人承担举证责任。

法条指引

❶《中华人民共和国合同法》（1999年10月1日施行）

第一百六十八条 凭样品买卖的当事人应当封存样品，并可以对样品质量予以说明。出卖人交付的标的物应当与样品及其说明的质量相同。

案例链接

❶《蔡诚京与周陈彪买卖合同纠纷上诉案》，参见北大法宝引证码：Pkulaw. cn/CLI. C. 226531。

❷《佛山市华慧达贸易有限公司与陈鹏承揽合同纠纷上诉案》，参见北大法宝引证码：Pkulaw. cn/CLI. C. 68386。

【样品隐蔽瑕疵】

法律问题解读

隐蔽瑕疵与表面瑕疵相对应，是指经一般、通常的检查不易发现的样品的品质缺陷。瑕疵分为质量瑕疵和权利瑕疵，这里指的是质量瑕疵，即标的物存在不符合规定或者通用的质量要求的缺陷或者影响使用效果等方面的情况。凭样品买卖的买受人不知道样品有隐蔽瑕疵的，即使交付的标的物与样品相同，出卖人交付的标的物的质量仍然应当符合同种物的通常标准。

上述规定是一项强行性规定，不允许当事人以约定排除其适用。适用该规定的条件有以下几点：（1）样品存在隐蔽瑕疵；（2）买受人须为善意，不知道有此隐蔽瑕疵，如果买受人知道有此隐蔽瑕疵仍然订立合同，出卖人得以与样品相同的标的物交付；（3）出卖人没有过错，如果出卖人明知该瑕疵而故意隐瞒，则可以构成对买受人的欺诈。

法条指引

❶《中华人民共和国合同法》（1999年10月1日施行）

第一百六十九条 凭样品买卖的买受人不知道样品有隐蔽瑕疵的，即使交付的标的物与样品相同，出卖人交付的标的物的质量仍然应当符合同种物的通常标准。

【试用买卖的试用期间】

法律问题解读

试用买卖是一种附条件的买卖，是以买受人认可标的物为生效条件的买卖。对于试用买卖，当事人要约定由买受人试用或者检验标的物。试用买卖合同经当事人双方意思表示一致而成立，但不立即生效。试用买卖对买受人权利义务关系的发生附有买受人认可标的物的生效条件，也就是说，买卖合同在买受人认可标的物时才生效。若买受人经试用或者检验后对标的物不认可，则买卖合同不发生法律效力。买受人的认可，完全取决于自己的意愿，而不受其他条件的限制。

试用买卖的当事人可以约定标的物的试用期间。对试用期间没有约定或者约定不明确的，可以协议补充；不能达成补充协议的，按照合同有关条款或者交易习惯确定；如果根据前述方法仍不能确定的，由出卖人确定。在由出卖人确定试用期间的情况下，出卖人无须说明理由，期间的长短也凭其主观意愿而定。

法条指引

❶《中华人民共和国合同法》（1999年10月1日施行）

第六十一条 合同生效后，当事人就质量、价款或者报酬、履行地点等内容没有约定或者约定不明确的，可以协议补充；不能达成补充协议的，按照合同有关条款或者交易习惯确定。

第一百七十条 试用买卖的当事人可以约定标的物的试用期间。对试用期间没有约定或者约定不明确，依照本法第六十一条的规定仍不能确定的，由出卖人确定。

案例链接

❶《北京华夏大地远程教育网络服务有限公司与大连东方之星信息技术有限公司试用买卖合同纠纷上诉案》，参见北大法宝引证码：Pkulaw. cn/CLI. C. 192757。

❷《樊国木诉胡水线等买卖合同纠纷案》，参

见北大法宝引证码：Pkulaw.cn/CLI.C.280014。

❸《新永联机械厂有限公司与广增包装公司合同纠纷上诉案》，参见北大法宝引证码：Pkulaw.cn/CLI.C.237855。

【试用买卖中买受人对标的物的认可】

法律问题解读

在试用买卖中，买受人如果对标的物认可，买卖合同即生效。试用买卖的买受人如果在试用期间之内购买了标的物，应当认为其对标的物表示了认可。在试用期间之内，买受人可以任意拒绝购买标的物，如其拒绝，则买卖合同不生效力。为了保护出卖人的利益，防止买受人利用其地位滥用权利，试用期间届满，如果买受人对是否购买标的物未作表示的，视为购买。需要注意的是，试用并不意味着标的物必然要转移至买受人之处，由出卖人自己对标的物进行使用，买受人根据出卖人的使用效果作为是否购买的依据，仍然属于试用。如果由买受人占有并使用标的物，需要注意试用标的物的风险负担问题，我们认为，不能因为试用标的物由买受人占有使用就其负担标的物的风险。标的物的风险负担采用交付主义原则，但是它是适用于已经生效的合同。因此，标的物如已经交付予买受人，风险转移的时间应是买受人承认购买时；标的物未交付予买受人，如果买受人承认购买时仍然未取得标的物的，风险转移的时间应以标的物实际交付时间为准。

法条指引

❶《中华人民共和国合同法》（1999 年 10 月 1 日施行）

第一百四十条 标的物在订立合同之前已为买受人占有的，合同生效的时间为交付时间。

第一百四十二条 标的物毁损、灭失的风险，在标的物交付之前由出卖人承担，交付之后由买受人承担，但法律另有规定或者当事人另有约定的除外。

第一百七十一条 试用买卖的买受人在试用期内可以购买标的物，也可以拒绝购买。试用期间届满，买受人对是否购买标的物未作表示的，视为购买。

【招标投标买卖】

法律问题解读

招标投标买卖指招标人公布买卖标的物的出卖条件，投标人参加投标竞买，招标人选定中标人的买卖方式。招标投标买卖合同主体中的出卖人为招标人，买受人为竞买人，即中标人。招标投标买卖的程序，可分为招标、投标、开标、评标、定标。招标时，招标人发出招标公告，招标公告为要约邀请，投标人投标为要约。投标应当表明竞买金额，投标后，招标人应当按照公告说明的时间、地点和程序开标。开标后，招标人组织评标，按评标结果定标，确定中标人，定标为承诺。与同为竞争买卖的拍卖不同，拍卖以最高应价者确为买定人，而招标投标买卖的中标人不一定是出价最高者，招标人综合衡量投标人条件选择中标人，或许使出价较低者中标。招标人定标，招标投标买卖成立。

招标投标买卖在现代社会中是一种重要的买卖形式，尤其在大宗订货和政府采购中能够发挥重要的作用。招标投标买卖当事人的权利和义务以及招标投标程序等，应当依法加以具体规范。招标投标除可作为一种特种买卖形式外，还适用于承揽、建设工程、运输、服务等合同的订立。

法条指引

❶《中华人民共和国合同法》（1999 年 10 月 1 日施行）

第十五条 要约邀请是希望他人向自己发出要约的意思表示。寄送的价目表、拍卖公告、招标公告、招股说明书、商业广告等为要约邀请。

商业广告的内容符合要约规定的，视为要约。

第一百七十二条 招标投标买卖的当事人的权利和义务以及招标投标程序等，依照有关法律、行政法规的规定。

❷《中华人民共和国招标投标法》（2000 年 1 月 1 日施行）（略）

案例链接

❶《北京伊能力达科技有限公司诉国电龙源电力技术工程有限责任公司等招标投标买卖纠合同纠纷案》，参见北大法宝引证码：Pkulaw.cn/CLI.C.279601。

❷《全俄钢铁贸易（北京）有限责任公司与绥

芬河市盛禄发经贸有限公司招标投标买卖合同上诉案》，参见北大法宝引证码：Pkulaw. cn/CLI. C. 204771。

❸《安徽省滁州市建业劳务发展有限公司诉北京康晟房地产开发有限公司招标投标买卖合同纠纷案》，参见北大法宝引证码：Pkulaw. cn/CLI. C. 219448。

❹《常州第二园林建设工程有限公司诉北京凯旋自由港餐饮管理有限公司招标投标买卖合同纠纷案》，参见北大法宝引证码：Pkulaw. cn/CLI. C. 209366。

【拍卖】

法律问题解读

拍卖是拍卖人以公开竞价的方式，将拍卖标的出售给最高应价人的买卖方式。拍卖是一种特殊的成交方式，多由专门的拍卖组织在一定的地点场所，按照一定的程序进行。拍卖法律关系的主体有拍卖人、出卖人与委托人、竞买人和买受人。拍卖人主要是指依照法律设立的从事拍卖活动的企业法人，我国法律对拍卖企业的设立作出了一系列的特殊规定。出卖人与委托人是指在拍卖关系中出卖自己所有或者有处分权的物品或财产权的人，出卖人可以自己拍卖，也可以委托他人拍卖，在委托他人拍卖时即成为委托人。竞买人是指参加竞购拍卖标的的公民、法人或者其他社会组织。买受人是指参加竞购买卖并因其最高应价而成为拍卖标的购买者的公民、法人或者其他组织。

拍卖的财产称为拍卖标的，包括拍卖的物品和财产权利，拍卖标的是有体物的，称拍卖物。拍卖的标的物多为一些品质不易标准化的或价值难以确定的特殊物品。国家行政机关依法没收的物品，充抵税款、罚款的物品，公安机关保存的超过招领期限的遗失物品和其他确认为无主物的物品，人民法院依法没收的物品，充抵罚金、罚款的物品以及无法返还的追回物品，适合拍卖的，也可以作为拍卖物。应当注意的是，禁止流通物不得作为拍卖物。依照法律或者依照国务院规定需经审批才能转让的财产，在拍卖前，应当办理审批手续。

法条指引

❶《中华人民共和国合同法》（1999 年 10 月 1 日施行）

第十五条 要约邀请是希望他人向自己发出要约的意思表示。寄送的价目表、拍卖公告、招标公告、招股说明书、商业广告等为要约邀请。

商业广告的内容符合要约规定的，视为要约。

第一百三十二条 出卖的标的物，应当属于出卖人所有或者出卖人有权处分。

法律、行政法规禁止或者限制转让的标的物，依照其规定。

第一百七十三条 拍卖的当事人的权利和义务以及拍卖程序等，依照有关法律、行政法规的规定。

❷《中华人民共和国拍卖法》（2004 年 8 月 28 日修正）（略）

案例链接

❶《河南星瀚拍卖有限公司与陈钦财委托合同纠纷再审案》，参见北大法宝引证码：Pkulaw. cn/CLI. C. 287170。

❷《明小东诉马国臣房屋租赁纠纷案》，参见北大法宝引证码：Pkulaw. cn/CLI. C. 290263。

❸《中国工商银行股份有限公司清丰支行诉于秋喜金融借款合同纠纷案》，参见北大法宝引证码：Pkulaw. cn/CLI. C. 285619。

学者观点

❶ 卢正敏、齐树洁：《论错误拍卖第三人财产的法律效力》，参见北大法宝引证码：Pkulaw. cn/CLI. A. 1143995。

❷ 张蓬：《完善我国拍卖法律制度的思考》，参见北大法宝引证码：Pkulaw. cn/CLI. A. 1145000。

❸ 刘宁元：《禁止拍卖人参与竞买规则及其实践评述》，参见北大法宝引证码：Pkulaw. cn/CLI. A. 1113658。

【买卖合同规范的准用】

法律问题解读

买卖合同是最常见、最典型、最基本的合同形态，也是有偿合同的代表。因此，《合同法》规定，法律对其他有偿合同有规定的，依照其规定；没有规定的，参照买卖合同的有关规定。《合同法》规定的 15 类有名合同中，买卖合同，供用电、水、气、热力合同，租赁合同，融资租赁合同，承揽合同，建设工程合同，运输合同，技术合同，仓储合同，行纪合同，居间合同为有偿合同；赠与合同为无偿合同；借款合同、保管合同和委托合同是否为有偿合同，抑或为无偿合同，取决于当事人的约定。另外，有偿合同还包括其他法律中规定的有偿合同（如《保险法》中规定的保险合同和《海商法》中规定的租船合同、拖船合同、海上运输货物合同等），以及无名合同中的有偿合同。

如果对其他有偿合同中的某一问题，买卖合同中有规定，同时《合同法》针对该有偿合同也有具体规定的，应依照该具体规定；没有规定的，应参照买卖合同中的有关规定。需要注意的是，法律无论对无偿合同是否作出了规定，均不能参照买卖合同中的有关规定，这是因为，无偿合同与有偿合同在责任的轻重、主体的要求、可否行使撤销权、返还义务的有无等方面存在着本质的区别。

法条指引

❶《中华人民共和国合同法》（1999年10月1日施行）

第一百七十四条　法律对其他有偿合同有规定的，依照其规定；没有规定的，参照买卖合同的有关规定。

【互易合同】

法律问题解读

互易合同是指当事人相互交换非金钱的标的物，并转移标的物所有权的合同。以物易物是早期商品交换的合同形态，货币产生后，买卖合同渐居统治地位，互易合同日渐衰败。互易合同的根本特征是以物易物的实物直接交换合同，没有价金给付。附补足价金的互易，应视为互易和买卖的混合合同。互易合同的任何一方都可视为出卖人或买受人，因此，《合同法》规定，当事人约定易货交易，转移标的物的所有权的，参照买卖合同的有关规定。

互易合同当事人主要负有以下义务：（1）依合同约定互为交付标的物并转移标的物的所有权或者其他权利；（2）当事人互相对其交付的标的物负有瑕疵担保义务；（3）如果为附补足价金的互易，附补足价金义务一方除附第一项义务外，并负有按照约定补足价金的义务。

法条指引

❶《中华人民共和国合同法》（1999年10月1日施行）

第一百七十五条　当事人约定易货交易，转移标的物的所有权的，参照买卖合同的有关规定。

案例链接

❶《焦银虎与王彦钦互易纠纷上诉案》，参见北大法宝引证码：Pkulaw. cn/CLI. C. 239518。

❷《易小琴与马新民互易合同纠纷上诉案》，参见北大法宝引证码：Pkulaw. cn/CLI. C. 281894。

❸《张小奎与武陟县公安局等互易合同纠纷上诉案》，参见北大法宝引证码：Pkulaw. cn/CLI. C. 254465。

第十一章 供用电、水、气、热力合同

● 本章为读者提供与以下题目有关的法律问题的解读及相关法律文献依据

> 供用电合同（234） 供用电合同的内容（235） 供用电合同的履行地（236） 供电人的供电质量（236） 中断供电的通知义务（239） 供电人的抢修义务（239） 用电人交付电费的义务（240） 用电人安全用电义务（241） 供用水、供用气、供用热力合同的法律适用（242）

【供用电合同】

法律问题解读

供用电合同是供电人与用电人订立的，由供电人供应电力、用电人使用该电力并支付电费的合同。供用电合同可分为六类：高压供用电合同，适用于供电电压为10千伏（含6千伏）及以上的高压电力用户；低压供用电合同，适用于供电电压为220/380V低压普通电力用户；临时供用电合同，适用于短时、非永久性用电的用户；趸购电合同，适用于以向供电企业趸购电力，再转售给用户购电的情况；委托转供电协议，适用于公用供电设施未到达地区，供电方委托有供电能力的用户（转供电方）向第三方（被转供电方）供电的情况，这是在供电方分别与转供电方和被转供电方签订供用电合同的基础上，三方共同就转供电有关事宜签订的协议；居民供用电合同。

与其他合同相比，供用电合同具有以下特征：

1. 供用电合同中的供电人具有特定性，只能是在国家批准的供电营业区内向用户提供电力的企业。
2. 供用电合同是持续供给合同。
3. 电费具有确定性，由主管部门统一定价。
4. 供用电合同一般为格式合同。
5. 供用电合同具有较强的计划性。
6. 供电人的意思自治要受到一定程度的限制，如对本营业区内的用户有按照国家规定供电的义务，不得违反国家规定对其营业区内申请用电的单位和个人拒绝供电。
7. 对用电人有特殊要求，即要求用电人按照有关规定和约定，安全、合理地使用供应的电能，否则承担相应的法律责任。

法条指引

❶《中华人民共和国合同法》（1999年10月1日施行）

第三十九条 采用格式条款订立合同的，提供格式条款的一方应当遵循公平原则确定当事人之间的权利和义务，并采取合理的方式提请对方注意免除或者限制其责任的条款，按照对方的要求，对该条款予以说明。

格式条款是当事人为了重复使用而预先拟定，并在订立合同时未与对方协商的条款。

第四十条 格式条款具有本法第五十二条和第五十三条规定情形的，或者提供格式条款一方免除其责任、加重对方责任、排除对方主要权利的，该条款无效。

第四十一条 对格式条款的理解发生争议的，应当按照通常理解予以解释。对格式条款有两种以上解释的，应当作出不利于提供格式条款一方的解释。格式条款和非格式条款不一致的，应当采用非格式条款。

第一百七十六条 供用电合同是供电人向用电人供电，用电人支付电费的合同。

❷《中华人民共和国电力法》（1996年4月1日施行）（略）

❸《电力供应与使用条例》（1996年9月1日施行）（略）

❹《供电营业规则》（1996年10月8日施行）（略）

案例链接

❶《巴占杰诉禹州市褚河乡巴庄村民委员会供用电合同纠纷案》,参见北大法宝引证码:Pkulaw.cn/CLI.C.285934。

❷《史东新与河南省电力公司许昌供电公司等供用电合同纠纷上诉案》,参见北大法宝引证码:Pkulaw.cn/CLI.C.283474。

❸《禹州市第一私立中学与禹州市电力工业公司供用电合同纠纷上诉案》,参见北大法宝引证码:Pkulaw.cn/CLI.C.280218。

❹《嵩县电业局与嵩县物资贸易公司供电合同纠纷上诉案》,参见北大法宝引证码:Pkulaw.cn/CLI.C.281344。

【供用电合同的内容】

法律问题解读

供用电合同的内容包括供电的方式、质量、时间,用电容量、地址、性质,计量方式,电价、电费的结算方式,供用电设施的维护责任等条款。

供电方式,是指供电人以何种方式向用电人供电,包括主供电源、备用电源、保安电源的供电方式以及委托转供电等内容。供电质量,是指供电频率、电压和供电可靠性三项指标。供电时间,是指用电人有权使用电力的起止时间。规定用电时间的目的在于保证合理用电和安全用电,避免同一时间用电人集中用电,造成高峰时间供电设施因负荷过大而发生断电、停电事故,同时也可以防止低谷负荷过低而造成电力浪费。

用电容量是指供电人认定的用电人受电设备的总容量,以千瓦(千伏安)表示。用电地址是指用电人使用电力的地址。用电性质包括用电人行业分类和用电分类。行业用电分类根据 GB4754－84《国民经济行业分类和代码》的规定,分为农业、工业、建筑业等七大类和城乡居民生活用电。用电分类按照电价表中的分类方法,包括大工业用电、非普工业用电、农业生产用电、商业用电、居民生活用电、非居民照明用电、趸售用电和其他用电。

计量方式,是指供电人如何计算用电人使用的电量。供电企业应在用户每一个受电点内按不同电价类别,分别安装用电计量装置。

电价,是指供电企业向用电人供应电力的价格。电价实行国家统一定价,由电网经营企业提出方案,报国家有关物价部门核准。供电企业应当按照国家核准的电价和用电计量装置的记录,向用电人计收电费;用户应当按照国家核准的电价和用电计量装置的记录,按时交纳电费。为防止电费的拖欠,双方当事人可以在合同中约定电价、电费的结算方式。双方可采取下列结算方式:供电企业定期、定点收费;委托银行代收;通过银行托收;银行联网划拨;居民用户的银行储蓄;付费购电。

供用电设施的维护责任。在供用电合同中,双方应当协商确认供电设施运行管理责任的分界点,分界点电源侧供电设施属于供电人,由供电人负责运行维护管理,分界点负荷侧供电设施属于用电人,由用电人负责运行维护管理。供电人、用电人分管的供电设施,除另有约定外,未经对方同意,不得操作或更动。

法条指引

❶《中华人民共和国合同法》(1999 年 10 月 1 日施行)

第一百七十七条 供用电合同的内容包括供电的方式、质量、时间,用电容量、地址、性质,计量方式,电价、电费的结算方式,供用电设施的维护责任等条款。

❷《电力供应与使用条例》(1996 年 9 月 1 日施行)

第三十二条 供电企业和用户应当在供电前根据用户需要和供电企业的供电能力签订供用电合同。

❸ 电力工业部《关于印发〈供用电合同〉文本,依法加强合同管理的通知》(1997 年 10 月 6 日)(略)

案例链接

❶《巴占杰诉禹州市褚河乡巴庄村民委员会供用电合同纠纷案》,参见北大法宝引证码:Pkulaw.cn/CLI.C.285934。

❷《史东新与河南省电力公司许昌供电公司等供用电合同纠纷上诉案》,参见北大法宝引证码:Pkulaw.cn/CLI.C.283474。

❸《禹州市第一私立中学与禹州市电力工业公司供用电合同纠纷上诉案》,参见北大法宝引证码:Pkulaw.cn/CLI.C.280218。

❹《嵩县电业局与嵩县物资贸易公司供电合同纠纷上诉案》,参见北大法宝引证码:Pkulaw.cn/

CLI. C. 281344.

【供用电合同的履行地】

法律问题解读

供用电合同的履行地点，按照当事人约定，当事人没有约定或者约定不明确的，供电设施的产权分界处为履行地点。如果供用电双方对履行地点没有约定或者约定不明确，供电设施的产权分界处为履行地点。这与《合同法》关于合同履行的一般规定不完全相同，是供用电合同的特殊规则。由于电力是一种无体物，所以电力无法像一般买卖合同的标的物那样进行可以察觉的现实交付。供用电双方根据这一特殊性，在实践中形成并确定了以供电设施的产权分界处作为合同的履行地点。供电设施的产权分界处是划分供电设施所有权归属的分界点，分界点电源侧供电设施归供电人所有，分界点负荷侧供电设施归用电人所有。

供电设施的产权分界划分按下列各项确定：公用低压线路供电的，以供电接户线用户端最后支持物为分界点，支持物属供电企业。10千伏及以下公用高压线路供电的，以用户厂界外或配电室前的第一断路器或第一支持物为分界点，第一断路器或第一支持物属供电企业。35千伏及以上公用高压线路供电的，以用户厂界外或用户变电站外第一基电杆为分界点。第一基电杆属供电企业。采用电缆供电的，本着便于维护管理的原则，分界点由供电企业与用户协商确定。产权属于用户且由用户运行维护的线路，以公用线路分支杆或专用线路接引的公用变电站外第一基电杆为分界点，专用线路第一基电杆属用户。

法条指引

❶《供电营业规则》（1996年10月8日施行）

第四十七条 供电设施的运行维护管理范围，按产权归属确定。责任分界点按下列各项确定：

1. 公用低压线路供电的，以供电接户线用户端最后支持物为分界点，支持物属供电企业。

2. 10千伏及以下公用高压线路供电的，以用户厂界外或配电室前的第一断路器或第一支持物为分界点，第一断路器或第一支持物属供电企业。

3. 35千伏及以上公用高压线路供电的，以用户厂界外或用户变电站外第一基电杆为分界点。第一基电杆属供电企业。

4. 采用电缆供电的，本着便于维护管理的原则，分界点由供电企业与用户协商确定。

5. 产权属于用户且由用户运行维护的线路，以公用线路分支杆或专用线路接引的公用变电站外第一基电杆为分界点，专用线路第一基电杆属用户。

在电气上的具体分界点，由供用双方协商确定。

【供电人的供电质量】

法律问题解读

供电人应当按照国家规定的供电质量标准和约定安全供电。《供电营业规则》对供电质量标准作了规定：供电企业供电的额定频率为交流50赫兹。在电力系统正常状况下，供电频率的允许偏差为：电网装机容量在300万千瓦及以上的，为±0.2赫兹；电网装机容量在300万千瓦以下的，为±0.5赫兹。在电力系统非正常状况下，供电频率允许偏差不应超过±1.0赫兹。在电力系统正常状况下，供电企业供到用户受电端的供电电压允许偏差为：35千伏及以上电压供电的，电压正、负偏差的绝对值之和不超过额定值的10%；10千伏及以下三相供电的，为额定值的±7%；220伏单相供电的，为额定值的+7%，-10%。在电力系统非正常状况下，用户受电端的电压最大允许偏差不应超过额定值的±10%。

供电人未按照国家规定的供电质量标准和约定安全供电，造成用电人损失的，应当承担损害赔偿责任。由此可见，供电人损害赔偿责任的构成要件有三个：（1）供电人未按照国家规定的供电质量标准和约定安全供电；（2）用电人遭受损失；（3）供电人未按照国家规定的供电质量标准和约定安全供电和用电人遭受损失之间有因果关系。基于此，在因不可抗力或者用电人自身的过错造成电力运行事故而使用电人遭受损失的情况下，供电人不承担赔偿损失的责任。在给用电人造成人身损害时，赔偿范围包括：医疗费、误工费、住院伙食补助费和营养费、护理费、残疾人生活补助费、残疾用具费、丧葬费、死亡补偿费、被扶养人生活费、交通费、住宿费等。

法条指引

❶《中华人民共和国合同法》（1999年10月1日施行）

第一百零七条 当事人一方不履行合同义务或者履行合同义务不符合约定的，应当承担继续履行、采取补救措施或者赔偿损失等违约责任。

第一百二十二条 因当事人一方的违约行为，侵害对方人身、财产权益的，受损害方有权选择依照本法要求其承担违约责任或者依照其他法律要求其承担侵权责任。

第一百七十九条 供电人应当按照国家规定的供电质量标准和约定安全供电。供电人未按国家规定的供电质量标准和约定安全供电，造成用电人损失的，应当承担损害赔偿责任。

❷ 《中华人民共和国电力法》（1996年4月1日施行）

第六十条 因电力运行事故给用户或者第三人造成损害的，电力企业应当依法承担赔偿责任。

电力运行事故由下列原因之一造成的，电力企业不承担赔偿责任：

（一）不可抗力；

（二）用户自身的过错。

因用户或者第三人的过错给电力企业或者其他用户造成损害的，该用户或者第三人应当依法承担赔偿责任。

❸ 《电力供应与使用条例》（1996年9月1日施行）

第三十四条 供电企业应当按照合同约定的数量、质量、时间、方式，合理调度和安全供电。

用户应当按照合同约定的数量、条件用电，交付电费和国家规定的其他费用。

第四十二条 供电企业或用户违反供用电合同，给对方造成损失的，应当依法承担赔偿责任。

第四十三条 因电力运行事故给用户或者第三人造成损害的，供电企业应当依法承担赔偿责任。

因用户或者第三人的过错给供电企业或者其他用户造成损害的，该用户或者第三人应当依法承担赔偿责任。

❹ 最高人民法院《关于审理触电人身损害赔偿案件若干问题的解释》（2001年1月21日施行）

第四条 因触电引起的人身损害赔偿范围包括：

（一）医疗费：指医院对因触电造成伤害的当事人进行治疗所收取的费用。医疗费根据治疗医院诊断证明、处方和医药费、住院费的单据确定。

医疗费还应当包括继续治疗费和其他器官功能训练费以及适当的整容费。继续治疗费既可根据案情一次性判决，也可根据治疗需要确定赔偿标准。

费用的计算参照公费医疗的标准。

当事人选择的医院应当是依法成立的、具有相应治疗能力的医院、卫生院、急救站等医疗机构。当事人应当根据受损害的状况和治疗需要就近选择治疗医院。

（二）误工费：有固定收入的，按实际减少的收入计算。没有固定收入或者无收入的，按事故发生地上年度职工平均年工资标准计算。误工时间可以按照医疗机构的证明或者法医鉴定确定；依此无法确定的，可以根据受害人的实际损害程度和恢复状况等确定。

（三）住院伙食补助费和营养费：住院伙食补助费应当根据受害人住院或者在外地接受治疗期间的时间，参照事故发生地国家机关一般工作人员的出差伙食补助标准计算。人民法院应当根据受害人的伤残情况、治疗医院的意见决定是否赔偿营养费及其数额。

（四）护理费：受害人住院期间，护理人员有收入的，按照误工费的规定计算；无收入的，按照事故发生地平均生活费计算。也可以参照护工市场价格计算。受害人出院以后，如果需要护理的，凭治疗医院证明，按照伤残等级确定。残疾用具费应一并考虑。

（五）残疾人生活补助费：根据丧失劳动能力的程度或伤残等级，按照事故发生地平均生活费计算。自定残之月起，赔偿二十年。但五十周岁以上的，年龄每增加一岁减少一年，最低不少于十年；七十周岁以上的，按五年计算。

（六）残疾用具费：受害残疾人因日常生活或辅助生产劳动需要必须配制假肢、代步车等辅助器具的，凭医院证明按照国产普通型器具的费用计算。

（七）丧葬费：国家或者地方有关机关有规定的，依该规定；没有规定的，按照办理丧葬实际支出的合理费用计算。

（八）死亡补偿费：按照当地平均生活费计算，补偿二十年。对七十周岁以上的，年龄每增加一岁少计一年，但补偿年限最低不少于十年。

（九）被抚养人生活费：以死者生前或者残者丧失劳动能力前实际抚养的、没有其他生活来源的人为限，按当地居民基本生活费标准计算。被抚养人不满十八周岁的，生活费计算到十八周岁。被抚养人无劳动能力的，生活费计算二十年，但五十周岁以上的，年龄每增加一岁抚养费少计一年，但计算生活费的年限最低不少于十年；被抚养人七十周岁以上的，抚养费只计五年。

（十）交通费：是指救治触电受害人实际必需的合理交通费用，包括必须转院治疗所必需的交通费。

（十一）住宿费：是指受害人因客观原因不能住院也不能住在家里确需就地住宿的费用，其数额参照事故发生地国家机关一般工作人员的出差住宿标准计算。

当事人的亲友参加处理触电事故所需交通费、误工费、住宿费、伙食补助费，参照第一款的有关规定计算，但计算费用的人数不超过三人。

第五条 依照前条规定计算的各种费用，凡实际发生和受害人急需的，应当一次性支付；其他费用，可以根据数额大小、受害人需求程度、当事人的履行能力等因素确定支付时间和方式。如果采用定期金赔偿方式，应当确定每期的赔偿额并要求责任人提供适当的担保。

第六条 因非高压电造成的人身损害赔偿可以参照第四条和第五条的规定处理。

❺《居民用户家用电器损坏处理办法》（1996年8月27日）

第三条 本办法所称的电力运行事故，是指在供电企业负责运行维护的 220/380 伏供电线路或设备上因供电企业的责任发生的下列事件：

1. 在 220/380 伏供电线路上，发生相线与零线接错或三相相序接反；

2. 在 220/380 伏供电线路上，发生零线断线；

3. 在 220/380 伏供电线路上，发生相线与零线互碰；

4. 同杆架设或交叉跨越时，供电企业的高电压线路导线掉落到 220/380 伏线路上或供电企业高电压线路对 220/380 伏线路放电。

❻《供电营业规则》（1996年10月8日施行）

第五条 供电企业供电的额定频率为交流 50 赫兹。

第五十三条 在电力系统正常状况下，供电频率的允许偏差为：

1. 电网装机容量在 300 万千瓦及以上的，为 ±0.2 赫兹；

2. 电网装机容量在 300 万千瓦以下的，为 ±0.5 赫兹。

在电力系统非正常状况下，供电频率允许偏差不应超过 ±1.0 赫兹。

第九十五条 供用双方在合同中订有电力运行事故责任条款的，按下列规定办理：

1. 由于供电企业电力运行事故造成用户停电的，供电企业应按用户在停电时间内可能用电量的电度电费的五倍（单一制电价为四倍）给予赔偿。用户在停电时间内可能用电量，按照停电前用户正常用电月份或正常用电一定天数内的每小时平均用电量乘以停电小时求得。

2. 由于用户的责任造成供电企业对外停电，用户应按供电企业对外停电时间少供电量，乘以上月份供电企业平均售电单价给予赔偿。

因用户过错造成其他用户损害的，受害用户要求赔偿时，该用户应当依法承担赔偿责任。

虽因用户过错，但由于供电企业责任而使事故扩大造成其他用户损害的，该用户不承担事故扩大部分的赔偿责任。

3. 对停电责任的分析和停电时间及少供电量的计算，均按供电企业的事故记录及《电业生产事故调查规程》办理。停电时间不足1小时按1小时计算，超过1小时按实际时间计算。

4. 本条所指的电度电费按国家规定的目录电价计算。

第九十六条 供用电双方在合同中订有电压质量责任条款的，按下列规定办理：

1. 用户用电功率因数达到规定标准，而供电电压超出本规则规定的变动幅度，给用户造成损失的，供电企业应按用户每月在电压不合格的累计时间内所用的电量，乘以用户当月用电的平均电价的百分之二十给予赔偿。

2. 用户用电的功率因数未达到规定标准或其他用户原因引起的电压质量不合格的，供电企业不负赔偿责任。

3. 电压变动超出允许变动幅度的时间，以用户自备并经供电企业认可的电压自动记录仪表的记录为准，如用户未装此项仪表，则以供电企业的电压记录为准。

第九十七条 供用电双方在合同中订有频率质量责任条款的，按下列规定办理：

1. 供电频率超出允许偏差，给用户造成损失的，供电企业应按用户每月在频率不合格的累计时间内所用的电量，乘以当月用电的平均电价的百分之二十给予赔偿。

2. 频率变动超出允许偏差的时间，以用户自备并经供电企业认可的频率自动记录仪表的记录为准，如用户未装此项仪表，则以供电企业的频率记录为准。

案例链接

❶《建德市供电局诉水利电力部第十二工程局新安江特种水泥厂清算组供用电合同纠纷案》，参见北大法宝引证码：Pkulaw.cn/CLI.C.266413。

❷《海南电网保亭供电公司与金都康乐馆供用电合同纠纷上诉案》，参见北大法宝引证码：Pkulaw.cn/CLI.C.82765。

❸《厦门艺发办公用品有限公司诉厦门象屿物业管理有限公司停电侵权损害赔偿案》，参见北大法宝引证码：Pkulaw.cn/CLI.C.49216。

【中断供电的通知义务】

法律问题解读

供电人在发电、供电系统正常的情况下，应当连续向用户供电，不得中断。供电人因供电设施计划检修、临时检修、依法限电或者用电人违法用电等原因，需要中断供电时，应当按照国家有关规定事先通知用电人。未事先通知用电人中断供电，造成用电人损失的，应当承担损害赔偿责任。

根据相关法律规定，供电人应不断改善供电可靠性，减少设备检修和电力系统事故对用户的停电次数及每次停电持续时间，供用电设备计划检修应做到统一安排。供用电设备计划检修时，对35千伏及以上电压供电的用户的停电次数，每年不应超过1次；对10千伏供电的用户，每年不应超过3次。因故需要停止供电时，应当按照下列要求事先通知用户或者进行公告：因供电设施计划检修需要停电时，供电企业应当提前7天通知用户或者进行公告；因供电设施临时检修需要停止供电时，供电企业应当提前24小时通知重要用户；因发电、供电系统发生故障需要停电、限电时，供电企业应当按照事先确定的限电序位进行停电或者限电。引起停电或者限电的原因消除后，供电企业应当尽快恢复供电。

法条指引

❶《中华人民共和国合同法》（1999年10月1日施行）

第一百零七条 当事人一方不履行合同义务或者履行合同义务不符合约定的，应当承担继续履行、采取补救措施或者赔偿损失等违约责任。

第一百八十条 供电人因供电设施计划检修、临时检修、依法限电或者用电人违法用电等原因，需要中断供电时，应当按照国家有关规定事先通知用电人。未事先通知用电人中断供电，造成用电人损失的，应当承担损害赔偿责任。

❷《中华人民共和国电力法》（1996年4月1日施行）

第二十九条 供电企业在发电、供电系统正常的情况下，应当连续向用户供电，不得中断。因供电设施检修、依法限电或者用户违法用电等原因，需要中断供电时，供电企业应当按照国家有关规定事先通知用户。

用户对供电企业中断供电有异议的，可以向电力管理部门投诉；受理投诉的电力管理部门应当依法处理。

❸《电力供应与使用条例》（1996年9月1日施行）

第二十八条 除本条例另有规定外，在发电、供电系统正常运行的情况下，供电企业应当连续向用户供电；因故需要停止供电时，应当按照下列要求事先通知用户或者进行公告：

（一）因供电设施计划检修需要停电时，供电企业应当提前7天通知用户或者进行公告；

（二）因供电设施临时检修需要停止供电时，供电企业应当提前24小时通知重要用户；

（三）因发电、供电系统发生故障需要停电、限电时，供电企业应当按照事先确定的限电序位进行停电或者限电。引起停电或者限电的原因消除后，供电企业应当尽快恢复供电。

❹《供电营业规则》（1996年10月8日施行）

第五十七条 供电企业应不断改善供电可靠性，减少设备检修和电力系统事故对用户的停电次数及每次停电持续时间。供用电设备计划检修应做到统一安排。供用电设备计划检修时，对35千伏及以上电压供电的用户的停电次数，每年不应超过一次；对10千伏供电的用户，每年不应超过三次。

案例链接

❶《刘炜诉天津市塘沽区自来水公司等供用自来水合同案》，参见北大法宝引证码：Pkulaw.cn/CLI.C.48738。

【供电人的抢修义务】

法律问题解读

因自然灾害等原因断电，供电人不承担损害

赔偿责任，供电人应当按照国家有关规定及时抢修。自然灾害等原因主要是指不可抗力和不能预见、又不可避免的意外事故。不可抗力是指不能预见、不能避免并不能克服的客观情况，它包括某些自然现象（如地震、台风、洪水）和某些社会现象（如战争）；意外事故如火灾、第三人的破坏等。

"及时抢修"中的"及时"，应依照以下顺序确定：法律有明确规定的，以该规定为准；法律没有明文规定，当事人在合同中有明确约定的，依照其约定；在以前两种方法均不能确定的情况下，应以合理的时间为准。基于自然灾害等原因中断供电的，供电人有及时抢修的义务。虽然不可抗力是合同的免责事由，但在其发生以后，当事人仍应以诚实善意的态度去努力克服，以最大限度地减少因不可抗力所造成的损失，这是诚实信用原则的要求。如果供电人没有及时抢修，给用电人造成损失，供电人应当就没有及时抢修而给用电人造成的损失部分承担赔偿责任。

法条指引

❶《中华人民共和国合同法》（1999 年 10 月 1 日施行）

第一百一十七条　因不可抗力不能履行合同的，根据不可抗力的影响，部分或者全部免除责任，但法律另有规定的除外。当事人迟延履行后发生不可抗力的，不能免除责任。

本法所称不可抗力，是指不能预见、不能避免并不能克服的客观情况。

第一百八十一条　因自然灾害等原因断电，供电人应当按照国家有关规定及时抢修。未及时抢修，造成用电人损失的，应当承担损害赔偿责任。

❷《中华人民共和国民法通则》（1987 年 1 月 1 日施行）

第一百零七条　因不可抗力不能履行合同或者造成他人损害的，不承担民事责任，法律另有规定的除外。

第一百五十三条　本法所称的"不可抗力"，是指不能预见、不能避免并不能克服的客观情况。

❸《供电营业规则》（1996 年 10 月 8 日施行）

第五十九条　供电企业和用户的供用电设备计划检修应相互配合，尽量做到统一检修。用电负荷较大，开停对电网有影响的设备，其停开时间，用户应提前与供电企业联系。

遇有紧急检修需停电时，供电企业应按规定提前通知重要用户，用户应予以配合；事故断电，应尽速修复。

【用电人交付电费的义务】

法律问题解读

供用电合同是双务、有偿合同，支付电费是用电人的主要义务，用电人应当按照国家有关规定和当事人的约定及时交付电费。用电人按照国家有关规定交付电费，主要是指按照有关电力供应与使用的法律法规的规定履行交费的义务。

用电人逾期不交付电费的，应当按照约定支付违约金。《电力供应与使用条例》规定，用户逾期未交付电费的，供电企业可以从逾期之日起，每日按照电费总额的千分之一至千分之三加收违约金，具体比例由供用电双方在供用电合同中约定。《供电营业规则》规定，用户在供电企业规定的期限内未交清电费时，应承担电费滞纳的违约责任。电费违约金从逾期之日起计算至交纳日止。每日电费违约金按下列规定计算：居民用户每日按欠费总额的千分之一计算；其他用户当年欠费部分，每日按欠费总额的千分之二计算，跨年度欠费部分，每日按欠费总额的千分之三计算。目前，供用电合同多采用格式条款订立，供用电双方一般按照上述规定约定迟延支付的违约金。双方当事人在没有约定违约金的情况下，用电人逾期不交付电费的，应当支付电费的逾期利息，以补偿供电人因不能按期收回电费所受的损失。逾期利息从逾期之日起计算至交纳日止。

经催告，用电人在合理期限内仍不交付电费和违约金的，供电人可以按照国家规定的程序中止供电。中止供电前，供电人负有催告义务，并应给用电人一个合理期限以作准备，这是合同诚实信用原则的要求。该期限的具体时间，视具体情形而定。需要注意的是，供电人中止供电，应当严格按照国家规定的程序办理。

法条指引

❶《中华人民共和国合同法》（1999 年 10 月 1 日施行）

第九十四条　有下列情形之一的，当事人可以解除合同：

（一）因不可抗力致使不能实现合同目的；

（二）在履行期限届满之前，当事人一方明确表示或者以自己的行为表明不履行主要债务；

（三）当事人一方迟延履行主要债务，经催告后在合理期限内仍未履行；

（四）当事人一方迟延履行债务或者有其他违约行为致使不能实现合同目的；

（五）法律规定的其他情形。

第一百零七条 当事人一方不履行合同义务或者履行合同义务不符合约定的，应当承担继续履行、采取补救措施或者赔偿损失等违约责任。

第一百一十四条 当事人可以约定一方违约时应当根据违约情况向对方支付一定数额的违约金，也可以约定因违约产生的损失赔偿额的计算方法。

约定的违约金低于造成的损失的，当事人可以请求人民法院或者仲裁机构予以增加；约定的违约金过分高于造成的损失的，当事人可以请求人民法院或者仲裁机构予以适当减少。

当事人就迟延履行约定违约金的，违约方支付违约金后，还应当履行债务。

第一百八十二条 用电人应当按照国家有关规定和当事人的约定及时交付电费。用电人逾期不交付电费的，应当按照约定支付违约金。经催告用电人在合理期限内仍不交付电费和违约金的，供电人可以按照国家规定的程序中止供电。

❷《**中华人民共和国电力法**》（1996年4月1日施行）

第三十三条 供电企业应当按照国家核准的电价和用电计量装置的记录，向用户计收电费。

供电企业查电人员和抄表收费人员进入用户，进行用电安全检查或者抄表收费时，应当出示有关证件。

用户应当按照国家核准的电价和用电计量装置的记录，按时交纳电费；对供电企业查电人员和抄表收费人员依法履行职责，应当提供方便。

❸《**电力供应与使用条例**》（1996年9月1日施行）

第二十七条 供电企业应当按照国家核准的电价和用电计量装置的记录，向用户计收电费。

用户应当按照国家批准的电价，并按照规定的期限、方式或者合同约定的办法，交付电费。

第三十九条 违反本条例第二十七条规定，逾期未交付电费的，供电企业可以从逾期之日起，每日按照电费总额的1‰至3‰加收违约金，具体比例由供用电双方在供用电合同中约定；自逾期之日起计算超过30日，经催交仍未交付电费的，供电企业可以按照国家规定的程序停止供电。

❹《**供电营业规则**》（1996年10月8日施行）

第九十八条 用户在供电企业规定的期限内未交清电费时，应承担电费滞纳的违约责任。电费违约金从逾期之日起计算至交纳日止。每日电费违约金按下列规定计算：

1. 居民用户每日按欠费总额的千分之一计算；
2. 其他用户：

（1）当年欠费部分，每日按欠费总额的千分之二计算；

（2）跨年度欠费部分，每日按欠费总额的千分之三计算。

电费违约金收取总额按日累加计收，总额不足1元者按1元收取。

案例链接

❶《高喜元与长葛市电力工业公司等供用电合同纠纷上诉案》，参见北大法宝引证码：Pkulaw. cn/CLI. C. 192823。

❷《成都电业局金牛供电局诉河南安彩集团成都电子玻璃有限公司供用电合同纠纷案》，参见北大法宝引证码：Pkulaw. cn/CLI. C. 99644。

❸《新疆石河子八棉纺织公司与新疆天富热电股份有限公司供用电合同纠纷上诉案》，参见北大法宝引证码：Pkulaw. cn/CLI. C. 90692。

❹《海南电网保亭供电公司与金都康乐馆供用电合同纠纷上诉案》，参见北大法宝引证码：Pkulaw. cn/CLI. C. 82765。

【用电人安全用电义务】

法律问题解读

基于电力的特殊性以及供用电合同的特殊性，任何一个用户能否安全、合理地使用电力，都关系到电网的运行安全，关系到社会和其他用户的安全，一个用电人的违章、违约用电行为，可能导致他人的人身财产损失。因此，用电人应当按照国家有关规定和当事人的约定安全用电。如果双方当事人在供用电合同中约定了用电人违反安全用电义务的违约金，无论用电人的违约行为是否给供电人带来损失，用电人都要承担支付违约金的法律责任。用电人未按照国家有关规定和当事人的约定安全用电，造成供电人损失的，还应当承担损害赔偿责任。未按照国家有关规定安全用电的行为主要有：擅自改变用电类别；擅自超过合同约定的容量用电；擅自超过计划分配的用电指标；擅自使用已经在供电企业办理暂停使用手续的电力设备，或者擅自启用已经被供电企业查封的电力设备；擅自迁移、更动或者擅自操作供电企业的用电计量装置、电力负荷控制装置、供电设施以及约定由供电企业调度的用户受电设备；未经供电企业许可，擅自引入、供出电源或者将自备电源擅自并网。危害供电、用电安全或者扰乱供电、用电秩序的，由电力管理部门责令改正，给予警告；情节严重或者拒绝改正的，可以中止供电，可以并处5万元以下的罚款。违章用电的，供电企业可以根据违章事实和造成的后果追交电费，并按照国务院电力管理部门的规定加收电费和国家规定的其他费用。

法条指引

❶《中华人民共和国合同法》（1999年10月1日施行）

第一百零七条 当事人一方不履行合同义务或者履行合同义务不符合约定的，应当承担继续履行、采取补救措施或者赔偿损失等违约责任。

第一百一十四条 当事人可以约定一方违约时应当根据违约情况向对方支付一定数额的违约金，也可以约定因违约产生的损失赔偿额的计算方法。

约定的违约金低于造成的损失的，当事人可以请求人民法院或者仲裁机构予以增加；约定的违约金过分高于造成的损失的，当事人可以请求人民法院或者仲裁机构予以适当减少。

当事人就迟延履行约定违约金的，违约方支付违约金后，还应当履行债务。

第一百二十二条 因当事人一方的违约行为，侵害对方人身、财产权益的，受损害方有权选择依照本法要求其承担违约责任或者依照其他法律要求其承担侵权责任。

第一百八十三条 用电人应当按照国家有关规定和当事人的约定安全用电。用电人未按照国家有关规定和当事人的约定安全用电，造成供电人损失的，应当承担损害赔偿责任。

❷《中华人民共和国电力法》（1996年4月1日施行）

第三十二条 用户用电不得危害供电、用电安全和扰乱供电、用电秩序。

对危害供电、用电安全和扰乱供电、用电秩序的，供电企业有权制止。

第六十五条 违反本法第三十二条规定，危害供电、用电安全或者扰乱供电、用电秩序的，由电力管理部门责令改正，给予警告；情节严重或者拒绝改正的，可以中止供电，可以并处五万元以下的罚款。

❸《电力供应与使用条例》（1996年9月1日施行）

第三十条 用户不得有下列危害供电、用电安全，扰乱正常供电、用电秩序的行为：

（一）擅自改变用电类别；

（二）擅自超过合同约定的容量用电；

（三）擅自超过计划分配的用电指标的；

（四）擅自使用已经在供电企业办理暂停使用手续的电力设备，或者擅自启用已经被供电企业查封的电力设备；

（五）擅自迁移、更动或者擅自操作供电企业的用电计量装置、电力负荷控制装置、供电设施以及约定由供电企业调度的用户受电设备；

（六）未经供电企业许可，擅自引入、供出电源或者将自备电源擅自并网。

第四十条 违反本条例第三十条规定，违章用电的，供电企业可以根据违章事实和造成的后果追交电费，并按照国务院电力管理部门的规定加收电费和国家规定的其他费用；情节严重的，可以按照国家规定的程序停止供电。

【供用水、供用气、供用热力合同的法律适用】

法律问题解读

供用水、供用气、供用热力合同，是指水、气、热力的供应方供应水、气、热力，使用方支付价款的合同。供用水、供用气、供用热力合同是一种特殊买卖合同，合同的标的都是特殊的商品。

供用水、供用气、供用热力合同与供用电合同一样，都具有以下特征：供应方具有特定性；都是持续供给合同；使用费具有确定性，由主管部门统一定价；一般都为格式合同；具有较强的计划性；供应方的意思自治要受到一定程度的限制；不得违反国家规定对申请使用的单位和个人拒绝供应；对使用人有特殊要求。正是基于供用水、气、热力合同与供用电合同这些共同点，《合同法》规定：供用水、供用气、供用热力合同，参照供用电合同的有关规定。当然，供用水、供用气、供用热力合同也有其特殊性，与供用电合同并不完全相同，因此，如果其他法律对其有特殊规定的，首先应该适用其规定，在没有明确的特殊规定的情况下，才参照供用电合同的有关规定。

法条指引

❶《中华人民共和国合同法》（1999 年 10 月 1 日施行）

第一百八十四条　供用水、供用气、供用热力合同，参照供用电合同的有关规定。

❷《中华人民共和国水法》（2002 年 8 月 29 日修正）（略）

❸《城市供水条例》（1994 年 10 月 1 日施行）（略）

❹《城市节约用水管理规定》（1989 年 1 月 1 日施行）（略）

❺《城市燃气管理办法》（1998 年 1 月 1 日施行）（略）

❻《城市燃气安全管理规定》（1991 年 5 月 1 日施行）（略）

案例链接

❶《浙江富春水务开发有限公司诉杭州桐泓染整有限公司供用水合同纠纷案》，参见北大法宝引证码：Pkulaw. cn/CLI. C. 247157。

❷《北京市自来水集团有限责任公司诉北京房开置业股份有限公司供用水合同纠纷案》，参见北大法宝引证码：Pkulaw. cn/CLI. C. 199300。

❸《宁波永大时代物业管理有限公司与宁海县水务集团有限公司供用水合同纠纷上诉案》，参见北大法宝引证码：Pkulaw. cn/CLI. C. 283501。

第十二章 赠与合同

● 本章为读者提供与以下题目有关的法律问题的解读及相关法律文献依据

> 赠与合同（244） 赠与财产的登记（245） 附义务的赠与（246） 赠与人的瑕疵担保责任（246）
> 赠与人的损害赔偿责任（247） 受赠人的履行请求权（247） 赠与合同的任意撤销（248） 赠与合同的法定撤销（248） 继承人和法定代理人的撤销权（249） 撤销赠与的法律后果（249） 赠与义务的法定解除（250） 赠与合同的法定撤销与赠与义务的法定解除（250） 赠与合同与遗赠扶养协议（251）

【赠与合同】

法律问题解读

赠与合同是赠与人将自己的财产无偿给予受赠人，受赠人表示接受赠与的合同。它具有以下法律特征：（1）赠与合同是转移财产权的合同，这里所说的财产权包括所有权、知识产权、土地使用权等物权、债权等。（2）赠与合同为单务无偿合同。赠与合同中仅赠与人负有向受赠人给付约定的赠与标的物的义务，而受赠人不负对待给付的义务，即使在附义务的赠与中，受赠人的义务也不是赠与人义务的对价。基于此，遗赠扶养协议由于是双务有偿合同，故不属于赠与合同。（3）赠与合同是双方法律行为。赠与合同需要当事人双方意思表示一致才能成立，如果一方有意赠与，但是另一方出于某种原因不愿意接受的，赠与合同不能成立。

对于设附义务的赠与合同为纯获利益的合同，受赠人可以是完全民事行为能力人，也可以是限制民事行为能力人或者无民事行为能力人。理论界对赠与合同是实践合同还是诺成合同存在争论，我们认为，与最高人民法院《关于贯彻执行〈中华人民共和国民法通则〉若干问题的意见（试行）》不同，《合同法》的具体规定表明赠与合同为诺成合同，当事人意思表示一致时即成立，而无论赠与是以口头形式还是书面形式订立的，也无论赠与的财产是否交付。与一般的诺成合同不同的是，考虑到保护赠与人的利益，在一般情况下赠与人在赠与财产权利移转之前对赠与合同可以任意撤销。

法条指引

❶《中华人民共和国合同法》（1999年10月1日施行）

第四十七条 限制民事行为能力人订立的合同，经法定代理人追认后，该合同有效，但纯获利益的合同或者与其年龄、智力、精神健康状况相适应而订立的合同，不必经法定代理人追认。

相对人可以催告法定代理人在一个月内予以追认。法定代理人未作表示的，视为拒绝追认。合同被追认之前，善意相对人有撤销的权利。撤销应当以通知的方式作出。

第一百八十五条 赠与合同是赠与人将自己的财产无偿给予受赠人，受赠人表示接受赠与的合同。

第一百八十六条 赠与人在赠与财产的权利转移之前可以撤销赠与。

具有救灾、扶贫等社会公益、道德义务性质的赠与合同或者经过公证的赠与合同，不适用前款规定。

第一百九十条 赠与可以附义务。

赠与附义务的，受赠人应当按照约定履行义务。

❷《中华人民共和国继承法》（1985年10月1日施行）

第三十一条 公民可以与扶养人签订遗赠扶

养协议。按照协议,扶养人承担该公民生养死葬的义务,享有受遗赠的权利。

公民可以与集体所有制组织签订遗赠扶养协议。按照协议,集体所有制组织承担该公民生养死葬的义务,享有受遗赠的权利。

❸ **最高人民法院《关于贯彻执行〈中华人民共和国民法通则〉若干问题的意见(试行)》**(1988年1月26日施行)

6. 无民事行为能力人、限制民事行为能力人接受奖励、赠与、报酬,他人不得以行为人无民事行为能力、限制民事行为能力为由,主张以上行为无效。

128. 公民之间赠与关系的成立,以赠与物的交付为准。赠与房屋,如根据书面赠与合同办理了过户手续的,应当认定赠与关系成立;未办理过户手续,但赠与人根据书面赠与合同已将产权证书交与受赠人,受赠人根据赠与合同已占有、使用该房屋的,可以认定赠与有效,但应令其补办过户手续。

129. 赠与人明确表示将赠与物赠给未成年人个人的,应当认定该赠与物为未成年人的个人财产。

案例链接

❶《宋喜贵与宋八斤赠与合同纠纷上诉案》,参见北大法宝引证码:Pkulaw. cn/CLI. C. 239601。

❷《何顶与何伟等赠与合同纠纷上诉案》,参见北大法宝引证码:Pkulaw. cn/CLI. C. 251330。

❸《彭妙华与叶顺好房屋赠与合同纠纷上诉案》,参见北大法宝引证码:Pkulaw. cn/CLI. C. 234915。

❹《曹某某与华某某离婚后财产纠纷上诉案》,参见北大法宝引证码:Pkulaw. cn/CLI. C. 275979。

学者观点

❶ 高晓春:《赠与合同若干问题探析》,参见北大法宝引证码:Pkulaw. cn/CLI. A. 184120。

❷ 唐明:《试论赠与合同的立法及司法实践》,参见北大法宝引证码:Pkulaw. cn/CLI. A. 11781。

【赠与财产的登记】

法律问题解读

对于一般动产而言,赠与人基于赠与合同的约定将其交付给受赠人时,标的物的所有权即转移给受赠人;而对于不动产和特殊的动产而言,单纯的交付尚不能转移权利,还需办理法律规定的登记等手续。

这里所说的登记是指物权变动当事人按照法律的要求,向国家主管机关提交申请书、有关权证书、协议书等,要求登载记录物权变动之事项,该机关经审查认为无误时,将物权变动事项记载于登记簿内的活动。依照相关法律法规的规定,房屋所有权的变动、土地使用权的变动、特殊动产如船舶所有权的变动均需办理登记手续。需要注意的是,特别手续的办理与否,并非一定影响标的物权利转移的效力,要根据有关法律的规定来确定。如果法律规定登记等手续只是备案性质或者只是具备对抗第三人的效力,即使未履行登记等手续,赠与合同也能成立并有效,财产权利在交付时也发生转移;如果法律规定的登记是合同生效的要件,如果没有登记,并不影响合同的成立,只是合同不生效力;如果法律规定的登记是合同成立的必备条件,则必须履行登记手续,否则合同不成立。

法条指引

❶《中华人民共和国合同法》(1999年10月1日施行)

第一百八十七条 赠与的财产依法需要办理登记等手续的,应当办理有关手续。

❷《中华人民共和国物权法》(2007年10月1日施行)

第一百四十五条 建设用地使用权转让、互换、出资或者赠与的,应当向登记机构申请变更登记。

案例链接

❶《张争鸣与张生礼赠与合同纠纷上诉案》,参见北大法宝引证码:Pkulaw. cn/CLI. C. 207304。

❷《陈清芳诉李秋霞等撤赠与合同、继承纠纷案》,参见北大法宝引证码:Pkulaw. cn/CLI. C. 202843。

❸《代礼明诉代传彬赠与合同纠纷案》,参见北大法宝引证码:Pkulaw. cn/CLI. C. 204999。

❹《张某诉李某赠与合同纠纷案》,参见北大法宝引证码:Pkulaw. cn/CLI. C. 202683。

【附义务的赠与】

法律问题解读

附义务赠与是一种特殊赠与，需要注意的是，赠与所附的义务并不是赠与行为的对价。赠与所附义务是赠与合同的组成部分，而不是单独的合同；与一般赠与不同，附义务赠与中，受赠人要承担一定的义务，所附义务通常低于赠与财产的价值；一般情况下，在赠与人履行了赠与义务后，才发生受赠人义务的履行问题，但当事人另有约定的除外；赠与所附义务，可以约定向赠与人履行，也可以约定向第三人履行，还可以约定向不特定的多数人履行；受赠人所负的义务，依照当事人的约定，可以是作为，也可以是不作为。对于附义务赠与，受赠人应当按照合同约定履行义务。

附义务赠与和目的赠与及附条件或附期限的赠与不同。目的赠与是为实现一定目的、达到一定结果而为的赠与。与附义务赠与的主要区别体现在目的赠与的赠与人不得向受赠人请求结果的实现，他只能在结果不能实现时请求受赠人返还；而在附义务赠与中，受赠人不按约定履行义务的，赠与人可以请求其履行。附条件或附期限的赠与是以一定条件的成就或者期限的届至作为赠与合同生效或者失效的前提，约定的条件和期限直接影响到合同的效力；而附义务赠与中，所负义务履行与否不影响合同的效力。

对于附义务的赠与合同，受赠人不履行义务的，赠与人可以请求其履行该义务或者撤销赠与，但如果受赠人未履行其义务或者履行不适当是因不可归责于自身的事由造成的，赠与人不得撤销赠与。如果所负义务因客观原因已经无法履行，受赠人的该项义务应被免除。另外，我们认为，如果受赠人的义务超过赠与财产的价值，对超出的部分可以拒绝履行。

法条指引

❶《中华人民共和国合同法》（1999年10月1日施行）

第四十五条 当事人对合同的效力可以约定附条件。附生效条件的合同，自条件成就时生效。附解除条件的合同，自条件成就时失效。

当事人为自己的利益不正当地阻止条件成就的，视为条件已成就；不正当地促成条件成就的，视为条件不成就。

第四十六条 当事人对合同的效力可以约定附期限。附生效期限的合同，自期限届至时生效。附终止期限的合同，自期限届满时失效。

第一百九十条 赠与可以附义务。

赠与附义务的，受赠人应当按照约定履行义务。

第一百九十二条 受赠人有下列情形之一的，赠与人可以撤销赠与：

（一）严重侵害赠与人或者赠与人的近亲属；

（二）对赠与人有扶养义务而不履行；

（三）不履行赠与合同约定的义务。

赠与人的撤销权，自知道或者应当知道撤销原因之日起一年内行使。

案例链接

❶《杨梅花诉张书伟等附义务的赠与合同纠纷案》，参见北大法宝引证码：Pkulaw.cn/CLI.C.225961。

❷《中国经济时报社与北京教高招生考试信息咨询中心合同纠纷上诉案》，参见北大法宝引证码：Pkulaw.cn/CLI.C.175152。

❸《周玉珠与刘惠珍赠与合同纠纷上诉案》，参见北大法宝引证码：Pkulaw.cn/CLI.C.139992。

❹《胡立欢与戴小春赠与合同纠纷上诉案》，参见北大法宝引证码：Pkulaw.cn/CLI.C.91429。

【赠与人的瑕疵担保责任】

法律问题解读

这里所说的瑕疵包括质量瑕疵和权利瑕疵。一般情况下，赠与的财产有瑕疵的，赠与人不承担责任，这主要是基于赠与合同的单务性质和无偿性质所决定的。《合同法》规定了两种例外：附义务的赠与，赠与的财产有瑕疵的，赠与人在附义务的限度内承担与出卖人相同的责任；赠与人故意不告知瑕疵或者保证无瑕疵，造成受赠人损失的，应当承担损害赔偿责任。与一般赠与合同不同，附义务的赠与的受赠人在享有利益的同时，还需要履行约定的义务。就受赠人履行的义务而言，类似买卖合同中买受人的地位。如果赠与的财产有瑕疵，必然导致受赠人所受利益有所减损，这便与合同约定的权利义务不相对应，使受赠人遭受损失。为平衡赠与人与受赠人的利益，应由赠与人承担瑕疵担保责任，但这种瑕疵担保责任应当是有限制的,即赠与人应在受赠人所附义务限度内,承担与买卖合同中的出卖人相同的瑕疵担保责任。对于赠与人故意不告知瑕疵或者保证无瑕疵的情况,说明赠与人有主观上的恶意,因此给受赠人造成其他财产损失或者人身伤害的,应负损害赔偿责任。需要注意的是,这里所说的损失应仅包括接受和使用该赠与财产而造成的损失,即直接损失。

法条指引

❶《中华人民共和国合同法》(1999年10月1日施行)

第一百四十八条 因标的物质量不符合质量要求,致使不能实现合同目的的,买受人可以拒绝接受标的物或者解除合同。买受人拒绝接受标的物或者解除合同的,标的物毁损、灭失的风险由出卖人承担。

第一百五十条 出卖人就交付的标的物,负有保证第三人不得向买受人主张任何权利的义务,但法律另有规定的除外。

第一百九十一条 赠与的财产有瑕疵的,赠与人不承担责任。附义务的赠与,赠与的财产有瑕疵的,赠与人在附义务的限度内承担与出卖人相同的责任。

赠与人故意不告知瑕疵或者保证无瑕疵,造成受赠人损失的,应当承担损害赔偿责任。

【赠与人的损害赔偿责任】

法律问题解读

《合同法》规定,因赠与人故意或者重大过失致使赠与的财产毁损、灭失的,赠与人应当承担损害赔偿责任。故意是指行为人预见到自己行为的后果,仍然希望或者放任结果发生的心理状态。过失是行为人违反其应尽和能尽的注意义务行为的心理状态。根据过失的轻重程度,可以将其分为轻过失和重大过失:欠缺一个谨慎之人所应有的注意而致人损害,构成轻过失;未达到一个疏忽之人所能达到的注意而致人损害,构成重大过失。

需要注意的是,普通赠与合同中的赠与人不承担损害赔偿责任,只有具有救灾、扶贫等社会公益、道德义务性质的赠与合同或者经过公证的赠与合同中的赠与人,才可能承担损害赔偿责任,并且仅仅是在因其故意或者重大过失而致使赠与

的财产毁损、灭失的情况下才承担该责任,也就是说,在因其轻过失而致使赠与的财产毁损、灭失的情况下,赠与人不承担损害赔偿责任。普通赠与合同中的赠与人不承担损害赔偿责任,是因为该类赠与合同中的赠与人享有任意撤销赠与的权利,并且受赠人无权要求其履行,从结果上看,因赠与人故意或者重大过失致使赠与的财产毁损、灭失的情况与其撤销赠与的情况相当。

法条指引

❶《中华人民共和国合同法》(1999年10月1日施行)

第一百八十九条 因赠与人故意或者重大过失致使赠与的财产毁损、灭失的,赠与人应当承担损害赔偿责任。

【受赠人的履行请求权】

法律问题解读

赠与人不交付赠与财产是否构成违约行为,应当依照赠与合同的具体情况加以区分。由于普通赠与合同中,赠与人享有撤销权,在财产权利转移之前,赠与人可以任意撤销赠与。赠与或不赠与的选择权在于赠与人,受赠人只能等待赠与人的交付行为,而不能采取积极的行动要求赠与人履行义务。因而,对这类赠与合同,赠与人不给付赠与财产的,受赠人不能请求赠与人给付赠与的财产,赠与人不交付赠与财产不构成违约行为。

对于具有救灾、扶贫等社会公益、道德义务性质的赠与合同或者经过公证的赠与合同,因赠与人并没有任意撤销该合同的权利,在赠与人迟延履行或者拒绝履行给付赠与财产的义务时,即构成违约行为,应当承担违约责任;受赠人也可以请求赠与人给付赠与的财产,赠与人仍不为给付的,受赠人可以申请强制执行。需要注意的是,由于赠与合同为单务无偿合同,仅由赠与人单方承担给付义务,当赠与人不履行交付赠与财产的义务时,其责任也应当有所限制,而不像一般双务有偿合同那样,在履行给付义务时还应当支付迟延利息或者赔偿其他损失。《合同法》规定的赠与人不交付赠与的财产的,受赠人可以要求交付,应理解为仅限于赠与的财产本身,即不包括迟延利息和其他损害赔偿等。

法条指引

❶《中华人民共和国合同法》（1999年10月1日施行）

第一百八十八条　具有救灾、扶贫等社会公益、道德义务性质的赠与合同或者经过公证的赠与合同，赠与人不交付赠与的财产的，受赠人可以要求交付。

【赠与合同的任意撤销】

法律问题解读

赠与合同的任意撤销是赠与人的一种特殊权利，即赠与人在赠与财产的权利转移给受赠人之前，可以自由地撤销赠与而不承担任何责任。赠与合同是单务无偿合同，只有赠与人负有将自己的财产无偿给予受赠人的义务，受赠人无需承担相应的对价，根据权利义务相对应的原则，赠与人也应当享有与其义务相适应的权利，故《合同法》赋予赠与人以任意撤销赠与合同的撤销权，该撤销可以是全部撤销也可以是部分撤销。

赠与合同的任意撤销应当具备以下条件：

1. 赠与合同成立并有效，在赠与合同未成立或者无效的情况下，因为对当事人无法律拘束力，故无从撤销。

2. 赠与财产的权利尚未转移，如果已经转移，赠与合同则消灭，也无从撤销。

3. 不属于具有救灾、扶贫等社会公益、道德义务性质的赠与合同或者经过公证的赠与合同。社会公益事业必须是非营利性的，它主要包括：救助灾害、救济贫困、扶助残疾人等困难的社会群体和个人的活动；教育、科学、文化、卫生、体育事业；环境保护、社会公共设施建设；促进社会发展和进步的其他社会公共和福利事业。

法条指引

❶《中华人民共和国合同法》（1999年10月1日施行）

第一百八十六条　赠与人在赠与财产的权利转移之前可以撤销赠与。

具有救灾、扶贫等社会公益、道德义务性质的赠与合同或者经过公证的赠与合同，不适用前款规定。

❷《中华人民共和国公益事业捐赠法》（1999年9月1日施行）（略）

❸《赠与公证细则》（1992年4月1日施行）（略）

案例链接

❶《陈毅生、张秀珍诉陈杨赠与合同案》，参见北大法宝引证码：Pkulaw.cn/CLI.C.49473。

【赠与合同的法定撤销】

法律问题解读

赠与合同的法定撤销，是指赠与合同成立并生效后，甚至在赠与合同已经有一部分或者全部履行之后，在具备法律规定的情形时赠与人的撤销。与此相对应，具备法律规定的情形时赠与人享有撤销权，它是法律赋予赠与人的一种单方解除合同的权利。与任意撤销权不同，法定撤销权必须在法律规定的条件成就时赠与人才能享有及行使，它不仅适用于普通的赠与合同，也适用于具有救灾、扶贫等社会公益和道德义务性质的赠与合同以及经过公证的赠与合同和受赠人附义务的赠与合同。而任意撤销权不需要任何条件，而且仅适用于一般赠与合同。

《合同法》规定，受赠人有下列情形之一的，赠与人可以撤销赠与：

1. 严重侵害赠与人或者赠与人的近亲属。(1) 侵害的对象必须是赠与人本人或其近亲属，赠与人近亲属包括配偶、父母、子女、祖父母、外祖父母、孙子女、外孙子女、兄弟姐妹；(2) 受赠人实施的侵害行为必须是达到严重的程度，而不是轻微的、一般的侵害行为；(3) 受赠人的侵害必须是出于故意或者过失。

2. 对赠与人有扶养义务而不履行。(1) 受赠人对赠与人有扶养义务；(2) 受赠人不履行对赠与人的扶养义务；(3) 受赠人有扶养能力，如果受赠人没有扶养能力的，赠与人不能因为其不履行扶养义务而撤销。

3. 不履行赠与合同约定的义务。在附义务赠与中，受赠人应当依约定履行其所负义务，即使在赠与人向受赠人交付了赠与的财产后，受赠人如不依约履行其义务，赠与人也可以撤销赠与。为了避免赠与关系长期处于不确定状态，撤销权人应当及时行使撤销权。赠与人行使撤销权的期间为一年，自知道或者应当知道撤销原因之日起计算，这一期间为除斥期间，撤销权人如在此期间内不行使撤销权的，其撤销权归于消灭。

法条指引

❶《中华人民共和国合同法》(1999 年 10 月 1 日施行)

第一百九十二条 受赠人有下列情形之一的,赠与人可以撤销赠与:

(一) 严重侵害赠与人或者赠与人的近亲属;

(二) 对赠与人有扶养义务而不履行;

(三) 不履行赠与合同约定的义务。

赠与人的撤销权,自知道或者应当知道撤销原因之日起一年内行使。

案例链接

❶《陈毅生、张秀珍诉陈杨赠与合同案》,参见北大法宝引证码:Pkulaw. cn/CLI. C. 49473。

【继承人和法定代理人的撤销权】

法律问题解读

赠与人的继承人或者法定代理人仅在赠与人不能行使撤销权的情况下,才享有撤销赠与的权利。赠与的撤销权本应属于赠与人,但因受赠人的违法行为致使赠与人死亡或者丧失民事行为能力时,赠与人事实上已无法行使撤销权,而由赠与人的继承人或法定代理人行使撤销权,才能实现赠与人撤销赠与的权利或者意愿。

赠与人的继承人或者法定代理人取得撤销权的法定情形有两个:

1. 因受赠人的违法行为致使赠与人死亡。构成这一事由的条件有以下两个方面:(1) 必须导致赠与人死亡。如果其没有死亡,则可能由其自己行使撤销权,或者在丧失行为能力的情况下由其法定代理人行使撤销权;(2) 必须是受赠人的违法行为导致赠与人死亡。如果因他人的违法行为或者因受赠人的非违法行为导致赠与人死亡,则不发生赠与的撤销权。

2. 因受赠人的违法行为致使赠与人丧失民事行为能力。构成这一事由的法定要件为:(1) 必须是赠与人丧失民事行为能力;(2) 必须是受赠人的违法行为导致赠与人丧失民事行为能力。

赠与人的继承人或法定代理人行使撤销权的期间为 6 个月,自知道或者应当知道撤销原因之日起计算。

法条指引

❶《中华人民共和国合同法》(1999 年 10 月 1 日施行)

第一百九十三条 因受赠人的违法行为致使赠与人死亡或者丧失民事行为能力的,赠与人的继承人或者法定代理人可以撤销赠与。

赠与人的继承人或者法定代理人的撤销权,自知道或者应当知道撤销原因之日起六个月内行使。

案例链接

❶《陈清芳诉李秋霞等撤赠与合同、继承纠纷案》,参见北大法宝引证码:Pkulaw. cn/CLI. C. 202843。

❷《吴占云与靳合队债务清偿纠纷上诉案》,参见北大法宝引证码:Pkulaw. cn/CLI. C. 258459。

❸《钟彩芹与钟长根房屋赠与合同纠纷上诉案》,参见北大法宝引证码:Pkulaw. cn/CLI. C. 92016。

【撤销赠与的法律后果】

法律问题解读

撤销权人撤销赠与即撤销赠与合同,赠与合同被撤销后自始就没有法律约束力,有如下法律后果:(1) 赠与的财产未交付的,赠与人可以拒绝交付赠与财产。(2) 赠与的财产已经交付的,应当予以返还;不能返还或者没有必要返还的,应当折价补偿。

需要注意的是,这里所说的撤销权人包括赠与人和因受赠人的违法行为致使赠与人死亡或者丧失民事行为能力情况下的赠与人的继承人或法定代理人。另外,撤销权人向受赠人要求返还赠与财产的请求只能是在构成法定撤销的情况下,并且该赠与财产已经转移给受赠人时才能行使。由于任意撤销只能发生在赠与财产的权利转移之前,赠与财产的权利转移之后就不会存在任意撤销的问题了。

法条指引

❶《中华人民共和国合同法》(1999 年 10 月 1 日施行)

第五十六条 无效的合同或者被撤销的合同

自始没有法律约束力。合同部分无效，不影响其他部分效力的，其他部分仍然有效。

第五十八条 合同无效或者被撤销后，因该合同取得的财产，应当予以返还；不能返还或者没有必要返还的，应当折价补偿。有过错的一方应当赔偿对方因此所受到的损失，双方都有过错的，应当各自承担相应的责任。

第一百九十四条 撤销权人撤销赠与的，可以向受赠人要求返还赠与的财产。

案例链接

❶《宋喜贵与宋八斤赠与合同纠纷上诉案》，参见北大法宝引证码：Pkulaw. cn/CLI. C. 239601。

❷《赵强与赵孟赠与合同纠纷上诉案》，参见北大法宝引证码：Pkulaw. cn/CLI. C. 223154。

❸《杨梅花诉张书伟等附义务的赠与合同纠纷案》，参见北大法宝引证码：Pkulaw. cn/CLI. C. 225961。

❹《陈清芳诉李秋霞等撤赠与合同、继承纠纷案》，参见北大法宝引证码：Pkulaw. cn/CLI. C. 202843。

【赠与义务的法定解除】

法律问题解读

在赠与合同成立并生效后或者赠与人已经部分履行赠与义务后，赠与人的经济状况显著恶化，严重影响其生产经营或者家庭生活的，赠与人可以不再履行赠与义务。

赠与人拒绝履行全部的赠与义务或者后续的赠与义务，应当符合以下要件：

1. 经济状况显著恶化是发生在赠与合同成立之后，而不是成立之前。

2. 经济状况显著恶化，此种恶化可以是赠与人积极财产的显著减少，也可以是其消极财产的显著增加，前者如遭受灾害而损失惨重，后者如某种法定义务显著增加。

3. 赠与人的经济状况恶化到严重影响企业的生产经营或者使个人的家庭生活发生困难，如，不能维持自己的正常生计，不能履行扶养义务等。符合这些条件的，不论赠与合同以何种方式订立，不论赠与的目的性质如何，赠与人可以不再履行尚未履行的赠与义务。另外，这个规定所针对的赠与合同只能是附义务的赠与合同、经过公证的赠与合同或具有救灾、扶贫等社会公益、道德义务性质的赠与合同，如果是一般的赠与合同，赠与人在履行合同全部或者部分义务之前就可以撤销赠与，无须适用赠与义务免除的规定。

法条指引

❶《中华人民共和国合同法》（1999年10月1日施行）

第一百九十五条 赠与人的经济状况显著恶化，严重影响其生产经营或者家庭生活的，可以不再履行赠与义务。

案例链接

❶《马某与刘某赠与合同纠纷上诉案》，参见北大法宝引证码：Pkulaw. cn/CLI. C. 140788。

❷《钟彩芹与钟长根房屋赠与合同纠纷案》，参见北大法宝引证码：Pkulaw. cn/CLI. C. 92016。

❸《陈娜诉袁东离婚纠纷案》，参见北大法宝引证码：Pkulaw. cn/CLI. C. 19863。

❹《于景华诉苏金必婚约财产纠纷案》，参见北大法宝引证码：Pkulaw. cn/CLI. C. 86900。

【赠与合同的法定撤销与赠与义务的法定解除】

法律问题解读

赠与的法定撤销与赠与义务的法定解除都发生赠与人免除赠与义务的法律后果。然而两者存在区别，体现为：

1. 赠与合同的法定撤销具有溯及力。在赠与人已经将赠与财产交付或登记给受赠人之后，赠与人行使法定撤销权的，受赠人获得受赠财产失去法律依据，赠与人可以要求其返还。而赠与义务的法定解除只能发生在赠与财产权利转移之前。不具有溯及力。当赠与给付完成之后，即使赠与人财产状况恶化，也不得请求返还。

2. 赠与合同的法定撤销的目的在于，惩罚受赠人的忘恩负义或不履行义务的行为。而赠与义务的法定解除的目的是照顾确实已处于窘境的赠与人，平衡双方的利益。

法条指引

❶《中华人民共和国合同法》（1999年10月1日施行）

第五十六条 无效的合同或者被撤销的合同自始没有法律约束力。合同部分无效,不影响其他部分效力的,其他部分仍然有效。

第五十八条 合同无效或者被撤销后,因该合同取得的财产,应当予以返还;不能返还或者没有必要返还的,应当折价补偿。有过错的一方应当赔偿对方因此所受到的损失,双方都有过错的,应当各自承担相应的责任。

第一百九十二条 受赠人有下列情形之一的,赠与人可以撤销赠与:

(一)严重侵害赠与人或者赠与人的近亲属;

(二)对赠与人有扶养义务而不履行;

(三)不履行赠与合同约定的义务。

赠与人的撤销权,自知道或者应当知道撤销原因之日起一年内行使。

第一百九十三条 因受赠人的违法行为致使赠与人死亡或者丧失民事行为能力的,赠与人的继承人或者法定代理人可以撤销赠与。

赠与人的继承人或者法定代理人的撤销权,自知道或者应当知道撤销原因之日起六个月内行使。

第一百九十四条 撤销权人撤销赠与的,可以向受赠人要求返还赠与的财产。

第一百九十五条 赠与人的经济状况显著恶化,严重影响其生产经营或者家庭生活的,可以不再履行赠与义务。

【赠与合同与遗赠扶养协议】

法律问题解读

遗赠扶养协议是指当事人之间达成的扶养人承担公民生养死葬的义务,享有受遗赠的权利的协议。遗赠扶养协议与赠与合同一样都是双方意思表示一致的结果,属于双方法律行为;都发生赠与转让财产所有权的法律后果。然而两者存在以下区别:

1. 赠与合同是单务合同。受赠人接受赠与无须对待给付。即使在附义务的赠与中,所负义务也不构成赠与的对价。而遗赠扶养协议是双务合同。扶养人负有负责受扶养人的生养死葬的义务,受扶养人负有将自己的财产遗赠给扶养人的义务。因此,可见赠与合同是无偿合同,而遗赠扶养协议是有偿合同。

2. 遗赠扶养协议是自然人生前对自己死亡后遗留下的遗产的处分,其遗赠的财产转移只有在受扶养人死后才发生效力,协议的效力不因受扶养人死亡发生影响。而赠与合同没有这一方面的特点,赠与财产在交付或登记后发生财产转移的后果(法定撤销的情形除外)。

法条指引

❶《中华人民共和国继承法》(1985年10月1日施行)

第三十一条 公民可以与扶养人签订遗赠扶养协议。按照协议,扶养人承担该公民生养死葬的义务,享有受遗赠的权利。

公民可以与集体所有制组织签订遗赠扶养协议。按照协议,集体所有制组织承担该公民生养死葬的义务,享有受遗赠的权利。

案例链接

❶《毛顺清、龙福臣诉梅正仙遗赠扶养协议纠纷抗诉案》,参见北大法宝引证码:Pkulaw.cn/CLI.C.226780。

❷《毛顺清、龙福臣诉梅正仙遗赠扶养协议纠纷抗诉案》,参见北大法宝引证码:Pkulaw.cn/CLI.C.67505。

❸《倪观生诉倪永金赠与合同案》,参见北大法宝引证码:Pkulaw.cn/CLI.C.49193。

第十三章　借款合同

● 本章为读者提供与以下题目有关的法律问题的解读及相关法律文献依据

借款合同（252）　借款合同与借贷合同（253）　借款合同的形式（253）　借款合同的内容（254）　还款期限（255）　借款合同的展期（257）　贷款利率（258）　复利（259）　借款合同当事人的违约责任（261）　金融机构借款合同（261）　金融机构的合同权利义务（262）　利息预扣禁止（263）　贷款人的监督检查权（264）　借款人的合同义务（264）　借款合同的担保（266）　借款人的附随义务（269）　合理使用借款（270）　提前还款（271）　民间借贷合同（272）　民间借贷的利息和利率（273）　贷款合同的种类（274）　保证贷款（275）　抵押贷款（280）　质押贷款（284）　住房按揭贷款（289）　同业拆借（290）

【借款合同】

法律问题解读

借款合同是借款人向贷款人借款，到期返还借款并支付利息的合同。交付金钱给他人的一方称为贷款人，接受金钱并于一定期限内返还金钱的一方，称为借款人或受贷人。在司法实践中，把握借款合同这一合同类型，应当注意下列要点：

1. 借款合同的标的物为货币，而不能为其他消耗物或不可消耗物。合同法将其他可消耗的种类物的借用合同排除在借款合同之外，关于此类合同可以用租赁合同的有关规定予以调整。

2. 借款合同一般为有偿合同。金融机构发放的贷款，依照人民银行的规定，一般都应当收取一定的利息。对借款人而言，借款合同到期以后，不仅应当返还本金，还应当按照规定支付利息。可见，这种借款合同是有偿的。公民之间借款合同的利率，不得违反国家有关借款利率的规定，所以公民之间的借款合同可以是有偿的。

3. 借款合同为双务合同。作为出借人，应当按照借款合同规定的日期及金额提供借款，否则将向对方支付一定的违约金。借款人要按照合同约定的用途使用借款，到期应当返还借款并支付利息。

4. 借款合同是转移标的物的占有、使用、收益、处分权即所有权的合同。货币不同于一般的物，货币具有强制通用力。其基本原则是，货币一经被占有，即对其拥有所有权，货币的占有与所有权不能分离。借款人接受出借人的货币后即与自己的货币相混合，出借人到期享有的请求返还本金和利息的权利不再是物权而是债权请求权。

法条指引

❶《中华人民共和国合同法》（1999 年 10 月 1 日施行）

第一百九十六条　借款合同是借款人向贷款人借款，到期返还借款并支付利息的合同。

❷《中华人民共和国民法通则》（1987 年 1 月 1 日施行）

第九十条　合法的借贷关系受法律保护。

案例链接

❶《齐志红诉王长海民间借款合同纠纷案》，参见北大法宝引证码：Pkulaw. cn/CLI. C. 285554。

❷《崔要胜诉端木照朋借款合同纠纷案》，参见北大法宝引证码：Pkulaw. cn/CLI. C. 281107。

❸《张明诉孙潇强借款合同纠纷案》，参见北大法宝引证码：Pkulaw. cn/CLI. C. 280844。

❹《中国工商银行股份有限公司商丘分行诉侯红印等借款合同纠纷案》，参见北大法宝引证码：Pkulaw. cn/CLI. C. 285935。

学者观点

❶ 刘定华、芥民:《借款合同三论》,参见北大法宝引证码:Pkulaw.cn/CLI.A.11900。

❷ 温金来:《借款合同中能否适用定金担保?》,参见北大法宝引证码:Pkulaw.cn/CLI.A.170728。

【借款合同与借贷合同】

法律问题解读

在《合同法》颁布之前,我国法律和最高人民法院的司法解释历来把金融机构为出借人的借贷关系称为借款合同,而将自然人之间、自然人与法人之间的货币借用关系称为借贷合同关系,并用不同的法律规范予以调整。

《合同法》在充分考虑学术界大多数观点的同时,结合我国的实际情况,将金融机构为出借人的借款合同与民间借贷关系统称为借款合同。《合同法》的这一规定比较科学:合同种类的划分标准应当是合同自身性质及法律关系的内容,而不应当是合同的主体。无论出借人是银行等金融机构,还是自然人等其他主体,其借出的标的物、权利义务的约定在大体上是一致的;并且,从更为深层次的意义上讲,只要是民事主体,在法律上就是一律平等的,不能对不同的主体进行区别对待。因此,不应当以主体的不同而将其划分为不同类型的合同。尽管我国《合同法》将以银行等金融机构为出借人的借款合同与民间借贷关系作了统一规定,但是以金融机构为出借人的借款合同与民间借贷合同确实存在许多差异,因此,《合同法》对民间借贷合同关系在利息、签订形式及履行等方面作了比较灵活的规定。从这一角度而言,在司法实践中,区别银行借贷与民间借贷仍然是非常必要的。

法条指引

❶《中华人民共和国合同法》(1999年10月1日施行)

第一百九十六条 借款合同是借款人向贷款人借款,到期返还借款并支付利息的合同。

第二百一十条 自然人之间的借款合同,自贷款人提供借款时生效。

第二百一十一条 自然人之间的借款合同对支付利息没有约定或者约定不明确的,视为不支付利息。

自然人之间的借款合同约定支付利息的,借款的利率不得违反国家有关限制借款利率的规定。

❷《中华人民共和国民法通则》(1987年1月1日施行)

第九十条 合法的借贷关系受法律保护。

❸ 中国人民银行《贷款通则》(1996年8月1日施行)

第二条 本通则所称贷款人,系指在中国境内依法设立的经营贷款业务的中资金融机构。

本通则所称借款人,系指从经营贷款业务的中资金融机构取得贷款的法人、其他经济组织、个体工商户和自然人。

本通则中所称贷款系指贷款人对借款人提供的并按约定的利率和期限还本付息的货币资金。

本通则中的贷款币种包括人民币和外币。

❹ 最高人民法院《关于贯彻执行〈中华人民共和国民法通则〉若干问题的意见(试行)》(1988年1月26日施行)

121. 公民之间的借贷,双方对返还期限有约定的,一般应按约定处理;没有约定的,出借人随时可以请求返还,借方应当根据出借人的请求及时返还;暂时无力返还的,可以根据实际情况责令其分期返还。

❺ 最高人民法院《关于人民法院审理借贷案件的若干意见》(1991年7月2日)

1. 公民之间的借贷纠纷,公民与法人之间的借贷纠纷以及公民与其他组织之间的借贷纠纷,应作为借贷案件受理。

案例链接

❶《卢奎英诉李德胜等民间借贷纠纷案》,参见北大法宝引证码:Pkulaw.cn/CLI.C.279234。

❷《某诉某民间借贷纠纷案》,参见北大法宝引证码:Pkulaw.cn/CLI.C.275915。

❸《段绍清与周小菁借贷纠纷上诉案》,参见北大法宝引证码:Pkulaw.cn/CLI.C.277499。

❹《刘纪国诉乔辉民间借贷合同纠纷案》,参见北大法宝引证码:Pkulaw.cn/CLI.C.276587。

【借款合同的形式】

法律问题解读

借款合同以书面形式为原则,自然人之间借款对合同形式另有约定的为例外。

1. 出借方为银行等金融机构的，借款合同必须采取书面形式。我国《商业银行法》规定，商业银行贷款，应当与借款人订立书面合同；《贷款通则》规定，所有贷款应当由贷款人和借款人签订借款合同；《借款合同条例》也规定，借款合同必须采用书面形式。之所以如此规定，是因为书面形式的权利义务记载清晰，便于履行，即使发生纠纷，也有利于纠纷的解决，以确保银行的信贷安全。另外，采用书面形式，有利于促使银行等金融机构在签订借款合同时谨慎从事。

2. 自然人之间的借款合同，可以采用书面形式，也可以采用其他形式，完全取决于当事人的约定。自然人之间的借款多数属于互助互济性质，而且多出于人情，合同订立要求方便灵活，易于执行，因此实践当中往往采用口头形式。对此，《民法通则》仅仅规定："合法的借贷关系受法律保护"，而没有作其他过多的要求。因此，自然人之间的借款合同如果没有书面形式，只要有证据能够证明借贷事实的存在，法律即给予保护。当然，为了避免纠纷的发生以及为了方便纠纷的解决，最好还是采用书面形式。

法条指引

❶《中华人民共和国合同法》（1999年10月1日施行）

第一百九十七条 借款合同采用书面形式，但自然人之间借款另有约定的除外。

借款合同的内容包括借款种类、币种、用途、数额、利率、期限和还款方式等条款。

❷《中华人民共和国民法通则》（1987年1月1日施行）

第九十条 合法的借贷关系受法律保护。

❸《中华人民共和国商业银行法》（2003年12月27日修正）

第三十七条 商业银行贷款，应当与借款人订立书面合同。合同应当约定贷款种类、借款用途、金额、利率、还款期限、还款方式、违约责任和双方认为需要约定的其他事项。

❹ 中国人民银行《贷款通则》（1996年8月1日施行）

第二十九条 签订借款合同：

所有贷款应当由贷款人与借款人签订借款合同。借款合同应当约定借款种类、借款用途、金额、利率、借款期限、还款方式、借、贷双方的权利、义务、违约责任和双方认为需要约定的其他事项。

保证贷款应当由保证人与贷款人签订保证合同，或保证人在借款合同上载明与贷款人协商一致的保证条款，加盖保证人的法人公章，并由保证人的法定代表人或其授权代理人签署姓名。抵押贷款、质押贷款应当由抵押人、出质人与贷款人签订抵押合同、质押合同，需要办理登记的，应依法办理登记。

❺ 最高人民法院《关于人民法院审理借贷案件的若干意见》（1991年7月2日）

4. 人民法院审查借贷案件的起诉时，根据民事诉讼法第108条的规定，应要求原告提供书面借据；无书面借据的，应提供必要的事实根据。对于不具备上述条件的起诉，裁定不予受理。

案例链接

❶《叶桂荣与章卫如民间借贷纠纷上诉案》，参见北大法宝引证码：Pkulaw. cn/CLI. C. 282899。

❷《岳思国诉吴忠市华运工贸有限公司等民间借贷纠纷案》，参见北大法宝引证码：Pkulaw. cn/CLI. C. 274077。

❸《俞金美诉任建桥等民间借贷纠纷案》，参见北大法宝引证码：Pkulaw. cn/CLI. C. 224462。

❹《北京房建建筑股份有限公司诉庞宝祥等一般借款合同纠纷案》，参见北大法宝引证码：Pkulaw. cn/CLI. C. 177391。

【借款合同的内容】

法律问题解读

借款合同的内容，即借款合同双方当事人协商一致达成的借款协议的具体内容，表现为借款合同的条款。根据《合同法》的规定，借款合同的内容通常包括以下几方面：

1. 借款种类。根据不同的标准，可以将借款合同分为不同的种类。例如，根据借款的期限，可以分为短期贷款、中期贷款、长期贷款；根据出借方资金来源和经营方式，可以分为自营贷款和委托贷款。由于各种贷款当事人的权利义务不同，因此应当明确约定借款种类。

2. 币种。因为外汇管制需要，国家对人民币和外币借款规定了不同的条件，当事人应当对此加以约定。

3. 借款用途。借款用途涉及贷款人利益的保护，合同对此应当约定。

4. 数额。当事人不仅应当在合同中明确借款总金额，还应当明确每次提供贷款的金额；如果订立最高额贷款，每次贷款的数额应在最高限额内。

5. 利率。借款利率是借款合同计算利息的主要依据，通常是借款合同的必备条款。不过，在自然人的借款合同中，对借款利息没有约定或者约定不明确的，视为不支付利息。即使自然人间的借款需要支付利息的，其利率也不得违反国家有关限制借款利率的规定。

6. 期限和还款方式。

除上述内容之外，当事人还可以约定保证条款、担保条款、违约责任条款等其他当事人认为需要约定的事项。

需要指出的是，《合同法》关于借款合同内容的规定，并非强制性规定，而是属于提示性规定。在司法实践中，切忌因为借款合同欠缺法律法规规定的某些条款而直接确认借款合同无效。

法条指引

❶ 《中华人民共和国合同法》（1999年10月1日施行）

第一百九十七条 借款合同采用书面形式，但自然人之间借款另有约定的除外。

借款合同的内容包括借款种类、币种、用途、数额、利率、期限和还款方式等条款。

第二百一十一条 自然人之间的借款合同对支付利息没有约定或者约定不明确的，视为不支付利息。

自然人之间的借款合同约定支付利息的，借款的利率不得违反国家有关限制借款利率的规定。

❷ 最高人民法院《关于人民法院审理借贷案件的若干意见》（1991年7月2日）

6. 民间借贷的利率可以适当高于银行的利率，各地人民法院可根据本地区的实际情况具体掌握，但最高不得超过银行同类贷款利率的四倍（包含利率本数）。超出此限度的，超出部分的利息不予保护。

❸ 《中华人民共和国商业银行法》（2003年12月27日修正）

第三十七条 商业银行贷款，应当与借款人订立书面合同。合同应当约定贷款种类、借款用途、金额、利率、还款期限、还款方式、违约责任和双方认为需要约定的其他事项。

❹ 中国人民银行《贷款通则》（1996年8月1日施行）

第二十九条 签订借款合同：

所有贷款应当由贷款人与借款人签订借款合同。借款合同应当约定借款种类，借款用途、金额、利率，借款期限，还款方式，借、贷双方的权利、义务，违约责任和双方认为需要约定的其他事项。

保证贷款应当由保证人与贷款人签订保证合同，或保证人在借款合同上载明与贷款人协商一致的保证条款，加盖保证人的法人公章，并由保证人的法定代表人或其授权代理人签署姓名。抵押贷款、质押贷款应当由抵押人、出质人与贷款人签订抵押合同、质押合同，需要办理登记的，应依法办理登记。

案例链接

❶ 《彭学平诉金跃新等民间借贷纠纷案》，参见北大法宝引证码：Pkulaw.cn/CLI.C.236549。

❷ 《尹志明诉孙宗学民间借贷纠纷案》，参见北大法宝引证码：Pkulaw.cn/CLI.C.254996。

❸ 《遵义天工冶炼有限公司与钱蓉民间借贷纠纷上诉案》，参见北大法宝引证码：Pkulaw.cn/CLI.C.250267。

❹ 《湖州海信钢结构制造有限公司等与陈亦路民间借贷纠纷上诉案》，参见北大法宝引证码：Pkulaw.cn/CLI.C.206022。

【还款期限】

法律问题解读

所谓还款期限，是指借款人根据借款合同的约定向贷款人归还本金的期限。

借款人按照合同约定的期限向借款人返还本金，是借款合同中借款人最主要的义务之一。如果合同当事人在借款合同中对返还本金的期限作了明确的约定，则借款人按照合同约定的期限返还借款实属无疑；如果合同当事人在借款合同中对还款期限没有约定或者约定不明，当事人可以按照《合同法》第61条的规定进行协议补充；如果当事人无法对还款期限达成补充协议，可以按照合同的有关条款和交易习惯进行确定。如果对于还款期限通过上述一系列的办法仍然无法确定，借款人可以随时要求返还，出借人也可以随时请求返还，但是应当给借款人合理的准备时间。借款人逾期返还的，应当按照约定或者按照法律规定承担违约责任。

还款期限届满之后，借款人仍然未向贷款人归还贷款的，贷款人可以向人民法院提起诉讼，要求人民法院保护自己的合法债权。如果不及时向人民法院提起诉讼，又不及时采取其他措施向借款人主张权利，在诉讼时效经过之后，贷款人的权利将变成道德上的自然权利，不能得到法律强制力的保护。

法条指引

❶《中华人民共和国合同法》（1999年10月1日施行）

第六十一条　合同生效后，当事人就质量、价款或者报酬、履行地点等内容没有约定或者约定不明确的，可以协议补充；不能达成补充协议的，按照合同有关条款或者交易习惯确定。

第二百零六条　借款人应当按照约定的期限返还借款。对借款期限没有约定或者约定不明确，依照本法第六十一条的规定仍不能确定的，借款人可以随时返还；贷款人可以催告借款人在合理期限内返还。

第二百零七条　借款人未按照约定的期限返还借款的，应当按照约定或者国家有关规定支付逾期利息。

❷《中华人民共和国民法通则》（1987年1月1日施行）

第八十八条　合同的当事人应当按照合同的约定，全部履行自己的义务。

合同中有关质量、期限、地点或者价款约定不明确，按照合同有关条款内容不能确定，当事人又不能通过协商达成协议的，适用下列规定：

（一）质量要求不明确的，按照国家质量标准履行，没有国家质量标准的，按照通常标准履行。

（二）履行期限不明确的，债务人可以随时向债权人履行义务，债权人也可以随时要求债务人履行义务，但应当给对方必要的准备时间。

（三）履行地点不明确，给付货币的，在接受给付一方的所在地履行，其他标的在履行义务一方的所在地履行。

（四）价款约定不明确的，按照国家规定的价格履行；没有国家规定价格的，参照市场价格或者同类物品的价格或者同类劳务的报酬标准履行。

合同对专利申请权没有约定的，完成发明创造的当事人享有申请权。

合同对科技成果的使用权没有约定的，当事人都有使用的权利。

❸《中华人民共和国商业银行法》（2003年12月27日修正）

第四十二条　借款人应当按期归还贷款的本金和利息。

借款人到期不归还担保贷款的，商业银行依法享有要求保证人归还贷款本金和利息或者就该担保物优先受偿的权利。商业银行因行使抵押权、质权而取得的不动产或者股票，应当自取得之日起二年内予以处分。

借款人到期不归还信用贷款的，应当按照合同约定承担责任。

❹ 中国人民银行《贷款通则》（1996年8月1日施行）

第十九条　借款人的义务：

一、应当如实提供贷款人要求的资料（法律规定不能提供者除外），应当向贷款人如实提供所有开户行、账号及存贷款余额情况，配合贷款人的调查、审查和检查；

二、应当接受贷款人对其使用信贷资金情况和有关生产经营、财务活动的监督；

三、应当按借款合同约定用途使用贷款；

四、应当按借款合同约定及时清偿贷款本息；

五、将债务全部或部分转让给第三人的，应当取得贷款人的同意；

六、有危及贷款人债权安全情况时，应当及时通知贷款人．同时采取保全措施。

第七十一条　借款人有下列情形之一，由贷款人对其部分或全部贷款加收利息；情节特别严重的，由贷款人停止支付借款人尚未使用的贷款，并提前收回部分或全部贷款：

一、不按借款合同规定用途使用贷款的；

二、用贷款进行股本权益性投资的；

三、用贷款在有价证券、期货等方面从事投机经营的；

四、未依法取得经营房地产资格的借款人用贷款经营房地产业务的；依法取得经营房地产资格的借款人，用贷款从事房地产投机的。

五、不按借款合同规定清偿贷款本息的。

六、套取贷款相互借贷牟取非法收入的。

❺ 最高人民法院《关于贯彻执行〈中华人民共和国民法通则〉若干问题的意见（试行）》（1988年1月26日施行）

121. 公民之间的借贷，双方对返还期限有约定的，一般应按约定处理；没有约定的，出借人随时可以请求返还，借方应当根据出借人的请求及时返还；暂时无力返还的，可以根据实际情况责令其分期返还。

123. 公民之间的无息借款，有约定偿还期限而借款人不按期偿还，或者未约定偿还期限但经出借人催告后，借款人仍不偿还的，出借人要求借款人偿付逾期利息，应当予以准许。

❻ 最高人民法院《关于企业或个人欠国家银行贷款逾期两年未还应当适用民法通则规定的诉讼时效问题的批复》（1993年2月22日）

河南省高级人民法院：

你院豫法研〔1990〕23号请示收悉。关于企业或个人欠国家银行贷款逾期两年未还是否适用民法通则规定的诉讼时效问题，经研究，答复如下：

国家各专业银行及其他金融机构系实行独立核算的经济实体。它们与借款的企业或公民之间的借贷关系，是平等主体之间的债权债务关系。国家各专业银行及其他金融机构向人民法院请求保护其追偿贷款权利的，应当适用民法通则关于诉讼时效的规定。确已超过诉讼时效期间，并且没有诉讼时效中止、中断或者延长诉讼时效期间情况的，人民法院应当判决驳回其诉讼请求。

此复

❼ 最高人民法院《关于超过诉讼时效期间借款人在催款通知单上签字或者盖章的法律效力问题的批复》（1999年2月11日）

河北省高级人民法院：

你院〔1998〕冀经一请字第38号《关于超过诉讼时效期间信用社向借款人发出的"催收到期贷款通知单"是否受法律保护的请示》收悉。经研究，答复如下：

根据《中华人民共和国民法通则》第四条、第九十条规定的精神，对于超过诉讼时效期间，信用社向借款人发出催收到期贷款通知单，债务人在该通知单上签字或者盖章的，应当视为对原债务的重新确认，该债权债务关系应受法律保护。

此复

案例链接

❶《成文锋等与郑慧青债权纠纷上诉案》，参见北大法宝引证码：Pkulaw. cn/CLI. C. 247903。

❷《梁灿和等与甘志洪民间借贷纠纷上诉案》，参见北大法宝引证码：Pkulaw. cn/CLI. C. 102472。

❸《广州市南兴实业有限公司诉吴永志还款合同纠纷案》，参见北大法宝引证码：Pkulaw. cn/CLI. C. 119613。

❹《何海华诉梁雄斌返还欠款纠纷案》，参见北大法宝引证码：Pkulaw. cn/CLI. C. 119602。

【借款合同的展期】

法律问题解读

合同展期，实质上就是合同履行期限的变更。所谓借款合同的展期，是指借款人未按约定还款期限归还借款时，经过与贷款人协商或者经过贷款人的同意，延长借款合同还款期限的合同变更行为。

合同法遵循意思自治原则，在当事人协商一致的情况下，当事人可以自由变更合同。根据这一合同法基本原则，借款人可以在还款期限届满前向贷款人申请展期，贷款人同意的，可以展期。如上所述，合同展期在实质上是合同的变更，因此，关于合同展期的有关事项如果《合同法》分则没有规定的，应当适用《合同法》总则关于合同变更的有关规定。根据合同变更的一般原理，借款合同的展期通常可以按照如下程序办理：（1）借款人应当在还款期限届满之前向贷款人提出展期的申请。如果借款合同还设有保证、抵押、质押等担保的，还应当有保证人、抵押人、质押人同意展期的书面证明。（2）双方就合同展期进行协商。贷款人受到借款人的合同展期的申请后，经过审查认为申请符合条件同意展期的，双方应当进一步协商展期期限等具体内容，并签订展期协议。

展期协议未达成之前或者贷款人作出同意合同展期的意思表示之前，原借款合同仍然有效，借款人应当依照原借款合同的约定履行合同义务，按期归还借款。否则构成逾期还款的违约行为，应当依法承担违约责任。

法条指引

❶《中华人民共和国合同法》（1999年10月1日施行）

第二百零九条 借款人可以在还款期限届满之前向贷款人申请展期。贷款人同意的，可以展期。

❷ 中国人民银行《贷款通则》（1996年8月1日施行）

第十二条 贷款展期：

不能按期归还贷款的,借款人应当在贷款到期日之前,向贷款人申请贷款展期。是否展期由贷款人决定。申请保证贷款、抵押贷款、质押贷款展期的,还应当由保证人、抵押人、出质人出具同意的书面证明。已有约定的,按照约定执行。

短期贷款展期期限累计不得超过原贷款期限;中期贷款展期期限累计不得超过原贷款期限的一半;长期贷款展期期限累计不得超过3年。国家另有规定者除外。借款人未申请展期或申请展期未得到批准,其贷款从到期日次日起,转入逾期贷款账户。

❸ 中国人民银行《个人住房贷款管理办法》(1998年5月9日施行)

第二十七条 借款合同需要变更的,必须经借贷双方协商同意,并依法签订变更协议。

案例链接

❶《宝丰县农村信用合作联社诉张鲁梁等借款合同纠纷案》,参见北大法宝引证码:Pkulaw. cn/CLI. C. 282855。

❷《许昌县农村信用合作联社诉赵建伟等金融借款合同纠纷案》,参见北大法宝引证码:Pkulaw. cn/CLI. C. 238622。

❸《衢州市衢江农村信用合作联社诉程庆华等金融借款合同纠纷案》,参见北大法宝引证码:Pkulaw. cn/CLI. C. 228655。

❹《开化县农村信用合作联社塘坞分社诉叶留成等金融借款合同纠纷案》,参见北大法宝引证码:Pkulaw. cn/CLI. C. 240098。

【贷款利率】

法律问题解读

贷款利率,是指借款期限内利息数额与本金额的比例。我国的利率由中国人民银行统一确定,中国人民银行确定的利率经国务院批准后执行。

贷款利率是借款合同双方当事人计算借款利息的主要依据,贷款利率条款是借款合同的主要条款。以银行等金融机构为出借人的借款合同的利率的确定,当事人只能在中国人民银行规定的利率上下限范围内进行协商。如果当事人约定的贷款利率高于中国人民银行规定利率的上限,则超出部分无效;如果当事人约定的利率低于中国人民银行规定的利率下限,应当以中国人民银行规定的最低利率为准。此外,如果贷款人违反了中国人民银行的规定,在计收利息之外收取任何其他费用的,应当由中国人民银行进行处罚。

需要注意的是,上述强制性的规定仅仅适用于以银行等金融机构为贷款人的借款合同。自然人之间的借款利率,只要不违反国家的有关限制性规定,当事人可以自由约定。根据最高人民法院的司法解释,民间借贷利率最高不得超过银行同类贷款利率的4倍,超过部分不受法律保护。

法条指引

❶《中华人民共和国合同法》(1999年10月1日施行)

第二百零四条 办理贷款业务的金融机构贷款的利率,应当按照中国人民银行规定的贷款利率的上下限确定。

❷《中华人民共和国商业银行法》(2003年12月27日修正)

第三十一条 商业银行应当按照中国人民银行规定的存款利率的上下限,确定存款利率,并予以公告。

第三十八条 商业银行应当按照中国人民银行规定的贷款利率的上下限,确定贷款利率。

❸ 中国人民银行《贷款通则》(1996年8月1日施行)

第十三条 贷款利率的确定:

贷款人应当按照中国人民银行规定的贷款利率的上下限,确定每笔贷款利率,并在借款合同中载明。

❹ 中国人民银行《个人住房贷款管理办法》(1998年5月9日施行)

第十二条 用信贷资金发放的个人住房贷款利率按法定贷款利率(不含浮动)减档执行。即,贷款期限为1年期以下(含1年)的,执行半年以下(含半年)法定贷款利率;期限为1至3年(含3年)的,执行6个月至1年期(含1年)法定贷款利率;期限为3至5年(含5年)的;执行1至3年期(含3年)法定贷款利率;期限为5至10年(含10年)的,执行3至5年(含5年)法定贷款利率;期限为10年以上的,在3至5年(含5年)法定贷款利率基础上适当上浮,上浮幅度最高不得超过5%。

第十三条 用住房公积金发放的个人住房贷款利率在3个月整存整取存款利率基础上加点执行。贷款期限为1年至3年(含3年)的,加1.8个百分点;期限为3至5年(含5年)的,加

2.16个百分点；期限为5至10年（含10年）的，加2.34个百分点；期限为10至15年（含15年）的，加2.88个百分点；期限为15年至20年（含20年）的，加3.42个百分点。

第十四条 个人住房贷款期限在1年以内（含1年）的，实行合同利率，遇法定利率调整，不分段计息；贷款期限在1年以上的，遇法定利率调整，于下年初开始，按相应利率档次执行新的利率规定。

❺ **最高人民法院《关于人民法院审理借贷案件的若干意见》**（1991年7月2日）

6. 民间借贷的利率可以适当高于银行的利率，各地人民法院可根据本地区的实际情况具体掌握，但最高不得超过银行同类贷款利率的四倍（包含利率本数）。超出此限度的，超出部分的利息不予保护。

8. 借贷双方对有无约定利率发生争议，又不能证明的，可参照银行同类贷款利率计息。

借贷双方对约定的利率发生争议，又不能证明的，可参照本意见第6条规定计息。

❻ **最高人民法院《关于贯彻执行〈中华人民共和国民法通则〉若干问题的意见（试行）》**（1988年1月26日施行）

122. 公民之间的生产经营性借贷的利率，可以适当高于生活性借贷利率。如因利率发生纠纷，应本着保护合法借贷关系，考虑当地实际情况，有利于生产和稳定经济秩序的原则处理。

124. 借款双方因利率发生争议，如果约定不明，又不能证明的，可以比照银行同类贷款利率计息。

❼ **中国人民银行《利率管理暂行规定》**（1991年1月1日施行）

第二条 金融机构的存款、贷款利率，金融机构之间的同业拆借利率，以及合法发行的各种债券利率的确定、调整、执行、管理和监督，都应当遵守本规定。

第三条 中国人民银行是利率管理的主管机关，代表国家统一行使利率管理权，其他任何单位和个人不得干预中国人民银行的利率管理工作。

第四条 国务院批准和国务院授权中国人民银行制定的各种利率，为法定利率，其他任何单位和个人均无权变动。法定利率的公布、实施由中国人民银行总行负责。

第十条 中国人民银行总行履行下列利率管理职责：

一、根据国家利率政策，拟订有关利率管理的法规草案，制定利率管理基本规章；

二、根据国务院的决定或授权，确定、调整存款、贷款、同业拆借和各种债券的利率及其浮动幅度，确定、调整利率的种类和档次；

三、领导中国人民银行分支机构的利率管理工作；

四、监督金融机构执行国家利率政策、法规和各项利率的实施情况；

五、协调、仲裁、处理金融机构的利率纠纷和违反国家利率管理规定的行为；

六、宣传、解释国家的利率政策、法规和中国人民银行制定的利率管理规章；

第二十条 对擅自降低、提高或以变相形式降低、提高存款和债券利率的金融机构，辖区内中国人民银行按其少付或多付利息数额处以同额罚款。对少付利息的，责令其向存款方如数补付；对多付利息的，责令其将非法吸收的存款，专户、无息存入中国人民银行直至该存款到期。

第二十一条 对擅自降低、提高或以变相形式降低、提高贷款利率的金融机构，辖区内中国人民银行按其少收或多收的利息处以同额罚款。对多收利息的，责令其向借款方如数退还。

第二十三条 违反利率管理规定的当事人，对中国人民银行作出的处罚不服的，要先执行处罚决定，然后在10日内向上一级人民银行申请复议，上一级人民银行在收到复议申请之日起30日内作出复议决定。对上一级人民银行的复议决定仍然不服，可以在收到复议决定之日起15日内向人民法院起诉。

案例链接

❶《赵彩霞诉牛战军买卖纠纷案》，参见北大法宝引证码：Pkulaw. cn/CLI. C. 290283。

❷《侯淑英诉于利民民间借贷纠纷案》，参见北大法宝引证码：Pkulaw. cn/CLI. C. 285837。

❸《焦作市解放区农村信用合作联社上白作信用社诉侯涛涛等借款合同纠纷案》，参见北大法宝引证码：Pkulaw. cn/CLI. C. 290214。

❹《中国工商银行股份有限公司清丰支行诉于秋喜金融借款合同纠纷案》，参见北大法宝引证码：Pkulaw. cn/CLI. C. 285619。

【复利】

法律问题解读

复利，俗称"利滚利"，是指对利息的归还约定一定的期限,若借款人在约定期限中未返还利息,则未返还的部分计入本金,与本金一起按约定利率计算利息的一种现象。《合同法》和《贷款通则》都规定,借款人有义务按照合同规定支付利息。但是,对于复利是否受法律保护没有作出明确规定。在司法实践中,遇到借款合同有关复利纠纷的案件,通常应当考虑按以下方法解决:

1. 民间借贷一般不允许计算复利。最高人民法院《关于贯彻执行〈中华人民共和国民法通则〉若干问题的意见》第125条规定:"公民之间的借贷,出借人将利息计入本金计算复利的,不予保护"。最高人民法院《关于人民法院审理借贷案件的若干意见》第7条也规定:"出借人不得将利息计入本金谋取高利。审理中发现债权人将利息计入本金计算复利的,其利率超出第六条规定的限度时,超出部分的利息不予保护。"根据这两条司法解释的规定可以看出,民间借贷通常不允许计算复利,但如果计算复利后利率不超过一定限度的,可以承认其效力。

2. 以银行等金融机构为出借人的借款合同,法律允许计算复利。根据1991年施行的《利率管理暂行规定》的规定:金融机构对企业的流动资金贷款和技术改造贷款,按季结息,对不能支付的利息,可以计算复利;基本建设,按年结息,对不能支付的利息,不计收复利;中国人民银行对金融机构的贷款,按季结息,对不能支付的利息,可以计收复利。1995年中国人民银行发出了《关于调整各项贷款利率的通知》,指出固定资产全部实行按季计息,不能支付的利息,可以计收复利。

法条指引

❶ **最高人民法院《关于贯彻执行〈中华人民共和国民法通则〉若干问题的意见(试行)》**(1988年1月26日施行)

125. 公民之间的借贷,出借人将利息计入本金计算复利的,不予保护;在借款时将利息扣除的,应当按实际出借款数计息。

❷ **最高人民法院《关于人民法院审理借贷案件的若干意见》**(1991年7月2日)

7. 出借人不得将利息计入本金谋取高利。审理中发现债权人将利息计入本金计算复利的,其利率超出第6条规定的限度时,超出部分的利息不予保护。

❸ **中国人民银行《利率管理暂行规定》**(1991年1月1日施行)

第十八条 金融机构对企业的流动资金贷款和技术改造贷款,按季结息,每季度末月的20日为结息日;对不能支付的利息,可计收复利。基本建设贷款,按年结息,每年12月20日为结息日;对不能支付的利息,不计收复利。

中国人民银行对金融机构的贷款,按季结息,每季度末月的20日为结息日;对不能支付的利息,可计收复利。

❹ **《关于调整各项贷款利率的通知》**(1995年6月26日施行)

七、改变固定资产贷款的结算规则。技术改造贷款和基本建设贷款利率及期限档次统一以后,固定资产贷款全部实行按季结息,每季末月的20日为结息日。对不能支付的利息,计收复利。

基本建设贷款改为按季结息后,1995年7月1日前发放的贷款,在合同到期之前,仍实行按年结息。合同到期后,按本规定执行。

八、对流动资金贷款仍实行按季结息。对不能支付的利息,计收复利。

此次利率调整从1995年7月1日起执行。

各行接到本通知后,要立即做好利率调整的准备工作,确保利率调整按时执行。在中国人民银行总行统一对外公布之前,要做好保密工作,不得向外泄露。公布后,人民银行分支机构要组织当地商业银行、其他金融机构做好宣传解释和调查研究工作,并负责将利率调整后出现的新情况、新问题及时上报总行。

案例链接

❶《获嘉县农村信用合作联社诉职鸣政等金融借款合同纠纷案》,参见北大法宝引证码:Pkulaw. cn/CLI. C. 280698。

❷《宝丰县农村信用合作联社诉范振国等借款合同纠纷案》,参见北大法宝引证码:Pkulaw. cn/CLI. C. 282726。

❸《河南鑫地房地产开发有限公司与李冰民间借贷纠纷上诉案》,参见北大法宝引证码:Pkulaw. cn/CLI. C. 287434。

学者观点

❶ 陈承堂:《论信用卡滞纳金的性质及其治理》,参见北大法宝引证码:Pkulaw. cn/CLI. A. 1136120。

【借款合同当事人的违约责任】

法律问题解读

依法订立的合同，在当事人之间具有相当于法律的效力。合同法总则规定，当事人应当按照约定履行自己的义务。也就是说，当事人应当按照合同约定的标的及其质量、数量，按约定的履行期限、履行地点，以适当的方式履行。当事人不履行合同义务或者履行合同义务不符合约定的，应当承担违约责任。借款合同是双务合同，在借款合同中，贷款人未按照约定的日期、数额提供借款，造成借款人损失的，应当赔偿损失；借款人未按照约定的日期、数额收取借款的，应当按照约定的日期、数额支付利息。

法条指引

❶《中华人民共和国合同法》（1999年10月1日施行）

第二百零一条 贷款人未按照约定的日期、数额提供借款，造成借款人损失的，应当赔偿损失。

借款人未按照约定的日期、数额收取借款的，应当按照约定的日期、数额支付利息。

第二百零三条 借款人未按照约定的借款用途使用借款的，贷款人可以停止发放借款、提前收回借款或者解除合同。

第二百零七条 借款人未按照约定的期限返还借款的，应当按照约定或者国家有关规定支付逾期利息。

❷ 中国人民银行《贷款通则》（1996年8月1日施行）

第三十条 贷款发放：

贷款人要按借款合同规定按期发放贷款。贷款人不按合同约定按期发放贷款的，应偿付违约金。借款人不按合同约定用款的，应偿付违约金。

【金融机构借款合同】

法律问题解读

金融机构借款合同是指办理贷款业务的金融机构作为贷款人一方，向借款人提供借款，借款人到期返还借款并支付利息的合同。作为借款合同的一种，金融机构借款合同具有以下特征：

1. 有偿性。金融机构发放贷款的目的在于获取相应的营业利润。借款人获得贷款必须以支付利息作为对价。这一点上，与自然人之间的借款有所区别，后者可以是无偿合同。

2. 要式性。金融机构借款合同应当采用书面形式，书面约定贷款种类、借款用途、金额、利率、还款期限、还款方式、违约责任和双方认为需要约定的其他事项。这一点也与自然人借款合同不同，自然人之间借款可以约定不采用书面形式。

3. 诺成性。金融机构借款中，借款合同双方当事人意思表示一致，签订书面的借款合同时借款合同即告成立。合同的成立和生效不以借款的交付为要件。而自然人间的借款合同为实践合同，只有在借款交付时借款合同才成立。

法条指引

❶《中华人民共和国合同法》（1999年10月1日施行）

第一百九十六条 借款合同是借款人向贷款人借款，到期返还借款并支付利息的合同。

第一百九十七条 借款合同采用书面形式，但自然人之间借款另有约定的除外。

借款合同的内容包括借款种类、币种、用途、数额、利率、期限和还款方式等条款。

第二百一十条 自然人之间的借款合同，自贷款人提供借款时生效。

第二百一十一条 自然人之间的借款合同对支付利息没有约定或者约定不明确的，视为不支付利息。

自然人之间的借款合同约定支付利息的，借款的利率不得违反国家有关限制借款利率的规定。

❷《中华人民共和国商业银行法》（2003年12月27日）

第三十七条 商业银行贷款，应当与借款人订立书面合同。合同应当约定贷款种类、借款用途、金额、利率、还款期限、还款方式、违约责任和双方认为需要约定的其他事项。

第四十二条 借款人应当按期归还贷款的本金和利息。

借款人到期不归还担保贷款的，商业银行依法享有要求保证人归还贷款本金和利息或者就该担保物优先受偿的权利。商业银行因行使抵押权、质权而取得的不动产或者股权，应当自取得之日起二年内予以处分。

借款人到期不归还信用贷款的，应当按照合

同约定承担责任。

案例链接

❶《获嘉县农村信用合作联社诉职鸣政等金融借款合同纠纷案》，参见北大法宝引证码：Pkulaw.cn/CLI.C.280698。

❷《广州市农村商业银行股份有限公司三元里支行诉广东新广国际集团有限公司等借款合同纠纷案》，参见北大法宝引证码：Pkulaw.cn/CLI.C.278138。

❸《焦作市解放区农村信用合作联社上白作信用社诉侯涛涛等借款合同纠纷案》，参见北大法宝引证码：Pkulaw.cn/CLI.C.290214。

❹《中国工商银行股份有限公司清丰支行诉于秋喜金融借款合同纠纷案》，参见北大法宝引证码：Pkulaw.cn/CLI.C.285619。

【金融机构的合同权利义务】

法律问题解读

在金融机构借款合同中，金融机构享有以下权利：（1）资格审查。在借款人申请贷款时，有权对借款人的借款用途、偿还能力、信誉、还款方式、保证人的资信、担保财产的价值等情况进行严格审查。借款人应当提供有关的资料予以配合。（2）检查、监督借款的使用。贷款人在提供贷款后，有权按照约定检查、监督借款的使用情况，借款人应当按照约定向贷款人定期提供有关财务会计报表等资料。（3）有权要求担保，获得利息。

金融机构负有以下义务：（1）按期、足额提供贷款。这是金融机构的主合同义务。提供借款时，利息不得预先在本金中扣除。若利息预先扣除的，应当按照实际借款数额返还借款并计算利息。（2）保密义务。作为借款方，对于其在合同订立和履行中获知得借款人的商业秘密有保密的义务，不得泄露或不正当使用。这是金融机构作为借款人的附随义务。

法条指引

❶《中华人民共和国合同法》（1999年10月1日施行）

第一百九十八条 订立借款合同，贷款人可以要求借款人提供担保。担保依照《中华人民共和国担保法》的规定。

第一百九十九条 订立借款合同，借款人应当按照贷款人的要求提供与借款有关的业务活动和财务状况的真实情况。

第二百条 借款的利息不得预先在本金中扣除。利息预先在本金中扣除的，应当按照实际借款数额返还借款并计算利息。

第二百零二条 贷款人按照约定可以检查、监督借款的使用情况。借款人应当按照约定向贷款人定期提供有关财务会计报表等资料。

❷《中华人民共和国商业银行法》（2003年12月27日）

第二十九条 商业银行办理个人储蓄存款业务，应当遵循存款自愿、取款自由、存款有息、为存款人保密的原则。

对个人储蓄存款，商业银行有权拒绝任何单位或者个人查询、冻结、扣划，但法律另有规定的除外。

第三十条 对单位存款，商业银行有权拒绝任何单位或者个人查询，但法律、行政法规另有规定的除外；有权拒绝任何单位或者个人冻结、扣划，但法律另有规定的除外。

第三十五条 商业银行贷款，应当对借款人的借款用途、偿还能力、还款方式等情况进行严格审查。

商业银行贷款，应当实行审贷分离、分级审批的制度。

第四十一条 任何单位和个人不得强令商业银行发放贷款或者提供担保。商业银行有权拒绝任何单位和个人强令要求其发放贷款或者提供担保。

❸ 中国人民银行《贷款通则》（1996年8月1日施行）

第二十二条 贷款人的权利：

根据贷款条件和贷款程序自主审查和决定贷款，除国务院批准的特定贷款外，有权拒绝任何单位和个人强令其发放贷款或者提供担保。

一、要求借款人提供与借款有关的资料；

二、根据借款人的条件，决定贷与不贷、贷款金额、期限和利率等；

三、了解借款人的生产经营活动和财务活动；

四、依合同约定从借款人账户上划收贷款本金和利息；

五、借款人未能履行借款合同规定义务的，贷款人有权依合同约定要求借款人提前归还贷款或停止支付借款人尚未使用的贷款；

六、在贷款将受或已受损失时，可依据合同

规定，采取使贷款免受损失的措施。

第二十三条　贷款人的义务：

一、应当公布所经营的贷款的种类、期限和利率，并向借款人提供咨询。

二、应当公开贷款审查的资信内容和发放贷款的条件。

三、贷款人应当审议借款人的借款申请，并及时答复贷与不贷。短期贷款答复时间不得超过1个月，中期、长期贷款答复时间不得超过6个月；国家另有规定者除外。

四、应当对借款人的债务、财务、生产、经营情况保密，但对依法查询者除外。

第二十七条　贷款调查：

贷款人受理借款人申请后，应当对借款人的信用等级以及借款的合法性、安全性、盈利性等情况进行调查，核实抵押物、质物、保证人情况，测定贷款的风险度。

第二十八条　贷款审批：

贷款人应当建立审贷分离、分级审批的贷款管理制度。审查人员应当对调查人员提供的资料进行核实、评定，复测贷款风险度，提出意见，按规定权限报批。

第三十条　贷款发放：

贷款人要按借款合同规定按期发放贷款。贷款人不按合同约定按期发放贷款的，应偿付违约金。借款人不按合同约定用款的，应偿付违约金。

第三十一条　贷后检查：

贷款发放后，贷款人应当对借款人执行借款合同情况及借款人的经营情况进行追踪调查和检查。

【利息预扣禁止】

法律问题解读

作为本金的孳息，利息应当从本金出借之日起计算，即借款合同的利息应当从货币出借之日起开始计算。预扣利息的行为属于变相提高贷款利率的行为，它是出借人以牟取超过法定利息以上的非法高额利息为目的的，借合同形式发放的高利贷。在合同中预先扣除利息，从形式上看，借款方有自愿接受预扣利息条款的意思表示，给人造成平等交易、两相情愿的错觉。而事实上，这种平等只是一种表面假象，实际上是不平等的，对于急需资金的借款人而言，很多时候不得不接受这样的条款，否则无法顺利筹集资金，在签订这样的借款合同时，很难说意思表示完全自由。

利息预扣严重地扰乱经济秩序，我国法律和政策一直禁止借款利息的预先扣除。中国人民银行多次明文规定禁止出借人以预扣利息、收取贷款保证金、利息备付金等形式提高贷款利率或变相提高贷款利率。如果出现上述情形，则预扣的利息或者利息保证金、利息备付金应当从约定的借款本金中扣除，扣除后的金额作为出借人履行借款合同而发放的本金金额，并以此重新计算应付利息。法律的这一规定属于禁止性规定，为强行法律规范，当事人不得以协议的方式排除其适用。如果合同中有预扣利息的条款，则直接适用《合同法》第200条确认其无效。当然，该条款的无效并不影响其他合同条款的效力。

法条指引

❶《中华人民共和国合同法》（1999年10月1日施行）

第二百条　借款的利息不得预先在本金中扣除。利息预先在本金中扣除的，应当按照实际借款数额返还借款并计算利息。

❷《中华人民共和国商业银行法》（2003年12月27日修正）

第四十七条　商业银行不得违反规定提高或者降低利率以及采用其他不正当手段，吸收存款，发放贷款。

❸ 中国人民银行《贷款通则》（1996年8月1日施行）

第六十七条　贷款人有下列情形之一，由中国人民银行责令改正；有违法所得的，没收违法所得，并处以违法所得1倍以上3倍以下罚款；没有违法所得的，处以5万元以上30万元以下罚款；构成犯罪的，依法追究刑事责任：

一、贷款人违反规定代垫委托贷款资金的；

二、未经中国人民银行批准，对自然人发放外币贷款的；

三、贷款人违反中国人民银行规定，对自营贷款或者特定贷款在计收利息之外收取其他任何费用的，或者对委托贷款在计收手续费之外收取其他任何费用的。

❹ 中国人民银行《关于严肃金融纪律，严禁非法提高利率的公告》（1996年2月8日施行）

八、严禁各金融机构擅自提高存、贷款利率，或以手续费、协储代办费、吸储奖、有奖储蓄以及贷款保证金、利息备付金、加收手续费、咨询费等名目变相提高存、贷款利率。

九、各金融机构、各企业单位违反国家利率规定，擅自或变相提高存、贷款利率和企业债券利率的行为是非法行为，不受法律保护。

附：各项存、贷款利率表（略）

案例链接

❶《林爱良与潘海平民间借贷纠纷上诉案》，参见北大法宝引证码：Pkulaw. cn/CLI. C. 282810。

❷《许汉奎等与朱伟东借款合同纠纷上诉案》，参见北大法宝引证码：Pkulaw. cn/CLI. C. 32313。

【贷款人的监督检查权】

法律问题解读

为了维护金融秩序，保障信贷资金的安全，保证贷款能够及时收回，在借款合同的履行过程中，贷款人依约享有监督检查权，按照约定可以检查、监督借款的使用情况。

民法强调民事主体的平等性。《民法通则》明确规定："当事人在民事活动中的地位平等"；《合同法》也明确规定："合同当事人的地位平等，一方不得将自己的意志强加给另一方"。但是，根据商业银行法的规定，保障信贷资金的安全又是商业银行开展信贷业务必须履行的法定义务。《贷款通则》更是进一步规定：贷款发放后，贷款人应当对借款人执行借款合同情况及借款人的经营情况进行跟踪调查和检查。借款人有下列情形之一的，由贷款人责令改正。情节特别严重或者逾期不改正的，由贷款人停止支付借款人尚未使用的贷款，并提前收回部分或者全部贷款：（一）向贷款人提供虚假或者隐瞒重要事实的资产负债表、损益表等资料的；（二）不如实向贷款人提供所有开户行、账号及存款余额等资料的；（三）拒绝接受贷款人对其使用信贷资金情况和有关生产经营、财务活动监督的。必须指出，上述规定对借款合同双方当事人的平等地位关注是不充分的。《合同法》改正了上述不正确的倾向，即：为了使贷款人的检查、监督权有合同上的依据和保障，在借款合同签订时，双方当事人可以在合同中约定贷款方具有监督检查权，借款方具有接受贷款方监督检查的义务，也就意味着监督检查权是贷款人约定的合同权利，并非法定。如果没有对此特别约定的，贷款人不享有监督检查借款使用权。

法条指引

❶《中华人民共和国合同法》（1999年10月1日施行）

第二百零二条 贷款人按照约定可以检查、监督借款的使用情况。借款人应当按照约定向贷款人定期提供有关财务会计报表等资料。

❷ 中国人民银行《贷款通则》（1996年8月1日施行）

第二十二条 贷款人的权利：

根据贷款条件和贷款程序自主审查和决定贷款，除国务院批准的特定贷款外，有权拒绝任何单位和个人强令其发放贷款或者提供担保。

一、要求借款人提供与借款有关的资料；

二、根据借款人的条件，决定贷与不贷、贷款金额、期限和利率等；

三、了解借款人的生产经营活动和财务活动；

四、依合同约定从借款人账户上划收贷款本金和利息；

五、借款人未能履行借款合同规定义务的，贷款人有权依合同约定要求借款人提前归还贷款或停止支付借款人尚未使用的贷款；

六、在贷款将受或已受损失时，可依据合同规定，采取使贷款免受损失的措施。

第三十一条 贷后检查：

贷款发放后，贷款人应当对借款人执行借款合同情况及借款人的经营情况进行追踪调查和检查。

第七十二条 借款人有下列情形之一，由贷款人责令改正。情节特别严重或逾期不改正的，由贷款人停止支付借款人尚未使用的贷款，并提前收回部分或全部贷款：

一、向贷款人提供虚假或者隐瞒重要事实的资产负债表、损益表等资料的；

二、不如实向贷款人提供所有开户行、账号及存贷款余额等资料的；

三、拒绝接受贷款人对其使用信贷资金情况和有关生产经营、财务活动监督的。

【借款人的合同义务】

法律问题解读

借款人的合同义务相对应于贷款人的权利，一般来说，借款人的合同义务包括：

1. 如实提供有关情况的义务。不管是在申请贷款还是在借款的使用过程中，借款人都应依诚实信用原则提供相关资料，如偿还能力、经营状况等，以供贷款人审查或监督。

2. 提供担保的义务。担保可以是抵押担保、质押担保或者是保证担保。因为贷款人一旦将贷款交付给借款人就面临着本金和利息能否实现的风险，为了防范这种风险，借款人申请贷款的，应当提供担保（信用担保除外）。

3. 按照合理用途使用借款。借款人未按照约定的借款用途使用借款的，贷款人可以停止发放借款、提前收回借款或者解除合同。

4. 按期支付利息。只有借款人按期支付利息，贷款人才能够获得对价，借款合同的目的才能够实现。因此这是借款人的主要合同义务。

5. 按期返还本金。借款人应当在约定的期限或者合理的期限内返还本金。

法条指引

❶《中华人民共和国合同法》（1999年10月1日施行）

第一百九十八条 订立借款合同，贷款人可以要求借款人提供担保。担保依照《中华人民共和国担保法》的规定。

第二百零三条 借款人未按照约定的借款用途使用借款的，贷款人可以停止发放借款、提前收回借款或者解除合同

第二百零五条 借款人应当按照约定的期限支付利息。对支付利息的期限没有约定或者约定不明确，依照本法第六十一条的规定仍不能确定，借款期间不满一年的，应当在返还借款时一并支付；借款期间一年以上的，应当在每届满一年时支付，剩余期间不满一年的，应当在返还借款时一并支付。

第二百零六条 借款人应当按照约定的期限返还借款。对借款期限没有约定或者约定不明确，依照本法第六十一条的规定仍不能确定，借款人可以随时返还；贷款人可以催告借款人在合理期限内返还。

第二百零七条 借款人未按照约定的期限返还借款的，应当按照约定或者国家有关规定支付逾期利息。

第二百零八条 借款人提前偿还借款的，除当事人另有约定的以外，应当按照实际借款的期间计算利息。

❷《中华人民共和国商业银行法》（2003年12月27日修正）

第三十六条 商业银行贷款，借款人应当提供担保。商业银行应当对保证人的偿还能力，抵押物、质物的权属和价值以及实现抵押权、质权的可行性进行严格审查。

经商业银行审查、评估，确认借款人资信良好，确能偿还贷款的，可以不提供担保。

第四十条 商业银行不得向关系人发放信用贷款；向关系人发放担保贷款的条件不得优于其他借款人同类贷款的条件。

前款所称关系人是指：

（一）商业银行的董事、监事、管理人员、信贷业务人员及其近亲属；

（二）前项所列人员投资或者担任高级管理职务的公司、企业和其他经济组织。

第四十二条 借款人应当按期归还贷款的本金和利息。

借款人到期不归还担保贷款的，商业银行依法享有要求保证人归还贷款本金和利息或者就该担保物优先受偿的权利。商业银行因行使抵押权、质权而取得的不动产或者股权，应当自取得之日起二年内予以处分。

借款人到期不归还信用贷款的，应当按照合同约定承担责任。

❸ 中国人民银行《贷款通则》（1996年8月1日施行）

第九条 信用贷款、担保贷款和票据贴现：

信用贷款，系指以借款人的信誉发放的贷款。

第十九条 借款人的义务：

一、应当如实提供贷款人要求的资料（法律规定不能提供者除外），应当向贷款人如实提供所有开户行、账号及存贷款余额情况，配合贷款人的调查、审查和检查；

二、应当接受贷款人对其使用信贷资金情况和有关生产经营、财务活动的监督；

三、应当按借款合同约定用途使用贷款；

四、应当按借款合同约定及时清偿贷款本息；

五、将债务全部或部分转让给第三人的，应当取得贷款人的同意；

六、有危及贷款人债权安全情况时，应当及时通知贷款人，同时采取保全措施。

第二十四条 对贷款人的限制：

六、严格控制信用贷款，积极推广担保贷款。

第二十五条 贷款申请：

借款人需要贷款，应当向主办银行或者其他银行的经办机构直接申请。

借款人应当填写包括借款金额、借款用途、偿还能力及还款方式等主要内容的《借款申请书》并提供以下资料：

一、借款人及保证人基本情况；

二、财政部门或会计（审计）事务所核准的上年度财务报告，以及申请借款前一期的财务报告；

三、原有不合理占用的贷款的纠正情况；

四、抵押物、质物清单和有处分权人的同意抵押、质押的证明及保证人拟同意保证的有关证明文件；

五、项目建议书和可行性报告；

六、贷款人认为需要提供的其他有关资料。

第三十二条　贷款归还：

借款人应当按照借款合同规定按时足额归还贷款本息。

贷款人在短期贷款到期1个星期之前、中长期贷款到期1个月之前，应当向借款人发送还本付息通知单；借款人应当及时筹备资金，按时还本付息。

贷款人对逾期的贷款要及时发出催收通知单，做好逾期贷款本息的催收工作。

贷款人对不能按借款合同约定期限归还的贷款，应当按规定加罚利息；对不能归还或者不能落实还本付息事宜的，应当督促归还或者依法起诉。

借款人提前归还贷款，应当与贷款人协商。

第七十一条　借款人有下列情形之一，由贷款人对其部分或全部贷款加收利息；情节特别严重的，由贷款人停止支付借款人尚未使用的贷款，并提前收回部分或全部贷款：

一、不按借款合同规定用途使用贷款的；

二、用贷款进行股本权益性投资的；

三、用贷款在有价证券、期货等方面从事投机经营的；

四、未依法取得经营房地产资格的借款人用贷款经营房地产业务的；依法取得经营房地产资格的借款人，用贷款从事房地产投机的；

五、不按借款合同规定清偿贷款本息的；

六、套取贷款相互借款牟取非法收入的。

案例链接

❶《中国建设银行股份有限公司北京丰台支行诉王洪新等金融借款合同纠纷案》，参见北大法宝引证码：Pkulaw.cn/CLI.C.219178。

【借款合同的担保】

法律问题解读

担保制度与借款合同紧密联系，担保制度对于保障信贷资金的安全和信贷活动的正常展开，起着非常重要的作用。借款合同的担保，是指借款合同当事人根据法律的规定或者当事人的约定，经双方协商采取的、促使一方履行合同义务，保证他方权利实现的法律手段。归根到底，借款合同的担保是保证借款合同履行、避免和减少贷款风险、维护债权人利益的一种法律制度。借款合同的担保，源于民法的担保制度。因此，借款合同的担保依照《担保法》的有关规定处理。《担保法》是我国关于担保制度的专门法律。《担保法》规定了保证、抵押、质押、留置、定金五种担保方式。需要注意的是，按照《贷款通则》的规定，借款合同只能适用保证、抵押、质押三种担保方式，留置和定金这两种担保方式不适用借款合同。以银行等金融机构为出借人的借款合同应当严格审查借款人的资信，实行担保，保障按期收回贷款。对此，《商业银行法》、《贷款通则》有明确规定。但是，经审查、评估、确认借款人资信良好，确能偿还贷款的，可以不要求提供担保。

另外，《担保法》明确规定，保证、抵押、质押必须采取书面形式。但是，考虑到经济生活的复杂性，《担保法》认为保证合同、抵押合同、质押合同可以是单独订立的书面合同，包括当事人之间具有担保协议性质的信函、传真，也可以是主合同的担保条款。因此，借款合同的当事人对于担保的约定，既可以采用由出借方、借款方、担保方三方当事人共同协商在借款合同中设立担保条款，并由担保方在合同中签字的方式，也可以采用由贷款方和担保方签订担保合同的方式。

法条指引

❶《中华人民共和国合同法》（1999年10月1日施行）

第一百九十八条　订立借款合同，贷款人可以要求借款人提供担保。担保依照《中华人民共和国担保法》的规定。

❷《中华人民共和国担保法》（1995年10月1日施行）

第二条　在借贷、买卖、货物运输、加工承揽等经济活动中，债权人需要以担保方式保障其债权实现的，可以依照本法规定设定担保。

本法规定的担保方式为保证、抵押、质押、留置和定金。

❸《中华人民共和国商业银行法》（2003年12月27日修正）

第七条 商业银行开展信贷业务，应当严格审查借款人的资信，实行担保，保障按期收回贷款。

商业银行依法向借款人收回到期贷款的本金和利息，受法律保护。

第三十六条 商业银行贷款，借款人应当提供担保。商业银行应当对保证人的偿还能力，抵押物、质物的权属和价值以及实现抵押权、质权的可行性进行严格审查。

经商业银行审查、评估，确认借款人资信良好，确能偿还贷款的，可以不提供担保。

❹ 中国人民银行《贷款通则》（1996年8月1日施行）

第十条 除委托贷款以外，贷款人发放贷款，借款人应当提供担保。贷款人应当对保证人的偿还能力，抵押物、质物的权属和价值以及实现抵押权、质权的可行性进行严格审查。

经贷款审查、评估．确认借款人资信良好．确能偿还贷款的，可以不提供担保。

第二十九条 签订借款合同：

所有贷款应当由贷款人与借款人签订借款合同。借款合同应当约定借款种类、借款用途、金额、利率，借款期限，还款方式，借、贷双方的权利、义务，违约责任和双方认为需要约定的其他事项。

保证贷款应当由保证人与贷款人签订保证合同，或保证人在借款合同上载明与贷款人协商一致的保证条款．加盖保证人的法人公章，并由保证人的法定代表人或其授权代理人签署姓名。抵押贷款、质押贷款应当由抵押人、出质人与贷款人签订抵押合同、质押合同，需要办理登记的，应依法办理登记。

❺ 中国人民银行《个人住房贷款管理办法》（1998年5月9日施行）

第五条 借款人须同时具备以下条件：

（一）具有城镇常住户口或有效居留身份；

（二）有稳定的职业和收入，信用良好，有偿还贷款本息的能力；

（三）具有购买住房的合同或协议；

（四）不享受购房补贴的以不低于所购住房全部价款的30%作为购房的首期付款；享受购房补贴的以个人承担部分的30%作为购房的首期付款；

（五）有贷款人认可的资产作为抵押或质押，或有足够代偿能力的单位或个人作为保证人；

（六）贷款人规定的其他条件。

第十五条 贷款抵押物应当符合《中华人民共和国担保法》第三十四条的规定。《中华人民共和国担保法》第三十七条规定不得抵押的财产，不得用于贷款抵押。

第二十一条 采取质押方式的，出质人和质权人必须签订书面质押合同，《中华人民共和国担保法》规定需要办理登记的，应当办理登记手续。质押合同的有关内容，按照《中华人民共和国担保法》第六十五条的规定执行。生效日期按第七十六条至第七十九条的规定执行。质押合同至借款人还清全部贷款本息时终止。

第二十三条 借款人不能足额提供抵押（质押）时，应有贷款人认可的第三方提供承担连带责任的保证。保证人是法人的，必须具有代为偿还全部贷款本息的能力，且在银行开立有存款账户。保证人为自然人的，必须有固定经济来源，具有足够代偿能力，并且在贷款银行存有一定数额的保证金。

❻《住房和城乡建设部、财政部、中国人民银行、中国银行业监督管理委员会关于规范住房公积金个人住房贷款政策有关问题的通知》（2010年11月2日施行）

各省、自治区、直辖市人民政府，国务院各有关部门，新疆生产建设兵团：

为规范住房公积金个人住房贷款政策，根据《住房公积金管理条例》和《国务院关于坚决遏制部分城市房价过快上涨的通知》（国发〔2010〕10号）的有关规定，经国务院同意，现就有关问题通知如下：

一、住房公积金个人住房贷款只能用于缴存职工购买、建造、翻建、大修普通自住房，以支持基本住房需求。严禁使用住房公积金个人住房贷款进行投机性购房。

二、保持缴存职工家庭（包括借款人、配偶及未成年子女，下同）使用住房公积金个人住房贷款购买首套普通自住房政策的连续性和稳定性。使用住房公积金个人住房贷款购买首套普通自住房，套型建筑面积在90平方米（含）以下的，贷款首付款比例不得低于20%；套型建筑面积在90平方米以上的，贷款首付款比例不得低于30%。

三、第二套住房公积金个人住房贷款的发放对象，仅限于现有人均住房建筑面积低于当地平均水平的缴存职工家庭，且贷款用途仅限于购买改善居住条件的普通自住房。第二套住房公积金个人住房贷款首付款比例不得低于50%，贷款利率不得低于同期首套住房公积金个人住房贷款利率的1.1倍。

四、停止向购买第三套及以上住房的缴存职工家庭发放住房公积金个人住房贷款。

五、城市住房公积金管理委员会要根据当地住房价格、人均住房建筑面积和住房公积金业务发展状况，以支持缴存职工购买普通自住房的贷款需求为原则，合理确定住房公积金个人住房贷款最高额度，并报省级住房城乡建设、财政、人民银行、银监部门备案。直辖市、新疆生产建设兵团住房公积金个人住房贷款最高额度报住房城乡建设部、财政部、人民银行和银监会备案。

六、城市住房公积金管理中心和受委托银行要采取有效措施，加强住房公积金个人住房贷款的调查、审核、抵押、发放、回收等工作，切实加强贷款风险管理，保障资金安全。住房公积金管理中心要会同有关主管部门，抓紧建立信息共享机制，防范骗取住房公积金个人住房贷款等行为。同时，要简化办理手续，提高服务水平。

城市人民政府要结合当地实际，抓紧制定落实本通知精神的具体措施，积极做好政策解释工作。各省、自治区、直辖市人民政府和新疆生产建设兵团有关部门要加强工作指导，加大监督检查力度。政策执行中有关问题，及时报住房城乡建设部、财政部、人民银行和银监会。

❼《住房和城乡建设部、中国人民银行、中国银行业监督管理委员会关于规范商业性个人住房贷款中第二套住房认定标准的通知》（2010年5月26日施行）

各省、自治区、直辖市、计划单列市和省会（首府）城市住房城乡建设厅（建委、房地局），人民银行上海总部，各分行、营业管理部、省会（首府）城市中心支行、副省级城市中心支行，各银监局，各国有商业银行、股份制商业银行，中国邮政储蓄银行：

为贯彻落实《国务院关于坚决遏制部分城市房价过快上涨的通知》（国发〔2010〕10号），规范商业性个人住房贷款中贷款申请人（以下简称借款人）第二套住房认定标准，现就有关事项通知如下：

一、商业性个人住房贷款中居民家庭住房套数，应依据拟购房家庭（包括借款人、配偶及未成年子女，下同）成员名下实际拥有的成套住房数量进行认定。

二、应借款人的申请或授权，直辖市、计划单列市、省会（首府）城市及其他具备查询条件的城市房地产主管部门应通过房屋登记信息系统进行借款人家庭住房登记记录查询，并出具书面查询结果。

如因当地暂不具备查询条件而不能提供家庭住房登记查询结果的，借款人应向贷款人提交家庭住房实有套数书面诚信保证。贷款人查实诚信保证不实的，应将其记作不良记录。

三、有下列情形之一的，贷款人应对借款人执行第二套（及以上）差别化住房信贷政策：

（一）借款人首次申请利用贷款购买住房，如在拟购房所在地房屋登记信息系统（含预售合同登记备案系统，下同）中其家庭已登记有一套（及以上）成套住房的；

（二）借款人已利用贷款购买过一套（及以上）住房，又申请贷款购买住房的；

（三）贷款人通过查询征信记录、面测、面谈（必要时居访）等形式的尽责调查，确信借款人家庭已有一套（及以上）住房的。

四、对能提供1年以上当地纳税证明或社会保险缴纳证明的非本地居民申请住房贷款的，贷款人按本通知第三条执行差别化住房信贷政策。

对不能提供1年以上当地纳税证明或社会保险缴纳证明的非本地居民申请住房贷款的，贷款人按第二套（及以上）的差别化住房信贷政策执行；商品住房价格过高、上涨过快、供应紧张的地区，商业银行可根据风险状况和地方政府有关政策规定，对其暂停发放住房贷款。

五、各地要把城市房屋登记信息系统建设作为落实国发〔2010〕10号文件的一项重要工作抓紧抓好。数据不完备的城市，要进一步完善系统；尚未建立房屋登记系统的城市，要加快建设。2010年年底前各设区城市要基本建立房屋登记信息系统。

要加强住房信息查询管理工作。房地产主管部门应严格按照《房屋权属登记信息查询暂行办法》（建住房〔2006〕244号）及《房屋登记簿管理试行办法》（建住房〔2008〕84号）进行查询，并出具书面查询结果。对提供虚假查询信息的，按有关规定严肃处理。

案例链接

❶《焦作市解放区农村信用合作联社上白作

信用社诉侯涛涛等借款合同纠纷案》，参见北大法宝引证码：Pkulaw. cn/CLI. C. 290214。

❷《方城县农村信用合作联社诉向广华等金融借款合同纠纷案》，参见北大法宝引证码：Pkulaw. cn/CLI. C. 289902。

❸《广东粤财投资控股有限公司诉延津县精彩纺织有限公司等借款担保合同纠纷案》，参见北大法宝引证码：Pkulaw. cn/CLI. C. 282128。

❹《中国邮政储蓄银行有限责任公司商水县支行诉石铁成等借款合同纠纷案》，参见北大法宝引证码：Pkulaw. cn/CLI. C. 257806。

【借款人的附随义务】

法律问题解读

为了保证贷款能够及时收回，保障金融安全，借款人在向贷款人发出要约即申请贷款时，有义务按照贷款方的要求提供与借款有关的业务活动和财务状况的真实情况，此义务即所谓的借款合同借款人的附随义务。

为了切实保障银行信贷资金的安全，保证贷款方对是否承诺发放贷款作出正确判断，《合同法》规定：订立借款合同，借款人应当按照贷款人的要求提供与借款有关的业务活动和财务状况的真实情况。同时，《商业银行法》规定，商业银行贷款，应当对借款人的借款用途、偿还能力、还款方式等情况进行严格审查。为了贯彻《商业银行法的》这一规定，《贷款通则》要求借款人在申请贷款时，必须填写包括借款用途、偿还能力、还款方式等情况的《借款申请书》，并提供以下资料：（1）借款人及保证人基本情况。（2）财政部门或会计（审计）事务所核准的上年度财务报告，以及申请借款前一期的财务报告。（3）原有不合理占用的贷款的纠正情况。（4）抵押物、质物清单和有处分权人的同意抵押、质押的证明及保证人拟同意保证的有关证明文件。（5）申请中长期贷款还必须提供以下材料：①项目可行性报告；②项目开工前期准备工作完成情况的报告；③在开户银行存入了规定比例资金的证明；④经有权单位批准下达的项目投资计划和开工通知书；⑤按规定项目竣工投产所需自筹流动资金落实情况及证明材料；⑥贷款人认为需要提供的其他有关资料。

如果借款人违反诚实信用原则，故意提供不实的财会报表，或没有如实提供所有开户行、账号及存款余额等资料的，贷款人可以加收部分或全部贷款利息，或提前收回部分或全部贷款，停止支付借款人尚未使用的贷款。

法条指引

❶《中华人民共和国合同法》（1999年10月1日施行）

第六十条 当事人应当按照约定全面履行自己的义务。

当事人应当遵循诚实信用原则，根据合同的性质、目的和交易习惯履行通知、协助、保密等义务。

第一百九十九条 订立借款合同，借款人应当按照贷款人的要求提供与借款有关的业务活动和财务状况的真实情况。

❷《中华人民共和国商业银行法》（2003年12月27日修正）

第五条 商业银行与客户的业务往来，应当遵循平等、自愿、公平和诚实信用的原则。

第七条 商业银行开展信贷业务，应当严格审查借款人的资信，实行担保，保障按期收回贷款。

商业银行依法向借款人收回到期贷款的本金和利息，受法律保护。

第三十五条 商业银行贷款，应当对借款人的借款用途、偿还能力、还款方式等情况进行严格审查。

商业银行贷款，应当实行审贷分离、分级审批的制度。

第八十二条 借款人采取欺诈手段骗取贷款，构成犯罪的，依法追究刑事责任。

❸ 中国人民银行《贷款通则》（1996年8月1日施行）

第十九条 借款人的义务：

一、应当如实提供贷款人要求的资料（法律规定不能提供者除外），应当向贷款人如实提供所有开户行、账号及存贷款余额情况，配合贷款人的调查、审查和检查；

二、应当接受贷款人对其使用信贷资金情况和有关生产经营、财务活动的监督；

三、应当按借款合同约定用途使用贷款；

四、应当按借款合同约定及时清偿贷款本息；

五、将债务全部或部分转让给第三人的，应当取得贷款人的同意；

六、有危及贷款人债权安全情况时，应当及

时通知贷款人，同时采取保全措施。

第二十条 对借款人的限制：

一、不得在一个贷款人同一辖区内的两个或两个以上同级分支机构取得贷款。

二、不得向贷款人提供虚假的或者隐瞒重要事实的资产负债表、损益表等。

三、不得用贷款从事股本权益性投资，国家另有规定的除外。

四、不得用贷款在有价证券、期货等方面从事投机经营。

五、除依法取得经营房地产资格的借款人以外，不得用贷款经营房地产业务；依法取得经营房地产资格的借款人，不得用贷款从事房地产投机。

六、不得套取贷款用于借贷牟取非法收入。

七、不得违反国家外汇管理规定使用外币贷款。

八、不得采取欺诈手段骗取贷款。

第二十二条 贷款人的权利：

根据贷款条件和贷款程序自主审查和决定贷款，除国务院批准的特定贷款外，有权拒绝任何单位和个人强令其发放贷款或者提供担保。

一、要求借款人提供与借款有关的资料；

二、根据借款人的条件，决定贷与不贷、贷款金额、期限和利率等；

三、了解借款人的生产经营活动和财务活动；

四、依合同约定从借款人账户上划收贷款本金和利息；

五、借款人未能履行借款合同规定义务的，贷款人有权依合同约定要求借款人提前归还贷款或停止支付借款人尚未使用的贷款；

六、在贷款将受或已受损失时，可依据合同规定，采取使贷款免受损失的措施。

第二十五条 贷款申请：借款人需要贷款，应当向主办银行或者其他银行的经办机构直接申请。

借款人应当填写包括借款金额、借款用途、偿还能力及还款方式等主要内容的《借款申请书》并提供以下资料：

一、借款人及保证人基本情况；

二、财政部门或会计（审计）事务所核准的上年度财务报告，以及申请借款前一期的财务报告；

三、原有不合理占用的贷款的纠正情况；

四、抵押物、质物清单和有处分权人的同意抵押、质押的证明及保证人拟同意保证的有关证明文件；

五、项目建议书和可行性报告；

六、贷款人认为需要提供的其他有关资料。

第七十二条 借款人有下列情形之一，由贷款人责令改正。情节特别严重或逾期不改正的，由贷款人停止支付借款人尚未使用的贷款，并提前收回部分或全部贷款：

第二十七条 贷款调查：

一、向贷款人提供虚假或者隐瞒重要事实的资产负债表、损益表等资料的；

二、不如实向贷款人提供所有开户行、账号及存贷款余额等资料的；

三、拒绝接受贷款人对其使用信贷资金情况和有关生产经营、财务活动监督的。

❹ 中国人民银行《个人住房贷款管理办法》

（1998年5月9日施行）

第六条 借款人应向贷款人提供下列资料：

（一）身份证件（指居民身份证、户口本和其他有效居留证件）。

（二）有关借款人家庭稳定的经济收入的证明。

（三）符合规定的购买住房合同意向书、协议或其他批准文件。

（四）抵押物或质物清单、权属证明以及有处分权人同意抵押或质押的证明；有权部门出具的抵押物估价证明；保证人同意提供担保的书面文件和保证人资信证明。

（五）申请住房公积金贷款的，需持有住房公积金管理部门出具的证明。

（六）贷款人要求提供的其他文件或资料。

第七条 借款人应直接向贷款人提出借款申请。贷款人自收到贷款申请及符合要求的资料之日起，应在3周内向借款人正式答复。贷款人审查同意后，按照《贷款通则》的有关规定，向借款人发放住房贷款。

【合理使用借款】

法律问题解读

为了维护金融秩序，保障信贷资金的安全，保证贷款能够及时收回，在借款合同的履行过程中，借款人违规使用借款的，贷款人有权停止发放借款、提前收回借款或者解除合同。根据《合同法》总则关于合同解除制度的有关规定，当事人一方迟延履行债务或者有其他违约行为致使不能实现合同目的时,即有根本违约行为时,对方当事人可以解除合同。《合同法》关于借款合同内容根据总则的精神,在第203条规定:"借款人未按照约定的借款用途使用借款的,贷款人可以停止发放借款、提前收回借款或者解除合同。"

借款人按照约定的借款用途使用借款,不得挪作他用,是借款人的主要合同义务之一。贷款人往往是根据贷款用途来确定借款人的偿还能力的,如果借款人未经贷款人的同意擅自改变借款用途,例如,利用贷款从事期货、有价证券方面的投机经营,利用贷款进行房地产投机,利用贷款进行股本权益性投资,甚至利用贷款进行非法经营活动或者从事其他非法活动等,这一系列的违规使用借款的行为不仅可能导致贷款人到期不能收回贷款,而且还严重破坏了国家经济和金融秩序。从这一角度而言,借款人不按约定用途使用借款的行为是一种根本违约行为,将严重损害贷款人的利益,甚至危害社会公共利益。因此,在发生上述违规使用借款情况时,应当赋予贷款人相应的权利,即停止发放借款、提前收回借款或者解除合同的权利,以充分维护其信贷资金的安全。

法条指引

❶《中华人民共和国合同法》(1999年10月1日施行)

第二百零三条 借款人未按照约定的借款用途使用借款的,贷款人可以停止发放借款、提前收回借款或者解除合同。

❷ 中国人民银行《贷款通则》(1996年8月1日施行)

第十九条 借款人的义务:

一、应当如实提供贷款人要求的资料(法律规定不能提供者除外),应当向贷款人如实提供所有开户行、账号及存贷款余额情况,配合贷款人的调查、审查和检查;

二、应当接受贷款人对其使用信贷资金情况和有关生产经营、财务活动的监督;

三、应当按借款合同约定用途使用贷款;

四、应当按借款合同约定及时清偿贷款本息;

五、将债务全部或部分转让给第三人的,应当取得贷款人的同意;

六、有危及贷款人债权安全情况时,应当及时通知贷款人.同时采取保全措施。

第七十一条 借款人有下列情形之一,由贷款人对其部分或全部贷款加收利息;情节特别严重的,由贷款人停止支付借款人尚未使用的贷款,并提前收回部分或全部贷款:

一、不按借款合同规定用途使用贷款的。

二、用贷款进行股本权益性投资的。

三、用贷款在有价证券、期货等方面从事投机经营的。

四、未依法取得经营房地产资格的借款人用贷款经营房地产业务的;依法取得经营房地产资格的借款人,用贷款从事房地产投机的。

五、不按借款合同规定清偿贷款本息的。

六、套取贷款相互借贷牟取非法收入的。

【提前还款】

法律问题解读

在通常情况之下,债务人应当在债务履行期限内履行债务,也就是说,债务人既不能迟延履行,也不能提前清偿。如果债务人提前履行债务,债权人可以拒绝受领。但是,这只是原则性的规定,现实生活当中存在例外情况:如果债务人的提前清偿行为不损害债权人利益的,债权人不得拒绝。具体到借款合同而言,借款人提前向贷款人归还借款的,通常既不损害贷款人的利益,又有利于资金的及时回笼和流通。事实上,借款人提前还款的行为,往往是借款人放弃了自己的期限利益。因此,借款人提前还款只要不损害社会公共利益和他人合法权益,贷款人不得拒绝受领。

借款合同通常是有偿合同,因此借款合同中往往涉及利息条款。借款人按照还款期限归还本金的,应当同时按照约定向贷款人支付利息。在借款人提前归还借款时,利息该如何计算呢?《合同法》规定:"借款人提前偿还借款的,除当事人另有约定的以外,应当按照实际借款的期间计算利息。"关于此种情况下计算利息的利率标准,《合同法》及其他法律法规没有明确规定。我们认为,如果合同有约定的,按照合同的约定处理;如果合同没有约定或者约定不明的,应当按照银行同类贷款利率计算。

事实上,现实生活中借款人提前还贷的情况并不多见。但是,我们认为,《合同法》的规定是有远见的,例如:在商品房买卖合同中,随着按揭贷款的推广和普及,由于这类借款合同的还款期限普遍比较长,在合同履行过程中,借款人随着自身经济实力的增强或其他原因而要求提前还款的现象日益增多。《合同法》的这一规定为将来可能不断出现的这类纠纷提供了解决途径。

法条指引

❶《中华人民共和国合同法》（1999年10月1日施行）

第七十一条　债权人可以拒绝债务人提前履行债务，但提前履行不损害债权人利益的除外。

债务人提前履行债务给债权人增加的费用，由债务人负担。

第二百零八条　借款人提前偿还借款的，除当事人另有约定的以外，应当按照实际借款的期间计算利息。

❷中国人民银行《贷款通则》（1996年8月1日施行）

第三十二条　贷款归还：

借款人应当按照借款合同规定按时足额归还贷款本息。

贷款人在短期贷款到期1个星期之前、中长期贷款到期1个月之前，应当向借款人发送还本付息通知单；借款人应当及时筹备资金，按期还本付息。

贷款人对逾期的贷款要及时发出催收通知单，做好逾期贷款本息的催收工作。

贷款人对不能按借款合同约定期限归还的贷款，应当按规定加罚利息；对不能归还或者不能落实还本付息事宜的，应当督促归还或者依法起诉。

借款人提前归还贷款，应当与贷款人协商。

案例链接

❶《刘某与王某某民间借贷纠纷上诉案》，参见北大法宝引证码：Pkulaw.cn/CLI.C.275487。

❷《黄先杰诉濮阳市地豪置业有限公司借款合同纠纷案》，参见北大法宝引证码：Pkulaw.cn/CLI.C.281199。

❸《陶恩花诉宁波伟立电子有限公司等民间借贷纠纷案》，参见北大法宝引证码：Pkulaw.cn/CLI.C.227748。

❹《詹某某诉张某共同共有纠纷案》，参见北大法宝引证码：Pkulaw.cn/CLI.C.216019。

【民间借贷合同】

法律问题解读

在我国，根据借款合同出借人的不同，可以将借款合同分为以银行等金融机构为出借人的借款合同和自然人之间的借贷合同。所谓民间借贷，通常是指自然人之间的为了互助互济而签订的借款合同。

《合同法》将以银行等金融机构为出借人的借款合同和民间借贷合同作了统一规定，但是，这两种借款合同之间的差别仍然比较明显，把握其不同的特性在司法实践中尤为重要。民间借贷关系通常具有下列特性：

1. 民间借贷合同是实践性合同。《合同法》规定："自然人之间的借款合同，自贷款人提供借款时生效。"也就是说，自然人之间的借款合同的生效除了当事人意思表示达成一致之外，还要求实际交付货币。因此，民间借贷合同是实践性合同。

2. 民间借贷合同可以是有偿合同也可以是无偿合同。民间借贷合同往往是自然人之间基于互助互济而订立的，在这种情况之下，民间借贷合同是无偿合同。与此同时，民法奉行等价有偿的原则，只要当事人达成协议，民间借贷合同完全可以是有偿的，甚至其利息在一定程度上还可以略高于以银行等金融机构为出借人的借款合同。

3. 民间借贷合同为不要式合同。民间借贷合同往往数额较小，甚至是基于感情而订立，因此在形式上应当灵活便捷，易于操作。当事人可以采用书面形式，也可以采用口头形式或其他形式。总体而言，法律关于民间借贷的相关规定侧重考虑人民现实生活情况，处理方法比较灵活。

法条指引

❶《中华人民共和国合同法》（1999年10月1日施行）

第二百一十条　自然人之间的借款合同，自贷款人提供借款时生效。

第二百一十一条　自然人之间的借款合同对支付利息没有约定或者约定不明确的，视为不支付利息。

自然人之间的借款合同约定支付利息的，借款的利率不得违反国家有关限制借款利率的规定。

❷《中华人民共和国民法通则》（1987年1月1日施行）

第九十条 合法的借贷关系受法律保护。

❸ 中国人民银行《贷款通则》（1996年8月1日施行）

第二条 本通则所称贷款人，系指在中国境内依法设立的经营贷款业务的中资金融机构。

本通则所称借款人，系指从经营贷款业务的中资金融机构取得贷款的法人、其他经济组织、个体工商户和自然人。

本通则中所称贷款系指贷款人对借款人提供的并按约定的利率和期限还本付息的货币资金。

本通则中的贷款币种包括人民币和外币。

❹ 最高人民法院《关于贯彻执行〈中华人民共和国民法通则〉若干问题的意见（试行）》（1988年1月26日施行）

122. 公民之间的生产经营性借贷的利率，可以适当高于生活性借贷利率。如因利率发生纠纷，应本着保护合法借贷关系，考虑当地实际情况，有利于生产和稳定经济秩序的原则处理。

123. 公民之间的无息借款，有约定偿还期限而借款人不按期偿还，或者未约定偿还期限但经出借人催告后，借款人仍不偿还的，出借人要求借款人偿付逾期利息，应当予以准许。

❺ 最高人民法院《关于人民法院审理借贷案件的若干意见》（1991年7月2日）

6. 民间借贷的利率可以适当高于银行的利率，各地人民法院可根据本地区的实际情况具体掌握，但最高不得超过银行同类贷款利率的四倍（包含利率本数）。超出此限度的，超出部分的利息不予保护。

8. 借贷双方对有无约定利率发生争议，又不能证明的，可参照银行同类贷款利率计息。

借贷双方对约定的利率发生争议，又不能证明的，可参照本意见第六条规定计息。

9. 公民之间的定期无息借贷，出借人要求借款人偿付逾期利息，或者不定期无息贷款经催告不还，出借人要求偿付催告后利息的，可参照银行同类贷款的利率计息。

❻ 最高人民法院《关于如何确认公民与企业之间借贷行为效力问题的批复》（1999年2月9日施行）

黑龙江省高级人民法院：

你院黑高法〔1998〕192号《关于公民与企业之间借贷合同效力如何确认的请示》收悉。经研究，答复如下：

公民与非金融企业（以下简称企业）之间的借贷属于民间借贷。只要双方当事人意思表示真实即可认定有效。但是，具有下列情形之一的，应当认定无效：

（一）企业以借贷名义向职工非法集资；

（二）企业以借贷名义非法向社会集资；

（三）企业以借贷名义向社会公众发放贷款；

（四）其他违反法律、行政法规的行为。

借贷利率超过银行同期同类贷款利率4倍的，按照最高人民法院法（民）发〔1991〕21号《关于人民法院审理借贷案件的若干意见》的有关规定办理。

此复

❼ 最高人民法院《关于人民法院审理借贷案件的若干意见》（1991年7月2日）

6. 民间借贷的利率可以适当高于银行的利率，各地人民法院可根据本地区的实际情况具体掌握，但最高不得超过银行同类贷款利率的四倍（包含利率本数）。超出此限度的，超出部分的利息不予保护。

案例链接

❶《董新建与王晋韶民间借贷纠纷上诉案》，参见北大法宝引证码：Pkulaw.cn/CLI.C.277720。

❷《某诉某民间借贷纠纷案》，参见北大法宝引证码：Pkulaw.cn/CLI.C.275915。

❸《刘纪国诉乔辉民间借贷合同纠纷案》，参见北大法宝引证码：Pkulaw.cn/CLI.C.276587。

❹《冯聪敏诉杨群生等民间借贷合同纠纷案》，参见北大法宝引证码：Pkulaw.cn/CLI.C.281761。

【民间借贷的利息和利率】

法律问题解读

在民间借贷合同的特性中，我们已经指出，民间借贷合同可以是有偿合同也可以是无偿合同。如果民间借贷合同为有偿合同，则其利息和利率的确定应当遵循以下原则：（1）当事人对利息和利率有约定的，按照合同的约定办理。（2）民间借贷合同当事人之间约定利率的，其约定的利率可以适当高于银行贷款利率，但是不得高于国家有关限制借款利率的规定。根据司法解释，民间借贷的利率不得超过银行同类贷款利率的四倍（包含利率本数）。超出这一限度的，超出部分的利息不予保护。（3）民间借贷当事人之间不得约定计算复利。最高人民法院司法解释指出，出借人不得将利息计入本金谋取高利,审理中发现债权人将利息计入本金计算复利的,其利率超出银行同类贷款利率的四倍时,超出部分的利息不予保护。(4)民间借贷合同对支付利息没有约定或者约定不明的,视为不支付利息,即推定为无息借款。(5)自然人之间约定的定期无息借贷,出借人要求借款人偿付逾期利息,或者不定期无息借贷经催告不还,出借人要求偿付催告后利息的,可以参照银行同类贷款的利率计息。

在实践中还应当注意:(1)自然人之间因借贷外币、台币发生纠纷,出借人要求以同类货币偿还的,可以准许。借款人确无同类货币的,可以参照偿还时当地外汇汇率折合人民币偿还。出借人要求偿付利息的,可参照偿还时中国银行外币储蓄利率计息。(2)一方以欺诈、胁迫、乘人之危,使对方在违背真实意思表示情况下形成的借贷关系,应当认定为可撤销。若合同被撤销,其原因是债权人引起的,只返还本金;其原因是债务人引起的,除返还本金外,还应参照银行同类贷款利率给付利息。

法条指引

❶《中华人民共和国合同法》(1999年10月1日施行)

第二百一十一条 自然人之间的借款合同对支付利息没有约定或者约定不明确的,视为不支付利息。

自然人之间的借款合同约定支付利息的,借款的利率不得违反国家有关限制借款利率的规定。

❷ 最高人民法院《关于贯彻执行〈中华人民共和国民法通则〉若干问题的意见(试行)》(1988年1月26日施行)

122. 公民之间的生产经营性借贷的利率,可以适当高于生活性借贷利率。如因利率发生纠纷,应本着保护合法借贷关系,考虑当地实际情况,有利于生产和稳定经济秩序的原则处理。

123. 公民之间的无息借款,有约定偿还期限而借款人不按期偿还,或者未约定偿还期限但经出借人催告后,借款人仍不偿还的,出借人要求借款人偿付逾期利息,应当予以准许。

124. 借贷双方因利率发生争议,如果约定不明,又不能证明的,可以比照银行同类贷款利率计息。

125. 公民之间的借贷,出借人将利息扣入本金计算复利的,不予保护;在借款时将利息扣除

的,应当按实际出借数计息。

❸ 最高人民法院《关于人民法院审理借贷案件的若干意见》(1991年7月2日)

6. 民间借贷的利率可以适当高于银行的利率,各地人民法院可根据本地区的实际情况具体掌握,但最高不得超过银行同类贷款利率的四倍(包含利率本数)。超出此限度的,超出部分的利息不予保护。

7. 出借人不得将利息计入本金谋取高利。审理中发现债权人将利息计入本金计算复利的,其利率超出第6条规定的限度时,超出部分的利息不予保护。

8. 借贷双方对有无约定利率发生争议,又不能证明的,可参照银行同类贷款利率计息。

借贷双方对约定的利率发生争议,又不能证明的,可参照本意见第六条规定计息。

9. 公民之间的定期无息借贷,出借人要求借款人偿付逾期利息,或者不定期无息贷款经催告不还;出借人要求偿付催告后利息的,可参照银行同类贷款的利率计息。

10. 一方以欺诈、胁迫等手段或者乘人之危,使对方在违背真实意思的情况下所形成的借贷关系,应认定为无效。借贷关系无效由债权人的行为引起的,只返还本金;借贷关系无效由债务人的行为引起的,除返还本金外,还应参照银行同类贷款利率给付利息。

12. 公民之间因借贷外币、台币发生纠纷,出借人要求以同类货币偿还的,可以准许。借款人确无同类货币的,可参照偿还时当地外汇调剂价折合人民币偿还。出借人要求偿付利息的,可参照偿还时中国银行外币储蓄利率计息。

借贷外汇券发生的纠纷,参照以上原则处理。

【贷款合同的种类】

法律问题解读

根据不同的标准,贷款合同有不同的分类。理清贷款合同的种类,有利于实践中在涉及贷款纠纷时对法律正确适用。

1. 根据贷款资金的来源不同,贷款合同可以分为自营贷款、委托贷款和特定贷款。(1)自营贷款,系指贷款人以合法方式筹集的资金自主发放的贷款,其风险由贷款人承担,并由贷款人收回本金和利息。(2)委托贷款,系指由政府部门、企事业单位及个人等委托人提供资金,由贷款人

（即受托人）根据委托人确定的贷款对象、用途、金额期限、利率等代为发放、监督使用并协助收回的贷款。贷款人（受托人）只收取手续费，不承担贷款风险。（3）特定贷款，系指经国务院批准并对贷款可能造成的损失采取相应补救措施后责成国有独资商业银行发放的贷款。

2. 根据贷款期限的不同，贷款合同可以分为短期贷款、中期贷款和长期贷款。（1）短期贷款，系指贷款期限在1年以内（含1年）的贷款。（2）中期贷款，系指贷款期限在1年以上（不含1年）5年以下（含5年）的贷款。（3）长期贷款，系指贷款期限在5年（不含5年）以上的贷款。

3. 根据贷款担保方式的不同，可以将贷款合同分为信用贷款、担保贷款和票据贴现。（1）信用贷款，指以借款人的信誉发放的贷款。（2）担保贷款，指保证贷款、抵押贷款、质押贷款。（3）票据贴现，指贷款人以购买借款人未到期商业票据的方式发放的贷款。

法条指引

❶ **中国人民银行《贷款通则》**（1996年8月1日施行）

第七条 自营贷款、委托贷款和特定贷款：

自营贷款，系指贷款人以合法方式筹集的资金自主发放的贷款，其风险由贷款人承担，并由贷款人收回本金和利息。

委托贷款，系指由政府部门、企事业单位及个人等委托人提供资金，由贷款人（即受托人）根据委托人确定的贷款对象、用途、金额、期限、利率等代为发放、监督使用并协助收回的贷款。贷款人（受托人）只收取手续费，不承担贷款风险。

特定贷款，系指经国务院批准并对贷款可能造成的损失采取相应补救措施后责成国有独资商业银行发放的贷款。

第八条 短期贷款、中期贷款和长期贷款：

短期贷款，系指贷款期限在1年以内（含1年）的贷款。

中期贷款，系指贷款期限在1年以上（不含1年）5年以下（含5年）的贷款。

长期贷款，系指贷款期限在5年（不含5年）以上的贷款。

第九条 信用贷款、担保贷款和票据贴现：

信用贷款，系指以借款人的信誉发放的贷款。

担保贷款，系指保证贷款、抵押贷款、质押贷款。

保证贷款，系指按《中华人民共和国担保法》规定的保证方式以第三人承诺在借款人不能偿还贷款时，按约定承担一般保证责任或者连带责任而发放的贷款。

抵押贷款，系指按《中华人民共和国担保法》规定的抵押方式以借款人或第三人的财产作为抵押物发放的贷款。

质押贷款，系指按《中华人民共和国担保法》规定的质押方式以借款人或第三人的动产或权利作为质物发放的贷款。

票据贴现，系指贷款人以购买借款人未到期商业票据的方式发放的贷款。

【保证贷款】

法律问题解读

所谓保证贷款，根据《贷款通则》的规定，系指按《中华人民共和国担保法》规定的保证方式，以第三人承诺在借款人不能偿还贷款时，按约定承担一般保证责任或者连带责任而发放的贷款。

保证贷款合同纠纷应当按照《担保法》及相关法律法规、司法解释处理。

1. 关于主体问题。保证贷款合同签订时应当特别注意保证人的资格问题，《担保法》第7条、第8条、第9条、第10条专门规定了哪些人可以作保证人，哪些人不可以作保证人。一般而言，具有社会公益性质的主体及不能独立承担民事责任的主体不得担任保证人。

2. 保证合同的签订。签订保证合同在实践中大致有下列方式：保证人与贷款人专门签订书面保证合同；保证人在借贷合同上签字或盖章表示愿意承担保证责任；保证人单独向贷款人出具书面的保证书。

3. 保证人的责任。保证可以分为一般保证和连带责任保证。一般保证中，保证人仅仅在借款人不能向贷款人还款时，才向贷款人负责偿还；连带责任保证中，保证人与借款人向贷款人承担到期还款的连带责任。另外，如果保证人在签订保证合同时，未表明承担何种责任的保证责任时，推定其承担连带责任保证。保证人保证还款的范围通常包括本金、利息、违约金、损害赔偿金、贷款人实现债权的费用，当事人另有约定的除外。保证人仅在保证期间承担保证责任，保证期间届满,保证人免除保证责任。保证人向贷款人承担了保证责任之后,有权向借款人追偿。

在实践中还应当注意:(1)保证合同因种种原因无效的,借款人、贷款人、保证人有过错的,应当根据其各自的过程承担相应的民事责任。(2)主合同当事人双方协议以新贷偿还旧贷,除保证人知道或者应当知道的外,保证人不承担民事责任。新贷与旧贷系同一保证人的除外。

法条指引

❶《中华人民共和国民法通则》(1987年1月1日施行)

第八十九条 依照法律的规定或者按照当事人的约定,可以采用下列方式担保债务的履行:

(一)保证人向债权人保证债务人履行债务,债务人不履行债务的,按照约定由保证人履行或者承担连带责任;保证人履行债务后,有权向债务人追偿。

(二)债务人或者第三人可以提供一定的财产作为抵押物。债务人不履行债务的,债权人有权依照法律的规定以抵押物折价或者以变卖抵押物的价款优先得到偿还。

(三)当事人一方在法律规定的范围内可以向对方给付定金。债务人履行债务后,定金应当抵作价款或者收回。给付定金的一方不履行债务的,无权要求返还定金;接受定金的一方不履行债务的,应当双倍返还定金。

(四)按照合同约定一方占有对方的财产,对方不按照合同给付应付款项超过约定期限的,占有人有权留置该财产,依照法律的规定以留置财产折价或者以变卖该财产的价款优先得到偿还。

❷ 最高人民法院《关于贯彻执行〈中华人民共和国民法通则〉若干问题的意见(试行)》(1988年1月26日施行)

106. 保证人应当是具有代偿能力的公民、企业法人以及其他经济组织。保证人即使不具备完全代偿能力,仍应以自己的财产承担保证责任。

国家机关不能担任保证人。

107. 企业法人的分支机构不具有法人资格。分支机构以自己的名义对外签订的保证合同,一般应当认定无效。但因此产生的财产责任,分支机构如有偿付能力的,应当自行承担;如无偿付能力的,应由企业法人承担。

108. 保证人向债权人保证债务人履行债务的,应当与债权人订立书面保证合同,确定保证人对主债务的保证范围和保证期限。虽未单独订立书面保证合同,但在主合同中写明保证人的保证范围和保证期限,并由保证人签名盖章的,视为书面保证合同成立。公民间的口头保证,有两个以上无利害关系人证明的,也视为保证合同成立,法律另有规定的除外。

保证范围不明确的,推定保证人对全部主债务承担保证责任。

109. 在保证期限内,保证人的保证范围,可因主债务的减少而减少。新增加的债务,未经保证人同意担保的,保证人不承担保证责任。

110. 保证人为二人以上的,相互之间负连带保证责任。但是保证人与债权人约定按份承担保证责任的除外。

111. 被担保的经济合同确认无效后,如果被保证人应当返还财产或者赔偿损失的,除有特殊约定外,保证人仍应承担连带责任。

❸《中华人民共和国合同法》(1999年10月1日施行)

第一百九十八条 订立借款合同,贷款人可以要求借款人提供担保。担保依照《中华人民共和国担保法》的规定。

❹《中华人民共和国担保法》(1995年10月1日施行)

第五条 担保合同是主合同的从合同,主合同无效,担保合同无效。担保合同另有约定的,按照约定。担保合同被确认无效后,债权人、担保人、债权人有过错的,应当根据其过错各自承担相应的民事责任。

第六条 本法所称保证,是指保证人和债权人约定,当债务人不履行债务时,保证人按照约定履行债务或者承担责任的行为。

第七条 具有代为清偿债务能力的法人、其他组织或者公民,可以作保证人。

第八条 国家机关不得为保证人,但经国务院批准为使用外国政府或者国际经济组织贷款进行转贷的除外。

第九条 学校、幼儿园、医院等以公益为目的的事业单位、社会团体不得为保证人。

第十条 企业法人的分支机构、职能部门不得为保证人。

企业法人的分支机构有法人书面授权的,可以在授权范围内提供保证。

第十六条 保证的方式有:

(一)一般保证;

(二) 连带责任保证。

第十七条 当事人在保证合同中约定，债务人不能履行债务时，由保证人承担保证责任的，为一般保证。

一般保证的保证人在主合同纠纷未经审判或者仲裁，并就债务人财产依法强制执行仍不能履行债务前，对债权人可以拒绝承担保证责任。

有下列情形之一的，保证人不得行使前款规定的权利：

(一) 债务人住所变更，致使债权人要求其履行债务发生重大困难的；

(二) 人民法院受理债务人破产案件，中止执行程序的；

(三) 保证人以书面形式放弃前款规定的权利的。

第十八条 当事人在保证合同中约定保证人与债务人对债务承担连带责任的，为连带责任保证。

连带责任保证的债务人在主合同规定的债务履行期届满没有履行债务的，债权人可以要求债务人履行债务，也可以要求保证人在其保证范围内承担保证责任。

第十九条 当事人对保证方式没有约定或者约定不明确的，按照连带责任保证承担保证责任。

第二十一条 保证担保的范围包括主债权及利息、违约金、损害赔偿金和实现债权的费用。保证合同另有约定的，按照约定。

当事人对保证担保的范围没有约定或者约定不明确的，保证人应当对全部债务承担责任。

第二十五条 一般保证的保证人与债权人未约定保证期间的，保证期间为主债务履行期届满之日起六个月。

在合同约定的保证期间和前款规定的保证期间，债权人未对债务人提起诉讼或者申请仲裁的，保证人免除保证责任；债权人已提起诉讼或者申请仲裁的，保证期间适用诉讼时效中断的规定。

第二十六条 连带责任保证的保证人与债权人未约定保证期间的，债权人有权自主债务履行期届满之日起六个月内要求保证人承担保证责任。

在合同约定的保证期间和前款规定的保证期间，债权人未要求保证人承担保证责任的，保证人免除保证责任。

第二十九条 企业法人的分支机构未经法人书面授权或者超出授权范围与债权人订立保证合同的，该合同无效或者超出授权范围的部分无效，债权人和企业法人有过错的，应当根据其过错各自承担相应的民事责任；债权人无过错的，由企业法人承担民事责任。

第三十条 有下列情形之一的，保证人不承担民事责任：

(一) 主合同当事人双方串通，骗取保证人提供保证的；

(二) 主合同债权人采取欺诈、胁迫等手段，使保证人在违背真实意思的情况下提供保证的。

第三十一条 保证人承担保证责任后，有权向债务人追偿。

第三十二条 人民法院受理债务人破产案件后，债权人未申报债权的，保证人可以参加破产财产分配，预先行使追偿权。

❺ **最高人民法院《关于适用〈中华人民共和国担保法〉若干问题的解释》**（2000年12月13日施行）

第七条 主合同有效而担保合同无效，债权人无过错的，担保人与债务人对主合同债权人的经济损失，承担连带赔偿责任；债权人、担保人有过错的，担保人承担民事责任的部分，不应超过债务人不能清偿部分的二分之一。

第八条 主合同无效而导致担保合同无效，担保人无过错的，担保人不承担民事责任；担保人有过错的，担保人承担民事责任的部分，不应超过债务人不能清偿部分的三分之一。

第十四条 不具有完全代偿能力的法人、其他组织或者自然人，以保证人身份订立保证合同后，又以自己没有代偿能力要求免除保证责任的，人民法院不予支持。

第十五条 担保法第七条规定的其他组织主要包括：

(一) 依法登记领取营业执照的独资企业、合伙企业；

(二) 依法登记领取营业执照的联营企业；

(三) 依法登记领取营业执照的中外合作经营企业；

(四) 经民政部门核准登记的社会团体；

(五) 经核准登记领取营业执照的乡镇、街道、村办企业。

第十六条 从事经营活动的事业单位、社会团体为保证人的，如无其他导致保证合同无效的情况，其所签订的保证合同应当认定为有效。

第十七条 企业法人的分支机构未经法人书面授权提供保证的，保证合同无效。因此给债权人造成损失的，应当根据担保法第五条第二款的规定处理。

企业法人的分支机构经法人书面授权提供保证的，如果法人的书面授权范围不明，法人的分支机构应当对保证合同约定的全部债务承担保证责任。

企业法人的分支机构经营管理的财产不足以承担保证责任的，由企业法人承担民事责任。

企业法人的分支机构提供的保证无效后应当承担赔偿责任的，由分支机构经营管理的财产承担。企业法人有过错的，按照担保法第二十九条的规定处理。

第十八条 企业法人的职能部门提供保证的，保证合同无效。债权人知道或者应当知道保证人为企业法人的职能部门的，因此造成的损失由债权人自行承担。

债权人不知保证人为企业法人的职能部门，因此造成的损失，可以参照担保法第五条第二款的规定和第二十九条的规定处理。

第二十五条 担保法第十七条第三款第（一）项规定的债权人要求债务人履行债务发生的重大困难情形，包括债务人下落不明、移居境外，且无财产可供执行。

第三十一条 保证期间不因任何事由发生中断、中止、延长的法律后果。

第三十二条 保证合同约定的保证期间早于或者等于主债务履行期限的，视为没有约定，保证期间为主债务履行期届满之日起六个月。

保证合同约定保证人承担保证责任直至主债务本息还清时为止等类似内容的，视为约定不明，保证期间为主债务履行期届满之日起二年。

第三十三条 主合同对主债务履行期限没有约定或者约定不明的，保证期间自债权人要求债务人履行义务的宽限期届满之日起计算。

第三十八条 同一债权既有保证又有第三人提供物的担保的，债权人可以请求保证人或者物的担保人承担担保责任。当事人对保证担保的范围或者物的担保的范围没有约定或者约定不明的，承担了担保责任的担保人，可以向债务人追偿，也可以要求其他担保人清偿其应当分担的份额。

同一债权既有保证又有物的担保的，物的担保合同被确认无效或者被撤销，或者担保物因不可抗力的原因灭失而没有代位物的，保证人仍应当按合同的约定或者法律的规定承担保证责任。

债权人在主合同履行期届满后怠于行使担保物权，致使担保物的价值减少或者毁损、灭失的，视为债权人放弃部分或者全部物的担保。保证人在债权人放弃权利的范围内减轻或者免除保证责任。

第三十九条 主合同当事人双方协议以新贷偿还旧贷，除保证人知道或者应当知道的外，保证人不承担民事责任。

新贷与旧贷系同一保证人的，不适用前款的规定。

第四十条 主合同债务人采取欺诈、胁迫等手段，使保证人在违背真实意思的情况下提供保证的，债权人知道或者应当知道欺诈、胁迫事实的，按照担保法第三十条的规定处理。

第四十一条 债务人与保证人共同欺骗债权人，订立主合同和保证合同的，债权人可以请求人民法院予以撤销。因此给债权人造成损失的，由保证人与债务人承担连带赔偿责任。

第四十三条 保证人自行履行保证责任时，其实际清偿额大于主债权范围的，保证人只能在主债权范围内对债务人行使追偿权。

第四十五条 债权人知道或者应当知道债务人破产，既未申报债权也未通知保证人，致使保证人不能预先行使追偿权的，保证人在该债权在破产程序中可能受偿的范围内免除保证责任。

第四十六条 人民法院受理债务人破产案件后，债权人未申报债权的，各连带共同保证的保证人应当作为一个主体申报债权，预先行使追偿权。

❻ 中国人民银行《贷款通则》（1996年8月1日施行）

第九条 信用贷款、担保贷款和票据贴现：

信用贷款，系指以借款人的信誉发放的贷款。

担保贷款，系指保证贷款、抵押贷款、质押贷款。

保证贷款，系指按《中华人民共和国担保法》规定的保证方式以第三人承诺在借款人不能偿还贷款时，按约定承担一般保证责任或者连带责任而发放的贷款。

抵押贷款，系指按《中华人民共和国担保法》规定的抵押方式以借款人或第三人的财产作为抵押物发放的贷款。

质押贷款，系指按《中华人民共和国担保法》规定的质押方式以借款人或第三人的动产或权利作为质物发放的贷款。

票据贴现，系指贷款人以购买借款人未到期商业票据的方式发放的贷款。

第二十七条 贷款调查：

贷款人受理借款人申请后，应当对借款人的

信用等级以及借款的合法性、安全性、盈利性等情况进行调查,核实抵押物、质物、保证人情况,测定贷款的风险度。

❼ 中国人民银行《个人住房贷款管理办法》(1998年5月9日施行)

第二十三条 借款人不能足额提供抵押(质押)时,应有贷款人认可的第三方提供承担连带责任的保证。保证人是法人,必须具有代为偿还全部贷款本息的能力,且在银行开立有存款账户。保证人为自然人的,必须有固定经济来源,具有足够代偿能力,并且在贷款银行存有一定数额的保证金。

第二十四条 保证人与债权人应当以书面形式订立保证合同。保证人发生变更的,必须按照规定办理变更担保手续,未经贷款人认可,原保证合同不得撤销。

❽ 最高人民法院《关于人民法院审理借贷案件的若干意见》(1991年7月2日)

13. 在借贷关系中,仅起联系、介绍作用的人,不承担保证责任。对债务的履行确有保证意思表示的,应认定为保证人,承担保证责任。

16. 有保证人的借贷债务到期后,债务人有清偿能力的,由债务人承担责任;债务人无能力清偿、无法清偿或者债务人下落不明的,由保证人承担连带责任。

借期届满,债务人未偿还欠款,借、贷双方未征求保证人同意而重新对偿还期限或利率达成协议,保证人不再承担保证责任。

无保证人的借贷纠纷,债务人申请追加新的保证人参加诉讼,法院不应准许。

对保证责任有争议的,按照《意见》(试行)第108条、109条、110条的规定处理。

❾ 最高人民法院《关于审理经济合同纠纷案件有关保证的若干问题的规定》(1994年4月15日)

一、保证合同成立的认定

1. 保证人与债权人就保证问题依法达成书面协议的,保证合同成立。

2. 保证人以书面形式向债权人表示,当被保证人不履行债务时,由其代为履行或者承担连带责任并为债权人接受的,保证合同成立。

3. 保证人在债权人与被保证人签订的订有保证条款的主合同上,以保证人的身份签字或者盖章;或者主合同中虽没有保证条款,但保证人在主合同上以保证人的身份签字或者盖章的,视为保证合同成立。

4. 保证合同依法成立后,被保证人不履行债务的,保证人应当按照保证合同约定的范围、方式和期限承担保证责任。

二、有效保证合同保证人的责任

5. 保证合同明确约定保证人承担代为履行责任的,经债权人请求被保证人履行合同,被保证人拒不履行时,债权人可请求保证人履行。保证人不能代为履行合同,且强制执行被保证人的财产仍不足以清偿其债务的,由保证人承担赔偿责任。

6. 保证合同明确约定保证人承担连带责任的,当被保证人到期不履行合同时,债权人既可向被保证人求偿,也可直接向保证人求偿。

7. 保证合同没有约定保证人承担何种保证责任,或者约定不明确的,视为保证人承担赔偿责任。当被保证人不履行合同时,债权人应当首先请求被保证人清偿债务。强制执行被保证人的财产仍不足以清偿其债务的,由保证人承担赔偿责任。

8. 保证合同对保证范围有明确约定的,保证人在约定的保证范围内承担责任;保证合同没有约定保证范围或者对保证范围约定不明确的,保证人应当对被保证人的全部债务承担保证责任。

10. 保证合同中约定有保证责任期限的,保证人在约定的保证责任期限内承担保证责任。债权人在保证责任期限内未向保证人主张权利的,保证人不再承担保证责任。

11. 保证合同中没有约定保证责任期限或者约定不明确的,保证人应当在被保证人承担责任的期限内承担保证责任。保证人如果在主合同履行期限届满后,书面要求债权人向被保证人为诉讼上的请求,而债权人在收到保证人的书面请求后一个月内未行使诉讼请求权的,保证人不再承担保证责任。

三、无效保证合同的认定及保证人的责任

17. 法人的分支机构未经法人同意,为他人提供保证的,保证合同无效,保证人不承担保证责任,但应当根据其过错大小,承担相应的赔偿责任。法人的分支机构管理的财产不足以承担赔偿责任的,由法人承担。

金融部门的分支机构提供保证的,如无其他导致保证合同无效的因素,保证人应当承担保证责任。

18. 法人的内部职能部门未经法人同意,为他人提供保证的,保证合同无效,保证人不承担保证责任,但应当根据其过错大小,由法人承担相应的赔偿责任。

19. 主合同债权人一方或者双方当事人采取欺诈、胁迫等手段，或者恶意串通，使保证人在违背真实意思情况下提供保证的，保证合同无效，保证人不承担责任。

20. 主合同无效，保证合同也无效，保证人不承担保证责任。但保证人知道或者应当知道主合同无效而仍然为之提供保证的，主合同被确认无效后，保证人与被保证人承担连带赔偿责任。

案例链接

❶《漯河某银行行中心支行诉王某某等借款合同纠纷案》，参见北大法宝引证码：Pkulaw.cn/CLI.C.265053。

❷《邮政储蓄银行临颍县支行诉李俊才等借款纠纷案》，参见北大法宝引证码：Pkulaw.cn/CLI.C.220903。

❸《邮政储蓄银行临颍支行诉宋旭颖等借款纠纷案》，参见北大法宝引证码：Pkulaw.cn/CLI.C.220904。

❹《中国邮政储蓄银行有限责任公司永城市支行诉李国庆等金融借款合同纠纷案》，参见北大法宝引证码：Pkulaw.cn/CLI.C.276262。

【抵押贷款】

法律问题解读

抵押贷款，系指按《中华人民共和国担保法》规定的抵押方式以借款人或第三人的财产作为抵押物发放的贷款。

抵押贷款合同纠纷应当按照《担保法》及相关法律法规、司法解释解决。

1. 关于抵押物。《物权法》第 180 条、181 条、184 条分别规定了可以抵押的财产以及不得抵押的财产。

2. 抵押担保的范围。它包括主债权及其利息、违约金、损害赔偿金、保管担保财产和实现担保权的费用。当事人另有约定的，按照约定。

3. 关于抵押合同。抵押合同的订立主要有两种方式，（1）抵押人和贷款人直接签订书面抵押合同；（2）在借贷合同中订立抵押条款，并由抵押人签字。抵押合同签订之后，并不当然生效。根据《物权法》第 15 条的规定，当事人之间订立有关设立、变更、转让和消灭不动产物权的合同，除法律另有规定或者合同另有约定外，自合同成

立时生效；未办理物权登记的，不影响合同效力。可见，抵押合同的生效，与抵押财产是否登记并无关系。

4. 抵押人的责任。借款人不按时还款的，贷款人有权将抵押物拍卖、变卖，并就所得价款优先受偿。抵押人丧失对抵押物的权利。

应当注意的是，抵押合同因种种原因无效的，借款人、贷款人、抵押人有过错的，应当根据其各自的过程承担相应的民事责任。（1）借贷合同有效而抵押合同无效，贷款人无过错的，担保人与借款人对借贷合同贷款人的经济损失，承担连带赔偿责任；贷款人、担保人有过错的，担保人承担民事责任的部分，不应超过债务人不能清偿部分的二分之一。（2）借款合同无效而导致抵押合同无效，担保人无过错的，担保人不承担民事责任；担保人有过错的，担保人承担民事责任的部分，不应超过债务人不能清偿部分的三分之一。

法条指引

❶《中华人民共和国民法通则》（1987 年 1 月 1 日施行）

第八十九条　依照法律的规定或者按照当事人的约定，可以采用下列方式担保债务的履行：

（一）保证人向债权人保证债务人履行债务，债务人不履行债务的，按照约定由保证人履行或者承担连带责任；保证人履行债务后，有权向债务人追偿。

（二）债务人或者第三人可以提供一定的财产作为抵押物。债务人不履行债务的，债权人有权依照法律的规定以抵押物折价或者以变卖抵押物的价款优先得到偿还。

（三）当事人一方在法律规定的范围内可以向对方给付定金。债务人履行债务后，定金应当抵作价款或者收回。给付定金的一方不履行债务的，无权要求返还定金；接受定金的一方不履行债务的，应当双倍返还定金。

（四）按照合同约定一方占有对方的财产，对方不按照合同给付应付款项超过约定期限的，占有人有权留置该财产，依照法律的规定以留置财产折价或者以变卖该财产的价款优先得到偿还。

❷ 最高人民法院《关于贯彻执行〈中华人民共和国民法通则〉若干问题的意见（试行）》（1988 年 1 月 26 日施行）

112. 债务人或者第三人向债权人提供抵押物时，应当订立书面合同或者在原债权文书中写明。

没有书面合同，但有其他证据证明抵押物或者其权利证书已交给抵押权人的，可以认定抵押关系成立。

113. 以自己不享有所有权或者经营管理权的财产作抵押物的，应当认定抵押无效。

以法律限制流通的财产作为抵押物的，在清偿债务时，应当由有关部门收购，抵押权人可以从价款中优先受偿。

114. 抵押物在抵押权人保管期间灭失、毁损的，抵押权人如有过错，应当承担民事责任。

抵押物在抵押人处灭失、毁损的，应当认定抵押关系存在，并责令抵押人以其他财产代替抵押物。

115. 抵押物如由抵押人自己占有并负责保管，在抵押期间，非经债权人同意，抵押人将同一抵押物转让他人，或者就抵押物价值已设置抵押部分再作抵押的，其行为无效。

债务人以抵押物清偿债务时，如果一项抵押物有数个抵押权人的，应当按照设定抵押权的先后顺序受偿。

116. 有要求清偿银行贷款和其他债权等数个债权人的，有抵押权的债权人应享有优先受偿的权利。法律、法规另有规定的除外。

❸《中华人民共和国物权法》（2007年10月1日施行）

第十五条　当事人之间订立有关设立、变更、转让和消灭不动产物权的合同，除法律另有规定或者合同另有约定外，自合同成立时生效；未办理物权登记的，不影响合同效力。

第一百七十二条　设立担保物权，应当依照本法和其他法律的规定订立担保合同。担保合同是主债权债务合同的从合同。主债权债务合同无效，担保合同无效，但法律另有规定的除外。

担保合同被确认无效后，债务人、担保人、债权人有过错的，应当根据其过错各自承担相应的民事责任。

第一百七十三条　担保物权的担保范围包括主债权及其利息、违约金、损害赔偿金、保管担保财产和实现担保物权的费用。当事人另有约定的，按照约定。

第一百八十条　债务人或者第三人有权处分的下列财产可以抵押：

（一）建筑物和其他土地附着物；

（二）建设用地使用权；

（三）以招标、拍卖、公开协商等方式取得的荒地等土地承包经营权；

（四）生产设备、原材料、半成品、产品；

（五）正在建造的建筑物、船舶、航空器；

（六）交通运输工具；

（七）法律、行政法规未禁止抵押的其他财产。

抵押人可以将前款所列财产一并抵押。

第一百八十一条　经当事人书面协议，企业、个体工商户、农业生产经营者可以将现有的以及将有的生产设备、原材料、半成品、产品抵押，债务人不履行到期债务或者发生当事人约定的实现抵押权的情形，债权人有权就实现抵押权时的动产优先受偿。

第一百八十四条　下列财产不得抵押：

（一）土地所有权；

（二）耕地、宅基地、自留地、自留山等集体所有的土地使用权，但法律规定可以抵押的除外；

（三）学校、幼儿园、医院等以公益为目的的事业单位、社会团体的教育设施、医疗卫生设施和其他社会公益设施；

（四）所有权、使用权不明或者有争议的财产；

（五）依法被查封、扣押、监管的财产；

（六）法律、行政法规规定不得抵押的其他财产。

第一百八十五条　设立抵押权，当事人应当采取书面形式订立抵押合同。

抵押合同一般包括下列条款：

（一）被担保债权的种类和数额；

（二）债务人履行债务的期限；

（三）抵押财产的名称、数量、质量、状况、所在地、所有权归属或者使用权归属；

（四）担保的范围。

第一百八十七条　以本法第一百八十条第一款第一项至第三项规定的财产或者第五项规定的正在建造的建筑物抵押的，应当办理抵押登记。抵押权自登记时设立。

第一百八十八条　以本法第一百八十条第一款第四项、第六项规定的财产或者第五项规定的正在建造的船舶、航空器抵押的，抵押权自抵押合同生效时设立；未经登记，不得对抗善意第三人。

第一百八十九条　企业、个体工商户、农业生产经营者以本法第一百八十一条规定的动产抵押的，应当向抵押人住所地的工商行政管理部门办理登记。抵押权自抵押合同生效时设立；未经登记，不得对抗善意第三人。

依照本法第一百八十一条规定抵押的，不得对抗正常经营活动中已支付合理价款并取得抵押财产的买受人。

第一百九十五条 债务人不履行到期债务或者发生当事人约定的实现抵押权的情形，抵押权人可以与抵押人协议以抵押财产折价或者以拍卖、变卖该抵押财产所得的价款优先受偿。协议损害其他债权人利益的，其他债权人可以在知道或者应当知道撤销事由之日起一年内请求人民法院撤销该协议。

抵押权人与抵押人未就抵押权实现方式达成协议的，抵押权人可以请求人民法院拍卖、变卖抵押财产。

抵押财产折价或者变卖的，应当参照市场价格。

❹《中华人民共和国合同法》（1999年10月1日施行）

第一百九十八条 订立借款合同，贷款人可以要求借款人提供担保。担保依照《中华人民共和国担保法》的规定。

❺《中华人民共和国担保法》（1995年10月1日施行）

第五条 担保合同是主合同的从合同，主合同无效，担保合同无效。担保合同另有约定的，按照约定。

担保合同被确认无效后，债务人、担保人、债权人有过错的，应当根据其过错各自承担相应的民事责任。

第三十三条 本法所称抵押，是指债务人或者第三人不转移对本法第三十四条所列财产的占有，将该财产作为债权的担保。债务人不履行债务时，债权人有权依照本法规定以该财产折价或者以拍卖、变卖该财产的价款优先受偿。

前款规定的债务人或者第三人为抵押人，债权人为抵押权人，提供担保的财产为抵押物。

第三十四条 下列财产可以抵押：

（一）抵押人所有的房屋和其他地上定着物；

（二）抵押人所有的机器、交通运输工具和其他财产；

（三）抵押人依法有权处分的国有的土地使用权、房屋和其他地上定着物；

（四）抵押人依法有权处分的国有的机器、交通运输工具和其他财产；

（五）抵押人依法承包并经发包方同意抵押的荒山、荒沟、荒丘、荒滩等荒地的土地使用权；

（六）依法可以抵押的其他财产。

抵押人可以将前款所列财产一并抵押。

第三十五条 抵押人所担保的债权不得超出其抵押物的价值。

财产抵押后，该财产的价值大于所担保债权的余额部分，可以再次抵押，但不得超出其余额部分。

第三十六条 以依法取得的国有土地上的房屋抵押的，该房屋占用范围内的国有土地使用权同时抵押。

以出让方式取得的国有土地使用权抵押的，应当将抵押时该国有土地上的房屋同时抵押。

乡（镇）、村企业的土地使用权不得单独抵押。以乡（镇）、村企业的厂房等建筑物抵押的，其占用范围内的土地使用权同时抵押。

第三十七条 下列财产不得抵押：

（一）土地所有权；

（二）耕地、宅基地、自留地、自留山等集体所有的土地使用权，但本法第三十四条第（五）项、第三十六条第三款规定的除外；

（三）学校、幼儿园、医院等以公益为目的的事业单位、社会团体的教育设施、医疗卫生设施和其他社会公益设施；

（四）所有权、使用权不明或者有争议的财产；

（五）依法被查封、扣押、监管的财产；

（六）依法不得抵押的其他财产。

第四十二条 办理抵押物登记的部门如下：

（一）以无地上定着物的土地使用权抵押的，为核发土地使用权证书的土地管理部门；

（二）以城市房地产或者乡（镇）、村企业的厂房等建筑物抵押的，为县级以上地方人民政府规定的部门；

（三）以林木抵押的，为县级以上林木主管部门；

（四）以航空器、船舶、车辆抵押的，为运输工具的登记部门；

（五）以企业的设备和其他动产抵押的，为财产所在地的工商行政管理部门。

第四十三条 当事人以其他财产抵押的，可以自愿办理抵押物登记，抵押合同自签订之日起生效。

当事人未办理抵押物登记的，不得对抗第三人。当事人办理抵押物登记的，登记部门为抵押人所在地的公证部门。

第四十六条 抵押担保的范围包括主债权及利息、违约金、损害赔偿金和实现抵押权的费用。

抵押合同另有约定的,按照约定。

第五十二条 抵押权与其担保的债权同时存在,债权消灭的,抵押权也消灭。

第五十三条 债务履行期届满抵押权人未受清偿的,可以与抵押人协议以抵押物折价或者以拍卖、变卖该抵押物所得的价款受偿;协议不成的,抵押权人可以向人民法院提起诉讼。

抵押物折价或者拍卖、变卖后,其价款超过债权数额的部分归抵押人所有,不足部分由债务人清偿。

第五十七条 为债务人抵押担保的第三人,在抵押权人实现抵押权后,有权向债务人追偿。

❻ **最高人民法院《关于适用〈中华人民共和国担保法〉若干问题的解释》**(2000年12月13日施行)

第七条 主合同有效而担保合同无效,债权人无过错的,担保人与债务人对主合同债权人的经济损失,承担连带赔偿责任;债权人、担保人有过错的,担保人承担民事责任的部分,不应超过债务人不能清偿部分的二分之一。

第八条 主合同无效而导致担保合同无效,担保人无过错的,担保人不承担民事责任;担保人有过错的,担保人承担民事责任的部分,不应超过债务人不能清偿部分的三分之一。

第四十七条 以依法获准尚未建造的或者正在建造中的房屋或者其他建筑物抵押的,当事人办理了抵押物登记,人民法院可以认定抵押有效。

第四十八条 以法定程序确认为违法、违章的建筑物抵押的,抵押无效。

第四十九条 以尚未办理权属证书的财产抵押的,在第一审法庭辩论终结前能够提供权利证书或者补办登记手续的,可以认定抵押有效。

当事人未办理抵押物登记手续的,不得对抗第三人。

第五十条 以担保法第三十四条第一款所列财产一并抵押的,抵押财产的范围应当以登记的财产为准。抵押财产的价值在抵押权实现时予以确定。

第五十二条 当事人以农作物和与其尚未分离的土地使用权同时抵押的,土地使用权部分的抵押无效。

第五十三条 学校、幼儿园、医院等以公益为目的的事业单位、社会团体,以其教育设施、医疗卫生设施和其他社会公益设施以外的财产为自身债务设定抵押的,人民法院可以认定抵押有效。

第五十四条 按份共有人以其共有财产中享有的份额设定抵押的,抵押有效。

共同共有人以其共有财产设定抵押,未经其他共有人的同意,抵押无效。但是,其他共有人知道或者应当知道而未提出异议的视为同意,抵押有效。

第五十五条 已经设定抵押的财产被采取查封、扣押等财产保全或者执行措施的,不影响抵押权的效力。

第五十六条 抵押合同对被担保的主债权种类、抵押财产没有约定或者约定不明,根据主合同和抵押合同不能补正或者无法推定的,抵押不成立。

法律规定登记生效的抵押合同签订后,抵押人违背诚实信用原则拒绝办理抵押登记致使债权人受到损失的,抵押人应当承担赔偿责任。

第五十七条 当事人在抵押合同中约定,债务履行期届满抵押权人未受清偿时,抵押物的所有权转移为债权人所有的内容无效。该内容的无效不影响抵押合同其他部分内容的效力。

债务履行期届满后抵押权人未受清偿时,抵押权人和抵押人可以协议以抵押物折价取得抵押物。但是,损害顺序在后的担保物权人和其他债权人利益的,人民法院可以适用合同法第七十四条、第七十五条的有关规定。

第五十八条 当事人同一天在不同的法定登记部门办理抵押物登记的,视为顺序相同。

因登记部门的原因致使抵押物进行连续登记的,抵押物第一次登记的日期,视为抵押登记的日期,并依此确定抵押权的顺序。

❼ **中国人民银行《贷款通则》**(1996年8月1日施行)

第九条 信用贷款、担保贷款和票据贴现:

信用贷款,系指以借款人的信誉发放的贷款。

担保贷款,系指保证贷款、抵押贷款、质押贷款。

保证贷款,系指按《中华人民共和国担保法》规定的保证方式以第三人承诺在借款人不能偿还贷款时,按约定承担一般保证责任或者连带责任而发放的贷款。

抵押贷款,系指按《中华人民共和国担保法》规定的抵押方式以借款人或第三人的财产作为抵押物发放的贷款。

质押贷款,系指按《中华人民共和国担保法》规定的质押方式以借款人或第三人的动产或权利作为质物发放的贷款。

票据贴现,系指贷款人以购买借款人未到期商业票据的方式发放的贷款。

第二十七条 贷款调查:

贷款人受理借款人申请后,应当对借款人的信用等级以及借款的合法性、安全性、盈利性等情况进行调查,核实抵押物、质物、保证人情况,测定贷款的风险度。

❽ **中国人民银行《个人住房贷款管理办法》**(1998年5月9日施行)

第十五条 贷款抵押物应当符合《中华人民共和国担保法》第三十四条的规定。《中华人民共和国担保法》第三十七条规定不得抵押的财产不得用于贷款抵押。

第十六条 借款人以所购自用住房作为贷款抵押物的,必须将住房价值全额用于贷款抵押。

第十七条 以房地产作抵押的,抵押人和抵押权人应当签订书面抵押合同,并于放款前向县级以上地方人民政府规定的部门办理抵押登记手续,并于放款前向县级以上地方人民政府规定的部门办理抵押登记手续。抵押合同的有关内容按照《中华人民共和国担保法》第三十九条规定确定。

第十八条 借款人对抵押的财产在抵押期内必须妥善保管,负有维修、保养、保证完好无损的责任,并随时接受贷款人的监督检查。对设定的抵押物,在抵押期届满之前,贷款人不得擅自处分。

第十九条 抵押期间,未经贷款人同意,抵押人不得将抵押物再次抵押或出租、转让、变卖、馈赠。

第二十条 抵押合同自抵押物登记之日起生效,至借款人还清全部贷款本息时终止。抵押合同终止后,当事人应按合同的约定,解除设定的抵押权。以房地产作为抵押物的,解除抵押权时,应到原登记部门办理抵押注销登记手续。

第三十一条 借款人在还款期限内死亡、失踪或丧失民事行为能力后无继承人或受遗赠人,或其法定继承人、受遗赠人拒绝履行借款合同的,贷款人有权依照《中华人民共和国担保法》的规定处分抵押物或质物。

第三十二条 处分抵押物或质物,其价款不足以偿还贷款本息的,贷款人有权向债务人追偿;其价款超过应偿还部分,贷款人应退还抵押人或出质人。

第三十五条 借款人有下列情形之一的,贷款人按中国人民银行《贷款通则》的有关规定,对借款人追究违约责任:

一、借款人不按期归还贷款本息的;

二、借款人提供虚假文件或资料,已经或可能造成贷款损失的;

三、未经贷款人同意,借款人将设定抵押权或质押权财产或权益拆迁、出售、转让、赠与或重复抵押的;

四、借款人擅自改变贷款用途,挪用贷款的;

五、借款人拒绝或阻挠贷款人对贷款使用情况进行监督检查的;

六、借款人与其他法人或经济组织签订有损贷款人权益的合同或协议的;

七、保证人违反保证合同或丧失承担连带责任能力,抵押物因意外损毁不足以清偿贷款本息,质物明显减少影响贷款人实现质权,而借款人未按要求落实新保证或新抵押(质押)的。

❾ **最高人民法院《关于人民法院审理借贷案件的若干意见》**(1991年7月2日)

17. 审理借贷案件时,对于因借贷关系产生的正当的抵押关系应予保护。如发生纠纷,分别按照民法通则第89条第2项以及《意见》(试行)第112条、113条、114条、115条、116条的规定处理。

案例链接

❶《交通银行股份有限公司郑州商交所支行诉朱颖等金融借款合同纠纷案》,参见北大法宝引证码:Pkulaw.cn/CLI.C.280909。

❷《封丘县农村信用合作联社城关信用社与王飞翔储蓄存款合同纠纷上诉案》,参见北大法宝引证码:Pkulaw.cn/CLI.C.281129。

❸《郑州铁路局郑州房屋修建中心与中国农业银行股份有限公司郑州花园支行抵押借款合同纠纷再审案》,参见北大法宝引证码:Pkulaw.cn/CLI.C.287159。

❹《凌某某与王某某债权纠纷上诉案》,参见北大法宝引证码:Pkulaw.cn/CLI.C.277257。

【质押贷款】

法律问题解读

质押贷款,系指按《中华人民共和国担保法》规定的质押方式以借款人或第三人的动产或权利作为质物发放的贷款。

质押贷款合同纠纷应当按照《物权法》、《担保法》及相关法律法规、司法解释处理。

1. 关于质押财产。质押财产标的可以是动产，也可以是权利，但不得为不动产。因此，质押可以分为动产质押和权利质押。质押财产因此区别于抵押财产，抵押财产可以是不动产，不动产抵押是最重要的抵押类型。法律规定不得质押的动产不能质押，如公司不能接受本公司股票为质押标的。

2. 质押的担保范围。它包括主债权及利息、违约金、损害赔偿金、质物保管费用和实现质权的费用。质押合同另有约定的，按照约定。

3. 关于质押合同。质押合同，必须采用书面形式，签订方式主要有单独签订质押合同和在借款合同中设立质押条款两种方式。质权设立以质物占有转移或者办理质押权利登记为条件。质物未转移占有或者未办理质押权利登记的，质押未设立。

4. 质押人的责任。借款人不按时还款的，贷款人有权将质押物或质押权利拍卖、变卖，或者将质押权利兑现、转让，并就所得价款优先受偿。质押人丧失质押物的权利或用于质押的债权、知识产权等权利。

应当注意的是：抵押合同因种种原因无效的，借款人、贷款人、抵押人有过错的，应当根据其各自的过错承担相应的民事责任。

法条指引

❶《中华人民共和国物权法》（2007年10月1日施行）

第一百七十一条 债权人在借贷、买卖等民事活动中，为保障实现其债权，需要担保的，可以依照本法和其他法律的规定设立担保物权。

第三人为债务人向债权人提供担保的，可以要求债务人提供反担保。反担保适用本法和其他法律的规定。

第一百七十二条 设立担保物权，应当依照本法和其他法律的规定订立担保合同。担保合同是主债权债务合同的从合同。主债权债务合同无效，担保合同无效，但法律另有规定的除外。

担保合同被确认无效后，债务人、担保人、债权人有过错的，应当根据其过错各自承担相应的民事责任。

第一百七十三条 担保物权的担保范围包括主债权及其利息、违约金、损害赔偿金、保管担保财产和实现担保物权的费用。当事人另有约定的，按照约定。

第二百零八条 为担保债务的履行，债务人或者第三人将其动产出质给债权人占有的，债务人不履行到期债务或者发生当事人约定的实现质权的情形，债权人有权就该动产优先受偿。

前款规定的债务人或者第三人为出质人，债权人为质权人，交付的动产为质押财产。

第二百零九条 法律、行政法规禁止转让的动产不得出质。

第二百一十条 设立质权，当事人应当采取书面形式订立质权合同。质权合同一般包括下列条款：

（一）被担保债权的种类和数额；
（二）债务人履行债务的期限；
（三）质押财产的名称、数量、质量、状况；
（四）担保的范围；
（五）质押财产交付的时间。

第二百一十二条 质权自出质人交付质押财产时设立。

第二百一十九条 债务人履行债务或者出质人提前清偿所担保的债权的，质权人应当返还质押财产。

债务人不履行到期债务或者发生当事人约定的实现质权的情形，质权人可以与出质人协议以质押财产折价，也可以就拍卖、变卖质押财产所得的价款优先受偿。

质押财产折价或者变卖的，应当参照市场价格。

第二百二十三条 债务人或者第三人有权处分的下列权利可以出质：

（一）汇票、支票、本票；
（二）债券、存款单；
（三）仓单、提单；
（四）可以转让的基金份额、股权；
（五）可以转让的注册商标专用权、专利权、著作权等知识产权中的财产权；
（六）应收账款；
（七）法律、行政法规规定可以出质的其他财产权利。

第二百二十四条 以汇票、支票、本票、债券、存款单、仓单、提单出质的，当事人应当订立书面合同。质权自权利凭证交付质权人时设立；没有权利凭证的，质权自有关部门办理出质登记时设立。

第二百二十六条 以基金份额、股权出质的，当事人应当订立书面合同。以基金份额、证券登记结算机构登记的股权出质的，质权自证券登记结算机构办理出质登记时设立；以其他股权出质的，质权自工商行政管理部门办理出质登记时设立。

基金份额、股权出质后，不得转让，但经出质人与质权人协商同意的除外。出质人转让基金份额、股权所得的价款，应当向质权人提前清偿债务或者提存。

第二百二十七条 以注册商标专用权、专利权、著作权等知识产权中的财产权出质的，当事人应当订立书面合同。质权自有关主管部门办理出质登记时设立。

知识产权中的财产权出质后，出质人不得转让或者许可他人使用，但经出质人与质权人协商同意的除外。出质人转让或者许可他人使用出质的知识产权中的财产权所得的价款，应当向质权人提前清偿债务或者提存。

第二百二十八条 以应收账款出质的，当事人应当订立书面合同。质权自信贷征信机构办理出质登记时设立。

应收账款出质后，不得转让，但经出质人与质权人协商同意的除外。出质人转让应收账款所得的价款，应当向质权人提前清偿债务或者提存。

第二百二十九条 权利质权除适用本节规定外，适用本章第一节动产质权的规定。

❷《中华人民共和国合同法》（1999年10月1日施行）

第一百九十八条 订立借款合同，贷款人可以要求借款人提供担保。担保依照《中华人民共和国担保法》的规定。

❸《中华人民共和国担保法》（1995年10月1日施行）

第五条 担保合同是主合同的从合同，主合同无效，担保合同无效。担保合同另有约定的，按照约定。

担保合同被确认无效后，债务人、担保人、债权人有过错的，应当根据其过错各自承担相应的民事责任。

第六十三条 本法所称动产质押，是指债务人或者第三人将其动产移交债权人占有，将该动产作为债权的担保。债务人不履行债务时，债权人有权依照本法规定以该动产折价或者以拍卖、变卖该动产的价款优先受偿。

前款规定的债务人或者第三人为出质人，债权人为质权人，移交的动产为质物。

第六十四条 出质人和质权人应当以书面形式订立质押合同。

质押合同自质物移交于质权人占有时生效。

第六十七条 质押担保的范围包括主债权及利息、违约金、损害赔偿金、质物保管费用和实现质权的费用。质押合同另有约定的，按照约定。

第七十一条 债务履行期届满债务人履行债务的，或者出质人提前清偿所担保的债权的，质权人应当返还质物。

债务履行期届满质权人未受清偿的，可以与出质人协议以质物折价，也可以依法拍卖、变卖质物。

质物折价或者拍卖、变卖后，其价款超过债权数额的部分归出质人所有，不足部分由债务人清偿。

第七十二条 为债务人质押担保的第三人，在质权人实现质权后，有权向债务人追偿。

第七十五条 下列权利可以质押：

（一）汇票、支票、本票、债券、存款单、仓单、提单；

（二）依法可以转让的股份、股票；

（三）依法可以转让的商标专用权，专利权、著作权中的财产权；

（四）依法可以质押的其他权利。

第七十六条 以汇票、支票、本票、债券、存款单、仓单、提单出质的，应当在合同约定的期限内将权利凭证交付质权人。质押合同自权利凭证交付之日起生效。

第七十八条 以依法可以转让的股票出质的，出质人与质权人应当订立书面合同，并向证券登记机构办理出质登记。质押合同自登记之日起生效。

股票出质后，不得转让，但经出质人与质权人协商同意的可以转让。出质人转让股票所得的价款应当向质权人提前清偿所担保的债权或者向与质权人约定的第三人提存。

以有限责任公司的股份出质的，适用公司法股份转让的有关规定。质押合同自股份出质记载于股东名册之日起生效。

第七十九条 以依法可以转让的商标专用权，专利权、著作权中的财产权出质的，出质人与质权人应当订立书面合同，并向其管理部门办理出质登记。质押合同自登记之日起生效。

第八十一条 权利质押除适用本节规定外，适用本章第一节的规定。

❹ 最高人民法院《关于适用〈中华人民共和国担保法〉若干问题的解释》（2000年12月13日

施行）

第八十五条 债务人或者第三人将其金钱以特户、封金、保证金等形式特定化后，移交债权人占有作为债权的担保，债务人不履行债务时，债权人可以以该金钱优先受偿。

第八十七条 出质人代质权人占有质物的，质押合同不生效；质权人将质物返还于出质人后，以其质权对抗第三人的，人民法院不予支持。

因不可归责于质权人的事由而丧失对质物的占有，质权人可以向不当占有人请求停止侵害、恢复原状、返还质物。

第八十八条 出质人以间接占有的财产出质的，质押合同自书面通知送达占有人时视为移交。占有人收到出质通知后，仍接受出质人的指示处分出质财产的，该行为无效。

第八十九条 质押合同中对质押的财产约定不明，或者约定的出质财产与实际移交的财产不一致的，以实际交付占有的财产为准。

第九十七条 以公路桥梁、公路隧道或者公路渡口等不动产收益权出质的，按照担保法第七十五条第（四）项的规定处理。

第九十八条 以汇票、支票、本票出质，出质人与质权人没有背书记载"质押"字样，以票据出质对抗善意第三人的，人民法院不予支持。

第九十九条 以公司债券出质的，出质人与质权人没有背书记载"质押"字样，以债券出质对抗公司和第三人的，人民法院不予支持。

第一百条 以存款单出质的，签发银行核押后又受理挂失并造成存款流失的，应当承担民事责任。

第一百零一条 以票据、债券、存款单、仓单、提单出质的，质权人再转让或者质押的无效。

第一百零二条 以载明兑现或者提货日期的汇票、支票、本票、债券、存款单、仓单、提单出质的，其兑现或者提货日期后于债务履行期的，质权人只能在兑现或者提货日期届满时兑现款项或者提取货物。

第一百零三条 以股份有限公司的股份出质的，适用《中华人民共和国公司法》有关股份转让的规定。

以上市公司的股份出质的，质押合同自股份出质向证券登记机构办理出质登记之日起生效。

以非上市公司的股份出质的，质押合同自股份出质记载于股东名册之日起生效。

❺ **《中华人民共和国公司法》**（2006年1月1日施行）

第一百四十三条 公司不得收购本公司股份。但是，有下列情形之一的除外：

（一）减少公司注册资本；

（二）与持有本公司股份的其他公司合并；

（三）将股份奖励给本公司职工；

（四）股东因对股东大会作出的公司合并、分立决议持异议，要求公司收购其股份的。

公司因前款第（一）项至第（三）项的原因收购本公司股份的，应当经股东大会决议。公司依照前款规定收购本公司股份后，属于第（一）项情形的，应当自收购之日起十日内注销；属于第（二）项、第（四）项情形的，应当在六个月内转让或者注销。

公司依照第一款第（三）项规定收购的本公司股份，不得超过本公司已发行股份总额的百分之五；用于收购的资金应当从公司的税后利润中支出；所收购的股份应当在一年内转让给职工。

公司不得接受本公司的股票作为质押权的标的。

❻ **《中华人民共和国票据法》**（2004年8月28日修正）

第三十五条 背书记载"委托收款"字样的，被背书人有权代背书人行使被委托的汇票权利。但是，被背书人不得再以背书转让汇票权利。

汇票可以设定质押；质押时应当以背书记载"质押"字样。被背书人依法实现其质权时，可以行使汇票权利。

❼ **中国人民银行《贷款通则》**（1996年8月1日施行）

第九条 信用贷款、担保贷款和票据贴现：

信用贷款，系指以借款人的信誉发放的贷款。

担保贷款，系指保证贷款、抵押贷款、质押贷款。

保证贷款，系指按《中华人民共和国担保法》规定的保证方式以第三人承诺在借款人不能偿还贷款时，按约定承担一般保证责任或者连带责任而发放的贷款。

抵押贷款，系指按《中华人民共和国担保法》规定的抵押方式以借款人或第三人的财产作为抵押物发放的贷款。

质押贷款，系指按《中华人民共和国担保法》规定的质押方式以借款人或第三人的动产或权利作为质物发放的贷款。

票据贴现，系指贷款人以购买借款人未到期商业票据的方式发放的贷款。

❽ **中国人民银行《个人住房贷款管理办法》**

(1998年5月9日施行)

第二十一条 采取质押方式的,出质人和质权人必须签订书面质押合同,《中华人民共和国担保法》规定需要办理登记的,应当办理登记手续。质押合同的有关内容,按照《中华人民共和国担保法》第六十五条的规定执行。生效日期按第七十六条至七十九条的规定执行。质押合同至借款人还清全部贷款本息时终止。

❾ 中国银行业监督管理委员会《单位定期存单质押贷款管理规定》(2007年7月3日)

第十五条 办理单位定期存单质押贷款,贷款人和出质人应当订立书面质押合同。在借款合同中订立质押条款的,质押条款应符合本章的规定。

第十六条 质押合同应当载明下列内容:
(一)出质人、借款人和质权人名称、住址或营业场所;
(二)被担保的贷款的种类、数额、期限、利率、贷款用途以及贷款合同号;
(三)单位定期存单号码及所载存款的种类、户名、账户、开立机构、数额、期限、利率;
(四)质押担保的范围;
(五)存款行是否对单位定期存单进行了确认;
(六)单位定期存单的保管责任;
(七)质权的实现方式;
(八)违约责任;
(九)争议的解决方式;
(十)当事人认为需要约定的其他事项。

第十七条 质押合同应当由出质人和贷款人签章。签章为其法定代表人、经法定代表人授权的代理人或主要负责人的签字并加盖单位公章。

第十八条 质押期间,除法律另有规定外,任何人不得擅自动用质押款项。

第十九条 出质人和贷款人可以在质押合同中约定,当借款人没有依约履行合同的,贷款人可直接将存单兑现以实现质权。

第二十一条 单位定期存单质押担保的范围包括贷款本金和利息、罚息、损害赔偿金、违约金和实现质权的费用。质押合同另有约定的,按照约定执行。

第二十三条 有下列情形之一的,贷款人可依法定方式处分单位定期存单:
(一)质押贷款合同期满,借款人未按期归还贷款本金和利息的;
(二)借款人或出质人违约,贷款人需依法提前收回贷款的;
(三)借款人或出质人被宣告破产或解散的。

第二十四条 有第二十三条所列情形之一的,贷款人和出质人可以协议以单位定期存单兑现或以法律规定的其他方式处分单位定期存单。以单位定期存单兑现时,贷款人应向存款行提交单位定期存单和其与出质人的协议。

单位定期存单处分所得不足偿付第二十一条规定的款项的,贷款人应当向借款人另行追偿;偿还第二十一条规定的款项后有剩余的,其超出部分应当退还出质人。

第二十五条 质押存单期限先于贷款期限届满的,贷款人可以提前兑现存单,并与出质人协议将兑现的款项提前清偿借款或向与出质人约定的第三人提存,质押合同另有约定的,从其约定。提存的具体办法由各当事人自行协商确定。

贷款期限先于质押的单位定期存单期限届满,借款人未履行其债务的,贷款人可以继续保管定期存单,在存单期限届满时兑现用于抵偿贷款本息。

第二十六条 经与出质人协商一致,贷款人提前兑现或提前支取的,应向存款行提供单位定期存单、质押合同、需要提前兑现或提前支取的有关协议。

案例链接

❶《张来成诉赵建武买卖合同纠纷案》,参见北大法宝引证码:Pkulaw.cn/CLI.C.226255。

❷《厦门国际银行北京分行诉北京诚信安隆科技发展有限公司等借款合同纠纷案》,参见北大法宝引证码:Pkulaw.cn/CLI.C.214501。

❸《邢文林与南召县金海典当有限责任公司清算组借款合同纠纷上诉案》,参见北大法宝引证码:Pkulaw.cn/CLI.C.262840。

❹《中国建设银行股份有限公司漯河黄河路支行与张宏山等借款担保合同纠纷上诉案》,参见北大法宝引证码:Pkulaw.cn/CLI.C.285652。

学者观点

❶ 袁晓东:《我国专利资产证券化的制度环境研究》,参见北大法宝引证码:Pkulaw.cn/CLI.A.184867。

【住房按揭贷款】

法律问题解读

住房按揭贷款，是指贷款人向借款人发放的用于购买自用普通住房的贷款，贷款人在发放该项贷款时，借款人必须已交付规定比例的首期购房款，并以所购住房作抵押，在所购住房房地产权证未颁发且办妥住房抵押登记之前，由售房商提供连带责任保证，并承担回购义务的一种贷款方式。

申请住房按揭贷款一般应当具备以下基本条件：（1）借款人具有稳定的职业和收入，信用良好，确有偿还贷款本息的能力；（2）所购住房坐落在城镇（包括市区、县城、大集镇）且原则上为借款人现居住地或工作、经商地；（3）已与售房商签订了购买住房的合同或协议，并已支付30%以上的购房款；（4）同意先办理预购商品房抵押登记，并承诺在所购买的住房竣工并取得房地产权证后，以购买的住房作贷款抵押且重新办理抵押登记手续；（5）售房商同意为借款人提供连带责任保证，并承担回购义务；（6）同意在贷款银行办理银行卡（或存折），每期贷款本息委托贷款银行扣收。

在实务操作中，关于住房按揭贷款的法律、法规政策是区分经济适用房、消费住房、商业用房、二手房等作出相关规定的。例如在经济适用房的按揭贷款中，对于经济适用房的购买主体资格做了限定，只能为城市低收入住房困难家庭，在申请贷款方面，应当出具市、县人民政府经济适用住房主管部门准予购房的核准通知。可以提取个人住房公积金和优先办理住房公积金贷款。对于个人消费住房按揭贷款，依所购住房面积以及是否是首套自住房规定了不同的贷款首付比例和利率政策。

法条指引

❶ 中国人民银行《个人住房贷款管理办法》（1998年5月9日施行）（略）

❷ 中国人民银行、中国银行业监督管理委员会《关于加强商业性房地产信贷管理的通知》（2007年9月27日施行）

三、严格住房消费贷款管理

商业银行应重点支持借款人购买首套中小户型自住住房的贷款需求，且只能对购买主体结构已封顶住房的个人发放住房贷款。

商业银行应提请借款人按诚实守信原则，在住房贷款合同中如实填写所贷款项用于购买第几套住房的相关信息。对购买首套自住住房且套型建筑面积在90平方米以下的，贷款首付款比例（包括本外币贷款，下同）不得低于20%；对购买首套自住住房且套型建筑面积在90平方米以上的，贷款首付款比例不得低于30%；对已利用贷款购买住房、又申请购买第二套（含）以上住房的，贷款首付款比例不得低于40%，贷款利率不得低于中国人民银行公布的同期同档次基准利率的1.1倍，而且贷款首付款比例和利率水平应随套数增加而大幅度提高，具体提高幅度由商业银行根据贷款风险管理相关原则自主确定，但借款人偿还住房贷款的月支出不得高于其月收入的50%。

❸ 建设部、发展改革委、监察部、财政部、国土资源部、人民银行、国家税务总局《经济适用住房管理办法》（2007年11月19日修订）

第二条 本办法所称经济适用住房，是指政府提供政策优惠，限定套型面积和销售价格，按照合理标准建设，面向城市低收入住房困难家庭供应，具有保障性质的政策性住房。

本办法所称城市低收入住房困难家庭，是指城市和县人民政府所在地镇的范围内，家庭收入、住房状况等符合市、县人民政府规定条件的家庭。

第九条 购买经济适用住房的个人向商业银行申请贷款，除符合《个人住房贷款管理办法》规定外，还应当出具市、县人民政府经济适用住房主管部门准予购房的核准通知。

购买经济适用住房可提取个人住房公积金和优先办理住房公积金贷款。

案例链接

❶《交通银行股份有限公司郑州商交所支行诉朱颖等金融借款合同纠纷案》，参见北大法宝引证码：Pkulaw. cn/CLI. C. 280909。

❷《招商银行股份有限公司北京方庄支行诉张磊借款合同纠纷案》，参见北大法宝引证码：Pkulaw. cn/CLI. C. 259067。

❸《袁虎小与北京新荣房地产开发有限公司借款合同纠纷上诉案》，参见北大法宝引证码：Pkulaw. cn/CLI. C. 213616。

❹《储小青与郑百荣等民间借贷纠纷上诉案》，参见北大法宝引证码：Pkulaw. cn/CLI. C. 253421。

【同业拆借】

法律问题解读

所谓同业拆借,是指银行、非银行金融机构之间相互融通短期资金的行为。对于同业拆借,我国主要由《商业银行法》和《同业拆借管理试行办法》进行调整。

根据相关法律法规和行政规章的规定,同业拆借应当遵守下列要求:

1. 凡经中国人民银行批准,并在工商行政管理机关登记注册的银行和非银行金融机构均可参加同业拆借。人民银行、保险公司、非金融机构和个人不能参加同业拆借活动。

2. 同业拆借资金的期限和利率高限由中国人民银行总行根据资金供求情况确定和调整,拆借双方可在规定的限度之内,协商确定拆借资金的具体期限和利率。

3. 各银行和非银行金融机构拆出资金限于交足存款准备金和留足必要的备付金之后的存款,严禁占用联行资金和中央银行贷款进行拆放;拆入资金只能用于弥补票据清算、联行汇差头寸的不足和解决临时性周转资金的需要,严禁用拆借资金发放固定资产贷款。

4. 各银行和非银行金融机构要根据本单位的清偿能力,严格控制拆入资金的数量。各银行每月日平均拆入资金余额,不得超过其上月末各项存款余额的5%;城市信用社每月日平均拆入资金余额和其自有资本金的最高比例为2:1;其他金融机构每月日平均拆入资金余额,不得超过其自有资本金。

5. 同业拆借利息及服务费收入一律转账结算,不得收取现金。在利息或服务费之外,不得以任何形式收取"回扣"和"好处费"。

6. 参加同业拆借的双方必须签订拆借合同,合同内容包括拆借金额、期限、利率、资金用途和双方的权力、义务等。对违反合同的,要严格按照《合同法》的有关规定予以处理。

法条指引

❶《中华人民共和国商业银行法》(2003年12月27日修正)

第四十六条 同业拆借,应当遵守中国人民银行的规定。禁止利用拆入资金发放固定资产贷款或者用于投资。

拆出资金限于交足存款准备金、留足备付金和归还中国人民银行到期贷款之后的闲置资金。拆入资金用于弥补票据结算、联行汇差头寸的不足和解决临时性周转资金的需要。

案例链接

❶《濮阳市城市信用社股份有限公司等与中国建设银行股份有限公司濮阳人民路支行等资金拆借合同纠纷上诉案》,参见北大法宝引证码:Pkulaw.cn/CLI.C.205945。

❷《广州市农村信用合作联社黄埔信用社与中国农业银行广州市黄埔支行拆借合同纠纷上诉案》,参见北大法宝引证码:Pkulaw.cn/CLI.C.217019。

❸《奎屯信用社诉乌鲁木齐市商业银行股份有限公司同业拆借合同纠纷案》,参见北大法宝引证码:Pkulaw.cn/CLI.C.249732。

第十四章 租赁合同

● 本章为读者提供与以下题目有关的法律问题的解读及相关法律文献依据

> 租赁合同的主体（291） 租赁合同的形式（292） 租赁合同的内容（293） 租赁合同的期限（294） 不定期租赁（295） 出租人的交付义务（295） 出租人的权利瑕疵担保责任（296） 出租人的物的瑕疵担保责任（297） 出租人的修缮义务（298） 出租人的费用返还义务（299） 承租人的合理使用义务（299） 租赁物的改善（300） 转租（301） 承租人的保管义务（302） 承租人的支付租金义务（303） 承租人的租赁物返还义务（304） 买卖不破租赁（304） 房屋承租人的优先权（305） 房屋租赁权法定让与（306） 租赁合同的明示续订（307） 租赁合同的默示续订（307） 房屋租赁合同（307） 土地使用权租赁合同（308） 企业租赁经营合同（309） 定期租船合同（310） 光船租赁合同（311）

【租赁合同的主体】

法律问题解读

租赁合同的主体，即参与租赁关系的合同当事人，包括出租人和承租人。出租人，是指租赁合同中负有向另一方当事人交付租赁标的物并有权收取租金的租赁合同当事人。承租人，是指根据租赁合同取得租赁物占有、使用、收益权利，并负有向合同另一方当事人支付租金义务的租赁合同当事人。

1. 出租人。出租人通常是租赁标的物的所有权人，但法律上并不以租赁物所有权人为限。（1）原则上，凡是对标的物享有合法的使用、收益权的人，都可以将其合法使用、收益的标的物出租。但是，一些法律规定，出租人的出租行为应当取得标的物所有权人的同意，例如转租，承租人应当事先取得所有权人同意。此时，如果出租人不同意转租，转租合同也不能认定为无效，而只能由承租人向第三人承担违约责任；出租人可以向承租人主张侵权损害赔偿责任或者不当得利返还，当然，还可以要求解除租赁合同。（2）一物数租合同。所谓一物数租，是指出租人在标的物出租之后，又将标的物出租给其他当事人的现象。一物数租纠纷的处理可以比照一物数卖纠纷的处理：首先，应当确认数个租赁合同都有效，

不能认定为无效；其次，因为出租人将标的物同时出租给数个承租人，这其中必然出现无法履行的合同，对此可以由承租人直接追究出租人的违约责任。

2. 承租人。承租人可以是自然人、法人或者其他组织。法律对于出租人的范围有特别规定的时候，遵照法律的规定。例如，机关、团体、部队、企事业单位不得租用或者变相租用城市私用房屋，如因特殊需要必须租用的，须经县级以上人民政府批准。

法条指引

❶《中华人民共和国合同法》（1999年10月1日施行）

第二百一十二条 租赁合同是出租人将租赁物交付承租人使用、收益，承租人支付租金的合同。

第二百二十四条 承租人经出租人同意，可以将租赁物转租给第三人。承租人转租的，承租人与出租人之间的租赁合同继续有效，第三人对租赁物造成损失的，承租人应当赔偿损失。

承租人未经出租人同意转租的，出租人可以解除合同。

❷《城市房屋租赁管理办法》（1995年6月1日施行）

第三条 房屋所有权人将房屋出租给承租人居住或提供给他人从事经营活动及以合作方式与他人从事经营活动的，均应遵守本办法。

承租人经出租人同意，可以依照本办法将承租房屋转租。

第二十六条 房屋转租，是指房屋承租人将承租的房屋再出租的行为。

第二十七条 承租人在租赁期限内，征得出租人同意，可以将承租房屋的部分或全部转租给他人。

出租人可以从转租中获取收益。

第二十八条 房屋转租，应当订立转租合同。转租合同必须经原出租人书面同意，并按照本办法的规定办理登记备案手续。

❸《中华人民共和国海商法》（1993年7月1日施行）

第一百三十五条 承租人应当保证船舶用于运输约定的合法的货物。

承租人将船舶用于运输活动物或者危险货物的，应当事先征得出租人的同意。

第一百五十条 在光船租赁期间，未经出租人书面同意，承租人不得转让合同的权利和义务或者以光船租赁的方式将船舶进行转租。

案例链接

❶《中铁九局集团有限公司与栾增强等租赁合同纠纷上诉案》，参见北大法宝引证码：Pkulaw.cn/CLI.C.277255。

❷《王某某诉上海某某酒楼房屋租赁合同纠纷案》，参见北大法宝引证码：Pkulaw.cn/CLI.C.244242。

❸《重庆市理想物资有限公司诉王书均租赁合同纠纷案》，参见北大法宝引证码：Pkulaw.cn/CLI.C.194006。

❹《重庆市理想物资有限公司诉李成明租赁合同纠纷案》，参见北大法宝引证码：Pkulaw.cn/CLI.C.194008。

【租赁合同的形式】

法律问题解读

合同的形式，又称为合同的方式，是指合同双方当事人意思表示一致的表现方式，是合同内容的外部表现，是合同内容的载体。根据法律对合同形式要求的不同，可以将合同分为要式合同和不要式合同。所谓要式合同，即法律规定必须采取一定的形式或履行一定的程序才可以成立的合同；所谓不要式合同，即合同的成立只要当事人意思表示达成一致即可，无须采取特定形式或履行特定程序的合同。

《合同法》第215条规定："租赁期限六个月以上的，应当采用书面形式，当事人未采用书面形式的，视为不定期租赁。"由此可见，租赁合同在我国，有要式的租赁合同和不要式的租赁合同之分。

1. 要式的租赁合同，是指对于租赁期限在6个月以上的租赁合同，当事人应当采用书面形式。当然，如果当事人没有采用书面形式，视为不定期租赁合同，即成立不定期租赁合同。

2. 不要式租赁合同。不定期租赁合同可以采用书面形式，也可以采用其他形式。

应当指出，此处所谓的要式租赁合同和不要式租赁合同是从租赁期限这一角度进行考察的，如果法律对于特定形式的租赁合同的形式有特别要求的，即使这种形式的租赁合同为不定期租赁合同，也应当遵守特别法的相关规定。例如，《海商法》规定，定期租船合同和光船租赁合同均应当以书面订立。

法条指引

❶《中华人民共和国合同法》（1999年10月1日施行）

第二百一十五条 租赁期限六个月以上的，应当采用书面形式。当事人未采用书面形式的，视为不定期租赁。

❷《中华人民共和国海商法》（1993年7月1日施行）

第一百二十八条 船舶租用合同，包括定期租船合同和光船租赁合同，均应当书面订立。

❸《城市房屋租赁管理办法》（1995年6月1日施行）

第九条 房屋租赁，当事人应当签订书面租赁合同，租赁合同应当具备以下条款：

（一）当事人姓名或者名称及住所；

（二）房屋的坐落、面积、装修及设施状况；

（三）租赁用途；

（四）租赁期限；

（五）租金及交付方式；

（六）房屋修缮责任；

（七）转租的约定；

（八）变更和解除合同的条件；
（九）违约责任；
（十）当事人约定的其他条款。
第十三条　房屋租赁实行登记备案制度。
签订、变更、终止租赁合同的，当事人应当向房屋所在地市、县人民政府房地产管理部门登记备案。
第十四条　房屋租赁当事人应当在租赁合同签订后30日内，持本办法第十五条规定的文件到市、县人民政府房地产管理部门办理登记备案手续。
第十五条　申请房屋租赁登记备案应当提交下列文件：
（一）书面租赁合同；
（二）房屋所有权证书；
（三）当事人的合法证件；
（四）城市人民政府规定的其他文件。
出租共有房屋，还须提交其他共有人同意出租的证明。
出租委托代管房屋，还须提交委托代管人授权出租的证明。

案例链接

❶《上饶县万通运输有限公司诉王廷喜挂靠经营合同纠纷案》，参见北大法宝引证码：Pkulaw.cn/CLI.C.254746。
❷《姜俊杰与昆明市西山区太河社区居民委员会第五居民小组等租赁合同纠纷上诉案》，参见北大法宝引证码：Pkulaw.cn/CLI.C.137740。
❸《姜祖全与林兴明租赁合同纠纷上诉案》，参见北大法宝引证码：Pkulaw.cn/CLI.C.83474。
❹《吴良西诉伍昌华等租赁合同纠纷案》，参见北大法宝引证码：Pkulaw.cn/CLI.C.228117。

【租赁合同的内容】

法律问题解读

所谓租赁合同的内容，即租赁合同条款所包含的合同当事人双方的权利义务。租赁合同的内容往往表现为租赁合同的条款。

根据《合同法》的规定，租赁合同的内容通常包括以下方面：（1）租赁物名称。租赁物名称在实践中会涉及很多具体问题，例如在国际贸易中，标的物不同，关税就差别很大，因此当事人应当在租赁合同中明确标明租赁物的名称。（2）租赁物的数量。（3）租赁物的用途。（4）租赁期限。租赁期限直接关系着租赁合同的存续期间。根据租赁期限的不同，可以将租赁合同分为定期租赁合同和不定期租赁合同。定期租赁合同在合同期限届满自然终止。不定期租赁合同不能理解为永久租赁合同，而应当理解为任意期限合同，只要给对方合理的准备时间，当事人可以随时要求终止合同。（5）租金及其支付期限和方式。（6）租赁物维修。租赁物在使用过程中，难免会有损耗，从而导致其正常功能受影响。因此，合同中应当约定由谁承担维修义务，支付维修费用。

《合同法》关于租赁合同内容的规定，属于提示性规定，而非强制性规范，仅仅起倡导作用。因此，司法实践中不能因为租赁合同中缺少上述内容的某一项或者某几项，就认定租赁合同无效。另外，上述租赁合同内容也仅仅是租赁合同的一般性条款，当事人可以在这些内容之外，进一步就租赁关系作出更为详尽的约定。

法条指引

❶《中华人民共和国合同法》（1999年10月1日施行）

第六十一条　合同生效后，当事人就质量、价款或者报酬、履行地点等内容没有约定或者约定不明确的，可以协议补充；不能达成补充协议的，按照合同有关条款或者交易习惯确定。

第二百一十三条　租赁合同的内容包括租赁物的名称、数量、用途、租赁期限、租金及其支付期限和方式、租赁物维修等条款。

第二百三十二条　当事人对租赁期限没有约定或者约定不明确，依照本法第六十一条的规定仍不能确定的，视为不定期租赁。当事人可以随时解除合同，但出租人解除合同应当在合理期限之前通知承租人。

❷《中华人民共和国城市房地产管理法》（2007年8月30日修正）

第五十四条　房屋租赁，出租人和承租人应当签订书面租赁合同，约定租赁期限、租赁用途、租赁价格、修缮责任等条款，以及双方的其他权利和义务，并向房产管理部门登记备案。

❸《中华人民共和国海商法》（1993年7月1日施行）

第一百三十条　定期租船合同的内容，主要包括出租人和承租人的名称、船名、船籍、船级、吨位、容积、船速、燃料消耗、航区、用途、租船期间、交船和还船的时间和地点以及条件、租金及其支付,以及其他有关事项。

第一百四十五条 光船租赁合同的内容,主要包括出租人和承租人的名称、船名、船籍、船级、吨位、容积、航区、用途、租船期间、交船和还船的时间和地点以及条件、船舶检验、船舶的保养维修、租金及其支付、船舶保险、合同解除的时间和条件,以及其他有关事项。

❹《**城市房屋租赁管理办法**》(1995年6月1日施行)

第九条 房屋租赁,当事人应当签订书面租赁合同。租赁合同应当具备以下条款:

(一)当事人姓名或者名称及住所;
(二)房屋的坐落、面积、装修及设施状况;
(三)租赁用途;
(四)租赁期限;
(五)租金及交付方式;
(六)房屋修缮责任;
(七)转租的约定;
(八)变更和解除合同的条件;
(九)当事人约定的其他条款。

案例链接

❶《苏江亮诉第三建筑工程有限公司物权保护纠纷案》,参见北大法宝引证码:Pkulaw.cn/CLI.C.259784。

❷《王改云诉第三建筑工程有限公司物权保护纠纷案》,参见北大法宝引证码:Pkulaw.cn/CLI.C.259794。

❸《上海大亚机电有限公司与上海瑞堡实业有限公司等房屋租赁合同纠纷上诉案》,参见北大法宝引证码:Pkulaw.cn/CLI.C.275458。

❹《唐松林等与刘德恩等租赁合同纠纷上诉案》,参见北大法宝引证码:Pkulaw.cn/CLI.C.285583。

【租赁合同的期限】

法律问题解读

租赁合同具有临时性,租赁合同的临时性表现为法律对租赁合同有最高期限的限制。租赁期限之所以有所限制,是因为租赁合同让渡的是租赁物的使用价值。物的使用价值往往具有一定的期限性,如果当事人之间约定的租赁期过长,即与临时让渡物的使用价值的租赁合同本身的目的不符,也容易导致物的返还纠纷。

我国《合同法》第214条规定:"租赁期限不得超过二十年。超过二十年的,超过部分无效。"这就是说,就租赁合同的期限而言,法律规定有最长期限的,当事人只能在法律规定的范围内进行约定。当事人约定的租赁期限如果超过法律规定的最长期限,超过的部分无效,租赁期限应当缩短为法定的最长期限。如此一来,如果当事人对租赁物的使用期限确实需要高于法定最高租赁期限的,该如何解决?《合同法》关于这一问题作了回答:"租赁期间届满,当事人可以续订租赁合同。但约定的租赁期限自续订之日起不得超过二十年。"这就表明,当事人为了达到长期使用租赁物,可以签订数份时间上前后相承的租赁期不超过法定限额的租赁合同。实践中,对于合同的续订,有约定的续订和推定的续订之分。所谓约定的续订,是指在租赁期限届满之前的一定期限之内,当事人协商一致,对租赁物约定由承租人继续承租。所谓推定的续订,是指租赁期届满之后,当事人没有明确的意思表示是否续订合同,但是其行为表明租赁合同继续存在。对于约定的续订,当事人可以明确租赁期限,但是对于推定的续订,只能是不定期的租赁合同。

法条指引

❶《**中华人民共和国合同法**》(1999年10月1日施行)

第二百一十四条 租赁期限不得超过二十年。超过二十年的,超过部分无效。

租赁期间届满,当事人可以续订租赁合同,但约定的租赁期限自续订之日起不得超过二十年。

第二百三十六条 租赁期间届满,承租人继续使用租赁物,出租人没有提出异议的,原租赁合同继续有效,但租赁期限为不定期。

❷《**城市房屋租赁管理办法**》(1995年6月1日施行)

第十条 房屋租赁期限届满,租赁合同终止。承租人需要继续租用的,应当在租赁期限届满前三个月提出,并经出租人同意,重新签订租赁合同。

案例链接

❶《张洪春诉刘君忠承包合同纠纷案》,参见北大法宝引证码:Pkulaw.cn/CLI.C.217984。

❷《汝州市庙下供销合作社诉宋武欣租赁合

同纠纷案》,参见北大法宝引证码:Pkulaw. cn/CLI. C. 206847。

❸《洛阳康鑫中药饮片有限公司与洛阳高新技术产业开发区孙旗屯乡张庄村民委员会房屋租赁合同纠纷上诉案》,参见北大法宝引证码:Pkulaw. cn/CLI. C. 281472。

❹《上海某实业有限公司诉上海某商贸有限公司房屋租赁合同纠纷案》,参见北大法宝引证码:Pkulaw. cn/CLI. C. 250373。

【不定期租赁】

法律问题解读

根据租赁期限的不同,租赁合同可以分为定期租赁和不定期租赁。定期租赁,是指有确定租赁期限的租赁;不定期租赁,是指没有确定租赁期限的租赁。

《合同法》第232条规定:"(不定期租赁)当事人可以随时解除合同,出租人解除合同的应当在合理期限之前通知承租人。"对此应当作如下理解:

1. 不定期租赁合同不同于永久性的无期合同。不定期租赁合同应当理解为没有确定期限的租赁合同,而非无期限限制的租赁合同。事实上,租赁合同也不存在没有期限限制,根据《合同法》的规定,租赁合同的最长期限为20年。

2. 不定期租赁合同可以随时解除合同。在此,我们认为,所谓"随时"不能作放任理解,毫无限制。所谓"随时",应当顾及民法诚实信用原则的要求。例如,法律规定出租人解除合同的,应当在合理期限之前通知承租人,这就是基于对承租人利益保护的诚实信用原则的要求。

法条指引

❶《中华人民共和国合同法》(1999年10月1日施行)

第二百三十二条 当事人对租赁期限没有约定或者约定不明确,依照本法第六十一条的规定仍不能确定的,视为不定期租赁。当事人可以随时解除合同,但出租人解除合同应当在合理期限之前通知承租人。

第二百三十六条 租赁期间届满,承租人继续使用租赁物,出租人没有提出异议的,原租赁合同继续有效,但租赁期限为不定期。

❷ 最高人民法院《关于贯彻执行〈中华人民共和国民法通则〉若干问题的意见(试行)》(1988年1月26日施行)

119. 承租户以一人名义承租私有房屋,在租赁期内,承租人死亡,该户共同居住人要求按原租约履行的,应当准许。

私有房屋在租赁期内,因买卖、赠与或者继承发生房屋产权转移的,原租赁合同对承租人和新房主继续有效。

未定租期,房主要求收回房屋自住的,一般应当准许。承租人有条件搬迁的,应责令其搬迁;如果承租人搬迁确有困难的,可给一定期限让其找房或者腾让部分房屋。

案例链接

❶《驻马店市第一高级中学诉袁国强租赁合同纠纷案》,参见北大法宝引证码:Pkulaw. cn/CLI. C. 285627。

❷《驻马店市第一高级中学诉李爱菊租赁合同纠纷案》,参见北大法宝引证码:Pkulaw. cn/CLI. C. 285628。

❸《驻马店市第一高级中学诉马菊租赁合同纠纷案》,参见北大法宝引证码:Pkulaw. cn/CLI. C. 285629。

❹《刘光金诉刁守西租赁合同、排除妨害纠纷案》,参见北大法宝引证码:Pkulaw. cn/CLI. C. 279227。

【出租人的交付义务】

法律问题解读

出租人将租赁物交付给承租人,是出租人的基本义务,同时也是租赁合同履行的基础性环节。我国《合同法》第216条规定:"出租人应当按照约定将租赁物交付承租人,并在租赁期间保持租赁物符合约定的用途。"出租人的交付义务主要表现在两方面:

1. 按照约定交付租赁物。(1)交付租赁物,即将租赁物转移给承租人占有。出租人应当按照合同约定的时间、地点交付标的物。(2)出租人交付标的物应符合租赁合同约定的使用目的。若出租人交付的标的物不能达到约定的使用收益目的,则构成不完全履行,应当承担违约责任。(3)出租人交付的租赁物有瑕疵的,应当负瑕疵担保责任。租赁合同为有偿合同,租赁合同中的出租人与买卖合同中的出卖人一样,应当对对方当事人负瑕疵担保责任。出租人的瑕疵担保责任同样包括物的瑕疵担保责任和权利瑕疵担保责任。物的瑕疵担保,通常又包括价值的瑕疵担保、效用的瑕疵担保及所保证的品质担保。租赁物有瑕疵的,承租人可以解除合同或者要求减少租金,但是承租人事先明知租赁物存在瑕疵的除外。

2. 保持租赁物的租赁期间内符合约定用途。出租人不仅应当使交付的租赁物适于约定的使用收益状态,而且于租赁关系存续期间也应当保持租赁物的状态适合于合同的使用收益目的。

法条指引

❶《中华人民共和国合同法》(1999 年 10 月 1 日施行)

第二百一十六条 出租人应当按照约定将租赁物交付承租人,并在租赁期间保持租赁物符合约定的用途。

第二百二十八条 因第三人主张权利,致使承租人不能对租赁物使用、收益的,承租人可以要求减少租金或者不支付租金。

第三人主张权利的,承租人应当及时通知出租人。

❷《中华人民共和国海商法》(1993 年 7 月 1 日施行)

第九十六条 出租人应当提供约定的船舶;经承租人同意,可以更换船舶。但是,提供的船舶或者更换的船舶不符合合同约定的,承租人有权拒绝或者解除合同。

因出租人过失未提供约定的船舶致使承租人遭受损失的,出租人应当负赔偿责任。

第九十七条 出租人在约定的受载期限内未能提供船舶的,承租人有权解除合同。但是,出租人将船舶延误情况和船舶预期抵达装货港的日期通知承租人的,承租人应当自收到通知时起四十八小时内,将是否解除合同的决定通知出租人。

因出租人过失延误提供船舶致使承租人遭受损失的,出租人应当负赔偿责任。

第一百三十一条 出租人应当按照合同约定的时间交付船舶。

出租人违反前款规定的,承租人有权解除合同。出租人将船舶延误情况和船舶预期抵达交船港的日期通知承租人的,承租人应当自接到通知时起四十八小时内,将解除合同或继续租用船舶的决定通知出租人。

因出租人过失延误提供船舶致使承租人遭受损失的,出租人应当负赔偿责任。

第一百三十二条 出租人交付船舶时,应当做到谨慎处理,使船舶适航。交付的船舶应当适于约定的用途。

出租人违反前款规定的,承租人有权解除合同,并有权要求赔偿因此遭受的损失。

第一百三十三条 船舶在租期内不符合约定的适航状态或者其他状态,出租人应当采取可能采取的合理措施,使之尽快恢复。

船舶不符合约定的适航状态或者其他状态而不能正常营运连续满二十四小时的,对因此而损失的营运时间,承租人不付租金,但是上述状态是由承租人造成的除外。

第一百四十六条 出租人应当在合同约定的港口或者地点,按照合同约定的时间,向承租人交付船舶以及船舶证书。交船时,出租人应当做到谨慎处理,使船舶适航。交付的船舶应当适于合同约定的用途。

出租人违反前款规定的,承租人有权解除合同,并有权要求赔偿因此遭受的损失。

❸《城市房屋租赁管理办法》(1995 年 6 月 1 日施行)

第二十条 出租人应当依照租赁合同约定的期限将房屋交付承租人,不能按期交付的,应当支付违约金;给承租人造成损失的,应当承担赔偿责任。

案例链接

❶《银川九龙海浴餐饮娱乐有限公司与宁夏银祥房地产开发集团有限公司房屋租赁协议纠纷再审案》,参见北大法宝引证码:Pkulaw. cn/CLI. C. 246472。

❷《安吉国际竹艺商贸城管理有限公司诉李伟东租赁合同纠纷案》,参见北大法宝引证码:Pkulaw. cn/CLI. C. 264751。

❸《立木泽宇会展(北京)有限公司诉法国奥菲欧系统有限公司租赁合同纠纷案》,参见北大法宝引证码:Pkulaw. cn/CLI. C. 207062。

❹《上海胜康廖氏房地产开发有限公司与上海标宝贸易有限公司房屋租赁合同纠纷上诉案》,参见北大法宝引证码:Pkulaw. cn/CLI. C. 276807。

【出租人的权利瑕疵担保责任】

法律问题解读

所谓出租人的权利瑕疵担保责任,是指出租

人应担保第三人对租赁物不得主张权利，从而保证承租人能够依照租赁合同的约定对租赁物为使用收益。

出租人承担权利瑕疵担保责任的构成要件是：（1）发生了第三人就租赁物向承租人主张权利的事实。这一事实的发生是出租人承担权利瑕疵担保责任的前提。（2）第三人就租赁物向承租人主张权利的事实发生在承租人租赁期间。第三人主张的权利可以是所有权，也可以是用益物权或担保物权。应当指出，第三人主张权利时，并不一定引发出租人的权利瑕疵担保责任，如果第三人仅仅对租赁物主张权利而不进一步实现权利，则不发生出租人的权利瑕疵担保责任。有人认为，第三人就租赁物向承租人主张权利的事实发生在出租人向承租人交付租赁物之前，才会发生出租人的权利瑕疵担保责任。我们认为，这一说法是值得商榷的。在租赁物交付之前，当事人对租赁物主张权利，导致承租人无法取得租赁物使用收益的，可能发生出租人的履行不能，此时由其承担履行不能的违约责任即可。况且，在标的物交付之前，第三人即使主张权利，一般也不会向承租人主张，而是向占有租赁物的出租人主张。（3）承租人于合同订立时不知道也不应当知道租赁物存在权利瑕疵。（4）承租人在第三人向其主张权利时，及时通知了出租人。

在具备上述条件时，出租人就应当向承租人负租赁物权利瑕疵担保责任。承租人可以请求减少租金或者不支付租金。

法条指引

❶《中华人民共和国合同法》（1999年10月1日施行）

第二百一十六条 出租人应当按照约定将租赁物交付承租人，并在租赁期间保持租赁物符合约定的用途。

第二百二十八条 因第三人主张权利，致使承租人不能对租赁物使用、收益的，承租人可以要求减少租金或者不支付租金。

第三人主张权利的，承租人应当及时通知出租人。

❷《中华人民共和国海商法》（1993年7月1日施行）

第一百四十九条 在光船租赁期间，因承租人对船舶占有、使用和营运的原因使出租人的利益受到影响或者遭受损失的，承租人应当负消除影响或者赔偿损失。

因船舶所有权争议或者出租人所负的债务致使船舶被扣押的，出租人应当保证承租人的利益不受影响；致使承租人遭受损失的，出租人应当负赔偿责任。

案例链接

❶《上海鸿大营造有限公司与宁波市北仑同高混凝土制品厂租赁合同纠纷上诉案》，参见北大法宝引证码：Pkulaw.cn/CLI.C.140385。

❷《丁宪峰与李建红饭店转让合同纠纷上诉案》，参见北大法宝引证码：Pkulaw.cn/CLI.C.53046。

❸《离石市劳动服务公司创业商场与闫跃华租赁合同纠纷上诉案》，参见北大法宝引证码：Pkulaw.cn/CLI.C.56643。

❹《邹德惠诉秦震亚等租赁合同案》，参见北大法宝引证码：Pkulaw.cn/CLI.C.88609。

【出租人的物的瑕疵担保责任】

法律问题解读

出租人有担保所交付的租赁物能够按照租赁合同的约定为承租人使用收益的义务。如果租赁物存在不能为承租人按照约定正常使用收益的瑕疵，出租人即应当对此承担责任，这种责任即所谓的出租人的物的瑕疵担保责任。

出租人承担物的瑕疵担保责任的构成要件是：（1）租赁物存在瑕疵。租赁物的瑕疵包括价值瑕疵、效用瑕疵和品质瑕疵。租赁物存在的瑕疵，可以是上述瑕疵中的一种，也可以是数种。（2）存在的瑕疵使得租赁物不能按照约定进行使用收益。在现实生活中，租赁物存在瑕疵是难以避免的客观事实，只要存在的瑕疵不影响物的正常使用，出租人即不承担物的瑕疵担保责任。（3）承租人签订租赁合同时不知道也不应当知道租赁物瑕疵的存在。如果承租人明知或者应当知道租赁物存在瑕疵而不知道的，承租人应当为自己的故意或者过失负责。但是，根据《合同法》第233条的规定，如果租赁物危及承租人的安全或者健康的，即使承租人订立合同时明知该租赁物质量不合格，出租人仍然应当承担租赁物的瑕疵担保责任，承租人可以随时解除合同。（4）瑕疵可以存在于租赁物交付之前，也可以存在于租赁物的交付之后。租赁物交付之前存在瑕疵的，出租人毫无疑问应当承担物的瑕疵担保责任；租赁物交付之后，按照《合同法》的规定，出租人也应当保证"在租赁期间保持租赁物符合约定的用途"。

在具备上述条件时，出租人就应当向承租人负租赁物的瑕疵担保责任。承租人可以请求减少租金或者不支付租金。

法条指引

❶《中华人民共和国合同法》（1999年10月1日施行）

第二百一十六条　出租人应当按照约定将租赁物交付承租人，并在租赁期间保持租赁物符合约定的用途。

第二百三十三条　租赁物危及承租人的安全或者健康的，即使承租人订立合同时明知该租赁物质量不合格，承租人仍然可以随时解除合同。

案例链接

❶《曹润朝与杨慧飞租赁合同纠纷上诉案》，参见北大法宝引证码：Pkulaw.cn/CLI.C.282089。

❷《兴铭吊船（香港）有限公司与北京久创普英特高层设备有限公司租赁合同纠纷上诉案》，参见北大法宝引证码：Pkulaw.cn/CLI.C.133481。

❸《离石市劳动服务公司创业商场与闫跃华租赁合同纠纷上诉案》，参见北大法宝引证码：Pkulaw.cn/CLI.C.56643。

❹《邹德惠诉秦震亚等租赁合同案》，参见北大法宝引证码：Pkulaw.cn/CLI.C.88609。

【出租人的修缮义务】

法律问题解读

租赁物在租赁期间因正常的使用或人为损坏或其他原因，出现不能按照合同约定为承租人正常使用收益的情况，实属难免。在此情况之下，如果租赁物存在修复可能，则在法律上即引发应当由何者负修缮义务的问题。《合同法》第220条规定："出租人应当履行租赁物的维修义务，但当事人另有约定的除外。"在实务中，出租人修缮义务的构成要件包括：

1. 租赁物有修缮的必要。所谓修缮的必要，是指租赁物需要修缮方能满足承租人按照租赁合同约定对租赁物进行正常使用收益的需要。如果租赁物虽然因种种原因发生了毁损，但对承租人的正常使用收益不发生不良影响，则租赁物无修缮之必要。

2. 租赁物有修复的可能。修复的可能，是指租赁物经合理的修理之后能够恢复原状或者基本上恢复原状，并能满足承租人按照租赁合同约定对租赁物进行正常使用收益的需要。所谓合理的修理，即对租赁物的修理在经济上费用合理；所谓修复，也不要求经过修理后租赁物完全恢复原状，只要能够达到满足承租人正常使用收益的状况即可。

3. 承租人已为修缮的通知。租赁期间，承租人占有、使用租赁物，出租人则很可能无法了解租赁物的现状或者不便于了解。因此，当出现租赁物有修缮的必要时，承租人应当通知出租人。

4. 当事人无另外约定，法律无例外规定。合同法尊崇私法自治，如果当事人在合同中约定由承租人负责租赁物的修缮，则依照当事人的约定。另外，如果法律明确规定了修缮义务人，则按照法律的规定，例如，《海商法》第147条规定："在光船租赁期间，承租人负责船舶的保养、维修。"

应当指出，出租人未履行修缮义务的，承租人可以自行维修，维修费用由出租人负担。因维修租赁物影响承租人使用的，应当相应减少租金或者延长租期。

法条指引

❶《中华人民共和国合同法》（1999年10月1日施行）

第二百二十条　出租人应当履行租赁物的维修义务，但当事人另有约定的除外。

第二百二十一条　承租人在租赁物需要维修时可以要求出租人在合理期限内维修。出租人未履行维修义务的，承租人可以自行维修，维修费用由出租人负担。因维修租赁物影响承租人使用的，应当相应减少租金或者延长租期。

❷《中华人民共和国海商法》（1993年7月1日施行）

第一百四十七条　在光船租赁期间，承租人负责船舶的保养、维修。

❸《城市房屋租赁管理办法》（1995年6月1日施行）

第二十一条　出租住宅用房的自然损坏或合同约定由出租人修缮的，由出租人负责修复。不及时修复，致使房屋发生破坏性事故，造成承租人财产损失或者人身伤害的,应当承担赔偿责任。

租用房屋从事生产、经营活动的,修缮责任由双方当事人在租赁合同中约定。

案例链接

❶《包艳与宜昌市西陵房地产管理所租赁合同纠纷上诉案》,参见北大法宝引证码:Pkulaw. cn/CLI. C. 211130。

❷《乌鲁木齐市东成西线工贸有限公司与巴依尔林房屋租赁合同纠纷上诉案》,参见北大法宝引证码:Pkulaw. cn/CLI. C. 251162。

❸《洛阳开天餐饮管理有限公司与河南六合物业管理服务有限公司租赁合同纠纷上诉案》,参见北大法宝引证码:Pkulaw. cn/CLI. C. 281611。

【出租人的费用返还义务】

法律问题解读

这里所指的费用是指承租人为租赁物而支付的金钱、实物。一般包括有益费用和必要费用。有益费用是指承租人支出的使租赁物改善或价值增加的费用。经过出租人同意的承租人支出得有益费用,出租人应当返还。但是,并不是任何承租人支出的有益费用都得返还,有益费用只有满足以下条件才能要求出租人返还:(1)须为承租人在租赁期间所支出;(2)须该费用的支出是为改善租赁物或在租赁物上增设他物;(3)须承租人对该费用的支出征得了出租人的同意。(4)须因承租人对该项费用的支出使租赁物的价值增加。至于必要费用,是指为维持租赁物出于正常能被使用、收益状态而不得不支出的费用。在德国和日本的民法典中,都有出租人返还必要费用的规定。然而在我国,仅仅是《合同法》第221条规定了出租人对承租人修缮费用的返还义务。

法条指引

❶《中华人民共和国合同法》(1999年10月1日施行)

第二百二十一条 承租人在租赁物需要维修时可以要求出租人在合理期限内维修。出租人未履行维修义务的,承租人可以自行维修,维修费用由出租人负担。因维修租赁物影响承租人使用的,应当相应减少租金或者延长租期。

【承租人的合理使用义务】

法律问题解读

承租人取得租赁物的占有之后,对租赁物进行使用收益时,负有合理使用的义务。所谓合理使用,应当依据以下标准进行判断:(1)当事人之间对租赁物的使用方式有约定的,承租人应当按照约定的方式使用,否则为不合理使用。(2)如果当事人对租赁物的使用方式没有约定或者约定不明的,应当根据《合同法》第61条的规定进行判断。也就是说,可以由当事人对租赁物的使用问题补充协议;不能达成补充协议的,按照合同有关条款或者交易习惯进行确定。(3)按照《合同法》第61条的规定仍然无法确定租赁物的使用方式的,承租人应当按照租赁物的性质使用。例如,承租的住房应当用于居住,而不得用于经营收费公共厕所。

承租人取得租赁物的占有,其目的就是为了使用、收益,在租赁物的使用过程中,租赁物出现损耗折旧,实属难免。事实上承租人向出租人所支付的租金中就含有相当部分的租赁物折旧费,也就是说,对于这部分损耗,承租人已经支付了对价,因此,无须为此向出租人承担损害赔偿责任。《合同法》第218条因此规定:"承租人按照约定的方法或者租赁物的性质使用租赁物,致使租赁物受到损耗的,不承担损害赔偿责任。"但是,如果承租人没有按照合同约定的方法或者租赁物的性质使用租赁物,致使租赁物受到损失的,出租人可以解除合同并要求赔偿损失。问题在于,如果承租人不合理地使用租赁物并未造成租赁物损失的,如何处理?我国法律对此没有规定,但并不意味着只要不给租赁物造成损失承租人就可以任意方法使用租赁物。我们认为,在此种情况之下,出租人仍然可以向法院提起诉讼,要求承租人承担违约责任并停止不当使用租赁物的行为。

法条指引

❶《中华人民共和国合同法》(1999年10月1日施行)

第二百一十七条 承租人应当按照约定的方法使用租赁物。对租赁物的使用方法没有约定或者约定不明确,依照本法第六十一条的规定仍不能确定的,应当按照租赁物的性质使用。

第二百一十八条 承租人按照约定的方法或

者租赁物的性质使用租赁物，致使租赁物受到损耗的，不承担损害赔偿责任。

第二百一十九条 承租人未按照约定的方法或者租赁物的性质使用租赁物，致使租赁物受到损失的，出租人可以解除合同并要求赔偿损失。

❷《中华人民共和国海商法》（1993年7月1日施行）

第一百三十四条 承租人应当保证船舶在约定航区内的安全港口或者地点之间从事约定的海上运输。

承租人违反前款规定的，出租人有权解除合同，并有权要求赔偿因此遭受的损失。

第一百三十五条 承租人应当保证船舶用于运输约定的合法的货物。

承租人将船舶用于运输活动物或者危险货物的，应当事先征得出租人的同意。

承租人违反本条第一款或者第二款的规定致使出租人遭受损失的，应当负赔偿责任。

第一百三十六条 承租人有权就船舶的营运向船长发出指示，但是不得违反定期租船合同的约定。

第一百四十九条 在光船租赁期间，因承租人对船舶占有、使用和营运的原因使出租人的利益受到影响或者遭受损失的，承租人应当负责消除影响或者赔偿损失。

因船舶所有权争议或者出租人所负的债务致使船舶被扣押的，出租人应当保证承租人的利益不受影响；致使承租人遭受损失的，出租人应当负赔偿责任。

第一百五十三条 本法第一百三十四条、第一百三十五条第一款、第一百四十二条和第一百四十三条的规定，适用于光船租赁合同。

❸《城市房屋租赁管理办法》（1995年6月1日施行）

第二十三条 承租人应当爱护并合理使用所承租的房屋及附属设施，不得擅自拆改、扩建或增添。确需变动的，必须征得出租人的同意，并签订书面合同。

因承租人过错造成房屋损坏的，由承租人负责修复或者赔偿。

第二十四条 承租人有下列行为之一的，出租人有权终止合同，收回房屋，因此而造成损失的，由承租人赔偿：

（一）将承租的房屋擅自转租的；

（二）将承租的房屋擅自转让、转借他人或擅自调换使用的；

（三）将承租的房屋擅自拆改结构或改变用途的；

（四）拖欠租金累计六个月以上的；

（五）公有住宅用房无正当理由闲置六个月以上的；

（六）利用承租房屋进行违法活动的；

（七）故意损坏承租房屋的；

（八）法律、法规规定其他可以收回的。

【租赁物的改善】

法律问题解读

所谓租赁物的改善，是指在租赁期间，承租人对租赁物进行改善或者增加其他设施的行为。在租赁关系当中，承租人对租赁物依据合同的约定得行使占有、使用、收益的权利。但是，承租人毕竟不同于租赁物的出租人，承租人通常无权对租赁物进行处分，包括事实上的处分和法律上的处分，否则构成侵权行为。但是，承租人在取得租赁物的占有之后，为了最大限度地发挥租赁物的使用价值，有时有必要对租赁物进行一定的改善。法律基于现实经济生活的考虑，允许承租人在经出租人同意的情况下，对租赁物进行改善或者增设其他设施。

根据《合同法》规定，承租人在改善租赁物之前，应当取得出租人的同意，否则负有在租赁期间届满向出租人返还租赁物时对租赁物的恢复原状的责任，或者赔偿承租人因此而受到的损害的责任。承租人对租赁物的改善行为如果事先取得了出租人的同意，在租赁物返还时，出租人应当向承租人返还租赁物因改善而增加的利益，返还的利益以所增加的利益的现存部分为限。出租人拒绝返还的，承租人可以向出租人主张不当得利返还。

法条指引

❶《中华人民共和国合同法》（1999年10月1日施行）

第二百二十三条 承租人经出租人同意，可以对租赁物进行改善或者增设他物。

承租人未经出租人同意，对租赁物进行改善或者增设他物的，出租人可以要求承租人恢复原状或者赔偿损失。

❷《城市房屋租赁管理办法》（1995年6月1日施行）

第二十三条　承租人应当爱护并合理使用所承租的房屋及附属设施，不得擅自拆改、扩建或增添。确需变动的，必须征得出租人的同意，并签订书面合同。

因承租人过错造成房屋损坏的，由承租人负责修复或者赔偿。

第二十四条　承租人有下列行为之一的，出租人有权终止合同，收回房屋，因此而造成损失的，由承租人赔偿：

（一）将承租的房屋擅自转租的；

（二）将承租的房屋擅自转让、转借他人或擅自调换使用的；

（三）将承租的房屋擅自拆改结构或改变用途的；

（四）拖欠租金累计六个月以上的；

（五）公有住宅用房无正当理由闲置六个月以上的；

（六）利用承租房屋进行违法活动的；

（七）故意损坏承租房屋的；

（八）法律、法规规定其他可以收回的。

案例链接

❶《杨光华与昆明市超云工贸有限责任公司房屋租赁合同纠纷上诉案》，参见北大法宝引证码：Pkulaw.cn/CLI.C.188577。

❷《广东佛陶集团股份有限公司石湾工业陶瓷厂与区汉棉房屋租赁合同纠纷上诉案》，参见北大法宝引证码：Pkulaw.cn/CLI.C.64799。

❸《中国人寿保险公司通州市支公司诉通州市开发区太阳岛娱乐有限公司房屋租赁合同纠纷案》，参见北大法宝引证码：Pkulaw.cn/CLI.C.3486。

❹《北京美信合众医药管理咨询有限责任公司与北京金利康药店委托经营合同纠纷上诉案》，参见北大法宝引证码：Pkulaw.cn/CLI.C.207091。

【转租】

法律问题解读

所谓转租，是指承租人不退出租赁关系，而将租赁物出租给第三人使用收益的法律现象。在转租中，存在三方当事人：出租人、转租人（承租人）、第三人（次承租人）；在转租关系的三方当事人中，可能发生三种法律关系：出租人与承租人之间的关系、转租人与次承租人之间的关系以及出租人与次承租人之间的关系。

1. 承租人将租赁物转租的，应当具备下列要件：

（1）原租赁合同合法有效。这是转租法律关系存在的前提；（2）承租人与第三人签订了合法有效的转租合同；（3）承租人的转租行为征得了出租人的同意或者事后得到出租人的追认；（4）转租的租赁期限不得超过原租赁合同的租赁期限减去承租人已经使用收益的年限的余额。在符合上述四个要件时，转租合法有效。

2. 转租产生的法律关系应当按照如下原则处理：

（1）出租人与承租人之间的租赁合同继续有效，第三人对租赁物造成损失的，承租人应当赔偿损失。（2）承租人与次承租人之间，成立租赁关系，其关系按照租赁合同的一般规定处理。（3）出租人与次承租人之间本无直接的法律关系，但是处于对双方当事人权利的保护，我们认为，次承租人得直接向出租人履行承租人应当履行的义务，同时次承租人享有原承租人的相应权利。

承租人未经出租人同意转租的，产生如下法律关系：（1）承租人得解除其与次承租人之间的租赁合同；（2）出租人得直接从次承租人处基于所有权或其他权利取回租赁物，次承租人不得基于其与转租人之间的租赁合同对抗出租人；（3）次承租人得向转租人主张违约责任。

法条指引

❶《中华人民共和国合同法》（1999年10月1日施行）

第二百二十四条　承租人经出租人同意，可以将租赁物转租给第三人。承租人转租的，承租人与出租人之间的租赁合同继续有效，第三人对租赁物造成损失的，承租人应当赔偿损失。

承租人未经出租人同意转租的，出租人可以解除合同。

❷《中华人民共和国海商法》（1993年7月1日施行）

第一百三十七条　承租人可以将租用的船舶转租，但是应当将转租的情况及时通知出租人。租用的船舶转租后，原租船合同约定的权利和义务不受影响。

第一百五十条　在光船租赁期间，未经出租人书面同意，承租人不得转让合同的权利和义务或者以光船租赁的方式将船舶进行转租。

❸《城市房屋租赁管理办法》（1995 年 6 月 1 日施行）

第二十四条 承租人有下列行为之一的，出租人有权终止合同，收回房屋，因此而造成损失的，由承租人赔偿：
（一）将承租的房屋擅自转租的；
（二）将承租的房屋擅自转让、转借他人或擅自调换使用的；
（三）将承租的房屋擅自拆改结构或改变用途的；
（四）拖欠租金累计六个月以上的；
（五）公有住宅用房无正当理由闲置六个月以上的；
（六）利用承租房屋进行违法活动的；
（七）故意损坏承租房屋的；
（八）法律、法规规定其他可以收回的。

第二十六条 房屋转租，是指房屋承租人将承租的房屋再出租的行为。

第二十七条 承租人在租赁期限内，征得出租人同意，可以将承租房屋的部分或全部转租给他人。

出租人可以从转租中获得收益。

第二十八条 房屋转租，应当订立转租合同。转租合同必须经原出租人书面同意，并按照本办法的规定办理登记备案手续。

第二十九条 转租合同的终止日期不得超过原租赁合同规定的终止日期，但出租人与转租双方协商约定的除外。

第三十条 转租合同生效后，转租人享有并承担转租合同规定的出租人的权利和义务，并且应当履行原租赁合同规定的承租人的义务，但出租人与转租双方另有约定的除外。

第三十一条 转租期间，原租赁合同变更、解除或者终止，转租合同也随之相应的变更、解除或者终止。

案例链接

❶《驻马店市第一高级中学诉袁国强租赁合同纠纷案》，参见北大法宝引证码：Pkulaw. cn/CLI. C. 285627。

❷《驻马店市第一高级中学诉李爱菊租赁合同纠纷案》，参见北大法宝引证码：Pkulaw. cn/CLI. C. 285628。

❸《印勒诉杨振方侵权纠纷案》，参见北大法宝引证码：Pkulaw. cn/CLI. C. 285416。

学者观点

❶ 朱巍：《论房屋转租》，参见北大法宝引证码：Pkulaw. cn/CLI. A. 1144936。

❷ 茆荣华、王佳：《论押租》，参见北大法宝引证码：Pkulaw. cn/CLI. A. 1125665。

❸ 徐晓峰：《违法转租与无权处分、不当得利》，参见北大法宝引证码：Pkulaw. cn/CLI. A. 1115789。

【承租人的保管义务】

法律问题解读

出租人按照租赁合同的约定将租赁物交付给承租人之后，承租人即对租赁物享有合法的占有、使用、收益的权利。承租人在承租期间不仅应当按照法律的规定在使用租赁物的时候负合理使用的义务，而且在承租人占有租赁物期间，应当对租赁物尽妥善的保管义务。《合同法》第 222 条规定："承租人应当妥善保管租赁物，因保管不善造成租赁物毁损、灭失的，应当承担损害赔偿责任。"关于承租人的保管义务，可以从以下方面理解：

1. 保管义务。承租人在租赁期间占有租赁物的，有妥善保管租赁物的义务，并且对租赁物的管理应当尽善良管理人的注意。同时，租赁物有收益能力的，应保持其收益能力。承租人违背妥善保管义务，致使租赁物毁损灭失的，应对出租人承担损害赔偿责任。

2. 保管义务的附随义务。根据交易习惯，参照国外的民事立法，承租人的保管义务通常还包括通知义务和保存行为容忍义务。所谓通知义务，是指在租赁关系存续期间，出现应当及时通知出租人的情况时，承租人负有及时通知的义务。例如，租赁物遭受他人侵害而毁损灭失的，承租人应当将情况及时通知出租人，以便出租人及时向侵权人行使损害赔偿请求权。承租人未及时履行通知义务造成出租人损失的，应当负损害赔偿责任。所谓保持行为容忍义务，是指出租人为保持租赁物的良好状态为必要行为时，例如出租人修缮急需修缮的租赁物，承租人不得拒绝。

法条指引

❶《中华人民共和国合同法》（1999 年 10 月 1 日施行）

第二百二十二条　承租人应当妥善保管租赁物，因保管不善造成租赁物毁损、灭失的，应当承担损害赔偿责任。

❷《中华人民共和国海商法》（1993年7月1日施行）

第一百四十七条　在光船租赁期间，承租人负责船舶的保养、维修。

第一百四十八条　在光船租赁期间，承租人应当按照合同约定的船舶价值，以出租人同意的保险方式为船舶进行保险，并负担保险费。

❸《城市房屋租赁管理办法》（1995年6月1日施行）

第二十四条　承租人有下列行为之一的，出租人有权终止合同，收回房屋，因此而造成损失的，由承租人赔偿：

（一）将承租的房屋擅自转租的；

（二）将承租的房屋擅自转让、转借他人或擅自调换使用的；

（三）将承租的房屋擅自拆改结构或改变用途的；

（四）拖欠租金累计六个月以上的；

（五）公有住宅用房无正当理由闲置六个月以上的；

（六）利用承租房屋进行违法活动的；

（七）故意损坏承租房屋的；

（八）法律、法规规定其他可以收回的。

【承租人的支付租金义务】

法律问题解读

租赁合同是有偿合同，承租人负有依照租赁合同的约定向出租人支付租金的义务。支付租金的义务是承租人在租赁合同中应负担的主要义务之一。

关于租金支付，有以下几点在实践中应当注意：

1. 租金支付的期限。通常，承租人应当按照合同约定的期限向出租人支付租金。当事人对支付租金的期限没有约定或约定不明的，应当根据《合同法》第61条的规定确定支付期限，即可以由当事人进行补充协议，达不成补充协议的，按照合同有关条款或者交易习惯进行确定。依照上述方法仍然无法确定租金支付期限的，《合同法》第226条规定，租赁期间不满1年的，应当在租赁期间届满时支付；租赁期间在1年以上的，应当在每届满1年时支付，剩余时间不满1年的，应当在租赁期间届满时支付。

2. 租金的形态。租金一般以金钱形式支付，但不限于金钱形式，只要不违背法律的禁止性规定和公序良俗，当事人可以约定以实物支付。

3. 租金的支付方式。租金可以一次性支付，也可以分期支付。分期支付的可以视为定期支付，每期租金的诉讼时效自该期租金到期之日起计算。

承租人无正当理由未支付或者迟延支付租金的，出租人可以要求承租人在合理期限内支付。所谓合理期限，是一个事实问题，应当按照具体案情进行判定。承租人逾期不支付的，出租人可以解除合同。

法条指引

❶《中华人民共和国合同法》（1999年10月1日施行）

第六十一条　合同生效后，当事人就质量、价款或者报酬、履行地点等内容没有约定或者约定不明确的，可以协议补充；不能达成补充协议的，按照合同有关条款或者交易习惯确定。

第二百二十六条　承租人应当按照约定的期限支付租金。对支付期限没有约定或者约定不明确，依照本法第六十一条的规定仍不能确定，租赁期间不满一年的，应当在租赁期间届满时支付；租赁期间一年以上的，应当在每届满一年时支付，剩余期间不满一年的，应当在租赁期间届满时支付。

第二百二十七条　承租人无正当理由未支付或者迟延支付租金的，出租人可以要求承租人在合理期限内支付。承租人逾期不支付的，出租人可以解除合同。

❷《中华人民共和国海商法》（1993年7月1日施行）

第一百四十条　承租人应当按照合同约定支付租金。承租人未按照合同约定支付租金的，出租人有权解除合同，并有权要求赔偿因此遭受的损失。

第一百五十二条　承租人应当按照合同约定支付租金。承租人未按照合同约定的时间支付租金连续超过七日的，出租人有权解除合同，并有权要求赔偿因此遭受的损失。

船舶发生灭失或者失踪的，租金应当自船舶灭失或者得知其最后消息之日起停止支付，预付租金应当按照比例退还。

❸《城市房屋租赁管理办法》(1995年6月1日施行)

第二十二条 承租人必须按期缴纳租金,违约的,应当支付违约金。

第二十四条 承租人有下列行为之一的,出租人有权终止合同,收回房屋,因此而造成损失的,由承租人赔偿:

(一)将承租的房屋擅自转租的;

(二)将承租的房屋擅自转让、转借他人或擅自调换使用的;

(三)将承租的房屋擅自拆改结构或改变用途的;

(四)拖欠租金累计六个月以上的;

(五)公有住宅用房无正当理由闲置六个月以上的;

(六)利用承租房屋进行违法活动的;

(七)故意损坏承租房屋的;

(八)法律、法规规定其他可以收回的。

案例链接

❶《上海凤诚企业管理有限公司与顾甲房屋租赁合同纠纷上诉案》,参见北大法宝引证码:Pkulaw.cn/CLI.C.195349。

❷《汪某诉上海某某电子时代广场有限公司房屋租赁合同纠纷案》,参见北大法宝引证码:Pkulaw.cn/CLI.C.206287。

❸《漯河市永冠房地产开发有限公司与临颍胖德苤购物有限公司等租赁合同纠纷上诉案》,参见北大法宝引证码:Pkulaw.cn/CLI.C.145051。

❹《上海滨杰企业管理有限公司与顾甲房屋租赁合同纠纷上诉案》,参见北大法宝引证码:Pkulaw.cn/CLI.C.195177。

【承租人的租赁物返还义务】

法律问题解读

租赁期限届满或者因其他原因租赁合同终止的,承租人对租赁物即丧失继续占有、使用、收益的权利,因此,租赁合同终止后承租人负有向出租人返还租赁物的义务。

承租人的租赁物返还义务包括下列内容:

1. 租赁合同终止后,承租人应当返还租赁物。租赁合同的终止可以有不同的原因。因此,不仅租赁期限届满后承租人应当返还租赁物,而且,因其他原因引起租赁合同终止的,承租人也应当负租赁物返还义务,除非租赁物已经无法返还(例如租赁物已经灭失)或者没有返还必要(例如租赁物虽然在物质形态上存在,但已经丧失使用价值和交换价值)。

2. 返还的租赁物应当符合按照约定或者租赁物的性质使用后的状态。例如,承租人在租赁期间未经出租人同意,对租赁物进行改善或者增加其他附属设施的,在返还时应当予以拆除以恢复租赁物的原状,不能拆除造成出租人损失的,应当赔偿损失。值得注意的是,法律仅仅要求返还时的租赁物应当符合按照约定或者租赁物的性质使用后的状态,而不要求返还时的租赁物应当符合原状。事实上,租赁物经过承租人使用、收益后,往往都会发生合理的损耗或者折旧,要求租赁物返还时符合原状,是不合理也不现实的。

法条指引

❶《中华人民共和国合同法》(1999年10月1日施行)

第二百三十五条 租赁期间届满,承租人应当返还租赁物。返还的租赁物应当符合按照约定或者租赁物的性质使用后的状态。

❷《中华人民共和国海商法》(1993年7月1日施行)

第一百四十二条 承租人向出租人交还船舶时,该船舶应当具有与出租人交船时相同的良好状态,但是船舶本身的自然磨损除外。

船舶未能保持与交船时相同的良好状态的,承租人应当负责修复或者给予赔偿。

第一百五十三条 本法第一百三十四条、第一百三十五条第一款、第一百四十二条和第一百四十三条的规定,适用于光船租赁合同。

【买卖不破租赁】

法律问题解读

所谓买卖不破租赁,是指租赁物在租赁期间发生所有权变动的,不影响租赁合同的效力。也就是说,出租人在租赁期间转让租赁物所有权的,该转让所有权的行为不影响出租人与承租人之间的租赁合同的效力,承租人可以基于原租赁合同对抗租赁物新的所有人基于所有权的权利主张,直至原定租赁期限届满。买卖不破租赁原则突破了债权的相对性,有力地维护了承租人的利益,同时也有利于物尽其用原则的贯彻。

买卖不破租赁原则，是租赁权物权化的具体体现。租赁权本身是一种债权，按照债的相对性原理，租赁关系仅仅在租赁合同双方当事人之间具有相当于法律的效力，合同当事人不得基于合同对抗当事人之外的第三人。但是，随着社会经济的发展，租赁权逐渐的具有了一些物权的性质，租赁权性质的这一发展被称为"租赁权物权化"。租赁权物权化主要表现为租赁权的对抗效力（买卖不破租赁即是租赁权对抗效力的典型例证）、对侵害租赁权的第三人的效力、租赁权处分的可能性、租赁权的继续性（租赁权的期限比一般的债权要长）等方面。

法条指引

❶《中华人民共和国合同法》（1999年10月1日施行）

第二百二十九条 租赁物在租赁期间发生所有权变动的，不影响租赁合同的效力。

❷《中华人民共和国海商法》（1993年7月1日施行）

第一百三十八条 船舶所有人转让已经租出的船舶的所有权，定期租船合同约定的当事人的权利和义务不受影响，但是应当及时通知承租人。船舶所有权转让后，原租船合同由受让人和承租人继续履行。

❸《城市房屋租赁管理办法》（1995年6月1日施行）

第十一条 租赁期限内，房屋出租人转让房屋所有权的，房屋受让人应当继续履行原租赁合同的规定。

出租人在租赁期限内死亡的，其继承人应当继续履行原租赁合同。

住宅用房承租人在租赁期限内死亡的，其共同居住两年以上的家庭成员可以继续承租。

❹ 最高人民法院《关于贯彻执行〈中华人民共和国民法通则〉若干问题的意见（试行）》（1988年1月26日施行）

119.承租户以一人名义承租私有房屋，在租赁期内，承租人死亡，该户共同居住人要求按原租约履行的，应当准许。

私有房屋在租赁期内，因买卖、赠与或者继承发生房屋产权转移的，原租赁合同对承租人和新房主继续有效。

未定租期，房主要求收回房屋自住的，一般应当准许。承租人有条件搬迁的，应责令其搬迁；如果承租人搬迁确有困难的，可给一定期限让其找房或者腾让部分房屋。

案例链接

❶《新乡克瑞重型机械科技股份有限公司与李凤增等租赁合同纠纷再审案》，参见北大法宝引证码：Pkulaw. cn/CLI. C. 281668。

❷《谢海军与刘改平租赁合同纠纷上诉案》，参见北大法宝引证码：Pkulaw. cn/CLI. C. 281395。

❸《陈良义与黎文学房屋搬迁纠纷上诉案》，参见北大法宝引证码：Pkulaw. cn/CLI. C. 277244。

❹《黄某某诉万某侵权纠纷案》，参见北大法宝引证码：Pkulaw. cn/CLI. C. 226270。

学者观点

❶ 戚兆岳：《买卖不破租赁与〈合同法〉的完善》，参见北大法宝引证码：Pkulaw. cn/CLI. A. 110074。

【房屋承租人的优先权】

法律问题解读

房屋承租人的优先权包括优先购买权和优先承租权。所谓承租人的优先购买权，是指当出租人出卖房屋时，在同等条件下承租人依法享有的优先于他人而购买房屋的权利。所谓承租人的优先承租权，是指原租赁期间届满后，出租人将房屋出租的，在同等条件下承租人依法享有的优先于他人承租房屋的权利。

承租人的优先购买权是承租人的法定权利，无须当事人事先约定。《合同法》第230条规定："出租人出卖租赁房屋的，应当在出卖之前的合理期限内通知承租人，承租人享有以同等条件优先购买的权利。"在司法实践中，关于承租人的优先购买权应当注意以下问题：

1. 优先购买权发生的前提。承租人的优先购买权只能发生在出租人出卖租赁房屋时。

2. 出租人的通知义务。出卖人出卖租赁房屋的，应当在出卖之前的合理期限内通知承租人，以便承租人考虑是否购买。

3. 优先购买权发生的要件。承租人仅在同等条件之下才享有优先于他人购买租赁房屋的权利。

4. 承租人应当在合理期限内行使优先购买权。

《合同法》仅仅明确规定了房屋承租人的优先购买权，对承租人的优先承租权没有加以明确。

我们认为,优先承租权在司法实践中应当得到承认。原因在于:规定承租人优先购买权的立法价值取向在于保护承租人的基本生存权利,在涉及承租人基本生存权利保护之时,法律就应当继续贯彻这一立法价值取向,承认承租人的优先承租权。

法条指引

❶《中华人民共和国合同法》(1999年10月1日施行)

第二百三十条 出租人出卖租赁房屋的,应当在出卖之前的合理期限内通知承租人,承租人享有以同等条件优先购买的权利。

❷ 最高人民法院《关于贯彻执行〈中华人民共和国民法通则〉若干问题的意见(试行)》(1988年1月26日施行)

118. 出租人出卖出租房屋,应提前三个月通知承租人,承租人在同等条件下,享有优先购买权;出租人未按此规定出卖房屋的,承租人可以请求人民法院宣告该房屋买卖无效。

案例链接

❶《张太烈与当阳市供销合作社联合社等优先购买权纠纷上诉案》,参见北大法宝引证码:Pkulaw.cn/CLI.C.210989。

❷《李娜与佛山分析仪器厂等租赁合同纠纷上诉案》,参见北大法宝引证码:Pkulaw.cn/CLI.C.55982。

❸《肖玉梅与徐理文等房屋买卖纠纷案》,参见北大法宝引证码:Pkulaw.cn/CLI.C.54535。

❹《芜湖市食品公司综合经营部诉芜湖市商务局等房屋买卖合同案》,参见北大法宝引证码:Pkulaw.cn/CLI.C.229971。

【房屋租赁权法定让与】

法律问题解读

所谓房屋租赁权的法定让与,是指在房屋租赁期间承租人死亡的,与房屋承租人共同居住的人可以直接依据法律的规定受让承租人与出租人订立的合同关系的合同转让行为。租赁权的让与,通常需要承租人与第三人达成让与协议并且经过出租人的同意。但是,为了方便房屋承租人死亡之后与其生前共同居住的人的生活,经法律规定,生前与承租人共同居住的人可以直接成为租赁合同的第三人,而不需要经过出租人的同意。

我国关于房屋租赁权的法定让与相关法律、法规规定包括建设部发布的《城市房屋租赁管理办法》第11条第3款的规定以及最高人民法院关于贯彻执行《中华人民共和国民法通则》若干问题的意见(试行)第119条的规定和《合同法》第234条的规定。值得注意的是,在《城市房屋租赁管理办法》第11条第3款的规定中,只有与承租人生前共同居住达两年以上的家庭成员才能够法定受让原租赁权,而为了更好地贯彻租赁权法定让与的立法目的,保障与承租人生前共同居住的家庭成员的生存权利,合同法取消了租赁权受让人须与承租人生前共同居住达两年以上的限制。根据高效力等级的法律规范在同一领域内的规定优先于低效力等级的法律规范的原则,关于房屋租赁权法定受让人的规定适用《合同法》第234条的规定。

另外,应当指出,如果在租赁期间出租人死亡的,房屋由出租人的继承人继承的,根据最高人民法院《关于贯彻执行〈民法通则〉若干问题的意见》,原租赁合同对于承租人和新房主继续有效。这一规定并非指租赁权法定让与,而是租赁权物权化的重要体现。

法条指引

❶《中华人民共和国合同法》(1999年10月1日施行)

第二百三十四条 承租人在房屋租赁期间死亡的,与其生前共同居住的人可以按照原租赁合同租赁该房屋。

❷《城市房屋租赁管理办法》(1995年6月1日施行)

第十一条 租赁期限内,房屋出租人转让房屋所有权的,房屋受让人应当继续履行原租赁合同的规定。

出租人在租赁期限内死亡的,其继承人应当继续履行原租赁合同。

住宅用房承租人在租赁期限内死亡的,其共同居住两年以上的家庭成员可以继续承租。

❸ 最高人民法院《关于贯彻执行〈中华人民共和国民法通则〉若干问题的意见(试行)》(1988年1月26日施行)

119. 承租户以一人名义承租私有房屋,在租赁期内,承租人死亡,该户共同居住人要求按原租约履行的,应当准许。

私有房屋在租赁期内，因买卖、赠与或者继承发生房屋产权转移的，原租赁合同对承租人和新房主继续有效。

未定租期，房主要求收回房屋自住的，一般应当准许。承租人有条件搬迁的，应责令其搬迁；如果承租人搬迁确有困难的，可给一定期限让其找房或者腾让部分房屋。

【租赁合同的明示续订】

法律问题解读

所谓租赁合同的明示续订，是指在租赁期间届满之前，承租人与出租人协商一致，续订租赁合同的法律现象。租赁期间届满，租赁合同即告终止。承租人即负有向出租人返还租赁物的义务，出租人有权请求承租人归还租赁物。如果当事人之间愿意维持原来的租赁关系，应当在此之前作好安排，续订租赁合同，以利于物的利用关系的稳定。

关于租赁合同明示续订，有以下问题值得注意：

1. 租赁合同明示续订是当事人之间就租赁物重新签订一份租赁合同的过程，因此，应当适用合同订立的要约和承诺规则。

2. 租赁合同明示更新一般发生在租赁合同终止之前，当然也可以发生在租赁合同终止之后。只要当事人对于继续保持租赁关系作出达成意思表示一致即可。

3. 租赁合同的明示续订可以变更原租赁合同的内容。这一点区别于租赁合同的默示续订。在租赁合同的默示更新中，由于合同的更新是法律对于当事人意思的一种推定，因此，除了在租赁期限上将其推定为不定期之外，其他合同内容尊重当事人原来的约定。而明示更新则是当事人订立新的租赁合同的过程，对于合同的内容，当事人可以进行充分协商。

法条指引

❶《中华人民共和国合同法》（1999年10月1日施行）

第二百一十四条 租赁期限不得超过二十年。超过二十年的，超过部分无效。

租赁期间届满，当事人可以续订租赁合同，但约定的租赁期限自续订之日起不得超过二十年。

❷《城市房屋租赁管理办法》（1995年6月1日施行）

第十条 房屋租赁期限届满，租赁合同终止。承租人需要继续租用的，应当在租赁期限届满前三个月提出，并经出租人同意，重新签订租赁合同。

【租赁合同的默示续订】

法律问题解读

所谓租赁合同的默示续订，是指租赁期间届满，承租人继续使用租赁物，出租人没有提出异议的，法律即推定租赁合同当事人之间续签了租赁合同的法律现象。租赁期间届满且没有明示续订的，租赁合同即告终止。承租人负有向出租人返还租赁物的义务，出租人有权请求承租人归还租赁物。然而，现实生活中有可能出现这样的情况：租赁合同终止之后承租人继续占有、使用租赁物，承租人也并未请求承租人返还租赁物，同时当事人未对是否续签租赁合同进行协商。对于这类情况，《合同法》规定，原租赁合同继续有效，但租赁期限为不定期。

关于租赁合同的默示续订，应当符合下列构成要件：（1）原租赁合同终止。（2）承租人在租赁合同终止后继续使用租赁物。（3）出租人对于承租人继续使用租赁物的事实没有提出异议。应当注意，租赁合同默示更新后所产生的合同为不定期租赁合同，当事人可以随时解除合同，只是应当给对方预留合理的准备时间。

法条指引

❶《中华人民共和国合同法》（1999年10月1日施行）

第二百三十六条 租赁期间届满，承租人继续使用租赁物，出租人没有提出异议的，原租赁合同继续有效，但租赁期限为不定期。

【房屋租赁合同】

法律问题解读

房屋租赁合同，是指出租人将房屋交付承租人使用，承租人根据租赁合同给付租金，并于合同终止时将房屋返还给出租人的合同。房屋租赁合同是租赁合同的一种，具有租赁合同的一切法律特性，其区别于其他租赁合同的特点在于租赁物为房屋。

我国房屋租赁按照房屋产权归属的不同，分为公有房屋租赁和私有房屋租赁。

1. 公有房屋租赁。目前，我国对公有房屋的管理有两种方式，即统管和自管。统管是指由国家政府部门的房地产管理部门对国有房屋统一管理，属于这类的房屋多由政府统一修建，其使用和居住也多由政府根据各单位的需要统一进行分配，然后由用户和房屋管理部门订立租赁合同。自管，包括集体所有的房屋由劳动群众集体经济组织自行管理和国有企事业单位自己修建的房屋由这些单位自行管理。自管房屋主要是供本单位生产办公使用或职工居住。职工居住用房一般由单位进行合理分配，然后由单位与职工订立租赁合同。

2. 私有房屋租赁。私有房屋租赁合同，由双方当事人协商一致订立。当事人订立房屋租赁合同应当采用书面形式，并报当地房管部门备案。

司法实务中特别应当注意的是，《城市房地产管理法》规定："以营利为目的，房屋所有权人将以划拨方式取得使用权的国有土地上建成的房屋出租的，应当将租金中所含土地收益上缴国家。"

法条指引

❶《中华人民共和国合同法》（1999年10月1日施行）

第二百一十二条　租赁合同是出租人将租赁物交付承租人使用、收益，承租人支付租金的合同。

❷《中华人民共和国城市房地产管理法》（2007年8月30日修正）

第五十三条　房屋租赁，是指房屋所有权人作为出租人将其房屋出租给承租人使用，由承租人向出租人支付租金的行为。

第五十四条　房屋租赁，出租人和承租人应当签订书面租赁合同，约定租赁期限、租赁用途、租赁价格、修缮责任等条款，以及双方的其他权利和义务，并向房产管理部门登记备案。

第五十五条　住宅用房的租赁，应当执行国家和房屋所在城市人民政府规定的租赁政策。租用房屋从事生产、经营活动的，由租赁双方协商议定租金和其他租赁条款。

第五十六条　以营利为目的，房屋所有权人将以划拨方式取得使用权的国有土地上建成的房屋出租的，应当将租金中所含土地收益上缴国家。具体办法由国务院规定。

❸《城市房屋租赁管理办法》（1995年6月1日施行）

第九条　房屋租赁，当事人应当签订书面租赁合同。租赁合同应当具备以下条款：

（一）当事人姓名或者名称及住所；

（二）房屋的坐落、面积、装修及设施状况；

（三）租赁用途；

（四）租赁期限；

（五）租金及交付方式；

（六）房屋修缮责任；

（七）转租的约定；

（八）变更和解除合同的条件；

（九）当事人约定的其他条款。

第十三条　房屋租赁实行登记备案制度。

签订、变更、终止租赁合同的，当事人应当向房屋所在地直辖市、市、县人民政府房地产管理部门登记备案。

第二十五条　以营利为目的，房屋所有权人将以划拨方式取得使用权的国有土地上建成的房屋出租的，应当将租金中所含土地收益上缴国家。土地收益的上缴办法，应当按照财政部《关于国有土地使用权有偿使用收入征收管理的暂行办法》和《关于国有土地使用权有偿使用收入若干财政问题的暂行规定》的规定，由直辖市、市、县人民政府房地产管理部门代收代缴。国务院颁布新的规定时，从其规定。

案例链接

❶《驻马店市第一高级中学诉袁国强租赁合同纠纷案》，参见北大法宝引证码：Pkulaw. cn/CLI. C. 285627。

❷《驻马店市第一高级中学诉李爱菊租赁合同纠纷案》，参见北大法宝引证码：Pkulaw. cn/CLI. C. 285628。

❸《杨照林诉郑州市第三建筑工程有限公司物权保护纠纷案》，参见北大法宝引证码：Pkulaw. cn/CLI. C. 290284。

❹《明小东诉马国臣房屋租赁纠纷案》，参见北大法宝引证码：Pkulaw. cn/CLI. C. 290263。

【土地使用权租赁合同】

法律问题解读

土地使用权租赁合同，是指土地使用人作为出租人将土地使用权随同地上建筑物、其他附着物交付承租人使用，承租人支付租金并于合同终止时将土地使用权返还土地使用人的合同。土地使用权租赁合同应当具备以下条件：

1. 出租人必须是土地使用权的合法享有人或者将来可以合法享有土地使用权的人。

2. 出租人（土地使用权受让人）必须在按土地使用权出让合同规定的期限和条件投资开发利用后，方可将土地使用权出租。

3. 土地使用权出租时，地上建筑物及其他附着物同时出租。反之，地上建筑物及其他附着物出租时，其土地使用权也应当同时出租。

4. 以无偿划拨方式取得的土地使用权出租时，必须征得土地管理部门的同意，重新签订土地使用权出让合同并补缴土地使用权出让金。

5. 土地使用权出租时，如果需要改变土地使用权出让合同规定的土地用途，必须征得市、县土地管理部门的同意，并办理土地用途变更登记。

6. 土地使用权出租的期限不得超过土地出让合同规定的出让期限减去土地使用权受让人已经使用的年限的余额。

土地使用权和地上建筑物和其他附着物出租，应由出租人与承租人订立书面合同，并由出租人依照规定到土地管理部门和房产管理部门办理登记。

法条指引

❶《中华人民共和国合同法》（1999年10月1日施行）

第二百一十二条 租赁合同是出租人将租赁物交付承租人使用、收益，承租人支付租金的合同。

❷《中华人民共和国城市房地产管理法》（2007年8月30日修正）

第十八条 土地使用者需要改变土地使用权出让合同约定的土地用途的，必须取得出让方和市、县人民政府城市规划行政主管部门的同意，签订土地使用权出让合同变更协议或者重新签订土地使用权出让合同，相应调整土地使用权出让金。

第四十三条 以出让方式取得土地使用权的，转让房地产后，其土地使用权的使用年限为原土地使用权出让合同约定的使用年限减去原土地使用者已经使用年限后的剩余年限。

第四十四条 以出让方式取得土地使用权的，转让房地产后，受让人改变原土地使用权出让合同约定的土地用途的，必须取得原出让方和市、县人民政府城市规划行政主管部门的同意，签订土地使用权出让合同变更协议或者重新签订土地使用权出让合同，相应调整土地使用权出让金。

❸《中华人民共和国物权法》（2007年10月1日施行）

第一百四十三条 建设用地使用权人有权将建设用地使用权转让、互换、出资、赠与或者抵押，但法律另有规定的除外。

第一百四十四条 建设用地使用权转让、互换、出资、赠与或者抵押的，当事人应当采取书面形式订立相应的合同。使用期限由当事人约定，但不得超过建设用地使用权的剩余期限。

第一百四十五条 建设用地使用权转让、互换、出资或者赠与的，应当向登记机构申请变更登记。

第一百四十六条 建设用地使用权转让、互换、出资或者赠与的，附着于该土地上的建筑物、构筑物及其附属设施一并处分。

第一百四十七条 建筑物、构筑物及其附属设施转让、互换、出资或者赠与的，该建筑物、构筑物及其附属设施占用范围内的建设用地使用权一并处分。

案例链接

❶《河南捷运投资有限公司诉河南金马工贸有限公司合同纠纷上诉案》，参见北大法宝引证码：Pkulaw. cn/CLI. C. 239364。

❷《辉县市高庄乡北新庄村民委员会诉梁新东土地租赁合同纠纷案》，参见北大法宝引证码：Pkulaw. cn/CLI. C. 229146。

❸《宿迁市红天鹅园林环境工程有限公司等与刘汉林股权转让纠纷上诉案》，参见北大法宝引证码：Pkulaw. cn/CLI. C. 205869。

❹《高长学等与北京市怀柔区庙城镇高两河村经济合作社等农业承包合同纠纷上诉案》，参见北大法宝引证码：Pkulaw. cn/CLI. C. 175433。

【企业租赁经营合同】

法律问题解读

企业租赁经营合同，是指出租人将企业的资产以租赁的方式提供给承租人生产经营，承租人向出租人交付租金并于租赁期限届满时将租赁企业交还给出租人的合同。企业租赁合同是我国经济体制改革后产生的一种新型的租赁合同形式。目前调整企业租赁经营合同的法规主要是国务院颁布的《全民所有制小型企业租赁经营暂行条例》。

企业租赁经营合同与一般的租赁合同相比，具有以下特征：（1）租赁标的的特殊性。企业租赁经营合同的标的是企业，承租人对该企业的全部财产享有经营管理权。而一般租赁合同的标的往往是比较明确的特定标的物。（2）企业租赁经营合同中，租赁企业的一切费用，包括纳税、维持企业财产正常使用和修理费用等，均由承租人承担。一般租赁合同中，对租赁物的维修等费用往往由出租人承担。（3）企业租赁经营合同终止时，承租人除了返还原来交付的出租财产外，还应返还租赁合同中规定的企业扩大再生产而增值的资产。一般租赁合同终止时，出租人通常只需要将原租赁物返还给出租人即可。（4）企业租赁经营合同的订立程序通常比一般租赁合同要复杂，比如国有企业租赁经营合同的签订，事先应当经过企业主管机关的批准，并且合同的签订往往采用招投标程序进行。

法条指引

❶《中华人民共和国合同法》（1999年10月1日施行）

第二百一十二条 租赁合同是出租人将租赁物交付承租人使用、收益，承租人支付租金的合同。

❷《全民所有制小型工业企业租赁经营暂行条例》（1990年2月24日修订）（略）

案例链接

❶《徐海良诉河南巴伦啤酒有限公司企业租赁经营合同纠纷案》，参见北大法宝引证码：Pkulaw.cn/CLI.C.268774。

❷《赵晋襄诉鹤壁市世源实业总公司企业租赁经营合同纠纷案》，参见北大法宝引证码：Pkulaw.cn/CLI.C.229992。

❸《镇江利若尔包装有限公司诉扬中市盛大实业有限公司等企业租赁经营合同纠纷案》，参见北大法宝引证码：Pkulaw.cn/CLI.C.242463。

❹《苍南县东兴鱼粉饲料有限公司诉陈加钢企业租赁经营合同纠纷案》，参见北大法宝引证码：Pkulaw.cn/CLI.C.226746。

【定期租船合同】

法律问题解读

定期租船合同，是指船舶出租人向承租人提供约定的由出租人配备船员的船舶，由承租人在约定的期间内按照约定的用途使用，并支付租金的一种租赁合同。签订定期租船合同应当采取书面形式。

实践中，应当注意把握定期租船合同中双方当事人的权利义务。

1. 出租人的权利和义务：（1）出租人应当按照合同约定的时间交付船舶。出租人逾期交船的，承租人有权解除合同。因出租人过失延误提供船舶致使承租人遭受损失的，出租人应当负赔偿责任。（2）出租人交付船舶时，应当做到谨慎处理，使船舶适航。交付的船舶应当适于约定的用途。（3）船舶在租期内不符合约定的适航状态或者其他状态，出租人应当采取可能采取的合理措施，使之尽快恢复。（4）承租人未向出租人支付租金或者合同约定的其他款项的，出租人对船上属于承租人的货物和财产以及转租船舶的收入有留置权。

2. 承租人的权利和义务：（1）承租人应当保证船舶在约定航区内的安全港口或者地点之间从事约定的海上运输。（2）承租人应当保证船舶用于运输约定的合法的货物。承租人将船舶用于运输活动物或者危险货物的，应当事先征得出租人的同意。（3）承租人有权就船舶的营运向船长发出指示，但是不得违反定期租船合同的约定。（4）承租人可以将租用的船舶转租，但是应当将转租的情况及时通知出租人。（5）在合同期间，船舶进行海难救助的，承租人有权获得扣除救助费用、损失赔偿、船员应得部分以及其他费用后的救助款项的一半。（6）承租人应当按照合同约定支付租金。（7）返还船舶的义务。交返船舶应当保证船舶具有与出租人交船时相同的良好状态，但船舶本身的自然磨损除外。

法条指引

❶《中华人民共和国海商法》（1993年7月1日施行）

第一百二十八条 船舶租用合同，包括定期租船合同和光船租赁合同，均应当书面订立。

第一百二十九条 定期租船合同，是指船舶

出租人向承租人提供约定的由出租人配备船员的船舶,由承租人在约定的期间内按照约定的用途使用,并支付租金的合同。

第一百三十条 定期租船合同的内容,主要包括出租人和承租人的名称、船名、船籍、船级、吨位、容积、船速、燃料消耗、航区、用途、租船期间、交船和还船的时间和地点以及条件、租金及其支付,以及其他有关事项。

第一百三十一条 出租人应当按照合同约定的时间交付船舶。

出租人违反前款规定的,承租人有权解除合同。出租人将船舶延误情况和船舶预期抵达交船港的日期通知承租人的,承租人应当自接到通知时起四十八小时内,将解除合同或者继续租用船舶的决定通知出租人。

因出租人过失延误提供船舶致使承租人遭受损失的,出租人应当负赔偿责任。

第一百三十二条 出租人交付船舶时,应当做到谨慎处理,使船舶适航。交付的船舶应当适于约定的用途。

出租人违反前款规定的,承租人有权解除合同,并有权要求赔偿因此遭受的损失。

第一百三十三条 船舶在租期内不符合约定的适航状态或者其他状态,出租人应当采取可能采取的合理措施,使之尽快恢复。

船舶不符合约定的适航状态或者其他状态而不能正常营运连续满二十四小时的,对因此而损失的营运时间,承租人不付租金,但是上述状态是由承租人造成的除外。

第一百三十四条 承租人应当保证船舶在约定航区内的安全港口或者地点之间从事约定的海上运输。

承租人违反前款规定的,出租人有权解除合同,并有权要求赔偿因此遭受的损失。

第一百三十五条 承租人应当保证船舶用于运输约定的合法的货物。

承租人将船舶用于运输活动物或者危险货物的,应当事先征得出租人的同意。

承租人违反本条第一款或者第二款的规定致使出租人遭受损失的,应当负赔偿责任。

第一百三十六条 承租人有权就船舶的营运向船长发出指示,但是不得违反定期租船合同的约定。

第一百三十七条 承租人可以将租用的船舶转租,但是应当将转租的情况及时通知出租人。租用的船舶转租后,原租船合同约定的权利和义务不受影响。

第一百三十八条 船舶所有人转让已经租出的船舶的所有权,定期租船合同约定的当事人的权利和义务不受影响,但是应当及时通知承租人。船舶所有权转让后,原租船合同由受让人和承租人继续履行。

第一百三十九条 在合同期间,船舶进行海难救助的,承租人有权获得扣除救助费用、损失赔偿、船员应得部分以及其他费用后的救助款项的一半。

第一百四十条 承租人应当按照合同约定支付租金。承租人未按照合同约定支付租金的,出租人有权解除合同,并有权要求赔偿因此遭受的损失。

第一百四十一条 承租人未向出租人支付租金或者合同约定的其他款项的,出租人对船上属于承租人的货物和财产以及转租船舶的收入有留置权。

第一百四十二条 承租人向出租人交还船舶时,该船舶应当具有与出租人交船时相同的良好状态,但是船舶本身的自然磨损除外。

船舶未能保持与交船时相同的良好状态的,承租人应当负责修复或者给予赔偿。

案例链接

❶《朱加喜等与沈阳中科腐蚀控制工程技术中心定期租船合同纠纷上诉案》,参见北大法宝引证码:Pkulaw. cn/CLI. C. 253481。

❷《浙江隆图建设有限公司与罗海明定期租船合同纠纷上诉案》,参见北大法宝引证码:Pkulaw. cn/CLI. C. 262367。

❸《中远航运股份有限公司与中国人民财产保险股份有限公司上海市分公司定期租船合同保险代位求偿纠纷上诉案》,参见北大法宝引证码:Pkulaw. cn/CLI. C. 247161。

❹《沈阳中科腐蚀控制工程技术中心诉盐城市运输打捞公司等定期租船合同纠纷案》,参见北大法宝引证码:Pkulaw. cn/CLI. C. 242972。

【光船租赁合同】

法律问题解读

光船租赁合同,是指船舶出租人向承租人提供不配备船员的船舶,在约定的期间内由承租人占有、使用和营运,并向出租人支付租金的一种租赁合同。签订光船租赁合同应当采取书面形式。

实践中,应当注意光船租赁合同双方当事人的权利义务:

1. 出租人的权利和义务:(1) 出租人应当在合同约定的港口或者地点,按照合同约定的时间,向承租人交付船舶以及船舶证书。(2) 向承租人交船时,出租人应当做到谨慎处理,使船舶适航。交付的船舶应当适于合同约定的用途。

2. 承租人的权利和义务:(1) 在光船租赁期间,承租人负责船舶的保养、维修。(2) 在光船租赁期间,承租人应当按照合同约定的船舶价值,以出租人同意的保险方式为船舶进行保险,并负担保险费用。(3) 在光船租赁期间,因承租人对船舶占有、使用和营运的原因使出租人的利益受到影响或者遭受损失的,承租人应当负责消除影响或者赔偿损失。(4) 因船舶所有权争议或者出租人所负的债务致使船舶被扣押的,出租人应当保证承租人的利益不受影响;致使承租人遭受损失的,出租人应当负赔偿责任。(5) 在光船租赁期间,未经出租人书面同意,承租人不得转让合同的权利和义务或者以光船租赁的方式将船舶进行转租。(6) 未经承租人事先书面同意,出租人不得在光船租赁期间对船舶设定抵押权。(7) 承租人应当按照合同约定支付租金。

法条指引

❶《中华人民共和国海商法》(1993 年 7 月 1 日施行)

第一百二十八条 船舶租用合同,包括定期租船合同和光船租赁合同,均应当书面订立。

第一百四十四条 光船租赁合同,是指船舶出租人向承租人提供不配备船员的船舶,在约定的期间内由承租人占有、使用和营运,并向出租人支付租金的合同。

第一百四十五条 光船租赁合同的内容,主要包括出租人和承租人的名称、船名、船籍、船级、吨位、容积、航区、用途、租赁期间、交船和还船的时间和地点以及条件、船舶检验、船舶的保养维修、租金及其支付、船舶保险、合同解除的时间和条件,以及其他有关事项。

第一百四十六条 出租人应当在合同约定的港口或者地点,按照合同约定的时间,向承租人交付船舶以及船舶证书。交船时,出租人应当做到谨慎处理,使船舶适航。交付的船舶应当适于合同约定的用途。

出租人违反前款规定的,承租人有权解除合同,并有权要求赔偿因此遭受的损失。

第一百四十七条 在光船租赁期间,承租人负责船舶的保养、维修。

第一百四十八条 在光船租赁期间,承租人应当按照合同约定的船舶价值,以出租人同意的保险方式为船舶进行保险,并负担保险费用。

第一百四十九条 在光船租赁期间,因承租人对船舶占有、使用和营运的原因使出租人的利益受到影响或者遭受损失的,承租人应当负责消除影响或者赔偿损失。

因船舶所有权争议或者出租人所负的债务致使船舶被扣押的,出租人应当保证承租人的利益不受影响;致使承租人遭受损失的,出租人应当负赔偿责任。

第一百五十条 在光船租赁期间,未经出租人书面同意,承租人不得转让合同的权利和义务或者以光船租赁的方式将船舶进行转租。

第一百五十一条 未经承租人事先书面同意,出租人不得在光船租赁期间对船舶设定抵押权。

出租人违反前款规定,致使承租人遭受损失的,应当负赔偿责任。

第一百五十二条 承租人应当按照合同约定支付租金。承租人未按照合同约定的时间支付租金连续超过七日的,出租人有权解除合同,并有权要求赔偿因此遭受的损失。

船舶发生灭失或者失踪的,租金应当自船舶灭失或者得知其最后消息之日起停止支付,预付租金应当按照比例退还。

第一百五十三条 本法第一百三十四条、第一百三十五条第一款、第一百四十二条和第一百四十三条的规定,适用于光船租赁合同。

案例链接

❶《包雄关与宁波泰茂海运有限公司光船租赁合同纠纷上诉案》,参见北大法宝引证码:Pkulaw.cn/CLI.C.253934。

❷《潘冬友与莫妙友等光船租赁合同纠纷上诉案》,参见北大法宝引证码:Pkulaw.cn/CLI.C.247206。

❸《陈堪伟诉陈智光定期租船合同纠纷案》,参见北大法宝引证码:Pkulaw.C.226537。

❹《裘明通与叶宗耀光船租赁合同违约赔偿纠纷上诉案》,参见北大法宝引证码:Pkulaw.cn/CLI.C.244985。

第十五章 融资租赁合同

● 本章为读者提供与以下题目有关的法律问题的解读及相关法律文献依据

> 融资租赁合同（313） 融资租赁合同的内容和形式（315） 融资租赁合同的租金（316） 融资租赁合同的无效情形（317） 出租人瑕疵担保责任之免除（318） 出租人侵权责任之免除（318） 出租人的取回权（319） 出租人合同变更权的限制（320） 出租人保证承租人占有使用租赁物的义务（321） 出卖人的直接交付义务（321） 承租人的直接索赔权（322） 承租人保管使用维修租赁物的义务（322） 承租人支付租金的义务（323） 租赁期间届满租赁物的归属（324）

【融资租赁合同】

法律问题解读

所谓融资租赁合同，是指出租人根据承租人对出卖人、租赁物的选择，向出卖人购买租赁物提供给承租人使用，承租人支付租金的合同。

在理论和实践中，融资租赁合同常与租赁合同、保留所有权的分期付款买卖合同、借款合同、动产担保交易合同等类似合同容易发生混淆，因此，应当特别注意把握融资租赁合同的法律特征。

1. 融资租赁合同是由两个合同（买卖合同和租赁合同）、三方当事人（出卖人、出租人即买受人、承租人）结合在一起有机构成的新型独立合同。这两个合同包括：（1）出租人与承租人签订的租赁合同；（2）出租人与出卖人签订的买卖合同。两个合同在效力上相互交错：（1）出卖人并不向买受人即出租人交付标的物，而是直接向租赁合同的承租人交付标的物，承租人享有与受领标的物有关的买受人的权利和义务；（2）在出卖人不履行买卖合同的义务时，承租人得在一定前提下向出卖人主张损害赔偿；（3）买卖合同的当事人不得随意变更买卖合同中与租赁合同承租人有关的合同内容等。

2. 融资租赁合同是以融资为目的，以融物为手段的合同。融资租赁合同的承租人通过出租人购买并将标的物出租，达到融资的目的，解决自己一次性购买标的物所需资金不足的困难。

3. 融资租赁合同中的出租人为从事融资租赁业务的租赁公司。一般的自然人、法人或者其他组织，未经金融管理部门批准，不得成为融资租赁合同的出租人，否则该融资租赁合同将被法院认定为无效。

4. 融资租赁合同为诺成性合同、要式合同、多务合同和有偿合同。

法条指引

❶《中华人民共和国合同法》（1999年10月1日施行）

第二百三十七条　融资租赁合同是出租人根据承租人对出卖人、租赁物的选择，向出卖人购买租赁物，提供给承租人使用，承租人支付租金的合同。

第二百三十九条　出租人根据承租人对出卖人、租赁物的选择订立的买卖合同，出卖人应当按照约定向承租人交付标的物，承租人享有与受领标的物有关的买受人的权利。

第二百四十条　出租人、出卖人、承租人可以约定，出卖人不履行买卖合同义务的，由承租人行使索赔的权利。承租人行使索赔权利的，出租人应当协助。

第二百四十一条　出租人根据承租人对出卖人、租赁物的选择订立的买卖合同，未经承租人同意，出租人不得变更与承租人有关的合同内容。

❷《中华人民共和国民用航空法》（1996年3月1日施行）

第二十七条　民用航空器的融资租赁，是指

出租人按照承租人对供货方和民用航空器的选择，购得民用航空器，出租给承租人使用，由承租人定期交纳租金。

❸《中国农业银行融资租赁试行办法》（1987年1月15日施行）

第一条 业务宗旨

为支持企业采用新技术、新设备，改善生产经营条件，提高经济效益，促进社会主义有计划商品经济发展，中国农业银行所属信托投资公司开办融资租赁业务。

第三条 租赁原则和条件

融资租赁业务是融物与融资相结合的信用方式，即出租人购买承租人所需要的物品，租给承租人使用，承租人以租金形式分期偿还租赁物品费用。办理融资租赁业务必须依照下列原则和条件：

一、承租人必须是具有法人地位的经济实体，拥有一定比例的自有资金。申请租赁的物品须经有权机关批准纳入固定资产投资规模或技术改造计划。

二、租赁的物品技术属先进，经可行性调查评估经济效益良好。

三、承租人按期交纳租金，如有必要应有相应经济实力的法人担保。

四、租赁物品的所有权归出租人，使用权归承租人，在租赁期内，承租人不得将租赁物品转让或作为财产抵押，不论是否使用，均应按期交纳租金。

五、租赁合同一经签订，双方必须严格执行，不得中途退约。

❹《汽车金融公司管理办法》（2008年1月24日施行）

第十九条 经中国银监会批准，汽车金融公司可从事下列部分或全部人民币业务：

（一）接受境外股东及其所在集团在华全资子公司和境内股东3个月（含）以上定期存款；

（二）接受汽车经销商采购车辆贷款保证金和承租人汽车租赁保证金；

（三）经批准，发行金融债券；

（四）从事同业拆借；

（五）向金融机构借款；

（六）提供购车贷款业务；

（七）提供汽车经销商采购车辆贷款和营运设备贷款，包括展示厅建设贷款和零配件贷款以及维修设备贷款等；

（八）提供汽车融资租赁业务（售后回租业务除外）；

（九）向金融机构出售或回购汽车贷款应收款和汽车融资租赁应收款业务；

（十）办理租赁汽车残值变卖及处理业务；

（十一）从事与购车融资活动相关的咨询、代理业务；

（十二）经批准，从事与汽车金融业务相关的金融机构股权投资业务；

（十三）经中国银监会批准的其他业务。

❺《金融租赁公司管理办法》（2007年3月1日施行）

第二条 本办法所称金融租赁公司，是指经中国银行业监督管理委员会批准，以经营融资租赁业务为主的非银行金融机构。

金融租赁公司名称中标明"金融租赁"字样。未经中国银行业监督管理委员会批准，任何单位和个人不得经营融资租赁业务或在其名称中使用"金融租赁"字样，但法律法规另有规定的除外。

第三条 本办法所称融资租赁，是指出租人根据承租人对租赁物和供货人的选择或认可，将其从供货人处取得的租赁物按合同约定出租给承租人占有、使用，向承租人收取租金的交易活动。

适用于融资租赁交易的租赁物为固定资产。

❻《关于规范国内船舶融资租赁管理的通知》（2008年3月28日）

一、本通知所称的国内船舶融资租赁活动，是指船舶承租人以融资租赁方式租用船舶从事国内水路运输的行为。

二、从事国内船舶融资租赁活动的出租人应依法取得国家有关主管机关批准的融资租赁经营资格；承租人应取得交通主管部门批准的国内水路运输经营资格；出租人和承租人之间应按照国家有关规定签订船舶融资租赁合同。

三、按照国家相关法律、法规和我部有关规定，国内船舶融资租赁出租人的企业经济性质属"三资企业"的，其外资比例不得高于50％。承租人以融资租赁方式租用"三资企业"的船舶从事国内水路运输，应事先取得交通运输部的批准。

❼ 最高人民法院《关于审理融资租赁合同纠纷案件若干问题的规定》（1996年5月27日）

十二、在供货人有迟延交货或交付的租赁物质量、数量存在问题以及其他违反供货合同约定的行为时，对其进行索赔应区别不同情形予以处理：

（一）供货合同或租赁合同中未约定转让索赔权的，对供货人的索赔应由出租人享有和行使，

承租人应提供有关证据;

(二) 在供货合同和租赁合同中均约定转让索赔权的,应由承租人直接向供货人索赔。

十三、有下列情形之一的,当租赁物质量、数量等存在问题,在对供货人索赔不着或不足时,出租人应承担赔偿责任:

(一) 出租人根据租赁合同的约定完全是利用自己的技能和判断为承租人选择供货人或租赁物的;

(二) 出租人为承租人指定供货人或租赁物的;

(三) 出租人擅自变更承租人已选定的供货人或租赁物的。

除上列情形外,出租人对租赁物的质量、数量等问题一般不承担责任。

十四、在出租人无过错的情形下,对供货人索赔的费用和结果,均由承租人承担和享有。如因出租人的过错造成索赔逾期或索赔不着,出租人应承担相应的责任。

十五、因租赁物的质量、数量等问题对供货人索赔,如出租人无过错,不影响出租人向承租人行使收取租金的权利。

❽ 最高人民法院《关于中国东方租赁有限公司诉河南登封少林出租旅游公司等融资租赁合同纠纷一案的复函》(1990年7月20日)

北京市高级人民法院:

你院京高法字(1990)第66号请示收悉。经研究答复如下:

国际融资租赁由国际货物买卖合同和国内租赁合同两部分组成,其标的物主要是各种设备、交通工具。在租赁期间,所有权属于出租方,承租方对租赁物具有使用权,但不得对租赁物进行处分,并按合同规定的期限和币种支付租金。

中国东方租赁有限公司诉河南登封少林出租旅游汽车公司、河南省对外经济贸易委员会融资租赁合同纠纷一案,属于国际融资租赁合同纠纷,有关支付租金的条款,不受《中华人民共和国经济合同法》第十三条第一款的规定的限制,可按租赁合同约定的币种进行支付。

中信实业银行,诉海南省海吉电子工业联合公司、海南省经济计划厅的租赁合同纠纷一案,由于租赁物是彩色电视机的关键散件,并允许承租方将散件组装成整机出售,因此不具备国际融资租赁合同的特征,应认定为买卖合同纠纷,有关支付租金条款,适用《中华人民共和国经济合同法》的有关规定。

案例链接

❶《许昌万里运输(集团)有限公司与李向丽公路旅客运输合同纠纷上诉案》,参见北大法宝引证码:Pkulaw.cn/CLI.C.280517。

❷《河南六合科技有限公司与巩义瑞康医院合同纠纷上诉案》,参见北大法宝引证码:Pkulaw.cn/CLI.C.250196。

❸《苏州市大韩针织染整有限公司等与上海申可商贸有限公司租赁合同暨保证合同纠纷上诉案》,参见北大法宝引证码:Pkulaw.cn/CLI.C.275786。

❹《沈阳新海彩色印刷有限公司与北京豹驰技术发展有限公司融资租赁合同纠纷上诉案》,参见北大法宝引证码:Pkulaw.cn/CLI.C.275774。

学者观点

❶ 姬新江、李利:《论融资租赁合同中承租人的索赔权》,参见北大法宝引证码:Pkulaw.cn/CLI.A.14469。

【融资租赁合同的内容和形式】

法律问题解读

所谓融资租赁合同的内容,即融资租赁合同中当事人的权利和义务。当事人的权利义务,在合同中表现为合同条款。

根据《合同法》第238条的规定,融资租赁合同通常具有以下内容:(1)租赁物的名称。(2)租赁物的数量。(3)租赁物的规格。(4)租赁物的技术性能。(5)对租赁物的检验方法。(6)租赁期限。(7)租金构成及其支付期限和方式。应当注意,融资租赁合同的目的在于融通资金,其区别与一般的租赁合同,其租金往往高于一般的租赁合同。(8)币种。融资租赁合同在我国的出现,在很大程度上是为了引进外资,解决国内经济建设资金不足的矛盾。不同国家的币种和货币政策差异很多,因此,在融资租赁合同中通常应当约定交易所采用的结算币种。(9)租赁期间届满租赁物的归属。在一般租赁合同中,租赁期间届满,承租人负有向出租人返还租赁物的义务。然而,在融资租赁合同中,一方面,出租人承担的实际上是一种融资人的角色,取得租赁物的所有权仅仅是其一种投资方式,租赁物使用价值对其自身意义不大;另一方面,承租人承租租赁物是为了解决购买机器设备等租赁物资金不足的困难,租赁物的使用价值对其意义巨大。因此,当租赁期间届满时,融资租赁合同当事人可以约定租赁物所有权的归属,各取所需。

另外,由于融资租赁合同交易金额通常比较高,而且往往涉及对外贸易,因此《合同法》规定融资租赁合同应当采用书面形式。《民用航空法》还特别规定,民用航空器的融资租赁和租赁期限为6个月以上的其他租赁,承租人应当就其对民用航空器的占有权向国务院民用航空主观部门办理登记;未经登记的,不得对抗第三人。

法条指引

❶《中华人民共和国合同法》(1999年10月1日施行)

第二百三十八条 融资租赁合同的内容包括租赁物名称、数量、规格、技术性能、检验方法、租赁期限、租金构成及其支付期限和方式、币种、租赁期间届满租赁物的归属等条款。

融资租赁合同应当采用书面形式。

❷《中华人民共和国民用航空法》(1996年3月1日施行)

第二十六条 民用航空器租赁合同,包括融资租赁合同和其他租赁合同,应当以书面形式订立。

第三十三条 民用航空器的融资租赁和租赁期限为六个月以上的其他租赁,承租人应当就其对民用航空器的占有权向国务院民用航空主管部门办理登记;未经登记的,不得对抗第三人。

❸《中国农业银行融资租赁试行办法》(1987年1月15日施行)

第四条 租赁程序

一、用户申请:

承租人需要租赁物件时,应提出租赁申请书,说明投资项目、投资总金额、预测后的经济效益、申请租赁金额、其他资金来源等情况,同时附具有权批准机关的批准文件和当地的税务部门关于租金支付的有关批准文件、可行性论证、有经济实力单位出具的经济担保书。

二、审查论证:

出租人接到租赁申请书后应逐项认真审查,预测经济效益,必要时向有关部门咨询论证,然后决定是否同意办理。

三、洽谈签约:

出租、承租人双方应就租赁物件及签订租赁合同的条件进行洽谈,在取得完全一致的意见后,由承租人选定租赁物件和供货单位,由出租人与供货单位签订物件订购合同,明确物件名称、型号、规格、总价、付款办法、交货结账日期、质量保证条件,并明确收货人为承租人,遇有质量问题,供货单位向承租人负责。

在签订租赁物件订购合同的同时,由出租人、承租人、交纳租金担保人三方签订融资租赁合同,其主要内容包括:

(一)租赁的物件及其总成本、租金总额;

(二)租赁期限以及每期应交纳的租金数额;

(三)租赁物件的所有权与使用权;

(四)租赁物件的订购、交货、验收及其责任;

(五)租赁物件的维修、保养、责任和保险;

(六)租赁物件的毁损及灭失的处理方法;

(七)出租人与承租人的权利和义务及违约责任;

(八)担保单位应负的责任。

四、购置物件及通知起租:

出租人根据物件订购合同,一次或分次支付价款。承租人收货、验收、调试合格后,出具承租物件收据交出租人,出租人以起租通知书通知承租人起租,承租人按起租通知书所列金额,按期交纳租金。

❹ 最高人民法院《关于审理融资租赁合同纠纷案件若干问题的规定》(1996年5月27日)

九、租赁物从境外购买的,融资租赁合同当事人约定用外币支付租金,应认定为有效。

案例链接

❶《广西贵港市富安运输公司与中国工商银行贵港分行等船舶租赁、担保合同纠纷上诉案》,参见北大法宝引证码:Pkulaw.cn/CLI.C.13345。

【融资租赁合同的租金】

法律问题解读

融资租赁合同具有很强的融通资金的性质,融资租赁合同因此既不同于一般的租赁合同,也不同于买卖合同。融资租赁合同的租金也因此区别于一般租赁合同的租金及买卖合同中标的物的价金。

根据《合同法》的规定,融资租赁合同租金的确定,通常应当考虑以下两方面的因素:

1. 购买租赁物的大部分或者全部成本。在实务中，究竟应当确定为购买租赁物的大部分成本还是全部成本，通常应当考虑融资租赁合同的租赁期限以及当事人对于租赁期间届满后租赁物归属的约定等因素。如果当事人约定租赁期间届满时，租赁物归承租人所有，出租人所收取的租金应当包括购买租赁物的全部成本；如果当事人约定，在租赁期间届满时，出租人收回租赁物或者承租人在租赁期间届满时再支付一部分价金即可取得租赁物的所有权时，则出租人应当收取的租金的构成只应当包括购买租赁物的大部分价金。

2. 出租人的合理利润。一方面，出租人向承租人提供资金融通，应当认定为是一种投资行为，其目的在于使所提供的资金增值；另一方面，承租人获得资金融通，解决了资金短期的困难，应当为此支付一定的对价。因此，融资租赁合同租金的确定应当考虑承租人因融资而获取的利润。通常，出租人收取的租金中应当保护承租人合理利润中的一部分。

法条指引

❶《中华人民共和国合同法》（1999年10月1日施行）

第二百四十三条　融资租赁合同的租金，除当事人另有约定的以外，应当根据购买租赁物的大部分或者全部成本以及出租人的合理利润确定。

案例链接

❶《惠普租赁有限公司诉山东省泰安市四维制药厂等融资租赁合同欠款纠纷案》，参见北大法宝引证码：Pkulaw. cn/CLI. C. 154873。

❷《佛山太阳包装有限公司等诉大业国际租赁有限公司等融资租赁合同一案》，参见北大法宝引证码：Pkulaw. cn/CLI. C. 134。

【融资租赁合同的无效情形】

法律问题解读

有下列情形之一的，应认定融资租赁合同为无效合同：（1）出租人不具有从事融资租赁经营范围的。在我国，融资租赁合同的出租人只能是专营融资租赁业务的租赁公司，而不能是一般的自然人、法人或者其他组织。只有经过金融管理部门批准许可经营融资租赁业务的公司，才有从事融资租赁交易订立融资租赁合同的资格。专营融资租赁业务之外的任何民事主体订立的融资租赁合同，为无效合同。（2）承租人与供货人恶意串通，骗取出租人资金的。（3）以融资租赁合同形式规避国家有关法律、法规的。（4）依照有关法律、法规规定应认定为无效的。

融资租赁合同被确定为无效后，应按下列情形分别处理：（1）因承租人的过错造成合同无效，出租人不要求返还租赁物的，租赁物可以不予返还，但承租人应赔偿因其过错给出租人造成的损失。（2）因出租人的过错造成合同无效，承租人要求退还租赁物的，可以退还租赁物，如有损失，出租人应赔偿相应损失。（3）因出租人和承租人的共同过错造成合同无效的，可以返还租赁物，并根据过错大小各自承担相应的损失和赔偿责任。租赁物正在继续使用且发挥效益的，对租赁物是否返还，可以协商解决；协商不成的，由法院根据实际情况作出判决。

法条指引

❶《中华人民共和国合同法》（1999年10月1日施行）

第五十二条　有下列情形之一的，合同无效：

（一）一方以欺诈、胁迫的手段订立合同，损害国家利益；

（二）恶意串通，损害国家、集体或者第三人利益；

（三）以合法形式掩盖非法目的；

（四）损害社会公共利益；

（五）违反法律、行政法规的强制性规定。

第五十六条　无效的合同或者被撤销的合同自始没有法律约束力。合同部分无效，不影响其他部分效力的，其他部分仍然有效。

第五十八条　合同无效或者被撤销后，因该合同取得的财产，应当予以返还；不能返还或者没有必要返还的，应当折价补偿。有过错的一方应当赔偿对方因此所受到的损失，双方都有过错的，应当各自承担相应的责任。

第五十九条　当事人恶意串通，损害国家、集体或者第三人利益的，因此取得的财产收归国家所有或者返还集体、第三人。

❷最高人民法院《关于审理融资租赁合同纠纷案件若干问题的规定》（1996年5月27日）

五、融资租赁合同所涉及的项目应当报经有关部门批准而未经批准的，应认定融资租赁合同不生效。

六、有下列情形之一的，应认定融资租赁合同为无效合同：

（一）出租人不具有从事融资租赁经营范围的；

（二）承租人与供货人恶意串通，骗取出租人资金的；

（三）以融资租赁合同形式规避国家有关法律、法规的；

（四）依照有关法律、法规规定应认定为无效的。

七、融资租赁合同被确定为无效后，应区分下列情形分别处理：

（一）因承租人的过错造成合同无效，出租人不要求返还租赁物的，租赁物可以不予返还，但承租人应赔偿因其过错给出租人造成的损失；

（二）因出租人的过错造成合同无效，承租人要求退还租赁物的，可以退还租赁物，如有损失，出租人应赔偿相应损失；

（三）因出租人和承租人的共同过错造成合同无效的，可以返还租赁物，并根据过错大小各自承担相应的损失和赔偿责任。

租赁物正在继续使用且发挥效益的，对租赁物是否返还，可以协商解决；协商不成的，由法院根据实际情况作出判决。

【出租人瑕疵担保责任之免除】

法律问题解读

所谓出租人瑕疵担保责任免除，是指融资租赁合同的出租人通常情况下对租赁物不符合约定或者不符合使用目的的瑕疵免除向承租人负违约责任的法律制度。

司法实践中，融资租赁合同的承租人经常以瑕疵担保责任免除条款显失公平为理由，要求法院予以撤销或变更。事实上，基于融资租赁合同的特殊性，各国法律均承认出租人瑕疵担保责任免除条款的效力，理由大致如下：

1. 融资租赁合同具有很强的资金融通性质，这决定了出租人可以不负瑕疵担保责任。

2. 融资租赁合同签订时，出租人仅仅根据承租人的指示向出卖人购买标的物出租给承租人。因此，如果标的物有瑕疵，应当由承租人对自己的过错负责。

3. 出租人的技能往往限于向承租人提供融资服务，对于具体租赁物的性状、技术指标等通常缺乏相应知识，如果由其承担瑕疵担保责任，则对其要求过于苛刻。

4. 即使由承租人负担租赁物瑕疵的风险，也并不意味着承租人得不到救济。承租人可以根据融资租赁合同直接向出卖人主张违约责任，从而在当事人之间达到利益平衡。

但是，下列情形出租人不能免除租赁物瑕疵担保责任：（1）出租人根据租赁合同的约定完全是利用自己的技能和判断为承租人选择供货人或租赁物的；（2）出租人为承租人指定供货人或租赁物的；（3）出租人擅自变更承租人已经选定的供货人或租赁物的。

法条指引

❶《中华人民共和国合同法》（1999 年 10 月 1 日施行）

第二百四十四条 租赁物不符合约定或者不符合使用目的的，出租人不承担责任，但承租人依赖出租人的技能确定租赁物或者出租人干预选择租赁物的除外。

❷ 最高人民法院《关于审理融资租赁合同纠纷案件若干问题的规定》（1996 年 5 月 27 日）

十三、有下列情形之一的，当租赁物质量、数量等存在问题，在对供货人索赔不着或不足时，出租人应承担赔偿责任：

（一）出租人根据租赁合同的约定完全是利用自己的技能和判断为承租人选择供货人或租赁物的；

（二）出租人为承租人指定供货人或租赁物的；

（三）出租人擅自变更承租人已选定的供货人或租赁物的。

除上列情形外，出租人对租赁物的质量、数量等问题一般不承担责任。

【出租人侵权责任之免除】

法律问题解读

所谓出租人侵权责任的免除，是指承租人占有租赁物期间，租赁物造成第三人的人身伤害或者财产损害的，融资租赁合同的出租人免除损害赔偿责任的法律制度。

承租人占有租赁物期间，租赁物造成第三人人身伤害或者财产损害，出租人免除侵权损害赔偿责任的情形通常包括以下类型：

1. 作为租赁物的产品，因其本身存在缺陷，给他人造成人身伤害或者财产损害的，融资租赁合同的出租人对此不负侵权损害赔偿责任。产品责任，由产品制造者或者销售者承担无过错责任。因产品缺陷致人损害时，不能将出租人认定为产品的销售者，因此出租人免除产品责任的承担。

2. 作为租赁物的交通工具，因交通事故造成他人人身伤害或者财产损害的，出租人不负侵权损害赔偿责任。因高速运输工具造成他人损害时，应当由高速运输工具的经营者承担无过错责任。在融资租赁合同关系中，租赁物交通工具为承租人占有之后，即由承租人支配、经营。同时，出租人收取的租金也非通常意义上的租金，而是作为资金融通对价的租金。因此，当作为租赁物的交通工具，因交通事故造成他人人身伤害或者财产损害的，出租人不负侵权损害赔偿责任，由承租人负责。

3. 作为租赁物的建筑物或者建筑物之上的搁置物、悬挂物等因倒塌、脱离等致人遭受损害的，出租人不负责任，由实际管理租赁物的承租人向受害者承担责任。

4. 作为租赁物的知识产品侵犯他人知识产权的，出租人不负侵权责任，由相应的知识产品制造者或供应者承担知识产权侵权责任。

法条指引

❶《中华人民共和国合同法》（1999年10月1日施行）

第二百四十六条　承租人占有租赁物期间，租赁物造成第三人的人身伤害或者财产损害的，出租人不承担责任。

【出租人的取回权】

法律问题解读

所谓出租人的取回权，是指因承租人破产，租赁物被破产管理人依职权接收而归入承租人的破产财产时，出租人有权直接从破产管理人处取回租赁物的权利。《合同法》第242条对此明确规定："出租人享有租赁物的所有权。承租人破产的，租赁物不属于破产财产。"

实务中，在承租人破产时，与承租人具有融资租赁关系的出租人通常可以通过以下程序保障自身的权利：

1. 在承租人破产时，出租人可以将租赁物收回；也可以申请受理破产案件的法院拍卖租赁物，将拍卖所得款用以清偿承租人所欠出租人的债务。租赁物价值大于出租人债权的，其超出部分应退还承租人；租赁物价值小于出租人债权的，其未受清偿的债权应作为一般债权参加破产清偿程序，或者要求承租人的保证人清偿。

2. 在承租人破产时，出租人可以作为破产债权人申报债权，参加破产程序；出租人的债权有第三人提供保证的，出租人也可以要求保证人履行保证责任。

3. 出租人在参加承租人破产清偿后，其债权未能全部受偿的，可就不足部分向保证人追偿。当然，出租人决定不参加承租人破产程序的，应及时通知承租人的保证人，保证人可以就保证债务的数额申报债权参加破产分配。

法条指引

❶《中华人民共和国合同法》（1999年10月1日施行）

第二百四十二条　出租人享有租赁物的所有权。承租人破产的，租赁物不属于破产财产。

❷《中华人民共和国民用航空法》（1996年3月1日施行）

第二十八条　融资租赁期间，出租人依法享有民用航空器所有权，承租人依法享有民用航空器的占有、使用、收益权。

❸《中国农业银行融资租赁试行办法》（1987年1月15日施行）

第三条　租赁原则和条件

融资租赁业务是融物与融资相结合的信用方式，即出租人购买承租人所需要的物品，租给承租人使用，承租人以租金形式分期偿还租赁物品费用。办理融资租赁业务必须依照下列原则和条件：

一、承租人必须是具有法人地位的经济实体，拥有一定比例的自有资金。申请租赁的物品须经有权机关批准纳入固定资产投资规模或技术改造计划。

二、租赁的物品技术确属先进，经可行性调查评估经济效益良好。

三、承租人按期交纳租金，如有必要应有相应经济实力的法人担保。

四、租赁物品的所有权归出租人，使用权归承租人，在租赁期内，承租人不得将租赁物品转让或作为财产抵押，不论是否使用，均应按期交纳租金。

五、租赁合同一经签订，双方必须严格执行，不得中途退约。

❹ 最高人民法院《关于审理融资租赁合同纠纷案件若干问题的规定》（1996年5月27日）

十七、在承租人破产时，出租人可以将租赁物收回；也可以申请受理破产案件的法院拍卖租赁物，将拍卖所得款用以清偿承租人所欠出租人的债务。租赁物价值大于出租人债权的，其超出部分应退还承租人；租赁物价值小于出租人债权的，其未受清偿的债权应作为一般债权参加破产清偿程序，或者要求承租人的保证人清偿。

十八、在承租人破产时，出租人可以作为破产债权人申报债权，参加破产程序；出租人的债权有第三人提供保证的，出租人也可以要求保证人履行保证责任。

十九、出租人在参加承租人破产清偿后，其债权未能全部受偿的，可就不足部分向保证人追偿。

二十、出租人决定不参加承租人破产程序的，应及时通知承租人的保证人，保证人可以就保证债务的数额申报债权参加破产分配。

案例链接

❶《玄志学诉张之学租赁合同纠纷再审案》，参见北大法宝引证码：Pkulaw.cn/CLI.C.92566。

❷《中国农业银行黑龙江省分行宏博支行与北方国际租赁有限公司担保合同纠纷案》，参见北大法宝引证码：Pkulaw.cn/CLI.C.32438。

【出租人合同变更权的限制】

法律问题解读

所谓出租人合同变更的限制，是指未经承租人同意，出租人不得随意变更与承租人有关的买卖合同的内容。融资租赁合同是由两个合同（买卖合同和租赁合同）、三方当事人（出卖人、出租人即买受人、承租人）结合在一起有机构成的新型独立合同。两个合同在效力上相互交错，并且归根到底融资租赁合同是三方当事人意思表示一致的产物。因此，在上述两个合同中，其中一个合同内容发生变更，往往会对另一个合同当事人的权利产生影响。并且，基于融资租赁合同的融资性质，出租人往往是根据承租人对出卖人和租赁物的选择而与出卖人订立买卖合同，出卖人及标的物对承租人意义重大，如果随意变更，很可能导致承租人因不能对标的物进行正常的使用收益而浪费所融通的资金。为了保护承租人的利益，《合同法》第241条规定，出租人按照承租人对出卖人、租赁物的选择订立的买卖合同，未经承租人同意，出租人不得变更与承租人有关的合同内容。

最高人民法院1996年颁布的《关于审理融资租赁合同纠纷案件若干问题的规定》指出，出租人擅自变更承租人已选定的供货人或租赁物的，当租赁物质量、数量等存在问题，在对供货人索赔不着或不足时，出租人应承担赔偿责任。

法条指引

❶《中华人民共和国合同法》（1999年10月1日施行）

第二百四十一条　出租人根据承租人对出卖人、租赁物的选择订立的买卖合同，未经承租人同意，出租人不得变更与承租人有关的合同内容。

❷ 最高人民法院《关于审理融资租赁合同纠纷案件若干问题的规定》（1996年5月27日）

十三、有下列情形之一的，当租赁物质量、数量等存在问题，在对供货人索赔不着或不足时，出租人应承担赔偿责任：

（一）出租人根据租赁合同的约定完全是利用自己的技能和判断为承租人选择供货人或租赁物的；

（二）出租人为承租人指定供货人或租赁物的；

（三）出租人擅自变更承租人已选定的供货人或租赁物的。

除上列情形外，出租人对租赁物的质量、数量等问题一般不承担责任。

案例链接

❶《中国华阳技术贸易（集团）公司诉中海集装箱运输有限公司等返还海运货物损失赔偿纠纷案》，参见北大法宝引证码：Pkulaw.cn/CLI.C.40463。

❷《李新洪诉金华一通拍卖有限公司东阳分公司拍卖合同案》，参见北大法宝引证码：Pkulaw.cn/CLI.C.48226。

【出租人保证承租人占有使用租赁物的义务】

法律问题解读

承租人订立融资租赁合同的主要目的在于融通资金，在不需要一次支付所有价金的情况下实现对租赁物的利用。融资租赁合同承租人通常与一般租赁合同承租人一样，通过对租赁物的占有、使用实现自己的利益。离开对租赁物的占有、使用，承租人就无法达到融资的最终目的。承租人为此向出租人支付了对价。因此，基于承租人订立合同的目的以及民法等价有偿的原则，出租人应当保证承租人对标的物的占有和使用。融资租赁期间，承租人依法享有对租赁物的占有、使用、收益权，出租人不得任意干扰承租人依法占有、使用、收益租赁物的权利。出租人非法干预承租人对租赁物的正常使用或者擅自取回租赁物造成承租人损失的，出租人应当承担损害赔偿责任。

根据租赁法律关系的一般原理，融资租赁承租人的租赁权同样具有一定的物权属性。承租人对租赁物的使用收益，不仅可以对抗出租人的所有权，而且可以对抗第三人对租赁物享有的他物权。例如，出租人转让租赁物所有权的，融资租赁合同对新的所有权人仍然有效，新的所有权人不得取回租赁物。出租人将租赁物抵押的，出租人的抵押行为不能影响承租人对租赁物的使用和收益，承租人对租赁物的使用收益权得对抗抵押权人的抵押权。

法条指引

❶《中华人民共和国合同法》（1999年10月1日施行）

第二百四十五条 出租人应当保证承租人对租赁物的占有和使用。

❷《中华人民共和国民用航空法》（1996年3月1日施行）

第二十八条 融资租赁期间，出租人依法享有民用航空器所有权，承租人依法享有民用航空器的占有、使用、收益权。

第二十九条 融资租赁期间，出租人不得干扰承租人依法占有、使用民用航空器；承租人应当适当地保管民用航空器，使之处于原交付时的状态，但是合理损耗和经出租人同意的对民用航空器的改变除外。

❸ 最高人民法院《关于审理融资租赁合同纠纷案件若干问题的规定》（1996年5月27日）

十一、在融资租赁合同有效期间内，出租人非法干预承租人对租赁物的正常使用或者擅自取回租赁物，而造成承租人损失的，出租人应承担赔偿责任。

【出卖人的直接交付义务】

法律问题解读

所谓出卖人的直接交付义务，是指在融资租赁合同生效后，出卖人应当直接向承租人交付标的物的义务。融资租赁合同是由两个合同（买卖合同和租赁合同）、三方当事人（出卖人、出租人即买受人、承租人）结合在一起有机构成的新型独立合同。这两个合同包括，出租人与承租人签订的租赁合同；出租人与出卖人签订的买卖合同。两个合同在效力上相互交错。融资租赁合同中，虽然是出租人根据承租人对出卖人及租赁物的选择订立的，但出租人仍为买卖合同的当事人，为了简化交易的程序，节省交易成本，提高交易效率，我国《合同法》规定，出卖人应当按照约定向承租人交付标的物，承租人享有与受领标的物有关的买受人的权利。这就是说，在当事人之间有约定时，出卖人不是直接向买受人（出租人）交付标的物，而是负有按照约定向承租人直接交付标的物的义务，如果出卖人迟延交付，承租人有权直接追究其违约责任。但是，如果合同没有约定出卖人直接向承租人交付标的物，则出卖人通常是将标的物交付与买受人；如果承租人未能按时收到标的物，则应当由出租人向其承担违约责任。

应当指出，法律规定出卖人直接向承租人交付标的物的义务，并没有突破合同相对性的原理。融资租赁合同本身就是由三方当事人、两个子合同关系所构成的一个有机的独立的合同，这一合同是三方当事人意思表示一致的产物，因此，出卖人直接向承租人交付标的物的根据在于当事人之间的合同，而非其他特殊原因。法律的这一规定严格地遵守了合同相对性原则。

法条指引

❶《中华人民共和国合同法》（1999年10月1日施行）

第二百三十九条 出租人根据承租人对出卖人、租赁物的选择订立的买卖合同，出卖人应当按照约定向承租人交付标的物，承租人享有与受领标的物有关的买受人的权利。

【承租人的直接索赔权】

法律问题解读

所谓承租人的直接索赔权，是指根据融资租赁合同的约定，在出卖人不履行或者不完全履行买卖合同的义务时，承租人享有的直接向出卖人进行索赔的权利。根据合同的相对性原理和买卖合同的一般规则，在买卖合同中，出卖人不履行买卖合同的义务时，应当由买卖合同的买受人向出卖人主张违约责任，并就因此所造成的损失向出卖人索赔。但是，基于融资租赁合同的特殊性，在融资租赁合同中，各国法律一般都允许承租人直接向标的物的出卖方追究违约责任。

1. 实务中，在供货人有迟延交货或交付的租赁物质量、数量存在问题以及其他违反供货合同约定的行为时，对其进行索赔应区别不同情形予以处理：（1）供货合同或租赁合同中未约定转让索赔权的，对供货人的索赔应由出租人享有和行使，承租人应提供有关证据。（2）在供货合同和租赁合同中均约定转让索赔权的，应由承租人直接向供货人索赔，出租人负担协助承租人索赔的义务。

2. 应当指出的是：（1）融资租赁合同中的供货方，不就同一损害同时对出租人和承租人承担责任。（2）出租人将索赔权转让给承租人，出租人应当负担协助承租人索赔的义务，该义务是法定义务，无论当事人是否约定，出租人都应当履行。（3）在出租人无过错情形下，对供货人索赔的费用和结果，均由承租人承担和享有；如因出租人的过错造成索赔逾期或索赔不着，出租人应承担相应的责任。（4）因租赁物的质量、数量等问题对供货人索赔，如出租人无过错，不影响出租人向承租人行使收取租金的权利。

法条指引

❶《中华人民共和国合同法》（1999年10月1日施行）

第二百四十条　出租人、出卖人、承租人可以约定，出卖人不履行买卖合同义务的，由承租人行使索赔的权利。承租人行使索赔权利时，出租人应当协助。

❷《中华人民共和国民用航空法》（1996年3月1日施行）

第三十一条　民用航空器融资租赁中的供货方，不就同一损害同时对出租人和承租人承担责任。

❸ 最高人民法院《关于审理融资租赁合同纠纷案件若干问题的规定》（1996年5月27日）

十二、在供货人有迟延交货或交付的租赁物质量、数量存在问题以及其他违反供货合同约定的行为时，对其进行索赔应区别不同情形予以处理：

（一）供货合同或租赁合同中未约定转让索赔权的，对供货人的索赔应由出租人享有和行使，承租人应提供有关证据；

（二）在供货合同和租赁合同中均约定转让索赔权的，应由承租人直接向供货人索赔。

十四、在出租人无过错的情形下，对供货人索赔的费用和结果，均由承租人承担和享有。如因出租人的过错造成索赔逾期或索赔不着，出租人应承担相应的责任。

十五、因租赁物的质量、数量等问题对供货人索赔，如出租人无过错，不影响出租人向承租人行使收取租金的权利。

案例链接

❶《刘永光诉北京排山工程机械配件有限公司融资租赁合同纠纷案》，参见北大法宝引证码：Pkulaw.cn/CLI.C.209012。

❷《上海易程集装罐运输服务有限公司诉连云港市康信进出口有限公司海上货物运输合同纠纷案》，参见北大法宝引证码：Pkulaw.cn/CLI.C.247211。

❸《郑锐诉 koepping Reedereigesellschaft MS "Lantau Breeze" mbH & Co. KG 等船舶碰撞损害赔偿纠纷案》，参见北大法宝引证码：Pkulaw.cn/CLI.C.191936。

❹《中国人民财产保险股份有限公司厦门市分公司诉本溪钢铁（集团）腾达股份有限公司等海上、通海水域货物运输合同纠纷案》，参见北大法宝引证码：Pkulaw.cn/CLI.C.229141。

【承租人保管使用维修租赁物的义务】

法律问题解读

在融资租赁合同存续期间，租赁物的所有权归属于出租人，但租赁物由承租人占有、使用，承租人对租赁物负妥善保管、合理使用的义务。

一般租赁合同中，如果当事人没有例外约定，出租人负租赁物的修缮义务。然而，融资租赁合同的有关规定恰好与此相反，《合同法》第247条第2款规定："承租人应当履行占有租赁物期间的维修义务。"其立法理由在于，融资租赁合同具有较强的融资性质，出租人出租租赁物，目的在于实现租赁物的交换价值，对于租赁物本身的使用价值出租人并不关心，甚至租赁物本身所包含的技术是出租人无法掌握的，因此如果由出租人承担租赁物的维修，不仅不符合当事人订立合同的目的，在有些情况下还缺乏修复的可能。

事实上，与承租人妥善保管、合理使用租赁物以及对租赁物负维修义务相关，在融资租赁合同中，一般都有免除出租人风险负担责任的条款。在租赁期间，租赁物因不可抗力等不可归责于当事人双方的事由毁损、灭失的，承租人不仅不能解除合同，反而应继续向出租人支付租金或者支付约定数额的损害赔偿金；非因承租人的过错导致租赁物部分毁损、灭失的，承租人不得要求减少租金。

法条指引

❶《中华人民共和国合同法》（1999年10月1日施行）

第二百四十七条 承租人应当妥善保管、使用租赁物。

承租人应当履行占有租赁物期间的维修义务。

❷《中华人民共和国民用航空法》（1996年3月1日施行）

第二十八条 融资租赁期间，出租人依法享有民用航空器所有权，承租人依法享有民用航空器的占有、使用、收益权。

第二十九条 融资租赁期间，出租人不得干扰承租人依法占有、使用民用航空器；承租人应当适当地保管民用航空器，使之处于原交付时的状态，但是合理损耗和经出租人同意对民用航空器的改变除外。

案例链接

❶《上海醉美餐饮管理有限公司与上海海慈投资经营有限公司房屋租赁合同纠纷上诉案》，参见北大法宝引证码：Pkulaw. cn/CLI. C. 212487。

❷《汪小青与江焯灵房屋租赁合同纠纷上诉案》，参见北大法宝引证码：Pkulaw. cn/CLI. C. 50491。

❸《上海天奕经济发展有限公司与上海普陀悦达置业有限公司租赁合同纠纷上诉案》，参见北大法宝引证码：Pkulaw. cn/CLI. C. 138329。

❹《张新华与佛山市时尚生活商业策划有限公司租赁合同纠纷上诉案》，参见北大法宝引证码：Pkulaw. cn/CLI. C. 55499。

【承租人支付租金的义务】

法律问题解读

融资租赁合同为有偿合同，承租人应当按照约定向出租人支付租金，但是，该租金不同于一般租赁合同中的租金。在一般租赁合同中，承租人所支付的租金是其使用租赁物的对价；在融资租赁合同中，承租人支付的租金是出租人向承租人提供融资的对价。

基于融资租赁租金的上述性质，融资租赁合同承租人支付租金的义务与一般租赁合同承租人支付租金的义务相比存在如下特点：

1. 融资租赁承租人支付租金不以对租赁物的使用为要件，承租人通知出租人收到租赁物的时间即为租金开始计算的时间。

2. 在租赁物存在瑕疵时，承租人不得拒付或要求少付租金。融资租赁出租人一般不负租赁物瑕疵担保责任，租赁物存在瑕疵的，承租人可以要求出卖人承担瑕疵担保责任。

3. 在租赁期间，承租人承担标的物灭失的风险。租赁期间，标的物因不可归责于出租人的事由发生毁损、灭失的致使租赁合同目的无法实现的，承租人仍然应当支付租金，不得要求免除或者减少。

4. 因承租人违约而由出租人收回标的物时，承租人不能以标的物的收回而拒绝履行支付租金的义务。承租人不按照约定支付租金的，且经出租人催告在合理期限内仍然不支付租金的，出租人可以要求：（1）要求承租人支付全部租金；（2）解除合同，收回租赁物。

另外应当注意，出租人行使合同解除权收回租赁物时，租赁公司负有清算义务，即以租赁物件收回时的价值减去租赁期间届满时应有残存价值的差额，抵偿承租人的所欠的残存租金额或者损害赔偿金。我国《合同法》第249条对此作了规定。

法条指引

❶《中华人民共和国合同法》(1999年10月1日施行)

第二百四十八条 承租人应当按照约定支付租金。承租人经催告后在合理期限内仍不支付租金的，出租人可以要求支付全部租金；也可以解除合同，收回租赁物。

第二百四十九条 当事人约定租赁期间届满租赁物归承租人所有，承租人已经支付大部分租金，但无力支付剩余租金，出租人因此解除合同收回租赁物的，收回的租赁物的价值超过承租人欠付的租金以及其他费用的，承租人可以要求部分返还。

❷《中华人民共和国民用航空法》(1996年3月1日施行)

第二十七条 民用航空器的融资租赁，是指出租人按照承租人对供货方和民用航空器的选择，购得民用航空器，出租给承租人使用，由承租人定期交纳租金。

❸ 最高人民法院《关于审理融资租赁合同纠纷案件若干问题的规定》(1996年5月27日)

十五、 因租赁物的质量、数量等问题对供货人索赔，如出租人无过错，不影响出租人向承租人行使收取租金的权利。

十六、 承租人未按合同约定支付部分或全部租金，属违约行为，承租人应按合同约定支付租金、逾期利息，并赔偿出租人相应的损失。

案例链接

❶《蒋泉茂诉毛顺忠定期租船合同欠付租金纠纷案》，参见北大法宝引证码：Pkulaw.cn/CLI.C.64865。

【租赁期间届满租赁物的归属】

法律问题解读

在融资租赁期间，出租人对租赁物享有所有权。但是，出租人和承租人可以在租赁合同中约定租赁期间届满租赁物的归属。当事人对租赁期间届满租赁物的归属没有约定或者约定不明的，按照《合同法》第61条的规定处理，即由当事人对租赁物的归属进行补充协议，达不成补充协议的，依照合同有关条款或者交易习惯确定。根据《合同法》第61条的规定仍然无法确定租赁期间届满后租赁物的归属的，租赁物的所有权归出租人。

在一般租赁合同中，租赁物的所有权在租赁期间由出租人享有，租赁期间届满后，也当然由出租人继续享有，这是社会通常的交易观念。但是，在融资租赁合同中，租赁期间届满，租赁物的归属则不同于一般租赁，可以由当事人约定租赁物的归属。融资租赁合同的这一特殊性，其根源在于：融资租赁合同在本质上，对于承租人而言是为了实现资金的融通，并且其对租赁物的使用价值极度关注。但是，对出租人而言是为了实现资本的增值，出租人在融资租赁合同保有租赁物所有权，仅仅是为了收回购买租赁物的成本并获取营业利润，出租人对租赁物关注的重点是其交换价值而非使用价值。基于出租人与承租人二者的这种关系格局，他们之间常会约定租赁期间届满时，租赁物转归承租人所有。这一约定，一方面满足了承租人无须一次性支付大笔价金即可对租赁物为使用、收益的需求；另一方面也免却了租赁期间届满后出租人占有、保管标的物，为标的物寻找新的承租人或买受人之累。如此，二者各取所需，实为两全其美的做法。

法条指引

❶《中华人民共和国合同法》(1999年10月1日施行)

第二百五十条 出租人和承租人可以约定租赁期间届满租赁物的归属。对租赁物的归属没有约定或者约定不明确，依照本法第六十一条的规定仍不能确定的，租赁物的所有权归出租人。

❷《中华人民共和国民用航空法》(1996年3月1日施行)

第三十条 融资租赁期满，承租人应当将符合本法第二十九条规定状态的民用航空器退还出租人；但是，承租人依照合同行使购买民用航空器的权利或者为继续租赁而占有民用航空器的除外。

案例链接

❶《宋福民与藏运刚返还原物纠纷上诉案》，参见北大法宝引证码：Pkulaw.cn/CLI.C.263054。

第十六章　承揽合同

● 本章为读者提供与以下题目有关的法律问题的解读及相关法律文献依据

> 承揽合同（325）　承揽合同的种类（326）　承揽合同的内容（326）　承揽人亲自完成工作的义务（327）　承揽人提供材料的有关要求（327）　承揽人的瑕疵担保责任（328）　承揽人的保管义务（328）　承揽人的保密义务（329）　定作人的合同变更权（329）　定作人的合同解除权（330）　定作人的协助义务（331）　定作人提供材料的有关要求（331）　报酬支付（332）　承揽人的留置权（332）　承揽合同中的风险负担（334）　再承揽（335）　共同承揽（335）

【承揽合同】

法律问题解读

承揽合同是承揽人与定作人约定，由承揽人按照定作人的要求完成一定的工作，并将工作成果交付给定作人，定作人为此支付报酬给承揽人的合同。其中，完成工作并将工作成果交付给对方的一方当事人为承揽人，接受工作成果并向对方给付报酬的一方当事人为定作人。

实务中，应当注意把握承揽合同的以下法律特征：

1. 承揽合同以完成一定的工作为目的。定作人订立合同的目的，并非仅仅是为了获得承揽人提供劳务的过程本身，而是为了获得承揽人所完成的工作成果。这一特征使承揽合同区别于劳动合同。

2. 承揽人完成工作的独立性。定作人与承揽人之间订立承揽合同，一般是建立在对承揽人的能力、条件等信任的基础上。只有承揽人自己完成工作才符合定作人的要求。

3. 定作物的特定性。承揽合同多属个别商定合同，定作物往往具有一定的特定性。无论定作物的最终成果以何种形式体现，都必须符合定作人提出的特别要求，否则交付的工作成果就不合格。

4. 承揽合同是诺成性合同、有偿合同、双务合同。承揽合同，双方当事人意思表示一致即可成立，为诺成性合同；承揽合同中，承揽人付出劳动并向定作人交付工作成果，定作人则向承揽人支付报酬，承揽合同为有偿合同；承揽人负有按照合同的约定完成特定工作并向定作人交付工作成果的义务，定作人则负有向承揽人支付报酬的义务，承揽合同为双务合同。

法条指引

❶《中华人民共和国合同法》（1999年10月1日施行）

第二百五十一条　承揽合同是承揽人按照定作人的要求完成工作，交付工作成果，定作人给付报酬的合同。

承揽包括加工、定作、修理、复制、测试、检验等工作。

案例链接

❶《郑州水工混凝土机械有限公司与郑州东方混凝土有限公司承揽合同纠纷上诉案》，参见北大法宝引证码：Pkulaw. cn/CLI. C. 287907。

❷《王富强诉濮阳市大龙石油机械制造有限公司委托合同纠纷案》，参见北大法宝引证码：Pkulaw. cn/CLI. C. 285608。

❸《丁新力诉驻马店市和力公路工程有限公司承揽合同纠纷案》，参见北大法宝引证码：Pkulaw. cn/CLI. C. 285620。

❹《江苏成名钢构重工有限公司与河南合力起重机械有限公司加工承揽合同纠纷上诉案》，参

见北大法宝引证码：Pkulaw.cn/CLI.C.290209。

学者观点

❶ 郭洁：《承揽合同若干法律问题研究》，参见北大法宝引证码：Pkulaw.cn/CLI.A.115429。

❷ 黄武双：《试论定作物的所有权、留置权和风险责任》，参见北大法宝引证码：Pkulaw.cn/CLI.A.1102307。

【承揽合同的种类】

法律问题解读

根据《合同法》的规定，依据承揽具体内容的不同，承揽合同可以表现为以下一些具体的合同种类：

1. 加工合同，即定作人向承揽人提供原材料，承揽人以自己的技能、设备和工作，加工成符合定作人要求的成品并交付给定作人，定作人接受该成品并向承揽人支付报酬的合同。

2. 定作合同，即依照合同约定，由承揽人自己准备原料，并以自己的技术、设备和工作，按定作人的要求制成特定产品，将该产品交付给定作人，定作人接受该产品并向承揽人支付报酬的合同。

3. 修理合同，即定作人将损坏的物品交给承揽人，由承揽人负责将损坏的物品以自己的技术、工作修理好后归还给定作人，定作人接受该工作成果并向承揽人支付报酬的合同。

4. 复制合同，即承揽人依定作人的要求，将定作人提供的样品重新依样制作若干份，定作人接受该复制品并向承揽人支付报酬的合同。

5. 测试合同，即承揽人依定作人要求以自己的技术、仪器设备及自己的工作为定作人对其指定的项目进行测试，并将测试结果交付给定作人，定作人接受该成果并向承揽人支付报酬的合同。

6. 检验合同，即承揽人依定作人的要求，对定作人提出需要检验的内容，以自己的设备、仪器、技术等进行检验，并向定作人提出关于该检验内容相关的结论，定作人接受这一结论并向承揽人支付报酬的合同。

当然，承揽合同的种类远远不止这些，现实生活中的装修、搬家、粉刷、洗车、调查、装卸、收割、印刷、鉴定等等，都可以是承揽合同的具体类型。

法条指引

❶《中华人民共和国合同法》（1999年10月1日施行）

第二百五十一条 承揽合同是承揽人按照定作人的要求完成工作，交付工作成果，定作人给付报酬的合同。

承揽包括加工、定作、修理、复制、测试、检验等工作。

案例链接

❶《杭州久业物资有限公司与上海诺山钢管有限公司加工承揽合同纠纷上诉案》，参见北大法宝引证码：Pkulaw.cn/CLI.C.242319。

❷《桐庐正群纺织厂与桐庐天友绣品厂等承揽合同纠纷上诉案》，参见北大法宝引证码：Pkulaw.cn/CLI.C.281872。

❸《北京中标嘉禾工贸有限公司诉北京益德万通工贸有限公司承揽合同纠纷案》，参见北大法宝引证码：Pkulaw.cn/CLI.C.198361。

【承揽合同的内容】

法律问题解读

承揽合同的内容，是指承揽合同中当事人的权利和义务。承揽合同的内容，通常表现为承揽合同的条款。

根据《合同法》第251条的规定，承揽合同通常包括下列内容：（1）承揽的标的，即承揽人应完成的工作，例如加工、定作、修理、检验、测试等。（2）承揽工作成果的数量。如果承揽人的工作成果可以进行计量，当事人可以约定数量条款。（3）承揽工作成果的质量。（4）承揽的报酬。承揽合同为有偿合同，因此即使当事人未约定报酬的数额、支付办法等，也不应当直接认定为无偿合同。报酬的种类可以是金钱，也可以是金钱以外的其他物或权利。报酬通常在承揽人交付工作成果时支付，但当事人可以作出特别的约定。（5）材料提供，即约定由当事人哪一方提供原材料。（6）履行期限，包括承揽人完成工作并交付工作成果的期限以及定作人支付报酬的期限。（7）工作成果的验收标准和方法。

应当指出，《合同法》关于承揽合同内容的规定属于提示性条款，当事人可以依照《合同法》的提示，有选择地将上述内容订入合同，也可以在上述条款之外另外拟定当事人认为必要的合同内容，例如合同的履行地、违约责任等。

法条指引

❶《中华人民共和国合同法》（1999年10月1日施行）

第二百五十一条 承揽合同是承揽人按照定作人的要求完成工作，交付工作成果，定作人给付报酬的合同。

承揽包括加工、定作、修理、复制、测试、检验等工作。

第二百五十二条 承揽合同的内容包括承揽的标的、数量、质量、报酬、承揽方式、材料的提供、履行期限、验收标准和方法等条款。

案例链接

❶《北京恒信邦和彩色印刷有限公司与北京太阳威龙工贸有限公司承揽合同纠纷上诉案》，参见北大法宝引证码：Pkulaw. cn/CLI. C. 204943。

❷《北京北一鸿亚机床设备有限公司与中青印刷厂承揽合同纠纷上诉案》，参见北大法宝引证码：Pkulaw. cn/CLI. C. 189371。

❸《北京中道水务设备有限责任公司与北京浩华志洋机电设备安装工程有限公司承揽合同纠纷上诉案》，参见北大法宝引证码：Pkulaw. cn/CLI. C. 184450。

❹《北京太阳威龙工贸有限公司诉北京恒信邦和彩色印刷有限公司承揽合同纠纷案》，参见北大法宝引证码：Pkulaw. cn/CLI. C. 176585。

【承揽人亲自完成工作的义务】

法律问题解读

所谓承揽人亲自完成工作的义务，是指除承揽人与定作人另有约定之外，承揽人应当以自己的设备、技术和劳力，完成所承揽的主要工作的义务。《合同法》第253条第1款规定："承揽人应当以自己的设备、技术和劳力，完成主要工作，但当事人另有约定的除外。"法律之所以要求承揽人亲自完成所承揽的主要工作，是因为承揽合同的订立一般建立在定作人对承揽人的能力、条件等信任的基础上，通常只有承揽人自己完成工作才符合定作人的要求。当然，承揽人独立完成工作并不是指承揽人不能得到其他人的协助，而只是指承揽人仍应当以自己的设备、技术和劳力完成所承揽的主要工作。所谓"主要工作"，应当具体问题具体分析，通常可以解释为对工作成果的质量有决定性作用的部分；如果质量在工作中不起决定作用，主要工作则指数量的大部分。

如果承揽人未经定作人同意即将主要工作交由第三人完成，可能使定作人对承揽人的技术、设备和劳力质量的信任落空，致使合同目的无法实现。因此，《合同法》第253条第2款规定："承揽人将其承揽的主要工作交由第三人完成的，应当就第三人完成的工作成果向定作人负责；未经定作人同意的，定作人可以解除合同。"这就意味着：（1）承揽人如果需要将其承揽的主要工作交由第三人完成，应当事先征得定作人的同意；（2）即使在征得定作人同意之后，承揽人将其承揽的主要工作交由第三人完成的，也应当就第三人完成的工作成果向定作人负责；（3）承揽人未经定作人同意将其承揽的主要工作交由第三人完成，定作人可以解除合同。

法条指引

❶《中华人民共和国合同法》（1999年10月1日施行）

第二百五十三条 承揽人应当以自己的设备、技术和劳力，完成主要工作，但当事人另有约定的除外。

承揽人将其承揽的主要工作交由第三人完成的，应当就该第三人完成的工作成果向定作人负责；未经定作人同意的，定作人也可以解除合同。

案例链接

❶《杨好书诉张杏芬等承揽合同纠纷案》，参见北大法宝引证码：Pkulaw. cn/CLI. C. 262133。

❷《许昌市商标印刷厂诉陈鸿昌承揽合同纠纷案》，参见北大法宝引证码：Pkulaw. cn/CLI. C. 262226。

❸《许昌市商标印刷厂诉杨军等承揽合同纠纷案》，参见北大法宝引证码：Pkulaw. cn/CLI. C. 262229。

【承揽人提供材料的有关要求】

法律问题解读

在承揽合同中，当事人可以约定由定作人提供材料，也可以约定由承揽人提供材料。合同约定由承揽人提供材料的，承揽人应当按照承揽合同约定的材料品种、质量、数量、规格等要求提供完成工作成果所需要的原材料。

承揽人提供材料的，定作人有权对材料进行检验。检验的内容通常包括合同约定的材料的品种、质量、数量、规格等。为保证定作人对材料检验权的行使，实务中，承揽人在确定其材料时，应当通知定作人在合理的期限内对材料进行检验。定作人在合理的期限内不行使检验权的，承揽人即可利用该材料开始工作。

必须指出的是，对于材料的检验，是定作人的权利，而非义务。在有些场合下，定作人对于原材料的性状远不如材料的提供人即承揽人了解。如果因为材料存在瑕疵而导致工作成果出现瑕疵的，这一风险应当由承揽人承担。学者们将承揽人的这一责任比照买卖合同中出卖方的瑕疵担保责任，称之为承揽人的材料瑕疵担保责任。

法条指引

❶《中华人民共和国合同法》（1999年10月1日施行）

第二百五十五条 承揽人提供材料的，承揽人应当按照约定选用材料，并接受定作人检验。

【承揽人的瑕疵担保责任】

法律问题解读

所谓承揽人的瑕疵担保责任，是指承揽人向定作人所负的保证工作成果符合合同约定的质量要求的责任。只要承揽人交付的工作成果不符合质量要求，无论承揽人主观上是否有过错，均应当向定作人承担瑕疵担保责任。

根据《合同法》的上述规定，承揽人承担瑕疵担保责任的形式可以是：

1. 修理。承揽人交付的工作成果有瑕疵时，如果该工作成果有修复之可能，并且对其进行修理费用合理，则定作人可以要求承揽人对其进行修理。

2. 重作。如果承揽人交付的工作成果已经没有修复的可能，则定作人可以要求承揽人重作。

3. 减少报酬。承揽人交付的工作成果有瑕疵，定作人未请求承揽人修理或者重作的，可以要求承揽人在合理的范围内减少报酬。

4. 赔偿损失。承揽人根据定作人的请求对工作成果进行修理、重作之后，如果定作人因为工作成果的质量瑕疵还有损失的，定作人可以向承揽人请求损害赔偿。需要指出，上述瑕疵担保责任的形式，根据具体案件的具体情况，可以并用。

法条指引

❶《中华人民共和国合同法》（1999年10月1日施行）

第二百六十二条 承揽人交付的工作成果不符合质量要求的，定作人可以要求承揽人承担修理、重作、减少报酬、赔偿损失等违约责任。

案例链接

❶《陈颖诉北京工美天成装饰公司案》，参见北大法宝引证码：Pkulaw.cn/CLI.C.81539。

【承揽人的保管义务】

法律问题解读

所谓承揽人的保管义务，是指承揽人应当妥善保管定作人提供的材料以及完成的工作成果的义务。

关于承揽人的保管义务，在实务中应当注意如下问题：

1. 承揽人妥善保管的对象不仅包括定作人提供的材料，还包括承揽人自身所完成的工作成果。事实上，承揽人妥善保管定作人提供的材料以及完成的工作成果的义务，是承揽合同订立的根本要求。无论承揽人对定作人提供的材料保管不善，还是对其自身完成的工成果保管不善，都会导致承揽合同最终无法履行或者无法完全履行的结果。

2. 所谓妥善保管，其判断标准是承揽人尽了善良管理人的注意。如果承揽人未尽善良管理人的注意，即可以认定为未尽或未完全尽妥善保管义务。

3. 承揽人对定作人提供的材料以及完成的工作成果保管不善造成毁损、灭失的，应当承担损害赔偿责任。需要指出的是，并非任何状况下的材料或者工作成果的毁损、灭失都由承揽人负损害赔偿责任。如果承揽人已经尽到善良管理人的注意，而标的物的毁损、灭失是由不可抗力引起的，则承揽人可以不承担责任。当然，这并不意味着承揽人对于定作人提供的材料或者工作成果的毁损、灭失承担的是过错责任，根据《合同法》的归责原则，承揽人对此应当承担无过错责任。因此，定作人提供的材料以及完成的工作成果在承揽人占有期间毁损、灭失的风险，除不可抗力原因引起的之外，均由承揽人负责。

法条指引

❶《**中华人民共和国合同法**》（1999年10月1日施行）

第二百六十五条　承揽人应当妥善保管定作人提供的材料以及完成的工作成果，因保管不善造成毁损、灭失的，应当承担损害赔偿责任。

案例链接

❶《广州市联盛塑料五金模具有限公司与东莞龙昌玩具有限公司承揽合同纠纷上诉案》，参见北大法宝引证码：Pkulaw.cn/CLI.C.277540。

❷《李五令与白学文保管合同纠纷申请再审案》，参见北大法宝引证码：Pkulaw.cn/CLI.C.278289。

❸《广州路和通信技术有限公司与李海方承揽合同纠纷上诉案》，参见北大法宝引证码：Pkulaw.cn/CLI.C.122639。

【承揽人的保密义务】

法律问题解读

所谓承揽人的保密义务，是指承揽人在履行承揽合同义务的过程中，对于其所了解到的定作人的商业秘密、技术秘密、个人隐私等负有不得向外公开的义务。承揽合同的履行过程中，因为工作的需要，承揽人通常会接触到定作人的各种秘密信息。承揽人应当根据诚实信用原则或者按照合同的约定，为定作人保守各项秘密。实务中，关于承揽人的保密义务，应当注意以下问题：

1.《合同法》仅仅规定了承揽人应当按照合同的约定为定作人保守秘密。我们认为，为定作人保守秘密是承揽人的一项法定义务。《合同法》总则规定：当事人应当遵守诚实信用原则，根据合同的性质、目的及交易习惯履行通知、协助、保密等义务。也就是说，承揽人的保密义务是依据民法诚实信用原则而产生的一项法定义务，即使承揽合同对此没有约定，承揽人也应当为此负责。《合同法》的这一规定是对承揽人保密义务的具体化和强化。

2. 承揽人的保密义务也不仅仅限于《合同法》规定的"不得留存复制品或者技术资料"，对承揽人在工作过程中接触到的有关商业秘密、技术秘密、个人隐私等定作人不愿公开的秘密，承揽人均有保密义务。

3. 如果承揽人违反了保密义务，定作人可以要求其承担违约责任。如果该违约行为同时构成侵权行为的，根据《合同法》第122条的规定，定作人可以选择由承揽人承担违约责任或者侵权责任。

法条指引

❶《**中华人民共和国合同法**》（1999年10月1日施行）

第二百六十六条　承揽人应当按照定作人的要求保守秘密，未经定作人许可，不得留存复制品或者技术资料。

第一百二十二条　因当事人一方的违约行为，侵害对方人身、财产权益的，受损害方有权选择依照本法要求其承担违约责任或者依照其他法律要求其承担侵权责任。

案例链接

❶《上海爱爱婴幼儿用品有限公司与上海汇鼎印刷有限公司承揽合同纠纷上诉案》，参见北大法宝引证码：Pkulaw.cn/CLI.C.173062。

【定作人的合同变更权】

法律问题解读

所谓定作人的合同变更权，是指在承揽合同的履行过程当中，定作人可以根据自己的需要变更承揽合同内容的权利。定作人在承揽人交付工作成果之前通常可以变更承揽合同关于承揽工作要求的约定，其根源在于：承揽合同是承揽人根据定作人的需求完成一定工作最终向定作人交付一定工作成果的合同，定作人订立承揽合同的目的不在于得到承揽人的劳动过程，而在于得到承揽人最终交付的工作成果。因此，只要定作人愿意赔偿承揽人的损失，定作人可以根据自己的需求随意变更合同。如果法律禁止定作人对承揽合同进行根据自身需要的变更，反而会导致当事人合同目的的落空。

定作人行使变更权，应当具备下列要件：

1. 定作人应当在承揽人交付工作成果之前行使变更权。通常情况之下，定作人应当在承揽人完成工作之前行使变更权，但是，如果工作成果可以复原或修正，则承揽人完成工作成果之后定作人也可以行使变更权。但是，承揽人一旦向定作人交付工作成果，承揽即因履行完毕而告终止，定作人自然无变更权可言。

2. 定作人变更权的行使在客观上应当具有可能性。若承揽人所完成的工作具有不可逆转性，则合同变更为不可能，定作人不得行使变更权。除上述两个条件之外，定作人可以随意变更合同约定的工作要求，无须特别理由。

定作人变更承揽工作要求，给承揽人造成损失的，应当赔偿承揽人的损失，赔偿的范围包括：承揽人因定作人变更而增加的劳务费用、设备使用费用等。

法条指引

❶《中华人民共和国合同法》（1999年10月1日施行）

第二百五十八条　定作人中途变更承揽工作的要求，造成承揽人损失的，应当赔偿损失。

案例链接

❶《乌鲁木齐市旺盛昌塑钢厂与新疆有色黄金建设公司破产管理人承揽合同纠纷申请再审案》，参见北大法宝引证码：Pkulaw.cn/CLI.C.250462。

❷《叶万与广州市天河区佳达印刷厂承揽合同纠纷上诉案》，参见北大法宝引证码：Pkulaw.cn/CLI.C.110241。

❸《上海中夏印务有限公司诉上海新竹汽车用品有限公司加工合同纠纷案》，参见北大法宝引证码：Pkulaw.cn/CLI.C.144255。

【定作人的合同解除权】

法律问题解读

所谓定作人的合同解除权，是指承揽合同成立生效之后承揽人完成工作成果之前，定作人在赔偿承揽人损失的前提之下，可以随时解除合同的权利。定作人订立承揽合同的目的不在于得到承揽人的劳动过程，而在于得到承揽人最终交付的工作成果。定作人如果因为某种原因已经不再需要原定工作成果，则只要定作人愿意赔偿承揽人的损失，定作人可以根据自己的意愿随意解除合同。如果法律禁止定作人根据自身的需要变更解除承揽合同，反而会导致当事人合同目的的落空，同时还可能导致社会资源的浪费。因此，实践中应注意以下问题：

1. 定作人解除合同的权利可以随时行使，但并不意味着没有任何时间上的限制。依通常解释，定作人解除合同的目的在于使承揽人不再继续进行工作，因此定作人解除合同的权利应当在承揽人完成工作之前，如果承揽工作成果已经完成，则定作人不得且无法行使合同解除权。

2. 定作人解除合同的，向承揽人为解除的意思表示即可，无须征得承揽人的同意。

3. 定作人解除合同之后，承揽人首先应当立即停止工作。《合同法》对此虽然没有明确规定，但定作人解除合同的目的即在于使承揽人停止工作，根据定作人的这一行为目的，承揽人应当停止工作。承揽人在得到定作人解除合同的通知后继续工作的，应当对其继续工作导致的损失承担责任。

4. 定作人解除合同，给承揽人造成损失的，应当赔偿损失。赔偿的范围通常包括承揽人已经完成的工作部分的报酬，以及合同履行完毕后承揽人可以获得的利益。

法条指引

❶《中华人民共和国合同法》（1999年10月1日施行）

第二百六十八条　定作人可以随时解除承揽合同，造成承揽人损失的，应当赔偿损失。

案例链接

❶《北京嘉彩印刷有限公司与柏氏文化传媒（北京）有限公司承揽合同纠纷上诉案》，参见北大法宝引证码：Pkulaw.cn/CLI.C.204527。

❷《宜昌市鑫裕发工贸有限公司与湖北新丰化纤工业有限公司加工承揽合同纠纷再审案》，参见北大法宝引证码：Pkulaw.cn/CLI.C.78651。

❸《北京太子童装有限公司与上海东方毛针织（国际）有限公司定作合同纠纷上诉案》，参见北大法宝引证码：Pkulaw.cn/CLI.C.155654。

❹《顺德市北滘镇强大电器制造有限公司与佛山市汇星精密模具有限公司买卖合同纠纷上诉案》，参见北大法宝引证码：Pkulaw.cn/CLI.C.62553。

【定作人的协助义务】

法律问题解读

所谓定作人的协助义务，是指在承揽合同的履行过程当中，如果承揽工作的完成需要定作人提供帮助的，定作人负有的向承揽人提供必要帮助的义务。只要承揽工作中出现需要定作人协助才能顺利完成的事项，定作人即负有协助的义务。如果依据工作的性质，可以不需要定作人的协助，则定作人即不承担协助义务。

在承揽工作需要定作人协助才能完成而定作人不尽协助义务的，承揽人可以：（1）催告定作人在合理期限内履行义务，并可以因此顺延履行期限。承揽人如催告定作人在合理期限内履行义务的，承揽人的履行期限应当加上自定作人应履行协助义务时起，至定作人实际履行完毕时止的这段期间，以此来重新确定承揽人的履行期限。（2）定作人逾期不履行协助义务的，承揽人可以解除合同。需要注意，承揽人只有在催告了定作人在合理期限内履行协助义务，而定作人在该合理期限内未履行相应义务的，承揽人才可以解除承揽合同。（3）承揽人因此解除合同后，受有损失的，定作人应当承担损害赔偿责任。

法条指引

❶《中华人民共和国合同法》（1999年10月1日施行）

第二百五十九条 承揽工作需要定作人协助的，定作人有协助的义务。定作人不履行协助义务致使承揽工作不能完成的，承揽人可以催告定作人在合理期限内履行义务，并可以顺延履行期限；定作人逾期不履行的，承揽人可以解除合同。

案例链接

❶《上海锦欣物资贸易有限公司与上海林霞制衣有限公司加工合同纠纷上诉案》，参见北大法宝引证码：Pkulaw.cn/CLI.C.62873。

❷《上海乐乐实业有限公司与临海市恒源涂装设备有限公司承揽合同纠纷上诉案》，参见北大法宝引证码：Pkulaw.cn/CLI.C.283335。

❸《杭州汇同实业有限公司与温岭市天辰自动输送设备厂承揽合同纠纷上诉案》，参见北大法宝引证码：Pkulaw.cn/CLI.C.285830。

【定作人提供材料的有关要求】

法律问题解读

承揽合同中，当事人可以约定由定作人提供材料，也可以约定由承揽人提供材料。合同约定由定作人提供材料的，定作人应当按照承揽合同约定的材料品种、质量、数量、规格等提供承揽人完成工作所需的材料。

定作人按照约定向承揽人提供材料后，承揽人对定作人提供的材料，应当及时检验，发现不符合约定的，应当及时通知定作人更换、补齐或者采取其他补救措施。在承揽合同的双方当事人中，承揽人对于材料的认识、经验往往超过定作人，承揽人更有能力判断定作人提供的材料是否符合约定。因此，法律规定承揽人负有检验定作人提供的材料的义务是合理的。承揽人未按合同约定的办法和期限对定作方提供的原材料进行检验，或经检验发现原材料不符合要求而未按合同约定的期限通知定作方调换、补齐的，由承揽方对工作质量、数量承担责任。

承揽方对定作方提供的原材料不得擅自更换，对修理的物品不得偷换零部件。擅自调换定作方提供的原材料或修理物的零部件，定作方有权拒收，承揽方应赔偿定作方因此造成的损失。如定作方要求重作或重新修理，应当按定作方要求办理，并承担逾期交付的责任。

类似的问题是，承揽人按照定作人提供的图纸或按照其技术要求进行工作的，如果承揽人发现定作人提供的图纸或者技术要求不合理的，应当及时通知定作人。定作人则应当于合理期间内予以答复，因定作人怠于答复等原因造成承揽人损失的，应当赔偿损失。

法条指引

❶《中华人民共和国合同法》（1999年10月1日施行）

第二百五十六条 定作人提供材料的，定作人应当按照约定提供材料。承揽人对定作人提供的材料，应当及时检验，发现不符合约定时，应当及时通知定作人更换、补齐或者采取其他补救措施。

承揽人不得擅自更换定作人提供的材料，不得更换不需要修理的零部件。

第二百五十七条 承揽人发现定作人提供的

图纸或者技术要求不合理的，应当及时通知定作人。因定作人怠于答复等原因造成承揽人损失的，应当赔偿损失。

❷《中华人民共和国广告法》（1995年2月1日施行）

第二十七条　广告经营者、广告发布者依据法律、行政法规查验有关证明文件，核实广告内容。对内容不实或者证明文件不全的广告，广告经营者不得提供设计、制作、代理服务，广告发布者不得发布。

案例链接

❶《太仓顺风针织有限公司诉杭州天马思宏染织有限公司等定作合同纠纷案》，参见北大法宝引证码：Pkulaw.cn/CLI.C.137651。

❷《泰州茂峰针织服装有限公司诉孙华根定作合同纠纷案》，参见北大法宝引证码：Pkulaw.cn/CLI.C.65296。

❸《顺溢公司等与宏昌织造制衣国际有限公司加工合同纠纷上诉案》，参见北大法宝引证码：Pkulaw.cn/CLI.C.32769。

【报酬支付】

法律问题解读

定作人应当按照承揽合同的约定向承揽人支付报酬。承揽合同是双务有偿合同，承揽人有义务以自己的设备、技术、劳力完成承揽工作并向定作人交付工作成果，定作人有义务为此向承揽人支付报酬。定作人向承揽人支付报酬是承揽合同中定作人的主要义务。

定作人向承揽人支付报酬应当遵循法律规定的期限要求：

1. 当事人对于支付报酬的期限有约定的，定作人应当在合同约定的期限内向承揽人支付报酬。

2. 当事人对于报酬支付期限没有约定或者约定不明的，应当按照《合同法》第61条的规则确定，即当事人对于报酬支付期限可以补充协议，达成补充协议的，定作人按照补充协议约定的期限向承揽人支付报酬；达不成补充协议的，可以按照合同的有关条款或者交易习惯进行确定。

3. 对于支付报酬的期限如果按照上述方法仍然无法确定的，定作人应当在承揽人交付工作成果时支付，工作成果部分交付的，定作人应当相应支付。

值得注意的是，实务中，承揽人承揽的有些工作是不需要交付工作成果的，例如打扫卫生等，则定作人支付报酬的时间为承揽人工作完成之时。

法条指引

❶《中华人民共和国合同法》（1999年10月1日施行）

第六十一条　合同生效后，当事人就质量、价款或者报酬、履行地点等内容没有约定或者约定不明确的，可以协议补充；不能达成补充协议的，按照合同有关条款或者交易习惯确定。

第二百六十三条　定作人应当按照约定的期限支付报酬。对支付报酬的期限没有约定或者约定不明确，依照本法第六十一条的规定仍不能确定的，定作人应当在承揽人交付工作成果时支付；工作成果部分交付的，定作人应当相应支付。

案例链接

❶《温州市瓯海创业服饰厂诉李香妹等承揽合同纠纷案》，参见北大法宝引证码：Pkulaw.cn/CLI.C.236896。

❷《中国国际轮胎有限公司与青岛泰发集团进出口有限公司定作合同纠纷上诉案》，参见北大法宝引证码：Pkulaw.cn/CLI.C.238016。

❸《绍兴塞毂特进出口贸易有限公司诉绍兴市锦皓达纺织绣饰品有限公司加工合同纠纷案》，参见北大法宝引证码：Pkulaw.cn/CLI.C.210138。

❹《乐声诉时事出版社出版合同纠纷案》，参见北大法宝引证码：Pkulaw.cn/CLI.C.157530。

【承揽人的留置权】

法律问题解读

所谓承揽人的留置权，是指定作人未向承揽人支付报酬或者材料费等价款的，承揽人可以留置其所完成的工作成果，并从中变价受偿以担保其债权得到偿还的权利。留置权是一种法定担保物权，它基于法律的直接规定而产生。我国《民法通则》、《合同法》、《担保法》对承揽人的留置权均作了明确规定。

根据相关法律法规的规定，承揽人行使留置权应当具备以下条件：（1）承揽人占有工作成果。留置权以债权人占有债务人的财产为成立前提，如果承揽人已经将工作成果交付定作人，则承揽人留置权失去成立的可能性。（2）承揽人占有工作成果的原因是基于双方当事人之间所订立的承揽合同。基于其他原因承揽人占有定作人财产的，不得行使留置权。（3）承揽人占有的定作人的财产须为动产，不动产不得成为留置的标的物。（4）定作人未向承揽人支付报酬或者材料费等价款，并且该价款履行期限已经届满。

在满足上述要件时，承揽人得留置工作成果以担保其债权的实现。在定作人未向其清偿债务之前，承揽人有权利拒绝定作人提出的交付工作成果的请求。定作人在合理期限内仍然不偿还相应价款的，承揽人有权依与定作人的协议以留置物折价，也可以依法拍卖、变卖留置物，并就所得价款优先于定作人的其他债权人的债权受偿，优先受偿的范围包括主债权及利息、违约金、损害赔偿金、留置物保管费用以及实现留置权的费用。当然，如果当事人事先约定承揽人不得留置工作成果的，承揽人应当遵循合同的约定。

法条指引

❶《中华人民共和国合同法》（1999 年 10 月 1 日施行）

第二百六十四条 定作人未向承揽人支付报酬或者材料费等价款的，承揽人对完成的工作成果享有留置权，但当事人另有约定的除外。

❷《中华人民共和国民法通则》（1987 年 1 月 1 日施行）

第八十九条 依照法律的规定或者按照当事人的约定，可以采用下列方式担保债务的履行：

（一）保证人向债权人保证债务人履行债务，债务人不履行债务的，按照约定由保证人履行或者承担连带责任；保证人履行债务后，有权向债务人追偿。

（二）债务人或者第三人可以提供一定的财产作为抵押物。债务人不履行债务的，债权人有权依照法律的规定以抵押物折价或者以变卖抵押物的价款优先得到偿还。

（三）当事人一方在法律规定的范围内可以向对方给付定金。债务人履行债务后，定金应当抵作价款或者收回。给付定金的一方不履行债务的，无权要求返还定金；接受定金的一方不履行债务的，应当双倍返还定金。

（四）按照合同约定一方占有对方的财产，对方不按照合同给付应付款项超过约定期限的，占有人有权留置该财产，依照法律的规定以留置财产折价或者以变卖该财产的价款优先得到偿还。

❸《中华人民共和国担保法》（1995 年 10 月 1 日施行）

第二条 在借贷、买卖、货物运输、加工承揽等经济活动中，债权人需要以担保方式保障其债权实现的，可以依照本法规定设定担保。

本法规定的担保方式为保证、抵押、质押、留置和定金。

第八十二条 本法所称留置，是指依照本法第八十四条的规定，债权人按照合同约定占有债务人的动产，债务人不按照合同约定的期限履行债务的，债权人有权依照本法规定留置该财产，以该财产折价或者以拍卖、变卖该财产的价款优先受偿。

第八十三条 留置担保的范围包括主债权及利息、违约金、损害赔偿金，留置物保管费用和实现留置权的费用。

第八十四条 因保管合同、运输合同、加工承揽合同发生的债权，债务人不履行债务的，债权人有留置权。

法律规定可以留置的其他合同，适用前款规定。

当事人可以在合同中约定不得留置的物。

第八十五条 留置的财产为可分物的，留置物的价值应当相当于债务的金额。

第八十六条 留置权人负有妥善保管留置物的义务。因保管不善致使留置物灭失或者毁损的，留置权人应当承担民事责任。

第八十七条 债权人与债务人应当在合同中约定，债权人留置财产后，债务人应当在不少于两个月的期限内履行债务。债权人与债务人在合同中未约定的，债权人留置债务人财产后，应当确定两个月以上的期限，通知债务人在该期限内履行债务。

债务人逾期仍不履行的，债权人可以与债务人协议以留置物折价，也可以依法拍卖、变卖留置物。

留置物折价或者拍卖、变卖后，其价款超过债权数额的部分归债务人所有，不足部分由债务人清偿。

第八十八条 留置权因下列原因消灭：

（一）债权消灭的；

（二）债务人另行提供担保并被债权人接受的。

❹ 最高人民法院《关于贯彻执行〈中华人民共和国民法通则〉若干问题的意见（试行）》（1988 年 1 月 26 日施行）

117. 债权人因合同关系占有债务人财物的，如果债务人到期不履行义务，债权人可以将相应的财物留置。经催告，债务人在合理期限内仍不履行义务，债权人依法将留置的财物以合理的价格变卖，并以变卖财物的价款优先受偿的，应予保护。

❺ 最高人民法院《关于适用〈中华人民共和国担保法〉若干问题的解释》（2000年12月13日施行）

第一百零七条　当事人在合同中约定排除留置权，债务履行期届满，债权人行使留置权的，人民法院不予支持。

第一百零八条　债权人合法占有债务人交付的动产时，不知债务人无处分该动产的权利，债权人可以按照担保法第八十二条的规定行使留置权。

第一百零九条　债权人的债权已届清偿期，债权人对动产的占有与其债权的发生有牵连关系，债权人可以留置其所占有的动产。

第一百一十条　留置权人在债权未受全部清偿前，留置物为不可分物的，留置权人可以就其留置物的全部行使留置权。

第一百一十一条　债权人行使留置权与其承担的义务或者合同的特殊约定相抵触的，人民法院不予支持。

第一百一十二条　债权人的债权未届清偿期，其交付占有标的物的义务已届履行期的，不能行使留置权。但是，债权人能够证明债务人无支付能力的除外。

第一百一十三条　债权人未按担保法第八十七条规定的期限通知债务人履行义务，直接变价处分留置物的，应当对此造成的损失承担赔偿责任。债权人与债务人按照担保法第八十七条的规定在合同中约定宽限期的，债权人可以不经通知，直接行使留置权。

第一百一十四条　本解释第六十四条、第八十条、第八十七条、第九十一条、第九十三条的规定，适用于留置。

❻ 最高人民法院《关于商都县毛毯厂与呼和浩特联合毛纺织科研实验厂加工承揽毛毯合同纠纷一案的复函》（1992年7月16日）

内蒙古自治区高级人民法院：

你院〔1992〕内法经请字第1号《关于商都县毛毯厂（以下简称毛毯厂）与呼和浩特联合毛纺织科研实验厂（以下简称实验厂）加工承揽毛毯合同纠纷一案的请示报告》收悉。经研究，答复如下：

一、原则同意你院审判委员会的意见，即毛毯厂可以留置的7729条毛毯折抵实验厂所欠毛毯厂的原料费、加工费、包装费、保管费、保养费和违约金。其余损失各自承担。

二、本案中，毛毯厂为实验厂加工毛毯10916条，实验厂已分6次提取毛毯3187条，仅付加工费1.5万元，尚欠毛毯厂原料费、加工费、包装费共计117万多元。毛毯厂据以留置其余的7729条毛毯是合理的。

三、毛毯厂行使留置权后，经催告并经合理期限即依法取得以留置财产折价或者以变卖该财产的价款优先得到偿还的权利，如果长期不行使处置留置物的权利，致使留置物价格下跌，应承担相应责任。毛毯厂依法取得处置留置物的权利后，实验厂可不再承担此后逾期付款的违约金及留置物的保管费、保养费等。

案例链接

❶《广州市联盛塑料五金模具有限公司与东莞龙昌玩具有限公司承揽合同纠纷上诉案》，参见北大法宝引证码：Pkulaw. cn/CLI. C. 277540。

❷《北京北开电气股份有限公司诉北京华东森源电气有限责任公司加工合同纠纷案》，参见北大法宝引证码：Pkulaw. cn/CLI. C. 261146。

❸《王新富等与衢州元龙食品有限公司承揽合同纠纷上诉案》，参见北大法宝引证码：Pkulaw. cn/CLI. C. 256092。

【承揽合同中的风险负担】

法律问题解读

承揽合同中的风险承担是指，发生了双方不可归责的事由，使得承揽的材料、工作成果发生毁损、灭失导致履行不能的后果时，承揽人、定作人中由谁承担风险。承揽合同中的风险负担可以分为两种情况：

1. 材料的风险负担。是指承揽合同中定作人或者承揽人提供的材料一旦由于不可归责的事由发生毁损、灭失的风险有谁承担。根据民法上的风险负担原则，一般由材料的所有人承担风险，当事人另有约定的除外，这一点得到了很多国家和地区民事立法的承认，如《德国民法典》第644条第1款规定，承揽人对定作人所供给材料的意外灭失或意外毁损，不负其责任。

2. 工作成果的风险负担，是指承揽人已完成的工作成果一旦由于不可归责于双方当事人的事由毁损、灭失，工作成果本身遭受的损失由谁来承担。这要区分两种类型的承揽合同来考虑。（1）定作人自始就取得工作成果的承揽合同，则根据谁所有谁承担风险的原则由定作人承担。（2）承揽人首先获得工作成果的所有权，之后发生承揽人和定做人之间工作成果所有权转移的承揽合同，工作成果的风险承担，参照买卖合同中标的物毁损、灭失的风险负担的有关规定，在工作成果交付之前由承揽人承担，交付之后由定作人承担，当事人另有约定或者法律另有规定的除外。

案例链接

❶《王邦均诉苏益才人身损害赔偿纠纷案》，参见北大法宝引证码：Pkulaw.cn/CLI.C.84961。

❷《秦兴权等与陈洪军人身损害赔偿再审案》，参见北大法宝引证码：Pkulaw.cn/CLI.C.43799。

❸《刘为诉姚宝卫因在承揽关系中受伤请求赔偿案》，参见北大法宝引证码：Pkulaw.cn/CLI.C.81783。

【再承揽】

法律问题解读

再承揽，又称次承揽，是指承揽合同的当事人没有特别约定时，承揽人可以将其所承揽工作的辅助部分交由第三人完成，并对第三人完成的工作成果向定作人负责的法律制度。根据《合同法》规定，承揽人不得将其所承揽的工作的主要部分交由第三人完成，否则应当向定作人承担违约责任。但是，对于主要工作之外的辅助工作，法律则允许承揽人交由第三人完成。辅助工作，是指承揽人所承揽的主要工作之外的其他工作，例如专业性和技术性不强的准备工作、与定作人对于承揽人的信任联系不太紧密的工作、仅占承揽人工作一小部分的工作，等等。

承揽人将其承揽的辅助工作交由第三人完成的，应当就该第三人完成的工作成果向定作人负责。（1）承揽人与第三人之间的再承揽关系，是一个新的独立的承揽合同。再承揽合同中，原承揽关系的承揽人为定作人，第三人为承揽人。该合同独立于原承揽合同。（2）基于再承揽合同的独立性，以及合同的相对性原理，原承揽合同的定作人对于再承揽合同中的承揽人不具有法律上的请求权。但是，如果第三人所完成的工作不符合原承揽合同的约定，定作人可以基于承揽合同要求承揽人承担违约责任。（3）承揽人向定作人承担了违约责任之后，如果该责任是因为第三人的原因引起的，则承揽人可以基于再承揽合同向第三人追偿。

法条指引

❶《中华人民共和国合同法》（1999年10月1日施行）

第二百五十四条 承揽人可以将其承揽的辅助工作交由第三人完成。承揽人将其承揽的辅助工作交由第三人完成的，应当就该第三人完成的工作成果向定作人负责。

案例链接

❶《浙江工信担保有限公司诉芜湖金晨实业有限公司承揽合同纠纷案》，参见北大法宝引证码：Pkulaw.cn/CLI.C.242307。

❷《东营市东营区黄河路街道办事处南里居民委员会与刘炳俭建设工程承包合同纠纷上诉案》，参见北大法宝引证码：Pkulaw.cn/CLI.C.117828。

【共同承揽】

法律问题解读

共同承揽，是指定作人与数个承揽人约定，由数个承揽人按照定作人的要求共同完成一定的工作，并将工作成果交付给定作人，定作人为此支付报酬给承揽人的合同。其中，完成工作并将工作成果交付给对方的一方数位当事人为共同承揽人，接受工作成果并向对方给付报酬的一方当事人为定作人。

共同承揽人与定作人之间的关系应当依据下列原则处理：

1. 共同承揽人与定作人就双方当事人之间的责任承担问题若有约定，按照其约定。

2. 共同承揽人与定作人就双方当事人之间的责任承担问题没有约定的，共同承揽人对定作人承担连带责任。在共同承揽人负连带责任的情形下，各承揽人均对全部债务（完成工作并交付工作成果）负责，定作人可以向任何一个或者数个承揽人请求为全部给付；也有权向各承揽人中的一个或者数个请求为一部分给付。在定作人向任何一个承揽人提出请求时，该承揽人均有义务按照定作人的请求完成相应的工作并交付相应的工作成果。承揽人中的某一人或者数人向定作人履行了合同义务之后，按照《民法通则》的规定，可以要求其他负连带责任的承揽人承担其应当承担的份额。

3. 共同承揽人与定作人就双方当事人之间的责任承担问题虽有约定，但约定不明的，为了保护定作人的利益，推定共同承揽人之间向定作人承担连带责任。

法条指引

❶《中华人民共和国合同法》（1999年10月1日施行）

第二百六十七条 共同承揽人对定作人承担连带责任，但当事人另有约定的除外。

案例链接

❶《河南省通用起重设备有限公司与浙江明法船舶制造有限公司承揽合同纠纷上诉案》，参见北大法宝引证码：Pkulaw. cn/CLI. C. 243512。

❷《北京宇冲建筑装饰工程有限公司诉北京国盛世嘉建筑装饰工程有限公司承揽合同纠纷案》，参见北大法宝引证码：Pkulaw. cn/CLI. C. 183756。

❸《甲与乙等承揽合同纠纷上诉案》，参见北大法宝引证码：Pkulaw. cn/CLI. C. 202252。

第十七章 建设工程合同

● 本章为读者提供与以下题目有关的法律问题的解读及相关法律文献依据

建设工程合同（337） 建设工程招投标（339） 建设勘察、设计合同（346） 建设施工合同（349） 建设监理合同（353） 发包（358） 分包（360） 转包（362） 国家重点建设工程合同（364） 发包人的检查权（365） 隐蔽工程检查（365） 竣工验收（366） 承包人的违约责任（367） 承包人的质量瑕疵担保责任（368） 建设工程质量瑕疵致人损害（370） 发包人的违约责任（371） 承包人优先权（372）

【建设工程合同】

法律问题解读

建设工程合同，又称基本建设工程承揽合同，是指建设基本工程的发包方为完成工程建设任务，与承包人订立的关于承包人按照发包方的要求完成工作，交付建设工程，并由发包方支付价款的合同。

在传统合同法理论上，建设工程承包合同是承揽合同的一种具体形式，但是建设工程承包合同又区别于一般的承揽合同：

1. 建设工程合同的标的物仅限于基本建设工程，即主要作为基本建设工程的各类建筑物、地下设施附属设施的建筑，以及对线路、管道、设备进行的安装建设。由此可见，建设工程承包合同往往涉及一些对国家和社会具有特殊意义的项目，因此，《合同法》对于建设工程承包合同作出了不同于一般承揽合同的规定。

2. 建设工程合同的主体只能是法人。发包方是经过批准建设工程的法人；承包人也只能是具有从事勘察、设计、建筑、安装资格的法人。一般情况下，自然人个人不能成为建设工程合同的当事人。因为建设工程合同所要完成的工程是投资大、周期长、质量高的建设项目，自然人个人往往无力承担。

3. 建设工程合同具有较强的国家管理性。由于建设工程的标的物为不动产，工程建设对国家和社会生活的方方面面影响较大，在建设工程合同的订立和履行上，就具有强烈的国家干预色彩。

4. 建设工程合同为要式合同、有偿合同、双务合同、诺成性合同。

法条指引

❶《中华人民共和国合同法》（1999年10月1日施行）

第二百六十九条 建设工程合同是承包人进行工程建设，发包人支付价款的合同。

建设工程合同包括工程勘察、设计、施工合同。

第二百七十条 建设工程合同应当采用书面形式。

❷《中华人民共和国建筑法》（1998年3月1日施行）

第七条 建筑工程开工前，建设单位应当按照国家有关规定向工程所在地县级以上人民政府建设行政主管部门申请领取施工许可证；但是，国务院建设行政主管部门确定的限额以下的小型工程除外。

按照国务院规定的权限和程序批准开工报告的建筑工程，不再领取施工许可证。

第十二条 从事建筑活动的建筑施工企业、勘察单位、设计单位和工程监理单位，应当具备下列条件：

（一）有符合国家规定的注册资本；

（二）有与其从事的建筑活动相适应的具有法定执业资格的专业技术人员；

（三）有从事相关建筑活动所应有的技术装备；

（四）法律、行政法规规定的其他条件。

第十三条 从事建筑活动的建筑施工企业、勘察单位、设计单位和工程监理单位，按照其拥有的注册资本、专业技术人员、技术装备和已完成的建筑工程业绩等资质条件，划分为不同的资质等级，经资质审查合格，取得相应等级的资质证书后，方可在其资质等级许可的范围内从事建筑活动。

第十四条 从事建筑活动的专业技术人员，应当依法取得相应的执业资格证书，并在执业资格证书许可的范围内从事建筑活动。

第十五条 建筑工程的发包单位与承包单位应当依法订立书面合同，明确双方的权利和义务。

发包单位和承包单位应当全面履行合同约定的义务。不按照合同约定履行义务的，依法承担违约责任。

❸《建设工程质量管理条例》（2000年1月30日施行）

第二条 凡在中华人民共和国境内从事建设工程的新建、扩建、改建等有关活动及实施对建设工程质量监督管理的，必须遵守本条例。

本条例所称建设工程，是指土木工程、建筑工程、线路管道和设备安装工程及装修工程。

第七条 建设单位应当将工程发包给具有相应资质等级的单位。

建设单位不得将建设工程肢解发包。

第十八条 从事建设工程勘察、设计的单位应当依法取得相应等级的资质证书，并在其资质等级许可的范围内承揽工程。

禁止勘察、设计单位超越其资质等级许可的范围或者以其他勘察、设计单位的名义承揽工程。禁止勘察、设计单位允许其他单位或者个人以本单位的名义承揽工程。

勘察、设计单位不得转包或者违法分包所承揽的工程。

第二十五条 施工单位应当依法取得相应等级的资质证书，并在其资质等级许可的范围内承揽工程。

禁止施工单位超越本单位资质等级许可的业务范围或者以其他施工单位的名义承揽工程。禁止施工单位允许其他单位或者个人以本单位的名义承揽工程。

施工单位不得转包或者违法分包工程。

第三十四条 工程监理单位应当依法取得相应等级的资质证书，并在其资质等级许可的范围内承担工程监理业务。

禁止工程监理单位超越本单位资质等级许可的范围或者以其他工程监理单位的名义承担工程监理业务。禁止工程监理单位允许其他单位或者个人以本单位的名义承担工程监理业务。

工程监理单位不得转让工程监理业务。

第六十四条 违反本条例规定，施工单位在施工中偷工减料的，使用不合格的建筑材料、建筑构配件和设备的，或者有不按照工程设计图纸或者施工技术标准施工的其他行为的，责令改正，处工程合同价款百分之二以上百分之四以下的罚款；造成建设工程质量不符合规定的质量标准的，负责返工、修理，并赔偿因此造成的损失；情节严重的，责令停业整顿，降低资质等级或者吊销资质证书。

第六十五条 违反本条例规定，施工单位未对建筑材料、建筑构配件、设备和商品混凝土进行检验，或者未对涉及结构安全的试块、试件以及有关材料取样检测的，责令改正，处10万元以上20万元以下的罚款；情节严重的，责令停业整顿，降低资质等级或者吊销资质证书；造成损失的，依法承担赔偿责任。

❹ 建设部《建筑市场管理规定》（1991年12月1日施行）

第九条 凡具备招标条件的建设项目，必须按照有关规定进行招标。其他建设项目的承发包活动，须在工程所在地县级以上地方人民政府建设行政主管部门或其授权机构的监督下，按照有关规定择优选定承包单位。

第十条 发包建设项目的单位和个人（以下统称发包方）应当具备下列条件：

（一）是法人、依法成立的其他组织或公民；

（二）有与发包的建设项目相适应的技术、经济管理人员；

（三）实行招标的，应当具有编制招标文件和组织开标、评标、定标的能力。

不具备本条第二、三款条件的，须委托具有相应资质的建设监理、咨询单位等代理。

第十一条 发包工程勘察设计，除符合本章第十条规定外，还须具备下列条件：

（一）设计任务书已经批准；

（二）具有工程设计所需要的基础资料。

第十二条 工程施工发包除符合本章第十条规定外，还须具备下列条件：

（一）初步设计及概算已经批准；

（二）工程项目已列入年度建设计划；

（三）有能够满足施工需要的施工图纸及有关技术资料；

（四）建设资金和主要建筑材料、设备来源已经落实；

（五）建设用地的征用已经完成，拆迁已符合工程进度要求。

第十三条 工程的勘察、设计必须委托给持有《企业法人营业执照》和相应资质等级证书的勘察、设计单位。

工程的施工必须发包给持有营业执照和相应资质等级证书的施工企业。建筑构配件、非标准设备的加工生产，必须发包给具有生产许可证或经有关主管部门依法批准生产的企业。

第十四条 承包工程勘察、设计、施工和建筑构配件、非标准设备加工生产的单位（以下统称承包方），必须持有营业执照、资质证书或产品生产许可证、开户银行资信证明等证件，方准开展承包业务。

第十五条 跨省、自治区、直辖市承包工程或者分包工程、提供劳务的施工企业，须依照《施工企业资质管理规定》，持单位所在地省、自治区、直辖市人民政府建设行政主管部门或者国务院有关主管部门出具的外出承包工程证明和本规定第十四条规定的证件，向工程所在地的省、自治区、直辖市人民政府建设行政主管部门办理核准手续，并到工商行政管理等机关办理有关手续。

勘察、设计单位跨省、自治区、直辖市承包任务，依照《全国工程勘察、设计单位资格认证管理办法》的有关规定办理。

第十六条 承包方必须按照其资质等级和核准的经营范围承包任务，不得无证承包或者未经批准越级、超范围承包。

第十七条 工程的勘察、设计、施工，应当严格按照有关的工程建设标准进行，并按照国家有关规定接受当地人民政府建设行政主管部门或其授权机构的核验和监督检查。质量不合格的工程不准交付使用。

第十八条 没有出厂合格证或质量不合格的建筑材料、建筑构配件、设备等，不准在工程上使用。

第十九条 承包工程施工，必须自行组织完成或按照有关规定分包部分工程，不得非法转包。

任何单位和个人都不得出让资质证书、营业执照、图签、银行账号等。

第二十条 承担建设监理业务的单位，必须持有建设行政主管部门核发的资质证书和工商行政管理机关核发的营业执照，严禁无证、照或越级承担建设监理业务。

第二十二条 承发包合同的签订，必须严格执行国家和地方的价格政策、计价方法和取费标准。任何单位和个人都不得随意扩大计价的各项标准，不得任意压价、抬价或附加不合理条件。

第二十六条 承包方有下列行为之一的，可以根据情节，予以警告、通报批评、没收非法所得、责令停止勘察设计或施工、责令停产整顿、降低资质等级、吊销营业执照等处罚，并处以二万元以下的罚款。

（一）无证、照或越级勘察、设计、施工的；

（二）非法转包工程的；

（三）出卖、出借、出租、转让、涂改、伪造资质证书、营业执照、银行账号、图签等的；

（四）无证、照或越级承担建设监理的；

（五）利用行贿、"回扣"等手段承揽工程任务，或以介绍工程任务为手段收取费用的。

案例链接

❶《郑州东风建筑工程有限公司与王广鑫建设工程合同纠纷上诉案》，参见北大法宝引证码：Pkulaw.cn/CLI.C.287382。

❷《张治国诉浚县小河镇徐庄村村民委员会建设工程合同纠纷案》，参见北大法宝引证码：Pkulaw.cn/CLI.C.283372。

❸《贾百根与门国听建设工程合同纠纷上诉案》，参见北大法宝引证码：Pkulaw.cn/CLI.C.286172。

学者观点

❶ 王建东：《论建设工程合同的成立》，参见北大法宝引证码：Pkulaw.cn/CLI.A.115907。

【建设工程招投标】

法律问题解读

招投标是建设工程发包承包的主要方法。《建筑法》规定：建设工程依法实行招标发包，对不适于招标发包的保密工程、特殊工程可以直接发包。《建筑市场管理规定》指出：凡具备招标条件的建设项目，必须按照有关规定进行招标。通过招投标，建设单位和承包单位进入市场，公平交易、公平竞争，有利于控制建设工期，确保工程质量，提高投资效益。

建设工程的招投标活动，应当依照有关法律的规定公开、公平、公正进行。根据相关法律法规的规定，建设工程招投标活动通常应当按照下列步骤进行：

1. 招标。招标是缔约当事人一方（招标人）通过一定方式，公布一定的标准和条件，向公众发出的以邀请订立合同为目的的意思表示。招标主要包括公开招标、邀请招标和议标三种方式。招标并不包含合同的全部主要内容，在性质上属于合同订立过程中的要约邀请。

2. 投标。投标是投标人按照招标人的要求，在规定期限内向招标人发出的以订立合同为目的的意思表示。投标在性质上属于合同订立过程中的要约。

3. 开标。开标由招标单位主持，在招标文件规定的时间和地点公开进行。开标单位应邀请有关部门参加，当众宣布评标、定标办法，启封投标书，公布投标书的主要内容和标底。

4. 评标、定标。开标后，按照招标文件规定的评标标准和程序对投标书进行评价、比较，在具备相应资质条件的投标者中，择优选定中标者。确定中标者之后，应当向中标者发出中标通知书，并在法定期限内签订书面建设工程合同。

法条指引

❶《中华人民共和国合同法》（1999年10月1日施行）

第二百七十一条 建设工程的招标投标活动，应当依照有关法律的规定公开、公平、公正进行。

❷《中华人民共和国招标投标法》（2000年1月1日施行）（略）

❸《中华人民共和国建筑法》（1998年3月1日施行）

第十九条 建筑工程依法实行招标发包，对不适于招标发包的可以直接发包。

第二十条 建筑工程实行公开招标的，发包单位应当依照法定程序和方式，发布招标公告，提供载有招标工程的主要技术要求、主要的合同条款、评标的标准和方法以及开标、评标、定标的程序等内容的招标文件。

开标应当在招标文件规定的时间、地点公开进行。开标后应当按照招标文件规定的评标标准和程序对标书进行评价、比较，在具备相应资质条件的投标者中，择优选定中标者。

第二十一条 建筑工程招标的开标、评标、定标由建设单位依法组织实施，并接受有关行政主管部门的监督。

第二十二条 建筑工程实行招标发包的，发包单位应当将建筑工程发包给依法中标的承包单位。建筑工程实行直接发包的，发包单位应当将建筑工程发包给具有相应资质条件的承包单位。

第二十三条 政府及其所属部门不得滥用行政权力，限定发包单位将招标发包的建筑工程发包给指定的承包单位。

❹ 建设部《建筑市场管理规定》（1991年12月1日施行）

第九条 凡具备招标条件的建设项目，必须按照有关规定进行招标。其他建设项目的承发包活动，须在工程所在地县级以上地方人民政府建设行政主管部门或其授权机构的监督下，按照有关规定择优选定承包单位。

❺《关于禁止在工程建设中垄断市场和肢解发包工程的通知》（1996年4月22日施行）

二、单项工程或住宅小区以外的供水、供热、供气、供电、电讯、消防等工程项目，应依法按工程建设程序及有关规定，通过招标投标、公平竞争，优选具有相应资质的企业承包。工程项目的主管部门及企事业单位，不得以任何方式强行垄断承包本专业的工程项目。

❻《建筑工程设计招标投标管理办法》（2000年10月18日施行）

第二条 符合《工程建设项目招标范围和规模标准规定》的各类房屋建筑工程，其设计招标投标适用本办法。

第三条 建筑工程的设计，采用特定专利技术、专有技术，或者建筑艺术造型有特殊要求的，经有关部门批准，可以直接发包。

第五条 建筑工程设计招标依法可以公开招标或者邀请招标。

第六条 招标人具备下列条件的，可以自行组织招标：

（一）有与招标项目工程规模及复杂程度相适应的工程技术、工程造价、财务和工程管理人员，具备组织编写招标文件的能力；

（二）有组织评标的能力。

招标人不具备前款规定条件的，应当委托具有相应资格的招标代理机构进行招标。

第七条 依法必须招标的建筑工程项目，招标人自行组织招标的，应当在发布招标公告或者发出招标邀请书15日前，持有关材料到县级以上地方人民政府建设行政主管部门备案；招标人委托招标代理机构进行招标的，招标人应当在委托合同签订后15日内，持有关材料到县级以上地方人民政府建筑行政主管部门备案。

备案机关应当在接受备案之日起5日内进行审核，发现招标人不具备自行招标条件、代理机构无相应资格、招标前期条件不具备、招标公告或者招标邀请书有重大瑕疵的，可以责令招标人暂时停止招标活动。

备案机关逾期未提出异议的，招标人可以实施招标活动。

第八条 公开招标的，招标人应当发布招标公告。邀请招标的，招标人应当向3个以上设计单位发出招标邀请书。

招标公告或者招标邀请书应当载明招标人名称和地址、招标项目的基本要求、投标人的资质要求以及获取招标文件的办法等事项。

第九条 招标文件应当包括以下内容：

（一）工程名称、地址、占地面积、建筑面积等；

（二）已批准的项目建议书或者可行性研究报告；

（三）工程经济技术要求；

（四）城市规划管理部门确定的规划控制条件和用地红线图；

（五）可供参考的工程地质、水文地质、工程测量等建设场地勘察成果报告；

（六）供水、供电、供气、供热、环保、市政道路等方面的基础资料；

（七）招标文件答疑、踏勘现场的时间和地点；

（八）投标文件编制要求及评标原则；

（九）投标文件送达的截止时间；

（十）拟签订合同的主要条款；

（十一）未中标方案的补偿办法。

第十条 招标文件一经发出，招标人不得随意变更。确需进行必要的澄清或者修改，应当在提交投标文件截止日期15日前，书面通知所有招标文件收受人。

第十一条 招标人要求投标人提交投标文件的时限为：特级和一级建筑工程不少于45日；二级以下建筑工程不少于30日；进行概念设计招标的，不少于20日。

第十二条 投标人应当具有与招标项目相适应的工程设计资质。

境外设计单位参加国内建筑工程设计投标的，应当经省、自治区、直辖市人民政府建设行政主管部门批准。

第十三条 投标人应当按照招标文件、建筑方案设计文件编制深度规定的要求编制投标文件；进行概念设计招标的，应当按照招标文件要求编制投标文件。

投标文件应当由具有相应资格的注册建筑师签章，加盖单位公章。

第十四条 评标由评标委员会负责。

评标委员会由招标人代表和有关专家组成。评标委员会人数一般为5人以上单数，其中技术方面的专家不得少于成员总数的三分之二。

投标人或者与投标人有利害关系的人员不得参加评标委员会。

第十六条 有下列情形之一的，投标文件作废：

（一）投标文件未经密封的；

（二）无相应资格的注册建筑师签字的；

（三）无投标人公章的；

（四）注册建筑师受聘单位与投标人不符的。

第十七条 评标委员会应当在符合城市规划、消防、节能、环保的前提下，按照投标文件的要求，对投标设计方案的经济、技术、功能和造型等进行比选、评价，确定符合招标文件要求的最优设计方案。

第十八条 评标委员会应当在评标完成后，向招标人提出书面评标报告。

采用公开招标方式的，评标委员会应当向招标人推荐2~3个中标候选方案。

采用邀请招标方式的，评标委员会应当向招标人推荐1~2个中标候选方案。

第十九条 招标人根据评标委员会的书面评标报告和推荐的中标候选方案，结合投标人的技术力量和业绩确定中标方案。

招标人也可以委托评标委员会直接确定中标方案。

招标人认为评标委员会推荐的所有候选方案均不能最大限度满足招标文件规定要求的，应当依法重新招标。

第二十条 招标人应当在中标方案确定之日起7日内，向中标人发出中标通知，并将中标结果通知所有未中标人。

第二十一条 依法必须进行招标的项目，招标人应当在中标方案确定之日起15日内，向县级以上地方人民政府建设行政主管部门提交招标投标情况的书面报告。

第二十二条 对达到招标文件规定要求的未中标方案，公开招标的，招标人应当在招标公告中明确是否给予未中标单位经济补偿及补偿金额；邀请招标的，应当给予未中标单位经济补偿，补偿金额应当在招标邀请书中明确。

第二十三条 招标人应当在中标通知书发出之日起30日内与中标人签订工程设计合同。确需另择设计单位承担施工图设计的，应当在招标公告或招标邀请书中明确。

第二十四条 招标人、中标人使用未中标方案的，应当征得提交方案的招标人同意并付给使用费。

第二十五条 依法必须招标的建筑工程项目，招标人自行组织招标的，未在发布招标公告的或招标邀请书15日前到县级以上地方人民政府建设行政主管部门备案，或者委托招标代理机构进行招标的，招标人未在委托合同签订后15日内到县级以上地方人民政府建设行政主管部门备案的，由县级以上地方人民政府建设行政主管部门责令改正，并可处以1万元以上3万元以下罚款。

第二十六条 招标人未在中标方案确定之日起15日内，向县级以上地方人民政府建设行政主管部门提交招标投标情况的书面报告的，由县级以上地方人民政府建设行政主管部门责令改正，并可处以1万元以上3万元以下罚款。

第二十七条 招标人将必须进行设计招标的项目不招标的，或将必须进行招标的项目化整为零或者以其他方式规避招标的，由县级以上地方人民政府建设行政主管部门责令其限期改正，并可处以项目合同金额千分之五以上千分之十以下的罚款。

第二十八条 招标代理机构有下列行为之一的，由省、自治区、直辖市地方人民政府建设行政主管部门处5万元以上25万元以下的罚款；有违法所得的，并处没收违法所得；情节严重的，由国务院建设行政主管部门或者省、自治区、直辖市地方人民政府建设行政主管部门暂停直至取消代理机构资格；构成犯罪的，依法追究刑事责任。给他人造成损失的，依法承担赔偿责任：

（一）在开标前泄露应当保密的与招标有关的情况和资料的；

（二）与招标人或者投标人串通损害国家利益、社会公众利益或投标人利益的。

前款所列行为影响中标结果的，中标结果无效。

第二十九条 投标人相互串通投标，或者以向招标人、评标委员会成员行贿的手段谋取中标的，中标无效，由县级以上地方人民政府建设行政主管部门处中标项目金额千分之五以上千分之十以下的罚款；情节严重的，取消一至二年内参加依法必须进行招标的工程项目设计招标的投标资格，并予以公告。

第三十条 评标委员会成员收受投标人财物或其他好处，或者向他人透露投标方案评审有关情况的，由县级以上地方人民政府建设行政主管部门给予警告，没收收受财物，并可处以3000元以上5万元以下的罚款。

评标委员会成员有前款所列行为的，由国务院建设行政主管部门或者省、自治区、直辖市人民政府建设行政主管部门取消担任评标委员会成员的资格，不得再参加任何依法进行的建筑工程设计招投标的评标，构成犯罪的，依法追究刑事责任。

❼《电力工程设计招标投标管理规定》（1998年1月1日施行）

第二条 本规定适用于新建和改、扩建（含以大代小技术改造）的火力发电工程以及输变电工程的设计招投标。

第三条 凡需报电力部或各电管局、省（自治区、直辖市）电力局审批的火力发电、输变电工程建设项目，均必须通过招投标来确定设计单位。

第四条 电力工程设计的招标和投标，不受地区和部门的限制，任何地区、部门和单位不得进行干预、垄断和保护。

第五条 招标投标应当遵循公开、公平、公正、择优和诚实守信的原则。

第六条 电力工程的设计招标由项目法人或项目所在地的网、省电力公司（以下统称招标单位）负责组织；不能自行组织招标的，应当委托具有相应资格的招标代理机构负责招标的具体工作，招标代理机构履行前款职责，并向招标领导小组负责。

第七条 招标项目应成立招标领导小组和招标办公室。

第八条 招标领导小组由招标单位组建，负责招标重大问题的决策。其主要职责是：

（一）委派招标办公室成员或审查委托招标代理机构的资格；

（二）审批招标、评标、定标原则及程序；

（三）审定招标文件；

（四）审批评标委员会成员及主任名单；
（五）确定中标单位。

第九条 招标办公室对招标领导小组负责，成员由招标领导小组委派，其主要职责为：
（一）办理招标申请手续；
（二）编制招标程序文件；
（三）编制招标文件（或委托编制）；
（四）组建评标委员会；
（五）组织开标、评标；
（六）负责招标全过程的所有具体工作。

第十条 实行设计招标的项目必须具备以下条件：
（一）项目的上一阶段的前期（设计）成果已通过审查，并具有必须的基础资料；
（二）可行性研究阶段招标的项目已列入国家电力建设中长期计划，项目建议书已报国家计委；
（三）初步设计阶段招标的项目已上报可行性研究报告书。

第十一条 具备本规定第十条所述条件的项目，开始招标前必须向电力行业设计招标管理机构提出招标申请，获批准后方可正式开展招标工作。招标申请中必须写明以下主要内容：
（一）招标单位概况；
（二）工程概况及前期工作进展情况；
（三）招标组织机构（招标领导小组和招标办公室）的人员及其资历情况；
（四）招标文件编制单位（委托编标）或编制人员（自行编标）的简要情况；
（五）招标方式（拟采用议标方式时应同时附专题报告）。

第十二条 火力发电工程的设计一般应在可研阶段进行一次性招标。中标单位负责完成可行性研究、初步设计、施工图设计和工地设计服务，直至工程竣工的全过程勘测设计工作；可研阶段已进行了设计招标的工程，初设一般不宜再招标。当有特殊情况致使原设计合同无法继续执行时，可以在初设阶段进行招标。

第十三条 输变电工程的设计一般应在初步设计阶段进行一次性招标。中标单位负责完成初步设计、施工图设计和工地设计服务，直至工程竣工的全过程勘测设计工作。

第十四条 设计招标的方式包括公开招标、邀请招标和议标。

第十五条 公开招标应同时在一家以上的全国性报刊上刊登招标通告，邀请所有符合资格要求的设计单位参加投标；

邀请招标，应向符合资格要求的若干家设计单位发出投标邀请书，参加投标的单位不得少于三家。

议标主要是通过一对一协商谈判方式确定中标单位。参加议标的单位不得少于两家。

第十六条 设计招标一般不采用议标方式。当出现以下特殊情况之一时，可以采用议标方式，但必须按第十一条规定向电力行业设计招标管理机构提交专题报告，获批准后方可实施：
（一）国内符合资格要求并愿意参加投标的设计单位少于三家；
（二）特殊单项工程的招标；
（三）公开招标或邀请招标失败后，因时间等原因只能议标的；
（四）招标费用与项目价值相比，不值得的；
（五）因其他原因无法采用公开招标及邀请招标的。

第十七条 编制招标文件
招标单位可以自行编制设计招标文件，也可委托有相应资格的单位编制。招标文件的内容应符合以下原则：
（一）必须符合国家法律、法规和行业规范；
（二）必须符合本规定；
（三）不得明文要求或暗示投标单位以低于国家或电力行业规定的勘测设计取费标准报价；
（四）不得有针对某一潜在投标单位或排斥某一潜在投标单位的内容。

第十八条 设计招标文件应包括以下主要内容：
（一）投标须知；
（二）工程规范、技术条件及有关图纸；
（三）合同条件及有关合同文书的格式；
（四）对投标文件的要求；
（五）评标办法。

第十九条 设计招标文件发售之前，应将招标文件报电力行业设计招标管理机构核备。电力行业设计招标管理机构认为有违反本规定的，有权要求招标单位作出修改。

第二十条 参加投标的设计单位（或联合投标的责任方）必须是独立的法人实体，且按要求提供以下证明材料：
（一）电力勘察设计资质证书、收费资格证书、工商营业执照；
（二）近五年承担过的同类工程业绩，并有良好的履约记录；
（三）近三年设计质量事故及其处理结果；

（四）招标单位根据工程项目情况提出的其他要求。

第二十一条 招标文件的编制单位不得参加投标。

第二十二条 投标单位应按招标文件的要求及有关规范编制投标文件。当对招标文件中的某些条款有疑问或异议时，应及时要求招标单位作出说明。

第二十三条 投标单位应按招标文件中有关份数、时间、地点和密封等方面的要求递交投标文件。招标单位可以将不满足上述有关要求的投标文件视为废标，但必须在招标文件中作出具体规定。

第二十四条 设计招标以设计技术方案和服务质量的竞争为主，合理取费是保证设计质量，规范设计市场的重要条件之一；投标单位不得超出国家或电力行业规定的勘测设计取费范围，哄抬价格或竞相压价，否则，可视其为废标；电力行业设计招标管理机构将对违反本条规定的设计单位进行严肃处理。

第二十五条 招标办公室应制定出开标、评标、定标的具体细则和各类人员的工作纪律，报招标领导小组批准后实施。

第二十六条 开标会由招标单位主持，邀请各有关方面的人员参加。以下人员必须参加开标会：

（一）招标领导小组的全体或部分成员；

（二）评标委员会的全体委员；

（三）投标单位的法定代表人或其授权代理人。

第二十七条 招标办公室负责组建评标委员会并报招标领导小组审批。在开标之前，评标委员会成员名单必须保密。

第二十八条 评标委员会的组建必须遵循以下原则：

（一）火力发电工程评标委员会成员不应少于十一人；输变电工程评标委员会成员不应少于七人；

（二）评委中五分之四的专家应从电力行业设计招投标管理机构设置的专家库中抽选聘任，五分之一可由招标单位委派，但应符合专家的资格标准，并报电力行业设计招投标管理机构备案；

（三）评委中熟悉工程设计的专家不得少于三分之二；

（四）评委中同一单位的专家不得超过五分之一，同一地区（省、自治区、直辖市）的专家不得超过二分之一；

（五）评委会成员的专业构成必须与招标工程的特点相适应；

（六）与投标单位有利害关系的人员不得进入评标委员会；

（七）评标委员会设主任委员一人，副主任委员一人。

第二十九条 与评标、定标有关的人员必须严格遵守工作纪律并自觉接受监督。

第三十条 评标委员会依据招标文件的要求对投标文件进行综合评审，采取记名投票的方式给各投标文件打分，并在此基础上写出综合评标报告，对各投标文件的共同点和特点进行简明客观描述，提出推荐中标单位和预备中标单位。

第三十一条 招标领导小组应根据评标结果，以定标会的方式择优确定中标单位。定标会由招标领导小组组长主持。

第三十二条 中标单位确定后，招标单位应正式发出《中标通知书》，并将评标与定标结果报电力部电力行业招标管理机构备案。

第三十三条 招标单位与中标单位应在《中标通知书》发出后十五天内签订协议书。中标单位拒绝签订协议书的，其投标保证金不予退还；招标单位拒绝签订协议书的，应向中标单位双倍偿还投标保证金，并退还投标文件。

第三十四条 对未中标单位，招标单位应考虑给予一定的补偿（在招标文件中明确），给予补偿后，可不退回投标文件。《中标通知书》发出后十天内，招标单位必须把投标保证金退还给未中标单位。

❽《建材工程设计招标管理办法》（1992年7月16日施行）

第二条 本办法适用于建材大中型固定资产投资项目的设计招标管理，其他项目可参照执行。

第三条 凡持有相应专业范围及设计等级证书的设计单位，才可参加与其证书等级及专业范围相符的工程设计项目的投标。

第四条 招投标双方都必须认真贯彻执行国家的有关方针、政策、遵守国家法律，并受其保护和监督。

第五条 实行招标的设计文件的组成内容、质量标准和文件审查鉴定办法均按建材行业有关规定办理，招标单位不得擅自改变。

第六条 建材工程设计招标工作由投资方组织有关单位和专家组成评标领导小组，负责具体招标工作事宜。

第七条 招标单位不得以任何方式泄露有关机密，投标单位不得相互串标，也不得以任何方式探窃招、投标的机密。凡在招、投标活动中营私舞弊、弄虚作假的，要追究有关单位和当事人的经济或法律责任。

第九条 以可行性研究方案进行建材工程招标。中标的单位可继续承担该项目的可行性研究、初步设计、施工图设计和工程总承包等任务，或经招标单位同意向其他设计单位委托分包，但中标单位必须承担主体设计工作。

第十条 招标方式可采用邀请招标，即由招标单位向有承担能力的设计单位（不少于两个）直接发出招标邀请书；或采用议标方式，即由招标单位选择若干个（不少于两个）社会信誉好的设计单位分别进行议标，根据商议的情况择优选定设计单位；也可采单位分别进行议标，根据商议的情况择优选定设计单位；也可采用公开招标，即通过新闻媒介公开发布招标广告开展招标。

第十一条 邀请招标程序：
（一）由招标单位编制招标文件。
（二）招标单位向拟被邀请的设计单位进行投标探询。
（三）接受邀请投标单位购买或领取招标文件。
（四）招标单位报送投标申请书。
（五）招标单位或委托评估、咨询单位对投标单位进行资格审查，并将审查结果通知申请投标的单位。
（六）招标单位召开招标文件说明会，解答招标文件中的有关问题并组织投标单位踏勘工程现场。
（七）投标单位编制标书。
（八）投标单位按规定的时间密封报送标书。
（九）评标领导小组当众开标，共同检查确认标书的有效性，并由投标单位介绍标书。
（十）评标领导小组组织评标，定标，经投资方批准后，授权招标单位向投标单位发出中标通知书。
（十一）招标单位与中标单位签订合同。

第十二条 议标程序：
（一）由招标单位编制招标文件。
（二）招标单位分别向被邀请的投标单位进行投标探询。
（三）接受邀请的投标单位正式签询或领取招标文件。
（四）投标单位按要求编制标书。
（五）投标单位按规定的时间密封报送标书。
（六）评标领导小组对报送的标书进行研究，并分别与投标单位商议。
（七）经投资方批准后，选定中标单位。
（八）招标单位与中标单位签订合同。

第十三条 公开招标程序：
（一）由招标单位编制招标文件。
（二）招标单位发表招标广告。
（三）投标单位购买或领取招标文件。
（四）投标单位报送投标申请书。
（五）招标单位或委托评估、咨询单位对投标单位进行资格审查，并将审查结果通知申请投标的单位。
（六）招标单位召开招标文件说明会，解答招标文件中的有关问题并组织投标单位踏勘工程现场。
（七）投标单位编制标书。
（八）投标单位按规定的时间密封报送标书。
（九）评标领导小组当众开标，共同检查确认标书的有效性，并由投标单位介绍标书。
（十）评标领导小组组织评标、定标、经投资方批准后，授权招标单位向投标单位发出中标通知书。
（十一）招标单位与中标单位签订合同。

第十四条 招标文件的主要内容：
（一）投标须知：
1. 招标工程内容和招标方式。
2. 对投标书的编制内容、深度以及对估算投资等的要求和约束条件。
3. 报送投标书的有关规定。
4. 有关合同的主要条款和要求。
5. 结合招标项目的特点，提出评标的重点。
6. 招标文件说明会的时间、地点。
7. 投标起止日期及开标的时间、地点。
8. 招标单位及联系人。
9. 其他有关事宜。
（二）招标项目说明：
1. 项目建议的复印件。
2. 编写投标书所必需的建设条件、资源、地质等有关资料。
3. 经济和生产能力的说明。
4. 其他需要说明的问题。

第十五条 招标文件一经发出，招标单位不得再擅自改动，否则，由此造成的投标单位的损失，由招标单位赔偿。

第十六条 参加投标的单位应按招标通知规

定的时间报送申请书，并附件单位情况说明，包括：

（一）单位名称、地址、负责人姓名、设计证书内容、号码及开户银行账号。

（二）单位性质和隶属关系。

（三）单位情况：成立时间、近期设计的主要工程情况、技术人员数量（按职称分类）、技术装备及专业情况等。

第十七条 投标单位报送的标书应按招标文件规定的具体内容提供。

第十八条 标书必须加盖设计单位及其负责人的印签，密封后按规定时间报送招标单位，否则均属无效。标书一经报出，一般不得以任何理由要求更改。

第十九条 评标工作由评标领导小组负责，确定中标的主要依据是：

（一）设计方案的优劣（主要包括：贯彻执行和体现国家方针、政策情况、技术标准的选择意见、新技术采用、经济效益分析评价等）。

（二）设计进度是否合理及保证设计质量的措施。

（三）设计费用是否符合国家收费标准。

（四）设计资历和社会信誉高低。

第二十条 为鼓励投标竞争，保护非中标单位的权益，招标单位应以可行性研究报告费用的1/4对其他非中标单位的成本给予补助，招标单位使用非中标单位的技术成果时，需征得其同意，并实行有偿转让。

第二十一条 评标时如发现标书中有与投标须知中的规定不符者，或在标书中附带条件者，评标领导小组视其情况可以作出该标书无效的决定。

案例链接

❶《董家宝等与姚德泽建设工程施工合同纠纷上诉案》，参见北大法宝引证码：Pkulaw. cn/CLI. C. 213896。

❷《中国建筑第七工程局第四建筑公司诉河南龙湖置业有限公司建筑工程施工合同纠纷案》，参见北大法宝引证码：Pkulaw. cn/CLI. C. 211741。

❸《重庆市天佑建设有限公司与重庆市禾瑞粮油有限责任公司建设工程施工合同纠纷上诉案》，参见北大法宝引证码：Pkulaw. cn/CLI. C. 287261。

❹《昆明市盘龙区金辰街道云波社区第四股份合作社诉昆明联盟建筑公司等建设工程施工合同纠纷案》，参见北大法宝引证码：Pkulaw. cn/CLI. C. 204116。

学者观点

❶ 宋宗宇：《建筑工程招标投标的法律约束力》，参见北大法宝引证码：Pkulaw. cn/CLI. A. 173219。

【建设勘察、设计合同】

法律问题解读

所谓建设勘察、设计合同，是建设勘察合同和建设设计合同的统称，是指工程的建设人或承建人与勘察人、设计人之间订立的，由勘察人、设计人完成一定的勘察设计工作，工程的建设人或承建人支付相应价款的合同。建设人或承建人一方当事人称为委托人；勘察设计人一方当事人一般称为承包人。

1. 根据《合同法》的规定，结合司法实践的经验，建设勘察、设计合同的内容通常包括以下方面：（1）委托人提交有关基础资料的内容、要求及期限；（2）勘察、设计工作的范围、进度和质量要求；（3）承包人提交勘察成果、设计文件（包括概预算）的期限；（4）勘察设计费用；（5）其他协作条件。

2. 关于建设勘察、设计合同，实践中特别应当注意以下问题：（1）勘察、设计合同主体的特殊性。勘察、设计合同的双方当事人都必须具有法人资格，同时勘察人、设计人还必须是持有勘察设计证书的勘察设计单位。（2）建设工程勘察设计合同，必须符合国家规定的基本建设程序。例如，设计合同必须具有上级机关批准的设计任务书方能签订；小型单项工程须具有上级机关批准的文件方能签订；如单独委托施工图设计任务，应同时具有经有关部门批准的初步设计文件方能签订。（3）大中型项目的工程建设，通常应当由建设单位或委托咨询公司进行设计招标，凡持有设计证书的单位都可以按照批准的有资格承担的业务范围投标。

法条指引

❶《中华人民共和国合同法》（1999年10月1日施行）

第二百七十四条 勘察、设计合同的内容包

括提交有关基础资料和文件（包括概预算）的期限、质量要求、费用以及其他协作条件等条款。

第二百八十条 勘察、设计的质量不符合要求或者未按照期限提交勘察、设计文件拖延工期，造成发包人损失的，勘察人、设计人应当继续完善勘察、设计，减收或者免收勘察、设计费并赔偿损失。

❷《中华人民共和国建筑法》（1998年3月1日施行）

第十二条 从事建筑活动的建筑施工企业、勘察单位、设计单位和工程监理单位，应当具备下列条件：

（一）有符合国家规定的注册资本；

（二）有与其从事的建筑活动相适应的具有法定执业资格的专业技术人员；

（三）有从事相关建筑活动所应有的技术装备；

（四）法律、行政法规规定的其他条件。

第十三条 从事建筑活动的建筑施工企业、勘察单位、设计单位和工程监理单位，按照其拥有的注册资本、专业技术人员、技术装备和已完成的建筑工程业绩等资质条件，划分为不同的资质等级，经资质审查合格，取得相应等级的资质证书后，方可在其资质等级许可的范围内从事建筑活动。

第十四条 从事建筑活动的专业技术人员，应当依法取得相应的执业资格证书，并在执业资格证书许可的范围内从事建筑活动。

第五十二条 建筑工程勘察、设计、施工的质量必须符合国家有关建筑工程安全标准的要求，具体管理办法由国务院规定。

有关建筑工程安全的国家标准不能适应确保建筑安全的要求时，应当及时修订。

第五十四条 建设单位不得以任何理由，要求建筑设计单位或者建筑施工企业在工程设计或者施工作业中，违反法律、行政法规和建筑工程质量、安全标准，降低工程质量。

建筑设计单位和建筑施工企业对建设单位违反前款规定提出的降低工程质量的要求，应当予以拒绝。

第五十六条 建筑工程的勘察、设计单位必须对其勘察、设计的质量负责。勘察、设计文件应当符合有关法律、行政法规的规定和建筑工程质量、安全标准、建筑工程勘察、设计技术规范以及合同的约定。设计文件选用的建筑材料、建筑构配件和设备，应当注明其规格、型号、性能等技术指标，其质量要求必须符合国家规定的标准。

第五十七条 建筑设计单位对设计文件选用的建筑材料、建筑构配件和设备，不得指定生产厂、供应商。

第七十二条 建设单位违反本法规定，要求建筑设计单位或者建筑施工企业违反建筑工程质量、安全标准，降低工程质量的，责令改正，可以处以罚款；构成犯罪的，依法追究刑事责任。

第七十三条 建筑设计单位不按照建筑工程质量、安全标准进行设计的，责令改正，处以罚款；造成工程质量事故的，责令停业整顿，降低资质等级或者吊销资质证书，没收违法所得，并处罚款；造成损失的，承担赔偿责任；构成犯罪的，依法追究刑事责任。

❸《建设工程勘察设计合同管理办法》（2000年3月10日施行）

第四条 勘察设计合同的发包人（以下简称甲方）应当是法人或者自然人，承接方（以下简称乙方）必须具有法人资格。甲方是建设单位或项目管理部门，乙方是持有建设行政主管部门颁发的工程勘察设计资质证书、工程勘察设计收费资格证书和工商行政管理部门核发的企业法人营业执照的工程勘察设计单位。

第五条 签订勘察设计合同，应当采用书面形式，参照文本的条款，明确约定双方的权利义务。对文本条款以外的其他事项，当事人认为需要约定的，也应采用书面形式。对可能发生的问题，要约定解决办法和处理原则。

双方协商同意的合同修改文件、补充协议均为合同的组成部分。

第六条 双方应当依据国家和地方有关规定，确定勘察设计合同价款。

第七条 乙方经甲方同意，可以将自己承包的部分工作分包给具有相应资质条件的第三人。第三人就其完成的工作成果与乙方向甲方承担连带责任。

禁止乙方将其承包的工作全部转包给第三人或者肢解以后以分包的名义转包给第三人。禁止第三人将其承包的工作再分包。严禁出卖图章、图签等行为。

第八条 建设行政主管部门和工商行政管理部门，应当加强对建设工程勘察设计合同的监督管理。主要职能为：

一、贯彻国家和地方有关法律、法规和规章；

二、制定和推荐使用建设工程勘察设计合同

文本；

三、审查和鉴证建设工程勘察设计合同，监督合同履行，调解合同争议，依法查处违法行为；

四、指导勘察设计单位的合同管理工作，培训勘察设计单位的合同管理人员，总结交流经验，表彰先进的合同管理单位。

❹ 建设部《建筑市场管理规定》（1991年12月1日施行）

第九条 凡具备招标条件的建设项目，必须按照有关规定进行招标。其他建设项目的承发包活动，须在工程所在地县级以上地方人民政府建设行政主管部门或其授权机构的监督下，按照有关规定择优选定承包单位。

第十条 发包建设项目的单位和个人（以下统称发包方）应当具备下列条件：

（一）是法人、依法成立的其他组织或公民；

（二）有与发包的建设项目相适应的技术、经济管理人员；

（三）实行招标的，应当具有编制招标文件和组织开标、评标、定标的能力。

不具备本条第二、三款条件的，须委托具有相应资质的建设监理、咨询单位等代理。

第十一条 发包工程勘察设计，除符合本章第十条规定外，还须具备下列条件：

（一）设计任务书已经批准；

（二）具有工程设计所需要的基础资料。

第十三条 工程的勘察、设计必须委托给持有《企业法人营业执照》和相应资质等级证书的勘察、设计单位。

工程的施工必须发包给持有营业执照和相应资质等级证书的施工企业。

建筑构配件、非标准设备的加工生产，必须发包给具有生产许可证或经有关主管部门依法批准生产的企业。

第十四条 承包工程勘察、设计、施工和建筑构配件、非标准设备加工生产的单位（以下统称承包方），必须持有营业执照、资质证书或产品生产许可证、开户银行资信证明等证件，方准开展承包业务。

第十六条 承包方必须按照其资质等级和核准的经营范围承包任务，不得无证承包或者未经批准越级、超范围承包。

第十七条 工程的勘察、设计、施工，应当严格按照有关的工程建设标准进行，并按照国家有关规定接受当地人民政府建设行政主管部门或其授权机构的核验和监督检查。质量不合格的工程不准交付使用。

第二十六条 承包方有下列行为之一的，可以根据情节，予以警告、通报批评、没收非法所得、责令停止勘察设计或施工、责令停产整顿、降低资质等级、吊销营业执照等处罚，并处以二万元以下的罚款。

（一）无证、照或越级勘察、设计、施工的；

（二）非法转包工程的；

（三）出卖、出借、出租、转让、涂改、伪造资质证书、营业执照、银行账号、图签等的；

（四）无证、照或越级承担建设监理的；

（五）利用行贿、"回扣"等手段承揽工程任务，或以介绍工程任务为手段收取费用的。

❺《建设工程质量管理条例》（2000年1月30日施行）

第十八条 从事建设工程勘察、设计的单位应当依法取得相应的等级的资质证书，并在其资质等级许可的范围内承揽工程。

禁止勘察、设计单位超越其资质等级许可范围或者以其他勘察、设计单位的名义承揽工程。禁止勘察、设计单位允许其他单位或者个人以本单位的名义承揽工程。

第十九条 勘察、设计单位必须按照工程建设强制性标准进行勘察、设计，并对勘察、设计的质量负责。

注册建筑师、注册结构工程师等注册执业人员应当在文件上签字，对设计文件负责。

第二十条 勘察单位提供的地质、测量、水文等勘察成果必须真实、准确。

第二十一条 设计单位应当根据勘察成果文件进行建设工程设计。

设计文件应当符合国家规定的设计深度要求，注明工程合理使用年限。

第二十二条 设计单位在设计文件中选用的建筑材料、建筑构配件和设备，应当注明规格、型号、性能等技术指标，其质量要求必须符合国家规定的标准。

除有特殊要求的建筑材料、专用设备、工艺生产线等外，设计单位不得指定生产厂、供应商。

第二十三条 设计单位应当就审查合格的施工图设计文件向施工单位作出详细说明。

第二十四条 设计单位应当参与建设工程质量事故分析，并对因设计造成的质量事故，提出相应的技术处理方案。

案例链接

❶《深圳市建筑设计研究总院第二设计院与韩冬委托设计合同纠纷上诉案》,参见北大法宝引证码:Pkulaw.cn/CLI.C.129394。

【建设施工合同】

法律问题解读

建设施工合同,又称为建筑安装工程承包合同,是指发包方(建设单位)和承包方(施工人)为完成商定的施工工程,明确相互权利、义务的协议。根据施工合同所完成的工作任务的不同性质,具体可分为两种合同:(1)建筑工程承包合同;(2)安装工程承包合同。

对于施工合同的内容,根据《合同法》第275条的规定,主要包括以下条款:(1)工程范围,主要包括工程名称及地点,建筑物的栋数、结构、层数、面积等。(2)建设工期,即施工人完成施工工程的时间或期限。(3)中间交工工程的开工和竣工时间。(4)工程质量,即国家有关法律法规、技术标准和合同中规定的对建设工程的适用、安全、经济、美观等各项特性要求的总和。实践中,应当根据《中华人民共和国标准化法》和《技术工程质量监督管理规定》等法律法规确定施工工程的质量。(5)工程造价,即建筑安装某项工程所花费的全部投资。通常包括建筑安装施工过程中的直接费用、间接费用和独立费用等几部分。(6)技术资料交付时间。技术资料的提供,是施工合同履行的基础和前提,建设单位必须按时提供,才能保证施工合同按照合同约定的时间顺利进行。(7)材料和设备的供应责任。(8)拨款和结算。工程价款的支付一般分为预付款、工程进度款、竣工结算款和保修扣留金。中国人民银行发布的《基本建设工程价款结算办法》是双方当事人约定拨款和结算条款的依据。(9)竣工验收,包括隐蔽工程竣工验收和工程竣工验收。(10)质量保修范围和质量保证期。(11)双方相互协作事项。

法条指引

❶《中华人民共和国合同法》(1999年10月1日施行)

第二百七十五条 施工合同的内容包括工程范围、建设工期、中间交工工程的开工和竣工时间、工程质量、工程造价、技术资料交付时间、材料和设备供应责任、拨款和结算、竣工验收、质量保修范围和质量保证期、双方相互协作等条款。

❷《中华人民共和国建筑法》(1998年3月1日施行)

第十二条 从事建筑活动的建筑施工企业、勘察单位、设计单位和工程监理单位,应当具备下列条件:

(一)有符合国家规定的注册资本;

(二)有与其从事的建筑活动相适应的具有法定执业资格的专业技术人员;

(三)有从事相关建筑活动所应有的技术装备;

(四)法律、行政法规规定的其他条件。

第十三条 从事建筑活动的建筑施工企业、勘察单位、设计单位和工程监理单位,按照其拥有的注册资本、专业技术人员、技术装备和已完成的建筑工程业绩等资质条件,划分为不同的资质等级,经资质审查合格,取得相应等级的资质证书后,方可在其资质等级许可的范围内从事建筑活动。

第十四条 从事建筑活动的专业技术人员,应当依法取得相应的执业资格证书,并在执业资格证书许可的范围内从事建筑活动。

第十五条 建筑工程的发包单位与承包单位应当依法订立书面合同,明确双方的权利和义务。

发包单位和承包单位应当全面履行合同约定的义务。不按照合同约定履行义务的,依法承担违约责任。

第二十六条 承包建筑工程的单位应当持有依法取得的资质证书,并在其资质等级许可的业务范围内承揽工程。

禁止建筑施工企业超越本企业资质等级许可的业务范围或者以任何形式用其他建筑施工企业的名义承揽工程。禁止建筑施工企业以任何形式允许其他单位或者个人使用本企业的资质证书、营业执照,以本企业的名义承揽工程。

第五十二条 建筑工程勘察、设计、施工的质量必须符合国家有关建筑工程安全标准的要求,具体管理办法由国务院规定。

有关建筑工程安全的国家标准不能适应确保建筑安全的要求时,应当及时修订。

第五十四条 建设单位不得以任何理由,要求建筑设计单位或者建筑施工企业在工程设计或者施工作业中,违反法律、行政法规和建筑工程质量、安全标准，降低工程质量。

建筑设计单位和建筑施工企业对建设单位违反前款规定提出的降低工程质量的要求，应当予以拒绝。

第五十八条 建筑施工企业对工程的施工质量负责。

建筑施工企业必须按照工程设计图纸和施工技术标准施工，不得偷工减料。工程设计的修改由原设计单位负责，建筑施工企业不得擅自修改工程设计。

第五十九条 建筑施工企业必须按照工程设计要求、施工技术标准和合同的约定，对建筑材料、建筑构配件和设备进行检验，不合格的不得使用。

第六十条 建筑物在合理使用寿命内，必须确保地基基础工程和主体结构的质量。

建筑工程竣工时，屋顶、墙面不得留有渗漏、开裂等质量缺陷；对已发现的质量缺陷，建筑施工企业应当修复。

第六十一条 交付竣工验收的建筑工程，必须符合规定的建筑工程质量标准，有完整的工程技术经济资料和经签署的工程保修书，并具备国家规定的其他竣工条件。

建筑工程竣工经验收合格后，方可交付使用；未经验收或者验收不合格的，不得交付使用。

第六十二条 建筑工程实行质量保修制度。

建筑工程的保修范围应当包括地基基础工程、主体结构工程、屋面防水工程和其他土建工程，以及电气管线、上下水管线的安装工程，供热、供冷系统工程等项目；保修的期限应当按照保证建筑物合理寿命年限内正常使用，维护使用者合法权益的原则确定。具体的保修范围和最低保修期限由国务院规定。

第六十五条 发包单位将工程发包给不具有相应资质条件的承包单位的，或者违反本法规定将建筑工程肢解发包的，责令改正，处以罚款。

超越本单位资质等级承揽工程的，责令停止违法行为，处以罚款，可以责令停业整顿，降低资质等级；情节严重的，吊销资质证书；有违法所得的，予以没收。

未取得资质证书承揽工程的，予以取缔，并处罚款；有违法所得的，予以没收。

以欺骗手段取得资质证书的，吊销资质证书，处以罚款；构成犯罪的，依法追究刑事责任。

第七十二条 建设单位违反本法规定，要求建筑设计单位或者建筑施工企业违反建筑工程质量、安全标准，降低工程质量的，责令改正，可以处以罚款；构成犯罪的，依法追究刑事责任。

第七十四条 建筑施工企业在施工中偷工减料的，使用不合格的建筑材料、建筑构配件和设备的，或者有其他不按照工程设计图纸或者施工技术标准施工的行为的，责令改正，处以罚款；情节严重的，责令停业整顿，降低资质等级或者吊销资质证书；造成建筑工程质量不符合规定的质量标准的，负责返工、修理，并赔偿因此造成的损失；构成犯罪的，依法追究刑事责任。

第七十五条 建筑施工企业违反本法规定，不履行保修义务或者拖延履行保修义务的，责令改正，可以处以罚款，并对在保修期内因屋顶、墙面渗漏、开裂等质量缺陷造成的损失，承担赔偿责任。

❸ **建设部《建筑市场管理规定》**（1991年12月1日施行）

第九条 凡具备招标条件的建设项目，必须按照有关规定进行招标。其他建设项目的承发包活动，须在工程所在地县级以上地方人民政府建设行政主管部门或其授权机构的监督下，按照有关规定择优选定承包单位。

第十条 发包建设项目的单位和个人（以下统称发包方）应当具备下列条件：

（一）是法人、依法成立的其他组织或公民；

（二）有与发包的建设项目相适应的技术、经济管理人员；

（三）实行招标的，应当具有编制招标文件和组织开标、评标、定标的能力。

不具备本条第二、三款条件的，须委托具有相应资质的建设监理、咨询单位等代理。

第十二条 工程施工发包除符合本章第十条规定外，还须具备下列条件：

（一）初步设计及概算已经批准；

（二）工程项目已列入年度建设计划；

（三）有能够满足施工需要的施工图纸及有关技术资料；

（四）建设资金和主要建筑材料、设备来源已经落实；

（五）建设用地的征用已经完成，拆迁已符合工程进度要求。

第十三条 工程的勘察、设计必须委托给持有《企业法人营业执照》和相应资质等级证书的勘察、设计单位。

工程的施工必须发包给持有营业执照和相应资质等级证书的施工企业。

建筑构配件、非标准设备的加工生产，必须发包给具有生产许可证或经有关主管部门依法批准生产的企业。

第十四条 承包工程勘察、设计、施工和建筑构配件、非标准设备加工生产的单位（以下统称承包方），必须持有营业执照、资质证书或产品生产许可证、开户银行资信证明等证件，方准开展承包业务。

第十六条 承包方必须按照其资质等级和核准的经营范围承包任务，不得无证承包或者未经批准越级、超范围承包。

第十七条 工程的勘察、设计、施工，应当严格按照有关的工程建设标准进行，并按照国家有关规定接受当地人民政府建设行政主管部门或其授权机构的核验和监督检查。质量不合格的工程不准交付使用。

第十八条 没有出厂合格证或质量不合格的建筑材料、建筑构配件、设备等，不准在工程上使用。

第十九条 承包工程施工，必须自行组织完成或按照有关规定分包部分工程，不得非法转包。

任何单位和个人都不得出让资质证书、营业执照、图签、银行账号等。

第二十二条 承发包合同的签订，必须严格执行国家和地方的价格政策、计价方法和取费标准。任何单位和个人都不得随意扩大计价的各项标准，不得任意压价、抬价或附加不合理条件。

第二十六条 承包方有下列行为之一的，可以根据情节，予以警告、通报批评、没收非法所得、责令停止勘察设计或施工、责令停产整顿、降低资质等级、吊销营业执照等处罚，并处以二万元以下的罚款。

（一）无证、照或越级勘察、设计、施工的；

（二）非法转包工程的；

（三）出卖、出借、出租、转让、涂改、伪造资质证书、营业执照、银行账号、图签等的；

（四）无证、照或越级承担建设监理的；

（五）利用行贿、"回扣"等手段承揽工程任务，或以介绍工程任务为手段收取费用的。

❹《房屋建筑工程质量保修办法》（2000年6月30日施行）

第三条 本办法所称房屋建筑工程质量保修，是指对房屋建筑工程竣工验收后在保修期限内出现的质量缺陷，予以修复。

本办法所称质量缺陷，是指房屋建筑工程的质量不符合工程建设强制性标准以及合同的约定。

第四条 房屋建筑工程在保修范围和保修期限内出现质量缺陷，施工单位应当履行保修义务。

第七条 在正常使用下，房屋建筑工程的最低保修期限为：

（一）地基基础和主体结构工程，为设计文件规定的该工程的合理使用年限；

（二）屋面防水工程、有防水要求的卫生间、房间和外墙面的防渗漏，为5年；

（三）供热与供冷系统，为两个采暖期、供冷期；

（四）电气系统、给排水管道、设备安装为2年；

（五）装修工程为2年。

其他项目的保修期限由建设单位和施工单位约定。

第八条 房屋建筑工程保修期从工程竣工验收合格之日起计算。

第九条 房屋建筑工程在保修期限内出现质量缺陷，建设单位或者房屋建筑所有人应当向施工单位发出保修通知。

施工单位接到保修通知后，应当到现场核查情况，在保修书约定的时间内予以保修。发生涉及结构安全或者严重影响使用功能的紧急抢修事故，施工单位接到保修通知后，应当立即到达现场抢修。

第十一条 保修完后，由建设单位或者房屋建筑所有人组织验收。涉及结构安全的，应当报当地建设行政主管部门备案。

第十二条 施工单位不按工程质量保修书约定保修的，建设单位可以另行委托其他单位保修，由原施工单位承担相应责任。

第十三条 保修费用由质量缺陷的责任方承担。

第十四条 在保修期内，因房屋建筑工程质量缺陷造成房屋所有人、使用人或者第三方人身、财产损害的，房屋所有人、使用人或者第三方可以向建设单位提出赔偿要求。建设单位向造成房屋建筑工程质量缺陷的责任方追偿。

第十五条 因保修不及时造成新的人身、财产损害，由造成拖延的责任方承担赔偿责任。

第十七条 下列情况不属于本办法规定的保修范围：

（一）因使用不当或者第三方造成的质量缺陷；

（二）不可抗力造成的质量缺陷。

第十八条 施工单位有下列行为之一的，由建设行政主管部门责令改正，并处 1 万元以上 3 万元以下的罚款。

（一）工程竣工验收后，不向建设单位出具质量保修书的；

（二）质量保修的内容、期限违反本办法规定的。

❺《建设工程质量管理条例》（2000 年 1 月 30 日施行）

第二十五条　施工单位应当依法取得相应等级的资质证书，并在其资质等级许可的范围内承揽工程。

禁止施工单位超越本单位资质等级许可的业务范围或者以其他施工单位的名义承揽工程。禁止施工单位允许其他单位或者个人以本单位名义承揽工程。

施工单位不得转包或者违法分包工程。

第二十六条　施工单位对建设工程的施工质量负责。

施工单位应当建立质量责任制，确定工程项目的项目经理、技术负责人和施工管理负责人。

建设工程实行总承包的，总承包单位应当对全部建设工程质量负责；建设工程勘察、设计、施工、设备采购的一项或者多项实行总承包的，总承包单位应当对其承包的建设工程或者采购的设备的质量负责。

第二十七条　总承包单位依法将建设工程分发给其他单位的，分包单位应当按照合同的约定对其分包工程的质量承担连带责任。

第二十八条　施工单位必须按照工程设计图纸和施工技术标准施工，不得擅自修改工程设计，不得偷工减料。

施工单位在施工过程中发现设计文件和图纸有差错的，应当及时提出意见和建议。

第二十九条　施工单位必须按照工程设计要求、施工技术标准和合同约定的，对建筑材料、建筑构配件、设备和商品混凝土进行检验，检验应当有书面记录和专人签字；未经检验和检验产不合格的，不得使用。

第三十条　施工单位必须建立、健全施工质量的检验制度，严格工序管理，作好隐蔽工程的质量检查和记录。隐蔽工程在隐蔽前，施工单位应当通知建设单位和建设工程质量监督机构。

第三十一条　施工人员对涉及结构安全的试块、试件以及有关材料，应当在建设单位或者工程监理单位监督下现场取样，并送具有相应资质等级的质量检测单位进行检测。

第三十二条　施工人员对施工出现质量问题的建设工程或者竣工验收不合格的建设工程，应当负责返修。

第三十三条　施工单位应当建立、健全教育培训制度，加强对职工的教育培训；未经教育培训或者考核不合格的人员，不得上岗作业。

第三十九条　建设工程实行质量保修制度。

建设工程承包单位在向建设单位提交工程竣工验收报告时，应当向建设单位出具质量保修书。质量保修书应当明确建设工程的保修范围、保修期限和保修责任等。

第四十条　在正常使用条件下，建设工程最低保修期限为：

（一）基础设施工程、房屋建筑的地基基础工程和主体结构工程，为设计文件规定的该工程合理使用年限；

（二）屋面防水工程、有防水要求的卫生间、房间和外墙面的防渗漏，为 5 年；

（三）供热与供冷系统，为 2 个采暖期、供冷期；

（四）电气管道、给排水管道、设备安装和装修工程，为 2 年。

其他项目的保修期限由发包方与承包方约定。

建设工程的保修期，自竣工验收合格之日起计算。

第四十一条　建设工程在各个范围和保修期限内发生质量问题的，施工单位应当履行保修义务，并对造成的损失承担赔偿责任。

❻ 最高人民法院《关于审理建设工程施工合同纠纷案件适用法律问题的解释》（2005 年 1 月 1 日）（略）

案例链接

❶《洛阳市鑫店建筑安装工程公司与洛阳市洛龙区龙门镇卫生院建设工程施工合同纠纷上诉案》，参见北大法宝引证码：Pkulaw. cn/CLI. C. 281398。

❷《中建三局第一建设工程有限责任公司与曹北城建设工程施工合同纠纷上诉案》，参见北大法宝引证码：Pkulaw. cn/CLI. C. 277464。

❸《河南省新郑市国家税务局与河南省美辉广告装饰工程有限公司建设施工合同纠纷上诉案》，参见北大法宝引证码：Pkulaw. cn/CLI. C. 286176。

❹《董学林与贾志鹏建设工程施工合同纠纷

上诉案》,参见北大法宝引证码:Pkulaw.cn/CLI.C. 279579。

【建设监理合同】

法律问题解读

建设监理合同,是指建设单位与取得了监理资质证书的监理公司、监理事务所等监理单位签订的,为委托监理单位承担监理业务而明确双方权利义务关系的协议。

为了正确理解、适用监理,通常应当注意以下问题:

1. 建设工程实行监理的,发包人应当与监理人采用书面形式订立委托监理合同。

2. 建设工程监理单位应当具有相应的资质条件,并在其资质等级许可的监理范围内承担监理业务。

3. 工程建筑监理单位实施监理时,依照有关法律、法规以及技术标准、设计文件、监理合同实施监理。

4. 建筑监理单位不得与所监理工程的承包单位或者建筑材料、建筑构配件和设备供应单位有隶属关系或者发生经营性业务关系。

5. 监理单位有权对承包单位在施工质量、建设工期和建设资金等方面代表建设单位实施监督,认为施工不符合工程设计要求、施工技术标准和合同约定的,有权要求建筑施工企业改正。

6. 工程监理单位不得转让监理业务,应当根据建设单位的委托客观公正地执行监理任务。

7. 建筑工程监理单位不按照监理合同的约定履行监理义务,对应当监督检查的项目不检查或者不按照规定检查,给建设单位造成损失的,应当承担相应的赔偿责任。

8. 监理单位与承包单位串通牟取非法利益,给建设单位造成损失的,应当与承包单位承担连带责任。

法条指引

❶《中华人民共和国合同法》(1999年10月1日施行)

第二百七十六条 建设工程实行监理的,发包人应当与监理人采用书面形式订立委托监理合同。发包人与监理人的权利和义务以及法律责任,应当依照本法委托合同以及其他有关法律、行政法规的规定。

❷《中华人民共和国建筑法》(1998年3月1日施行)

第三十条 国家推行建筑工程监理制度。

国务院可以规定实行强制监理的建筑工程的范围。

第三十一条 实行监理的建筑工程,由建设单位委托具有相应资质条件的工程监理单位监理。建设单位与其委托的工程监理单位应当订立书面委托监理合同。

第三十二条 建筑工程监理应当依照法律、行政法规及有关的技术标准、设计文件和建筑工程承包合同,对承包单位在施工质量、建设工期和建设资金使用等方面,代表建设单位实施监督。

工程监理人员认为工程施工不符合工程设计要求、施工技术标准和合同约定的,有权要求建筑施工企业改正。

工程监理人员发现工程设计不符合建筑工程质量标准或者合同约定的质量要求的,应当报告建设单位要求设计单位改正。

第三十三条 实施建筑工程监理前,建设单位应当将委托的工程监理单位、监理的内容及监理权限,书面通知被监理的建筑施工企业。

第三十四条 工程监理单位应当在其资质等级许可的监理范围内,承担工程监理业务。

工程监理单位应当根据建设单位的委托,客观、公正地执行监理任务。

工程监理单位与被监理工程的承包单位以及建筑材料、建筑构配件和设备供应单位不得有隶属关系或者其他利害关系。

工程监理单位不得转让工程监理业务。

第三十五条 工程监理单位不按照委托监理合同的约定履行监理义务,对应当监督检查的项目不检查或者不按照规定检查,给建设单位造成损失的,应当承担相应的赔偿责任。

工程监理单位与承包单位串通,为承包单位谋取非法利益,给建设单位造成损失的,应当与承包单位承担连带赔偿责任。

❸ 建设部《建筑市场管理规定》(1991年12月1日施行)

第二十条 承担建设监理业务的单位,必须持有建设行政主管部门核发的资质证书和工商行政管理机关核发的营业执照,严禁无证、照或越级承担建设监理业务。

❹《工程建设监理规定》(1996年1月1日施行)

第三条 本规定所称工程建设监理是指监理单位受项目法人的委托,依据国家批准的工程项目建设文件、有关工程建设的法律、法规和工程建设监理合同及其他工程建设合同,对工程建设实施的监督管理。

第八条 工程建设监理的范围:
(一) 大、中型工程项目;
(二) 市政、公用工程项目;
(三) 政府投资兴建和开发建设的办公楼、社会发展事业项目和住宅工程项目;
(四) 外资、中外合资、国外贷款、赠款、捐款建设的工程项目。

第九条 工程建设监理的主要内容是控制工程建设的投资、建设工期和工程质量;进行工程建设合同管理,协调有关单位间的工作关系。

第十条 项目法人一般通过招标投标方式择优选定监理单位。

第十一条 监理单位承担监理业务,应当与项目法人签订书面工程建设监理合同。工程建设监理合同的主要条款是:监理的范围和内容、双方的权利与义务、监理费的计取与支付、违约责任、双方约定的其他事项。

第十二条 监理费从工程概算中列支,并核减建设单位的管理费。

第十三条 监理单位应根据所承担的监理任务,组建工程建设监理机构。监理机构一般由总监理工程师、监理工程师和其他监理人员组成。
承担工程施工阶段的监理,监理机构应进驻施工现场。

第十四条 工程建设监理一般应按下列程序进行:
(一) 编制工程建设监理规划;
(二) 按工程建设进度、分专业编制工程建设监理细则;
(三) 按照建设监理细则进行建设监理;
(四) 参与工程竣工预验收,签署建设监理意见;
(五) 建设监理业务完成后,向项目法人提交工程建设监理档案资料。

第十五条 实施监理前,项目法人应当将委托的监理单位、监理的内容、总监理工程师姓名及所赋予的权限,书面通知被监理单位。
总监理工程师应当将其授予监理工程师的权限,书面通知被监理单位。

第十六条 工程建设监理过程中,被监理单位应当按照与项目法人签订的工程建设合同的规定接受监理。

第十七条 监理单位实行资质审批制度。
设立监理单位,须报工程建设监理主管机关进行资质审查合格后,向工商行政管理机关申请企业法人登记。
监理单位应当按照核准的经营范围承接工程建设监理业务。

第十八条 监理单位是建筑市场的主体之一,建设监理是一种高智能的有偿技术服务。
监理单位与项目法人之间是委托与被委托的合同关系;与被监理单位是监理与被监理的关系。
监理单位应按照"公正、独立、自主"的原则,开展工程建设监理工作,公平地维护项目法人和被监理单位的合法权益。

第十九条 监理单位不得转让监理业务。

第二十条 监理单位不得承包工程,不得经营建筑材料、构配件和建筑机械、设备。

第二十一条 监理单位在监理过程中因过错造成重大经济损失的,应承担一定的经济责任和法律责任。

第二十二条 监理工程师实行注册制度。
监理工程师不得出卖、出借、转让、涂改《监理工程师岗位证书》。

第二十三条 监理工程师不得在政府机关或施工、设备制造、材料供应单位兼职,不得是施工、设备制造和材料、构配件供应单位的合伙经营者。

第二十四条 工程项目建设监理实行总监理工程师负责制。总监理工程师行使合同赋予监理单位的权限,全面负责受委托的监理工作。

第二十五条 总监理工程师在授权范围内发布有关指令,签认所监理的工程项目有关款项的支付凭证。
项目法人不得擅自更改总监理工程师的指令。
总监理工程师有权建议撤换不合格的工程建设分包单位和项目负责人及有关人员。

第二十六条 总监理工程师要公正地协调项目法人与被监理单位的争议。

第二十七条 国外公司或社团组织在中国境内独立投资的工程项目建设,如果需要委托国外监理单位承担建设监理业务时,应当聘请中国监理单位参加,进行合作监理。
中国监理单位能够监理的中外合资的工程建设项目,应当委托中国监理单位监理。若有必要,可以委托与该工程项目建设有关的国外监理机构监理或者聘请监理顾问。

国外贷款的工程项目建设，原则上应由中国监理单位负责建设监理。如果贷款方要求国外监理单位参加的，应当与中国监理单位进行合作监理。

国外赠款、捐款建设的工程项目，一般由中国监理单位承担建设监理业务。

第二十八条 外资、中外合资和国外贷款建设的工程项目的监理费用计取标准及付款方式，参照国际惯例由双方协商确定。

第二十九条 项目法人违反本规定，由人民政府建设行政主管部门给予警告、通报批评，责令改正，并可处以罚款。对项目法人的处罚决定抄送计划行政主管部门。

第三十条 监理单位违反本规定，有下列行为之一的，由人民政府建设行政主管部门给予警告、通报批评、责令停业整顿、降低资质等级、吊销资质证书的处罚，并可处以罚款。

（一）未经批准而擅自开业；

（二）超出批准的业务范围从事工程建设监理活动；

（三）转让监理业务；

（四）故意损害项目法人、承建商利益；

（五）因工作失误造成重大事故。

第三十一条 监理工程师违反本规定，有下列行为之一的，由人民政府建设行政主管部门没收非法所得、收缴《监理工程师岗位证书》，并可处以罚款。

（一）假借监理工程师的名义从事监理工作；

（二）出卖、出借、转让、涂改《监理工程师岗位证书》；

（三）在影响公正执行监理业务的单位兼职。

❺《**建设工程质量管理条例**》（2000年1月30日施行）

第八条 建设单位应当依法对工程建设项目的勘察、设计、施工、监理以及与工程建设有关的重要设备、材料等的采购进行招标。

第九条 建设单位必须向有关的勘察、设计、施工、工程监理等单位提供与建设工程有关的原始资料。

原始资料必须真实、准确、齐全。

第十二条 实行监理的建设工程，建设单位应当委托具有相应资质等级的工程监理单位进行监理，也可以委托具有工程监理相应资质等级并与监理工程的施工承包单位没有隶属关系或者其他利害关系的该工程的设计单位进行监理。

下列建设工程必须实行监理：

（一）国家重点建设工程；

（二）大中型公用事业工程；

（三）成片开发建设的住宅小区工程；

（四）利用外国政府或者国际组织贷款、援助资金的工程；

（五）国家规定必须实行监理的其他工程。

第三十四条 工程监理单位应当依法取得相应等级的资质证书，并在其资质等级许可的范围内承担工程监理业务。

禁止工程监理单位超越本单位资质等级许可的范围或者以其他工程监理单位的名义承担工程监理业务，禁止工程监理单位允许其他单位或者个人以本单位的名义承担工程监理业务。

工程监理单位不得转让工程监理业务。

第三十五条 工程监理单位与被监理工程的施工承包单位以及建筑材料、建筑构配件和设备供应单位有隶属关系或者其他利害关系的，不得承担该项建设工程的监理业务。

第三十六条 工程监理单位应当依照法律、法规以及有关技术标准、设计文件和建设工程承包合同，代表建设单位对施工质量实施监理，并对施工质量承担监理责任。

第三十七条 工程监理单位应当选派具有相应资格的总监理工程师进驻施工现场。

未经监理工程师签字，建筑材料、建筑构配件、设备不得在工程上使用或者安装，施工单位不得进行下一道工序的施工，未经总监理工程师签字，建设单位不拨付工程款，不进行竣工验收。

第三十八条 监理工程师应当按照工程监理规范，采取旁站、巡视和平行检验等形式，对建设工程实施监理。

❻《**水利工程建设监理规定**》（2007年2月1日施行）（略）

❼《**水利工程建设监理单位资质管理办法**》（2007年2月1日施行）（略）

❽《**注册监理工程师管理规定**》（2006年4月1日施行）

第二条 中华人民共和国境内注册监理工程师的注册、执业、继续教育和监督管理，适用本规定。

第三条 本规定所称注册监理工程师，是指经考试取得中华人民共和国监理工程师资格证书（以下简称资格证书），并按照本规定注册，取得中华人民共和国注册监理工程师注册执业证书

（以下简称注册证书）和执业印章，从事工程监理及相关业务活动的专业技术人员。

未取得注册证书和执业印章的人员，不得以注册监理工程师的名义从事工程监理及相关业务活动。

第五条 注册监理工程师实行注册执业管理制度。

取得资格证书的人员，经过注册方能以注册监理工程师的名义执业。

第六条 注册监理工程师依据其所学专业、工作经历、工程业绩，按照《工程监理企业资质管理规定》划分的工程类别，按专业注册。每人最多可以申请两个专业注册。

第七条 取得资格证书的人员申请注册，由省、自治区、直辖市人民政府建设主管部门初审，国务院建设主管部门审批。

取得资格证书并受聘于一个建设工程勘察、设计、施工、监理、招标代理、造价咨询等单位的人员，应当通过聘用单位向单位工商注册所在地的省、自治区、直辖市人民政府建设主管部门提出注册申请；省、自治区、直辖市人民政府建设主管部门受理后提出初审意见，并将初审意见和全部申报材料报国务院建设主管部门审批；符合条件的，由国务院建设主管部门核发注册证书和执业印章。

第九条 注册证书和执业印章是注册监理工程师的执业凭证，由注册监理工程师本人保管、使用。

注册证书和执业印章的有效期为3年。

第十条 初始注册者，可自资格证书签发之日起3年内提出申请。逾期未申请者，须符合继续教育的要求后方可申请初始注册。

申请初始注册，应当具备以下条件：

（一）经全国注册监理工程师执业资格统一考试合格，取得资格证书；

（二）受聘于一个相关单位；

（三）达到继续教育要求；

（四）没有本规定第十三条所列情形。

初始注册需要提交下列材料：

（一）申请人的注册申请表；

（二）申请人的资格证书和身份证复印件；

（三）申请人与聘用单位签订的聘用劳动合同复印件；

（四）所学专业、工作经历、工程业绩、工程类中级及中级以上职称证书等有关证明材料；

（五）逾期初始注册的，应当提供达到继续教育要求的证明材料。

第十一条 注册监理工程师每一注册有效期为3年，注册有效期满需继续执业的，应当在注册有效期满30日前，按照本规定第七条规定的程序申请延续注册。延续注册有效期3年。延续注册需要提交下列材料：

（一）申请人延续注册申请表；

（二）申请人与聘用单位签订的聘用劳动合同复印件；

（三）申请人注册有效期内达到继续教育要求的证明材料。

第十二条 在注册有效期内，注册监理工程师变更执业单位，应当与原聘用单位解除劳动关系，并按本规定第七条规定的程序办理变更注册手续，变更注册后仍延续原注册有效期。

变更注册需要提交下列材料：

（一）申请人变更注册申请表；

（二）申请人与新聘用单位签订的聘用劳动合同复印件；

（三）申请人的工作调动证明（与原聘用单位解除聘用劳动合同或者聘用劳动合同到期的证明文件、退休人员的退休证明）。

第十三条 申请人有下列情形之一的，不予初始注册、延续注册或者变更注册：

（一）不具有完全民事行为能力的；

（二）刑事处罚尚未执行完毕或者因从事工程监理或者相关业务受到刑事处罚，自刑事处罚执行完毕之日起至申请注册之日止不满2年的；

（三）未达到监理工程师继续教育要求的；

（四）在两个或者两个以上单位申请注册的；

（五）以虚假的职称证书参加考试并取得资格证书的；

（六）年龄超过65周岁的；

（七）法律、法规规定不予注册的其他情形。

第十四条 注册监理工程师有下列情形之一的，其注册证书和执业印章失效：

（一）聘用单位破产的；

（二）聘用单位被吊销营业执照的；

（三）聘用单位被吊销相应资质证书的；

（四）已与聘用单位解除劳动关系的；

（五）注册有效期满且未延续注册的；

（六）年龄超过65周岁的；

（七）死亡或者丧失行为能力的；

（八）其他导致注册失效的情形。

第十五条 注册监理工程师有下列情形之一的，负责审批的部门应当办理注销手续，收回注册证书和执业印章或者公告其注册证书和执业印章作废：

（一）不具有完全民事行为能力的；

（二）申请注销注册的；

（三）有本规定第十四条所列情形发生的；

（四）依法被撤销注册的；

（五）依法被吊销注册证书的；

（六）受到刑事处罚的；

（七）法律、法规规定应当注销注册的其他情形。

注册监理工程师有前款情形之一的，注册监理工程师本人和聘用单位应当及时向国务院建设主管部门提出注销注册的申请；有关单位和个人有权向国务院建设主管部门举报；县级以上地方人民政府建设主管部门或者有关部门应当及时报告或者告知国务院建设主管部门。

第十六条 被注销注册者或者不予注册者，在重新具备初始注册条件，并符合继续教育要求后，可以按照本规定第七条规定的程序重新申请注册。

第十七条 取得资格证书的人员，应当受聘于一个具有建设工程勘察、设计、施工、监理、招标代理、造价咨询等一项或者多项资质的单位，经注册后方可从事相应的执业活动。从事工程监理执业活动的，应当受聘并注册于一个具有工程监理资质的单位。

第十八条 注册监理工程师可以从事工程监理、工程经济与技术咨询、工程招标与采购咨询、工程项目管理服务以及国务院有关部门规定的其他业务。

第十九条 工程监理活动中形成的监理文件由注册监理工程师按照规定签字盖章后方可生效。

第二十条 修改经注册监理工程师签字盖章的工程监理文件，应当由该注册监理工程师进行；因特殊情况，该注册监理工程师不能进行修改的，应当由其他注册监理工程师修改，并签字、加盖执业印章，对修改部分承担责任。

第二十一条 注册监理工程师从事执业活动，由所在单位接受委托并统一收费。

第二十二条 因工程监理事故及相关业务造成的经济损失，聘用单位应当承担赔偿责任；聘用单位承担赔偿责任后，可依法向负有过错的注册监理工程师追偿。

第二十三条 注册监理工程师在每一注册有效期内应当达到国务院建设主管部门规定的继续教育要求。继续教育作为注册监理工程师逾期初始注册、延续注册和重新申请注册的条件之一。

第二十四条 继续教育分为必修课和选修课，在每一注册有效期内各为48学时。

第二十五条 注册监理工程师享有下列权利：

（一）使用注册监理工程师称谓；

（二）在规定范围内从事执业活动；

（三）依据本人能力从事相应的执业活动；

（四）保管和使用本人的注册证书和执业印章；

（五）对本人执业活动进行解释和辩护；

（六）接受继续教育；

（七）获得相应的劳动报酬；

（八）对侵犯本人权利的行为进行申诉。

第二十六条 注册监理工程师应当履行下列义务：

（一）遵守法律、法规和有关管理规定；

（二）履行管理职责，执行技术标准、规范和规程；

（三）保证执业活动成果的质量，并承担相应责任；

（四）接受继续教育，努力提高执业水准；

（五）在本人执业活动所形成的工程监理文件上签字、加盖执业印章；

（六）保守在执业中知悉的国家秘密和他人的商业、技术秘密；

（七）不得涂改、倒卖、出租、出借或者以其他形式非法转让注册证书或者执业印章；

（八）不得同时在两个或者两个以上单位受聘或者执业；

（九）在规定的执业范围和聘用单位业务范围内从事执业活动；

（十）协助注册管理机构完成相关工作。

第二十七条 隐瞒有关情况或者提供虚假材料申请注册的，建设主管部门不予受理或者不予注册，并给予警告，1年之内不得再次申请注册。

第二十八条 以欺骗、贿赂等不正当手段取得注册证书的，由国务院建设主管部门撤销其注册，3年内不得再次申请注册，并由县级以上地方人民政府建设主管部门处以罚款，其中没有违法所得的，处以1万元以下罚款，有违法所得的，处以违法所得3倍以下且不超过3万元的罚款；构成犯罪的，依法追究刑事责任。

第二十九条 违反本规定，未经注册，擅自以注册监理工程师的名义从事工程监理及相关业务活动的，由县级以上地方人民政府建设主管部门给予警告,责令停止违法行为,处以3万元以下罚款;造成损失的,依法承担赔偿责任。

第三十条 违反本规定,未办理变更注册仍执业的,由县级以上地方人民政府建设主管部门给予警告,责令限期改正;逾期不改的,可处以5000元以下的罚款。

第三十一条 注册监理工程师在执业活动中有下列行为之一的,由县级以上地方人民政府建设主管部门给予警告,责令其改正,没有违法所得的,处以1万元以下罚款,有违法所得的,处以违法所得3倍以下且不超过3万元的罚款;造成损失的,依法承担赔偿责任;构成犯罪的,依法追究刑事责任:

(一)以个人名义承接业务的;

(二)涂改、倒卖、出租、出借或者以其他形式非法转让注册证书或者执业印章的;

(三)泄露执业中应当保守的秘密并造成严重后果的;

(四)超出规定执业范围或者聘用单位业务范围从事执业活动的;

(五)弄虚作假提供执业活动成果的;

(六)同时受聘于两个或者两个以上的单位,从事执业活动的;

(七)其他违反法律、法规、规章的行为。

第三十二条 有下列情形之一的,国务院建设主管部门依据职权或者根据利害关系人的请求,可以撤销监理工程师注册:

(一)工作人员滥用职权、玩忽职守颁发注册证书和执业印章的;

(二)超越法定职权颁发注册证书和执业印章的;

(三)违反法定程序颁发注册证书和执业印章的;

(四)对不符合法定条件的申请人颁发注册证书和执业印章的;

(五)依法可以撤销注册的其他情形。

第三十三条 县级以上人民政府建设主管部门的工作人员,在注册监理工程师管理工作中,有下列情形之一的,依法给予处分;构成犯罪的,依法追究刑事责任:

(一)对不符合法定条件的申请人颁发注册证书和执业印章的;

(二)对符合法定条件的申请人不予颁发注册证书和执业印章的;

(三)对符合法定条件的申请人未在法定期限内颁发注册证书和执业印章的;

(四)对符合法定条件的申请不予受理或者未在法定期限内初审完毕的;

(五)利用职务上的便利,收受他人财物或者其他好处的;

(六)不依法履行监督管理职责,或者发现违法行为不予查处的。

案例链接

❶《云南小水电建筑工程公司诉云南省地质工程勘察总公司建设工程施工合同纠纷案》,参见北大法宝引证码:Pkulaw. cn/CLI. C. 188338。

❷《成都市兴业建设工程监理有限公司与成都天欣实业有限公司建设工程监理合同纠纷上诉案》,参见北大法宝引证码:Pkulaw. cn/CLI. C. 108377。

❸《厦门则律建设咨询监理有限公司诉江西省劳动和社会保障厅驻厦劳务管理处等建设工程监理合同案》,参见北大法宝引证码:Pkulaw. cn/CLI. C. 229805。

【发包】

法律问题解读

所谓发包,是指建设工程合同的订立过程中,发包人将建设工程的勘察、设计、施工一并交给一个工程总承包单位完成或者将建设工程勘察、设计、施工的一项或几项交给一个承包单位完成的行为。建设工程的发包与承包,是从不同主体的视角对同一法律行为的描述。发包与承包是建设工程合同订立不可或缺的过程。

根据发布方式的不同,建设工程承包合同主要有两种方式:

1. 发包方与承包方就整个建设工程从勘察、设计到施工签订总承包协议,由承包方对整个建设工程负责。这里的承包方可以是一家单位,对大型工程或结构复杂的工程,也可以由两个以上的承包单位共同与发包方签订总承包合同。

2. 由发包方分别与勘察人、设计人、施工人签订勘察、设计、施工合同,实行平行发包。各承包方分别对建设工程的勘察、设计、建筑、安装阶段的质量、工期、工程造价等与发包方产生债权债务关系。

在实践中,应当特别注意的是,我国法律严禁肢解发包。所谓肢解发包,是指发包人将应当由一个承包单位完成的建设工程肢解成若干部分发包给几个承包单位的行为。这种行为容易导致建设工程管理上的混乱，不能保证建设工程的质量和安全，并且容易造成工期延长、建设成本增加等不良后果。因此，我国《合同法》、《建筑法》等法律法规对此明确予以禁止。法律的这些规定为强制性规定，凡是属于肢解发包工程的行为，均应认定为发包合同无效。

法条指引

❶《**中华人民共和国合同法**》（1999年10月1日施行）

第二百七十二条 发包人可以与总承包人订立建设工程合同，也可以分别与勘察人、设计人、施工人订立勘察、设计、施工承包合同。发包人不得将应当由一个承包人完成的建设工程肢解成若干部分发包给几个承包人。

总承包人或者勘察、设计、施工承包人经发包人同意，可以将自己承包的部分工作交由第三人完成。第三人就其完成的工作成果与总承包人或者勘察、设计、施工承包人向发包人承担连带责任。承包人不得将其承包的全部建设工程转包给第三人或者将其承包的全部建设工程肢解以后以分包的名义分别转包给第三人。

禁止承包人将工程分包给不具备相应资质条件的单位。禁止分包单位将其承包的工程再分包。建设工程主体结构的施工必须由承包人自行完成。

❷《**中华人民共和国建筑法**》（1998年3月1日施行）

第二十四条 提倡对建筑工程实行总承包，禁止将建筑工程肢解发包。

建筑工程的发包单位可以将建筑工程的勘察、设计、施工、设备采购一并发包给一个工程总承包单位，也可以将建筑工程勘察、设计、施工、设备采购的一项或者多项发包给一个工程总承包单位；但是，不得将应当由一个承包单位完成的建筑工程肢解成若干部分发包给几个承包单位。

第二十六条 承包建筑工程的单位应当持有依法取得的资质证书，并在其资质等级许可的业务范围内承揽工程。

禁止建筑施工企业超越本企业资质等级许可的业务范围或者以任何形式用其他建筑施工企业的名义承揽工程。禁止建筑施工企业以任何形式允许其他单位或者个人使用本企业的资质证书、营业执照，以本企业的名义承揽工程。

第二十七条 大型建筑工程或者结构复杂的建筑工程，可以由两个以上的承包单位联合共同承包。共同承包的各方对承包合同的履行承担连带责任。

两个以上不同资质等级的单位实行联合共同承包的，应当按照资质等级低的单位的业务许可范围承揽工程。

第二十八条 禁止承包单位将其承包的全部建筑工程转包给他人，禁止承包单位将其承包的全部建筑工程肢解以后以分包的名义分别转包给他人。

第六十五条 发包单位将工程发包给不具有相应资质条件的承包单位的，或者违反本法规定将建筑工程肢解发包的，责令改正，处以罚款。

超越本单位资质等级承揽工程的，责令停止违法行为，处以罚款，可以责令停业整顿，降低资质等级；情节严重的，吊销资质证书；有违法所得的，予以没收。

未取得资质证书承揽工程的，予以取缔，并处罚款；有违法所得的，予以没收。

以欺骗手段取得资质证书的，吊销资质证书，处以罚款；构成犯罪的，依法追究刑事责任。

❸ 建设部《**建筑市场管理规定**》（1991年12月1日施行）

第十条 发包建设项目的单位和个人（以下统称发包方）应当具备下列条件：

（一）是法人、依法成立的其他组织或公民；

（二）有与发包的建设项目相适应的技术、经济管理人员；

（三）实行招标的，应当具有编制招标文件和组织开标、评标、定标的能力。

不具备本条第二、三款条件的，须委托具有相应资质的建设监理、咨询单位等代理。

第十一条 发包工程勘察设计，除符合本章第十条规定外，还须具备下列条件：

（一）设计任务书已经批准；

（二）具有工程设计所需要的基础资料。

第十二条 工程施工发包除符合本章第十条规定外，还须具备下列条件：

（一）初步设计及概算已经批准；

（二）工程项目已列入年度建设计划；

（三）有能够满足施工需要的施工图纸及有关技术资料；

（四）建设资金和主要建筑材料、设备来源已经落实；

（五）建设用地的征用已经完成，拆迁已符合工程进度要求。

第十三条 工程的勘察、设计必须委托给持有《企业法人营业执照》和相应资质等级证书的勘察、设计单位。

工程的施工必须发包给持有营业执照和相应资质等级证书的施工企业。

建筑构配件、非标准设备的加工生产，必须发包给具有生产许可证或经有关主管部门依法批准生产的企业。

❹《建设工程质量管理条例》（2000年1月30日施行）

第七条 建设单位应当将工程发包给具有相应资质等级的单位。

建设单位不得将建设工程肢解发包。

第八条 建设单位应当依法对工程建设项目的勘察、设计、施工、监理以及与工程建设有关的重要设备、材料等的采购进行招标。

第十八条 从事建设工程勘察、设计的单位应当依法取得相应等级的资质证书，并在其资质等级许可的范围内承揽工程。

禁止勘察、设计单位超越其资质等级许可的范围或者以其他勘察、设计单位的名义承揽工程。禁止勘察、设计单位允许其他单位或者个人以本单位的名义承揽工程。

勘察、设计单位不得转包或者违法分包所承揽的工程。

第二十五条 施工单位应当依法取得相应等级的资质证书，并在其资质等级许可的范围内承揽工程。

禁止施工单位超越本单位资质等级许可的业务范围或者以其他施工单位的名义承揽工程。禁止施工单位允许其他单位或者个人以本单位的名义承揽工程。

施工单位不得转包或者违法分包工程。

第三十四条 工程监理单位应当依法取得相应等级的资质证书，并在其资质等级许可的范围内承担工程监理业务。

禁止工程监理单位超越本单位资质等级许可的范围或者以其他工程监理单位的名义承担工程监理业务。禁止工程监理单位允许其他单位或者个人以本单位的名义承担工程监理业务。

工程监理单位不得转让工程监理业务。

❺《关于禁止在工程建设中垄断市场和肢解发包工程的通知》（1996年4月22日施行）

一、在工程施工中，总包（包括施工总包，下同）单位有能力并有相应资质承担上下水、暖气、电气、电讯、消防工程和清运渣土的，应由其自行组织施工和清运；若总包单位需将上述某种工程分包的，在征得建设单位同意后，亦可分包给具有相应资质的企业，但必须由总包单位统一进行管理，切实承担总包责任。建设单位要加强监督检查，明确责任，保证工程质量和施工安全。

除总包单位外，任何单位和个人均不得以任何方式指定分包单位。

五、各级建设行政主管部门和工商行政管理部门要按照各自的职责权限加强对建筑市场的监督检查，同时，要建立举报制度，发挥全社会的监督作用。对于垄断市场、肢解发包工程的行为，工商行政管理部门要依照《反不正当竞争法》和国家工商行政管理局《关于禁止公用企业限制竞争行为的若干规定》，严肃查处。建设行政主管部门要按照《关于在工程建设中深入开展反对腐败和反对不正当竞争的通知》中的规定，对违法单位的负责人给予党纪政纪处分。各级建设行政主管部门和工商行政管理部门要加强协作，密切配合，共同做好执法工作。

案例链接

❶《安徽铭基金诺置业有限公司与华丰建设股份有限公司建设工程施工合同纠纷上诉案》，参见北大法宝引证码：Pkulaw. cn/CLI. C. 285051。

❷《驻马店市东高置业有限公司与河南群立地基基础工程有限公司等建设工程施工合同纠纷上诉案》，参见北大法宝引证码：Pkulaw. cn/CLI. C. 277467。

❸《三门峡市会安装饰工程处与三门峡华兴建筑有限责任公司建筑工程安装合同纠纷再审案》，参见北大法宝引证码：Pkulaw. cn/CLI. C. 285549。

学者观点

❶ 王建东、毛亚敏：《建设工程合同的主体资格》，参见北大法宝引证码：Pkulaw. cn/CLI. A. 181009。

【分包】

法律问题解读

建设工程分包，是指工程的承包方（包括勘察人、设计人、施工人）经发包人同意后，依法将其承包的工程交给第三人完成的行为。

根据《合同法》、《建筑法》以及其他相关法律法规的规定，建设工程的分包应当遵循下列原则：

1. 总承包人对建设工程进行分包的，应当征得发包人的同意，总包合同中另有约定的除外。

2. 总包单位必须自行完成建设项目（或单项、单位工程）的主要部分，其非主要部分或专业性较强的工程可分包给营业条件符合该工程技术要求的建筑安装单位。其中建设项目、单项工程的主要部分，是指技术复杂、工程质量要求高的单位工程；单位工程的主要部分，是指工程的主体结构；专业性较强的工程，是指工艺设备安装、结构吊装工程或专业化施工的分部分项工程。结构和技术要求相同的群体工程，总包单位应自行完成半数以上的单位工程。

3. 总承包单位可以将承包工程的一部分或几部分发包给具有相应资质的分包单位，而不能将全部工程都分包出去。

4. 分包单位必须自行完成分包工程，不得再行分包。但是属于金属容器的气密性试验、压力试验、工艺设备安装的调试工作、吊装工程的焊缝探伤检查、打桩和高级装修等特殊专业技术作业除外。

5. 为保证工程质量，切实保护发包人的利益，总承包单位和分包单位就分包工程的工作成果对发包单位承担连带责任。

法条指引

❶《中华人民共和国合同法》（1999年10月1日施行）

第二百七十二条 发包人可以与总承包人订立建设工程合同，也可以分别与勘察人、设计人、施工人订立勘察、设计、施工承包合同。发包人不得将应当由一个承包人完成的建设工程肢解成若干部分发包给几个承包人。

总承包人或者勘察、设计、施工承包人经发包人同意，可以将自己承包的部分工作交由第三人完成。第三人就其完成的工作成果与总承包人或者勘察、设计、施工承包人向发包人承担连带责任。承包人不得将其承包的全部建设工程转包给第三人或者将其承包的全部建设工程肢解以后以分包的名义分别转包给第三人。

禁止承包人将工程分包给不具备相应资质条件的单位。禁止分包单位将其承包的工程再分包。建设工程主体结构的施工必须由承包人自行完成。

❷《中华人民共和国建筑法》（1998年3月1日施行）

第二十九条 建筑工程总承包单位可以将承包工程中的部分工程发包给具有相应资质条件的分包单位；但是，除总承包合同中约定的分包外，必须经建设单位认可。施工总承包的，建筑工程主体结构的施工必须由总承包单位自行完成。

建筑工程总承包单位按照总承包合同的约定对建设单位负责；分包单位按照分包合同的约定对总承包单位负责。总承包单位和分包单位就分包工程对建设单位承担连带责任。

禁止总承包单位将工程分包给不具备相应资质条件的单位。禁止分包单位将其承包的工程再分包。

❸ 建设部《建筑市场管理规定》（1991年12月1日施行）

第十九条 承包工程施工，必须自行组织完成或按照有关规定分包部分工程，不得非法转包。

任何单位和个人都不得出让资质证书、营业执照、图签、银行账号等。

❹《建设工程质量管理条例》（2000年1月30日施行）

第二十七条 总承包单位依法将建设工程分发给其他单位的，分包单位应当按照合同的约定对其分包工程的质量承担连带责任。

第六十条 违反本条例规定，勘察、设计、施工、工程监理单位超越本单位资质等级承揽工程的，责令停止违法行为，对勘察、设计单位或者工程监理单位处合同约定的勘察费、设计费或者监理酬金1倍以上2倍以下的罚款；对施工单位处工程合同价款百分之二以上百分之四以下的罚款，可以责令停业整顿，降低资质等级；情节严重的，吊销资质证书；有违法所得的，予以没收。

以欺骗手段取得资质证书承揽工程的，吊销资质证书，依照本条第一款规定处以罚款，有违法所得的，予以没收。

❺ 建设部《房屋建筑和市政基础设施工程施工分包管理办法》（2004年4月1日施行）

第四条 本办法所称施工分包，是指建筑业企业将其所承包的房屋建筑和市政基础设施工程中的专业工程或者劳务作业发包给其他建筑业企业完成的活动。

第五条 房屋建筑和市政基础设施工程施工分包分为专业工程分包和劳务作业分包。

本办法所称专业工程分包，是指施工总承包

企业（以下简称专业分包工程发包人）将其所承包工程中的专业工程发包给具有相应资质的其他建筑业企业（以下简称专业分包工程承包人）完成的活动。

本办法所称劳务作业分包，是指施工总承包企业或者专业承包企业（以下简称劳务作业发包人）将其承包工程中的劳务作业发包给劳务分包企业（以下简称劳务作业承包人）完成的活动。

本办法所称分包工程发包人包括本条第二款、第三款中的专业分包工程发包人和劳务作业发包人；分包工程承包人包括本条第二款、第三款中的专业分包工程承包人和劳务作业承包人。

第六条 房屋建筑和市政基础设施工程施工分包活动必须依法进行。

第八条 分包工程承包人必须具有相应的资质，并在其资质等级许可的范围内承揽业务。

严禁个人承揽分包工程业务。

第九条 专业工程分包除在施工总承包合同中有约定外，必须经建设单位认可。专业分包工程承包人必须自行完成所承包的工程。

劳务作业分包由劳务作业发包人与劳务作业承包人通过劳务合同约定。劳务作业承包人必须自行完成所承包的任务。

第十四条 禁止将承包的工程进行违法分包。下列行为，属于违法分包：

（一）分包工程发包人将专业工程或者劳务作业分包给不具备相应资质条件的分包工程承包人的；

（二）施工总承包合同中未有约定，又未经建设单位认可，分包工程发包人将承包工程中的部分专业工程分包给他人的。

第十六条 分包工程承包人应当按照分包合同的约定对其承包的工程向分包工程发包人负责。分包工程发包人和分包工程承包人就分包工程对建设单位承担连带责任。

第十九条 未取得建筑业企业资质承接分包工程的，按照《中华人民共和国建筑法》第六十五条第三款和《建设工程质量管理条例》第六十条第一款、第二款的规定处罚。

案例链接

❶《丁新力诉驻马店市和力公路工程有限公司承揽合同纠纷案》，参见北大法宝引证码：Pkulaw. cn/CLI. C. 285620。

❷《驻马店市东高置业有限公司与河南群立地基基础工程有限公司等建设工程施工合同纠纷上诉案》，参见北大法宝引证码：Pkulaw. cn/CLI. C. 277467。

❸《三门峡市会安装饰工程处与三门峡华兴建筑有限责任公司建筑工程安装合同纠纷再审案》，参见北大法宝引证码：Pkulaw. cn/CLI. C. 285549。

❹《杨东海诉杨土兴等建设工程分包合同纠纷案》，参见北大法宝引证码：Pkulaw. cn/CLI. C. 285386。

【转包】

法律问题解读

所谓转包，是指承包单位以赢利为目的，不行使承包人的管理职能，将承包的工程全部转手给其他单位承包，不对工程承担任何技术、质量、法律责任的行为。转包不仅容易诱发投机行为，而且更可能导致工程质量的低劣。《合同法》规定，承包人不得将其承包的全部建设工程转包给第三人；《建筑法》规定，禁止承包单位将其承包的全部建筑工程转包给他人。由此可见，我国法律对于建设工程的转包严格予以禁止。法律的上述规定属于强制性、禁止性规定，任何人不得违反。因此，对于转包合同，司法实践中应当直接认定为无效。

由于法律明确禁止建设工程的转包，因此实务中明目张胆的转包行为并不多见，而变相的转包行为则多种多样。如不少承包单位以"内部承包"为名行转包之实，或者以"内部经营管理方式"的形式接受无证经营的乡镇工程队、个体建筑户挂靠经营。在司法实践中，对于这些变相转包行为的认定具有一定的难度。然而，如果将这些变相转包行为认定为内部承包或者内部经营方式而不加禁止，则国家法律禁止转包的立法意图将难以实现，建筑市场将陷入混乱，工程质量也将得不到保证。

在转包的法律责任问题上，《建筑法》规定，承包单位将承包的工程转包的，责令改正，没收违法所得，并处罚款，可以责令停业整顿，降低资质等级；情节严重的，吊销资质证书。承包单位有转包行为的，对因转包工程不符合规定的质量标准造成的损失，与接受转包的单位承担连带赔偿责任。

法条指引

❶《中华人民共和国合同法》（1999年10月1日施行）

第二百七十二条　发包人可以与总承包人订立建设工程合同，也可以分别与勘察人、设计人、施工人订立勘察、设计、施工承包合同。发包人不得将应当由一个承包人完成的建设工程肢解成若干部分发包给几个承包人。

总承包人或者勘察、设计、施工承包人经发包人同意，可以将自己承包的部分工作交由第三人完成。第三人就其完成的工作成果与总承包人或者勘察、设计、施工承包人向发包人承担连带责任。承包人不得将其承包的全部建设工程转包给第三人或者将其承包的全部建设工程肢解以后以分包的名义分别转包给第三人。

禁止承包人将工程分包给不具备相应资质条件的单位。禁止分包单位将其承包的工程再分包。建设工程主体结构的施工必须由承包人自行完成。

❷《中华人民共和国建筑法》（1998年3月1日施行）

第二十八条　禁止承包单位将其承包的全部建筑工程转包给他人，禁止承包单位将其承包的全部建筑工程肢解以后以分包的名义分别转包给他人。

第六十七条　承包单位将承包的工程转包的，或者违反本法规定进行分包的，责令改正，没收违法所得，并处罚款，可以责令停业整顿，降低资质等级；情节严重的，吊销资质证书。

承包单位有前款规定的违法行为的，对因转包工程或者违法分包的工程不符合规定的质量标准造成的损失，与接受转包或者分包的单位承担连带赔偿责任。

❸ 建设部《建筑市场管理规定》（1991年12月1日施行）

第十九条　承包工程施工，必须自行组织完成或按照有关规定分包部分工程，不得非法转包。

任何单位和个人都不得出让资质证书、营业执照、图签、银行账号等。

第二十六条　承包方有下列行为之一的，可以根据情节，予以警告、通报批评、没收非法所得、责令停止勘察设计或施工、责令停产整顿、降低资质等级、吊销营业执照等处罚，并处以二万元以下的罚款。

（一）无证、照或越级勘察、设计、施工的；

（二）非法转包工程的；

（三）出卖、出借、出租、转让、涂改、伪造资质证书、营业执照、银行账号、图签等的；

（四）无证、照或越级承担建设监理的；

（五）利用行贿、"回扣"等手段承揽工程任务，或以介绍工程任务为手段收取费用的。

❹《建设工程质量管理条例》（2000年1月30日施行）

第二十五条　施工单位应当依法取得相应等级的资质证书，并在其资质等级许可的范围内承揽工程。

禁止施工单位超越本单位资质等级许可的业务范围或者以其他施工单位的名义承揽工程。禁止施工单位允许其他单位或者个人以本单位名义承揽工程。

施工单位不得转包或者违法分包工程。

第六十二条　违反本条例规定，承包单位将承包的工程转包或者违法分包的，责令改正，没收违法所得，对勘察、设计单位和工程监理单位处合同勘察费、设计费百分之二十五以上百分之五十以下的罚款；对施工单位处工程合同价款百分之零点五以上百分之一以下的罚款，可以责令停业整顿，降低资质等级；情节严重的，吊销资质证书；有违法所得的，予以没收。

工程监理单位转让工程监理业务的，责令改正，没收违法所得，处合同约定的监理酬金百分之二十五以上百分之五十以下的罚款；可以责令停业整顿，降低资质等级；情节严重的，吊销资质证书。

❺ 建设部《房屋建筑和市政基础设施工程施工分包管理办法》（2004年4月1日施行）

第十三条　禁止将承包的工程进行转包。不履行合同约定，将其承包的全部工程发包给他人，或者将其承包的全部工程肢解后以分包的名义分别发包给他人的，属于转包行为。

违反本办法第十二条规定，分包工程发包人将工程分包后，未在施工现场设立项目管理机构和派驻相应人员，并未对该工程的施工活动进行组织管理的，视同转包行为。

第十八条　违反本办法规定，转包、违法分包或者允许他人以本企业名义承揽工程的，按照《中华人民共和国建筑法》、《中华人民共和国招标投标法》和《建设工程质量管理条例》的规定予以处罚；对于接受转包、违法分包和用他人名义承揽工程的，处1万元以上3万元以下的罚款。

❻ 最高人民法院《关于审理建设工程施工合

同纠纷案件适用法律问题的解释》（2005年1月1日施行）

第四条 承包人非法转包、违法分包建设工程或者没有资质的实际施工人借用有资质的建筑施工企业名义与他人签订建设工程施工合同的行为无效。人民法院可以根据民法通则第一百三十四条规定，收缴当事人已经取得的非法所得。

第七条 具有劳务作业法定资质的承包人与总承包人、分包人签订的劳务分包合同，当事人以转包建设工程违反法律规定为由请求确认无效的，不予支持。

第八条 承包人具有下列情形之一，发包人请求解除建设工程施工合同的，应予支持：

（一）明确表示或者以行为表明不履行合同主要义务的；

（二）合同约定的期限内没有完工，且在发包人催告的合理期限内仍未完工的；

（三）已经完成的建设工程质量不合格，并拒绝修复的；

（四）将承包的建设工程非法转包、违法分包的。

案例链接

❶《丁新力诉驻马店市和力公路工程有限公司承揽合同纠纷案》，参见北大法宝引证码：Pkulaw. cn/CLI. C. 285620。

❷《郑州东风建筑工程有限公司与王广鑫建设工程合同纠纷上诉案》，参见北大法宝引证码：Pkulaw. cn/CLI. C. 287382。

❸《三门峡市会安装饰工程处与三门峡华兴建筑有限责任公司建筑工程安装合同纠纷再审案》，参见北大法宝引证码：Pkulaw. cn/CLI. C. 285549。

学者观点

❶ 张泽涛：《农村耕地转包纠纷的实证分析与解决机制》，参见北大法宝引证码：Pkulaw. cn/CLI. A. 1113896。

【国家重点建设工程合同】

法律问题解读

对于国家确定的重大建设工程，如基本建设中的大型建设项目，由于建设工程涉及面广，内外协作环节多，且往往具有关系国计民生的重大意义，因此必须有计划、有步骤、有秩序地进行。这类建设工程合同的订立，须受严格的国家计划的约束，要按照国家计划和相关批准文件方能有效成立。

1. 国家重大建设工程合同必须按照国家规定的程序订立。通常而言，国家重大工程的建设，应当依据以下程序进行：（1）根据整个国民经济的发展情况，编制计划任务书，选定建设地点；（2）计划任务书得到国家主管部门批准后，进行勘察设计；（3）设计列入国家年度计划后，组织施工；（4）工程按设计内容完成后，进行验收，交付生产使用。

2. 国家重点建设工程合同必须按照国家批准的投资计划订立。尽管基本建设项目投资随着市场经济的发展出现了多样化的趋势，但是这不能改变基本建设的国家计划性质。凡是没有列入国家投资计划的建设项目，不得签订建设工程承包合同。

3. 可行性研究报告也是国家重大工程建设合同订立的依据。将可行性研究报告作为订立重大建设工程合同的依据，有利于防止草率签订合同，避免给国家造成不必要的经济损失。

法律关于国家重大建设工程合同订立程序的规定，属于强行性规定，当事人不得违反。如果订立合同时有关的工程项目计划没有获得国家批准，没有可行性研究报告等文件，或者订立合同时没有按照国家规定的建设程序办理，当事人签订的建设工程合同应当确认为无效。

法条指引

❶《中华人民共和国合同法》（1999年10月1日施行）

第二百七十三条 国家重大建设工程合同，应当按照国家规定的程序和国家批准的投资计划、可行性研究报告等文件订立。

❷ 建设部《建筑市场管理规定》（1991年12月1日施行）

第八条 建立工程建设报建制度。固定资产投资计划下达后，大中型建设项目的建设单位须向工程所在地的省、自治区、直辖市人民政府建设行政主管部门或其授权的机构办理报建手续。其他建设项目按国家和地方的有关规定向相应的建设行政主管部门申请办理报建手续。

报建申请书应当载明下列主要内容：工程名称、建设地点、投资规模、当年投资额、资金来源、工程规模、开竣工日期、发包条件、工程筹建情况等。

【发包人的检查权】

法律问题解读

所谓发包人的检查权,是指发包人在不妨碍承包人正常作业的情况下,可以随时对作业进度、质量进行检查的权利。为了保证建设工程能够按期完工,保证工程质量,各国法律一般都规定在建设工程合同的履行过程中,发包人对于施工进度和工程质量享有检查权。

发包人的检查权包括以下两方面的内容:

1. 对工程进度进行检查,即检查承包人是否按照建设工程合同约定的工程进度进行施工。如果承包人的施工进度慢于合同的约定,发包人可以督促承包人加速施工。

2. 对工程质量的检查权,即发包方可以随时检查工程施工行为、工程材料及设备的质量。在检查中发现承包工程质量与合同约定或者法律法规的规定不符的,发包方有权提出纠正意见,要求承包方补修或返工。承包人对于发包人行使检查权的行为,负有容忍的义务。承包方不配合或不接受发包人的检查监督,造成发包人损失的,应当承担相应的责任。

虽然发包方可以按照《合同法》及其他相关法律法规的规定随时行使对工程进度和质量的监督检查权,但是,发包人应当在必要的限度内行使其权利。发包人行使监督检查权超过必要限度,造成承包人损失的,发包人应当承担相应的法律责任。

法条指引

❶《中华人民共和国合同法》(1999年10月1日施行)

第二百七十七条 发包人在不妨碍承包人正常作业的情况下,可以随时对作业进度、质量进行检查。

案例链接

❶《许昌东森房地产开发有限公司与河南新鑫建筑装潢安装工程有限公司建设工程施工合同纠纷上诉案》,参见北大法宝引证码:Pkulaw.cn/CLI.C.250334。

❷《新疆聚宝建筑工程装饰有限公司与齐德新等建设工程施工合同纠纷上诉案》,参见北大法宝引证码:Pkulaw.cn/CLI.C.251555。

❸《张贵松与黄光旭装饰装修合同纠纷上诉案》,参见北大法宝引证码:Pkulaw.cn/CLI.C.227214。

【隐蔽工程检查】

法律问题解读

在一个整体的建设工程中,往往有一些需要隐蔽的工程,如某些地下管道的铺设、安装等。对于这些隐蔽工程检查验收通常应当在工程隐蔽之前进行,如果在工程隐蔽之后对其进行检查验收,则需要重新开挖,揭去覆盖物,增加不必要的费用。

关于隐蔽工程的检查验收,应当注意以下规则:

1. 承包人的通知义务,即在隐蔽工程隐蔽之前,承包人应当及时通知发包人进行检查,以确定工程质量是否符合合同约定和法律法规规定的要求。怠于通知或未及时通知造成的损失,由承包人承担。

2. 对隐蔽工程在隐蔽前的检查,既是发包人的权利,又是发包人的义务。在发包人没有及时检查的情况下,承包人也不能自行检查后将工程隐蔽。同时,法律赋予承包人可以因此顺延工程日期,并享有请求赔偿停工、窝工损失的权利。

法条指引

❶《中华人民共和国合同法》(1999年10月1日施行)

第二百七十八条 隐蔽工程在隐蔽以前,承包人应当通知发包人检查。发包人没有及时检查的,承包人可以顺延工程日期,并有权要求赔偿停工、窝工等损失。

❷《建设工程质量管理条例》(2000年1月30日施行)

第三十条 施工单位必须建立、健全施工质量的检验制度,严格工序管理,作好隐蔽工程的质量检查和记录。隐蔽工程在隐蔽前,施工单位应当通知建设单位和建设工程质量监督机构。

案例链接

❶《彭必武与河南省春蕾实业发展有限公司建筑工程施工合同纠纷上诉案》,参见北大法宝引

证码: Pkulaw.cn/CLI.C.277850。

❷《洛阳榕拓焦化有限责任公司与河南省昊鼎建筑基础工程有限公司建设工程施工合同纠纷上诉案》，参见北大法宝引证码: Pkulaw.cn/CLI.C.205902。

❸《焦作市荣晟建设工程有限公司诉焦作市新苑房地产开发有限责任公司建设工程施工合同纠纷案》，参见北大法宝引证码: Pkulaw.cn/CLI.C.256996。

【竣工验收】

法律问题解读

竣工验收，即工程竣工交付验收，是指发包方对承包方完成的竣工工程按照一定的标准进行检验后予以接收。竣工验收，是全面考核建设工作、检查施工成果是否符合设计要求和工程质量的重要环节，对于提高工程质量，发挥投资效益具有重要意义。

《合同法》、《建筑法》等法律法规对工程竣工验收问题均作了规定。关于竣工验收，实务中应当注意如下问题：

1. 验收的主体。工程竣工后，应当由发包人组织验收。承包人在交付发包人验收之前，可以对工程质量等问题进行自查，但这不能替代验收程序。国家建设主管部门在工程竣工时，应当对工程质量等问题进行检验，但这体现的是国家干预，是一种行政法律关系，不能替代发包人的验收行为。

2. 验收的标准。验收的标准通常包括：(1) 施工图纸及说明书。施工图纸及说明书是承发包合同的有机组成部分，是对承包人施工条款的具体化，应当将其作为对工程验收的重要依据；(2) 国家颁发的施工验收规范；(3) 国家颁发的建设工程质量检验标准。

工程竣工后，必须进行竣工验收。建设工程竣工验收合格后，方可交付使用；未经验收或者验收不合格的，不得交付使用。工程未经验收，发包人提前或擅自使用，由此发生的质量或者其他问题，由发包人自行承担。工程竣工验收合格后，承包人已经向发包人履行了合同义务，因此，发包人应当向承包人支付对价，即应当按照合同的约定支付价款，并接收建设工程。

法条指引

❶《中华人民共和国合同法》（1999年10月1日施行）

第二百七十九条 建设工程竣工后，发包人应当根据施工图纸及说明书、国家颁发的施工验收规范和质量检验标准及时进行验收。验收合格的，发包人应当按照约定支付价款，并接收该建设工程。建设工程竣工经验收合格后，方可交付使用；未经验收或者验收不合格的，不得交付使用。

❷《中华人民共和国建筑法》（1998年3月1日施行）

第六十一条 交付竣工验收的建筑工程，必须符合规定的建筑工程质量标准，有完整的工程技术经济资料和经签署的工程保修书，并具备国家规定的其他竣工条件。

建筑工程竣工经验收合格后，方可交付使用；未经验收或者验收不合格的，不得交付使用。

❸《建设工程质量管理条例》（2000年1月30日施行）

第十六条 建设单位收到建设工程竣工报告后，应当组织设计、施工、工程监理等有关单位进行竣工验收。

建设工程竣工验收应当具备下列条件：

(一) 完成建设工程设计和合同约定的各项内容；

(二) 完整的技术档案和施工管理资料；

(三) 有工程使用的主要建筑材料、建筑构配件和设备的进场试验报告；

(四) 有勘察、设计、施工、工程监理等单位分别签署的质量合格文件；

(五) 有施工单位签署的工程保修书。

建设工程经验收合格的，方可交付使用。

第五十八条 违反本条例规定，建设单位有下列行为之一的，责令改正，处工程合同价款百分之二以上百分之四以下的罚款；造成损失的，依法承担赔偿责任：

(一) 未组织竣工验收，擅自交付使用的；

(二) 验收不合格，擅自交付使用的；

(三) 对不合格的建设工程按照合格工程验收的。

❹ 最高人民法院《关于审理建设工程施工合同纠纷案件适用法律问题的解释》（2005年1月1日）

第二条 建设工程施工合同无效，但建设工程经竣工验收合格，承包人请求参照合同约定支付工程价款的，应予支持。

第三条 建设工程施工合同无效，且建设工

程经竣工验收不合格的,按照以下情形分别处理:

(一)修复后的建设工程经竣工验收合格,发包人请求承包人承担修复费用的,应予支持;

(二)修复后的建设工程经竣工验收不合格,承包人请求支付工程价款的,不予支持。

因建设工程不合格造成的损失,发包人有过错的,也应承担相应的民事责任。

第十三条 建设工程未经竣工验收,发包人擅自使用后,又以使用部分质量不符合约定为由主张权利的,不予支持;但是承包人应当在建设工程的合理使用寿命内对地基基础工程和主体结构质量承担民事责任。

第十四条 当事人对建设工程实际竣工日期有争议的,按照以下情形分别处理:

(一)建设工程经竣工验收合格的,以竣工验收合格之日为竣工日期;

(二)承包人已经提交竣工验收报告,发包人拖延验收的,以承包人提交验收报告之日为竣工日期;

(三)建设工程未经竣工验收,发包人擅自使用的,以转移占有建设工程之日为竣工日期。

第十六条 当事人对建设工程的计价标准或者计价方法有约定的,按照约定结算工程价款。

因设计变更导致建设工程的工程量或者质量标准发生变化,当事人对该部分工程价款不能协商一致的,可以参照签订建设工程施工合同时当地建设行政主管部门发布的计价方法或者计价标准结算工程价款。

建设工程施工合同有效,但建设工程经竣工验收不合格的,工程价款结算参照本解释第三条规定处理。

案例链接

❶《漯河某某建设工程有限公司诉漯河市某某房地产开发有限公司建设工程施工合同纠纷案》,参见北大法宝引证码:Pkulaw. cn/CLI. C. 280694。

❷《禹州市台属企业公司诉李拴建设工程合同纠纷案》,参见北大法宝引证码:Pkulaw. cn/CLI. C. 286736。

❸《黄继社诉永城市黄口乡人民政府建设工程合同纠纷案》,参见北大法宝引证码:Pkulaw. cn/CLI. C. 276273。

❹《王长江与西华县城建工程有限公司建设工程施工合同纠纷上诉案》,参见北大法宝引证码:Pkulaw. cn/CLI. C. 281673。

【承包人的违约责任】

法律问题解读

根据《合同法》第 280 条、第 281 条的规定,承包人应当对以下违约行为负违约责任:

1. 勘察、设计的质量不符合要求或者未按照期限提交勘察、设计文件拖延工期给发包人造成损失的,勘察人、设计人应当继续完善勘察、设计,减收或者免收勘察、设计费并赔偿损失。勘察单位的主要义务是按照相关规定进行工程测量、工程地质、水文地质等勘察工作并按照约定提交勘察成果;设计单位的主要义务是根据相关设计前置性文件及相关规程等提出勘察要求和进行设计,并按照约定提交设计成果。如果勘察、设计的质量不符合要求或者未按照期限提交勘察、设计文件,拖延工期给发包人造成损失的,应当按照《合同法》第 280 条承担违约责任。

2. 因施工人的原因致使建设工程质量不符合约定的,发包人有权要求施工人在合理期限内无偿修理或者返工、改建。经过修理或者返工、改建后,造成逾期交付的,施工人应当承担违约责任。所谓工程质量不符合合同约定,是指土建工程,设备安装、水、电、气、排风管道以及其他辅助设施等,没有按照合同规定的要求和条件完成。施工人应当严格按照施工图和说明书进行施工,确保工程质量,按照合同规定的时间如期完工和交付。因施工人原因导致工程质量不符合约定或者工程逾期交付的,施工人应当按照《合同法》第 281 条的规定承担违约责任。

法条指引

❶《中华人民共和国合同法》(1999 年 10 月 1 日施行)

第二百八十条 勘察、设计的质量不符合要求或者未按照期限提交勘察、设计文件拖延工期,造成发包人损失的,勘察人、设计人应当继续完善勘察、设计,减收或者免收勘察、设计费并赔偿损失。

第二百八十一条 因施工人的原因致使建设工程质量不符合约定的,发包人有权要求施工人在合理期限内无偿修理或者返工、改建。经过修理或者返工、改建后,造成逾期交付的,施工人应当承担违约责任。

❷《中华人民共和国建筑法》（1998年3月1日施行）

第五十六条 建筑工程的勘察、设计单位必须对其勘察、设计的质量负责。勘察、设计文件应当符合有关法律、行政法规的规定和建筑工程质量、安全标准、建筑工程勘察、设计技术规范以及合同的约定。设计文件选用的建筑材料、建筑构配件和设备，应当注明其规格、型号、性能等技术指标，其质量要求必须符合国家规定的标准。

第五十八条 建筑施工企业对工程的施工质量负责。

建筑施工企业必须按照工程设计图纸和施工技术标准施工，不得偷工减料。工程设计的修改由原设计单位负责，建筑施工企业不得擅自修改工程设计。

第六十条 建筑物在合理使用寿命内，必须确保地基基础工程和主体结构的质量。

建筑工程竣工时，屋顶、墙面不得留有渗漏、开裂等质量缺陷；对已发现的质量缺陷，建筑施工企业应当修复。

第八十条 在建筑物的合理使用寿命内，因建筑工程质量不合格受到损害的，有权向责任者要求赔偿。

❸《建设工程质量管理条例》（2000年1月30日施行）

第三十二条 施工人员对施工出现质量问题的建设工程或者竣工验收不合格的建设工程，应当负责返修。

❹ 最高人民法院《关于审理建设工程施工合同纠纷案件适用法律问题的解释》（2005年1月1日）

第三条 建设工程施工合同无效，且建设工程经竣工验收不合格的，按照以下情形分别处理：

（一）修复后的建设工程经竣工验收合格，发包人请求承包人承担修复费用的，应予支持；

（二）修复后的建设工程经竣工验收不合格，承包人请求支付工程价款的，不予支持。

因建设工程不合格造成的损失，发包人有过错的，也应承担相应的民事责任。

第八条 承包人具有下列情形之一，发包人请求解除建设工程施工合同的，应予支持：

（一）明确表示或者以行为表明不履行合同主要义务的；

（二）合同约定的期限内没有完工，且在发包人催告的合理期限内仍未完工的；

（三）已经完成的建设工程质量不合格，并拒绝修复的；

（四）将承包的建设工程非法转包、违法分包的。

第十条 建设工程施工合同解除后，已经完成的建设工程质量合格的，发包人应当按照约定支付相应的工程价款；已经完成的建设工程质量不合格的，参照本解释第三条规定处理。

因一方违约导致合同解除的，违约方应当赔偿因此而给对方造成的损失。

第十一条 因承包人的过错造成建设工程质量不符合约定，承包人拒绝修理、返工或者改建，发包人请求减少支付工程价款的，应予支持。

第十三条 建设工程未经竣工验收，发包人擅自使用后，又以使用部分质量不符合约定为由主张权利的，不予支持；但是承包人应当在建设工程的合理使用寿命内对地基基础工程和主体结构质量承担民事责任。

案例链接

❶《汕头市潮阳第一建安总公司与上海金万年文具制造有限公司建设工程施工合同纠纷上诉案》，参见北大法宝引证码：Pkulaw. cn/CLI. C. 195561。

❷《中国第十九冶金建设公司诉广州双菱钢铁工业有限公司建设工程施工合同纠纷案》，参见北大法宝引证码：Pkulaw.cn/CLI. C. 127512。

【承包人的质量瑕疵担保责任】

法律问题解读

所谓承包人的质量瑕疵担保责任，是指承包人应当保证其所完成的建设工程工作成果在合理的使用期限内的质量，如果出现质量缺陷，应当承担返修和损害赔偿的责任。

实务中涉及承包人的瑕疵担保责任应当注意以下几点：

1. 建设工程自办理交工验收手续后，在保修期限内，因勘察设计、施工、材料等原因造成的质量缺陷，应当由施工单位负责维修。所谓质量缺陷是指工程不符合国家或行业现行的有关技术标准、设计文件以及合同中对质量的要求。建设工程保修期限是指从竣工验收交付使用日期起到以下规定的期限：地基基础和主体结构工程，为设计文件规定的该工程的合理使用年限；屋面防水工程、有防水要求的卫生间、房间和外墙面的防渗漏，为5年；供热与供冷系统，为两个采暖期、供冷期；电气系统、给排水管道、设备安装为两年；装修工程为两年。其他项目的保修期限由建设单位和施工单位约定。

2. 施工单位对工程负责维修的，其维修的经济责任由质量缺陷责任方承担。

3. 房屋建筑工程在保修期限内出现质量缺陷，建设单位或者房屋建筑所有人应当向施工单位发出保修通知。施工单位接到保修通知后，应当到现场核查情况，在保修书约定的时间内予以保修。发生涉及结构安全或者严重影响使用功能的紧急抢修事故，施工单位接到保修通知后，应当立即到达现场抢修。保修完后，由建设单位或者房屋建筑所有人组织验收。涉及结构安全的，应当报当地建设行政主管部门备案。施工单位不按工程质量保修书约定保修的，建设单位可以另行委托其他单位保修，由原施工单位承担相应责任。

法条指引

❶《中华人民共和国建筑法》（1998年3月1日施行）

第五十八条 建筑施工企业对工程的施工质量负责。

建筑施工企业必须按照工程设计图纸和施工技术标准施工，不得偷工减料。工程设计的修改由原设计单位负责，建筑施工企业不得擅自修改工程设计。

第六十条 建筑物在合理使用寿命内，必须确保地基基础工程和主体结构的质量。

建筑工程竣工时，屋顶、墙面不得留有渗漏、开裂等质量缺陷；对已发现的质量缺陷，建筑施工企业应当修复。

第六十二条 建筑工程实行质量保修制度。

建筑工程的保修范围应当包括地基基础工程、主体结构工程、屋面防水工程和其他土建工程，以及电气管线、上下水管线的安装工程，供热、供冷系统工程等项目；保修的期限应当按照保证建筑物合理寿命年限内正常使用，维护使用者合法权益的原则确定。具体的保修范围和最低保修期限由国务院规定。

❷《房屋建筑工程质量保修办法》（2000年6月30日施行）

第三条 本办法所称房屋建筑工程质量保修，是指对房屋建筑工程竣工验收后在保修期限内出现的质量缺陷，予以修复。

本办法所称质量缺陷，是指房屋建筑工程的质量不符合工程建设强制性标准以及合同的约定。

第四条 房屋建筑工程在保修范围和保修期限内出现质量缺陷，施工单位应当履行保修义务。

第七条 在正常使用下，房屋建筑工程的最低保修期限为：

（一）地基基础和主体结构工程，为设计文件规定的该工程的合理使用年限；

（二）屋面防水工程、有防水要求的卫生间、房间和外墙面的防渗漏，为5年；

（三）供热与供冷系统，为2个采暖期、供冷期；

（四）电气系统、给排水管道、设备安装为2年；

（五）装修工程为2年。

其他项目的保修期限由建设单位和施工单位约定。

第八条 房屋建筑工程保修期从工程竣工验收合格之日起计算。

第九条 房屋建筑工程在保修期限内出现质量缺陷，建设单位或者房屋建筑所有人应当向施工单位发出保修通知。

施工单位接到保修通知后，应当到现场核查情况，在保修书约定的时间内予以保修。发生涉及结构安全或者严重影响使用功能的紧急抢修事故，施工单位接到保修通知后，应当立即到达现场抢修。

第十一条 保修完后，由建设单位或者房屋建筑所有人组织验收。涉及结构安全的，应当报当地建设行政主管部门备案。

第十二条 施工单位不按工程质量保修书约定保修的，建设单位可以另行委托其他单位保修，由原施工单位承担相应责任。

第十三条 保修费用由质量缺陷的责任方承担。

第十四条 在保修期内，因房屋建筑工程质量缺陷造成房屋所有人、使用人或者第三方人身、财产损害的，房屋所有人、使用人或者第三方可以向建设单位提出赔偿要求。建设单位向造成房屋建筑工程质量缺陷的责任方追偿。

第十五条 因保修不及时造成新的人身、财产损害，由造成拖延的责任方承担赔偿责任。

第十七条 下列情况不属于本办法规定的保修范围：

（一）因使用不当或者第三方造成的质量缺

陷；

（二）不可抗力造成的质量缺陷。

第十八条 施工单位有下列行为之一的，由建设行政主管部门责令改正，并处1万元以上3万元以下的罚款。

（一）工程竣工验收后，不向建设单位出具质量保修书的；

（二）质量保修的内容、期限违反本办法规定的。

❸《建设工程质量管理条例》（2000年1月30日施行）

第二十六条 施工单位对建设工程的施工质量负责。

施工单位应当建立质量责任制，确定工程项目的项目经理、技术负责人和施工管理负责人。

建设工程实行总承包的，总承包单位应当对全部建设工程质量负责；建设工程勘察、设计、施工、设备采购的一项或者多项实行总承包的，总承包单位应当对其承包的建设工程或者采购的设备的质量负责。

第三十九条 建设工程实行质量保修制度。

建设工程承包单位在向建设单位提交工程竣工验收报告时，应当向建设单位出具质量保修书。质量保修书应当明确建设工程的保修范围、保修期限和保修责任等。

第四十条 在正常使用条件下，建设工程最低保修期限为：

（一）基础设施工程、房屋建筑的地基基础工程和主体结构工程，为设计文件规定的该工程合理使用年限；

（二）屋面防水工程、有防水要求的卫生间、房间和外墙面的防渗漏，为5年；

（三）供热与供冷系统，为2个采暖期、供冷期；

（四）电气管道、给排水管道、设备安装和装修工程，为2年。

其他项目的保修期限由发包方与承包方约定。

建设工程的保修期，自竣工验收合格之日起计算。

第四十一条 建设工程在各个范围和保修期限内发生质量问题的，施工单位应当履行保修义务，并对造成的损失承担赔偿责任。

❹ 最高人民法院《关于审理建设工程施工合同纠纷案件适用法律问题的解释》（2005年1月1日）

第十三条 建设工程未经竣工验收，发包人擅自使用后，又以使用部分质量不符合约定为由主张权利的，不予支持；但是承包人应当在建设工程的合理使用寿命内对地基基础工程和主体结构质量承担民事责任。

第二十七条 因保修人未及时履行保修义务，导致建筑物毁损或者造成人身、财产损害的，保修人应当承担赔偿责任。

保修人与建筑物所有人或者发包人对建筑物毁损均有过错的，各自承担相应的责任。

【建设工程质量瑕疵致人损害】

法律问题解读

建设工程的承包方应当对建设工程的质量负责。因承包人的原因致使建设工程在合理使用期限内造成人身和财产损害的，承包人应当承担损害赔偿责任。

对于这一问题，司法实践中应当特别注意以下几点：

1. 承包人承担损害赔偿责任的前提是，损害必须是因承包人的原因造成的。损害赔偿责任的承担应当根据造成损害的原因来确定，如果损害是勘察人设计人的原因造成的，应由勘察人设计人承担损害赔偿责任；如果损害是因施工人的原因造成的，则应当由施工人承担相应责任。

2. 在建筑物的合理使用寿命内，因承包人的原因造成建设工程存在质量瑕疵，客观上造成了损害，这种损害包括人身和缺陷工程以外的其他财产损害。

3. 不论是否超过质量保证期，只要损害是在建设工程的合理使用期限内发生的，受害方即有权要求承包人承担损害赔偿责任。

法条指引

❶《中华人民共和国合同法》（1999年10月1日施行）

第二百八十二条 因承包人的原因致使建设工程在合理使用期限内造成人身和财产损害的，承包人应当承担损害赔偿责任。

❷《中华人民共和国建筑法》（1998年3月1日施行）

第八十条 在建筑物的合理使用寿命内，因建筑工程质量不合格受到损害的，有权向责任者要求赔偿。

【发包人的违约责任】

法律问题解读

根据《合同法》第283条、第284条、第285条的规定，发包人应当对以下违约行为负违约责任：

1. 发包人未按照约定的时间和要求提供原材料、设备、场地、资金、技术资料的，承包人可以顺延工程日期，并有权要求赔偿停工、窝工等损失。建设工程合同在性质上属于承揽合同，发包方作为承揽合同的定作人，应当按照合同的约定尽协助义务，发包人未按照约定的时间和要求向承包人提供建设工程基础性资料造成工程无法按期开工的，发包人应当为此承担相应的违约责任。

2. 因发包人的原因致使工程中途停建、缓建的，发包人应当采取措施弥补或者减少损失，赔偿承包人因此造成的停工、窝工、倒运、机械设备调迁、材料和构件积压等损失和实际费用。所谓中途停建，即工程按照合同进行正常建设的过程中，因为某种原因不能继续进行；所谓缓建，即工程按照合同进行建设施工过程中，因某种原因推迟工程的进度或者部分停建，待条件成熟时工程继续进行。因发包人原因造成工程停建、缓建的，发包人一方面应当采取措施减少损失，另一方面应当赔偿因工程停建、缓建给承包人造成的损失。

3. 因发包人变更计划，提供的资料不准确，或者未按照期限提供必需的勘察、设计工作条件而造成勘察、设计的返工、停工或者修改设计，发包人应当按照勘察人、设计人实际消耗的工作量增付费用。

法条指引

❶《中华人民共和国合同法》（1999年10月1日施行）

第二百八十三条 发包人未按照约定的时间和要求提供原材料、设备、场地、资金、技术资料的，承包人可以顺延工程日期，并有权要求赔偿停工、窝工等损失。

第二百八十四条 因发包人的原因致使工程中途停建、缓建的，发包人应当采取措施弥补或者减少损失，赔偿承包人因此造成的停工、窝工、倒运、机械设备调迁、材料和构件积压等损失和实际费用。

第二百八十五条 因发包人变更计划，提供的资料不准确，或者未按照期限提供必需的勘察、设计工作条件而造成勘察、设计的返工、停工或者修改设计，发包人应当按照勘察人、设计人实际消耗的工作量增付费用。

❷《建设工程质量管理条例》（2000年1月30日施行）

第九条 建设单位必须向有关的勘察、设计、施工、工程监理等单位提供与建设工程有关的原始资料。

原始资料必须真实、准确、齐全。

第十条 建设工程发包单位不得迫使承包方以低于成本的价格竞标，不得任意压缩合理工期。

建设单位不得明示或暗示设计单位或施工单位违反工程建设强制性标准，降低建设工程质量。

第十四条 按照合同约定，由建设单位采购建筑材料、建筑构配件和设备的，建设单位应当保证建筑材料、建筑构配件和设备符合设计文件和合同要求。

建设单位不得明示或者暗示施工单位使用不合格的建筑材料、建筑构配件和设备。

❸ 最高人民法院《关于审理建设工程施工合同纠纷案件适用法律问题的解释》（2005年1月1日）

第十二条 发包人具有下列情形之一，造成建设工程质量缺陷，应当承担过错责任：

（一）提供的设计有缺陷；

（二）提供或者指定购买的建筑材料、建筑构配件、设备不符合强制性标准；

（三）直接指定分包人分包专业工程。

承包人有过错的，也应当承担相应的过错责任。

❹《中华人民共和国建筑法》（1998年3月1日施行）

第四十条 建设单位应当向建筑施工企业提供与施工现场相关的地下管线资料，建筑施工企业应当采取措施加以保护。

第四十九条 涉及建筑主体和承重结构变动的装修工程，建设单位应当在施工前委托原设计单位或者具有相应资质条件的设计单位提出设计方案；没有设计方案的，不得施工。

案例链接

❶《方远建设集团股份有限公司与温岭市电影发行放映公司建设工程施工合同纠纷上诉案》，参见北大法宝引证码：Pkulaw.cn/CLI.C.209479。

❷《中国第十九冶金建设公司诉广州双菱钢

铁工业有限公司建设工程施工合同纠纷案》，参见北大法宝引证码：Pkulaw.cn/CLI.C.127512。

【承包人优先权】

法律问题解读

承包人优先权，是指工程竣工验收之后，发包人未向承包人支付工程价款且经承包人催告后于合理期限内仍未支付价款的，承包人可以与发包人协议将该工程折价或者申请人民法院将该工程拍卖，承包人有就工程折价或者拍卖所得价款优先受偿的权利。承包人优先权，是一项法定权利，通常被称为法定抵押权。

按照《合同法》的规定，承包人优先受偿权的行使，应当具备以下条件：

1. 承包人必须按照合同规定全部履行了自己的义务，即工程按期完工，质量合格，通过竣工验收。如果承包人自身存在违约行为，发包方拒付工程款项的，承包人不享有优先权。

2. 发包人未按合同约定的期限支付价款，经承包人催告后，于合理期限内仍然未支付工程价款。

3. 建设工程在性质上允许折价、拍卖。如果建设工程在性质上不宜折价、拍卖的，承包人不得行使优先权。

在符合上述3个要件时，承包人即可通过以下两种方式行使其优先权：（1）协议方式，即承包人于发包人协议将工程折价，建设工程价款以折价价款优先受偿；（2）拍卖方式，即由承包人申请人民法院依法将工程拍卖，建设工程价款就拍卖所得价款优先受偿。

关于承包人优先权，司法实践中应当注意的是：（1）在建设工程上，承包人优先权与抵押权并存时，基于法定权利优先于约定权利的原则，承包人优先权在顺序上优先于抵押权。（2）作为建设工程的商品房预售之后，为了保障社会大众的生存利益，即使此类商品房在性质上可以拍卖，承包人也不得行使优先权。（3）建设工程承包人行使优先权的期限为6个月，自建设工程竣工之日或者建设工程合同约定的竣工之日起计算。这6个月为除斥期间，不发生中止、中断，超过6个月的，承包人优先受偿权消灭。

法条指引

❶《中华人民共和国合同法》（1999年10月1日施行）

第二百八十六条 发包人未按照约定支付价款的，承包人可以催告发包人在合理期限内支付价款。发包人逾期不支付的，除按照建设工程的性质不宜折价、拍卖的以外，承包人可以与发包人协议将该工程折价，也可以申请人民法院将该工程依法拍卖。建设工程的价款就该工程折价或者拍卖的价款优先受偿。

❷ 最高人民法院《关于建设工程价款优先受偿权问题的批复》（2002年7月29日）

上海市高级人民法院：

你院沪高法〔2001〕14号《关于合同法第286条理解与适用问题的请示》收悉。经研究，答复如下：

一、人民法院在审理房地产纠纷案件和办理执行案件中，应当依照《中华人民共和国合同法》第二百八十六条的规定，认定建筑工程的承包人的优先受偿权优于抵押权和其他债权。

二、消费者交付购买商品房的全部或者大部分款项后，承包人就该商品房享有的工程价款优先受偿权不得对抗买受人。

三、建筑工程价款包括承包人为建设工程应当支付的工作人员报酬、材料款等实际支出的费用，不包括承包人因发包人违约所造成的损失。

四、建设工程承包人行使优先权的期限为六个月，自建设工程竣工之日或者建设工程合同约定的竣工之日起计算。

五、本批复第一条至第三条自公布之日起施行，第四条自公布之日起六个月后施行。

此复。

案例链接

❶《浙江山口建筑工程有限公司与浙江春明置业有限公司建设工程施工合同纠纷上诉案》，参见北大法宝引证码：Pkulaw.cn/CLI.C.209452。

❷《广东省煤炭建筑工程公司与邓梓彬建设工程施工合同纠纷上诉案》，参见北大法宝引证码：Pkulaw.cn/CLI.C.210022。

❸《上海水利电力对外工程有限公司与上海金厦建筑安装工程有限公司等建设工程施工合同纠纷再审案》，参见北大法宝引证码：Pkulaw.cn/CLI.C.200886。

❹《宁波福华房地产开发有限公司与杭州建工集团有限责任公司建设工程施工合同纠纷上诉案》，参见北大法宝引证码：Pkulaw.cn/CLI.C.209478。

第十八章 运输合同

● 本章为读者提供与以下题目有关的法律问题的解读及相关法律文献依据

> 运输合同（373） 运输合同的主体（376） 公共运输（378） 运到期限（380） 运输路线（383） 运费（384） 客运合同（387） 客运合同的成立（392） 客票（393） 误时乘坐（395） 行李携带与托运（397） 违禁品携带夹带之禁止（402） 服务标准（405） 承运人的告知义务（406） 承运人的按时运输义务（407） 承运人的救助义务（408） 旅客伤亡赔偿责任（409） 行李损害赔偿责任（416） 货运合同（423） 如实申报义务（424） 提交文件和办理托运手续义务（428） 运输包装（429） 危险品的托运（433） 托运人的变更权和解除权（435） 到货通知（436） 提货及提货检验（438） 货物损害赔偿（441） 赔偿额（446） 不可抗力灭失运费的处理（449） 承运人的留置权（450） 货物提存（451） 同式联运（452） 多式联运合同（453） 多式联运经营人（454） 多式联运单据（454） 多式联运经营人的法律责任（455）

【运输合同】

法律问题解读

运输合同，也称运送合同，是指承运人与旅客或者托运人约定将旅客及其行李或者货物运送到指定地点，旅客或者托运人向承运人支付票款或运费的合同。根据运输合同，承运人使用运输工具，如汽车、轮船、飞机等，将旅客或者货物从一地运到另一地，实现地理上的位移。如果不是使用运载工具，也不是运送旅客或者货物，而是将其他标的物从一地运到另一地，例如邮件、电子邮件的发送等，则不是合同法上所谓的运输合同。

关于运输合同这一范畴，应当把握以下要点：

1. 运输合同为有偿、双务合同。运输合同成立后，当事人双方均负有义务，承运人应当将旅客或者货物运送到目的地，旅客或者托运人须向承运人支付票款或运费。因此，该合同为双务合同。

2. 运输合同为诺成性合同。原因在于：（1）我国有关运输合同的法律、行政法规一般都规定运输合同经双方当事人协议一致即告成立；（2）从实务上说，运输行业一般都认为运输合同经协商一致即告成立，很少有人认为运输合同以货物交付为成立要件；（3）若认为运输合同为实践性合同，在现代化大生产的条件下不利于保护运输和生产的正常秩序，也不利于保护承、托运双方的利益。

3. 运输合同的标的是运输行为。运输合同的目的是运送旅客和货物，它的标的是承运人将旅客和货物送到约定地点的运送行为本身，而不是旅客和货物本身。

4. 运输合同多为格式合同。运输合同为承运人提供为了重复使用而预先拟定的格式条款，在订立合同时，旅客或托运人只有同意或不同意的权利。当然，运输合同一般为格式合同，也并不排除有的运输合同不采用格式合同的形式而由当事人协商订立。

5. 运输合同订立中承运人的强制性承诺义务。由于运输行业是出于垄断经营地位的涉及社会公共利益的领域，为了衡平作为弱者的社会公众和处于垄断经营地位的运输单位之间的利益，合同法对运输领域中当事人的意思自治予以干预，规定从事公共运输的承运人不得拒绝旅客、运输人通常、合理的运输要求。这表明，承运人有强制性承诺的义务。

法条指引

❶《中华人民共和国合同法》(1999年10月1日施行)

第二百八十八条 运输合同是承运人将旅客或者货物从起运地点运输到约定地点,旅客、托运人或者收货人支付票款或者运输费用的合同。

第二百八十九条 从事公共运输的承运人不得拒绝旅客、托运人通常、合理的运输要求。

第二百九十条 承运人应当在约定期间或者合理期间内将旅客、货物安全运输到约定地点。

第二百九十一条 承运人应当按照约定的或者通常的运输路线将旅客、货物运输到约定地点。

第二百九十二条 旅客、托运人或者收货人应当支付票款或者运输费用。承运人未按照约定路线或者通常路线运输增加票款或者运输费用的,旅客、托运人或者收货人可以拒绝支付增加部分的票款或者运输费用。

第二百九十三条 客运合同自承运人向旅客交付客票时成立,但当事人另有约定或者另有交易习惯的除外。

第三百一十七条 多式联运经营人负责履行或者组织履行多式联运合同,对全程运输享有承运人的权利,承担承运人的义务。

❷《国内水路货物运输规则》(2001年1月1日施行)

第三条 本规则下列用语的含义是:

(一)水路货物运输合同(以下简称"运输合同"),是指承运人收取运输费用,负责将托运人托运的货物经水路由一港(站、点)运至另一港(站、点)的合同。

(二)班轮运输,是指在特定的航线上按照预定的船期和挂港从事有规律水上货物运输的运输形式。

(三)航次租船运输,是指船舶出租人向承租人提供船舶的全部或者部分舱位,装运约定的货物,从一港(站、点)运至另一港(站、点)的运输形式。

(四)承运人,是指与托运人订立运输合同的人。

(五)实际承运人,是指接受承运人委托或者接受转委托从事水路货物运输的人。

(六)托运人,是指与承运人订立运输合同的人。

(七)收货人,是指在运输合同中托运人指定接收货物的人。

(八)货物,包括活动物和由托运人提供的用于集装货物的集装箱、货盘或者类似的装运器具。

(九)单元滚装运输,是指以一台不论是否装载货物的机动车辆或者移动机械作为一个运输单元,由托运人或者其受雇人驾驶驶上、驶离船舶的水路运输方式。

(十)集装箱货物运输,是指将货物装入符合国际标准(ISO)、国家标准、行业标准的集装箱进行运输的水路运输方式。

第七条 订立运输合同可以采用书面形式、口头形式和其他形式。

书面形式是指合同书、信件和数据电文(包括电报、电传、传真、电子数据交换和电子邮件)等可以有形地表现所载内容的形式。

第十条 采用合同书形式订立运输合同的,自双方当事人签字或者盖章时合同成立。

采用信件、数据电文等形式订立合同的,可以在合同成立之前要求签订确认书。签订确认书时合同成立。

采用合同书形式订立合同,在签字或者盖章之前,当事人一方已经履行主要义务,对方接受的,该合同成立。

❸《水路货物运输合同实施细则》(1987年7月1日施行)

第四条 水路货物运输合同,除短途驳运、摆渡零星货物,双方当事人可以即时清结者外,应当采用书面的形式。大宗物资运输,可按月签订货物运输合同。对其他按规定必须提送月度托运计划的货物,经托运人和承运人协商同意,可以按月签订货物运输合同或以货物运单作为运输合同。零星货物运输和计划外的整批货物运输,以货物运单作为运输合同。

第五条 按月度签订的货物运输合同,经双方在合同上签认后,合同即告成立。如承、托运双方当事人无需商定特约事项的,可以用月度托运计划表代替运输合同,经双方在计划表上签认后,合同即告成立。在实际办理货物承托运手续时,托运人还应向承运人按批提出货物运单,作为运输合同的组成部分。

以货物运单作为运输合同的,经承、托运双方商定货物的集中时间、地点,由双方认真验收、交接,并经承运人在托运人提出的货物运单上加盖承运日期戳后,合同即告成立。货物运单的格式,江海干线和跨省运输的由交通部统一规定;省(自治区、直辖市)内运输的由省(自治区、直辖市）交通主管部门统一规定。

❹《中华人民共和国铁路法》（1991年5月1日施行）

第十一条 铁路运输合同是明确铁路运输企业与旅客、托运人之间权利义务关系的协议。

旅客车票、行李票、包裹票和货物运单是合同或者合同的组成部分。

第十二条 铁路运输企业应当保证旅客按车票载明的日期、车次乘车，并到达目的站。因铁路运输企业的责任造成旅客不能按车票载明的日期、车次乘车的，铁路运输企业应当按照旅客的要求，退还全部票款或者安排改乘到达相同目的站的其他列车。

❺《铁路旅客运输规程》（1997年12月1日施行）

第七条 铁路旅客运输合同是明确承运人与旅客之间权利义务关系的协议。起运地承运人依据本规程订立的旅客运输合同对所涉及的承运人具有同等约束力。

铁路旅客运输合同的基本凭证是车票。

第八条 铁路旅客运输合同从售出车票时起成立，至按票面规定运输结束旅客出站时止，为合同履行完毕。旅客运输的运送期间自检票进站起至到站出站时止计算。

❻《中华人民共和国民用航空法》（1996年3月1日施行）

第一百零六条 本章适用于公共航空运输企业使用民用航空器经营的旅客、行李或者货物的运输，包括公共航空运输企业使用民用航空器办理的免费运输。

本章不适用于使用民用航空器办理的邮件运输。

对多式联运方式的运输，本章规定适用于其中的航空运输部分。

第一百零七条 本法所称国内航空运输，是指根据当事人订立的航空运输合同，运输的出发地点、约定的经停地点和目的地点均在中华人民共和国境内的运输。

本法所称国际航空运输，是指根据当事人订立的航空运输合同，无论运输有无间断或者有无转运，运输的出发地点、目的地点或者约定的经停地点之一不在中华人民共和国境内的运输。

第一百零八条 航空运输合同各方认为几个连续的航空运输承运人办理的运输是一项单一业务活动的，无论其形式是以一个合同订立或者数个合同订立，应当视为一项不可分割的运输。

第一百零九条 承运人运送旅客，应当出具客票。旅客乘坐民用航空器，应当交验有效客票。

❼《中华人民共和国海商法》（1993年7月1日施行）

第四十一条 海上货物运输合同，是指承运人收取运费，负责将托运人托运的货物经海路由一港运至另一港的合同。

第四十三条 承运人或者托运人可以要求书面确认海上货物运输合同的成立。但是，航次租船合同应当书面订立。电报、电传和传真具有书面效力。

第四十四条 海上货物运输合同和作为合同凭证的提单或者其他运输单证中的条款，违反本章规定的，无效。此类条款的无效，不影响该合同和提单或者其他运输单证中其他条款的效力。将货物的保险利益转让给承运人的条款或者类似条款，无效。

第一百零二条 本法所称多式联运合同，是指多式联运经营人以两种以上的不同运输方式，其中一种是海上运输方式，负责将货物从接收地运至目的地交付收货人，并收取全程运费的合同。

前款所称多式联运经营人，是指本人或者委托他人以本人名义与托运人订立多式联运合同的人。

第一百零七条 海上旅客运输合同，是指承运人以适合运送旅客的船舶经海路将旅客及其行李从一港运送至另一港，由旅客支付票款的合同。

第一百一十条 旅客客票是海上旅客运输合同成立的凭证。

案例链接

❶《郑州鑫奎货运有限公司与程冬梅公路货物运输合同纠纷上诉案》，参见北大法宝引证码：Pkulaw. cn/CLI. C. 287180。

❷《周口豫之龙贸易运输有限公司与齐国荀等公路货物运输合同纠纷上诉案》，参见北大法宝引证码：Pkulaw. cn/CLI. C. 287173。

❸《赵援朝诉驻马店中集华骏车辆有限公司运输合同纠纷案》，参见北大法宝引证码：Pkulaw. cn/CLI. C. 285618。

学者观点

❶ 邢海宝：《从运输合同到提单债权》，参见北大法宝引证码：Pkulaw. cn/CLI. A. 181056。

❷ 符琪：《日本振兴船舶株式会社诉中远集装

箱运输有限公司和上海奥吉国际货运有限公司海上货物运输合同损害赔偿案》，参见北大法宝引证码：Pkulaw.cn/CLI.A.1137751。

❸ 楚风华：《FOB价格条件下托运人的认定》，参见北大法宝引证码：Pkulaw.cn/CLI.A.184730。

【运输合同的主体】

法律问题解读

运输合同的主体和一般合同的主体相比，具有复杂性和特殊性。它往往涉及承运人、托运人和收货人。在司法实践中，正确认定运输合同涉及的主体，理顺主体之间的法律关系，是处理好运输合同纠纷的前提。

1. 承运人。承运人的概念有广义和狭义之分。狭义的承运人是指与托运人订立运输合同关系的人。广义的承运人，包括缔约承运人和实际承运人。前者是指与托运人订立运输合同关系的人；后者是指接受缔约承运人的委托从事旅客或货物运输或者部分运输的人。我国《海商法》、《民用航空法》中的承运人，均是指广义上的承运人。但我国铁路运输由国家垄断经营，因而有关铁路运输的法律法规未区分缔约承运人和实际承运人。缔约承运人和实际承运人对托运人或收货人的损失承担连带赔偿责任。对于交通运输业，国家实行经营许可管理。司法实践中要注意审查承运人是否领取经营许可证，是否具备某种运输业相应的资格。

2. 托运人。与承运人相类似，托运人的概念也包含两种：（1）是指与承运人订立运输合同的人，也称缔约托运人；（2）是指将货物实际交付给运输合同有关的承运人的人，即实际托运人。缔约托运人、实际托运人依据各自与承运人的合同关系享有权利，承担义务。

3. 收货人。在法律上，收货人是指有权提取货物的人。在实务中，托运人既可以自己为收货人，也可以第三人为收货人。收货人往往不是托运人与承运人订立的运输合同的当事人，只是该运输合同的利害关系人。

法条指引

❶《中华人民共和国合同法》（1999年10月1日施行）

第二百八十八条 运输合同是承运人将旅客或者货物从起运地点运输到约定地点，旅客、托运人或者收货人支付票款或者运输费用的合同。

❷《中华人民共和国海商法》（1993年7月1日施行）

第四十二条 本章下列用语的含义：

（一）"承运人"，是指本人或者委托他人以本人名义与托运人订立海上货物运输合同的人。

（二）"实际承运人"，是指接受承运人委托，从事货物运输或者部分运输的人，包括接受转委托从事此项运输的其他人。

（三）"托运人"，是指：

1. 本人或者委托他人以本人名义或者委托他人为本人与承运人订立海上货物运输合同的人；

2. 本人或者委托他人以本人名义或者委托他人为本人将货物交给与海上货物运输合同有关的承运人的人。

（四）"收货人"，是指有权提取货物的人。

（五）"货物"，包括活动物和由托运人提供的用于集装货物的集装箱、货盘或者类似的装运器具。

❸《中华人民共和国民用航空法》（1996年3月1日施行）

第一百三十七条 本节所称缔约承运人，是指以本人名义与旅客或者托运人，或者与旅客或者托运人的代理人，订立本章调整的航空运输合同的人。

本节所称实际承运人，是指根据缔约承运人的授权，履行前款全部或者部分运输的人，不是指本章规定的连续承运人；在没有相反证明时，此种授权被认为是存在的。

❹《中国民用航空货物国际运输规则》（2000年8月1日施行）

第三条 本规则下列用语，除具体条款中另有规定外，含义如下：

（一）"公约"是指根据合同规定适用于该项运输的1929年10月12日在华沙签订的《统一国际航空运输某些规则的公约》和《修改1929年10月12日在华沙签订的统一国际航空运输某些规则的公约的议定书》。

（二）"承运人"是指包括发行航空货运单的承运人和运输货物、约定运输货物或者约定提供与此航空运输有关的任何其他服务的所有承运人。

（三）"代理人"是指经承运人授权，代理承运人从事与货物运输有关活动的任何人，但本规则中另有规定的除外。

（四）"托运人"是指与承运人订立货物运输合同，其名称出现在航空货运单托运人栏内的人。

（五）"收货人"是指承运人将货物交给航空货运单收货人栏内所载明的人。

（六）"航空货运单"是指航空货物运输合同订立和运输条件以及承运人接受货物的初步证据。

（七）"货物"是指除邮件或者凭"客票及行李票"运输的行李外，已由或者将由民用航空器运输的物品，包括凭航空货运单运输的行李。

❺《铁路旅客运输规程》（1997年12月1日施行）

第五条 下列用于在本规程内的意义：

承运人：与旅客或托运人签有运输合同的铁路运输企业。铁路车站、列车及与运营有关人员在执行职务中的行为代表承运人。

旅客：持有铁路有效乘车凭证的人和同行的免费乘车儿童。根据铁路货物运输合同押运货物的人视为旅客。

托运人：委托承运人运输行李或小件货物并与其签有行李包裹运输合同的人。

收货人：凭有效领取凭证领受行李、包裹的人。

等级：同等距离以承运人提供的乘车条件不同确定。

客运记录：指在旅客或行李、包裹运输过程中因特殊情况，承运人与旅客、托运人、收货人之间需记载某种事项或车站与列车之间办理业务交接的文字凭证。

时间：以北京时间为准，从零时起计算，实行24小时制。

以上、以下、以前、以后、以内、以外：均含本数。

❻《国内水路货物运输规则》（2001年1月1日施行）

第三条 本规则下列用语的含义是：

（一）水路货物运输合同（以下简称"运输合同"），是指承运人收取运输费用，负责将托运人托运的货物经水路由一港（站、点）运至另一港（站、点）的合同。

（二）班轮运输，是指在特定的航线上按照预定的船期和挂港从事有规律水上货物运输的运输形式。

（三）航次租船运输，是指船舶出租人向承租人提供船舶的全部或者部分舱位，装运约定的货物，从一港（站、点）运至另一港（站、点）的运输形式。

（四）承运人，是指与托运人订立运输合同的人。

（五）实际承运人，是指接受承运人委托或者接受转委托从事水路货物运输的人。

（六）托运人，是指与承运人订立运输合同的人。

（七）收货人，是指在运输合同中托运人指定接收货物的人。

（八）货物，包括活动物和由托运人提供的用于集装货物的集装箱、货盘或者类似的装运器具。

（九）单元滚装运输，是指以一台不论是否装载货物的机动车辆或者移动机械作为一个运输单元，由托运人或者其受雇人驾驶驶上、驶离船舶的水路运输方式。

（十）集装箱货物运输，是指将货物装入符合国际标准（ISO）、国家标准、行业标准的集装箱进行运输的水路运输方式。

❼《水路旅客运输规则》（1997年8月26日修正）

第五条 本规则下列用语的含义是：

（一）"水路旅客运输合同"，是指承运人以适合运送旅客的船舶经水路将旅客及其自带行李从一港运送至另一港，由旅客支付票款的合同。

（二）"水路行李运输合同"，是指承运人收取运费，负责将旅客托运的行李经水路由一港运送至另一港的合同。

（三）"港口作业、服务合同"（以下简称"作业合同"），是指港口经营人收取港口作业费，负责为承运人承运的旅客和行李提供候船、集散服务和装卸、仓储、驳运等作业的合同。

（四）"旅客"，是指根据水路旅客运输合同运送的人；经承运人同意，根据水路货物运输合同，随船护送货物的人，视为旅客。

（五）"行李"，是指根据水路旅客运输合同或水路行李运输合同由承运人载运的任何物品和车辆。

（六）"自带行李"，是指旅客自行携带、保管的行李。

（七）"托运行李"，是指根据水路行李运输合同由承运人运送的行李。

（八）"承运人"，是指本人或者委托他人以本人名义与旅客签订水路旅客运输合同和水路行李运输合同的人。

（九）"港口经营人"，是指与承运人订立作业合同的人。

（十）"客运记录"，是指在旅客运输中发生意外或特殊情况所作记录的文字材料。它是客船与客运站有关客运业务移交的凭证。

❽《道路货物运输及站场管理规定》(2009年4月20日修正)

第六条 申请从事道路货物运输经营的,应当具备下列条件:

(一)有与其经营业务相适应并经检测合格的运输车辆:

1. 车辆技术要求:

(1)车辆技术性能应当符合国家标准《营运车辆综合性能要求和检验方法》(GB18565)的要求;

(2)车辆外廓尺寸、轴荷和载质量应当符合国家标准《道路车辆外廓尺寸、轴荷及质量限值》(GB1589)的要求。

2. 车辆其他要求:

(1)从事大型物件运输经营的,应当具有与所运输大型物件相适应的超重型车组;

(2)从事冷藏保鲜、罐式容器等专用运输的,应当具有与运输货物相适应的专用容器、设备、设施,并固定在专用车辆上;

(3)从事集装箱运输的,车辆还应当有固定集装箱的转锁装置。

(二)有符合规定条件的驾驶人员:

1. 取得与驾驶车辆相应的机动车驾驶证;

2. 年龄不超过60周岁;

3. 经设区的市级道路运输管理机构对有关道路货物运输法规、机动车维修和货物及装载保管基本知识考试合格,并取得从业资格证。

(三)有健全的安全生产管理制度,包括安全生产责任制度、安全生产业务操作规程、安全生产监督检查制度、驾驶员和车辆安全生产管理制度等。

第七条 申请从事货运站经营的,应当具备下列条件:

(一)有与其经营规模相适应的货运站房、生产调度办公室、信息管理中心、仓库、仓储库棚、场地和道路等设施,并经有关部门组织的工程竣工验收合格;

(二)有与其经营规模相适应的安全、消防、装卸、通讯、计量等设备;

(三)有与其经营规模、经营类别相适应的管理人员和专业技术人员;

(四)有健全的业务操作规程和安全生产管理制度。

第八条 申请从事道路货物运输经营的,应当向县级道路运输管理机构提出申请,并提供以下材料:

(一)《道路货物运输经营申请表》(见附件1);

(二)负责人身份证明,经办人的身份证明和委托书;

(三)机动车辆行驶证、车辆检测合格证明复印件;拟投入运输车辆的承诺书,承诺书应当包括车辆数量、类型、技术性能、投入时间等内容;

(四)聘用或者拟聘用驾驶员的机动车驾驶证、从业资格证及其复印件;

(五)安全生产管理制度文本;

(六)法律、法规规定的其他材料。

❾《汽车旅客运输规则》(1988年8月1日施行)

第四条 汽车客运经营者必须办理有关手续,取得合法资格后方准予参加营业性汽车客运。

案例链接

❶《张彦中诉王保明等运输合同纠纷案》,参见北大法宝引证码:Pkulaw.cn/CLI.C.280509。

❷《乐清市正大物流有限公司与浙江侨光电器集团有限公司运输合同纠纷上诉案》,参见北大法宝引证码:Pkulaw.cn/CLI.C.267606。

❸《吕明达与孙亚利运输合同纠纷上诉案》,参见北大法宝引证码:Pkulaw.cn/CLI.C.184184。

【公共运输】

法律问题解读

所谓公共运输,是指向社会公众提供运输服务的运输业。例如面向社会公众的航空、铁路、水路以及计程出租等行业提供的运输服务,即为公共运输。

公共运输具有如下特性:(1)承运人一般系经国家批准从事公共运输业的企业和个人。(2)公共运输面向的是全社会,因此,在通常情况下,任何公众都可以与承运人订立运输合同。(3)公共运输的班次、运输路线、运价一般都以公告形式向社会公告。(4)公共运输一般为格式合同。由承运人依照国家有关法律法规和规章制度,通常印制在有关票证的背面,接受有关票证就视为接受了合同条款。

《合同法》规定,从事公共运输的承运人必须满足旅客、托运人通常、合理的运输要求。所谓通常合理的要求,应当包括:(1)订立运输合同的要求。公共运输的承运人是向社会公众发出要约邀请,任何社会公众只要有希望与承运人订立运输合同的意思表示,即要约,承运人就要与之订约而不得拒绝,即承运人承担法律规定的强制承诺义务。例如,出租车不得拣客拒载,车站、机场不得拒绝向某旅客售票等。当然,运输工具已经满载,承运人已无法再提供运输能力的,承运人不应再承担强制承诺义务。(2)合理的有关运输服务的要求。公共运输必须满足公众有关运输安全、必要的辅助性服务的合理要求。包括提供适运的运输工具、遵守公告的运输时间和运输路线或者遵从旅客、托运人的指示,保证运输环境卫生、舒适等。

法条指引

❶《中华人民共和国合同法》(1999年10月1日施行)

第二百八十九条 从事公共运输的承运人不得拒绝旅客、托运人通常、合理的运输要求。

❷《中华人民共和国铁路法》(1991年5月1日施行)

第十条 铁路运输企业应当保证旅客和货物运输的安全,做到列车正点到达。

第十二条 铁路运输企业应当保证旅客按车票载明的日期、车次乘车,并到达目的站。因铁路运输企业的责任造成旅客不能按车票载明的日期、车次乘车的,铁路运输企业应当按照旅客的要求,退还全部票款或者安排改乘到达相同目的站的其他列车。

第十三条 铁路运输企业应当采取有效措施做好旅客运输服务工作,做到文明礼貌、热情周到,保持车站和车厢内的清洁卫生,提供饮用开水,做好列车上的饮食供应工作。

铁路运输企业应当采取措施,防止对铁路沿线环境的污染。

❸《中华人民共和国海商法》(1993年7月1日施行)

第四十七条 承运人在船舶开航前和开航当时,应当谨慎处理,使船舶处于适航状态,妥善配备船员、装备船舶和配备供应品,并使货舱、冷藏舱、冷气舱和其他载货处所适于并能安全收受、载运和保管货物。

第四十八条 承运人应当妥善地、谨慎地装载、搬移、积载、运输、保管、照料和卸载所运货物。

第四十九条 承运人应当按照约定的或者习惯的或者地理上的航线将货物运往卸货港。

船舶在海上为救助或者企图救助人命或者财产而发生的绕航或者其他合理绕航,不属于违反前款规定的行为。

❹《汽车旅客运输规则》(1988年8月1日施行)

第六条 营运客车必须经车辆管理部门审验合格;保持良好的技术状况,制动、转向系统以及灯光、喇叭、刮水器齐全有效;保持车容整洁卫生;门窗、坐椅、行李架(仓)、绳网、雨布符合使用要求;车内备有票价表和旅客意见簿;车外装置与营运方式、种类相符的标志,客运班车悬挂班车线路牌,旅游车悬挂旅游车标志牌,出租车安装出租标志灯。

第十三条 客车驾驶员必须持有相应准驾车类的驾驶证,乘务人员应具备一定业务知识。驾、乘人员须遵守下列规定:

1. 严格遵守交通规则和操作规程,精心保养车辆,出车前、行车中、收车后,应认真做好车辆的安全检查。

2. 客车驾驶员应合理安排作息时间,保证充足睡眠,行车途中思想集中,每天驾驶时间不得过长,确保行车安全。

3. 遵守运输纪律,执行运行计划,服从调度和现场指挥,正点运行。

4. 客车行经险桥、渡口、危险地段和加油前,要组织旅客下车;事后以及中途就餐、停歇后均须核实人数,方能开车。途中遇非常情况或发生事故,应尽快呼救,抢救伤员,保护现场,必要时组织旅客疏散。

5. 讲究职业道德,文明服务,礼貌待客,重点照顾有困难的旅客。

第十四条 站务人员应具备一定业务知识,讲究职业道德,上岗时着标志服,衣帽整洁,佩戴服务标记,认真履行岗位职责,遵章守纪,待客热情,态度和蔼,服务周到,经常对旅客进行客运安全、卫生宣传。

第三十六条 班车在始发站停开、晚点或变更车辆类别时须及时公告。旅客因此要求退票,应退还全部票款,不收退票费。旅客要求改乘,由车站负责签证。变更车辆类别,应退还或补收票价差额。

班车中途发生故障,客运经营者应迅速派相同或相近类别车辆接运。接运车辆类别如有变更,票价差额概不退补。

第五十条 空驶出租车受乘客招拦停车后,

一般不得拒绝乘客租用；在租用过程中应按乘客指定到达地点，选择最佳路线行驶，严禁故意兜圈绕道多收费用。

出租车受雇期间，未经租用人同意，驾驶员不得再招揽他人同乘。

❺《道路货物运输及站场管理规定》（2005年8月1日施行）

第十八条 道路货物运输经营者应当建立车辆技术管理制度，按照国家规定的技术规范对货运车辆进行定期维护，确保货运车辆技术状况良好。

货运车辆的维护作业项目和程序应当按照国家标准《汽车维护、检测、诊断技术规范》（GB18344）等有关技术标准的规定执行。

严禁任何单位和个人为道路货物运输经营者指定车辆维护企业；车辆二级维护执行情况不得作为路检路查项目。

❻《中国民用航空货物国际运输规则》（2000年8月1日施行）

第十八条 承运人对收运的货物，应当进行安全检查或者采取其他保证安全的措施。

承运人对收运的货物应当妥善保管，防止货物损坏或者遗失。

第十九条 承运人应当公布运价。运价应当是填开货运单之日的有效运价。

第二十七条 承运人在班期时刻表上或者其他场所公布的时间为预计时间，不构成运输合同的组成部分，也不能作为货物运输开始、完成或者货物交付的时间。经特别约定并在货运单上注明的，承运人应当按照约定的时间运输；没有特别约定的，承运人应当用合理的时间运输。

第二十八条 承运人应当合理安排运输货物。承运人可以不经通知改变货运单上注明的航班、路线、机型或者承运人。也可以在不经通知，但应适当考虑托运人利益的情况下，使用其他交通工具运输货物。

❼《水路货物运输合同实施细则》（1987年7月1日施行）

第九条 承运人应当承担下列义务：

一、应按商定的时间和地点调派适航、适载条件的船舶装运，并备妥相应的护货垫隔物料；但按规定应由托运人自行解决的特殊加固、苫垫材料及所需人工除外。

二、对承运货物的配积载、运输、装卸、驳运、保管及交接工作，应谨慎处理，按章作业，保证货运质量。

三、对经由其他运输工具集中到港的散装运输、不计件数的货物，如具备计量手段的，应对托运人确定的重量进行抽查或复查；如不具备计量手段的，应在保证质量的前提下，负责原来、原转、原交。对按体积计收运输费用的货物，应对托运人确定的体积进行抽查或复查、准确计费。

四、对扫集的地脚货物，应做到物归原主；对不能分清货主的地脚货物，应按无法交付货物的规定处理。

五、组织好安全及时运输，保证运到期限。

六、按照船舶甲板货物运输的规定，谨慎配装甲板货物。

七、按照规定的航线运输货物，到达后，应由到达港发出到货通知，并负责将货物交付给指定的收货人。

案例链接

❶《黄某诉上海某集团有限公司城市公交运输合同纠纷案》，参见北大法宝引证码：Pkulaw. cn/ CLI. C. 250121。

❷《杨茂良、江淑贤、张来福、杨佳睿诉北京山林世纪房地产开发有限公司公路旅客运输合同案》，参见北大法宝引证码：Pkulaw. cn/CLI. C. 86737。

❸《南澳县澄瀛石油汽供应公司诉汕头市公路局莱长渡口所海上货物运输合同案》，参见北大法宝引证码：Pkulaw. cn/CLI. C. 48403。

❹《张瑞荣与广州市新福利巴士服务有限公司公路旅客运输合同纠纷上诉案》，参见北大法宝引证码：Pkulaw. cn/CLI. C. 270354。

【运到期限】

法律问题解读

运输合同的运到期限，是指运输合同约定或者法律规定或者按照惯例确定的承运人将旅客或者货物运送到约定的目的地的时间。

运到期限一般有三种表现形式：

1. 约定期限。合同当事人直接在运输合同中明确约定的运到期限。合同可以约定运到的日期，也可以约定运输所需要的时间。有的合同则约定运输的速度，从而确定运到期限。

2. 法定期限。有关运输法律、行政法规直接规定运到的期限。我国铁路、公路等运输法律、行政法规均有运到期限的规定。运到期限的法律规定一般为任意性规范,允许合同当事人另行约定。

3. 合理期限。合同没有约定,法律、行政法规也没有规定时,承运人应当在合理期限内将旅客或者货物运送到约定的目的地。承运人在一定的时间内将旅客或者货物运送到目的地,是对承运人的要求。所谓合理期间,是一个事实问题,需要根据具体的情况确定,运输距离、运输路线、运载工具和运载速度是需要考虑的重要因素。

承运人不能在约定的、法定的或者合理的期间内将旅客或者货物运送到目的地,即构成违约,应当承担违约责任。承运人违反运到期限义务的违约责任主要表现为:支付违约金、赔偿损失。但是迟延运到可因下列原因免责:自然灾害或气象、水文等不可抗力原因;由于托运人的责任造成的损失;运输货物或旅客的特殊要求;其他非承运人责任造成的原因。

法条指引

❶《中华人民共和国合同法》(1999年10月1日施行)

第二百九十条 承运人应当在约定期间或者合理期间内将旅客、货物安全运输到约定地点。

❷《中华人民共和国民用航空法》(1996年3月1日施行)

第一百二十六条 旅客、行李或者货物在航空运输中因延误造成的损失,承运人应当承担责任;但是,承运人证明本人或者其受雇人、代理人为了避免损失的发生,已经采取一切必要措施或者不可能采取此种措施的,不承担责任。

❸《中国民用航空货物国际运输规则》(2000年8月1日施行)

第二十九条 承运人收运货物后,应当采取措施及时将货物运至目的地,由于无法控制或者无法预测的原因,承运人可以不经通知,取消、终止、改变、推迟、延误或者提前航班飞行,或者继续航班飞行而不载运货物或者载运部分货物。除法律另有规定外,承运人对由此而造成的后果不承担责任。

❹《中华人民共和国海商法》(1993年7月1日施行)

第五十条 货物未能在明确约定的时间内,在约定的卸货港交付的,为迟延交付。

除依照本章规定承运人不负赔偿责任的情形外,由于承运人的过失,致使货物因迟延交付而遭受经济损失的,即使货物没有灭失或者损坏,承运人仍然应当负赔偿责任。

承运人未能在本条第一款规定的时间届满六十日内交付货物,有权对货物灭失提出赔偿请求的人可以认为货物已经灭失。

❺《国内水路货物运输规则》(2001年1月1日施行)

第三十四条 承运人应当在约定期间或者在没有这种约定时在合理期间内将货物安全运送到约定地点。

货物未能在约定或者合理期间内在约定地点交付的,为迟延交付。对由此造成的损失,承运人应当承担赔偿责任。

承运人未能在本条第一款规定期间届满的次日起60日内交付货物,有权对货物灭失提出赔偿请求的人可以认为货物已经灭失。

第四十八条 承运人对运输合同履行过程中货物的损坏、灭失或者迟延交付承担损害赔偿责任,但承运人证明货物的损坏、灭失或者迟延交付是由于下列原因造成的除外:

(一)不可抗力;

(二)货物的自然属性和潜在缺陷;

(三)货物的自然减量和合理损耗;

(四)包装不符合要求;

(五)包装完好但货物与运单记载内容不符;

(六)识别标志、储运指示标志不符本规则第十八条、第十九条规定;

(七)托运人申报的货物重量不准确;

(八)托运人押运过程中的过错;

(九)普通货物中夹带危险、流质、易腐货物;

(十)托运人、收货人的其他过错。

❻《水路货物运输合同实施细则》(1987年7月1日施行)

第二十四条 承运人未按规定或约定的时间将货物运抵到达港,应按规定向收货人偿付违约金,但由于下列原因之一引起的滞延时间应从实际运到期限中扣除:

一、自然灾害或气象、水文原因;

二、参加水上救助或发生海损事故;

三、政府命令或军事行动;

四、等候通过船闸;

五、应托运人要求在起运港预收保管的时间;

六、其他非承运人责任造成的延误。

逾期运到违约金额，视逾期天数的长短，按照每票货物的装卸或运费的百分之五到百分之二十偿付。

对于海江河联运货物的运到期限责任，另行规定。

对于代办中转货物的运到期限责任，按承、托运双方的协议执行。

❼《中华人民共和国铁路法》（1991年5月1日施行）

第十六条　铁路运输企业应当按照合同约定的期限或者国务院铁路主管部门规定的期限，将货物、包裹、行李运到目的站；逾期运到的，铁路运输企业应当支付违约金。

铁路运输企业逾期三十日仍未将货物、包裹、行李交付收货人或者旅客的，托运人、收货人或者旅客有权按货物、包裹、行李灭失向铁路运输企业要求赔偿。

❽《铁路货物运输合同实施细则》（1987年7月1日施行）

第九条　承运人应当承担以下义务：

一、按照货物运输合同约定的时间、数量、车种，拨调状态良好、清扫干净的货车；

二、在车站公共装卸场所装卸的货物，除特定者外，负责组织装卸；

三、将承运的货物按照合同规定的期限和到站，完整、无损地交给收货人；

四、对托运人或收货人组织装车或卸车的货物，将货车调到装、卸地点或商定的交接地点；

五、由承运人组织卸车的货物，向收货人发出到货催领通知；

六、发现多收运输费用，及时退还托运人或收货人。

第十八条　承运人的责任：

一、由于下列原因之一，未按货物运输合同履行、按车向托运人偿付违约金五十元：

（一）未按旬间日历装车计划及商定的车种、车型配够车辆，但当月补足或改变车种、车型经托运人同意装运者除外；

（二）对托运人自装的货车，未按约定的时间送到装车地点，致使不能在当月装完；

（三）拨调车辆的完整和清扫状态，不适合所运货物的要求；

（四）由于承运人的责任停止装车或使托运人无法按计划将货物搬入车站装车地点。

❾《铁路旅客运输规程》（1997年12月1日施行）

第十条　承运人的基本权利和义务是：

权利：

1. 依照规定收取运输费用；

2. 要求旅客遵守国家法令和铁路规章制度，保证安全；

3. 对损害他人利益和铁路设备、设施的行为有权制止、消除危险和要求赔偿。

义务：

1. 确定旅客运输安全正点；

2. 为旅客提供良好的旅行环境和服务设施，不断提高服务质量，文明礼貌地为旅客服务；

3. 因承运人过错造成旅客人身损害或物品损失时予以赔偿

第八十一条　行李、包裹超过规定的运到期限运到时，承运人应按逾期日数及所收运费的百分比向收货人支付违约金。一批中的行李、包裹部分逾期时，按逾期部分运费比例支付。违约金最高不超过运费的30%。

行李、包裹变更运输时，逾期运到违约金不予支付。收货人要求支付违约金时，凭行李票、包裹票在行李包裹到达日期10日以内提出。

第八十三条　行李、包裹超过运到期限30天以上仍未到达时，收货人可以认为行李包裹以灭失而向承运人提出赔偿。

❿《汽车旅客运输规则》（1988年8月1日施行）

第三十四条　班车必须按规定的线路、班点（包括食宿点）和时间运行、停靠。

如途中发生意外情况，无法运行时，应以最快方式通知就近车站派车接运，并及时公告。如需食宿，站方应协助解决，费用自理。

案例链接

❶《三水市华力饮料有限公司诉广州中海物流有限公司水路货物运输代理合同纠纷案》，参见北大法宝引证码：Pkulaw.cn/CLI.C.16334。

❷《北京首佳物流有限责任公司诉北京炎黄健康时代传媒广告有限公司运输合同纠纷案》，参见北大法宝引证码：Pkulaw.cn/CLI.C.178217。

❸《成都金鼎安全印制有限责任公司与四川远成投资发展有限公司铁路货物运输合同纠纷上诉案》，参见北大法宝引证码：Pkulaw.cn/CLI.C.215841。

【运输路线】

法律问题解读

承运人应当按照约定的或者通常的运输路线将旅客、货物运送到约定地点，不得无故绕线、绕路或者绕航。这是承运人的一项基本义务，是承运人速遣义务的重要内容。运输路线对运输合同而言意义重大，它通常是决定票价或运费、运输风险、运到期限的重要因素，在理论与实践中都应当给予充分重视。

《合同法》规定，在当事人没有约定运输路线时，承运人应当按照通常的运输路线运输。所谓"通常的运输路线"，一般是指行业习惯约定俗成的运输路线或者是安全、便捷、经济为原则的合理运输路线。合理的运输路线是一个事实问题，需要根据每一具体的运输情况决定，通常应符合安全、便捷、经济三项基本要求。安全，就是能够安全顺利地运输；便捷，即方便快捷；经济，即在经济上能给旅客、托运人以及承运人带来利益。在地理上最短的路线，并不一定构成合理的运输路线。

承运人只对不合理的绕线、绕路或者绕航承担违约责任，而并非所有的绕线、绕路或者绕航都是不合理的，有些绕线、绕路或者绕航不仅是合理的，而且是法定义务。按照法律的一般规定，因下列原因而偏离约定或者合理的运输路线，构成合理的绕线、绕路或者绕航：（1）运输合同中列明可以绕线、绕路或者绕航之事由；（2）为了救助或者企图救助人命或财产；（3）为了运输工具和所载旅客、货物的共同安全；（4）因不可抗力导致运输路线被阻或无法到达、停靠目的地的。

法条指引

❶《中华人民共和国合同法》（1999年10月1日施行）

第二百九十一条 承运人应当按照约定的或者通常的运输路线将旅客、货物运输到约定地点。

❷《中华人民共和国海商法》（1993年7月1日施行）

第四十九条 承运人应当按照约定的或者习惯的或者地理上的航线将货物运往卸货港。

船舶在海上为救助或者企图救助人命或者财产而发生的绕航或者其他合理绕航，不属于违反前款规定的行为。

❸《铁路旅客运输规程》（1997年12月1日施行）

第一百零六条 线路中断，旅客可以要求在原地等候通车，返回发站、中途站退票或按照承运人的安排绕道旅行。

第一百零七条 停止运行站或列车应在旅客车票背面注明原因、日期、返回xx站并加盖站名章或列车长名章，作为旅客免费返回发站、中途站办理退票、换车或延长有效期的凭证。

第一百零八条 旅客持票等候通车后继续旅行时，可凭原票在通车10日内恢复旅行。车站应根据旅客候车日数延长车票有效期。卧铺票应办理退票。

第一百零九条 铁路组织原列车绕道运输时，旅客原票不补不退，但中途下车即行失效。

旅客自行绕道按变径办理。

线路中断后，旅客买票绕道乘车时，按实际径路计算票价。

第一百一十条 对发站已承运的行李、包裹应妥善保管，铁路组织绕道运输时，运费不补不退。对滞留中途站的鲜活包裹应及时变卖处理。

第一百一十一条 收货人在中途站要求领取时，应退还已收运费与发站至领取站应收运费的差额。不足起码运费按起码运费核收。对要求运回发站取消托运的，退还全部运费。

第一百一十二条 旅客在发站或中途站停止旅行，而托运的行李已运至到站，要求将行李运回发站或中途站，运费不补不退。如果求将行李仍运至到站时，补收行李和包裹运费的差额。

❹《国内水路货物运输规则》（2001年1月1日施行）

第三十三条 承运人应当按照约定的或者习惯的或者地理上的航线将货物运送到约定的到达港。承运人为救助或者企图救助人命或者财产而发生的绕航或者其他合理绕航，不属于违反前款规定的行为。

❺《水路货物运输合同实施细则》（1987年7月1日施行）

第九条 承运人应当承担下列义务：

一、应按商定的时间和地点调派适航、适载条件的船舶装运，并备妥相应的护货垫隔物料；但按规定应由托运人自行解决的特殊加固、苫垫材料及所需人工除外。

二、对承运货物的配积载、运输、装卸、驳运、保管及交接工作，应谨慎处理，按章作业，保证货运质量。

三、对经由其他运输工具集中到港的散装运输、不计件数的货物，如具备计量手段的，应对托运人确定的重量进行抽查或复查；如不具备计量手段的，应在保证质量的前提下，负责原来、原转、原交。对按体积计收运输费用的货物，应对托运人确定的体积进行抽查或复查、准确计费。

四、对扫集的地脚货物，应做到物归原主；对不能分清货主的地脚货物，应按无法交付货物的规定处理。

五、组织好安全及时运输，保证运到期限。

六、按照船舶甲板货物运输的规定，谨慎配装甲板货物。

七、按照规定的航线运输货物，到达后，应由到达港发出到货通知，并负责将货物交付给指定的收货人。

❻《汽车旅客运输规则》（1988年8月1日施行）

第三十四条　班车必须按规定的线路、班点（包括食宿点）和时间运行、停靠。

如途中发生意外情况，无法运行时，应以最快方式通知就近车站派车接运，并及时公告。如需食宿，站方应协助解决，费用自理。

第三十七条　因路线阻滞，班车必须改道行驶时，票价按改道实际里程计收。按改道里程发售客票后，如班车恢复原路线行驶，发车前由始发站将票价差额退还旅客。

班车行至途中临时需要改线或绕道，票价差额不退不补。如不能继续行驶，旅客自愿在被阻点或返回途中停止旅行，应退还未乘区段的票款；自愿返回始发站的免费送回，退还全部票款；自愿在被阻点等候乘车，经站、车人员在客票上签证，可继续乘车。中途退给旅客的票款，经办站可向原发站或运方收回。

案例链接

❶《朱玉梅诉驻马店市汽车运输总公司等公路旅客运输合同纠纷案》，参见北大法宝引证码：Pkulaw.cn/CLI.C.278294。

❷《中世运（北京）国际物流有限公司诉欣纪元（大连）国际贸易有限公司运输合同纠纷案》，参见北大法宝引证码：Pkulaw.cn/CLI.C.214911。

❸《河南韵达快递服务有限公司与河南省博宇医疗设备有限公司运输合同纠纷上诉案》，参见北大法宝引证码：Pkulaw.cn/CLI.C.187840。

【运费】

法律问题解读

支付票款或者运输费用，是承运人运输合同权利的集中表现，是旅客、托运人的一项基本义务。票价一般记载于票面上，运费则一般在合同中作出约定或按照承运人公布的运价费率计得。在旅客运输情况下，旅客在购票时即已支付了票款，履行了合同规定的票款支付义务。货物运输的情况则相对复杂。实务中有预付和到付运费两种情况。运费预付是指承运人实际付运前，托运人向承运人支付运费的运费支付方式；运费到付是指承运人将货物运到目的地后收货人在目的地支付运费的支付方式。采取预付运费还是到付运费的方式，由当事人约定，没有约定的，认定为预付运费。旅客、托运人不支付票价或运费的，构成违约。属于预付运费的，承运人可以拒绝运输；属于到付运费的，承运人可以留置货物，行使留置权。

承运人因绕线、绕路或者绕航而增加的票款或者运费，不属于合同约定的范围，旅客、托运人或者收货人当然不应承担支付义务，承运人自行承担该项损失。毫无疑问，这里所讲的绕线、绕路或者绕航只限于不合理的绕线、绕路或者绕航，合理的绕线、绕路或者绕航不在此限。但是，合理的绕线、绕路或者绕航运输增加的票款或者运费如何进行分摊，这是司法实践中遇到的难题。我们认为，因合理的绕线、绕路或者绕航运输增加的费用，应遵循公平原则，根据实际情况，公平地加以确定。若绕线、绕路或者绕航是由合同约定的事由导致，应按合同约定处理；合同没有约定，应由当事人根据具体情况分担；有受益人的，由受益人承担。

法条指引

❶《中华人民共和国合同法》（1999年10月1日施行）

第二百九十二条　旅客、托运人或者收货人应当支付票款或者运输费用。承运人未按照约定路线或者通常路线运输增加票款或者运输费用的，旅客、托运人或者收货人可以拒绝支付增加部分的票款或者运输费用。

❷《中华人民共和国担保法》（1995年10月1日施行）

第八十四条 因保管合同、运输合同、加工承揽合同发生的债权，债务人不履行债务的，债权人有留置权。

法律规定可以留置的其他合同，适用前款规定。

当事人可以在合同中约定不得留置的物。

❸ 《中华人民共和国铁路法》（1991年5月1日施行）

第十四条 旅客乘车应当持有效车票。对无票乘车或者持失效车票乘车的，应当补收票款，并按照规定加收票款；拒不交付的，铁路运输企业可以责令下车。

❹ 《铁路货物运输合同实施细则》（1987年7月1日施行）

第八条 托运人应当承担下列义务：

一、按照货物运输合同约定的时间和要求向承运人交付托运的货物；

二、需要包装的货物，应当按照国家包装标准或部包装标准（专业包装标准）进行包装，没有统一规定包装标准的，要根据货物性质，在保证货物运输安全的原则下进行包装，并按国家规定标明包装储运指示标志，笨重货物还应在每件货物包装上标明货物重量；

三、按规定需要凭证运输的货物，应出示有关证件；

四、对整车货物，提供装载货物所需的货车装备物品和货物加固材料；

五、托运人组织装车的货物，装车前应对车厢完整和清洁状态进行检查，并按规定的装载技术要求进行装载，在规定的装车时间内将货物装载完毕或在规定的停留时间内，将货车送至交接地点；

六、在运输中需要特殊照料的货物，须派人押运；

七、向承运人交付规定的运输费用；

八、将领取货物凭证及时交给收货人并通知其向到站领取货物；

九、货物按保价运输办理时，须提出货物声明价格清单，支付货物保价费；

十、国家规定必须保险的货物，托运人应在托运时投保货物运输险，对于每件价值在七百元以上的货物或每吨价值在五百元以上的非成件货物，实行保险与负责运输相结合的补偿制度，托运人可在托运时投保货物运输险，具体办法另行规定。

第十条 收货人应当承担下列义务：

一、交清托运人在发站未交或少交以及运送期间发生的运输费用和托运人责任发生的垫款；

二、及时领取货物，并在规定的免费暂存期限内，将货物搬出车站；

三、收货人组织卸车的货物，应当在规定的卸车时间内将货物卸完或在规定的停留时间内将货车送至交接地点；

四、由收货人组织卸车的货物，卸车完毕后，应将货车清扫干净并关好门窗、端侧板（特种车为盖、阀），规定需要洗刷消毒的应进行洗刷消毒。

❺ 《铁路旅客运输规程》（1997年12月1日施行）

第九条 旅客的基本权利和义务是：

权利：

1. 依据车票票面记载的内容乘车；

2. 要求承运人提供与车票等级相适应的服务并保障其旅行安全；

3. 因承运人过错发生身体伤害或物品损失时，有权要求承运人给予赔偿。

义务：

1. 支付运费费用；

2. 遵守国家法令和铁路运输规章制度，听从铁路车站、列车工作人员的引导，按照车站的引导标志进、出站；

3. 爱护铁路设备、设施，维护公共秩序和运输安全。

第三十一条 旅客在乘车途中客票有效期终了，要求继续乘车时，应自有效期终了站或最近前方停车站起，另行补票，核收手续费，定期票可按有效使用止到站。

第四十六条 对无票乘车而又拒绝补票的人，列车长可责令其下车并应编制客运记录郊县、市所在地车站或三等以上车站处理（其到站近于上述到站应交到站处理）。车站对列车移交或本站发现的上述人员应追补应收和加收的票款，核收手续费。

❻ 《水路货物运输合同实施细则》（1987年7月1日施行）

第八条 托运人应当承担下列义务：

一、托运的货物必须与货物运单记载的品名相符。

二、在货物运单上准确地填写货物的重量或体积。对起运港具备符合国家规定计量手段的，托运人应按照起运港核定的数据确定货物重量；对整船散装货物，托运人确定重量有困难时，可以要求承运人提供船舶水尺计量数,作为托运人确定的重量。对按照规定实行重量和体积择大计费的货物,应填写货物的重量和体积。对笨重长大货物,还应列出单件货物的重量和体积(长、宽、高)。

三、需要包装的货物,必须按照国家或国家主管部门规定的标准包装;没有统一规定包装标准的,应在保证运输安全和货物质量的原则下进行包装;需要随附备用包装的,应提供备用包装。

四、正确制作货物的运输标志和必要的指示标志。

五、在托运货物的当时,按照合同规定的结算方式付清运输费用。

六、实行保价运输的个人生活用品,应提出货物清单,逐项声明价格,并按声明价格支付规定的保价费。

七、国家规定必须保险的货物,托运人应在托运时投保货物运输险。对于每件价值在七百元以上的货物或每吨价值在五百元以上的非成件货物,实行保险与负责运输相结合的补偿制度,托运人可在托运时投保货物运输险,具体办法另行规定。

八、按规定必须凭证运输的货物,应当提供有关证件。

九、按照货物属性或双方商定需要押运的货物,应派人随船押运。

十、托运危险货物必须按危险货物运输的规定办理,不得匿报品名、隐瞒性质或在普通货物中夹带危险货物。

第十条 收货人应当承担下列义务:

一、接到达港到货通知后,应在规定时间内同到达港办妥货物交接验收手续,将货物提离港区。

二、按规定应由收货人支付的运输费用、托运人少交的费用以及运输途中发生的垫款,应在提取货物时一次付清。

三、由收货人自理卸船的货物,应在商定的时间内完成卸船作业,将船舱、甲板清扫干净;对装运污秽货物、有毒害性货物的,应负责洗刷、消毒,使船舱恢复正常清洁状态。

第二十七条 由于托运人或收货人责任发生下列情况之一,应由托运人或收货人承担有关的费用或违约金:

一、货物运抵到达港,承运人发出到货通知后,收货人拒绝收货或找不到收货人,承运人应通知托运人在限期内自行处理该项货物,并应承担由此而发生的一切费用;如托运人在限期内不予处理的,承运人可以按照无法交付货物的规定对该项货物就地处理。

二、以货物运单作为运输合同的,未按运单规定的时间和要求提供托运的货物,应向承运人支付落空货源每吨一元违约金,但由于自然灾害影响货物按期托运的以及已按本细则第十九条规定承担违约责任的货物除外。

三、托运人或收货人未及时付清运输费用及其他应付的费用,应按规定按日向承运人支付迟交金额的滞纳金。

❼《国内水路货物运输规则》(2001年1月1日施行)

第二十条 除另有约定外,托运人应当预付运费。

第二十九条 托运人不履行合同义务或者履行合同义务不符合约定的,应当承担继续履行、采取补救措施或者赔偿损失等违约责任。

托运人因不可抗力不能履行合同的,根据不可抗力的影响,部分或者全部免除责任。迟延履行后发生不可抗力的,不能免除责任。

第四十条 应当向承运人支付的运费、保管费、滞期费、共同海损的分摊和承运人为货物垫付的必要费用以及应当向承运人支付的其他运输费用没有付请,又没有提供适当担保的,承运人可以留置相应的运输货物,但另有约定的除外。

❽《中国民用航空货物国际运输规则》(2000年8月1日施行)

第二十二条 托运人托运货物,应当支付所有预付运费和其他费用。收货人提取货物,应当支付所有到付运费和其他费用。

所有预付或者到付的费用,无论货物是否遗失、损坏或者货物未运达货运单上载明的目的地,均为承运人的全部所得。如因承运人的原因造成货物遗失、损坏或者货物未运达货运单上载明的目的地,承运人应当承担责任。

第二十三条 托运人或者收货人未支付运费和其他费用的,承运人可以依法留置货物,并催付有关的运费和其他费用。托运人或者收货人未在规定的期限内支付运费和其他费用的,承运人可按照有关规定处置货物,并事先通知货运单上载明的托运人或者收货人。

第二十四条 承运人垫付与货物有关的税款或者费用的,托运人和收货人应当承担向承运人偿付这些税款或者费用的连带责任。

第二十五条 托运人拒绝支付运费和其他费

用的，承运人可取消该货物的运输。

第四十二条 托运人应当承担因收货人未提取货物而产生的其他费用，包括根据托运人指示运回货物所产生的其他费用。

第四十三条 收货人接收货运单或者货物，应当承担与运输有关所有未支付费用的支付责任。除非另有约定，托运人不得被解除支付这些费用的责任，并与收货人承担连带责任。承运人可根据支付费用的情况有条件的移交货运单或者交付货物。

❾《汽车旅客运输规则》（1988年8月1日施行）

第三十七条 因路线阻滞，班车必须改道行驶时，票价按改道实际里程计收。按改道里程发售客票后，如班车恢复原路线行驶，发车前由始发站将票价差额退还旅客。

班车行至途中临时需要改线或绕道，票价差额不退不补。如不能继续行驶，旅客自愿在被阻点或返回途中停止旅行，应退还未乘区段的票款，自愿返回始发站的免费送回，退还全部票款；自愿在被阻点等候乘车，经站、车人员在客票上签证，可继续乘车。中途退给旅客的票款，经办站可向原发站或运方收回。

第六十七条 包车运杂费按以下规定计收：

1. 计程包车：按车辆抵载客地点起至包用完毕地点止的实际里程、客车核定载客量和包用车型的人公里运价计算。实际里程不足1公里按1公里计，起码计费里程为15公里。

计程包车因用户责任使车辆停歇，核收车辆停歇延滞费。计程包车日计费里程为120公里以上时，每天累计停歇时间2小时以内的不收车辆停歇延滞费；超过2小时的，其超出部分核收车辆停歇延滞费。车辆停歇时间以半小时为计算单位，超过半小时以半小时递进计费。车辆停歇延滞费按客车核定载客量和计时包车座车小时运价的50%计算。

2. 计时包车：按车辆到达约定地点至包用完毕的实际包用时间、客车核定载客量和包用车型的车座小时运价计算。计费起码时间为1小时，超过1小时以上，尾数不足半小时，以半小时递进计费。承运人耽搁的时间应予扣除，整日包车按8小时计费，超过8小时按实际包用时间计算。

3. 应用户要求从外地调来客车，或从车站驶抵包车使用地之间的往返空驶里程应核收调车费。调车费按包用客车调车行驶里程运价的50%核收。

4. 因用户原因，造成的客车空驶，核收车辆空驶损失费。车辆空驶损失费按实际空驶里程计程运价的50%核收。

5. 承运人未如期供车，付给用户供车延误费，延误时间以半小时为计算单位，超过半小时以半小时递进计费。供车延误费按计时包车运价的50%计算。

6. 用户在用车前一天取消包车，承运人按预定包用客车计时整日包车运价一天运费的5%向用户核收包车取消费，当天取消包车按10%核收包车取消费。

承运人未征得用户同意，单方取消包车，用车前一天通知用户的，由承运人按预定包用客车计时整日包车运价一天运费的5%向用户支付包车取消费；用车当天取消包车按10%支付包车取消费，如在预定用车时间后通知用户，承运人还应支付供车延误费。

7. 承运人或用户变更原预定客车类型，应按原预定包用客车计时整日包车运价一天运费的3%向对方付给包车变更费。

案例链接

❶《南通吉华物流有限公司与安吉县博洋竹板业有限公司运输合同纠纷上诉案》，参见北大法宝引证码：Pkulaw.cn/CLI.C.290570。

❷《赵援朝诉驻马店中集华骏车辆有限公司运输合同纠纷案》，参见北大法宝引证码：Pkulaw.cn/CLI.C.285618。

❸《周口豫之龙贸易运输有限公司与齐国荀等公路货物运输合同纠纷上诉案》，参见北大法宝引证码：Pkulaw.cn/CLI.C.287173。

【客运合同】

法律问题解读

客运合同，又称为旅客运输合同，是指承运人与旅客约定，承运人将旅客及其行李按照约定的时间和路线安全运送到目的地，旅客为此向承运人支付票款的合同。旅客运输合同包括铁路、公路、水路和航空旅客运输合同。

关于客运合同，在实践中要注意把握下列要点：

1. 客运合同是相对于货物运输合同而言的。以运送对象为标准，可以将运输合同分为旅客运输合同和货物运输合同。凡是以旅客为运送对象的合同，为旅客运输合同；凡是以货物为运输对象的合同，为货物运输合同。

2. 客运合同的标的为运输旅客的行为。客运合同是旅客与承运人关于运输旅客的协议，客运合同的目的是承运人按时将旅客安全送达目的地。因此，客运合同的标的即为运输旅客的行为。

3. 旅客运输合同为格式合同。客运合同通常采用票证形式，其表现形式为车票、船票、机票。合同的价款、运输时间、运输路线都由承运人事先拟订，旅客只能在购票或不购票之间进行选择，一般没有讨价还价的余地。

4. 旅客运输合同常伴有附随性免费行李运送合同和免费儿童运送合同。按照我国现行各种客运合同的规定，旅客一般可以免费随身携带一定重量的行李和一名一定高度以下的儿童。儿童虽未买票，但仍属于旅客，可以享有持票旅客同等的权利。

法条指引

❶《中华人民共和国合同法》（1999 年 10 月 1 日施行）

第二百九十三条　客运合同自承运人向旅客交付客票时成立，但当事人另有约定或者另有交易习惯的除外。

第二百九十四条　旅客应当持有效客票乘运。旅客无票乘运、超程乘运、越级乘运或者持失效客票乘运的，应当补交票款，承运人可以按照规定加收票款。旅客不交付票款的，承运人可以拒绝运输。

第二百九十六条　旅客在运输中应当按照约定的限量携带行李。超过限量携带行李的，应当办理托运手续。

❷《中华人民共和国铁路法》（1991 年 5 月 1 日施行）

第十一条　铁路运输合同是明确铁路运输企业与旅客、托运人之间权利义务关系的协议。

旅客车票、行李票、包裹票和货物运单是合同或者合同的组成部分。

❸《铁路旅客运输规程》（1997 年 12 月 1 日施行）

第七条　铁路旅客运输合同是明确承运人与旅客之间权利义务关系的协议。起运地承运人依据本规程订立的旅客运输合同对所涉及的承运人具有同等约束力。

铁路旅客运输合同的基本凭证是车票。

第八条　铁路旅客运输合同从售出车票时起成立，至按票面规定运输结束旅客出站时止，为合同履行完毕。旅客运输的运送期间自检票进站起至到站出站时止计算。

第九条　旅客的基本权利和义务是：

权利：

1. 依据车票票面记载的内容乘车；

2. 要求承运人提供与车票等级相适应的服务并保障其旅行安全；

3. 因承运人过错发生身体伤害或物品损失时，有权要求承运人给予赔偿。

义务：

1. 支付运输费用；

2. 遵守国家法令和铁路运输规章制度，听从铁路车站、列车工作人员的引导，按照车站的引导标志进、出站；

3. 爱护铁路设备、设施，维护公共秩序和运输安全。

第十条　承运人的基本权利和义务是：

权利：

1. 依照规定收取运输费用；

2. 要求旅客遵守国家法令和铁路规章制度，保证安全；

3. 对损害他人利益和铁路设备、设施的行为有权制止、消除危险和要求赔偿。

义务：

1. 确定旅客运输安全正点；

2. 为旅客提供良好的旅行环境和服务设施，不断提高服务质量，文明礼貌地为旅客服务；

3. 因承运人过错造成旅客人身损害或物品损失时予以赔偿。

第十九条　承运人一般不接受儿童单独旅行（乘火车通学的学生和承运人同意在旅途中监护的除外）。随同成年人旅行身高 1.1—1.4 米的儿童，享受半价客票、加快票和空调票（以下简称儿童票）。超过 1.4 米时应买全价票。每一成人旅客可免费携带一名身高不足 1.1 米的儿童，超过一名时，超过的人数应买儿童票。

儿童票的座别应与成人车票相同，其到站不得远于成人车票的到站。

免费乘车的儿童单独使用卧铺时，应购买全价卧铺票，有空调时还应购买半价空调票。

第五十一条　旅客携带品由自己负责看管。每人免费携带品的重量核体积是：儿童（含免费儿童）10 千克，外交人员 35 千克，其他旅客 20 千克。每件物品外部尺寸长、宽、高之和不超过 160 厘米。杆状物品不超过 200 厘米；重量不超过

20千克。残疾人旅行时代步的折叠式轮椅可免费携带并不计入上述范围。

第五十二条 下列物品不得带入车内：

1. 国家禁止或限制运输的物品；
2. 法律、法规、规章中规定的危险品、弹药和承运人不能判明性质的化工产品；
3. 动物及妨碍公共卫生（包括有恶臭等异味）的物品；
4. 能够损坏或污染车辆的物品；
5. 规格或重量超过本规程第五十一条规定的物品。

为方便旅客的旅行生活，限量携带下列物品：

1. 气体打火机5个，安全火柴20小盒。
2. 不超过20毫升的指甲油、去光剂、染发剂。不超过100毫升的酒精、冷烫精。不超过600毫升的摩丝、发胶、卫生杀虫剂、空气清新剂。
3. 军人、武警、公安人员、民兵、猎人凭法律规定的持枪证明佩带的枪支子弹。
4. 初生雏20只。

❹《中华人民共和国海商法》（1993年7月1日施行）

第一百零七条 海上旅客运输合同，是指承运人以适合运送旅客的船舶经海路将旅客及其行李从一港运送至另一港，由旅客支付票款的合同。

第一百零八条 本章下列用语的含义：

（一）"承运人"，是指本人或者委托他人以本人名义与旅客订立海上旅客运输合同的人。

（二）"实际承运人"，是指接受承运人委托，从事旅客运送或者部分运送的人，包括接受转委托从事此项运送的其他人。

（三）"旅客"，是指根据海上旅客运输合同运送的人；经承运人同意，根据海上货物运输合同，随船护送货物的人，视为旅客。

（四）"行李"，是指根据海上旅客运输合同由承运人载运的任何物品和车辆，但是活动物除外。

（五）"自带行李"，是指旅客自行携带、保管或者放置在客舱中的行李。

第一百一十条 旅客客票是海上旅客运输合同成立的凭证。

第一百一十三条 旅客不得随身携带或者在行李中夹带违禁品或者易燃、易爆、有毒、有腐蚀性、有放射性以及有可能危及船上人身和财产安全的其他危险品。

承运人可以在任何时间、任何地点将旅客违反前款规定随身携带或者在行李中夹带的违禁品、危险品卸下、销毁或使之不能为害，或者送交有关部门，而不负赔偿责任。

❺《中华人民共和国民用航空法》（1996年3月1日施行）

第一百零七条 本法所称国内航空运输，是指根据当事人订立的航空运输合同，运输的出发地点、约定的经停地点和目的地点均在中华人民共和国境内的运输。

本法所称国际航空运输，是指根据当事人订立的航空运输合同，无论运输有无间断或者有无转运，运输的出发地点、目的地点或者约定的经停地点之一不在中华人民共和国境内的运输。

第一百零九条 承运人运送旅客，应当出具客票。旅客乘坐民用航空器，应当交验有效客票。

第一百一十一条 客票是航空旅客运输合同订立和运输合同条件的初步证据。

旅客未能出示客票、客票不符合规定或者客票遗失，不影响运输合同的存在或者有效。

在国内航空运输中，承运人同意旅客不经其出票而乘坐民用航空器的，承运人无权援用本法第一百二十八条有关赔偿责任限制的规定。

在国际航空运输中，承运人同意旅客不经其出票而乘坐民用航空器的，或者客票上未依照本法第一百一十条第（三）项的规定声明的，承运人无权援用本法第一百二十九条有关赔偿责任限制的规定。

❻《中国民用航空旅客、行李国内运输规则》（1996年2月28日修订）

第三条 本规则中下列用语，除具体条款中有其他要求或另有明确规定外，含义如下：

（一）"承运人"指包括填开客票的航空承运人和承运或约定承运该客票所列旅客及其行李的所有航空承运人。

（二）"销售代理人"指从事民用航空运输销售代理业的企业。

（三）"地面服务代理人"指从事民用航空运输地面服务代理业务的企业。

（四）"旅客"指经承运人同意在民用航空器上载运除机组成员以外的任何人。

（五）"团体旅客"指统一组织的人数在10人以上（含10人），航程、乘机日期和航班相同的旅客。

（六）"儿童"指年龄满两周岁但不满12周岁的人。

（七）"婴儿"指年龄不满两周岁的人。

（八）"订座"指对旅客预订的座位、舱位等级或对行李的重量、体积的预留。

（九）"合同单位"指与承运人签订订座、购票合同的单位。

（十）"航班"指飞机按规定的航线、日期、时刻的定期飞行。

（十一）"旅客订座单"指旅客购票前必须填写的供承运人或其销售代理人据以办理订座和填开客票的业务单据。

（十二）"有效身份证件"指旅客购票和乘机时必须出示的由政府主管部门规定的证明其身份的证件。如：居民身份证、按规定可使用的有效护照、军官证、警官证、士兵证、文职干部或离退休干部证明，16周岁以下未成年人的学生证、户口簿等证件。

（十三）"客票"指由承运人或代表承运人所填开的被称为"客票及行李票"的凭证，包括运输合同条件、声明、通知以及乘机联和旅客联等内容。

（十四）"联程客票"指列明有两个（含）以上航班的客票。

（十五）"来回程客票"指从出发地至目的地并按原航程返回原出发地的客票。

（十六）"定期客票"指列明航班、乘机日期和订妥座位的客票。

（十七）"不定期客票"指未列明航班、乘机日期和未订妥座位的客票。

（十八）"乘机联"指客票中标明"适用于运输"的部分，表示该乘机联适用于指定的两个地点之间的运输。

（十九）"旅客联"指客票中标明"旅客联"的部分，始终由旅客持有。

（二十）"误机"指旅客未按规定时间办妥乘机手续或因旅行证件不符合规定而未能乘机。

（二十一）"漏乘"指旅客在航班始发站办理乘机手续后或在经停站过站时未搭乘上指定的航班。

（二十二）"错乘"指旅客乘坐了不是客票上列明的航班。

（二十三）"行李"指旅客在旅行中为了穿着、使用、舒适或方便的需要而携带的物品和其他个人财物。除另有规定者外，包括旅客的托运行李和自理行李。

（二十四）"托运行李"指旅客交由承运人负责照管和运输并填开行李票的行李。

（二十五）"自理行李"指经承运人同意由旅客自行负责照管的行李。

（二十六）"随身携带物品"指经承运人同意由旅客自行携带乘机的零星小件物品。

（二十七）"行李牌"指识别行李的标志和旅客领取托运行李的凭证。

（二十八）"离站时间"指航班旅客登机后，关机门的时间。

第八条 客票为记名式，只限客票上所列姓名的旅客本人使用，不得转让和涂改，否则客票无效，票款不退。

客票应当至少包括下列内容：

（一）承运人名称；

（二）出票人名称、时间和地点；

（三）旅客姓名；

（四）航班始发地点、经停地点和目的地点；

（五）航班号、舱位等级、日期和离站时间；

（六）票价和付款方式；

（七）票号；

（八）运输说明事项。

第九条 旅客应在客票有效期内，完成客票上列明的全部航程。

旅客使用客票时，应交验有效客票，包括乘机航段的乘机联和全部未使用并保留在客票上的其他乘机联和旅客联，缺少上述任何一联，客票即为无效。

国际和国内联程客票，其国内联程段的乘机联可在国内联程航段使用，不需换开成国内客票；旅客在我国境外购买的用国际客票填开的国内航空运输客票，应换开成我国国内客票后才能使用。

承运人及其销售代理人不得在我国境外使用国内航空运输客票进行销售。

定期客票只适用于客票上列明的乘机日期和航班。

第十五条 革命残废军人凭《革命残废军人抚恤证》，按适用票价的80%购票。

儿童按适用成人票价的50%购买儿童票，提供座位。

婴儿按适用成人票价的10%购买婴儿票，不提供座位；如需要单独占用座位时，应购买儿童票。

每一成人旅客携带婴儿超过一名时，超过的人数应购儿童票。

第三十七条 托运行李必须包装完善、锁扣完好、捆扎牢固，能承受一定的压力，能够在正常的操作条件下安全装卸和运输，并应符合下列条件，否则，承运人可以拒绝收运：

（一）旅行箱、旅行袋和手提包等必须加锁；

（二）两件以上的包件，不能捆为一件；

（三）行李上不能附插其他物品；

（四）竹篮、网兜、草绳、草袋等不能作为行李的外包装物；

（五）行李上应写明旅客的姓名、详细地址、电话号码。

托运行李的重量每件不能超过50公斤，体积不能超过40×60×100厘米，超过上述规定的行李，须事先征得承运人的同意才能托运。

自理行李的重量不能超过10公斤，体积每件不超过20×40×55厘米。

随身携带物品的重量，每位旅客以5公斤为限。持头等舱客票的旅客，每人可随身携带两件物品；持公务舱或经济舱客票的旅客，每人只能随身携带一件物品。每件随身携带物品的体积均不得超过20×40×55厘米。超过上述重量、件数或体积限制的随身携带物品，应作为托运行李托运。

第三十八条 每位旅客的免费行李额（包括托运和自理行李）：持成人或儿童票的头等舱旅客为40公斤，公务舱旅客为30公斤，经济舱旅客为20公斤。持婴儿票的旅客，无免费行李额。

搭乘同一航班前往同一目的地的两个以上的同行旅客，如在同一时间、同一地点办理行李托运手续，其免费行李额可以按照各自的客票价等级标准合并计算。

构成国际运输的国内航段，每位旅客的免费行李额按适用的国际航线免费行李额计算。

❼《水路旅客运输规则》（1997年8月26日修正）

第三条 水路旅客运输合同、行李运输合同应本着自愿的原则签订；港口作业、服务合同应本着平等互利、协商一致的原则签订。

第五条 本规则下列用语的含义是：

（一）"水路旅客运输合同"，是指承运人以适合运送旅客的船舶经水路将旅客及其自带行李从一港运送至另一港，由旅客支付票款的合同。

（二）"水路行李运输合同"，是指承运人收取运费，负责将旅客托运的行李经水路由一港运送至另一港的合同。

（三）"港口作业、服务合同"（以下简称"作业合同"），是指港口经营人收取港口作业费，负责为承运人承运的旅客和行李提供候船、集散服务和装卸、仓储、驳运等作业的合同。

（四）"旅客"，是指根据水路旅客运输合同运送的人；经承运人同意，根据水路货物运输合同，随船护送货物的人，视为旅客。

（五）"行李"，是指根据水路旅客运输合同或水路行李运输合同由承运人载运的任何物品和车辆。

（六）"自带行李"，是指旅客自行携带、保管的行李。

（七）"托运行李"，是指根据水路行李运输合同由承运人运送的行李。

（八）"承运人"，是指本人或者委托他人以本人名义与旅客签订水路旅客运输合同和水路行李运输合同的人。

（九）"港口经营人"，是指与承运人订立作业合同的人。

（十）"客运记录"，是指在旅客运输中发生意外或特殊情况所作记录的文字材料。它是客船与客运站有关客运业务移交的凭证。

第六条 旅客运输合同成立的凭证为船票，合同双方当事人——旅客和承运人买、卖船票后合同即成立。

第八条 旅客运输的运送期间，自旅客登船时起至旅客离船时止。船票票价含接送费用的，运送期间并包括承运人经水路将旅客从岸上接到船上和从船上送到岸上的期间，但是不包括旅客在港站内、码头上或者在港口其他设施内的时间。

旅客的自带行李，运送期间同前款规定。

第十八条 儿童身高超过1.1米但不超过1.4米者，应购买半价票，超过1.4米者，应购买全价票。

第二十五条 每一成人旅客可免费携带身高不超过1.1米的儿童一人。超过一人时，应按超过的人数购买半价票。

第二十六条 旅客漏船，如能赶到另一中途港乘上原船，而原船等级席位又未售出时，可乘坐原等级席位，否则，逐级降等乘坐，票价差额款不退。

第二十七条 每一旅客可免费携带总重量20千克（免费儿童减半），总体积0.3立方米的行李。

每一件自带行李，重量不得超过20千克；体积不得超过0.2立方米；长度不得超过1.5米（杆形物品2米）。

残疾旅客乘船，另可免费携带随身自用的非机动残疾人专用车一辆。

第二十八条 旅客可携带下列物品乘船：

（一）气体打火机5个，安全火柴20小盒。

（二）不超过20毫升的指甲油、去污剂、染发剂，不超过100毫升的酒精、香水、冷烫精，不超过300毫升的家用卫生杀虫剂、空气清新剂。

（三）军人、公安人员和猎人佩带的枪支和子弹（应有持枪证明）。

第二十九条 除本规则另有规定者外，下列物品不准旅客携带上船：

（一）违禁品或易燃、易爆、有毒、有腐蚀性、有放射性以及有可能危及船上人身和财产安全的其他危险品；

（二）各种有臭味、恶腥味的物品；

（三）灵柩、尸体、尸骨。

第三十条 旅客违反本规则第二十九条规定，造成损害的，应当负赔偿责任。

第三十一条 旅客自带行李超过免费规定的，应办理托运。经承运人同意的，也可自带上船，但应支付行李运费。

对超过免费规定的整件行李，计费时不扣除免费重量、体积和长度。

第三十六条 旅客携带活动物的限量，由承运人自行制订。

❽**《汽车旅客运输规则》**（1988年8月1日施行）

第二十二条 成人及身高超过1.3米的儿童购买全价票。持一张全价票的旅客可免费携带1.1米以下儿童一人乘车，但不供给座位；携带免费乘车儿童超过一人或要求供给座位时，须购买儿童票。

第二十三条 身高1.1米至1.3米的儿童购买半价儿童票，供给座位。

第三十八条 旅客随身携带乘车的物品，每一张全票（含残废军人票）免费10千克，每一张儿童票免费5千克；体积不能超过0.02立方米，长度不能超过1.8米，并以能放置本人座位下或车内行李架上为限。超过规定时，其超过部分按行包收费；占用座位时，按实际占用座位数购票。

案例链接

❶《许昌运通巴士旅游有限公司与刁金枝客运合同纠纷上诉案》，参见北大法宝引证码：Pkulaw.cn/CLI.C.280465。

❷《许昌运通巴士旅游有限公司与李伟霄客运合同纠纷上诉案》，参见北大法宝引证码：Pkulaw.cn/CLI.C.280466。

❸《许昌万里运输（集团）有限公司与李向丽公路旅客运输合同纠纷上诉案》，参见北大法宝引证码：Pkulaw.cn/CLI.C.280517。

学者观点

❶ 寿文光：《论乘客交通事故伤亡损害赔偿之诉的法律适用》，参见北大法宝引证码：Pkulaw.cn/CLI.A.1142051。

❷ 陈界融：《客运合同中交通事故若干法律问题解析》，参见北大法宝引证码：Pkulaw.cn/CLI.A.1109425。

【客运合同的成立】

法律问题解读

旅客运输，属于公共运输，承运人通过公布价目表向社会公众发出要约邀请。购票人支付票价的行为为要约，承运人发给客票的行为为承诺。因此，自购票人取得客票时起，双方意思表示一致，客运合同成立。

关于客运合同的订立，应当注意以下问题：

1. 客运合同是诺成性合同，双方经过要约、承诺，形成意思表示一致，合同即告成立。

2. 旅客运输属于公共运输，根据《合同法》第289条的规定，承运人不得拒绝旅客通常、合理的运输要求。因此，在客运合同的订立中，尽管在一般情况下，旅客一方提出乘坐相应的交通工具要求的意思表示为要约，承运人同意承运为承诺，但对于旅客的要约，承运人承担着强制承诺的法律义务，除正当理由之外，不得拒绝。如果承运人拒载，旅客可以向交通运输主管部门投诉，主管部门有权对拒载承运人给予处罚。

3. 车票、船票、机票等既是客运合同的表现形式，同时又是有价证券。运输合同虽然自旅客购得客票时成立，但合同并未同时生效，而是自检票时起生效。作为有价证券，除记名的客票外，其他不记名的客票在检票之前可以转让。

4. 旅客先乘坐后补票的，旅客运输合同自旅客登上交通工具时成立，因为此时双方的行为表明双方已就运输合同达成协议，只是双方的合同为非书面形式，其后旅客补票的行为则是旅客向承运人旅行支付票款的合同义务。

应当指出，旅客运输合同自旅客购得客票时成立只是通例，法律允许当事人另行约定。此外，按照交易习惯另行确定合同成立时间的除外。

法条指引

❶《中华人民共和国合同法》（1999年10月

1日施行)

第二百九十三条 客运合同自承运人向旅客交付客票时成立,但当事人另有约定或者另有交易习惯的除外。

❷《中华人民共和国铁路法》(1991年5月1日施行)

第十一条 铁路运输合同是明确铁路运输企业与旅客、托运人之间权利义务关系的协议。

旅客车票、行李票、包裹票和货物运单是合同或者合同的组成部分。

❸《中华人民共和国海商法》(1993年7月1日施行)

第一百一十条 旅客客票是海上旅客运输合同成立的凭证。

❹《中华人民共和国民用航空法》(1996年3月1日施行)

第一百零九条 承运人运送旅客,应当出具客票。旅客乘坐民用航空器,应当交验有效客票。

第一百一十条 客票应当包括的内容由国务院民用航空主管部门规定,至少应当包括以下内容:

(一)出发地点和目的地点;

(二)出发地点和目的地点均在中华人民共和国境内,而在境外有一个或者数个约定的经停地点的,至少注明一个经停地点;

(三)旅客航程的最终目的地点、出发地点或者约定的经停地点之一不在中华人民共和国境内,依照所适用的国际航空运输公约的规定,应当在客票上声明此项运输适用该公约,客票上应当载有该项声明。

第一百一十一条 客票是航空旅客运输合同订立和运输合同条件的初步证据。

旅客未能出示客票、客票不符合规定或者客票遗失,不影响运输合同的存在或者有效。

在国内航空运输中,承运人同意旅客不经其出票而乘坐民用航空器的,承运人无权援用本法第一百二十八条有关赔偿责任限制的规定。

在国际航空运输中,承运人同意旅客不经其出票而乘坐民用航空器的,或者客票上未依照本法第一百一十条第(三)项的规定声明的,承运人无权援用本法第一百二十九条有关赔偿责任限制的规定。

❺《铁路旅客运输规程》(1997年12月1日施行)

第八条 铁路旅客运输合同从售出车票时起成立,至按票面规定运输结束旅客出站时止,为合同履行完毕。旅客运输的运送期间自检票进站起至到站出站时止计算。

❻《汽车旅客运输规则》(1988年8月1日施行)

第十五条 车票是旅客乘车的凭证。汽车客运经营者必须使用交通主管部门统一规定的客票和收费凭证,任何单位和个人不得私自印制和伪造。

第十六条 车票按不同的营运方式分为班车客票、旅游客票、出租车客票和包车票(见附件一)。

案例链接

❶《沈阳客运集团公司黄河公共汽车分公司与高振宇城市公交运输合同人身损害赔偿纠纷上诉案》,参见北大法宝引证码:Pkulaw.cn/CLI.C.106080。

❷《肖黎明诉南方航空公司机票"超售"案》,参见北大法宝引证码:Pkulaw.cn/CLI.C.240617。

❸《吴文仙等诉周卫明客运合同案》,参见北大法宝引证码:Pkulaw.cn/CLI.C.48741。

【客票】

法律问题解读

客票是旅客运输合同成立的凭证,客票记载的内容,诸如起运地、目的地、班次、乘坐日期和时间、等次等,是旅客运输合同的主要内容。旅客乘运时出示客票,表明其是客运合同的一方当事人,有权主张乘运权,特别是无记名客票,客票没有记载旅客的姓名,且在检票之前可以自由转让。但是,对于记名客票,法律有特别规定的时候旅客可以不出示,如旅客可以不出示机票而乘机。

旅客乘运时交验的客票应当是有效的客票。有效的客票证明一个有效的合同的存在;失效的客票表明运输合同已经归于无效,对承运人没有约束力,旅客不能据此主张其乘运权。所谓有效的客票,是指由承运人出具的,在客票上记载时间和地点的客票。客票因违法转让、涂改、超期而无效、作废或失效。

旅客无票乘运、超程乘运、越级乘运或者持失效客票乘运,属于不当乘运。无票乘运,表明旅客尚未履行支付票款的义务;超程乘运或超级乘运,表明旅客没有完全履行支付票款的义务;

持失效客票乘运,原已支付票款的客票已经失效,旅客需重新建立运输合同关系,再行支付票款。因此,旅客不当乘运时,应当按照规定向承运人补交票款的全部或者不足部分。否则,承运人可以旅客未履行基本的合同义务而终止合同的履行,并有权在适当的地点要求旅客离开运载工具或返回适当等级乘坐。对于无票乘运或者持失效客票乘运的,在始发站发现的,承运人可以拒绝其乘运;在到达站发现的,承运人可以按照规定要求其补交票款和加收票款。

法条指引

❶《中华人民共和国合同法》(1999年10月1日施行)

第二百九十四条 旅客应当持有效客票乘运。旅客无票乘运、超程乘运、越级乘运或者持失效客票乘运的,应当补交票款,承运人可以按照规定加收票款。旅客不交付票款的,承运人可以拒绝运输。

❷《中华人民共和国铁路法》(1991年5月1日施行)

第十四条 旅客乘车应当持有效车票。对无票乘车或者持失效车票乘车的,应当补收票款,并按照规定加收票款;拒不交付的,铁路运输企业可以责令下车。

❸《中华人民共和国海商法》(1993年7月1日施行)

第一百一十二条 旅客无票乘船、越级乘船或者超程乘船,应当按照规定补足票款,承运人可以按照规定加收票款;拒不交付的,船长有权在适当地点令其离船,承运人有权向其追偿。

❹《中华人民共和国民用航空法》(1996年3月1日施行)

第一百零九条 承运人运送旅客,应当出具客票。旅客乘坐民用航空器,应当交验有效客票。

第一百一十条 客票应当包括的内容由国务院民用航空主管部门规定,至少应当包括以下内容:

(一)出发地点和目的地点;

(二)出发地点和目的地点均在中华人民共和国境内,而在境外有一个或者数个约定的经停地点的,至少注明一个经停地点;

(三)旅客航程的最终目的地点、出发地点或者约定的经停地点之一不在中华人民共和国境内,依照所适用的国际航空运输公约的规定,应当在客票上声明此项运输适用该公约的,客票上应当载有该项声明。

第一百一十一条 客票是航空旅客运输合同订立和运输合同条件的初步证据。

旅客未能出示客票、客票不符合规定或者客票遗失,不影响运输合同的存在或者有效。

在国内航空运输中,承运人同意旅客不经其出票而乘坐民用航空器的,承运人无权援用本法第一百二十八条有关赔偿责任限制的规定。

在国际航空运输中,承运人同意旅客不经其出票而乘坐民用航空器的,或者客票上未依照本法第一百一十条第(三)项的规定声明的,承运人无权援用本法第一百二十九条有关赔偿责任限制的规定。

❺《水路旅客运输规则》(1997年8月26日修正)

第三十七条 承运人应按旅客运输合同所指定的船名、航次、日期和席位运送旅客。

第四十条 乘船人无票在船上主动要求补票,承运人应向其补收自乘船港(不能证实时,自客船始发港)至到达港的全部票价款,并核收补票手续费。

在途中,承运人查出无票或持用失效船票或伪造、涂改船票者,除向乘船人补收自乘船港(不能证实时,自客船始发港)至到达港的全部票价款外,应另加收相同区段最低等级票价的100%的票款,并核收补票手续费。

第四十一条 在到达港,承运人查出无票或持用失效船票或伪造、涂改船票者,应向乘船人补收自客船始发港至到达港最低等级票价的400%的票款,并核收补票手续费。

第四十二条 在乘船港,承运人查出应购买全价票而购买半价票的儿童,应另售给全价票,原半价票给予退票,免收退票费。

第四十三条 在途中或到达港,承运人查出儿童未按规定购买船票的,应按下列规定处理:

(一)应购半价票而未购票的,补收半价票款,并核收补票手续费;

(二)应购全价票而购半价票的,补收全价票与半价票的票价差额款,并核收补票手续费;

(三)应购全价票而未购票的,应按本规则第四十条、第四十一条规定办理。

第四十四条 在途中或到达港,承运人查出持用优待票乘船的旅客不符合优待条件时,应向旅客补收自乘船港至到达港的全部票价款,并核收补票手续费。原船票作废。

❻《铁路旅客运输规程》(1997年12月1日施行)

第三十条 旅客须按票面载明的日期、车次、席别乘车,并在票面规定有效期内到达到站。旅客如在票面指定的日期、车次于中途站下车时,未乘区间票价不退。旅客可在列车中途停车站下车,也可在车票有效期间恢复旅行,但中途下车后,卧铺票即行失效。中途换车和中途下车旅客继续旅行时,应先行到车站办理车票签证手续。

第四十四条 有下列行为时,除按规定补票,核收手续费以外,还必须加收应补票价50%的票款:

1. 无票乘车时,补收自乘车站(不能判明时自始发站)起至到站止车票票价。持失效车票乘车按无票处理。

2. 持用伪造或涂改的车票乘车时,除按无票处理外并送交公安部门处理。

3. 持站台票上车并在开车20分钟后仍不声明时,按无票处理。

4. 持用低等级的车票乘坐高等级列车、铺位、坐席时,补收所乘区间的票价差额。

5. 旅客持半价票没有规定的减价凭证或不符合减价条件时,补收全价票价与半价票价的差额。

第四十六条 对无票乘车而又拒绝补票的人,列车长可责令其下车并应编制客运记录郊县、市所在地车站或三等以上车站处理(其到站近于上述到站应交到站处理)。车站对列车移交或本站发现的上述人员应追补应收和加收的票款,核收手续费。

❼《汽车旅客运输规则》(1988年8月1日施行)

第二十八条 旅客持符合规定的客票,按票面指定的日期和车次检票乘车,直达班车、普快班车、普客班车在始发站对号入座。

第七十八条 旅客无票或持无效客票、不符合规定的客票乘车,除补收始发站至到达站全程客票价款外,并处以100%的罚款。

案例链接

❶《李俊亭诉中国人寿财产保险股份有限公司鹤壁市中心支公司等道路交通事故人身损害赔偿纠纷案》,参见北大法宝引证码:Pkulaw.cn/CLI.C.282255。

❷《刘玉兰诉冯相永等道路交通事故人身损害赔偿纠纷案》,参见北大法宝引证码:Pkulaw.cn/CLI.C.257834。

❸《陈富敏诉贺高产道路交通事故人身损害赔偿纠纷案》,参见北大法宝引证码:Pkulaw.cn/CLI.C.250351。

学者观点

❶ 董玉鹏:《国际航空运输电子客票法律适用的若干问题》,参见北大法宝引证码:Pkulaw.cn/CLI.A.1118989。

【误时乘坐】

法律问题解读

按照合同约定的时间乘坐,既是旅客的一项权利,同时也是旅客的一项义务。旅客因自身原因延误乘坐的,法律允许办理退票或者变更手续。退票是指旅客将已经购买的客票退还给承运人,承运人按照合同约定收取一定手续费后将票款退给旅客的行为。客票变更是指旅客购票后,向承运人提出要求,由承运人予以变更乘坐时间、班次、航程、票价级别或者更换乘坐人等的行为。退票和客票变更,实质上是合同的解除和变更行为。

退票或者变更客票必须满足下列两个前提条件:

1. 不能按时乘坐的原因归于旅客本身。如旅客不能在指定的时间内办理检票乘车手续,包括旅客实际已经误时以及因故不能按时乘坐两种情况。因承运人原因不能按时运输的,以及因不可抗力导致旅客误时乘坐的,应按其他有关规定办理。

2. 旅客必须在规定的时间内提出退票或者变更客票的请求,即提出解除合同或变更合同请求在时间上是有限制的。从这一角度而言,旅客的退票和变更客票的权利是附条件的权利。退票和变更客票的时间,以及承运人收取的手续费,一般由法律、行政法规规定。旅客退票或变更客票有两种情形:(1)在客票记载的乘坐时间之前提出;(2)在客票记载的乘坐时间之后提出,即误乘。对于后者,承运人一般要收取较高的手续费。如果旅客未能在上述规定的时间内申请退票或者变更票款的,则丧失这一权利。

法条指引

❶《中华人民共和国合同法》(1999年10月

1日施行)

第二百九十五条 旅客因自己的原因不能按照客票记载的时间乘坐的,应当在约定的时间内办理退票或者变更手续。逾期办理的,承运人可以不退票款,并不再承担运输义务。

❷《中国民用航空旅客、行李国内运输规则》(1996年2月28日修订)

第十八条 旅客购票后,如要求改变航班、日期、舱位等级,承运人及其销售代理人应根据实际可能积极办理。

第十九条 航班取消、提前、延误、航程改变或不能提供原定座位时,承运人应优先安排旅客乘坐后续航班或签转其他承运人的航班。

因承运人的原因,旅客的舱位等级变更时,票款的差额多退少不补。

第二十条 旅客要求改变承运人,应征得原承运人或出票人的同意,并在新的承运人航班座位允许的条件下予以签转。

本规则第十九条第一款所列情况要求旅客变更承运人时,应征得旅客及被签转承运人的同意后,方可签转。

第二十一条 由于承运人或旅客原因,旅客不能在客票有效期内完成部分或全部航程,可以在客票有效期内要求退票。

旅客要求退票,应凭客票或客票未使用部分的"乘机联"和"旅客联"办理。

退票只限在出票地、航班始发地、终止旅行地的承运人或其销售代理人售票处办理。

票款只能退给客票上列明的旅客本人或客票的付款人。

第二十二条 旅客自愿退票,除凭有效客票外,还应提供旅客本人的有效身份证件,分别按下列条款办理:

(一)旅客在航班规定离站时间24小时以内、两小时以前要求退票,收取客票价10%的退票费;在航班规定离站时间前两小时以内要求退票,收取客票价20%的退票费;在航班规定离站时间后要求退票,按误机处理。

(二)持联程、来回程客票的旅客要求退票,按本条第一款规定办理。

(三)革命残废军人要求退票,免收退票费。

(四)持婴儿客票的旅客要求退票,免收退票费。

(五)持不定期客票的旅客要求退票,应在客票的有效期内到原购票地点办理退票手续。

(六)旅客在航班的经停地自动终止旅行,该航班未使用航段的票款不退。

第二十三条 航班取消、提前、延误、航程改变或承运人不能提供原定座位时,旅客要求退票,始发站应退还全部票款,经停地应退还未使用航段的全部票款,均不收取退票费。

第二十四条 旅客因病要求退票,需提供医疗单位的证明,始发地应退还全部票款,经停地应退还未使用航段的全部票款,均不收取退票费。

患病旅客的陪伴人员要求退票,按本条第一款规定办理。

第三十四条 无成人陪伴儿童、病残旅客、孕妇、盲人、聋人或犯人等特殊旅客,只有在符合承运人规定的条件下经承运人预先同意并在必要时做出安排后方予载运。

传染病患者、精神病患者或健康情况可能危及自身或影响其他旅客安全的旅客,承运人不予承运。

根据国家有关规定不能乘机的旅客,承运人有权拒绝其乘机,已购客票按自愿退票处理。

第三十五条 旅客误机按下列规定处理:

(一)旅客如发生误机,应到乘机机场或原购票地点办理改乘航班、退票手续。

(二)旅客误机后,如要求改乘后续航班,在后续航班有空余座位的情况下,承运人应积极予以安排,不收误机费。

(三)旅客误机后,如要求退票,承运人可以收取适当的误机费。

旅客漏乘按下列规定处理:

(一)由于旅客原因发生漏乘,旅客要求退票,按本条第一款的有关规定办理。

(二)由于承运人原因旅客漏乘,承运人应尽早安排旅客乘坐后续航班成行。如旅客要求退票,按本规则第二十三条规定办理。

旅客错乘按下列规定处理:

(一)旅客错乘飞机,承运人应安排错乘旅客搭乘最早的航班飞往旅客客票上的目的地,票款不补不退。

(二)由于承运人原因旅客错乘,承运人应尽早安排旅客乘坐后续航班成行。如旅客要求退票,按本规则第二十三条规定办理。

❸《水路旅客运输规则》(1997年8月26日修正)

第五十一条 在乘船港不办理船票的签证改乘手续。旅客要求变更乘船的班次、舱位等级或行程时,应先行退票并支付退票费,再另行购票。

第五十二条 旅客在旅行途中要求延程时,

承运人应向旅客补收从原到达港至新到达港的票价款,并核收补票手续费。客船满员时,不予延程。

第五十三条 对超程乘船的旅客(误乘者除外),承运人应向旅客补收超程区段最低等级票价的200%的票款,并核收补票手续费。

第五十四条 旅客在船上要求升换舱位等级时,承运人应向旅客补收升换区段所升等级同原等级票价的差额款,并核收补票手续费。

持用学生票的学生在船上要求升换舱位等级时,承运人应向其补收升换等级区段所升等级全票票价与学生票票价的差额款,并核收补票手续费。

第五十五条 持低等级半价票的儿童可与持高等级船票的成人共用一个铺位。如持低等级船票的成人与持高等级半价票的儿童共用一个铺位,由承运人对成人补收高等级与低等级票价的差额款,并核收补票手续费,儿童的半价票差额款不退,且不另供铺位。

第五十六条 在乘船港,旅客可在规定时限内退票,但应支付退票费。

超过本规则第五十七条规定的退票时限,不能退票。

第五十七条 在乘船港退票的时限规定为:

(一)内河航线在客船开航以前;沿海航线在客船规定开航时间2小时以前;

(二)团体票在客船规定开航时间24小时以前。

第五十八条 除本规则另有规定的外,旅客在中途港、到达港和船上不能退票。

第五十九条 包房、包舱、包船的包用人,可在规定的时限内要求退包,但应支付退包费。

超过本规则第六十条规定的退包时限,不能退包。

第六十条 退包的时限规定为:

(一)包房、包舱退包,在客船规定开航时间24小时以前;

(二)包船退包,在客船计划开航时间24小时以前。

第六十一条 下列原因造成的退票或退包,承运人不得向旅客收取退票费或退包费:

(一)不可抗力;

(二)承运人或其代理人的责任。

第六十二条 在春运等客运繁忙季节,承运人可以暂停办理退票。

❹《铁路旅客运输规程》(1997年12月1日施行)

第三十四条 旅客不能按票面指定的日期、车次乘车时,在不延长车票有效期的前提下,可以办理一次提前或改晚乘车签证手续。办理改晚乘车签证手续时,最迟不超过开车后2小时,团体旅客必须在开车48小时以前办理。往返票、联程票、卧铺票不办理改签。

第三十五条 旅客可要求变更高于原票等级的列车或铺位、坐席,办理时核改变更区间的差额。

第三十六条 因承运人责任时旅客不能按票面记载的日期、车次、座别、铺位乘车时,站、车应重新妥善安排。重新安排的列车、坐席、铺位高于原票等级时,超过部分票剪不予补收。低于原票等级时,应退还票价差额,不收退票费。

❺《汽车旅客运输规则》(1988年8月1日施行)

第二十九条 旅客不能按票面指定日期、车次乘车时,可在该班车开车2小时前办理签证改乘,改乘以一次为限。开车前2小时内不办理签证改乘,可作退票处理,按规定核收退票费。

第六十五条 旅客退票,按以下规定计收退票费:

1. 班车开车时间2小时前办理退票,按票面额10%计收退票费,不足3角按3角计算;班车开车时间2小时以内办理退票,按票面额20%计收退票费,不足5角按5角计算;班车开车后1小时以内办理退票,按票面额50%计收退票费,不足1元按1元计算。

2. 旅游客车开车24小时前办理退票,按票面额10%收取退票费,不足5角按5角计收;开车前24小时之内按50%收取退票费,开车后不办理退票。

【行李携带与托运】

法律问题解读

旅客行李是指旅客的旅行必需品以及个人生活和工作的小件物品,包括旅客自行照看的自理行李和在运输过程中交由承运人照管的旅客交运行李。法律规定的禁运物品、限制运输物品、危险物品、具有异味或者容易污染其他物品的物品以及需要专人照管的物品,一般不得作为交运行李托运。旅客运输合同的一个显著特征就是合同的内容不仅包括将旅客运送到目的地的内容,而且还包括将旅客行李随旅客运送的内容。

《合同法》规定，旅客在运输中应当按照约定的限量携带行李。超过限量携带行李的，应当办理托运手续。也就是说，旅客可以携带的行李，承运人应随旅客同时运输。在合同中约定或者法律、行政法规规定的限量内携带行李的，不另行计价。旅客可以携带的行李限量由合同约定。但在我国的公路、水路、铁路和航空运输实务中，旅客可以携带的免费行李限额一般是由相关的运输行政法规直接规定，承运人则将有关规定印制在客票上，旅客无商量余地。旅客凭客票办理交运行李的托运手续。承运人出具的行李票，即构成运送行李合同的表现形式。有时行李票包含在客票之内或者与客票相结合。旅客携带行李超出约定重量或体积时，超出的部分为超限行李，旅客应当为超限行李办理托运手续，并按照合同约定或法律法规规定的运价计付运费。承运人应随同旅客运送旅客行李，并在到达目的地的同时交付给旅客，旅客凭行李票或者提取行李凭证提取交运行李。旅客未及时提取的，承运人应妥善保管，但可依合同或依法收取一定的费用。因承运人原因造成行李延误运到的，行李运到后承运人应妥善免费予以保管。

法条指引

❶《中华人民共和国合同法》（1999年10月1日施行）

第二百九十六条　旅客在运输中应当按照约定的限量携带行李。超过限量携带行李的，应当办理托运手续。

❷《中华人民共和国民用航空法》（1996年3月1日施行）

第一百一十二条　承运人载运托运行李时，行李票可以包含在客票之内或者与客票相结合。除本法第一百一十条的规定外，行李票还应当包括下列内容：

（一）托运行李的件数和重量；

（二）需要声明托运行李在目的地点交付时的利益的，注明声明金额。

行李票是行李托运和运输合同条件的初步证据。

旅客未能出示行李票、行李票不符合规定或者行李票遗失，不影响运输合同的存在或者有效。

在国内航空运输中，承运人载运托运行李而不出具行李票的，承运人无权援用本法第一百二十八条有关赔偿责任限制的规定。

在国际航空运输中，承运人载运托运行李而不出具行李票的，或者行李票上未依照本法第一百一十条第（三）项的规定声明的，承运人无权援用本法第一百二十九条有关赔偿责任限制的规定。

第一百二十六条　旅客、行李或者货物在航空运输中因延误造成的损失，承运人应当承担责任；但是，承运人证明本人或者其受雇人、代理人为了避免损失的发生，已经采取一切必要措施或者不可能采取此种措施的，不承担责任。

❸《中华人民共和国海商法》（1993年7月1日施行）

第一百一十一条　海上旅客运输的运送期间，自旅客登船时起至旅客离船时止。客票票价含接送费用的，运送期间并包括承运人经水路将旅客从岸上接到船上和从船上送到岸上的时间，但是不包括旅客在港站内、码头上或者在港口其他设施内的时间。

旅客的自带行李，运送期间同前款规定。旅客自带行李以外的其他行李，运送期间自旅客将行李交付承运人或者承运人的受雇人、代理人时起至承运人或者承运人的受雇人、代理人交还旅客时止。

❹《中华人民共和国铁路法》（1991年5月1日施行）

第二十一条　货物、包裹、行李到站后，收货人或者旅客应当按照国务院铁路主管部门规定的期限及时领取，并支付托运人未付或者少付的运费和其他费用；逾期领取的，收货人或者旅客应当按照规定交付保管费。

第二十二条　自铁路运输企业发出领取货物通知之日起满三十日仍无人领取的货物，或者收货人书面通知铁路运输企业拒绝领取的货物，铁路运输企业应当通知托运人，托运人自接到通知之日起满三十日未作答复的，由铁路运输企业变卖；所得价款在扣除保管等费用后尚有余款的，应当退还托运人，无法退还、自变卖之日起一百八十日内托运人又未领回的，上缴国库。

自铁路运输企业发出领取通知之日起满九十日仍无人领取的包裹或者到站后满九十日仍无人领取的行李，铁路运输企业应当公告，公告满九十日仍无人领取的，可以变卖；所得价款在扣除保管等费用后尚有余款的，托运人、收货人或者旅客可以自变卖之日起一百八十日内领回，逾期不领回的，上缴国库。

对危险物品和规定限制运输的物品，应当移交公安机关或者有关部门处理，不得自行变卖。

对不宜长期保存的物品，可以按照国务院铁路主管部门的规定缩短处理期限。

❺《中国民用航空旅客、行李国内运输规则》
（1996年2月28日修订）

第三条 本规则中下列用语，除具体条款中有其他要求或另有明确规定外，含义如下：

（二十三）"行李"指旅客在旅行中为了穿着、使用、舒适或方便的需要而携带的物品和其他个人财物。除另有规定者外，包括旅客的托运行李和自理行李。

（二十四）"托运行李"指旅客交由承运人负责照管和运输并填开行李票的行李。

（二十五）"自理行李"指经承运人同意由旅客自行负责照管的行李。

（二十六）"随身携带物品"指经承运人同意由旅客自行携带乘机的零星小件物品。

第三十六条 承运人承运的行李，只限于符合本规则第三条第（二十三）项定义范围内的物品。

承运人承运的行李，按照运输责任分为托运行李、自理行李和随身携带物品。

重要文件和资料、外交信袋、证券、货币、汇票、贵重物品、易碎易腐物品，以及其他需要专人照管的物品，不得夹入行李内托运。承运人对托运行李内夹带上述物品的遗失或损坏按一般托运行李承担赔偿责任。

国家规定的禁运物品、限制运输物品、危险物品，以及具有异味或容易污损飞机的其他物品，不能作为行李或夹入行李内托运。承运人在收运行李前或在运输过程中，发现行李中装有不得作为行李或夹入行李内运输的任何物品，可以拒绝收运或随时终止运输。

旅客不得携带管制刀具乘机。管制刀具以外的利器或钝器应随托运行李托运，不能随身携带。

第三十七条 托运行李必须包装完善、锁扣完好、捆扎牢固，能承受一定的压力，能够在正常的操作条件下安全装卸和运输，并应符合下列条件，否则，承运人可以拒绝收运：

（一）旅行箱、旅行袋和手提包等必须加锁；

（二）两件以上的包件，不能捆成一件；

（三）行李上不能附插其他物品；

（四）竹篮、网兜、草绳、草袋等不能作为行李的外包装物；

（五）行李上应写明旅客的姓名、详细地址、电话号码。

托运行李的重量每件不能超过50公斤，体积不能超过40×60×100厘米，超过上述规定的行李，须事先征得承运人的同意才能托运。

自理行李的重量不能超过10公斤，体积每件不超过20×40×55厘米。

随身携带物品的重量，每位旅客以5公斤为限。持头等舱客票的旅客，每人可随身携带两件物品；持公务舱或经济舱客票的旅客，每人只能随身携带一件物品。每件随身携带物品的体积均不得超过20×40×55厘米。超过上述重量、件数或体积限制的随身携带物品，应作为托运行李托运。

第三十八条 每位旅客的免费行李额（包括托运和自理行李）：持成人或儿童票的头等舱旅客为40公斤，公务舱旅客为30公斤，经济舱旅客为20公斤。持婴儿票的旅客，无免费行李额。

搭乘同一航班前往同一目的地的两个以上的同行旅客，如在同一时间、同一地点办理行李托运手续，其免费行李额可以按照各自的客票价等级标准合并计算。

构成国际运输的国内航段，每位旅客的免费行李额按适用的国际航线免费行李额计算。

第三十九条 旅客必须凭有效客票托运行李。承运人应在客票及行李票上注明托运行李的件数和重量。

承运人一般应在航班离站当日办理乘机手续时收运行李；如团体旅客的行李过多，或因其他原因需要提前托运时，可与旅客约定时间、地点收运。

承运人对旅客托运的每件行李应拴挂行李牌，并将其中的识别联交给旅客。经承运人同意的自理行李应与托运行李合并计重后，交由旅客带入客舱自行照管，并在行李上拴挂自理行李牌。

不属于行李的物品应按货物托运，不能作为行李托运。

第四十条 旅客的逾重行李在其所乘飞机载量允许的情况下，应与旅客同机运送。旅客应对逾重行李付逾重行李费，逾重行李费率以每公斤按经济舱票价的1.5%计算，金额以元为单位。

第四十一条 承运人为了运输安全，可以会同旅客对其行李进行检查；必要时，可会同有关部门进行检查。如果旅客拒绝接受检查，承运人对该行李有权拒绝运输。

第四十二条 旅客的托运行李，应与旅客同机运送，特殊情况下不能同机运送时，承运人应向旅客说明，并优先安排在后续的航班上运送。

第四十三条 旅客的托运行李，每公斤价值超过人民币50元时，可办理行李的声明价值。

承运人应按旅客声明的价值中超过本条第一款规定限额部分的价值的5%收取声明价值附加费。金额以元为单位。

托运行李的声明价值不能超过行李本身的实际价值。每一旅客的行李声明价值最高限额为人民币8000元。如承运人对声明价值有异议而旅客又拒绝接受检查时，承运人有权拒绝收运。

第四十四条 小动物是指家庭饲养的猫、狗或其他小动物。小动物运输，应按下列规定办理：

旅客必须在订座或购票时提出，并提供动物检疫证明，经承运人同意后方可托运。

旅客应在乘机的当日，按承运人指定的时间，将小动物自行运到机场办理托运手续。

装运小动物的容器应符合下列要求：

（一）能防止小动物破坏、逃逸和伸出容器以外损伤旅客、行李或货物。

（二）保证空气流通，不致使小动物窒息。

（三）能防止粪便渗溢，以免污染飞机、机上设备及其他物品。

旅客携带的小动物，除经承运人特许外，一律不能放在客舱内运输。

小动物及其容器的重量应按逾重行李费的标准单独收费。

第四十五条 外交信袋应当由外交信使随身携带，自行照管。根据外交信使的要求，承运人也可以按照托运行李办理，但承运人只承担一般托运行李的责任。

外交信使携带的外交信袋和行李，可以合并计重或计件，超过免费行李额部分，按照逾重行李的规定办理。

外交信袋运输需要占用座位时，必须在订座时提出，并经承运人同意。

外交信袋占用每一座位的重量限额不得超过75公斤，每件体积和重量的限制与行李相同。占用座位的外交信袋没有免费行李额，运费按下列两种办法计算，取其高者：

（一）根据占用座位的外交信袋实际重量，按照逾重行李费率计算运费；

（二）根据占用座位的外交信袋占用的座位数，按照运输起讫地点之间，与该外交信使所持客票票价级别相同的票价计算运费。

第四十七条 由于承运人的原因，需要安排旅客改乘其他航班，行李运输应随旅客作相应的

变更，已收逾重行李费多退少不补；已交付的声明价值附加费不退。

行李的退运按如下规定办理：

（一）旅客在始发地要求退运行李，必须在行李装机前提出。如旅客退票，已托运的行李也必须同时退运。以上退运，均应退还已收逾重行李费。

（二）旅客在经停地退运行李，该航班未使用航段的已收逾重行李费不退。

（三）办理声明价值的行李退运时，在始发地退还已交付的声明价值附加费，在经停地不退已交付的声明价值附加费。

第四十八条 旅客应在航班到达后立即在机场凭行李牌的识别联领取行李。必要时，应交验客票。

承运人凭行李牌的识别联交付行李，对于领取行李的人是否确系旅客本人，以及由此造成的损失及费用，不承担责任。

旅客行李延误到达后，承运人应立即通知旅客领取，也可直接送达旅客。

旅客在领取行李时，如果没有提出异议，即为托运行李已经完好交付。

旅客遗失行李牌的识别联，应立即向承运人挂失。旅客如要求领取行李，应向承运人提供足够的证明，并在领取行李时出具收据。如在声明挂失前行李已被冒领，承运人不承担责任。

第四十九条 无法交付的行李，自行李到达的次日起，超过90天仍无人领取，承运人可按照无法交付行李的有关规定处理。

第五十条 行李运输发生延误、丢失或损坏，该航班经停地或目的地的承运人或其代理人应会同旅客填写《行李运输事故记录》，尽快查明情况和原因，并将调查结果答复旅客和有关单位。如发生行李赔偿，在经停地或目的地办理。

因承运人原因使旅客的托运行李未能与旅客同机到达，造成旅客旅途生活的不便，在经停地或目的地应给予旅客适当的临时生活用品补偿费。

❻《水路旅客运输规则》（1997年8月26日修正）

第二十七条 每一旅客可免费携带总重量20千克（免费儿童减半），总体积0.3立方米的行李。

每一件自带行李，重量不得超过20千克；体积不得超过0.2立方米；长度不得超过1.5米（杆形物品2米）。

残疾旅客乘船，另可免费携带随身自用的非

机动残疾人专用车一辆。

第二十八条 旅客可携带下列物品乘船：

（一）气体打火机5个，安全火柴20小盒。

（二）不超过20毫升的指甲油、去污剂、染发剂，不超过100毫升的酒精、香水、冷烫精，不超过300毫升的家用卫生杀虫剂、空气清新剂。

（三）军人、公安人员和猎人佩带的枪支和子弹（应有持枪证明）。

第二十九条 除本规则另有规定者外，下列物品不准旅客携带上船：

（一）违禁品或易燃、易爆、有毒、有腐蚀性、有放射性以及有可能危及船上人身和财产安全的其他危险品；

（二）各种有臭味、恶腥味的物品；

（三）灵柩、尸体、尸骨。

第三十条 旅客违反本规则第二十九条规定，造成损害的，应当负赔偿责任。

第三十一条 旅客自带行李超过免费规定的，应办理托运。经承运人同意的，也可自带上船，但应支付行李运费。

对超过免费规定的整件行李，计费时不扣除免费重量、体积和长度。

第三十二条 旅客可携带下列活动物乘船：

（一）警犬、猎犬（应有证明）；

（二）供科研或公共观赏的小动物（蛇除外）；

（三）鸡、鸭、鹅、兔、仔猪（10千克以下）、羊羔、小狗、小猫、小猴等家禽家畜。

第三十三条 旅客携带的活动物，应符合下列条件，否则不得携带上船：

（一）警犬、猎犬应有笼嘴牵绳；

（二）供科研或公共观赏的小动物，应装入笼内，笼底应有垫板；

（三）家禽家畜应装入容器。

第三十四条 旅客携带的活动物，由旅客自行看管，不得带入客房（舱），不得放出喂养。

第三十五条 旅客携带的活动物，应按行李运价支付运费。

第三十六条 旅客携带活动物的限量，由承运人自行制订。

第六十三条 行李运单是水路行李运输合同成立的证明，行李运单的提单联是旅客提取行李的凭证。

第六十四条 除法律、行政法规限制运输的物品，以及本规则有特别规定不能办理托运的物品外，其他物品均可办理行李托运。

第六十五条 在客船和港口条件允许或行李包装适合运输的情况下，家用电器、精密仪器、玻璃器皿及陶瓷制品等可办理托运。

第六十六条 下列物品不能办理托运：

（一）违禁品或易燃、易爆、有毒、有腐蚀性、有放射性以及有可能危及船上人身和财产安全的其他危险品；

（二）污秽品、易于损坏和污染其他行李和船舶设备的物品；

（三）货币、金银、珠宝、有价证券或其他贵重物品；

（四）活动物、植物；

（五）灵柩、尸体、尸骨。

第六十七条 托运的行李，每件重量不得超过50千克，体积不得超过0.5立方米，长度不得超过2.5米。

第六十八条 托运行李的包装应符合下列条件：

（一）行李的包装应完整、牢固、捆绑结实，适合运输；

（二）旅行包、手提袋和能加锁的箱类，应加锁；

（三）包装外部不拴挂其他物品；

（四）纸箱应有适当的内包装；

（五）易碎品、精密仪器及家用电器，应使用硬质材料包装，内部衬垫密实稳妥，并在明显处标明"不准倒置"等警示标志；

（六）胶片应使用金属容器包装。

第七十八条 承运的行李未能按规定的时间运到，旅客前来提取时，承运人应在行李运单上加盖"行李未到"戳记，并记录到达后的通知方法，行李到达后，应立即通知旅客。

第七十九条 托运的行李自运到后的第3日起计收保管费。

第八十条 行李在交付时，承运人应会同旅客对行李进行查验，经查验无误后再办理提取手续。

第八十一条 行李自运到之日起10天后旅客还未提取时，承运人应尽力查找物主；如超过60天仍无人提取时，即确定为无法交付物品。

第八十二条 对无法交付物品，承运人应按下列规定处理：

（一）一般物品，依法申请拍卖或交信托商店作价收购；

（二）没有变卖价值的物品，适当处理；

（三）军用品、危险品、法律和行政法规限制运输的物品、历史文物、机要文件及有价证券等，无偿移交当地主管部门处理。

第八十三条 无法交付物品处理后所得款额，应扣除保管费和处理费用，剩余款额由承运人代为保管3个月。在保管期内，旅客要求归还余款时，应出具证明，经确认后方可归还；逾期无人提取时，应上缴国库。

❼《**铁路旅客运输规程**》（1997年12月1日施行）

第五十一条 旅客携带品由自己负责看管。每人免费携带品的重量核体积是：儿童（含免费儿童）10千克，外交人员35千克，其他旅客20千克。每件物品外部尺寸长、宽、高之和不超过160厘米。杆状物品不超过200厘米；重量不超过20厘米。残疾人旅行时代步的折叠式轮椅可免费携带并不计入上述范围。

第五十二条 下列物品不得带入车内：

1. 国家禁止或限制运输的物品；
2. 法律、法规、规章中规定的危险品、弹药和承运人不能判明性质的化工产品；
3. 动物及妨碍公共卫生（包括有恶臭等异味）的物品；
4. 能够损坏或污染车辆的物品；
5. 规格或重量超过本规程第五十一条规定的物品。

未方便旅客的旅行生活，限量携带下列物品：

1. 气体打火机5个，安全火柴20小盒。
2. 不超过20毫升的指甲油、去光剂、染发剂。不超过100毫升的酒精、冷烫精。不超过600毫升的摩丝、发胶、卫生杀虫剂、空气清新剂。
3. 军人、武警、公安人员、民兵、猎人凭法律规定的持枪证佩带的枪支子弹。
4. 初生雏20只。

第五十三条 旅客违章携带物品按下列规定处理：

1. 在发站禁止进站上车；
2. 在车内或下车站，对超过免费重量的物品，其超重部分应补收四类包裹运费。对不可分拆的整件超重、超大物品，按该件全部重量补收上车站至下车站四类包裹运费。
3. 发现危险品或国家禁止、限制运输的物品，按该件全部重量加倍补收乘车站至下车站四类包裹运费。危险物品交前方停车站处理，必要时移交公安部门处理。对有必要就地销毁的危险品应就地销毁，使之不能为害并承担任何赔偿责任。没收危险品时，应向被没收人出具书面证明。
4. 如旅客超重、超大物品价值低于运费，

可按物品价值的50%核收运费。
5. 补收运费时，不得超过本次列车的始发和重点站。

❽《**汽车旅客运输规则**》（1988年8月1日施行）

第三十八条 旅客随身携带乘车的物品，每一张全票（含残废军人票）免费10千克，每一张儿童票免费5千克；体积不能超过0.02立方米，长度不能超过1.8米，并以能放置本人座位下或车内行李架上为限。超过规定时，其超过部分按行包收费；占用座位时，按实际占用座位数购票。

第四十条 在保证安全、卫生的条件下，乘坐城乡公共汽车和普通客班车的每一旅客可携带少数的雏禽或小型成禽成畜乘车，但须装入容器。具体准带数量，由各省、自治区、直辖市交通主管部门规定。

第四十一条 军人、民兵和公安人员随身佩带的枪支及配备的适量子弹，经出示持枪证，可以携带乘车。

案例链接

❶《于卫斌等与淄博陆海联运有限公司等运输合同纠纷上诉案》，参见北大法宝引证码：Pku-law.cn/CLI.C.119884。

【违禁品携带夹带之禁止】

法律问题解读

违禁品包括危险品和其他违禁品，其名称和种类由主管机关规定和公布。违禁品一般包括下列几种类型：（1）具有内在危险性的物品。违禁品本身在物理或化学性质上具有易燃、易爆、有毒、有腐蚀、有放射性等危险性质。如爆炸品、腐蚀品等。（2）可以被用于从事危及运输工具上的人身和财产安全的物品，如枪支、管制刀具等。（3）法律禁止携带和运输的其他物品，如毒品、淫秽物品等。

安全运输是旅客运输的头等大事，具有特别重大的意义。《合同法》及水路、铁路、公路和航空运输法律、法规均明确规定禁止旅客随身携带或在行李中夹带违禁品。不得携带夹带违禁品是旅客的一项重要义务，如果这一条款已经订入合同，旅客应当遵守；如果这一条款没有订入合同，旅客也应当遵守这一法定义务。为此，（1）旅客负有接受安全检查的义务。旅客乘运时，必须接

受安全部门和承运人对其人身及行李的安全检查，拒绝检查的，承运人可以拒绝运输。（2）承运人负有对旅客及其行李进行安全检查的义务。如果承运人不对旅客进行安全检查，就没有恪尽职守。当然，这两个义务有主次之分。旅客的义务是第一位的，承运人的义务是第二位的、辅助性的。

旅客违反规定携带违禁品的，承运人可以分情况作以下处理：（1）在乘运前发现旅客携带夹带违禁品的，承运人可以截留，不予运输；旅客坚持携带夹带违禁品的，承运人可以解除合同，拒绝运输。（2）乘运后发现的，承运人可以在任何时间、任何地点将违禁品卸下、销毁或送有关部门处理。

法条指引

❶《中华人民共和国合同法》（1999年10月1日施行）

第二百九十七条 旅客不得随身携带或者在行李中夹带易燃、易爆、有毒、有腐蚀性、有放射性以及有可能危及运输工具上人身和财产安全的危险物品或者其他违禁物品。

旅客违反前款规定的，承运人可以将违禁物品卸下、销毁或者送交有关部门。旅客坚持携带或者夹带违禁物品的，承运人应当拒绝运输。

❷《中华人民共和国民用航空法》（1996年3月1日施行）

第一百条 公共航空运输企业不得运输法律、行政法规规定的禁运物品。

公共航空运输企业未经国务院民用航空主管部门批准，不得运输作战军火、作战物资。

禁止旅客随身携带法律、行政法规规定的禁运物品乘坐民用航空器。

第一百零一条 公共航空运输企业运输危险品，应当遵守国家有关规定。

禁止以非危险品品名托运危险品。

禁止旅客随身携带危险品乘坐民用航空器。除因执行公务并按照国家规定经过批准外，禁止旅客携带枪支、管制刀具乘坐民用航空器。禁止违反国务院民用航空主管部门的规定将危险品作为行李托运。

危险品品名由国务院民用航空主管部门规定并公布。

第一百零二条 公共航空运输企业不得运输拒绝接受安全检查的旅客，不得违反国家规定运输未经安全检查的行李。

公共航空运输企业必须按照国务院民用航空主管部门的规定，对承运的货物进行安全检查或者采取其他保证安全的措施。

第一百零三条 公共航空运输企业从事国际航空运输的民用航空器及其所载人员、行李、货物应当接受边防、海关、检疫等主管部门的检查；但是，检查时应当避免不必要的延误。

❸《中华人民共和国海商法》（1993年7月1日施行）

第一百一十三条 旅客不得随身携带或者在行李中夹带违禁品或者易燃、易爆、有毒、有腐蚀性、有放射性以及有可能危及船上人身和财产安全的其他危险品。

承运人可以在任何时间、任何地点将旅客违反前款规定随身携带或者在行李中夹带的违禁品、危险品卸下、销毁或者使之不能为害，或者送交有关部门，而不负赔偿责任。

旅客违反本条第一款规定，造成损害的，应当负赔偿责任。

❹《中华人民共和国铁路法》（1991年5月1日施行）

第四十八条 运输危险品必须按照国务院铁路主管部门的规定办理，禁止以非危险品品名托运危险品。

禁止旅客携带危险品进站上车。铁路公安人员和国务院铁路主管部门规定的铁路职工，有权对旅客携带的物品进行运输安全检查。实施运输安全检查的铁路职工应当佩戴执勤标志。

危险品的品名由国务院铁路主管部门规定并公布。

第六十条 违反本法规定，携带危险品进站上车或者以非危险品品名托运危险品，导致发生重大事故的，依照刑法第一百一十五条的规定追究刑事责任。企业事业单位、国家机关、社会团体犯本款罪的，处以罚金，对其主管人员和直接责任人员依法追究刑事责任。

携带炸药、雷管或者非法携带枪支子弹、管制刀具进站上车的，比照刑法第一百六十三条的规定追究刑事责任。

❺《中国民用航空旅客、行李国内运输规则》（1996年2月28日修正）

第三十三条 乘机前，旅客及其行李必须经过安全检查。

第三十六条 承运人承运的行李，只限于符合本规则第三条第（二十三）项定义范围内的物品。

承运人承担的行李,按照运输责任分为托运行李、自理行李和随身携带物品。

重要文件和资料、外交信袋、证券、货币、汇票、贵重物品、易碎易腐物品,以及其他需要专人照管的物品,不得夹入行李内托运。承运人对托运行李内夹带上述物品的遗失或损坏按一般托运行李承担赔偿责任。

国家规定的禁运物品、限制运输物品、危险物品,以及具有异味或容易污损飞机的其他物品,不能作为行李或夹入行李内托运。承运人在收运行李前或在运输过程中,发现行李中装有不得作为行李或夹入行李内运输的任何物品,可以拒绝收运或随时终止运输。

旅客不得携带管制刀具乘机。管制刀具以外的利器或钝器应随托运行李托运,不能随身携带。

第四十六条 旅客的托运行李、自理行李和随身携带物品中,凡夹带国家规定的禁运物品、限制携带物品或危险物品等,其整件行李称为违章行李。对违章行李的处理规定如下:

(一)在始发地发现违章行李,应拒绝收运;如已承运,应取消运输,或将违章夹带物品取出后运输,已收逾重行李费不退。

(二)在经停地发现违章行李,应立即停运,已收逾重行李费不退。

(三)对违章行李中夹带的国家规定的禁运物品、限制携带物品或危险物品,交有关部门处理。

❻《水路旅客运输规则》(1997年8月26日修正)

第二十九条 除本规则另有规定者外,下列物品不准旅客携带上船:

(一)违禁品或易燃、易爆、有毒、有腐蚀性、有放射性以及有可能危及船上人身和财产安全的其他危险品;

(二)各种有臭味、恶腥味的物品;

(三)灵柩、尸体、尸骨。

第三十条 旅客违反本规则第二十九条规定,造成损害的,应当负赔偿责任。

第五十条 承运人可以在任何时间、任何地点将旅客违反本规则第二十九条规定随身携带的违禁品、危险品卸下、销毁或者使之不能为害,或者送交有关部门,而不负赔偿责任。

第六十六条 下列物品不能办理托运:

(一)违禁品或易燃、易爆、有毒、有腐蚀性、有放射性以及有可能危及船上人身和财产安全的其他危险品;

(二)污秽品、易于损坏和污染其他行李和船舶设备的物品;

(三)货币、金银、珠宝、有价证券或其他贵重物品;

(四)活动物、植物;

(五)灵柩、尸体、尸骨。

第七十九条 以依法可以转让的商标专用权、专利权、著作权中的财产权出质的,出质人与质权人应当订立书面合同,并向其管理部门办理出质登记。质押合同自登记之日起生效。

❼《铁路旅客运输规程》(1997年12月1日施行)

第五十二条 下列物品不得带入车内:

1. 国家禁止或限制运输的物品;

2. 法律、法规、规章中规定的危险品、弹药和承运人不能判明性质的化工产品;

3. 动物及妨碍公共卫生(包括有恶臭等异味)的物品;

4. 能够损坏或污染车辆的物品;

5. 规格或重量超过本规程第五十一条规定的物品。

未方便旅客的旅行生活,限量携带下列物品:

1. 气体打火机5个,安全火柴20小盒。

2. 不超过20毫升的指甲油、去光剂、染发剂。不超过100毫升的酒精、冷烫精。不超过600毫升的摩丝、发胶、卫生杀虫剂、空气清新剂。

3. 军人、武警、公安人员、民兵、猎人凭法律规定的持枪证明佩带的枪支子弹。

4. 初生雏20只。

第五十三条 旅客违章携带物品按下列规定处理:

1. 在发站禁止进站上车;

2. 在车内或下车站,对超过免费重量的物品,其超重部分应补收四类包裹运费。对不可分拆的整件超重、超大物品,按该件全部重量补收上车站至下车站四类包裹运费。

3. 发现危险品或国家禁止、限制运输的物品,按该件全部重量加倍补收乘车站至下车站四类包裹运费。危险物品交前方停车站处理,必要时移交公安部门处理。对有必要就地销毁的危险品应就地销毁,使之不能为害并承担任何赔偿责任。没收危险品时,应向被没收人出具书面证明。

4. 如旅客超重、超大的物品价值低于运费时,可按物品价值的50%核收运费。

5. 补收运费时,不得超过本次列车的始发和重点站。

❽《汽车旅客运输规则》(1988年8月1日施

行)

第三十九条 为保障旅客生命财产安全和公共卫生,不能携带下列物品乘车:

1. 易燃、易爆等危险品;
2. 有可能损坏、污染车辆和有碍其他旅客安全的物品;
3. 动物(本规则第四十条规定的除外);
4. 有刺激性异味的物品;
5. 尸体、尸骨;
6. 法律和政府规定的禁运物品。

【服务标准】

法律问题解读

所谓服务标准,是指承运人提供的运输在运送速度、安全系数、舒适程度、娱乐、生活服务等方面的水平和质量。保证服务质量是承运人的一项重要义务。承运人未与旅客协商,降低服务标准的行为,是违约行为,应当承担违约责任。根据《合同法》的规定,在承运人擅自变更交通工具而降低服务标准的,乘客具有下列权利:(1)合同解除权,即可以要求退回合同票款;(2)可以要求按照实际提供的服务水平计价收费,退回多收的票款。承运人变更运输工具而提高服务标准的,因为其提高服务标准的行为是单方行为,并未与旅客协商一致,对旅客无约束力,因此不能要求旅客增加票款。

司法实践中,有时会出现以下情况:承运人虽然没有变更交通工具,但由于运输工具自身的情况变化等原因导致服务标准下降。此时,旅客可否根据《合同法》的规定要求退票或者减收票款呢?我们认为,根据公平合理、等价有偿的原则,旅客可以主张上述权利。因为承运人其他原因导致的服务标准下降与擅自变更交通工具致使服务标准降低在本质上是一致的。另外,判断服务标准也是司法实践中的重要问题之一。我们认为,应当从以下角度来把握服务标准的衡量尺度:合同有约定的,按照合同的约定;合同没有约定的,按照有关法律、行政法规确定;合同没有约定,法律、行政法规也没有规定的,按通常标准确定。

法条指引

❶《中华人民共和国合同法》(1999 年 10 月 1 日施行)

第三百条 承运人擅自变更运输工具而降低服务标准的,应当根据旅客的要求退票或者减收票款;提高服务标准的,不应当加收票款。

❷《中华人民共和国民用航空法》(1996 年 3 月 1 日施行)

第九十五条 公共航空运输企业应当以保证飞行安全和航班正常,提供良好服务为准则,采取有效措施,提高运输服务质量。

公共航空运输企业应当教育和要求本企业职工严格履行职责,以文明礼貌、热情周到的服务态度,认真做好旅客和货物运输的各项服务工作。

旅客运输航班延误的,应当在机场内及时通告有关情况。

❸《中华人民共和国铁路法》(1991 年 5 月 1 日施行)

第十三条 铁路运输企业应当采取有效措施做好旅客运输服务工作,做到文明礼貌、热情周到,保持车站和车厢内的清洁卫生,提供饮用开水,做好列车上的饮食供应工作。

铁路运输企业应当采取措施,防止对铁路沿线环境的污染。

❹《中国民用航空旅客、行李国内运输规则》(1996 年 2 月 28 日修订)

第五十三条 承运人应当以保证飞行安全和航班正常,提供良好服务为准则,以文明礼貌、热情周到的服务态度,认真做好空中和地面的旅客运输的各项服务工作。

第五十四条 从事航空运输旅客服务的人员应当经过相应的培训,取得上岗合格证书。

未取得上岗合格证书的人员不得从事航空运输旅客服务工作。

第五十六条 空中飞行过程中,承运人应根据飞行时间向旅客提供饮料或餐食。

第五十七条 由于机务维护、航班调配、商务、机组等原因,造成航班在始发地延误或取消,承运人应当向旅客提供餐食或住宿等服务。

第五十八条 由于天气、突发事件、空中交通管制、安检以及旅客等非承运人原因,造成航班在始发地延误或取消,承运人应协助旅客安排餐食和住宿,费用可由旅客自理。

第五十九条 航班在经停地延误或取消,无论何种原因,承运人均应负责向经停旅客提供膳宿服务。

第六十条 航班延误或取消时,承运人应迅速及时将航班延误或取消等信息通知旅客,做好解释工作。

第六十一条 承运人和其他各保障部门应相互配合，各司其职，认真负责，共同保障航班正常，避免不必要的航班延误。

第六十二条 航班延误或取消时，承运人应根据旅客的要求，按本规则第十九条、第二十三条的规定认真做好后续航班安排或退票工作。

❺《水路旅客运输规则》（1997年8月26日修正）

第十四条 作业合同应具备下列基本内容：
（一）承运人和港口经营人名称；
（二）码头、仓库、候船室、驳运船舶名称；
（三）托运行李作业，包括行李保管、装卸、搬运；
（四）候船服务，包括：询问、寄存、船期、运行时刻公告、票价表、茶水、卫生间；
（五）旅客上下船服务；
（六）特约事项。

❻《铁路旅客运输规程》（1997年12月1日施行）

第十条 承运人的基本权利和义务是：
权利：
1. 依照规定收取运输费用；
2. 要求旅客遵守国家法令和铁路规章制度，保证安全；
3. 对损害他人利益和铁路设备、设施的行为有权制止、消除危险和要求赔偿。

义务：
1. 确定旅客运输安全正点；
2. 为旅客提供良好的旅行环境和服务设施，不断提高服务质量，文明礼貌地为旅客服务；
3. 因承运人过错造成旅客人身损害或物品损失时予以赔偿。

❼《汽车旅客运输规则》（1988年8月1日施行）

第十三条 客车驾驶员必须持有相应准驾车类的驾驶证，乘务人员应具备一定业务知识。驾、乘人员须遵守下列规定：
1. 严格遵守交通规则和操作规程，精心保养车辆，出车前、行车中、收车后，应认真做好车辆的安全检查。
2. 客车驾驶员应合理安排作息时间，保证充足睡眠，行车途中思想集中，每天驾驶时间不得过长，确保行车安全。
3. 遵守运输纪律，执行运行计划，服从调度和现场指挥，正点运行。
4. 客车行经险桥、渡口、危险地段和加油前，要组织旅客下车；事后以及中途就餐、停歇后均须核实人数，方能开车。途中遇非常情况或发生事故，应尽快呼救，抢救伤员，保护现场，必要时组织旅客疏散。
5. 讲究职业道德，文明服务，礼貌待客，重点照顾有困难的旅客。

第四十四条 提供旅游综合服务的旅游客车上，应备有饮水、常用药等服务性物品，并根据实际需要，装配御寒或降温设备，随车配有导游人员。

案例链接

❶《卜某某与上海仁信物业管理有限公司物业服务合同纠纷上诉案》，参见北大法宝引证码：Pkulaw.cn/CLI.C.276199。

❷《重庆雾龙物业管理有限公司诉魏红物业服务合同纠纷案》，参见北大法宝引证码：Pkulaw.cn/CLI.C.249212。

❸《张桦与北京市华野家园物业管理有限公司物业服务合同纠纷上诉案》，参见北大法宝引证码：Pkulaw.cn/CLI.C.221441。

【承运人的告知义务】

法律问题解读

承运人应当承担下列两项告知义务：（1）不能正常运输的重要事项的告知义务。承运人有义务保证运输的正常和安全。由于天气、交通调度和管制、交通事故、交通工具等原因致使运输不能正常进行的，承运人应当及时将不能正常运输的原因、状况及旅客享有的权利等重要事项及时告知旅客，以便旅客及早做好相应的准备和安排。（2）安全运输注意事项告知义务。交通运输具有一定的危险性与专业性，为了保证运输安全、旅客和财产的安全，承运人有义务将乘坐安全事项，包括安全乘坐、正确使用运输工具有关设施、设备（特别是应急、救生设备）、遇险措施等基本知识和技能告知旅客。

承运人履行告知义务，应当符合以下要求：（1）及时告知。在发生非常情况时，及时告知表现为，承运人应当在第一时间，即尽可能早地将异常情况通告旅客。对于安全注意事项，及时告知主要表现为承运人在旅客乘坐之前或开始运送之前将有关注意事项告知旅客。（2）在适当的场所告知。承运人应当在适当的地点和空间范围履行告知义务，要以有关旅客能够及时、全面获知通知内容为原则。（3）适当的告知形式。承运人要以适当的方式通知旅客，包括广播、公告等方式。要使用明确、易懂的方式使旅客了解和掌握有关情况、信息和知识。

法条指引

❶《中华人民共和国合同法》（1999年10月1日施行）

第二百九十八条 承运人应当向旅客及时告知有关不能正常运输的重要事由和安全运输应当注意的事项。

❷《中国民用航空旅客、行李国内运输规则》（1996年2月28日修订）

第三十二条 旅客应当在承运人规定的时限内到达机场，凭客票及本人有效身份证件按时办理客票查验、托运行李、领取登机牌等乘机手续。

承运人规定的停止办理乘机手续的时间，应以适当方式告知旅客。

承运人应按时开放值机柜台，按规定接受旅客出具的客票，快速、准确地办理值机手续。

第六十条 航班延误或取消时，承运人应迅速及时将航班延误或取消等信息通知旅客，做好解释工作。

❸《铁路旅客运输规程》（1997年12月1日施行）

第四条 铁路站有关营业处所有相应的票价表、运价表、杂费表、时刻表和旅客须知等内容。遇有变动，须于实施前通告。未经通告不得实施。

案例链接

❶《乘客潘大玉诉承运人唐小阶晚上停车时未关好车门窗及叫醒正在睡觉的乘客致其自带提包被盗贼打开车门盗走赔偿案》，参见北大法宝引证码：Pkulaw.cn/CLI.C.25981。

【承运人的按时运输义务】

法律问题解读

《合同法》第299条规定："承运人应当按照客票载明的时间和班次运输旅客。"这就是承运人的按时运输义务。承运人不能按照客票载明的时间和班次提供运输服务的，构成迟延运输。在承运人迟延运输的情况下，根据合同法的规定，旅客可以：（1）要求承运人安排其改乘其他班次，即变更客票、变更班次。（2）要求退票，即要求解除合同，由承运人向旅客退还票款。迟延运输与《合同法》第290条规定的迟延运到不同，在司法实践中应当避免将二者混淆。迟延运输是在运输开始时的延误，即不能按照约定的时间提供运输服务。迟延运输可能导致迟延运到，但并不必然，如果承运人在启运后采取有效措施，仍然可以挽回迟延运输导致的时间损失，而及时运到目的地。迟延运到则是在运输过程中的延误，即使没有迟延运输，仍然可能发生迟延运到。两者在承运人承担的法律后果上是不同的：发生迟延运输时，承运人应当按照旅客的要求安排其改乘其他班次或给予退票；发生迟延运到时，承运人承担责任的方式是支付违约金或者损害赔偿。

根据有关法律的规定，并非所有的迟延运输承运人都要承担上述责任。承运人承担迟延运输的责任，应当仅限于承运人有责任的原因导致的迟延运输，而不包括不能归责于承运人责任的原因造成的迟延运输。例如，《铁路法》规定，因铁路运输企业的责任造成旅客不能按车票载明的日期、车次乘车的，铁路运输企业应当按照旅客的要求，退还其票款或者安排改乘到达相同目的地的其他列车。可见铁路运输承运人只对其责任造成的迟延运输负责。

法条指引

❶《中华人民共和国合同法》（1999年10月1日施行）

第二百九十九条 承运人应当按照客票载明的时间和班次运输旅客。承运人迟延运输的，应当根据旅客的要求安排改乘其他班次或者退票。

第二百九十条 承运人应当在约定期间或者合理期间内将旅客、货物安全运输到约定地点。

❷《中华人民共和国铁路法》（1991年5月1日施行）

第十二条 铁路运输企业应当保证旅客按车票载明的日期、车次乘车，并到达目的站。因铁路运输企业的责任造成旅客不能按车票载明的日期、车次乘车的，铁路运输企业应当按照旅客的要求，退还全部票款或者安排改乘到达相同目的站的其他列车。

❸《中华人民共和国民用航空法》（1996年3月1日施行）

第一百二十六条 旅客、行李或者货物在航空运输中因延误造成的损失，承运人应当承担责任；但是，承运人证明本人或者其受雇人、代理人为了避免损失的发生，已经采取一切必要措施或者不可能采取此种措施的，不承担责任。

❹《中国民用航空旅客、行李国内运输规则》（1996年2月28日修订）

第四条 承运人的航班班期时刻应在实施前对外公布。承运人的航班班期时刻不得任意变更。但承运人为保证飞行安全、急救等特殊需要，可依照规定的程序进行调整。

第十九条 航班取消、提前、延误、航程改变或不能提供原定座位时，承运人应优先安排旅客乘坐后续航班或签转其他承运人的航班。

因承运人的原因，旅客的舱位等级变更时，票款的差额多退少不补。

第二十三条 航班取消、提前、延误、航程改变或承运人不能提供原定座位时，旅客要求退票，始发站应退还全部票款，经停地可退还未使用航段的全部票款，均不收取退票费。

❺《水路旅客运输规则》（1997年8月26日修正）

第四条 水路旅客运输工作，应贯彻"安全第一、正点运行，以客为主，便利旅客"的客运方针，遵循"全面服务，重点照顾"的服务原则。

第三十七条 承运人应按旅客运输合同所指定的船名、航次、日期和席位运送旅客。

❻《铁路旅客运输规程》（1997年12月1日施行）

第十条 承运人的基本权利和义务是：
权利：
1. 依照规定收取运输费用；
2. 要求旅客遵守国家法令和铁路规章制度，保证安全；
3. 对损害他人利益和铁路设备、设施的行为有权制止、消除危险和要求赔偿。
义务：
1. 确定旅客运输安全正点；
2. 为旅客提供良好的旅行环境和服务设施，不断提高服务质量，文明礼貌地为旅客服务；
3. 因承运人过错造成旅客人身损害或物品损失时予以赔偿

❼《汽车旅客运输规则》（1988年8月1日施行）

第三十三条 班车必须按指定车站和时间进入车位装运行包，检票上客，正点发车。严禁提前发车。

第三十四条 班车必须按规定的路线、班点（包括食宿点）和时间运行、停靠。

如途中发生意外情况，无法运行时，应以最快方式通知就近车站派车接运，并及时公告。如需食宿，站方应协助解决，费用自理。

第三十六条 班车在始发站停开、晚点或变更车辆类别时须及时公告。旅客因此要求退票，应退还全部票款，不收退票费。旅客要求改乘，由车站负责签证。变更车辆类别，应退还或补收票价差额。

班车中途发生故障，客运经营者应迅速派相同或相近类别车辆接运。接运车辆类别如有变更，票价差额概不退补。

【承运人的救助义务】

法律问题解读

《合同法》规定，承运人在运输过程中，应当尽力救助患有急病、分娩、遇险的旅客。在运输过程中，运输工具在承运人的掌握之下，承运人对运输安全和运输工具内的正常秩序负有保证义务。因此，法律规定承运人对运输工具中旅客遭遇的病痛险难负有救助义务。这也是一项基于人道主义和具有公法性质的法律义务。世界各国的法律对此普遍作了规定。当旅客在运输过程中患急病或孕妇分娩时，承运人应当采取一切有效措施，在现场提供可能的医疗帮助或者组织安排将患者及时转送医疗单位抢救。运输工具遇险时，承运人应当采取一切措施，保证乘客安全。需要放弃运输工具的，应当首先安排旅客撤离，组织工作人员和旅客抢救受伤遇险的旅客，承运人的工作人员应当最后撤离交通工具。为此，承运人应当在运输工具上配备基本的医疗急救设备和条件，对运输工具上的工作人员进行必要的医疗急救抢险方面常识性培训。

法条指引

❶《中华人民共和国合同法》（1999年10月1日施行）

第三百零一条 承运人在运输过程中，应当尽力救助患有急病、分娩、遇险的旅客。

❷《中华人民共和国海商法》（1993年7月1日施行）

第三十八条 船舶发生海上事故，危及在船人员和财产的安全时，船长应当组织船员和其他在船人员尽力施救。在船舶的沉没、毁灭不可避免的情况下，船长可以作出弃船决定；但是，除紧急情况外，应当报经船舶所有人同意。

弃船时，船长必须采取一切措施，首先组织旅客安全离船，然后安排船员离船，船长应当最后离船。在离船前，船长应当指挥船员尽力抢救航海日志、机舱日志、油类记录簿、无线电台日志、本航次使用过的海图和文件，以及贵重物品、邮件和现金。

❸《中华人民共和国民用航空法》（1996年3月1日施行）

第四十八条　民用航空器遇险时，机长有权采取一切必要措施，并指挥机组人员和航空器上其他人员采取抢救措施。在必须撤离遇险民用航空器的紧急情况下，机长必须采取措施，首先组织旅客安全离开民用航空器；未经机长允许，机组人员不得擅自离开民用航空器；机长应当最后离开民用航空器。

❹《水路旅客运输规则》（1997年8月26日修正）

第一百三十三条　旅客在船上发生疾病或遭受伤害时，客船应尽力照顾和救护，必要时填写客运记录，将旅客移交前方港处理。

第一百三十四条　旅客在船上死亡，客船应填写客运记录，将死亡旅客移交前方港会同公安部门处理。

第一百三十五条　旅客在船上发生病危、伤害、死亡或失踪的，客船填写的客运记录应详细写明当事人的姓名、性别、年龄或特征、通讯地址及有关情况；准确记录事发的时间、地点及经过情况；如实报告客船所采取的措施及结果。

客运记录应取得两人以上的旁证；经过医生治疗的，应附有医生的"诊治记录"，并由旅客本人或同行人签字。

❺《汽车旅客运输规则》（1988年8月1日施行）

第十三条　客车驾驶员必须持有相应准驾车类的驾驶证，乘务人员应具备一定业务知识。驾、乘人员须遵守下列规定：

1. 严格遵守交通规则和操作规程，精心保养车辆，出车前、行车中、收车后，应认真做好车辆的安全检查。

2. 客车驾驶员应合理安排作息时间，保证充足睡眠，行车途中思想集中，每天驾驶时间不得过长，确保行车安全。

3. 遵守运输纪律，执行运行计划，服从调度和现场指挥，正点运行。

4. 客车行经险桥、渡口、危险地段和加油前，要组织旅客下车；事后以及中途就餐、停歇后均须核实人数，方能开车。途中遇非常情况或发生事故，应尽快呼救，抢救伤员，保护现场，必要时组织旅客疏散。

5. 讲究职业道德，文明服务，礼貌待客，重点照顾有困难的旅客。

第三十四条　班车必须按规定的线路、班点（包括食宿点）和时间运行、停靠。

如途中发生意外情况，无法运行时，应以最快方式通知就近车站派车接运，并及时公告。如需食宿，站方应协助解决，费用自理。

案例链接

❶《曾春玉诉吉安市公共交通公司城市公交运输合同纠纷案》，参见北大法宝引证码：Pkulaw.cn/CLI.C.147776。

❷《王秀荣等诉济南铁路局济南铁路分局铁路运输合同旅客死亡赔偿纠纷案》，参见北大法宝引证码：Pkulaw.cn/CLI.C.94282。

❸《陈太覃、陈文翠诉郑州铁路局、成都铁路局铁路旅客运输损害赔偿案》，参见北大法宝引证码：Pkulaw.cn/CLI.C.235847。

【旅客伤亡赔偿责任】

法律问题解读

根据《合同法》规定，承运人对运输过程中的旅客的人身伤亡承担无过错责任，即只要不是旅客自身健康原因或者承运人不能证明伤亡是旅客故意、重大过失造成的，承运人就应当负损害赔偿责任。《合同法》同时规定，无过错责任原则同样适用于按照规定免票、持优待票或者经承运人同意无票搭乘的旅客。

在适用上述无过错原则的前提下，存在下列可能加重或者减轻承运人责任的情况：（1）承运人只在法律规定的赔偿额内承担责任。我国《海商法》、《民用航空法》、《铁路旅客运输损害赔偿规定》对承运人承担损害赔偿责任的最高限额均进行了规定，对于乘客超过最高赔偿额的损失，承运人可以不予赔偿。同时，承运人可以与旅客约定高于法律规定的赔偿额，但低于法律规定的赔偿限额的约定无效。（2）经证明，旅客的人身伤亡是由于承运人的故意或者明知可能造成损害而轻率地作为或不作为造成的，承运人不能援引上述责任限制条款。(3) 经证明,旅客的人身伤亡是由于旅客和承运人的共同过错造成的,可以相应减轻承运人的赔偿责任。

值得指出的是,我国《海商法》第 114 条规定,海上旅客运输的承运人对旅客人身伤亡承担的是过失责任。只有因承运人的过失造成旅客人身伤亡的,承运人才负损害赔偿责任。

法条指引

❶《中华人民共和国合同法》(1999 年 10 月 1 日施行)

第三百零二条 承运人应当对运输过程中旅客的伤亡承担损害赔偿责任,但伤亡是旅客自身健康原因造成的或者承运人证明伤亡是旅客故意、重大过失造成的除外。

前款规定适用于按照规定免票、持优待票或者经承运人许可搭乘的无票旅客。

❷《中华人民共和国海商法》(1993 年 7 月 1 日施行)

第一百一十四条 在本法第一百一十一条规定的旅客及其行李的运送期间,因承运人或者承运人的受雇人、代理人在受雇或者受委托的范围内的过失引起事故,造成旅客人身伤亡或者行李灭失、损坏的,承运人应当负赔偿责任。

请求人对承运人或者承运人的受雇人、代理人的过失,应当负举证责任;但是,本条第三款和第四款规定的情形除外。

旅客的人身伤亡或者自带行李的灭失、损坏,是由于船舶的沉没、碰撞、搁浅、爆炸、火灾所引起或者是由于船舶的缺陷所引起的,承运人或者承运人的受雇人、代理人除非提出反证,应当视为其有过失。

旅客自带行李以外的其他行李的灭失或者损坏,不论由于何种事故所引起,承运人或者承运人的受雇人、代理人除非提出反证,应当视为其有过失。

第一百一十五条 经承运人证明,旅客的人身伤亡或者行李的灭失、损坏,是由于旅客本人的过失或者旅客和承运人的共同过失造成的,可以免除或者相应减轻承运人的赔偿责任。

经承运人证明,旅客的人身伤亡或者行李的灭失、损坏,是由于旅客本人的故意造成的,或者旅客的人身伤亡是由于旅客本人健康状况造成的,承运人不负赔偿责任。

第一百一十七条 除本条第四款规定情形外,承运人在每次海上旅客运输中的赔偿责任限额,依照下列规定执行:

(一)旅客人身伤亡的,每名旅客不超过 46666 计算单位;

(二)旅客自带行李灭失或者损坏的,每名旅客不超过 833 计算单位;

(三)旅客车辆包括该车辆所载行李灭失或损坏的,每一车辆不超过 3333 计算单位;

(四)本款第(二)、(三)项以外的旅客其他行李灭失或者损坏的,每名旅客不超过 1200 计算单位。

承运人和旅客可以约定,承运人对旅客车辆和旅客车辆以外的其他行李损失的免赔额。但是,对每一车辆损失的免赔额不得超过 117 计算单位,对每名旅客的车辆以外的其他行李损失的免赔额不得超过 13 计算单位。在计算每一车辆或者每名旅客的车辆以外的其他行李的损失赔偿数额时,应当扣除约定的承运人免赔额。

承运人和旅客可以书面约定高于本条第一款规定的赔偿责任限额。

中华人民共和国港口之间的海上旅客运输,承运人的赔偿责任限额,由国务院交通主管部门制定,报国务院批准后施行。

第一百一十八条 经证明,旅客的人身伤亡或者行李的灭失、损坏,是由于承运人的故意或者明知可能造成损害而轻率地作为或者不作为造成的,承运人不得援用本法第一百一十六条和第一百一十七条限制赔偿责任的规定。

经证明,旅客的人身伤亡或者行李的灭失、损坏,是由于承运人的受雇人、代理人的故意或者明知可能造成损害而轻率地作为或者不作为造成的,承运人的受雇人、代理人不得援用本法第一百一十六条和第一百一十七条限制赔偿责任的规定。

第一百二十三条 承运人与实际承运人均负有赔偿责任的,应当在此项责任限度内负连带责任。

第一百二十四条 就旅客的人身伤亡或者行李的灭失、损坏,分别向承运人、实际承运人以及他们的受雇人、代理人提出赔偿请求的,赔偿总额不得超过本法第一百一十七条规定的限额。

❸《中华人民共和国民用航空法》(1996 年 3 月 1 日施行)

第一百二十四条 因发生在民用航空器上或者在旅客上、下民用航空器过程中的事件,造成旅客人身伤亡的,承运人应当承担责任;但是,旅客的人身伤亡完全是由于旅客本人的健康状况造成的，承运人不承担责任。

第一百二十七条 在旅客、行李运输中，经承运人证明，损失是由索赔人的过错造成或者促成的，应当根据造成或者促成此种损失的过错的程度，相应免除或者减轻承运人的责任。旅客以外的其他人就旅客死亡或者受伤提出赔偿请求时，经承运人证明，死亡或者受伤是旅客本人的过错造成或者促成的，同样应当根据造成或者促成此种损失的过错的程度，相应免除或者减轻承运人的责任。

在货物运输中，经承运人证明，损失是由索赔人或者代行权利人的过错造成或者促成的，应当根据造成或者促成此种损失的过错的程度，相应免除或者减轻承运人的责任。

第一百二十八条 国内航空运输承运人的赔偿责任限额由国务院民用航空主管部门制定，报国务院批准后公布执行。

旅客或者托运人在交运托运行李或者货物时，特别声明在目的地点交付时的利益，并在必要时支付附加费的，除承运人证明旅客或者托运人声明的金额高于托运行李或者货物在目的地点交付时的实际利益外，承运人应当在声明金额范围内承担责任；本法第一百二十九条的其他规定，除赔偿责任限额外，适用于国内航空运输。

第一百二十九条 国际航空运输承运人的赔偿责任限额按照下列规定执行：

（一）对每名旅客的赔偿责任限额为16600计算单位；但是，旅客可以同承运人书面约定高于本项规定的赔偿责任限额。

（二）对托运行李或者货物的赔偿责任限额，每公斤为17计算单位。旅客或者托运人在交运托运行李或者货物时，特别声明在目的地点交付时的利益，并在必要时支付附加费的，除承运人证明旅客或者托运人声明的金额高于托运行李或者货物在目的地点交付时的实际利益外，承运人应当在声明金额范围内承担责任。

托运行李或者货物的一部分或者托运行李、货物中的任何物件毁灭、遗失、损坏或者延误的，用以确定承运人赔偿责任限额的重量，仅为该一包件或者数包件的总重量；但是，因托运行李或者货物的一部分或者托运行李、货物中的任何物件的毁灭、遗失、损坏或者延误，影响同一份行李票或者同一份航空货运单所列其他包件的价值的，确定承运人的赔偿责任限额时，此种包件的总重量也应当考虑在内。

（三）对每名旅客随身携带的物品的赔偿责任限额为332计算单位。

第一百三十条 任何旨在免除本法规定的承运人责任或者降低本法规定的赔偿责任限额的条款，均属无效；但是，此种条款的无效，不影响整个航空运输合同的效力。

第一百三十二条 经证明，航空运输中的损失是由于承运人或者其受雇人、代理人的故意或者明知可能造成损失而轻率地作为或者不作为造成的，承运人无权援用本法第一百二十八条、第一百二十九条有关赔偿责任限制的规定；证明承运人的受雇人、代理人有此种作为或者不作为的，还应当证明该受雇人、代理人是在受雇、代理范围内行事。

❹《中华人民共和国铁路法》（1991年5月1日施行）

第五十八条 因铁路行车事故及其他铁路运营事故造成人身伤亡的，铁路运输企业应当承担赔偿责任；如果人身伤亡是因不可抗力或者由于受害人自身的原因造成的，铁路运输企业不承担赔偿责任。

违章通过平交道口或者人行过道，或者在铁路线路上行走、坐卧造成的人身伤亡，属于受害人自身的原因造成的人身伤亡。

❺《水路旅客运输规则》（1997年8月26日修正）

第一百四十条 在本规则第八条、第十一条规定的旅客及其行李的运送期间，因承运人或港口经营人的过失，造成旅客人身伤亡或行李灭失、损坏的，承运人或港口经营人应当负赔偿责任。

旅客的人身伤亡或自带行李的灭失、损坏，是由于客船的沉没、碰撞、搁浅、爆炸、火灾所引起或者由客船的缺陷所引起的，承运人除非提出反证，应当视为其有过失。

旅客托运的行李的灭失或损坏，不论由于何种事故引起的，承运人或港口经营人除非提出反证，应当视为其有过失。

对本规则第三十二条规定旅客携带的活动物发生灭失的，按照本条第一、二、三款规定处理。

第一百四十一条 经承运人或港口经营人证明，旅客的人身伤亡，是由于旅客本人的过失或者旅客和承运人或港口经营人的共同过失造成的，可以免除或者相应减轻承运人或港口经营人的赔偿责任。

第一百四十二条 因疾病、自杀、斗殴或犯罪行为而死亡或受伤者，以及非承运人或港口经营人过失造成的失踪者,承运人或港口经营人不承担赔偿责任。

由前款原因所发生的打捞、救助、医疗、通讯及船舶临时停靠港口的费用和一切善后费用,由旅客本人或所在单位或其亲属负担。

❻《汽车旅客运输规则》(1988年8月1日施行)

第七十条 旅客运输过程中发生下列情况,均由运方承担责任:

1. 因客车技术状况或装备的问题,造成旅客人身伤害及行包损坏、灭失的。
2. 因驾驶员违章行驶或操作造成人身伤害及行包损坏、灭失的。
3. 因驾驶员擅自改变运行计划,如提前开车,绕道行驶或越站,致使旅客漏乘等,造成的直接经济损失。
4. 在行车途中发生托运行包灭失、损坏的。
5. 不按运行计划或合同向车站提供完好车辆,使班车停开、缺班的。
6. 由于运方原因发生的其他问题。

第七十二条 旅客运输过程中发生的下列情况,均由旅客承担责任:

1. 旅客无票、持无效客票或不符合规定的客票乘车的。
2. 隐瞒酒醉、恶性传染病乘车造成污染,危及其他旅客的。
3. 夹带危险品或其他政府禁运物品进站、上车、托运的。
4. 损坏车站客车设施和设备或造成其他旅客伤害的。
5. 自理行包和随身携带的物品丢失、损坏的。
6. 客车中途停靠不按时上车造成漏乘错乘的。
7. 旅客乘车途中自身病害造成的伤亡和损失。
8. 由于旅客原因发生的其他问题。

第七十六条 因车站或运方责任,造成旅客人身伤害的,由责任方赔偿处理。

第八十一条 班车客运在发车前发生违规违约和客运事故,由始发站负责处理,责任方赔偿;运行途中发生的,由就近站负责处理,责任方赔偿;到站后发生的,由到达站负责处理,责任方赔偿;旅游、出租车和包车客运由受理方负责处理,责任方赔偿。

第八十二条 旅客运输过程中发生事故后,有关方面应做好记录,受损一方应在事故发生之日起90天内,向责任方提出赔偿要求,责任方应在接到赔偿要求10天内,作出答复。

第八十三条 旅客在提出本规则规定范围内的赔偿要求时,应同时提交客票、行包票等有关凭证。

第八十四条 违规违约引起的纠纷可由当事人自行协商解决;也可向当地交通主管部门申请调解;也可向人民法院提起诉讼。

第八十五条 赔偿金或违约金应在明确责任之日起10天内偿付,逾期偿付的,每延迟一日加付5‰滞纳金。

❼《铁路旅客运输损害赔偿规定》(1994年9月1日施行)

第二条 本规定适用于铁路运输企业对在中华人民共和国境内的铁路旅客运输中发生的旅客人身伤亡及其自带行李损失的赔偿。

前款所称铁路旅客运输中,是指自旅客经剪票进站至到达行程终点出站时止。

第三条 本规定所称旅客,是指持有效乘车凭证乘车的人员以及按照国务院铁路主管部门有关规定免费乘车的儿童。

经铁路运输企业同意,根据铁路货物运输合同,随车护送货物的人,视为旅客。

第四条 由于不可抗力或者旅客自身原因造成人身伤亡和自带行李损失的,铁路运输企业不承担赔偿责任。

第五条 铁路运输企业依照本规定应当承担赔偿责任的,对每名旅客人身伤亡的赔偿责任限额为人民币4万元,自带行李损失的赔偿责任限额为人民币800元。

铁路运输企业和旅客可以书面约定高于前款规定的赔偿责任限额。

第六条 铁路运输企业依照本规定给付赔偿金,不影响旅客按照国家有关铁路旅客意外伤害强制保险规定获取保险金。

第七条 向外国籍旅客、华侨和港澳台胞旅客给付的赔偿金,可以兑换成该外国或者地区的货币,其汇率按照赔偿金给付之日的中华人民共和国外汇指定银行的挂牌汇率确定。

第八条 旅客或者其继承人向铁路运输企业要求赔偿的请求,应当自事故发生之日起1年内提出。

铁路运输企业应当自接到赔偿请求之日起30日内答复。

第九条 旅客或者其继承人与铁路运输企业对损害赔偿发生争议,可以向人民法院提起诉讼。

❽《铁路旅客人身伤害及自带行李损失事故处理办法》(2003年9月1日施行)

第二条 本办法适用于国家铁路和其他铁路与国家铁路办理直通运输业务过程中发生的旅客人身伤害及自带行李损失的赔偿处理。合资铁路、地方铁路等其他铁路运输企业管内发生的同类事故处理可比照本办法办理。

在运输过程中发生的未经车站、列车同意乘车的无票人员在运输过程中发生的人身伤害，其抢救程序比照本办法办理。

第五条 旅客人身伤害按程度分为三种：

（一）轻伤：伤害程度不及重伤者。

（二）重伤：肢体残废、容貌毁损、视觉、听觉丧失及其器官功能丧失参照司法部颁发《人体重伤鉴定标准》（见附件7）。

（三）死亡。

第六条 旅客人身伤害事故分为六类：

（一）轻伤事故：是指只有轻伤没有重伤和死亡的事故。

（二）重伤事故：是指有重伤没有死亡的事故。

（三）一般伤亡事故：是指一次造成死亡1人至2人的事故。

（四）重大伤亡事故：是指一次死亡3人至9人的事故。

（五）特大伤亡事故：是指一次死亡10人至29人的事故。

（六）特别重大伤亡事故：是指一次死亡30人以上的事故。

第二十一条 旅客受伤需治疗时，医疗费用按实际需要，凭治疗医院单据，由铁路运输企业承担，但其标准一般最高不超过赔偿限额。如旅客人身伤害系法律、法规规定铁路运输企业免责的，其医疗费用由旅客承担。

旅客自身责任或第三人责任造成的人身伤害，由责任人承担。第三人不明确或无力承担时，由铁路运输企业先行赔付后，向第三人追偿。

第二十二条 旅客受伤治疗后身体部分机能丧失，应当按照机能丧失程度给付部分赔偿金和保险金（具体见附件8）。旅客身体两处以下受伤并部分机能丧失的，应当累加给付，但不能超过赔偿金、保险金最高限额。旅客受伤治愈后无机能影响，在赔偿金、保险金最高限额的5%以内酌情给付。旅客死亡按最高限额给付。

第二十三条 如铁路运输企业能够证明旅客人身伤害是由铁路运输企业和旅客的共同过错造成的，应当相应减轻铁路运输企业的赔偿责任。

第二十四条 因处理事故需要发生的其他费用（如看尸、验尸、现场勘验、寻人启事等与事故处理直接有关的支出）一并在事故处理费中列支开在事故处理报告上列明。

第二十五条 因事故产生的保险金、赔偿金、医疗费用、其他费用，有责任单位（铁路运输企业其他部门责任时，转责任单位所属铁路分局）的，由处理事故分局将以上费用转账给责任单位。无责任单位的，转事故发生单位。

第二十六条 事故责任涉及两个以上单位时，其事故处理费用由责任单位共同分担，分担比例按责任轻重由事故处理工作组确定。

第三十一条 铁路旅客人身伤害事故责任分为旅客自身责任、第三人责任、铁路运输企业责任及其他。

旅客违反铁路安全规定，不听从铁路工作人员引导、劝阻等违法违章行为或其他自身原因造成的伤害，属于旅客自身责任。

由于铁路运输企业人员的职务行为和设施设备的原因，给旅客造成的伤害，属于铁路运输企业责任。

由于旅客和铁路运输企业合同双方以外的人给旅客造成的损伤，属第三人责任。

非上述三种责任造成的伤害，属其他。

第三十二条 铁路运输企业责任分为客运部门责任和行车等其他部门责任。客运部门责任分为车站责任和列车责任。

有下列情形之一的，属于车站责任：

（一）旅客持票进站或下车后在检票口以内因组织不当造成伤害的；

（二）缺乏引导标志或有关引导标志不准确而误导旅客发生伤害的；

（三）车站设备、设施不良造成旅客伤害的；

（四）车站销售的食物造成旅客食物中毒的；

（五）因误售、误剪不停车站车票造成旅客跳车的；

（六）在规定停止检票后继续检票放行或检票放行时间不足，致使旅客抢上列车造成伤害的；

（七）因违章操作、管理不善造成火灾、爆炸，发生旅客伤害的；

（八）事故处理工作组有理由认为属于车站责任的。

有下列情形之一的，属于列车责任：

（一）由于车门未锁造成旅客跳车、坠车或站内背门下车造成旅客伤害的；

（二）因列车工作人员的过失，致使旅客在不办理乘降的车站（包括区间停车）下车造成人身伤害的；
　　（三）由于组织不力，旅客下车挤、摔造成伤害的；
　　（四）车站误售、误剪车票，列车未能妥善处理造成旅客跳车伤害的；
　　（五）因列车报错站名致使旅客误下车造成伤害的；
　　（六）因列车工作人员的过失造成旅客挤伤、烫伤的；
　　（七）因餐车、售货销售的食物造成旅客食物中毒的；
　　（八）因违章操作、管理不善造成火灾、爆炸，发生旅客伤害的；
　　（九）因列车设备不良造成旅客人身伤害的；
　　（十）事故处理工作组有理由认为属于列车责任的。
　　事故处理工作组认为两个以上单位都负有责任时，可列两个以上的责任单位。
　　其他部门责任：
　　铁路运输企业的其他部门责任造成旅客伤害的。

❾《中华人民共和国港口间海上旅客运输赔偿责任限额规定》（1994年1月1日施行）
　　第二条　本规定适用于中华人民共和国港口之间海上旅客运输。
　　第三条　承运人在每次海上旅客运输中的赔偿责任限额，按照下列规定执行：
　　（一）旅客人身伤亡的，每名旅客不超过4万元人民币；
　　（二）旅客自带行李灭失或者损坏的，每名旅客不超过800元人民币；
　　（三）旅客车辆包括该车辆所载行李灭失或者损坏的，每一车辆不超过3200元人民币；
　　（四）本款（二）项、第（三）项以外的旅客其他行李灭失或者损坏的，每千克不超过20元人民币。
　　承运人和旅客可以书面约定高于本条第一款规定的赔偿责任限额。
　　第四条　海上旅客运输的旅客人身伤亡赔偿责任限制，按照4万元人民币乘以船舶证书规定的载客定额计算赔偿限额，但是最高不超过2100万元人民币。
　　第五条　向外籍旅客、华侨和港、澳、台胞旅客给付的赔偿金，可以兑换成该外国或者地区的货币。其汇率按照赔偿金给付之日中华人民共和国外汇管理部门公布的外汇牌价确定。

❿《国内航空运输旅客身体损害赔偿暂行规定》（1993年11月29日修订）
　　第二条　本规定适用于国内航空旅客运输中发生的旅客身体损害赔偿。
　　前款所称国内航空旅客运输，是指根据航空旅客运输合同，运输的始发地、约定经停地和目的地都在中华人民共和国领域内的航空旅客运输。
　　第三条　旅客在航空器内或上下航空器过程中死亡或受伤，承运人应当承担赔偿责任。
　　第四条　承运人如能证明旅客死亡或受伤是不可抗力或旅客本人健康状况造成的，不承担赔偿责任。
　　第五条　承运人如能证明旅客死亡或受伤是由旅客本人的过失或故意行为造成的，可以减轻或免除其赔偿责任。
　　第六条　承运人按照本规定应当承担赔偿责任的，对每名旅客的最高赔偿金额为人民币七万元。
　　第七条　旅客可以自行决定向保险公司投保航空运输人身意外伤害险。此项保险金额的给付，不得免除或减少承运人应当承担的赔偿金额。
　　第八条　向外国人、华侨、港澳同胞和台湾同胞给付的赔偿金，可以兑换成该外国或地区的货币，其汇率按赔偿金给付之日中华人民共和国国家外汇管理部门公布的外汇牌价确定。

⓫ 最高人民法院《关于审理铁路运输损害赔偿案件若干问题的解释》（1994年10月27日）
　　十一、人身伤亡的赔偿范围
　　铁路法第五十八条规定的因铁路行车事故及其他铁路运营事故造成的人身伤亡，包括旅客伤亡和路外伤亡。
　　人身伤亡，除铁路法第五十八条第二款列举的免责情况外，如果铁路运输企业能够证明人身伤亡是由受害人自身原因造成的，不应再责令铁路运输企业承担赔偿责任。
　　对人身伤亡的赔偿责任范围适用民法通则第一百一十九条的规定。1994年9月1日以后发生的旅客伤亡的赔偿责任范围适用国务院批准的《铁路旅客运输损害赔偿规定》。
　　十三、旅客伤亡的保险责任与运输责任
　　在铁路旅客运送责任期间发生旅客伤亡，属于《铁路旅客意外伤害强制保险条例》规定的保险责任范围的，铁路运输企业支付保险金后，对旅客伤亡不属于铁路运输企业免责范围的，铁路运输企业还应当支付赔偿金。

十四、第三者责任造成旅客伤亡的赔偿

在铁路旅客运送期间因第三者责任造成旅客伤亡，旅客或者其继承人要求铁路运输企业先予赔偿的，应予支持。铁路运输企业赔付后，有权向有责任的第三者追偿。

十五、索赔时效

对承运中的货物、包裹、行李发生损失或者逾期，向铁路运输企业要求赔偿的请求权，时效期间适用铁路运输规章180日的规定。自铁路运输企业交付的次日起计算；货物、包裹、行李全部灭失的，自运到期限届满后第30日的次日起计算。但对在此期间内或者运到期限内已经确认灭失的，自铁路运输企业交给货运记录的次日起计算。

对旅客伤亡，向铁路企业要求赔偿的请求权，时效期间适用民法通则第一百三十六条第（一）项1年的规定。自到达旅行目的地的次日或者旅行中止的次日起计算。

对路外伤亡，向铁路运输企业要求赔偿的请求权，时效期间适用民法通则第一百三十六条第（一）项1年的规定，自受害人受到伤害的次日起计算。

⑫ 最高人民法院《关于审理铁路运输人身损害赔偿纠纷案件适用法律若干问题的解释》（2010年3月16日施行）

为正确审理铁路运输人身损害赔偿纠纷案件，依法维护各方当事人的合法权益，根据《中华人民共和国民法通则》、《中华人民共和国铁路法》、《中华人民共和国民事诉讼法》等法律的规定，结合审判实践，就有关适用法律问题作如下解释：

第一条 人民法院审理铁路行车事故及其他铁路运营事故造成的铁路运输人身损害赔偿纠纷案件，适用本解释。

与铁路运输企业建立劳动合同关系或者形成劳动关系的铁路职工在执行职务中发生的人身损害，依照有关调整劳动关系的法律规定及其他相关法律规定处理。

第二条 铁路运输人身损害的受害人、依法由受害人承担扶养义务的被扶养人以及死亡受害人的近亲属为赔偿权利人，有权请求赔偿。

第三条 赔偿权利人要求对方当事人承担侵权责任的，由事故发生地、列车最先到达地或者被告住所地铁路运输法院管辖；赔偿权利人依照合同法要求承运人承担违约责任予以人身损害赔偿的，由运输始发地、目的地或者被告住所地铁路运输法院管辖。

第四条 铁路运输造成人身损害的，铁路运输企业应当承担赔偿责任；法律另有规定的，依照其规定。

第五条 铁路运输中发生人身损害，铁路运输企业举证证明有下列情形之一的，不承担赔偿责任：

（一）不可抗力造成的；

（二）受害人故意以卧轨、碰撞等方式造成的。

第六条 因受害人翻越、穿越、损毁、移动铁路线路两侧防护围墙、栅栏或者其他防护设施穿越铁路线路，偷乘货车，攀附行进中的列车，在未设置人行通道的铁路桥梁、隧道内通行，攀爬高架铁路线路，以及其他未经许可进入铁路线路、车站、货场等铁路作业区域的过错行为，造成人身损害的，应当根据受害人的过错程度适当减轻铁路运输企业的赔偿责任，并按照以下情形分别处理：

（一）铁路运输企业未充分履行安全防护、警示等义务，受害人有上述过错行为的，铁路运输企业应当在全部损失的百分之八十至百分之二十之间承担赔偿责任；

（二）铁路运输企业已充分履行安全防护、警示等义务，受害人仍施以上述过错行为的，铁路运输企业应当在全部损失的百分之二十至百分之十之间承担赔偿责任。

第七条 受害人横向穿越未封闭的铁路线路时存在过错，造成人身损害的，按照前条规定处理。

受害人不听从值守人员劝阻或者无视禁行警示信号、标志，硬行通过铁路平交道口、人行过道，或者沿铁路线路纵向行走，或者在铁路线路上坐卧，造成人身损害，铁路运输企业举证证明已充分履行安全防护、警示等义务的，不承担赔偿责任。

第八条 铁路运输造成无民事行为能力人人身损害的，铁路运输企业应当承担赔偿责任；监护人有过错的，按照过错程度减轻铁路运输企业的赔偿责任，但铁路运输企业承担的赔偿责任应当不低于全部损失的百分之五十。

铁路运输造成限制民事行为能力人人身损害的，铁路运输企业应当承担赔偿责任；监护人及受害人自身有过错的，按照过错程度减轻铁路运输企业的赔偿责任，但铁路运输企业承担的赔偿责任应当不低于全部损失的百分之四十。

第九条 铁路机车车辆与机动车发生碰撞造

成机动车驾驶人员以外的人人身损害的，由铁路运输企业与机动车一方对受害人承担连带赔偿责任。铁路运输企业与机动车一方之间，按照各自的过错分担责任；双方均无过错的，按照公平原则分担责任。对受害人实际承担赔偿责任超出应当承担份额的一方，有权向另一方追偿。

铁路机车车辆与机动车发生碰撞造成机动车驾驶人员人身损害的，按照本解释第四条至第七条的规定处理。

第十条 在非铁路运输企业实行监护的铁路无人看守道口发生事故造成人身损害的，由铁路运输企业按照本解释的有关规定承担赔偿责任。道口管理单位有过错的，铁路运输企业对赔偿权利人承担赔偿责任后，有权向道口管理单位追偿。

第十一条 对于铁路桥梁、涵洞等设施负有管理、维护等职责的单位，因未尽职责使该铁路桥梁、涵洞等设施不能正常使用，导致行人、车辆穿越铁路线路造成人身损害的，铁路运输企业按照本解释有关规定承担赔偿责任后，有权向该单位追偿。

第十二条 铁路旅客运送期间发生旅客人身损害，赔偿权利人要求铁路运输企业承担违约责任的，人民法院应当依照《中华人民共和国合同法》第二百九十条、第三百零一条、第三百零二条等规定，确定铁路运输企业是否承担责任及责任的大小；赔偿权利人要求铁路运输企业承担侵权赔偿责任的，人民法院应当依照有关侵权责任的法律规定，确定铁路运输企业是否承担赔偿责任及责任的大小。

第十三条 铁路旅客运送期间因第三人侵权造成旅客人身损害的，由实施侵权行为的第三人承担赔偿责任。铁路运输企业有过错的，应当在能够防止或者制止损害的范围内承担相应的补充赔偿责任。铁路运输企业承担赔偿责任后，有权向第三人追偿。

车外第三人投掷石块等击打列车造成车内旅客人身损害，赔偿权利人要求铁路运输企业先予赔偿的，人民法院应当予以支持。铁路运输企业赔付后，有权向第三人追偿。

第十四条 有权作出事故认定的组织依照《铁路交通事故应急救援和调查处理条例》等有关规定制作的事故认定书，经庭审质证，对于事故认定书所认定的事实，当事人没有相反证据和理由足以推翻的，人民法院应当作为认定事实的根据。

第十五条 在专用铁路及铁路专用线上因运输造成人身损害，依法应当由肇事工具或者设备的所有人、使用人或者管理人承担赔偿责任的，适用本解释。

第十六条 本院以前发布的司法解释与本解释不一致的，以本解释为准。

本解释施行前已经终审，本解释施行后当事人申请再审或者按照审判监督程序决定再审的案件，不适用本解释。

案例链接

❶《张瑞荣与广州市新福利巴士服务有限公司公路旅客运输合同纠纷上诉案》，参见北大法宝引证码：Pkulaw. cn/CLI. C. 270354。

❷《吴文仙等诉周卫明客运合同案》，参见北大法宝引证码：Pkulaw. cn/CLI. C. 48741。

【行李损害赔偿责任】

法律问题解读

根据《合同法》的规定，承运人对运输过程中旅客行李的毁损、灭失应当分下列两种不同情况分别处理：

1. 旅客自带行李的损害赔偿。因承运人的过错造成旅客随身携带保管的自理行李的毁损、灭失的，承运人承担过错责任，予以赔偿。因不可抗力、旅客单方过错，或行李自身原因而导致毁损、灭失的，承运人不承担赔偿责任。但是，承运人必须举证证明其无过错。按照专门运输法律、法规规定，承运人对旅客自理行李毁损、灭失赔偿责任所享有的减轻责任的权利以及丧失责任限额的条件等，与承运人对旅客人身伤亡赔偿责任限制相同，请参见前一题目的相关阐述。

2. 旅客托运行李的损害赔偿。包括按照规定免费托运的行李和计费托运的行李。对于旅客托运行李的损害赔偿，按货物运输中货物损害赔偿处理。在此不加赘述，请参见货物运输有关题目的阐述。

法条指引

❶《中华人民共和国合同法》（1999 年 10 月 1 日施行）

第三百零三条 在运输过程中旅客自带物品毁损、灭失，承运人有过错的，应当承担损害赔偿责任。

旅客托运的行李毁损、灭失的，适用货物运

输的有关规定。

❷《中华人民共和国海商法》（1993年7月1日施行）

第一百一十四条 在本法第一百一十一条规定的旅客及其行李的运送期间，因承运人或者承运人的受雇人、代理人在受雇或者受委托的范围内的过失引起事故，造成旅客人身伤亡或者行李灭失、损坏的，承运人应当负赔偿责任。

请求人对承运人或者承运人的受雇人、代理人的过失，应当负举证责任；但是，本条第三款和第四款规定的情形除外。

旅客的人身伤亡或者自带行李的灭失、损坏，是由于船舶的沉没、碰撞、搁浅、爆炸、火灾所引起或者是由于船舶的缺陷所引起的，承运人或者承运人的受雇人、代理人除非提出反证，应当视为其有过失。

旅客自带行李以外的其他行李的灭失或者损坏，不论由于何种事故所引起，承运人或者承运人的受雇人、代理人除非提出反证，应当视为其有过失。

第一百一十五条 经承运人证明，旅客的人身伤亡或者行李的灭失、损坏，是由于旅客本人的过失或者旅客和承运人的共同过失造成的，可以免除或者相应减轻承运人的赔偿责任。

经承运人证明，旅客的人身伤亡或者行李的灭失、损坏，是由于旅客本人的故意造成的，或者旅客的人身伤亡是由于旅客本人健康状况造成的，承运人不负赔偿责任。

第一百一十六条 承运人对旅客的货币、金银、珠宝、有价证券或者其他贵重物品所发生的灭失、损坏，不负赔偿责任。

旅客与承运人约定将前款规定的物品交由承运人保管的，承运人应当依照本法第一百一十七条的规定负赔偿责任；双方以书面约定的赔偿限额高于本法第一百一十七条的规定的，承运人应当按照约定的数额负赔偿责任。

第一百一十七条 除本条第四款规定的情形外，承运人在每次海上旅客运输中的赔偿责任限额，依照下列规定执行：

（一）旅客人身伤亡的，每名旅客不超过46666计算单位；

（二）旅客自带行李灭失或者损坏的，每名旅客不超过833计算单位；

（三）旅客车辆包括该车辆所载行李灭失或者损坏的，每一车辆不超过3333计算单位；

（四）本款第（二）、（三）项以外的旅客其他行李灭失或者损坏的，每名旅客不超过1200计算单位。

承运人和旅客可以约定，承运人对旅客车辆和旅客车辆以外的其他行李损失的免赔额。但是，对每一车辆损失的免赔额不得超过117计算单位，对每名旅客的车辆以外的其他行李损失的免赔额不得超过13计算单位。在计算每一车辆或者每名旅客的车辆以外的其他行李的损失赔偿数额时，应当扣除约定的承运人免赔额。

承运人和旅客可以书面约定高于本条第一款规定的赔偿责任限额。

中华人民共和国港口之间的海上旅客运输，承运人的赔偿责任限额，由国务院交通主管部门制定，报国务院批准后施行。

第一百一十八条 经证明，旅客的人身伤亡或者行李的灭失、损坏，是由于承运人的故意或者明知可能造成损害而轻率地作为或者不作为造成的，承运人不得援用本法第一百一十六条和第一百一十七条限制赔偿责任的规定。

经证明，旅客的人身伤亡或者行李的灭失、损坏，是由于承运人的受雇人、代理人的故意或者明知可能造成损害而轻率地作为或者不作为造成的，承运人的受雇人、代理人不得援用本法第一百一十六条和第一百一十七条限制赔偿责任的规定。

第一百一十九条 行李发生明显损坏的，旅客应当依照下列规定向承运人或者承运人的受雇人、代理人提交书面通知：

（一）自带行李，应当在旅客离船前或者离船时提交；

（二）其他行李，应当在行李交还前或者交还时提交。

行李的损坏不明显，旅客在离船时或者行李交还时难以发现的，以及行李发生灭失的，旅客应当在离船或者行李交还或者应当交还之日起十五日内，向承运人或者承运人的受雇人、代理人提交书面通知。

旅客未依照本条第一、二款规定及时提交书面通知的，除非提出反证，视为已经完整无损地收到行李。

行李交还时，旅客已经会同承运人对行李进行联合检查或者检验的，无需提交书面通知。

第一百二十三条 承运人与实际承运人均负有赔偿责任的，应当在此项责任限度内负连带责任。

第一百二十四条 就旅客的人身伤亡或者行

李的灭失、损坏，分别向承运人、实际承运人以及他们的受雇人、代理人提出赔偿请求的，赔偿总额不得超过本法第一百一十七条规定的限额。

❸《中华人民共和国民用航空法》（1996年3月1日施行）

第一百二十五条　因发生在民用航空器上或者在旅客上、下民用航空器过程中的事件，造成旅客随身携带物品毁灭、遗失或者损坏的，承运人应当承担责任。因发生在航空运输期间的事件，造成旅客的托运行李毁灭、遗失或者损坏的，承运人应当承担责任。

旅客随身携带物品或者托运行李的毁灭、遗失或者损坏完全是由于行李本身的自然属性、质量或者缺陷造成的，承运人不承担责任。

本章所称行李，包括托运行李和旅客随身携带的物品。

因发生在航空运输期间的事件，造成货物毁灭、遗失或者损坏的，承运人应当承担责任；但是，承运人证明货物的毁灭、遗失或者损坏完全是由于下列原因之一造成的，不承担责任：

（一）货物本身的自然属性、质量或者缺陷；

（二）承运人或者其受雇人、代理人以外的人包装货物的，货物包装不良；

（三）战争或者武装冲突；

（四）政府有关部门实施的与货物入境、出境或者过境有关的行为。

本条所称航空运输期间，是指在机场内、民用航空器上或者机场外降落的任何地点，托运行李、货物处于承运人掌管之下的全部期间。

航空运输期间，不包括机场外的任何陆路运输、海上运输、内河运输过程；但是，此种陆路运输、海上运输、内河运输是为了履行航空运输合同而装载、交付或者转运，在没有相反证据的情况下，所发生的损失视为在航空运输期间发生的损失。

第一百二十六条　旅客、行李或者货物在航空运输中因延误造成的损失，承运人应当承担责任；但是，承运人证明本人或者其受雇人、代理人为了避免损失的发生，已经采取一切必要措施或者不可能采取此种措施的，不承担责任。

第一百二十七条　在旅客、行李运输中，经承运人证明，损失是由索赔人的过错造成或者促成的，应当根据造成或者促成此种损失的过错的程度，相应免除或者减轻承运人的责任。旅客以外的其他人就旅客死亡或者受伤提出赔偿请求时，经承运人证明，死亡或者受伤是由旅客本人的过错造成或者促成的，同样应当根据造成或者促成此种损失的过错的程度，相应免除或者减轻承运人的责任。

在货物运输中，经承运人证明，损失是由索赔人或者代行权利人的过错造成或者促成的，应当根据造成或者促成此种损失的过错的程度，相应免除或者减轻承运人的责任。

第一百二十八条　国内航空运输承运人的赔偿责任限额由国务院民用航空主管部门制定，报国务院批准后公布执行。

旅客或者托运人在交运托运行李或者货物时，特别声明在目的地点交付时的利益，并在必要时支付附加费的，除承运人证明旅客或者托运人声明的金额高于托运行李或者货物在目的地点交付时的实际利益外，承运人应当在声明金额范围内承担责任；本法第一百二十九条的其他规定，除赔偿责任限额外，适用于国内航空运输。

第一百二十九条　国际航空运输承运人的赔偿责任限额按照下列规定执行：

（一）对每名旅客的赔偿责任限额为16600计算单位；但是，旅客可以同承运人书面约定高于本项规定的赔偿责任限额。

（二）对托运行李或者货物的赔偿责任限额，每公斤为17计算单位。旅客或者托运人在交运托运行李或者货物时，特别声明在目的地点交付时的利益，并在必要时支付附加费的，除承运人证明旅客或者托运人声明的金额高于托运行李或者货物在目的地点交付时的实际利益外，承运人应当在声明金额范围内承担责任。

托运行李或者货物的一部分或者托运行李、货物中的任何物件毁灭、遗失、损坏或者延误的，用以确定承运人赔偿责任限额的重量，仅为该一包件或者数包件的总重量；但是，因托运行李或者货物的一部分或者托运行李、货物中的任何物件的毁灭、遗失、损坏或者延误，影响同一份行李票或者同一份航空货运单所列其他包件的价值的，确定承运人的赔偿责任限额时，此种包件的总重量也应当考虑在内。

（三）对每名旅客随身携带的物品的赔偿责任限额为332计算单位。

第一百三十条　任何旨在免除本法规定的承运人责任或者降低本法规定的赔偿责任限额的条款，均属无效；但是，此种条款的无效，不影响整个航空运输合同的效力。

第一百三十二条　经证明，航空运输中的损失是由于承运人或者其受雇人、代理人的故意或者明知可能造成损失而轻率地作为或者不作为造成的，承运人无权援用本法第一百二十八条、第一百二十九条有关赔偿责任限制的规定；证明承运人的受雇人、代理人有此种作为或者不作为的，还应当证明该受雇人、代理人是在受雇、代理范围内行事。

❹《中华人民共和国铁路法》（1991年5月1日施行）

第十七条 铁路运输企业应当对承运的货物、包裹、行李自接受承运时起到交付时止发生的灭失、短少、变质、污染或者损坏，承担赔偿责任：

（一）托运人或者旅客根据自愿申请办理保价运输的，按照实际损失赔偿，但最高不超过保价额。

（二）未按保价运输承运的，按照实际损失赔偿，但最高不超过国务院铁路主管部门规定的赔偿限额；如果损失是由于铁路运输企业的故意或者重大过失造成的，不适用赔偿限额的规定，按照实际损失赔偿。

托运人或者旅客根据自愿可以向保险公司办理货物运输保险，保险公司按照保险合同的约定承担赔偿责任。

托运人或者旅客根据自愿，可以办理保价运输，也可以办理货物运输保险；还可以既不办理保价运输，也不办理货物运输保险。不得以任何方式强迫办理保价运输或者货物运输保险。

第十八条 由于下列原因造成的货物、包裹、行李损失的，铁路运输企业不承担赔偿责任：

（一）不可抗力；

（二）货物或者包裹、行李中的物品本身的自然属性，或者合理损耗；

（三）托运人、收货人或者旅客的过错。

❺《水路旅客运输规则》（1997年8月26日修正）

第一百三十六条 在行李运送期间，发生行李灭失、短少、损坏等情况，承运人或港口经营人应编制行李运输事故记录。

行李运输事故记录必须在交接的当时编制，事后任何一方不得再行要求补编。

第一百三十七条 行李运输事故按其发生情况分为下列四类：

（一）灭失：托运的行李未按规定时间运到，承运人查找时间超过30天仍未找到的，即确定为行李灭失；

（二）短少：件数短少；

（三）损坏：湿损、破损、污损、折损等；

（四）其他。

第一百三十八条 旅客对其托运行李发生事故要求赔偿时，应填写行李赔偿要求书。提出赔偿的时效为旅客在离船或者行李交还或者应当交还之日起15天内，过期不能再要求赔偿。

旅客未按照前款规定及时提交行李赔偿要求书的，除非提出反证，视为已经完整无损地收到行李。

行李交还时，旅客已经会同承运人对行李进行联合检查或者检验的，无需提交行李赔偿要求书。

第一百三十九条 承运人从接到行李的赔偿要求书之日起，应在30天内答复赔偿要求人：

（一）确定承运人或港口经营人不负赔偿责任时，应当填发拒绝赔偿通知书，赔偿要求人提出的单证文件不予退还。

（二）确定承运人或港口经营人应负赔偿责任时，应当填发承认赔偿通知书，赔偿要求人提出的单证文件不予退还。

第一百四十条 在本规则第八条、第十一条规定的旅客及其行李的运送期间，因承运人或港口经营人的过失，造成旅客人身伤亡或行李灭失、损坏的，承运人或港口经营人应当负赔偿责任。

旅客的人身伤亡或自带行李的灭失、损坏，是由于客船的沉没、碰撞、搁浅、爆炸、火灾所引起或者是由于客船的缺陷所引起的，承运人除非提出反证，应当视为其有过失。

旅客托运的行李的灭失或损坏、不论由于何种事故引起的，承运人或港口经营人除非提出反证，应当视为其有过失。

对本规则第三十二条规定旅客携带的活动物发生灭失的，按照本条第一、二、三款规定处理。

第一百四十三条 旅客的行李有下列情况的，承运人或港口经营人不负赔偿责任：

（一）不可抗力造成的损失；

（二）物品本身的自然性质引起的损耗、变质；

（三）本规则第二十九条，第六十六条所规定不准携带或托运的物品发生灭失、损耗、变质。

第一百四十四条 在行李运送期间，因承运人或港口经营人过失造成行李损坏的，承运人或港口经营人应负责整修，如损坏程度已失去原来使用价值，应按规定进行赔偿。

第一百四十五条 承运人或港口经营人对灭失的托运行李赔偿后，还应向旅客退还全部运杂费，并收回行李运单。

灭失的行李，赔偿后又找到的，承运人或港口经营人应通知索赔人前来领取。如索赔人同意领取时，则应撤销赔偿手续，收回赔偿款额和已退还的全部运杂费。

灭失的行李赔偿后部分找到的，可参照本条第2款精神办理。

第一百四十六条 如发现索赔人有以少报多、以次充好等行为时，应追回多赔款额。

❻《汽车旅客运输规则》（1988年8月1日施行）

第七十条 旅客运输过程中发生下列情况，均由运方承担责任：

1. 因客车技术状况或装备的问题，造成旅客人身伤害及行包损坏、灭失的。
2. 因驾驶员违章行驶或操作造成人身伤害及行包损坏、灭失的。
3. 因驾驶员擅自改变运行计划，如提前开车，绕道行驶或越站，致使旅客漏乘等，造成的直接经济损失。
4. 在行车途中发生托运行包灭失、损坏的。
5. 不按运行计划或合同向车站提供完好车辆，使班车停开、缺班的。
6. 由于运方原因发生的其他问题。

第七十一条 旅客运输过程中因下列情况造成损失，经营者不负赔偿责任：

1. 被有关部门查获处理的物品。
2. 行包包装完整无异，而内部缺损、变质。
3. 旅客自行看管的物品非经营者责任造成的损失。
4. 不可抗力。

第七十二条 旅客运输过程中发生的下列情况，均由旅客承担责任：

1. 旅客无票、持无效客票或不符合规定的客票乘车的。
2. 隐瞒酒醉、恶性传染病乘车造成污染，危及其他旅客的。
3. 夹带危险品或其他政府禁运物品进站、上车、托运的。
4. 损坏车站客车设施和设备或造成其他旅客伤害的。
5. 自理行包和随身携带的物品丢失、损坏的。
6. 客车中途停靠不按时上车造成漏乘错乘的。
7. 旅客乘车途中自身病害造成的伤亡和损失。
8. 由于旅客原因发生的其他问题。

第七十三条 因车站或运方责任，造成旅客误乘或漏乘的，按以下规定处理：

1. 发觉站以最近一次班车将旅客运至原车票指定的车站。
2. 旅客留在车上的自理行包和携带品如有灭失、损坏，由责任方赔偿。
3. 旅客的其他直接经济损失，由责任方赔偿，但赔偿金额最多不超过旅客购车票价款的100%。

第七十四条 因车站或运方责任造成的托运行包灭失、损坏的，按照全部损失全部赔偿，部分损失部分赔偿的原则，由责任方按下列规定赔偿：

1. 非保价行包每千克最高赔偿额一般不超过10元，如失主持有证明物品内容和价格的凭证，可按国家定价或比照当地国营商店同类商品价格赔偿。
2. 损坏物品能修复者，按修理费加送修运费赔偿；不能修复，但尚能使用者，按损失程度所减低的价值赔偿。
3. 保价行包灭失，按托运时申明的价格赔偿。部分灭失，按声明价格赔偿灭失部分。
4. 灭失行包的运杂费要全额退还。

第八十一条 班车客运在发车前发生违规违约和客运事故，由始发站负责处理，责任方赔偿；运行途中发生的，由就近站负责处理，责任方赔偿；到站后发生的，由到达站负责处理，责任方赔偿；旅游、出租车和包车客运由受理方负责处理，责任方赔偿。

第八十二条 旅客运输过程中发生事故后，有关方面应做好记录，受损一方应在事故发生之日起90天内，向责任方提出赔偿要求，责任方应在接到赔偿要求10天内，作出答复。

第八十三条 旅客在提出本规则规定范围内的赔偿要求时，应同时提交客票、行包票等有关凭证。

第八十四条 违规违约引起的纠纷可由当事人自行协商解决；也可向当地交通主管部门申请调解；也可向人民法院提起诉讼。

第八十五条 赔偿金或违约金应在明确责任之日起10天内偿付，逾期偿付的，每延迟一日加付5%滞纳金。

❼《铁路旅客运输损害赔偿规定》（1994年9月1日施行）

第二条 本规定适用于铁路运输企业对在中华人民共和国境内的铁路旅客运输中发生的旅客人身伤亡及其自带行李损失的赔偿。

前款所称铁路旅客运输中，是指自旅客经剪票进站至到达行程终点出站时止。

第四条 由于不可抗力或者旅客自身原因造成人身伤亡和自带行李损失的，铁路运输企业不承担赔偿责任。

第五条 铁路运输企业依照本规定应当承担赔偿责任的，对每名旅客人身伤亡的赔偿责任限额为人民币4万元，自带行李损失的赔偿责任限额为人民币800元。

铁路运输企业和旅客可以书面约定高于前款规定的赔偿责任限额。

第六条 铁路运输企业依照本规定给付赔偿金，不影响旅客按照国家有关铁路旅客意外伤害强制保险规定获取保险金。

第七条 向外国籍旅客、华侨和港澳台胞旅客给付的赔偿金，可以兑换成该外国或者地区的货币，其汇率按照赔偿金给付之日的中华人民共和国外汇指定银行的挂牌汇率确定。

第八条 旅客或者其继承人向铁路运输企业要求赔偿的请求，应当自事故发生之日起1年内提出。

铁路运输企业应当自接到赔偿请求之日起30日内答复。

第九条 旅客或者其继承人与铁路运输企业对损害赔偿发生争议，可以向人民法院提起诉讼。

❽《铁路旅客人身伤害及自带行李损失事故处理办法》（2003年9月1日施行）

第二条 本办法适用于国家铁路和其他铁路与国家铁路办理直通运输业务过程中发生的旅客人身伤害及自带行李损失的赔偿处理。合资铁路、地方铁路等其他铁路运输企业管内发生的同类事故处理可比照本办法办理。

在运输过程中发生的未经车站、列车同意乘车的无票人员在运输过程中发生的人身伤害，其抢救程序比照本办法办理。

第三十一条 铁路旅客人身伤害事故责任分为旅客自身责任、第三人责任、铁路运输企业责任及其他。

旅客违反铁路安全规定，不听从铁路工作人员引导、劝阻等违法违章行为或其他自身原因造成的伤害，属于旅客自身责任。

由于铁路运输企业人员的职务行为和设施设备的原因，给旅客造成的伤害，属于铁路运输企业责任。

由于旅客和铁路运输企业合同双方以外的人给旅客造成的损伤，属第三人责任。

非上述三种责任造成的伤害，属于其他。

第四十条 办理旅客自带行李损失赔偿时，由旅客或其继承人、代理人向铁路运输企业提出可确认的证据。处理时使用"铁路旅客人身伤害事故最终处理协议书"，由事故处理协商各方签字结案。

❾《中华人民共和国港口间海上旅客运输赔偿责任限额规定》（1994年1月1日施行）

第二条 本规定适用于中华人民共和国港口之间海上旅客运输。

第三条 承运人在每次海上旅客运输中的赔偿责任限额，按照下列规定执行：

（一）旅客人身伤亡的，每名旅客不超过4万元人民币；

（二）旅客自带行李灭失或者损坏的，每名旅客不超过800元人民币；

（三）旅客车辆包括该车辆所载行李灭失或者损坏的，每一车辆不超过3200元人民币；

（四）本款第（二）项、第（三）项以外的旅客其他行李灭失或者损坏的，每千克不超过20元人民币。

承运人和旅客可以书面约定高于本条第一款规定的赔偿责任限额。

第五条 向外籍旅客、华侨和港、澳、台胞旅客给付的赔偿金，可以兑换成该外国或者地区的货币。其汇率按照赔偿金给付之日中华人民共和国外汇管理部门公布的外汇牌价确定。

❿ 最高人民法院《关于审理铁路运输损害赔偿案件若干问题的解释》（1994年10月27日）

一、实际损失的赔偿范围

铁路法第十七条中的"实际损失"，是指因灭失、短少、变质、污染、损坏导致货物、包裹、行李实际价值的损失。

铁路运输企业按照实际损失赔偿时，对灭失、短少的货物、包裹、行李，按照其实际价值赔偿；对变质、污染、损坏降低原有价值的货物、包裹、行李，可按照其受损前后实际价值的差额或者加工、修复费用赔偿。

货物、包裹、行李的赔偿价格按照托运时的实际价值计算。实际价值中未包含已支付的铁路运杂费、包装费、保险费、短途搬运费等费用的，按照损失部分的比例加算。

二、铁路运输企业的重大过失

铁路法第十七条中的"重大过失"是指铁路运输企业或者其受雇人、代理人对承运的货物、包裹、行李明知可能造成损害而轻率地作为或者不作为。

三、保价货物损失的赔偿

铁路法第十七条第一款（一）项中规定的"按照实际损失赔偿，但最高不超过保价额"，是指保价运输的货物、包裹、行李在运输中发生损失，无论托运人在办理保价运输时，保价额是否与货物、包裹、行李的实际价值相符，均应在保价额内按照损失部分的实际价值赔偿，实际损失超过保价额的部分不予赔偿。

如果损失是因铁路运输企业的故意或者重大过失造成的，比照铁路法第十七条第一款（二）项的规定，不受保价额的限制，按照实际损失赔偿。

四、保险货物损失的赔偿

投保货物运输险的货物在运输中发生损失，对不属于铁路运输企业免责范围的，适用铁路法第十七条第一款（二）项的规定，由铁路运输企业承担赔偿责任。

保险公司按照保险合同的约定向托运人或收货人先行赔付后，对于铁路运输企业应按货物实际损失承担赔偿责任的，保险公司按照支付的保险金额向铁路运输企业追偿，因不足额保险产生的实际损失与保险金的差额部分，由铁路运输企业赔偿；对于铁路运输企业应按限额承担赔偿责任的，在足额保险的情况下，保险公司向铁路运输企业的追偿额为铁路运输企业的赔偿限额，在不足额保险的情况下，保险公司向铁路运输企业的追偿额在铁路运输企业的赔偿限额内按照投保金额与货物实际价值的比例计算，因不足额保险产生的铁路运输企业的赔偿限额与保险公司在限额内追偿额的差额部分，由铁路运输企业赔偿。

五、保险保价货物损失的赔偿

既保险又保价的货物在运输中发生损失，对不属于铁路运输企业免责范围的，适用铁路法第十七条第一款（一）项的规定由铁路运输企业承担赔偿责任。对于保险公司先行赔付的，比照本解释第四条对保险货物损失的赔偿处理。

六、保险补偿制度的适用

《铁路货物运输实行保险与负责运输相结合的补偿制度的规定（试行）》（简称保险补偿制度），适用于1991年5月1日铁路法实施以前已投保货物运输险的案件。铁路法实施后投保货物运输险的案件，适用铁路法第十七条第一款的规定，保险补偿制度中有关保险补偿的规定不再适用。

七、逾期交付的责任

货物、包裹、行李逾期交付，如果是因铁路逾期运到造成的，由铁路运输企业支付逾期违约金；如果是因收货人或旅客逾期领取造成的，由收货人或旅客支付保管费；既因逾期运到又因收货人或者旅客逾期领取造成的，由双方各自承担相应的责任。

铁路逾期运到并且发生损失时，铁路运输企业除支付逾期违约金外，还应当赔偿损失。对收货人或者旅客逾期领取，铁路运输企业在代保管期间因保管不当造成损失的，由铁路运输企业赔偿。

八、误交付的责任

货物、包裹、行李误交付（包括被第三者冒领造成的误交付），铁路运输企业查找超过运到期限的，由铁路运输企业支付逾期违约金。不能交付的，或者交付时有损失的，由铁路运输企业赔偿。铁路运输企业赔付后，再向有责任的第三者追偿。

九、赔偿后又找回原物的处理

铁路运输企业赔付后又找回丢失、被盗、冒领、逾期等按灭失处理的货物、包裹、行李的，在通知托运人、收货人或者旅客退还赔款领回原物的期限届满后仍无人领取的，适用铁路法第二十二条按无主货物的规定处理。铁路运输企业未通知托运人，收货人或者旅客而自行处理找回的货物、包裹、行李的，由铁路运输企业赔偿实际损失与已付赔款差额。

十、代办运输货物损失的赔偿

代办运输的货物在铁路运输中发生损失，对代办运输企业接受托运人的委托以自己的名义与铁路运输企业签订运输合同托运或者领取货物的，如委托人依据委托合同要求代办运输企业向铁路运输企业索赔的，应予支持。对代办运输企业未及时索赔而超过运输合同索赔时效的，代办运输企业应当赔偿。

十二、铁路旅客运送责任期间

铁路运输企业对旅客运送的责任期间自旅客持有效车票进站时起到旅客出站或者应当出站时止。不包括旅客在候车室内的期间。

十五、索赔时效

对承运中的货物、包裹、行李发生损失或者逾期，向铁路运输企业要求赔偿的请求权，时效期间适用铁路运输规章180日的规定。自铁路运输企业交付的次日起计算；货物、包裹、行李全部灭失的，自运到期限届满后第30日的次日起计算。但对在此期间内或者运到期限内已经确认灭失的，自铁路运输企业交给货运记录的次日起计算。

对旅客伤亡，向铁路企业要求赔偿的请求权，时效期间适用民法通则第一百三十六条第（一）项1年的规定。自到达旅行目的地的次日或者旅行中止的次日起计算。

对路外伤亡，向铁路运输企业要求赔偿的请求权，时效期间适用民法通则第一百三十六条第（一）项1年的规定，自受害人受到伤害的次日起计算。

❶ 《中国民用航空旅客、行李国内运输规则》（1996年2月28日修正）

第五十一条 旅客的托运行李全部或部分损坏、丢失，赔偿金额每公斤不超过人民币50元。如行李的价值每公斤低于50元时，按实际价值赔偿。已收逾重行李费退还。

旅客丢失行李的重量按实际托运行李的重量计算，无法确定重量时，每一旅客的丢失行李最多只能按该旅客享受的免费行李额赔偿。

旅客的丢失行李如已办理行李声明价值，应按声明的价值赔偿，声明价值附加费不退。行李的声明价值高于实际价值时，应按实际价值赔偿。

行李损坏时，按照行李降低的价值赔偿或负担修理费用。

由于发生在上、下航空器期间或航空器上的事件造成旅客的自理行李和随身携带物品灭失，承运人承担的最高赔偿金额每位旅客不超过人民币2000元。

构成国际运输的国内航段，行李赔偿按适用的国际运输行李赔偿规定办理。

已赔偿的旅客丢失行李找到后，承运人应迅速通知旅客领取，旅客应将自己的行李领回，退回全部赔款。临时生活用品补偿费不退。发现旅客有明显的欺诈行为，承运人有权追回全部赔款。

第五十二条 旅客的托运行李丢失或损坏，应按法定时限向承运人或其代理人提出赔偿要求，并随附客票（或影印件）、行李牌的识别联、《行李运输事故记录》、证明行李内容和价格的凭证以及其他有关的证明。

【货运合同】

法律问题解读

货运合同，又称为货物运送合同，是指关于承运人按照约定的时间和方式，将货物送达指定地点，由托运人或收货人支付运费的协议。货物运送合同包括国内铁路货物运送、公路货物运送、水路货物运送、航空货物运送等合同。虽然各种货物运送合同均有其独特之处，有关机关亦针对不同种类的货物运送合同规定了与之相适应的运输合同细则。但各类运送合同当事人的主要权利义务仍大致相同。

司法实践中，关于货物运输合同应当把握以下特点：（1）货物运输合同往往涉及第三人。货运合同由托运人和承运人双方订立，托运人与承运人为合同的当事人，但托运人既可以以自己的利益托运货物，也可以为第三人的利益托运货物。托运人既可以自己为收货人，也可以第三人为收货人。在第三人为收货人的情况下，收货人虽然不是订立合同的当事人，但却是合同的利害关系人。在此情况下的货运合同即属于为第三人利益订立的合同。（2）货运合同以将货物交付给收货人为履行完毕。货运合同与客运合同一样，均是以承运人的运输行为为标的的。但是，在客运合同中，承运人将旅客运输到目的地，义务即履行完毕；而在货物运送合同中，承运人将货物运输到目的地，其义务并不能完结，只有将货物交付给收货人后，其义务才告履行完毕。

法条指引

❶ 《中华人民共和国合同法》（1999年10月1日施行）

第三百零四条 托运人办理货物运输，应当向承运人准确表明收货人的名称或者姓名或者凭指示的收货人，货物的名称、性质、重量、数量、收货地点等有关货物运输的必要情况。

因托运人申报不实或者遗漏重要情况，造成承运人损失的，托运人应当承担损害赔偿责任。

❷ 《中华人民共和国海商法》（1993年7月1日施行）

第四十一条 海上货物运输合同，是指承运人收取运费，负责将托运人托运的货物经海路由一港运至另一港的合同。

❸ 《中华人民共和国民用航空法》（1996年3月1日施行）

第一百零七条 本法所称国内航空运输，是指根据当事人订立的航空运输合同，运输的出发地点、约定的经停地点和目的地点均在中华人民共和国境内的运输。

本法所称国际航空运输，是指根据当事人订立的航空运输合同，无论运输有无间断或者有无转运，运输的出发地点、目的地点或者约定的经停地点之一不在中华人民共和国境内的运输。

❹《中华人民共和国铁路法》（1991年5月1日施行）

第十一条　铁路运输合同是明确铁路运输企业与旅客、托运人之间权利义务关系的协议。

旅客车票、行李票、包裹票和货物运单是合同或者合同的组成部分。

❺《国内水路货物运输规则》（2001年1月1日施行）

第三条　本规则下列用语的含义是：

（一）水路货物运输合同（以下简称"运输合同"），是指承运人收取运输费用，负责将托运人托运的货物经水路由一港（站、点）运至另一港（站、点）的合同。

（二）班轮运输，是指在特定的航线上按照预定的船期和挂港从事有规律水上货物运输的运输形式。

（三）航次租船运输，是指船舶出租人向承租人提供船舶的全部或者部分舱位，装运约定的货物，从一港（站、点）运至另一港（站、点）的运输形式。

（四）承运人，是指与托运人订立运输合同的人。

（五）实际承运人，是指接受承运人委托或者接受转委托从事水路货物运输的人。

（六）托运人，是指与承运人订立运输合同的人。

（七）收货人，是指在运输合同中托运人指定接收货物的人。

（八）货物，包括活动物和由托运人提供的用于集装货物的集装箱、货盘或者类似的装运器具。

（九）单元滚装运输，是指以一台不论是否装载货物的机动车辆或者移动机械作为一个运输单元，由托运人或者其受雇人驾驶驶上、驶离船舶的水路运输方式。

（十）集装箱货物运输，是指将货物装入符合国际标准（ISO）、国家标准、行业标准的集装箱进行运输的水路运输方式。

❻《铁路货物运输合同实施细则》（1987年7月1日施行）

第二条　本细则所指铁路货物运输是中华人民共和国铁道部公布的营业铁路货物运输。

本细则适用于铁路运输部门与企业、农村经济组织、国家机关、事业单位、社会团体等法人之间签订的货物运输合同。

个体经营户、个人与铁路运输部门签订的货物运输合同，应参照本细则执行。

军事运输，国际联运，铁路与水路、公路、航空、管道之间的货物联运，另行规定。

案例链接

❶《姚居梅与上海西环物流有限公司货运合同纠纷上诉案》，参见北大法宝引证码：Pkulaw.cn/CLI.C.281840。

❷《马永朝诉高运平货运合同纠纷案》，参见北大法宝引证码：Pkulaw.cn/CLI.C.289767。

❸《高新民与郑州市东南货运服务有限公司货运合同纠纷再审案》，参见北大法宝引证码：Pkulaw.cn/CLI.C.287167。

学者观点

❶ 赵守江：《货运合同中收货人的法律地位评析》，参见北大法宝引证码：Pkulaw.cn/CLI.A.1119078。

【如实申报义务】

法律问题解读

所谓托运申报，是指托运人办理货物运输时，向承运人表明收货人的名称或者姓名或者凭指示的收货人，货物的名称、性质、重量、数量，收货地点等有关货物运输的必要情况的行为。在实务中，托运人办理货物运输时填写托运单，将所要托运货物的基本情况记载在托运单上的行为，即为托运申报。

《合同法》第304条规定，托运人托运货物时，负有托运申报的义务。托运人履行托运申报义务应当遵循以下要求：（1）准确申报。托运人向承运人申报有关货物运输资料必须正确，不得含糊、有歧义甚至错误。（2）真实申报。托运人向承运人申报的有关货物运输的资料必须与货物的实际情况相符，不得瞒报、假报、骗报。（3）完整申报。托运人向承运人申报有关货物运输资料必须充分、齐备，全面反映货物运输的情况。托运人应当保证其申报内容的准确性、真实性和完整性，否则托运人就没有履行或者没有完全履行申报义务。

当然，申报的内容范围应当以"必要"为原则，即以关系运输的安全、顺利、快捷的内容为必要。在实践中，要注意结合每次运输的具体情况来判断哪些内容为必要，哪些为不必要。托运人需要申报的必要情况通常包括：（1）有关货物本身的情况，包括货物的品名、规格、数量、重量、性质、包装以及对运输的特殊要求等；（2）有关运输的情况，包括托运人、收货人、或者通知人的名称或者姓名、联系地址和电话、运送目的地以及对运输的要求等。

因托运人申报不实或者遗漏重要情况，造成承运人损失的，托运人应当承担损害赔偿责任。

法条指引

❶《中华人民共和国合同法》（1999年10月1日施行）

第三百零四条 托运人办理货物运输，应当向承运人准确表明收货人的名称或者姓名或者凭指示的收货人，货物的名称、性质、重量、数量、收货地点等有关货物运输的必要情况。

因托运人申报不实或者遗漏重要情况，造成承运人损失的，托运人应当承担损害赔偿责任。

❷《中华人民共和国海商法》（1993年7月1日施行）

第六十六条 托运人托运货物，应当妥善包装，并向承运人保证，货物装船时所提供的货物的品名、标志、包数或者件数、重量或者体积的正确性；由于包装不良或者上述资料不正确，对承运人造成损失的，托运人应当负赔偿责任。

承运人依照前款规定享有的受偿权利，不影响其根据货物运输合同对托运人以外的人所承担的责任。

第六十八条 托运人托运危险货物，应当依照有关海上危险货物运输的规定，妥善包装，作出危险品标志和标签，并将其正式名称和性质以及应当采取的预防危害措施书面通知承运人；托运人未通知或者通知有误的，承运人可以在任何时间、任何地点根据情况需要将货物卸下、销毁或者使之不能为害，而不负赔偿责任。托运人对承运人因运输此类货物所受到的损害，应当负赔偿责任。

承运人知道危险货物的性质并已同意装运的，仍然可以在该项货物对于船舶、人员或者其他货物构成实际危险时，将货物卸下、销毁或者使之不能为害，而不负赔偿责任。但是，本款规定不影响共同海损的分摊。

❸《中华人民共和国民用航空法》（1996年3月1日施行）

第一百一十三条 承运人有权要求托运人填写航空货运单，托运人有权要求承运人接受该航空货运单。托运人未能出示航空货运单、航空货运单不符合规定或者航空货运单遗失，不影响运输合同的存在或者有效。

第一百一十七条 托运人应当对航空货运单上所填关于货物的说明和声明的正确性负责。

因航空货运单上所填的说明和声明不符合规定、不正确或者不完全，给承运人或者承运人对之负责的其他人造成损失的，托运人应当承担赔偿责任。

❹《中国民用航空货物国际运输规则》（2000年8月1日施行）

第十条 托运人应当对货运单上所填关于货物的说明和声明的正确性负责。因货运单上所填的说明和声明不符合规定、不正确或者不完全，给承运人或者承运人对之负责的其他人造成损失的，托运人应当承担赔偿责任。

第十一条 货运单上所填的内容被涂改或者删除的，承运人可以不接收该货运单。

第十二条 托运人托运毛重每公斤价值超过承运人规定限额的货物，可办理货物声明价值，并支付声明价值附加费。

❺《中华人民共和国铁路法》（1991年5月1日施行）

第十九条 托运人应当如实填报托运单，铁路运输企业有权对填报的货物和包裹的品名、重量、数量进行检查。经检查，申报与实际不符的，检查费用由托运人承担；申报与实际相符的，检查费用由铁路运输企业承担，因检查对货物和包裹中的物品造成的损坏由铁路运输企业赔偿。

托运人因申报不实而少交的运费和其他费用应当补交，铁路运输企业按照国务院铁路主管部门的规定加收运费和其他费用。

第二十三条 因旅客、托运人或者收货人的责任给铁路运输企业造成财产损失的，由旅客、托运人或者收货人承担赔偿责任。

❻《铁路旅客运输规程》（1997年12月1日施行）

第六十一条 托运人的基本权利和义务：

权利：

1. 要求承运人将行李、包裹按期、完好地运至目的地；

2. 行李、包裹灭失、损坏、变质、污染时要求赔偿。

义务：

1. 交纳运输费用，完整、准确填写托运单，遵守国家有关法令及铁路规章制度，维护铁路运输安全；

2.因自身过错给承运人或其他托运人、收货人造成损失时应付赔偿责任。

第七十一条 按保价运输时，可分件声明价格，也可按一批全部件数声明价格。按一批办理时，不得只保其中一部分。

第七十三条 承运人对岸保价运输的行李、包裹可以检查其声明价格与实际价格是否相符；与拒绝检查，承运人可以拒绝按保价运输承运。

第七十六条 行李、包裹每件的两端应各有一个铁路货签。货签上的内容应清楚、准确并与托运单上相应的内容一致。

第九十四条 发现品名不符时，在发站，应补收已收运费与已当运费的差额；在到站、加收应收运费与以收运费的差额；在到站，加收应收运费与已收运费差额两倍的运费。如将国家禁止、限制运输的物品和危险品伪报其他品名托运时，在发站取消托运，在中途站停止运送（在列车上发现危险品交前方停车站），均通知有关部门和托运人处理，已收运费不退，按四类包裹另行补收运输区段的运费及保管费。

❼《国内水路货物运输规则》（2001年1月1日施行）

第十二条 托运人托运货物的名称、件数、重量、体积、包装方式、识别标志，应当与运输合同的约定相符。

托运人未按前款规定托运货物造成承运人损失的，应当承担赔偿责任。

第十三条 散装货物，托运人确定重量有困难时，可以要求承运人提供船舶水尺计量数作为申报的重量。

第十四条 以件运输的货物，承运人验收货物时，发现货物的实际重量或者体积与托运人申报的重量或者体积不符时，托运人应当按照实际重量或者体积支付运输费用并向承运人支付衡量等费用。

第二十一条 托运人托运货物，可以办理保价运输。货物发生损坏、灭失，承运人应当按照货物的声明价值进行赔偿，但承运人证明货物的实际价值低于声明价值的，按照货物的实际价值赔偿。

第二十二条 除另有约定外，运输过程中需要饲养、照料的活动物、有生植物，以及尖端保密物品、稀有珍贵物品和文物、有价证券、货币等，托运人应当向承运人申报并随船押运。托运

人押运其他货物须经承运人同意。

托运人应当在运单内注明押运人员的姓名和证件。

第二十九条 托运人不履行合同义务或者履行合同义务不符合约定的，应当承担继续履行、采取补救措施或者赔偿损失等违约责任。

托运人因不可抗力不能履行合同的，根据不可抗力的影响，部分或者全部免除责任。迟延履行后发生不可抗力的，不能免除责任。

❽《水路货物运输合同实施细则》（1987年7月1日施行）

第八条 托运人应当承担下列义务：

一、托运的货物必须与货物运单记载的品名相符。

二、在货物运单上准确地填写货物的重量或体积。对起运港具备符合国家规定计量手段的，托运人应按照起运港核定的数据确定货物重量；对整船散装货物，托运人确定重量有困难时，可以要求承运人提供船舶水尺计量数，作为托运人确定的重量。对按照规定实行重量和体积择大计费的货物，应填写货物的重量和体积。对笨重长大货物，还应列出单件货物的重量和体积（长、宽、高）。

三、需要包装的货物，必须按照国家或国家主管部门规定的标准包装；没有统一规定包装标准的，应在保证运输安全和货物质量的原则下进行包装；需要随附备用包装的，应提供备用包装。

四、正确制作货物的运输标志和必要的指示标志。

五、在托运货物的当时，按照合同规定的结算方式付清运输费用。

六、实行保价运输的个人生活用品，应提出货物清单，逐项声明价格，并按声明价格支付规定的保价费。

七、国家规定必须保险的货物，托运人应在托运时投保货物运输险。对于每件价值在七百元以上的货物或每吨价值在五百元以上的非成件货物，实行保险与负责运输相结合的补偿制度，托运人可在托运时投保货物运输险，具体办法另行规定。

八、按规定必须凭证运输的货物，应当提供有关证件。

九、按照货物属性或双方商定需要押运的货物，应派人随船押运。

十、托运危险货物必须按危险货物运输的规定办理，不得匿报品名、隐瞒性质或在普通货物

中夹带危险货物。

第二十五条 由于托运人责任发生下列事故，以致船舶、港口设备或波及其他货物的损坏、污染、腐蚀，或造成人身伤亡的，应由托运人负责赔偿：

一、在普通货物中夹带危险货物，匿报危险货物品名，隐瞒危险货物性质，或其他违反危险货物运输规定的行为，引起燃烧、爆炸、中毒、污染、腐蚀等事故。

二、在普通货物中夹带流质、易腐货物，引起污染事故。

三、错报笨重货物重量，引起船体损伤、吊机倾翻、货件摔损、人员伤亡等事故。

四、货物包装材质不良、强度不足或内部支衬不当等缺陷，以及外包装上必须制作的指示标志错制、漏制，引起摔损事故。

第二十八条 由于货物本身原因或应托运人要求，需要对货物、船舱、库场进行检疫、熏蒸、消毒的，应由托运人或收货人负责办理检疫、熏蒸、消毒并承担有关费用。

❾《**汽车货物运输规则**》（2000年1月1日施行）

第二十九条 未签订定期运输合同或一次性运输合同的，托运人应按以下要求填写运单：

（一）准确表明托运人和收货人的名称（姓名）和地址（住所）、电话、邮政编码；

（二）准确表明货物的名称、性质、件数、重量、体积以及包装方式；

（三）准确表明运单中的其他有关事项；

（四）一张运单托运的货物，必须是同一托运人、收货人；

（五）危险货物与普通货物以及性质相互抵触的货物不能同用一张运单；

（六）托运人要求自行装卸的货物，经承运人确认后，在运单内注明；

（七）应使用钢笔或圆珠笔填写，字迹清楚，内容准确，需要更改时，必须在更改处签字盖章。

第三十条 已签订定期运输合同或一次性运输合同的，运单由承运人按二十九条的规定填写，但运单托运人签字盖章处填写合同序号。

第三十一条 托运的货物品种不能在一张运单内逐一填写的，应填写"货物清单"（表略）。

第三十二条 托运货物的名称、性质、件数、重量、体积、包装方式等，应与运单记载的内容相符。

第三十四条 托运的货物中，不得夹带危险货物、贵重货物、鲜活货物和其他易腐货物、易污染货物、货币、有价证券以及政府禁止或限制运输的货物等。

第三十七条 托运特种货物，托运人应按以下要求，在运单中注明运输条件和特约事项：

（一）托运需冷藏保温的货物，托运人应提出货物的冷藏温度和在一定时间内的保持温度要求；

（二）托运鲜活货物，应提供最长运输期限及途中管理、照料事宜的说明书。货物允许的最长运输期限应大于汽车运输能够达到的期限；

（三）托运危险货物，按交通部《汽车危险货物运输规则》办理；

（四）托运采用集装箱运输的货物，按交通部《集装箱汽车运输规则》办理；

（五）托运大型特型笨重物件，应提供货物性质、重量、外廓尺寸及对运输要求的说明书；承运前承托双方应先查看货物和运输现场条件，需排障时由托运人负责或委托承运人办理；运输方案商定后办理运输手续。

❿《**集装箱汽车运输规则**》（1996年2月1日施行）

第十八条 托运人托运集装箱货物或集装箱，应按以下要求填写运单：

（一）一张运单托运的集装箱货物或集装箱，必须是同一托运人、收货人、起运地。

（二）托运拼箱货物要写明具体品名、件数、重量；托运整箱货物除要写具体品名、件数、重量外，还要写集装箱箱型、箱号和封志号，并注明空箱提取和交还地点。

（三）易腐、易碎、易溢漏的货物、危险货物不能与普通货物以及性质相互抵触的货物用一张运单托运。

（四）托运的整箱货物，应注明船名、航次、场站货位、箱位，并提交货物装箱单。

（五）托运人要求自理装拆集装箱或自理装卸集装箱时，经承运人确认后，在运单内注明。

（六）托运需经海关查验或商品检验、卫生防疫、动植物检验的集装箱时，应连同检验地点在运单中注明。

（七）应使用钢笔或圆珠笔填写，字迹清楚，内容准确。

（八）已填妥的运单，如有更改，必须在更改处签字盖章。

第十九条 托运集装箱货物的品名、件数、重量，集装箱箱型、箱号、封志号等，应与运单记载的内容相符。

案例链接

❶《北京金山货运服务有限公司与北京扩荣电子技术有限公司公路货物运输合同纠纷上诉案》，参见北大法宝引证码：Pkulaw. cn/CLI. C. 203676。

【提交文件和办理托运手续义务】

法律问题解读

托运人办理货物运输应当办妥各项准备工作。货物运输需要办理审批、检查等手续的，托运人应当将办理完有关手续的文件提交承运人。在通常情况下，货物可以自由交付托运。但是，有些货物，特别是国际运输、跨省、跨地区运输，则需要办理相关审批手续，持有有效的证明文件。例如，危险货物运输需要办理危险货物运输许可证；木材、罚没的走私物品等限制运输物品的运输需要向林业、公安等主管机关办理准运手续；进出口货物运输，则需要向港口、海关、检疫、检验机关办理手续。按照《合同法》的规定，托运人向承运人托运或者开始运输前，应当办妥相关手续，并将有关有效证明文件交承运人，以备运输过程中有关主管机关的检查。

因托运人不办理或者办理各项手续的有关单证送交不及时、不完备、不准确，使承运人的利益受到损害的，托运人应当承担赔偿责任。托运人对有关证明文件的真实性、准确性和合法性负责，承运人一般对这些文件没有法律上的审查义务。

法条指引

❶《中华人民共和国合同法》（1999年10月1日施行）

第三百零五条 货物运输需要办理审批、检验等手续的，托运人应当将办理完有关手续的文件提交承运人。

❷《中华人民共和国海商法》（1993年7月1日施行）

第六十七条 托运人应当及时向港口、海关、检疫、检验和其他主管机关办理货物运输所需要的各项手续，并将已办理各项手续的单证送交承运人；因办理各项手续的有关单证送交不及时、不完备或者不正确，使承运人的利益受到损害的，托运人应当负赔偿责任。

❸《中华人民共和国民用航空法》（1996年3月1日施行）

第一百二十三条 托运人应当提供必需的资料和文件，以便在货物交付收货人前完成法律、行政法规规定的有关手续；因没有此种资料、文件，或者此种资料、文件不充足或者不符合规定造成的损失，除由于承运人或者其受雇人、代理人的过错造成的外，托运人应当对承运人承担责任。

除法律、行政法规另有规定外，承运人没有对前款规定的资料或者文件进行检查的义务。

❹《汽车货物运输规则》（2000年1月1日施行）

第三十三条 按照国家有关部门规定办理准运或审批、检验等手续的货物，托运人托运时应将准运证或审批文件提交承运人，并随货同行。托运人委托承运人向收货人代递有关文件时，应在运单中注明文件名称和份数。

第四十二条 承运人受理凭证运输或需有关审批、检验证明文件的货物后，应当在有关文件上注明已托运货物的数量、运输日期，加盖承运章，并随货同行，以备查验。

❺《集装箱汽车运输规则》（1996年2月1日施行）

第二十一条 按照国家有关部门规定需办理准运证明文件和检验证明文件的货物，托运人托运时应将有关文件提交承运人检查核对，如需随货同行或委托承运人向收货人代递时，应在运单中注明文件名称及份数。

❻《水路货物运输合同实施细则》（1987年7月1日施行）

第八条 托运人应当承担下列义务：

一、托运的货物必须与货物运单记载的品名相符。

二、在货物运单上准确地填写货物的重量或体积。对起运港具备符合国家规定计量手段的，托运人应按照起运港核定的数据确定货物重量；对整船散装货物，托运人确定重量有困难时，可以要求承运人提供船舶水尺计量数，作为托运人确定的重量。对按照规定实行重量和体积择大计费的货物，应填写货物的重量和体积。对笨重长大货物，还应列出单件货物的重量和体积（长、宽、高）。

三、需要包装的货物，必须按照国家或国家主管部门规定的标准包装；没有统一规定包装标准的，应在保证运输安全和货物质量的原则下进行包装;需要随附备用包装的,应提供备用包装。

四、正确制作货物的运输标志和必要的指示标志。

五、在托运货物的当时,按照合同规定的结算方式付清运输费用。

六、实行保价运输的个人生活用品,应提出货物清单,逐项声明价格,并按声明价格支付规定的保价费。

七、国家规定必须保险的货物,托运人应在托运时投保货物运输险。对于每件价值在七百元以上的货物或每吨价值在五百元以上的非成件货物,实行保险与负责运输相结合的补偿制度,托运人可在托运时投保货物运输险,具体办法另行规定。

八、按规定必须凭证运输的货物,应当提供有关证件。

九、按照货物属性或双方商定需要押运的货物,应派人随船押运。

十、托运危险货物必须按危险货物运输的规定办理,不得匿报品名、隐瞒性质或在普通货物中夹带危险货物。

❼《铁路货物运输合同实施细则》(1987年7月1日施行)

第八条 托运人应当承担下列义务:

一、按照货物运输合同约定的时间和要求向承运人交付托运的货物;

二、需要包装的货物,应当按照国家包装标准或部包装标准(专业包装标准)进行包装,没有统一规定包装标准的,要根据货物性质,在保证货物运输安全的原则下进行包装,并按国家规定标明包装储运指示标志,笨重货物还应在每件货物包装上标明货物重量;

三、按规定需要凭证运输的货物,应出示有关证件;

四、对整车货物,提供装载货物所需的货车装备物品和货物加固材料;

五、托运人组织装车的货物,装车前应对车厢完整和清洁状态进行检查,并按规定的装载技术要求进行装载,在规定的装车时间内将货物装载完毕或在规定的停留时间内,将货车送至交接地点;

六、在运输中需要特殊照料的货物,须派人押运;

七、向承运人交付规定的运输费用;

八、将领取货物凭证及时交给收货人并通知其向到站领取货物;

九、货物按保价运输办理时,须提出货物声明价格清单,支付货物保价单;

十、国家规定必须保险的货物,托运人应在托运时投保货物运输险,对于每件价值在700元以上的货物或每吨价值在500元以上的非成件货物,实行保险与负责运输相结合的补偿制度,托运人可在托运时投保货物运输险,具体办法另行规定。

【运输包装】

法律问题解读

托运人对运输货物的包装负责。托运人应当按照约定的方式包装货物。此处所谓的包装,指的是运输包装,即为了保证货物运输安全而进行的包装。运输包装不同于产品包装,产品包装除了考虑产品的安全之外,还有其商业目的。有些产品包装本身就符合运输包装,而有些产品包装不能满足运输的需求,还需要另行进行运输包装。运输包装包括包装形式、包装材料、包装方法等多方面的问题,托运人只有在满足了上述各方面的包装要求之后,才能视为履行了包装义务。

运输合同对运输包装有约定的,托运人应当按照约定办理。没有约定或者约定不明的,适用《合同法》第156条的规定。(1)由当事人协议补充,不能达成协议的,按照运输合同的有关条款或者交易习惯确定。(2)依照上述办法仍然无法确定的,按照通用的方式进行。一般来说,在运输合同对运输包装没有约定或者约定不明的,应当按照国家标准包装;没有国家标准的,按照行业标准包装;既没有国家标准,也没有行业标准的,应在保证运输、作业安全和货物质量的原则下进行包装。

在运输开始之前,发现包装存在问题的,托运人应当进行加固或者重新包装,否则,承运人有权拒绝运输。在运输过程中发现包装存在问题的,承运人可以通知托运人采取适当措施进行处理,也可以自行处理,由此产生的费用由托运人承担。不过不宜继续运输的,承运人可以中止运输。

法条指引

❶《中华人民共和国合同法》(1999年10月1日施行)

第一百五十六条 出卖人应当按照约定的包

装方式交付标的物。对包装方式没有约定或者约定不明确，依照本法第六十一条的规定仍不能确定的，应当按照通用的方式包装，没有通用方式的，应当采取足以保护标的物的包装方式。

第三百零六条 托运人应当按照约定的方式包装货物。对包装方式没有约定或者约定不明确的，适用本法第一百五十六条的规定。

托运人违反前款规定的，承运人可以拒绝运输。

❷《中华人民共和国铁路法》（1991年5月1日施行）

第二十条 托运货物需要包装的，托运人应当按照国家包装标准或者行业包装标准包装；没有国家包装标准或者行业包装标准的，应当妥善包装，使货物在运输途中不因包装原因而受损坏。

铁路运输企业对承运的容易腐烂变质的货物和活动物，应当按照国务院铁路主管部门的规定和合同的约定，采取有效的保护措施。

❸《中华人民共和国海商法》（1993年7月1日施行）

第五十一条 在责任期间货物发生的灭失或者损坏是由于下列原因之一造成的，承运人不负赔偿责任：

（一）船长、船员、引航员或者承运人的其他受雇人在驾驶船舶或者管理船舶中的过失；

（二）火灾，但是由于承运人本人的过失所造成的除外；

（三）天灾，海上或者其他可航水域的危险或者意外事故；

（四）战争或者武装冲突；

（五）政府或者主管部门的行为、检疫限制或者司法扣押；

（六）罢工、停工或者劳动受到限制；

（七）在海上救助或者企图救助人命或者财产；

（八）托运人、货物所有人或者他们的代理人的行为；

（九）货物的自然特性或者固有缺陷；

（十）货物包装不良或者标志欠缺、不清；

（十一）经谨慎处理仍未发现的船舶潜在缺陷；

（十二）非由于承运人或者承运人的受雇人、代理人的过失造成的其他原因。

承运人依照前款规定免除赔偿责任的，除第（二）项规定的原因外，应当负举证责任。

第六十六条 托运人托运货物，应当妥善包装，并向承运人保证，货物装船时所提供的货物的品名、标志、包数或者件数、重量或者体积的正确性；由于包装不良或者上述资料不正确，对承运人造成损失的，托运人应当负赔偿责任。

承运人依照前款规定享有的受偿权利，不影响其根据货物运输合同对托运人以外的人所承担的责任。

❹《中华人民共和国民用航空法》（1996年3月1日施行）

第一百二十五条 因发生在民用航空器上或者在旅客上、下民用航空器过程中的事件，造成旅客随身携带物品毁灭、遗失或者损坏的，承运人应当承担责任。因发生在航空运输期间的事件，造成旅客的托运行李毁灭、遗失或者损坏的，承运人应当承担责任。

旅客随身携带物品或者托运行李的毁灭、遗失或者损坏完全是由于行李本身的自然属性、质量或者缺陷造成的，承运人不承担责任。

本章所称行李，包括托运行李和旅客随身携带的物品。

因发生在航空运输期间的事件，造成货物毁灭、遗失或者损坏的，承运人应当承担责任；但是，承运人证明货物的毁灭、遗失或者损坏完全是由于下列原因之一造成的，不承担责任：

（一）货物本身的自然性质、质量或者缺陷；

（二）承运人或者其受雇人、代理人以外的人包装货物的，货物包装不良；

（三）战争或者武装冲突；

（四）政府有关部门实施的与货物入境、出境或者过境有关的行为。

本条所称航空运输期间，是指在机场内、民用航空器上或者机场外降落的任何地点，托运行李、货物处于承运人掌管之下的全部期间。

航空运输期间，不包括机场外的任何陆路运输、海上运输、内河运输过程；但是，此种陆路运输、海上运输、内河运输是为了履行航空运输合同而装载、交付或者转运，在没有相反证据的情况下，所发生的损失视为在航空运输期间发生的损失。

❺《中国民用航空货物国际运输规则》（2000年8月1日施行）

第十三条 托运人应当以适当的方式对货物进行包装，确保货物在正常掌管情况下的安全运输。

托运人应当在每一包装件上清晰和耐久地标明托运人、收货人的名称及详细地址。

第十五条 承运人应当收运托运人托运符合下列条件的货物：

（一）出发地、目的地、经停地和飞越国家的法律和规定允许运输或者进出口；

（二）包装适合于航空器运输；

（三）附有必需的资料、文件；

（四）不危及航空器、人员或者其他财产的安全。

第十六条 承运人可以对货物、货物的包装、货物的资料、文件进行检查，但承运人不承担此种检查的义务。

❻《国内水路货物运输规则》（2001年1月1日施行）

第十五条 需要具备运输包装的货物，托运人应当保证货物的包装符合国家规定的包装标准；没有包装标准的，货物的包装应保证运输安全和货物质量。

第十六条 需要随附备用包装的货物，托运人应当提供足够数量的备用包装，交承运人随货免费运输。

❼《汽车货物运输规则》（2000年1月1日施行）

第三十五条 托运货物的包装，应当按照承托双方约定的方式包装。对包装方式没有约定或者约定不明确的，可以协议补充；不能达成补充协议的，按照通用的方式包装，没有通用方式的，应在足以保证运输、搬运装卸作业安全和货物完好的原则下进行包装。

依法应当执行特殊包装标准的，按照规定执行。

第三十六条 托运人应根据货物性质和运输要求，按照国家规定，正确使用运输标志和包装储运图示标志。

使用旧包装运输货物，托运人应将包装与本批货物无关的运输标志、包装储运图示标志清除干净，并重新标明制作标志。

第三十七条 托运特种货物，托运人应按以下要求，在运单中注明运输条件和特约事项：

（一）托运需冷藏保温的货物，托运人应提出货物的冷藏温度和在一定时间内的保持温度要求；

（二）托运鲜活货物，应提供最长运输期限及途中管理、照料事宜的说明书，货物允许的最长运输期限应大于汽车运输能够达到的期限；

（三）托运危险货物，按交通部《汽车危险货物运输规则》办理；

（四）托运采用集装箱运输的货物按交通部《集装箱汽车运输规则》办理；

（五）托运大型特型笨重物体，应提供货物性质、重量、外廓尺寸及对运输要求的说明书；承运前承托双方应先查看货物和运输现场条件，需排障时由托运人负责或委托承运人办理；运输方案商定后办理运输手续。

第三十八条 整批货物运输时，散装、无包装和不成件的货物按重量托运；有包装、成件的货物，托运人能按件点交的，可按件托运，不计件内细数。

❽《集装箱汽车运输规则》（1996年2月1日施行）

第二十二条 托运需要具备运输包装的货物，应按国家规定的标准进行包装，对没有统一标准和要求的，应在保证运输、装卸作业安全和货物质量的原则下进行包装。

❾《水路货物运输合同实施细则》（1987年7月1日施行）

第八条 托运人应当承担下列义务：

一、托运的货物必须与货物运单记载的品名相符。

二、在货物运单上准确地填写货物的重量或体积。对起运港具备符合国家规定计量手段的，托运人应按照起运港核定的数据确定货物重量；对整船散装货物，托运人确定重量有困难时，可以要求承运人提供船舶水尺计量数，作为托运人确定的重量。对按照规定实行重量和体积择大计费的货物，应填写货物的重量和体积。对笨重长大货物，还应列出单件货物的重量和体积（长、宽、高）。

三、需要包装的货物，必须按照国家或国家主管部门规定的标准包装；没有统一规定包装标准的，应在保证运输安全和货物质量的原则下进行包装；需要随附备用包装的，应提供备用包装。

四、正确制作货物的运输标志和必要的指示标志。

五、在托运货物的当时，按照合同规定的结算方式付清运输费用。

六、实行保价运输的个人生活用品，应提出货物清单，逐项声明价格，并按声明价格支付规定的保价费。

七、国家规定必须保险的货物，托运人应在托运时投保货物运输险。对于每件价值在七百元以上的货物或每吨价值在五百元以上的非成件货物，实行保险与负责运输相结合的补偿制度，托运人可在托运时投保货物运输险，具体办法另行规定。

八、按规定必须凭证运输的货物，应当提供有关证件。

九、按照货物属性或双方商定需要押运的货物，应派人随船押运。

十、托运危险货物必须按危险货物运输的规定办理，不得匿报品名、隐瞒性质或在普通货物中夹带危险货物。

第二十一条 由于下列原因造成货物灭失、短少、变质、污染、损坏的，承运人不承担赔偿责任：

一、不可抗力。

二、货物的自然属性和潜在缺陷。

三、货物的自然减量和合理损耗，以及托运人自行确定的重量不正确。

四、包装内在缺陷或包装完整、内容不符。

五、标记错制、漏制、不清。

六、有生动植物的疾病、死亡、枯萎、减重。

七、非责任性海损事故的货物损失。

八、免责范围内的甲板货物损失。

九、其他经承运人举证或经合同管理机关或审判机关查证非承运人责任造成的损失。

第二十五条 由于托运人责任发生下列事故，以致船舶、港口设备或波及其他货物的损坏、污染、腐蚀，或造成人身伤亡的，应由托运人负责赔偿：

一、在普通货物中夹带危险货物，匿报危险货物品名，隐瞒危险货物性质，或其他违反危险货物运输规定的行为，引起燃烧、爆炸、中毒、污染、腐蚀等事故。

二、在普通货物中夹带流质、易腐货物，引起污染事故。

三、错报笨重货物重量，引起船体损伤、吊机倾翻、货件摔损、人员伤亡等事故。

四、货物包装材质不良、强度不足或内部支衬不当等缺陷，以及外包装上必须制作的指示标志错制、漏制，引起摔损事故。

⑩《铁路货物运输合同实施细则》（1987 年 7 月 1 日施行）

第八条 托运人应当承担下列义务：

一、按照货物运输合同约定的时间和要求向承运人交付托运的货物；

二、需要包装的货物，应当按照国家包装标准或部包装标准（专业包装标准）进行包装，没有统一规定包装标准的，要根据货物性质，在保证货物运输安全的原则下进行包装，并按国家规定标明包装储运指示标志，笨重货物还应在每件货物包装上标明货物重量；

三、按规定需要凭证运输的货物，应出示有关证件；

四、对整车货物，提供装载货物所需的货车装备物品和货物加固材料；

五、托运人组织装车的货物，装车前应对车厢完整和清洁状态进行检查，并按规定的装载技术要求进行装载，在规定的装车时间内将货物装载完毕或在规定的停留时间内，将货车送至交接地点；

六、在运输中需要特殊照料的货物，须派人押运；

七、向承运人交付规定的运输费用；

八、将领取货物凭证及时交给收货人并通知其向到站领取货物；

九、货物按保价运输办理时，须提出货物声明价格清单，支付货物保价单；

十、国家规定必须保险的货物，托运人应在托运时投保货物运输险，对于每件价值在 700 元以上的货物或每吨价值在 500 元以上的非成件货物，实行保险与负责运输相结合的补偿制度，托运人可在托运时投保货物运输险，具体办法另行规定。

第十九条 托运人的责任：

一、由于下列原因之一，未按货物运输合同履行，按车向承运人偿付违约金五十元：

（一）未按规定期限提出旬间日历装车计划，致使承运人未拨货车（当月补足者除外），或未按旬间日历装车计划的安排，提出日要车计划；

（二）收货人组织卸车的，由于收货人的责任卸车迟延，线路被占用，影响向装车地点配送空车或对指定使用本单位自卸的空车装货，而未完成装车计划；

（三）承运前取消运输；

（四）临时计划外运输致使承运人违约造成其他运输合同落空者。

二、由于下列原因之一招致运输工具或设备或第三者的货物损坏，按实际损失赔偿：

（一）匿报或错报货物品名或货物重量的；

（二）货物包装有缺陷，无法从外部发现，或未按国家规定在货物包装上标明包装储运指示标志的；

（三）托运人组织装车的，加固材料不符合规定条件或违反装载规定，在交接时无法发现的；

（四）由于押运人过错的。

❶《铁路旅客运输规程》（1997 年 12 月 1 日施行）

第七十四条 行李、包裹的包装必须完整牢固，适合运输。其包装的材料和方法应符合国家或运输行业规定的包装标准。

第七十五条 承运后、交付前包装破损、松散时，承运人应负责及时整修并承担整修费用。

第七十七条 托运易碎品、流质物品或以及运输包装的放射性同位素时，应在包装表面明显出贴上"小心轻放"、"向上"、"一级放射性物品"等相应的安全标志。

第一百零一十八条 因下列原因造成的行李、包裹损失承运人不承担责任：

1. 物品本身的自然属性或合理损耗；
2. 包装方法或容器不良，从外部观察不能发现或无规定的安全标志时；
3. 托运人自己押运、带运的包裹（因铁路责任除外）；
4. 托运人、收货人违反铁路规章或其他自身的过错。

案例链接

❶《法国达飞轮船有限公司(CMA CGM)诉宁波中化建进出口公司海上货物运输合同纠纷案》，参见北大法宝引证码：Pkulaw. cn/CLI. C. 213328。

❷《上海密尔克卫国际集装箱货运有限公司诉宁波太一进出口贸易有限公司海上货物运输合同货物泄漏损害赔偿纠纷案》，参见北大法宝引证码：Pkulaw. cn/CLI. C. 77349。

❸《中国化工建设深圳公司诉现代商船株式会社海上危险货物运输合同货损案》，参见北大法宝引证码：Pkulaw. cn/CLI. C. 95409。

【危险品的托运】

法律问题解读

危险品运输是高度危险性运输，保障危险品运输的安全是托运人、承运人共同的义务。托运人托运危险物品时，应当尽下列义务：（1）妥善包装义务。托运人应当按照国家有关危险品运输的规定对危险品进行包装。托运人要根据危险品的性质选择适当的包装种类，使之符合规范要求。（2）制作标志和标签义务。托运人要按照国家有关危险品运输的规定，用一定的规格、图文印制标志标签张贴在危险货物包件的包装表面，用以表示危险货物的主要危险性和分类。（3）告知义务。托运人必须将有关危险品的情况说明告知承运人。告知的内容应当充分、完整、准确，除危险品的名称、性质以外，还应当包括防止危险和急救的措施等内容。告知的方式则应当将有关书面材料提交承运人。

托运人未履行上述妥善包装义务、制作标志和标签义务以及告知义务的，承运人可以享有以下权利：（1）解除合同，终止合同的履行，拒绝运输；（2）采取措施以避免危险事故的发生。启运前，承运人可以要求托运人履行有关义务，也可以自行采取相应措施；运输过程中，承运人可以在任何时间、任何地点根据需要将危险品卸下、销毁或交有关机关处理。

需要注意的是，如果托运人对危险品不知情，是否承担责任？我们认为，作为托运人，其应负有对货物情况了解的义务，由于缺乏知识导致对货物了解不够所带来的风险理应由托运人自己承担。同时，相对承运人而言，托运人更有机会了解货物的情况，故让其对危险品承担更重的责任是公平的。

法条指引

❶《中华人民共和国合同法》（1999 年 10 月 1 日施行）

第三百零七条 托运人托运易燃、易爆、有毒、有腐蚀性、有放射性等危险物品的，应当按照国家有关危险物品运输的规定对危险物品妥善包装，作出危险物标志和标签，并将有关危险物品的名称、性质和防范措施的书面材料提交承运人。

托运人违反前款规定的，承运人可以拒绝运输，也可以采取相应措施以避免损失的发生，因此产生的费用由托运人承担。

❷《中华人民共和国铁路法》（1991 年 5 月 1 日施行）

第四十八条 运输危险品必须按照国务院铁路主管部门的规定办理，禁止以非危险品品名托运危险品。

禁止旅客携带危险品进站上车。铁路公安人员和国务院铁路主管部门规定的铁路职工，有权对旅客携带的物品进行运输安全检查。实施运输安全检查的铁路职工应当佩戴执勤标志。

危险品的品名由国务院铁路主管部门规定并公布。

第六十条 违反本法规定,携带危险品进站上车或者以非危险品品名托运危险品,导致发生重大事故的,依照刑法第一百一十五条的规定追究刑事责任。企业事业单位、国家机关、社会团体犯本款罪的,处以罚金,对其主管人员和直接责任人员依法追究刑事责任。

携带炸药、雷管或者非法携带枪支子弹、管制刀具进站上车的,比照刑法第一百六十三条的规定追究刑事责任。

❸《中华人民共和国海商法》(1993年7月1日施行)

第六十八条 托运人托运危险货物,应当依照有关海上危险货物运输的规定,妥善包装,作出危险品标志和标签,并将其正式名称和性质以及应当采取的预防危害措施书面通知承运人;托运人未通知或者通知有误的,承运人可以在任何时间、任何地点根据情况需要将货物卸下、销毁或者使之不能为害,而不负赔偿责任。托运人对承运人因运输此类货物所受到的损害,应当负赔偿责任。

承运人知道危险货物的性质并已同意装运的,仍然可以在该项货物对于船舶、人员或者其他货物构成实际危险时,将货物卸下、销毁或者使之不能为害,而不负赔偿责任。但是,本款规定不影响共同海损的分摊。

❹《国内水路货物运输规则》(2001年1月1日施行)

第十七条 托运危险货物,托运人应当按照有关危险货物运输的规定,妥善包装,制作危险品标志和标签,并将其正式名称和危险性质以及必要时应当采取的预防措施书面通知承运人。

❺《汽车货物运输规则》(2000年1月1日施行)

第十二条 承运《危险货物品名表》列名的易燃、易爆、有毒、有腐蚀性、有放射性等危险货物和虽未列入《危险货物品名表》但具有危险货物性质的新产品,为危险货物汽车运输。

第三十四条 托运的货物中,不得夹带危险货物、贵重货物、鲜活货物和其他易腐货物、易污染货物、货币、有价证券以及政府禁止或限制运输的货物等。

❻《集装箱汽车运输规则》(1996年2月1日施行)

第二十四条 托运特种集装箱货物,托运人应按以下要求,在运单中注明运输条件和特约事项:

(一)托运冷藏保温集装箱,托运人应提供冷藏保温集装箱货物的装箱温度和在一定时间内的保持温度;

(二)托运鲜活货物集装箱,应提供最长运输期限及途中管理、照料事宜的说明书,货物允许的最长运输期限应大于汽车运输能够达到的期限;

(三)托运危险货物集装箱,应按部颁标准《汽车危险货物运输规则》办理。

❼《道路危险货物运输管理规定》(2005年8月1日施行)

第三条 本规定所称危险货物,是指具有爆炸、易燃、毒害、腐蚀等特性,在运输、装卸和储存过程中,容易造成人身伤亡、财产毁损和环境污染而需要特别防护的货物。危险货物以列入国家标准《危险货物品名表》(GB12268)的为准,未列入《危险货物品名表》的,以有关法律、行政法规的规定或者国务院有关部门公布的结果为准。"

本规定所称道路危险货物运输车辆(以下简称专用车辆),是指从事道路危险货物运输的载货汽车。

本规定所称道路危险货物运输,是指使用专用车辆,通过道路运输危险货物的作业全过程。

第十一条 危险货物托运人在办理托运时必须做到:

1. 必须向已取得道路危险货物运输经营资格的运输单位办理托运。

2. 必须在托运单上填写危险货物品名、规格、件重、件数、包装方法、起运日期、收发货人详细地址及运输过程中的注意事项。

3. 货物性质或灭火方法相抵触的危险货物,必须分别托运。

4. 对有特殊要求或凭证运输的危险货物,必须附有相关单证,并在托运单备注栏内注明。

5. 托运未列入《汽车运输危险货物品名表》的危险货物新品种,必须提交《危险货物鉴定表》。

凡未按以上规定办理危险货物运输托运,由此发生运输事故,由托运人承担全部责任。

第十二条 危险货物承运人在受理托运和承运时必须做到:

1. 根据托运人填写的托运单和提供的有关资料,予以查对核实,必要时应组织承托双方到货物现场和运输线路进行实地勘察,其费用由托运人负担。

2. 承运爆炸品、剧毒品、放射性物品及需控温的有机过氧化物、使用受压容器罐（槽）运输烈性危险品，以及危险货物月运量超过100吨，均应于起运前10天，向当地道路运政管理机关报送危险货物运输计划，包括货物品名、数量、运输线路、运输日期等。

3. 在装运危险货物时，要按《汽车危险货物运输规则》规定的包装要求，进行严格检查。凡不符合规定要求，不得装运。危险货物性质或灭火方法相抵触的货物严禁混装。

4. 运输危险货物的车辆严禁搭乘无关人员，运行中司乘人员严禁吸烟，停车时不准靠近明火和高温场所。

5. 运输结束后，必须清扫车辆，消除污染，其费用由货主负担。

凡未按以上规定受理托运和承运，由此发生运输事故，由承运人承担全部责任。

❽《水路包装危险货物运输规则》（1996年12月1日施行）（略）

【托运人的变更权和解除权】

法律问题解读

满足下列条件时，货物运输合同的托运人对合同享有变更权和解除权：（1）主体适格。按照合同相对性的合同法基本原理，合同的变更和解除以存在合同关系为前提，只有托运人有权向承运人提出变更和解除合同的请求。（2）时间恰当。变更或者解除权行使应当在承运人将货物交付给收货人之前。如果货物已经运达目的地交给了收货人，则合同已经因为履行完毕而终止，合同的变更和解除不具有可能性。（3）合同的变更和解除具有合理性和可能性。托运人提出的请求在经济利益上是合理的，技术上是可行的。若托运人变更或者解除合同的请求不合理或者不可能，承运人可以拒绝接受。（4）后果的承担。托运人应当赔偿承运人因变更或者解除合同而遭受的损失。

在满足上述条件时，托运人可以向承运人提出以下请求：（1）要求解除合同，由承运人中止运输、返还货物；（2）要求承运人变更目的地；（3）要求承运人将货物交给其他收货人，即变更收货人。

法条指引

❶《中华人民共和国合同法》（1999年10月1日施行）

第三百零八条　在承运人将货物交付收货人之前，托运人可以要求承运人中止运输、返还货物、变更到达地或将货物交给其他收货人，但应当赔偿承运人因此受到的损失。

❷《中华人民共和国民用航空法》（1996年3月1日施行）

第一百一十九条　托运人在履行航空货物运输合同规定的义务的条件下，有权在出发地机场或者目的地机场将货物提回，或者在途中经停时中止运输，或者在目的地点或者途中要求将货物交给非航空货运单上指定的收货人，或者要求将货物运回出发地机场；但是，托运人不得因行使此种权利而使承运人或者其他托运人遭受损失，并应当偿付由此产生的费用。

托运人的指示不能执行的，承运人应当立即通知托运人。

承运人按照托运人的指示处理货物，没有要求托运人出示其所收执的航空货运单，给该航空货运单的合法持有人造成损失的，承运人应当承担责任，但是不妨碍承运人向托运人追偿。

收货人的权利依照本法第一百二十条规定开始时，托运人的权利即告终止；但是，收货人拒绝接受航空货运单或者货物，或者承运人无法同收货人联系的，托运人恢复其对货物的处置权。

❸《中华人民共和国海商法》（1993年7月1日施行）

第八十九条　船舶在装货港开航前，托运人可以要求解除合同。但是，除合同另有约定外，托运人应当向承运人支付约定运费的一半；货物已经装船的，并应当负担装货、卸货和其他与此有关的费用。

❹《国内水路货物运输规则》（2001年1月1日施行）

第二十八条　承运人将货物交付收货人之前，托运人可以要求承运人变更到达港或者将货物交给其他收货人，但应当赔偿承运人因此受到的损失。

❺《汽车货物运输规则》（2000年1月1日施行）

第五十条　在承运人未将货物交付收货人之前，托运人可以要求承运人中止运输、返还货物、变更到达地或者将货物交付给其他收货人，但应当赔偿承运人因此受到的损失。

❻《集装箱汽车运输规则》（1996年2月1日施行）

第三十三条　月度和批量集装箱汽车运输合

同，凡发生下列情况之一者，允许变更和解除：

（一）由于不可抗力使运输合同无法履行；

（二）由于合同当事人一方的原因，在合同约定的期限内确实无法履行运输合同；

（三）合同当事人一方违约，使运输合同的履行成为不可能或不必要；

（四）经合同当事人双方协商同意。

变更或解除运输合同，应在集装箱货物起运前，由要求变更或解除合同的一方向对方提出运输合同变更书（见表三）或采用书面形式（信函、电报、传真等）。运输合同只能变更一次。

第三十四条 变更或解除运输合同所发生的费用，由要求变更或解除运输合同方负担，或由承运人与托运人按规定或商定的方式结算，多退少补。

第三十五条 运单允许按下列规定变更或解除：

（一）集装箱货物起运前，承运人或托运人征得对方同意，可以变更或解除运输合同。承运人提出变更或解除运输合同的，应退还已收的运费；托运人提出变更或解除运输合同的，应负担因变更或解除运输合同所发生的费用。

（二）集装箱货物起运后，不能解除运输合同；但经托运人征得承运人同意，可以变更货物到达地和收货人，变更运输合同所发生的费用，由要求变更运输合同方负担。

（三）变更或解除运输合同，由要求变更或解除运输合同的一方向对方提出运输合同变更书或采用书面形式。

❼《水路货物运输合同实施细则》（1987年7月1日施行）

第十七条 凡发生下列情况之一者，允许变更或解除月度货物运输合同：

一、订立运输合同所依据的国家计划被变更或取消。

二、由于不可抗力使运输合同无法履行。

三、合同当事人一方由于关闭、停产、转产而确实无法履行合同。

四、由于合同当事人一方违约，使合同履行成为不必要或不可能。

五、在不损害国家利益和不影响国家计划的前提下，经当事人双方协商同意。

变更或解除月度货物运输合同应当采用书面形式（包括文书、电报或变更计划表等），并应在货物发送前，由要求变更或解除的一方向对方提出。月度货物运输合同只能变更一次。

第十八条 以货物运单作为运输合同的，允许按下列规定变更或解除运输合同：

一、货物发运前，承运人或托运人征得对方同意，可以解除运输合同。承运人提出解除合同的，应退还已收的运输费用，并付给托运人已发生的货物进港短途搬运费用；托运人提出解除合同的，应付给承运人已发生的港口费用和船舶待时费用。

二、货物发运后，承运人或托运人征得对方同意，可以变更货物的到达港和收货人。同一运单的货物不得变更其中的一部分，并只能变更一次。对指令性运输计划内的货物要求变更时，除必须征得对方同意外，还必须报下达该计划的主管部门核准。

由于航道、船闸障碍、海损事故、自然灾害、执行政府命令或军事行动，货物不能运抵到达港时，承运人可以到就近港口卸货，并及时通知托运人或收货人提出处理意见。合同中订有特约变更条款的，应按双方商定的变更条款办理。

❽《铁路货物运输合同实施细则》（1987年7月1日施行）

第十五条 货物运输合同必须经双方同意，并在规定的变更范围内办理变更。

第十六条 托运人或收货人由于特殊原因，经承运人同意，对承运后的货物可以按批在货物所在的途中站或到站办理变更到站、变更收货人，但属于下列情况，不得办理变更：

一、违反国家法律、行政法规、物资流向或运输限制；

二、变更后的货物运输期限，大于货物容许运送期限；

三、变更一批货物中的一部分；

四、第二次变更到站。

第十七条 货物运输合同在货物发送前，经双方同意，可以解除。

案例链接

❶《浙江中大纺织品有限公司与川崎汽船（中国）有限公司海上货物运输合同退运纠纷上诉案》，参见北大法宝引证码：Pkulaw.cn/CLI.C.24122。

【到货通知】

法律问题解读

在货物运输合同中，承运人负有到货通知的

义务。货物到达目的地后,承运人应当及时通知已知的收货人提货。

一般情况下,货物运输单证上,如海运提单、铁路运单、航空运单等,都记载有收货人的姓名或者名称、联系地址和电话等内容。承运人可以根据运输单证的相关信息通知提人提货。但是,在有些情况下,运输单证不直接记载收货人,而是记载收货通知人,如海运空白提单或者指示提单。此时,承运人应向收货通知人发出提货通知。承运人向通知人发出提货通知的效力等同于向收货人发出提货通知。若承运人不知道收货人,也无法查找的,承运人不承担到货通知义务。

承运人应当及时履行到货通知义务。在此,"及时"是一个相对概念,要根据实际情况确定。对于到货通知期限,合同有约定或者法律、行政法规有规定的,按照合同的约定或者法律、行政法规的规定办理;合同没有约定,法律、行政法规也没有规定的,承运人应当在合理期限内履行到货通知义务,合理期限的确定以货物运到后最短时间内以及不会造成提货延误为原则。至于通知的方式,法律没有强制性的规定,承运人可以选择采用电话、传真、信函等方式进行,但应当以便捷、安全为原则。

法条指引

❶《中华人民共和国合同法》(1999年10月1日施行)

第三百零九条 货物运输到达后,承运人知道收货人的,应当及时通知收货人,收货人应当及时提货。收货人逾期提货的,应当向承运人支付保管费等费用。

❷《国内水路货物运输规则》(2001年1月1日施行)

第三十八条 货物运抵到达港后,承运人应当在24小时内向收货人发出到货通知。

到货通知的时间,信函通知的,以发出邮戳为准;电传、电报、传真通知的,以发出时间为准;采用数据电文形式通知的,收件人指定特定系统接收数据电文的,以该数据电文进入该特定系统的时间为通知时间;未指定特定系统的,以该数据电文进入收件人的任何系统的首次时间为通知时间。

第四十一条 承运人发出到货通知后,应当每十天催提一次,满三十天收货人不提取或者找不到收货人,承运人应当通知托运人,托运人在承运人发出通知后三十天内负责处理该批货物。

托运人未在前款规定期限内处理货物的,承运人可以将该批货物作无法交付货物处理。

❸《水路货物运输合同实施细则》(1987年7月1日施行)

第九条 承运人应当承担下列义务:

一、应按商定的时间和地点调派适航、适载条件的船舶装运,并备妥相应的护货垫隔物料;但按规定应由托运人自行解决的特殊加固、苫垫材料及所需人工除外。

二、对承运货物的配积载、运输、装卸、驳运、保管及交接工作,应谨慎处理,按章作业,保证货运质量。

三、对经由其他运输工具集中到港的散装运输、不计件数的货物,如具备计量手段的,应对托运人确定的重量进行抽查或复查;如不具备计量手段的,应在保证质量的前提下,负责原来、原转、原交。对按体积计收运输费用的货物,应对托运人确定的体积进行抽查或复查、准确计费。

四、对扫集的地脚货物,应做到物归原主;对不能分清货主的地脚货物,应按无法交付货物的规定处理。

五、组织好安全及时运输,保证运到期限。

六、按照船舶甲板货物运输的规定,谨慎配装甲板货物。

七、按照规定的航线运输货物,到达后,应由到达港发出到货通知,并负责将货物交付给指定的收货人。

第二十七条 由于托运人或收货人责任发生下列情况之一,应由托运人或收货人承担有关的费用或违约金:

一、货物运抵到达港,承运人发出到货通知后,收货人拒绝收货或找不到收货人,承运人应通知托运人在限期内自行处理该项货物,并应承担由此而发生的一切费用;如托运人在限期内不予处理的,承运人可以按照无法交付货物的规定对该项货物就地处理。

二、以货物运单作为运输合同的,未按运单规定的时间和要求提供托运的货物,应向承运人支付落空货源每吨一元违约金,但由于自然灾害影响货物按期托运的以及已按本细则第十九条规定承担违约责任的货物除外。

三、托运人或收货人未及时付清运输费用及其他应付的费用,应按规定按日向承运人支付迟交金额的滞纳金。

❹《汽车货物运输规则》(2000年1月1日施

行)

第四十八条 整批货物运抵前,承运人应当及时通知收货人做好接货准备;零担货物运达目的地后,应在24小时内向收货人发出到货通知或按托运人的指示及时将货物交给收货人。

第六十五条 货物运达目的地后,承运人知道收货人的,应及时通知收货人,收货人应当及时提(收)货物,收货人逾期提(收)货物的,应当向承运人支付保管费等费用。收货人不明或者收货人无正当理由拒绝受领货物的,依照《中华人民共和国合同法》第一百零一条的规定,承运人可以提存货物。

第七十七条 汽车货物运输的其他费用,按以下规定确定:

(一)调车费,应托运人要求,车辆调出所在地而产生的车辆往返空驶,计收调车费。

(二)延滞费,车辆按约定时间到达约定的装货或卸货地点,因托运人或收货人责任造成车辆和装卸延滞,计收延滞费。

(三)装货落空损失费,因托运人要求,车辆行至约定地点而装货落空造成的车辆往返空驶,计收装货落空损失费。

(四)排障费,运输大型特型笨重物件时,需对运输路线的桥涵、道路及其他设施进行必要的加固或改造所发生的费用,由托运人负担。

(五)车辆处置费,因托运人的特殊要求,对车辆改装、拆卸、还原、清洗时,计收车辆处置费。

(六)在运输过程中国家有关检疫部门对车辆的检验费以及因检验造成的车辆停运损失,由托运人负担。

(七)装卸费,货物装卸费由托运人负担。

(八)通行费,货物运输需支付的过渡、过路、过桥、过隧道等通行费由托运人负担,承运人代收代付。

(九)保管费,货物运达后,明确由收货人自取的,从承运人向收货人发出提货通知书的次日(以邮戳或电话记录为准)起计,第四日开始核收货物保管费;应托运人的要求或托运人的责任造成的,需要保管的货物,计收货物保管费。货物保管费由托运人负担。

❺《**汽车旅客运输规则**》(1988年8月1日施行)

第五十八条 旅客托运规定重量内的行包,一般应与旅客同车运达;旅客托运超过规定重量的行包或非旅客的托运物品,最迟运达期限为7天。行包运到后,应即通知收件人提取,无法通知的予以公告。到达站从通知或公告次日起负责免费保管2天,超过2天,按不同的件重核收保管费。

托运行包凭行包票提取,如票遗失,应向到达站说明登记,经车站确认后,可凭有关证明提取。如行包已被他人持票取走,车站应协助查询,但不负赔偿责任。

第五十九条 行包自到达站发出通知或公告后10天内无人提取时,车站应认真查找使物归原主,超过90天仍无人提取的(鲜活易腐物品及时处理),即按无法交付行包处理。

无法交付行包,报经交通主管部门批准后,向当地有关部门作价移交,所得价款,扣除应付的费用,余款立账登记。在180天内仍无人领取时,上缴国库。

案例链接

❶《河南安飞电子玻璃有限公司与安阳市政益机电设备有限责任公司买卖合同纠纷上诉案》,参见北大法宝引证码:Pkulaw. cn/CLI. C. 239595。

❷《株式会社商船三井与青岛德耳塔国际贸易有限公司海上货物运输合同集装箱使用费纠纷上诉案》,参见北大法宝引证码:Pkulaw. cn/CLI. C. 237344。

❸《狮马有限公司诉上海迅汇国际货物运输代理有限公司海上货物运输合同无单放货纠纷案》,参见北大法宝引证码:Pkulaw. cn/CLI. C. 201790。

【提货及提货检验】

法律问题解读

收货人接到到货通知后,负有及时提货的义务,应当及时提货。收货人及时提货的义务表现为:(1)及时提货,即在合同约定的或者法律法规规定的或者合理的期限内提取货物,不得延误。收货人逾期不提货的,承运人有权根据相关法律法规的规定处分货物。(2)不得拒绝提货。只要货物运送到目的地,即使存在货物质量或其他纠纷,收货人都不能以此为由拒绝提货。收货人应当首先提货,对于其他纠纷,应当通过其他程序解决。

收货人提货时,应当按照约定的期限检验货物。收货检验分为普通检验和专门检验。普通检验是收货检验的通例；专门检验是在合同有特别要求或者法律规定或者对交付货物的质量、数量等产生怀疑或争议时进行。对检验货物的期限没有约定或者约定不明，法律、法规也没有规定，根据《合同法》第61条的规定仍不能确定的，应当在合理期限内检验货物。对于合理期限的确定，应当具体情况具体分析，一般理解应当以在货物交接期间或货物交接状况保持期间为限。收货人在约定的期限或者合理的期限内对货物的数量、毁损等未提出异议的，视为承运人已经按照运输单证的记载交付的初步证据。

法条指引

❶《中华人民共和国合同法》（1999年10月1日施行）

第六十一条　合同生效后，当事人就质量、价款或者报酬、履行地点等内容没有约定或者约定不明确的，可以协议补充；不能达成补充协议的，按照合同有关条款或者交易习惯确定。

第三百一十条　收货人提货时应当按照约定的期限检验货物。对检验货物的期限没有约定或者约定不明确，依照本法第六十一条的规定仍不能确定的，应当在合理期限内检验货物。收货人在约定的期限或者合理期限内对货物的数量、毁损等未提出异议的，视为承运人已经按照运输单证的记载交付的初步证据。

❷《中华人民共和国铁路法》（1991年5月1日施行）

第二十一条　货物、包裹、行李到站后，收货人或者旅客应当按照国务院铁路主管部门规定的期限及时领取，并支付托运人未付或者少付的运费和其他费用；逾期领取的，收货人或者旅客应当按照规定交付保管费。

第二十二条　自铁路运输企业发出领取货物通知之日起满三十日仍无人领取的货物，或者收货人书面通知铁路运输企业拒绝领取的货物，铁路运输企业应当通知托运人，托运人自接到通知之日起满三十日未作答复的，由铁路运输企业变卖；所得价款在扣除保管等费用后尚有余款的，应当退还托运人，无法退还、自变卖之日起一百八十日内托运人又未领回的，上缴国库。

自铁路运输企业发出领取通知之日起满九十日仍无人领取的包裹或者到站后满九十日仍无人领取的行李，铁路运输企业应当公告，公告满九十日仍无人领取的，可以变卖；所得价款在扣除保管等费用后尚有余款的，托运人、收货人或者旅客可以自变卖之日起一百八十日内领回，逾期不领回的，上缴国库。

对危险物品和规定限制运输的物品，应当移交公安机关或者有关部门处理，不得自行变卖。

对不宜长期保存的物品，可以按照国务院铁路主管部门的规定缩短处理期限。

❸《中华人民共和国民用航空法》（1996年3月1日施行）

第一百三十四条　旅客或者收货人收受托运行李或者货物而未提出异议，为托运行李或者货物已经完好交付并与运输凭证相符的初步证据。

托运行李或者货物发生损失的，旅客或者收货人应当在发现损失后向承运人提出异议。托运行李发生损失的，至迟应当自收到托运行李之日起七日内提出；货物发生损失的，至迟应当自收到货物之日起十四日内提出。托运行李或者货物发生延误的，至迟应当自托运行李或者货物交付旅客或者收货人处置之日起二十一日内提出。

任何异议均应当在前款规定的期间内写在运输凭证上或者另以书面提出。

除承运人有欺诈行为外，旅客或者收货人未在本条第二款规定的期间内提出异议的，不能向承运人提出索赔诉讼。

❹《中华人民共和国海商法》（1993年7月1日施行）

第八十一条　承运人向收货人交付货物时，收货人未将货物灭失或者损坏的情况书面通知承运人的，此项交付视为承运人已经按照运输单证的记载交付以及货物状况良好的初步证据。

货物灭失或者损坏的情况非显而易见的，在货物交付的次日起连续七日内，集装箱货物交付的次日起连续十五日内，收货人未提交书面通知的，适用前款规定。

货物交付时，收货人已经会同承运人对货物进行联合检查或者检验的，无需就所查明的灭失或者损坏的情况提交书面通知。

第八十二条　承运人自向收货人交付货物的次日起连续六十日内，未收到收货人就货物因迟延交付造成经济损失而提交的书面通知的，不负赔偿责任。

第八十三条　收货人在目的港提取货物前或者承运人在目的港交付货物前，可以要求检验机构对货物状况进行检验；要求检验的一方应当支付检验费用，但是有权向造成货物损失的责任方追偿。

第八十四条　承运人和收货人对本法第八十一条和第八十三条规定的检验，应当相互提供合理的便利条件。

第八十五条　货物由实际承运人交付的，收货人依照本法第八十一条的规定向实际承运人提交的书面通知，与向承运人提交书面通知具有同等效力；向承运人提交的书面通知，与向实际承运人提交书面通知具有同等效力。

第八十六条　在卸货港无人提取货物或者收货人迟延、拒绝提取货物的，船长可以将货物卸在仓库或者其他适当场所，由此产生的费用和风险由收货人承担。

❺《国内水路货物运输规则》（2001年1月1日施行）

第六十六条　收货人接到到货通知后，应当及时提货，不得因对货物进行检验而滞留船舶。

第六十七条　承运人交付货物时，应当核对证明收货人单位或者身份以及经办人身份的有关证件。

第六十八条　收货人提取货物时，应当验收货物，并签发收据，发现货物损坏、灭失，交接双方应当编制货运记录。

收货人在提取货物时没有就货物的数量和质量提出异议的，视为承运人已经按照运单的记载交付货物，除非收货人提出相反的证明。

第六十九条　按照约定在提货时支付运费、滞期费和包装整修、加固费用以及其他中途垫款的，应当于办理提货手续时付清。

第七十条　下列情况，应托运人或者收货人的要求，承运人可以编制普通记录：

（一）货物发生损坏、灭失，按照约定或者本规则第四十八条的规定，承运人可以免除责任的；

（二）托运人随附在运单上的单证丢失；

（三）托运人押运和舱面货物发生非承运人责任造成的损坏、灭失；

（四）货物包装经过加固整理；

（五）收货人要求证明与货物数量、质量无关的其他情况。

第七十一条　货运记录和普通记录的编制，应当准确、客观。

货运记录应当在接收或者交付货物的当时由交接双方编制。

第七十二条　收货人在到达港提取货物前或者承运人在到达港交付货物前，可以要求检验机构对货物状况进行检验；要求检验的一方应当支付检验费用，但是有权向造成货物损失的责任方追偿。

收货人或者承运人按照前款进行检验的，应当相互提供合理的便利条件。

❻《汽车货物运输规则》（2000年1月1日施行）

第六十条　承、托双方应履行交接手续，包装货物采取件交件收；集装箱重箱及其他施封的货物凭封志交接；散装货物原则上要磅交磅收或采用承托双方协商的交接方式交接。交接后双方应在有关单证上签字。

第六十一条　货物在搬运装卸中，承运人应当认真核对装车的货物名称、重量、件数是否与运单上记载相符，包装是否完好。包装轻度破损，托运人坚持要装车起运的，应征得承运人的同意，承托双方需做好记录并签章后，方可运输，由此而产生的损失由托运人负责。

第六十二条　货物运达承、托双方约定的地点后，收货人应凭有效单证提（收）货物，无故拒提（收）货物，应赔偿承运人因此造成的损失。

第六十三条　货物交付时，承运人与收货人应当做好交接工作，发现货损货差，由承运人与收货人共同编制货运事故记录（表略），交接双方在货运事故记录上，签字确认。

第六十四条　货物交接时，承托双方对货物的重量和内容有质疑，均可提出查验与复磅，查验和复磅的费用由责任方负担。

第六十五条　货物运达目的地后，承运人知道收货人的，应及时通知收货人，收货人应当及时提（收）货物，收货人逾期提（收）货物的，应当向承运人支付保管费等费用。收货人不明或者收货人无正当理由拒绝受领货物的，依照《中华人民共和国合同法》第一百零一条的规定，承运人可以提存货物。

❼《集装箱汽车运输规则》（1996年2月1日施行）

第五十四条　集装箱整箱货物交接时，交接双方应当检查箱号、箱体和封志，重箱凭封志和箱体状况交接；空箱凭箱体状况交接，交接后，交接双方应做记录并签字确认。

❽《水路货物运输合同实施细则》（1987年7月1日施行）

第十六条　承运人向收货人交付货物时应认真进行验收交接。按件承运的货物如发现货物有异状或与货物运单记载不符，按舱、按箱施封的货物如发现舱封、箱封有异状，收货人应即向通运人提出异议。收货人在验收交接时没有提出异议，并在提货单上签章后，运输合同即终止。

运输合同的终止，不影响履行合同中发生违约责任事项的处理。

❾《铁路货物运输合同实施细则》（1987年7月1日施行）

第十二条 托运人向承运人托运货物和承运人向收货人交付货物的时候，都应进行交接验收。如果发现货物（托运人组织装车的为封印、货物装载状态、篷布苫盖状态或规定标记）有异状或与货物运单记载不符，在承运时，应由托运人改善后接收；在交付时，收货人应即向承运人提出异议。收货人在验收货物的时候，没有提出异议，即认为运输合同履行完毕。

由承运人组织装车并在专用线、专用铁道内卸车的货物，按承运人同收货人商定的办法，办理交接验收。

案例链接

❶《王经纬诉宁波江北三江华宇物流有限公司货运合同纠纷案》，参见北大法宝引证码：Pkulaw.cn/CLI.C.224598。

❷《北京大林万达汽车部件有限公司诉北京三江华宇物流有限公司公路货物运输合同纠纷案》，参见北大法宝引证码：Pkulaw.cn/CLI.C.180184。

❸《嘉陵—本田发动机有限公司诉华宇物流集团重庆市华宇恒有限公司运输合同纠纷案》，参见北大法宝引证码：Pkulaw.cn/CLI.C.84785。

【货物损害赔偿】

法律问题解读

承运人对货物在运输过程中的毁损、灭失承担无过错责任，即承运人承担货物损害赔偿责任不以主观上存在过错为要件，只要发生了货物毁损、灭失的客观情况，承运人就应当承担损害赔偿责任。所谓货物的毁损，是指货物在价值上的减少，包括货物的损坏、污染、变质等；所谓货物的灭失，是指货物的物质上的消亡以及对货物占有的丧失及法律上不能恢复占有的情况，如货物被烧毁、随船沉没等。权利人应当在约定期限、法定期限或者合理期限内向承运人索赔。

承运人对运输过程中货物的毁损、灭失承担无过错责任，但是如果货物的损害是由下列原因造成的，承运人可以免责：（1）不可抗力，即不能预见、不能避免并不能克服的客观情况，包括地震、海啸等自然现象和罢工、战争等社会现象。（2）货物本身的性质或合理损耗。货物本身的性质是指货物的内在物理、化学属性，如挥发性、自燃性等；合理损害是指因货物自然特性或运输特性不可避免的货物数量、重量的减少，如散装物在装卸时的损耗等。当然，因货物存在缺陷造成货物毁损、灭失的，承运人同样可以免责。（3）托运人、收货人的过错。托运人、收货人过错主要表现为申报不实、包装不良、运输手续不全、逾期提货等。另外，在《海商法》中，承运人对于航行过失以及火灾引起的货物毁损、灭失也可以免责。值得注意的是，对于上述事由的发生与否，应当由承运人负举证责任。

法条指引

❶《中华人民共和国合同法》（1999年10月1日施行）

第三百一十一条 承运人对运输过程中货物的毁损、灭失承担损害赔偿责任，但承运人证明货物的毁损、灭失是因不可抗力、货物本身的自然性质或者合理损耗以及托运人、收货人的过错造成的，不承担损害赔偿责任。

❷《中华人民共和国铁路法》（1991年5月1日施行）

第十七条 铁路运输企业应当对承运的货物、包裹、行李自接受承运时起到交付时止发生的灭失、短少、变质、污染或者损坏，承担赔偿责任：

（一）托运人或者旅客根据自愿申请办理保价运输的，按照实际损失赔偿，但最高不超过保价额。

（二）未按保价运输承运的，按照实际损失赔偿，但最高不超过国务院铁路主管部门规定的赔偿限额；如果损失是由于铁路运输企业的故意或者重大过失造成的，不适用赔偿限额的规定，按照实际损失赔偿。

托运人或者旅客根据自愿可以向保险公司办理货物运输保险，保险公司按照保险合同的约定承担赔偿责任。

托运人或者旅客根据自愿，可以办理保价运输，也可以办理货物运输保险；还可以既不办理保价运输，也不办理货物运输保险。不得以任何方式强迫办理保价运输或者货物运输保险。

第十八条 由于下列原因造成的货物、包裹、行李损失的，铁路运输企业不承担赔偿责任：

（一）不可抗力。
（二）货物或者包裹、行李中的物品本身的自然属性，或者合理损耗。
（三）托运人、收货人或者旅客的过错。

❸《中华人民共和国民用航空法》（1996年3月1日施行）

第一百二十六条 旅客、行李或者货物在航空运输中因延误造成的损失，承运人应当承担责任；但是，承运人证明本人或者其受雇人、代理人为了避免损失的发生，已经采取一切必要措施或者不可能采取此种措施的，不承担责任。

第一百二十七条 在旅客、行李运输中，经承运人证明，损失是由索赔人的过错造成或者促成的，应当根据造成或者促成此种损失的过错的程度，相应免除或者减轻承运人的责任。旅客以外的其他人就旅客死亡或者受伤提出赔偿请求时，经承运人证明，死亡或者受伤是旅客本人的过错造成或者促成的，同样应当根据造成或者促成此种损失的过错的程度，相应免除或者减轻承运人的责任。

在货物运输中，经承运人证明，损失是由索赔人或者代行权利人的过错造成或者促成的，应当根据造成或者促成此种损失的过错的程度，相应免除或者减轻承运人的责任。

第一百三十四条 旅客或者收货人收受托运行李或者货物而未提出异议，为托运行李或者货物已经完好交付并与运输凭证相符的初步证据。

托运行李或者货物发生损失的，旅客或者收货人应当在发现损失后向承运人提出异议。托运行李发生损失的，至迟应当自收到托运行李之日起七日内提出；货物发生损失的，至迟应当自收到货物之日起十四日内提出。托运行李或者货物发生延误的，至迟应当自托运行李或者货物交付旅客或者收货人处置之日起二十一日内提出。

任何异议均应当在前款规定的期间内写在运输凭证上或者另以书面提出。

除承运人有欺诈行为外，旅客或者收货人未在本条第二款规定的期间内提出异议的，不能向承运人提出索赔诉讼。

❹《中华人民共和国海商法》（1993年7月1日施行）

第四十六条 承运人对集装箱装运的货物的责任期间，是指从装货港接收货物时起至卸货港交付货物时止，货物处于承运人掌管之下的全部期间。承运人对非集装箱装运的货物的责任期间，是指从货物装上船时起至卸下船时止，货物处于承运人掌管之下的全部期间。在承运人的责任期间，货物发生灭失或者损坏，除本节另有规定外，承运人应当负赔偿责任。

前款规定，不影响承运人就非集装箱装运的货物，在装船前和卸船后所承担的责任，达成任何协议。

❺《国内水路货物运输规则》（2001年1月1日施行）

第四十八条 承运人对运输合同履行过程中货物的损坏、灭失或者迟延交付承担损害赔偿责任，但承运人证明货物的损坏、灭失或者迟延交付是由于下列原因造成的除外：
（一）不可抗力；
（二）货物的自然属性和潜在缺陷；
（三）货物的自然减量和合理损耗；
（四）包装不符合要求；
（五）包装完好但货物与运单记载内容不符；
（六）识别标志、储运指示标志不符合本规则第十八条、第十九条规定；
（七）托运人申报的货物重量不准确；
（八）托运人押运过程中的过错；
（九）普通货物中夹带危险、流质、易腐货物；
（十）托运人、收货人的其他过错。

❻《汽车货物运输规则》（2000年1月1日施行）

第六十八条 货物在承运责任期间和站、场存放期间内，发生毁损或灭失，承运人、站场经营人应负赔偿责任。但有下列情况之一的，承运人、站场经营人举证后可不负赔偿责任：
（一）不可抗力；
（二）货物本身的自然性质变化或者合理损耗；
（三）包装内在缺陷，造成货物受损；
（四）包装体外表面完好但内装货物毁损或灭失；
（五）托运人违反国家有关法令，致使货物被有关部门查扣、弃置或作其他处理；
（六）押运人员责任造成的货物毁损或灭失；
（七）托运人或收货人过错造成的货物毁损或灭失。

第八十四条 货运事故发生后，承运人应及时通知收货人或托运人。收货人、托运人知道发生货运事故后，应在约定的时间内，与承运人签注货运事故记录。收货人、托运人在约定的时间内不与承运人签注货运事故记录的，或者无法找到收货人、托运人的，承运人可邀请两名以上无利害关系的人签注货运事故记录。货物赔偿时效从收货人、托运人得知货运事故信息或签注货运事故记录的次日起计算。在约定运达时间的30日后未收到货物，视为灭失，自31日起计算货物赔偿时效。

未按约定的或规定的运输期限内运达交付的货物，为迟延交付。

❼《集装箱汽车运输规则》（1996年2月1日施行）

第三十七条 整箱货物在承运责任期内，保护箱体完好，封志完整，箱内货物发生灭失、短少、变质、污染、损坏，承运人不负赔偿责任。但承运人负责装、拆箱的除外。

第三十八条 拼箱货物在承运责任期内，发生灭失、短少、变质、污染、损坏，承运人应负赔偿责任。但有下列情况之一者，不负赔偿责任。

（一）不可抗力；

（二）货物包装完整无损而内装货物短损、变质；

（三）货物的自然损耗和性质变化；

（四）托运人违反国家有关法令，货物被有关部门查扣、弃置或作其他处理；

（五）其他非承运人的责任所造成的损失。

第六十三条 托运人、收货人向承运人、场站作业人要求集装箱货运事故赔偿时，应在收到集装箱货运事故记录的次日起的180天内提出赔偿要求书（见表五），逾期不予受理。提出赔偿要求书的同时，应随附集装箱货运事故记录、运单、货物价格证明等有关文件。保价运输还应附声明价格的证明文件。要求退还运费的，还应附运杂费收据。

❽ 最高人民法院《关于审理铁路运输损害赔偿案件若干问题的解释》（1994年10月27日）

为了正确、及时地审理铁路运输损害赔偿案件，现就审判工作中遇到的一些问题，根据《中华人民共和国铁路法》（以下简称铁路法）和有关的法律规定，结合审判实践，作出如下解释，供在审判工作中执行。

一、实际损失的赔偿范围

铁路法第十七条中的"实际损失"，是指因灭失、短少、变质、污染、损坏导致货物、包裹、行李实际价值的损失。

铁路运输企业按照实际损失赔偿时，对灭失、短少的货物、包裹、行李，按照其实际价值赔偿；对变质、污染、损坏降低原有价值的货物、包裹、行李，可按照其受损前后实际价值的差额或者加工、修复费用赔偿。

货物、包裹、行李的赔偿价格按照托运时的实际价值计算。实际价值中未包含已支付的铁路运杂费、包装费、保险费、短途搬运费等费用的，按照损失部分的比例加算。

二、铁路运输企业的重大过失

铁路法第十七条中的"重大过失"，是指铁路运输企业或者其受雇人、代理人对承运的货物、包裹、行李明知可能造成损失而轻率地作为或者不作为。

三、保价货物损失的赔偿

铁路法第十七条第一款（一）项中规定的"按照实际损失赔偿，但最高不超过保价额"，是指保价运输的货物、包裹、行李在运输中发生损失，无论托运人在办理保价运输时，保价额是否与货物、包裹、行李的实际价值相符，均应在保价额内按照损失部分的实际价值赔偿，实际损失超过保价额的部分不予赔偿。

如果损失是因铁路运输企业的故意或者重大过失造成的，比照铁路法第十七条第一款（二）项的规定，不受保价额的限制，按照实际损失赔偿。

四、保险货物损失的赔偿

投保货物运输险的货物在运输中发生损失，对不属于铁路运输企业免责范围的，适用铁路法第十七条第一款（二）项的规定，由铁路运输企业承担赔偿责任。

保险公司按照保险合同的约定向托运人或收货人先行赔付后，对于铁路运输企业应按货物实际损失承担赔偿责任的，保险公司按照支付的保险金额向铁路运输企业追偿，因不足额保险产生的实际损失与保险金的差额部分，由铁路运输企业赔偿；对于铁路运输企业应按限额承担赔偿责任的，在足额保险的情况下，保险公司向铁路运输企业的追偿额为铁路运输企业的赔偿限额，在不足额保险的情况下，保险公司向铁路运输企业的追偿额在铁路运输企业的赔偿限额内按照投保金额与货物实际价值的比例计算，因不足额保险产生的铁路运输企业的赔偿限额与保险公司在限额内追偿额的差额部分，由铁路运输企业赔偿。

五、保险保价货物损失的赔偿

既保险又保价的货物在运输中发生损失，对不属于铁路运输企业免责范围的，适用铁路法第十七条第一款（一）项的规定由铁路运输企业承担赔偿责任。对于保险公司先行赔付的，比照本解释第四条对保险货物损失的赔偿处理。

六、保险补偿制度的适用

《铁路货物运输实行保险与负责运输相结合的补偿制度的规定（试行）》（简称保险补偿制度），适用于1991年5月1日铁路法实施以前已投保货物运输险的案件。铁路法实施后投保货物运输险的案件，适用铁路法第十七条第一款的规定，保险补偿制度中有关保险补偿的规定不再适用。

九、赔偿后又找回原物的处理

铁路运输企业赔付后又找回丢失、被盗、冒领、逾期等按灭失处理的货物、包裹、行李的，在通知托运人，收货人或者旅客退还赔款领回原物的期限届满后仍无人领取的，适用铁路法第二十二条按无主货物的规定处理。铁路运输企业未通知托运人，收货人或者旅客而自行处理找回的货物、包裹、行李的，由铁路运输企业赔偿实际损失与已付赔款差额。

十、代办运输货物损失的赔偿

代办运输的货物在铁路运输中发生损失，对代办运输企业接受托运人的委托以自己的名义与铁路运输企业签订运输合同托运或者领取货物的，如委托人依据委托合同要求代办运输企业向铁路运输企业索赔的，应予支持。对代办运输企业未及时索赔而超过运输合同索赔时效的，代办运输企业应当赔偿。

十五、索赔时效

对承运中的货、包裹、行李发生损失或者逾期，向铁路运输企业要求赔偿的请求权，时效期间适用铁路运输规章180日的规定。自铁路运输企业交付的次日起计算；货物、包裹、行李全部灭失的，自运到期限届满后第30日的次日起计算。但对在此期间内或者运到期限内已经确认灭失的，自铁路运输企业交给货运记录的次日起计算。

对旅客伤亡，向铁路企业要求赔偿的请求权，时效期间适用民法通则第一百三十六条第（一）项1年的规定。自到达旅行目的地的次日或者旅行中止的次日起计算。

对路外伤亡，向铁路运输企业要求赔偿的请求权，时效期间适用民法通则第一百三十六条第（一）项1年的规定，自受害人受到伤害的次日起计算。

❾ 最高人民法院《关于货物运输合同连带责任问题的复函》（1992年7月25日）

甘肃省高级人民法院：

你院甘法经上（1992）11号请示报告收悉，经研究认为：

连带责任是债务方为二人以上的一种债的关系，而货物运输合同虽有三方当事人：托运人、承运人和收货人，但当事人之间的权利义务关系是围绕运输合同的标的运输行为而产生的，表现为在运输过程的不同阶段上，承运人与托运人或收货人之间的权利义务关系。托运人与收货人之间不发生运输行为，不存在运输合同关系。因此，在货物运输合同当事人之间债的关系中，承运人是单一的债权人或债务人。一、二审将托运人与承运人作为货物运输合同诉讼的共同被告，二审判决承运人承担连带责任不符合货物运输合同的法律关系。

本案承运人违反铁路运输规章关于集装箱货物由托运人确定重量，承运人抽查的规定，在货物运单上确定货物重量，因此应对货物短少负违约责任。但由于已查明货物短少系托运人私自掏箱所致，根据《经济合同法》第四十一条的规定，承运人可免负赔偿责任。

❿ 最高人民法院《关于审理船舶碰撞和触碰案件财产损害赔偿的规定》（1995年8月18日）

根据《中华人民共和国民法通则》和《中华人民共和国海商法》的有关规定，结合我国海事审判实践并参照国际惯例，对审理船舶碰撞和触碰案件的财产损害赔偿规定如下：

一、请求人可以请求赔偿对船舶碰撞或者触碰所造成的财产损失，船舶碰撞或者触碰后相继发生的有关费用和损失，为避免或者减少损害而产生的合理费用和损失，以及预期可得利益的损失。

因请求人的过错造成的损失或者使损失扩大的部分，不予赔偿。

二、赔偿应当尽量达到恢复原状，不能恢复原状的折价赔偿。

六、船舶碰撞或者触碰造成第三人财产损失的，应予赔偿。

⓫ 最高人民法院《关于托运人主张货损货差而拒付运费应否支付滞纳金的答复》（1992年2月12日）

上海市高级人民法院：

你院〔1990〕沪高经上字第38号请示收悉。经研究，答复如下：

一、在水路货物运输合同中，支付运费是托运人的法定义务，该义务不因发生货损货差而消灭。托运人主张的货损货差赔偿可通过索赔解决，若擅自拒付运费则应按法律规定支付滞纳金。

二、托运人主张的货损货差赔偿一经认定，赔偿数额应包括货损货差本额及其利息。

此复

⑫ **《水路货物运输合同实施细则》**（1987 年 7 月 1 日施行）

第二十条 从承运货物时起，至货物交付收货人或依照规定处理完毕时止，货物发生灭失、短少、变质、污染、损坏，按下列规定赔偿：

一、已投保货物运输险的货物，由承运人和保险公司按规定赔偿。

二、实行保价运输的个人生活用品，由承运人按声明价格赔偿，但货物实际损失低于声明价格的按实际损失赔偿。

三、除上述一、二两项外，均由承运人按货物的实际损失赔偿。赔偿的价格如何计算，由交通部国家物价局、国家工商行政管理局另行规定。

第二十一条 由于下列原因造成货物灭失、短少、变质、污染、损坏的，承运人不承担赔偿责任：

一、不可抗力；

二、货物的自然属性和潜在缺陷；

三、货物的自然减量和合理损耗，以及托运人自行确定的重量不正确；

四、包装内在缺陷或包装完整、内容不符；

五、标记错制、漏制、不清；

六、有生动植物的疾病、死亡、枯萎、减重；

七、非责任性海损事故的货物损失；

八、免责范围内的甲板货物损失；

九、其他经承运人举证或经合同管理机关或审判机关查证非承运人责任造成的损失。

第二十二条 如果托运人或收货人证明损失的发生确属承运人的故意行为，则承运人除按规定赔偿实际损失外，由合同管理机关处其造成损失部分 10% 到 50% 的罚款。

⑬ **《铁路货物运输合同实施细则》**（1987 年 7 月 1 日施行）

第十八条 承运人的责任：

一、由于下列原因之一，未按货物运输合同履行，按车向托运人偿付违约金 50 元：

（一）未按旬间日历装车计划及商定的车种、车型配够车辆，但当月补足或改变车种、车型经托运人同意装运者除外；

（二）对托运人自装的货车，未按约定的时间送到装车地点，致使不能在当月装完；

（三）拨调车辆的完整和清扫状态，不适合所运货物的要求；

（四）由于承运人的责任停止装车或使托运人无法按计划将货物搬入车站装车地点。

二、从承运货物时起，至货物交付收货人或依照有关规定处理完毕时止，货物发生灭失、短少、变质、污染、损坏，按下列规定赔偿：

（一）已投保货物运输险的货物，由承运人和保险公司按规定赔偿；

（二）保价运输的货物，由承运人按声明价格赔偿，但货物实际损失低于声明价格的按实际损失赔偿；

（三）除上述一、二两项外，均由承运人按货物的实际损失赔偿。赔偿的价格如何计算，由铁道部商国家物价局、国家工商行政管理局另行规定。

三、由于下列原因之一造成的货物灭失、短少、变质、污染、损坏，承运人不负赔偿责任：

（一）不可抗力；

（二）货物本身性质引起的碎裂、生锈、减量、变质或自燃等；

（三）国家主管部门规定的货物合理损耗；

（四）托运人、收货人或所派押运人的过错。

四、由于承运人的过错将货物误运到站或误交收货人，应免费运至合同规定的到站，并交给收货人。

五、未按规定的运到期限，将货物运到到站，向收货人偿付该批货物所收运费 5% 至 20% 的违约金。

六、如果托运人或收货人证明损失的发生确属承运人的故意行为，则承运人除按规定赔偿实际损失外，由合同管理机关处其造成损失部分 10% 至 50% 的罚款。

第二十二条 承运人同托运人或收货人相互间要求赔偿或退补费用的时效期限为 180 日（要求铁路支付运到期限违约金为 60 日）。

托运人或收货人向承运人要求赔偿或退还运输费用的时效期限，由下列日期起算：

一、货物灭失、短少、变质、污染、损坏，为车站交给货运记录的次日；

二、货物全部灭失未编有货运记录，为运到期限满期的第十六日，但鲜活货物为运到期限满期的次日；

三、要求支付货物运到期限违约金，为交付货物的次日；

四、多收运费用，为核收该项费用的次日。

承运人向托运人或收货人要求赔偿或补收运输费用的时效期限，由发生该项损失或少收运输费用的次日起算。

第二十三条 承运人与托运人或收货人相互提出的赔偿要求,应自收到书面赔偿要求的次日起 30 日内(跨及两个铁路局以上运输的货物为 60 日内)进行处理,答复赔偿要求人。

索赔的一方收到对方的答复后,如有不同意见,应在接到答复的次日起 60 日内提出。

案例链接

❶《周口豫之龙贸易运输有限公司与齐国荀等公路货物运输合同纠纷上诉案》,参见北大法宝引证码:Pkulaw.cn/CLI.C.287173。

❷《北京永晟凯通货运服务有限责任公司与张浩琪运输合同纠纷上诉案》,参见北大法宝引证码:Pkulaw.cn/CLI.C.205156。

❸《北京金山货运服务有限公司与北京扩荣电子技术有限公司公路货物运输合同纠纷上诉案》,参见北大法宝引证码:Pkulaw.cn/CLI.C.203676。

【赔偿额】

法律问题解读

赔偿额,是指属于赔偿范围的货物的毁损、灭失的价值。货物的毁损、灭失的赔偿额,当事人有约定的,按照约定处理;运输合同没有约定的,按照《合同法》第 61 条的规定确定;合同没有约定并且按照《合同法》第 61 条的规定仍无法确定的,按交付或者应当交付时货物到达地的市场价格计算。货物交付之时是相对于货物运到目的地并发生实际交付情况而言的;如果货物在运输过程中已经灭失,就不可能有交付,应当考虑货物"应当交付之时"。货物应当交付之时应按运输合同约定的或者法律、行政法规规定的运到期限确定;合同没有约定且法律、法规没有规定的,按合理期限确定。

运输行业风险较大,各国均对承运人应当承担的损害赔偿额进行了一定的限制,即有所谓的赔偿限额。所谓赔偿限额是指承运人给予货物毁损、灭失赔偿的最高数额。我国相关法律、法规关于赔偿限额的规定通常包括以下内容:(1)货物毁损、灭失的赔偿额一般按照货物的实际价值计算;(2)赔偿限额一般由法律直接规定计算单位和计算方法;(3)如果货物的毁损灭失是由于承运人的故意或明知可能造成损失而轻率地作为或者不作为造成的,承运人就不能只在赔偿限额内赔偿,而应当赔偿实际损失。

在赔偿限额条款的适用时,应当分别计算赔偿额和赔偿限额,如果赔偿额低于赔偿限额的,承运人按照赔偿额予以赔偿;如果赔偿额高于赔偿限额的,承运人只在赔偿限额内给予赔偿,对于超出限额部分,不承担赔偿责任。当然,当事人在合同中另有合法有效的约定的除外。

法条指引

❶《中华人民共和国合同法》(1999 年 10 月 1 日施行)

第六十一条 合同生效后,当事人就质量、价款或者报酬、履行地点等内容没有约定或者约定不明确的,可以协议补充;不能达成补充协议的,按照合同有关条款或者交易习惯确定。

第三百一十二条 货物的毁损、灭失的赔偿额,当事人有约定的,按照其约定;没有约定或者约定不明确,依照本法第六十一条的规定仍不能确定的,按照交付或者应当交付时货物到达地的市场价格计算。法律、行政法规对赔偿额的计算方法和赔偿限额另有规定的,依照其规定。

❷《中华人民共和国铁路法》(1991 年 5 月 1 日施行)

第十七条 铁路运输企业应当对承运的货物、包裹、行李自接受承运时起到交付时止发生的灭失、短少、变质、污染或者损坏,承担赔偿责任:

(一)托运人或者旅客根据自愿申请办理保价运输的,按照实际损失赔偿,但最高不超过保价额。

(二)未按保价运输承运的,按照实际损失赔偿,但最高不超过国务院铁路主管部门规定的赔偿限额;如果损失是由于铁路运输企业的故意或者重大过失造成的,不适用赔偿限额的规定,按照实际损失赔偿。

托运人或者旅客根据自愿可以向保险公司办理货物运输保险,保险公司按照保险合同的约定承担赔偿责任。

托运人或者旅客根据自愿,可以办理保价运输,也可以办理货物运输保险;还可以既不办理保价运输,也不办理货物运输保险。不得以任何方式强迫办理保价运输或者货物运输保险。

❸《中华人民共和国民用航空法》(1996 年 3 月 1 日施行)

第一百二十八条 国内航空运输承运人的赔

偿责任限额由国务院民用航空主管部门制定，报国务院批准后公布执行。

旅客或者托运人在交运托运行李或者货物时，特别声明在目的地点交付时的利益，并在必要时支付附加费的，除承运人证明旅客或者托运人声明的金额高于托运行李或者货物在目的地点交付时的实际利益外，承运人应当在声明金额范围内承担责任；本法第一百二十九条的其他规定，除赔偿责任限额外，适用于国内航空运输。

第一百二十九条 国际航空运输承运人的赔偿责任限额按照下列规定执行：

（一）对每名旅客的赔偿责任限额为16600计算单位；但是，旅客可以同承运人书面约定高于本项规定的赔偿责任限额。

（二）对托运行李或者货物的赔偿责任限额，每公斤为17计算单位。旅客或者托运人在交运托运行李或者货物时，特别声明在目的地点交付时的利益，并在必要时支付附加费的，除承运人证明旅客或者托运人声明的金额高于托运行李或者货物在目的地点交付时的实际利益外，承运人应当在声明金额范围内承担责任。

托运行李或者货物的一部分或者托运行李、货物中的任何物件毁灭、遗失、损坏或者延误的，用以确定承运人赔偿责任限额的重量，仅为该一包件或者数包件的总重量；但是，因托运行李或者货物的一部分或者托运行李、货物中的任何物件的毁灭、遗失、损坏或者延误，影响同一份行李票或者同一份航空货运单所列其他包件的价值的，确定承运人的赔偿责任限额时，此种包件的总重量也应当考虑在内。

（三）对每名旅客随身携带的物品的赔偿责任限额为332计算单位。

第一百三十条 任何旨在免除本法规定的承运人责任或者降低本法规定的赔偿责任限额的条款，均属无效；但是，此种条款的无效，不影响整个航空运输合同的效力。

第一百三十二条 经证明，航空运输中的损失是由于承运人或者其受雇人、代理人的故意或者明知可能造成损失而轻率地作为或者不作为造成的，承运人无权援用本法第一百二十八条、第一百二十九条有关赔偿责任限制的规定；证明承运人的受雇人、代理人有此种作为或者不作为的，还应当证明该受雇人、代理人是在受雇、代理范围内行事。

❹《**中华人民共和国海商法**》（1993年7月1日施行）

第五十五条 货物灭失的赔偿额，按照货物的实际价值计算；货物损坏的赔偿额，按照货物受损前后实际价值的差额或者货物的修复费用计算。

货物的实际价值，按照货物装船时的价值加保险费加运费计算。

前款规定的货物实际价值，赔偿时应当减去因货物灭失或者损坏而少付或者免付的有关费用。

第五十六条 承运人对货物的灭失或者损坏的赔偿限额，按照货物件数或者其他货运单位数计算，每件或者每个其他货运单位为666.67计算单位，或者按照货物毛重计算，每公斤为2计算单位，以二者中赔偿限额较高的为准。但是，托运人在货物装运前已经申报其性质和价值，并在提单中载明的，或者承运人与托运人已经另行约定高于本条规定的赔偿限额的除外。

货物用集装箱、货盘或者类似装运器具集装的，提单中载明装在此类装运器具中的货物件数或者其他货运单位数，视为前款所指的货物件数或者其他货运单位数；未载明的，每一装运器具视为一件或者一个单位。

装运器具不属于承运人所有或者非由承运人提供的，装运器具本身应当视为一件或者一个单位。

第五十八条 就海上货物运输合同所涉及的货物灭失、损坏或者迟延交付对承运人提起的任何诉讼，不论海事请求人是否合同的一方，也不论是根据合同或者是根据侵权行为提起的，均适用本章关于承运人的抗辩理由和限制赔偿责任的规定。

前款诉讼是对承运人的受雇人或者代理人提起的，经承运人的受雇人或者代理人证明，其行为是在受雇或者受委托的范围之内的，适用前款规定。

第五十九条 经证明，货物的灭失、损坏或者迟延交付是由于承运人的故意或者明知可能造成损失而轻率地作为或者不作为造成的，承运人不得援用本法第五十六条或者第五十七条限制赔偿责任的规定。

经证明，货物的灭失、损坏或者迟延交付是由于承运人的受雇人、代理人的故意或者明知可能造成损失而轻率地作为或者不作为造成的，承运人的受雇人或者代理人不得援用本法第五十六条或者第五十七条限制赔偿责任的规定。

❺《**汽车货物运输规则**》（2000年1月1日施行）

第八十三条　货运事故赔偿数额按以下规定办理：

（一）货运事故赔偿分限额赔偿和实际损失赔偿两种。法律、行政法规对赔偿责任限额有规定的，依照其规定；尚未规定赔偿责任限额的，按货物的实际损失赔偿。

（二）在保价运输中，货物全部灭失，按货物保价声明价格赔偿；货物部分毁损或灭失，按实际损失赔偿；货物实际损失高于声明价格的，按声明价格赔偿；货物能修复的，按修理费加维取送费赔偿。保险运输按投保人与保险公司商定的协议办理。

（三）未办理保价或保险运输的，且在货物运输合同中未约定赔偿责任的，按本条第一项的规定赔偿。

（四）货物损失赔偿费包括货物价格、运费和其他杂费。货物价格中未包括运杂费、包装费以及已付的税费时，应承按运货物的全部或短少部分的比例加算各项费用。

（五）货物毁损或灭失的赔偿额，当事人有约定的，按照其约定，没有约定或约定不明确的，可以补充协议，不能达成补充协议的，按照交付或应当交付时货物到达地的市场价格计算。

（六）由于承运人责任造成货物灭失或损失，以实物赔偿的，运费和杂费照收；按价赔偿的，退还已收的运费和杂费；被损货物尚能使用的，运费照收。

（七）丢失货物赔偿后，又被查回，应送还原主，收回赔偿金或实物；原主不愿接受失物或无法找到原主的，由承运人自行处理。

（八）承托双方对货物逾期到达、车辆延滞、装货落实都负有责任时，按各自责任所造成的损失相互赔偿。

❻《**集装箱汽车运输规则**》（1996年2月1日施行）

第六十五条　集装箱货运事故的赔偿价格按下列规定计算：

（一）执行国家定价的货物，按照各级物价管理部门规定的价格计算。

（二）执行国家指导价格或市场调节价格的货物，比照前项国家定价货物中相同规格或类似商品价格标准计算。无法比照计价的货物按每公斤不超过5元计算。

（三）集装箱的计价按集装箱的净值计算，如能修复按修复发生的实际费用计算。

（四）各项赔偿价格均以起运地承运当日的价格为准。

（五）对灭失、短少的货物，如起运地价格中未包括运杂费、包装费以及已付的税费时，应按全部或短少部分的比例加算各项费用。

（六）赔偿费一律以人民币支付。

第六十六条　办理保价运输的货物，按声明价格赔偿；实际损失低于声明价格时，按实际损失赔偿。

❼ **最高人民法院《关于审理铁路运输损害赔偿案件若干问题的解释》**（1994年10月27日）

一、实际损失的赔偿范围

铁路法第十七条中的"实际损失"，是指因灭失、短少、变质、污染、损坏导致货物、包裹、行李实际价值的损失。

铁路运输企业按照实际损失赔偿时，对灭失、短少的货物、包裹、行李，按照其实际价值赔偿；对变质、污染、损坏降低原有价值的货物、包裹、行李，可按照其受损前后实际价值的差额或者加工、修复费用赔偿。

货物、包裹、行李的赔偿价格按照托运时的实际价值计算。实际价值中未包含已支付的铁路运杂费、包装费、保险费、短途搬运费等费用的，按照损失部分的比例加算。

三、保价货物损失的赔偿

铁路法第十七条第一款（一）项中规定的"按照实际损失赔偿，但最高不超过保价额"，是指保价运输的货物、包裹、行李在运输中发生损失，无论托运人在办理保价运输时，保价额是否与货物、包裹、行李的实际价值相符，均应在保价额内按照损失部分的实际价值赔偿，实际损失超过保价额的部分不予赔偿。

如果损失是因铁路运输企业的故意或者重大过失造成的，比照铁路法第十七条第一款（二）项的规定，不受保价额的限制，按照实际损失赔偿。

四、保险货物损失的赔偿

投保货物运输险的货物在运输中发生损失，对不属于铁路运输企业免责范围的，适用铁路法第十七条第一款（二）项的规定，由铁路运输企业承担赔偿责任。

保险公司按照保险合同的约定向托运人或收货人先行赔付后，对于铁路运输企业应按货物实际损失承担赔偿责任的，保险公司按照支付的保险金额向铁路运输企业追偿，因不足额保险产生的实际损失与保险金的差额部分，由铁路运输企业赔偿；对于铁路运输企业应按限额承担赔偿责任的,在足额保险的情况下,保险公司向铁路运输企业的追偿额为铁路运输企业的赔偿限额,在不足额保险的情况下,保险公司向铁路运输企业的追偿额在铁路运输企业的赔偿限额内按照投保金额与货物实际价值的比例计算,因不足额保险产生的铁路运输企业的赔偿限额与保险公司在限额内追偿额的差额部分,由铁路运输企业赔偿。

五、保险保价货物损失的赔偿

既保险又保价的货物在运输中发生损失,对不属于铁路运输企业免责范围的,适用铁路法第十七条第一款(一)项的规定由铁路运输企业承担赔偿责任。对于保险公司先行赔付的,比照本解释第四条对保险货物损失的赔偿处理。

❽ 最高人民法院《关于审理船舶碰撞和触碰案件财产损害赔偿的规定》(1995年8月18日)(略)

❾《水路货物运输合同实施细则》(1987年7月1日施行)

第十九条 按月度签订的货物运输合同,承运人在履行时未配备足够的运力,应按落空的运量每吨偿付违约金一元;托运人在履行时未提供足够的货源,应按落空的货源每吨偿付违约金一元;运量与货源均有落空时,应按对等数量相互抵销违约金,偿付差额。

由于第十七条第一、二、五项所规定的情况变更或解除月度货物运输合同时,免除托运人或承运人的违约金。

第二十条 从承运货物时起,至货物交付收货人或依照规定处理完毕时止,货物发生灭失、短少、变质、污染、损坏,按下列规定赔偿:

一、已投保货物运输险的货物,由承运人和保险公司按规定赔偿。

二、实行保价运输的个人生活用品,由承运人按声明价格赔偿,但货物实际损失低于声明价格的按实际损失赔偿。

三、除上述一、二两项外,均由承运人按货物的实际损失赔偿。赔偿的价格如何计算,由交通部国家物价局、国家工商行政管理局另行规定。

案例链接

❶《秦俊涛与张振庆货物运输合同纠纷再审案》,参见北大法宝引证码:Pkulaw.cn/CLI.C.258644。

❷《北京创顺达浩物流有限公司与北京万里伟业货运代理有限公司运输合同纠纷上诉案》,参见北大法宝引证码:Pkulaw.cn/CLI.C.217134。

❸《王保荣等诉陕县宏通汽车运输有限责任公司等运输合同纠纷案》,参见北大法宝引证码:Pkulaw.cn/CLI.C.238921。

【不可抗力灭失运费的处理】

法律问题解读

如上文所述,经证明货物的灭失如果是由不可抗力引起的,承运人可以免除赔偿责任,由托运人或者收货人自行承担货物灭失的损失。在此基础上,根据权利义务对等原则,《合同法》进一步规定,货物在运输过程中因不可抗力灭失,未收取运费的,承运人不得要求支付运费;已收取运费的,托运人可以要求返还。

对于《合同法》的这一规定,司法实践中应当注意把握下列问题:(1)承运人不得计收运费或者应退还运费的范围只限于货物灭失部分,而不应当扩大到同一票或者同一批货物的全部。同时,受毁损的货物也不得列入此范围。(2)此处所谓的货物因不可抗力灭失应当发生在运输过程中。所谓运输过程,应当理解为承运人对货物运输的责任期间,即承运人按照运输合同约定或者法律、法规规定对货物毁损灭失承担责任期间。如果货物是在承运人责任期间以外因不可抗力灭失的,则不能适用《合同法》的这一规定。

法条指引

❶《中华人民共和国合同法》(1999年10月1日施行)

第三百一十四条 货物在运输过程中因不可抗力灭失,未收取运费的,承运人不得要求支付运费;已收取运费的,托运人可以要求返还。

❷《国内水路货物运输规则》(2001年1月1日施行)

第二十九条 托运人不履行合同义务或者履行合同义务不符合约定的,应当承担继续履行、采取补救措施或者赔偿损失等违约责任。

托运人因不可抗力不能履行合同的,根据不可抗力的影响,部分或者全部免除责任。迟延履行后发生不可抗力的,不能免除责任。

第四十九条 货物在运输过程中因不可抗力灭失,未收取运费的,承运人不得要求支付运费;已收取运费的,托运人可以要求返还。货物在运输过程中因不可抗力部分灭失的,承运人按照实际交付的货物比例收取运费。

案例链接

❶《许振禹与徐秋永海上货物运输合同纠纷上诉案》,参见北大法宝引证码:Pkulaw.cn/CLI.C.237587。

❷《孙开仪与梁海燕货运合同纠纷上诉案》,参见北大法宝引证码:Pkulaw.cn/CLI.C.37041。

❸《福纠闽胜砂石有限公司诉中国人民保险公司福建省分公司营业管理部、中国人民保险公司福建省分公司海上货物运输保险合同纠纷案》,参见北大法宝引证码:Pkulaw.cn/CLI.C.40422。

【承运人的留置权】

法律问题解读

托运人或者收货人负有向承运人支付运输费、保管费及其他运输费用的义务,这是货物运输合同中托运人或者收货人的最为基本的义务之一。除非当事人另有约定,托运人或者收货人不支付运费、保管费以及其他运输费用的,承运人对相应的运输货物享有留置权。

承运人行使留置权,应当满足下列要件:(1)托运人或者收货人未支付的运费、保管费及其他运输费用必须是因所要留置的货物产生的。承运人不能因托运人或者收货人拖欠本次运输合同标的物以外的货物的运输费用而对本次运输货物行使留置权。这里的其他费用包括过桥费、过路费及其他途中由承运人垫付的必要费用。(2)承运人必须占有货物,即货物仍然在承运人掌管之下。(3)承运人必须在合理限度内留置货物,即承运人留置的货物数量应当合理,使得留置的货物价值与未付清的运输费用相当,不得留置过多货物,否则构成不当留置。"合理限度"是一个相对的概念,是否合理是相对而言的,实践中不能作过于苛刻的要求。(4)运输合同没有事先排除承运人行使留置权的约定。

存在争议的是,承运人是否只能留置债务人(托运人或者收货人)享有所有权的货物?我们认为,债务人对货物享有所有权不应当是承运人行使留置权的必要条件。只要是运输合同的标的物,无论其所有权主体是谁,都不影响承运人留置权的行使。

法条指引

❶《中华人民共和国合同法》(1999年10月1日施行)

第三百一十五条 托运人或者收货人不支付运费、保管费以及其他运输费用的,承运人对相应的运输货物享有留置权,但当事人另有约定的除外。

❷《中华人民共和国民法通则》(1987年1月1日施行)

第八十九条 依照法律的规定或者按照当事人的约定,可以采用下列方式担保债务的履行:

(一)保证人向债权人保证债务人履行债务,债务人不履行债务的,按照约定由保证人履行或者承担连带责任;保证人履行债务后,有权向债务人追偿。

(二)债务人或者第三人可以提供一定的财产作为抵押物。债务人不履行债务的,债权人有权依照法律的规定以抵押物折价或者以变卖抵押物的价款优先得到偿还。

(三)当事人一方在法律规定的范围内可以向对方给付定金。债务人履行债务后,定金应当抵作价款或者收回。给付定金的一方不履行债务的,无权要求返还定金;接受定金的一方不履行债务的,应当双倍返还定金。

(四)按照合同约定一方占有对方的财产,对方不按照合同给付应付款项超过约定期限的,占有人有权留置该财产,依照法律的规定以留置财产折价或者以变卖该财产的价款优先得到偿还。

❸《中华人民共和国担保法》(1995年10月1日施行)

第八十四条 因保管合同、运输合同、加工承揽合同发生的债权,债务人不履行债务的,债权人有留置权。

法律规定可以留置的其他合同,适用前款规定。

当事人可以在合同中约定不得留置的物。

❹《中华人民共和国海商法》(1993年7月1日施行)

第八十七条 应当向承运人支付的运费、共同海损分摊、滞期费和承运人为货物垫付的必要费用以及应当向承运人支付的其他费用没有付清,又没有提供适当担保的,承运人可以在合理的限度内留置其货物。

第八十八条 承运人根据本法第八十七条规

定留置的货物，自船舶抵达卸货港的次日起满六十日无人提取的，承运人可以申请法院裁定拍卖；货物易腐烂变质或者货物的保管费用可能超过其价值的，可以申请提前拍卖。

拍卖所得价款，用于清偿保管、拍卖货物的费用和运费以及应当向承运人支付的其他有关费用；不足的金额，承运人有权向托运人追偿；剩余的金额，退还托运人；无法退还、自拍卖之日起满一年又无人领取的，上缴国库。

❺《国内水路货物运输规则》（2001年1月1日施行）

第四十条 应当向承运人支付的运费、保管费、滞期费、共同海损的分摊和承运人为货物垫付的必要费用以及应当向承运人支付的其他运输费用没有付清，又没有提供适当担保的，承运人可以留置相应的运输货物，但另有约定的除外。

❻《汽车货物运输规则》（2000年1月1日施行）

第七十八条 汽车货物运输的运杂费按下列规定结算：

（一）货物运杂费在货物托运、起运时一次结清，也可按合同采用预付费用的方式，随运随结或运后结清。托运人或者收货人不支付运费、保管费以及其他运输费用的，承运人对相应的运输货物享有留置权，但当事人另有约定的除外。

（二）运费尾数以元为单位，不足一元时四舍五入。

❼《中国民用航空货物国际运输规则》（2000年8月1日施行）

第二十三条 托运人或者收货人未支付运费和其他费用的，承运人可以依法留置货物，并催付有关的运费和其他费用。托运人或者收货人未在规定的期限内支付运费和其他费用的，承运人可按照有关规定处置货物，并事先通知货运单上载明的托运人或者收货人。

【货物提存】

法律问题解读

提存，是指由于债权人的原因而无法向其交付债的标的物的时候，债务人得将该标的物提交给一定的机关保存，从而消灭债权债务关系的一种法律制度。债权人对于债务人的给付负有协助和受领的义务。当债权人无正当理由拒不受领时，虽负有迟延责任，但债务人的债务却不能消灭，其时刻处于准备履行状态，对债务人有失公平。法律为结束这一不公平的状态，特设提存制度解决这一问题。

货物运到目的地之后，承运人无法依据有关运输单证或者其他有效途径确定收货人，或者收货人收到承运人的到货通知后表示拒绝提货，或者在合同约定或法律法规规定或合理的期限内不提取货物的，承运人可以根据《合同法》第101条的规定提存货物。对于易腐、易烂或者保存费用过高的货物，承运人可以依法拍卖或变卖，提存所得价款。

法条指引

❶《中华人民共和国合同法》（1999年10月1日施行）

第一百零一条 有下列情形之一，难以履行债务的，债务人可以将标的物提存：

（一）债权人无正当理由拒绝受领；

（二）债权人下落不明；

（三）债权人死亡未确定继承人或者丧失民事行为能力未确定监护人；

（四）法律规定的其他情形。

标的物不适于提存或者提存费用过高的，债务人依法可以拍卖或者变卖标的物，提存所得的价款。

第三百一十六条 收货人不明或者收货人无正当理由拒绝受领货物的，依照本法第一百零一条的规定，承运人可以提存货物。

❷ 最高人民法院《关于贯彻执行〈中华人民共和国民法通则〉若干问题的意见（试行）》（1988年1月26日施行）

104. 债权人无正当理由拒绝债务人履行义务，债务人将履行的标的物向有关部门提存的，应当认定债务已经履行。因提存所支出的费用，应当由债权人承担。提存期间，财产收益归债权人所有，风险责任由债权人承担。

❸《国内水路货物运输规则》（2001年1月1日施行）

第四十二条 承运人交付货物的情况符合《中华人民共和国合同法》第一百零一条、第三百一十六条规定的条件时，承运人可以根据《中华人民共和国合同法》的规定将货物提存。

❹《汽车货物运输规则》（2000年1月1日施行）

第六十五条 货物运达目的地后，承运人知道收货人的,应及时通知收货人,收货人应当及时提(收)货物,收货人逾期提(收)货物的,应当向承运人支付保管费等费用。收货人不明或者收货人无正当理由拒绝受领货物的,依照《中华人民共和国合同法》第一百零一条的规定,承运人可以提存货物。

案例链接

❶《黄普田诉方东升承运货物中途擅自卸货变卖提存价款违约赔偿案》,参见北大法宝引证码:Pkulaw. cn/CLI. C. 22074。

【同式联运】

法律问题解读

同式联运是相对多式联运而言的一种运输方式,又称为同式联合运输、单式联合运输,是指两个以上的承运人以同一种运输方式将托运人的货物送达目的地的运输方式,如铁铁联运、路路联运、海海联运、空空联运等。这种运输方式通常出现在货物需要转运的情况下。实务中,一般是由与托运人签订运输合同的承运人负责安排全程运输,包括区段承运人的确定和合同的签订等事项。该承运人可能为某一区段的承运人,也可能只是缔约承运人,其他区段的承运人为实际承运人。

无论货物是在哪一区段发生毁损、灭失,除非属于免责范围,与托运人签订运输合同的承运人都应当对全程运输承担责任。如果货物的毁损或灭失能确定在某一区段发生,则该运输区段的实际承运人与缔约承运人向托运人或者收货人承担连带责任。如果货物的毁损、灭失无法确定发生在哪一区段,则缔约承运人应当首先向托运人或者收货人承担责任,其与运输区段承运人之间的责任分担另行解决。

法条指引

❶《中华人民共和国合同法》(1999年10月1日施行)

第三百一十三条 两个以上承运人以同一运输方式联运的,与托运人订立合同的承运人应当对全程运输承担责任。损失发生在某一运输区段的,与托运人订立合同的承运人和该区段的承运人承担连带责任。

❷《中华人民共和国民用航空法》(1996年3月1日施行)

第一百三十九条 实际承运人的作为和不作为,实际承运人的受雇人、代理人在受雇、代理范围内的作为和不作为,关系到实际承运人履行的运输的,应当视为缔约承运人的作为和不作为。

缔约承运人的作为和不作为,缔约承运人的受雇人、代理人在受雇、代理范围内的作为和不作为,关系到实际承运人履行的运输的,应当视为实际承运人的作为和不作为;但是,实际承运人承担的责任不因此种作为或者不作为而超过法定的赔偿责任限额。

任何有关缔约承运人承担本章未规定的义务或者放弃本章赋予的权利的特别协议,或者任何有关依照本法第一百二十八条、第一百二十九条规定所作的在目的地点交付时利益的特别声明,除经实际承运人同意外,均不得影响实际承运人。

第一百四十条 依照本章规定提出的索赔或者发出的指示,无论是向缔约承运人还是向实际承运人提出或者发出的,具有同等效力;但是,本法第一百一十九条规定的指示,只在向缔约承运人发出时,方有效。

第一百四十一条 实际承运人的受雇人、代理人或者缔约承运人的受雇人、代理人,证明他是在受雇、代理范围内行事的,就实际承运人履行的运输而言,有权援用本法第一百二十八条、第一百二十九条有关赔偿责任限制的规定,但是依照本法规定不得援用赔偿责任限制规定的除外。

第一百四十二条 对于实际承运人履行的运输,实际承运人、缔约承运人以及他们的在受雇、代理范围内行事的受雇人、代理人的赔偿总额不得超过依照本法得以从缔约承运人或者实际承运人获得赔偿的最高数额;但是,其中任何人都不承担超过对他适用的赔偿责任限额。

第一百四十三条 对实际承运人履行的运输提起的诉讼,可以分别对实际承运人或者缔约承运人提起,也可以同时对实际承运人和缔约承运人提起;被提起诉讼的承运人有权要求另一承运人参加应诉。

第一百四十四条 除本法第一百四十三条规定外,本节规定不影响实际承运人和缔约承运人之间的权利、义务。

❸《中华人民共和国海商法》(1993年7月1日施行)

第六十一条 本章对承运人责任的规定,适用于实际承运人。对实际承运人的受雇人、代理人提起诉讼的,适用本法第五十八条第二款和第五十九条第二款的规定。

第六十二条 承运人承担本章未规定的义务或者放弃本章赋予的权利的任何特别协议,经实际承运人书面明确同意的,对实际承运人发生效力;实际承运人是否同意,不影响此项特别协议对承运人的效力。

第六十三条 承运人与实际承运人都负有赔偿责任的,应当在此项责任范围内负连带责任。

第六十四条 就货物的灭失或者损坏分别向承运人、实际承运人以及他们的受雇人、代理人提出赔偿请求的,赔偿总额不超过本法第五十六条规定的限额。

第六十五条 本法第六十条至第六十四条的规定,不影响承运人和实际承运人之间相互追偿。

❹《国内水路货物运输规则》(2001 年 1 月 1 日施行)

第四十五条 承运人将货物运输或者部分运输委托给实际承运人履行的,承运人仍然应当对全程运输负责。

虽有前款规定,在运输合同中明确约定合同所包括的特定的部分运输由承运人以外的指定的实际承运人履行的,合同可以同时约定,货物在指定的实际承运人运输期间发生的损坏、灭失或者迟延交付,承运人不承担赔偿责任。

第四十六条 承运人与实际承运人都负有赔偿责任的,应当在该项责任范围内承担连带责任。

第四十七条 根据本规则第四十六条的规定,当实际承运人承担连带责任时,本规则对承运人责任的有关规定,适用于实际承运人。

承运人承担本规则未规定的义务或者放弃本规则赋予的权利的任何特别协议,经实际承运人书面明确同意的,对实际承运人发生效力;实际承运人是否同意,不影响此项特别协议对承运人的效力。

【多式联运合同】

法律问题解读

多式联运,是相对于同式联运或单式联运而言的一种运输方式。多式联运是指以两种以上不同的运输方式将货物运送到目的地的运输方式,如海陆空联运、水铁联运等。多式联运合同是指多式联运经营人与托运人订立的,约定以两种或者两种以上不同的运输方式,采用同一运输凭证将货物运输至约定地点的运输合同。

多式联运是最近十余年来发展起来的,实行"一次托运、一次收费、一票到底、一次保险、全程负责"的"一条龙"服务的综合性运输,具有其独特的优越性。司法实践中,应当注意把握多式联运合同与其他运输合同的区别。多式联运合同相对于其他运输合同而言,具有以下特性:(1)多式联运的运输过程,包括相互衔接的不同的运输手段,即运输方式是多样的。例如,铁路与水路的联运、公路、铁路与航空的联运等。如果运输方式同一,则为单一运输或同式联运。(2)托运人一次交费并使用同一联运单据,货物由一种运输方式转由另一种运输方式运输时,托运人不需另行订立货运合同、另行交费。(3)多式联运的经营人可以是某一运输区段的实际承运人,也可以是不实际从事运输的缔约承运人。

法条指引

❶《中华人民共和国合同法》(1999 年 10 月 1 日施行)

第三百一十七条 多式联运经营人负责履行或者组织履行多式联运合同,对全程运输享有承运人的权利,承担承运人的义务。

❷《中华人民共和国海商法》(1993 年 7 月 1 日施行)

第一百零二条 本法所称多式联运合同,是指多式联运经营人以两种以上的不同运输方式,其中一种是海上运输方式,负责将货物从接收地运至目的地交付收货人,并收取全程运费的合同。

前款所称多式联运经营人,是指本人或者委托他人以本人名义与托运人订立多式联运合同的人。

案例链接

❶《东阳市甬东国际物流中心有限公司诉傅荣钱国际多式联运合同货损赔偿追偿纠纷案》,参见北大法宝引证码:Pkulaw.cn/CLI.C.245938。

❷《浙江鲜箭皮件有限公司诉上海汇联国际货物运输代理有限公司多式联运合同纠纷案》,参见北大法宝引证码:Pkulaw.cn/CLI.C.237554。

❸《浙江绣锦服饰有限公司等与朱琳国际多式联运合同纠纷上诉案》,参见北大法宝引证码:Pkulaw.cn/CLI.C.181812。

【多式联运经营人】

法律问题解读

多式联运经营人,是指与托运人订立多式联运合同的人。应对托运人负责多式联运合同的履行,对全程运输享有承运人的权利,承担承运人的义务。多式联运经营人可以自己履行合同,也可以仅仅作为缔约承运人而组织实际承运人履行合同。多式联运经营人对全程运输享有承运人的权利,集中表现为可以向托运人或者收货人收取全程运费。多式联运经营人的义务主要体现为:签发多式联运单据;保证货物全程运输安全;保证履行合同的其他义务。

多式联运经营人可以与参加多式联运的各区段承运人就多式联运合同的各区段运输约定相互之间的责任,例如,对运输过程中货物发生毁损、灭失的损害赔偿责任的划分,但该约定不影响多式联运经营人对全程运输承担的义务。实务中,多式联运经营人通常以托运人的身份与区段承运人订立各该区段运输合同。多式联运经营人与区段承运人之间的合同,是承运人之间的内部协议,调整的是多式联运经营人与区段承运人之间的权利义务关系,该合同虽然与联运合同联系密切,但两者相互独立。根据合同的相对性原则,多式联运经营人与各区段承运人之间的合同不能变更、解除多式联运经营人与托运人之间的合同关系,也不能影响多式联运经营人对全程运输承担的义务。

法条指引

❶《中华人民共和国合同法》(1999年10月1日施行)

第三百一十七条 多式联运经营人负责履行或者组织履行多式联运合同,对全程运输享有承运人的权利,承担承运人的义务。

第三百一十八条 多式联运经营人可以与参加多式联运的各区段承运人就多式联运合同的各区段运输约定相互之间的责任,但该约定不影响多式联运经营人对全程运输承担的义务。

❷《中华人民共和国海商法》(1993年7月1日施行)

第一百零三条 多式联运经营人对多式联运货物的责任期间,自接收货物时起至交付货物时止。

第一百零四条 多式联运经营人负责履行或者组织履行多式联运合同,并对全程运输负责。

多式联运经营人与参加多式联运的各区段承运人,可以就多式联运合同的各区段运输,另以合同约定相互之间的责任。但是,此项合同不得影响多式联运经营人对全程运输所承担的责任。

案例链接

❶《东阳市甬东国际物流中心有限公司诉傅荣钱国际多式联运合同货损赔偿追偿纠纷案》,参见北大法宝引证码:Pkulaw.cn/CLI.C.245938。

❷《浙江鲟箭皮件有限公司诉上海汇联国际货物运输代理有限公司多式联运合同纠纷案》,参见北大法宝引证码:Pkulaw.cn/CLI.C.237554。

❸《浙江绣锦服饰有限公司等与朱琳国际多式联运合同纠纷上诉案》,参见北大法宝引证码:Pkulaw.cn/CLI.C.181812。

【多式联运单据】

法律问题解读

多式联运单据,是指证明多式联运合同以及证明多式联运经营人接管货物并负责按照合同条款运输货物的单据。多式联运经营人收到托运人交付的货物时,应当签发多式联运单据。按照托运人的要求,多式联运单据可以是可转让单据,也可以是不可转让单据。多式联运单据是确认当事人权利义务的重要依据,托运人在填写时、经营人在签发时均应持谨慎、认真的态度。

多式联运单据具有以下重要法律效力:(1)是多式联运合同订立的证明。多式联运单据的签发,意味着托运人与多式联运经营人事先已经就多式联运合同的内容协商一致,达成合意。多式联运单据的签发,实际上是履行多式联运合同的具体表现。多式联运单据不仅证明了合同的订立,而且其记载的内容以及其背面所载条款是多式联运合同的重要组成部分,对进一步明确双方权利义务具有重要意义。(2)多式联运单据是货物收据。多式联运单据的签发,表明货物已经交由多式联运经营人掌管,经营人对货物的责任期间开始启动。多式联运经营人应当保证在目的地按照多式联运单据记载的事项交付货物。(3)多式联运单据是提货凭证。收货人凭多式联运单据提货,多式联运经营人凭多式联运单据交付货物。如果多式联运单据为可转让单据,则在一定条件下具有货物所有权凭证的效力，类似于海上货物运输合同关系中的提单。

法条指引

❶《**中华人民共和国合同法**》（1999年10月1日施行）

第三百一十九条　多式联运经营人收到托运人交付的货物时，应当签发多式联运单据。按照托运人的要求，多式联运单据可以是可转让单据，也可以是不可转让单据。

案例链接

❶《开证人农行深圳罗湖支行对外付款取得多式联运单据诉君皇公司未付款赎单提货返还货物或货款案》，参见北大法宝引证码：Pkulaw.cn/CLI.C.22930。

【多式联运经营人的法律责任】

法律问题解读

根据多式联运合同的性质，其必然涉及种类不同的有关运输的法律法规。根据《合同法》规定，多式联运经营人赔偿责任和责任限额的确定应当分下列两种不同情况处理：（1）如果货物的毁损、灭失发生的运输区段能够确定，多式联运经营人的赔偿责任和责任限额适用调整该区段运输方式的法律规定。（2）如果无法确定货物的毁损、灭失是发生在哪一运输区段的，多式联运经营人的赔偿责任和责任限额适用《合同法》第17章的规定处理。

特别应当注意的是，我国《海商法》规定，如果多式联运之其中一种是海上运输方式，且发生货物毁损、灭失的运输区段不能确定的，则多式联运经营人的赔偿责任和责任限额适用《海商法》关于海上货物运输合同的有关规定。

法条指引

❶《**中华人民共和国合同法**》（1999年10月1日施行）

第三百二十一条　货物的毁损、灭失发生于多式联运的某一运输区段的，多式联运经营人的赔偿责任和责任限额，适用调整该区段运输方式的有关法律规定。货物毁损、灭失发生的运输区段不能确定的，依照本章规定承担损害赔偿责任。

❷《**中华人民共和国海商法**》（1993年7月1日施行）

第一百零五条　货物的灭失或者损坏发生于多式联运的某一运输区段的，多式联运经营人的赔偿责任和责任限额，适用调整该区段运输方式的有关法律规定。

第一百零六条　货物的灭失或者损坏发生的运输区段不能确定的，多式联运经营人应当依照本章关于承运人赔偿责任和责任限额的规定负赔偿责任。

案例链接

❶《东阳市甬东国际物流中心有限公司诉傅荣钱国际多式联运合同货损赔偿追偿纠纷案》，参见北大法宝引证码：Pkulaw.cn/CLI.C.245938。

❷《浙江鲟箭皮件有限公司诉上海汇联国际货物运输代理有限公司多式联运合同纠纷案》，参见北大法宝引证码：Pkulaw.cn/CLI.C.237554。

❸《浙江绣锦服饰有限公司等与朱琳国际多式联运合同纠纷上诉案》，参见北大法宝引证码：Pkulaw.cn/CLI.C.181812。

第十九章 技术合同

● 本章为读者提供与以下题目有关的法律问题的解读及相关法律文献依据

技术合同（456） 订立技术合同的基本原则（458） 技术合同的内容（459） 技术合同价款、报酬和使用费（460） 定额支付（461） 提成支付（461） 职务技术成果及其转让使用权（462） 非职务技术成果及其转让使用权（465） 技术成果的精神权利（466） 技术合同无效的特殊条件（467） 技术合同无效的法律后果（469） 技术开发合同（471） 委托开发合同委托方的义务（473） 委托开发合同研究开发方的义务（474） 委托方的违约责任（475） 研究开发方的违约责任（475） 合作开发合同当事人的义务（476） 合作开发合同的违约责任（477） 技术开发合同的解除条件（478） 技术开发合同的风险责任（478） 委托开发完成的技术成果的归属和分享（479） 合作开发完成的技术成果的归属和分享（480） 技术秘密的归属和分享（481） 技术转让合同（482） 技术转让合同的分类（483） 技术转让合同的"使用范围"条款和"不合理限制"条款（485） 专利实施许可的限制（487） 专利实施许可合同让与人的义务（488） 专利实施许可合同受让人的义务（489） 技术秘密转让合同让与人的义务（490） 技术秘密转让合同受让人的义务（492） 技术转让合同中让与人的保证责任（494） 技术转让合同中受让人的保密义务（495） 技术转让合同中让与人的违约责任（495） 技术转让合同中受让人的违约责任（496） 技术转让合同中让与人的侵权责任（496） 技术转让合同中的后续技术改进成果分享办法（497） 技术进出口合同的特别规定（498） 技术咨询合同（502） 技术咨询合同中委托方的义务（502） 技术咨询合同中受托方的义务（503） 技术咨询合同中委托方的违约责任（504） 技术咨询合同中受托方的违约责任（504） 技术咨询合同的风险责任（505） 技术服务合同（506） 技术服务合同中委托方的义务（507） 技术服务合同中受托方的义务（509） 技术服务合同中委托方的违约责任（511） 技术服务合同中受托方的违约责任（513） 技术咨询合同与技术服务合同中新技术成果的归属（515） 技术中介合同和技术培训合同的法律适用（515）

【技术合同】

法律问题解读

技术合同是当事人之间就技术开发、技术转让、技术咨询或者服务订立的确立相互之间权利和义务的合同；根据技术合同的标的不同，技术合同分为技术开发合同、技术转让合同、技术咨询和技术服务合同。理解技术合同，需要把握以下几个问题：

1. 技术合同的当事人具有广泛性与特定性。合同法并未限制合同当事人的资格，自然人、法人、非法人组织均无不可。但是技术合同当事人，通常至少一方是能够利用自己的技术力量从事技术开发、技术转让、技术服务或咨询的组织或个人，否则合同将履行不能。

2. 技术合同的法律调整具有多样性。技术合同是技术成果的交易关系在法律上的反映，因此技术合同受合同法的调整。同时，由于技术合同的标的物是技术，具有特殊性，因此技术合同还受其他与保护技术成果有关的法律规范的调整，如技术成果的权属方面受知识产权相关法律的调整。

3. 技术合同的标的具有无形性。其是权利人享有使用权、转让权的技术成果，该技术成果必须是利用科学技术知识、信息和经验做出的产品、工艺、材料及其改进等技术方案。如果该技术方案已公开，属于社会公知的技术，就不应作为技术合同的标的。

4. 要注意技术合同与其他合同的区别和法律适用。特别是除单一的技术合同外，许多技术合同往往与联营合同、经销合同、包销合同或者类似的条文混合在一起。对于这种混合性的合同，应当根据当事人争议的焦点确定纠纷的性质，并判断是否适用技术合同的有关法律规定。技术合同不包括建设工程的勘察、设计、建筑、安装合同和承揽合同。

法条指引

❶ **《中华人民共和国合同法》**（1999 年 10 月 1 日施行）

第三百二十二条 技术合同是当事人就技术开发、转让、咨询或者服务订立的确立相互之间权利和义务的合同。

❷ **最高人民法院《全国法院知识产权审判工作会议关于审理技术合同纠纷案件若干问题的纪要》**（2001 年 6 月 19 日施行）

9. 法人或者其他组织设立的从事技术研究开发、转让等活动的不具有民事主体资格的科研组织（包括课题组、工作室等）订立的技术合同，经法人或者其他组织授权或者认可的，视为法人或者其他组织订立的合同，由法人或者其他组织承担责任；未经法人或者其他组织授权或者认可的，由该科研组织成员共同承担责任，但法人或者其他组织因该合同受益的，应当在其受益范围内承担相应的责任。

32. 当事人将技术合同和其他合同内容合订为一个合同，或者将不同类型的技术合同内容合订在一个合同中的，应当根据当事人争议的权利义务内容，确定案件的性质和案由，适用相应的法律、法规。

33. 技术合同名称与合同约定的权利义务关系不一致的，应当按照合同约定的权利义务内容，确定合同的类型和案由，适用相应的法律、法规。

34. 当事人以技术开发、转让、咨询或者服务为承包内容订立的合同，属于技术合同。

42. 计算机软件开发、许可、转让等合同争议，著作权法以及其他法律另有规定的，依照其规定；没有规定的，适用合同法总则的规定，并可以参照合同法第十八章和本纪要的有关规定。

❸ **《中华人民共和国著作权法》**（2010 年 2 月 26 日修正）

第三条 本法所称的作品，包括以下列形式创作的文学、艺术和自然科学、社会科学、工程技术等作品：

（一）文字作品；

（二）口述作品；

（三）音乐、戏剧、曲艺、舞蹈、杂技艺术作品；

（四）美术、建筑作品；

（五）摄影作品；

（六）电影作品和以类似摄制电影的方法创作的作品；

（七）工程设计图、产品设计图、地图、示意图等图形作品和模型作品；

（八）计算机软件；

（九）法律、行政法规规定的其他作品。

❹ **最高人民法院《关于充分发挥审判职能作用为经济发展提供司法保障和法律服务的意见》**（2000 年 3 月 2 日）

三、审判工作为经济发展服务的重点与措施

（四）依法保护知识产权，为科技创新，全面落实"科教兴国"战略，提供有效的司法保障

1. 依法促进科学技术进步，加速科学技术成果推广、应用。无论是企业法人、机关法人、事业法人、社会团体法人或其他组织，只要具有科研能力或拥有科技成果，都可以订立技术合同。同样，公民不受其职业、职务、年龄等限制，只要具备履行技术合同的能力，都可以订立技术合同。在审理技术合同纠纷案件时，只要合同当事人具备履约能力，就不能以合同主体不合格而认定合同无效。对于那些妨碍技术进步的合同，要依法认定无效。同时，要依法制止非法垄断技术。通过审理案件，依法保护公民、法人和其他组织进行科学研究和发明创造的积极性。

2. 依法保护当事人合法技术权益。人民法院在处理技术合同纠纷当事人权益问题上，既要依法保护其财产权利，又要依法保护其人身权利。对于完成职务技术成果的个人，依法保障其在有关技术成果文件上署名的权利和取得荣誉证书、获得奖励的权利；对于当事人按照平等互利原则约定转让专利和非专利技术权利的，要依法保护。

3. 依法制裁各类侵犯知识产权行为。对那些侵犯专利权、商标权、著作权、发明权、商业秘密等严重扰乱技术市场，给知识产权人造成损失的，要依法严肃制裁；对构成犯罪的，要依法追究刑事责任。为强化对知识产权的司法保护力度，人民法院要对知识产权案件的审判组织、案件管

辖、举证方式、案件执行等各个方面进行大胆探索，开拓创新，提高知识产权审判工作的水平。

❺ 最高人民法院《关于适用〈中华人民共和国合同法〉若干问题的解释（一）》（1999年12月29日施行）

第六条 技术合同争议当事人的权利受到侵害的事实发生在合同法实施之前，自当事人知道或者应当知道其权利受到侵害之日起至合同法实施之日超过一年的，人民法院不予保护；尚未超过一年的，其提起诉讼的时效期间为二年。

案例链接

❶《河南省温县怡光工贸集团有限责任公司诉黄河水资源保护科学研究所技术合同纠纷案》，参见北大法宝引证码：Pkulaw.cn/CLI.C.271345。

❷《李土华等与柳州市汉森机械制造有限公司专利权权属纠纷上诉案》，参见北大法宝引证码：Pkulaw.cn/CLI.C.257213。

❸《李土华等与柳州市汉森机械制造有限公司等专利权权属纠纷上诉案》，参见北大法宝引证码：Pkulaw.cn/CLI.C.257209。

学者观点

❶ 周大伟：《〈中华人民共和国技术合同法〉制定中的种种悬念》，参见北大法宝引证码：Pkulaw.cn/CLI.A.1130057。

❷ 王宏军：《我国技术合同无效制度的立法缺陷》，参见北大法宝引证码：Pkulaw.cn/CLI.A.1119187。

❸ 徐德敏：《论职务发明创造》，参见北大法宝引证码：Pkulaw.cn/CLI.A.1115254。

【订立技术合同的基本原则】

法律问题解读

订立技术合同，应当有利于科学技术的进步，加速科学技术成果的转化、应用和推广。其目的在于鼓励和引导当事人正确地运用技术合同这一法律形式，在科研和生产之间架起一座"桥梁"。

我国合同法一方面采取必要的措施保障技术合同当事人在合法的范围内行使权利，另一方面禁止当事人滥用权利而损害国家利益和社会公共利益。如合同实践中有的当事人利用自己的优势地位，通过合同条款限制另一方在合同标的技术基础上进行新的研究开发，限制另一方从其他渠道吸收先进技术，或阻碍另一方根据市场需求，按照合理的方式充分实施专利和使用非专利技术，这些条款都会妨碍技术的进步，不符合订立技术合同的宗旨。因此，为了防止技术合同当事人通过技术合同达到非法垄断市场和控制市场的目的，我国合同法规定，非法垄断技术、妨碍技术进步或者侵害他人技术成果的技术合同无效。

法条指引

❶《中华人民共和国合同法》（1999年10月1日施行）

第三百二十三条 订立技术合同，应当有利于科学技术的进步，加速科学技术成果的转化、应用和推广。

第三百二十九条 非法垄断技术、妨碍技术进步或者侵害他人技术成果的技术合同无效。

❷ 最高人民法院《关于印发全国法院知识产权审判工作会议关于审理技术合同纠纷案件若干问题的纪要的通知》（2001年6月19日施行）

11. 技术合同内容有下列情形的，属于合同法第三百二十九条所称"非法垄断技术，妨碍技术进步"：

（1）限制另一方在合同标的技术的基础上进行新的研究开发，或者双方交换改进技术的条件不对等，包括要求一方将其自行改进的技术无偿地提供给对方、非互惠性地转让给对方、无偿地独占或者共享该改进技术的知识产权；

（2）限制另一方从其他来源吸收技术；

（3）阻碍另一方根据市场的需求，按照合理的方式充分实施合同标的技术，包括不合理地限制技术接受方实施合同标的技术生产产品或者提供服务的数量、品种、价格、销售渠道和出口市场；

（4）要求技术接受方接受并非实施技术必不可少的附带条件，包括购买技术接受方并不需要的技术、服务、原材料、设备或者产品等和接收技术接受方并不需要的人才等；

（5）不合理地限制技术接受方自由选择从不同来源购买原材料、零部件或者设备等。

（6）禁止技术接受方对合同标的技术的知识产权的有效性提出异议的条件。

12. 技术合同内容有下列情形的，属于合同法第三百二十九条所称侵害他人技术成果：

（1）侵害他人专利权、专利申请权、专利实施权的；

(2) 侵害他人技术秘密成果使用权、转让权的；

(3) 侵害他人植物新品种权、植物新品种申请权、植物新品种实施权的；

(4) 侵害他人计算机软件著作权、集成电路电路布图设计权、新药成果权等技术成果权的；

(5) 侵害他人发明权、发现权以及其他科技成果权的。

侵害他人发明权、发现权以及其他科技成果权等技术成果完成人人身权利的合同，合同部分无效，不影响其他部分效力的，其他部分仍然有效。

❸ 最高人民法院《关于审理技术合同纠纷案件适用法律若干问题的解释》（2005年1月1日施行）

第十条 下列情形，属于合同法第三百二十九条所称的"非法垄断技术、妨碍技术进步"：

（一）限制当事人一方在合同标的技术基础上进行新的研究开发或者限制其使用所改进的技术，或者双方交换改进技术的条件不对等，包括要求一方将其自行改进的技术无偿提供给对方、非互惠性转让给对方、无偿独占或者共享该改进技术的知识产权；

（二）限制当事人一方从其他来源获得与技术提供方类似技术或者与其竞争的技术；

（三）阻碍当事人一方根据市场需求，按照合理方式充分实施合同标的技术，包括明显不合理地限制技术接受方实施合同标的技术生产产品或者提供服务的数量、品种、价格、销售渠道和出口市场；

（四）要求技术接受方接受并非实施技术必不可少的附带条件，包括购买非必需的技术、原材料、产品、设备、服务以及接收非必需的人员等；

（五）不合理地限制技术接受方购买原材料、零部件、产品或者设备等的渠道或者来源；

（六）禁止技术接受方对合同标的技术知识产权的有效性提出异议或者对提出异议附加条件。

案例链接

❶《迁西县富兴耐火材料厂与河北理工大学技术合同纠纷上诉案》，参见北大法宝引证码：Pkulaw. cn/CLI. C. 192034。

❷《新疆满疆红农资化肥科技有限公司等与石河子中亚干旱农业环境研究所专利权属纠纷上诉案》，参见北大法宝引证码：Pkulaw. cn/CLI. C. 136074。

❸《北京达成无限技术有限公司与天津国信集团有限公司技术合同纠纷上诉案》，参见北大法宝引证码：Pkulaw. cn/CLI. C. 218798。

【技术合同的内容】

法律问题解读

技术合同的内容是合同条款明确的合同当事人的权利义务。技术合同的内容一般应包括以下条款：项目名称；标的内容、范围和要求；履行的计划、进度、期限、地点、地域和方式；技术情报和资料的保密；风险责任的承担；技术成果的归属和收益的分成方法；验收标准和方法；价款、报酬或者使用费及其支付方式；违约金或者损失赔偿的计算方法；解决争议的方法；名词和术语的解释。

在实践中要注意以下两个问题：

1. 上述技术合同应当具备的条款是指导性条款，不要求订立技术合同的当事人必须采用，也不限制当事人在合同中约定其他权利义务，如当事人可以约定对技术合同的担保等。与履行合同有关的技术背景资料、可行性论证和技术评价报告、项目任务书和计划书、技术标准、技术规范、原始设计和工艺文件，以及其他技术文档，按照当事人的约定可以作为合同的组成部分。

2. 技术合同涉及专利的，还应当遵守专利法的有关规定，合同中应当注明发明创造的名称、专利申请人和专利权人、申请日期、申请号、专利号以及专利权的有效期限。以便于受让人向有关机关查询以及专利管理机关的管理，防止假冒专利的欺骗活动。

法条指引

❶《中华人民共和国合同法》（1999年10月1日施行）

第三百二十四条 技术合同的内容由当事人约定，一般包括以下条款：

（一）项目名称；

（二）标的的内容、范围和要求；

（三）履行的计划、进度、期限、地点、地域和方式；

（四）技术情报和资料的保密；

（五）风险责任的承担；

（六）技术成果的归属和收益的分成办法；

（七）验收标准和方法；
（八）价款、报酬或者使用费及其支付方式；
（九）违约金或者损失赔偿的计算方法；
（十）解决争议的方法；
（十一）名词和术语的解释。

与履行合同有关的技术背景资料、可行性论证和技术评价报告、项目任务书和计划书、技术标准、技术规范、原始设计和工艺文件，以及其他技术文档，按照当事人的约定可以作为合同的组成部分。

技术合同涉及专利的，应当注明发明创造的名称、专利申请人和专利权人、申请日期、申请号、专利号以及专利权的有效期限。

案例链接

❶《邱振富等与涿州市环境保护局技术转让合同纠纷上诉案》，参见北大法宝引证码：Pkulaw.cn/CLI.C.201737。

❷《神力集团有限公司与任文华技术合同及合营合同纠纷上诉案》，参见北大法宝引证码：Pkulaw.cn/CLI.C.21990。

❸《汪和睦诉大连高新生物制药有限公司等科技成果转化索要奖励纠纷案》，参见北大法宝引证码：Pkulaw.cn/CLI.C.134736。

【技术合同价款、报酬和使用费】

法律问题解读

价款、报酬和使用费是针对不同技术合同而言的，实质含义大同小异。价款是技术作为技术合同标的的价金，也是一方当事人获取、使用技术所应支付的代价。价款是技术作为知识形态的商品价值的货币表现形式，也是技术作为商品进行等价交换的结果。由于技术在形成过程中所耗费的人类劳动、使用的资金、运用的科技知识、信息、经验、技能和研究方法不同，以及技术产生的经济效益和社会效益不同，技术没有统一的市场价格，也不能由国家根据经济理论和价格政策确定。

技术合同的价款、报酬、使用费由当事人协商确定。一般来说，当事人应当考虑以下因素：使用技术所创造的超额利润或新增利润、技术商品的转让次数、技术商品的研究开发成本、技术商品的成熟程度、技术商品的使用期限、技术的经济效益、当事人享有的权益和承担的责任等。

价款、报酬、使用费中包含非技术性款项的，应当分项计算。技术合同的价款、报酬和使用费的支付方式多样，得由当事人自由约定，在实践中，技术合同的当事人经常采取定额支付和提成支付两种支付方式。

法条指引

❶《中华人民共和国合同法》（1999年10月1日施行）

第三百二十五条 技术合同价款、报酬或者使用费的支付方式由当事人约定，可以采取一次总算、一次总付或者一次总算、分期支付，也可以采取提成支付或者提成支付附加预付入门费的方式。

约定提成支付的，可以按照产品价格、实施专利和使用技术秘密后新增的产值、利润或者产品销售额的一定比例提成，也可以按照约定的其他方式计算。提成支付的比例可以采取固定比例、逐年递增比例或者逐年递减比例。

约定提成支付的，当事人应当在合同中约定查阅有关会计账目的办法。

❷最高人民法院《全国法院知识产权审判工作会议关于审理技术合同纠纷案件若干问题的纪要》（2001年6月19日施行）

23. 当事人对技术合同的价款、报酬和使用费没有约定或者约定不明确，依照合同法第六十一条的规定不能达成补充协议的，人民法院可以按照以下原则处理：

（1）对于技术开发合同和技术转让合同，根据有关技术成果的研究开发成本、先进性、实施转化和应用的程度，当事人享有的权益和承担的责任，以及技术成果的经济效益和社会效益等合理认定；

（2）对于技术咨询合同和技术服务合同，根据有关咨询服务工作的数量、质量和技术含量，以及预期产生的经济效益和社会效益等合理认定。

技术合同价款、报酬、使用费中包含非技术性款项的，应当分项计算。

24. 当事人对技术合同的履行地点没有约定或者约定不明确，依照合同法第六十一条的规定不能达成补充协议的，技术开发合同以研究开发人所在地为履行地，但依据合同法第三百三十条第四款订立的合同以技术成果实施地为履行地；技术转让合同以受让人所在地为履行地；技术咨询合同以受托人所在地为履行地；技术服务合同以委托人所在地为履行地。但给付合同价款、报酬、使用费的，以接受给付的一方所在地为履行地。

❸ 最高人民法院《关于审理技术合同纠纷案件适用法律若干问题的解释》（2005年1月1日施行）

第十四条 对技术合同的价款、报酬和使用费，当事人没有约定或者约定不明确的，人民法院可以按照以下原则处理：

（一）对于技术开发合同和技术转让合同，根据有关技术成果的研究开发成本、先进性、实施转化和应用的程度，当事人享有的权益和承担的责任，以及技术成果的经济效益等合理确定；

（二）对于技术咨询合同和技术服务合同，根据有关咨询服务工作的技术含量、质量和数量，以及已经产生和预期产生的经济效益等合理确定。

技术合同价款、报酬、使用费中包含非技术性款项，应当分项计算。

【定额支付】

法律问题解读

一次总算，一次总付或者一次总算，分期支付技术合同的价款、报酬和使用费。这种支付方式又称为定额支付。

这种支付方式与实物形态商品交易的支付方式基本类似。即在当事人签订合同时，将所有合同价款一次算清，在合同中明确地规定出总的金额、该合同价款中除了技术商品自身的价格外，通常还包含技术指导、人员培训等技术服务报酬。

在实践中要注意以下问题：

一次总算，并不意味着一次总付，定额支付可以分为一次总付或者分期支付。以技术转让合同为例，一次总付的支付方式，其付款时间通常是在技术转让方的技术资料交付完毕，经受让人核对验收后进行。分期支付的支付方式就是把技术合同的价款总额按照合同履行的先后顺序分期分批地支付给转让方。支付的原则是要使合同价款与转让方完成的工作量挂起钩来，基本上形成"按劳付酬"的合同对价关系。即转让方履行了多少合同义务，受让人就支付多少合同价款，每次付款的金额根据具体的合同而定。通常，就技术转让合同而言，定额支付的方法只适用于金额小、执行期间短、被转让的技术不太复杂的情况。

法条指引

❶《中华人民共和国合同法》（1999年10月1日施行）

第三百二十五条 技术合同价款、报酬或者使用费的支付方式由当事人约定，可以采取一次总算、一次总付或者一次总算、分期支付，也可以采取提成支付或者提成支付附加预付入门费的方式。

约定提成支付的，可以按照产品价格、实施专利和使用技术秘密后新增的产值、利润或者产品销售额的一定比例提成，也可以按照约定的其他方式计算。提成支付的比例可以采取固定比例、逐年递增比例或者逐年递减比例。

约定提成支付的，当事人应当在合同中约定查阅有关会计账目的办法。

案例链接

❶《新疆维吾尔自治区食品药品检验所与乌鲁木齐市天宝科技工贸总公司房屋租赁合同纠纷上诉案》，参见北大法宝引证码：Pkulaw. cn/CLI. C. 251567。

❷《重庆市茂森建筑工程有限公司诉云南正泰房地产有限责任公司建设工程施工合同纠纷案》，参见北大法宝引证码：Pkulaw. cn/CLI. C. 144527。

❸《罗顺尧与核工业西南建设工程总公司建设工程承包合同纠纷上诉案》，参见北大法宝引证码：Pkulaw. cn/CLI. C. 38198。

【提成支付】

法律问题解读

以技术转让合同为例，所谓提成支付是指将技术实施以后所产生的经济利益按一定的比例和期限支付给转让方，作为对转让方出让技术的经济补偿。分为单纯提成支付和"入门费"加提成支付两种。

单纯提成支付指全部提成费仅在受让人的产品正式销售之后才向转让方支付，在此之前，受让人不需向对方进行任何支付。主要适用于合同履行期限短、技术比较成熟、市场前景稳定的技术交易项目。

"入门费"加提成支付把合同价款分成固定价款和提成价款两部分。固定价款部分的支付方法与一次总算的支付方法相同，即在合同生效后的一段时间内一次或者分期付清。通常人们把这部分固定价款称为"入门费"或初付费。提成部分的价款也称为非固定价款或浮动价款，支付的方法与一般的提成支付相同，即在项目投产后，根据合同产品的销售情况提成支付。它是目前国内技术交易活动中应用得最普遍的一种计价方法。

在实践中要注意以下几个问题：

1. 当事人约定采用提成支付的方式支付技术合同的价款、报酬或使用费的，其提成的具体数额可以按照产品价格，实施专利和使用非专利技术新增加产值、利润或者产品销售额的一定比例提成，当事人另有约定的，从其约定。无论采取何种提成方法，就提成支付的比例，当事人可以约定采取固定比例、逐年递增比例或者逐年递减比例。

2. 约定提成支付的，转让方有权查核受让人的账目。双方当事人应当在合同中约定查阅有关会计账目的方法。在实践中，（1）受让人应当为对方查账提供方便，如对合同产品单独立账，保存好有关的单据和账目，随时备查。查账的范围只限于合同产品从生产到销售过程，其他账目转让方无权要求查核。（2）查账人员由转让方指派。查账人员可以是转让方所属的工作人员，也可以是有关审计事务所的人员，查账人员的费用由转让方负担。

法条指引

❶《中华人民共和国合同法》（1999年10月1日施行）

第三百二十五条 技术合同价款、报酬或者使用费的支付方式由当事人约定，可以采取一次总算、一次总付或者一次总算、分期支付，也可以采取提成支付或者提成支付附加预付入门费的方式。

约定提成支付的，可以按照产品价格、实施专利和使用技术秘密后新增的产值、利润或者产品销售额的一定比例提成，也可以按照约定的其他方式计算。提成支付的比例可以采取固定比例、逐年递增比例或者逐年递减比例。

约定提成支付的，当事人应当在合同中约定查阅有关会计账目的办法。

❷ 最高人民法院《全国法院知识产权审判工作会议关于审理技术合同纠纷案件若干问题的纪要》（2001年6月19日施行）

23. 当事人对技术合同的价款、报酬和使用费没有约定或者约定不明确，依照合同法第六十一条的规定不能达成补充协议的，人民法院可以按照以下原则处理：

（1）对于技术开发合同和技术转让合同，根据有关技术成果的研究开发成本、先进性、实施转化和应用的程度，当事人享有的权益和承担的责任，以及技术成果的经济效益和社会效益等合理认定；

（2）对于技术咨询合同和技术服务合同，根据有关咨询服务工作的数量、质量和技术含量，以及预期产生的经济效益和社会效益等合理认定。

技术合同价款、报酬、使用费中包含非技术性款项的，应当分项计算。

案例链接

❶《王学武诉乔治电梯（深圳）有限公司合同纠纷案》，参见北大法宝引证码：Pkulaw. cn/CLI. C. 240691。

❷《朱炳华等与曾宪洪经营合同纠纷上诉案》，参见北大法宝引证码：Pkulaw. cn/CLI. C. 133394。

❸《赣州天下品牌房地产营销策划有限公司等诉赣州汽运房地产开发经营有限公司委托代理销售合同纠纷案》，参见北大法宝引证码：Pkulaw. cn/CLI. C. 121595。

【职务技术成果及其转让使用权】

法律问题解读

职务技术成果是执行法人或者其他组织的工作任务，或者主要是利用法人或者其他组织的物质技术条件所完成的技术成果。

在实践中要注意以下几个问题：

1. 执行法人或者其他组织的任务主要是指，在职人员承担法人或者其他组织的科学研究和技术开发课题、在职人员履行本岗位的职责，以及退休、离休、调动工作的人员在离开原法人或者其他组织1年内，继续承担原法人或其他组织的科学研究和技术开发课题或者履行原岗位的职责完成的课题，但法律、行政法规另有规定或者当事人另有约定的除外。

2. 利用法人或者其他组织的物质技术条件是指，技术成果的完成主要是依靠法人或其他者组织提供的资金、设备、器材、未公开的技术情报和资料。但是利用法人或者其他组织提供的物质技术条件，按照事先约定，返还资金或交纳使用费的不在此限。调动工作的人员既执行了原法人或者其他组织的任务,又利用了所在法人或者其他组织的物质技术条件所完成的技术成果,由其原法人或者其他组织和所在法人或者其他组织协议确定,不能达成协议的,合理分享。

3. 职务技术成果的使用权、转让权属于法人或者其他组织,但法人或者其他组织应当从使用和转让职务技术成果所取得的收益中提取一定的比例,对完成职务技术成果的个人给予奖励或者报酬。职务技术成果完成人享有以同等权利优先受让该技术成果的权利。

4. 对于是否属于履行本岗位的职责完成的职务技术成果,不应从技术成果的完成是属于利用工作时间还是业余时间去界定,而应从该技术成果的完成是否属于职工的任务或岗位职责去确定。对于职工个人在本职工作之外,主要利用自己的物质技术条件完成的技术成果,少量利用单位的物质条件进行试验的,不属于主要利用单位提供的物质技术条件的情况。

法条指引

❶《中华人民共和国合同法》(1999年10月1日施行)

第三百二十六条 职务技术成果的使用权、转让权属于法人或者其他组织的,法人或者其他组织可以就该项职务技术成果订立技术合同。法人或者其他组织应当从使用和转让该职务技术成果所取得的收益中提取一定比例,对完成该项职务技术成果的个人给予奖励或者报酬。法人或者其他组织订立技术合同转让职务技术成果时,职务技术成果的完成人享有以同等条件优先受让的权利。

职务技术成果是执行法人或者其他组织的工作任务,或者主要是利用法人或者其他组织的物质技术条件所完成的技术成果。

❷ 最高人民法院《全国法院知识产权审判工作会议关于审理技术合同纠纷案件若干问题的纪要》(2001年6月19日施行)

3. 法人或者其他组织与其职工在劳动合同或者其他协议中就职工在职期间或者离职以后所完成的技术成果的权益有约定的,依其约定确认。但该约定依法应当认定为无效或者依法被撤销、解除的除外。

4. 合同法第三百二十六条第二款所称执行法人或者其他组织的工作任务,是指:

(1) 职工履行本岗位职责或者承担法人或者其他组织交付的其他科学研究和技术开发任务。

(2) 离职、退职、退休后一年内继续从事与其原所在法人或者其他组织的岗位职责或者交付的任务有关的科学研究和技术开发,但法律、行政法规另有规定或者当事人另有约定的除外。

前款所称岗位职责,是指根据法人或者其他组织的规定,职工所在岗位的工作任务和责任范围。

5. 合同法第三百二十六条第二款所称物质技术条件,是指资金、设备、器材、原材料、未公开的技术信息和资料。

合同法第三百二十六条第二款所称主要利用法人或者其他组织的物质技术条件,是指职工在完成技术成果的研究开发过程中,全部或者大部分利用了法人或者其他组织的资金、设备、器材或者原材料,或者该技术成果的实质性内容是在该法人或者其他组织尚未公开的技术成果、阶段性技术成果或者关键技术的基础上完成的。但对利用法人或者其他组织提供的物质技术条件,约定返还资金或者交纳使用费的除外。

在研究开发过程中利用法人或者其他组织已对外公开或者已为本领域普通技术人员公知的技术信息,或者在技术成果完成后利用法人或者其他组织的物质条件对技术方案进行验证、测试的,不属于主要利用法人或者其他组织的物质技术条件。

6. 完成技术成果的个人既执行了原所在法人或者其他组织的工作任务,又就同一科学研究或者技术开发课题主要利用了现所在法人或者其他组织的物质技术条件所完成的技术成果的权益,由其原所在法人或者其他组织和现所在法人或者其他组织协议确定,不能达成协议的,由双方合理分享。

7. 职工于本岗位职责或者其所在法人或者其他组织交付的任务之外从事业余兼职活动或者与他人合作完成的技术成果的权益,按照其与聘用人(兼职单位)或者合作人的约定确认。没有约定或者约定不明确,依照合同法第六十一条的规定不能达成补充协议的,按照合同法第三百二十六条和第三百二十七条的规定确认。

依照前款规定处理时不得损害职工所在的法人或者其他组织的技术权益。

8. 合同法第三百二十六条和第三百二十七条所称完成技术成果的个人,是指对技术成果单独或者共同作出创造性贡献的人,不包括仅提供资金、设备、材料、试验条件的人员,进行组织管理的人员，协助绘制图纸、整理资料、翻译文献等辅助服务人员。

判断创造性贡献时，应当分解技术成果的实质性技术构成，提出实质性技术构成和由此实现技术方案的人是作出创造性贡献的人。对技术成果做出创造性贡献的人为发明人或者设计人。

❸《中华人民共和国专利法》（2008年12月27日施行）

第六条 执行本单位的任务或者主要是利用本单位的物质技术条件所完成的发明创造为职务发明创造。职务发明创造申请专利的权利属于该单位；申请被批准后，该单位为专利权人。

非职务发明创造，申请专利的权利属于发明人或者设计人；申请被批准后，该发明人或者设计人为专利权人。

利用本单位的物质技术条件所完成的发明创造，单位与发明人或者设计人订有合同，对申请专利的权利和专利权的归属作出约定的，从其约定。

第十六条 被授予专利权的单位应当对职务发明创造的发明人或者设计人给予奖励；发明创造专利实施后，根据其推广应用的范围和取得的经济效益，对发明人或者设计人给予合理的报酬。

第十七条 发明人或者设计人有权在专利文件中写明自己是发明人或者设计人。

专利权人有权在其专利产品或者该产品的包装上标明专利标识。

❹《中华人民共和国专利法实施细则》（2010年1月9日修订）

第十二条 专利法第六条所称执行本单位的任务所完成的职务发明创造，是指：

（一）在本职工作中作出的发明创造；

（二）履行本单位交付的本职工作之外的任务所作出的发明创造；

（三）退休、调离原单位后或者劳动、人事关系终止后1年内作出的，与其在原单位承担的本职工作或者原单位分配的任务有关的发明创造。

专利法第六条所称本单位，包括临时工作单位；专利法第六条所称本单位的物质技术条件，是指本单位的资金、设备、零部件、原材料或者不对外公开的技术资料等。

第七十六条 被授予专利权的单位可以与发明人、设计人约定或者在其依法制定的规章制度中规定专利法第十六条规定的奖励、报酬的方式和数额。

企业、事业单位给予发明人或者设计人的奖励、报酬，按照国家有关财务、会计制度的规定进行处理。

第七十七条 被授予专利权的单位未与发明人、设计人约定也未在其依法制定的规章制度中规定专利法第十六条规定的奖励的方式和数额的，应当自专利权公告之日起3个月内发给发明人或者设计人奖金。一项发明专利的奖金最低不少于3000元；一项实用新型专利或者外观设计专利的奖金最低不少于1000元。

由于发明人或者设计人的建议被其所属单位采纳而完成的发明创造，被授予专利权的单位应当从优发给奖金。

第七十八条 被授予专利权的单位未与发明人、设计人约定也未在其依法制定的规章制度中规定专利法第十六条规定的报酬的方式和数额的，在专利权有效期限内，实施发明创造专利后，每年应当从实施该项发明或者实用新型专利的营业利润中提取不低于2%或者从实施该项外观设计专利的营业利润中提取不低于0.2%，作为报酬给予发明人或者设计人，或者参照上述比例，给予发明人或者设计人一次性报酬；被授予专利权的单位许可其他单位或者个人实施其专利的，应当从收取的使用费中提取不低于10%，作为报酬给予发明人或者设计人。

❺ 最高人民法院《关于审理技术合同纠纷案件适用法律若干问题的解释》（2005年1月1日施行）

第一条 技术成果，是指利用科学技术知识、信息和经验作出的涉及产品、工艺、材料及其改进等的技术方案，包括专利、专利申请、技术秘密、计算机软件、集成电路布图设计、植物新品种等。

技术秘密，是指不为公众所知悉、具有商业价值并经权利人采取保密措施的技术信息。

第二条 合同法第三百二十六条第二款所称"执行法人或者其他组织的工作任务"，包括：

（一）履行法人或者其他组织的岗位职责或者承担其交付的其他技术开发任务；

（二）离职后一年内继续从事与其原所在法人或者其他组织的岗位职责或者交付的任务有关的技术开发工作，但法律、行政法规另有规定的除外。

法人或者其他组织与其职工就职工在职期间或者离职以后所完成的技术成果的权益有约定的，人民法院应当依约定确认。

第三条 合同法第三百二十六条第二款所称

"物质技术条件",包括资金、设备、器材、原材料、未公开的技术信息和资料等。

第四条 合同法第三百二十六条第二款所称"主要利用法人或者其他组织的物质技术条件",包括职工在技术成果的研究开发过程中,全部或者大部分利用了法人或者其他组织的资金、设备、器材或者原材料等物质条件,并且这些物质条件对形成该技术成果具有实质性的影响;还包括该技术成果实质性内容是在法人或者其他组织尚未公开的技术成果、阶段性技术成果基础上完成的情形。但下列情况除外:

(一)对利用法人或者其他组织提供的物质技术条件,约定返还资金或者交纳使用费的;

(二)在技术成果完成后利用法人或者其他组织的物质技术条件对技术方案进行验证、测试的。

第五条 个人完成的技术成果,属于执行原所在法人或者其他组织的工作任务,又主要利用了现所在法人或者其他组织的物质技术条件的,应当按照该自然人原所在和现所在法人或者其他组织达成的协议确认权益。不能达成协议的,根据对完成该项技术成果的贡献大小由双方合理分享。

❻ 《中华人民共和国促进科技成果转化法》(1996年10月1日施行)

第二十九条 科技成果完成单位将其职务科技成果转让给他人的,单位应当从转让该项职务科技成果所取得的净收入中,提取不低于百分之二十的比例,对完成该项科技成果及其转化做出重要贡献的人员给予奖励。

第三十条 企业、事业单位独立研究开发或者与其他单位合作研究开发的科技成果实施转化成功投产后,单位应当连续三至五年从实施该科技成果新增留利中提取不低于百分之五的比例,对完成该项科技成果及其转化做出重要贡献的人员给予奖励。

采用股份形式的企业,可以对在科技成果的研究开发、实施转化中做出重要贡献的有关人员的报酬或者奖励,按照国家有关规定将其折算为股份或者出资比例。该持股人依据其所持股份或者出资比例分享收益。

❼ 《中华人民共和国著作权法》(2010年2月26日修正)

第十六条 公民为完成法人或者其他组织工作任务所创作的作品是职务作品,除本条第二款的规定以外,著作权由作者享有,但法人或者其他组织有权在其业务范围内优先使用。作品完成两年内,未经单位同意,作者不得许可第三人以与单位使用的相同方式使用该作品。

有下列情形之一的职务作品,作者享有署名权,著作权的其他权利由法人或者其他组织享有,法人或者其他组织可以给予作者奖励:

(一)主要是利用法人或者其他组织的物质技术条件创作,并由法人或者其他组织承担责任的工程设计图、产品设计图、地图、计算机软件等职务作品;

(二)法律、行政法规规定或者合同约定著作权由法人或者其他组织享有的职务作品。

案例链接

❶ 《李土华等与柳州市汉森机械制造有限公司专利权权属纠纷上诉案》,参见北大法宝引证码:Pkulaw. cn/CLI. C. 257213。

❷ 《刘法新与济源市农业科学研究所职务技术成果完成人奖励纠纷上诉案》,参见北大法宝引证码:Pkulaw. cn/CLI. C. 191855。

❸ 《彭连生诉武汉正鑫科技开发有限公司技术合同纠纷案》,参见北大法宝引证码:Pkulaw. cn/CLI. C. 222528。

【非职务技术成果及其转让使用权】

法律问题解读

非职务技术成果是指完成技术成果的个人自行研究开发的,不属于执行法人或者其他组织的工作任务,也不是主要利用法人或者其他组织的物质技术条件所完成的技术成果。

在实践中要注意以下几个问题:

1. 该技术成果不是完成人在所在单位或其他组织承担的科学研究和技术开发课题,也不是该完成人的岗位职责,而是完成人自行研究开发的。在此注意,不能以是否在业务时间进行科学研究作为区分标准。

2. 完成该技术成果的资料、材料、设备等物资条件主要不是由本单位提供的,项目研究开发的全过程没有采用法人或其他组织未公开的技术情报和技术资料。如果实际利用本法人或其他组织的物资技术条件与完成该技术成果所需的物资技术条件相比,所占比例较小;或者虽然利用了单位的物资技术条件,但按照事先约定,返还资金或者交纳使用费的,都不属于"主要利用本法人或其他组织的物资技术条件"。

3. 非职务技术成果的使用权、转让权属于完成技术成果的个人。完成技术成果的个人是指对技术成果单独做出或者共同做出创造性贡献的人。它不包括为完成成果仅提供了资金、设备、材料、试验条件的人员，也不包括进行组织管理工作的人员以及协助绘制图纸、整理资料、翻译文献等辅助服务人员。完成技术成果的人可以是一个或者多个自然人。

4. 职工利用专业知识在本职岗位上获得的技术、知识、经验、信息作出的本职岗位职责以外的技术成果，属于非职务技术成果。

法条指引

❶《中华人民共和国合同法》（1999年10月1日施行）

第三百二十七条　非职务技术成果的使用权、转让权属于完成技术成果的个人，完成技术成果的个人可以就该项非职务技术成果订立技术合同。

❷ 最高人民法院《全国法院知识产权审判工作会议关于审理技术合同纠纷案件若干问题的纪要》（2001年6月19日施行）

5. 合同法第三百二十六条第二款所称物质技术条件，是指资金、设备、器材、原材料、未公开的技术信息和资料。

合同法第三百二十六条第二款所称主要利用法人或者其他组织的物质技术条件，是指职工在完成技术成果的研究开发过程中，全部或者大部分利用了法人或者其他组织的资金、设备、器材或者原材料，或者该技术成果的实质性内容是在该法人或者其他组织尚未公开的技术成果、阶段性技术成果或者关键技术的基础上完成的。但对利用法人或者其他组织提供的物质技术条件，约定返还资金或者交纳使用费的除外。

在研究开发过程中利用法人或者其他组织已对外公开或者已为本领域普通技术人员公知的技术信息，或者在技术成果完成后利用法人或者其他组织的物质条件对技术方案进行验证、测试的，不属于主要利用法人或者其他组织的物质技术条件。

7. 职工于本岗位职责或者其所在法人或者其他组织交付的任务之外从事业余兼职活动或者与他人合作完成的技术成果的权益，按照其与聘用人（兼职单位）或者合作人的约定确认。没有约定或者约定不明确，依照合同法第六十一条的规定不能达成补充协议的，按照合同法第三百二十六条和第三百二十七条的规定确认。

依照前款规定处理时不得损害职工所在的法人或者其他组织的技术权益。

8. 合同法第三百二十六条和第三百二十七条所称完成技术成果的个人，是指对技术成果单独或者共同作出创造性贡献的人，不包括仅提供资金、设备、材料、试验条件的人员，进行组织管理的人员，协助绘制图纸、整理资料、翻译文献等辅助服务人员。

判断创造性贡献时，应当分解技术成果的实质性技术构成，提出实质性技术构成和由此实现技术方案的人是作出创造性贡献的人。对技术成果做出创造性贡献的人为发明人或者设计人。

案例链接

❶《新乡市瑞丰化工有限责任公司诉刘宗来侵权纠纷案》，参见北大法宝引证码：Pkulaw. cn/CLI. C. 188632。

❷《郭春萱等诉刘宗来专利权属纠纷案》，参见北大法宝引证码：Pkulaw. cn/CLI. C. 185864。

❸《西安恒泰本草科技有限公司与王增禄专利权属纠纷上诉案》，参见北大法宝引证码：Pkulaw. cn/CLI. C. 132082。

【技术成果的精神权利】

法律问题解读

技术成果的精神权利指科学技术成果的完成者对发现、发明、科技成果等归谁所有的权利，此种权利不可转让、不可剥夺。它包括在有关技术成果文件上写明自己是技术成果完成者的权利（署名权）和获得取得国家荣誉证书、奖章和其他奖励的权利。这一权利与完成技术成果的完成者人身紧密相连，因此，这一权利应当属于对完成技术成果做出了创造性贡献的个人。在实践中需要注意以下几个问题：

1. 技术成果包括职务技术成果和非职务技术成果。即使在技术成果的经济性权利归属于单位或有人买断了非职务技术成果的经济性权利，也不能剥夺完成该技术成果人员的人身权。

2. 完成技术成果的个人是指对技术成果单独做出或者共同做出创造性贡献的人。不包括仅提供资金、设备、材料、试验条件的人员，进行组织管理的人员，协助绘制图纸、整理资料、翻译文献等辅助服务人员。

3. 技术成果文件是指专利申请书、科学技术奖励申报书、科技成果登记书等确认技术成果完成者身份和授予荣誉的证书和文件。

4. 此处所称的奖励是指有关专门机关对完成技术成果的人员给予的一种物资上的鼓励。与《合同法》第326条的"奖励"含义不同。

5. 技术成果完成人在成果文件上行使署名权和获得荣誉权是法律赋予的权利，受法律保护。如果该项权利受到非法侵害，权利人可以请求人民法院或者有关主管部门予以保护。

法条指引

❶《中华人民共和国合同法》（1999年10月1日施行）

第三百二十八条 完成技术成果的个人有在有关技术成果文件上写明自己是技术成果完成者的权利和取得荣誉证书、奖励的权利。

❷《中华人民共和国民法通则》（1987年1月1日施行）

第九十七条 公民对自己的发现享有发现权。发现人有权申请领取发现证书、奖金或者其他奖励。

公民对自己的发明或者其他科技成果，有权申请领取荣誉证书、奖金或者其他奖励。

❸《中华人民共和国专利法》（2008年12月27日施行）

第十七条 发明人或者设计人有权在专利文件中写明自己是发明人或者设计人。

专利权人有权在其专利产品或者该产品的包装上标明专利标识。

❹《中华人民共和国专利法实施细则》（2010年1月9日修订）

第十三条 专利法所称发明人或者设计人，是指对发明创造的实质性特点作出创造性贡献的人。在完成发明创造过程中，只负责组织工作的人、为物质技术条件的利用提供方便的人或者从事其他辅助工作的人，不是发明人或者设计人。

❺ 最高人民法院《关于审理技术合同纠纷案件适用法律若干问题的解释》（2005年1月1日施行）

第六条 合同法第三百二十六条、第三百二十七条所称完成技术成果的"个人"，包括对技术成果单独或者共同作出创造性贡献的人，也即技术成果的发明人或者设计人。人民法院在对创造性贡献进行认定时，应当分解所涉及技术成果的实质性技术构成。提出实质性技术构成并由此实现技术方案的人，是作出创造性贡献的人。

提供资金、设备、材料、试验条件，进行组织管理，协助绘制图纸、整理资料、翻译文献等人员，不属于完成技术成果的个人。

❻ 最高人民法院《关于印发全国法院知识产权审判工作会议关于审理技术合同纠纷案件若干问题的纪要的通知》（2001年6月19日施行）

8. 合同法第三百二十六条和第三百二十七条所称完成技术成果的个人，是指对技术成果单独或者共同作出创造性贡献的人，不包括仅提供资金、设备、材料、试验条件的人员，进行组织管理的人员，协助绘制图纸、整理资料、翻译文献等辅助服务人员。

判断创造性贡献时，应当分解技术成果的实质性技术构成，提出实质性技术构成和由此实现技术方案的人是作出创造性贡献的人。对技术成果做出创造性贡献的人为发明人或者设计人。

案例链接

❶《橡果信息科技（上海）有限公司等与深圳市贝肯健科技有限公司等专利侵权纠纷案》，参见北大法宝引证码：Pkulaw. cn/CLI. C. 95981。

❷《年冠鼐诉徐文耀、西安启域汉字桥研究所等侵犯著作权案》，参见北大法宝引证码：Pkulaw. cn/CLI. C. 88777。

❸《上海奇普科技有限公司与北京阜国数字技术有限公司计算机软件著作权侵权纠纷上诉案》，参见北大法宝引证码：Pkulaw. cn/CLI. C. 64273。

【技术合同无效的特殊条件】

法律问题解读

《合同法》在总则中规定的合同无效的情形适用于技术合同，如违法法律、法规强制性规定的技术合同；采取欺诈或者胁迫手段损害国家利益订立的技术合同都是无效的。此外，订立技术合同还应该遵循其特有的基本原则，即订立技术合同应当有利于科学技术的进步，有利于科技成果的转化、应用和推广。国家法律保护合法的技术竞争，要求当事人应当在合法的范围内行使自己的权利，禁止当事人在订立技术合同中滥用其技术和竞争优势，非法垄断技术，妨碍技术进步或者侵害他人技术成果。非法垄断技术、妨害技术进步或者侵害他人技术成果的技术合同无效。

在实践中要注意以下几个问题：

1. 所谓非法垄断技术、妨碍技术进步，是指合同的一方当事人通过合同条款限制另一方当事人在合同标的技术的基础上进行新的研究开发，限制另一方当事人从其他渠道吸收技术，或者阻碍另一方根据市场的需求，按照合理的方式充分实施专利和使用技术秘密等情形。

2. 侵害他人技术成果，指侵害另一方或者第三方的专利权、专利申请权、专利实施权、技术秘密使用权和转让权或者发明权、发现权以及其他科技成果权的行为。侵害他人技术成果的技术合同不但要认定无效，而且责任人要承担合同无效和侵权的法律责任。

3. 无效的技术合同，从订立时起就没有法律约束力。但是，技术合同的部分无效，不影响其余部分的效力，其余部分仍然有效。

法条指引

❶《中华人民共和国合同法》（1999年10月1日施行）

第五十二条 有下列情形之一的，合同无效：

（一）一方以欺诈、胁迫的手段订立合同，损害国家利益；

（二）恶意串通，损害国家、集体或者第三人利益；

（三）以合法形式掩盖非法目的；

（四）损害社会公共利益；

（五）违反法律、行政法规的强制性规定。

第五十四条 下列合同，当事人一方有权请求人民法院或者仲裁机构变更或者撤销：

（一）因重大误解订立的；

（二）在订立合同时显失公平的。

一方以欺诈、胁迫的手段或者乘人之危，使对方在违背真实意思的情况下订立的合同，受损害方有权请求人民法院或者仲裁机构变更或者撤销。

当事人请求变更的，人民法院或者仲裁机构不得撤销。

第五十六条 无效的合同或者被撤销的合同自始没有法律约束力。合同部分无效，不影响其他部分效力的，其他部分仍然有效。

第三百二十九条 非法垄断技术、妨碍技术进步或者侵害他人技术成果的技术合同无效。

❷ 最高人民法院《全国法院知识产权审判工作会议关于审理技术合同纠纷案件若干问题的纪要》（2001年6月19日施行）

11. 技术合同内容有下列情形的，属于合同法第三百二十九条所称"非法垄断技术，妨碍技术进步"：

（1）限制另一方在合同标的技术的基础上进行新的研究开发，或者双方交换改进技术的条件不对等，包括要求一方将其自行改进的技术无偿地提供给对方、非互惠性地转让给对方、无偿地独占或者共享该改进技术的知识产权；

（2）限制另一方从其他来源吸收技术；

（3）阻碍另一方根据市场的需求，按照合理的方式充分实施合同标的的技术，包括不合理地限制技术接受方实施合同标的的技术生产产品或者提供服务的数量、品种、价格、销售渠道和出口市场；

（4）要求技术接受方接受并非实施技术必不可少的附带条件，包括购买技术接受方并不需要的技术、服务、原材料、设备或者产品等和接收技术接受方并不需要的人才等；

（5）不合理地限制技术接受方自由选择从不同来源购买原材料、零部件或者设备等；

（6）禁止技术接受方对合同标的的技术的知识产权的有效性提出异议的条件。

12. 技术合同内容有下列情形的，属于合同法第三百二十九条所称侵害他人技术成果：

（1）侵害他人专利权、专利申请权、专利实施权的；

（2）侵害他人技术秘密成果使用权、转让权的；

（3）侵害他人植物新品种权、植物新品种申请权、植物新品种实施权的；

（4）侵害他人计算机软件著作权、集成电路电路布图设计权、新药成果权等技术成果权的；

（5）侵害他人发明权、发现权以及其他科技成果权的。

侵害他人发明权、发现权以及其他科技成果权等技术成果完成人人身权利的合同，合同部分无效，不影响其他部分效力的，其他部分仍然有效。

13. 当事人使用或者转让其独立研究开发或者以其他正当方式取得的与他人的技术秘密相同或者近似的技术秘密的，不属于合同法第三百二十九条所称侵害他人技术成果。

通过合法的参观访问或者对合法取得的产品进行拆卸、测绘、分析等反向工程手段掌握相关技术的，属于前款所称以其他正当方式取得。但法律另有规定或者当事人另有约定的除外。

14. 除当事人另有约定或者技术成果的权利人追认的以外，技术秘密转让合同和专利实施许可合同的受让人，将合同标的技术向他人转让而订立的合同无效。

15. 技术转让合同中既有专利权转让或者专利实施许可内容，又有技术秘密转让内容，专利权被宣告无效或者技术秘密被他人公开的，不影响合同中另一部分内容的效力。但当事人另有约定的除外。

16. 当事人一方采取欺诈手段，就其现有技术成果作为研究开发标的与他人订立委托开发合同收取研究开发费用，或者就同一研究开发课题先后与两个或者两个以上的委托人分别订立委托开发合同重复收取研究开发费用的，受损害方可以依照合同法第五十四条第二款的规定请求变更或者撤销合同，但属于合同法第五十二条和第三百二十九条规定的情形应当对合同作无效处理的除外。

❸ 最高人民法院《关于审理技术合同纠纷案件适用法律若干问题的解释》（2005 年 1 月 1 日施行）

第九条 当事人一方采取欺诈手段，就其现有技术成果作为研究开发标的与他人订立委托开发合同收取研究开发费用，或者就同一研究开发课题先后与两个或者两个以上的委托人分别订立委托开发合同重复收取研究开发费用的，受损害方依照合同法第五十四条第二款规定请求变更或者撤销合同的，人民法院应当予以支持。

第十条 下列情形，属于合同法第三百二十九条所称的"非法垄断技术、妨碍技术进步"：

（一）限制当事人一方在合同标的技术基础上进行新的研究开发或者限制其使用所改进的技术，或者双方交换改进技术的条件不对等，包括要求一方将其自行改进的技术无偿提供给对方、非互惠性转让给对方、无偿独占或者共享该改进技术的知识产权；

（二）限制当事人一方从其他来源获得与技术提供方类似技术或者与其竞争的技术；

（三）阻碍当事人一方根据市场需求，按照合理方式充分实施合同标的技术，包括明显不合理地限制技术接受方实施合同标的技术生产产品或者提供服务的数量、品种、价格、销售渠道和出口市场；

（四）要求技术接受方接受并非实施技术必不可少的附带条件，包括购买非必需的技术、原材料、产品、设备、服务以及接受非必需的人员等；

（五）不合理地限制技术接受方购买原材料、零部件、产品或者设备等的渠道或者来源；

（六）禁止技术接受方对合同标的技术知识产权的有效性提出异议或者对提出异议附加条件。

案例链接

❶《刘猛与王锋等技术转让合同纠纷上诉案》，参见北大法宝引证码：Pkulaw. cn/CLI. C. 222722。

❷《通州市申鑫拉链有限公司与宏大研究院有限公司技术合同纠纷上诉案》，参见北大法宝引证码：Pkulaw. cn/CLI. C. 164889。

❸《长沙燕达机械制造有限公司诉长沙环球职业中专学校技术转让合同纠纷案》，参见北大法宝引证码：Pkulaw. cn/CLI. C. 191607。

【技术合同无效的法律后果】

法律问题解读

对于技术合同无效的处理方法，在实践中应该注意以下几个问题：

1. 无效的技术合同，从订立时起就没有法律约束力。但是，技术合同的部分无效，不影响其余部分的效力，其余部分仍然有效。

2. 技术合同无效的，只能由当事人向人民法院或仲裁机构提出变更或撤销合同，而不允许向对方当事人提出请求。

3. 技术合同无效后，（1）应恢复原状，即当事人间的财产关系恢复到合同订立前的状态。具体做到：一方返还另一方所交付的技术资料或样品，并不得存留复制品；当事人双方可以约定，一方或双方在一定期限内负有对该技术资料和情报保密的义务，或承担不实施该技术的义务。（2）有过错的一方如给对方造成损失，应根据过错责任原则，向受害方承担赔偿责任；如果技术合同无效是由双方的过错引起的，应根据责任大小、主次、轻重各自承担相应的责任。

4. 因侵害他人技术成果被认定为无效的技术合同，一般按以下原则处理：（1）因侵害他人专利权、专利申请权、专利实施权的技术合同被确认无效后，合同尚未履行的，不得履行；正在履行的，应当终止履行。提供技术的一方应当对侵权承担责任；若接受技术的一方明知另一方侵权，仍然与其订立、履行合同的,则应当认定为共同侵权,并承担连带责任。(2)侵害非专利技术成果使用权、转让权的技术合同被确认无效后,提供技术的一方应当对侵权行为承担责任。善意接受该项非专利技术成果的一方,可以继续实施该项技术,但应当向权利人支付合理的使用费。如果接受技术的一方明知另一方侵权仍然与其订立、履行合同的,则应当认定为共同侵权,并承担连带责任,并不得继续实施该项非专利技术。(3)侵害他人发明权、发现权、其他科技成果权等荣誉权的技术合同,在确认有关条款无效后不影响其余部分效力的,其余部分继续有效。对侵权行为负有责任的当事人,可根据情节轻重,按照《民法通则》第118条的规定,裁决其停止侵害、消除影响并赔偿损失。

法条指引

❶《中华人民共和国合同法》(1999年10月1日施行)

第五十六条 无效的合同或者被撤销的合同自始没有法律约束力。合同部分无效,不影响其他部分效力的,其他部分仍然有效。

第五十八条 合同无效或者被撤销后,因该合同取得的财产,应当予以返还;不能返还或者没有必要返还的,应当折价补偿。有过错的一方应当赔偿对方因此所受到的损失,双方都有过错的,应当各自承担相应的责任。

第五十九条 当事人恶意串通,损害国家、集体或者第三人利益的,因此取得的财产收归国家所有或者返还集体、第三人。

第三百二十九条 非法垄断技术、妨碍技术进步或者侵害他人技术成果的技术合同无效。

❷ 最高人民法院《全国法院知识产权审判工作会议关于审理技术合同纠纷案件若干问题的纪要》(2001年6月19日施行)

17. 技术合同无效或者被撤销后,研究开发人、让与人、受托人已经履行了约定的义务,且造成合同无效或者被撤销的过错在对方的,其按约定应当收取的研究开发经费、技术使用费和提供咨询服务的报酬,可以视为因对方原因导致合同无效或者被撤销给其造成的损失。

18. 技术合同无效或者被撤销后,当事人因合同取得的技术资料、样品、样机等技术载体应当返还权利人,并不得保留复制品;涉及技术秘密的,当事人依法负有保密义务。

19. 技术合同无效或者被撤销后,因履行合同所完成的新的技术成果或者在他人技术成果的基础上完成的后续改进部分的技术成果的权利归属和利益分享,当事人不能重新协议确定的,由完成技术成果的一方当事人享有。

20. 侵害他人技术秘密成果使用权、转让权的技术合同无效后,除法律、行政法规另有规定的以外,善意、有偿取得该技术秘密的一方可以继续使用该技术秘密,但应当向权利人支付合理的使用费并承担保密义务。除与权利人达成协议以外,善意取得的一方(使用人)继续使用该技术秘密不得超过其取得时确定的使用范围。当事人双方恶意串通或者一方明知或者应知另一方侵权仍然与其订立或者履行合同的,属于共同侵权,应当承担连带赔偿责任和保密义务,因该无效合同而取得技术秘密的当事人不得继续使用该技术秘密。

前款规定的使用费由使用人与权利人协议确定,不能达成协议的,任何一方可以请求人民法院予以裁决。使用人拒不履行双方达成的使用费协议的,权利人除可以请求人民法院判令使用人支付已使用期间的使用费以外,还可以请求判令使用人停止使用该技术秘密;使用人拒不执行人民法院关于使用费的裁决的,权利人除可以申请强制执行已使用期间的使用费外,还可以请求人民法院判令使用人停止使用该技术秘密。在双方就使用费达成协议或者人民法院作出生效裁决以前,使用人可以不停止使用该技术秘密。

21. 人民法院在裁决前条规定的使用费时,可以根据权利人善意对外转让该技术秘密的费用并考虑使用人的使用规模和经济效益等因素来确定;也可以依据使用人取得该技术秘密所支付的费用并考虑该技术秘密的研究开发成本、成果转化和应用程度和使用人的使用规模和经济效益等因素来确定。

人民法院应当对已使用期间的使用费和以后使用的付费标准一并作出裁决。

合同被确认无效后,使用人不论是否继续使用该技术秘密,均应当向权利人支付其已使用期间的使用费,其已向无效合同的让与人支付的费用应当由让与人负责返还,该费用中已由让与人作为侵权损害的赔偿直接给付权利人的部分,在计算使用人向权利人支付的使用费时相应扣除。

22. 法律、法规规定生产产品或者提供服务须经有关部门审批手续或者领取许可证,而实际尚未办理该审批手续或者领取许可证的,不影响当事人就有关产品的生产或者服务的提供所订立的技术合同的效力。

当事人对办理前款所称审批手续或者许可证的义务没有约定或者约定不明确，依照合同法第六十一条的规定不能达成补充协议的，除法律、法规另有规定的以外，由实施技术的一方负责办理。

❸ **最高人民法院《关于审理技术合同纠纷案件适用法律若干问题的解释》**（2005年1月1日施行）

第十一条 技术合同无效或者被撤销后，技术开发合同研究开发人、技术转让合同让与人、技术咨询合同和技术服务合同的受托人已经履行或者部分履行了约定的义务，并且造成合同无效或者被撤销的过错在对方的，对其已履行部分应当收取的研究开发经费、技术使用费、提供咨询服务的报酬，人民法院可以认定为因对方原因导致合同无效或者被撤销给其造成的损失。

技术合同无效或者被撤销后，因履行合同所完成新的技术成果或者在他人技术成果基础上完成后续改进技术成果的权利归属和利益分享，当事人不能重新协议确定的，人民法院可以判决由完成技术成果的一方享有。

第十二条 根据合同法第三百二十九条的规定，侵害他人技术秘密的技术合同被确认无效后，除法律、行政法规另有规定的以外，善意取得该技术秘密的一方当事人可以在其取得时的范围内继续使用该技术秘密，但应当向权利人支付合理的使用费并承担保密义务。

当事人双方恶意串通或者一方知道或者应当知道另一方侵权仍与其订立或者履行合同的，属于共同侵权，人民法院应当判令侵权人承担连带赔偿责任和保密义务，因此取得技术秘密的当事人不得继续使用该技术秘密。

第十三条 依照前条第一款规定可以继续使用技术秘密的人与权利人就使用费支付发生纠纷的，当事人任何一方都可以请求人民法院予以处理。继续使用技术秘密但又拒不支付使用费的，人民法院可以根据权利人的请求判令使用人停止使用。

人民法院在确定使用费时，可以根据权利人通常对外许可该技术秘密的使用费或者使用人取得该技术秘密所支付的使用费，并考虑该技术秘密的研究开发成本、成果转化和应用程度以及使用人的使用规模、经济效益等因素合理确定。

不论使用人是否继续使用技术秘密，人民法院均应当判令其向权利人支付已使用期间的使用费。使用人已向无效合同的让与人支付的使用费应当由让与人负责返还。

案例链接

❶《刘猛与王锋等技术转让合同纠纷上诉案》，参见北大法宝引证码：Pkulaw. cn/CLI. C. 222722。

❷《通州市申鑫拉链有限公司与宏大研究院有限公司技术合同纠纷上诉案》，参见北大法宝引证码：Pkulaw. cn/CLI. C. 164889。

❸《长沙燕达机械制造有限公司诉长沙环球职业中专学校技术转让合同纠纷案》，参见北大法宝引证码：Pkulaw. cn/CLI. C. 191607。

【技术开发合同】

法律问题解读

技术开发合同是当事人间就新技术、新产品、新工艺或者新材料及其系统的研究开发所订立的合同。分为委托开发合同和合作开发合同两种。

理解技术开发合同，应把握以下几个问题：

1. 技术开发合同的标的物是具有创造性的技术成果，这种新技术成果是当事人在订立合同时尚不掌握的、不存在的，只有经过研究开发方的创造性科技活动才能取得。

2. 技术开发合同是双务合同、有偿合同、诺成合同、要式合同。

3. 技术开发合同的当事人共担风险。技术开发合同中的风险，主要是指在履行技术开发合同过程中，遭遇人类目前尚无法克服的技术难关，导致开发工作全部或部分失败。因为技术开发合同的成果是创造性的新成果，这种成果的取得本身就具有相当的难度，蕴藏着开发不出的危险。如果尽管开发研究方尽了自己最大的努力，仍因技术上的难度大而未能取得合同约定的预期成果时，其风险负担根据《合同法》的规定，当事人双方有约定的依其约定；没有约定或者约定不明确的，依照第61条规定规则解决；由此仍不能确定的，由当事人双方合理分担风险。

4. 技术开发合同是双方当事人在基础研究的基础上，利用已有的基础理论、基础设施、技术情报资料等条件，研究开发出可以直接用于生产、能作为商品进行流通的新技术成果而进行相互协作的法律形式。因此，凡进行基础理论研究的合作协议应不属于技术开发合同。为鼓励规范先进科技成果的转化，我国《合同法》第330条第4款规定，当事人之间就具有产业应用价值的科技成果实施转化订立的合同，参照技术开发合同的规定。

法条指引

❶《中华人民共和国合同法》（1999年10月1日施行）

第六十一条 合同生效后，当事人就质量、价款或者报酬、履行地点等内容没有约定或者约定不明确的，可以协议补充；不能达成补充协议的，按照合同有关条款或者交易习惯确定。

第三百三十条 技术开发合同是指当事人之间就新技术、新产品、新工艺或者新材料及其系统的研究开发所订立的合同。

技术开发合同包括委托开发合同和合作开发合同。

技术开发合同应当采用书面形式。

当事人之间就具有产业应用价值的科技成果实施转化订立的合同，参照技术开发合同的规定。

第三百三十八条 在技术开发合同履行过程中，因出现无法克服的技术困难，致使研究开发失败或者部分失败的，该风险责任由当事人约定。没有约定或者约定不明确，依照本法第六十一条的规定仍不能确定的，风险责任由当事人合理分担。

当事人一方发现前款规定的可能致使研究开发失败或者部分失败的情形时，应当及时通知另一方并采取适当措施减少损失。没有及时通知并采取适当措施，致使损失扩大的，应当就扩大的损失承担责任。

❷ 最高人民法院《全国法院知识产权审判工作会议关于审理技术合同纠纷案件若干问题的纪要》（2001年6月19日施行）

35．转让阶段性技术成果并约定后续开发义务的合同，就该阶段性技术成果的重复试验效果方面发生争议的，按照技术转让合同处理；就后续开发方面发生争议的，按照技术开发合同处理。

39．技术开发合同当事人一方仅提供资金、设备、材料等物质条件，承担辅助协作事项，另一方进行研究开发工作的合同，属于委托开发合同。

43．合同法第三百三十条所称新技术、新产品、新工艺、新材料及其系统，是指当事人在订立技术合同时尚未掌握的产品、工艺、材料及其系统等技术方案，但在技术上没有创新的现有产品的改型、工艺变更、材料配方调整以及技术成果的验证、测试和使用除外。

44．合同法第三百三十条第四款所称当事人之间就具有产业应用价值的科技成果实施转化订立的合同，是指当事人之间就具有实用价值但尚未能够实现商品化、产业化应用的科技成果（包括阶段性技术成果），以实现该科技成果的商品化、产业化应用为目标，约定有关后续试验、开发和应用等内容的合同。

❸ 最高人民法院《关于审理技术合同纠纷案件适用法律若干问题的解释》（2005年1月1日施行）

第十七条 合同法第三百三十条所称"新技术、新产品、新工艺、新材料及其系统"，包括当事人在订立技术合同时尚未掌握的产品、工艺、材料及其系统等技术方案，但对技术上没有创新的现有产品的改型、工艺变更、材料配方调整以及对技术成果的验证、测试和使用除外。

第十八条 合同法第三百三十条第四款规定的"当事人之间就具有产业应用价值的科技成果实施转化订立的"技术转化合同，是指当事人之间就具有实用价值但尚未实现工业化应用的科技成果包括阶段性技术成果，以实现该科技成果工业化应用为目标，约定后续试验、开发和应用等内容的合同。

❹《中华人民共和国促进科技成果转化法》（1996年10月1日施行）

第二条 本法所称科技成果转化，是指为提高生产力水平而对科学研究与技术开发所产生的具有实用价值的科技成果所进行的后续试验、开发、应用、推广直至形成新产品、新工艺、新材料，发展新产业等活动。

第三条 科技成果转化活动应当有利于提高经济效益、社会效益和保护环境与资源，有利于促进经济建设、社会发展和国防建设。

科技成果转化活动应当遵循自愿、互利、公平、诚实信用的原则，依法或者依照合同的约定，享受利益，承担风险。科技成果转化中的知识产权受法律保护。

科技成果转化活动应当遵守法律，维护国家利益，不得损害社会公共利益。

第四条 国务院科学技术行政部门、计划部门、经济综合管理部门和其他有关行政部门依照国务院规定的职责范围，管理、指导和协调科技成果转化工作。

地方各级人民政府负责管理、指导和协调本行政区域内的科技成果转化工作。

第九条 科技成果持有者可以采用下列方式进行科技成果转化：

（一）自行投资实施转化；

（二）向他人转让该科技成果；

（三）许可他人使用该科技成果；

（四）以该科技成果作为合作条件，与他人共同实施转化；

（五）以该科技成果作价投资，折算股份或者出资比例。

第十五条 科技成果完成单位、科技成果转化实施单位和科技成果转化投资单位，就科技成果的后续试验、开发、应用和生产经营进行合作，应当签订合同，约定各方享有的权利和承担的风险。

第二十六条 科技成果完成单位与其他单位合作进行科技成果转化的，应当依法由合同约定该科技成果有关权益的归属。合同未作约定的，按照下列原则办理：

（一）在合作转化中无新的发明创造的，该科技成果的权益，归该科技成果完成单位；

（二）在合作转化中产生新的发明创造的，该新发明创造的权益归合作各方共有；

（三）对合作转化中产生的科技成果，各方都有实施该项科技成果的权利，转让该科技成果应经合作各方同意。

❺《中华人民共和国专利法》（2008年12月27日施行）

第二条 本法所称的发明创造是指发明、实用新型和外观设计。

发明，是指对产品、方法或者其改进所提出的新的技术方案。

实用新型，是指对产品的形状、构造或者其结合所提出的适于实用的新的技术方案。

外观设计，是指对产品的形状、图案或者其结合以及色彩与形状、图案的结合所作出的富有美感并适于工业应用的新设计。

案例链接

❶《李土华等与柳州市汉森机械制造有限公司等专利权权属纠纷上诉案》，参见北大法宝引证码：Pkulaw.cn/CLI.C.257209。

❷《李土华等与柳州市汉森机械制造有限公司专利权权属纠纷上诉案》，参见北大法宝引证码：Pkulaw.cn/CLI.C.257213。

❸《上海直真节点技术开发有限公司与上海福卫软件科技有限公司技术转让合同纠纷上诉案》，参见北大法宝引证码：Pkulaw.cn/CLI.C.242778。

【委托开发合同委托方的义务】

法律问题解读

委托开发合同是指当事人一方委托另一方进行研究开发所订立的合同。委托方的义务主要有：

1. 按照合同约定支付研究开发费用和报酬。

2. 按照约定提供技术资料、原始数据，完成协作事项。

3. 在技术开发完成后，委托方应当在合同约定的期限内接受研究开发成果。

在实践中要注意以下问题：

1. 当事人应当在合同中约定研究开发经费的结算办法。合同约定按照实际支付的，研究开发经费不足时，委托方应当补充支付；研究开发经费剩余时，研究开发人应当如数返还。如合同中约定研究开发经费包干使用或者没有研究开发经费结算办法，对不足的费用委托方无补充的义务；对结余的费用委托方也无权要求返还。

2. 在委托开发合同中，如果当事人没有单独约定报酬的，应当认定为研究开发经费中包括了报酬部分。

3. 委托方不依合同约定及时提供技术资料、原始数据，完成协作事项或者履行有重大缺陷的，导致开发工作停滞、延误、失败的，依《合同法》第333条，支付违约金或者赔偿损失。

4. 委托方不及时接受研究开发方交付的已完成的成果时，应承担违约责任并支付保管费用。经研究开发方催告并经过一合理期限委托方仍拒绝接受的，研究开发方有权处分研究开发成果，从所得收益中扣除约定的报酬、违约金和保管费；如所得收益不足以抵偿上述款项，研究开发方有权请求委托方赔偿损失。

5. 委托方由于经济能力限制只能承担部分研究开发费用，研究开发人自己承担其余部分经费的情况是存在的，双方的利益关系往往通过调整技术成果的分享来解决。这在法律上应当允许，而且不改变技术开发合同的性质。

法条指引

❶《中华人民共和国合同法》（1999年10月

1日施行)

第三百三十一条 委托开发合同的委托人应当按照约定支付研究开发经费和报酬；提供技术资料、原始数据；完成协作事项；接受研究开发成果。

第三百三十三条 委托人违反约定造成研究开发工作停滞、延误或者失败的，应当承担违约责任。

❷ 最高人民法院《全国法院知识产权审判工作会议关于审理技术合同纠纷案件若干问题的纪要》（2001年6月19日施行）

48．委托开发合同委托人在不妨碍研究开发人正常工作的情况下，有权依据合同法第六十条第二款的规定，对研究开发人履行合同和使用研究开发经费的情况进行必要的监督检查，包括查阅账册和访问现场。

研究开发人有权依据合同法第三百三十一条的规定，要求委托人补充必要的背景资料和数据等，但不得超过履行合同所需要的范围。

案例链接

❶《移动八月（北京）技术有限公司与王华青等合同纠纷上诉案》，参见北大法宝引证码：Pkulaw.cn/CLI.C.205656。

❷《北京亿阳增值业务通信股份有限公司诉北京农村商业银行股份有限公司技术委托开发和委托服务合同纠纷案》，参见北大法宝引证码：Pkulaw.cn/CLI.C.116981。

❸《北京机械工业自动化研究所诉佛山市三水南钢实业有限公司技术委托开发合同纠纷案》，参见北大法宝引证码：Pkulaw.cn/CLI.C.196945。

【委托开发合同研究开发方的义务】

法律问题解读

委托开发合同研究开发方的义务有以下几点：

1．按照约定制定和实施研究开发计划。研究开发方不亲自履行研究开发义务的，委托方应有权解除合同，并请求返还研究开发经费和赔偿损失。

2．合理使用研究开发费用。开发人应当按照合同的约定，本着专款专用的原则，根据开发项目的实际需要，合理有效地使用委托方支付的研究开发经费，不得擅自挪作他用。委托方有权检查研究开发经费的使用情况，但不能妨碍研究开发人的正常工作。

3．按期完成研究开发工作，交付研究开发成果。研究开发人不得擅自变更标的内容、形式和要求。

4．研究开发方的后续义务。提供有关的技术资料和必要的技术指导，帮助委托方掌握研究开发成果。研究开发人不得向第三人泄露技术开发成果的技术秘密，也不得向第三人提供该项技术成果，但当事人另有约定或法律另有规定的除外。根据诚实信用原则，当事人双方还应共同在合同订立和履行过程中承担相互不断通报合同履行情况的义务。

在实践中值得注意的是，委托合同的研究开发人不得就同一研究开发课题先后同两个以上的委托方分别订立委托开发合同，重复收取研究开发费用。如果研究开发人就同一研究开发课题先后订立两个以上的委托开发合同的，第一个合同有效，其后订立的合同无效，研究开发人应当对合同无效承担责任。

法条指引

❶《中华人民共和国合同法》（1999年10月1日施行）

第三百三十二条 委托开发合同的研究开发人应当按照约定制定和实施研究开发计划；合理使用研究开发经费；按期完成研究开发工作，交付研究开发成果，提供有关的技术资料和必要的技术指导，帮助委托人掌握研究开发成果。

❷ 最高人民法院《全国法院知识产权审判工作会议关于审理技术合同纠纷案件若干问题的纪要》（2001年6月19日施行）

48．委托开发合同委托人在不妨碍研究开发人正常工作的情况下，有权依据合同法第六十条第二款的规定，对研究开发人履行合同和使用研究开发经费的情况进行必要的监督检查，包括查阅账册和访问现场。

研究开发人有权依据合同法第三百三十一条的规定，要求委托人补充必要的背景资料和数据等，但不得超过履行合同所需要的范围。

49．研究开发成果验收时，委托开发合同的委托人和合作开发合同的当事人有权取得实施技术成果所必需的技术资料、试验报告和数据，要求另一方进行必要的技术指导，保证所提供的技术成果符合合同约定的条件。

❸ 最高人民法院《关于审理技术合同纠纷案

件适用法律若干问题的解释》（2005年1月1日施行）

第九条 当事人一方采取欺诈手段，就其现有技术成果作为研究开发标的与他人订立委托开发合同收取研究开发费用，或者就同一研究开发课题先后与两个或者两个以上的委托人分别订立委托开发合同重复收取研究开发费用的，受损害方依照合同法第五十四条第二款规定请求变更或者撤销合同的，人民法院应当予以支持。

案例链接

❶《北京机械工业自动化研究所诉佛山市三水南钢实业有限公司技术委托开发合同纠纷案》，参见北大法宝引证码：Pkulaw. cn/CLI. C. 196945。

❷《南京航星信息技术有限公司与南京航空航天大学技术合同纠纷上诉案》，参见北大法宝引证码：Pkulaw. cn/CLI. C. 84990。

❸《连云港市晶瑞石英工业开发研究院有限公司与中国科学院过程工程研究所技术合同纠纷上诉案》，参见北大法宝引证码：Pkulaw. cn/CLI. C. 125235。

【委托方的违约责任】

法律问题解读

委托方违反约定造成研究开发工作停滞、延误或者失败的，应当承担违约责任。所谓"停滞"，是指研究开发工作由于欠缺某些条件无法继续进行；"延误"是指研究开发工作不能依合同约定期限进行或完成；"失败"是指研究开发工作由于欠缺条件不可能再进行下去，即使再进行下去也无法实现开发目的，它与由风险导致的失败不同，后者是意外情况，非因当事人的行为而导致。

在实践中，委托方承担违约责任的情形有：

1. 委托方迟延支付研究开发经费，造成研究开发工作停滞、延误的，研究开发人不承担责任。委托方逾期两个月不支付研究开发经费或者报酬的，研究开发人有权解除合同，委托方应当返还技术资料，补交应付的报酬，赔偿因此给研究开发人造成的损失。

2. 委托方未按照合同约定提供技术资料、原始数据和协作事项或者所提供的技术资料、原始数据和协作事项有重大缺陷，导致研究开发工作停滞、延误、失败，委托方应当承担责任，委托方逾期两个月不提供技术资料、原始数据和协作事项的，研究开发人有权解除合同，委托方应当赔偿因此给研究开发人造成的损失。但研究开发方发现委托方所提供的资料和数据有明显错误而没有通知委托方复核、更正和补充的，因其亦有过错，应承担相应的责任。

3. 委托方逾期6个月不接受研究开发成果的，研究开发人有权处分研究开发成果。所获得的收益在扣除约定的报酬、违约金和保管费后，退还委托方。所得收益不足以抵偿有关报酬、违约金和保管费的，有权请求委托方赔偿损失。

法条指引

❶《中华人民共和国合同法》（1999年10月1日施行）

第三百三十三条 委托人违反约定造成研究开发工作停滞、延误或者失败的，应当承担违约责任。

❷ 最高人民法院《全国法院知识产权审判工作会议关于审理技术合同纠纷案件若干问题的纪要》（2001年6月19日施行）

26. 技术合同当事人一方迟延履行主要债务，经催告后在30日内仍未履行的，另一方可以依据合同法第九十四条第（三）项的规定解除合同。

当事人在催告通知中附有履行期限且该期限长于30日的，自该期限届满时，方可解除合同。

31. 在履行技术合同中，为提供技术成果或者咨询服务而交付的技术载体和内容等与约定不一致的，应当及时更正、补充。不按时更正、补充的和因更正、补充有关技术载体和内容等给对方造成损失或者增加额外负担的，应当承担相应的违约责任。但一方所作技术改进，使合同的履行产生了比原合同更为积极或者有利效果的除外。

案例链接

❶《移动八月（北京）技术有限公司与王华青等合同纠纷上诉案》，参见北大法宝引证码：Pkulaw. cn/CLI. C. 205656。

【研究开发方的违约责任】

法律问题解读

研究开发方违反约定，造成研究开发工作停滞、延误或者失败的，应当承担违约责任。实践中，研究开发方承担违约责任的情形有：

1. 研究开发方未按计划实施研究开发工作的，

委托方有权要求其实施研究开发计划并采取补救措施。研究开发方逾期两个月不实施研究开发计划的，委托方有权解除合同。研究开发方应当返还研究开发经费，赔偿因此给委托方造成的损失。

2. 研究开发方将研究开发经费用于履行合同以外的目的的，委托方有权制止并要求其退还相应的经费用于研究开发工作。因此造成研究开发工作停滞、延误或者失败的，研究开发方应当支付违约金或者赔偿损失。经委托方催告后，研究开发人逾期两个月未退还经费用于研究开发工作的，委托方有权解除合同。研究开发方应当返还研究开发经费，赔偿因此给委托方造成的损失。

3. 由于研究开发方的过错，造成研究开发成果不符合合同约定条件的，研究开发方应当支付违约金或者赔偿损失；造成研究开发工作失败的，研究开发方应当返还部分或者全部研究开发经费，支付违约金或者赔偿损失。

4. 研究开发方违约后，应当采取补救措施，继续履行合同。这方面尽管《合同法》未明文规定，但在实践中很常见。这是由委托开发合同的特性产生的。委托方订立合同的目的是为了获得一项新的技术成果，而这有待于研究开发方实际从事这项开发工作。如果研究开发方违约后直接采用解除合同或支付违约金或赔偿金的方式，可能委托方的损失无法估计，还可能使合同的目的落空。因此，研究开发方违约后，应当采取补救措施，继续履行合同。

法条指引

❶《中华人民共和国合同法》（1999年10月1日施行）

第三百三十四条 研究开发人违反约定造成研究开发工作停滞、延误或者失败的，应当承担违约责任。

❷ 最高人民法院《全国法院知识产权审判工作会议关于审理技术合同纠纷案件若干问题的纪要》（2001年6月19日施行）

26. 技术合同当事人一方迟延履行主要债务，经催告后在30日内仍未履行的，另一方可以依据合同法第九十四条第（三）项的规定解除合同。

当事人在催告通知中附有履行期限且该期限长于30日的，自该期限届满时，方可解除合同。

31. 在履行技术合同中，为提供技术成果或者咨询服务而交付的技术载体和内容等与约定不一致的，应当及时更正、补充。不按时更正、补充的和因更正、补充有关技术载体和内容等给对方造成损失或者增加额外负担的，应当承担相应的违约责任。但一方所作技术改进，使合同的履行产生了比原合同更为积极或者有利效果的除外。

48. 委托开发合同委托人在不妨碍研究开发人正常工作的情况下，有权依据合同法第六十条第二款的规定，对研究开发人履行合同和使用研究开发经费的情况进行必要的监督检查，包括查阅账册和访问现场。

研究开发人有权依据合同法第三百三十一条的规定，要求委托人补充必要的背景资料和数据等，但不得超过履行合同所需要的范围。

案例链接

❶《北京机械工业自动化研究所诉佛山市三水南钢实业有限公司技术委托开发合同纠纷案》，参见北大法宝引证码：Pkulaw.cn/CLI.C.196945。

❷《南京航星信息技术有限公司与南京航空航天大学技术合同纠纷上诉案》，参见北大法宝引证码：Pkulaw.cn/CLI.C.84990。

❸《连云港市晶瑞石英工业开发研究院有限公司与中国科学院过程工程研究所技术合同纠纷上诉案》，参见北大法宝引证码：Pkulaw.cn/CLI.C.125235。

【合作开发合同当事人的义务】

法律问题解读

合作开发合同是指当事人各方就共同进行新技术、新产品、新工艺和新材料及其系统研究开发所订立的合同。在合作开发合同中，理解当事人各方的义务要把握以下几点：

1. 按照合同的约定共同投资，包括以技术投资。这里的投资，是指合作开发合同当事人以资金、设备、材料、场地、试验条件、技术情报资料、专利权、技术秘密成果等方式对研究开发项目所作的投入。采取资金以外的形式进行投资的，应当折算成相应的金额，明确当事人在投资中所占的比例。当事人出资方式中以技术（包括专利技术和技术秘密）作为出资的，应注意两个问题：（1）在合同中应写明，如果发生知识产权纠纷，由以技术作为出资的一方承担全部责任。（2）确定作为出资的技术的合理价格，一般由中介机构评估，当然也可由当事人自由约定。

2. 按照合同约定的分工参与研究开发工作。

合作开发合同的各方当事人还必须提供人力直接参与研究开发工作。当事人一方提供资金、设备、材料等物质条件，承担辅助协作事项，另一方进行研究开发工作的合同，不属于合作开发合同，应当按委托开发合同处理。

3. 协作配合研究开发工作。合作开发是以双方的共同投资和共同劳动为基础的，各方在合作研究中的配合是取得研究开发成果的关键。因此，合作各方可以在合同中约定成立由双方代表组成的指导机构，对研究开发工作中的重大问题进行决策、协调和组织研究开发活动，保证研究开发工作的顺利进行。

此外，合作开发合同的当事人各方都应保守技术情报、资料和成果的秘密。

法条指引

❶《中华人民共和国合同法》（1999 年 10 月 1 日施行）

第三百三十五条　合作开发合同的当事人应当按照约定进行投资，包括以技术进行投资；分工参与研究开发工作；协作配合研究开发工作。

❷ 最高人民法院《全国法院知识产权审判工作会议关于审理技术合同纠纷案件若干问题的纪要》（2001 年 6 月 19 日施行）

45. 合同法第三百三十五条所称分工参与研究开发工作，是指按照约定的计划和分工共同或者分别承担设计、工艺、试验、试制等工作。

❸ 最高人民法院《关于审理技术合同纠纷案件适用法律若干问题的解释》（2005 年 1 月 1 日施行）

第十九条　合同法第三百三十五条所称"分工参与研究开发工作"，包括当事人按照约定的计划和分工，共同或者分别承担设计、工艺、试验、试制等工作。

技术开发合同当事人一方仅提供资金、设备、材料等物质条件或者承担辅助协作事项，另一方进行研究开发工作的，属于委托开发合同。

案例链接

❶《李土华等与柳州市汉森机械制造有限公司等专利权权属纠纷上诉案》，参见北大法宝引证码：Pkulaw. cn/CLI. C. 257209。

❷《李土华等与柳州市汉森机械制造有限公司专利权权属纠纷上诉案》，参见北大法宝引证码：Pkulaw. cn/CLI. C. 257213。

❸《上海纪明环保设备科技有限公司诉上海和峰环境科技有限公司技术合作开发合同纠纷案》，参见北大法宝引证码：Pkulaw. cn/CLI. C. 221962。

【合作开发合同的违约责任】

法律问题解读

合作开发合同当事人违约责任的构成要件有：(1) 有违约行为。合作开发合同当事人的违约行为包括不按照约定投资、不按照约定分工参与研究开发工作、不按照约定协作配合研究开发工作等行为。(2) 有研究开发工作停滞、延误或者失败的事实。(3) 违约行为与损害事实之间有直接的因果关系。

在实践中要注意以下几个问题：

1. 当事人在履行合同过程中，违反合同的个别规定，但情节轻微或及时纠正，并未对研究开发工作造成消极影响的，不构成违约责任。

2. 对于不履行投资义务的当事人，其他合同当事人可以请求其履行投资义务，以使开发工作顺利进行，因此造成开发工作停滞、延误或者失败的，应支付违约金或者赔偿损失。如果当事人逾期两个月不进行投资的，当事人一方应当赔偿因此给对方造成的损失，并可拒绝其继续参加合作开发工作，但其对开发中已花费的费用应依合同约定的比例分摊。若第三人对投入合作的技术提出侵权请求的，首先应由合作开发方共同对外承担责任，然后再向以技术出资的一方追偿；该技术被禁止使用的，该当事人应重新出资或者承担违约责任，支付违约金，因此造成损失的，还应赔偿其他当事人的损失。

3. 对于个别当事人不正确履行合同约定分工的或不正确地协作配合研究开发工作的，其他当事人可以要求该当事人采取补救措施继续履行合同，如果其仍不履行的，其他当事人可以拒绝其继续参加研究开发工作，该当事人还应赔偿其他当事人遭受的损失。退出开发工作的人或者合同当事人都对投入合同中的技术秘密、技术情报资料或者开发出的技术秘密负有保密义务，违反该义务，应当赔偿其他合同当事人的损失。

法条指引

❶《中华人民共和国合同法》（1999 年 10 月 1 日施行）

第三百三十六条　合作开发合同的当事人违反约定造成研究开发工作停滞、延误或者失败的，应当承担违约责任。

❷ 最高人民法院《全国法院知识产权审判工作会议关于审理技术合同纠纷案件若干问题的纪要》（2001年6月19日施行）

26. 技术合同当事人一方迟延履行主要债务，经催告后在30日内仍未履行的，另一方可以依据合同法第九十四条第（三）项的规定解除合同。

当事人在催告通知中附有履行期限且该期限长于30日的，自该期限届满时，方可解除合同。

31. 在履行技术合同中，为提供技术成果或者咨询服务而交付的技术载体和内容等与约定不一致的，应当及时更正、补充。不按时更正、补充的和因更正、补充有关技术载体和内容等给对方造成损失或者增加额外负担的，应当承担相应的违约责任。但一方所作技术改进，使合同的履行产生了比原合同更为积极或者有利效果的除外。

49. 研究开发成果验收时，委托开发合同的委托人和合作开发合同的当事人有权取得实施技术成果所必需的技术资料、试验报告和数据，要求另一方进行必要的技术指导，保证所提供的技术成果符合合同约定的条件。

案例链接

❶《江苏苏科种业有限公司与江苏思源种业科技有限公司植物品种许可合同纠纷上诉案》，参见北大法宝引证码：Pkulaw. cn/CLI. C. 222554。

❷《高文斌诉白自成技术合作开发合同纠纷案》，参见北大法宝引证码：Pkulaw. cn/CLI. C. 219720。

❸《濮阳市运山生物化工厂等与张保恩等技术合作开发合同纠纷上诉案》，参见北大法宝引证码：Pkulaw. cn/CLI. C. 186067。

【技术开发合同的解除条件】

法律问题解读

《合同法》第93条、第94条规定了解除合同的条件。根据技术开发合同的特点，《合同法》又规定了技术开发合同可以解除的另一种情形，即作为技术开发合同标的的技术已经由他人公开，致使履行技术开发合同没有意义，当事人可以解除合同。

在实践中，要注意以下几个问题：

1. 只要同时具备以下两个条件，技术开发合同当事人就可以解除合同，只需通知对方并说明实际情况，提供必要的证明，不需征得对方的同意。技术开发合同标的的技术已经由他人公开。技术标的的公开一般有以下情形：（1）他人已经将该技术标的申请专利，并履行了专利登记手续。（2）该技术标的已经由他人研究成功或者从国外引进并可在技术市场上作为商品进行转让。（3）该技术标的的已经在公开发行的技术文献上披露或在展览会上或以其他方式向社会公布，任何人都可以从公共情报源取得。上述事由已经使得技术开发合同的履行没有意义。所谓没有意义，是指技术合同如果履行完毕，对债权人已经失去意义。

2. 当事人应当按照约定承担因解除合同产生的赔偿责任。没有约定或者约定不明确的，由有过错的一方承担，双方均没有过错的，由当事人合理分担。

3. 在委托开发合同中，如果研究开发人明知受委托的技术开发合同的标的是已有技术，应改为技术转让或者技术服务合同。在合作开发合同中，合作开发的各方当事人有义务将自己知道技术开发的标的已经公开的情况及时通知另一方当事人，以减少或避免不必要的损失。

4. 依据《合同法》的规定，技术合同还可因当事人协商一致、不可抗力、一方违约、研究开发中的技术风险导致失败等原因而解除。

法条指引

❶《中华人民共和国合同法》（1999年10月1日施行）

第三百三十七条　因作为技术开发合同标的的技术已经由他人公开，致使技术开发合同的履行没有意义的，当事人可以解除合同。

案例链接

❶《南京先登医药科技开发有限责任公司与江苏聚荣制药集团有限公司技术转让合同纠纷上诉案》，参见北大法宝引证码：Pkulaw. cn/CLI. C. 21867。

【技术开发合同的风险责任】

法律问题解读

技术开发是一项探索性活动，客观存在开发

不出来的危险。在研究开发过程中，如果当事人一方或者双方已尽了最大努力，但仍因科技知识、认识水平或试验条件等客观因素的限制，出现无法克服的技术困难，致使研究开发全部或者部分失败，未能取得合同约定的预期目的，即为技术开发合同的风险。

一项技术开发的失败或者部分失败属于风险，应当具备以下各项条件：（1）课题本身在国际和国内现有技术水平下具有足够的难度；（2）研究开发方尽了主观努力；（3）该领域专家认为研究开发失败属于合理的失效。

在实践中，要注意以下两点：

1. 由于技术开发存在着的风险，风险一旦出现，将使技术开发合同无法履行，给当事人造成损失。因此，当事人应当在订立合同时明确约定风险责任的承担。如果当事人没有约定或者约定不明确，风险发生后，当事人可以协议补充风险责任。不能达成补充协议的，可以按照合同的有关条款或者交易习惯确定，仍不能确定，风险责任由当事人合理分担。

2. 在研究开发过程中，当事人一方发现可能导致研究开发失败或者部分失败的情况时，应当及时通知另一方并采取适当措施减少损失。合同法明确规定这是技术开发合同当事人的义务。如果当事人未能及时通知对方当事人，也未能及时采取措施制止损失的扩大，应当就扩大的损失承担责任。

法条指引

❶《中华人民共和国合同法》（1999年10月1日施行）

第三百三十八条 在技术开发合同履行过程中，因出现无法克服的技术困难，致使研究开发失败或者部分失败的，该风险责任由当事人约定。没有约定或者约定不明确，依照本法第六十一条的规定仍不能确定，风险责任由当事人合理分担。

当事人一方发现前款规定的可能致使研究开发失败或者部分失败的情形时，应当及时通知另一方并采取适当措施减少损失。没有及时通知并采取适当措施，致使损失扩大的，应当就扩大的损失承担责任。

案例链接

❶《施念康诉苏文峰技术合作开发合同纠纷案》，参见北大法宝引证码：Pkulaw. cn/CLI. C. 135411。

❷《南京航星信息技术有限公司与南京航空航天大学技术合同纠纷上诉案》，参见北大法宝引证码：Pkulaw. cn/CLI. C. 84990。

❸《岳阳汉森产业有限公司诉沈阳东软软件股份有限公司技术委托开发合同纠纷案》，参见北大法宝引证码：Pkulaw. cn/CLI. C. 128067。

【委托开发完成的技术成果的归属和分享】

法律问题解读

委托开发的技术成果的取得，一方面是由于委托方提供了研究开发经费和大量技术资料等物资条件；另一方面也是由于研究开发方付出了大量的创造性的脑力劳动实现的，因此委托方和研究开发方都对此做出了贡献，都应该对此成果分享权利。

在实践中，要注意以下几个问题：

1. 分享和约定的只是财产性权利，对于精神性权利，如署名权，归研究开发方。

2. 当事人无约定时，将申请专利的权利赋予了研究开发方。同时，委托方享有以下权利：（1）研究开发方取得专利权的，委托方可以免费实施该项专利，该项许可不能撤销，也不能像许可使用合同那样定有期限。（2）研究开发方转让专利申请权的，委托方可以优先受让该专利申请权。专利申请权转让是指转让方将其就特定的发明创造的申请权转让给受让人，受让人支付约定价款作为对价。优先受让是指在同等条件下，委托方比其他人可以优先获得该专利申请权。（3）委托方在发明创造没有获得批准前，也可以对该发明创造享有实施权，但是应该履行保密义务。

3. 在专利申请权和专利权属于研究开发人的情况下，委托方虽然可以免费使用专利技术，但无权转让。

4. 委托开发合同的当事人也可以在合同中约定委托开发完成的发明创造的权利归属。这是合同自由原则的体现。

法条指引

❶《中华人民共和国合同法》（1999年10月1日施行）

第三百三十九条 委托开发完成的发明创造，

除当事人另有约定的以外,申请专利的权利属于研究开发人。研究开发人取得专利权的,委托人可以免费实施该专利。

研究开发人转让专利申请权的,委托人享有以同等条件优先受让的权利。

❷ **最高人民法院《全国法院知识产权审判工作会议关于审理技术合同纠纷案件若干问题的纪要》**(2001年6月19日施行)

50. 根据合同法第三百三十九条第一款和第三百四十条第一款的规定,委托开发或者合作开发完成的技术成果所获得的专利权为当事人共有的,实施该专利的方式和利益分配办法,由当事人约定。当事人没有约定或者约定不明确,依照合同法第六十一条的规定不能达成补充协议的,当事人均享有自己实施该专利的权利,由此所获得的利益归实施人。

当事人不具备独立实施专利的条件,以普通实施许可的方式许可一个法人或者其他组织实施该专利,或者与一个法人、其他组织或者自然人合作实施该专利或者通过技术入股与之联营实施该专利,可以视为当事人自己实施专利。

案例链接

❶《李土华等与柳州市汉森机械制造有限公司等专利权权属纠纷上诉案》,参见北大法宝引证码:Pkulaw.cn/CLI.C.257209。

❷《李土华等与柳州市汉森机械制造有限公司专利权权属纠纷上诉案》,参见北大法宝引证码:Pkulaw.cn/CLI.C.257213。

❸《中国石化集团上海工程有限公司与高煦专利申请权权属纠纷上诉案》,参见北大法宝引证码:Pkulaw.cn/CLI.C.222073。

【合作开发完成的技术成果的归属和分享】

法律问题解读

合作开发完成的发明创造,除当事人另有约定的除外,申请专利的权利属于合作开发的当事人共有。根据具体情况,在实践中,要注意以下几个问题:

1. 一方转让其共有的专利申请权时,其他各方可以优先受让其共有的专利申请权。该优先权的基础在于各方依合同的约定投入了资金并具体完成了研究开发任务。优先权的含义是在同等条件下,合作合同当事人比其他人有优先受让的权利。

2. 当事人一方声明放弃其共有的专利申请权,可以由另一方单独申请或者由其他各方共同申请。专利申请权是财产性权利,因此可以放弃。基于共同共有关系,其他共有人便取得全部专利申请权。

3. 申请人取得专利的,放弃专利申请权的一方可以免费实施该专利。但其不能转让或者许可他人实施,这种免费实施的权利并不意味着放弃该专利申请权的一方还是共有专利权人。

4. 当事人一方不同意申请专利的,另一方或者其他各方不得申请专利。

5. 实践中,合作开发合同当事人也可约定技术成果的归属,可以有以下几种:(1)约定研究成果的专利申请权为一方所有,但享有专利申请权的一方对另一方作出适当补偿。(2)约定向合同外的第三方转让研究成果时,应经合作开发合同当事人协商一致,由此获得的利益由各方共享。(3)在某种情况下,当事人各方可以在合同中约定对技术成果的分享份额以及各自享有的专利申请权。(4)约定由当事人一方享有对合作开发成果的独占使用权或转让权,但取得这一权利的当事人对其他各方当事人支付约定的价金。

法条指引

❶《中华人民共和国合同法》(1999年10月1日施行)

第三百四十条 合作开发完成的发明创造,除当事人另有约定的以外,申请专利的权利属于合作开发的当事人共有。当事人一方转让其共有的专利申请权的,其他各方享有以同等条件优先受让的权利。

合作开发的当事人一方声明放弃其共有的专利申请权的,可以由另一方单独申请或者由其他各方共同申请。申请人取得专利权的,放弃专利申请权的一方可以免费实施该专利。

合作开发的当事人一方不同意申请专利的,另一方或者其他各方不得申请专利。

❷ **最高人民法院《全国法院知识产权审判工作会议关于审理技术合同纠纷案件若干问题的纪要》**(2001年6月19日施行)

50. 根据合同法第三百三十九条第一款和第三百四十条第一款的规定,委托开发或者合作开发完成的技术成果所获得的专利权为当事人共有的,实施该专利的方式和利益分配办法,由当事人约定。当事人没有约定或者约定不明确，依照合同法第六十一条的规定不能达成补充协议的，当事人均享有自己实施该专利的权利，由此所获得的利益归实施人。

当事人不具备独立实施专利的条件，以普通实施许可的方式许可一个法人或者其他组织实施该专利，或者与一个法人、其他组织或者自然人合作实施该专利或者通过技术入股与之联营实施该专利，可以视为当事人自己实施专利。

案例链接

❶《岳阳汉森产业有限公司诉沈阳东软软件股份有限公司技术委托开发合同纠纷案》，参见北大法宝引证码：Pkulaw.cn/CLI.C.128067。

❷《泰安市泰山工程机械集团有限公司与张致力技术委托开发合同纠纷上诉案》，参见北大法宝引证码：Pkulaw.cn/CLI.C.133471。

❸《吴志剑诉上海莎欧自行车有限公司技术转让合同纠纷案》，参见北大法宝引证码：Pkulaw.cn/CLI.C.83005。

【技术秘密的归属和分享】

法律问题解读

技术秘密，又称专有技术，是指不为公众知悉的未申请专利的技术成果，以及专利法规定不授予专利权的技术成果。包括各种设计资料、图纸、工艺流程以及材料配方等技术资料，也包括专家、技术人员、工人掌握的不成文的经验知识和技巧。

在实践中，对于技术秘密的归属和分享要注意以下几个问题：

1. 委托开发合同中，约定共有的，共有人应当约定利益分配方法，共有人没有约定的，任何一方均有实施该技术秘密的权利，由此取得的利益，归实施使用方。但是一方转让技术必须征得另一方或其他各方的同意，由此获得的收益由各方共享。约定归委托方的，除了应向开发方支付经费报酬的，还应支付一定的技术价款。

2. 合作开发合同，如果约定研究开发成果归一方所有时，该当事人可约定将由此获得的收益适当补偿其他各方当事人；如果约定向第三方转让该技术秘密的，须各方协商一致，由此取得的收益由各方合理分享。

3. 如果当事人没有约定或者约定不明确，可以协议补充；不能达成补充协议的，按照合同的有关条款或者交易习惯确定；仍不能确定的，当事人各方对技术秘密都有使用和转让的权利，但委托开发的研究开发方在向委托方交付研究开发成果前，不得擅自将研究开发成果转让给第三人。委托开发的研究开发方必须在向委托方交付该技术秘密后，方有使用权和转让权。如果涉及技术成果的保密问题，当事人应当遵守合同约定的保密义务和使用范围，即使合同终止后，也不影响保密约定的效力，但在约定保密事项已经由第三人公开的情形则除外。

法条指引

❶《中华人民共和国合同法》（1999年10月1日施行）

第三百四十一条　委托开发或者合作开发完成的技术秘密成果的使用权、转让权以及利益的分配办法，由当事人约定。没有约定或者约定不明确，依照本法第六十一条的规定仍不能确定的，当事人均有使用和转让的权利，但委托开发的研究开发人不得在向委托人交付研究开发成果之前，将研究开发成果转让给第三人。

第三百二十五条　技术合同价款、报酬或者使用费的支付方式由当事人约定，可以采取一次总算、一次总付或者一次总算、分期支付，也可以采取提成支付或者提成支付附加预付入门费的方式。

约定提成支付的，可以按照产品价格、实施专利和使用技术秘密后新增的产值、利润或者产品销售额的一定比例提成，也可以按照约定的其他方式计算。提成支付的比例可以采取固定比例、逐年递增比例或者逐年递减比例。

约定提成支付的，当事人应当在合同中约定查阅有关会计账目的办法。

❷ **最高人民法院《全国法院知识产权审判工作会议关于审理技术合同纠纷案件若干问题的纪要》**（2001年6月19日施行）

51. 根据合同法第三百四十一条的规定，当事人一方仅享有自己使用技术秘密的权利，但其不具备独立使用该技术秘密的条件，以普通使用许可的方式许可一个法人或者其他组织使用该技术秘密，或者与一个法人、其他组织或者自然人合作使用该技术秘密或者通过技术入股与之联营使用该技术秘密，可以视为当事人自己使用技术秘密。

❸《中华人民共和国专利法》(2008年12月27日施行)

第八条 两个以上单位或者个人合作完成的发明创造、一个单位或者个人接受其他单位或者个人委托所完成的发明创造，除另有协议的以外，申请专利的权利属于完成或者共同完成的单位或者个人；申请被批准后，申请的单位或者个人为专利权人。

❹最高人民法院《关于审理技术合同纠纷案件适用法律若干问题的解释》(2005年1月1日施行)

第二十条 合同法第三百四十一条所称"当事人均有使用和转让的权利"，包括当事人均有不经对方同意而自己使用或者以普通使用许可的方式许可他人使用技术秘密，并独占由此所获利益的权利。当事人一方将技术秘密成果的转让权让与他人，或者以独占或者排他使用许可的方式许可他人使用技术秘密，未经对方当事人同意或者追认的，应当认定该让与或者许可行为无效。

第二十一条 技术开发合同当事人依照合同法的规定或者约定自行实施专利或使用技术秘密，但因其不具备独立实施专利或者使用技术秘密的条件，以一个普通许可方式许可他人实施或者使用的，可以准许。

案例链接

❶《彭连生诉武汉正鑫科技开发有限公司技术合同纠纷案》,参见北大法宝引证码：Pkulaw.cn/CLI.C.222528。

【技术转让合同】

法律问题解读

技术转让合同是指当事人就专利权转让、专利申请权转让、专利实施许可和技术秘密转让所订立的合同。

关于技术转让合同，要把握以下几个问题：

1. 技术转让合同的标的不是普通的物质商品，而是属于智力成果的范畴。技术转让合同以转让特定和现有的专利权、专利申请权、专利实施权、技术秘密使用权和转让权为内容，不包括转让著作权，不包括转让尚待研究开发的技术成果，也不包括不涉及专利或者秘密技术权利的知识、技术、经验和信息所订立的合同。

2. 技术转让合同为双务、有偿合同、诺成合同、要式合同。技术转让合同的内容复杂，涉及转让技术的范围、转让的对象、受让人使用转让技术的范围和方式；技术的保密、使用费的支付，以及对使用技术产生的新的技术成果的归属等，技术转让合同涉及专利的，还要明确专利申请日、申请号、专利号和专利权的有效期限。当事人转让专利申请权或者专利权订立的合同，须经中国知识产权局登记和公告后生效。

3. 技术转让合同所转移的是技术成果的使用权或所有权。技术转让合同的形式表现为某种具有物质载体（如图纸、资料、磁盘等）的技术文件或者技术方案在当事人之间转移，但作为无形财产的技术成果并不因此而与原主体分离，并不会因成果的移交就能排除双重使用，这是由技术成果的无形性和可复制性决定的。这是技术转让合同与买卖合同、租赁合同不同的地方。

法条指引

❶《中华人民共和国合同法》(1999年10月1日施行)

第三百四十二条 技术转让合同包括专利权转让、专利申请权转让、技术秘密转让、专利实施许可合同。

技术转让合同应当采用书面形式。

❷最高人民法院《全国法院知识产权审判工作会议关于审理技术合同纠纷案件若干问题的纪要》(2001年6月19日施行)

35. 转让阶段性技术成果并约定后续开发义务的合同，就该阶段性技术成果的重复试验效果方面发生争议的，按照技术转让合同处理；就后续开发方面发生争议的，按照技术开发合同处理。

36. 技术转让合同中约定让与人向受让人提供实施技术的专用设备、原材料或者提供有关的技术咨询、技术服务的，这类约定属于技术转让合同的组成部分。因这类约定发生纠纷的，按照技术转让合同处理。

37. 当事人以技术入股方式订立联营合同，但技术入股人不参与联营体的经营管理，并且以保底条款形式约定联营体或者联营对方支付其技术价款或者使用费的，属于技术转让合同。

38. 技术转让合同中约定含让与人负责包销（回购）受让人实施合同标的技术制造的产品，仅因让与人不履行或者不能全部履行包销（回购）义务引起纠纷，不涉及技术问题的，按照包销（回购）条款所约定的权利义务内容确定案由，并适用相应的法律规定处理。

52. 合同法第三百四十二条所称技术转让合同，是指技术的合法拥有者包括有权对外转让技术的人将特定和现有的专利、专利申请、技术秘密的相关权利让与他人或者许可他人使用所订立的合同，不包括就尚待研究开发的技术成果或者不涉及专利、专利申请或者技术秘密的知识、技术、经验和信息订立的合同。其中：

（1）专利权转让合同，是指专利权人将其专利权让与受让人，受让人支付价款所订立的合同。

（2）专利申请权转让合同，是指让与人将其特定的技术成果申请专利的权利让与受让人，受让人支付价款订立的合同。

（3）技术秘密转让合同，是指技术秘密成果的权利人或者其授权的人作为让与人将技术秘密提供给受让人，明确相互之间技术秘密成果使用权、转让权，受让人支付价款或者使用费所订立的合同。

（4）专利实施许可合同，是指专利权人或者其授权的人作为让与人许可受让人在约定的范围内实施专利，受让人支付使用费所订立的合同。

❸《中华人民共和国专利法》（2008年12月27日施行）

第十条 专利申请权和专利权可以转让。

中国单位或者个人向外国人、外国企业或者外国其他组织转让专利申请权或者专利权的，应当依照有关法律、行政法规的规定办理手续。

转让专利申请权或者专利权的，当事人应当订立书面合同，并向国务院专利行政部门登记，由国务院专利行政部门予以公告。专利申请权或者专利权的转让自登记之日起生效。

第十二条 任何单位或者个人实施他人专利的，应当与专利权人订立实施许可合同，向专利权人支付专利使用费。被许可人无权允许合同规定以外的任何单位或者个人实施该专利。

❹《中华人民共和国专利法实施细则》（2010年1月9日修订）

第十四条 除依照专利法第十条规定转让专利权外，专利权因其他事由发生转移的，当事人应当凭有关证明文件或者法律文书向国务院专利行政部门办理专利权转移手续。

专利权人与他人订立的专利实施许可合同，应当自合同生效之日起3个月内向国务院专利行政部门备案。

以专利权出质的，由出质人和质权人共同向国务院专利行政部门办理出质登记。

❺ 最高人民法院《关于审理技术合同纠纷案件适用法律若干问题的解释》（2005年1月1日施行）

第二十二条 合同法第三百四十二条规定的"技术转让合同"，是指合法拥有技术的权利人，包括其他有权对外转让技术的人，将现有特定的专利、专利申请、技术秘密的相关权利让与他人，或者许可他人实施、使用所订立的合同。但就尚待研究开发的技术成果或者不涉及专利、专利申请或者技术秘密的知识、技术、经验和信息所订立的合同除外。

技术转让合同中关于让与人向受让人提供实施技术的专用设备、原材料或者提供有关的技术咨询、技术服务的约定，属于技术转让合同的组成部分。因此发生的纠纷，按照技术转让合同处理。

当事人以技术入股方式订立联营合同，但技术入股人不参与联营体的经营管理，并且以保底条款形式约定联营体或者联营对方支付其技术价款或者使用费的，视为技术转让合同。

案例链接

❶《栾兆安等诉中国法制出版社著作权权属、侵权纠纷案》，参见北大法宝引证码：Pkulaw. cn/CLI. C. 291004。

❷《上海直真节点技术开发有限公司与上海福卫软件科技有限公司技术转让合同纠纷上诉案》，参见北大法宝引证码：Pkulaw. cn/CLI. C. 242778。

❸《河南省永恒综合养殖有限公司诉朱柳兆技术转让合同纠纷案》，参见北大法宝引证码：Pkulaw. cn/CLI. C. 257798。

学者观点

❶ 许德风：《论破产中尚未履行完毕的合同》，参见北大法宝引证码：Pkulaw. cn/CLI. A. 1142845。

【技术转让合同的分类】

法律问题解读

技术转让合同有以下几种类型：

1. 专利权转让合同，是指专利权人作为让与人将其专利权移交受让人，受让人支付约定价款所订立的合同。

2. 专利申请权转让合同，是指让与人将其就特定的发明创造申请专利的权利移交给受让人，受让人支付约定价款所订立的合同。

3. 技术秘密转让合同，是指让与人将拥有的技术秘密成果提供给受让人，明确相互之间技术秘密成果的使用权、转让权，受让人支付约定使用费所订立的合同。

4. 专利实施许可合同，是指专利权人或者其授权的人作为转让方，许可受让人在约定的范围内实施专利，受让人支付约定使用费所订立的合同。

5. 专利技术和技术秘密及商标权混合转让合同，专利申请阶段的技术转让合同，阶段性技术成果转让合同等。阶段性技术成果是指在研究开发工作中的某一阶段的某个方面有理论或技术上的突破，经证明具有一定技术和经济价值，并可以独立应用的研究成果。

在实践中要注意，专利权转让合同和专利申请权转让合同受专利法调整，须履行以下程序：专利权或专利申请权转让的登记和公告，未登记公告的，对合同外的第三人不产生约束力；中国的单位或个人向外国人转让专利申请权或专利权的，必须经国务院主管部门批准。专利权申请转让合同成立后，受让人即成为新的专利申请权人，如果受让人就其发明创造申请专利被驳回的，不得请求返还价款，但转让方侵害他人专利权或专利申请权的情况除外。

法条指引

❶《中华人民共和国合同法》（1999年10月1日施行）

第三百四十二条 技术转让合同包括专利权转让、专利申请权转让、技术秘密转让、专利实施许可合同。

技术转让合同应当采用书面形式。

❷ 最高人民法院《全国法院知识产权审判工作会议关于审理技术合同纠纷案件若干问题的纪要》（2001年6月19日施行）

52. 合同法第三百四十二条所称技术转让合同，是指技术的合法拥有者包括有权对外转让技术的人将特定和现有的专利、专利申请、技术秘密的相关权利让与他人或者许可他人使用所订立的合同，不包括就尚待研究开发的技术成果或者不涉及专利、专利申请或者技术秘密的知识、技术、经验和信息订立的合同。其中：

(1) 专利权转让合同，是指专利权人将其专利让与受让人，受让人支付价款所订立的合同。

(2) 专利申请权转让合同，是指让与人将其特定的技术成果申请专利的权利让与受让人，受让人支付价款订立的合同。

(3) 技术秘密转让合同，是指技术秘密成果的权利人或者其授权的人作为让与人将技术秘密提供给受让人，明确相互之间技术秘密成果使用权、转让权，受让人支付价款或者使用费所订立的合同。

(4) 专利实施许可合同，是指专利权人或者其授权的人作为让与人许可受让人在约定的范围内实施专利，受让人支付使用费所订立的合同。

❸《中华人民共和国专利法》（2008年12月27日施行）

第十条 专利申请权和专利权可以转让。

中国单位或者个人向外国人、外国企业或者外国其他组织转让专利申请权或者专利权的，应当依照有关法律、行政法规的规定办理手续。

转让专利申请权或者专利权的，当事人应当订立书面合同，并向国务院专利行政部门登记，由国务院专利行政部门予以公告。专利申请权或者专利权的转让自登记之日起生效。

❹《中华人民共和国专利法实施细则》（2010年1月9日修订）

第十四条 除依照专利法第十条规定转让专利权外，专利权因其他事由发生转移的，当事人应当凭有关证明文件或者法律文书向国务院专利行政部门办理专利权转移手续。

专利权人与他人订立的专利实施许可合同，应当自合同生效之日起3个月内向国务院专利行政部门备案。

以专利权出质的，由出质人和质权人共同向国务院专利行政部门办理出质登记。

❺ 最高人民法院《关于审理技术合同纠纷案件适用法律若干问题的解释》（2005年1月1日施行）

第二十二条 合同法第三百四十二条规定的"技术转让合同"，是指合法拥有技术的权利人，包括其他有权对外转让技术的人，将现有特定的专利、专利申请、技术秘密的相关权利让与他人，或者许可他人实施、使用所订立的合同。但就尚待研究开发的技术成果或者不涉及专利、专利申请或者技术秘密的知识、技术、经验和信息所订立的合同除外。

技术转让合同中关于让与人向受让人提供实

施技术的专用设备、原材料或者提供有关的技术咨询、技术服务的约定，属于技术转让合同的组成部分。因此发生的纠纷，按照技术转让合同处理。

当事人以技术入股方式订立联营合同，但技术入股人不参与联营体的经营管理，并且以保底条款形式约定联营体或者联营对方支付其技术价款或者使用费的，视为技术转让合同。

案例链接

❶《栾兆安等诉中国法制出版社著作权权属、侵权纠纷案》，参见北大法宝引证码：Pkulaw. cn/CLI. C. 291004。

❷《上海直真节点技术开发有限公司与上海福卫软件科技有限公司技术转让合同纠纷上诉案》，参见北大法宝引证码：Pkulaw. cn/CLI. C. 242778。

❸《河南省永恒综合养殖有限公司诉朱柳兆技术转让合同纠纷案》，参见北大法宝引证码：Pkulaw. cn/CLI. C. 257798。

【技术转让合同的"使用范围"条款和"不合理限制"条款】

法律问题解读

在专利实施许可或专有技术转让的情况下，合同应当明确受让人取得的是普通使用权、排他使用权，还是独占使用权。如若是普通使用权，则转让方可自己使用，还可转让予第三人；若为独占使用权，则转让方不能自己使用，也不能再许可第三人使用。在包含商标专用权的情况下，还应当说明商标专用权的性质。

除了确定技术许可合同的性质外，合同中还可以规定转让方对受让人实施专利技术和使用专有技术的若干限制。这类限制主要包括：

1. 期间范围。专利实施许可的期限不得超过整个专利权存续期（或称专利权有效期）。合同未规定期限的，可依国际惯例，视受让人有权无限期地使用专利技术和专有技术。

2. 使用地区范围。技术转让方可以在合同中规定受让人使用合同标的的地区，即在其取得专利权的国家境内实施专利技术或在合同中约定受让人使用专有技术的地理范围，其中包括与实施专利技术和专有技术相联系的产品制造、使用和销售的地区。如果合同中没有规定上述限制的，则可视为受让人享有在授予该专利权的国家的任何地域内实施专利技术，以及世界上任何地域内使用专有技术。

3. 实施方式的范围。当合同标的的实施表现为某种特定的工艺技术（方法），并且该技术可以用于多种用途和目的时，转让方可以在合同中规定受让人只能将其用于一种或几种目的和用途。

但是，技术转让合同的当事人不得以不合理的合同条款限制技术竞争和技术发展，包括不得通过合同条款限制另一方在合同标的技术的基础上进行新的研究开发；不得通过合同条款限制另一方从其他渠道吸收技术，或者阻碍另一方根据市场的需求，按照合同方式充分实施专利和使用技术秘密。

法条指引

❶《中华人民共和国合同法》（1999年10月1日施行）

第三百二十三条 订立技术合同，应当有利于科学技术的进步，加速科学技术成果的转化、应用和推广。

第三百二十九条 非法垄断技术、妨碍技术进步或者侵害他人技术成果的技术合同无效。

第三百四十三条 技术转让合同可以约定让与人和受让人实施专利或者使用技术秘密的范围，但不得限制技术竞争和技术发展。

❷ 最高人民法院《全国法院知识产权审判工作会议关于审理技术合同纠纷案件若干问题的纪要》（2001年6月19日施行）

11. 技术合同内容有下列情形的，属于合同法第三百二十九条所称"非法垄断技术，妨碍技术进步"：

（1）限制另一方在合同标的技术的基础上进行新的研究开发，或者双方交换改进技术的条件不对等，包括要求一方将其自行改进的技术无偿地提供给对方、非互惠性地转让给对方、无偿地独占或者共享该改进技术的知识产权；

（2）限制另一方从其他来源吸收技术；

（3）阻碍另一方根据市场的需求，按照合理的方式充分实施合同标的的技术，包括不合理地限制技术接受方实施合同标的的技术生产产品或者提供服务的数量、品种、价格、销售渠道和出口市场；

（4）要求技术接受方接受并非实施技术必不可少的附带条件，包括购买技术接受方并不需要的技术、服务、原材料、设备或者产品等和接收技术接受方并不需要的人才等；

（5）不合理地限制技术接受方自由选择从不同来源购买原材料、零部件或者设备等。

（6）禁止技术接受方对合同标的技术的知识产权的有效性提出异议的条件。

12. 技术合同内容有下列情形的，属于合同法第三百二十九条所称侵害他人技术成果：

（1）侵害他人专利权、专利申请权、专利实施权的；

（2）侵害他人技术秘密成果使用权、转让权的；

（3）侵害他人植物新品种权、植物新品种申请权、植物新品种实施权的；

（4）侵害他人计算机软件著作权、集成电路电路布图设计权、新药成果权等技术成果权的；

（5）侵害他人发明权、发现权以及其他科技成果权的。

侵害他人发明权、发现权以及其他科技成果权等技术成果完成人人身权利的合同，合同部分无效，不影响其他部分效力的，其他部分仍然有效。

55. 合同法第三百四十三条所称实施专利或者使用技术秘密的范围，是指实施专利或者使用技术秘密的期限、地域和方式以及接触技术秘密的人员等。

61. 专利实施许可合同让与人应当在合同有效期内维持专利权有效，但当事人另有约定的除外。

在合同有效期内，由于让与人的原因导致专利权被终止的，受让人可以依据合同法第九十四条第（四）项的规定解除合同，让与人应当承担违约责任；专利权被宣告无效的，合同终止履行，并依据专利法的有关规定处理。

62. 专利实施许可合同对实施专利的期限没有约定或者约定不明确，依照合同法第六十一条的规定不能达成补充协议的，受让人实施专利不受期限限制。

63. 专利实施许可可以采取独占实施许可、排他实施许可、普通实施许可等方式。

前款所称排他实施许可，是指让与人在已经许可受让人实施专利的范围内无权就同一专利再许可他人实施；独占实施许可，是指让与人在已经许可受让人实施专利的范围内无权就同一专利再许可他人实施或者自己实施；普通实施许可，是指让与人在已经许可受让人实施专利的范围内仍可以就同一专利再许可他人实施。

当事人对专利实施许可方式没有约定或者约定不明确，依照合同法第六十一条的规定不能达成补充协议的，视为普通实施许可。

专利实施许可合同约定受让人可以再许可他人实施该专利的，该再许可为普通实施许可，但当事人另有约定的除外。

64. 除当事人另有约定的以外，根据实施专利的强制许可决定而取得的专利实施权为普通实施许可。

❸ **最高人民法院《关于审理技术合同纠纷案件适用法律若干问题的解释》**（2005年1月1日施行）

第十条 下列情形，属于合同法第三百二十九条所称的"非法垄断技术、妨碍技术进步"：

（一）限制当事人一方在合同标的技术基础上进行新的研究开发或者限制其使用所改进的技术，或者双方交换改进技术的条件不对等，包括要求一方将其自行改进的技术无偿提供给对方、非互惠性转让给对方、无偿独占或者共享该改进技术的知识产权；

（二）限制当事人一方从其他来源获得与技术提供方类似技术或者与其竞争的技术；

（三）阻碍当事人一方根据市场需求，按照合理方式充分实施合同标的技术，包括明显不合理地限制技术接受方实施合同标的技术生产产品或者提供服务的数量、品种、价格、销售渠道和出口市场；

（四）要求技术接受方接受并非实施技术必不可少的附带条件，包括购买非必需的技术、原材料、产品、设备、服务以及接收非必需的人员等；

（五）不合理地限制技术接受方购买原材料、零部件、产品或者设备等的渠道或者来源；

（六）禁止技术接受方对合同标的技术知识产权的有效性提出异议或者对提出异议附加条件。

第二十五条 专利实施许可包括以下方式：

（一）独占实施许可，是指让与人在约定许可实施专利的范围内，将该专利仅许可一个受让人实施，让与人依约定不得实施该专利；

（二）排他实施许可，是指让与人在约定许可实施专利的范围内，将该专利仅许可一个受让人实施，但让与人依约定可以自行实施该专利；

（三）普通实施许可，是指让与人在约定许可实施专利的范围内许可他人实施该专利，并且可以自行实施该专利。

当事人对专利实施许可方式没有约定或者约定不明确的，认定为普通实施许可。专利实施许可合同约定受让人可以再许可他人实施专利的，认定该再许可为普通实施许可，但当事人另有约定的除外。

技术秘密的许可使用方式，参照本条第一、二款的规定确定。

第二十六条 专利实施许可合同让与人负有在合同有效期内维持专利权有效的义务，包括依法缴纳专利年费和积极应对他人提出宣告专利权无效的请求，但当事人另有约定的除外。

第二十七条 排他实施许可合同让与人不具备独立实施其专利的条件，以一个普通许可的方式许可他人实施专利的，人民法院可以认定为让与人自己实施专利，但当事人另有约定的除外。

第二十八条 合同法第三百四十三条所称"实施专利或者使用技术秘密的范围"，包括实施专利或者使用技术秘密的期限、地域、方式以及接触技术秘密的人员等。

当事人对实施专利或者使用技术秘密的期限没有约定或者约定不明确的，受让人实施专利或者使用技术秘密不受期限限制。

【专利实施许可的限制】

法律问题解读

专利实施许可合同只在专利有效期内有效，因为一旦专利权被宣布无效或有效期届满，转让人对该"专利技术"已不再享有专利权，合同自无存在之必要。这时"专利技术"变成了公有技术，社会公众可自由使用该技术。根据《专利法》的规定，发明专利权的期限为20年，实用新型专利权和外观设计专利权的期限为10年，均自申请日起计算。

在实践中，要注意以下问题：

1. 专利实施许可合同的让与人应当在合同有效期内维持专利的有效性，所以，如果专利权实施许可合同期限超过该专利权的存续期间，专利权存续期间届满后，专利实施许可合同自动终止；专利权有效期届满或专利权被宣布无效的，专利权人由于不再享有专利权，因而不得就该专利与他人订立专利实施许可合同，即使订立，该合同也是无效合同。

2. 在合同有效期内，专利权被终止的，合同同时终止，让与人应当支付违约金或者赔偿损失。专利权被宣布无效的，让与人应当赔偿由此给受让人造成的损失。专利权被宣告无效后，对已经履行的专利实施许可合同不具追溯力，即许可方不退还许可使用费，因为被许可人已通过实施"专利技术"获利。但专利权人不向被许可人返还专利使用费明显是违背公平原则的，专利权人应向被许可人返还全部或部分专利使用费。

3. 专利权人未按时缴纳年费以及缴纳年费数额不足的，在专利局通知补缴的6个月内未补缴，导致专利权终止的，专利实施许可合同也因此终止，给被许可人造成损失的，专利权人应赔偿损失。

法条指引

❶《中华人民共和国合同法》（1999年10月1日施行）

第三百四十四条 专利实施许可合同只在该专利权的存续期间内有效。专利权有效期限届满或者专利权被宣布无效的，专利权人不得就该专利与他人订立专利实施许可合同。

❷ 最高人民法院《全国法院知识产权审判工作会议关于审理技术合同纠纷案件若干问题的纪要》（2001年6月19日施行）

61. 专利实施许可合同让与人应当在合同有效期内维持专利权有效，但当事人另有约定的除外。

在合同有效期内，由于让与人的原因导致专利权被终止的，受让人可以依据合同法第九十四条第（四）项的规定解除合同，让与人应当承担违约责任；专利权被宣告无效的，合同终止履行，并依据专利法的有关规定处理。

62. 专利实施许可合同对实施专利的期限没有约定或者约定不明确，依照合同法第六十一条的规定不能达成补充协议的，受让人实施专利不受期限限制。

❸《中华人民共和国专利法》（2008年12月27日施行）

第四十二条 发明专利权的期限为二十年，实用新型专利权和外观设计专利权的期限为十年，均自申请日起计算。

第四十三条 专利权人应当自被授予专利权的当年开始缴纳年费。

第四十四条 有下列情形之一的，专利权在期限届满前终止：

（一）没有按照规定缴纳年费的；

（二）专利权人以书面声明放弃其专利权的。

专利权在期限届满前终止的，由国务院专利行政部门登记和公告。

第四十七条 宣告无效的专利权视为自始即不存在。

宣告专利权无效的决定，对在宣告专利权无效前人民法院作出并已执行的专利侵权的判决、调解书，已经履行或者强制执行的专利侵权纠纷处理决定，以及已经履行的专利实施许可合同和专利权转让合同，不具有追溯力。但是因专利权人的恶意给他人造成的损失，应当给予赔偿。

依照前款规定不返还专利侵权赔偿金、专利使用费、专利权转让费，明显违反公平原则的，应当全部或者部分返还。

❹ 最高人民法院《关于审理技术合同纠纷案件适用法律若干问题的解释》（2005年1月1日施行）

第二十六条 专利实施许可合同让与人负有在合同有效期内维持专利权有效的义务，包括依法缴纳专利年费和积极应对他人提出宣告专利权无效的请求，但当事人另有约定的除外。

案例链接

❶《大厂回族自治县德峰精密机械有限责任公司诉洛阳龙门山泉啤酒有限公司等侵犯实用新型专利权纠纷案》，参见北大法宝引证码：Pkulaw. cn/CLI. C. 287370。

❷《湖北午时药业股份有限公司与澳诺（中国）制药有限公司、王军社侵犯发明专利权纠纷案》，参见北大法宝引证码：Pkulaw. cn/CLI. C. 279402。

❸《中国石化集团上海工程有限公司与高煦专利申请权权属纠纷上诉案》，参见北大法宝引证码：Pkulaw. cn/CLI. C. 222073。

【专利实施许可合同让与人的义务】

法律问题解读

被许可方与专利权人订立合同的目的在于使用专利权人的专利技术，因此为实现这一目的，专利权人负有积极配合的义务。专利权人有以下几项义务：

1. 按照约定许可受让人实施专利。如果是排他实施许可合同，让与人不得在已经许可让与人实施专利的范围内，就同一专利与第三人订立专利实施许可合同。独占实施许可合同的让与人不得在已经许可受让人实施专利的范围内实施该专利。

2. 专利权人应向受让人说明专利权保护的范围，如实指出该专利权的真实和完整程度；如果是当事人对专利技术性能作约定的情况，专利权人应保证其能达到合同要求；如果该专利技术在实施过程中没有达到转让方许诺的技术性能，可视为违约，受让人有权请求赔偿。如果合同中约定被许可取得专利技术使用权后，除自己使用外，还有权在指定范围内将全部专利技术或部分专利技术的使用权让与第三人的，专利权人负有不干涉的义务。

3. 向受让人交付实施专利有关的技术资料，依合同约定提供必要的技术指导。这种义务为附随义务，即使当事人未约定，基于许可合同，转让人也负有此义务。当相关技术资料涉及某些受让人的技术秘密时，双方还可订立技术秘密转让合同，也可以订立专利技术和技术秘密的混合性技术转让合同。

4. 根据许可合同的性质，许可方还负有下列义务：维持专利权有效性的义务，即专利权人应依照规定按时缴纳专利年费；在有专利先用权、强制实施许可存在的情况下，专利权人负有告知义务，以使受让人考虑自己的经济利益和许可费用等问题；专利权实施过程中受到另一个专利权的限制，专利权人有义务排除这一障碍，当然被许可人也可以解除该许可合同。

法条指引

❶《中华人民共和国合同法》（1999年10月1日施行）

第三百四十五条 专利实施许可合同的让与人应当按照约定许可受让人实施专利，交付实施专利有关的技术资料，提供必要的技术指导。

第三百四十九条 技术转让合同的让与人应当保证自己是所提供的技术的合法拥有者，并保证所提供的技术完整、无误、有效，能够达到约定的目标。

❷ 最高人民法院《全国法院知识产权审判工作会议关于审理技术合同纠纷案件若干问题的纪要》（2001年6月19日施行）

61. 专利实施许可合同让与人应当在合同有效期内维持专利权有效，但当事人另有约定的除外。

在合同有效期内，由于让与人的原因导致专利权被终止的，受让人可以依据合同法第九十四条第（四）项的规定解除合同，让与人应当承担违约责任；专利权被宣告无效的，合同终止履行，并依据专利法的有关规定处理。

63. 专利实施许可可以采取独占实施许可、排他实施许可、普通实施许可等方式。

前款所称排他实施许可，是指让与人在已经许可受让人实施专利的范围内无权就同一专利再许可他人实施；独占实施许可，是指让与人在已经许可受让人实施专利的范围内无权就同一专利再许可他人实施或者自己实施；普通实施许可，是指让与人在已经许可受让人实施专利的范围内仍可以就同一专利再许可他人实施。

当事人对专利实施许可方式没有约定或者约定不明确，依照合同法第六十一条的规定不能达成补充协议的，视为普通实施许可。

专利实施许可合同约定受让人可以再许可他人实施该专利的，该再许可为普通实施许可，但当事人另有约定的除外。

65. 除当事人另有约定的以外，排他实施许可合同让与人不具备独立实施其专利的条件，与一个法人、其他组织或者自然人合作实施该专利，或者通过技术入股实施该专利，可视为让与人自己实施专利。但让与人就同一专利与两个或者两个以上法人、其他组织或者自然人分别合作实施或者入股联营的，属于合同法第三百五十一条规定的违反约定擅自许可第三人实施专利的行为。

❸《中华人民共和国专利法》（2008年12月27日施行）

第四十八条 有下列情形之一的，国务院专利行政部门根据具备实施条件的单位或者个人的申请，可以给予实施发明专利或者实用新型专利的强制许可：

（一）专利权人自专利权被授予之日起满三年，且自提出专利申请之日起满四年，无正当理由未实施或者未充分实施其专利的；

（二）专利权人行使专利权的行为被依法认定为垄断行为，为消除或者减少该行为对竞争产生的不利影响的。

第四十九条 在国家出现紧急状态或者非常情况时，或者为了公共利益的目的，国务院专利行政部门可以给予实施发明专利或者实用新型专利的强制许可。

第五十条 为了公共健康目的，对取得专利权的药品，国务院专利行政部门可以给予制造并将其出口到符合中华人民共和国参加的有关国际条约规定的国家或者地区的强制许可。

第五十一条 一项取得专利权的发明或者实用新型比前已经取得专利权的发明或者实用新型具有显著经济意义的重大技术进步，其实施又有赖于前一发明或者实用新型的实施的，国务院专利行政部门根据后一专利权人的申请，可以给予实施前一发明或者实用新型的强制许可。

在依照前款规定给予实施强制许可的情形下，国务院专利行政部门根据前一专利权人的申请，也可以给予实施后一发明或者实用新型的强制许可。

❹ 最高人民法院《关于审理技术合同纠纷案件适用法律若干问题的解释》（2005年1月1日施行）

第二十五条 专利实施许可包括以下方式：

（一）独占实施许可，是指让与人在约定许可实施专利的范围内，将该专利仅许可一个受让人实施，让与人依约定不得实施该专利；

（二）排他实施许可，是指让与人在约定许可实施专利的范围内，将该专利仅许可一个受让人实施，但让与人依约定可以自行实施该专利；

（三）普通实施许可，是指让与人在约定许可实施专利的范围内许可他人实施该专利，并且可以自行实施该专利。

当事人对专利实施许可方式没有约定或者约定不明确的，认定为普通实施许可。专利实施许可合同约定受让人可以再许可他人实施专利的，认定该再许可为普通实施许可，但当事人另有约定的除外。

技术秘密的许可使用方式，参照本条第一、二款的规定确定。

第二十六条 专利实施许可合同让与人负有在合同有效期内维持专利权有效的义务，包括依法缴纳专利年费和积极应对他人提出宣告专利权无效的请求，但当事人另有约定的除外。

第二十七条 排他实施许可合同让与人不具备独立实施其专利的条件，以一个普通许可的方式许可他人实施专利的，人民法院可以认定为让与人自己实施专利，但当事人另有约定的除外。

【专利实施许可合同受让人的义务】

法律问题解读

在专利实施许可合同中，关于受让人的义务要注意以下问题：

1. 受让人有依照合同约定，按照约定的时间、地域、方式范围实施专利的义务。特别是在合同价款采取提成支付的情况下，转让方往往要求受让人承担实施该专利的义务。受让人的实施义务包括：在一定时间内将专利产品投入生产；行使合同约定的权利；在一定范围内生产专利产品并做相应的推销工作。转让人若想让受让人承担义务，须在合同中与受让人达成明确的相应协议。

2. 除非让与人同意，受让人不得许可约定以外的第三人实施该专利。但是受让人通过与他人联营或委托他人生产的方式生产专利产品，不应视为许可第三人使用专利技术。在独占许可中如果没有相反约定，独占许可证受让人可以出售分许可证，不能认为是对该义务之违反。

3. 受让人有按照约定支付使用费的义务。

4. 在交叉专利实施许可合同中，由于合同当事人各方既是许可方又是被许可方，因此双方的义务按《合同法》第346条、第347条规定执行。交叉许可实施合同指当事人之间以专利技术作为合同标的进行对等交换的协议。

5. 受让人根据国家专利行政部门实施强制许可的决定而订立的专利实施许可合同（对滥用专利权的强制许可，从属专利的许可，国家强制许可），应当积极履行上述义务，但无权许可他人实施。在费用问题上如果当事人达不成协议的，则由国家专利行政部门裁决。

法条指引

❶《中华人民共和国合同法》（1999年10月1日施行）

第三百四十六条 专利实施许可合同的受让人应当按照约定实施专利，不得许可约定以外的第三人实施该专利；并按照约定支付使用费。

❷ 最高人民法院《全国法院知识产权审判工作会议关于审理技术合同纠纷案件若干问题的纪要》（2001年6月19日施行）

63. 专利实施许可可以采取独占实施许可、排他实施许可、普通实施许可等方式。

前款所称排他实施许可，是指让与人在已许可受让人实施专利的范围内无权就同一专利再许可他人实施；独占实施许可，是指让与人在已经许可受让人实施专利的范围内无权就同一专利再许可他人实施或者自己实施；普通实施许可，是指让与人在已经许可受让人实施专利的范围内仍可以就同一专利再许可他人实施。

当事人对专利实施许可方式没有约定或者约定不明确，依照合同法第六十一条的规定不能达成补充协议的，视为普通实施许可。

专利实施许可合同约定受让人可以再许可他人实施该专利的，该再许可为普通实施许可，但当事人另有约定的除外。

66. 除当事人另有约定的以外，专利实施许可合同的受让人将受让的专利与他人合作实施或者入股联营的，属于合同法第三百五十二条规定的未经让与人同意擅自许可第三人实施专利的行为。

❸《中华人民共和国专利法》（2008年12月27日施行）

第四十八条 有下列情形之一的，国务院专利行政部门根据具备实施条件的单位或者个人的申请，可以给予实施发明专利或者实用新型专利的强制许可：

（一）专利权人自专利权被授予之日起满三年，且自提出专利申请之日起满四年，无正当理由未实施或者未充分实施其专利的；

（二）专利权人行使专利权的行为被依法认定为垄断行为，为消除或者减少该行为对竞争产生的不利影响的。

【技术秘密转让合同让与人的义务】

法律问题解读

技术秘密转让合同，是指让与人将其拥有的技术秘密成果转让给受让人，明确相互之间技术秘密成果使用权、转让权，受让人支付约定使用费所订立的合同。

技术秘密转让合同中，关于让与人义务要注意以下问题：

1. 让与人应按照合同约定提供技术资料，进行技术指导，以便受让人能够使用和实施该项技术秘密。

2. 让与人应保证技术的实用性、可靠性。作为技术转让合同标的的技术秘密，应当是成熟的，能够应用于生产实践的适用性技术。所谓技术的成熟性是指该技术是在充分研究开发基础上完成的，已经具备了商品化开发的可能性。法律对其专门规定原因在于，技术秘密不像专利技术那样已经受到专利机关及社会公众的审查，其实用性与可靠性更让人怀疑，故而让转让人承担了这一保证义务。在转让阶段性技术成果时，让与人应保证在一定条件下重复实验可以得到预期的效果，并在合同中载明后续开发的责任。

3. 让与人应承担合同约定的保密义务。技术秘密转让合同当事人都负有按照合同约定彼此承担保守技术秘密的义务,泄露技术秘密,使受让人遭受损失的,受让人有权解除合同,转让方应当支付违约金或者赔偿损失。

4. 在双方保密的基础上,技术秘密转让合同也可以参照专利实施许可的分类采取普通实施许可、排他性许可和独占许可的转让方式,这时让与人因合同性质不同而承担不同的义务。在技术秘密多次转让的情况下,让与人应如实地向受让人说明情况,以让受让人决定是否订立合同、支付使用费的数额。

法条指引

❶《中华人民共和国合同法》(1999年10月1日施行)

第三百四十一条 委托开发或者合作开发完成的技术秘密成果的使用权、转让权以及利益的分配办法,由当事人约定。没有约定或者约定不明确,依照本法第六十一条的规定仍不能确定的,当事人均有使用和转让的权利,但委托开发的研究开发人不得在向委托人交付研究开发成果之前,将研究开发成果转让给第三人。

第三百四十七条 技术秘密转让合同的让与人应当按照约定提供技术资料,进行技术指导,保证技术的实用性、可靠性,承担保密义务。

第三百五十三条 受让人按照约定实施专利、使用技术秘密侵害他人合法权益的,由让与人承担责任,但当事人另有约定的除外。

第三百五十四条 当事人可以按照互利的原则,在技术转让合同中约定实施专利、使用技术秘密后续改进的技术成果的分享办法。没有约定或者约定不明确,依照本法第六十一条的规定仍不能确定的,一方后续改进的技术成果,其他各方无权分享。

❷ 最高人民法院《全国法院知识产权审判工作会议关于审理技术合同纠纷案件若干问题的纪要》(2001年6月19日施行)

53. 技术转让合同让与人应当保证受让人按约定的方式实施技术达到约定的技术指标。除非明确约定让与人保证受让人达到约定的经济效益指标,让与人不对受让人实施技术后的经济效益承担责任。

转让阶段性技术成果,让与人应当保证在一定条件下重复试验可以得到预期的效果。

54. 技术转让合同中约定受让人取得的技术须经受让人小试、中试、工业性试验后才能投入批量生产的,受让人未经小试、中试、工业性试验直接投入批量生产所发生的损失,让与人不承担责任。

67. 技术秘密转让合同对使用技术秘密的期限没有约定或者约定不明确,依照合同法第六十一条的规定不能达成补充协议的,受让人可以无限期地使用该技术秘密。

68. 合同法第三百四十七条所称技术秘密转让合同让与人的保密义务不影响其申请专利的权利,但当事人约定让与人不得申请专利或者明确约定让与人承担保密义务的除外。

69. 技术秘密转让可以采取本纪要第63条规定的许可使用方式,并参照适用合同法和本纪要关于专利实施许可使用方式的有关规定。

❸ 最高人民法院《关于审理技术合同纠纷案件适用法律若干问题的解释》(2005年1月1日施行)

第一条 技术成果,是指利用科学技术知识、信息和经验作出的涉及产品、工艺、材料及其改进等的技术方案,包括专利、专利申请、技术秘密、计算机软件、集成电路布图设计、植物新品种等。

技术秘密,是指不为公众所知悉、具有商业价值并经权利人采取保密措施的技术信息。

第二十五条 专利实施许可包括以下方式:

(一)独占实施许可,是指让与人在约定许可实施专利的范围内,将该专利仅许可一个受让人实施,让与人依约定不得实施该专利;

(二)排他实施许可,是指让与人在约定许可实施专利的范围内,将该专利仅许可一个受让人实施,但让与人依约定可以自行实施该专利;

(三)普通实施许可,是指让与人在约定许可实施专利的范围内许可他人实施该专利,并且可以自行实施该专利。

当事人对专利实施许可方式没有约定或者约定不明确的,认定为普通实施许可。专利实施许可合同约定受让人可以再许可他人实施专利的,认定该再许可为普通实施许可,但当事人另有约定的除外。

技术秘密的许可使用方式,参照本条第一、二款的规定确定。

第二十九条 合同法第三百四十七条规定技术秘密转让合同让与人承担的"保密义务",不限制其申请专利,但当事人约定让与人不得申请专利的除外。

当事人之间就申请专利的技术成果所订立的

许可使用合同,专利申请公开以前,适用技术秘密转让合同的有关规定;发明专利申请公开以后、授权以前,参照适用专利实施许可合同的有关规定;授权以后,原合同即为专利实施许可合同,适用专利实施许可合同的有关规定。

人民法院不以当事人就已经申请专利但尚未授权的技术订立专利实施许可合同为由,认定合同无效。

❹《中华人民共和国促进科技成果转化法》(1996年10月1日施行)

第二十七条 科技成果完成单位与其他单位合作进行科技成果转化的,合作各方应当就保守技术秘密达成协议;当事人不得违反协议或者违反权利人有关保守技术秘密的要求,披露、允许他人使用该技术。

技术交易场所或者中介机构对其在从事代理或者居间服务中知悉的有关当事人的技术秘密,负有保密义务。

第二十八条 企业、事业单位应当建立健全技术秘密保护制度,保护本单位的技术秘密。职工应当遵守本单位的技术秘密保护制度。

企业、事业单位可以与参加科技成果转化的有关人员签订在职期间或者离职、离休、退休后一定期限内保守本单位技术秘密的协议;有关人员不得违反协议约定,泄露本单位的技术秘密和从事与原单位相同的科技成果转化活动。

职工不得将职务科技成果擅自转让或者变相转让。

第三十五条 违反本法规定,职工未经单位允许,泄露本单位的技术秘密,或者擅自转让、变相转让职务科技成果的,参加科技成果转化的有关人员违反与本单位的协议,在离职、离休、退休后约定的期限内从事与原单位相同的科技成果转化活动的,依照有关规定承担法律责任。

【技术秘密转让合同受让人的义务】

法律问题解读

技术秘密转让合同中,关于受让人义务要注意以下问题:

1. 受让人应根据合同的约定,按照约定的时间、地域、方式范围使用技术。除非在合同中约定或经让与人同意,受让人不得许可第三人使用该项技术秘密成果。

2. 受让人应按照合同约定支付使用费。在使用费的数额上,当事人可依具体情况自由约定,一旦约定,当事人应当遵守。在支付方式上,当事人可以采用一次总算方式,或提成支付方式或者一次总算与提成支付相结合的方式。如果当事人对此无约定的,原则上当事人采用一次总算,但也可根据受让人的经济状况采取分期支付的方法。

3 受让人应按照约定承担保密义务。技术秘密成果一旦失密,也就不成其技术秘密成果了。受让人应当按照合同约定采取保密措施,不得将技术秘密故意或过失地泄露,为公众所知。如果第三人从受让人处窃取或者获得了技术秘密,除非能证明他已采取了足够的保密措施而不能阻止。受让人要对转让人承担泄密责任。

法条指引

❶《中华人民共和国合同法》(1999年10月1日施行)

第三百四十一条 委托开发或者合作开发完成的技术秘密成果的使用权、转让权以及利益的分配办法,由当事人约定。没有约定或者约定不明确,依照本法第六十一条的规定仍不能确定的,当事人均有使用和转让的权利,但委托开发的研究开发人不得在向委托人交付研究开发成果之前,将研究开发成果转让给第三人。

第三百四十八条 技术秘密转让合同的受让人应当按照约定使用技术,支付使用费,承担保密义务。

❷《中华人民共和国促进科技成果转化法》(1996年10月1日施行)

第二十七条 科技成果完成单位与其他单位合作进行科技成果转化的,合作各方应当就保守技术秘密达成协议;当事人不得违反协议或者违反权利人有关保守技术秘密的要求,披露、允许他人使用该技术。

技术交易场所或者中介机构对其在从事代理或者居间服务中知悉的有关当事人的技术秘密,负有保密义务。

第二十八条 企业、事业单位应当建立健全技术秘密保护制度,保护本单位的技术秘密。职工应当遵守本单位的技术秘密保护制度。

企业、事业单位可以与参加科技成果转化的有关人员签订在职期间或者离职、离休、退休后一定期限内保守本单位技术秘密的协议;有关人员不得违反协议约定,泄露本单位的技术秘密和从事与原单位相同的科技成果转化活动。

职工不得将职务科技成果擅自转让或者变相转让。

第三十五条 违反本法规定，职工未经单位允许，泄露本单位的技术秘密，或者擅自转让、变相转让职务科技成果的，参加科技成果转化的有关人员违反与本单位的协议，在离职、离休、退休后约定的期限内从事与原单位相同的科技成果转化活动的，依照有关规定承担法律责任。

❸ **国家科学技术委员会《关于加强科技人员流动中技术秘密管理的若干意见》**（1997年7月2日）

二、本单位所拥有的技术秘密，是指由单位研制开发或者以其他合法方式掌握的、未公开的、能给单位带来经济利益或竞争优势，具有实用性且本单位采取了保密措施的技术信息，包括但不限于设计图纸（含草图）、试验结果和试验记录、工艺、配方、样品、数据、计算机程序，等等。技术信息可以是有特定的完整的技术内容，构成一项产品、工艺、材料及其改进的技术方案，也可以是某一产品、工艺、材料等技术或产品中的部分技术要素。

技术秘密是一种重要的知识产权，其开发和完成凝聚着国家或者有关单位大量的人力和物力投入。因此，科技人员在流动中不得将本人在工作中掌握的、由本单位拥有的技术秘密（包括本人完成或参与完成的职务技术成果）非法披露给用人单位、转让给第三者或者自行使用。

三、企事业单位要加强对承担国家科技计划项目或者本单位重要科研任务的科技人员进行管理。对列入确定为国家重大科技计划项目的计划任务书或者有关合同课题组成员名单的科技人员，在科研任务尚未结束前要求调离、辞职，并可能泄露国家重大科技计划项目或者科研任务所涉及的技术秘密，危及国家安全和利益的，原则上不予批准。擅自离职，并给国家或者原单位造成经济损失或泄露有关技术秘密的，可以依据有关法律规定，要求其承担经济责任；用人单位有过错的，也应当依法承担连带赔偿责任。

四、企事业单位所拥有的技术秘密，凡依据国家科委、国家保密局发布的《科学技术保密规定》确定为国家科学技术秘密的，应当按该规定并参照本意见进行管理。各企事业单位和科技人员负有保守国家科学技术秘密的义务。在依据国家科委、国家保密局《科学技术保密规定》确定国家科学技术秘密时，应当确定涉密人员范围。涉密人员调离、辞职时，应当经确定密级的主管部门批准，并对其进行保密教育。未经批准擅自离职的，依法追究当事人及用人单位负责人的行政责任。故意或者过失泄露国家科学技术秘密，情节严重，并致使国家利益遭受重大损失的，依法追究当事人的刑事责任。

五、企事业单位应当对本单位拥有的技术秘密采取合法、有效的保密措施，并使这些措施有针对性地适用于科技成果的完成人、与因业务上可能知悉该技术秘密的人员或者业务相关人员，以及有关的行政管理人员。这些措施包括订立保密协议、建立保密制度、采用保密技术、采用适当的保密设施和装置以及采用其他合理的保密方法。有关保密措施应当是明确、明示的，并能够具体确定本单位所拥有的技术秘密的范围、种类、保密期限、保密方法以及泄密责任。单位未采取适当保密措施，或者有关技术信息的内容已公开、能够从公开渠道直接得到的，科技人员可以自行使用。

科技人员可以与其工作单位就该单位的技术秘密、职务技术成果的使用、转让等有关事项签订书面协议，约定科技人员可以自行使用的范围、方式、条件等具体问题。

六、企事业单位可以按照有关法律规定，与本单位的科技人员、行政管理人员，以及因业务上可能知悉技术秘密的人员或业务相关人员，签订技术保密协议。该保密协议可以与劳动聘用合同订为一个合同，也可以与有关知识产权权利归属协议合订为一个合同，也可以单独签订。

签订技术保密协议，应当遵循公平、合理的原则，其主要内容包括：保密的内容和范围、双方的权利和义务、保密期限、违约责任等。技术保密协议可以在有关人员调入本单位时签订，也可以与已在本单位工作的人员协商后签订。拒不签订保密协议的，单位有权不调入，或者不予聘用。但是，有关技术保密协议不得违反法律、法规规定，或非法限制科技人员的正当流动。协议条款所确定的双方权利义务不得显失公平。

承担保密义务的科技人员享有因从事技术开发活动而获取相应报酬和奖励的权利。单位无正当理由，拒不支付奖励和报酬的，科技人员或者有关人员有权要求变更或者终止技术保密协议。技术保密协议一经双方当事人签字盖章，即发生法律效力，任何一方违反协议的，另一方可以依法向有关仲裁机构申请仲裁或向人民法院提起诉讼。

七、单位可以在劳动聘用合同、知识产权权利归属协议或者技术保密协议中，与对本单位技术权益和经济利益有重要影响的有关行政管理人员、科技人员和其他相关人员协商，约定竞业限制条款，约定有关人员在离开单位后一定期限内不得在生产同类产品或经营同类业务且有竞争关系或者其他利害关系的其他单位内任职，或者自己生产、经营与原单位有竞争关系的同类产品或业务。凡有这种约定的，单位应向有关人员支付一定数额的补偿费。竞业限制的期限最长不得超过3年。

竞业限制条款一般应当包括竞业限制的具体范围、竞业限制的期限、补偿费的数额及支付方法、违约责任等内容。但与竞业限制内容相关的技术秘密已为公众所知悉，或者不能为本单位带来经济利益或竞争优势，不具有实用性，或负有竞业限制义务的人员有足够证据证明该单位未执行国家有关科技人员的政策，受到显失公平待遇以及本单位违反竞业限制条款，不支付或者无正当理由拖欠补偿费的，竞业限制条款自行终止。

单位与有关人员就竞业限制条款发生争议的，任何一方有权依法向有关仲裁机构申请仲裁或向人民法院起诉。

八、企事业单位应当在科技人员或者有关人员离开本单位时，以书面或者口头形式向该人员重申其保密义务和竞业限制义务，并可以向其新任职的单位通报该人员在原单位所承担的保密义务和竞业限制义务。用人单位在科技人员或有关人员调入本单位时，应当主动了解该人员在原单位所承担的保密义务和竞业限制义务，并自觉尊重上述协议。明知该人员承担原单位保密义务或者竞业限制义务，并以获取有关技术秘密为目的故意聘用的，应当承担相应的法律责任。

九、科技人员或者其他有关人员在离开原单位后，利用在原单位掌握或接触的由原单位所拥有的技术秘密，并在此基础上作出新的技术成果或技术创新，有权就新的技术成果或技术创新予以实施或者使用，但在实施或者使用时利用了原单位所拥有的，且其本人负有保密义务的技术秘密时，应当征得原单位的同意，并支付一定的使用费；未征得原单位同意或者无证据证明有关技术内容为自行开发的新的技术成果或技术创新的，有关人员和用人单位应当承担相应的法律责任。

十、在工作期间接触或掌握本单位所拥有的技术秘密的离退休人员、行政管理人员以及其他因业务上可能知悉本单位拥有的技术秘密的人员，可以依照本意见进行管理。

十一、科技人员在完成本职工作和不侵犯本单位技术权益、经济利益的前提下，业余兼职从事技术开发和技术创新等活动的，应当依照国家有关法律、法规和1988年1月国务院批准的《国家科委关于科技人员业余兼职若干问题的意见》的规定，正确处理本职和兼职关系，不得在业余兼职活动中将本单位的技术秘密擅自提供给兼职单位，也不得利用兼职关系从兼职单位套取技术秘密，侵害兼职单位的技术权益。企事业单位可以参照本意见对有关兼职人员进行管理。

【技术转让合同中让与人的保证责任】

法律问题解读

技术转让合同中让与人的保证责任与货物买卖合同中的瑕疵担保责任十分相似，目的是保证受让人对技术成果的拥有或使用不因技术成果本身的情况或其权利方面的问题所阻碍。

让与人的保证责任有以下四点：

1. 首要义务就是保证自己是所提供技术的合法拥有者。

2. 保证所提供的技术完整、无误，与合同约定完全一致，并不存在缺陷。在专利权转让合同、专利实施许可合同中，转让人应保证专利权不存在以下缺陷：该专利权受物权或质押权的约束；该专利权的实施受到另外一个现存的专利权的限制；有专利先用权的存在；有强制实施许可的存在；属于在有利于其他竞争者的情况下发放的专利实施许可；有被政府采取"计划推广许可"的情况。由于专利侵权之诉使专利权保护范围受到限制，专利权被宣告无效，如发生于合同订立后，也属于技术成果不完整。当然在不同性质的合同中，如独占实施许可与普通实施许可，转让人的保证程度是不同的。

3. 保证自己所提供的技术的有效性。转让方应保证：在申请专利之前，自己没有使用或没有以任何方式公开过此项发明，该专利的有效性不会由于专利权人自己的行为遭到否定；不存在冒充他人的专利号或谎称其专利为专利局批准的事实，该专利确实属于转让人自己的劳动所得；该专利在其本国范围内具有新颖性；当实施许可的行为被指控为侵犯他人专利权的情况下，应起诉和排除他人干扰，使受让人实施技术标的权利得以行使；当许可合同中的专利权为他人所侵害时，转让方有义务对他人提出诉讼或应诉；转让方须缴纳专利申请费、申请维持费、审查费、专利年金。在专有技术转让中要保证技术秘密处于事实上的独占状态。

法条指引

❶《中华人民共和国合同法》（1999年10月1日施行）

第三百四十九条 技术转让合同的让与人应当保证自己是所提供的技术的合法拥有者，并保证所提供的技术完整、无误、有效，能够达到约定的目标。

【技术转让合同中受让人的保密义务】

法律问题解读

所谓技术转让合同的保密义务应当包含两方面的内容：一是对技术本身的保密；二是对经销状况的保密，两者一般为合同双方的责任。我国合同法所明确规定的是针对技术本身的保密义务。

在实践中，关于技术保密义务要注意以下几个问题：

1. 在技术合同谈判初期，（1）合同双方当事人应当对谈判初期阶段有关技术情报的提供、保密以及违反保密义务时的处理方法等问题作出规定。通常，合同当事人可约定，双方应当对谈判阶段交换的技术情报和技术秘密承担保密义务；（2）即使谈判结果双方未能达成合同，双方（尤其是受让人）亦必须对从谈判中获悉的技术情报承担保密义务。

2. 合同中可以规定，受让人必须对依许可合同获得的专有技术或为实施专利技术而附带的（未公开的）技术资料承担保密的义务。

3. 在不少技术转让合同中，当事人为了防止在合同中止或履行完毕之后，对方当事人把仍处于保密状态的技术予以公开，往往不仅把保密期间规定为许可证合同的整个有效期内，而且还把该保密义务的效力延长到合同本身终止后的若干年。合同尽管已经终结，但合同中的保密条款却仍然有效，一方当事人仍可依据此条款对违反保密的另一方起诉和要求赔偿。考虑到我国《合同法》已明确承认了具有法定义务性质的合同义务，因而即使技术转让合同的双方当事人未在合同中约定将该保密条款的效力延长到合同本身终止后的若干年，受让人仍应负保密义务，否则，让与人可对违反保密义务的另一方起诉和要求赔偿。

法条指引

❶《中华人民共和国合同法》（1999年10月1日施行）

第六十条 当事人应当按照约定全面履行自己的义务。

当事人应当遵循诚实信用原则，根据合同的性质、目的和交易习惯履行通知、协助、保密等义务。

第三百五十条 技术转让合同的受让人应当按照约定的范围和期限，对让与人提供的技术中尚未公开的秘密部分，承担保密义务。

【技术转让合同中让与人的违约责任】

法律问题解读

在技术转让合同中，关于技术转让合同中让与人的违约责任，要注意以下问题：

1. 违反专利权转让合同的责任。让与人不履行合同义务，迟延办理专利权移交手续，未提供有关的技术资料，转让的专利不是让与人合法拥有的专利或者违反保密义务的，应当返还部分或者全部使用费，并且应当承担违约责任。

2. 违反专利申请权转让合同的责任。让与人不履行合同，迟延提供技术情报和资料的，或者所提供的技术情报和资料没有达到使该领域一般专业技术人员能够实施发明创造的程度的，应当承担违约责任。违反保密义务的，应当承担违约责任。

3. 违反专利实施许可合同的责任。让与人未按照约定转让专利技术，应当返还部分或者全部使用费，并且承担违约责任；使用专利技术超越约定的范围，违反约定擅自许可第三人使用该项专利技术，应当停止违约行为，承担违约责任；违反保密义务的，承担违约责任；承担受让人按照约定使用专利技术侵害他人合法权益的责任。

4. 违反技术秘密转让合同的责任。让与人未按照合同约定转让技术秘密的，应当返还部分或者全部使用费，并且承担违约责任；使用技术秘密超越合同约定的范围，违反约定擅自许可第三人使用该项技术秘密，应当停止违约行为，承担违约责任；技术秘密成果达不到合同约定的技术指标，承担违约责任。违反保密义务，泄露技术秘密，使受让人遭受损失的，承担违约责任。承担受让人按照约定使用技术秘密侵害他人合法权益的责任。

法条指引

❶《中华人民共和国合同法》（1999年10月1日施行）

第三百五十一条　让与人未按照约定转让技术的，应当返还部分或者全部使用费，并应当承担违约责任；实施专利或者使用技术秘密超越约定的范围的，违反约定擅自许可第三人实施该项专利或者使用该项技术秘密的，应当停止违约行为，承担违约责任；违反约定的保密义务的，应当承担违约责任。

❷ 最高人民法院《全国法院知识产权审判工作会议关于审理技术合同纠纷案件若干问题的纪要》（2001年6月19日施行）

31. 在履行技术合同中，为提供技术成果或者咨询服务而交付的技术载体和内容等与约定不一致的，应当及时更正、补充。不按时更正、补充的和因更正、补充有关技术载体和内容等给对方造成损失或者增加额外负担的，应当承担相应的违约责任。但一方所作技术改进，使合同的履行产生了比原合同更为积极或者有利效果的除外。

【技术转让合同中受让人的违约责任】

法律问题解读

在技术转让合同中，关于技术转让合同中受让人的违约责任，要注意以下问题：

1. 违反专利权转让合同的责任。受让人未按照约定支付价款，应当补交并按照约定支付违约金，不补交价款或者支付违约金的，应当停止实施专利，交还技术资料，承担违约责任；违反保密义务的，承担违约责任。

2. 违反专利申请权转让合同的责任。受让人不履行合同，迟延支付价款的，承担违约责任。未按照约定支付价款的，应当补交并承担违约责任；不补交价款或者不支付违约金的，应当返还专利申请权，交还技术资料，并承担违约责任。违反保密义务的，承担违约责任。

3. 违反专利实施许可合同的责任。受让人未按照约定支付使用费的，应当补交使用费并按照约定支付违约金；不补交使用费或者支付违约金的，应当停止使用专利技术，交还技术资料，承担违约责任；使用专利技术超越约定范围，未经让与人同意擅自许可第三人使用该专利技术的，应当停止违约行为，承担违约责任；违反保密义务的，应当承担违约责任。

4. 违反技术秘密转让合同的责任。受让人不按照合同约定支付使用费的，应当补交使用费并按照约定支付违约金；不补交使用费或者支付违约金的，应当停止使用技术秘密，交还技术资料，承担违约责任；使用技术秘密超越约定的范围，未经让与人同意擅自许可第三人实施使用该技术秘密的，应当停止违约行为，承担违约责任；违反保密义务，泄露技术秘密，给让与人造成损失的，应当承担违约责任。

法条指引

❶《中华人民共和国合同法》（1999年10月1日施行）

第三百五十二条　受让人未按照约定支付使用费的，应当补交使用费并按照约定支付违约金；不补交使用费或者支付违约金的，应当停止实施专利或者使用技术秘密，交还技术资料，承担违约责任；实施专利或者使用技术秘密超越约定的范围的，未经让与人同意擅自许可第三人实施该专利或者使用该技术秘密的，应当停止违约行为，承担违约责任；违反约定的保密义务的，应当承担违约责任。

❷ 最高人民法院《全国法院知识产权审判工作会议关于审理技术合同纠纷案件若干问题的纪要》（2001年6月19日施行）

28. 专利实施许可合同和技术秘密转让合同约定按照提成支付技术使用费，受让人无正当理由不实施合同标的技术，并以此为由拒绝支付技术使用费的，让与人可以依据合同法第九十四条第（四）项的规定解除合同。

❸《中华人民共和国专利法》（2008年12月27日施行）

第十二条　任何单位或者个人实施他人专利的，应当与专利权人订立实施许可合同，向专利权人支付专利使用费。被许可人无权允许合同规定以外的任何单位或者个人实施该专利。

【技术转让合同中让与人的侵权责任】

法律问题解读

技术转让合同中让与人的侵权责任实际上是对让与人的保证责任的延伸。一般来说，只要是受让人严格按照合同约定使用专利或者技术秘密，侵犯他人合法权益的，由让与人承担责任，这就是让与人的保证责任的体现，但当事人另有约定的除外。

由让与人承担责任应具备以下条件：

1. 受让人严格按照合同约定使用专利或专有技术，不存在超过约定范围使用合同标的技术的行为。

2. 受让人不存在故意，即受让人并不知道，他实施的技术成果是侵犯他人合法权益的，如果受让人明知该技术成果让与人不能合法拥有，则让与人与受让人则构成了侵权法上的共同侵权行为人，对此应负连带责任。

3. 受让人使用合同标的技术的行为事实上构成了侵权，举证责任应由提出侵权请求的人负担。

4. 受让人使用技术成果的行为发生于技术实施许可合同有效存续期间，合同终止后的行为，由受让人自己负担。

所谓由让与人承担责任，指当实施许可协议的标的行为被指控为侵犯他人合法权益的情况下，让与人应承担应诉责任，负担诉讼费用，赔偿因使用行为给别人造成的损失。至于让与人与受让人之间的责任问题，则可依有关法律规定及合同约定加以处理。

另外，在独占性专利或专有技术实施许可合同和排他性专利或专有技术实施许可合同，让与人将同一范围的技术再让第三人使用的，如果第三人明知让与人与受让人之间存在独占实施许可或排他性实施许可合同而欲使让与人达成实施许可协议的，根据现代侵权法理论的发展，第三人的行为构成侵犯受让人的债权，应当承担侵权责任。

法条指引

❶《中华人民共和国合同法》（1999年10月1日施行）

第三百五十三条 受让人按照约定实施专利、使用技术秘密侵害他人合法权益的，由让与人承担责任，但当事人另有约定的除外。

❷《中华人民共和国民法通则》（1987年1月1日施行）

第五条 公民、法人的合法的民事权益受法律保护，任何组织和个人不得侵犯。

第一百零六条 公民、法人违反合同或者不履行其他义务的，应当承担民事责任。

公民、法人由于过错侵害国家的、集体的财产，侵害他人财产、人身的应当承担民事责任。

没有过错，但法律规定应当承担民事责任的，应当承担民事责任。

案例链接

❶《淄博高新技术产业开发区金霞建材厂诉韩方河等专利权侵权纠纷案》，参见北大法宝引证码：Pkulaw.cn/CLI.C.166879。

❷《北京纺星助剂有限公司与北京纺星佳润科贸有限公司等侵犯商业秘密纠纷上诉案》，参见北大法宝引证码：Pkulaw.cn/CLI.C.131200。

❸《卢旭辉诉潍坊宝元通电子设备有限公司等侵犯专利权纠纷案》，参见北大法宝引证码：Pkulaw.cn/CLI.C.131512。

【技术转让合同中的后续技术改进成果分享办法】

法律问题解读

所谓后续改进，是指在技术转让合同有效期内，一方或双方对作为合同标的的专利技术或者技术秘密所做的革新和改良。技术转让合同的当事人双方可以按照互惠互利的原则，在合同中约定实施专利、使用技术秘密后续改进的技术成果的分享办法。

在实践中，要注意以下问题：

1. 实施专利、使用技术秘密后续改进的技术成果属于完成该项后续改进的人。

2. 当事人按互惠原则约定，必须反对下列行为：主张由受让人作出的技术改进和发展成果应属于让与人或属于双方共同所有，或者规定让与人享有获得独占或者排他实施许可的权利；主张只有受让人有义务把其实施技术过程中取得的改进成果无偿地反馈给让与人，而让与人则无此义务；或者要求受让人反馈改进技术时应免收使用费，而自己向对方再提供改进技术时则要增收使用费。这些条款往往是让与人利用自己的谈判优势地位提出的不平等条款，当事人可就合同显失公平而请求法院或仲裁机关变更或撤销之。

3. 没有约定或者约定不明确，当事人可以协议补充，不能达成补充协议的，按照合同有关条款或者交易习惯确定。按照合同有关条款或者交易习惯仍不能确定，后续改进技术的技术成果由完成技术成果的一方享有，其他各方无权分享。

4. 互惠使用后续改进的技术，当事人应当另行订立专利许可合同或技术秘密合同，支付合理使用费。若受让人改进技术且取得专利权的，双方均可依专利权之规定，申请专利强制许可，当然也应支付合理的使用费。

法条指引

❶《中华人民共和国合同法》（1999年10月1日施行）

第三百五十四条 当事人可以按照互利的原则，在技术转让合同中约定实施专利、使用技术秘密后续改进的技术成果的分享办法。没有约定或者约定不明确，依照本法第六十一条的规定仍不能确定的，一方后续改进的技术成果，其他各方无权分享。

❷ 最高人民法院《全国法院知识产权审判工作会议关于审理技术合同纠纷案件若干问题的纪要》（2001年6月19日施行）

19. 技术合同无效或者被撤销后，因履行合同所完成的新的技术成果或者在他人技术成果的基础上完成的后续改进部分的技术成果的权利归属和利益分享，当事人不能重新协议确定的，由完成技术成果的一方当事人享有。

56. 合同法第三百五十四条所称后续改进，是指在技术转让合同有效期内，当事人一方或各方对合同标的技术所作的革新或者改良。

❸ 最高人民法院《关于审理技术合同纠纷案件适用法律若干问题的解释》（2005年1月1日施行）

第十一条 技术合同无效或者被撤销后，技术开发合同研究开发人、技术转让合同让与人、技术咨询合同和技术服务合同的受托人已经履行或者部分履行了约定的义务，并且造成合同无效或者被撤销的过错在对方的，对其已履行部分应当收取的研究开发经费、技术使用费、提供咨询服务的报酬，人民法院可以认定为因对方原因导致合同无效或者被撤销给其造成的损失。

技术合同无效或者被撤销后，因履行合同所完成新的技术成果或者在他人技术成果基础上完成后续改进技术成果的权利归属和利益分享，当事人不能重新协议确定的，人民法院可以判决由完成技术成果的一方享有。

【技术进出口合同的特别规定】

法律问题解读

我国境内的自然人、法人或者其他组织从国外引进或者向国外输出技术与技术输出国或者技术引进国的当事人订立的技术转让合同，称为技术进出口合同。

在实践中，应注意以下问题：

1. 在一国境内，该国自然人和法人与外国自然人和法人，该国企业与外商投资企业之间的技术转让，不属于国际技术转让，而属于国内技术转让。

2. 签订技术进口合同必须及时报国务院外经贸主管部门或其授权的其他机关批准后生效，在规定的审批期限内，审批机关没有作出决定的，视同获得批准，合同自动生效。技术进口合同的期限应当与受让人掌握引进技术的时间相适应，未经审批机关特殊批准，不得超过10年。未经审批机关特殊批准，技术进口合同的转让人不得强使受让人接受不合理的限制性要求。

3. 在签订技术进口合同时，要注意，（1）当转让人存在母公司与子公司时，母公司与子公司法定地址不同的，适用法律也不一样。（2）转让人提供的技术内容应把技术参数（技术指标）、技术资料清单、日期等都明确具体地写在合同之中。合同应规定在中国境内受让人享有制造、适用和销售产品的权利，并且一般不应限制产品的出口地区。（3）明确规定不可抗力的范围，发生不可抗力后应办理的手续以及处理方法。（4）转让人从受让人处取得收入，应当依法在受让人所在地纳税。如果双方国家间订有税收协定的，应当在合同中予以明确规定。（5）一般应规定合同适用中国法律。规定仲裁条款的，仲裁地可以规定在中国，也可以规定在第三国。

4. 法律或行政法规对技术进出口合同另设规定的情况下，应依其规定。此外，法律、行政法规对专利、专利申请合同另有规定的，也应依照其规定。

法条指引

❶《中华人民共和国合同法》（1999年10月1日施行）

第一百二十九条 因国际货物买卖合同和技术进出口合同争议提起诉讼或者申请仲裁的期限

为 4 年，自当事人知道或者应当知道其权利受到侵害之日起计算。因其他合同争议提起诉讼或者申请仲裁的期限，依照有关法律的规定。

第三百五十五条 法律、行政法规对技术进出口合同或者专利、专利申请合同另有规定的，依照其规定。

❷ 最高人民法院《关于适用〈中华人民共和国合同法〉若干问题的解释（一）》（1999 年 12 月 29 日施行）

第七条 技术进出口合同争议当事人的权利受到侵害的事实发生在合同法实施之前，自当事人知道或者应当知道其权利受到侵害之日起至合同法施行之日超过二年的，人民法院不予保护；尚未超过二年的，其提起诉讼的时效期间为 4 年。

❸《中华人民共和国技术进出口合同登记管理办法》（2002 年 1 月 1 日施行）（略）

❹《中华人民共和国技术进出口管理条例》（2002 年 1 月 1 日施行）

第十三条 技术进口申请经批准的，由国务院外经贸主管部门发给技术进口许可意向书。

进口经营者取得技术进口许可意向书后，可以对外签订技术进口合同。

第十四条 进口经营者签订技术进口合同后，应当向国务院外经贸主管部门提交技术进口合同副本及有关文件，申请技术进口许可证。

国务院外经贸主管部门对技术进口合同的真实性进行审查，并自收到前款规定的文件之日起 10 个工作日内，对技术进口作出许可或者不许可的决定。

第十五条 申请人依照本条例第十一条的规定向国务院外经贸主管部门提出技术进口申请时，可以一并提交已经签订的技术进口合同副本。

国务院外经贸主管部门应当依照本条例第十二条和第十四条的规定对申请及其技术进口合同的真实性一并进行审查，并自收到前款规定的文件之日起 40 个工作日内，对技术进口作出许可或者不许可的决定。

第十六条 技术进口经许可的，由国务院外经贸主管部门颁发技术进口许可证。技术进口合同自技术进口许可证颁发之日起生效。

第十七条 对属于自由进口的技术，实行合同登记管理。进口属于自由进口的技术，合同依法成立时生效，不以登记为合同生效的条件。

第十八条 进口属于自由进口的技术，应当向国务院外经贸主管部门办理登记，并提交下列文件：

（一）技术进口合同登记申请书；
（二）技术进口合同副本；
（三）签约双方法律地位的证明文件。

第十九条 国务院外经贸主管部门应当自收到本条例第十八条规定的文件之日起 3 个工作日内，对技术进口合同进行登记，颁发技术进口合同登记证。

第二十条 申请人凭技术进口许可证或者技术进口合同登记证，办理外汇、银行、税务、海关等相关手续。

第二十一条 依照本条例的规定，经许可或者登记的技术进口合同，合同的主要内容发生变更的，应当重新办理许可或者登记手续。

经许可或者登记的技术进口合同终止的，应当及时向国务院外经贸主管部门备案。

第二十四条 技术进口合同的让与人应当保证自己是所提供技术的合法拥有者或者有权转让、许可者。

技术进口合同的受让人按照合同约定使用让与人提供的技术，被第三方指控侵权的，受让人应当立即通知让与人；让与人接到通知后，应当协助受让人排除妨碍。

技术进口合同的受让人按照合同约定使用让与人提供的技术，侵害他人合法权益的，由让与人承担责任。

第二十五条 技术进口合同的让与人应当保证所提供的技术完整、无误、有效，能够达到约定的技术目标。

第二十六条 技术进口合同的受让人、让与人应当在合同约定的保密范围和保密期限内，对让与人提供的技术中尚未公开的秘密部分承担保密义务。

在保密期限内，承担保密义务的一方在保密技术非因自己的原因被公开后，其承担的保密义务即予终止。

第二十七条 在技术进口合同有效期内，改进技术的成果属于改进方。

第二十八条 技术进口合同期满后，技术让与人和受让人可以依照公平合理的原则，就技术的继续使用进行协商。

第二十九条 技术进口合同中，不得含有下列限制性条款：

（一）要求受让人接受并非技术进口必不可少的附带条件，包括购买非必需的技术、原材料、产品、设备或者服务；

（二）要求受让人为专利权有效期限届满或者

专利权被宣布无效的技术支付使用费或者承担相关义务；

（三）限制受让人改进让与人提供的技术或者限制受让人使用所改进的技术；

（四）限制受让人从其他来源获得与让与人提供的技术类似的技术或者与其竞争的技术；

（五）不合理地限制受让人购买原材料、零部件、产品或者设备的渠道或者来源；

（六）不合理地限制受让人产品的生产数量、品种或者销售价格；

（七）不合理地限制受让人利用进口的技术生产产品的出口渠道。

第三十六条 技术出口申请经批准的，由国务院外经贸主管部门发给技术出口许可意向书。

申请人取得技术出口许可意向书后，方可对外进行实质性谈判，签订技术出口合同。

第三十七条 申请人签订技术出口合同后，应当向国务院外经贸主管部门提交下列文件，申请技术出口许可证：

（一）技术出口许可意向书；

（二）技术出口合同副本；

（三）技术资料出口清单；

（四）签约双方法律地位的证明文件。

国务院外经贸主管部门对技术出口合同的真实性进行审查，并自收到前款规定的文件之日起15个工作日内，对技术出口作出许可或者不许可的决定。

第三十八条 技术出口经许可的，由国务院外经贸主管部门颁发技术出口许可证。技术出口合同自技术出口许可证颁发之日起生效。

第三十九条 对属于自由出口的技术，实行合同登记管理。

出口属于自由出口的技术，合同自依法成立时生效，不以登记为合同生效的条件。

第四十条 出口属于自由出口的技术，应当向国务院外经贸主管部门办理登记，并提交下列文件：

（一）技术出口合同登记申请书；

（二）技术出口合同副本；

（三）签约双方法律地位的证明文件。

第四十一条 国务院外经贸主管部门应当自收到本条例第四十条规定的文件之日起3个工作日内，对技术出口合同进行登记，颁发技术出口合同登记证。

第四十二条 申请人凭技术出口许可证或者技术出口合同登记证办理外汇、银行、税务、海关等相关手续。

第四十三条 依照本条例的规定，经许可或者登记的技术出口合同，合同的主要内容发生变更的，应当重新办理许可或者登记手续。

经许可或者登记的技术出口合同终止的，应当及时向国务院外经贸主管部门备案。

❺《中华人民共和国禁止进口限制进口技术管理办法》（2009年3月1日施行）（略）

❻《中华人民共和国专利法》（2008年12月27日施行）

第十条 专利申请权和专利权可以转让。

中国单位或者个人向外国人、外国企业或者外国其他组织转让专利申请权或者专利权的，应当依照有关法律、行政法规的规定办理手续。

转让专利申请权或者专利权的，当事人应当订立书面合同，并向国务院专利行政部门登记，由国务院专利行政部门予以公告。专利申请权或者专利权的转让自登记之日起生效。

❼《中华人民共和国专利法实施细则》（2010年1月9日施行）

第十四条 除依照专利法第十条规定转让专利权外，专利权因其他事由发生转移的，当事人应当凭有关证明文件或者法律文书向国务院专利行政部门办理专利权转移手续。

专利权人与他人订立的专利实施许可合同，应当自合同生效之日起3个月内向国务院专利行政部门备案。

以专利权出质的，由出质人和质权人共同向国务院专利行政部门办理出质登记。

❽《中华人民共和国对外贸易法》（2004年7月1日施行）

第二条 本法适用于对外贸易以及与对外贸易有关的知识产权保护。

本法所称对外贸易，是指货物进出口、技术进出口和国际服务贸易。

第九条 从事货物进出口或者技术进出口的对外贸易经营者，应当向国务院对外贸易主管部门或者其委托的机构办理备案登记；但是，法律、行政法规和国务院对外贸易主管部门规定不需要备案登记的除外。备案登记的具体办法由国务院对外贸易主管部门规定。对外贸易经营者未按照规定办理备案登记的，海关不予办理进出口货物的报关验放手续。

第十四条 国家准许货物与技术的自由进出口。但是，法律、行政法规另有规定的除外。

第十六条 国家基于下列原因，可以限制或者禁止有关货物、技术的进口或者出口：

（一）为维护国家安全、社会公共利益或者公共道德，需要限制或者禁止进口或者出口的；

（二）为保护人的健康或者安全，保护动物、植物的生命或者健康，保护环境，需要限制或者禁止进口或者出口的；

（三）为实施与黄金或者白银进出口有关的措施，需要限制或者禁止进口或者出口的；

（四）国内供应短缺或者为有效保护可能用竭的自然资源，需要限制或者禁止出口的；

（五）输往国家或者地区的市场容量有限，需要限制出口的；

（六）出口经营秩序出现严重混乱，需要限制出口的；

（七）为建立或者加快建立国内特定产业，需要限制进口的；

（八）对任何形式的农业、牧业、渔业产品有必要限制进口的；

（九）为保障国家国际金融地位和国际收支平衡，需要限制进口的；

（十）依照法律、行政法规的规定，其他需要限制或者禁止进口或者出口的；

（十一）根据我国缔结或者参加的国际条约、协定的规定，其他需要限制或者禁止进口或者出口的。

第十七条 国家对与裂变、聚变物质或者衍生此类物质的物质有关的货物、技术进出口，以及与武器、弹药或者其他军用物资有关的进出口，可以采取任何必要的措施，维护国家安全。

在战时或者为维护国际和平与安全，国家在货物、技术进出口方面可以采取任何必要的措施。

第十八条 国务院对外贸易主管部门会同国务院其他有关部门，依照本法第十六条和第十七条的规定，制定、调整并公布限制或者禁止进出口的货物、技术目录。

国务院对外贸易主管部门或者由其会同国务院其他有关部门，经国务院批准，可以在本法第十六条和第十七条规定的范围内，临时决定限制或者禁止前款规定目录以外的特定货物、技术的进口或者出口。

第十九条 国家对限制进口或者出口的货物，实行配额、许可证等方式管理；对限制进口或者出口的技术，实行许可证管理。

实行配额、许可证管理的货物、技术，应当按照国务院规定经国务院对外贸易主管部门或者经其会同国务院其他有关部门许可，方可进口或者出口。

国家对部分进口货物可以实行关税配额管理。

第三十三条 在对外贸易经营活动中，不得实施以不正当的低价销售商品、串通投标、发布虚假广告、进行商业贿赂等不正当竞争行为。

在对外贸易经营活动中实施不正当竞争行为的，依照有关反不正当竞争的法律、行政法规的规定处理。

有前款违法行为，并危害对外贸易秩序的，国务院对外贸易主管部门可以采取禁止该经营者有关货物、技术进出口等措施消除危害。

第三十七条 为了维护对外贸易秩序，国务院对外贸易主管部门可以自行或者会同国务院其他有关部门，依照法律、行政法规的规定对下列事项进行调查：

（一）货物进出口、技术进出口、国际服务贸易对国内产业及其竞争力的影响；

（二）有关国家或者地区的贸易壁垒；

（三）为确定是否应当依法采取反倾销、反补贴或者保障措施等对外贸易救济措施，需要调查的事项；

（四）规避对外贸易救济措施的行为；

（五）对外贸易中有关国家安全利益的事项；

（六）为执行本法第七条、第二十九条第二款、第三十条、第三十一条、第三十二条第三款、第三十三条第三款的规定，需要调查的事项；

（七）其他影响对外贸易秩序，需要调查的事项。

❾《中华人民共和国技术进出口管理条例》（2002年1月1日施行）（略）

案例链接

❶《THEATERLIGHTELECTRONICCONTROL&AUDIOSYSTEMSLIMITED 与珠海市中粤新通讯技术有限公司清算小组等买卖合同纠纷上诉案》，参见北大法宝引证码：Pkulaw.cn/CLI.C.32285。

❷《重庆市家乐福连锁超市有限公司诉绵阳市家乐福电器有限公司商标侵权案》，参见北大法宝引证码：Pkulaw.cn/CLI.C.48304。

❸《厦门市集美区南星发展公司诉厦门象屿保税区大洋国际贸易有限公司外贸代理合同案》，参见北大法宝引证码：Pkulaw.cn/CLI.C.235232。

【技术咨询合同】

法律问题解读

技术咨询合同，是指当事人双方约定，咨询方运用自己所拥有的专业知识、技术、经验和信息为委托方完成咨询报告，解答技术咨询，提供决策的智力服务工作，委托方支付报酬的合同。技术咨询合同包括就特定技术项目提供可行性论证、技术预测、专题技术调查、分析评价报告等合同。

在实践中要注意以下几个问题：

1. 技术咨询合同在技术交易领域内具有自己特定的调整对象，即合同当事人在完成一定的技术项目的可行性论证、技术预测、专题技术调查等软科学研究活动中产生的民事法律关系。

2. 履行技术咨询合同的目的在于：受托方为委托方进行科学研究、技术开发、成果推广、技术改造、工程建设、科技管理等项目提出建议、意见和方案，供委托方在决策时参考，从而使科学技术的决策和选择真正建立在民主化和科学化的基础之上。因此，技术咨询合同的履行结果并不是可以立竿见影的科技成果，而是供委托方选择的咨询报告。

3. 技术咨询合同有其特殊的风险责任承担原则，即因实施咨询报告而造成的风险损失，除合同另有约定的外，义务人可免于承担责任。这一特殊的风险责任承担原则是技术开发合同、技术转让合同、技术服务合同中所不具有的。

法条指引

❶《中华人民共和国合同法》（1999年10月1日施行）

第三百五十六条　技术咨询合同包括就特定技术项目提供可行性论证、技术预测、专题技术调查、分析评价报告等合同。

技术服务合同是指当事人一方以技术知识为另一方解决特定技术问题所订立的合同，不包括建设工程合同和承揽合同。

❷ 最高人民法院《全国法院知识产权审判工作会议关于审理技术合同纠纷案件若干问题的纪要》（2001年6月19日施行）

70. 合同法第三百五十六条第一款所称的特定技术项目，包括有关科学技术与经济、社会协调发展的软科学研究项目和促进科技进步和管理现代化，提高经济效益和社会效益的技术项目以及其他专业性技术项目。

❸ 最高人民法院《关于审理技术合同纠纷案件适用法律若干问题的解释》（2005年1月1日施行）

第三十条　合同法第三百五十六条第一款所称"特定技术项目"，包括有关科学技术与经济社会协调发展的软科学研究项目，促进科技进步和管理现代化、提高经济效益和社会效益等运用科学知识和技术手段进行调查、分析、论证、评价、预测的专业性技术项目。

案例链接

❶《杭州宏盛质量认证咨询有限公司诉湖州吴兴宏周木业加工厂技术咨询合同纠纷案》，参见北大法宝引证码：Pkulaw.cn/CLI.C.224241。

❷《浙江万特企业管理咨询有限公司诉浙江利越金属制品有限公司等技术咨询合同纠纷案》，参见北大法宝引证码：Pkulaw.cn/CLI.C.221651。

❸《杭州宏盛质量认证咨询有限公司诉海宁腾跃建设有限公司技术咨询合同纠纷案》，参见北大法宝引证码：Pkulaw.cn/CLI.C.224309。

【技术咨询合同中委托方的义务】

法律问题解读

在技术咨询合同中，关于委托方的义务，要注意以下几个问题：

1. 委托方应按照合同的约定，阐明咨询问题，提供技术背景材料及有关技术资料、数据；应受托方的要求及时补充有关资料和数据；必要时还应当依合同的约定为受托方作现场调查、测试、分析等工作提供方便。

2. 委托方应受托方的要求，对受托方提供的技术资料和数据予以保密，只有在合同没有约定的情况下，可以引用、发表和向第三人提供；

3. 委托方应按照合同约定的期限和方式接受受托方的工作成果，并按约定支付报酬。委托方应当积极履行上述义务，同时享有接受受托方技术咨询结果的权利。

法条指引

❶《中华人民共和国合同法》（1999年10月1日施行）

第三百五十七条　技术咨询合同的委托人应

当按照约定阐明咨询的问题，提供技术背景材料及有关技术资料、数据；接受受托人的工作成果，支付报酬。

❷ 最高人民法院《全国法院知识产权审判工作会议关于审理技术合同纠纷案件若干问题的纪要》（2001年6月19日施行）

72. 技术咨询合同委托人提供的技术资料和数据或者受托人提出的咨询报告和意见，当事人没有约定保密义务的，在不侵害对方当事人对此享有的合法权益的前提下，双方都有引用、发表和向第三人提供的权利。

案例链接

❶ 《黄河勘测规划设计有限公司与河南纵横燃气管道有限公司技术咨询合同纠纷上诉案》，参见北大法宝引证码：Pkulaw. cn/CLI. C. 191851。

❷ 《浙江环龙环境保护有限公司与浙江安吉宏枫颜料有限公司技术咨询合同纠纷上诉案》，参见北大法宝引证码：Pkulaw. cn/CLI. C. 290054。

❸ 《苏州铸诚建设工程管理咨询有限公司与吴江城市投资发展有限公司技术咨询合同纠纷上诉案》，参见北大法宝引证码：Pkulaw. cn/CLI. C. 127653。

【技术咨询合同中受托方的义务】

法律问题解读

在技术咨询合同中，关于受托方的义务，要注意以下几个问题：

1. 技术咨询合同的受托方的主要义务是按照合同约定按期完成咨询报告或者解答委托方提出的问题。（1）受托方应当依照合同约定正确地立题。（2）受托方应当向委托方提供全面可靠的信息资料。受托方应利用自己的技术知识和人才优势，按照合同的约定完成咨询报告或者解答问题；保证咨询报告和意见达到合同约定的要求。

2. 对技术项目进行调查、论证，发现委托方提供的技术资料、数据有明显错误和缺陷的，应当及时通知委托方补充、修改。

3. 应委托方的要求，对委托方提供的技术资料和数据予以保密，只有在合同没有约定的情况下，才可以引用、发表和向第三人提供。

4. 维护委托方的技术、经济权益。在合同有效期内，就同类技术项目与委托方的竞争者订立技术咨询合同的，应当征得委托方的同意。

法条指引

❶ 《中华人民共和国合同法》（1999年10月1日施行）

第三百五十八条 技术咨询合同的受托人应当按照约定的期限完成咨询报告或者解答问题；提出的咨询报告应当达到约定的要求。

第三百五十九条 技术咨询合同的委托人未按照约定提供必要的资料和数据，影响工作进度和质量，不接受或者逾期接受工作成果的，支付的报酬不得追回，未支付的报酬应当支付。

技术咨询合同的受托人未按期提出咨询报告或者提出的咨询报告不符合约定的，应当承担减收或者免收报酬等违约责任。

❷ 最高人民法院《全国法院知识产权审判工作会议关于审理技术合同纠纷案件若干问题的纪要》（2001年6月19日施行）

71. 除当事人另有约定的以外，技术咨询合同受托人进行调查研究、分析论证、试验测定等所需费用，由受托人自己负担。

72. 技术咨询合同委托人提供的技术资料和数据或者受托人提出的咨询报告和意见，当事人没有约定保密义务的，在不侵害对方当事人对此享有的合法权益的前提下，双方都有引用、发表和向第三人提供的权利。

73. 技术咨询合同受托人发现委托人提供的资料、数据等有明显错误和缺陷的，应当及时通知委托人。委托人应当及时答复并在约定的期限内予以补正。

受托人发现前款所述问题不及时通知委托人的，视为其认可委托人提供的技术资料、数据等符合约定的条件。

❸ 最高人民法院《关于审理技术合同纠纷案件适用法律若干问题的解释》（2005年1月1日施行）

第三十一条 当事人对技术咨询合同受托人进行调查研究、分析论证、试验测定等所需费用的负担没有约定或者约定不明确的，由受托人承担。当事人对技术咨询合同委托人提供的技术资料和数据或者受托人提出的咨询报告和意见未约定保密义务，当事人一方引用、发表或者向第三人提供的，不认定为违约行为，但侵害对方当事人对此享有的合法权益的，应当依法承担民事责任。

第三十二条 技术咨询合同受托人发现委托

人提供的资料、数据等有明显错误或者缺陷，未在合理期限内通知委托人的，视为其对委托人提供的技术资料、数据等予以认可。委托人在接到受托人的补正通知后未在合理期限内答复并予补正的，发生的损失由委托人承担。

案例链接

❶《黄河勘测规划设计有限公司与河南纵横燃气管道有限公司技术咨询合同纠纷上诉案》，参见北大法宝引证码：Pkulaw.cn/CLI.C.191851。

❷《浙江环龙环境保护有限公司与浙江安吉宏枫颜料有限公司技术咨询合同纠纷上诉案》，参见北大法宝引证码：Pkulaw.cn/CLI.C.290054。

❸《北京阳光环安技术服务有限公司诉北京燕山多普安装工程有限公司技术咨询合同纠纷案》，参见北大法宝引证码：Pkulaw.cn/CLI.C.74522。

【技术咨询合同中委托方的违约责任】

法律问题解读

在实践中，技术咨询合同中委托方的行为违反合同约定的义务，应作以下处理：

1. 委托方未按合同约定向受托方阐明咨询要点，未依合同约定提供必要的技术数据、技术背景材料、技术资料影响工作进度及质量的，所付的报酬不得追回，未付的报酬应当如数支付。

2. 委托方迟延提供合同约定的数据和资料，或者所提供的数据资料有严重缺陷或者失实，影响工作进度和质量的，应当如数支付报酬，并应当支付违约金或者赔偿损失。

3. 委托方接到受托方要求改进或者更换不符合合同约定的技术背景资料、技术资料、技术数据、工作条件的通知后，未按照约定期限或要求改进或更换的，应负责赔偿由此造成的损失。

4. 委托方逾一定期限不提供或者补充有关技术资料和数据、工作条件导致受托方无法开展工作的，受托方有权依合同法之规定解除合同，委托方应当支付违约金或赔偿损失。另外，委托方未按合同约定期限向受托方支付报酬的，应当如数支付，并向受托方支付违约金；未按合同约定期限接受工作成果的，应向受托方偿付由此支付的一切费用；未经受托方同意，擅自引用、发表受托方的咨询报告和意见或者擅自将受托方的咨询报告和意见提供给他人的，应向受托方支付违约金或赔偿损失；未按照合同约定履行保密义务的，应支付违约金或者赔偿损失。

法条指引

❶《中华人民共和国合同法》（1999年10月1日施行）

第三百五十九条 技术咨询合同的委托人未按照约定提供必要的资料和数据，影响工作进度和质量，不接受或者逾期接受工作成果的，支付的报酬不得追回，未支付的报酬应当支付。

技术咨询合同的受托人未按期提出咨询报告或者提出的咨询报告不符合约定的，应当承担减收或者免收报酬等违约责任。

技术咨询合同的委托人按照受托人符合约定要求的咨询报告和意见作出决策所造成的损失，由委托人承担，但当事人另有约定的除外。

❷ 最高人民法院《关于审理技术合同纠纷案件适用法律若干问题的解释》（2005年1月1日施行）

第三十二条 技术咨询合同受托人发现委托人提供的资料、数据等有明显错误或者缺陷，未在合理期限内通知委托人的，视为其对委托人提供的技术资料、数据等予以认可。委托人在接到受托人的补正通知后未在合理期限内答复并予补正的，发生的损失由委托人承担。

案例链接

❶《黄河勘测规划设计有限公司与河南纵横燃气管道有限公司技术咨询合同纠纷上诉案》，参见北大法宝引证码：Pkulaw.cn/CLI.C.191851。

❷《浙江环龙环境保护有限公司与浙江安吉宏枫颜料有限公司技术咨询合同纠纷上诉案》，参见北大法宝引证码：Pkulaw.cn/CLI.C.290054。

❸《苏州铸诚建设工程管理咨询有限公司与吴江城市投资发展有限公司技术咨询合同纠纷上诉案》，参见北大法宝引证码：Pkulaw.cn/CLI.C.127653。

【技术咨询合同中受托方的违约责任】

法律问题解读

在实践中，技术咨询合同中受托方的行为违反合同约定的义务，应做以下处理：

1. 受托方在接到委托方提交的技术资料和数据之日起超过约定期限不进行调查论证的，委托方有权依合同法之规定解除合同。受托方应当支付违约金或者赔偿损失。

2. 受托方迟延交付咨询报告和意见的,应当支付违约金。咨询报告和意见不符合合同约定条件的,应当减收或者免收报酬。

3. 受托方不提交咨询报告和意见,或者所提交的咨询报告和意见水平低劣无参考价值的,应当返还报酬。因为受托方未尽义务,委托方订立合同的目的落空,受托方还应支付违约金或者赔偿损失。

另外,未经委托方同意,擅自引用、发表委托方提供的技术背景材料、技术数据、咨询报告和意见或者提供给他人的,应当支付违约金或赔偿损失;发现委托方所提供的技术背景材料、技术数据,或者工作条件不符合合同约定,但又未按照合同约定期限通知委托方补充修改而造成损失的,应当酌减或者免收报酬;受托方违反保密义务的,应当支付违约金或者赔偿损失;参与委托方决策并负责指导实施工作的,实施后造成损失的,应承担赔偿责任,但合同另有约定的除外。

法条指引

❶《中华人民共和国合同法》(1999年10月1日施行)

第三百五十九条 技术咨询合同的委托人未按照约定提供必要的资料和数据,影响工作进度和质量,不接受或者逾期接受工作成果的,支付的报酬不得追回,未支付的报酬应当支付。

技术咨询合同的受托人未按期提出咨询报告或者提出的咨询报告不符合约定的,应当承担减收或者免收报酬等违约责任。

技术咨询合同的委托人按照受托人符合约定要求的咨询报告和意见作出决策所造成的损失,由委托人承担,但当事人另有约定的除外。

案例链接

❶《浙江劲力紧固件有限公司与曾潮等技术咨询合同纠纷上诉案》,参见北大法宝引证码:Pkulaw.cn/CLI.C.191783。

❷《上海高伟技术咨询有限公司诉上海龙达包装有限公司技术咨询合同纠纷案》,参见北大法宝引证码:Pkulaw.cn/CLI.C.155533。

【技术咨询合同的风险责任】

法律问题解读

当技术咨询合同的委托方采纳和实施受托方作出的符合合同约定的咨询报告和意见后,如果出现一些不良后果,这种风险责任应当由谁承担?对此应当遵循的原则是:除合同另有规定外,委托方按照受托方符合约定要求的咨询报告和意见作出决策所造成的损失,应当由委托方承担。其原因在于:

1. 这是由咨询报告所固有的可选择性决定的。技术咨询是一项复杂而具有探索性的工作,由于种种原因,技术咨询的结果本身会受到各种不确定因素的影响而带有风险性,因而咨询报告具有不确定性和可选择性。从民法原理上讲,技术咨询合同为一种"适当完成一定行为之债"。如果债务人的活动是严格按照合同进行的,他就不应对能否得到预期的结果负责。

2. 这是由受托方和委托方各自应尽的不同职责决定的。受托方在合同中只是一个进行独立思考,向委托方提出参谋性建议的人,而委托方则应对这一参谋性建议进行及时评价和分析并作出选择。委托方最终是否在其工作中采纳受托方提供的咨询意见或建议,并不构成委托方是否应当支付咨询费的必要条件。

在实践工作中,咨询报告的实施风险责任问题往往是比较复杂的,对于不同类型的咨询工作,人们可在合同中约定具体处理咨询风险责任承担的方式,而合同法也允许当事人约定。在多数情况下,受托方会斟酌自己的工作风险的程度,取得报酬的多少以及对咨询报告的自信程度等因素,在合同中约定承担咨询报告风险的全部或部分责任。

法条指引

❶《中华人民共和国合同法》(1999年10月1日施行)

第三百五十九条 技术咨询合同的委托人未按照约定提供必要的资料和数据,影响工作进度和质量,不接受或者逾期接受工作成果的,支付的报酬不得追回,未支付的报酬应当支付。

技术咨询合同的受托人未按期提出咨询报告或者提出的咨询报告不符合约定的,应当承担减收或者免收报酬等违约责任。

技术咨询合同的委托人按照受托人符合约定要求的咨询报告和意见作出决策所造成的损失，由委托人承担，但当事人另有约定的除外。

案例链接

❶《北京阳光环安技术服务有限公司诉北京燕山多普安装工程有限公司技术咨询合同纠纷案》，参见北大法宝引证码：Pkulaw. cn/CLI. C. 74522。

❷《北京燕山福鼎翔建筑安装工程有限公司诉北京阳光环安技术服务有限公司技术咨询合同纠纷案》，参见北大法宝引证码：Pkulaw. cn/CLI. C. 220805。

❸《上海现代浦东药厂有限公司诉上海华秋医药信息咨询有限公司等技术咨询合同纠纷案》，参见北大法宝引证码：Pkulaw. cn/CLI. C. 26861。

【技术服务合同】

法律问题解读

技术服务合同是指当事人一方以技术知识为另一方解决特定技术问题所订立的合同，不包括建设工程的勘察、设计、施工、安装合同和承揽合同。

技术服务合同在实践中包括技术辅助服务合同、技术中介合同和技术培训合同。其中，所谓技术辅助服务合同是指当事人一方利用科技知识为另一方解决特定专业技术问题所订立的合同。所谓技术中介合同，又称技术中介服务合同，是指一方当事人为另一方当事人提供订立技术合同的机会或者作为订立技术合同的媒介的合同。所谓技术培训合同，又称技术培训服务合同，是指一方当事人为另一方当事人所指定的人员进行特定技术培养和训练的合同。

1. 符合下列条件的，可以认定是技术服务合同：（1）合同的标的是运用专业技术知识和信息解决特定技术问题的项目；（2）服务内容是改进产品结构、改良工艺流程、提高产品质量、降低产品成本、节约资源能耗、保护资源环境、实现安全操作、提高经济效益和社会效益等专业技术工作；（3）工作成果有具体质量和数量指标；（4）技术知识的传递不涉及专利和技术秘密成果的权属。

2. 下列合同不属于技术服务合同：（1）以常规手段或者为生产经营目的进行一般加工、定做、修理、修缮、广告、印刷、测绘、标准化测试等订立的加工承揽合同和建设工程的勘察、设计、安装、施工合同。但以非常规技术手段，解决复杂、特殊技术问题而单独订立的合同除外。（2）就描晒复印图纸、翻译资料、摄影摄像等所订立的合同。（3）计量检定单位就强制性计量检定所订立的合同。（4）理化测试分析单位就仪器设备的购销、租赁及用户服务所订立的合同。

法条指引

❶《中华人民共和国合同法》（1999 年 10 月 1 日施行）

第三百五十六条 技术咨询合同包括就特定技术项目提供可行性论证、技术预测、专题技术调查、分析评价报告等合同。

技术服务合同是指当事人一方以技术知识为另一方解决特定技术问题所订立的合同，不包括建设工程合同和承揽合同。

❷ 最高人民法院《全国法院知识产权审判工作会议关于审理技术合同纠纷案件若干问题的纪要》（2001 年 6 月 19 日施行）

74. 合同法第三百五十六条第二款所称特定技术问题，是指需要运用科学技术知识解决专业技术工作中的有关改进产品结构、改良工艺流程、提高产品质量、降低产品成本、节约资源能耗、保护资源环境、实现安全操作、提高经济效益和社会效益等问题。

❸ 最高人民法院《关于审理技术合同纠纷案件适用法律若干问题的解释》（2005 年 1 月 1 日施行）

第三十三条 合同法第三百五十六条第二款所称"特定技术问题"，包括需要运用专业技术知识、经验和信息解决的有关改进产品结构、改良工艺流程、提高产品质量、降低产品成本、节约资源能耗、保护资源环境、实现安全操作、提高经济效益和社会效益等专业技术问题。

案例链接

❶《北京领克特信息技术有限公司诉广州摩拉网络科技有限公司技术服务合同纠纷案》，参见北大法宝引证码：Pkulaw. cn/CLI. C. 283607。

❷《北京问天阁茶业有限责任公司与北京高锐盟软件技术有限公司技术服务合同纠纷上诉案》，参见北大法宝引证码：Pkulaw. cn/CLI. C. 221575。

❸《招远市金泰精细化工有限公司与刘希安技术服务合同纠纷上诉案》，参见北大法宝引证码：Pkulaw.cn/CLI.C.257196。

【技术服务合同中委托方的义务】

法律问题解读

在技术服务合同中，委托方的义务有以下几个方面：

1. 委托方应依照合同约定为服务提供工作条件，完成配合事项。该义务是服务方能利用自己的技术知识为委托方解决特定技术问题的重要条件，因此委托方必须严格履行。

在技术培训合同中，如无特别约定，委托方应提供技术培训的场地设施和实施条件；应依合同约定，保证学员质量，培训方发现学员不符合合同约定的条件，委托方在收到培训方的通知后，应依约定及时改派学员。在技术辅助服务合同中，委托方应依合同约定提供技术资料数据材料样品或工作条件；需要积极配合的，委托方应积极配合；在合同约定的期限内，就对方要求改进或者更换不符合约定的技术资料数据材料或工作条件的通知作出答复。在技术中介服务合同中，委托方应如实提出订立合同的要求，提供有关背景材料，因为只有委托方说明了其欲达到的目的以及具体要求，中介方才可能履行中介服务合同。

2. 委托方应接受工作成果并支付报酬。委托方应及时对工作成果进行验收，如果符合合同约定条件的，应接受服务的交付，如发现工作成果不符合合同规定的技术指标或要求，应在约定期限内及时通知对方返工或改进。在技术中介服务合同中，中介方的报酬是指中介人按照委托方的要求，为委托人和第三人订立合同提供机会或促成技术合同的订立，由委托人支付的约定报酬。对于中介方的活动经费，即中介方在委托方和第三方订立合同前进行联系、介绍活动所支出的通信、交通和必要的调查研究等费用，当事人可以在合同约定由哪一方承担，若没有约定的，则由受托方承担。因为受托方的报酬中往往包括了相关活动费用。当事人约定该费用由委托人承担但未约定具体数额或者计算方法的，由委托人支付中介人从事中介活动支出的必要费用。当事人对中介人的报酬数额没有约定或者约定不明确的，应当根据中介人所进行的劳务合理确定，并由委托人承担。仅在委托人与第三人订立的技术合同中约定中介条款，但未约定给付中介人报酬或者约定不明确的，应当支付的报酬由委托人和第三人平均承担。

3. 依合同约定，委托方还可能负有下列义务：技术培训合同的委托方不得擅自将要求保密的培训内容引用、发表和提供给第三方。技术辅助服务合同的委托方在验收时，如发现工作成果不符合合同要求和规定的技术指标，应当在约定的期限内及时通知对方返工或改进等。

法条指引

❶《中华人民共和国合同法》（1999年10月1日施行）

第三百六十条 技术服务合同的委托人应当按照约定提供工作条件，完成配合事项；接受工作成果并支付报酬。

❷ 最高人民法院《全国法院知识产权审判工作会议关于审理技术合同纠纷案件若干问题的纪要》（2001年6月19日施行）

77. 技术服务合同受托人在履约期间，发现继续工作对材料、样品或者设备等有损坏危险时，应当中止工作，并及时通知委托人或者提出建议。委托人应当在约定的期限内作出答复。

受托人不中止工作或者不及时通知委托人并且未采取适当措施的，或者委托人未按期答复的，对因此发生的危险后果由责任人承担相应的责任。

78. 合同法第三百六十四条所称技术培训合同，是指当事人一方委托另一方对指定的人员（学员）进行特定项目的专业技术训练和技术指导所订立的合同，不包括职业培训、文化学习和按照行业、单位的计划进行的职工业余教育。

79. 技术培训合同委托人的主要义务是按照约定派出符合条件的学员；保证学员遵守培训纪律，接受专业技术训练和技术指导；按照约定支付报酬。

受托人的主要义务是按照约定配备符合条件的教员；制定和实施培训计划，按期完成培训；实现约定的培训目标。

80. 当事人对技术培训必需的场地、设施和试验条件等的提供和管理责任没有约定或者约定不明确，依照合同法第六十一条的规定不能达成补充协议的，由委托人负责提供和管理。

81. 技术培训合同委托人派出的学员不符合约定条件，影响培训质量的，委托人应当按照约定支付报酬。

受托人配备的教员不符合约定条件，影响培训质量的，或者受托人未按照计划和项目进行培训，导致不能实现约定的培训目标的，应当承担减收或者免收报酬等违约责任。

受托人发现学员不符合约定条件或者委托人发现教员不符合约定条件的，应当及时通知对方改派。对方应当在约定的期限内改派。未及时通知或者未按约定改派的，责任人承担相应的责任。

82. 合同法第三百六十四条所称技术中介合同，是指当事人一方以知识、技术、经验和信息为另一方与第三人订立技术合同进行联系、介绍、组织商品化、产业化开发并对履行合同提供服务所订立的合同，但不含有技术中介服务内容订立的各种居间合同除外。

83. 技术中介合同委托人的主要义务是提出明确的订约要求，提供有关背景材料；按照约定承担中介人从事中介活动的费用；按照约定支付报酬。

中介人的主要义务是如实反映委托人和第三人的技术成果、资信状况和履约能力；保守委托人和第三人的商业秘密；按照约定为委托人和第三人订立、履行合同提供服务。

84. 当事人对中介人从事中介活动的费用的负担没有约定或者约定不明确，依照合同法第六十一条的规定不能达成补充协议的，由中介人自己负担。当事人约定该费用由委托人承担但没有约定该费用的数额或者计算方法的，委托人应当支付中介人从事中介活动支出的必要费用。

前款所称中介人从事中介活动的费用，是指中介人在委托人和第三人订立技术合同前，进行联系、介绍活动所支出的通信、交通和必要的调查研究等费用。

85. 当事人对中介人的报酬数额没有约定或者约定不明确，依照合同法第六十一条的规定不能达成补充协议的，根据中介人的劳务合理确定，并由委托人负担。仅在委托人与第三人订立的技术合同中约定有中介条款，但对给付中介人报酬的义务没有约定或者约定不明确，依照合同法第六十一条的规定不能达成补充协议的，由委托人和第三人平均负担。

前款所称中介人的报酬，是指中介人为委托人与第三人订立技术合同，以及为其履行合同提供服务应当得到的收益。

86. 中介人未促成委托人与第三人之间的技术合同成立的，无权要求支付报酬，但可以要求委托人支付从事中介活动支出的必要费用。

89. 中介人对造成委托人与第三人之间的技术合同的无效或者被撤销没有过错，且该技术合同无效或者被撤销不影响有关中介条款或者技术中介合同继续有效的，中介人仍有权按照约定收取从事中介活动的费用和报酬。

❸ **最高人民法院《关于审理技术合同纠纷案件适用法律若干问题的解释》**（2005年1月1日施行）

第三十五条　当事人对技术服务合同受托人提供服务所需费用的负担没有约定或者约定不明确的，由受托人承担。

技术服务合同受托人发现委托人提供的资料、数据、样品、材料、场地等工作条件不符合约定，未在合理期限内通知委托人的，视为其对委托人提供的工作条件予以认可。委托人在接到受托人的补正通知后未在合理期限内答复并予补正的，发生的损失由委托人承担。

第三十六条　合同法第三百六十四条规定的"技术培训合同"，是指当事人一方委托另一方对指定的学员进行特定项目的专业技术训练和技术指导所订立的合同，不包括职业培训、文化学习和按照行业、法人或者其他组织的计划进行的职工业余教育。

第三十七条　当事人对技术培训必需的场地、设施和试验条件等工作条件的提供和管理责任没有约定或者约定不明确的，由委托人负责提供和管理。

技术培训合同委托人派出的学员不符合约定条件，影响培训质量的，由委托人按照约定支付报酬。

受托人配备的教员不符合约定条件，影响培训质量，或者受托人未按照计划和项目进行培训，导致不能实现约定培训目标的，应当减收或者免收报酬。

受托人发现学员不符合约定条件或者委托人发现教员不符合约定条件，未在合理期限内通知对方，或者接到通知的一方未在合理期限内按约定改派的，应当由负有履行义务的当事人承担相应的民事责任。

第三十八条　合同法第三百六十四条规定的"技术中介合同"，是指当事人一方以知识、技术、经验和信息为另一方与第三人订立技术合同进行联系、介绍以及对履行合同提供专门服务所订立的合同。

第三十九条　中介人从事中介活动的费用，是指中介人在委托人和第三人订立技术合同前，进行联系、介绍活动所支出的通信、交通和必要的调查研究等费用。中介人的报酬，是指中介人为委托人与第三人订立技术合同以及对履行该合同提供服务应当得到的收益。

当事人对中介人从事中介活动的费用负担没有约定或者约定不明确的，由中介人承担。当事人约定该费用由委托人承担但未约定具体数额或者计算方法的，由委托人支付中介人从事中介活动支出的必要费用。

当事人对中介人的报酬数额没有约定或者约定不明确的，应当根据中介人所进行的劳务合理确定，并由委托人承担。仅在委托人与第三人订立的技术合同中约定中介条款，但未约定给付中介人报酬或者约定不明确的，应当支付的报酬由委托人和第三人平均承担。

第四十条 中介人未促成委托人与第三人之间的技术合同成立的，其要求支付报酬的请求，人民法院不予支持；其要求委托人支付其从事中介活动必要费用的请求，应当予以支持，但当事人另有约定的除外。

中介人隐瞒与订立技术合同有关的重要事实或者提供虚假情况，侵害委托人利益的，应当根据情况免收报酬并承担赔偿责任。

第四十一条 中介人对造成委托人与第三人之间的技术合同的无效或者被撤销没有过错，并且该技术合同的无效或者被撤销不影响有关中介条款或者技术中介合同继续有效，中介人要求按照约定或者本解释的有关规定给付从事中介活动的费用和报酬的，人民法院应当予以支持。

中介人收取从事中介活动的费用和报酬不应当被视为委托人与第三人之间的技术合同纠纷中一方当事人的损失。

案例链接

❶《陈春生诉南京真珠王日化（集团）股份有限公司技术服务合同纠纷案》，参见北大法宝引证码：Pkulaw.cn/CLI.C.226559。

❷《黄河勘测规划设计有限公司与河南纵横燃气管道有限公司技术咨询合同纠纷上诉案》，参见北大法宝引证码：Pkulaw.cn/CLI.C.191851。

❸《广州市万顷沙镇福安村民委员会诉广州市果树科学研究所技术服务合同纠纷案》，参见北大法宝引证码：Pkulaw.cn/CLI.C.247540。

【技术服务合同中受托方的义务】

法律问题解读

在技术服务合同中，受托方的义务有以下几个方面：

1. 受托方的法定义务为按照合同约定完成服务项目，解决技术问题，保证工作质量，并传授解决技术问题的知识。

2. 在技术辅助服务合同中受托方的义务表现为：依合同约定的期限、质量和数量完成技术服务工作；未经委托方同意，不得擅自改动合同中注明的技术指标和要求；在合同中有保密条款时，不得将有关技术资料、数据、样品或其他工作成果擅自发表或提供给第三人；发现委托方提供的技术资料、数据、样品、材料或工作条件不符合合同约定时，应在约定期限内通知委托方改进或者更换；应对委托方交给的技术资料、样品等妥善保管，在合同履行过程中如发现继续工作对材料、样品等有损害危险时，应中止工作并及时通知委托方。

3. 在技术中介合同中受托方的义务表现为：按约定为委托方联系介绍第三人并促成技术合同的订立；将第三人的履行合同的能力及合同标的的实际情况如实告知委托方等；中介方未经委托方同意，不得以自己的名义转让委托方所有的成果；中介方对委托方要求保密的技术内容，不得擅自引用，发表或提供给第三人。

4. 在技术培训合同中受托方的义务表现为：认真制订培训计划，配备相应的师资，圆满完成培训任务。

法条指引

❶《中华人民共和国合同法》（1999年10月1日施行）

第三百六十一条 技术服务合同的受托人应当按照约定完成服务项目，解决技术问题，保证工作质量，并传授解决技术问题的知识。

❷ 最高人民法院《全国法院知识产权审判工作会议关于审理技术合同纠纷案件若干问题的纪要》（2001年6月19日施行）

75. 除当事人另有约定的以外，技术服务合同受托人完成服务项目，解决技术问题所需费用，由受托人自己负担。

76. 技术服务合同受托人发现委托人提供的资

料、数据、样品、材料、场地等工作条件不符合约定的，应当及时通知委托人。委托人应当及时答复并在约定的期限内予以补正。

受托人发现前款所述问题不及时通知委托人的，视为其认可委托人提供的技术资料、数据等工作条件符合约定的条件。

77. 技术服务合同受托人在履约期间，发现继续工作对材料、样品或者设备等有损坏危险时，应当中止工作，并及时通知委托人或者提出建议。委托人应当在约定的期限内作出答复。

受托人不中止工作或者不及时通知委托人并且未采取适当措施的，或者委托人未按期答复的，对因此发生的危险后果由责任人承担相应的责任。

78. 合同法第三百六十四条所称技术培训合同，是指当事人一方委托另一方对指定的人员（学员）进行特定项目的专业技术训练和技术指导所订立的合同，不包括职业培训、文化学习和按照行业、单位的计划进行的职工业余教育。

79. 技术培训合同委托人的主要义务是按照约定派出符合条件的学员；保证学员遵守培训纪律，接受专业技术训练和技术指导；按照约定支付报酬。

受托人的主要义务是按照约定配备符合条件的教员；制定和实施培训计划，按期完成培训；实现约定的培训目标。

81. 技术培训合同委托人派出的学员不符合约定条件，影响培训质量的，委托人应当按照约定支付报酬。

受托人配备的教员不符合约定条件，影响培训质量的，或者受托人未按照计划和项目进行培训，导致不能实现约定的培训目标的，应当承担减收或者免收报酬等违约责任。

受托人发现学员不符合约定条件或者委托人发现教员不符合约定条件的，应当及时通知对方改派。对方应当在约定的期限内改派。未及时通知或者未按约定改派的，责任人承担相应的责任。

82. 合同法第三百六十四条所称技术中介合同，是指当事人一方以知识、技术、经验和信息为另一方与第三人订立技术合同进行联系、介绍、组织商品化、产业化开发并对履行合同提供服务所订立的合同，但不含有技术中介服务内容订立的各种居间合同除外。

83. 技术中介合同委托人的主要义务是提出明确的订约要求；提供有关背景材料；按照约定承担中介人从事中介活动的费用；按照约定支付报酬。

中介人的主要义务是如实反映委托人和第三人的技术成果、资信状况和履约能力；保守委托人和第三人的商业秘密；按照约定为委托人和第三人订立、履行合同提供服务。

84. 当事人对中介人从事中介活动的费用的负担没有约定或者约定不明确，依照合同法第六十一条的规定不能达成补充协议的，由中介人自己负担。当事人约定该费用由委托人承担但没有约定该费用的数额或者计算方法的，委托人应当支付中介人从事中介活动支出的必要费用。

前款所称中介人从事中介活动的费用，是指中介人在委托人和第三人订立技术合同前，进行联系、介绍活动所支出的通信、交通和必要的调查研究等费用。

86. 中介人未促成委托人与第三人之间的技术合同成立的，无权要求支付报酬，但可以要求委托人支付从事中介活动支出的必要费用。

87. 中介人故意隐瞒与订立技术合同有关的重要事实或者提供虚假情况，损害委托人利益的，应当承担免收报酬和损害赔偿责任。

88. 中介人收取的从事中介活动的费用和报酬不应视为委托人与第三人之间的技术合同纠纷中一方当事人的损失。

❸ **最高人民法院《关于审理技术合同纠纷案件适用法律若干问题的解释》**（2005年1月1日施行）

第三十五条 当事人对技术服务合同受托人提供服务所需费用的负担没有约定或者约定不明确的，由受托人承担。

技术服务合同受托人发现委托人提供的资料、数据、样品、材料、场地等工作条件不符合约定，未在合理期限内通知委托人的，视为其对委托人提供的工作条件予以认可。委托人在接到受托人的补正通知后未在合理期限内答复并予补正的，发生的损失由委托人承担。

第三十六条 合同法第三百六十四条规定的"技术培训合同"，是指当事人一方委托另一方对指定的学员进行特定项目的专业技术训练和技术指导所订立的合同，不包括职业培训、文化学习和按照行业、法人或者其他组织的计划进行的职工业余教育。

第三十七条 当事人对技术培训必需的场地、设施和试验条件等工作条件的提供和管理责任没有约定或者约定不明确的，由委托人负责提供和管理。

技术培训合同委托人派出的学员不符合约定

条件，影响培训质量的，由委托人按照约定支付报酬。

受托人配备的教员不符合约定条件，影响培训质量，或者受托人未按照计划和项目进行培训，导致不能实现约定培训目标的，应当减收或者免收报酬。

受托人发现学员不符合约定条件或者委托人发现教员不符合约定条件，未在合理期限内通知对方，或者接到通知的一方未在合理期限内按约定改派的，应当由负有履行义务的当事人承担相应的民事责任。

第三十八条 合同法第三百六十四条规定的"技术中介合同"，是指当事人一方以知识、技术、经验和信息为另一方与第三人订立技术合同进行联系、介绍以及对履行合同提供专门服务所订立的合同。

第三十九条 中介人从事中介活动的费用，是指中介人在委托人和第三人订立技术合同前，进行联系、介绍活动所支出的通信、交通和必要的调查研究等费用。中介人的报酬，是指中介人为委托人与第三人订立技术合同以及对履行该合同提供服务应当得到的收益。

当事人对中介人从事中介活动的费用负担没有约定或者约定不明确的，由中介人承担。当事人约定该费用由委托人承担但未约定具体体数额或者计算方法的，由委托人支付中介人从事中介活动支出的必要费用。

当事人对中介人的报酬数额没有约定或者约定不明确的，应当根据中介人所进行的劳务合理确定，并由委托人承担。仅在委托人与第三人订立的技术合同中约定中介条款，但未约定给付中介人报酬或者约定不明确的，应当支付的报酬由委托人和第三人平均承担。

第四十条 中介人未促成委托人与第三人之间的技术合同成立的，其要求支付报酬的请求，人民法院不予支持；其要求委托人支付其从事中介活动必要费用的请求，应当予以支持，但当事人另有约定的除外。

中介人隐瞒与订立技术合同有关的重要事实或者提供虚假情况，侵害委托人利益的，应当根据情况免收报酬并承担赔偿责任。

案例链接

❶《陈春生诉南京真珠王日化（集团）股份有限公司技术服务合同纠纷案》，参见北大法宝引证码：Pkulaw. cn/CLI. C. 226559。

❷《黄河勘测规划设计有限公司与河南纵横燃气管道有限公司技术咨询合同纠纷上诉案》，参见北大法宝引证码：Pkulaw. cn/CLI. C. 191851。

❸《广州市万顷沙镇福安村民委员会诉广州市果树科学研究所技术服务合同纠纷案》，参见北大法宝引证码：Pkulaw. cn/CLI. C. 247540。

【技术服务合同中委托方的违约责任】

法律问题解读

在技术服务合同中，关于技术服务合同中委托方的违约责任，要注意以下问题：

1. 在技术辅助服务合同中，委托方未按照合同约定提供有关技术资料、数据、样品及工作条件，影响工作质量和进度的，应当如数支付报酬；委托方逾一定期限不提供约定的物质技术条件的，辅助方有权解除合同并请求支付违约金或赔偿损失，辅助方发现委托方提供的技术资料、数据、样品或者工作条件不符合约定，委托方在接到辅助方通知后，未按期答复的，委托方应承担相应的责任。

2. 在技术培训服务合同中，委托方的学员不符合约定条件，影响培训质量的，应当如数支付报酬；逾一定期限不派出学员或者不改派合格学员的，培训方有权解除合同并请求支付违约金或赔偿损失；未经培训方同意，擅自修改或变更培训计划造成损失的，应赔偿损失。委托方迟延接受工作成果的，应当支付违约金和保管费；逾一定期限不领取工作成果的，服务方有权变卖、处理工作成果，从获得的收益中扣除报酬、违约金和保管费后，剩余部分返还委托方，所得收益不足抵偿报酬、违约金和保管费的，有权请求委托方赔偿损失。

3. 技术中介服务合同中，委托方任意变更主张，致使中介方徒劳或者丧失信誉的，应当消除影响、恢复名誉、支付违约金或者赔偿损失。

4. 委托方未按合同约定支付报酬的，应当补交报酬，并支付违约金或赔偿损失；委托方违反合同中约定的保密期限和范围及保密义务的，应承担相应责任。

法条指引

❶《中华人民共和国合同法》（1999年10月1日施行）

第三百六十二条 技术服务合同的委托人不履行合同义务或者履行合同义务不符合约定,影响工作进度和质量,不接受或者逾期接受工作成果的,支付的报酬不得追回,未支付的报酬应当支付。

技术服务合同的受托人未按照合同约定完成服务工作的,应当承担免收报酬等违约责任。

❷ 最高人民法院《全国法院知识产权审判工作会议关于审理技术合同纠纷案件若干问题的纪要》(2001年6月19日施行)

77. 技术服务合同受托人在履约期间,发现继续工作对材料、样品或者设备等有损坏危险时,应当中止工作,并及时通知委托人或者提出建议。委托人应当在约定的期限内作出答复。

受托人不中止工作或者不及时通知委托人并且未采取适当措施的,或者委托人未按期答复的,对因此发生的危险后果由责任人承担相应的责任。

81. 技术培训合同委托人派出的学员不符合约定条件,影响培训质量的,委托人应当按照约定支付报酬。

受托人配备的教员不符合约定条件,影响培训质量的,或者受托人未按照计划和项目进行培训,导致不能实现约定的培训目标,应当承担减收或者免收报酬等违约责任。

受托人发现学员不符合约定条件或者委托人发现教员不符合约定条件的,应当及时通知对方改派。对方应当在约定的期限内改派。未及时通知或者未按约定改派的,责任人承担相应的责任。

84. 当事人对中介人从事中介活动的费用的负担没有约定或者约定不明确,依照合同法第六十一条的规定不能达成补充协议的,由中介人自己负担。当事人约定该费用由委托人承担但没有约定该费用的数额或者计算方法的,委托人应当支付中介人从事中介活动支出的必要费用。

前款所称中介人从事中介活动的费用,是指中介人在委托人和第三人订立技术合同前,进行联系、介绍活动所支出的通信、交通和必要的调查研究等费用。

85. 当事人对中介人的报酬数额没有约定或者约定不明确,依照合同法第六十一条的规定不能达成补充协议的,根据中介人的劳务合理确定,并由委托人负担。仅在委托人与第三人订立的技术合同中约定有中介条款,但对给付中介人报酬的义务没有约定或者约定不明确,依照合同法第六十一条的规定不能达成补充协议的,由委托人和第三人平均负担。

前款所称中介人的报酬,是指中介人为委托人与第三人订立技术合同,以及为其履行合同提供服务应当得到的收益。

86. 中介人未促成委托人与第三人之间的技术合同成立的,无权要求支付报酬,但可以要求委托人支付从事中介活动支出的必要费用。

❸ 最高人民法院《关于审理技术合同纠纷案件适用法律若干问题的解释》(2005年1月1日施行)

第三十五条 当事人对技术服务合同受托人提供服务所需费用的负担没有约定或者约定不明确的,由受托人承担。

技术服务合同受托人发现委托人提供的资料、数据、样品、材料、场地等工作条件不符合约定,未在合理期限内通知委托人的,视为其对委托人提供的工作条件予以认可。委托人在接到受托人的补正通知后未在合理期限内答复并予补正的,发生的损失由委托人承担。

第三十七条 当事人对技术培训必需的场地、设施和试验条件等工作条件的提供和管理责任没有约定或者约定不明确的,由委托人负责提供和管理。

技术培训合同委托人派出的学员不符合约定条件,影响培训质量的,由委托人按照约定支付报酬。

受托人配备的教员不符合约定条件,影响培训质量,或者受托人未按照计划和项目进行培训,导致不能实现约定培训目标的,应当减收或者免收报酬。

受托人发现学员不符合约定条件或者委托人发现教员不符合约定条件,未在合理期限内通知对方,或者接到通知的一方未在合理期限内按约定改派的,应当由负有履行义务的当事人承担相应的民事责任。

第三十九条 中介人从事中介活动的费用,是指中介人在委托人和第三人订立技术合同前,进行联系、介绍活动所支出的通信、交通和必要的调查研究等费用。中介人的报酬,是指中介人为委托人与第三人订立技术合同以及对履行该合同提供服务应当得到的收益。

当事人对中介人从事中介活动的费用负担没有约定或者约定不明确的,由中介人承担。当事人约定该费用由委托人承担但未约定具体数额或者计算方法的,由委托人支付中介人从事中介活动支出的必要费用。

当事人对中介人的报酬数额没有约定或者约

定不明确的，应当根据中介人所进行的劳务合理确定，并由委托人承担。仅在委托人与第三人订立的技术合同中约定中介条款，但未约定给付中介人报酬或者约定不明确的，应当支付的报酬由委托人和第三人平均承担。

第四十条　中介人未促成委托人与第三人之间的技术合同成立的，其要求支付报酬的请求，人民法院不予支持；其要求委托人支付其从事中介活动必要费用的请求，应当予以支持，但当事人另有约定的除外。

中介人隐瞒与订立技术合同有关的重要事实或者提供虚假情况，侵害委托人利益的，应当根据情况免收报酬并承担赔偿责任。

第四十一条　中介人对造成委托人与第三人之间的技术合同的无效或者被撤销没有过错，并且该技术合同的无效或者被撤销不影响有关中介条款或者技术中介合同继续有效，中介人要求按照约定或者本解释的有关规定给付从事中介活动的费用和报酬的，人民法院应当予以支持。

中介人收取从事中介活动的费用和报酬不应当被视为委托人与第三人之间的技术合同纠纷中一方当事人的损失。

案例链接

❶《广州市万顷沙镇福安村民委员会诉广州市果树科学研究所技术服务合同纠纷案》，参见北大法宝引证码：Pkulaw. cn/CLI. C. 247540。

❷《太原市福康中西医结合皮肤病医院与太原市艾环科技发展有限公司技术服务合同纠纷上诉案》，参见北大法宝引证码：Pkulaw. cn/CLI. C. 130908。

❸《河南省三门峡市自来水公司诉杭州天丽科技有限公司技术服务合同纠纷案》，参见北大法宝引证码：Pkulaw. cn/CLI. C. 131015。

【技术服务合同中受托方的违约责任】

法律问题解读

在技术服务合同中，关于技术服务合同中受托方的违约责任，要注意以下问题：

1. 在技术辅助服务合同中，辅助方未按照合同约定完成服务工作的，应当免收报酬并支付违约金或赔偿损失。辅助方迟延支付工作成果的，应当支付违约金；逾一定期限不交付工作成果的，委托方有权解除合同，辅助方应返还技术资料和样品，返还已支付的报酬，支付违约金或赔偿损失；服务方的工作成果、服务质量有缺陷，委托方同意利用的，辅助方应减收报酬并采取相应补救措施；工作成果、服务质量有严重问题，没有解决合同约定的技术问题的，服务方应免收报酬，并支付违约金或赔偿损失。

2. 在技术培训服务合同中，培训方配备的教员不符合约定条件，影响培训质量的，应当减收或免收服务报酬；逾一定期限不派教员或委派的教员不合格，委托方有权解除合同，培训方应赔偿委托方因此遭受的损失；没有按照培训计划和项目进行培训工作，导致培训结果达不到合同约定条件的，应当返还全部或部分报酬，并支付违约金或赔偿损失。

3. 在技术中介合同中，中介方隐瞒第三方真实情况，给委托方造成损失的，应当支付违约金或赔偿损失（隐瞒委托方真实情况，给第三方造成损失的，应当赔偿损失）；中介方与第三方恶意串通损害委托方利益的，中介方和第三方应负连带责任。

另外，服务方对委托方交付的样品、技术资料保管不善，造成灭失、缺少、变质、污染或损坏的，应当支付违约金或赔偿损失。在技术中介服务合同中，中介方违反保密义务，应当支付违约金或赔偿损失，因此给第三方造成损失的，应当赔偿第三方所受到的损失；利用中介关系以自己名义擅自提供、转让委托方或第三方技术成果的，应当支付违约金或赔偿损失。

法条指引

❶《中华人民共和国合同法》（1999年10月1日施行）

第三百六十二条　技术服务合同的委托人不履行合同义务或者履行合同义务不符合约定，影响工作进度和质量，不接受或者逾期接受工作成果的，支付的报酬不得追回，未支付的报酬应当支付。

技术服务合同的受托人未按照合同约定完成服务工作的，应当承担免收报酬等违约责任。

❷ 最高人民法院《全国法院知识产权审判工作会议关于审理技术合同纠纷案件若干问题的纪要》（2001年6月19日施行）

77. 技术服务合同受托人在履约期间，发现继续工作对材料、样品或者设备等有损坏危险时，应当中止工作，并及时通知委托人或者提出建议。

委托人应当在约定的期限内作出答复。

受托人不中止工作或者不及时通知委托人并且未采取适当措施的，或者委托人未按期答复的，对因此发生的危险后果由责任人承担相应的责任。

79. 技术培训合同委托人的主要义务是按照约定派出符合条件的学员；保证学员遵守培训纪律，接受专业技术训练和技术指导；按照约定支付报酬。

受托人的主要义务是按照约定配备符合条件的教员；制定和实施培训计划，按期完成培训；实现约定的培训目标。

81. 技术培训合同委托人派出的学员不符合约定条件，影响培训质量的，委托人应当按照约定支付报酬。

受托人配备的教员不符合约定条件，影响培训质量的，或者受托人未按照计划和项目进行培训，导致不能实现约定的培训目标的，应当承担减收或者免收报酬等违约责任。

受托人发现学员不符合约定条件或者委托人发现教员不符合约定条件的，应当及时通知对方改派。对方应当在约定的期限内改派。未及时通知或者未按约定改派的，责任人承担相应的责任。

83. 技术中介合同委托人的主要义务是提出明确的订约要求，提供有关背景材料；按照约定承担中介人从事中介活动的费用；按照约定支付报酬。

中介人的主要义务是如实反映委托人和第三人的技术成果、资信状况和履约能力；保守委托人和第三人的商业秘密；按照约定为委托人和第三人订立、履行合同提供服务。

84. 当事人对中介人从事中介活动的费用的负担没有约定或者约定不明确，依照合同法第六十一条的规定不能达成补充协议的，由中介人自己负担。当事人约定该费用由委托人承担但没有约定该费用的数额或者计算方法的，委托人应当支付中介人从事中介活动支出的必要费用。

前款所称中介人从事中介活动的费用，是指中介人在委托人和第三人订立技术合同前，进行联系、介绍活动所支出的通信、交通和必要的调查研究等费用。

86. 中介人未促成委托人与第三人之间的技术合同成立的，无权要求支付报酬，但可以要求委托人支付从事中介活动支出的必要费用。

87. 中介人故意隐瞒与订立技术合同有关的重要事实或者提供虚假情况，损害委托人利益的，应当承担免收报酬和损害赔偿责任。

❸ 最高人民法院《关于审理技术合同纠纷案件适用法律若干问题的解释》（2005年1月1日施行）

第三十五条 当事人对技术服务合同受托人提供服务所需费用的负担没有约定或者约定不明确的，由受托人承担。

技术服务合同受托人发现委托人提供的资料、数据、样品、材料、场地等工作条件不符合约定，未在合理期限内通知委托人的，视为其对委托人提供的工作条件予以认可。委托人在接到受托人的补正通知后未在合理期限内答复并予补正的，发生的损失由委托人承担。

第三十七条 当事人对技术培训必需的场地、设施和试验条件等工作条件的提供和管理责任没有约定或者约定不明确的，由委托人负责提供和管理。

技术培训合同委托人派出的学员不符合约定条件，影响培训质量的，由委托人按照约定支付报酬。

受托人配备的教员不符合约定条件，影响培训质量，或者受托人未按照计划和项目进行培训，导致不能实现约定培训目标的，应当减收或者免收报酬。

受托人发现学员不符合约定条件或者委托人发现教员不符合约定条件，未在合理期限内通知对方，或者接到通知的一方未在合理期限内按约定改派的，应当由负有履行义务的当事人承担相应的民事责任。

第三十九条 中介人从事中介活动的费用，是指中介人在委托人和第三人订立技术合同前，进行联系、介绍活动所支出的通信、交通和必要的调查研究等费用。中介人的报酬，是指中介人为委托人与第三人订立技术合同以及对履行该合同提供服务应当得到的收益。

当事人对中介人从事中介活动的费用负担没有约定或者约定不明确的，由中介人承担。当事人约定该费用由委托人承担但未约定具体数额或者计算方法的，由委托人支付中介人从事中介活动支出的必要费用。

当事人对中介人的报酬数额没有约定或者约定不明确的，应当根据中介人所进行的劳务合理确定，并由委托人承担。仅在委托人与第三人订立的技术合同中约定中介条款，但未约定给付中介人报酬或者约定不明确的，应当支付的报酬由委托人和第三人平均承担。

第四十条 中介人未促成委托人与第三人之

间的技术合同成立的,其要求支付报酬的请求,人民法院不予支持;其要求委托人支付其从事中介活动必要费用的请求,应当予以支持,但当事人另有约定的除外。

中介人隐瞒与订立技术合同有关的重要事实或者提供虚假情况,侵害委托人利益的,应当根据情况免收报酬并承担赔偿责任。

案例链接

❶《广州市万顷沙镇福安村民委员会诉广州市果树科学研究所技术服务合同纠纷案》,参见北大法宝引证码:Pkulaw. cn/CLI. C. 247540。

❷《太原市福康中西医结合皮肤病医院与太原市艾环科技发展有限公司技术服务合同纠纷上诉案》,参见北大法宝引证码:Pkulaw. cn/CLI. C. 130908。

❸《北京市通铭环保设备厂诉北京奥森特化工有限公司技术服务合同纠纷案》,参见北大法宝引证码:Pkulaw. cn/CLI. C. 220507。

【技术咨询合同与技术服务合同中新技术成果的归属】

法律问题解读

技术咨询合同、技术服务合同的履行过程,事实上也是一个当事人之间互通技术信息、交流工作成果的过程,这一过程为双方当事人创造出更新的技术成果提供了条件和机会。关于技术咨询合同与技术服务合同中新技术成果的归属,在实践中要注意以下问题:

1. 在履行技术咨询合同、技术服务合同的过程中,受托方利用委托方提供的技术资料和工作条件所完成的新的技术成果,除合同另有约定外,属于受托方;委托方利用受托方的工作成果所完成的新的技术成果,除合同另有约定外,属于委托方。对新的技术成果享有所有权(或者持有权)的一方当事人,可依法享有就该技术成果取得的精神权利(如获得奖金、奖章、荣誉证书的权利)、经济权利(如专利权、非专利技术的转让权、使用权等)和其他利益。

2. 对新技术成果的归属,当事人也可以在合同中先行约定。当事人的约定主要有以下三种情况:(1)在履行技术咨询合同、技术服务合同的过程中,受托方利用委托方提供的技术资料和工作条件所完成的新的技术成果,属于委托方所有(或持有)或者由双方当事人共有;委托方利用受托方的工作成果所完成的新的技术成果,属于受托方所有(或持有),或者由双方当事人共有。(2)合同当事人可以约定对新的技术成果的分享办法。例如,按照互利原则,对委托方利用受托方的工作成果所完成的新的技术成果,其所有权属于委托方,但受托方可以按合同约定享有免费使用权,等等。(3)委托方提供的技术资料和数据或者受托方提出的工作成果,需要保密的,当事人可以在合同中约定保密的范围和期限。合同没有约定的,当事人有引用、发表和向第三方提供的权利。当事人在约定时应遵循互利原则,即权利对等,费用互惠,使用权利对等,交换期限对等。

法条指引

❶《中华人民共和国合同法》(1999年10月1日施行)

第三百六十三条 在技术咨询合同、技术服务合同履行过程中,受托人利用委托人提供的技术资料和工作条件完成的新的技术成果,属于受托人。委托人利用受托人的工作成果完成的新的技术成果,属于委托人。当事人另有约定的,按照其约定。

【技术中介合同和技术培训合同的法律适用】

法律问题解读

技术中介合同和技术培训合同属于技术服务合同的两个具体类别。

技术中介合同是指双方当事人约定中介人依据委托人的要求,为委托人与第三人订立技术合同提供机会或促成技术合同订立,委托人向中介人给付约定报酬的合同。可见,技术中介合同,其实就是技术居间合同。合同法关于居间合同的规定对其适用。此外,国家为规范技术中介市场,有一系列的规定出台,其中属于法律或行政法规的,对技术中介合同也有适用余地。

技术培训合同是指双方当事人约定,受托方为委托方的指定人员进行特定技术培养和训练的合同。技术培训合同是国际上公认的技术服务合同形式。就技术培训,其他法律、行政法规有规定的,适用其规定。

值得注意的是,合同法仅规定当合同法以外的其他法律、行政法规对技术中介合同,技术培训合同有规定的,优先适用其规定,但并不涉及行政规章。

法条指引

❶ 《中华人民共和国合同法》(1999年10月1日施行)

第三百六十四条 法律、行政法规对技术中介合同、技术培训合同另有规定的,依照其规定。

❷ 最高人民法院《全国法院知识产权审判工作会议关于审理技术合同纠纷案件若干问题的纪要》(2001年6月19日施行)

78. 合同法第三百六十四条所称技术培训合同,是指当事人一方委托另一方对指定的人员(学员)进行特定项目的专业技术训练和技术指导所订立的合同,不包括职业培训、文化学习和按照行业、单位的计划进行的职工业余教育。

79. 技术培训合同委托人的主要义务是按照约定派出符合条件的学员;保证学员遵守培训纪律,接受专业技术训练和技术指导;按照约定支付报酬。

受托人的主要义务是按照约定配备符合条件的教员;制定和实施培训计划,按期完成培训;实现约定的培训目标。

80. 当事人对技术培训必需的场地、设施和试验条件等的提供和管理责任没有约定或者约定不明确,依照合同法第六十一条的规定不能达成补充协议的,由委托人负责提供和管理。

81. 技术培训合同委托人派出的学员不符合约定条件,影响培训质量的,委托人应当按照约定支付报酬。

受托人配备的教员不符合约定条件,影响培训质量的,或者受托人未按照计划和项目进行培训,导致不能实现约定的培训目标的,应当承担减收或者免收报酬等违约责任。

受托人发现学员不符合约定条件或者委托人发现教员不符合约定条件的,应当及时通知对方改派。对方应当在约定的期限内改派。未及时通知或者未按约定改派的,责任人承担相应的责任。

82. 合同法第三百六十四条所称技术中介合同,是指当事人一方以知识、技术、经验和信息为另一方与第三人订立技术合同进行联系、介绍、组织商品化、产业化开发并对履行合同提供服务所订立的合同,但不含有技术中介服务内容订立的各种居间合同除外。

83. 技术中介合同委托人的主要义务是提出明确的订约要求,提供有关背景材料;按照约定承担中介人从事中介活动的费用;按照约定支付报酬。

中介人的主要义务是如实反映委托人和第三人的技术成果、资信状况和履约能力;保守委托人和第三人的商业秘密;按照约定为委托人和第三人订立、履行合同提供服务。

84. 当事人对中介人从事中介活动的费用的负担没有约定或者约定不明确,依照合同法第六十一条的规定不能达成补充协议的,由中介人自己负担。当事人约定该费用由委托人承担但没有约定该费用的数额或者计算方法的,委托人应当支付中介人从事中介活动支出的必要费用。

前款所称中介人从事中介活动的费用,是指中介人在委托人和第三人订立技术合同前,进行联系、介绍活动所支出的通信、交通和必要的调查研究等费用。

85. 当事人对中介人的报酬数额没有约定或者约定不明确,依照合同法第六十一条的规定不能达成补充协议的,根据中介人的劳务合理确定,并由委托人负担。仅在委托人与第三人订立的技术合同中约定有中介条款,但对给付中介人报酬的义务没有约定或者约定不明确,依照合同法第六十一条的规定不能达成补充协议的,由委托人和第三人平均负担。

前款所称中介人的报酬,是指中介人为委托人与第三人订立技术合同,以及为其履行合同提供服务应当得到的收益。

86. 中介人未促成委托人与第三人之间的技术合同成立的,无权要求支付报酬,但可以要求委托人支付从事中介活动支出的必要费用。

87. 中介人故意隐瞒与订立技术合同有关的重要事实或者提供虚假情况,损害委托人利益的,应当承担免收报酬和损害赔偿责任。

88. 中介人收取的从事中介活动的费用和报酬不应视为委托人与第三人之间的技术合同纠纷中一方当事人的损失。

89. 中介人对造成委托人与第三人之间的技术合同的无效或者被撤销没有过错,且该技术合同无效或者被撤销不影响有关中介条款或者技术中介合同继续有效的,中介人仍有权按照约定收取从事中介活动的费用和报酬。

❸ 最高人民法院《关于审理技术合同纠纷案件适用法律若干问题的解释》(2005年1月1日施行)

第三十六条 合同法第三百六十四条规定的

"技术培训合同",是指当事人一方委托另一方对指定的学员进行特定项目的专业技术训练和技术指导所订立的合同,不包括职业培训、文化学习和按照行业、法人或者其他组织的计划进行的职工业余教育。

第三十七条 当事人对技术培训必需的场地、设施和试验条件等工作条件的提供和管理责任没有约定或者约定不明确的,由委托人负责提供和管理。

技术培训合同委托人派出的学员不符合约定条件,影响培训质量的,由委托人按照约定支付报酬。

受托人配备的教员不符合约定条件,影响培训质量,或者受托人未按照计划和项目进行培训,导致不能实现约定培训目标的,应当减收或者免收报酬。

受托人发现学员不符合约定条件或者委托人发现教员不符合约定条件,未在合理期限内通知对方,或者接到通知的一方未在合理期限内按约定改派的,应当由负有履行义务的当事人承担相应的民事责任。

第三十八条 合同法第三百六十四条规定的"技术中介合同",是指当事人一方以知识、技术、经验和信息为另一方与第三人订立技术合同进行联系、介绍以及对履行合同提供专门服务所订立的合同。

第三十九条 中介人从事中介活动的费用,是指中介人在委托人和第三人订立技术合同前,进行联系、介绍活动所支出的通信、交通和必要的调查研究等费用。中介人的报酬,是指中介人为委托人与第三人订立技术合同以及对履行该合同提供服务应当得到的收益。

当事人对中介人从事中介活动的费用负担没有约定或者约定不明确的,由中介人承担。当事人约定该费用由委托人承担但未约定具体数额或者计算方法的,由委托人支付中介人从事中介活动支出的必要费用。

当事人对中介人的报酬数额没有约定或约定不明确的,应当根据中介人所进行的劳务合理确定,并由委托人承担。仅在委托人与第三人订立的技术合同中约定中介条款,但未约定给付中介人报酬或者约定不明确的,应当支付的报酬由委托人和第三人平均承担。

第四十条 中介人未促成委托人与第三人之间的技术合同成立的,其要求支付报酬的请求,人民法院不予支持;其要求委托人支付其从事中介活动必要费用的请求,应当予以支持,但当事人另有约定的除外。

中介人隐瞒与订立技术合同有关的重要事实或者提供虚假情况,侵害委托人利益的,应当根据情况免收报酬并承担赔偿责任。

第四十一条 中介人对造成委托人与第三人之间的技术合同的无效或者被撤销没有过错,并且该技术合同的无效或者被撤销不影响有关中介条款或者技术中介合同继续有效,中介人要求按照约定或本解释的有关规定给付从事中介活动的费用和报酬的,人民法院应当予以支持。

中介人收取从事中介活动的费用和报酬不应当被视为委托人与第三人之间的技术合同纠纷中一方当事人的损失。

案例链接

❶《上海泰安音响有限公司与上海航天晶源环境工程有限公司技术中介合同纠纷上诉案》,参见北大法宝引证码:Pkulaw. cn/CLI. C. 151535。

❷《马少莉诉北京中经国创应用科学技术研究院技术中介合同纠纷案》,参见北大法宝引证码:Pkulaw. cn/CLI. C. 199903。

❸《潍坊宏涛化工有限公司与苏州市新纶喷丝组件厂买卖合同及技术培训合同纠纷上诉案》,参见北大法宝引证码:Pkulaw. cn/CLI. C. 31017。

❹《何日升与新会市宏力贸易有限公司技术培训合同纠纷上诉案》,参见北大法宝引证码:Pkulaw. cn/CLI. C. 66174。

第二十章 保管合同

● 本章为读者提供与以下题目有关的法律问题的解读及相关法律文献依据

> 保管合同（518） 保管合同的费用（519） 保管合同的成立时间（520） 保管人向寄存人给付保管凭证的义务（520） 保管人对保管物妥善保管的义务（521） 保管人亲自保管保管物的义务（522） 保管人不得使用或者许可第三人使用保管物的义务（522） 保管人返还保管物的义务及危险通知义务（523） 消费保管合同（524） 保管人损害赔偿责任构成要件（524） 寄存人特定情形下的告知义务（525） 寄存人在特定情形下的声明义务（525） 领取保管物的时间（526） 保管合同保管费用的支付时间（526） 保管人的留置权（527）

【保管合同】

法律问题解读

保管合同又称寄托合同、寄存合同，是指双方当事人约定一方保管另一方交付的物品，并返还该物的合同。保管物品的一方称为保管人，或者称为受寄托人，其所保管的物品称为保管物，或者称为寄托物，交付物品保管的一方称为寄存人，或者称为寄托人。

把握保管合同，应注意以下几点：

1. 保管合同为实践合同，即保管合同的成立，不仅须有当事人双方意思表示的一致，还须有寄托人将保管物交付保管人的行为。从外延上看，保管合同是一种提供劳务的合同；从内涵上看，保管合同是保管他人之物的合同。

2. 保管合同以物品保管为目的，须有保管物占有的转移，保管物交付给保管人，保管合同才能成立；保管物返还给寄存人，保管合同才算完结。保管物占有的转移并不等于保管物所有权或者使用权的转移，保管人无权使用保管物。当然，保管货币或者其他可替代的，保管人可以按照约定返还相同种类、品质、数量的物品。

3. 保管合同以物品的保管为目的，合同标的是保管行为，一切物包括种类物和特定物，动产和不动产都可以成为合同标的物。我国《合同法》第365条对保管合同，没有规定保管物以动产为限。

4. 保管合同原则上为无偿合同、不要式合同，即保管合同是社会成员之间相互提供帮助或者服务的一种形式，原则上是无偿的，当然，当事人之间也可以约定付报酬。保管合同仅以寄存人对保管物的实际交付为成立要件，并不要求当事人必须采取何种特定形式。

至于保管合同是双务合同还是单务合同，学界存在争议：一种观点认为，只有有偿保管合同才是双务合同，而无偿保管合同是单务合同，寄存人不负担对价义务。而与之相对的观点认为，无论是有偿还是无偿保管合同，都是双务合同，因为在无偿合同中，寄存人也应当支付保管人为保管标的物所支出的必要费用。主流的观点为第一种观点，因为双务合同是指双方互负对待给付义务的合同，一方当事人所享有的权利即为他方当事人所负有的义务，如买卖合同。而单务合同是指合同当事人仅由有一方负担给付义务的合同，另一方不负担义务或是即使负担义务也不构成对待给付。分析起来，必要的保管费用，是有利于保管物的利益支出的费用，有利于寄存人，因此支付这一必要费用并不构成保管义务的对价。可见，在无偿保管合同中，只有保管人负有义务，为单务合同。而有偿保管合同显然是双务合同。

法条指引

❶《中华人民共和国合同法》（1999年10月1日施行）

第三百六十五条 保管合同是保管人保管寄存人交付的保管物,并返还该物的合同。

第三百六十七条 保管合同自保管物交付时成立,但当事人另有约定的除外。

第三百六十九条 保管人应当妥善保管保管物。

当事人可以约定保管场所或者方法。除紧急情况或者为了维护寄存人利益的以外,不得擅自改变保管场所或者方法。

❷《中华人民共和国担保法》(1995年10月1日施行)

第八十四条 因保管合同、运输合同、加工承揽合同发生的债权,债务人不履行债务的,债权人有留置权。

法律规定可以留置的其他合同,适用前款规定。

当事人可以在合同中约定不得留置的物。

❸ 最高人民法院《关于海事法院受理案件范围的若干规定》(2001年9月18日施行)

20. 船舶属具和海运集装箱租赁、保管合同纠纷案件。

21. 港口货物保管合同纠纷案件。

案例链接

❶《杜忠海与冯涛等保管合同纠纷上诉案》,参见北大法宝引证码:Pkulaw.cn/CLI.C.253391。

❷《广东省第二人民医院与胡章俊保管合同纠纷上诉案》,参见北大法宝引证码:Pkulaw.cn/CLI.C.277908。

❸《王芬诉河南省禹州市百货采购供应站钧都商场保管合同纠纷案》,参见北大法宝引证码:Pkulaw.cn/CLI.C.286704。

学者观点

❶ 冯忠明:《存车收费合同之法律界定》,参见北大法宝引证码:Pkulaw.cn/CLI.A.1123890。

【保管合同的费用】

法律问题解读

关于保管合同的费用,在实践中要注意以下几点:

1. 保管合同分为有偿和无偿两类。有偿保管合同的寄存人有支付保管费的义务,当事人对保管费用没有约定或约定不明确的,无法达成协议,依合同的意旨和交易习惯也无法确定的,保管推定为无偿。

2. 在无偿的保管合同中,寄存人无须支付保管人报酬,但应支付保管人支出的为保管所必需的费用。保管费用是指是保管人在履行保管义务中为保管支出的必要费用,如修缮费、饲养费、治疗费以及设置保管场所、雇用看管人、保险费用、税捐,在不可归责于保管人的火灾中,保管人为抢救保管物所支出的费用,等等。

所支出的如果不是金钱,应以市场价格折算成金钱。如保管人因支出保管费用而负担债务时,可以请求寄存人代为清偿。债务未至清偿期,可以请求寄存人提供担保。保管费用不能请求预付,除非寄存人与保管人已有约定。对于保管费不属于必要的支出,可以适用于无因管理或不当得利的规定。

3. 在有偿的保管合同中,寄存人除应当支付上述的保管必需费用外,还应依约定支付保管人报酬。在一般情况下,保管人依合同的约定可请求报酬全额。如果保管合同因不可归责于保管人的事由而终止,保管人可以就已经履行的保管部分请求报酬。保管合同因可归责于保管人的事由而终止的,保管人不得再就已履行的部分请求报酬(当事人另有约定的除外),但仍可以请求偿还保管费用。由于保管合同中的报酬给付采取报酬后付原则,因此,保管人不得就报酬的未付与保管物的保管主张同时履行抗辩权。但保管人得就报酬的给付与保管物的返还主张同时履行抗辩权。

法条指引

❶《中华人民共和国合同法》(1999年10月1日施行)

第三百零九条 货物运输到达后,承运人知道收货人的,应当及时通知收货人,收货人应当及时提货。收货人逾期提货的,应当向承运人支付保管费等费用。

第三百一十五条 托运人或者收货人不支付运费、保管费以及其他运输费用的,承运人对相应的运输货物享有留置权,但当事人另有约定的除外。

第三百六十六条 寄存人应当按照约定向保管人支付保管费。

当事人对保管费没有约定或者约定不明确,依照本法第六十一条的规定仍不能确定的,保管是无偿的。

第三百八十条 寄存人未按照约定支付保管费以及其他费用的，保管人对保管物享有留置权，但当事人另有约定的除外。

❷《中华人民共和国担保法》（1995年10月1日施行）

第六十七条 质押担保的范围包括主债权及利息、违约金、损害赔偿金、质物保管费用和实现质权的费用。质押合同另有约定的，按照约定。

第八十三条 留置担保的范围包括主债权及利息、违约金、损害赔偿金、留置物保管费用和实现留置权的费用。

❸《中华人民共和国拍卖法》（2004年8月28日修正）

第四十条 买受人未能按照约定取得拍卖标的的，有权要求拍卖人或者委托人承担违约责任。

买受人未按照约定受领拍卖标的的，应当支付由此产生的保管费用。

❹《中华人民共和国海事诉讼特别程序法》（2000年7月1日施行）

第四十七条 船载货物扣押期间届满，被请求人不提供担保，而且货物不宜继续扣押的，海事请求人可以在提起诉讼或者申请仲裁后，向扣押船载货物的海事法院申请拍卖货物。

对无法保管、不易保管或者保管费用可能超过其价值的物品，海事请求人可以申请提前拍卖。

案例链接

❶《杜忠海与冯涛等保管合同纠纷上诉案》，参见北大法宝引证码：Pkulaw.cn/CLI.C.253391。

❷《王芬诉河南省禹州市百货采购供应站钧都商场保管合同纠纷案》，参见北大法宝引证码：Pkulaw.cn/CLI.C.286704。

❸《锦江麦德龙现购自运有限公司广州天河商场等与周玫华等消费服务合同纠纷上诉案》，参见北大法宝引证码：Pkulaw.cn/CLI.C.277502。

【保管合同的成立时间】

法律问题解读

保管合同为要物合同。保管合同的成立，不仅须有当事人双方意思表示一致，而且须有寄存人将保管物交付给保管人的情形。也就是说，寄存人交付保管物是保管合同成立的要件，但当事人另有约定的除外。

在实践中，应当注意以下几个问题：

1. 当事人的约定应当表现为文字或其他可以确认的书面形式。难以确认的，不足以证明保管合同当事人同意合同于交付以外的时间成立，保管合同仍于保管物交付时成立。

2. 保管物的交付，是指寄存人将对保管物的占有移转至保管人。交付可以由寄存人直接交保管人，也可由第三人间接交付。如保管人已占有标的物，以简易方式交付即可，占有改定也可成立保管。如出卖人与买受人约定，嗣后由出卖人为买受人保管。

3. 如保管人与寄存人事前仅有口头约定，其后，在合同履行前保管人或寄存人改变主意，不接受保管物或不交付保管物的，因为保管合同尚未成立，则改变主意的一方并不构成违约，对方当然无权请求强制履行，也无权请求法院追究其责任。

4. 如保管人与寄存人于保管物交付前，已订立合同，明确约定保管合同于保管物交付前成立的，因为属于当事人的特别约定，应受法律保护。此时，保管合同虽未有保管物占有转移，但仍然成立。如甲、乙订有保管合同，约定甲为乙保管某类物品，合同自订立之日起成立。依保管合同甲应妥善安排保管地点、保管工具等，而乙应如约交付保管物。事后乙并未交付保管物，而甲已准备就绪。此时认为乙已构成违约，应承担违约责任，赔偿甲为准备合同履行所发生费用的损失。

法条指引

❶《中华人民共和国合同法》（1999年10月1日施行）

第三百六十七条 保管合同自保管物交付时成立，但当事人另有约定的除外。

案例链接

❶《张记华诉广东景业酒店有限公司保管合同纠纷案》，参见北大法宝引证码：Pkulaw.cn/CLI.C.110479。

【保管人向寄存人给付保管凭证的义务】

法律问题解读

除非当事人另有约定，在寄存人向保管人交付保管物时，保管人应当给付保管凭证。保管凭证的给付，不是保管合同的成立要件，也不是保管合同的书面形式，仅是证明保管合同关系存在的凭证。保管凭证可以是书面证明，也可以是小件的标志物。

在实践中，关于保管人向寄存人给付保管凭证的义务，要注意以下几个问题：

1. 从原则上讲，寄存人向保管人交付保管物后，保管人就应当给付保管凭证，但当事人另有约定或者依交易习惯无须给付的除外。例如，在车站、码头等处设立的小件寄存处，一般的交易习惯是给付保管凭证。而在某些商场外的停车场，按照交易习惯就不给付保管凭证，只要有车位就可以停车，只是出来时需付款，再由保管人给付付款凭证。

2. 在现实生活中，人们为了互相协助而发生的保管行为，多是无须给付保管凭证的，因为这是基于寄存人与保管人之间互相信任的关系。给付保管凭证在现实社会生活和经济生活中具有重要意义。保管合同为不要式合同，多数情况下只有口头形式没有书面形式，因此保管凭证对确定保管人与寄存人、保管物的性质和数量、保管的时间和地点等具有重要作用。一旦双方发生纠纷，保管凭证将是最重要的证据。

3. 关于保管凭证与保管合同的关系。不能把给付保管凭证作为合同成立的形式要件，而应以寄存人交付保管物作为合同成立的形式要件，只要寄存人交付了保管物，即使保管人应当给付保管凭证而未给付，也应认定保管合同成立，否则极不利于保护寄存人的利益。

法条指引

❶《中华人民共和国合同法》（1999年10月1日施行）

第三百六十八条 寄存人向保管人交付保管物的，保管人应当给付保管凭证，但另有交易习惯的除外。

案例链接

❶《广东省第二人民医院与胡章俊保管合同纠纷上诉案》，参见北大法宝引证码：Pkulaw. cn/CLI. C. 277908。

❷《王洪乔与余姚市科源工贸有限公司保管合同纠纷上诉案》，参见北大法宝引证码：Pkulaw. cn/CLI. C. 256988。

❸《成都丰年物业管理有限公司与严晓明等保管合同纠纷上诉案》，参见北大法宝引证码：Pkulaw. cn/CLI. C. 131760。

【保管人对保管物妥善保管的义务】

法律问题解读

在保管合同中，妥善保管保管物是保管人应负的主要义务，保管人对保管物应尽相当的注意义务。

在实践中，要注意以下几个问题：

1. 当事人可以约定保管场所或者保管方法。对保管人保管物的方法和场所，当事人有约定的，自应从其约定；无约定的，应依保管物的性质、合同的目的以及诚实信用原则确定。当事人约定了保管方法和场所的，保管人不得擅自更改。但为维护寄存人的利益，基于保管物自身的性质或者因紧急情况必须改变保管方法或场所的，保管人得予以改变。基于诚实信用原则所产生的附随义务，保管人应根据当时的实际情况，在变更保管方法时，对寄存人负通知义务。

2. 保管人对保管物的保管应尽相当的注意义务。一般来说，在保管合同为无偿时，保管人应当尽与保管自己物品同样的注意，对于重大过失承担赔偿责任，对于轻过失造成保管物毁损、灭失的，则可免除责任；在保管合同为有偿时，保管人应尽善良管理人的注意义务，即保管人除证明自己对保管物的毁损、灭失没有过失的以外，一律承担损害赔偿责任。为充分保护消费者的利益，商业经营场所对顾客寄存的物品，不论其保管是有偿还是无偿，都应尽善良管理人的注意义务。

3. 寄存人寄存金钱、有价证券、珠宝或者其他贵重物品的，保管人应当按照贵重物品保管要求保管寄存的贵重物品。

法条指引

❶《中华人民共和国合同法》（1999年10月1日施行）

第三百六十九条 保管人应当妥善保管保管物。

当事人可以约定保管场所或者方法。除紧急情况或者为了维护寄存人利益的以外，不得擅自改变保管场所或者方法。

案例链接

❶《宜昌市信诚物业管理有限公司与龙建权保管合同纠纷上诉案》，参见北大法宝引证码：Pkulaw.cn/CLI.C.209303.

❷《梅某某与吴某某保管合同纠纷上诉案》,参见北大法宝引证码:Pkulaw.cn/CLI.C.193979。

❸《广州君天大酒店有限公司与朱友生保管合同纠纷上诉案》,参见北大法宝引证码:Pkulaw.cn/CLI.C.217340。

【保管人亲自保管保管物的义务】

法律问题解读

在保管合同履行过程中,按照诚实信用的原则和《合同法》第84条的规定,保管人在未征得寄存人同意的前提下,不得将保管物转交第三人保管,即应当亲自保管保管物;除当事人另有约定或另有习惯,或者当保管人因特殊事由(如患病)不能亲自履行保管行为外,不得将保管义务转托他人履行。法律要求保管人亲自保管,对社会生活及交易的安全、稳定具有重要意义。在公民之间因为相互协助而订立的保管合同,基本上是基于公民之间相互信任的关系而订立的。

保管人亲自保管保管物,是保管人应尽的义务。但在实践中,要注意以下几个问题:

1. 所谓亲自保管,是指保管人自己保管,也包括辅助人辅助保管。保管人擅自让第三人代为保管的,为违法的转保管,对于保管物因此而造成的损失应承担赔偿责任。例如,保管人将保管物擅自转由第三人保管时,即使保管物系因意外原因而毁损灭失,保管人也应负赔偿责任。但若保管人能够证明即使不让第三人代为保管仍不可避免发生损害的,保管人可不负责任。

2. 在当事人另有约定、另有习惯或保管人因由特殊事由不能亲自为保管行为时,保管人转第三人代为保管的,应对第三人的选任和指示的过失承担责任。于此情况下,若保管人在对第三人的选任和指示上没有过错,则不承担责任。但保管人应就对第三人的选任和指示没有过错负举证责任。

法条指引

❶《中华人民共和国合同法》(1999年10月1日施行)

第三百七十一条 保管人不得将保管物转交第三人保管,但当事人另有约定的除外。

保管人违反前款规定,将保管物转交第三人保管,对保管物造成损失的,应当承担损害赔偿责任。

【保管人不得使用或者许可第三人使用保管物的义务】

法律问题解读

保管合同,寄存人只转移保管物的占有权给保管人,而不转移使用和收益权,即保管人只有权占有保管物,而不能使用保管物。这是保管合同的一般原则。保管合同的目的是保管人为寄存人保管保管物,一般要求是维持保管物的现状,虽然没有使保管物升值的义务,但却负有尽量避免减损其价值的义务。因此,法律规定禁止保管人使用或者许可第三人使用保管物,当事人另有约定的不在此限。

在实践中,要注意以下几个问题:

1. 当事人也可以约定保管人使用保管物或许可第三人使用保管物的情形。当事人有约定的,按照约定执行。

2. 当事人没有在合同中预先约定保管人可以使用保管物,或者保管人未经寄存人同意,其使用也不为保管物的性质所必要,擅自使用或者许可第三人使用保管物的,无论保管人主观上是否有过错,保管人均应向寄存人支付相当的报酬,以资补偿。报酬的数额可比照租金标准计算,保管物为金钱的,保管人应自使用之日起支付利息。造成保管物损坏的,保管人应当承担损害赔偿责任。有些国家还规定,即使没有造成保管物损坏的,也应当按照保管物的使用之价值,对寄存人给付相当之报偿。

另外,消费保管合同另当别论。消费保管是保管人保管货币或者其他可替代物,保管人在接受货币或者其他可替代物后,依双方的约定,该货币或者其他可替代物的所有权移转给保管人,保管人当然享有对该物的使用权、收益权和处分权,而只须以同种类、品质、数量的物返还即可。

法条指引

❶《中华人民共和国合同法》(1999年10月1日施行)

第三百七十二条 保管人不得使用或者许可第三人使用保管物,但当事人另有约定的除外。

第三百七十八条 保管人保管货币的,可以返还相同种类、数量的货币。保管其他可替代物的,可以按照约定返还相同种类、品质、数量的物品。

案例链接

❶《顾伟民诉上海虹祥汽车运输有限公司财产权属案》,参见北大法宝引证码:Pkulaw. cn/CLI. C. 86782。

【保管人返还保管物的义务及危险通知义务】

法律问题解读

保管人返还保管物是保管人的一项基本义务。在保管合同期限届满或寄存人提前领取保管物时,保管人应及时返还保管物。由于在保管合同中,寄存人可以随时领取保管物,也因此保管人负有寄存人一旦来领取就应返还保管物的义务。当然,寄存人在保管期限届满前提前领取保管物,给保管人造成损失的,应该予以赔偿。并且,返还的保管物应是原物,原物生有孳息的,还应当返还孳息。消费保管合同中保管人可以以同种品质、种类、数量的物品补齐并返还。另外还应当注意的是,基于保管合同的相对性,保管人只能够向寄存人履行返还保管物的义务。在第三人对保管物主张权利的情况下,除非有关机关对保管物采取财产保全或者执行措施的,保管人应当遵从外,保管人仍应向寄存人负返还保管物的义务。在实践中,要注意以下问题:

1. 第三人对保管物主张权利,如提起诉讼或申请扣押,而法院采取了相应财产保全措施或者已经被法院强制执行的,此时保管人应当遵从。除此之外,保管人仍应当履行向寄存人返还保管物的义务。

2. 保管物被第三人提起诉讼或申请扣押时,保管人应当及时通知寄存人。这是法律规定在此种情形之下保管人的通知义务。通知的目的在于使寄存人及时参加诉讼,以维护自己的合法权益。保管人怠于行使通知义务,而使寄存人受到损害的,应因过失负损害赔偿之责。

另外,在保管物受到意外毁损、灭失或者保管物的危险程度增大时,保管人也应及时将有关情况通知寄存人。

法条指引

❶《中华人民共和国合同法》(1999年10月1日施行)

第七十一条 债权人可以拒绝债务人提前履行债务,但提前履行不损害债权人利益的除外。

债务人提前履行债务给债权人增加的费用,由债务人负担。

第三百七十三条 第三人对保管物主张权利的,除依法对保管物采取保全或者执行的以外,保管人应当履行向寄存人返还保管物的义务。

第三人对保管人提起诉讼或者对保管物申请扣押,保管人应当及时通知寄存人。

第三百七十六条 寄存人可以随时领取保管物。

当事人对保管期间没有约定或者约定不明确的,保管人可以随时要求寄存人领取保管物;约定保管期间的,保管人无特别事由,不得要求寄存人提前领取保管物。

第三百七十七条 保管期间届满或者寄存人提前领取保管物的,保管人应当将原物及其孳息归还寄存人。

❷《中华人民共和国民事诉讼法》(2007年10月28日修正)

第九十二条 人民法院对于可能因当事人一方的行为或者其他原因,使判决不能执行或者难以执行的案件,可以根据对方当事人的申请,作出财产保全的裁定;当事人没有提出申请的,人民法院在必要时也可以裁定采取财产保全措施。

人民法院采取财产保全措施,可以责令申请人提供担保;申请人不提供担保的,驳回申请。

人民法院接受申请后,对情况紧急的,必须在四十八小时内作出裁定;裁定采取财产保全措施的,应当立即开始执行。

第九十三条 利害关系人因情况紧急,不立即申请财产保全将会使其合法权益受到难以弥补的损害的,可以在起诉前向人民法院申请采取财产保全措施。申请人应当提供担保,不提供担保的,驳回申请。

人民法院接受申请后,必须在四十八小时内作出裁定;裁定采取财产保全措施的,应当立即开始执行。

申请人在人民法院采取保全措施后十五日内不起诉的,人民法院应当解除财产保全。

案例链接

❶《赵双繁诉昆明市宜良冷冻饮料厂保管合同案》,参见北大法宝引证码:Pkulaw. cn/CLI. C.

88602。

❷《广州市诚晖冷冻物流有限公司与赵海音仓储合同纠纷上诉案》,参见北大法宝引证码:Pkulaw. cn/CLI. C. 217435。

【消费保管合同】

法律问题解读

消费保管也称为不规则保管,是指保管物为可替代物时,约定将保管物的所有权(或处分权)移转于保管人,保管期间届满由保管人以同种类、品质、数量的物返还的保管合同。

在实践中,要注意以下问题:

1. 消费保管合同的保管物必须为可替代物,即种类物。保管物的所有权(或处分权)移转保管人,因此从寄存人交付时起,保管人就享有该物的利益,并承担该物的风险。

2. 保管合同标的物为货币的,保管人可以返还相同种类、数量的货币;保管合同标的物为有价证券等其他可替代物的,如果当事人对返还相同种类、品质、数量的物品有约定,保管人可以返还相同种类、品质、数量的物品。没有这个约定,保管人还是应返还寄存的原物。

3. 保管人对保管物加以使用,应否支付报酬或利息,以及其他费用,寄存人如何支付保管费用等情况,由保管人与寄存人在合同中约定。约定使用需支付利息或其他费用的,寄存人应当对保管物承担瑕疵担保责任。

另外,并不是所有种类物的寄存都属于消费保管合同。例如《合同法》第 375 条规定的寄存货币的情形,就属于是返还原货币的保管合同,而不属于消费保管合同;寄存货币的消费保管合同与储蓄合同非常相似,但在我国,储蓄合同已成为一种独立的有名合同,因此归入消费保管合同实无必要;而且不利于保护存款人的利益和金融业务的需要。寄存货币的消费保管合同也与民间借贷有着本质上的区别。民间借贷合同是从借款人借款的角度规定双方的权利义务关系的,而寄存货币的消费保管主要是从寄存人寄存货币的角度规定双方的权利义务关系。所以,二者不能混同。

法条指引

❶《中华人民共和国合同法》(1999 年 10 月 1 日施行)

第三百七十八条 保管人保管货币的,可以返还相同种类、数量的货币。保管其他可替代物的,可以按照约定返还相同种类、品质、数量的物品。

【保管人损害赔偿责任构成要件】

法律问题解读

保管人承担赔偿责任的条件有:(1)保管物必须是在保管期间毁损、灭失的,如果保管物在保管合同成立之前或者保管期间届满以后毁损、灭失的,保管人不承担赔偿责任。(2)保管物的毁损、灭失是由于保管人保管不善造成的,而不是由于不可抗力、第三人侵害以及其他原因造成的。(3)法定的免责情形不存在。保管物有瑕疵或者按照保管物的性质而要采取特殊保管措施,寄存人未告知致使保管物受损失的,保管人不承担损害赔偿责任。保管物在保管期间毁损、灭失,若保管是无偿的,并且保管人能证明自己没有重大过失或者故意,不承担损害赔偿责任。以上三个条件缺一不可。

无偿与有偿的区别是:(1)在有偿的情况下,无论保管人是故意还是过失,保管人都应对保管物的毁损、灭失负责;当保管物的毁损灭失是由于保管人自身的侵权行为所致时,还发生侵权责任与违约责任的竞合。(2)在无偿的情况下,保管人只对故意或者重大过失造成保管物毁损、灭失的后果承担赔偿责任,此时由保管人就自己没有故意或重大过失承担举证责任。二者的相同点是:凡是因不可归责于保管人的事由造成保管物毁损、灭失的,保管人都不负损害赔偿责任。

法条指引

❶《中华人民共和国合同法》(1999 年 10 月 1 日施行)

第三百七十四条 保管期间,因保管人保管不善造成保管物毁损、灭失的,保管人应当承担损害赔偿责任,但保管是无偿的,保管人证明自己没有重大过失的,不承担损害赔偿责任。

案例链接

❶《杨建明与乌鲁木齐万馨园宾馆有限公司等损害赔偿纠纷上诉案》,参见北大法宝引证码:Pkulaw. cn/CLI. C. 251492。

❷《广东省第二人民医院与胡章俊保管合同

纠纷上诉案》，参见北大法宝引证码：Pkulaw. cn/CLI. C. 277908。

❸《李某某与张某某保管合同纠纷上诉案》，参见北大法宝引证码：Pkulaw. cn/CLI. C. 265366。

【寄存人特定情形下的告知义务】

法律问题解读

寄存人交付的保管物有瑕疵或者按照保管物的性质需要采取特殊保管措施的，寄存人对保管人负有告知的义务，寄存人应当将有关情况告知保管人。所谓"保管物的性质"，是指保管物属于易燃、易爆、有毒、有腐蚀性、有放射性等危险物品或者易变质物品。"保管物有瑕疵"是指保管物本身存有破坏性或者毁坏性缺陷的情形。

在实践中，要注意以下几个问题：

1. 由于寄存人未告知致使保管物受损失的，保管人不承担损害赔偿责任。由于保管物本身的性质或者瑕疵使保管人的人身、财产遭受损失的，寄存人应当承担损害赔偿责任。

2. 在保管人于合同成立时已知道或者应当知道并且未采取补救措施的，寄存人不承担损害赔偿责任。但保管人因过失而不知上述情形时，寄存人仍不能免责，于此情况下，应适用过失相抵原则。

3. 保管人在接受寄存人交付的保管物时或者在保管期间，尽管寄存人违反了告知义务而没有告知，但保管人已经发现了保管物存在瑕疵、不合理的危险或者易变质等情况，没有将发现的情况及时通知寄存人并要求寄存人取回，或者主动采取一些特殊的保管措施，以避免损失的发生或扩大。在这种情况下，寄存人主张免责的，应负举证责任。

另外，因保管物的性质或瑕疵而给第三人造成损害的，寄存人也应负赔偿责任，不过此种责任应为侵权责任，而非合同责任。

法条指引

❶《中华人民共和国合同法》（1999年10月1日施行）

第三百七十条 寄存人交付的保管物有瑕疵或者按照保管物的性质需要采取特殊保管措施的，寄存人应当将有关情况告知保管人。寄存人未告知，致使保管物受损失的，保管人不承担损害赔偿责任；保管人因此受损失的，除保管人知道或者应当知道并且未采取补救措施的以外，寄存人应当承担损害赔偿责任。

案例链接

❶《卢广宇等与佛山鸿运广场服务有限公司保管合同纠纷上诉案》，参见北大法宝引证码：Pkulaw. cn/CLI. C. 28168。

❷《周苑尧诉广州军区军人俱乐部因保管不善致其存放的"三无"车辆被他人凭伪造的证件开出盗走赔偿案》，参见北大法宝引证码：Pkulaw. cn/CLI. C. 21299。

❸《李某某与张某某保管合同纠纷上诉案》，参见北大法宝引证码：Pkulaw. cn/CLI. C. 265366。

【寄存人在特定情形下的声明义务】

法律问题解读

妥善保管保管物是保管人应尽的义务。但由于货币、有价证券或者金银财宝等贵重物品的保管比一般物品的保管要求更高，需要保管人尽高度谨慎的注意义务，需要采取特别的保管措施，寄存人在寄存时应当就贵重物品的保管向保管人声明。

在实践中要注意以下问题：

1. 寄存人就货币、有价证券或者如珠宝等贵重物品进行寄存的，应当向保管人声明，声明的内容是保管物的性质及数量，保管人在验收后进行保管，或者以封存的方式进行保管。寄存人的声明可在保管合同中注明，也可在保管凭证里记载，还可以是其他足以使保管人知晓保管物性质、种类的方式。

2. 寄存人未向保管人尽声明义务的，该物品毁损、灭失后，保管人可以不按该物的实际价值赔偿，而按一般物品予以赔偿；寄存人未向保管人尽声明义务的，保管人可以按照一般物品的保管标准进行保管，致使保管物毁损灭失的，无论是否可归责于保管人，保管人都只以一般物品的标准进行赔偿。

寄存人将货币、有价证券或者其他贵重物品夹杂于其他物品之中，按一般物品寄存，且在寄存时未声明其中有贵重物品并经保管人验收或者封存的，如果货币、有价证券或者其他贵重物品与一般物品一并毁损、灭失，保管人不承担货币、有价证券或者其他贵重物品毁损、灭失的损害赔偿责任，只按照一般物品予以赔偿。

3. 保管需要明确两个问题：(1) 寄存货币不属于消费保管，而是要求保管人返还原物的合同。如客人将金钱交由旅店保管，旅店之主人验收后予以封存，并负返还原物的义务。(2) 寄存货币、有价证券、珠宝等贵重物品而形成的保管合同与商业银行的保管箱业务或者饭店提供的保险箱服务不同。

法条指引

❶《中华人民共和国合同法》（1999年10月1日施行）

第三百七十五条　寄存人寄存货币、有价证券或者其他贵重物品的，应当向保管人声明，由保管人验收或者封存。寄存人未声明的，该物品毁损、灭失后，保管人可以按照一般物品予以赔偿。

【领取保管物的时间】

法律问题解读

保管合同不管是否约定保管期间的，寄存人都可以随时领回保管物。这是寄存人的权利，同时又是保管人的义务，即保管人得应寄存人的请求，随时返还保管物。

保管期间届满，寄存人应当将保管物领回，但是逾期领取的此种情况视为保管合同的延长，保管人应当继续履行保管义务。当然，保管合同届期，寄存人仍未领取的，保管人可以催告寄存人限期领取保管物。催告期满后，寄存人仍未领取的，保管人可自行处理保管物。保管人为寄存人延期保管保管物的，有权向寄存人收取延长时间的保管费用。

保管人返还保管物的时间，依保管合同是否约定了保管期间而不同：

1. 当事人未约定保管期间的，保管合同可以随时终止。不但寄存人可以随时领取保管物而终止合同，保管人也可以随时请求寄存人领取保管物而终止合同。不区分有偿或无偿保管合同。

2. 当事人约定保管期间的，寄存人可以在期限届满前随时要求返还；若因此而给保管人造成损失，寄存人应予以补偿。保管人无特别事由，如保管人患病、丧失行为能力等事由，不得请求寄存人提前领取保管物。只是发生特别事由时，保管人可以请求寄存人提前领取保管物。特别事由，指天灾人祸等不可抗力或其他使保管人已无

能力对保管物进行保管的情况。此时，保管人对于特别事由负有举证义务。

法条指引

❶《中华人民共和国合同法》（1999年10月1日施行）

第三百七十六条　寄存人可以随时领取保管物。

当事人对保管期间没有约定或者约定不明确的，保管人可以随时要求寄存人领取保管物；约定保管期间的，保管人无特别事由，不得要求寄存人提前领取保管物。

案例链接

❶《申秀珍诉申庆和保管合同纠纷案》，参见北大法宝引证码：Pkulaw. cn/CLI. C. 203523。

❷《马某某1等诉马某某2保管合同纠纷案》，参见北大法宝引证码：Pkulaw. cn/CLI. C. 240836。

❸《丰泽恒业投资有限公司与北京亚风阳光物业管理有限公司保管合同纠纷上诉案》，参见北大法宝引证码：Pkulaw. cn/CLI. C. 180115。

【保管合同保管费用的支付时间】

法律问题解读

关于保管合同保管费用的支付时间，在实践中，要注意以下几个问题：

1. 在保管合同中，寄存人有按照约定的期限向保管人支付保管费的义务。通常，合同当事人双方对保管费的支付期限都会有明确的约定，特别是在双方当事人采用格式合同的时候，在合同书中就有关于付费时间条款。

2. 当事人对支付期限没有约定或者约定不明确，依照《合同法》第61条的规定，协议是否补充约定，如果不能达成协议，依合同意旨或交易习惯也无法确定的，应当在领取保管物的同时支付。

3. 现实生活中大量小件寄存业务采取保管前收费的办法，视为惯例。

另外，当事人订立的分期保管的保管合同，寄存人应当按照约定的期限向保管人支付保管费。例如甲与其住宅区的存车处签订了1年存放自行车的合同，即是属于分期保管的合同。分期保管合同，就是约定明确的保管期间，在此期间内，

寄存人可以多次提取和存放保管物。而一般保管合同，寄存人提取保管物后，保管合同即可终止。这是分期保管合同与一般保管合同的根本区别。分期保管合同中对支付期限没有约定或者约定不明确的，当事人可以协议补充，不能达成补充协议的，按照合同有关条款或者交易习惯确定。例如，甲与存车处的合同中没有约定保管费的支付期限的，可以按照存车处与其他寄存人的合同约定的支付期限支付费用。

法条指引

❶《中华人民共和国合同法》（1999年10月1日施行）

第六十一条 合同生效后，当事人就质量、价款或者报酬、履行地点等内容没有约定或者约定不明确的，可以协议补充；不能达成补充协议的，按照合同有关条款或者交易习惯确定。

第三百七十九条 有偿的保管合同，寄存人应当按照约定的期限向保管人支付保管费。

当事人对支付期限没有约定或者约定不明确，依照本法第六十一条的规定仍不能确定的，应当在领取保管物的同时支付。

案例链接

❶《广州市联盛塑料五金模具有限公司与东莞龙昌玩具有限公司承揽合同纠纷上诉案》，参见北大法宝引证码：Pkulaw. cn/CLI. C. 277540。

❷《上海韶虞建筑设备有限公司诉上海陆海建设有限公司租赁合同纠纷案》，参见北大法宝引证码：Pkulaw. cn/CLI. C. 142096。

【保管人的留置权】

法律问题解读

寄存人未按照约定支付保管费以及其他费用的，保管人对保管物享有留置权，但当事人另有约定的除外。

在实践中，要注意以下问题：

1. 在保管合同中，寄存人不支付必要费用的，保管人可留置保管物。保管人基于保管关系，对于与保管物有牵连关系的保管费及其他费用，可以请求寄存人支付。寄存人不予支付的，保管人有权留置保管物。注意，现实生活中大量小件寄存业务采取保管前收费的办法，视为"惯例"。

2. 保管人对保管物享有留置权，即以该财产折价或者以拍卖、变卖该财产的价款优先受偿的权利。不足保管费用的，不足部分成为保管人对寄存人的债权；变卖拍卖所得价金，多于保管费用的，保管人应将剩余部分返还寄存人。

3. 须注意的是：依照我国《担保法》的规定，保管人在留置保管物后，应当给予寄存人不少于两个月的期限履行债务。如果寄存人逾期仍不履行债务，才可以处理留置的财产。而且在这段时间内，保管人仍负有妥善保管留置物的义务，如果保管不善致使留置物毁损、灭失的，保管人应当承担民事责任。

另外，当事人另有约定的，也可以不行使留置权。因保管人享有的留置权虽然是法定的留置权，但是当事人可以约定不行使留置权。《担保法》第84条第3款规定："当事人可以在合同中约定不得留置的物。"例如，寄存人寄存的手表是寄存人祖传的，对寄存人具有特殊意义，可以与保管人在合同中约定，即使寄存人未按照约定支付保管费，保管人也不得对该手表予以留置。

法条指引

❶《中华人民共和国合同法》（1999年10月1日施行）

第三百八十条 寄存人未按照约定支付保管费以及其他费用的，保管人对保管物享有留置权，但当事人另有约定的除外。

❷《中华人民共和国担保法》（1995年10月1日施行）

第八十二条 本法所称留置，是指依照本法第八十四条的规定，债权人按照合同约定占有债务人的动产，债务人不按照合同约定的期限履行债务的，债权人有权依照本法规定留置该财产，以该财产折价或者以拍卖、变卖该财产的价款优先受偿。

第八十三条 留置担保的范围包括主债权及利息、违约金、损害赔偿金，留置物保管费用和实现留置权的费用。

第八十四条 因保管合同、运输合同、加工承揽合同发生的债权，债务人不履行债务的，债权人有留置权。

法律规定可以留置的其他合同，适用前款规定。

当事人可以在合同中约定不得留置的物。

第八十五条 留置的财产为可分物，留置物的价值应当相当于债务的金额。

第八十六条　留置权人负有妥善保管留置物的义务。因保管不善致使留置物灭失或者毁损的，留置权人应当承担民事责任。

第八十七条　债权人与债务人应当在合同中约定，债权人留置财产后，债务人应当在不少于两个月的期限内履行债务。债权人与债务人在合同中未约定的，债权人留置债务人财产后，应当确定两个月以上的期限，通知债务人在该期限内履行债务。

债务人逾期仍不履行的，债权人可以与债务人协议以留置物折价，也可以依法拍卖、变卖留置物。

留置物折价或者拍卖、变卖后，其价款超过债权数额的部分归债务人所有，不足部分由债务人清偿。

第八十八条　留置权因下列原因消灭：

（一）债权消灭的；

（二）债务人另行提供担保并被债权人接受的。

❸ 最高人民法院《关于适用〈中华人民共和国担保法〉若干问题的解释》（2000年12月13日施行）

第六十四条　债务履行期届满，债务人不履行债务致使抵押物被人民法院依法扣押的，自扣押之日起抵押权人收取的由抵押物分离的天然孳息和法定孳息，按照下列顺序清偿：

（一）收取孳息的费用；

（二）主债权的利息；

（三）主债权。

第八十条　在抵押物灭失、毁损或者被征用的情况下，抵押权人可以就该抵押物的保险金、赔偿金或者补偿金优先受偿。

抵押物灭失、毁损或者被征用的情况下，抵押权所担保的债权未届清偿期的，抵押权人可以请求人民法院对保险金、赔偿金或补偿金等采取保全措施。

第八十七条　出质人代质权人占有质物的，质押合同不生效；质权人将质物返还于出质人后，以其质权对抗第三人的，人民法院不予支持。

因不可归责于质权人的事由而丧失对质物的占有，质权人可以向不当占有人请求停止侵害、恢复原状、返还质物。

第九十一条　动产质权的效力及于质物的从物。但是，从物未随同质物移交质权人占有的，质权的效力不及于从物。

第九十三条　质权人在质权存续期间，未经出质人同意，擅自使用、出租、处分质物，因此给出质人造成损失的，由质权人承担赔偿责任。

第一百零七条　当事人在合同中约定排除留置权，债务履行期届满，债权人行使留置权的，人民法院不予支持。

第一百零八条　债权人合法占有债务人交付的动产时，不知债务人无处分该动产的权利，债权人可以按照担保法第八十二条的规定行使留置权。

第一百零九条　债权人的债权已届清偿期，债权人对动产的占有与其债权的发生有牵连关系，债权人可以留置其所占有的动产。

第一百一十条　留置权人在债权未受全部清偿前，留置物为不可分物的，留置权人可以就其留置物的全部行使留置权。

第一百一十一条　债权人行使留置权与其承担的义务或者合同的特殊约定相抵触的，人民法院不予支持。

第一百一十二条　债权人的债权未届清偿期，其交付占有标的物的义务已届履行期的，不能行使留置权。但是，债权人能够证明债务人无支付能力的除外。

第一百一十三条　债权人未按担保法第八十七条规定的期限通知债务人履行义务，直接变价处分留置物的，应当对此造成的损失承担赔偿责任。债权人与债务人按照担保法第八十七条的规定在合同中约定宽限期的，债权人可以不经通知，直接行使留置权。

第一百一十四条　本解释第六十四条、第八十条、第八十七条、第九十一条、第九十三条的规定，适用于留置。

❹《中华人民共和国物权法》（2007年10月1日施行）

第二百三十条　债务人不履行到期债务，债权人可以留置已经合法占有的债务人的动产，并有权就该动产优先受偿。

前款规定的债权人为留置权人，占有的动产为留置财产。

第二百三十一条　债权人留置的动产，应当与债权属于同一法律关系，但企业之间留置的除外。

第二百三十二条　法律规定或者当事人约定不得留置的动产，不得留置。

第二百三十三条　留置财产为可分物的，留置财产的价值应当相当于债务的金额。

第二百三十四条　留置权人负有妥善保管留

置财产的义务；因保管不善致使留置财产毁损、灭失的，应当承担赔偿责任。

第二百三十五条 留置权人有权收取留置财产的孳息。

前款规定的孳息应当先充抵收取孳息的费用。

第二百三十六条 留置权人与债务人应当约定留置财产后的债务履行期间；没有约定或者约定不明确的，留置权人应当给债务人两个月以上履行债务的期间，但鲜活易腐等不易保管的动产除外。债务人逾期未履行的，留置权人可以与债务人协议以留置财产折价，也可以就拍卖、变卖留置财产所得的价款优先受偿。

留置财产折价或者变卖的，应当参照市场价格。

第二百三十七条 债务人可以请求留置权人在债务履行期届满后行使留置权；留置权人不行使的，债务人可以请求人民法院拍卖、变卖留置财产。

第二百三十八条 留置财产折价或者拍卖、变卖后，其价款超过债权数额的部分归债务人所有，不足部分由债务人清偿。

第二百三十九条 同一动产上已设立抵押权或者质权，该动产又被留置的，留置权人优先受偿。

第二百四十条 留置权人对留置财产丧失占有或者留置权人接受债务人另行提供担保的，留置权消灭。

❺ **最高人民法院《关于贯彻执行〈中华人民共和国民法通则〉若干问题的意见（试行）》**（1988年1月26日施行）

117. 债权人因合同关系占有债务人财物的，如果债务人到期不履行义务，债权人可以将相应的财物留置。经催告，债务人在合理期限内仍不履行义务，债权人依法将留置的财物以合理的价格变卖，并以变卖财物的价款优先受偿的，应予保护。

案例链接

❶《连云港市贸农联营出口饲料加工厂与连云港华阳北方公司仓储保管合同灭损纠纷上诉案》，参见北大法宝引证码：Pkulaw. cn/CLI. C. 59270。

❷《马全海与中交第二航务工程局有限公司第五工程分公司保管合同纠纷上诉案》，参见北大法宝引证码：Pkulaw. cn/CLI. C. 89602。

第二十一章　仓储合同

● 本章为读者提供与以下题目有关的法律问题的解读及相关法律文献依据

仓储合同（530）　仓储合同生效的时间（531）　存货人在特定情形下的告知义务（531）　保管人的验收义务（531）　保管人的仓单填发义务（532）　仓单（532）　仓单的必要记载事项（533）　仓单的转让和出质（534）　仓单持有人检查仓储物或者提取样品的权利（535）　保管人对仓储物发生异状时的通知义务（536）　保管人在紧急情况下对仓储物的处置权（536）　储存期间不明确时如何提取仓储物（537）　储存期间明确时如何提取仓储物（537）　储存逾期的情况（538）　保管人保管不善的违约责任（538）　仓储合同的法律适用（539）

【仓储合同】

法律问题解读

仓储合同又称仓储保管合同，是指当事人双方约定由保管人（又称仓管人或仓库营业人）为存货人保管储存的货物，存货人支付仓储费的合同。从外延上看，仓储合同是一种提供劳务服务的合同；从内涵上看，仓储合同是储存他人的物并获取报酬的合同。

仓储合同具有以下特征：

1. 仓库营业人须为有仓储设备并专事仓储保管业务的民事主体。所谓仓储设备是指能够满足储藏和保管物品需要的设施，并非仅指以房屋、有锁之门等外在表征的设备，例如，可供堆放木材、石料等原材料的地面，同样为仓储设备。所谓专事仓储保管业务，是指经过仓储营业登记专营或兼营仓储保管业务。

2. 仓储合同的标的是仓储服务行为，仓储合同的标的物是仓储物。仓储物为动产，包括种类物和特定物，不包括不动产。

3. 仓储合同为诺成合同。仓储合同自成立时起生效，区别于保管合同。仓储合同的内容主要有：仓储物的名称、数量及质量，仓储物入库、出库时间及有关手续，仓储物验收标准及内容，仓储物仓储要求及条件，计费项目、标准及支付方式，责任承担及合同期限等。

4. 仓储合同为双务、有偿合同，不要式合同。

保管人提供储存、保管的义务，存货人承担支付仓储费的义务。对于仓储合同是不是要式合同，存在不同看法，有观点认为，仓储合同必须采用书面形式，为要式合同；而有观点认为，仓储合同不要求采用特定的形式，因而为不要式合同。本书认为，仓储合同是不要式合同，原因在于，（1）现行法上没有要求仓储合同必须采用特定形式的规定，（2）仓储合同的保管人于接收仓储的货物时应当出具的仓单或其他凭证，不是仓储合同本身，它只是合同的凭证而已。

法条指引

❶《中华人民共和国合同法》（1999年10月1日施行）

第三百八十一条　仓储合同是保管人储存存货人交付的仓储物，存货人支付仓储费的合同。

案例链接

❶《朱燕强与中牟县潘安食品有限公司仓储合同纠纷上诉案》，参见北大法宝引证码：Pkulaw.cn/CLI.C.256837。

❷《王广建与杨占民仓储合同纠纷上诉案》，参见北大法宝引证码：Pkulaw.cn/CLI.C.251617。

❸《秦皇岛金海粮油工业有限公司诉卫辉金升国家粮食储备库有限公司仓储合同损失赔偿纠纷案》，参见北大法宝引证码：Pkulaw.cn/CLI.C.

255025。

【仓储合同生效的时间】

法律问题解读

仓储合同是诺成合同，又称为不要式合同，即双方当事人意思表示一致就可成立、生效的合同。仓储合同为不要式合同，既可以采用书面形式，又可以采用口头形式。无论采用何种形式，只要符合合同法中关于合同成立的要求，合同即告成立，而无须以交付仓储物为合同成立的要件。这就意味着，双方当事人意思表示一致即受合同约束，任何一方不按合同约定履行义务，都要承担违约责任。

值得注意的是，存货人是否交付仓储物不是仓储合同生效的要件。现实中，多有以仓储合同自存货人交付仓储物时起才对当事人产生拘束力的，实际上只要合同已生效，当事人就必须遵守。例如，保管人对存货人对仓储物的交付，就必须受领；存货人即使并未交付仓储物，也不能因此拒绝承受仓储合同的效力，对自己不履行义务而给保管人造成的损失，应当承担赔偿责任。

法条指引

❶《中华人民共和国合同法》（1999年10月1日施行）

第三百八十二条 仓储合同自成立时生效。

【存货人在特定情形下的告知义务】

法律问题解读

存货人储存易燃、易爆、有毒、有腐蚀性、有放射性等危险物品或者易变质物品，应当向保管人说明该物的性质，以便保管人事先就采取必要的防范措施，避免不应有的损失。

在实践中，要注意以下几个问题：

1. 所谓"说明"，应当是在合同订立时予以说明，并在合同中注明。这是诚实信用原则的必然要求。存货人除应当对需要储存的危险物品及易变质物品的性质作出说明外，还应当提供有关资料，以便保管人进一步了解该危险物品的性质，为储存该危险物品做必要的准备。

2. 存货人没有说明所储存的货物是危险物品或易变质物品，也没有提供有关资料，保管人在入库验收时，发现是危险物品或易变质物品的，可以拒收仓储物。保管人因接受该仓储物而造成损害的，存货人应当承担赔偿责任。

3. 若存货人自己也不知道仓储物是危险物品或易变物品的。保管人在接收仓储物后发现是危险物品或易变质物品的，除及时通知存货人外，也可以采取相应防范措施，以避免损害的发生，因此产生的费用由存货人承担。

另外，保管人储存危险物品或易变质物品的，应当具备相应的保管条件。如果保管人不具备相应的保管条件，就对危险物品予以储存，对造成的损害，存货人不负赔偿责任。

法条指引

❶《中华人民共和国合同法》（1999年10月1日施行）

第三百八十三条 储存易燃、易爆、有毒、有腐蚀性、有放射性等危险物品或者易变质物品，存货人应当说明该物品的性质，提供有关资料。

存货人违反前款规定的，保管人可以拒收仓储物，也可以采取相应措施以避免损失的发生，因此产生的费用由存货人承担。

保管人储存易燃、易爆、有毒、有腐蚀性、有放射性等危险物品的，应当具备相应的保管条件。

案例链接

❶《海南新兴装饰工程有限公司等诉中国对外贸易广州商贸公司等联营合同一案》，参见北大法宝引证码：Pkulaw.cn/CLI.C.157。

❷《上海麦润福商贸有限公司诉上海新天天大众低温物流有限公司赔偿纠纷案》，参见北大法宝引证码：Pkulaw.cn/CLI.C.148522。

【保管人的验收义务】

法律问题解读

验收是保管人按合同规定履行仓储保管义务，在储存期限届满后将处于完善状态的货物交还存货人的必要前提。对仓储物进行验收也是为了划分对仓储物出现的瑕疵的责任承担。

在实践中，应注意以下问题：

1. 保管人在接受存货人交付的货物入库时，应当按照合同约定进行验收。验收的项目有：货物的品名、规格、数量、外包装情况以及无须开箱拆捆、直观可见可辨的质量状况。验收包括实物验查和样本验查。仓储物有包装的，验收时以外包装或者货物上的标记为准；外包装或者货物上没有标记的，以存货人提供的验收资料为准，仓管方一般无开拆包装进行检查的义务。

2. 保管人验收时发现入库的仓储物与约定不符的，由存货人作出解释，或者修改合同，或者将不符合约定的货物予以退回。

3. 保管人验收后发生仓储物的品种、数量、质量不符合约定的，保管人应当承担损害赔偿责任。这里所说的仓储物发生不符合约定的情形是指仓储物验收时未发现不符合约定的情形，但后来发现的；或者仓储物经验收虽然发现了一些不合约定的情形，但后来又继续扩大或者恶化的。

4. 保管人没有按照合同约定的项目、方法、期限验收或者验收不准确，由此造成的损失，由保管人承担。在交付货物时发生问题的，如在双方交接仓储物中发现问题的保管人应予接货，妥善暂存，并在有效验收期间内通知存货人处理，暂存期间所发生的损失和费用由存货人负责。保管人在货物验收时没有提出异议的，视为交付的货物符合合同约定的条件。

法条指引

❶《中华人民共和国合同法》（1999年10月1日施行）

第三百八十四条　保管人应当按照约定对入库仓储物进行验收。保管人验收时发现入库仓储物与约定不符合的，应当及时通知存货人。保管人验收后，发生仓储物的品种、数量、质量不符合约定的，保管人应当承担损害赔偿责任。

【保管人的仓单填发义务】

法律问题解读

仓单是保管人向存货人填发的表明仓储保管关系的存在，以及保管人愿向仓单持有人履行交付仓储物义务的证券。

从仓单的性质上看，由于仓单是以给付一定物品为标的的，故为物品证券；且由于仓单上所载货物的移转，必须移转仓单始生所有权转移的效力，故仓单又称为物权证券或处分证券。因为仓单上记载的事项，须依法律的规定作成，故为要式证券。仓单的记载事项决定当事人的权利义务，当事人须依仓单上的记载主张权利义务，故仓单为文义证券、不要因证券。又因为仓单是由

仓库营业人自己填发的，由自己负担给付义务，所以仓单为自付证券。

存货人交付仓储物后，保管人应填发仓单。

法条指引

❶《中华人民共和国合同法》（1999年10月1日施行）

第三百八十五条　存货人交付仓储物的，保管人应当给付仓单。

❷《中华人民共和国担保法》（1995年10月1日施行）

第七十五条　下列权利可以质押：

（一）汇票、支票、本票、债券、存款单、仓单、提单；

（二）依法可以转让的股份、股票；

（三）依法可以转让的商标专用权、专利权、著作权中的财产权；

（四）依法可以质押的其他权利。

第七十六条　以汇票、支票、本票、债券、存款单、仓单、提单出质的，应当在合同约定的期限内将权利凭证交付质权人。质押合同自权利凭证交付之日起生效。

第七十七条　以载明兑现或者提货日期的汇票、支票、本票、债券、存款单、仓单、提单出质的，汇票、支票、本票、债券、存款单、仓单、提单兑现或者提货日期先于债务履行期的，质权人可以在债务履行期届满前兑现或者提货，并与出质人协议将兑现的价款或者提取的货物用于提前清偿所担保的债权或者向出质人约定的第三人提存。

【仓单】

法律问题解读

仓单是保管人应存货人的请求而签发的一种有价证券，是提取仓储物的凭证。存货人或者仓单持有人在仓单上背书并经保管人签字或者盖章的，可以转让提取仓储物的权利。因此，仓单可以用来质押，担保债权的实现。由于仓单是有价证券，仓单上的权利不能与仓单相分离，仓单就是货物所有权的权利凭证。因此，仓单具有两个效力：(1)受领保管物的权利，保管人一旦签发，持单人只有提示仓单才可以向保管人领取。(2)转移保管物的权利。仓单上所记载的货物经存货人或者仓单持有人在仓单上背书并经保管人

签字或者盖章发生所有权的转移。

如仓单毁损或遗失、被盗而灭失，存货人或仓单持有人依据我国《民事诉讼法》，可以通过公示催告程序确认权利。

法条指引

❶ 最高人民法院《关于适用〈中华人民共和国担保法〉若干问题的解释》（2000年12月13日施行）

第一百零二条 以载明兑现或者提货日期的汇票、支票、本票、债券、存款单、仓单、提单出质的，其兑现或者提货日期后于债务履行期的，质权人只能在兑现或者提货日期届满时兑现款项或者提取货物。

❷《中华人民共和国物权法》（2007年10月1日施行）

第二百二十三条 债务人或者第三人有权处分的下列权利可以出质：

（一）汇票、支票、本票；

（二）债券、存款单；

（三）仓单、提单；

（四）可以转让的基金份额、股权；

（五）可以转让的注册商标专用权、专利权、著作权等知识产权中的财产权；

（六）应收账款；

（七）法律、行政法规规定可以出质的其他财产权利。

第二百二十四条 以汇票、支票、本票、债券、存款单、仓单、提单出质的，当事人应当订立书面合同。质权自权利凭证交付质权人时设立；没有权利凭证的，质权自有关部门办理出质登记时设立。

第二百二十五条 汇票、支票、本票、债券、存款单、仓单、提单的兑现日期或者提货日期先于主债权到期的，质权人可以兑现或者提货，并与出质人协议将兑现的价款或者提取的货物提前清偿债务或者提存。

❸《中华人民共和国民事诉讼法》（2007年10月28日修正）

第一百九十五条 按照规定可以背书转让的票据持有人，因票据被盗、遗失或者灭失，可以向票据支付地的基层人民法院申请公示催告。依照法律规定可以申请公示催告的其他事项，适用本章规定。

申请人应当向人民法院递交申请书，写明票面金额、发票人、持票人、背书人等票据主要内容和申请的理由、事实。

第一百九十六条 人民法院决定受理申请，应当同时通知支付人停止支付，并在三日内发出公告，催促利害关系人申报权利。公示催告的期间，由人民法院根据情况决定，但不得少于六十日。

第一百九十七条 支付人收到人民法院停止支付的通知，应当停止支付，至公示催告程序终结。

公示催告期间，转让票据权利的行为无效。

第一百九十八条 利害关系人应当在公示催告期间向人民法院申报。

人民法院收到利害关系人的申报后，应当裁定终结公示催告程序，并通知申请人和支付人。

申请人或者申报人可以向人民法院起诉。

第一百九十九条 没有人申报的，人民法院应当根据申请人的申请，作出判决，宣告票据无效。判决应当公告，并通知支付人。自判决公告之日起，申请人有权向支付人请求支付。

第二百条 利害关系人因正当理由不能在判决前向人民法院申报的，自知道或者应当知道判决公告之日起一年内，可以向作出判决的人民法院起诉。

案例链接

❶《宁波市镇海华国行贸易有限公司诉宁波鑫点服饰有限公司承揽合同纠纷案》，参见北大法宝引证码：Pkulaw. cn/CLI. C. 227373。

❷《上海某慧谷信息产业股份有限公司诉上海某传媒投资有限公司买卖合同纠纷案》，参见北大法宝引证码：Pkulaw. cn/CLI. C. 276600。

❸《浙江隆达贸易有限公司诉杭州诺悦纺织有限公司买卖合同纠纷案》，参见北大法宝引证码：Pkulaw. cn/CLI. C. 228918。

学者观点

❶ 房绍坤、赵志毅：《论仓单质押》，参见北大法宝引证码：Pkulaw. cn/CLI. A. 121195。

【仓单的必要记载事项】

法律问题解读

仓单为一种要式证券，其填发须遵循法律特别规定的形式。法律规定仓单应载明的内容有：

1. 存货人的名称或者姓名和住所。存货人为个人的,应当写明存货人个人的姓名和户籍所在地或者常住地。存货人为单位的,应当写明单位的名称和单位主要办事机构所在地。

2. 仓储物的品种、数量、质量、件数和标记,并应当在外包装上或者货物上予以标记。

3. 仓储物的损耗标准。仓储物的损耗是指货物在储存、搬运过程中,由于自然因素(如风化、干燥、挥发、黏结、散失等)和货物本身的性质或者计量的误差等原因,不可避免地要发生一定数量的减少、破损或者计量误差。

4. 储存场所。由于仓储物的性质不同,对储存场所的外界条件、湿度、温度等有不同的要求。仓单中应当明确仓储物的储存场所的要求。

5. 储存期间。储存期间是指当事人约定的从交付仓储物到返还仓储物的时间期限。这是保管人对仓储物承担保管义务的时间期限,仓单中应予以明确。

6. 仓储费。仓单中应当明确存货人支付保管人仓储费用项目(包括保管费、养护费、整理费等)、计费标准、支付方式、支付时间和地点。保管人因仓储活动而附带支付的其他必要费用,例如运费、修缮费、保险费、关税等,也应由存货人偿还,但不属于仓储费的范畴。

7. 储存的货物交付保险的,应记载其保险金额,保险期间以及保险人的名称。

8. 仓单的填发人、填发地和填发日期。保管人未签字或盖章的,仓单不生效。签字或盖章只要有一项即可,不必同时具备。

法条指引

❶《中华人民共和国合同法》(1999年10月1日施行)

第三百八十六条 保管人应当在仓单上签字或者盖章。仓单包括下列事项:

(一)存货人的名称或者姓名和住所;

(二)仓储物的品种、数量、质量、包装、件数和标记;

(三)仓储物的损耗标准;

(四)储存场所;

(五)储存期间;

(六)仓储费;

(七)仓储物已经办理保险的,其保险金额、期间以及保险人的名称;

(八)填发人、填发地和填发日期。

案例链接

❶《刘鹏举诉广东省寰球期货经纪有限公司期货交易纠纷案》,参见北大法宝引证码:Pkulaw.cn/CLI.C.117543。

❷《滕州市城郊信用社诉建行枣庄市薛城区支行票据纠纷案》,参见北大法宝引证码:Pkulaw.cn/CLI.C.67267。

❸《广州超群漂染有限公司与广州市增城新塘镇鼎新助剂厂买卖合同纠纷上诉案》,参见北大法宝引证码:Pkulaw.cn/CLI.C.110175。

【仓单的转让和出质】

法律问题解读

我国合同法对仓单采一券主义,仓单即可以依法转让,也可以依法出质。仓单作为有价证券,可以流通。流通的形式有两种:

1. 转让仓单,即转让仓单项下仓储物的所有权。其转移是通过仓单背书转让的方式实现的。所谓"背书",是指存货人在仓单的背面或者粘单上记载被背书人(受让人)的名称或姓名、住所等有关事项的行为。

2. 以仓单出质,质权人享有仓单项下仓储物的质权。存货人或仓单持有人也可以在仓单上作出质背书,一旦主债权得不到满足而需行使债权时,质权人向仓管人出示仓单即可提取仓储物。以仓单出质的,适用《担保法》的规定。依《担保法》第77条的规定,仓单上载明提货日期的,如果提货日期先于债务履行期的,质权人可以在债务履行期届满前提货,并与出质人协议将提取的货物用于提前清偿所担保的债权或者与出质人约定的第三人提存。

如果存货人并非仓储物的所有权人而仍然将仓单转让背书或出质背书的,只要被背书人对仓单的取得是善意,并且符合物权变动的公示公信原则,仍然具有物权变动的效力,被背书人取得仓单质权。

3. 无论是仓单转让还是仓单出质,都应当通过法定的形式才能生效。首先需由存货人或仓单持有人背书。仓单持有人凭借背书的连续性证明自己合法持有仓单的地位。此外还须由保管人签字或盖章。每一次背书都须经保管人签字或盖章后才能生效。

法条指引

❶《中华人民共和国合同法》(1999年10月1日施行)

第三百八十七条 仓单是提取仓储物的凭证。存货人或者仓单持有人在仓单上背书并经保管人签字或者盖章的,可以转让提取仓储物的权利。

❷《中华人民共和国担保法》(1995年10月1日施行)

第七十五条 下列权利可以质押:

(一)汇票、支票、本票、债券、存款单、仓单、提单;

(二)依法可以转让的股份、股票;

(三)依法可以转让的商标专用权,专利权、著作权中的财产权;

(四)依法可以质押的其他权利。

第七十六条 以汇票、支票、本票、债券、存款单、仓单、提单出质的,应当在合同约定的期限内将权利凭证交付质权人。质押合同自权利凭证交付之日起生效。

第七十七条 以载明兑现或者提货日期的汇票、支票、本票、债券、存款单、仓单、提单出质的,汇票、支票、本票、债券、存款单、仓单、提单兑现或者提货日期先于债务履行期的,质权人可以在债务履行期届满前兑现或者提货,并与出质人协议将兑现的价款或者提取的货物用于提前清偿所担保的债权或者向与出质人约定的第三人提存。

❹ 最高人民法院《关于适用〈中华人民共和国担保法〉若干问题的解释》(2000年12月13日施行)

第一百零二条 以载明兑现或者提货日期的汇票、支票、本票、债券、存款单、仓单、提单出质的,其兑现或者提货日期后于债务履行期的,质权人只能在兑现或者提货日期届满时兑现款项或者提取货物。

❸《中华人民共和国票据法》(2004年8月28日修正)

第二十七条 持票人可以将汇票权利转让给他人或者将一定的汇票权利授予他人行使。

出票人在汇票上记载"不得转让"字样的,汇票不得转让。

持票人行使第一款规定的权利时,应当背书并交付汇票。

背书是指在票据背面或者粘单上记载有关事项并签章的票据行为。

第二十八条 票据凭证不能满足背书人记载事项的需要,可以加附粘单,粘附于票据凭证上。

粘单上的第一记载人,应当在汇票和粘单的粘接处签章。

第二十九条 背书由背书人签章并记载背书日期。

背书未记载日期的,视为在汇票到期日前背书。

案例链接

❶《兰州连城铝厂与王家瑞、广州市芳村区世源物资贸易部及第三人深圳实达期货经纪有限责任公司栈单转让、抵押纠纷案》,参见北大法宝引证码:Pkulaw.cn/CLI.C.6210。

【仓单持有人检查仓储物或者提取样品的权利】

法律问题解读

在仓储合同中,尽管保管人占有仓储物,但仓储物的所有权人是仓单持有人。为了维护仓单持有人在其所有的仓储物上的权益,促使保管人妥善保管仓储物,存货人或者仓单持有人有进行检查和提取样品之活动的权利,保管人有协助仓单持有人进行检查和提取样品活动的义务。

1. 存货人或者仓单持有人凭借已经实施的存货行为或者仓单持有这一事实,即可请求保管人交付仓储物。

2. 检查即是对仓储物进行检验和查核,包括数量上的清点,重量上的过磅,质量上的检验等。抽取样本即从一批同类货物中随机地选择一定数量的质物并转归仓单持有人占有和处分。仓单持有人取走样品的用途在所不问。

3. 对于仓单持有人在不当的时间里要求开仓检查,或者其检查行为会给仓库或同一仓库内的其他仓储物造成损害,或者其抽取的样本数量过多的,保管人可予以拒绝。

另外,在某些情况下,保管人也应积极主动地配合仓单持有人,例如,为仓单持有人的检查腾出空间,给付相关的技术资料,等等。

法条指引

❶《中华人民共和国合同法》(1999年10月

1日施行）

第三百八十八条 保管人根据存货人或者仓单持有人的要求，应当同意其检查仓储物或者提取样品。

【保管人对仓储物发生异状时的通知义务】

法律问题解读

保管人对仓储物有妥善保管的义务，保管人应当按照保管合同中约定的保管条件和保管要求妥善保管。保管人发现仓储物发生异状时应及时通知存货人或仓单持有人。

在实践中，要注意以下几个问题：

1. 保管人只对入库仓储物承担义务，入库仓储物在储存期间有变质或其他损坏的是指入库仓储物在保管人验收时尚未发现有变质或损坏情况，而后在存储过程中发现损坏。若属验收时即发现的，应由保管人依《合同法》第384条的规定及时通知存货人。

2. 第三人对保管人提起诉讼或对仓储物申请扣押的，保管人应当及时通知存货人或者仓单持有人。对于外包装或货物标记上标明或者合同中申明了有效期的货物，除有约定外，保管人应于货物临近有效期60日前，通知存货人。发现货物出现异状，货物发生减少或价值减少的变化，仓库营业人应及时通知存货人。

3. 无论仓储物的变质或损坏是否因保管人的过错而发生，保管人都有通知义务。若保管人已尽到善良管理人的注意而仍未发现仓储物有变质或其他损坏的，则不负通知义务。若因保管人怠于注意而未发现仓储物之变质或其他损坏的，保管人应承担未妥善履行保管义务的违约责任。

另外，保管人通知的相对人可以是存货人也可以是仓单持有人，二者择一通知即可，不必同时通知。

法条指引

❶《中华人民共和国合同法》（1999年10月1日施行）

第三百八十四条 保管人应当按照约定对入库仓储物进行验收。保管人验收时发现入库仓储物与约定不符合的，应当及时通知存货人。保管人验收后，发生仓储物的品种、数量、质量不符合约定的，保管人应当承担损害赔偿责任。

第三百八十九条 保管人对入库仓储物发现有变质或者其他损坏的，应当及时通知存货人或者仓单持有人。

案例链接

❶《上海正大景成企业发展有限公司诉上海铭领贸易有限公司仓储合同纠纷案》，参见北大法宝引证码：Pkulaw.cn/CLI.C.81471。

❷《广州东建贸易公司诉上海港军工路工贸实业总公司等仓储保管合同赔偿纠纷案》，参见北大法宝引证码：Pkulaw.cn/CLI.C.12958。

❸《上海宝铁储运公司与上海宝山宝工贸有限公司储运合同赔偿损失纠纷抗诉案》，参见北大法宝引证码：Pkulaw.cn/CLI.C.71041。

【保管人在紧急情况下对仓储物的处置权】

法律问题解读

保管人对入库仓储物发现有变质或者其他损坏，危及其他仓储物的安全和正常保管的，应当催告存货人或者仓单持有人作出必要的处置。因情况紧急，保管人可以作出必要的处置，但事后应当将该情况及时通知存货人或者仓单持有人。

在实践中，需要注意以下几个问题：

1. 若保管人对存货人或者仓单持有人的处置要求过高，存货人或者仓单持有人可以拒绝承受这种要求而只在必要的限度内处置。若存货人或者仓单持有人对仓储物的处置已主动地逾越必要的范畴，由此而给保管人造成不便或带来损害的，保管人有权要求赔偿。

2. 若保管人怠于催告，则应对其他仓储物的损失和自己遭受的损失自负其责。存货人怠于处置，由此给其他仓储物或者保管人的财产造成损害的，存货人应当承担损害赔偿责任。

3. 即使存货人或仓单持有人及时作出了处置，但仓储物的变质或损坏仍然已给其他仓储物造成损害或已给保管人带来损失的，只要保管人对仓储物的变质或其他损坏无过错，则仍可要求存货人或仓单持有人赔偿损失。

另外，无论是危险货物还是变质货物，只有在危及其他仓储物的安全和正常保管，保管人已来不及通知存货人或者仓单持有人进行处置的情况下，或者存货人对保管人的通知置之不理的情况下，保管人才可以对该仓储物进行紧急处置，事后应当将该情况及时通知存货人或者仓单持有人，由此产生的费用也应该由存货人承担。可见，保管人的紧急处置权不是随意行使的，只有为了其他仓储物的安全和正常的保管秩序，在不得已的情况下才能行使。

法条指引

❶《中华人民共和国合同法》（1999年10月1日施行）

第三百九十条　保管人对入库仓储物发现有变质或者其他损坏，危及其他仓储物的安全和正常保管的，应当催告存货人或者仓单持有人作出必要的处置。因情况紧急，保管人可以作出必要的处置，但事后应当将该情况及时通知存货人或者仓单持有人。

案例链接

❶《阿卓燃油有限公司（AzoilBunkeringLimited）诉瑞德柏格航运有限公司（RydbergsShippingLimited）船舶油料供应合同纠纷案》，参见北大法宝引证码：Pkulaw. cn/CLI. C. 25296。

❷《中国工商银行郑州市经三路支行诉河南振豫股份有限公司等借款担保纠纷案》，参见北大法宝引证码：Pkulaw. cn/CLI. C. 19210。

❸《北京嘉义典当有限责任公司诉国海证券有限责任公司北京和平街证券营业部委托合同案（券商的监管义务）》，参见北大法宝引证码：Pkulaw. cn/CLI. C. 95255。

【储存期间不明确时如何提取仓储物】

法律问题解读

合同当事人应在合同中约定保管期，但储存期间并非仓储合同的必要条款，若未约定或约定不明的，仓储合同并不因此而不生效。

关于储存期间不明确时如何提取仓储物的问题，应在实践中注意以下几个问题：

1. 当事人对储存期间没有约定或约定不明确的，存货人可以随时提取仓储物。这是因为仓储合同本质上是一种提供劳务的合同，保管人的主要义务是提供仓储服务，存货人的主要义务是支付报酬。至于作为仓储保管之标的物的仓储物，本身并非合同的标的。存货人并未在仓储物上设定任何合同义务，保管人也不对仓储物享有任何合同权利。仓储合同订立后，存货人应将仓储物交付给保管人，但这不过是为保管人履行义务提供一个必要的前提条件，存货人本身并无交付仓储物的义务。相应的，存货人在对储存期间约定不明确时，可随时提取仓储物，而保管人不得拒绝。

2. 储存期间没有约定或约定不明确的，保管人根据自己的保管能力和业务需要，也可以随时要求存货人或者仓单持有人提取仓储物，保管人在发出提货通知后也应给予存货人或者仓单持有人以必要的准备时间。在这段时间内，保管人继续承担保管义务，若出现违约事由时，仍应承担责任。即保管人并不因自己向存货人或仓单持有人要求提货而立即免除保管责任。至于"必要的准备时间"的长短，应视具体情况斟酌确定，以公平地保护双方当事人的利益为原则。

法条指引

❶《中华人民共和国合同法》（1999年10月1日施行）

第三百九十一条　当事人对储存期间没有约定或者约定不明确的，存货人或者仓单持有人可以随时提取仓储物，保管人也可以随时要求存货人或者仓单持有人提取仓储物，但应当给予必要的准备时间。

【储存期间明确时如何提取仓储物】

法律问题解读

储存期间届满，存货人或者仓单持有人应当凭仓单提取仓储物。存货人或者仓单持有人逾期提取的，应当加收仓储费；提前提取的，不减收仓储费。

在实践中，应注意以下几个问题：

1. 在合同约定的储存期间届满时，仓库营业人应将保管的原物返还给存货人、仓单持有人，仓库营业人不得无故扣押货物。未按合同约定的时间、数量交还货物的，应当承担违约责任。

依当事人双方协议，由仓库营业人代办运送的，存货人应依约定办理。保管人未按约定的期限和要求发货或错发到货地点、收货人的，应当承担民事责任；在代办运送的货物发生数量、质量异议时，应当负责处理。存货人或仓单持有人应按照约定及时提供有关资料文件、材料。存货人未及时提供有关的材料、文件等，未按规定期限办理变更货物运送方式、运送目的地及收货人的，应承担相应的民事责任并负担保管人因此而增加的费用。

2. 合同中约定明确储存期间的，在储存期间届满前，保管人不得要求存货人或者仓单持有人提取仓储物，法律另有规定或者当事人另有约定的除外。但是，在存货人、仓单持有人要求返还时，存货人不得拒绝返还，同时其得就因此所受到的损失请求存货人赔偿。

法条指引

❶《中华人民共和国合同法》（1999年10月1日施行）

第三百九十二条 储存期间届满，存货人或者仓单持有人应当凭仓单提取仓储物。存货人或者仓单持有人逾期提取的，应当加收仓储费；提前提取的，不减收仓储费。

案例链接

❶《宁波市工艺品进出口有限公司与上海市纺织运输公司纺运物流中心仓储合同纠纷上诉案》，参见北大法宝引证码：Pkulaw. cn/CLI. C. 235997。

❷《陈德福诉何世良仓储合同纠纷案》，参见北大法宝引证码：Pkulaw. cn/CLI. C. 220769。

❸《北京医药股份有限公司诉北京华亿立医疗设备有限公司仓储合同纠纷案》，参见北大法宝引证码：Pkulaw. cn/CLI. C. 184919。

【储存逾期的情况】

法律问题解读

储存期间届满，存货人或者仓单持有人不提取仓储物的，保管人可以催告其在合理期限内提取，逾期不提取的，保管人可以提存仓储物。

在实践中，要注意以下几个问题：

1. 对于储存期间届满仓单持有人没有提取的仓储物，保管人可以继续保管并请求仓单持有人支付超期的仓储费；保管人的催告，只需表明敦促存货人或者仓单持有人及时提取即可，无须表明若逾期不提取的保管人将行使提存权。保管人应在其催告通知中设置一段合理的期限以待存货人或者仓单持有人提取货物。

2. 在经催告后，存货人或者仓单持有人仍不在催告所设置之履行期限内提货的，保管人有权提存仓储物，以该物折价或者以拍卖、变卖该物的价款优先受偿。保管人提存仓储物应适用民事法律关于提存的一般规定，即提存之效力等同于保管人已交付仓储物，提存之费用由仓单持有人承担，提存期间仓储物的孳息由仓单持有人收取，风险损失也由其承担。

3. 若仓单上未明确记载储存期间的，则依《合同法》第391条的规定，保管人可随时要求存货人在合理期间内提取仓储物，存货人在合理期间不提取的，保管人同样可行使提存权。

法条指引

❶《中华人民共和国合同法》（1999年10月1日施行）

第三百九十一条 当事人对储存期间没有约定或者约定不明确的，存货人或者仓单持有人可以随时提取仓储物，保管人也可以随时要求存货人或者仓单持有人提取仓储物，但应当给予必要的准备时间。

第三百九十三条 储存期间届满，存货人或者仓单持有人不提取仓储物的，保管人可以催告其在合理期限内提取，逾期不提取的，保管人可以提存仓储物。

案例链接

❶《秦皇岛金海粮油工业有限公司诉卫辉金升国家粮食储备库有限公司仓储合同损失赔偿纠纷案》，参见北大法宝引证码：Pkulaw. cn/CLI. C. 255025。

❷《益海（连云港）粮油工业有限公司诉卫辉金升国家粮食储备库有限公司仓储合同损失赔偿纠纷案》，参见北大法宝引证码：Pkulaw. cn/CLI. C. 278243。

❸《浙江远大进出口有限公司诉广东省鱼珠林产集团有限公司仓储合同纠纷案》，参见北大法宝引证码：Pkulaw. cn/CLI. C. 248630。

【保管人保管不善的违约责任】

法律问题解读

在储存期间，因保管人保管不善造成仓储物毁损、灭失的，保管人应当承担损害赔偿责任。因仓储物的性质、包装不符合约定或者超过有效储存期造成仓储物变质、损坏的，保管人不承担损害赔偿责任。

在实践中，应注意以下几个问题：

1. 保管人应按仓储合同的要求，以善良管理人的注意履行保管义务。在国家对特殊保管物品的储存操作制定了专门标准时,还须按照这些专门标准履行保管义务。

2. 保管人的违约责任适用的是过错责任原则,即只有在保管人主观上未尽到善良管理人的注意义务时,才应对仓储物的毁损、灭失负责。仓储物因不可抗力和因自然因素发生的损失是风险损灭,不由保管人承担,保管人并不因此负违约责任。

3. 保管人的法定免责事由为(1)仓储物的毁损、灭失是因性质或包装不符合约定造成的。其过错在存货人,因此而导致仓储物毁损、灭失的,应免除保管人的责任。但若因货物在储存保管过程中因保管或操作不当而使包装毁损的,保管人不能免责,应负责修复或按价赔偿。(2)因仓储物超过有效储存期,造成仓储物变质或损坏的。有效储存期是指对某些不能长期有效地存放的货物所规定的储存期。仓储物在有效储存期过后,因其自然性质而不可避免地会发生变质、损坏现象,对此,保管人不负其责。

法条指引

❶《中华人民共和国合同法》(1999年10月1日施行)

第三百九十四条 储存期间,因保管人保管不善造成仓储物毁损、灭失的,保管人应当承担损害赔偿责任。

因仓储物的性质、包装不符合约定或者超过有效储存期造成仓储物变质、损坏的,保管人不承担损害赔偿责任。

❷《中华人民共和国民法通则》(1987年1月1日施行)

第一百零六条 公民、法人违反合同或者不履行其他义务的,应当承担民事责任。

公民、法人由于过错侵害国家的、集体的财产,侵害他人财产、人身的,应当承担民事责任。

没有过错,但法律规定应当承担民事责任的,应当承担民事责任。

案例链接

❶《广州市正建物业管理发展有限公司与吴雄文车辆保管合同纠纷上诉案》,参见北大法宝引证码:Pkulaw.cn/CLI.C.110734。

【仓储合同的法律适用】

法律问题解读

尽管仓储合同与保管合同存在重要区别,例如,保管合同是实践合同,而仓储合同为诺成合同;保管合同是否有偿由当事人约定,而仓储合同均为有偿契约,等等。但仓储合同与保管合同的本质是一样的,即都是为他人保管财物。对于仓储合同法律未加规定的事项,可以参照适用保管合同的有关规定。例如,保管人不得将仓储物转交第三人保管、保管人不得使用或者许可第三人使用仓储物,等等。

仓储合同是一种特殊的保管合同。因而在法律对仓储合同有特别规定时,自然应适用法律的特别规定,在法律对其未设特别规定的,法律关于一般保管合同的规定对其有适用余地。法律关于一般保管合同的规定与法律关于仓储合同的规定,系一般法与特别法的关系。

法条指引

❶《中华人民共和国合同法》(1999年10月1日施行)

第三百九十五条 本章没有规定的,适用保管合同的有关规定。

案例链接

❶《舟山市融海水产食品有限公司与金东一仓储合同纠纷上诉案》,参见北大法宝引证码:Pkulaw.cn/CLI.C.282519。

❷《上海银联资产经营管理有限公司与上海金光纸业产品服务有限公司保管、仓储合同纠纷上诉案》,参见北大法宝引证码:Pkulaw.cn/CLI.C.27828。

第二十二章　委托合同

● 本章为读者提供与以下题目有关的法律问题的解读及相关法律文献依据

> 委托合同（540）　受托人的权限（542）　受托人的忠实义务（544）　受托人亲自处理委托事务和转委托（545）　受托人的报告义务（546）　委托人的自动介入（547）　委托人的介入权（547）　第三人的选择权（548）　受托人的披露义务（549）　受托人转移利益的义务（549）　委托人支付费用的义务（550）　委托人支付报酬的义务（550）　受托人因过失和越权产生的损害赔偿责任（551）　委托人的损失赔偿责任（552）　重复委托（553）　共同受托（553）　委托人和受托人的合同解除权（554）　委托合同的法定终止要件（555）　受托人的继续处理义务（555）

【委托合同】

法律问题解读

委托合同又称委任合同，是指当事人双方约定一方委托他人处理事务，他人同意为其处理事务的协议。在委托合同关系中，委托他人为自己处理事务的人称委托人，接受委托的人称受托人。

委托合同有以下几点特征：

1. 委托合同是以为他人处理事务为目的的合同。只要能够产生民事权利义务关系的任何事务，委托人均可请受托人办理，既包括实体法规定的买卖、租赁等事项，也包括程序法规定的办理登记、批准等事项，还包括代理诉讼等活动。但委托人所委托的事务不得违反法律的有关规定，如委托他人代为销售、运输毒品、淫秽物品等。必须由委托人亲自处理的事务，如与人身密切联系的婚姻登记、立遗嘱等，不能成为委托合同的标的。

2. 委托合同是诺成、不要式、双务合同。委托合同的成立只须双方当事人达成意思一致，无须以履行合同的行为或者物的交付作为委托合同成立的条件。委托合同成立无须履行一定的形式，口头、书面方式都可以。委托合同经要约承诺后成立，无论合同是否有偿，委托人与受托人都要承担相应的义务。对委托人来说，受托人有向受托人预付处理委托事务费用的义务，当委托合同为有偿合同时，还有支付受托人报酬等义务。对受托人来说，受托人有向委托人报告委托事务、亲自处理委托事务、转交委托事务所取得财产等义务。

3. 委托合同可以是有偿的，也可以是无偿的。委托合同是建立在双方当事人彼此信任的基础上。委托合同是否有偿，应以当事人双方根据委托事务的性质与难易程度协商决定，法律不作强制规定。

委托合同与委托代理有相似之处，也有不同之处。委托合同是一方委托他方处理事务，他方允诺处理事务的合同，而委托代理是指代理人在代理权限内以被代理人或自己的名义实施民事行为，被代理人对代理人的代理行为直接或间接承受其法律效果的合同。两者中受托人都是为委托人服务，存在相似之处，但也存在明显的区别：（1）代理人的代理行为不包括事实行为，仅仅为民事行为，而委托合同中受托人代为委托人处理的事务包括事实行为；（2）代理属于对外关系，存在本人和代理人以外的第三方，而委托合同是一种对内关系，存在于委托人和受托人之间；（3）代理关系的成立，以被代理人被授予代理权为前提，授权行为为单方法律行为，而委托合同的成立以双方意思表示一致为前提。

当然，如果委托人所委托的事务对外为民事行为时，成立委托合同的，委托合同成为委托代理的基础关系。

法条指引

❶《中华人民共和国合同法》(1999年10月1日施行)

第二百七十六条 建设工程实行监理的,发包人应当与监理人采用书面形式订立委托监理合同。发包人与监理人的权利和义务以及法律责任,应当依照本法委托合同以及其他有关法律、行政法规的规定。

第三百九十六条 委托合同是委托人和受托人约定,由受托人处理委托人事务的合同。

❷《中华人民共和国律师法》(2007年10月28日修订)

第二十五条 律师承办业务,由律师事务所统一接受委托,与委托人签订书面委托合同,按照国家规定统一收取费用并如实入账。

律师事务所和律师应当依法纳税。

❸《专利代理条例》(1991年4月1日施行)

第二条 本条例所称专利代理是指专利代理机构以委托人的名义,在代理权限范围内,办理专利申请或者办理其他专利事务。

第三条 本条例所称专利代理机构是指接受委托人的委托,在委托权限范围内,办理专利申请或者办理其他专利事务的服务机构。

专利代理机构包括:

(一)办理涉外专利事务的专利代理机构;

(二)办理国内专利事务的专利代理机构;

(三)办理国内专利事务的律师事务所。

❹《中华人民共和国民法通则》(1987年1月1日施行)

第六十三条 公民、法人可以通过代理人实施民事法律行为。

代理人在代理权限内,以被代理人的名义实施民事法律行为。被代理人对代理人的代理行为,承担民事责任。

依照法律规定或者按照双方当事人约定,应当由本人实施的民事法律行为,不得代理。

第六十四条 代理包括委托代理、法定代理和指定代理。

委托代理人按照被代理人的委托行使代理权,法定代理人依照法律的规定行使代理权,指定代理人按照人民法院或者指定单位的指定行使代理权。

第六十五条 民事法律行为的委托代理,可以用书面形式,也可以用口头形式。法律规定用书面形式的,应当用书面形式。

书面委托代理的授权委托书应当载明代理人的姓名或者名称、代理事项、权限和期间,并由委托人签名或者盖章。

委托书授权不明的,被代理人应当向第三人承担民事责任,代理人负连带责任。

❺《中华人民共和国律师法》(2007年10月28日修订)

第二十五条 律师承办业务,由律师事务所统一接受委托,与委托人签订书面委托合同,按照国家规定统一收取费用并如实入账。

律师事务所和律师应当依法纳税。

第三十二条 委托人可以拒绝已委托的律师为其继续辩护或者代理,同时可以另行委托律师担任辩护人或者代理人。

律师接受委托后,无正当理由的,不得拒绝辩护或者代理。但是,委托事项违法、委托人利用律师提供的服务从事违法活动或者委托人故意隐瞒与案件有关的重要事实的,律师有权拒绝辩护或者代理。

❻《中华人民共和国注册会计师法》(1994年1月1日施行)

第十六条 注册会计师承办业务,由其所在的会计师事务所统一受理并与委托人签订委托合同。

会计师事务所对本所注册会计师依照前款规定承办的业务,承担民事责任。

❼《中华人民共和国音像制品管理条例》(2002年1月1日施行)

第十九条 音像出版单位不得委托未取得《音像制品制作许可证》的单位制作音像制品。

音像制作单位接受委托制作音像制品的,应当按照国家有关规定,与委托的出版单位订立制作委托合同;验证委托的出版单位的《音像制品出版许可证》或者本版出版物的证明及由委托的出版单位盖章的音像制品制作委托书。

音像制作单位不得出版、复制、批发、零售、出租音像制品。

第二十三条 音像复制单位接受委托复制音像制品的,应当按照国家有关规定,与委托的出版单位订立复制委托合同;验证委托的出版单位的《音像制品出版许可证》和营业执照副本及其盖章的音像制品复制委托书及著作权人的授权书;接受委托复制的音像制品属于非卖品的,应当验证经省、自治区、直辖市人民政府出版行政部门核发并由委托单位盖章的音像制品复制委托书。

音像复制单位应当自完成音像制品复制之日起二年内,保存委托合同和所复制的音像制品的样本以及验证的有关证明文件的副本,以备查验。

❽《城市房屋拆迁管理条例》(2001年11月1日施行)

第十条 拆迁人可以自行拆迁,也可以委托具有拆迁资格的单位实施拆迁。

房屋拆迁管理部门不得作为拆迁人,不得接受拆迁委托。

第十一条 拆迁人委托拆迁的,应当向被委托的拆迁单位出具委托书,并订立拆迁委托合同。拆迁人应当自拆迁委托合同订立之日起15日内,将拆迁委托合同报房屋拆迁管理部门备案。

被委托的拆迁单位不得转让拆迁业务。

❾《住房公积金管理条例》(2002年3月24日修订)

第十二条 住房公积金管理委员会应当按照中国人民银行的有关规定,指定受委托办理住房公积金金融业务的商业银行(以下简称受委托银行);住房公积金管理中心应当委托受委托银行办理住房公积金贷款、结算等金融业务和住房公积金账户的设立、缴存、归还等手续。

住房公积金管理中心应当与受委托银行签订委托合同。

❿《中华人民共和国外资企业法实施细则》(2001年4月12日修订)

第十三条 外国投资者可以委托中国的外商投资企业服务机构或者其他经济组织代为办理本实施细则第八条、第九条第一款和第十条规定事宜,但须签订委托合同。

⓫《证券公司监督管理条例》(2008年6月1日施行)

第三十条 证券公司与客户签订证券交易委托、证券资产管理、融资融券等业务合同,应当事先指定专人向客户讲解有关业务规则和合同内容,并将风险揭示书交由客户签字确认。业务合同的必备条款和风险揭示书的标准格式,由中国证券业协会制定,并报国务院证券监督管理机构备案。

案例链接

❶《王富强诉濮阳市大龙石油机械制造有限公司委托合同纠纷案》,参见北大法宝引证码:Pkulaw. cn/CLI. C. 285608。

❷《冯计垒诉濮阳市大龙石油机械制造有限公司委托合同纠纷案》,参见北大法宝引证码:Pkulaw. cn/CLI. C. 285616。

❸《河南星瀚拍卖有限公司与陈钦财委托合同纠纷再审案》,参见北大法宝引证码:Pkulaw. cn/CLI. C. 287170。

学者观点

❶ 马忠法、冯凯:《委托合同任意解除的赔偿责任》,参见北大法宝引证码:Pkulaw. cn/CLI. A. 1133454。

❷ 吕巧珍:《委托合同中任意解除权的限制》,参见北大法宝引证码:Pkulaw. cn/CLI. A. 1113854。

❸ 艾尔肯:《论医疗合同关系》,参见北大法宝引证码:Pkulaw. cn/CLI. A. 120431。

【受托人的权限】

法律问题解读

受托人在处理委托事务时,应以委托人指示的权限为准。以受托人权限范围为标准把委托划分为两大类,即特别委托和概括委托。

特别委托是指双方当事人约定受托人为委托人处理一项或者数项事务的委托。特别委托一般有以下几种情况:

1. 不动产出售、出租或者就不动产设定抵押权。

2. 赠与。由于赠与属于无偿行为,所以需要有委托人的特别授权。

3. 和解。在发生纠纷后,有关人员在处理问题时需要双方当事人彼此做一定的妥协与让步,以终止争执或者防止争执的协议。

4. 诉讼。

5. 申请仲裁。

受托人接受特别委托时,对于委托事务的处理,可以采取一切为维护委托人的合法权益而必要的合法行为。

概括委托是指双方当事人约定受托人为委托人处理一切事务的协议。例如,委托人委托受托人处理其买卖业务或租赁业务的所有事宜,即是概括委托。

在实践中,值得注意的是,在委托合同中,委托人可以特别委托受托人处理一项或者数项事务。这种情形在实际生活中比比皆是。委托人也可以通过委托合同概括委托受托人处理一切事务。

当然，法律另有规定或者具有较强人身性质不能委托他人代办的事务，如婚姻登记以及违背公序良俗的事务不在此内。

法条指引

❶《中华人民共和国合同法》（1999年10月1日施行）

第三百九十七条 委托人可以特别委托受托人处理一项或者数项事务，也可以概括委托受托人处理一切事务。

❷《中华人民共和国律师法》（2007年10月28日修订）

第二十五条 律师承办业务，由律师事务所统一接受委托，与委托人签订书面委托合同，按照国家规定统一收取费用并如实入账。

律师事务所和律师应当依法纳税。

❸《专利代理条例》（1991年4月1日施行）

第九条 专利代理机构接受委托，承办业务，应当有委托人具名的书面委托书，写明委托事项和委托权限。

专利代理机构可以根据需要，指派委托人指定的专利代理人承办代理业务。

专利代理机构接受委托，承办业务，可以按照国家有关规定收取费用。

第十条 专利代理机构接受委托后，不得就同一内容的专利事务接受有利害关系的其他委托人的委托。

第十一条 专利代理机构应当聘任有《专利代理人资格证书》的人员为专利代理人。对聘任的专利代理人应当办理聘任手续，由专利代理机构发给《专利代理人工作证》，并向中国专利局备案。

初次从事专利代理工作的人员，实习满一年后，专利代理机构方可发给《专利代理人工作证》。

专利代理机构对解除聘任关系的专利代理人，应当及时收回其《专利代理人工作证》，并报中国专利局备案。

❹《中华人民共和国民法通则》（1987年1月1日施行）

第六十三条 公民、法人可以通过代理人实施民事法律行为。

代理人在代理权限内，以被代理人的名义实施民事法律行为。被代理人对代理人的代理行为，承担民事责任。

依照法律规定或者按照双方当事人约定，应当由本人实施的民事法律行为，不得代理。

第六十四条 代理包括委托代理、法定代理和指定代理。

委托代理人按照被代理人的委托行使代理权，法定代理人依照法律的规定行使代理权，指定代理人按照人民法院或者指定单位的指定行使代理权。

第六十五条 民事法律行为的委托代理，可以用书面形式，也可以用口头形式。法律规定用书面形式的，应当用书面形式。

书面委托代理的授权委托书应当载明代理人的姓名或者名称、代理事项、权限和期间，并由委托人签名或者盖章。

委托书授权不明的，被代理人应当向第三人承担民事责任，代理人负连带责任。

❺《中华人民共和国律师法》（2007年10月28日修订）

第二条 本法所称律师，是指依法取得律师执业证书，接受委托或者指定，为当事人提供法律服务的执业人员。

律师应当维护当事人合法权益，维护法律正确实施，维护社会公平和正义。

第二十五条 律师承办业务，由律师事务所统一接受委托，与委托人签订书面委托合同，按照国家规定统一收取费用并如实入账。

律师事务所和律师应当依法纳税。

第二十八条 律师可以从事下列业务：

（一）接受自然人、法人或者其他组织的委托，担任法律顾问；

（二）接受民事案件、行政案件当事人的委托，担任代理人，参加诉讼；

（三）接受刑事案件犯罪嫌疑人的委托，为其提供法律咨询，代理申诉、控告，为被逮捕的犯罪嫌疑人申请取保候审，接受犯罪嫌疑人、被告人的委托或者人民法院的指定，担任辩护人，接受自诉案件自诉人、公诉案件被害人或者其近亲属的委托，担任代理人，参加诉讼；

（四）接受委托，代理各类诉讼案件的申诉；

（五）接受委托，参加调解、仲裁活动；

（六）接受委托，提供非诉讼法律服务；

（七）解答有关法律的询问、代写诉讼文书和有关法律事务的其他文书。

第二十九条 律师担任法律顾问的，应当按照约定为委托人就有关法律问题提供意见，草拟、审查法律文书，代理参加诉讼、调解或者仲裁活动，办理委托的其他法律事务，维护委托人的合法权益。

第三十条 律师担任诉讼法律事务代理人或者非诉讼法律事务代理人的，应当在受委托的权限内，维护委托人的合法权益。

❻《中华人民共和国企业破产法》（2007年6月1日施行）

第五十九条 依法申报债权的债权人为债权人会议的成员，有权参加债权人会议，享有表决权。

债权尚未确定的债权人，除人民法院能够为其行使表决权而临时确定债权额的外，不得行使表决权。

对债务人的特定财产享有担保权的债权人，未放弃优先受偿权利的，对于本法第六十一条第一款第七项、第十项规定的事项不享有表决权。

债权人可以委托代理人出席债权人会议，行使表决权。代理人出席债权人会议，应当向人民法院或者债权人会议主席提交债权人的授权委托书。

债权人会议应当有债务人的职工和工会的代表参加，对有关事项发表意见。

❼《中华人民共和国民事诉讼法》（2007年10月28日修正）

第五十条 当事人有权委托代理人，提出回避申请，收集、提供证据，进行辩论，请求调解，提起上诉，申请执行。

当事人可以查阅本案有关材料，并可以复制本案有关材料和法律文书。查阅、复制本案有关材料的范围和办法由最高人民法院规定。

当事人必须依法行使诉讼权利，遵守诉讼秩序，履行发生法律效力的判决书、裁定书和调解书。

第五十八条 当事人、法定代理人可以委托一至二人作为诉讼代理人。

律师、当事人的近亲属、有关的社会团体或者所在单位推荐的人、经人民法院许可的其他公民，都可以被委托为诉讼代理人。

第五十九条 委托他人代为诉讼，必须向人民法院提交由委托人签名或者盖章的授权委托书。

授权委托书必须记明委托事项和权限。诉讼代理人代为承认、放弃、变更诉讼请求，进行和解，提起反诉或者上诉，必须有委托人的特别授权。

侨居在国外的中华人民共和国公民从国外寄交或者托交的授权委托书，必须经中华人民共和国驻该国的使领馆证明；没有使领馆的，由与中华人民共和国有外交关系的第三国驻该国的使领馆证明，再转由中华人民共和国驻该第三国使领馆证明，或者由当地的爱国华侨团体证明。

案例链接

❶《肖令润诉国泰君安证券股份有限公司成都北一环路证券营业部等股票交易保证金财产侵权案》，参见北大法宝引证码：Pkulaw.cn/CLI.C. 45568。

【受托人的忠实义务】

法律问题解读

在委托合同中，受托人的基本义务是必须依委托人的指示处理委托事务。在实践中，要注意以下几个问题：

1. 受托人按照委托人的指示处理委托事务，这是受托人的首要义务，受托人须依委托人的指示处理委托事务。一般来说，委托人的指示按照其性质可分为三种：第一种是命令性的，在这种情况下，受托人自然绝对不得变更委托人的指示；第二种是指导性的，在这种情况下，受托人在坚持原则的前提下，可以有部分的自由裁量权；第三种是任意性的，在这种情况下，受托人享有独立裁量的权利，对受托的事务可以根据具体情况处理。一般认为，民法中所称的指示，多指指导性的指示，也包括命令性指示。委托人的指示一般应在合同订立时或订立后授予受托人。如果是事后才发指示，而使受托人的地位有显著困难时，受托人可以不受这个事后指示的约束。

2. 受托人在情势紧急时得变更委托人的指示。比如因情况紧急，需要立即作出新的措施；由于客观上的原因，难以和委托人取得联系；或者依据情况办理是为了委托人的利益所必须。只要能够推定委托人若知道此情况，也会变更其指示的，受托人就有变更指示的权利，应当机立断妥善处理。

应注意的是，紧急情况下受托人变更指示处理委托事务，不仅是权利，也是义务。只要变更指示是有利于委托人的，受托人就应当按更有利的方式妥善处理委托事务。但事后应当及时将变更指示的原因及变更的情况及时报告委托人，以便委托人及时重新作出指示。不及时报告的，受托人应对委托人由此而遭受的损失负责。

法条指引

❶《中华人民共和国合同法》（1999 年 10 月 1 日施行）

第三百九十九条 受托人应当按照委托人的指示处理委托事务。需要变更委托人指示的，应当经委托人同意；因情况紧急，难以和委托人取得联系的，受托人应当妥善处理委托事务，但事后应当将该情况及时报告委托人。

❷《中华人民共和国民法通则》（1987 年 1 月 1 日施行）

第六十三条 公民、法人可以通过代理人实施民事法律行为。

代理人在代理权限内，以被代理人的名义实施民事法律行为。被代理人对代理人的代理行为，承担民事责任。

依照法律规定或者按照双方当事人约定，应当由本人实施的民事法律行为，不得代理。

案例链接

❶《潮阳投资（私营）有限公司诉林汉龙委托合同纠纷案》，参见北大法宝引证码：Pkulaw.cn/CLI.C.34773。

【受托人亲自处理委托事务和转委托】

法律问题解读

由于委托合同的当事人之间的依赖关系，原则上受托人应亲自处理受托的事务，才会满足委托人的信任。学界流传法谚有"委托的权限，不得再委托"。在法律上之所以要求受托人应亲自处理委托事务，主要是为了防止受托人有辜负委托人信任而损害其利益的情形。当然，委托人同意转委托的，法律当然也无禁止的必要。此外，若有法律的特别规定或者习惯的特别要求，或者受托人有不得已的事由，也可以转委托。

转委托，又称复委托，是指受托人经委托人同意，将委托人委托部分或全部事务转由第三人处理，在委托人与第三人之间直接发生委托合同关系的行为。其中由受托人负责选定第三人，在转委托关系中，该被委托的第三人叫次受托人。转委托的内容，得依原委托的内容。

转委托包括以下两种情况：

1. 经委托人同意的转委托。由此，就同一委托事务，委托人和受托人都可以向次受托人提出请求，因此形成一种连带责任关系。次受托人选择向委托人或受托人履行给付义务，其履行均为有效。不过，在委托人与受托人的指示发生冲突时，应遵从委托人的指示。委托人和受托人对次受托人的报酬承担连带责任，但受托人对次受托人指示不当的，委托人在向次受托人支付报酬后，可以就相应部分向受托人追偿。

受托人仅在其对次受托人的选择和指示有过失时，才对次受托人在处理受托事务时致委托人的损害承担民事责任；如果受托人不存在以上过失，则对于次受托人处理委托事务时致委托人的损害，应由次受托人自己负责。但受托人须对自己不存在指示不当的主张，负举证责任。

2. 未经委托人同意的转委托。对于委托人而言，如同转委托未发生，他可向受托人要求依据原委托合同享有的一切权利。受托人与次受托人之间的权利义务关系等同于委托人与受托人的关系，次受托人只对受托人负责并享有报酬支付请求权。若因次受托人的原因给委托事务造成伤害的，委托人只能向受托人要求赔偿。受托人无论自己有无过错，都必须先予赔偿，再酌情向次受托人追偿。

但是，如果委托人事后向转委托进行追认，或者虽未追认，但以其他方式默示地表示同意的（例如，向次受托人发出指示，接受次受托人的给付等），其效果视同转委托同意。受托人可因此减轻自己的责任。

作为例外的情形是：转委托虽未经同意，但因情况紧迫，受托人为保护委托人的利益不得不转委托，其效果等同于经同意的转委托。例如，受托出卖一批鲜花，因受托人突然生病无法亲自完成，且若不及时卖出，鲜花必将枯萎而丧失价值，此时，受托人在来不及通知并征得委托人同意的情形下转托他人出卖，其转委托有效。

法条指引

❶《中华人民共和国合同法》（1999 年 10 月 1 日施行）

第四百条 受托人应当亲自处理委托事务。经委托人同意，受托人可以转委托。转委托经同意的，委托人可以就委托事务直接指示转委托的第三人，受托人仅就第三人的选任及其对第三人的指示承担责任。转委托未经同意的，受托人应当对转委托的第三人的行为承担责任，但在紧急情况下受托人为维护委托人的利益需要转委托的除外。

❷《中华人民共和国民法通则》(1987年1月1日施行)

第六十八条 委托代理人为被代理人的利益需要转托他人代理的，应当事先取得被代理人的同意。事先没有取得被代理人同意的，应当在事后及时告诉被代理人，如果被代理人不同意，由代理人对自己所转托的人的行为负民事责任，但在紧急情况下，为了保护被代理人的利益而转托他人代理的除外。

❸《物业管理条例》(2007年10月1日施行)

第四十条 物业服务企业可以将物业管理区域内的专项服务业务委托给专业性服务企业，但不得将该区域内的全部物业管理一并委托给他人。

第六十二条 违反本条例的规定，物业服务企业将一个物业管理区域内的全部物业管理一并委托给他人的，由县级以上地方人民政府房地产行政主管部门责令限期改正，处委托合同价款30%以上50%以下的罚款；情节严重的，由颁发资质证书的部门吊销资质证书。委托所得收益，用于物业管理区域内物业共用部位、共用设施设备的维修、养护，剩余部分按照业主大会的决定使用；给业主造成损失的，依法承担赔偿责任。

❹《城市房屋拆迁管理条例》(2001年11月1日施行)

第十一条 拆迁人委托拆迁的，应当向被委托的拆迁单位出具委托书，并订立拆迁委托合同。拆迁人应当自拆迁委托合同订立之日起15日内，将拆迁委托合同报房屋拆迁管理部门备案。

被委托的拆迁单位不得转让拆迁业务。

第三十七条 接受委托的拆迁单位违反本条例的规定，转让拆迁业务的，由房屋拆迁管理部门责令改正，没收违法所得，并处合同约定的拆迁服务费25%以上50%以下的罚款。

案例链接

❶《广州石友物业管理有限公司与广州市海珠区瑞宝街瑞宝第二经济合作社委托合同纠纷上诉案》，参见北大法宝引证码：Pkulaw.cn/CLI.C.277382。

❷《刘忠华与黄洪亮委托合同纠纷上诉案》，参见北大法宝引证码：Pkulaw.cn/CLI.C.291197。

❸《岳春辉与北京务实炽盛物业管理有限公司物业服务合同纠纷上诉案》，参见北大法宝引证码：Pkulaw.cn/CLI.C.221943。

【受托人的报告义务】

法律问题解读

受托人在办理委托事务的过程中，应当根据委托人的要求，随时或者定期向委托人报告事务处理的进展情况、存在的问题，以使委托人及时了解事务的状况。受托事务终了或者委托合同终止时，受托人应就办理委托事务的始末经过，处理结果向委托人全面报告，如处理委托事务的始末、各种账目、收支计算情况等，并要提交必要的书面材料和证明文件。

在实践中，要注意以下几个问题：

1. 在委托事务的处理过程中，如果委托人请求受托人履行报告义务，告诉事务所处理的情况，受托人自然应当报告。若委托人没有要求受托人汇报，但有报告的必要时，如进行有障碍、情事变更或有危险的可能，受托人亦应该随时汇报。受托人因怠于报告所致损害，委托人有权请求受托人赔偿。

2. 委托合同解除时，可能因一方或双方原因而导致委托与受托关系的消灭，受托人自然应把未处理完毕的事务及处理部分的费用、账目等情况报告给委托人，使委托人得以及时地再行寻觅另一委托人或亲自处理未完事务，以维护委托人的利益。因受托人未能及时报告处理结果而致委托人受损的，受托人应承担损害赔偿责任。

3. 受托人应当报告而没有报告时，自然应当承担违约责任。对于委托人来说，虽合同无明文规定，但若受托人应报告而未报告，委托人不了解委托义务，也无从判断自己的权利、义务状态究竟如何，此时若贸然支付报酬、返还费用及赔偿损失等，委托人存在着被欺诈或因受托人的过失而遭受损失的极大可能。因此，从民法的诚实信用原则和合同法原则出发，委托人在受托人应报告而未报告时，有权拒绝支付报酬、返还费用及赔偿损失等。

另外，受托人的报告义务的具体内容一般不由法律直接规定，而由当事人约定。受托人作有关汇报，不以有委托人的请求为前提，尤其是事务终了的报告应包括有关收支的计算及提交必要的证明文件，如清单、发票等。

法条指引

❶《中华人民共和国合同法》(1999年10月

1 日施行）

第四百零一条 受托人应当按照委托人的要求，报告委托事务的处理情况。委托合同终止时，受托人应当报告委托事务的结果。

案例链接

❶《东莞市晟通速递有限公司与广州市番禺利华纺织实业有限公司委托合同纠纷上诉案》，参见北大法宝引证码：Pkulaw.cn/CLI.C.119443。

【委托人的自动介入】

法律问题解读

受托人以自己的名义，在委托人的授权范围内与第三人订立的合同，第三人在订立合同时知道受托人与委托人之间的代理关系的，该合同直接约束委托人和第三人，但有确切证据证明该合同只约束受托人和第三人的除外。

在下列条件下，受托人以自己的名义与第三人订立的合同，该合同不是直接约束受托人和第三人，而是直接约束委托人和第三人：

1. 第三人清楚地知道受托人与委托人之间的代理关系，也就是说，第三人知道受托人是委托人的代理人。

2. 第三人在订立合同时就知道受托人与委托人之间的代理关系，如果订立合同的当时不知道，是事后知道的，不适用委托人的自动介入。

3. 有确切证据证明该合同只约束受托人与第三人的，不适用委托人的自动介入。这里讲的是有证据证明该合同只约束受托人与第三人的情形，比如，受托人与第三人约定该合同只约束第三人与受托人，不涉及其他人；有交易习惯表明该合同只约束受托人与第三人，如行纪合同；有证据证明如果委托人作为该合同的当事人，第三人就不会订立该合同等。

此时，委托人即自动介入受托人与第三人所订立的合同中，取代了受托人的合同地位。如果有确切证据证明该合同只约束受托人和第三人的，不发生委托人的自动介入。

委托人自动介入后，受托人在一般情况下无须再承担任何合同义务。但合同另有约定，或有特殊交易惯例时除外。

在委托人介入受托人与第三人所订立的合同之后，受托人仍有权要求委托人按约定支付报酬。

法条指引

❶《中华人民共和国合同法》（1999年10月1日施行）

第四百零二条 受托人以自己的名义，在委托人的授权范围内与第三人订立的合同，第三人在订立合同时知道受托人与委托人之间的代理关系的，该合同直接约束委托人和第三人，但有确切证据证明该合同只约束受托人和第三人的除外。

案例链接

❶《香港特别行政区敏佳贸易有限公司诉厦门盈利达工贸有限公司等外贸代理合同违约案》，参见北大法宝引证码：Pkulaw.cn/CLI.C.88600。

【委托人的介入权】

法律问题解读

当受托人因第三人的原因对委托人不履行义务，受托人应当向委托人披露第三人，委托人因此可以行使受托人对第三人的权利，这就是委托人的介入权。此权利在性质上为形成权。如果第三人知道该委托人，就不会与受托人订立合同的，不产生委托人的介入权。

委托人行使介入权的条件是：（1）受托人以自己的名义与第三人订立合同，第三人不知道受托人与委托人之间的代理关系，也就是说，受托人与第三人是该合同的当事人，该合同对受托人与第三人具有约束力。（2）当第三人不履行合同义务时，间接影响到委托人的利益，这时受托人应当向委托人披露第三人。（3）因受托人的披露，委托人可以行使介入权。委托人行使介入权的，应当通知受托人与第三人。第三人接到通知后，除第三人与受托人订立合同时如果知道该委托人就不会订立合同的以外，委托人取代受托人的地位，该合同对委托人与第三人具有约束力。（4）因受托人的披露，委托人也可以不行使介入权，仍然由受托人处理因第三人违约而产生的问题。

委托人的介入权与委托人的自动介入不同，其区别体现在：（1）介入权的发生以自动介入的不发生为前提。（2）自动介入以第三人知道受托人与委托人之间的间接代理关系为适用前提；介入权则以受托人因第三人的原因对委托人不履行合同义务为前提。（3）介入权须经有委托人权利的行使；自动介入则不存在权利的行使问题，系当然发生。（4）介入权产生的阻却事由为：一旦第三人于订立合同时知道该委托人就不会与受托人订立合同；自动介入的阻却事由为：有确切证据证明该合同只约束受托人和第三人。

在委托人行使介入权，从而得以行使受托人对第三人的权利时，第三人可以向其主张对受托人的抗辩。

法条指引

❶《中华人民共和国合同法》（1999年10月1日施行）

第四百零三条 受托人以自己的名义与第三人订立合同时，第三人不知道受托人与委托人之间的代理关系的，受托人因第三人的原因对委托人不履行义务，受托人应当向委托人披露第三人，委托人因此可以行使受托人对第三人的权利，但第三人与受托人订立合同时如果知道该委托人就不会订立合同的除外。

受托人因委托人的原因对第三人不履行义务，受托人应当向第三人披露委托人，第三人因此可以选择受托人或者委托人作为相对人主张其权利，但第三人不得变更选定的相对人。

委托人行使受托人对第三人的权利的，第三人可以向委托人主张其对受托人的抗辩。第三人选定委托人作为其相对人的，委托人可以向第三人主张其对受托人的抗辩以及受托人对第三人的抗辩。

【第三人的选择权】

法律问题解读

代理制度的核心是委托人与第三人的关系。《合同法》为衡平委托人与第三人之间的利益，在承认了委托人的介入权的同时，也承认了第三人的选择权。

第三人的选择权，指的是在受托人与第三人的合同关系中，因委托人的原因造成受托人不履行义务，受托人应当向第三人披露委托人，第三人因此可以选择受托人或者委托人作为相对人主张其权利，即第三人可以选择请求委托人承担违约责任，也可以请求仍然由受托人承担违约责任。但第三人只能选择其一，选定后不得变更。

在实践中，应注意以下几个问题：

1. 如果第三人选择受托人作为相对人的，受托人应向委托人转交从第三人取得的财产，受托人因此支出的费用，也可从委托人处获得补偿。

2. 如果第三人选择委托人作为相对人的，第三人可以向委托人主张其对受托人的抗辩权，例如，第三人因受托人先违约而中止履行的，可以此为理由向委托人提出抗辩；同时，委托人可以向第三人主张其对受托人的抗辩，例如，受托人越权代理的，委托人可以以此为理由向第三人提出抗辩。委托人也可以主张受托人对第三人的抗辩，例如，受托人因第三人先违约而终止履行的，委托人同样可以以此为理由中止履行。

法条指引

❶《中华人民共和国合同法》（1999年10月1日施行）

第四百零三条 受托人以自己的名义与第三人订立合同时，第三人不知道受托人与委托人之间的代理关系的，受托人因第三人的原因对委托人不履行义务，受托人应当向委托人披露第三人，委托人因此可以行使受托人对第三人的权利，但第三人与受托人订立合同时如果知道该委托人就不会订立合同的除外。

受托人因委托人的原因对第三人不履行义务，受托人应当向第三人披露委托人，第三人因此可以选择受托人或者委托人作为相对人主张其权利，但第三人不得变更选定的相对人。

委托人行使受托人对第三人的权利的，第三人可以向委托人主张其对受托人的抗辩。第三人选定委托人作为其相对人的，委托人可以向第三人主张其对受托人的抗辩以及受托人对第三人的抗辩。

❷《中华人民共和国民法通则》（1987年1月1日施行）

第六十三条 公民、法人可以通过代理人实施民事法律行为。

代理人在代理权限内，以被代理人的名义实施民事法律行为。被代理人对代理人的代理行为，承担民事责任。

依照法律规定或者按照双方当事人约定，应当由本人实施的民事法律行为，不得代理。

案例链接

❶《李殿芬诉康介宝案》，参见北大法宝引证码：Pkulaw.cn/CLI.C.48729。

❷《淮北市四海燃料有限责任公司诉袁明生

等委托合同案》，参见北大法宝引证码：Pkulaw. cn/CLI. C. 45519。

❸《四海公司诉袁明生等委托合同纠纷因四海公司未行使委托人介入权由袁明生承担违约责任案》，参见北大法宝引证码：Pkulaw. cn/CLI. C. 26273。

【受托人的披露义务】

法律问题解读

为了实现间接代理制度中委托人的介入权和第三人的选择权，作为间接代理人的受托人，在一定情况下应负担披露义务。就我国《合同法》的规定来看，受托人披露义务的承担主要发生在以下两种情形下：

1. 在受托人与第三人订立合同时，第三人不知道受托人与委托人的代理关系的，在第三人不履行合同义务时，受托人应负担披露义务，向委托人披露第三人，从而使委托人得以行使介入权，对第三人主张受托人的权利。此时，如果第三人与受托人订立合同时，知道该委托人就不会订立合同的除外。

2. 在受托人自己不履行合同义务时，为便利第三人选择权的行使，受托人也应负担披露义务，向第三人披露委托人。

法条指引

❶《中华人民共和国合同法》（1999年10月1日施行）

第四百零三条 受托人以自己的名义与第三人订立合同时，第三人不知道受托人与委托人之间的代理关系的，受托人因第三人的原因对委托人不履行义务，受托人应当向委托人披露第三人，委托人因此可以行使受托人对第三人的权利，但第三人与受托人订立合同时如果知道该委托人就不会订立合同的除外。

受托人因委托人的原因对第三人不履行义务，受托人应当向第三人披露委托人，第三人因此可以选择受托人或者委托人作为相对人主张其权利，但第三人不得变更选定的相对人。

委托人行使受托人对第三人的权利的，第三人可以向委托人主张其对受托人的抗辩。第三人选定委托人作为其相对人的，委托人可以向第三人主张其对受托人的抗辩以及受托人对第三人的抗辩。

【受托人转移利益的义务】

法律问题解读

受托人应当将自己因处理委托事务而取得的各种利益及时转交给委托人。这里谈到的财产，不论是以委托人名义还是以受托人自己的名义取得的，也不论是由次委托人取得的还是受托人在处理事务时直接取得的，都应当转交给委托人。委托人得请求受托人交付的这项权利，可以让与。

一般来说，受托人所转交的财产应包括：受托人因处理委托事务从委托人处接受的财产，若在委托事务终了后未被转移或消耗，则应当交还委托人；受托人在处理委托事务过程中，从第三人处收取的财产。

在实践中，应注意以下几个问题：

1. 受托人利用处理委托事务的便利为自己获取的利益原则上不属于处理委托事务取得的财产，无须转交委托人。例如，个体户甲委托乙在甲的摊位上销售甲的货物，乙借机在同一摊位上销售自己的货物而获得利益，这里的利益不是指乙的销售收入，而是指乙因免去了租用摊位的支出而获得的利益。对这部分利益，甲可依不当得利的规定从乙处获得补偿，但不能依《合同法》第404条的规定要求乙交付。

2. 有时存在着委托事务与受托人自己的事务混为一体难以区分的情况。例如，受托人为他人购进10车西瓜，同时恰好自己也要购进10车西瓜，现在若只购到10车西瓜，则其权归归属可能难以辨清。这种情形下，要结合具体情况判断所取的财产是否在处理委托事务时取得的。委托事务是法律行为的，关键还要看是否以委托人的名义取得的财产。

3. 应当转交的财产应是受托人已经收取的财产，若应收而未收的财产，则受托人不负转交的义务，只负违约的责任。

4. 应转交的财产还包括财产性权利。例如，甲将自己的一批书画交给乙委托其展出，乙为此垫付费用租赁某场馆以备展出之用，后甲解除委托，并偿还乙垫付的费用，此时乙应将该场馆的租赁使用权转交给甲。

另外，对于财产移交给委托人的日期，双方有约定的，应依约定。无约定的，除了为处理事务所必须的物应于委托关系终止时及时交还之外，其他财产的交付经委托人提出受托人应在合理期限内转交,但委托关系终止后尚未交付的,受托人应当负迟延履行的违约责任。

法条指引

❶《中华人民共和国合同法》(1999年10月1日施行)

第四百零四条 受托人处理委托事务取得的财产,应当转交给委托人。

【委托人支付费用的义务】

法律问题解读

无论委托合同是否有偿,委托人都有支付费用的义务。

在实践中,要注意以下几个问题:

1. 委托人预付费用的义务。委托人应预付多少费用以及预付的时间、地点、方式等,应依照委托事务的性质和处理的具体情况而定。预付费用系为委托人利益使用的,与委托事务的处理并不成立对价关系,因此两者之间不存在适用同时履行抗辩权的问题。非经约定,受托人无垫付费用的义务。但在委托合同为有偿合同的场合,若因委托人拒付费用以致影响受托人基于该合同的收益或者给其造成损失时,受托人有权请求损害赔偿。

2. 委托人偿还受托人支出必要费用的义务。如果受托人垫付了费用,则有请求委托人偿还的权利。委托人偿还的费用一般应限于受托人为处理事务所支出的必要费用及其利息。所谓"必要费用",是指处理受托事务不可缺少的费用,例如交通费、食宿费、手续费等。当事人就必要费用的范围发生争议时,委托人应对其认为不必要的部分举证。在确定必要费用的范围时,应充分考虑委托事务的性质、受托人的注意义务以及支出费用的当时具体情况,实事求是地确定费用。在支付当时为必要,其后即使是无必要的,也为必要费用。相反,在支付当时为不必要,即使其后为必要的,也不是必要费用。

另外,委托人偿还费用时应加付利息。利息应从垫付之日起计算。委托合同当事人之间关于利息有约定的,从约定;没有约定的,应以当时的法定存款利率计算。对于受托人在处理受托事务时所支付的有益费用,若双方当事人没有约定或者约定不明确时,应根据情况按照无因管理或者不当得利的规定处理。

法条指引

❶《中华人民共和国合同法》(1999年10月1日施行)

第三百九十八条 委托人应当预付处理委托事务的费用。受托人为处理委托事务垫付的必要费用,委托人应当偿还该费用及其利息。

案例链接

❶《南京天厨美食有限公司诉南京希科大酒店有限公司租赁合同纠纷案》,参见北大法宝引证码:Pkulaw.cn/CLI.C.5656。

【委托人支付报酬的义务】

法律问题解读

如果委托合同是无偿的,自然无所谓支付报酬。有偿的委托合同,在委托事务完成后,委托人应当按照约定向受托人支付报酬。即使是委托合同中并没有约定报酬的,但依据习惯或者依据委托事务的性质应该由委托人给付报酬的,委托人应支付报酬,受托人享有给付报酬请求权。如委托律师进行诉讼或为其他法律服务,委托会计师查账等。

在实践中,需要注意的有以下几个问题:

1. 对于因不可归责于受托人的事由,比如不可抗力、意外事件或第三人的行为等原因,而致委托合同解除或委托事务不能完成的,系属委托合同中的风险负担问题,对于此时的风险,我国《合同法》规定由委托人负担,即此时委托人应当根据受托人处理委托事务所付出的工作时间的长短或者所提供事务的大小,向受托人支付相应的报酬。

2. 对于因可归责于受托人的事由而致委托合同终止或委托事务不能完成时,受托人无报酬请求权。但若报酬是分期给付的,对于受托人义务不履行前已支付的报酬,受托人无须返还。

另外,报酬的种类、数额应依合同约定,若合同没有约定或约定不明的,报酬通常应以金钱支付,其数额若有国家强制规定的收费价目表的(例如律师代理刑事诉讼案件的收费标准),应按规定收费;没有规定的,按照习惯或委托事务的性质在合理范围内确定。报酬的支付日期,除当事人另有约定事先付报酬的外,非于委托关系终止及受托人明确报告始末后,受托人不得请求给付，因此，受托人不得以委托人未付报酬为由，就受委托事务的处理行使同时履行抗辩权。一般情况下，委托人支付报酬并不以受托人成功地处理受委托事务为要件，但若有特别约定的，应从其约定。

法条指引

❶《中华人民共和国合同法》（1999年10月1日施行）

第四百零五条 受托人完成委托事务的，委托人应当向其支付报酬。因不可归责于受托人的事由，委托合同解除或者委托事务不能完成的，委托人应当向受托人支付相应的报酬。当事人另有约定的，按照其约定。

❷《中华人民共和国律师法》（2007年10月28日修订）

第二十五条 律师承办业务，由律师事务所统一接受委托，与委托人签订书面委托合同，按照国家规定统一收取费用并如实入账。

律师事务所和律师应当依法纳税。

案例链接

❶《焦作市大信房地产经纪有限公司与侯占举等居间合同纠纷上诉案》，参见北大法宝引证码：Pkulaw.cn/CLI.C.253639。

❷《焦作市大信房地产经纪有限公司与郝岩松等居间合同纠纷上诉案》，参见北大法宝引证码：Pkulaw.cn/CLI.C.253642。

❸《洛阳市某某建筑安装工程有限公司与洛阳市某某混凝土有限公司买卖合同纠纷上诉案》，参见北大法宝引证码：Pkulaw.cn/CLI.C.281355。

【受托人因过失和越权产生的损害赔偿责任】

法律问题解读

受托人在委托人处理委托事务时，理应尽到必要的注意义务。受托人的注意义务，依委托合同为有偿或无偿不同。如果委托合同是有偿的，而且因受托人的过错给委托造成损失的，受托人应当承担损害赔偿责任。如果委托合同是无偿的，只有因受托人故意或者重大过失给委托人造成损失的，受托人才承担损害赔偿责任。这就是说，如果受托人只是轻微过失，因为受托处理事务又是无偿的，受托人就不承担损害赔偿责任。

受托人的越权行为，指受托人超越了依据我国《合同法》第397条、第399条所获得的对委托事务的处理权限的行为。在委托不产生代理的情况下，受托人的越权行为应是与委托事务有关但违背了委托人指示的行为，例如，受托清点货物，受托人擅自将货物中已霉烂部分销毁；若受托人的行为与委托事务无关，则应认为是受托人自己的行为。若受托人依据委托合同没有取得代理权，他以委托人名义作出的超越代理权的行为就是越权行为，而无论是否与委托事务有关。

如果受托人的越权行为在事后得到委托人追认，其行为有效，委托人就应对此承担责任。此外，若受托人对越权这一事实的发生并无过错，则不应由他承担责任。

值得注意的是，受托人的过错或越权行为应与委托人的损失有因果联系，受托人才承担相应的赔偿责任。如果造成损失的既有受托人的过错，又有不可抗力、意外事件等其他原因的，要区分各种原因与各部分损失的联系，正确认定受托人的责任。

法条指引

❶《中华人民共和国合同法》（1999年10月1日施行）

第三百九十七条 委托人可以特别委托受托人处理一项或者数项事务，也可以概括委托受托人处理一切事务。

第三百九十九条 受托人应当按照委托人的指示处理委托事务。需要变更委托人指示的，应当经委托人同意；因情况紧急，难以和委托人取得联系的，受托人应当妥善处理委托事务，但事后应当将该情况及时报告委托人。

第四百零六条 有偿的委托合同，因受托人的过错给委托人造成损失的，委托人可以要求赔偿损失。无偿的委托合同，因受托人的故意或者重大过失给委托人造成损失的，委托人可以要求赔偿损失。

受托人超越权限给委托人造成损失的，应当赔偿损失。

❷《中华人民共和国民法通则》（1987年1月1日施行）

第六十六条 没有代理权、超越代理权或者代理权终止后的行为，只有经过被代理人的追认，被代理人才承担民事责任。未经追认的行为，由行为人承担民事责任。本人知道他人以本人名义实施民事行为而不作否认表示的，视为同意。

代理人不履行职责而给被代理人造成损害的，应当承担民事责任。

代理人和第三人串通、损害被代理人的利益的，由代理人和第三人负连带责任。

第三人知道行为人没有代理权、超越代理权或者代理权已终止还与行为人实施民事行为给他人造成损害的，由第三人和行为人负连带责任。

❸《中华人民共和国律师法》（2007年10月28日修订）

第四十条 律师在执业活动中不得有下列行为：

（一）私自接受委托、收取费用，接受委托人的财物或者其他利益；

（二）利用提供法律服务的便利牟取当事人争议的权益；

（三）接受对方当事人的财物或者其他利益，与对方当事人或者第三人恶意串通，侵害委托人的权益；

（四）违反规定会见法官、检察官、仲裁员以及其他有关工作人员；

（五）向法官、检察官、仲裁员以及其他有关工作人员行贿，介绍贿赂或者指使、诱导当事人行贿，或者以其他不正当方式影响法官、检察官、仲裁员以及其他有关工作人员依法办理案件；

（六）故意提供虚假证据或者威胁、利诱他人提供虚假证据，妨碍对方当事人合法取得证据；

（七）煽动、教唆当事人采取扰乱公共秩序、危害公共安全等非法手段解决争议；

（八）扰乱法庭、仲裁庭秩序，干扰诉讼、仲裁活动的正常进行。

第四十八条 律师有下列行为之一的，由设区的市级或者直辖市的区人民政府司法行政部门给予警告，可以处一万元以下的罚款；有违法所得的，没收违法所得；情节严重的，给予停止执业三个月以上六个月以下的处罚：

（一）私自接受委托、收取费用，接受委托人财物或者其他利益的；

（二）接受委托后，无正当理由，拒绝辩护或者代理，不按时出庭参加诉讼或者仲裁的；

（三）利用提供法律服务的便利牟取当事人争议的权益的；

（四）泄露商业秘密或者个人隐私的。

❹《中华人民共和国注册会计师法》（1994年1月1日施行）

第四十二条 会计师事务所违反本法规定，给委托人、其他利害关系人造成损失的，应当依法承担赔偿责任。

案例链接

❶《郑州市惠济区老鸦陈街道办事处下坡杨村民委员会与杨根喜委托合同纠纷上诉案》，参见北大法宝引证码：Pkulaw. cn/CLI. C. 179612。

❷《孙呈伦与谭美凤侵权损害纠纷上诉案》，参见北大法宝引证码：Pkulaw. cn/CLI. C. 173611。

❸《梧州市水运公司与中国人民财产保险股份有限公司梧州市蝶山支公司等水路货物运输保险代位求偿纠纷上诉案》，参见北大法宝引证码：Pkulaw. cn/CLI. C. 89832。

【委托人的损失赔偿责任】

法律问题解读

委托人对于受托人在处理受托事务工作中因不可归责于受托人的事由造成损失的，应当承担赔偿损失的义务。

在实践中，需要注意的有以下几个问题：

1. （1）委托人应对自己的委托行为负责，如果是因为委托人指示不当或者其他过错致使受托人蒙受损失的，委托人应予赔偿。至于委托人对这种损失的产生是否有过错则在所不问。（2）即使委托人自身并没有过错，若受托人因不可归责于自己的事由受到损害时，受托人也有权请求委托人赔偿其所受损失。所谓"受托人处理委托事务时"受到的损失，是指只要损失的发生与委托事务的处理有因果联系，而无论是否在委托事务处理过程中发生，即使在处理完毕后才发生或显示结果，都应由委托人赔偿。

2. 在受托人所受损害系第三人的加害行为造成时，受托人也有权向第三人请求赔偿；但如果第三人并不明确，或者没有能力，或者没有过失而不应承担赔偿责任的，受托人只能请求委托人对其承担损害赔偿责任。委托人在向受托人承担赔偿责任后，如果有明确的应负赔偿责任的第三人，委托人有权请求受托人让与其对第三人的损害赔偿请求权。倘若受托人的损害并非由于他人的行为所致，也非因可归责于受托人的事由，则只能由委托方承担赔偿责任。

3. 在委托合同中的受托人为两人及两人以上时，如合同中无特别约定，各受托人应对委托人承担连带责任，若受托人为两人以上时，各受托人对受托人完成委托事务的行为后果承担连带责任。

另外，若受托人因第三人的原因受到损失，则可以出现既可以向第三人要求赔偿，又可以向委托人要求赔偿的情况。例如，受托人为了处理委托事务而外出途中被盗的，受托人既可向盗窃者求偿，又可向委托人求偿。于此情形，受托人可以选择向其中任何一人求偿，委托人不得以受托人未向盗窃者求偿为由拒绝赔偿。但是，受托人从其中一人受偿后，即丧失向另一个债务人的求偿权。若从委托人处受偿，受托人向第三人的求偿权应转归委托人所有。

法条指引

❶《中华人民共和国合同法》（1999年10月1日施行）

第四百零七条 受托人处理委托事务时，因不可归责于自己的事由受到损失的，可以向委托人要求赔偿损失。

案例链接

❶《喻先中与北京京铁工业物资公司京铁亿通货运代理服务中心委托合同纠纷上诉案》，参见北大法宝引证码：Pkulaw.cn/CLI.C.218574。

❷《冯连军诉北京锐奇润滑油有限公司等居间合同纠纷案》，参见北大法宝引证码：Pkulaw.cn/CLI.C.217940。

❸《中国石油天然气股份有限公司重庆销售分公司万州巫山经营部与重庆恒申达会计师事务所有限责任公司财会服务合同纠纷上诉案》，参见北大法宝引证码：Pkulaw.cn/CLI.C.80877。

【重复委托】

法律问题解读

重复委托，是指将同一委托事务先后以两个委托合同委托给两个受托人。据上所述，委托人要把委托事务再委托他人处理，需要征得原受托人的同意。若原受托人不同意的，重复委托应认定为无效。

在实践中值得注意的是：由委托人所委托的、经受托人同意的第三人，在处理委托事务时，给受托人带来损失的，如报酬减少，受托人可以向委托人请求赔偿损失。委托人此时所负责任亦属于委托人对因不可归责于受托人自己的事由而致受托人受损时所负的责任，受托人也是基于因不可归责于自己的事由受损而可向委托人行使的赔偿请求权，要求委托人承担损害赔偿责任。

重复委托必须是将同一事务的处理委托给不同的人，若只是将同一类性质的事务委托给不同的人则不构成重复委托。例如，甲委托乙作市场调查，又委托丙作同类的市场调查，乙、丙所做的市场调查虽然性质相同，但其实质却是各个分离的独立的事务。

法条指引

❶《中华人民共和国合同法》（1999年10月1日施行）

第四百零八条 委托人经受托人同意，可以在受托人之外委托第三人处理委托事务。因此给受托人造成损失的，受托人可以向委托人要求赔偿损失。

案例链接

❶《西门子楼宇科技（香港/中国）有限公司诉江西洪都消防工程有限公司等委托合同纠纷案》，参见北大法宝引证码：Pkulaw.cn/CLI.C.5546。

❷《江苏太阳雨太阳能公司诉徐希彬侵犯专利权纠纷案》，参见北大法宝引证码：Pkulaw.cn/CLI.C.124270。

❸《三亚华宇旅业有限公司与上海宝临电器成套制造有限公司买卖合同纠纷上诉案》，参见北大法宝引证码：Pkulaw.cn/CLI.C.158282。

【共同受托】

法律问题解读

共同受托是指委托人委托两个或者两个以上的受托人共同行使代理权处理事务。但是，如果委托人为两个或者两个以上的数人时，而受托人只有一个人时，则不是共同受托。共同受托中的受托人对委托人负连带责任。

在实践中，需要注意的有以下几个问题：

1. 共同受托的代理权必须是由数个受托人共同行使的。所谓共同行使，是指数个受托人享有共同的权利义务，即平等享有、共同享有的代理权，处理事务时只有经过全体受托人的共同同意，才能行使代理权。它与重复委托的区别在于重复委托是将同一委托事务通过两个以上委托合同委托给两个以上的受托人，存在着多个委托关系；而共同受托是将同一委托事务在一个委托合同中委托给两个以上的受托人，这里只存在着一个委托关系，不过委托关系的一方为复数主体。

共同受托人对委托事务的处理权未做分割时，应视为享有平等的处理权，如果发生争执，应协商解决。

2. 如果共同受托人中的一个受托人或者数个受托人没有经过协商而擅自单独行使代理权的，由此造成的损失，仍然承担连带责任。如果共同受托中的一个受托人与其他受托人协商后或者数个受托人共同协商后，单独或者共同实施的委托行为，其实施的委托行为应该被认为是全体受托人的共同行为，由此而造成损失的，所有受托人依法应当对委托合同的履行承担连带责任。

在此，共同受托人内部无论是否划分对委托事务的管理权限，对外都应承担连带责任。但是，这并不妨碍彼此之间行使追偿权。

法条指引

❶《中华人民共和国合同法》（1999年10月1日施行）

第四百零九条　两个以上的受托人共同处理委托事务的，对委托人承担连带责任。

案例链接

❶《朱明宏诉杨好等委托合同纠纷案》，参见北大法宝引证码：Pkulaw.cn/CLI.C.173842。

❷《苏新奎诉刘树标、刘章云委托合同赔偿纠纷案》，参见北大法宝引证码：Pkulaw.cn/CLI.C.47562。

【委托人和受托人的合同解除权】

法律问题解读

委托合同以当事人之间的信任关系为基础的，而信任关系属于主观信念的范畴，具有主观任意性，没有确定的规格和限制。如果当事人在信任问题上产生疑问或者动摇，即使强行维持双方之间的委托关系，也势必会影响委托合同订立目的的实现。因此我国《合同法》规定，委托人或者受托人可以随时解除委托合同。

在实践中，需要注意的有以下几个问题：

1. 当事人合同解除权的行使，应以明示的方法通知他方，该通知自到达对方当事人时生效。合同当事人的一方有数人的，该项意思表示应由其全体或向其全体作出。同时，解除合同的通知一旦生效后便不可撤销。

2. 在委托人或受托人一方为数人的情况下，数人中的部分人解除合同，其解除的效力是否及于其他人？应区分不同情况判断：若委托事务依其性质是不可分割的，部分人的解除对其他人也应有效。在委托事务可分割执行的场合，各当事人解除合同的行为独立地发生效力，其他当事人之间的委托关系继续存在，不受影响。

3. 委托合同的任意解除权是否可由双方当事人通过特别约定加以限制或者排除？虽无明文规定，通常从尊重当事人意思自治的角度出发，对此应作肯定的回答。不过当事人依据《合同法》第95条到第102条的规定解除合同的权利仍然存在。此外，若在委托事务的处理过程中发生当初未曾料到的情事变更，使得对任意解除权的限制或排除条款显失公平的，这样的约定是可撤销的。在委托事务已经处理完毕的情况下，任何一方不得再行使解除权。

4. 当事人一方在不利于另一方当事人的情形下终止委托合同时，应对因此而给双方当事人造成的损失承担赔偿责任。因解除委托合同给对方造成损失的，除不可归责于该当事人的事由以外，应当赔偿损失。"不可归责于该当事人的事由"，是指不可归责于解除合同一方当事人的事由，即只要解除合同一方对合同的解除没有过错，就不对对方当事人的损失负责，而无论合同的解除是否应归咎于对方当事人或第三人或外在的不可抗力。

另外值得注意的是，即使合同的解除方没有说明任何正当理由而解除合同，只要不存在可归责于该方当事人的事由，就不对对方的损失负责。因为委托合同的解除权是任意解除权，并不以具备正当理由为行使要件。

法条指引

❶《中华人民共和国合同法》（1999年10月1日施行）

第四百一十条　委托人或者受托人可以随时解除委托合同。因解除合同给对方造成损失的，除不可归责于该当事人的事由以外，应当赔偿损失。

案例链接

❶《北京亚豪房地产经纪有限公司第五分公司与北京八大处房地产开发有限公司委托合同纠

纷上诉案》，参见北大法宝引证码：Pkulaw. cn/CLI. C. 174493。

❷《深圳某某酒店有限公司与廖某某委托代缴税款纠纷上诉案》，参见北大法宝引证码：Pkulaw. cn/CLI. C. 268256。

❸《深圳某某酒店有限公司与吕某某等委托代缴税款纠纷上诉案》，参见北大法宝引证码：Pkulaw. cn/CLI. C. 268246。

【委托合同的法定终止要件】

法律问题解读

委托合同的成立，是以双方信任为基础，为人格专属的法律关系，如果当事人一方死亡、丧失民事行为能力或者破产，其继承人、法定代理人与合同的另一方当事人能否取得相互信任还是未知数，为了避免不必要的纠纷出现，法律规定在这些情况下，委托合同可以终止。

（1）一方或双方当事人死亡，委托合同当然终止。在这里，不论委托人死亡还是受托人死亡，或者两者同时死亡，委托合同都归于消灭。这主要是因为委托合同是以双方当事人之间的相互信任为基础的，不存在当事人死亡之后的继承问题。（2）一方或双方丧失民事行为能力的，委托合同当然终止。如果委托人丧失民事行为能力，因事务应归其法定代理人处理或者由其法定代理人另行或者重新委托，原委托关系终止；如果受托人丧失民事行为能力，因其本身的事务尚需由其法定代理人代为处理，也就谈不上再给他人处理事务的能力，委托合同也应终止。（3）若当事人是企业的，则该当事人破产，委托合同当然终止。已破产的企业因其信用丧失，无法保证合同的继续履行。

不过，这三种情况非强行性规定，也可以有例外：（1）双方当事人另有约定的。当事人可以另行约定，即使有死亡、破产及丧失行为能力的情况发生，委托关系仍不消灭，有此约定的，当然依照其约定。（2）某些情况下，即使当事人一方或双方死亡、破产或丧失行为能力，但依委托事务的性质不宜终止合同的。

另外值得注意的是，因当事人一方死亡、破产或丧失行为能力而使委托合同终止的，其终止的时点应自另一方当事人得知或应当得知对方死亡、破产或丧失行为能力时起算。因为在这一时点之前，当事人不知道也不应当知道对方死亡、破产或丧失行为能力的事实，仍然本着原来的认识继续履行合同义务，因此此时终止合同，必然使其遭受不合理的损失。

法条指引

❶《中华人民共和国合同法》（1999 年 10 月 1 日施行）

第四百一十一条 委托人或者受托人死亡、丧失民事行为能力或者破产的，委托合同终止，但当事人另有约定或者根据委托事务的性质不宜终止的除外。

第四百一十二条 因委托人死亡、丧失民事行为能力或者破产，致使委托合同终止将损害委托人利益的，在委托人的继承人、法定代理人或者清算组织承受委托事务之前，受托人应当继续处理委托事务。

❷《中华人民共和国民法通则》（1987 年 1 月 1 日施行）

第六十三条 公民、法人可以通过代理人实施民事法律行为。

代理人在代理权限内，以被代理人的名义实施民事法律行为。被代理人对代理人的代理行为，承担民事责任。

依照法律规定或者按照双方当事人约定，应当由本人实施的民事法律行为，不得代理。

第七十条 有下列情形之一的，法定代理或者指定代理终止：

（一）被代理人取得或者恢复民事行为能力；
（二）被代理人或者代理人死亡；
（三）代理人丧失民事行为能力；
（四）指定代理的人民法院或者指定单位取消指定；
（五）由其他原因引起的被代理人和代理人之间的监护关系消失。

案例链接

❶《史庆康与中国平安人寿保险股份有限公司北京分公司保险代理合同纠纷上诉案》，参见北大法宝引证码：Pkulaw. cn/CLI. C. 178263。

【受托人的继续处理义务】

法律问题解读

在委托人死亡、破产或丧失民事行为能力的情况下，受托人负有继续处理的义务。在实践中，需要注意的有以下几个问题：

1. 受托人负有继续处理委托事务的义务的前提。即在因委托人死亡、丧失民事行为能力或者破产，致使委托合同终止将损害委托人利益的，在委托人的继承人、法定代理人或者清算组织承受委托事务之前，受托人应当继续处理委托事务。如果是因为双方当事人行使解除权而使委托合同终止的，受托人无此义务。

2. 受托人履行继续处理义务的期限。受托人应当继续处理委托事务，直至委托人的继承人、法定代理人或者清算组织承受委托事务时止。但若由于委托人的继承人、法定代理人或者清算组织的过失迟延承受委托事务的，受托人在应当由委托人的继承人、法定代理人或者清算组织承受委托事务时，终止其承担的继续处理义务。

3. 受托人继续处理义务的性质。受托人的继续处理义务属于原委托合同义务的继续。因此受托人就对委托事务的继续处理有权要求支付报酬，委托人的继承人或法定代理人也享有依据原委托合同要求委托人报告和转移财产的权利，受托人也应承担我国《合同法》第406条规定的注意义务。

另外，如果受托人死亡、破产或丧失民事行为能力，受托人的继承人、法定代理人或者清算组织应当及时通知委托人。因委托合同终止将损害委托人利益的、在委托人作出善后处理之前，受托人的继承人、法定代理人或者清算组织应当采取必要措施。值得注意的是，此时受托人的继承人、法定代理人或清算组织的义务不是原委托合同义务的继续，所以不必继续处理委托事务。

法条指引

❶《中华人民共和国合同法》（1999年10月1日施行）

第四百零六条 有偿的委托合同，因受托人的过错给委托人造成损失的，委托人可以要求赔偿损失。无偿的委托合同，因受托人的故意或者重大过失给委托人造成损失的，委托人可以要求赔偿损失。

受托人超越权限给委托人造成损失的，应当赔偿损失。

第四百一十二条 因委托人死亡、丧失民事行为能力或者破产，致使委托合同终止将损害委托人利益的，在委托人的继承人、法定代理人或者清算组织承受委托事务之前，受托人应当继续处理委托事务。

第四百一十三条 因受托人死亡、丧失民事行为能力或者破产，致使委托合同终止的，受托人的继承人、法定代理人或者清算组织应当及时通知委托人。因委托合同终止将损害委托人利益的，在委托人作出善后处理之前，受托人的继承人、法定代理人或者清算组织应当采取必要措施。

❷《中华人民共和国民法通则》（1987年1月1日施行）

第六十三条 公民、法人可以通过代理人实施民事法律行为。

代理人在代理权限内，以被代理人的名义实施民事法律行为。被代理人对代理人的代理行为，承担民事责任。

依照法律规定或者按照双方当事人约定，应当由本人实施的民事法律行为，不得代理。

第七十条 有下列情形之一的，法定代理或者指定代理终止：

（一）被代理人取得或者恢复民事行为能力；

（二）被代理人或者代理人死亡；

（三）代理人丧失民事行为能力；

（四）指定代理的人民法院或者指定单位取消指定；

（五）由其他原因引起的被代理人和代理人之间的监护关系消失。

第二十三章 行纪合同

● 本章为读者提供与以下题目有关的法律问题的解读及相关法律文献依据

行纪合同（557） 行纪合同与其他合同的区别（558） 行纪人的费用负担义务（559） 行纪人对委托物的保管义务（559） 行纪人对委托物的处置义务（560） 行纪人遵从委托人指示的义务（561） 行纪人的介入权（561） 行纪人的提存权（562） 行纪人与第三人之间的关系（563） 行纪人的报酬请求权和对委托物的留置权（563） 行纪合同的法律适用（564）

【行纪合同】

法律问题解读

行纪合同，又称信托合同，是指一方根据他人的委托，以自己的名义为他方从事贸易活动，并收取报酬的合同。其中以自己名义为他方办理业务的，为行纪人；由行纪人为之办理业务，并支付报酬的，为委托人。

行纪合同具有如下法律特征：

1. 行纪合同主体的限定性。行纪人只能是经批准经营行纪业务的自然人、法人或其他组织。

2. 行纪人以自己的名义为委托人办理业务。行纪人在为委托人办理业务时，须以自己的名义。行纪人在与第三人实施法律行为时，自己即为权利义务主体，由法律行为所产生的权利义务均由行纪人自己享有或承担。第三人也不须知道委托人为何人，即使委托人有误解、被欺诈、被胁迫等事由，也不能成为其行为得撤销或者无效的原因。

3. 行纪人为委托人的利益办理业务。行纪合同的行纪人虽与第三人直接发生法律关系，但因该关系所生的权利义务最终应归于委托人承受，因此，在行纪人与第三人为法律行为时，应充分考虑到委托人的利益，并将其结果归属于委托人。行纪人为委托人所购、售的物品或委托人交给行纪人的价款或行纪人出卖所得价金，虽在行纪人的支配之下，但其所有权归委托人。这些财产若非因行纪人原因而发生毁损、灭失的，风险也由委托人承担。

4. 行纪合同的标的是行纪人为委托人进行一定法律行为。行纪合同是由行纪人为委托人服务的，但是行纪人所提供的服务不是一般的劳务，而是须与第三人为法律行为。该法律行为的实施才是委托人与行纪人订立行纪合同的目的所在，该法律行为乃是行纪合同的标的。

5. 行纪合同是双务、有偿合同、诺成合同和不要式合同。

法条指引

❶《中华人民共和国合同法》（1999年10月1日施行）

第四百一十四条 行纪合同是行纪人以自己的名义为委托人从事贸易活动，委托人支付报酬的合同。

❷《中华人民共和国信托法》（2001年10月1日施行）

第二条 本法所称信托，是指委托人基于对受托人的信任，将其财产权委托给受托人，由受托人按委托人的意愿以自己的名义，为受益人的利益或者特定目的，进行管理或者处分的行为。

❸《中华人民共和国对外贸易法》（2004年7月1日施行）

第十二条 对外贸易经营者可以接受他人的委托，在经营范围内代为办理对外贸易业务。

❹《营业性演出管理条例》（2008年7月22日修订）

第十三条 文艺表演团体、个体演员可以自行举办营业性演出，也可以参加营业性组台演出。

营业性组台演出应当由演出经纪机构举办；但是，演出场所经营单位可以在本单位经营的场所内举办营业性组台演出。

演出经纪机构可以从事营业性演出的居间、代理、行纪活动；个体演出经纪人只能从事营业性演出的居间、代理活动。

第十五条第一款 除演出经纪机构外，其他任何单位或者个人不得举办外国的或者香港特别行政区、澳门特别行政区、台湾地区的文艺表演团体、个人参加的营业性演出。但是，文艺表演团体自行举办营业性演出，可以邀请外国的或者香港特别行政区、澳门特别行政区、台湾地区的文艺表演团体、个人参加。

第三十条 营业性文艺表演团体或者演出经纪机构举办营业性演出的，应当与演出场所签订演出合同，参加组台演出的单位和个人应当与演出经纪机构签订演出合同。演出合同应当载明下列事项：

（一）演出时间和场次；
（二）演出地点；
（三）主要演员和节目内容；
（四）演出票务安排；
（五）演出收支结算方式；
（六）其他需要载明的事项。

❺《城市房地产中介服务管理规定》（2001年8月15日修正）（略）

案例链接

❶《周汉龙诉刘德杰行纪合同纠纷案》，参见北大法宝引证码：Pkulaw.cn/CLI.C.236678。

❷《北京市扬帆房地产经纪有限公司诉北京东方华宸建筑工程有限公司行纪合同纠纷案》，参见北大法宝引证码：Pkulaw.cn/CLI.C.209261。

❸《兰州波斯食品加工有限公司与北京市鑫通达食品有限公司行纪合同纠纷上诉案》，参见北大法宝引证码：Pkulaw.cn/CLI.C.184538。

学者观点

❶ 徐海燕：《论证券公司在从事经纪业务时与投资者之间的代理关系》，参见北大法宝引证码：Pkulaw.cn/CLI.A.1117960。

❷ 衣淑玲：《论入世后我国外贸代理制度的发展与完善》，参见北大法宝引证码：Pkulaw.cn/CLI.A.184232。

【行纪合同与其他合同的区别】

法律问题解读

要理解行纪合同的定义与法律特征，重要的一点是分清行纪合同与其他合同的界限：

1. 行纪合同和委托合同有相同点：（1）以提供劳务为合同的标的；（2）以当事人双方的信任为基础；（3）以处理一定事务为目的。

两者的区别在于：（1）适用范围不同。行纪适用范围窄，仅限于代销等贸易行为；而委托合同的适用范围宽。（2）行纪合同的受托人只能以自己的名义处理委托事务；委托合同的受托人处理事务既可以用委托人名义，也可以用自己的名义。（3）行纪人一般是专门从事贸易活动，其开业和经营需要经过国家有关部门的审查、登记；而委托合同的当事人不必是专门从事贸易活动的，可以是公民，也可以是法人。（4）行纪合同是有偿合同；而委托合同既可以有偿也可以无偿。

2. 行纪合同与承揽合同。行纪合同和承揽合同均属于一方当事人为另一方当事人处理一定事务或完成一定工作的合同。两者主要区别在于：在承揽合同中，承揽人只是完成一定工作并交付成果，承揽人完成一定工作的行为的性质是事实行为而不属于法律行为；而在行纪合同中，行纪行为则属于民事法律行为，并且是动产和有价证券买卖等商务活动。

3. 行纪合同与代理行为。行纪合同与代理都可发生三方当事人之间的关系，并且都是为他人的行为，这是两者的相似之处。

两者主要区别在于：在行纪合同中，行纪人以自己的名义活动，其与第三人订立的合同，直接对自己发生效力，委托人并没有直接权利义务关系。而在代理中，代理人系以被代理人的名义活动，其与第三人订立的合同，由被代理人直接承受权利义务关系，代理人不能直接承受。

法条指引

❶《中华人民共和国合同法》（1999年10月1日施行）

第四百一十四条 行纪合同是行纪人以自己的名义为委托人从事贸易活动，委托人支付报酬的合同。

第二百五十一条 承揽合同是承揽人按照定作人的要求完成工作，交付工作成果，定作人给付报酬的合同。

承揽包括加工、定作、修理、复制、测试、检验等工作。

第三百九十六条 委托合同是委托人和受托人约定，由受托人处理委托人事务的合同。

❷《中华人民共和国民法通则》（1987年1月1日施行）

第六十三条 公民、法人可以通过代理人实施民事法律行为。

代理人在代理权限内，以被代理人的名义实施民事法律行为。被代理人对代理人的代理行为，承担民事责任。

依照法律规定或者按照双方当事人约定，应当由本人实施的民事法律行为，不得代理。

【行纪人的费用负担义务】

法律问题解读

行纪费用，是指行纪人在处理委托事务时所支出的费用。在我国行纪费用以行纪人负担为原则，但当事人另有约定的为例外。我国之所以规定以行纪人负担行纪费用的原则，是因为在行纪实践中，双方多把费用包含于报酬之内，因而不单独计算行纪费用。若需支出费用，由行纪人负担，这可能促使行纪人为自己的经济利益而小心支出，以最少的投入达到与第三人交易的目的。

行纪人处理委托事务支出的费用，不仅包括行纪人向第三人实际支付或应支付的费用，例如，购货款、场地租金等，也包括行纪人利用自有的保管和运输设备对委托物加以保管，运送时对物的消耗。不仅包括必要的费用，而且有益的费用亦属之，例如保险费、电话费、自动拍卖费等。不论结果如何，只要支出时对委托事务确实必要或有益即可。但是，须特为委托事务的处理所支出的金钱或为物的消耗，方能计入行纪活动的费用中，若在委托事务的处理中，仅为维持行纪人的营业机构的日常运行而支出的费用，不能计入其中，例如雇员的工资开支。

行纪活动的费用由行纪人负担，这仅是一般的情况，并非强行性规定，若双方当事人特别约定，则可减轻或完全转移行纪人对费用的负担义务。例如，双方可约定，费用由委托人负担，或由双方平摊。于此情形，通常会相应的减少行纪人报酬的数额。若费用全部或部分由委托人负担，则行纪人对委托人享有费用预付请求权或在自己垫付费用的情况下享有费用偿还请求权，其权利与委托合同中受托人的费用预付或偿还请求权相同。

法条指引

❶《中华人民共和国合同法》（1999年10月1日施行）

第四百一十五条 行纪人处理委托事务支出的费用，由行纪人负担，但当事人另有约定的除外。

❷《中华人民共和国信托法》（2001年10月1日施行）

第三十七条 受托人因处理信托事务所支出的费用、对第三人所负债务，以信托财产承担。受托人以其固有财产先行支付的，对信托财产享有优先受偿的权利。

受托人违背管理职责或者处理信托事务不当对第三人所负债务或者自己所受到的损失，以其固有财产承担。

案例链接

❶《王童丽诉顺驰置业武汉有限公司等行纪合同纠纷案》，参见北大法宝引证码：Pkulaw.cn/CLI.C.284204。

❷《上海汽贸旧机动车经纪有限公司与上海惠天商贸发展有限公司杭州分公司行纪合同纠纷上诉案》，参见北大法宝引证码：Pkulaw.cn/CLI.C.181978。

❸《王梦蛟与叶桂花、叶月华代销合同案》，参见北大法宝引证码：Pkulaw.cn/CLI.C.86787。

【行纪人对委托物的保管义务】

法律问题解读

行纪人占有委托物的，应当妥善保管委托物。委托物是指行纪人为处理委托事务而收取的动产。金钱和有价证券不包括在内。它既包括行纪人从委托人处收取的用于交易的物，又包括为委托人的利益从第三人处买入的物。

在实践中，需要注意以下几个问题：

1. 行纪人承担保管义务的前提，是委托物已转移由行纪人占有。若委托人仅有交付的意思，但并未将委托物交由行纪人实际控制，或委托物虽处于行纪人实际管领和控制之下，但并未经过交付，行纪人不承担保管义务。

2. 行纪人应妥善保管委托物。行纪合同为有偿合同，因而行纪人对委托物的保管应尽善良管理人的注意。总的来说，行纪人的保管义务，在内容上等同于保管合同中保管人的义务，可比照适用有关保管合同的规定。

3. 行纪人承担保管义务。除非委托人另有指示，行纪人并无为保管的物品办理保险的义务。若委托人并未作投保的指示，但行纪人自动投保的，委托人因此而受益的，则适用关于无因管理的规定，由委托人偿还行纪人投保所支出的费用。若委托人已指示行纪人为保管物品办理保险，行纪人却未予保险时，则属于违反委托人的指示，行纪人应对此种情况下的保管物的毁损、灭失负损害赔偿责任。

另外，因为可归责于行纪人的事由致使所保管的委托物毁损或灭失的，行纪人应负赔偿责任。但行纪人的保管义务并非与委托人的报酬义务构成对价关系，因此除非委托物的毁损灭失导致行纪事务无法完成，否则行纪人不能仅仅因为未妥善履行保管义务而丧失报酬请求权。若委托物因不可归责于当事人的事由而毁损灭失的，此种损失为风险损失，应由委托物的所有权人即委托人承担，而行纪人不负责任。

法条指引

❶《中华人民共和国合同法》（1999年10月1日施行）

第四百一十六条 行纪人占有委托物的，应当妥善保管委托物。

❷《中华人民共和国信托法》（2001年10月1日施行）

第二十五条 受托人应当遵守信托文件的规定，为受益人的最大利益处理信托事务。

受托人管理信托财产，必须恪尽职守，履行诚实、信用、谨慎、有效管理的义务。

案例链接

❶《澳皮王（天津）皮业有限公司诉上海创炎商贸有限公司行纪合同纠纷案》，参见北大法宝引证码：Pkulaw.cn/CLI.C.151736。

❷《烟台金建物业管理服务有限公司诉中国人民银行关闭中国新技术创业投资公司清算组返还证券交易保证金纠纷案》，参见北大法宝引证码：Pkulaw.cn/CLI.C.24091。

❸《贾铁英诉中国银河证券有限责任公司北京安外证券营业部证券交易代理合同案》，参见北大法宝引证码：Pkulaw.cn/CLI.C.45571。

【行纪人对委托物的处置义务】

法律问题解读

委托人委托行纪人出卖的物品，交付给行纪人时有瑕疵或者易于腐烂、变质的，行纪人为了委托人的利益，负有处置委托物的义务。所谓委托物有瑕疵，是指若不及时妥当地处置，委托物就有可能毁坏或灭失。依德国商法及瑞士债务法的规定，行纪人此时应对委托物做如下处置：

1. 保全对于运送人的权利。在委托物运送人对物的瑕疵负有责任时，行纪人应保全对委托物运送人的损害赔偿请求权。

2. 保全对于瑕疵的证据。

3. 保管有瑕疵的物品。行纪人仍应尽善良管理人的注意，保管该有瑕疵的委托物品。

4. 无迟延地通知委托人。行纪人发现委托物有瑕疵时，应毫不迟延地将委托物的瑕疵状况及有关情况报告给委托人，并请委托人及时作出指示。

5. 将容易腐烂的物品，如水果、食物等，在一定条件下予以拍卖。拍卖时应按照市场价格进行。

6. 在不能及时将委托物的瑕疵及易腐、变质状况告知委托人，行纪人可以合理处分。所谓行纪人的合理处分，是指行纪人应依诚实信用原则，按照符合交易习惯的方式，将委托物品依其不同性质分别采取各种处分方式，如出卖、保管、拍卖等。

我国《合同法》对处分的方式并未规定具体内容。在实践中可参照上述德国、瑞士等国外的规定，作出解释。行纪人违反对委托物的合理处分义务的，应承担违约责任，并赔偿给委托人造成的损害。

法条指引

❶《中华人民共和国合同法》（1999年10月1日施行）

第四百一十七条 委托物交付给行纪人时有瑕疵或者容易腐烂、变质的，经委托人同意，行纪人可以处分该物；和委托人不能及时取得联系的，行纪人可以合理处分。

❷《中华人民共和国信托法》（2001年10月

1 日施行）

第二十五条　受托人应当遵守信托文件的规定，为受益人的最大利益处理信托事务。

受托人管理信托财产，必须恪尽职守，履行诚实、信用、谨慎、有效管理的义务。

案例链接

❶《王童丽诉顺驰置业武汉有限公司等行纪合同纠纷案》，参见北大法宝引证码：Pkulaw.cn/CLI.C.284204。

❷《重庆北碚玻璃仪器总厂与云南福光经贸有限公司委托合同代理纠纷上诉案》，参见北大法宝引证码：Pkulaw.cn/CLI.C.120267。

❸《上海浦东新区今崧电力服务中心诉上海化建实业有限公司、华夏证券有限公司上海分公司大木桥路证券营业部、华夏证券股份有限公司等委托合同纠纷案》，参见北大法宝引证码：Pkulaw.cn/CLI.C.72035。

【行纪人遵从委托人指示的义务】

法律问题解读

行纪人对委托人的买卖价格指示有忠实义务，应遵照委托人的指示进行交易。在实践中，需要注意的有以下几个问题：

1. 行纪人以低于指示价格卖出或者以高于指示价格买入。行情不利于委托人时，行纪人为了避免损失进一步扩大，以违背委托人的指示从事行纪活动的，应当及时取得委托人的同意。若委托人事先同意的，即使其事后翻悔，仍须承受该项交易的效果。若委托人并未事先同意，但事后追认的，其效果等同于事先同意。

2. 在没有征得委托人同意的情况下，行纪人擅自做主变更指示而作为的，对于违背委托人利益而带来的后果，委托人有权拒绝接受对其不利的行纪行为，并有权要求行纪人赔偿损失。但是行纪人把损失的差额部分补足时，应认为行纪人的行为对于委托人发生法律效力，委托人不得以违反指示为由拒绝接受。行纪人补偿其差额，仅需表示承担补偿的意思即可使该买卖对委托人生效，无须以实际上已做出补偿为必要。但是从学理上推断，行纪人违背指示进行交易的违约责任并未就此免除，在此情况下，行纪人仍应赔偿委托人的损失。

3. 当行纪人以高于委托人的指示卖出或者以低于指定价格买入，使委托人增加了收入或者节约了开支，其增加的利益（高价卖出多出的价款或低价买入结余的价款），应当归属于委托人，但行纪人可以要求增加报酬。如果行纪合同没有约定报酬的增加额或者约定不清楚的，按照《合同法》第 61 条的规定首先协议补充；如果还不能达成补充协议的，按照合同有关条款或者商业交易的习惯确定。在这里不能理解为双方当事人可以约定改变该利益的归属。

另外，委托人对价格有特别指示的，行纪人不得违背该指示卖出或者买入。但若确有需变更价格的情形，行纪人可通知委托人，由委托人视情形变更指示即可。

法条指引

❶《中华人民共和国合同法》（1999 年 10 月 1 日施行）

第六十一条　合同生效后，当事人就质量、价款或者报酬、履行地点等内容没有约定或者约定不明确的，可以协议补充；不能达成补充协议的，按照合同有关条款或者交易习惯确定。

第四百一十八条　行纪人低于委托人指定的价格卖出或者高于委托人指定的价格买入的，应当经委托人同意。未经委托人同意，行纪人补偿其差额的，该买卖对委托人发生效力。

行纪人高于委托人指定的价格卖出或者低于委托人指定的价格买入的，可以按照约定增加报酬。没有约定或者约定不明确，依照本法第六十一条的规定仍不能确定的，该利益属于委托人。

委托人对价格有特别指示的，行纪人不得违背该指示卖出或者买入。

【行纪人的介入权】

法律问题解读

行纪人接受委托买卖有市场定价的证券或其他商品时，除委托人有相反的意思表示的以外，行纪人自己可以作为出卖人或买受人，此项权利称为行纪人的介入权，或称行纪人的自约权。

行纪人行使介入权的要件，又称介入要件，包括积极要件和消极要件。积极要件指所受委托的物品须为有市场定价的有价证券或其他商品；消极要件包括：委托人未作出反对行纪人介入的意思表示，行纪人尚未对委托事务作出处理、行纪合同有效存在。

在实践中，需要注意的有以下几个问题：

1. 物品的市场定价，是指该物在交易所买卖的，以交易所的交易价格为市场定价。无交易所价格的，市场上的市价为市场定价。行纪人介入时物的市场定价以行纪人营业所所在地的交易所价格或市场市价为市场定价。

2. 如果委托人在行纪合同中与受托人约定行纪人不得介入买卖，或者委托人在行纪人介入买卖之前下达禁止行纪人介入的指示，行纪人不得以自己名义与委托人为买卖行为。否则即为违约。

3. 如果行纪人已经按委托人的要求，将委托物卖出或买进，行纪人对于第三人所产生的权利义务，自然应归属于委托人。此时，行纪人已无介入的余地。

4. 如果委托人已将委托事务撤回，而且该撤回通知在行纪人为买卖行为之前已经送达行纪人，则行纪人不得再为介入。行纪合同因其他事由，如委托人破产、丧失行为能力、死亡等，而终止的，行纪人亦不能再行使介入权。

另外，行纪人行使介入权之后，仍有报酬请求权。委托人应按合同约定付给行纪人报酬。当然，报酬的给付实践应在买卖实行之后，也即由行纪人所介入的买卖的实行是委托人给付报酬的前提。因委托人方面的原因而使买卖合同不能履行的除外。行纪人介入后，此时其依行纪合同负担的义务并不因此减弱或免除，若未履行这些义务，仍应承担违约责任。

法条指引

❶《中华人民共和国合同法》（1999年10月1日施行）

第四百一十九条　行纪人卖出或者买入具有市场定价的商品，除委托人有相反的意思表示的以外，行纪人自己可以作为买受人或者出卖人。

行纪人有前款规定情形的，仍然可以要求委托人支付报酬。

案例链接

❶《李娅华诉深圳证券交易所等证券权益案》，参见北大法宝引证码：Pkulaw. cn/CLI. C. 49549。

【行纪人的提存权】

法律问题解读

行纪人对委托物的提存权，包括买入委托物的提存和卖出委托物的提存两种情形。在实践中，需要注意的有以下几个问题：

1. 委托人无正当理由拒绝受领买入商品时，行纪人有提存权。行纪人按照委托人的指示和要求为其购买的买入物，委托人应当及时受领，并支付报酬，从而终止委托合同。行纪人行使提存权的条件是：（1）行纪人应当催告委托人在一定期限内受领；（2）委托人无正当理由逾期仍拒绝受领买入物的；（3）行纪人应当按照我国《合同法》第101条关于提存的规定行使提存权。

2. 委托人不处分、不取回不能出卖的委托物时，行纪人可行使提存权。委托行纪人出卖的委托物，如果不能卖出或者委托人撤回出卖委托物时，行纪人应当通知委托人取回，行纪人虽然可以暂时代为保管，但行纪人没有继续保管委托物的义务。经过行纪人的催告，在合理期限内，委托人逾期仍不取回或者不处分委托物的，行纪人可以行使提存权。

3. 行纪人享有拍卖权。拍卖权是指委托人无故拒绝受领或者不取回出卖物时，法律赋予行纪人依照法定程序将委托物予以拍卖的权利，并可以优先受偿，即就拍卖后的价款中扣除委托人应付的报酬、偿付的费用以及损害赔偿金等，如果还有剩余，行纪人应当交给有关部门提存。

4. 行纪人提存委托物的效力，适用《民法通则》关于提存的规定，即视为行纪人已履行委托物的交付义务，因提存所支出的费用，应当由委托人承担。提存期间，委托物的孳息归委托人所有，风险责任亦由委托人承担。

法条指引

❶《中华人民共和国合同法》（1999年10月1日施行）

第一百零一条　【提存的要件】有下列情形之一，难以履行债务的，债务人可以将标的物提存：

（一）债权人无正当理由拒绝受领的；

（二）债权人下落不明；

（三）债权人死亡未确定继承人或者丧失民事行为能力未确定监护人；

(四)法律规定的其他情形。

标的物不适于提存或者提存费用过高的,债务人依法可以拍卖或者变卖标的物,提存所得的价款。

第四百二十条 行纪人按照约定买入委托物,委托人应当及时受领。经行纪人催告,委托人无正当理由拒绝受领的,行纪人依照本法第一百零一条的规定可以提存委托物。

委托物不能卖出或者委托人撤回出卖,经行纪人催告,委托人不取回或者不处分该物的,行纪人依照本法第一百零一条的规定可以提存委托物。

【行纪人与第三人之间的关系】

法律问题解读

在行纪活动中,当事人之间会产生这样几种法律关系:既有行纪人与委托人之间的委托合同关系,又有行纪人与第三人之间的买卖合同关系,还有可能产生委托人和行纪人共同对第三人的关系等。其中行纪人和第三人之间的合同关系是行纪人完成委托事务的关键。

行纪人为委托人处理事务时,系直接以自己的名义与第三人发生关系的。在行纪人与第三人订立的买卖合同中,行纪人是作为合同一方的当事人为委托人的利益而与第三人订立的合同。既然行纪人是合同的当事人,就必须自己直接对合同享有权利承担义务。在从事买卖事务时,不论行纪人是否告诉第三人自己是代理人的身份,或者第三人是否知道委托人的姓名,都不影响行纪人以自己的名义参与的买卖关系的法律效力。

由于委托人与第三人之间不产生直接的法律关系,委托人无权对行纪人与第三人之间的买卖关系提出自己的异议。在发生合同违约行为、追究违约责任时,第三人不得直接对委托人主张损害赔偿权,而只能向行纪人主张权利,而且行纪人也不得以自己没有过错为由而拒绝承担违约责任,行纪人只能先承担责任后,再向委托人行使追偿权。同样,第三人如果违约,委托人不得直接对第三人行使请求权,而只能向行纪人主张权利,行纪人此时也不得以自己无过错为由而拒绝承担自己的责任。行纪人承担责任向委托人履行后,再行使向第三人的追偿权。

另外,行纪人与第三人约定,行纪人履行义务时附有条件的,尽管委托人在委托行纪人处理事务时并未附有此项条件,但仍应依行纪人和第三人的约定。

法条指引

❶《中华人民共和国合同法》(1999年10月1日施行)

第四百二十一条 行纪人与第三人订立合同的,行纪人对该合同直接享有权利、承担义务。

第三人不履行义务致使委托人受到损害的,行纪人应当承担损害赔偿责任,但行纪人与委托人另有约定的除外。

❷《中华人民共和国信托法》(2001年10月1日施行)

第三十条 受托人应当自己处理信托事务,但信托文件另有规定或者有不得已事由的,可以委托他人代为处理。

受托人依法将信托事务委托他人代理的,应当对他人处理信托事务的行为承担责任。

案例链接

❶《王童丽诉顺驰置业武汉有限公司等行纪合同纠纷案》,参见北大法宝引证码:Pkulaw.cn/CLI.C.284204。

❷《上海汽贸旧机动车经纪有限公司与上海惠天商贸发展有限公司杭州分公司行纪合同纠纷上诉案》,参见北大法宝引证码:Pkulaw.cn/CLI.C.181978。

❸《王梦蛟与叶桂花、叶月华代销合同案》,参见北大法宝引证码:Pkulaw.cn/CLI.C.86787。

【行纪人的报酬请求权和对委托物的留置权】

法律问题解读

行纪合同是双务有偿合同,因此行纪人对委托人有报酬请求权,即使双方未约定报酬的亦然。如果委托人逾期不支付报酬的,行纪人对委托物享有留置权,但当事人另有约定的除外。

1.请求报酬的权利。行纪人就自己处理委托事务的不同情况,可以按照合同的约定请求委托人支付报酬。有以下几种情况:(1)行纪人按照委托人的指示和要求履行了全部合同的义务,有权请求全部报酬。(2)因委托人的过错使得合同义务部分或者全部不能履行而使委托合同提前终止，行纪人可以请求支付全部报酬。（3）行纪人部分完成委托事务的，可以就已履行的部分的比例请求给付报酬。报酬数额，一般由合同双方事先约定，如有国家规定，则应当按照国家规定执行。原则上应低于委托事务完成之后支付的报酬，但当事人约定预先支付或分期支付的也可以按约定执行，如果寄售物品获得比原约定更高的价金，或者代购物品所付费用比原约定低，可以约定按比例增加报酬。

2. 行纪人享有留置权。委托人向行纪人支付报酬超过了合同约定的履行期限的，应当承担逾期不支付报酬的责任，此时行纪人对占有委托物品享有留置权，并以留置物折价或者从拍卖、变卖留置物的价款中优先受偿。如果留置物经过折价、拍卖、变卖后，其价款超过了委托人应支付的报酬，剩余部分还应当归委托人所有，如果结果不足以支付行纪人的报酬，行纪人还有权利请求委托人继续清偿。

如果委托人与行纪人在行纪合同订立时已经约定，不得将委托物进行留置的，行纪人就不得留置委托物，但是，委托人需要提供其他物品作为担保。

法条指引

❶《中华人民共和国合同法》（1999年10月1日施行）

第四百二十二条　行纪人完成或者部分完成委托事务的，委托人应当向其支付相应的报酬。委托人逾期不支付报酬的，行纪人对委托物享有留置权，但当事人另有约定的除外。

❷《中华人民共和国信托法》（2001年10月1日施行）

第三十五条　受托人有权依照信托文件的约定取得报酬。信托文件未作事先约定的，经信托当事人协商同意，可以作出补充约定；未作事先约定和补充约定的，不得收取报酬。

约定的报酬经信托当事人协商同意，可以增减其数额。

案例链接

❶《重庆北碚玻璃仪器总厂与云南福光经贸有限公司委托合同代理纠纷上诉案》，参见北大法宝引证码：Pkulaw.cn/CLI.C.120267。

【行纪合同的法律适用】

法律问题解读

行纪合同虽然是独立于委托合同的一类有名合同。但行纪合同与委托合同有许多共同点，具有一些共同的法律特征。两者都是提供服务的合同；都是以当事人双方的相互信任为前提；委托人的相对人都须处理一定事务。行纪关系中委托人与行纪人的关系就是委托关系，只不过委托的事项固定。

因此，许多国家的立法都明确规定，关于行纪合同除另有规定外，适用委托合同的有关规定。我国《合同法》也规定："行纪合同"一章没有规定的，可以参照适用委托合同的有关规定。

可以参照《合同法》适用的事项有：行纪人按照委托人的指示处理委托事务（参照第399条）；行纪人转交财产的义务（参照第404条）；行纪人的报告义务（参照第401条）；行纪合同的解除、终止等（参照第410条至第413条）；以及其他可能参照适用的事项。

法条指引

❶《中华人民共和国合同法》（1999年10月1日施行）

第三百九十九条　受托人应当按照委托人的指示处理委托事务。需要变更委托人指示的，应当经委托人同意；因情况紧急，难以和委托人取得联系的，受托人应当妥善处理委托事务，但事后应当将该情况及时报告委托人。

第四百零一条　受托人应当按照委托人的要求，报告委托事务的处理情况。委托合同终止时，受托人应当报告委托事务的结果。

第四百零四条　受托人处理委托事务取得的财产，应当转交给委托人。

第四百一十条　委托人或者受托人可以随时解除委托合同。因解除合同给对方造成损失的，除不可归责于该当事人的事由以外，应当赔偿损失。

第四百一十一条　委托人或者受托人死亡、丧失民事行为能力或者破产的，委托合同终止，但当事人另有约定或者根据委托事务的性质不宜终止的除外。

第四百一十二条　因委托人死亡、丧失民事行为能力或者破产，致使委托合同终止将损害委托人利益的，在委托人的继承人、法定代理人或者清算组织承受委托事务之前，受托人应当继续处理委托事务。

第四百一十三条 因受托人死亡、丧失民事行为能力或者破产，致使委托合同终止的，受托人的继承人、法定代理人或者清算组织应当及时通知委托人。因委托合同终止将损害委托人利益的，在委托人作出善后处理之前，受托人的继承人、法定代理人或者清算组织应当采取必要措施。

第四百二十三条 本章没有规定的，适用委托合同的有关规定。

❷《中华人民共和国对外贸易法》（2004年7月1日施行）（略）

❸《营业性演出管理条例》（2008年7月22日修订）（略）

❹《中华人民共和国信托法》（2001年10月1日施行）（略）

❺《城市房地产中介服务管理规定》（2001年8月15日修正）（略）

案例链接

❶《优鸿企业有限公司诉湖北大秦酒水有限公司行纪合同结算纠纷案》，参见北大法宝引证码：Pkulaw.cn/CLI.C.40766。

❷《黑马橡胶轮胎有限公司诉普利司通（沈阳）轮胎有限公司授予其独家经销权后又允许第三人在同一区域经销相同产品违约赔偿案》，参见北大法宝引证码：Pkulaw.cn/CLI.C.23949。

❸《AMERICAN EEL DEPOT CORP等与慈溪佳康进出口有限公司买卖合同纠纷上诉案》，参见北大法宝引证码：Pkulaw.cn/CLI.C.245158。

第二十四章　居间合同

● 本章为读者提供与以下题目有关的法律问题的解读及相关法律文献依据

> 居间合同（566）　　居间人的如实报告义务（567）　　居间人的忠实尽力义务（568）　　居间人的其他义务（568）　　居间人和经纪人（569）　　居间人的报酬支付（570）　　居间人居间费用的负担（570）

【居间合同】

法律问题解读

居间合同，是指双方当事人约定一方为他方提供、报告订约机会或为订立合同的媒介，他方给付报酬的合同。报告订约机会之居间，称为报告居间；媒介合同之居间，称媒介居间。在居间合同中，提供、报告订约机会或提供交易媒介的一方为居间人，给付报酬的一方为委托人。

一般认为，居间合同有如下法律特征：

1. 居间合同是一方当事人为他方报告订约机会或为订约媒介的合同。所谓报告订约机会，是指受委托人的委托，寻觅及提供可与委托人订立合同的相对人，从而为委托人订约提供机会。所谓订约媒介，是指介绍双方当事人订立合同，居间人斡旋于双方当事人之间，促进双方交易达成。

2. 居间合同为诺成合同，不要式合同，有偿合同。居间合同中的委托人需向居间人给付一定报酬，作为对居间人活动的报偿。

3. 居间合同的委托人一方的给付义务的履行有不确定性。在居间合同中，居间人的活动达致居间目的时，委托人才负给付报酬的义务。而居间人的活动能否达到目的，委托人与第三人之间能否交易成功，有不确定性，不能完全由居间人的意志所决定。因而，委托人是否付给居间人报酬，也是不确定的。

4. 居间合同的主体具有特殊性。居间活动有着二重性，它既可以促进交易，繁荣市场，有利于社会主义市场经济的发展，但如果处理不当，也可能会干扰正常的经济秩序，造成社会经济秩序混乱、败坏社会风气。因而，法律应当对居间人的资格作出规定，只有具备从事居间活动条件的自然人、法人和其他组织才可以为居间人。

法律可以作如下规定：（1）居间人须具有相应的知识、能力和从业条件，从事商事居间的并须工商登记；（2）规定机关法人、领导干部等有特殊职权的人不得从事居间活动，以避免他们利用手中的权力和社会关系，从中牟取暴利，严重危害社会经济秩序。

法条指引

❶《中华人民共和国合同法》（1999年10月1日施行）

第四百二十四条　居间合同是居间人向委托人报告订立合同的机会或者提供订立合同的媒介服务，委托人支付报酬的合同。

❷《城市房地产中介服务管理规定》（2001年8月15日修正）

第二条　凡从事城市房地产中介服务的，应遵守本规定。

本规定所称房地产中介服务，是指房地产咨询、房地产价格评估、房地产经纪等活动的总称。

本规定所称房地产咨询，是指为房地产活动当事人提供法律法规、政策、信息、技术等方面服务的经营活动。

本规定所称房地产价格评估，是指对房地产进行测算，评定其经济价值和价格的经营活动。

本规定所称房地产经纪，是指为委托人提供房地产信息和居间代理业务的经营活动。

第十条　从事房地产中介业务，应当设立相应的房地产中介服务机构。

房地产中介服务机构，应是具有独立法人资

格的经济组织。

第十一条 设立房地产中介服务机构应具备下列条件：

（一）有自己的名称、组织机构；

（二）有固定的服务场所；

（三）有规定数量的财产和经费；

（四）从事房地产咨询业务的，具有房地产及相关专业中等以上学历、初级以上专业技术职称人员须占总人数的50%以上；从事房地产评估业务的，须有规定数量的房地产估价师；从事房地产经纪业务的，须有规定数量的房地产经纪人。

跨省、自治区、直辖市从事房地产估价业务的机构，应到该业务发生地省、自治区人民政府建设行政主管部门或者直辖市人民政府房地产行政主管部门备案。

案例链接

❶《郑州千村季合房地产营销策划有限公司诉许昌富建房地产开发有限公司居间合同纠纷案》，参见北大法宝引证码：Pkulaw. cn/CLI. C. 267642。

❷《贾红诉三门峡市正信置业经纪有限公司居间合同纠纷案》，参见北大法宝引证码：Pkulaw. cn/CLI. C. 281551。

❸《崔志超与刘书鹏居间合同纠纷上诉案》，参见北大法宝引证码：Pkulaw. cn/CLI. C. 286926。

【居间人的如实报告义务】

法律问题解读

居间人应当就有关订立合同的情况向委托人如实报告。这是居间人在居间合同中承担的主要义务，居间人应依诚实信用原则履行这项义务。

在报告居间中，对于关于订约的有关事项，如相对人的信用状况，相对人将用于交易的标的物的存续状况等，居间人应就其所知如实向委托人报告。这里需要指出的是，居间人对于相对人，并不负有报告委托人有关情况的义务。

在媒介居间中，居间人应将有关订约的事项向各方当事人如实报告，也就是说，不仅应将相对人的情况报告给委托人，而且也应将委托人的情况报告给相对人，不论是居间人是同时受相对人的委托，还是未受相对人的委托，居间人均负有向委托人和相对人双方报告的义务。基于此，媒介居间人的报酬原则上由交易双方当事人即委托人和相对人平均分摊。因此，对明显无支付能力或无订约能力的当事人，居间人不得为其媒介。

订约的有关事项，包括相对人的资信状况、生产能力、产品质量以及履约能力等与订立合同有关事项。对居间人来说，不可能具体了解，只须就其所知道的情况如实报告委托人就可以了。但作为居间人应当尽可能掌握更多的情况，提供给委托人，以供其选择。

如果居间人故意隐瞒与订立合同有关的重要事实或者提供虚假情况，损害委托人利益的，不得要求支付报酬并应当承担损害赔偿责任。

法条指引

❶《中华人民共和国合同法》（1999年10月1日施行）

第四百二十五条 居间人应当就有关订立合同的事项向委托人如实报告。

居间人故意隐瞒与订立合同有关的重要事实或者提供虚假情况，损害委托人利益的，不得要求支付报酬并应当承担损害赔偿责任。

❷《城市房地产中介服务管理规定》（2001年8月15日修正）

第十四条 房地产中介服务机构必须履行下列义务：

（一）遵守有关的法律、法规和政策；

（二）遵守自愿、公平、诚实信用的原则；

（三）按照核准的业务范围从事经营活动；

（四）按规定标准收取费用；

（五）依法缴纳税费；

（六）接受行业主管部门及其他有关部门的指导、监督和检查。

案例链接

❶《王健等诉耿泥秋等居间合同纠纷案》，参见北大法宝引证码：Pkulaw. cn/CLI. C. 43524。

❷《王健等诉耿泥秋等居间合同纠纷案》，参见北大法宝引证码：Pkulaw. cn/CLI. C. 27116。

❸《张学民诉北京春秋房地产经纪有限公司未尽核实出租人房屋及身份情况义务致其遭受重大损失要求赔偿得到支持案》，参见北大法宝引证码：Pkulaw. cn/CLI. C. 78966。

【居间人的忠实尽力义务】

法律问题解读

忠实义务是指居间人就自己所为的居间活动，都有遵守诚实信用原则的义务。居间合同在履行过程中，居间人必须实事求是地就自己所实际掌握的信息，如实地向委托人提供最方便、最有利、最有价值、最及时的订约渠道，并保证提供的信息真实和可靠，没有任何隐瞒欺骗或掺杂任何自己的主观臆测。对于有影响的事项及商业信息，如第三人的资信状况、支付能力、标的物是否有瑕疵等，居间人都必须据实、公正地报告，而不得弄虚作假，从中盘剥渔利，不得与第三人恶意串通损害委托人的利益，也不得恶意促成委托人与第三人订立合同。如果居间人没有尽到以上忠实义务，反而为获取居间报酬而故意作虚假介绍，或者是与一方当事人事先串通，故意告知虚假事实以促成委托人与第三人订立合同，从而损害委托人或者第三人的合法利益的，居间人非但无权向委托人请求居间报酬，而且还应当就自己因其故意提供虚假情况而给委托人造成的损失承担赔偿责任。这里既有违约责任，又有侵权责任。

居间人还负有尽力义务，其应尽力促进将来可能订约的当事人双方，摆出双方所持的不同意见，并依照约定准备合同，对于相对人与委托人之间所存障碍，加以说合和克服。例如，在房屋买卖中，居间人应促使买卖双方就价金达成合意。

法条指引

❶《中华人民共和国合同法》（1999年10月1日施行）

第四百二十五条 居间人应当就有关订立合同的事项向委托人如实报告。

居间人故意隐瞒与订立合同有关的重要事实或者提供虚假情况，损害委托人利益的，不得要求支付报酬并应当承担损害赔偿责任。

❷《城市房地产中介服务管理规定》（2001年8月15日修正）

第二十一条 房地产中介服务人员在房地产中介活动中不得有下列行为：

（一）索取、收受委托合同以外的酬金或其他财物，或者利用工作之便，牟取其他不正当的利益；

（二）允许他人以自己的名义从事房地产中介业务；

（三）同时在两个或两个以上中介服务机构执行业务；

（四）与一方当事人串通损害另一方当事人利益；

（五）法律、法规禁止的其他行为。

第二十三条 因房地产中介服务人员过失，给当事人造成经济损失的，由所在中介服务机构承担赔偿责任。所在中介服务机构可以对有关人员追偿。

案例链接

❶《内黄县面粉公司诉任艳臣等居间合同案》，参见北大法宝引证码：Pkulaw. cn/CLI. C. 235502。

❷《陈某某等与刘某某居间合同纠纷再审案》，参见北大法宝引证码：Pkulaw. cn/CLI. C. 209842。

【居间人的其他义务】

法律问题解读

在实践中，居间人还常负担隐名和保密义务。在媒介居间中，如果当事人一方或双方指定居间人不得将其姓名或商号、名称告知对方的，居间人就产生了为委托人隐名的义务。这种居间称为隐名居间或隐名媒介。同时，居间人在为委托人完成居间活动中获悉委托人的有关商业秘密，以及委托人提供的各种信息、成交机会、后来合同订立的情况等，应当按照合同的约定保守秘密。否则，应承担损害赔偿责任。

介入义务。所谓居间人的介入义务，是指在隐名居间中，对于隐名当事人依据合同所承担的义务，居间人于一定情形下应以居间的履行辅助人的身份负履行义务。并由其受领对方当事人所为的给付。居间人承担介入义务，与居间人的隐名义务相联系，目的是为保证隐名当事人保持交易秘密的意图的最终实现。

居间人仅在一定情形下负有介入义务，而不是享有介入的权利。只有在保护隐名当事人利益的前提下，才有居间人的介入义务，而不存在居间人基于特定情形主张介入的权利问题。

除上述各项义务外，基于诚实信用原则，居间人还负有其他一些义务。如居间人在居间活动中应当遵守法律、法规和国家政策、遵循交易习惯和商业惯例，不得从事违法的居间活动、不得对交易双方订立合同施加不利影响，等等。

法条指引

❶《中华人民共和国合同法》（1999年10月1日施行）

第十四条 房地产中介服务机构必须履行下列义务：

（一）遵守有关的法律、法规和政策；
（二）遵守自愿、公平、诚实信用的原则；
（三）按照核准的业务范围从事经营活动；
（四）按规定标准收取费用；
（五）依法交纳税费；
（六）接受行业主管部门及其他有关部门的指导、监督和检查。

案例链接

❶《应志绩诉应岳年居间合同纠纷案》，参见北大法宝引证码：Pkulaw.cn/CLI.C.267723。

❷《张亚伶与毛文祚居间合同纠纷上诉案》，参见北大法宝引证码：Pkulaw.cn/CLI.C.286216。

❸《伍剑明与广东中原地产代理有限公司居间合同纠纷上诉案》，参见北大法宝引证码：Pkulaw.cn/CLI.C.190228。

【居间人和经纪人】

法律问题解读

居间人和经纪人都处于民商事法律关系中的中介人地位，其共同点具体表现在：（1）经纪人从事的是代客买卖的行为，居间人为委托人寻觅订约机会或为订约媒介，两者行为都以委托关系的存在为前提。（2）居间人和经纪人都处于中介人地位，不是买卖或交易的主体。（3）居间人和经纪人都有就其行为收取报酬的权利。

居间人和经纪人除有上述共同之处外，还有诸多区别，主要体现在：

1. 就代理关系而言，经纪人通常都由委托人授予代理权，居间人一般没有代理权；经纪人经营范围较大、较广，可以是代理商、代办商，可以进行直接代理，也可以进行间接代理，特种行业经纪人还可兼自营商与客户对做交易，居间人一般不得自居代理人地位，除非法律规定有特殊情况，如隐名居间。

2. 就业务限制而言，居间人除法律规定不得为私人进行居间者外，可以不受民事商事的限制，如介绍家庭教师或家庭清洁工。经纪人一般受专业范围限制，且应以商事为限。

3. 就两者身份而言，居间人可以与主合同的双方当事人约定，分别收取报酬，而经纪人主要是代理人身份，不得双方代理，以免从中操纵牟利。

4. 就履约与否的责任而言。居间人如与委托人约定只报告订约信息，只要订约成功，居间人即可要求委托人支付报酬。订约成功后，主合同能否得到适当正确地履行，只要居间人在报告订约信息时并无故意提供虚假情况，即居间人无恶意时，不负担合同责任。但经纪人是以代理人身份出现的，若所订合同有可归责于代理人的事由，首先应由代理人（经纪人）负责，即使不是由于代理人的过错，经纪人也应就违约的原因与被代理人一起负连带责任。

法条指引

❶《中华人民共和国合同法》（1999年10月1日施行）

第四百一十四条 行纪合同是行纪人以自己的名义为委托人从事贸易活动，委托人支付报酬的合同。

第四百二十四条 居间合同是居间人向委托人报告订立合同的机会或者提供订立合同的媒介服务，委托人支付报酬的合同。

案例链接

❶《某物业顾问有限公司诉陈某居间合同纠纷案》，参见北大法宝引证码：Pkulaw.cn/CLI.C.276649。

❷《李甫舜诉温州翔宇房产营销有限公司居间合同纠纷案》，参见北大法宝引证码：Pkulaw.cn/CLI.C.265722。

❸《蒂娜海运有限公司与张小杰船舶租用合同纠纷上诉案》，参见北大法宝引证码：Pkulaw.cn/CLI.C.237932。

❹《向邦东诉重庆新大陆房地产开发有限公司居间合同纠纷案》，参见北大法宝引证码：Pkulaw.cn/CLI.C.84784。

【居间人的报酬支付】

法律问题解读

委托人支付报酬是以居间人已为委托人提供了订约机会或经介绍完成了居间活动,并促成了合同的成立为前提条件。

在实践中,需要注意的有以下几个问题:

1. 所谓促成合同成立,是指合同合法、有效成立,尚须注意的是只要合同成立即可,至于合同生效与否在所不问。例如,附条件的合同成立后,因条件未实现而未生效,不可因此而认为居间人不得请求支付报酬。如果所促成的合同属无效或可撤销的合同,不能视为促成合同成立,居间人仍不能请求支付报酬。

2. 由于居间合同可以随时终止,有时不免会发生委托人为了逃避支付报酬的义务,故意拒绝居间人已经完成了的中介服务,而后再与因中介而认识的第三人订立合同。就此情况,居间人并不因此而丧失报酬的请求权,因为居间人行使报酬请求权,是以委托人与第三人的合同成立为前提的。

3. 委托人是否给付居间人报酬及其支付数额,原则上应按照居间合同约定。合同约定可以是以书面形式或者口头形式明确的,如果居间合同中对于居间人的报酬没有约定或者约定不明确,委托人和居间人可以协议补充;如果仍然达不成补充协议的,应当按照合同的有关条款,或者商业交易习惯确定;如果还是解决不了,可以根据居间人的劳务合理确定,所谓合理应考虑诸多原因,如依居间人所付出的时间、精力、物力、财力、人力以及居间事务的难易程度等因素合理确定。

4. 报酬的给付义务人。在报告居间的场合,因居间人仅向委托人报告订约机会,而不与其相对人发生关系,因此,居间人的报酬,应当由委托人给付。在媒介居间合同中,居间人不仅向委托人提供报告订约机会,而且还要找第三人促成合同订立,由于有了居间人的中介活动,使得委托人与第三人双方发生了法律关系,委托人与第三人都因此而受益,因此,在一般情况下,除合同另有约定或另有习惯外,居间人的报酬原则上应由因媒介居间而订立合同的委托人与第三人双方平均负担。

法条指引

❶《中华人民共和国合同法》(1999年10月1日施行)

第六十一条 合同生效后,当事人就质量、价款或者报酬、履行地点等内容没有约定或者约定不明确的,可以协议补充;不能达成补充协议的,按照合同有关条款或者交易习惯确定。

第四百二十六条 居间人促成合同成立的,委托人应当按照约定支付报酬。对居间人的报酬没有约定或者约定不明确,依照本法第六十一条的规定仍不能确定的,根据居间人的劳务合理确定。因居间人提供订立合同的媒介服务而促成合同成立的,由该合同的当事人平均负担居间人的报酬。

居间人促成合同成立的,居间活动的费用,由居间人负担。

❷《城市房地产中介服务管理规定》(2001年8月15日修正)

第十七条 房地产中介服务合同应当包括下列主要内容:
(一)当事人姓名或者名称、住所;
(二)中介服务项目的名称、内容、要求和标准;
(三)合同履行期限;
(四)收费金额和支付方式、时间;
(五)违约责任和纠纷解决方式;
(六)当事人约定的其他内容。

案例链接

❶《李甫舜诉温州翔宇房产营销有限公司居间合同纠纷案》,参见北大法宝引证码:Pkulaw.cn/CLI.C.265722。

❷《张殿玲诉北京桥昌混凝土搅拌有限公司居间合同纠纷案》,参见北大法宝引证码:Pkulaw.cn/CLI.C.179062。

❸《顾松奇诉马伯乐等居间合同纠纷案》,参见北大法宝引证码:Pkulaw.cn/CLI.C.49197。

【居间人居间费用的负担】

法律问题解读

居间活动费用是居间人在促使合同成立的活动中支出的必要费用,与报酬不是一个概念。居间人为居间活动支出的必要费用是为了委托人的利益而付出的费用,所以由委托人支付这些必要费用是比较公平合理的。

居间费用一般包含于报酬之中。在居间成功

时，即居间人促成合同成立的，居间费用未经约定不得请求委托人偿还，由居间人负担。若居间费用实际上已超过居间报酬，居间人得不偿失的，这与一般交易中存在亏损的风险一样，应由居间人自行负担。

在居间活动不成功时，居间人无权请求支付报酬，但居间费用应由委托人负担。居间人可以就自己担付的费用请求委托人返还，或者双方可约定先由委托人预付，多退少补，但委托人负担的费用以必要费用为限，超出这一限度的费用支出则由居间人自行负担。为此，居间人在要求委托人负担费用时，有义务说明费用的支出项目以及提出必要的凭证，否则委托人可拒绝承担费用。

法条指引

❶《中华人民共和国合同法》（1999年10月1日施行）

第四百二十六条 居间人促成合同成立的，委托人应当按照约定支付报酬。对居间人的报酬没有约定或者约定不明确，依照本法第六十一条的规定仍不能确定的，根据居间人的劳务合理确定。因居间人提供订立合同的媒介服务而促成合同成立的，由该合同的当事人平均负担居间人的报酬。

居间人促成合同成立的，居间活动的费用，由居间人负担。

第四百二十七条 居间人未促成合同成立的，不得要求支付报酬，但可以要求委托人支付从事居间活动支出的必要费用。

案例链接

❶《张士权诉商丘市第二职业中等专业学校居间合同纠纷案》，参见北大法宝引证码：Pkulaw.cn/CLI.C.280350。

❷《北京冰利房地产经纪有限公司诉王红居间合同纠纷案》，参见北大法宝引证码：Pkulaw.cn/CLI.C.218315。

❸《陈永仪与广州市豪杰房地产顾问有限公司居间合同纠纷上诉案》，参见北大法宝引证码：Pkulaw.cn/CLI.C.226993。

❹《杭州裕兴房产代理有限公司诉陈水凤居间合同纠纷案》，参见北大法宝引证码：Pkulaw.cn/CLI.C.249876。

本书所引法律规范性文件与北大法宝引证码[①]对照表

法律规范性文件名称（拼音序）	发布日期	实施日期	法宝引证码
一、法律			
中华人民共和国促进科技成果转化法	19960515	19961001	CLI.1.14408
中华人民共和国担保法	19950630	19951001	CLI.1.12418
中华人民共和国对外贸易法（2004修订）	20040406	20040701	CLI.1.52228
中华人民共和国公司法（2005修订）	20051027	20060101	CLI.1.60597
中华人民共和国国家赔偿法（2010修正）	20100429	19950101	CLI.1.129607
中华人民共和国海商法	19921107	19930701	CLI.1.6023
中华人民共和国合同法	19990315	19991001	CLI.1.21651
中华人民共和国建筑法	19971101	19980301	CLI.1.18974
中华人民共和国律师法（2007修订）	20071028	20080601	CLI.1.98767
中华人民共和国民法通则	19860412	19870101	CLI.1.2780
中华人民共和国民用航空法	19951030	19960301	CLI.1.13135
中华人民共和国票据法（2004修正）	20040828	19960101	CLI.1.54991
中华人民共和国企业破产法	20060827	20070601	CLI.1.78895
中华人民共和国铁路法	19900907	19910501	CLI.1.4813
中华人民共和国物权法	20070316	20071001	CLI.1.89386
中华人民共和国证券法（2005修订）	20051027	20060101	CLI.1.60599
中华人民共和国注册会计师法	19931031	19940101	CLI.1.6383
中华人民共和国著作权法（2010修正）	20100226	19910601	CLI.1.127326
中华人民共和国专利法（2008修正）	20081227	19850401	CLI.1.111728
中华人民共和国侵权责任法	20091226	20100701	CLI.1.125300
中华人民共和国拍卖法（2004修正）	20040828	19970101	CLI.1.54994
中华人民共和国保险法（2009修订）	20090228	20091001	CLI.1.113980
中华人民共和国仲裁法（2009修改）	20090827	19950901	CLI.1.9590
中华人民共和国产品质量法（2009修改）	20090827	19930901	CLI.1.29404
中华人民共和国商标法（2001修正）	20011027	19830301	CLI.1.37085
中华人民共和国民事诉讼法（2007修正）	20071028	19910409	CLI.1.98761
二、其他			
城市房屋拆迁管理条例	20010613	20011101	CLI.2.35748
城市房屋租赁管理办法	19950428	19950601	CLI.4.12648
贷款通则	19960628	19960801	CLI.4.18161
单位定期存单质押贷款管理规定	20070703	20070703	CLI.4.95557
道路货物运输及站场管理规定（2008修改）	20080723	20050801	CLI.4.108130
电力工业部关于颁发《电力工程设计招标投标管理规定》的通知	19980112	19980112	CLI.4.42275
房屋建筑和市政基础设施工程施工分包管理办法	20040203	20040401	CLI.4.51620
国家建材局关于建材工程设计招标管理办法	19920716	19920716	CLI.4.25899
国内水路货物运输规则	20000828	20010101	CLI.4.31676

[①] 北大法宝引证码查询系统：http://www.pkulaw.cn/fbm。

(续表)

法律规范性文件名称	发布日期	实施日期	法宝引证码
建设工程质量管理条例	20000130	20000130	CLI.2.26936
建筑工程设计招标投标管理办法	20001018	20001018	CLI.4.34698
交通运输部办公厅关于规范国内船舶融资租赁管理的通知	20080328	20080328	CLI.4.103928
金融租赁公司管理办法（2007修订）	20070123	20070301	CLI.4.83589
汽车货物运输规则	19991115	20000101	CLI.4.23936
汽车金融公司管理办法	20080124	20080124	CLI.4.102032
汽车旅客运输规则	19880126	19880801	CLI.4.76470
全国人大常委会关于修改《中华人民共和国民事诉讼法》的决定	20071028	20080401	CLI.1.98762
全国人大常委会关于修改《中华人民共和国商业银行法》的决定	20031227	20040201	CLI.1.50974
商品房销售管理办法	20010404	20010601	CLI.4.35322
上市公司收购管理办法	20060731	20060901	CLI.4.78271
水路货物运输合同实施细则	19861201	19870701	CLI.2.3059
水路旅客运输规则（1997修正）	19970826	19960601	CLI.4.60847
铁道部关于发布《铁路旅客运输规程》的通知	19971005	19971201	CLI.4.95680
铁路货物运输合同实施细则	19861201	19860701	CLI.2.3098
物业管理条例（2007修订）	20070826	20030901	CLI.2.96816
音像制品管理条例	20011225	20020201	CLI.2.38119
中国民用航空货物国际运输规则	20000801	20000801	CLI.4.31188
中国农业银行融资租赁试行办法	19870115	19870115	CLI.6.7616
中国人民银行关于颁布《个人住房贷款管理办法》的通知（1998修改）	19980509	19980509	CLI.4.20253
中华人民共和国技术进出口管理条例	20011210	20020101	CLI.2.38107
中华人民共和国外资企业法实施细则（2001修订）	20010412	19901212	CLI.2.35346
中华人民共和国专利法实施细则（2002修订）	20021228	20010701	CLI.2.44437
住房公积金管理条例（2002修订）	20020324	19990403	CLI.2.40025
注册监理工程师管理规定	20060126	20060401	CLI.4.74998
最高人民法院关于建设工程价款优先受偿权问题的批复	20020620	20020627	CLI.3.40263
最高人民法院关于审理技术合同纠纷案件适用法律若干问题的解释	20041216	20050101	CLI.3.56393
最高人民法院关于审理建设工程施工合同纠纷案件适用法律问题的解释	20041025	20050101	CLI.3.55723
最高人民法院关于审理商品房买卖合同纠纷案件适用法律若干问题的解释	20030428	20030601	CLI.3.45673
最高人民法院关于印发全国法院知识产权审判工作会议关于审理技术合同纠纷案件若干问题的纪要的通知	20010619	20010619	CLI.3.37762
最高人民法院印发《关于贯彻执行〈中华人民共和国民法通则〉若干问题的意见（试行）》的通知	19880402	19880402	CLI.3.3689
最高人民法院印发《关于人民法院审理借贷案件的若干意见》的通知	19910813	19910813	CLI.3.5332
最高人民法院印发《关于审理经济合同纠纷案件有关保证的若干问题的规定》的通知	19940415	19940415	CLI.3.9267

本书所引司法案例与北大法宝引证码[①]对照索引表

司法案例名称（拼音序）	法宝引证码	书中页码
AMERICAN EEL DEPOT CORP 等与慈溪佳康进出口有限公司买卖合同纠纷上诉案	CLI.C.245158	565
Grand Rodosi Inc.（格兰德罗德西公司）与舟山万邦永跃船舶修造有限公司船舶修理合同纠纷上诉案	CLI.C.253886	131
Rui Hua Investment Holding Limited（瑞华投资控股公司）诉扬州雄鹰鞋业有限公司等借款合同纠纷案	CLI.C.89813	105
THEATERLIGHTELECTRONICCON-TROL&AUDIOSYSTEMSLIMITED 与珠海市中粤新通讯技术有限公司清算小组等买卖合同纠纷上诉案	CLI.C.32285	501
阿卓燃油有限公司（AzoilBunkeringLimited）诉瑞德柏格航运有限公司（Rydbergs-ShippingLimited）等船舶油料供应合同纠纷案	CLI.C.25296	537
安桂洲诉河南伟彤科技有限公司健康权纠纷案	CLI.C.291904	149
安徽铭基金诺置业有限公司与华丰建设股份有限公司建设工程施工合同纠纷上诉案	CLI.C.285051	360
安徽省滁州市建业劳务发展有限公司诉北京康晟房地产开发有限公司招标投标买卖合同纠纷案	CLI.C.219448	232
安吉国际竹艺商贸城管理有限公司诉李伟东租赁合同纠纷案	CLI.C.264751	296
安阳广源能源有限责任公司与郝新德商品房买卖合同纠纷再审案	CLI.C.268894	85
安阳市大鼎劳务输出有限公司与张金涛劳务输出合同纠纷上诉案	CLI.C.270401	25
安阳市钢电建筑安装公司诉中国第二十二冶金建设公司等建筑承包合同纠纷案	CLI.C.268770	83
安阳市鑫盛房地产开发有限责任公司与方建林买卖合同纠纷上诉案	CLI.C.291922	153
安阳县崔家桥乡沙岸村村民委员会与秦尚荣农村土地承包合同纠纷上诉案	CLI.C.278775	19、37、63
安阳县交通鸿发装载有限责任公司与牛春祥劳动争议纠纷再审案	CLI.C.291548	120
澳皮王（天津）皮业有限公司诉上海创炎商贸有限公司行纪合同纠纷案	CLI.C.151736	560
巴占杰诉禹州市褚河乡巴庄村民委员会供用电合同纠纷案	CLI.C.285934	235
白建立与北京中机科通机械设备有限公司买卖合同纠纷上诉案	CLI.C.205279	222
包某军等诉深圳市金某住宅开发有限公司商品房预售合同纠纷案	CLI.C.267248	9
包雄关与宁波泰茂海运有限公司光船租赁合同纠纷上诉案	CLI.C.253934	178、312
包艳与宜昌市西陵房地产管理所租赁合同纠纷上诉案	CLI.C.211130	299
宝丰县农村信用合作联社诉范振国等借款合同纠纷案	CLI.C.282726	260
宝丰县农村信用合作联社诉韩国超等借款合同纠纷案	CLI.C.283000	197
宝丰县农村信用合作联社诉张鲁梁等借款合同纠纷案	CLI.C.282855	258
北京安家宝房地产经纪有限公司诉霍凤及北京资合房地产开发有限公司房屋买卖合同案	CLI.C.49183	111
北京北开电气股份有限公司诉北京华东森源电气有限责任公司加工合同纠纷案	CLI.C.261146	334
北京北一鸿亚机床设备有限公司与中青印刷厂揽合同纠纷上诉案	CLI.C.189371	327
北京冰利房地产经纪有限公司诉王红居间合同纠纷案	CLI.C.218315	571
北京博力建筑工程有限公司与北京金引马租赁有限责任公司合同纠纷上诉案	CLI.C.221295	53
北京创顺达浩物流有限公司与北京万里伟业货运代理有限公司运输合同纠纷上诉案	CLI.C.217134	449
北京达成无限技术有限公司与天津国信集团有限公司技术合同纠纷上诉案	CLI.C.218798	459
北京大国上医健康科技有限公司诉北京海特网联信息技术有限公司计算机软件开发合同纠纷案	CLI.C.274075	41

[①] 北大法宝引证码查询系统：http://www.pkulaw.cn/fbm。

(续表)

司法案例名称	法宝引证码	页码
北京大林万达汽车部件有限公司诉北京三江华宇物流有限公司公路货物运输合同纠纷案	CLI.C.180184	441
北京东方清软科技有限公司诉北京琅德北软教育科技有限责任公司不正当竞争纠纷案	CLI.C.291022	41
北京房建建筑股份有限公司诉庞宝祥等一般借款合同纠纷案	CLI.C.177391	254
北京纺星助剂有限公司与北京纺星佳润科贸有限公司等侵犯商业秘密纠纷上诉案	CLI.C.131200	497
北京海力联合科技有限公司与北京北广电子集团有限责任公司股权确认纠纷上诉案	CLI.C.160674	53
北京恒信邦和彩色印刷有限公司与北京太阳威龙工贸有限公司承揽合同纠纷上诉案	CLI.C.204943	327
北京华侨大厦有限公司诉华泰财产保险股份有限公司保险合同案	CLI.C.88599	125
北京华夏大地远程教育网络服务有限公司与大连东方之星信息技术有限公司试用买卖合同纠纷上诉案	CLI.C.192757	230
北京华夏恒泰电子技术有限公司诉许昌意斯特精机有限公司承揽合同纠纷案	CLI.C.262228	2
北京环球艺狮家居贸易有限责任公司与北京环宇尊煌灯饰有限公司买卖合同纠纷上诉案	CLI.C.204962	71
北京汇成万泰科技发展有限公司诉北京市新锐市政建设有限责任公司债权让与合同纠纷案	CLI.C.175548	105
北京机械工业自动化研究所诉佛山市三水南钢实业有限公司技术委托开发合同纠纷案	CLI.C.196945	474、475、476
北京嘉彩印刷有限公司与柏氏文化传媒（北京）有限公司承揽合同纠纷上诉案	CLI.C.204527	330
北京嘉义典当有限责任公司诉国海证券有限责任公司北京和平街证券营业部委托合同案（券商的监管义务）	CLI.C.95255	537
北京金山货运服务有限公司与北京扩荣电子技术有限公司公路货物运输合同纠纷上诉案	CLI.C.203676	428、446
北京京皇国际大厦有限公司与中国人寿保险（海外）股份有限公司香港分公司借款合同纠纷上诉案	CLI.C.77727	186
北京领克特信息技术有限公司诉广州摩拉网络科技有限公司技术服务合同纠纷案	CLI.C.283607	506
北京梅格空中大道航空服务有限公司与哈尔滨俄风行国际旅行社有限公司合同纠纷上诉案	CLI.C.199571	99
北京美信合众医药管理咨询有限责任公司与北京金利康药店委托经营合同纠纷上诉案	CLI.C.207091	301
北京桑榆情老年服饰用品有限公司与徐晓艳特许经营合同纠纷上诉案	CLI.C.208587	47
北京桑榆情老年服饰用品有限公司与严颖华特许经营合同纠纷上诉案	CLI.C.208558	47
北京圣廷科技有限公司与荣少栋买卖合同纠纷上诉案	CLI.C.176792	224、226
北京圣廷科技有限公司与唐海峰买卖合同纠纷上诉案	CLI.C.183607	224、226
北京时越网络技术有限公司与中国电影集团公司电影营销策划分公司侵犯著作财产权纠纷上诉案	CLI.C.292388	138
北京市海淀区供暖经营中心诉中国建筑工程总公司供用热力合同纠纷案	CLI.C.180706	102
北京市京联鑫路用材料有限公司一分公司与北京筑盟建筑装饰工程有限公司买卖合同纠纷上诉案	CLI.C.205585	221
北京市通铭环保设备厂诉北京奥森特化工有限公司技术服务合同纠纷案	CLI.C.220507	515
北京市扬帆房地产经纪有限公司诉北京东方华宸建筑工程有限公司行纪合同纠纷案	CLI.C.209261	558
北京市永定林工商公司苗圃诉杨德广林业承包合同纠纷案	CLI.C.291241	10、80、120、124
北京市自来水集团有限责任公司诉北京房开置业股份有限公司供用水合同纠纷案	CLI.C.199300	243
北京首佳物流有限责任公司诉北京炎黄健康时代传媒广告有限公司运输合同纠纷案	CLI.C.178217	382
北京太阳威龙工贸有限公司诉北京恒信邦和彩色印刷有限公司承揽合同纠纷案	CLI.C.176585	327
北京太子童装有限公司与上海东方毛针织（国际）有限公司定作合同纠纷上诉案	CLI.C.155654	330
北京天客达航空设备有限公司与北京中大燕京汽车销售有限公司加工承揽合同纠纷上诉案	CLI.C.205285	97
北京天润新能源投资有限公司与北京中盛联盟资产评估有限公司资产评估纠纷上诉案	CLI.C.204968	165
北京伟恒科技有限公司与北京北方丰益汽车配件批发市场有限公司委托经营合同纠纷上诉案	CLI.C.184908	86

(续表)

司法案例名称	法宝引证码	页码
北京问天阁茶业有限责任公司与北京高锐盟软件技术有限公司技术服务合同纠纷上诉案	CLI.C.221575	506
北京亚光亚装饰工程有限责任公司与石群峰联营合同纠纷上诉案	CLI.C.179903	30
北京亚豪房地产经纪有限公司第五分公司与北京八大处房地产开发有限公司委托合同纠纷上诉案	CLI.C.174493	554
北京燕山福鼎翔建筑安装工程有限公司诉北京阳光环安技术服务有限公司技术咨询合同纠纷案	CLI.C.220805	506
北京阳光环安技术服务有限公司诉北京燕山多普安装工程有限公司技术咨询合同纠纷案	CLI.C.74522	504、506
北京一对一管理顾问有限公司诉地震出版社著作权侵权纠纷案	CLI.C.16915	22
北京一对一管理顾问有限公司诉世界知识出版社等侵犯著作权纠纷案	CLI.C.27651	22
北京伊能力达科技有限公司诉国电龙源电力技术工程有限责任公司等招标投标买卖合同纠纷案	CLI.C.279601	231
北京医药股份有限公司诉北京华亿立医疗设备有限公司仓储合同纠纷案	CLI.C.184919	538
北京亿阳增值业务通信股份有限公司诉北京农村商业银行股份有限公司技术委托开发和委托服务合同纠纷案	CLI.C.116981	474
北京永晟凯通货运服务有限责任公司与张浩琪运输合同纠纷上诉案	CLI.C.205156	446
北京宇冲建筑装饰工程有限公司诉北京国盛世嘉建筑装饰工程有限公司承揽合同纠纷案	CLI.C.183756	336
北京中标嘉禾工贸有限公司诉北京益德万通工贸有限公司承揽合同纠纷案	CLI.C.198361	326
北京中道水务设备有限责任公司与北京浩华志洋机电设备安装工程有限公司承揽合同纠纷上诉案	CLI.C.184450	327
北京中青旅创格科技有限公司诉黑龙江省应用电子有限责任公司买卖合同纠纷案	CLI.C.218084	202
北京中铁金方物业管理中心与北京金贸旅馆房屋租赁合同纠纷上诉案	CLI.C.168512	122
毕为相诉世一文化事业股份有限公司等著作权侵权纠纷案	CLI.C.291458	118
渤海财产保险股份有限公司许昌中心支公司与于宝州道路交通事故人身损害赔偿纠纷上诉案	CLI.C.277021	160
卜某某与上海仁信物业管理有限公司物业服务合同纠纷上诉案	CLI.C.276199	406
蔡诚京与周陈彪买卖合同纠纷上诉案	CLI.C.226531	230
蔡某与上海联发美容美发有限公司房屋租赁合同纠纷上诉案	CLI.C.275630	161
苍南县东兴鱼粉饲料有限公司诉陈加钢企业租赁经营合同纠纷案	CLI.C.226746	310
曹某某与华某某离婚后财产纠纷上诉案	CLI.C.275979	245
曹润朝与杨慧飞租赁合同纠纷上诉案	CLI.C.282089	154、298
曹玉振等诉陈成轩排除妨害纠纷案	CLI.C.279145	69
岑荣钿诉王林军等民间借贷纠纷案	CLI.C.227076	28
柴石泽诉宜阳县文化局房屋买卖合同纠纷案	CLI.C.280732	10
长葛市后河镇小辛庄村民委员会诉孙太红租赁合同纠纷案	CLI.C.280205	128
长沙铁安科技有限公司诉衡阳铁路新光通信器材厂技术转让合同纠纷案	CLI.C.291397	15
长沙燕达机械制造有限公司诉长沙环球职业中专学校技术转让合同纠纷案	CLI.C.191607	469、471
长兴（广州）精细涂料有限公司与广州可美可化工科技有限公司买卖合同纠纷上诉案	CLI.C.120933	202
常建纲诉南阳市港达房地产开发有限公司商品房买卖合同纠纷案	CLI.C.254368	201
常州第二园林建设工程有限公司诉北京凯旋自由港餐饮管理有限公司招标投标买卖合同纠纷案	CLI.C.209366	232
潮阳投资（私营）有限公司诉林汉龙委托合同纠纷案	CLI.C.34773	545
陈春生诉南京真珠王日化（集团）股份有限公司技术服务合同纠纷案	CLI.C.226559	509、511
陈达辉诉陈达安撤销权纠纷案	CLI.C.165137	136
陈德福诉何世良仓储合同纠纷案	CLI.C.220769	538

(续表)

司法案例名称	法宝引证码	页码
陈富敏诉贺高产道路交通事故人身损害赔偿纠纷案	CLI.C.250351	395
陈含新与天安保险股份有限公司保险合同纠纷上诉案	CLI.C.287379	44
陈堪伟诉陈智光定期租船合同纠纷案	CLI.C.226537	312
陈良义与黎文学房屋搬迁纠纷上诉案	CLI.C.277244	305
陈名国与丁海龙股权转让纠纷上诉案	CLI.C.249265	87
陈某某等与刘某某居间合同纠纷再审案	CLI.C.209842	568
陈娜诉袁东离婚纠纷案	CLI.C.19863	250
陈钱君与林汉璋民间借贷纠纷上诉案	CLI.C.277275	188
陈清芳诉李秋霞等撤赠与合同、继承纠纷案	CLI.C.202843	245、249、250
陈太覃、陈文翠诉郑州铁路局、成都铁路局铁路旅客运输损害赔偿案	CLI.C.235847	409
陈添福与林耀洪等土地使用权转让合同纠纷上诉案	CLI.C.190240	105
陈新峰诉张雪峰买卖合同纠纷案	CLI.C.285625	176
陈新民与开封华茂实业有限责任公司租赁合同纠纷上诉案	CLI.C.283247	79
陈毅生、张秀珍诉陈杨赠与合同案	CLI.C.49473	248、249
陈颖诉北京工美天成装饰公司案	CLI.C.81539	328
陈永仪与广州市豪杰房地产顾问有限公司居间合同纠纷上诉案	CLI.C.226993	571
陈振林与中国建设银行股份有限公司广州经济技术开发区支行借款合同纠纷上诉案	CLI.C.277365	69
成都电业局金牛供电局诉河南安彩集团成都电子玻璃有限公司供用电合同纠纷案	CLI.C.99644	241
成都东林电子通讯有限公司与深圳市宝丽雅铝制品有限公司买卖合同纠纷上诉案	CLI.C.132386	52
成都丰年物业管理有限公司与严晓明等保管合同纠纷上诉案	CLI.C.131760	521
成都金鼎安全印制有限责任公司与四川远成投资发展有限公司铁路货物运输合同纠纷上诉案	CLI.C.215841	382
成都南星实业有限责任公司与周琦商品房预售合同纠纷上诉案	CLI.C.99103	171
成都市兴业建设工程监理有限公司与成都天欣实业有限公司建设工程监理合同纠纷上诉案	CLI.C.108377	358
成树红与刘继安买卖合同纠纷上诉案	CLI.C.158880	30
成文锋等与郑慧青债权纠纷上诉案	CLI.C.247903	257
承运人纳瓦嘎勒克西航运有限公司因接受保函放货被判向提单持有人中国冶金进出口山东公司履行保函中承诺的义务案	CLI.C.23984	186
乘客潘大玉诉承运人唐小阶晚上停车时未关好车门窗及叫醒正在睡觉的乘客致其自带提包被盗贼打开车门盗走赔偿案	CLI.C.25981	407
程军与深圳市桑夏计算机与人工智能开发有限公司奖金分配纠纷上诉案	CLI.C.136899	18
程运水诉程亮劳务报酬纠纷案	CLI.C.290648	130
储小青与郑百荣等民间借贷纠纷上诉案	CLI.C.253421	84、289
褚卫民与新疆金和企业集团房地产开发有限公司撤销权纠纷上诉案	CLI.C.285005	66
创基（商场策划）集团有限公司等与陈学新居间合同纠纷上诉案	CLI.C.162911	113
慈溪市新亚管件有限公司诉宁波东沅管业有限公司买卖合同债务承担是否须通知债务人案	CLI.C.26200	110
崔利伟等与新郑市宏达建筑安装工程有限公司等建设工程分包合同纠纷上诉案	CLI.C.287321	91
崔砚垫与巩义市义诚机动车驾驶员培训学校租赁纠纷上诉案	CLI.C.287380	120
崔要胜诉端木照朋借款合同纠纷案	CLI.C.281107	252
崔志超与刘书鹏居间合同纠纷上诉案	CLI.C.286926	567
大厂回族自治县德峰精密机械有限责任公司诉洛阳龙门山泉啤酒有限公司等侵犯实用新型专利权纠纷案	CLI.C.287370	488
大连乐庭电线工业有限公司与北京纳姆数控设备有限公司买卖合同纠纷上诉案	CLI.C.208858	42
代礼明诉代传彬赠与合同纠纷案	CLI.C.204999	245
戴梅芳与三明市福成成套设备有限公司技术服务合同纠纷上诉案	CLI.C.129017	9

(续表)

司法案例名称	法宝引证码	页码
邓昌顺与罗文祥等合同纠纷上诉案	CLI.C.291290	17、68
邸燕鹏与邸连增农村土地承包合同纠纷上诉案	CLI.C.178847	11
蒂娜海运有限公司与张小杰船舶租用合同纠纷上诉案	CLI.C.237932	569
丁昌凤与合肥市康居房地产发展公司房屋买卖合同纠纷上诉案	CLI.C.243330	155
丁汝等诉徐根浩等民间借贷纠纷案	CLI.C.231323	33
丁思云与杨菊芬买卖合同纠纷上诉案	CLI.C.120133	215
丁宪峰与李建红饭店转让合同纠纷上诉案	CLI.C.53046	297
丁心芬与岳彦丽等生命权纠纷上诉案	CLI.C.260837	69
丁新力诉驻马店市和力公路工程有限公司承揽合同纠纷案	CLI.C.285620	325、362、364
东风汽车有限公司等与李选英等买卖合同纠纷上诉案	CLI.C.290759	218
东莞生益电子有限公司与闻泰集团有限公司买卖合同纠纷上诉案	CLI.C.283019	154
东莞市晟通速递有限公司与广州市番禺利华纺织实业有限公司委托合同纠纷上诉案	CLI.C.119443	547
东阳市菲特制衣厂与浙江名龙纺织有限公司买卖合同纠纷案	CLI.C.250621	194
东阳市甬东国际物流中心有限公司诉傅荣钱国际多式联运合同货损赔偿追偿纠纷案	CLI.C.245938	453、454、455
东营市大鹏房地产开发有限公司与山东安泰建筑筑路有限公司债务纠纷上诉案	CLI.C.33270	129
东营市东营区黄河路街道办事处南里居民委员会与刘炳俭建设工程承包合同纠纷上诉案	CLI.C.117828	335
董家宝等与姚德泽建设工程施工合同纠纷上诉案	CLI.C.213896	346
董俊兰与郑州市中医院医疗服务合同纠纷上诉案	CLI.C.254354	173
董新建与王晋韶民间借贷纠纷上诉案	CLI.C.277720	273
董学林与贾志鹏建设工程施工合同纠纷上诉案	CLI.C.279579	168、352
窦思林诉巩义市供电公司合同纠纷案	CLI.C.259596	74
杜亚飞诉许晓燕婚约财产纠纷案	CLI.C.262162	147
杜忠海与冯涛等保管合同纠纷上诉案	CLI.C.253391	519、520
段绍清与周小菁借贷纠纷上诉案	CLI.C.277499	253
法国达飞轮船有限公司（CMA CGM）诉宁波中化建进出口公司海上货物运输合同纠纷案	CLI.C.213328	433
樊国木诉胡水线等买卖合同纠纷案	CLI.C.280014	230
范国文诉胡军超等债权纠纷案	CLI.C.277128	6
范卫东与范金清果园承包合同纠纷上诉案	CLI.C.253415	103
方城县农村信用合作联社诉向广华等金融借款合同纠纷案	CLI.C.289902	269
方利军诉何宇来民间借贷纠纷案	CLI.C.251688	9
方某与何某某离婚纠纷上诉案	CLI.C.235025	139
方乃成与阳光财产保险股份有限公司北京分公司保险合同纠纷上诉案	CLI.C.213624	70
方远建设集团股份有限公司与温岭市电影发行放映公司建设工程施工合同纠纷上诉案	CLI.C.209479	371
丰泽恒业投资有限公司与北京亚风阳光物业管理有限公司保管合同纠纷上诉案	CLI.C.180115	526
封丘县农村信用合作联社城关信用社与王飞翔储蓄存款合同纠纷上诉案	CLI.C.281129	284
冯聪敏诉杨群生等民间借贷合同纠纷案	CLI.C.281761	273
冯计垒诉濮阳市大龙石油机械制造有限公司委托合同纠纷案	CLI.C.285616	542
冯连军诉北京锐奇润滑油有限公司等居间合同纠纷案	CLI.C.217940	553
佛山市海粤星进出口有限公司诉江惠婵承包经营合同纠纷案	CLI.C.49706	76
佛山市华慧达贸易有限公司与陈鹏承揽合同纠纷上诉案	CLI.C.68386	230
佛山市三水粤华泰金属饰品有限公司与江门三捷电池实业有限公司买卖合同纠纷上诉案	CLI.C.80659	144
佛山市石湾区风行陶瓷有限公司与广东科达机电股份有限公司买卖合同纠纷上诉案	CLI.C.62541	9
佛山太阳包装有限公司等诉大业国际租赁有限公司等融资租赁合同一案	CLI.C.134	317

(续表)

司法案例名称	法宝引证码	页码
福纠闽胜砂石有限公司诉中国人民保险公司福建省分公司营业管理部、中国人民保险公司福建省分公司海上货物运输保险合同纠纷案	CLI.C.40422	450
付成贵与原相林等租赁合同纠纷上诉案	CLI.C.269464	154
傅震鸣因业主在房屋租赁合同期限内另行挂牌招租诉辛少鹏、李秀勉预期违约案	CLI.C.45443	145
富滇银行股份有限公司昆明科技支行与昆明安迪多好味食品饮料有限公司等金融借款合同纠纷上诉案	CLI.C.158901	89
富士康精密组件（北京）有限公司与北京易成—拉法基混凝土有限公司债权转让合同纠纷上诉案	CLI.C.178859	109
盖某某诉靳某某等人身损害赔偿纠纷案	CLI.C.290255	156
赣州百大超市有限公司与李剑莹经营合同纠纷上诉案	CLI.C.80657	82
赣州市新文行灯饰有限公司与江西省建筑安装工程公司等购销合同货款纠纷上诉案	CLI.C.82497	206
赣州天下品牌房地产营销策划有限公司等诉赣州汽运房地产开发经营有限公司委托代理销售合同纠纷案	CLI.C.121595	462
高长学等与北京市怀柔区庙城镇高两河村经济合作社等农业承包合同纠纷上诉案	CLI.C.175433	309
高金龙诉河南省路达建设投资有限公司建设工程合同纠纷案	CLI.C.290877	153
高平凤诉朱善华等追索劳动报酬纠纷案	CLI.C.253227	92
高文斌诉白自成技术合作开发合同纠纷案	CLI.C.219720	478
高喜元与长葛市电力工业公司等供用电合同纠纷上诉案	CLI.C.192823	241
高新民与郑州市东南货运服务有限公司货运合同纠纷再审案	CLI.C.287167	424
高振斌与新疆天易进出口有限责任公司租赁合同纠纷上诉案	CLI.C.284982	79
葛大成与广州市南华高尔夫俱乐部有限公司服务合同纠纷上诉案	CLI.C.276400	164、165
葛军涛诉河南省电力公司焦作供电公司等房屋买卖合同纠纷案	CLI.C.258464	83
耿永辉诉中华联合财产保险股份有限公司鹤壁中心支公司保险合同纠纷案	CLI.C.291522	45
耿中兴诉刘利勋转让合同纠纷案	CLI.C.290668	163、176
巩义市海盛房地产置业有限公司与梁娱荣房屋买卖合同纠纷上诉案	CLI.C.250167	124
苟美波诉临沂市水利工程公司建设工程施工合同纠纷案	CLI.C.73310	50
谷茂林与广州市地下铁道总公司等财产损害赔偿纠纷上诉案	CLI.C.246720	98
顾松奇诉马伯乐等居间合同纠纷案	CLI.C.49197	570
顾伟民诉上海虹祥汽车运输有限公司财产权属案	CLI.C.86782	523
广东佛陶集团股份有限公司石湾工业陶瓷厂与区汉棉房屋租赁合同纠纷上诉案	CLI.C.64799	301
广东杰盛唱片有限公司与普拉提亚娱乐有限公司（プラテイア・エンタテインメント株式会社，PLATIAENTERTAINMENTINC.）著作权、邻接权纠纷上诉案	CLI.C.24291	114
广东省第二人民医院与胡章俊保管合同纠纷上诉案	CLI.C.277908	72、519、521、524
广东省高速公路有限公司诉深圳市南方通发实业公司撤销权纠纷案	CLI.C.144444	98
广东省煤炭建筑工程公司与邓梓彬建设工程施工合同纠纷上诉案	CLI.C.210022	372
广东粤财投资控股有限公司诉新乡市无氧铜材有限公司借款担保合同纠纷案	CLI.C.282129	40
广东粤财投资控股有限公司诉延津县精彩纺织有限公司等借款担保合同纠纷案	CLI.C.282128	269
广西贵港市富安运输公司与中国工商银行贵港分行等船舶租赁、担保合同纠纷上诉案	CLI.C.13345	316
广西桂冠电力股份有限公司与广西泳臣房地产开发公司房屋买卖合同纠纷上诉案	CLI.C.242284	162
广州白云山天心制药股份有限公司等与张素光等商品房预售合同纠纷上诉案	CLI.C.115323	174
广州超群漂染有限公司与广州市增城新塘镇鼎新助剂厂买卖合同纠纷上诉案	CLI.C.110175	534
广州东建贸易公司诉上海港军工路工贸实业总公司等仓储保管合同赔偿纠纷案	CLI.C.12958	536
广州海上救助打捞局诉福州雄盛航运贸易有限公司海上救助合同纠纷案	CLI.C.4669	101
广州恒鑫实业发展有限公司与王飞商品房预售合同纠纷上诉案	CLI.C.276920	145
广州君天大酒店有限公司与朱友生保管合同纠纷上诉案	CLI.C.217340	522
广州路和通信技术有限公司与李海方承揽合同纠纷上诉案	CLI.C.122639	329
广州奇昱精细化工有限公司与广州银田石料有限公司买卖合同纠纷上诉案	CLI.C.277396	121

(续表)

司法案例名称	法宝引证码	页码
广州石友物业管理有限公司与广州市海珠区瑞宝街瑞宝第二经济合作社委托合同纠纷上诉案	CLI.C.277382	546
广州市爱圣服装有限公司与王士秀买卖合同纠纷上诉案	CLI.C.276063	221
广州市白云区江高镇杨山村民委员会与广东达裕实业有限公司土地租赁纠纷上诉案	CLI.C.272695	38
广州市诚晖冷冻物流有限公司与赵海音仓储合同纠纷上诉案	CLI.C.217435	524
广州市番禺区绿庭雅苑房地产有限公司与何文华房屋买卖合同纠纷上诉案	CLI.C.234940	75
广州市富安娜家饰用品有限公司与广州市正佳企业有限公司仲裁协议效力异议纠纷上诉案	CLI.C.123312	76
广州市花都珠江商贸发展公司诉花都市振达公司买卖合同案	CLI.C.49470	59
广州市联盛塑料五金模具有限公司与东莞龙昌玩具有限公司承揽合同纠纷上诉案	CLI.C.277540	329、334、527
广州市南兴实业有限公司诉吴永志还款合同纠纷案	CLI.C.119613	257
广州市农村商业银行股份有限公司三元里支行诉广东新广国际集团有限公司等借款合同纠纷案	CLI.C.278138	262
广州市农村信用合作联社黄埔信用社与中国农业银行广州市黄埔支行拆借合同纠纷上诉案	CLI.C.217019	290
广州市天河满江红商务活动中心与广东粤剧艺术大剧院租赁合同纠纷上诉案	CLI.C.105646	99
广州市天信物业管理有限公司与广东南方拍卖行有限公司等侵权损害赔偿纠纷上诉案	CLI.C.118932	25
广州市万顷沙镇福安村民委员会诉广州市果树科学研究所技术服务合同纠纷案	CLI.C.247540	509、511、513、515
广州市正建物业管理发展有限公司与吴雄文车辆保管合同纠纷上诉案	CLI.C.110734	539
贵阳权兴贸易有限公司与北京博度科技发展有限公司买卖合同纠纷上诉案	CLI.C.218571	69
郭春萱等诉刘宗来专利权属纠纷案	CLI.C.185864	466
郭江涛与洛阳顺驰房地产开发有限公司租赁合同纠纷上诉案	CLI.C.281409	52
郭梦远与乌鲁木齐市辰康科技发展中心买卖合同纠纷上诉案	CLI.C.284579	64、201
郭某某诉鹤壁市鹤山区鹤壁集镇东街村村民委员会房屋买卖合同纠纷案	CLI.C.282342	68
郭鹏等与高乐美等合同纠纷上诉案	CLI.C.190350	184
郭瑞诉陈米金土地承包经营权转让合同纠纷案	CLI.C.279184	72
郭燕诉众弘公司买卖合同纠纷案	CLI.C.47456	23
郭忠来与杨鹏飞民间借贷纠纷上诉案	CLI.C.282947	112
海南电网保亭供电公司与金都康乐馆供用电合同纠纷上诉案	CLI.C.82765	239、241
海南省国营西联农场诉国投洋浦港有限公司房屋买卖纠纷案	CLI.C.2133	130
海南新兴装饰工程有限公司等诉中国对外贸易广州商贸公司等联营合同一案	CLI.C.157	531
海南卓奥实业有限公司与冷勇等买卖房屋纠纷上诉案	CLI.C.90279	212
海南卓奥实业有限公司与吴萍等房屋买卖合同纠纷上诉案	CLI.C.90372	212
韩雪娥诉中国人民财产保险股份有限公司慈溪支公司保险合同纠纷案	CLI.C.230109	11
韩永改诉薛杰房屋买卖合同纠纷案	CLI.C.285587	60、179
杭州宏盛质量认证咨询有限公司诉海宁腾跃建设有限公司技术咨询合同纠纷案	CLI.C.224309	502
杭州宏盛质量认证咨询有限公司诉湖州吴兴宏周木业加工厂技术咨询合同纠纷案	CLI.C.224241	502
杭州汇同实业有限公司与温岭市天辰自动输送设备厂承揽合同纠纷上诉案	CLI.C.285830	331
杭州久业物资有限公司与上海诺山钢管有限公司加工承揽合同纠纷上诉案	CLI.C.242319	326
杭州裕兴房产代理有限公司诉陈水凤居间合同纠纷案	CLI.C.249876	571
豪特宗积热水器（成都）有限责任公司与国美电器有限公司债权转让合同纠纷上诉案	CLI.C.174656	107
何顶与何伟等赠与合同纠纷上诉案	CLI.C.251330	245
何海华诉梁雄斌返还欠款纠纷案	CLI.C.119602	257
何惧诉中银保险有限公司宁波中心支公司财产保险合同纠纷案	CLI.C.236858	11、46
何日升与新会市宏力贸易有限公司技术培训合同纠纷上诉案	CLI.C.66174	517
何耀炯与罗志滔租赁合同纠纷上诉案	CLI.C.115373	113

(续表)

司法案例名称	法宝引证码	页码
河北安泰工程建设有限公司与胡子荣劳动合同纠纷上诉案	CLI.C.286128	40
河北省磁县特种建筑队等诉安徽德力日用玻璃股份有限公司等合同纠纷案	CLI.C.280817	150
河南安飞电子玻璃有限公司与安阳市政益机电设备有限责任公司买卖合同纠纷上诉案	CLI.C.239595	438
河南捷运投资有限公司诉河南金马工贸有限公司合同纠纷上诉案	CLI.C.239364	309
河南六合科技有限公司与巩义瑞康医院合同纠纷上诉案	CLI.C.250196	88、315
河南派普建设工程有限公司等与河南华圣工贸有限公司买卖合同纠纷上诉案	CLI.C.280814	10、110、138
河南省洛宁县银矿与崔泽锋等租赁合同纠纷上诉案	CLI.C.281284	84
河南省三门峡市自来水公司诉杭州天丽科技有限公司技术服务合同纠纷案	CLI.C.131015	513
河南省通用起重设备有限公司与浙江明法船舶制造有限公司承揽合同纠纷上诉案	CLI.C.243512	336
河南省温县怡光工贸集团有限责任公司诉黄河水资源保护科学研究所技术合同纠纷案	CLI.C.271345	21、458
河南省新郑市国家税务局与河南省美辉广告装饰工程有限公司建设施工合同纠纷上诉案	CLI.C.286176	352
河南省医药保健品进出口公司诉焦作市联盟卫生材料有限责任公司等担保追偿权纠纷案	CLI.C.290191	127
河南省永恒综合养殖有限公司诉朱柳兆技术转让合同纠纷案	CLI.C.257798	483、485
河南省郑州种畜场等与帅大举租赁合同纠纷上诉案	CLI.C.286862	115、150
河南省中原建设有限公司与北京金双燕工贸有限责任公司买卖合同纠纷上诉案	CLI.C.184365	209
河南鑫地房地产开发有限公司与李冰民间借贷纠纷上诉案	CLI.C.287434	260
河南星瀚拍卖有限公司与陈钦财委托合同纠纷再审案	CLI.C.287170	232、542
河南裕华建设安装工程有限公司与郑州中亚皮革有限公司建设工程合同纠纷上诉案	CLI.C.242177	8
河南韵达快递服务有限公司与河南省博宇医疗设备有限公司运输合同纠纷上诉案	CLI.C.187840	384
黑马橡胶轮胎有限公司诉普利司通（沈阳）轮胎有限公司授予其独家经销权后又允许第三人在同一区域经销相同产品违约赔偿案	CLI.C.23949	565
亨特建筑构件（厦门）有限公司与陕西艺林实业有限责任公司定作合同纠纷上诉案	CLI.C.110307	102
侯淑英诉于利民民间借贷纠纷案	CLI.C.285837	259
胡惠玲与洛阳安详物业管理有限公司物业服务合同纠纷上诉案	CLI.C.281285	88、147
胡君富诉来雨田加工承揽合同纠纷案	CLI.C.232065	125
胡立欢与戴小春赠与合同纠纷上诉案	CLI.C.91429	246
葫芦岛渤船重工船舶铆焊修配厂诉中国船舶工业物资总公司等招标投标买卖合同纠纷案	CLI.C.205039	34
湖北楚星律师事务所与中国银行股份有限公司三峡分行委托合同纠纷上诉案	CLI.C.209310	87
湖北午时药业股份有限公司与澳诺（中国）制药有限公司、王军社侵犯发明专利权纠纷案	CLI.C.279402	488
湖州海信钢结构制造有限公司等与陈亦路民间借贷纠纷上诉案	CLI.C.206022	255
户相竹诉宁陵县万顺出租汽车有限公司等借款合同纠纷案	CLI.C.259914	88
淮北市四海燃料有限责任公司诉袁明生等委托合同案	CLI.C.45519	548
环宇弘兴（北京）汉语文化传播有限公司与肖振华合同纠纷上诉案	CLI.C.184528	78
黄德亮与北京市怀柔区雁栖镇陈各庄村股份合作社农业承包合同纠纷上诉案	CLI.C.205174	81
黄冠山与何勤刚等委托代理合同纠纷上诉案	CLI.C.68306	58
黄河勘测规划设计有限公司与河南纵横燃气管道有限公司技术咨询合同纠纷上诉案	CLI.C.191851	503、504、509、511
黄华等诉天安保险股份有限公司保险合同案	CLI.C.49575	102
黄继社诉永城市黄口乡人民政府建设工程合同纠纷案	CLI.C.276273	367
黄某某诉万某侵权纠纷案	CLI.C.226270	305
黄某诉上海某集团有限公司城市公交运输合同纠纷案	CLI.C.250121	380
黄普田诉方东升承运货物中途擅自卸货变卖提取价款违约赔偿案	CLI.C.22074	452
黄太飞与河南金马劳务合作有限公司劳务合同纠纷上诉案	CLI.C.286064	38

(续表)

司法案例名称	法宝引证码	页码
黄先杰诉濮阳市地豪置业有限公司借款合同纠纷案	CLI.C.281199	272
黄岩第三罐头厂诉宁波工艺品公司买卖合同中传真是要约还要约邀请案	CLI.C.26198	29
黄玉凤与郑州万发机械厂劳动争议纠纷再审案	CLI.C.286902	19、37
黄志国与陈志奇买卖合同纠纷案	CLI.C.291474	2、126
辉县市高庄乡北新庄村民委员会诉梁新东土地租赁合同纠纷案	CLI.C.229146	309
惠普租赁有限公司诉山东省泰安市四维制药厂等融资租赁合同欠款纠纷案	CLI.C.154873	317
获嘉县农村信用合作联社诉职鸣政等金融借款合同纠纷案	CLI.C.280698	260、262
获嘉县史庄镇史庄村民委员会诉李敬朝农村土地承包合同纠纷案	CLI.C.9843	4
获嘉县史庄镇同庄村民委会诉徐天青农村土地承包合同纠纷案	CLI.C.291539	138
济南京津商业有限公司与北京瑞而士进出口有限责任公司买卖合同纠纷上诉案	CLI.C.204992	71
济源环球运输有限公司与宋济源等租赁合同纠纷上诉案	CLI.C.284074	9
嘉陵一本田发动机有限公司诉华宇物流集团重庆市华宇恒有限公司运输合同纠纷案	CLI.C.84785	441
嘉兴市法秋特斯澳制衣有限公司诉台州环林进出口有限公司买卖合同纠纷案	CLI.C.238184	42
甲与乙等承揽合同纠纷上诉案	CLI.C.202252	336
贾百根与门国听建设工程合同纠纷上诉案	CLI.C.286172	339
贾红诉三门峡市正信置业经纪有限公司居间合同纠纷案	CLI.C.281551	161、567
贾路林与王保云委托合同纠纷上诉案	CLI.C.250236	56
贾铁英诉中国银河证券有限责任公司北京安外证券营业部证券交易代理合同案	CLI.C.45571	560
建德市供电局诉水利电力部第十二工程局新安江特种水泥厂清算组供用电合同纠纷案	CLI.C.266413	239
江苏成名钢构重工有限公司与河南合力起重机械有限公司加工承揽合同纠纷上诉案	CLI.C.290209	325
江苏苏科种业有限公司与江苏思源种业科技有限公司植物品种许可合同纠纷上诉案	CLI.C.222554	478
江苏太阳雨太阳能公司诉徐希彬侵犯专利权纠纷案	CLI.C.124270	553
江苏玉龙钢管股份有限公司与金属国际有限公司国际货物买卖合同纠纷上诉案	CLI.C.285194	41
姜俊杰与昆明市西山区太河社区居民委员会第五居民小组等租赁合同纠纷上诉案	CLI.C.137740	293
姜敏等诉吴克继等劳务中介合同纠纷案	CLI.C.199146	32
姜某与上海某服务有限公司道路交通事故人身损害赔偿纠纷案	CLI.C.247647	101
姜祖全与林兴明租赁合同纠纷上诉案	CLI.C.83474	293
蒋刚与张世雄股权转让纠纷上诉案	CLI.C.234091	27
蒋泉茂诉毛顺忠定期租船合同欠付租金案	CLI.C.64865	324
交通银行股份有限公司温州分行诉朱胜利信用卡纠纷案	CLI.C.228248	25
交通银行股份有限公司郑州商交所支行诉朱颖等金融借款合同纠纷案	CLI.C.280909	284、289
焦建民诉许昌市四通房地产开发有限公司合同变更权和合同撤销权纠纷案	CLI.C.291105	43、68、95
焦银虎与王彦钦互易纠纷上诉案	CLI.C.239518	233
焦作市大信房地产经纪有限公司与郝岩松等居间合同纠纷上诉案	CLI.C.253642	551
焦作市大信房地产经纪有限公司与侯占举等居间合同纠纷上诉案	CLI.C.253639	551
焦作市解放区农村信用合作联社上白作信用社诉侯涛涛等借款合同纠纷案	CLI.C.290214	259、262、268
焦作市金龙实业有限公司与焦作市环宇石化装备科技有限公司加工承揽合同赔偿纠纷上诉案	CLI.C.253411	91
焦作市荣晟建设工程有限公司诉焦作市新苑房地产开发有限责任公司建设工程施工合同纠纷案	CLI.C.256996	366
金德成与无锡先迪德宝电子有限公司侵犯实用新型专利权纠纷上诉案	CLI.C.291332	123
金巨人科贸公司诉微蓝科技公司等买卖电脑合同标的物意外灭失案	CLI.C.26201	208
锦江麦德龙现购自运有限公司广州天河商场等与周玫华等消费服务合同纠纷上诉案	CLI.C.277502	520
荆平方与荆小娟侵权纠纷上诉案	CLI.C.282195	41
靖玉庆与河南省滑县种子公司租赁合同纠纷上诉案	CLI.C.272271	154
卡特彼勒（中国）融资租赁有限公司诉管道友等租赁协议欠款纠纷案	CLI.C.226438	145

(续表)

司法案例名称	法宝引证码	页码
开封聚杰饲料有限公司诉刘刚一般买卖纠纷案	CLI.C.291818	148
开化县农村信用合作联社塘坞分社诉叶建成等金融借款合同纠纷案	CLI.C.240098	258
开证人农行深圳罗湖支行对外付款取得多式联运单据诉君皇公司未付款赎单提货返还货物或货款案	CLI.C.22930	455
凯能高科技工程（上海）有限公司与华电新乡发电有限公司买卖合同纠纷上诉案	CLI.C.281111	88
康泰公司诉新华保险公司保险合同纠纷案	CLI.C.234069	33
奎屯信用社诉乌鲁木齐市商业银行股份有限公司同业拆借合同纠纷案	CLI.C.249732	290
昆明市盘龙区金辰街道云波社区第四股份合作社诉昆明联盟建筑公司等建设工程施工合同纠纷案	CLI.C.204116	346
赖一德诉南宁市城市内河管理处拆迁合同纠纷案	CLI.C.176005	171
兰州波斯食品加工有限公司与北京市鑫通达食品有限公司行纪合同纠纷上诉案	CLI.C.184538	558
兰州连城铝厂与王家瑞、广州市芳村区世源物资贸易部及第三人深圳实达期货经纪有限责任公司栈单转让、抵押纠纷案	CLI.C.6210	535
乐清市正大物流有限公司与浙江侨光电器集团有限公司运输合同纠纷上诉案	CLI.C.267606	378
乐声诉时事出版社出版合同纠纷案	CLI.C.157530	332
离石市劳动服务公司创业商场与闫跃华租赁合同纠纷上诉案	CLI.C.56643	297、298
李斌诉吴小玲房屋买卖合同纠纷案	CLI.C.285610	163
李朝军诉李相轩等健康权纠纷案	CLI.C.285853	147
李成阳等诉崇州市公安局其他财产所有权纠纷上诉案	CLI.C.144857	112
李殿芬诉康介宝案	CLI.C.48729	548
李发顺诉赵万甫等买卖合同纠纷案	CLI.C.291239	126
李甫舜诉温州翔宇房产营销有限公司居间合同纠纷案	CLI.C.265722	569、570
李桂梅与赖昆蓉房屋买卖合同纠纷上诉案	CLI.C.68986	53
李会等诉杜留安等产品质量损害赔偿纠纷案	CLI.C.285499	169
李建国诉郑州站旅行社濮阳分社旅游合同纠纷案	CLI.C.47480	182
李静与南阳和平医院劳动合同纠纷上诉案	CLI.C.286039	46
李九州诉裴三合租赁合同纠纷案	CLI.C.285506	28
李俊亭诉中国人寿财产保险股份有限公司鹤壁市中心支公司等道路交通事故人身损害赔偿纠纷案	CLI.C.282255	395
李丽兰等与温叔流房屋买卖纠纷再审案	CLI.C.33232	23
李某某与管某某房屋买卖合同纠纷上诉案	CLI.C.276168	69
李某某与张某某保管合同纠纷上诉案	CLI.C.265366	525
李娜与佛山分析仪器厂等租赁合同纠纷上诉案	CLI.C.55982	306
李娜与中国农业银行河南省分行直属支行等储蓄存款合同纠纷上诉案	CLI.C.211397	155
李土华等与柳州市汉森机械制造有限公司等专利权权属纠纷上诉案	CLI.C.257209	458、473、477
李土华等与柳州市汉森机械制造有限公司等专利权权属纠纷上诉案	CLI.C.257209	458、465、473、477、480
李文东等诉李先凯等案	CLI.C.81719	8
李文科等与孙先芹等土地承包经营权纠纷上诉案	CLI.C.291931	119
李纹纹与刘海涛婚约财产纠纷上诉案	CLI.C.286481	54
李五令与白学文保管合同纠纷申请再审案	CLI.C.278289	329
李西成与沈付丑建设工程合同纠纷上诉案	CLI.C.287368	214
李献红诉孔小红买卖合同纠纷案	CLI.C.285556	199
李新洪诉金华一通拍卖有限公司东阳分公司拍卖合同案	CLI.C.48226	8、320
李娅华诉深圳证券交易所等证券权益案	CLI.C.49549	562
李玉芳与赵贵云等道路交通事故人身损害赔偿纠纷上诉案	CLI.C.122101	173
李玉忠与杨景亮土地补偿款纠纷再审案	CLI.C.291369	63

(续表)

司法案例名称	法宝引证码	页码
李云骏与广州南华高尔夫俱乐部有限公司服务合同纠纷上诉案	CLI.C.276402	164、165
李哲俊与日进综合通商买卖合同纠纷上诉案	CLI.C.237990	188
立木泽宇会展(北京)有限公司诉法国奥菲欧系统有限公司租赁合同纠纷案	CLI.C.207062	296
丽江多能水利水电工程有限公司与昆明龙源鑫科技有限公司买卖合同纠纷上诉案	CLI.C.204170	87
连云港市晶瑞石英工业开发研究院有限公司与中国科学院过程工程研究所技术合同纠纷上诉案	CLI.C.125235	475、476
连云港市贸农联营出口饲料加工厂与连云港华阳北方公司仓储保管合同灭损纠纷上诉案	CLI.C.59270	529
梁灿和等与甘志洪民间借贷纠纷上诉案	CLI.C.102472	257
梁炽标与刘就祥等财产相关权利纠纷上诉案	CLI.C.68649	96
梁结贞与张学武财产损害赔偿纠纷上诉案	CLI.C.58314	208
梁金凤与新疆金和企业集团房地产开发有限公司撤销权纠纷上诉案	CLI.C.286758	66
梁秀花与娄国付恢复原状纠纷再审案	CLI.C.285758	56
梁永正与洛阳首龙集团有限公司借款纠纷上诉案	CLI.C.281607	101
林爱良与潘海平民间借贷纠纷上诉案	CLI.C.282810	264
林传春等诉浙江省衢州公路运输有限公司租赁合同纠纷案	CLI.C.192131	172
林少娴与罗健祥离婚后财产纠纷上诉案	CLI.C.102653	8
临沂一鸣装饰有限公司诉临沂金氏玛帝奥商贸有限公司著作权侵权纠纷案	CLI.C.132814	36
凌某某与王某某债权纠纷上诉案	CLI.C.277257	284
刘保才诉许要峰装饰装修合同纠纷案	CLI.C.253802	60
刘保三与梁红涛建筑工程施工合同纠纷上诉案	CLI.C.286212	168
刘邓与李新德股权转让纠纷上诉案	CLI.C.228478	86
刘法新与济源市农业科学研究所职务技术成果完成人奖励纠纷上诉案	CLI.C.191855	465
刘光金诉刁守西租赁合同、排除妨害纠纷案	CLI.C.279227	295
刘国栋诉于占营等财产所有权纠纷案	CLI.C.291980	128
刘煌与吴从女等果园承包合同纠纷上诉案	CLI.C.195467	155
刘纪国诉乔辉民间借贷合同纠纷案	CLI.C.276587	253、273
刘建军与黄志高房屋买卖合同纠纷上诉案	CLI.C.110589	86
刘景桐与北京首欣物业管理有限责任公司物业服务合同纠纷上诉案	CLI.C.222150	113
刘烈盼诉余深斌等房屋买卖、抵押权纠纷案	CLI.C.211920	6
刘梅等与郑显房屋买卖合同纠纷上诉案	CLI.C.283351	121
刘猛与王锋等技术转让合同纠纷上诉案	CLI.C.222722	117、469、471
刘某等与芦某雇佣合同赔偿纠纷上诉案	CLI.C.281805	172
刘某某诉洛阳正奇建设开发有限公司经济适用房买卖合同纠纷案	CLI.C.281967	69
刘某某与凌云建筑公司建筑工程承包合同纠纷再审案	CLI.C.258646	90
刘某与王某某民间借贷纠纷上诉案	CLI.C.275487	272
刘鹏举诉广东省寰球期货经纪有限公司期货交易纠纷案	CLI.C.117543	534
刘乾优与刘宜执客运合同纠纷上诉案	CLI.C.32550	182
刘庆阳诉刘福平等道路交通事故人身损害赔偿纠纷案	CLI.C.276292	160
刘为诉姚宝卫因在承揽关系中受伤请求赔偿案	CLI.C.81783	335
刘伟等与番禺富门花园房地产有限公司商品房预售合同纠纷上诉案	CLI.C.226970	199
刘炜诉天津市塘沽区自来水公司等供用自来水合同案	CLI.C.48738	239
刘现法与河南省公路工程局集团有限公司建设工程合同纠纷上诉案	CLI.C.239585	75
刘艳丽诉谢留根等买卖合同纠纷案	CLI.C.291309	63
刘永光诉北京排山工程机械配件有限公司融资租赁合同纠纷案	CLI.C.209012	322
刘友胜诉朱善华等追索劳动报酬纠纷案	CLI.C.253284	92

(续表)

司法案例名称	法宝引证码	页码
刘玉兰诉冯相永等道路交通事故人身损害赔偿纠纷案	CLI.C.257834	395
刘志敏与北京益丰物业经营有限责任公司物业服务合同纠纷上诉案	CLI.C.222665	85
刘忠华与黄洪亮委托合同纠纷上诉案	CLI.C.291197	546
卢广宇等与佛山鸿运广场服务有限公司保管合同纠纷上诉案	CLI.C.28168	525
卢奎英诉李德胜等民间借贷纠纷案	CLI.C.279234	253
卢天义与河南胜达建筑工程有限公司工程款纠纷再审案	CLI.C.286896	16
卢旭辉诉潍坊宝元通电子设备有限公司等侵犯专利权纠纷案	CLI.C.131512	497
陆某某等与上海东兴置业(集团)有限公司商品房预售合同纠纷上诉案	CLI.C.182084	122
路煜与闫文琴民间借贷纠纷上诉案	CLI.C.286938	110
吕帛霏等与周口市信谊药业有限公司租赁权纠纷上诉案	CLI.C.242786	200
吕明达与孙亚利运输合同纠纷上诉案	CLI.C.184184	378
吕宇华与王福隅等房屋租赁纠纷上诉案	CLI.C.121601	53
栾川县汉秋选矿厂诉王留成等承揽合同纠纷案	CLI.C.277168	161
栾兆安等诉中国法制出版社著作权权属、侵权纠纷案	CLI.C.291004	6、10、19、37、153、483、485
罗某某与上海新马建设(集团)有限公司债权转让合同纠纷上诉案	CLI.C.275951	56
罗顺尧与核工业西南建设工程总公司建设工程承包合同纠纷上诉案	CLI.C.38198	461
罗振军诉固始县供销合作社联合社沙河铺供销社房屋买卖合同纠纷案	CLI.C.291811	156
洛阳开天餐饮管理有限公司与河南六合物业管理服务有限公司租赁合同纠纷上诉案	CLI.C.281611	218、299
洛阳康鑫中药饮片有限公司与洛阳高新技术产业开发区孙旗屯乡张庄村民委员会房屋租赁合同纠纷上诉案	CLI.C.281472	295
洛阳榕拓焦化有限责任公司与河南省昊鼎建筑基础工程有限公司建设工程施工合同纠纷上诉案	CLI.C.205902	366
洛阳市某某建筑安装工程有限公司与洛阳市某某混凝土有限公司买卖合同纠纷上诉案	CLI.C.281355	551
洛阳市鑫店建筑安装工程有限公司与洛阳市洛龙区龙门镇卫生院建设工程施工合同纠纷上诉案	CLI.C.281398	352
洛阳市宜阳工业开发公司诉宜阳县机械厂等侵权纠纷案	CLI.C.280650	163
洛阳永安特钢有限公司与河南省安阳市豫北建筑安装公司侵权纠纷上诉案	CLI.C.277843	118
漯河某某建设工程有限公司诉漯河市某某房地产开发有限公司建设工程施工合同纠纷案	CLI.C.280694	367
漯河某银行行中心支行诉王某某等借款合同纠纷案	CLI.C.265053	280
漯河市某混凝土有限公司诉刘某等分期付款买卖合同纠纷案	CLI.C.265047	229
漯河市郾城区龙城镇某某村第某村民组诉漯河市郾城区龙城镇某村民委员会等土地租赁合同纠纷案	CLI.C.280676	73
漯河市郾城区某某信用社诉中国某某保险股份有限公司漯河中心支公司等人身保险合同纠纷案	CLI.C.280681	44
漯河市永冠房地产开发有限公司与临颍胖德莛购物有限公司等租赁合同纠纷上诉案	CLI.C.145051	304
马某某1等诉马某某2保管合同纠纷案	CLI.C.240836	526
马某与刘某赠与合同纠纷上诉案	CLI.C.140788	250
马全海与中交第二航务工程局有限公司第五工程分公司保管合同纠纷上诉案	CLI.C.89602	529
马少莉诉北京中经国创应用科学技术研究院技术中介合同纠纷案	CLI.C.199903	517
马小秀与新绿源置业(集团)有限公司等合同纠纷上诉案	CLI.C.178831	184
马秀如与汪秀玲等房屋买卖合同纠纷再审案	CLI.C.285752	74、85、139、150
马延荣诉李培芳等案	CLI.C.229360	145
马永朝诉高运平货运合同纠纷案	CLI.C.289767	424
毛必田等与云和县沙铺乡回龙山村民委员会等山林经营权买卖合同纠纷上诉案	CLI.C.80054	215

(续表)

司法案例名称	法宝引证码	页码
毛某与王某离婚纠纷上诉案	CLI.C.276257	131
毛顺清、龙福臣诉梅正仙遗赠扶养协议纠纷抗诉案	CLI.C.226780	251
梅某某与吴某某保管合同纠纷上诉案	CLI.C.193979	522
米艳艳与王伟合同纠纷上诉案	CLI.C.210925	54
绵阳市科学城泰裕机械有限公司与绵阳市恒泰机械厂加工定作合同纠纷案	CLI.C.1468	180
明小东诉马国臣房屋租赁纠纷案	CLI.C.290263	232、308
明新弹性织物（中国）有限公司诉上海百利安制衣有限公司等定作合同纠纷案	CLI.C.151767	89
某1厂与某2厂等买卖合同纠纷上诉案	CLI.C.283702	91
某1某某公司与某2某某办事处借款担保合同纠纷上诉案	CLI.C.250805	197
某建筑安装工程有限公司诉电力建设总公司建设工程分包合同纠纷案	CLI.C.121201	76
某诉某民间借贷纠纷案	CLI.C.275915	253、273
某物业顾问有限公司诉陈某居间合同纠纷案	CLI.C.276649	569
穆林森诉南阳市港达房地产开发有限公司商品房买卖合同纠纷案	CLI.C.254375	201
南澳县澄瀛石油汽供应公司诉汕头市公路局莱长渡口所海上货物运输合同案	CLI.C.48403	380
南昌天吉铝塑门窗有限公司诉中南安源镀膜玻璃（萍乡）有限公司加工承揽合同纠纷案	CLI.C.93999	30
南海市盐步金丰折光彩印实业有限公司与何泽棠买卖合同纠纷上诉案	CLI.C.63297	227
南京航星信息技术有限公司与南京航空航天大学技术合同纠纷上诉案	CLI.C.84990	475、476、479
南京华韵建筑科技发展有限公司与陈信孚等专利申请权权属纠纷上诉案	CLI.C.291331	45
南京天厨美食有限公司诉南京希科大酒店有限公司租赁合同纠纷案	CLI.C.5656	550
南京先登医药科技开发有限责任公司与江苏聚荣制药集团有限公司技术转让合同纠纷上诉案	CLI.C.21867	478
南通吉华物流有限公司与安吉县博洋竹板业有限公司运输合同纠纷上诉案	CLI.C.290570	387
南文峰诉冯双喜房屋买卖合同纠纷案	CLI.C.240126	204
南阳市盛宛建材有限公司等与王秀丽等道路交通事故人身损害赔偿纠纷上诉案	CLI.C.258676	127
南阳市新禧房地产经纪有限公司与南阳市天和房地产营销策划有限公司委托合同纠纷上诉案	CLI.C.260845	84
内黄县面粉公司诉任艳臣等居间合同案	CLI.C.235502	568
内蒙古荣峰贸易有限责任公司诉北京市燕山水泥有限公司买卖合同纠纷案	CLI.C.205203	32
倪观生诉倪永金赠与合同案	CLI.C.49193	251
年冠鼎诉徐文耀、西安启域汉字桥研究所等侵犯著作权案	CLI.C.88777	467
宁波诚导股份有限公司诉艾睿电子中国有限公司货物买卖合同纠纷案	CLI.C.51451	32
宁波福华房地产开发有限公司与杭州建工集团有限责任公司建设工程施工合同纠纷上诉案	CLI.C.209478	372
宁波今日汽车经纪服务有限公司诉严剑方等汽车按揭服务合同纠纷案	CLI.C.242673	90
宁波申江科技股份有限公司诉浙江国泰水产集团有限公司企业借贷纠纷案	CLI.C.239379	78
宁波市工艺品进出口有限公司与上海市纺织运输公司纺运物流中心仓储合同纠纷上诉案	CLI.C.235997	538
宁波市润泽进出口有限公司与宁波航姆国际物流有限公司货运代理合同违约赔偿纠纷案	CLI.C.240749	6
宁波市镇海华国行贸易有限公司诉宁波鑫点服饰有限公司承揽合同纠纷案	CLI.C.227373	533
宁波永大时代物业管理有限公司与宁海县水务集团有限公司供用水合同纠纷上诉案	CLI.C.283501	243
宁波永宏紧固件制造有限公司诉宁波鑫泰紧固件制造有限公司担保追偿权纠纷案	CLI.C.241941	90
农行荥阳市支行诉郑州炭素总厂负债未还又将该厂租赁给他人经营要求撤销其租赁合同案	CLI.C.21737	96
潘保友与杨世万互易纠纷上诉案	CLI.C.277084	34

(续表)

司法案例名称	法宝引证码	页码
潘冬友与莫妙友等光船租赁合同纠纷上诉案	CLI.C.247206	312
潘怀义诉苗向前用益物权确认纠纷案	CLI.C.290164	71
潘森等与邹春花买卖合同纠纷上诉案	CLI.C.235362	206
彭必武与河南省春蕾实业发展有限公司建筑工程施工合同纠纷上诉案	CLI.C.277850	365
彭国刚与新疆四方锅炉有限公司买卖合同纠纷上诉案	CLI.C.284574	74
彭连生诉武汉正鑫科技开发有限公司技术合同纠纷案	CLI.C.222528	465、482
彭妙华与叶顺好房屋赠与合同纠纷上诉案	CLI.C.234915	245
彭学平等诉金跃新等民间借贷纠纷案	CLI.C.236549	255
彭勇军与陈志奇买卖合同纠纷上诉案	CLI.C.291473	126
蓬莱外贸集团公司与环球株式会社购销扇贝柱欠款纠纷上诉案	CLI.C.5544	210
平金辉等与中国银行股份有限公司洛阳分行等储蓄存款合同纠纷上诉案	CLI.C.282534	83
濮阳市城市信用社股份有限公司等与中国建设银行股份有限公司濮阳人民路支行等资金拆借合同纠纷上诉案	CLI.C.205945	290
濮阳市运山生物化工厂等与张保恩等技术合作开发合同纠纷上诉案	CLI.C.186067	478
齐志红诉王长海民间借款合同纠纷案	CLI.C.285554	252
迁西县富兴耐火材料厂与河北理工大学技术合同纠纷上诉案	CLI.C.192034	459
钱某某与上海齐佳物业管理有限公司物业服务合同纠纷上诉案	CLI.C.195141	102
乔进卿与郑红伟等房屋租赁合同纠纷上诉案	CLI.C.287369	119
钦州市大港仓储有限公司与中国石油化工股份有限公司广西北海石油分公司油料运输、仓储合同纠纷上诉案	CLI.C.34036	107
秦福强诉张掖市第五建筑工程公司等买卖合同纠纷案	CLI.C.140727	58
秦福喜等与吴世明等合同纠纷上诉案	CLI.C.250276	184
秦皇岛渤海铝幕墙装饰工程有限公司与北京银晶玻璃有限公司承揽合同纠纷上诉案	CLI.C.217171	142
秦皇岛金海粮油工业有限公司诉卫辉金升国家粮食储备库有限公司仓储合同损失赔偿纠纷案	CLI.C.255025	530、538
秦俊涛与张振庆货物运输合同纠纷再审案	CLI.C.258644	449
秦岚诉王亮租赁合同案	CLI.C.48733	122
秦涛诉北京搜狐互联网信息服务有限公司其他合同纠纷案	CLI.C.79379	23
秦兴权等与陈洪军人身损害赔偿再审案	CLI.C.43799	335
青岛路法沥青有限公司与宁波绪扬海运有限公司货损纠纷上诉案	CLI.C.243002	159
丘保荣与广州市龙的出租汽车股份有限公司合同纠纷上诉案	CLI.C.277903	118、125
邱振富等与涿州市环境保护局技术转让合同纠纷上诉案	CLI.C.201737	460
裘明通与叶宗耀光船租赁合同违约赔偿纠纷上诉案	CLI.C.244985	312
衢州市衢江农村信用合作联社诉程庆华等金融借款合同纠纷案	CLI.C.228655	258
全俄钢铁贸易（北京）有限责任公司与绥芬河市盛禄发经贸有限公司招标投标买卖合同上诉案	CLI.C.204771	231
泉州花卉城有限公司诉被告王建建土地租赁合同案	CLI.C.49134	36
泉州市兴达轻工（集团）有限公司与九牧集团有限公司侵犯注册商标专用权和不正当竞争纠纷再审案	CLI.C.291281	68
群翃工业股份有限公司诉雅新实业股份有限公司等买卖合同纠纷案	CLI.C.158055	203
任何云与焦顺利等合伙纠纷再审案	CLI.C.291400	57
任某等诉王某1等民间借贷纠纷案	CLI.C.239807	54
任某某与俞某某委托合同纠纷上诉案	CLI.C.276236	103
任玉英诉白勇等房屋买卖合同纠纷案	CLI.C.290275	72、176
茹敬军与刘志财产权属纠纷上诉案	CLI.C.290772	115

(续表)

司法案例名称	法宝引证码	页码
汝州市庙下供销合作社诉宋武欣租赁合同纠纷案	CLI.C.206847	294
阮海斌与台州东润电镀有限公司合同纠纷上诉案	CLI.C.235921	105
阮景勇与李玉兰房屋租赁合同纠纷上诉案	CLI.C.286947	42
赛博数码科技（郑州）有限公司与洛阳全城置业有限公司租赁合同纠纷上诉案	CLI.C.282533	85
三门峡市会安装饰工程处与三门峡华兴建筑有限责任公司建筑工程安装合同纠纷再审案	CLI.C.285549	360、362、364
三水市华力饮料有限公司诉广州中海物流有限公司水路货物运输代理合同纠纷案	CLI.C.16334	382
三亚昌达房地产开发有限公司与石利利商品房预售合同纠纷上诉案	CLI.C.121024	47
三亚华宇旅业有限公司与上海宝临电器成套制造有限公司买卖合同纠纷上诉案	CLI.C.158282	553
三亚市建筑工程总公司与林葆龙集资建房合同纠纷上诉案	CLI.C.158299	122
山东聚丰网络有限公司与韩国MGAME公司、天津风云网络技术有限公司网络游戏代理及许可合同纠纷管辖权异议案	CLI.C.215799	206
山东三株实业有限公司诉山东山大华特软件有限公司等技术服务合同纠纷案	CLI.C.21886	125
山东顺兴机械有限公司与郑州振东耐磨材料有限公司买卖合同纠纷上诉案	CLI.C.287331	162
山海关开发区电站辅机厂与马成群等侵犯商业秘密纠纷上诉案	CLI.C.283704	15、42、103、205
陕西邓邦房地产开发有限公司与薛永成房屋拆迁安置补偿合同纠纷上诉案	CLI.C.244700	74
汕头市潮阳第一建安总公司与上海金万年文具制造有限公司建设工程施工合同纠纷上诉案	CLI.C.195561	368
商城县金桥建筑工程有限公司与北京华尔信物资供应公司等租赁合同纠纷上诉案	CLI.C.189778	27
上蔡县海洋环保证照工艺彩印厂诉桦南县计划生育局定作合同报酬款纠纷案	CLI.C.10772	227
上海爱爱婴幼儿用品有限公司与上海汇鼎印刷有限公司承揽合同纠纷案	CLI.C.173062	329
上海宝铁储运公司与上海宝山宝工贸有限公司储运合同赔偿损失纠纷抗诉案	CLI.C.71041	536
上海滨杰企业管理有限公司与顾甲房屋租赁合同纠纷上诉案	CLI.C.195177	304
上海城开派特贵金属有限公司与中国工商银行上海市卢湾支行等买卖合同纠纷上诉案	CLI.C.79745	217
上海大亚机电有限公司与上海瑞堡实业有限公司等房屋租赁合同纠纷上诉案	CLI.C.275458	294
上海德祥皮具有限公司与上海中垦进出口公司承揽合同欠款纠纷及承揽合同赔偿纠纷上诉案	CLI.C.49993	222
上海电话线路器材总厂与上海宏锐微电子有限公司租赁合同纠纷上诉案	CLI.C.152801	122
上海奋发服饰有限公司诉宁波杉杉摩顿服装有限公司承揽合同纠纷案	CLI.C.251223	221
上海凤诚企业管理有限公司与顾甲房屋租赁合同纠纷上诉案	CLI.C.195349	304
上海高伟技术咨询有限公司诉上海龙达包装有限公司技术咨询合同纠纷案	CLI.C.155533	505
上海宏友纺织品有限公司与上海银信投资担保有限公司保证合同纠纷再审案	CLI.C.276215	49
上海鸿大营造有限公司与宁波市北仑区高混凝土制品厂租赁合同纠纷上诉案	CLI.C.140385	297
上海鸿得利机械设备营销有限责任公司与遵义建工（集团）有限公司厦门分公司买卖合同纠纷上诉案	CLI.C.192264	202
上海纪明环保设备科技有限公司诉上海和峰环境科技有限公司技术合作开发合同纠纷案	CLI.C.221962	477
上海嘉腾通讯系统工程有限公司与上海国广房地产经营有限公司建设工程合同纠纷上诉案	CLI.C.275518	124
上海锦欣物资贸易有限公司与上海林霞制衣有限公司加工合同纠纷上诉案	CLI.C.62873	331
上海剧酷文化传播有限公司与浙江影视（集团）有限公司著作权许可使用合同纠纷上诉案	CLI.C.292094	46
上海康大泵业制造有限公司诉鹤壁煤电股份有限公司买卖合同纠纷案	CLI.C.282175	168
上海坤炜实业有限公司与南通金泰海绵制品有限公司买卖合同纠纷上诉案	CLI.C.276266	218
上海昆鹏木业有限公司与上海贝地思木业有限公司买卖合同纠纷上诉案	CLI.C.275863	56
上海乐乐实业有限公司与临海市恒源涂装设备有限公司承揽合同纠纷上诉案	CLI.C.283335	331

(续表)

司法案例名称	法宝引证码	页码
上海麦润福商贸有限公司诉上海新天天大众低温物流有限公司赔偿纠纷案	CLI.C.148522	531
上海密尔克卫国际集装箱货运有限公司诉宁波太一进出口贸易有限公司海上货物运输合同货物泄漏损害赔偿纠纷案	CLI.C.77499	433
上海某广告传播有限公司诉李某经济补偿金纠纷案	CLI.C.276054	64
上海某慧谷信息产业股份有限公司诉上海某传媒投资有限公司买卖合同纠纷案	CLI.C.276600	533
上海某金属制品有限公司诉上海某1精密模具有限公司买卖合同纠纷案	CLI.C.206388	31
上海某某房地产经纪事务所诉白某某等居间合同纠纷案	CLI.C.248635	9
上海某实业有限公司诉上海某商贸有限公司房屋租赁合同纠纷案	CLI.C.250373	295
上海诺顶仪器设备有限公司诉浙江锡仪试验机制造有限公司买卖合同纠纷案	CLI.C.236668	84
上海浦东新区今崧电力服务中心诉上海化建实业有限公司、华夏证券有限公司上海分公司大木桥路证券营业部、华夏证券股份有限公司等委托合同纠纷案	CLI.C.72035	561
上海奇普科技有限公司与北京阜国数字技术有限公司计算机软件著作权侵权纠纷上诉案	CLI.C.64273	467
上海汽贸旧机动车经纪有限公司与上海惠天商贸发展有限公司杭州分公司行纪合同纠纷上诉案	CLI.C.181978	559
上海汽贸旧机动车经纪有限公司与上海惠天商贸发展有限公司杭州分公司行纪合同纠纷上诉案	CLI.C.181978	563
上海韶虞建筑设备有限公司诉上海陆海建设有限公司租赁合同纠纷案	CLI.C.142096	527
上海胜康廖氏房地产开发有限公司与上海标宝贸易有限公司房屋租赁合同纠纷上诉案	CLI.C.276807	296
上海水利电力对外工程有限公司与上海金厦建筑安装工程有限公司等建设工程施工合同纠纷再审案	CLI.C.200886	372
上海水清木华广告发展有限公司诉《行报》社等委托合同纠纷案	CLI.C.139917	89
上海索村卫浴设备有限公司与东方家园有限公司买卖合同纠纷上诉案	CLI.C.204536	31
上海泰安音响有限公司与上海航天晶源环境工程有限公司技术中介合同纠纷上诉案	CLI.C.151535	517
上海天奕经济发展有限公司与上海普陀悦达置业有限公司租赁合同纠纷上诉案	CLI.C.138329	323
上海希灿实业有限公司与上海莽原机电有限公司买卖合同纠纷上诉案	CLI.C.208286	122
上海现代浦东药厂有限公司诉上海华秋医药信息咨询有限公司等技术咨询合同纠纷案	CLI.C.26861	506
上海液压气动总公司与中国农业银行上海市分行营业部借款合同纠纷再审案	CLI.C.196002	127
上海易程集装罐运输服务有限公司诉连云港市康信进出口有限公司海上货物运输合同纠纷案	CLI.C.247211	322
上海溢盛纺织品贸易有限公司诉南华纺织（集团）有限公司买卖合同纠纷案	CLI.C.144606	122
上海银联资产经营管理有限公司与上海金光纸业产品服务有限公司保管、仓储合同纠纷上诉案	CLI.C.27828	539
上海玉晶制衣有限公司与上海泰锋纺织制品有限公司买卖合同纠纷上诉案	CLI.C.152136	227
上海樟马建材市场经营管理有限公司与周田经生命权、健康权、身体权纠纷上诉案	CLI.C.206136	157
上海正大景成企业发展有限公司诉上海铭领贸易有限公司仓储合同纠纷案	CLI.C.81471	536
上海直真节点技术开发有限公司与上海福卫软件科技有限公司技术转让合同纠纷上诉案	CLI.C.242778	205、473、483、485
上海中夏印务有限公司诉上海新竹汽车用品有限公司加工合同纠纷案	CLI.C.144255	330
上海自得科技发展有限公司与北京珠峰万维商贸有限公司买卖合同纠纷上诉案	CLI.C.154374	43
上海醉美餐饮管理有限公司与上海海慈投资经营有限公司房屋租赁合同纠纷上诉案	CLI.C.212487	323
上饶县万通运输有限公司诉王廷喜挂靠经营合同纠纷案	CLI.C.254746	293
尚某某与漯河市第三建筑工程公司产品质量损害赔偿纠纷再审案	CLI.C.243320	221
尚义县雪城毛纺厂诉兖州毛纺厂购销洗净改良羊毛合同违约纠纷案	CLI.C.230547	101
邵保顺等与冯洁民承揽合同纠纷上诉案	CLI.C.286122	138
绍兴塞毅特进出口贸易有限公司诉绍兴市锦皓达纺织绣饰品有限公司加工合同纠纷案	CLI.C.210138	332
申秀珍诉申庆和保管合同纠纷案	CLI.C.203523	526

(续表)

司法案例名称	法宝引证码	页码
深圳某建筑装饰工程有限公司与何某建设工程施工合同纠纷上诉案	CLI.C.268208	164
深圳某某酒店有限公司与廖某某委托代缴税款纠纷上诉案	CLI.C.268256	555
深圳某某酒店有限公司与吕某某等委托代缴税款纠纷上诉案	CLI.C.268246	555
深圳市爱网信息技术有限公司诉珠海市时代互联信息技术有限公司网络域名注册合同纠纷案	CLI.C.130580	49
深圳市安立达通信设备有限公司诉广东盈通网络投资有限公司买卖合同纠纷案	CLI.C.118842	216
深圳市大族激光科技股份有限公司诉范伟买卖合同纠纷案	CLI.C.253113	202
深圳市建筑设计研究总院第二设计院与韩冬委托设计合同纠纷上诉案	CLI.C.129394	349
深圳市子康实业有限公司与云南纵横时代传媒有限公司合同纠纷上诉案	CLI.C.204392	6
神力集团有限公司与任文华技术合同及合营合同纠纷上诉案	CLI.C.21990	460
沈柏兆与蔡柏华等合作经营合同纠纷上诉案	CLI.C.277272	188
沈阳客运集团公司黄河公共汽车分公司与高振宇城市公交运输合同人身损害赔偿纠纷上诉案	CLI.C.106080	393
沈阳新海彩色印刷有限公司与北京豹驰技术发展有限公司融资租赁合同纠纷上诉案	CLI.C.275774	315
沈阳中科腐蚀控制工程技术中心诉盐城市运输打捞公司等定期租船合同纠纷案	CLI.C.242972	311
沈以标等与薛世蓉股权转让纠纷上诉案	CLI.C.280001	15、33、49
狮马有限公司诉上海迅汇国际货物运输代理有限公司海上货物运输合同无单放货纠纷案	CLI.C.201790	438
施明诉陈新昌等民间借贷纠纷案	CLI.C.234598	33
施念康诉苏文峰技术合作开发合同纠纷案	CLI.C.135411	479
石河子市石粮粮油经销处与石河子亚龙油脂加工厂购销合同违约纠纷上诉案	CLI.C.11462	180
石全喜与中国人民解放军71622部队农副业基地土地承包合同纠纷再审案	CLI.C.281666	101
史东新与河南省电力公司许昌供电公司等供用电合同纠纷上诉案	CLI.C.283474	235
史庆康与中国平安人寿保险股份有限公司北京分公司保险代理合同纠纷上诉案	CLI.C.178263	555
顺德市北滘镇强大电器制造有限公司与佛山市汇星精密模具有限公司买卖合同纠纷上诉案	CLI.C.62553	330
顺溢公司等与宏昌织造制衣国际有限公司加工合同纠纷上诉案	CLI.C.32769	332
四川成都天一集团公司诉中国华融资产管理公司成都办事处债务纠纷案	CLI.C.3062	105
四海公司诉袁明生等委托合同纠纷因四海公司未行使委托人介入权由袁明生承担违约责任案	CLI.C.26273	549
嵩县电业局与嵩县物资贸易公司供电合同纠纷上诉案	CLI.C.281344	235
嵩县林产品经销公司诉林旦房屋租赁合同纠纷案	CLI.C.291620	131
嵩县水产技术推广站等与洛阳市圣星科工贸有限公司联营合同纠纷再审案	CLI.C.282035	103
宋福民与藏运刚返还原物纠纷上诉案	CLI.C.263054	324
宋光明等与民权县军粮供应站返还财产纠纷再审案	CLI.C.279280	127
宋建峰与尚志礼债权转让纠纷上诉案	CLI.C.281906	109
宋守波诉高宏俊租赁合同纠纷案	CLI.C.290398	1
宋喜贵与宋八斤赠与合同纠纷上诉案	CLI.C.239601	245、250
苏江亮诉第三建筑工程有限公司物权保护纠纷案	CLI.C.259784	294
苏娜等与张遂群物权保护纠纷上诉案	CLI.C.246274	101
苏新奎诉刘树标、刘章云委托合同赔偿纠纷案	CLI.C.47562	554
苏永勤与杨爱中房屋租赁合同纠纷上诉案	CLI.C.286778	121
苏月平与广州市东轩食品有限公司合作合同纠纷上诉案	CLI.C.277574	178
苏州市大韩针织染整有限公司等与上海申可商贸有限公司租赁合同暨保证合同纠纷上诉案	CLI.C.275786	315
苏州中环集团有限公司与苏州赛琅泰克高技术陶瓷有限公司技术转让合同纠纷上诉案	CLI.C.291350	85

(续表)

司法案例名称	法宝引证码	页码
苏州铸诚建设工程管理咨询有限公司与吴江城市投资发展有限公司技术咨询合同纠纷上诉案	CLI.C.127653	503、504
宿迁市红天鹅园林环境工程有限公司等与刘汉林股权转让纠纷上诉案	CLI.C.205869	309
粟春林与珠海市良邦石油化工有限公司等股权转让合同纠纷上诉案	CLI.C.116320	135
睢某某与深圳金某某旅游度假俱乐部有限公司商品房预售合同纠纷上诉案	CLI.C.268206	83
隋朝壮诉三门峡市湖滨区九鼎清洁服务部财产损害赔偿纠纷案	CLI.C.285753	73、95
隋军明诉王涛租赁合同纠纷案	CLI.C.180519	87
孙呈伦与谭美凤侵权损害纠纷上诉案	CLI.C.173611	552
孙红亮以分期付款期满所有权转移方式承包车辆后因在期间内车辆被抢灭失诉中原汽车出租租赁公司退还抵押金和按已交款比例分享保险赔款案	CLI.C.22076	209
孙开仪与梁海燕货运合同纠纷上诉案	CLI.C.37041	450
孙连中与郑州长城康桥商业管理有限公司租赁合同纠纷上诉案	CLI.C.287317	45
孙胜利与陈学德债权转让合同纠纷上诉案	CLI.C.246688	112
孙慰祖与北京东方容和物业管理有限责任公司物业服务合同纠纷上诉案	CLI.C.207088	86
孙新年诉范新四建筑合同纠纷案	CLI.C.280461	168
台湾瀚重尼克股份有限公司与夏新电子股份有限公司买卖合同纠纷上诉案	CLI.C.283632	162
台州市得意达汽车销售服务有限公司等与中国建设银行股份有限公司临海支行金融借款合同纠纷上诉案	CLI.C.236035	64
台州市黄岩炜大塑料机械有限公司与上海捷宝金属材料有限公司买卖合同纠纷上诉案	CLI.C.252209	31
太仓顺风针织有限公司诉杭州天马思宏染织有限公司等定作合同纠纷案	CLI.C.137651	332
太原市福康中西医结合皮肤病医院与太原市艾环科技发展有限公司技术服务合同纠纷上诉案	CLI.C.130908	513、515
泰安市泰山工程机械集团有限公司与张致力技术委托开发合同纠纷上诉案	CLI.C.133471	481
泰州茂峰针织服装有限公司诉孙华根定作合同纠纷案	CLI.C.65296	332
谈小云与广州市地下铁道总公司等财产损害赔偿纠纷上诉案	CLI.C.246721	98
汤成斌与周建梅相邻权纠纷上诉案	CLI.C.285922	60
唐包根诉肖永辉等合伙协议纠纷案	CLI.C.285793	123
唐红星诉张冰伟等房屋买卖合同纠纷案	CLI.C.225593	31
唐宁与新华人寿保险股份有限公司北京分公司人身保险合同纠纷上诉案	CLI.C.177744	25
唐松林等与刘德恩等租赁合同纠纷上诉案	CLI.C.285583	294
陶恩花诉宁波伟立电子有限公司等民间借贷纠纷案	CLI.C.227748	272
滕城市城郊信用社诉建行枣庄市薛城区支行票据纠纷案	CLI.C.67267	534
天津市速派奇电动自行车有限公司与常州普利司通自行车有限公司侵犯专利权纠纷上诉案	CLI.C.73917	174
天津市中环温度仪表有限公司诉平顶山神马汇源氯碱有限公司买卖合同纠纷案	CLI.C.281635	40
田志为诉杨智敏房屋买卖合同案	CLI.C.235564	137
通州市申鑫拉链有限公司与宏大研究院有限公司技术合同纠纷上诉案	CLI.C.164889	469、471
桐庐正群纺织厂与桐庐天友绣品厂等承揽合同纠纷上诉案	CLI.C.281872	326
汪和睦诉大连高新生物制药有限公司等科技成果转化奖奖励纠纷案	CLI.C.134736	460
汪某诉上海某某电子时代广场有限公司房屋租赁合同纠纷案	CLI.C.206287	304
汪小青与江焯灵房屋租赁合同纠纷上诉案	CLI.C.50491	323
王柏林与严佩玉等股权转让纠纷上诉案	CLI.C.285961	52
王邦均诉苏益才人身损害赔偿纠纷案	CLI.C.84961	335
王保荣等诉陕县宏通汽车运输有限责任公司等运输合同纠纷案	CLI.C.238921	449
王保柱与王瑞莲物权纠纷上诉案	CLI.C.183450	8
王长江与西华县城建工程有限公司建设工程施工合同纠纷上诉案	CLI.C.281673	213、367

(续表)

司法案例名称	法宝引证码	页码
王崇明等与郑州市市郊农村信用合作联社古荥信用社等借款合同纠纷上诉案	CLI.C.287325	67、110
王翠兰与温县温泉社会福利塑料厂民间借贷纠纷上诉案	CLI.C.254332	83
王二同等与王素琴借款纠纷上诉案	CLI.C.281887	84
王芬诉河南省禹州市百货采购供应站钧都商场保管合同纠纷案	CLI.C.286704	519、520
王富强诉濮阳市大龙石油机械制造有限公司委托合同纠纷案	CLI.C.285608	325、542
王改云诉第三建筑工程有限公司物权保护纠纷案	CLI.C.259794	294
王光玉诉作家出版社侵犯著作权纠纷案	CLI.C.291029	25、41
王广建与杨占民仓储合同纠纷上诉案	CLI.C.251617	530
王海明诉驻马店市建筑公司等买卖合同纠纷案	CLI.C.285617	199
王红军与王合照租赁合同纠纷再审案	CLI.C.286893	14
王洪乔与余姚市科源工贸有限公司保管合同纠纷上诉案	CLI.C.256988	521
王华诉靳鹭借款合同纠纷案	CLI.C.291809	6、148
王慧艳与穆左利房屋买卖合同纠纷上诉案	CLI.C.251131	158
王健等诉耿泥秋等居间合同纠纷案	CLI.C.27116	567
王经纬诉宁波江北三江华宇物流有限公司货运合同纠纷案	CLI.C.224598	441
王俊华与广东省粤港经济发展有限公司等民间借贷纠纷上诉案	CLI.C.217148	111
王蕾与乌鲁木齐市龙之健体育用品有限公司买卖合同纠纷上诉案	CLI.C.251216	75
王梦蛟与叶桂花、叶月华代销合同案	CLI.C.86787	559、563
王某等与洛阳市某区某某村村民委员会土地承包合同纠纷上诉案	CLI.C.285163	97
王某某诉上海某酒楼房屋租赁合同纠纷案	CLI.C.244242	292
王某某与苏某某房屋买卖合同纠纷上诉案	CLI.C.281051	78
王琴与飞达仕空调（上海）有限公司承包合同纠纷上诉案	CLI.C.11216	171
王蓉诉王翠莲健康权纠纷案	CLI.C.291684	149
王盛锋与林先力等林木收益权转让合同纠纷上诉案	CLI.C.165516	180
王童丽诉顺驰置业武汉有限公司等行纪合同纠纷案	CLI.C.284204	559、561、563
王万海诉时倩返还财产纠纷案	CLI.C.276269	67、79
王香兰等51人诉平顶山市市郊铁炉农村信用合作社及赵玉玲储蓄合同案	CLI.C.88657	58
王新富等与衢州元龙食品有限公司承揽合同纠纷上诉案	CLI.C.256092	334
王秀荣等诉济南铁路局济南铁路分局铁路运输合同旅客死亡赔偿纠纷案	CLI.C.94282	409
王学武诉乔治电梯（深圳）有限公司合同纠纷案	CLI.C.240691	462
王雪财等与西安市中进商贸有限责任公司欠款纠纷上诉案	CLI.C.139494	9
王雅芝与李达承包合同纠纷上诉案	CLI.C.284040	2
王艳等与栗晶房屋买卖合同纠纷上诉案	CLI.C.108523	215
王玉杰与郑州市金水区庙李镇陈砦村村民委员会招投标合同纠纷上诉案	CLI.C.250321	28
王振法诉朱善华等买卖合同纠纷案	CLI.C.253272	92
王振环与日本国永丰食品工业株式会社买卖合同纠纷上诉案	CLI.C.237586	204
潍坊宏涛化工有限公司与苏州市新纶喷丝组件厂买卖合同及技术培训合同纠纷上诉案	CLI.C.31017	517
卫风金诉空军第一建筑安装工程总队买卖合同纠纷案	CLI.C.291249	8
温显才与北京市怀柔区雁栖镇陈各庄股份合作社农业承包合同纠纷上诉案	CLI.C.205176	81
温州强盛石化机械有限公司与北京中油洁能环保科技有限责任公司买卖合同纠纷上诉案	CLI.C.204524	205
温州市博达海运有限公司与林其财等海事海商纠纷上诉案	CLI.C.247164	64、159
温州市瓯海创业服饰厂李香妹等承揽合同纠纷案	CLI.C.236896	332
温州银行股份有限公司诉吴培柱信用卡纠纷案	CLI.C.227417	25、28
翁某某与陈某某房屋买卖合同纠纷上诉案	CLI.C.275457	56

(续表)

司法案例名称	法宝引证码	页码
翁祖盛与深圳市南北进出口贸易有限公司债权转让合同纠纷上诉案	CLI.C.205860	109
乌鲁木齐经济技术开发区农村信用合作社与新疆宏运房地产开发有限公司抵押合同纠纷上诉案	CLI.C.250514	98
乌鲁木齐市东成西线工贸有限公司与巴依尔林房屋租赁合同纠纷上诉案	CLI.C.251162	299
乌鲁木齐市旺盛昌塑钢厂与新疆有色黄金建设公司破产管理人承揽合同纠纷申请再审案	CLI.C.250462	330
无锡昆达制球有限责任公司诉张醒狮等商标侵权纠纷案	CLI.C.84538	43
无锡市赛尔空气净化设备有限公司诉河南前峰药业科技有限公司承揽合同纠纷案	CLI.C.253098	162
芜湖捷泰精密工业有限公司与中国第四冶金建设公司等建设工程施工合同纠纷上诉案	CLI.C.291163	123
芜湖市爱德运输机械有限公司与洛阳新安电力集团万基水泥有限公司买卖合同纠纷上诉案	CLI.C.282404	200
芜湖市食品公司综合经营部诉芜湖市商务局等房屋买卖合同案	CLI.C.229971	306
吴阿毛等诉南京东宝实业有限公司案	CLI.C.81517	4
吴东魁诉赵广臣租赁合同纠纷案	CLI.C.291591	131
吴广华与广州五元名都房地产开发有限公司房屋拆迁安置合同纠纷上诉案	CLI.C.227247	165
吴建材与河南德宝置业有限公司买卖合同纠纷上诉案	CLI.C.250328	88
吴良西诉伍昌华等租赁合同纠纷案	CLI.C.228117	293
吴文仙等诉周卫明客运合同案	CLI.C.48741	393、416
吴昕烨与新疆康德环保热力科技有限公司供用热力合同纠纷上诉案	CLI.C.284886	100
吴占云与靳合队债务清偿纠纷上诉案	CLI.C.258459	249
吴志剑诉上海莎欧自行车有限公司技术转让合同纠纷案	CLI.C.83005	481
梧州市水运公司与中国人民财产保险股份有限公司梧州市蝶山支公司等水路货物运输保险代位求偿纠纷上诉案	CLI.C.89832	552
伍剑明与广东中原地产代理有限公司居间合同纠纷上诉案	CLI.C.190228	569
武书杰诉王方周等债权人代位权纠纷案	CLI.C.280529	93
武陟县第二汽车运输有限公司与河南新世纪亚飞汽车贸易有限公司担保合同纠纷上诉案	CLI.C.287906	46
舞钢市农村信用合作联社诉张连美等借款合同纠纷案	CLI.C.291487	40
西安恒泰本草科技有限公司与王增禄专利权属纠纷上诉案	CLI.C.132082	466
西安康复医院诉巩义市中医院合同纠纷案	CLI.C.287385	119
西安路桥机电设备技术有限公司与中交第二公路工程局有限公司等租赁合同纠纷再审案	CLI.C.283478	57
西华县宏基建筑有限公司诉西华县西夏镇人民政府建设工程合同纠纷案	CLI.C.244204	85
西门子楼宇科技（香港/中国）有限公司诉江西洪都消防工程有限公司等委托合同纠纷案	CLI.C.5546	553
席志敏诉冯建波等财产损害赔偿纠纷案	CLI.C.285841	169
夏登权与江玉珍等确认土地转让合同无效纠纷上诉案	CLI.C.277453	67
厦门国际银行北京分行诉北京诚信安隆科技发展有限公司等借款合同纠纷案	CLI.C.214501	288
厦门市集美区南星发展公司诉厦门象屿保税区大洋国际贸易有限公司外贸代理合同案	CLI.C.235232	501
厦门艺发办公用品有限公司诉厦门象屿物业管理有限公司停电侵权损害赔偿案	CLI.C.49216	239
厦门则律建设咨询监理有限公司诉江西省劳动和社会保障厅驻厦劳务管理处等建设工程监理合同案	CLI.C.229805	358
咸阳偏转集团公司诉北京北方执信影视策划中心其他合同纠纷案	CLI.C.91121	139
香港特别行政区敏佳贸易有限公司诉厦门盈利达工贸有限公司等外贸代理合同违约案	CLI.C.88600	547
向邦东诉重庆新大陆房地产开发有限公司居间合同纠纷案	CLI.C.84784	569
向建平诉重庆市酉阳县万家福商业有限责任公司等房屋租赁合同纠纷案	CLI.C.157104	122
橡果信息科技（上海）有限公司等与深圳市贝背健科技有限公司等专利侵权纠纷案	CLI.C.95981	467

(续表)

司法案例名称	法宝引证码	页码
肖黎明诉南方航空公司机票"超售"案	CLI.C.240617	393
肖令润诉国泰君安证券股份有限公司成都北一环路证券营业部等股票交易保证金财产侵权案	CLI.C.45568	544
肖水金与广州市宝宣生物科技有限公司等买卖合同纠纷上诉案	CLI.C.217321	105
肖玉梅与徐理文等房屋买卖纠纷案	CLI.C.54535	306
谢海军与刘改平租赁合同纠纷上诉案	CLI.C.281395	305
谢建英诉罗维华股权转让协议纠纷案	CLI.C.119540	170
新疆高新技术项目开发研究院与新疆新天房地产开发有限公司房屋租赁纠纷上诉案	CLI.C.285000	119
新疆国兴工程技术有限公司与上海东方泵业(集团)有限公司买卖合同纠纷上诉案	CLI.C.284555	213、218
新疆聚宝建筑工程装饰有限公司与齐德新等建设工程施工合同纠纷上诉案	CLI.C.251555	365
新疆陆通交通建设有限责任公司与彭韬运输合同纠纷上诉案	CLI.C.284577	57
新疆满疆红农资化肥科技有限公司等与石河子中亚干旱农业环境研究所专利权属纠纷上诉案	CLI.C.136074	459
新疆石河子八棉纺织公司与新疆天富热电股份有限公司供用电合同纠纷上诉案	CLI.C.90692	241
新疆四友彩印包装有限公司与李群喜承揽合同纠纷上诉案	CLI.C.252509	145
新疆维吾尔自治区食品药品检验所与乌鲁木齐市天宝科技工贸总公司房屋租赁合同纠纷上诉案	CLI.C.251567	461
新乡克瑞重型机械科技股份有限公司与李风增等租赁合同纠纷再审案	CLI.C.281668	305
新乡市瑞丰化工有限责任公司诉刘宗来侵权纠纷案	CLI.C.188632	466
新野县联威捻线有限责任公司与王化鹏委托合同纠纷上诉案	CLI.C.261731	11
新永联机械厂有限公司与广增包装公司合同纠纷上诉案	CLI.C.237855	231
信阳市津乾机械设备制造有限公司与彭子青劳动争议纠纷上诉案	CLI.C.281759	95
兴铭吊船(香港)有限公司与北京久创普英特高层设备有限公司租赁合同纠纷上诉案	CLI.C.133481	298
兴业银行广州环市东支行诉广东金中华通讯服务有限公司等借款合同纠纷案	CLI.C.78190	128
邢文林与南召县金海典当有限责任公司清算组借款合同纠纷上诉案	CLI.C.262840	288
匈牙利凯雷特工业贸易和科技开发股份公司诉华力空运有限公司天津分公司航空运输合同赔偿纠纷案	CLI.C.4665	212
徐爱荣诉胡伟等民间借贷纠纷案	CLI.C.253955	105
徐海良诉河南巴伦啤酒有限公司企业租赁经营合同纠纷案	CLI.C.238544	125、310
徐瑞乾诉新华人寿保险股份有限公司北京分公司人身保险合同纠纷案	CLI.C.291272	70
徐书锋诉李宗营等买卖合同纠纷案	CLI.C.290878	1、6
徐兴均诉五谷香村餐饮管理(北京)有限公司特许经营合同纠纷案	CLI.C.291361	1、6、153
徐亚荣诉邵忠元等民间借贷纠纷案	CLI.C.216843	89
徐志飞等与宁海市黄湾乡群乐村经济合作社企业出售纠纷上诉案	CLI.C.51836	11
许昌东森房地产开发有限公司与河南新鑫建筑装潢安装工程有限公司建设工程施工合同纠纷上诉案	CLI.C.250334	365
许昌市商标印刷厂诉陈鸿昌承揽合同纠纷案	CLI.C.262226	327
许昌市商标印刷厂诉杨军等承揽合同纠纷案	CLI.C.262229	327
许昌市神力液化石油气有限公司诉许昌市新丰液化气有限公司租赁合同纠纷案	CLI.C.291108	150
许昌万里运输(集团)有限公司诉马红涛分期付款买卖合同纠纷案	CLI.C.291099	42、115
许昌万里运输(集团)有限公司诉张利强分期付款买卖合同纠纷案	CLI.C.262230	229
许昌万里运输(集团)有限公司与李向丽公路旅客运输合同纠纷上诉案	CLI.C.280517	315、392
许昌县农村信用合作社诉联建伟等金融借款合同纠纷案	CLI.C.238622	258
许昌运通巴士旅游有限公司与刁金枝客运合同纠纷上诉案	CLI.C.280465	392
许昌运通巴士旅游有限公司与李伟霄客运合同纠纷上诉案	CLI.C.280466	392
许根生等诉赵介宝等案	CLI.C.81535	58

(续表)

司法案例名称	法宝引证码	页码
许汉奎等与朱伟东借款合同纠纷上诉案	CLI.C.32313	264
许何英与新同济工程有限公司租赁合同纠纷上诉案	CLI.C.284287	11
许继电气股份有限公司与河南东方科技有限公司买卖合同纠纷上诉案	CLI.C.250336	51
许军铁诉郑爱富等民间借贷纠纷案	CLI.C.244045	51
许兆飞等与南阳市国家税务局商品房预售合同纠纷上诉案	CLI.C.258805	88
许振禹与徐秋永海上货物运输合同纠纷上诉案	CLI.C.237587	450
玄志学诉张之学租赁合同纠纷再审案	CLI.C.92566	320
薛明蓉等与重庆世外园房地产开发有限公司等其他合同纠纷上诉案	CLI.C.291201	91
烟台金建物业管理服务有限公司诉中国人民银行关闭中国新技术创业投资公司清算组返还证券交易保证金纠纷案	CLI.C.24091	560
闫某某1等诉闫某2抚养费纠纷案	CLI.C.280714	73
闫淑英诉开封市第一人民医院医疗损害赔偿纠纷案	CLI.C.290256	156、169
燕泰食品有限公司诉京华客车有限责任公司大兴分公司买卖合同案	CLI.C.49428	182
杨昌成等诉上海瑞缘婚姻介绍所服务合同案	CLI.C.47565	182
杨东海诉杨土兴等建设工程分包合同纠纷案	CLI.C.285386	22、362
杨光华与昆明市超云工贸有限责任公司房屋租赁合同纠纷上诉案	CLI.C.188577	301
杨好书诉张杏芬等承揽合同纠纷案	CLI.C.262133	214、327
杨建明与乌鲁木齐万馨园宾馆有限公司等损害赔偿纠纷上诉案	CLI.C.251492	524
杨进良诉商丘交通运输集团货运有限公司挂靠经营合同纠纷案	CLI.C.279333	229
杨茂良、江淑贤、张来福、杨佳睿诉北京山林世纪房地产开发有限公司公路旅客运输合同案	CLI.C.86737	380
杨梅花诉张书伟等附义务的赠与合同纠纷案	CLI.C.225961	246、250
杨遂明等与牛冬枝所有权纠纷上诉案	CLI.C.286265	72、95
杨新焕诉王守强宅基地使用权纠纷案	CLI.C.285776	60
杨玉伦等诉杨红光侵犯土地承包经营权纠纷案	CLI.C.279336	8
杨照林诉郑州市第三建筑工程有限公司物权保护纠纷案	CLI.C.290284	308
姚居梅与上海西环物流有限公司货运合同纠纷上诉案	CLI.C.281840	424
姚旭芳与许正良变更房产证纠纷上诉案	CLI.C.281112	73
姚尧灿诉陈红苗民间借贷纠纷案	CLI.C.228563	83
叶桂荣与章卫如民间借贷纠纷上诉案	CLI.C.282899	254
叶万与广州市天河区佳达印刷厂承揽合同纠纷上诉案	CLI.C.110041	330
宜昌市鑫裕发工贸有限公司与湖北新丰化纤工业有限公司加工承揽合同纠纷再审案	CLI.C.78651	330
宜昌市信诚物业管理有限公司与龙建权保管合同纠纷上诉案	CLI.C.209303	521
移动八月(北京)技术有限公司与上海终胜信息技术有限公司等股权转让纠纷上诉案	CLI.C.208557	78
移动八月(北京)技术有限公司与王华青等合同纠纷上诉案	CLI.C.205656	474、475
易小琴与马新民互易合同纠纷上诉案	CLI.C.281894	233
益海(连云港)粮油工业有限公司诉卫辉金升国家粮食储备库有限公司仓储合同损失赔偿纠纷案	CLI.C.278243	538
银川九龙海浴餐饮娱乐有限公司与宁夏银祥房地产开发集团有限公司房屋租赁协议纠纷再审案	CLI.C.246472	296
尹前富等诉台州市椒江东风海洋渔业有限公司船舶挂靠经营合同费用返还纠纷案	CLI.C.247712	54
尹志明诉孙宗学民间借贷纠纷案	CLI.C.254996	255
印勃诉杨振方侵权纠纷案	CLI.C.285416	302
应志绩诉应岳年居间合同纠纷案	CLI.C.267723	569
荥阳市中原房地产发展有限公司与浙江省浦江县建筑安装工程有限公司建设工程施工合同纠纷上诉案	CLI.C.281715	38、42

本书所引司法案例与北大法宝引证码对照索引表

(续表)

司法案例名称	法宝引证码	页码
优鸿企业有限公司诉湖北大秦酒水有限公司行纪合同结算纠纷案	CLI.C.40766	565
邮政储蓄银行临颍县支行诉李俊才等借款纠纷案	CLI.C.220903	280
邮政储蓄银行临颍支行诉宋旭颍等借款纠纷案	CLI.C.220904	280
佑昌(新乡)电光机械有限公司与杭州宇中高虹照明电器有限公司买卖合同纠纷上诉案	CLI.C.238816	159
于凤琪诉郑州市惠济区花园口镇八堡村村民委员会等组建设工程合同纠纷案	CLI.C.291821	80
于国宾诉王杏粉等民间借贷纠纷案	CLI.C.256756	142
于景华诉苏金必婚约财产纠纷案	CLI.C.86900	250
于开明诉义乌市金中正文具用品有限公司专利侵权纠纷案	CLI.C.125665	43
于卫斌等与淄博陆海联运有限公司等运输合同纠纷上诉案	CLI.C.119884	402
于文斌与新疆金和企业集团房地产开发有限公司撤销权纠纷上诉案	CLI.C.286760	66
余强与福贡县石月亮供销社房屋买卖合同纠纷案	CLI.C.239931	197
余学梅与广州市海珠区潮正旺酒家房屋租赁合同纠纷上诉案	CLI.C.106858	136
余姚市华夏建筑工程有限公司与宁波市江北恩惠建筑设备租赁站租赁合同纠纷上诉案	CLI.C.282801	47
俞碧晖与中国新兴建设开发总公司买卖合同纠纷上诉案	CLI.C.250356	42、85
俞金美诉任建桥等民间借贷纠纷案	CLI.C.224462	254
俞兴超等诉上海新黄浦置业股份有限公司商品房预售合同案	CLI.C.235568	26
榆林市金龙北郊热电有限责任公司与洛阳市顶尖非标设备制造有限公司等买卖合同纠纷上诉案	CLI.C.202830	194
禹州市第一私立中学与禹州市电力工业公司供用电合同纠纷案	CLI.C.280218	235
禹州市交通第一运输公司与韦天运雇佣合同纠纷上诉案	CLI.C.280556	8
禹州市台属企业公司诉李拴建设工程合同纠纷案	CLI.C.286736	367
郁芳诉钦利明等民间借贷纠纷案	CLI.C.209967	178
喻先中与北京京铁工业物资公司京铁亿通货运代理服务中心委托合同纠纷上诉案	CLI.C.218574	553
袁虎小与北京新荣房地产开发有限公司借款合同纠纷上诉案	CLI.C.213616	289
原告某贵金属有限公司诉被告某黄金交易所等买卖合同案	CLI.C.120364	217
岳春辉与北京务实炽盛物业管理有限公司物业服务合同纠纷上诉案	CLI.C.221943	546
岳思国诉吴忠市华运工贸有限公司等民间借贷纠纷案	CLI.C.274077	254
岳汉森产业有限公司诉沈阳东软软件股份有限公司技术委托开发合同纠纷案	CLI.C.128067	479、481
云南耐力建筑装饰防水工程有限公司与深圳市嘉达化工有限公司建设工程施工合同纠纷上诉案	CLI.C.144396	142
云南山林文化发展有限公司与昆明唯斯文化传播有限公司演出合同纠纷上诉案	CLI.C.78684	161
云南现代医疗投资管理有限公司与昆明星火节能技术研究所房屋租赁合同纠纷上诉案	CLI.C.188363	117
云南小水电建筑工程公司诉云南省地质工程勘察总公司建设工程施工合同纠纷案	CLI.C.188338	358
云南中天不锈钢有限公司与昆明康立信电子机械有限公司买卖合同纠纷上诉案	CLI.C.158940	206
曾春玉诉吉安市公共交通公司城市公交运输合同纠纷案	CLI.C.147776	409
曾仕康与广州南华高尔夫俱乐部有限公司服务合同纠纷上诉案	CLI.C.276405	164
詹某某诉张某共同共有纠纷案	CLI.C.216019	272
张朝辉等与新疆金和企业集团房地产开发有限公司撤销权纠纷上诉案	CLI.C.285003	66、71
张殿玲诉北京桥昌混凝土搅拌有限公司居间合同纠纷案	CLI.C.179062	570
张贵松与黄光旭装饰装修合同纠纷上诉案	CLI.C.227214	365
张乐等与宋红玲等租赁合同纠纷上诉案	CLI.C.281517	17
张国良诉孟高峰买卖合同纠纷案	CLI.C.290277	199
张洪春诉刘君忠承包合同纠纷案	CLI.C.217984	294
张桦与北京市华野家园物业管理有限公司物业服务合同纠纷上诉案	CLI.C.221441	406
张怀林诉河南省安阳市第一制药厂等买卖合同纠纷案	CLI.C.290883	128

(续表)

司法案例名称	法宝引证码	页码
张记华诉广东景业酒店有限公司保管合同纠纷案	CLI.C.110479	520
张家口利丰燃料运销有限公司与北京立马水泥有限公司买卖合同纠纷上诉案	CLI.C.204889	159
张家荣与佛山市顺德区容桂大福基资产管理有限公司租赁合同纠纷上诉案	CLI.C.53149	4
张凯诉王灵芝撤销权纠纷案	CLI.C.290190	97
张来成诉赵建武买卖合同纠纷案	CLI.C.226255	288
张来应诉种祥伍赡养纠纷案	CLI.C.290815	147
张磊与番禺富门花园房地产有限公司商品房预售合同纠纷上诉案	CLI.C.226972	199
张明诉孙潇强借款合同纠纷案	CLI.C.280844	252
张某等诉陈某1等交通事故人身损害赔偿纠纷案	CLI.C.276148	160
张某诉李某赠与合同纠纷案	CLI.C.202683	245
张某诉王某人身损害赔偿纠纷案	CLI.C.290188	169
张清兰诉中国人寿保险股份有限公司西平分公司等人身保险合同纠纷案	CLI.C.291536	19、37、44
张瑞荣与广州市新福利巴士服务有限公司公路旅客运输合同纠纷上诉案	CLI.C.270354	161、380、416
张士权诉商丘市第二职业中等专业学校居间合同纠纷案	CLI.C.280350	571
张太烈与当阳市供销合作社联合社等优先购买权纠纷上诉案	CLI.C.210989	306
张伟康等与增城市公证处等股权转让纠纷案	CLI.C.113196	135
张伟丽与沈阳加州阳光花园房屋开发有限公司商品房买卖合同纠纷上诉案	CLI.C.117034	204
张文军与闫战红合作经营合同纠纷上诉案	CLI.C.251237	9
张文平与广东粤景集团有限公司等债权人代位求偿权纠纷上诉案	CLI.C.235121	93
张小奎与武陟县公安局等互易合同纠纷上诉案	CLI.C.254465	233
张晓先诉南通宏丰公司房屋买卖合同纠纷案	CLI.C.86752	161
张新华与佛山市时尚生活商业策划有限公司租赁合同纠纷上诉案	CLI.C.55499	323
张性田与新乡市晖苑房地产置业有限公司房屋买卖合同纠纷再审案	CLI.C.194613	34
张学民诉北京春秋房地产经纪有限公司未尽核实出租人房屋及身份情况义务致其遭受重大损失要求赔偿得到支持案	CLI.C.78966	567
张雪峰与赵成安等房屋买卖合同纠纷上诉案	CLI.C.108173	4
张亚伶与毛文祚居间合同纠纷上诉案	CLI.C.286216	569
张彦中诉王保明等运输合同纠纷案	CLI.C.280509	88、378
张奕诉戴瑜案	CLI.C.81506	96
张争鸣与张生礼赠与合同纠纷上诉案	CLI.C.207304	245
张志强诉徐州苏宁电器有限公司侵犯消费者权益纠纷案	CLI.C.67418	174
张治国诉浚县小河镇徐庄村村民委员会建设工程合同纠纷案	CLI.C.283372	339
张忠良与肖跃祥物权保护纠纷上诉案	CLI.C.286225	42
章利娟诉阮爱根等债权人代位权纠纷案	CLI.C.227419	94
章彦诉云南《女性大世界》杂志社著作权许可使用合同纠纷案	CLI.C.8704	170
招商银行股份有限公司北京方庄支行诉张磊借款合同纠纷案	CLI.C.259067	289
招远市金泰精细化工有限公司与刘希安技术服务合同纠纷上诉案	CLI.C.257196	507
赵彩萍等与苏秀英等继承纠纷上诉案	CLI.C.281315	68
赵彩霞诉牛战军买卖纠纷案	CLI.C.290283	259
赵辉诉初海滨技术服务纠纷案	CLI.C.133402	170
赵甲与上海沃盟轻工城有限公司房屋买卖合同纠纷上诉案	CLI.C.195340	102
赵晋襄诉鹤壁市世源实业总公司企业租赁经营合同纠纷案	CLI.C.229992	310
赵强与赵孟赠与合同纠纷上诉案	CLI.C.223154	250
赵姝婧诉南通文峰旅游公司等客运合同案	CLI.C.86752	161
赵双繁诉昆明市宜良冷冻饮料厂保管合同案	CLI.C.88602	523

(续表)

司法案例名称	法宝引证码	页码
赵援朝诉驻马店中集华骏车辆有限公司运输合同纠纷案	CLI.C.285618	123、375、387
柘城县农业机械管理局诉柘城县农业机械技术推广服务站等确认房屋买卖合同无效纠纷再审案	CLI.C.275969	67
浙江富春水务开发有限公司诉杭州桐泓染整有限公司供用水合同纠纷案	CLI.C.247157	243
浙江工信担保有限公司诉芜湖金晨实业有限公司承揽合同纠纷案	CLI.C.242307	335
浙江环龙环境保护有限公司与浙江安吉宏枫颜料有限公司技术咨询合同纠纷上诉案	CLI.C.290054	503、504
浙江劲力紧固件有限公司与曾潮等技术咨询合同纠纷上诉案	CLI.C.191783	505
浙江老蔡酒业有限公司与上海利比玻璃制品有限公司定作合同纠纷上诉案	CLI.C.26760	23
浙江隆达贸易有限公司诉杭州诺悦纺织有限公司买卖合同纠纷案	CLI.C.228918	533
浙江隆图建设有限公司与罗海明定期租船合同纠纷上诉案	CLI.C.262367	311
浙江山口建筑工程有限公司与浙江春明置业有限公司建设工程施工合同纠纷上诉案	CLI.C.209452	372
浙江圣普电梯有限公司诉温州市集美餐具有限公司分期付款买卖合同纠纷案	CLI.C.234556	229
浙江省商业工业有限公司诉江苏中厦集团有限公司等管辖权异议纠纷案	CLI.C.237897	194
浙江万特企业管理咨询有限公司诉浙江利越金属制品有限公司等技术咨询合同纠纷案	CLI.C.221651	502
浙江祥华房地产有限公司与衢州金泰建筑工程有限公司建设工程施工合同纠纷上诉案	CLI.C.209480	32
浙江绣锦服饰有限公司等与朱琳国际多式联运合同纠纷上诉案	CLI.C.181812	453、454、455
浙江鲟箭皮件有限公司诉上海汇联国际货物运输代理有限公司多式联运合同纠纷案	CLI.C.237554	453、454、455
浙江远大进出口有限公司诉广东省鱼珠林产集团有限公司仓储合同纠纷案	CLI.C.248630	538
浙江中大纺织品有限公司与川崎汽船（中国）有限公司海上货物运输合同退运纠纷上诉案	CLI.C.24122	436
镇江利若尔包装有限公司诉扬中市盛大实业有限公司等企业租赁经营合同纠纷案	CLI.C.242463	310
郑杰诉刘宇民间借贷纠纷案	CLI.C.291813	80
郑礼助诉福建省德化县金红谷锰业有限公司等承包经营权案	CLI.C.231365	58
郑锐诉 koepping Reedereigesellschaft MS "Lantau Breeze" mbH & Co. KG 等船舶碰撞损害赔偿纠纷案	CLI.C.191936	322
郑希文与袁成军所有权确认纠纷上诉案	CLI.C.210614	97、98
郑永枢等诉梅湘东等股权转让纠纷案	CLI.C.227873	75
郑玉洪诉阳光财产保险股份有限公司北京分公司大兴营销服务部保险合同纠纷案	CLI.C.279749	70
郑州安德利游乐设备有限公司诉刘保军等民间借贷纠纷案	CLI.C.281091	128
郑州东风建筑工程有限公司与王广鑫建设工程合同纠纷上诉案	CLI.C.287382	339、364
郑州鸿成公司与李深拆迁安置补偿纠纷再审案	CLI.C.286903	163
郑州黎明电子产品有限公司与王三茂买卖合同纠纷上诉案	CLI.C.290687	79
郑州千村季合房地产营销策划有限公司诉许昌富建房地产开发有限公司居间合同纠纷案	CLI.C.267642	567
郑州市鸿聚建筑材料有限公司与郑州市捷顺电子科技有限公司买卖合同纠纷上诉案	CLI.C.287175	63
郑州市惠济区老鸦陈街道办事处下坡杨村民委员会与杨根喜委托合同纠纷上诉案	CLI.C.179612	552
郑州市金水区民政局不服濮阳县人民法院（2010）濮县法执异字第21号执行裁定书申请复议案	CLI.C.249437	127
郑州市市场发展局与李京买卖合同纠纷上诉案	CLI.C.250394	142
郑州水工混凝土机械有限公司与郑州东方混凝土有限公司承揽合同纠纷上诉案	CLI.C.287907	26、325
郑州铁路局郑州房屋修建中心与中国农业银行股份有限公司郑州花园支行抵押借款合同纠纷再审案	CLI.C.287159	284
郑州鑫奎货运有限公司与程冬梅公路货物运输合同纠纷上诉案	CLI.C.287180	375
郑州兴华耐火材料有限公司与卢超群买卖合同纠纷上诉案	CLI.C.287388	18
郑州裕惠置业有限公司与贺浩债权转让合同纠纷上诉案	CLI.C.287213	88
郑州正力聚合物科技有限公司与司丙文劳动合同纠纷上诉案	CLI.C.282345	115
中俄联合（北京）商品交易中心与北京天居房地产有限公司合同纠纷上诉案	CLI.C.207025	52

(续表)

司法案例名称	法宝引证码	页码
中国唱片深圳公司与北京金视光盘有限公司加工合同纠纷上诉案	CLI.C.204008	42
中国大地财产保险股份有限公司赣州中心支公司与龙南县王记健身旅游休闲有限公司保险合同纠纷上诉案	CLI.C.253002	25
中国第十九冶金建设公司诉广州双菱钢铁工业有限公司建设工程施工合同纠纷案	CLI.C.127512	368、371
中国工商银行股份有限公司北京丰台支行诉北京华农天润科技有限公司等金融借款合同纠纷案	CLI.C.277835	69
中国工商银行股份有限公司清丰支行诉于秋喜金融借款合同纠纷案	CLI.C.285619	232、259、262
中国工商银行股份有限公司商丘分行诉侯红印等借款合同纠纷案	CLI.C.285935	252
中国工商银行股份有限公司台州分行诉林正江等金融借款合同纠纷案	CLI.C.233409	125
中国工商银行郑州市经三路支行诉河南振豫股份有限公司等借款担保纠纷案	CLI.C.19210	537
中国国际轮胎有限公司与青岛泰发集团进出口有限公司定作合同纠纷上诉案	CLI.C.238016	332
中国航空港建设总公司与北京林发建筑设备租赁有限公司租赁合同纠纷上诉案	CLI.C.176762	113
中国华阳技术贸易（集团）公司诉中海集装箱运输有限公司等返还海运货物损失赔偿纠纷案	CLI.C.40463	320
中国化工建设深圳公司诉现代商船株式会社海上危险货物运输合同货损案	CLI.C.95409	433
中国建设银行股份有限公司北京丰台支行诉胡万胜等金融借款合同纠纷案	CLI.C.291082	90
中国建设银行股份有限公司北京丰台支行诉王洪新等金融借款合同纠纷案	CLI.C.219178	266
中国建设银行股份有限公司佛山分行与佛山市嘉达投资有限公司不当得利纠纷上诉案	CLI.C.102761	108
中国建设银行股份有限公司漯河黄河路支行与张宏山等借款担保合同纠纷上诉案	CLI.C.285652	288
中国建设银行股份有限公司内乡支行与闫立宏债权转让合同、不当得利纠纷上诉案	CLI.C.229948	34
中国建筑第七工程局第四建筑公司诉河南龙湖置业有限公司建筑工程施工合同纠纷案	CLI.C.211741	346
中国经济时报社与北京教高招生考试信息咨询中心合同纠纷上诉案	CLI.C.175152	246
中国联合网络通信有限公司江苏省分公司与江苏网通家园科技发展有限公司特许经营合同纠纷上诉案	CLI.C.224178	118、157
中国农业银行股份有限公司余姚市支行诉周益军等金融借款合同纠纷案	CLI.C.227371	142
中国农业银行黑龙江省分行宏博支行与北方国际租赁有限公司担保合同纠纷案	CLI.C.32438	320
中国农业银行汇金支行诉张家港涤纶厂代位权纠纷案	CLI.C.66653	95
中国人民财产保险股份有限公司宁波市江东支公司与余姚市特种防腐材料厂债权人代位求偿纠纷上诉案	CLI.C.245301	94
中国人民财产保险股份有限公司唐山市路南支公司汉沽营业部与赵志云等道路交通事故人身损害赔偿纠纷上诉案	CLI.C.283432	160
中国人民财产保险股份有限公司厦门市分公司诉本溪钢铁（集团）腾达股份有限公司等海上、通海水域货物运输合同纠纷案	CLI.C.229141	322
中国人民财产保险股份有限公司舟山市普陀区支公司与上海航捷货运代理有限公司等水路货物运输合同代位求偿纠纷上诉案	CLI.C.33766	222
中国人民武装警察部队黄金指挥部厦门办事处诉厦门恒金珠宝首饰厂、庄惠珍借款纠纷抗诉案	CLI.C.71033	129
中国人寿保险股份有限公司夏邑支公司与孙爱莲保险合同纠纷上诉案	CLI.C.279571	49
中国人寿保险公司通州市支公司诉通州市开发区太阳岛娱乐有限公司房屋租赁合同纠纷案	CLI.C.3486	301
中国人寿财产保险股份有限公司河南省分公司南阳市营销服务部与南阳市宛运集团九州货运有限公司财产保险合同纠纷上诉案	CLI.C.260983	51
中国人寿股份有限公司辉县支公司与申海清不当得利纠纷上诉案	CLI.C.283459	27
中国石化集团上海工程有限公司与高煦专利申请权权属纠纷上诉案	CLI.C.222073	480、488
中国石油天然气股份有限公司重庆销售分公司万州巫山经营部与重庆申达会计师事务所有限责任公司财会服务合同纠纷案	CLI.C.80877	553
中国太平洋财产保险股份有限公司商丘中心支公司与谢玉奇等机动车交通事故责任强制保险合同纠纷上诉案	CLI.C.277234	70

(续表)

司法案例名称	法宝引证码	页码
中国太平洋人寿保险股份有限公司重庆分公司与胡显国保险合同纠纷上诉案	CLI.C.291211	124
中国信达资产管理公司乌鲁木齐办事处、中国农业银行新疆分行营业部诉乌鲁木齐新通房地产开发公司等撤销权案	CLI.C.45410	98
中国银行新加坡分行诉广州滨江大厦有限公司等借款合同纠纷案	CLI.C.237341	11
中国邮政储蓄银行有限责任公司商水县支行诉石铁成等借款合同纠纷案	CLI.C.257806	269
中国邮政储蓄银行有限责任公司永城市支行诉李国庆等金融借款合同纠纷案	CLI.C.276262	280
中华联合财产保险股份有限公司安阳中心支公司与张景亮等道路交通事故人身及财产损害赔偿纠纷上诉案	CLI.C.291940	156
中华制漆（深圳）有限公司上海经营部诉潘云龙等撤销债务人无偿转让财产行为案	CLI.C.47468	96
中建三局第一建设工程有限责任公司与曹北城建设工程施工合同纠纷上诉案	CLI.C.277464	352
中世运（北京）国际物流有限公司诉欣纪元（大连）国际贸易有限公司运输合同纠纷案	CLI.C.214911	384
中铁九局集团有限公司与栾增强等租赁合同纠纷上诉案	CLI.C.277255	292
中远航运股份有限公司与中国人民财产保险股份有限公司上海市分公司定期租船合同保险代位求偿纠纷上诉案	CLI.C.247161	311
钟彩芹与钟长根房屋赠与合同纠纷上诉案	CLI.C.92016	249、250
钟锴与沈阳加州阳光花园房屋开发有限公司商品房买卖合同纠纷上诉案	CLI.C.116430	204
重庆北碚玻璃仪器总厂与云南福光经贸有限公司委托合同代理纠纷上诉案	CLI.C.120267	561、564
重庆丽桥房地产开发有限公司诉邻水县恒升工程建设有限责任公司建设工程施工合同案	CLI.C.235450	36
重庆木器厂与重庆珠江实业有限公司拆迁补偿纠纷上诉案	CLI.C.18440	136
重庆市家乐福连锁超市有限公司诉绵阳市家乐福电器有限公司商标侵权案	CLI.C.48304	501
重庆市理想物资有限公司诉李成明租赁合同纠纷案	CLI.C.194008	292
重庆市理想物资有限公司诉王书均租赁合同纠纷案	CLI.C.194006	292
重庆市茂森建筑工程有限公司诉云南正泰房地产有限责任公司建设工程施工合同纠纷案	CLI.C.144527	461
重庆市天佑建设有限公司与重庆市禾瑞粮油有限责任公司建设工程施工合同纠纷上诉案	CLI.C.287261	346
重庆雾龙物业管理有限公司诉魏红物业服务合同纠纷案	CLI.C.249212	406
重庆云河实业（集团）有限公司忠州水轮机厂与忠县鑫嘉源水力发电有限公司索道工程合同纠纷上诉案	CLI.C.290863	30、145
舟山市融海水产食品有限公司与金东一仓储合同纠纷上诉案	CLI.C.282519	539
周东阳与人米建平租赁合同纠纷上诉案	CLI.C.244933	187
周付安与王荣超买卖合同纠纷上诉案	CLI.C.277465	201
周汉龙诉刘德杰行纪合同纠纷案	CLI.C.236678	558
周宏举诉徐州西关法律服务所等委托合同纠纷案	CLI.C.210285	171
周进诉厦门旅游集团国际旅行社有限公司旅游合同纠纷案	CLI.C.290615	158、212
周口市顺通贸易有限公司与云南华通建设总公司代位权纠纷再审案	CLI.C.182092	95
周口豫之龙贸易运输有限公司与齐国葡等公路货物运输合同纠纷上诉案	CLI.C.287173	110、375、387、446
周某某与上海海舍仪器设备有限公司债权人代位权纠纷上诉案	CLI.C.275769	92
周拥军诉徐海兰债权纠纷案	CLI.C.291497	126
周玉珠与刘惠珍赠与合同纠纷上诉案	CLI.C.139992	246
周苑尧诉广州军区军人俱乐部因保管不善致其存放的"三无"车辆被他人凭伪造的证件开出盗走赔偿案	CLI.C.21299	525
朱爱辉与丁国华股权转让纠纷上诉案	CLI.C.282464	81

(续表)

司法案例名称	法宝引证码	页码
朱炳华等与曾宪洪经营合同纠纷上诉案	CLI.C.133394	462
朱德林与鲁山县让河乡江寨村民委员会财产损害赔偿纠纷上诉案	CLI.C.229186	51
朱广玉与洛阳市居和物业管理有限公司物业管理纠纷上诉案	CLI.C.281389	45
朱加喜等与沈阳中科腐蚀控制工程技术中心定期租船合同纠纷上诉案	CLI.C.253481	311
朱金伟诉沈金松等租赁合同纠纷案	CLI.C.248986	52
朱明宏诉杨妤等委托合同纠纷案	CLI.C.173842	554
朱仁金诉黄喜和保证合同纠纷案	CLI.C.235896	197
朱燕强与中牟县潘安食品有限公司仓储合同纠纷上诉案	CLI.C.256837	530
朱翼翔与珠海出版社作品原件损害赔偿纠纷上诉案	CLI.C.22252	36
朱玉兰等与姚远刚等房屋买卖合同纠纷上诉案	CLI.C.188410	135
朱玉梅诉驻马店市汽车运输总公司等公路旅客运输合同纠纷案	CLI.C.278294	384
珠海市中捷汽车租赁有限公司与康奈可(广州)汽车科技有限公司租赁合同纠纷上诉案	CLI.C.277384	120、121、155
株式会社CTI日本与海南台健旅业开发有限公司一般委托合同纠纷上诉案	CLI.C.82133	86
株式会社商船三井与青岛德耳塔国际贸易有限公司海上货物运输合同集装箱使用费纠纷上诉案	CLI.C.237344	438
驻马店市第一高级中学诉李爱菊租赁合同纠纷案	CLI.C.285628	180、295、302、308
驻马店市第一高级中学诉马菊租赁合同纠纷案	CLI.C.285629	295
驻马店市第一高级中学诉袁国强租赁合同纠纷案	CLI.C.285627	180、295、302、308
驻马店市东高置业有限公司与河南群立地基基础工程有限公司等建设工程施工合同纠纷上诉案	CLI.C.277467	49、360、362
驻马店市汽车运输总公司诉刘明国车辆挂靠经营合同纠纷案	CLI.C.285519	42
驻马店市神州亚飞汽车连锁店有限公司诉王国松车辆挂靠经营合同纠纷案	CLI.C.285613	42
庄月珠与王雪珍承包合同纠纷上诉案	CLI.C.229004	99
淄博高新技术产业开发区金霞建材厂诉韩方河等专利权侵权纠纷案	CLI.C.166879	497
邹德惠秦震亚等租赁合同案	CLI.C.88609	297、298
邹焕巨诉邹海滨等民间借贷纠纷案	CLI.C.226743	28
邹景贤诉重庆燕山建设(集团)有限公司商品房买卖合同纠纷案	CLI.C.194036	174
遵义天工冶炼有限公司与钱蓉民间借贷纠纷上诉案	CLI.C.250267	255

本书所引法学论文与北大法宝引证码[①]对照索引表

法学论文名称（拼音序）	作者	法宝引证码	页码
CISG视角下的合同缔结	Claude Witz	CLI.A.1137870	7
FOB价格条件下托运人的认定	楚风华	CLI.A.184730	376
安全保障义务性质辨析	王洪礼	CLI.A.1141906	118
保护义务的历史及其意义	叶榅平	CLI.A.1144183	43
保险合同法定解除制度的全面阐释	武建奇	CLI.A.1144947	121
保险合同解除权的时效与溯及力	方芳	CLI.A.183105	125
保证金刍议	崔建远	CLI.A.185177	180
表见代理的经济分析	石必胜	CLI.A.1128113	57
表见代理构成要件新论	孙鹏	CLI.A.1113512	57
表见代理中本人可归责性的认定及其行为样态	吴国喆	CLI.A.1143386	57
不安抗辩权的效力与适用范围	葛云松	CLI.A.1115775	88
不安抗辩权、给付拒绝和预期违约关系的思考	李伟	CLI.A.128226	89、143
不安抗辩权制度的不安事由探究	郭玉坤	CLI.A.1143201	88
不安抗辩适用之限定	傅鼎生	CLI.A.1117842	42、89
不公平关联交易合同的可撤销性问题研究	董安生、陈洁	CLI.A.1143239	75
不可抗力与合同中的民事责任承担	谭启平、龚军伟	CLI.A.118821	158
"不真正利他合同"研究	薛军	CLI.A.1103252	50
不真正连带债务诉讼实证探析	王松	CLI.A.1112966	139
部分履行的法律问题研究	薛军	CLI.A.1142466	82、91
诚实信用原则综论	刘春英	CLI.A.120305	10
承揽合同若干法律问题研究	郭洁	CLI.A.115429	326
承诺附加条件之比较研究	余子新	CLI.A.119632	26
承租人优先购买权的损害赔偿研究	王丽莎	CLI.A.1144925	169
乘人之危行为的构成与效力辨	王礼伟	CLI.A.119028	74
出卖人的物的瑕疵担保责任与我国合同法	韩世远	CLI.A.174117	154
当议网络电子合同中要约和承诺的法律问题	陈煜、彭俊瑜	CLI.A.181839	28
纯粹经济损失的赔偿与一般侵权行为条款	葛云松	CLI.A.1142504	64
从"强制缔约"到"承诺在先"	李军	CLI.A.1109020	26
从一起撤销权案件的审理看撤销权法律规定的不足	王松、张媛媛	CLI.A.110117	95
从一则案例谈撤销权的效力范围	刘永贤、曹柯	CLI.A.1111909	98
从运输合同到提单债权	邢海宝	CLI.A.181056	375
存车收费合同之法律界定	冯忠明	CLI.A.1123890	519
代为清偿制度论纲	王轶	CLI.A.123214	127
代位权法律制度比较研究	张驰	CLI.A.1127023	93
代位权受偿规则微探	李琴	CLI.A.1119310	92
代位权诉讼若干问题研究	王静	CLI.A.1111799	95
代位权行使效力研究	张晓飞、任亚爱	CLI.A.177429	94

[①] 北大法宝引证码查询系统：http://www.pkulaw.cn/fbm。

(续表)

法学论文名称	作者	法宝引证码	页码
代位权制度的法律冲突与准据法	姜世波	CLI. A. 184732	92
当事人确定标准再构筑	吴杰	CLI. A. 1103594	99
德国劳动法中的解雇保护制度	黄卉	CLI. A. 170721	117
德国劳动合同终止制度与我国劳动合同解除制度之比较	陈芳	CLI. A. 1125089	116
地震作为民法不可抗力事由的一般影响	杨立新	CLI. A. 1104702	158
第三人代为清偿研究	施建辉	CLI. A. 185329	127
第三人利益合同之效力根源：法律对第三人合同利益之正当化	吴文嫔	CLI. A. 181551	99
第三人主动履行债务的性质及效力	张晓梅	CLI. A. 1112344	111
缔约过失责任概念辨析	梁春海、刘晓军	CLI. A. 119917	33
缔约过失责任性质新论	冉克平	CLI. A. 1142810	19、33、37
缔约过失责任之独立性质疑	李中原	CLI. A. 1117783	33
缔约过失责任制度及在审判实践中的适用	雷继平	CLI. A. 159780	33
电子订约中要约邀请与要约的区别	孙占利	CLI. A. 1117943	21、25
电子合同若干法律问题研究	张艳	CLI. A. 1111994	43
电子合同争议的司法管辖权研究	齐恩平	CLI. A. 110006	43
电子商务合同成立的法律问题	朱遂斌、陈源源	CLI. A. 115321	27
电子要约若干法律问题探析	孙占利	CLI. A. 1113657	21
定位债权让与之性质	周小锋	CLI. A. 1128431	105
对国际货物销售中承诺制度的研究	黄亚英、韩汉卿	CLI. A. 1114891	29
对"继续履行"的再思考	郑小川、雷明光	CLI. A. 119038	164
对适用定金罚则的几点思考	车辉	CLI. A. 171390	177
对无权代理的探析	钟毅	CLI. A. 157754	56
对"行人违章，撞了白撞"的法理分析	张景峰、贾广建、邵世星	CLI. A. 118532	173
对形成权几个问题的再认识	李璐玲	CLI. A. 1146550	60、124
法律行为之无效	张广兴	CLI. A. 111902	46
附条件与附期限合同及其效力解析	程国彬	CLI. A. 110336	52、53
格式合同的立法规制	张建军	CLI. A. 184548	45、46
格式合同基本问题探讨	幸红	CLI. A. 178366	45、70
格式条款解释研究	王丽萍、李燕	CLI. A. 121178	47
格式条款利用之我见	姚淑媛	CLI. A. 120357	44
公共利益法律化：理论、路径与制度完善	倪斐	CLI. A. 1142872	69
公平原则对契约严守的修正	赵莉	CLI. A. 185301	10
公序良俗原则的规范功能	黄江东	CLI. A. 1111865	11
共同保证的结构形态与保证责任的承担	刘保玉	CLI. A. 12226	139
构造与出路：中国法上的同时履行抗辩权	韩世远	CLI. A. 1142372	85
关于对无效合同适用赔偿损失的几个问题	赵广成	CLI. A. 117576	80
关于合同成立的比较研究	杜小清	CLI. A. 177942	29
关于合同法中"重大误解"的探讨	隋彭生	CLI. A. 11722	72
关于恢复原状、返还财产的辨析	崔建远	CLI. A. 14356	79
关于抗辩问题的几点思考	曹松志	CLI. A. 1111400	160
关于违法合同效力的若干问题分析	潘丽	CLI. A. 1112776	70
关于无效合同确认的若干问题	王利明	CLI. A. 121271	63
国际航空运输电子客票法律适用的若干问题	董玉鹏	CLI. A. 1118989	395
国际货物买卖合同的要约与承诺	朱兴榜	CLI. A. 125639	29
国际商事合同要约生效时间比较研究	朱颖俐	CLI. A. 119203	22

(续表)

法学论文名称	作者	法宝引证码	页码
过错所致的合同不能履行与解除权	渐远	CLI. A. 125238	147
过错责任：民法的基本归责原则	喻志耀	CLI. A. 1102486	156
过错责任原则之定位	汤唯、高卉	CLI. A. 1102242	157
合伙企业债务清偿方式选择的经济分析	张晨颖	CLI. A. 181063	126
合伙企业债务与合伙人个人债务清偿顺序研究	阮兴文	CLI. A. 1123658	126
合同变更的缔约过失责任问题	赵金龙	CLI. A. 171273	101
合同成立与合同生效区分问题研究	杨建勇、郭海容	CLI. A. 171030	49
合同成立与合同生效	王珊珊	CLI. A. 1117031	49
合同成立与生效的区别	王全弟、孔向荣	CLI. A. 1125375	30、49
合同成立与生效区分的再探讨	尹飞	CLI. A. 1123264	30、49
合同的解除、变更、终止	伍载阳	CLI. A. 1124609	119
合同的有效与合同的生效	吴一平	CLI. A. 171544	51
合同法诚实信用原则比较研究	郑强	CLI. A. 127813	10
合同法对代位权制度的发展完善与突破	夏凤英	CLI. A. 177048	93
合同法理论的新探索	杨振山	CLI. A. 115297	5
《合同法》若干问题比较研究	蔡庆辉	CLI. A. 1116979	29
合同法上的默示条款制度研究	杨圣坤	CLI. A. 1143654	2、19、37
合同法适用诸问题研究	杨文雄、徐妍	CLI. A. 177946	4
《合同法》下不安抗辩权和预期违约制度之重述	汤苏莉	CLI. A. 1112591	143
《合同法》预期违约阻却机制之建构评析	徐亚龙	CLI. A. 173961	142
合同解除的实务分析与理论探索	龚海南	CLI. A. 1145110	7、120、124
合同解除溯及力探讨	宁踢坡	CLI. A. 178179	125
合同救济方法之选择与适用	吴春燕	CLI. A. 182652	160
合同理论的两个疑问	李锡鹤	CLI. A. 1144265	7、28、60、120、199
合同权利转让仲裁协议效力的再认识	侯登华	CLI. A. 1112979	105
合同效力状态及其转化	程国林	CLI. A. 110355	53
合同形式欠缺与履行治愈论	王洪	CLI. A. 132802	41
和谐社会实现公平原则的法律机制	杨思斌、吕世伦	CLI. A. 1109612	10
婚姻契约之特性分析	刘引玲	CLI. A. 1143623	8
货运合同中收货人的法律地位评析	赵守江	CLI. A. 1119078	424
集体合同主体辨析	孙德强、沈建峰	CLI. A. 1130176	15
缄默在国际贸易合同变更中的默示推定	管贻升	CLI. A. 110946	101
简论合同终止	张楚	CLI. A. 1119598	116
建设工程合同的主体资格	王建东、毛亚敏	CLI. A. 181009	360
建筑工程招标投标的法律约束力	宋宗宇	CLI. A. 173219	346
解除权问题的疑问与释答（下篇）	崔建远	CLI. A. 132565	117
解决争议条款的独立性刍议	唐仲清、李建伟	CLI. A. 172817	76
借款合同三论	刘定华、芥民	CLI. A. 11900	253
借款合同中能否适用定金担保？	温金来	CLI. A. 170728	253
禁止拍卖人参与竞买规则及其实践评述	刘宁元	CLI. A. 1113658	232
拒绝接受货物制度的比较分析	夏海英、傅君	CLI. A. 1113654	159
可撤销合同的认定及财产后果的处理	隋彭生	CLI. A. 114640	71
客运合同中交通事故若干法律问题解析	陈界融	CLI. A. 1109425	392
劳动合同服务期规则的适用	冯彦君、王天玉	CLI. A. 1135756	176
劳动合同解除中的"三金"适用	冯彦君	CLI. A. 181254	177、180

(续表)

法学论文名称	作者	法宝引证码	页码
离职竞业禁止的理论基础与制度设计	许明月、袁文全	CLI. A. 1114300	118
略论保险合同的解除	王存	CLI. A. 1115281	119
略论合同撤销权的行使	张里安、胡振玲	CLI. A. 180204	75、95、97
略论我国合同违约责任的归责原则	李炜	CLI. A. 184414	154
论表见代理之定性	尚彦卿	CLI. A. 182517	58
论不可抗力的风险分配与公平原则	罗万里	CLI. A. 171240	10
论不可抗力	王军	CLI. A. 1111765	158
论不可抗力制度	叶林	CLI. A. 1129876	158
论仓单质押	房绍坤、赵志毅	CLI. A. 121195	533
论撤销权	王丽萍	CLI. A. 19116	96
论诚实信用原则与公序良俗原则的区别适用	于飞	CLI. A. 142438	11
论乘客交通事故伤亡损害赔偿之诉的法律适用	寿文光	CLI. A. 1142051	392
论惩罚性赔偿责任的可保性	关淑芳	CLI. A. 181196	174
论错误拍卖第三人财产的法律效力	卢正敏、齐树洁	CLI. A. 1143995	232
论代位权的行使要件	王利明	CLI. A. 111623	94
论代位权行使的债权范围与效率公平	唐烈英	CLI. A. 1111924	92
论第三人侵害债权与合同相对性的关系	孔东菊	CLI. A. 110157	50
论电子合同	赵金龙、任学婧	CLI. A. 178198	43
论定金	李兴淳	CLI. A. 182067	180
论法定型不真正连带责任及其在严格责任领域的扩展适用	王竹	CLI. A. 1143631	155
论房屋转租	朱巍	CLI. A. 1144936	124、302
论废止请求权与拒绝履行权	蔡素惠	CLI. A. 1113638	147
论格式条款的成立	王宏军	CLI. A. 1123795	44
论格式条款的司法规制	张友连	CLI. A. 1119043	44、46
论公序良俗原则滥用的限制	肖和保、刘锦海	CLI. A. 1143230	11
论国际航空运输电子合同的法律适用	董玉鹏	CLI. A. 174576	43
论国有企业公司制改造后的债务承担	张颖杰、李茂华	CLI. A. 184650	110
论合伙合同中同时履行抗辩权的适用	何平、邓剑光	CLI. A. 177501	86
论合同订立的实质及其立法完善	黄积虹	CLI. A. 1133823	21
论《合同法》中的公共利益	郑景元	CLI. A. 1146619	2
论合同显失公平原则	彭真明、葛同山	CLI. A. 123701	10、73
论合同意思自治原则	郑奇	CLI. A. 1111690	4
论合同中第三人存在的几种形式	吴丽洁	CLI. A. 171412	110
论合同转让对担保责任的影响	田韶华	CLI. A. 171241	103
论合同转让中仲裁协议对未签字人的延伸效力	李彤	CLI. A. 1133545	103
论合同自由原则与合同正义原则的统一性	唐彩虹	CLI. A. 119117	9
论建设工程合同的成立	王建东	CLI. A. 115907	339
论经济合同、保证合同当事人的"恶意串通"	肖青松	CLI. A. 154673	67
论可撤销合同	黎炽森	CLI. A. 122909	71
论《联合国国际货物销售合同公约》中的预期违约制度	郭玉萍	CLI. A. 1143387	142
论买卖合同的瑕疵担保责任	张伟	CLI. A. 120611	199
论民法撤销权	李锡鹤	CLI. A. 1141595	75、95
论民法上恶意串通行为之效力	朱建农	CLI. A. 184912	67
论赔偿损失	韩豫宛、何志	CLI. A. 1111502	80
论凭样品买卖	翟云岭	CLI. A. 1127062	76

(续表)

法学论文名称	作者	法宝引证码	页码
论破产中尚未履行完毕的合同	许德风	CLI.A.1142845	42、483
论强制缔约制度	冉克平	CLI.A.1142637	27
论融资租赁合同中承租人的索赔权	姬新江、李利	CLI.A.14469	315
论入世后我国外贸代理制度的发展与完善	衣淑玲	CLI.A.184232	558
论市场经济条件下的合同自由原则	孙戈	CLI.A.1118915	9
论双方违约	杨明刚	CLI.A.147731	161
论税收撤销权中的第三人利益保护	熊伟、王华	CLI.A.124521	98
论提存担保制度	周小昀、胡志超	CLI.A.1110931	138
论提存的法律性质	崔令之	CLI.A.158202	132
论提存的构成要件与效力	汪良平	CLI.A.118602	134、136、138
论提存	史浩明	CLI.A.142061	132
论提单中"喜马拉雅条款"的效力	闻银玲	CLI.A.186848	70
论提前付款（还贷）的法律规制	翟云岭、吕海宁	CLI.A.1136371	90
论违约损害赔偿范围的确定	伍鉴萍、龚军伟	CLI.A.182351	173
论我国合同法上的严格责任原则	田韶华	CLI.A.171303	155
论我国提存制度及其完善	陈静波	CLI.A.177877	131
论物权变动区分原则在无权处分领域之贯彻	钟维	CLI.A.1143632	60
论物权混同规则及其在我国物权法草案中的应有地位	朱广新	CLI.A.1113815	140
论协议解除	陈国柱	CLI.A.175922	123
论信用卡滞纳金的性质及其治理	陈承堂	CLI.A.1136120	260
论押租	茆荣华、王佳	CLI.A.1125665	302
论要约邀请的效力及容纳规则	隋彭生	CLI.A.1142397	25
论医疗合同关系	艾尔肯	CLI.A.120431	542
论预期违约法律制度	李先治	CLI.A.177648	144
论债的清偿抵充	陈建勋	CLI.A.158313	126
论债权让与中债务人之抵销权	申建平	CLI.A.1114171	105
论债权人代位诉讼的诉讼标的	蒲菊花	CLI.A.119115	95
论债务免除的性质	张谷	CLI.A.1115823	134、138
论证券公司在从事经纪业务时与投资者之间的代理关系	徐海燕	CLI.A.1117960	558
论执行程序中抵销权的行驶	傅松苗	CLI.A.1111633	129
论职务发明创造	徐德敏	CLI.A.1115254	458
买卖不破租赁与《合同法》的完善	戚兆岳	CLI.A.110074	305
买卖合同形式及内容的法律规制	翟云岭	CLI.A.1114048	199
美国格式合同中管辖权条款效力评析	蒋剑伟	CLI.A.124704	45
美国破产法之偏颇清偿制度及对我国的借鉴意义	刘黎明、田鑫	CLI.A.1109007	126
民法规范的概念和类型	钟瑞栋	CLI.A.1144191	69
民事法律行为概念正解	李小华	CLI.A.120086	142
民事责任与迟延履行责任的区别	陈守华	CLI.A.155613	149
民事责任与迟延履行责任的区别	刘志英、康占伟	CLI.A.117580	149
默示的承诺与意思实现	韩世远	CLI.A.1115790	26
默示预期违约与不安抗辩权制度法系适应性之探讨	李军	CLI.A.116005	145
农村耕地转包纠纷的实证分析与解决机制	张泽涛	CLI.A.1113896	364
企业破产法中的别除权、取回权与抵消权	王欣新	CLI.A.122467	128
浅论合同法定解除权的行使	彭庆伟	CLI.A.123932	125
浅论合同无效而返还财产的几个基本问题	赵金龙	CLI.A.176784	79

(续表)

法学论文名称	作者	法宝引证码	页码
浅论我国《合同法》中的不安抗辩权	樊艳霞	CLI.A.1109091	88、145
浅析荷兰民法典关于无效和可撤销合同的规定	沈幼伦	CLI.A.1124703	71
浅析显失公平的合同	张燕玲	CLI.A.111529	73
浅议新合同法对无效合同的规定	郑新民	CLI.A.1111390	63
欠缺法定面形式合同效力的探讨	邓小明	CLI.A.1112654	41
强制缔约制度研究	易军、宁红丽	CLI.A.1123269	27
日本振兴船舶株式会社诉中远集装箱运输有限公司和上海奥吉国际货运有限公司海上货物运输合同损害赔偿案	符琪	CLI.A.1137751	375
若干国际货物销售合同成立争议案的讨论	李巍	CLI.A.128076	30
三大法系的要约与承诺制度	康拉德·茨威格特、海因·克茨、孙宪忠	CLI.A.160332	26
三大法系的要约与承诺制度	刘兆兴	CLI.A.199042	21
善意：格式条款可执行性之前提	秦伟	CLI.A.1113708	44
商品房销售广告性质与责任的法理剖析	杨路明	CLI.A.1123888	174
商业秘密侵权案件的几点思考	韩中节	CLI.A.1116766	118
社会主义市场经济和合同自由原则	徐美君	CLI.A.170919	9
实际履行原则辨析	石少侠	CLI.A.176188	82
市场经济和意思自治、公序良俗原则	赵中孚、张谷	CLI.A.194271	11
试论诚实信用原则的经济基础	杨峰	CLI.A.184559	10
试论定作物的所有权、留置权和风险责任	黄武双	CLI.A.1102307	326
试论合同法中的诚实信用原则	陈年冰	CLI.A.1115857	10
试论合同解除权的消灭	张学文	CLI.A.1124758	123
试论合同权利转让的条件	申卫星	CLI.A.1115487	105
试论合同自由原则的地位	焦富明	CLI.A.18463	9
试论明示毁约中受害方选择权的限制	傅智超	CLI.A.1111815	159
试论同时履行抗辩权	马强	CLI.A.111660	85
试论同时履行抗辩权与违约关系	威枝淬	CLI.A.177557	85
试论我国保险合同的解除制度	李新天、汤薇	CLI.A.124639	119
试论向第三人履行的合同	韩世远	CLI.A.1115970	84
试论赠与合同的立法及司法实践	唐明	CLI.A.11781	245
试论重印稿酬提存	王兰萍	CLI.A.1115433	135
试析我国关于无权代理人签订的合同效力的立法及实践	吴久宏	CLI.A.1110546	56
是合同转让，还是让与担保	高建新、樊建兵	CLI.A.1126696	103
是债务转移还是由第三人履行	李岩	CLI.A.131938	85
双务合同履行中的抗辩权比较分析	邱业伟	CLI.A.174278	42
谈谈美国合同法中的要约	高嵩	CLI.A.1111396	21
提存论	韩世远	CLI.A.173888	131、135、136
替身演员的署名权	史季群	CLI.A.1118969	8
"完备合同"理论与格式合同的法律控制	马育红	CLI.A.1131374	7、45
完善我国拍卖法律制度的思考	张蓬	CLI.A.1145000	232
网页信息，要约？要约邀请？	蒋笃亮、马治国	CLI.A.118802	25
违法转租与无权处分、不当得利	徐晓峰	CLI.A.1115789	302
违反法律、行政法规强制性规定的合同的法律效力辨析	李珍、周口	CLI.A.1119017	69
违反合同赔偿损失原则的探讨	李延彬	CLI.A.156361	80
违约行为及其形态	李悦佳	CLI.A.178441	144

(续表)

法学论文名称	作者	法宝引证码	页码
违约责任的归责原则探究	朱广新	CLI.A.1117748	153、163
违约责任与风险负担	易军	CLI.A.1115909	154
违约责任中的所获利益赔偿研究	孙良国	CLI.A.186873	154
未成年人合同欺诈规制探析	李先波	CLI.A.1135854	54、64
委托合同任意解除的赔偿责任	马忠法、冯凯	CLI.A.1133454	169、542
委托合同中任意解除权的限制	吕巧珍	CLI.A.1113854	542
我国不安抗辩权制度的若干理论与实务问题研究	黄建中	CLI.A.159478	89
我国法律体系下无权处分效力制度冲突的选择	邢玉霞	CLI.A.171638	60
我国技术合同无效制度的立法缺陷	王宏军	CLI.A.1119187	458
我国借鉴预期违约制度之检讨分析	解冲	CLI.A.119140	145
我国金融衍生品发展的法律困境解析	薛智胜、马淑亚	CLI.A.1117935	130
我国专利资产证券化的制度环境研究	袁晓东	CLI.A.184867	288
无权代理的内涵与效力分析	付翠英	CLI.A.111730	56
无效合同的识别与处理	宋茂荣、刘永贤、王小林	CLI.A.173448	63
无效合同诉讼时效问题探析	余冬爱	CLI.A.1122004	63
无效合同制度中的几个问题	田书华	CLI.A.171400	78
无效经济合同处理中的返还财产	宋瑞良	CLI.A.1134667	79
物的瑕疵担保责任的定性与定位	崔建远	CLI.A.170694	154
物的瑕疵担保责任制度的改革趋向及我国的立法完善	何乐心	CLI.A.111780	154
物业服务合同主体研究	刘兴桂、刘文清	CLI.A.142335	15
析无过错责任原则在环境污染损害赔偿中的适用	陈辉	CLI.A.159092	157
先履行抗辩权初探	周立胜	CLI.A.171115	88
先履行抗辩权刍议	隋彭生	CLI.A.115009	88
显失公平立法探讨	颜炜	CLI.A.1102587	73
胁迫相关问题探讨	夏凤英	CLI.A.111570	66
要约撤销权初探	吴礼洪	CLI.A.131059	23
医疗服务合同的不完全履行及其救济	韩世远	CLI.A.133995	150
因重大误解而撤销或变更合同的法律问题	徐澜波	CLI.A.1141790	72
有些科技协作合同为什么不能履行	李志一	CLI.A.1124031	147
有意违约的研究	孙良国、于忠春	CLI.A.1142827	169
预期违约的若干法律问题的比较分析	张华平	CLI.A.178206	142、144
预期违约与不安抗辩权比较研究	韩桂君、肖广文	CLI.A.119231	143
预期违约与不安抗辩制度的界分与衔接	张金海	CLI.A.1147029	19、37、143
预期违约制度新论	吴志宇	CLI.A.178021	143、144
赠与合同若干问题探析	高晓春	CLI.A.184120	245
债权让与通知的效力	刘燕	CLI.A.115776	108
债权让与续论	崔建远	CLI.A.1104612	105
债权让与中的若干争议问题	李永锋	CLI.A.132628	105
债权人撤销权研究	韩世远	CLI.A.128071	95
债权人代位权诉讼理论问题研究	李蓉	CLI.A.118526	95
债权人代位权行使若干问题探讨	潘小玉	CLI.A.148415	94
债务承担类型的实践观	潘晓军	CLI.A.120766	110
债务承担理论与审判实务	李显先	CLI.A.158590	110
中国合同法与马来西亚合同法之比较研究	张榕、米良	CLI.A.1127831	2、28
《中华人民共和国技术合同法》制定中的种种悬念	周大伟	CLI.A.1130057	458

（续表）

法学论文名称	作者	法宝引证码	页码
重新审视和设计无权代理	董学立	CLI.A.1113889	56
主从给付义务关系可以产生后履行抗辩权	李虎、张新	CLI.A.1114179	42
自然人在订立合同过程中死亡或丧失行为能力对合同成立的影响	王宏、范明志	CLI.A.1112251	30
租赁合同中的表见代理及其责任	范增辉	CLI.A.171507	57

法律问题拼音索引

B

- 保管合同 …… 518
- 保管合同保管费用的支付时间 …… 526
- 保管合同的成立时间 …… 520
- 保管合同的费用 …… 519
- 保管人保管不善的违约责任 …… 538
- 保管人不得使用或者许可第三人使用保管物的义务 …… 522
- 保管人的仓单填发义务 …… 532
- 保管人的留置权 …… 527
- 保管人的验收义务 …… 531
- 保管人对保管物妥善保管的义务 …… 521
- 保管人对仓储物发生异状时的通知义务 …… 536
- 保管人返还保管物的义务及危险通知义务 …… 523
- 保管人亲自保管保管物的义务 …… 522
- 保管人损害赔偿责任构成要件 …… 524
- 保管人向寄存人给付保管凭证的义务 …… 520
- 保管人在紧急情况下对仓储物的处置权 …… 536
- 保证贷款 …… 275
- 报酬支付 …… 332
- 标的物的包装方式 …… 221
- 标的物的权利瑕疵担保 …… 214
- 标的物的质量瑕疵担保 …… 216
- 标的物风险负担的原则 …… 209
- 标的物交付期限的确定与推定 …… 206
- 标的物上的知识产权归属 …… 205
- 标的物所有权转移时间 …… 201
- 标的物为数物的合同解除 …… 228
- 标的物质量的推定 …… 217
- 标的物孳息的归属 …… 227
- 表见代理 …… 56
- 表见代理的法律后果 …… 58
- 表见代理的类型 …… 57
- 不安抗辩权 …… 88
- 不安抗辩权的行使 …… 89
- 不安履行抗辩权与预期违约 …… 143
- 不定期租赁 …… 295
- 不可抗力免责方的义务 …… 158
- 不可抗力灭失运费的处理 …… 449
- 不能履行 …… 145
- 不完全履行 …… 149
- 部分履行 …… 90

C

- 仓储合同 …… 530
- 仓储合同的法律适用 …… 539
- 仓储合同生效的时间 …… 531
- 仓单 …… 532
- 仓单持有人检查仓储物或者提取样品的权利 …… 535
- 仓单的必要记载事项 …… 533
- 仓单的转让和出质 …… 534
- 撤销权 …… 95
- 撤销权的成立要件 …… 95
- 撤销权的消灭 …… 74
- 撤销权的行使 …… 96
- 撤销权的行使期限 …… 98
- 撤销赠与的法律后果 …… 249
- 诚实信用原则 …… 10
- 承包人的违约责任 …… 367
- 承包人的质量瑕疵担保责任 …… 368
- 承包人优先权 …… 372
- 承揽合同 …… 325
- 承揽合同的内容 …… 326
- 承揽合同的种类 …… 326
- 承揽合同中的风险负担 …… 334
- 承揽人的保管义务 …… 328
- 承揽人的保密义务 …… 329
- 承揽人的留置权 …… 332
- 承揽人的瑕疵担保责任 …… 328
- 承揽人亲自完成工作的义务 …… 327
- 承揽人提供材料的有关要求 …… 327
- 承诺 …… 26
- 承诺的撤回 …… 28
- 承诺的方式 …… 27
- 承诺的期限 …… 27
- 承诺对要约的变更 …… 29
- 承诺生效的时间 …… 28
- 承运人的按时运输义务 …… 407
- 承运人的告知义务 …… 406
- 承运人的救助义务 …… 408
- 承运人的留置权 …… 450
- 承租人保管使用维修租赁物的义务 …… 322
- 承租人的保管义务 …… 302
- 承租人的合理使用义务 …… 299
- 承租人的支付租金义务 …… 303
- 承租人的直接索赔权 …… 322
- 承租人的租赁物返还义务 …… 304
- 承租人支付租金的义务 …… 323
- 乘人之危订立的合同 …… 73
- 惩罚性赔偿责任 …… 173

迟延履行 …………………………………… 147
出卖人的从给付义务 ……………………… 204
出卖人的基本义务 ………………………… 203
出卖人的直接交付义务 …………………… 321
出卖人交付标的物的时间 ………………… 206
出卖人违反从给付义务的风险负担 ……… 212
出租人保证承租人占有使用租赁物的义务 … 321
出租人的费用返还义务 …………………… 299
出租人的交付义务 ………………………… 295
出租人的取回权 …………………………… 319
出租人的权利瑕疵担保责任 ……………… 296
出租人的物的瑕疵担保责任 ……………… 297
出租人的修缮义务 ………………………… 298
出租人合同变更权的限制 ………………… 320
出租人侵权责任之免除 …………………… 318
出租人瑕疵担保责任之免除 ……………… 318
储存期间不明确时如何提取仓储物 ……… 537
储存期间明确时如何提取仓储物 ………… 537
储存逾期的情况 …………………………… 538
存货人在特定情形下的告知义务 ………… 531

D

代为清偿 …………………………………… 126
代位权 ……………………………………… 91
代位权的成立要件 ………………………… 92
代位权诉讼程序 …………………………… 94
贷款合同的种类 …………………………… 274
贷款利率 …………………………………… 258
贷款人的监督检查权 ……………………… 264
当事人变更或者变动时的合同履行 ……… 99
到货通知 …………………………………… 436
抵销 ………………………………………… 128
抵押贷款 …………………………………… 280
第三人的选择权 …………………………… 548
第三人履行 ………………………………… 84
缔约上过失责任 …………………………… 32
缔约上过失责任的适用范围 ……………… 34
缔约上过失责任与侵权责任 ……………… 34
缔约上过失责任与违约责任 ……………… 33
电子合同 …………………………………… 43
订立合同的能力 …………………………… 15
订立技术合同的基本原则 ………………… 458
定额支付 …………………………………… 461
定金 ………………………………………… 178
定金与违约金的选择 ……………………… 180
定金与预付款 ……………………………… 180
定期租船合同 ……………………………… 310
定作人的合同变更权 ……………………… 329
定作人的合同解除权 ……………………… 330
定作人的协助义务 ………………………… 331
定作人提供材料的有关要求 ……………… 331
对格式合同的评价 ………………………… 44
对利用合同进行违法行为的处理 ………… 188

多交标的物的处理 ………………………… 226
多式联运单据 ……………………………… 454
多式联运合同 ……………………………… 453
多式联运经营人 …………………………… 454
多式联运经营人的法律责任 ……………… 455

E

恶意串通订立的合同 ……………………… 66

F

发包 ………………………………………… 358
发包人的检查权 …………………………… 365
发包人的违约责任 ………………………… 371
法定的免责事由（不可抗力）…………… 157
法定抵销 …………………………………… 128
法定解除 …………………………………… 120
法定解除的事由 …………………………… 121
法律推定交付地点的标的物风险负担 …… 210
法人订立合同的能力 ……………………… 17
返还财产 …………………………………… 78
房屋承租人的优先权 ……………………… 305
房屋租赁合同 ……………………………… 307
房屋租赁权法定让与 ……………………… 306
非金钱债务的继续履行责任 ……………… 164
非违约方的减损义务 ……………………… 158
非职技术成果及其转让使用权 …………… 465
分包 ………………………………………… 360
分批交付标的物的合同解除 ……………… 228
分期付款买卖的处理 ……………………… 229
风险负担与违约责任 ……………………… 214
服务标准 …………………………………… 405
附期限的合同及其效力 …………………… 52
附随义务 …………………………………… 42
附条件的合同 ……………………………… 51
附条件的合同的效力 ……………………… 52
附义务的赠与 ……………………………… 246
复利 ………………………………………… 259

G

格式条款的解释 …………………………… 46
格式条款的无效 …………………………… 45
格式条款与格式合同 ……………………… 43
公共运输 …………………………………… 378
公序良俗原则 ……………………………… 10
供电人的供电质量 ………………………… 236
供电人的抢修义务 ………………………… 239
供用电合同 ………………………………… 234
供用电合同的履行地 ……………………… 236
供用电合同的内容 ………………………… 235
供用水、供用气、供用热力合同的法律适用 …… 242
共同承揽 …………………………………… 335
共同受托 …………………………………… 553
鼓励交易原则 ……………………………… 3

光船租赁合同	311
国家重点建设工程合同	364
过错责任	155
过失相抵原则	172

H

合理使用借款	270
合理预见原则	171
合同	6
合同变更	100
合同变更的条件	101
合同变更的效力	102
合同变更约定不明	101
合同成立的地点	31
合同成立的时间	30
合同承受	113
合同的概括转让	112
合同的解除	118
合同的内容	18、37
合同的诉讼时效	194
合同的形式	38
合同的终止	115
合同的主体	12
合同的主要条款	38
合同法	1
合同法的调整对象	4
合同法的立法目的	2
合同法与债法	5
合同公平原则	9
合同继受	114
合同解除的溯及力	124
合同解除后的损害赔偿	125
合同解除与主物及从物的关系	227
合同解释的概述	184
合同履行的推定条款	82
合同履行的原则	81
合同平等原则	8
合同权利	41
合同权利的转让	104
合同权利转让的对内效力	106
合同权利转让的对外效力	107
合同权利转让的范围	106
合同权利转让中的抵销	108
合同确认书	31
合同生效的时间	50
合同生效与合同成立	48
合同无效或者被撤销的法律后果	76
合同效力的相对性	49
合同严守原则	11
合同争议的解决方式	190
合同终止的事由	116
合同终止的效力	117
合同转让	102
合同转让的要件	103
合同自由原则	8
合意抵销	129
合作开发合同当事人的义务	476
合作开发合同的违约责任	477
合作开发完成的技术成果的归属和分享	480
后合同义务	117
互易合同	233
还款期限	255
混同	139
货物损害赔偿	441
货物提存	451
货运合同	423

J

技术成果的精神权利	466
技术服务合同	506
技术服务合同中受托方的违约责任	513
技术服务合同中受托方的义务	509
技术服务合同中委托方的违约责任	511
技术服务合同中委托方的义务	507
技术合同	456
技术合同的内容	459
技术合同价款、报酬和使用费	460
技术合同无效的法律后果	469
技术合同无效的特殊条件	467
技术进出口合同的特别规定	498
技术开发合同	471
技术开发合同的风险责任	478
技术开发合同的解除条件	478
技术秘密的归属和分享	481
技术秘密转让合同让与人的义务	490
技术秘密转让合同受让人的义务	492
技术中介合同和技术培训合同的法律适用	515
技术转让合同	482
技术转让合同的分类	483
技术转让合同的"使用范围"条款和"不合理限制"条款	485
技术转让合同中的后续技术改进成果分享办法	497
技术转让合同中让与人的保证责任	494
技术转让合同中让与人的侵权责任	496
技术转让合同中让与人的违约责任	495
技术转让合同中受让人的保密义务	495
技术转让合同中受让人的违约责任	496
技术咨询合同	502
技术咨询合同的风险责任	505
技术咨询合同与技术服务合同中新技术成果的归属	515
技术咨询合同中受托方的违约责任	504
技术咨询合同中受托方的义务	503
技术咨询合同中委托方的违约责任	504
技术咨询合同中委托方的义务	502
继承人和法定代理人的撤销权	249

继续履行 …… 162
寄存人在特定情形下的告知义务 …… 525
寄存人在特定情形下的声明义务 …… 525
价金数额的确定与推定 …… 223
价金支付地点的确定与推定 …… 224
价金支付拒绝权 …… 215
价金支付时间的确定与推定 …… 225
简易交付的交付时间 …… 207
建设工程合同 …… 337
建设工程招投标 …… 339
建设工程质量瑕疵致人损害 …… 370
建设监理合同 …… 353
建设勘察、设计合同 …… 346
建设施工合同 …… 349
交付标的物的地点及其推定 …… 208
解除权的消灭 …… 122
解决争议条款的独立性 …… 76
借款合同 …… 252
借款合同当事人的违约责任 …… 261
借款合同的担保 …… 266
借款合同的内容 …… 254
借款合同的形式 …… 253
借款合同的展期 …… 257
借款合同与借贷合同 …… 253
借款人的附随义务 …… 269
借款人的合同义务 …… 264
金钱债务的继续履行责任 …… 164
金融机构的合同权利义务 …… 262
金融机构借款合同 …… 261
居间合同 …… 566
居间人的报酬支付 …… 570
居间人的其他义务 …… 568
居间人的如实报告义务 …… 567
居间人的忠实尽力义务 …… 568
居间人和经纪人 …… 569
居间人居间费用的负担 …… 570
拒绝履行 …… 147
竣工验收 …… 366

K

可变更或者可撤销的合同 …… 71
客票 …… 393
客运合同 …… 387
客运合同的成立 …… 392

L

利息预扣禁止 …… 263
领取保管物的时间 …… 526
路货买卖中的风险负担 …… 209
旅客伤亡赔偿责任 …… 409

M

买卖不破租赁 …… 304

买卖合同 …… 198
买卖合同的标的物 …… 200
买卖合同的条款 …… 199
买卖合同规范的准用 …… 232
买受人的检验义务 …… 222
买受人的通知义务 …… 222
没有签字或者盖章订立的合同 …… 32
免除 …… 138
免除的效力 …… 138
免责条款无效 …… 70
民间借贷的利息和利率 …… 273
民间借贷合同 …… 272
明示预期违约 …… 143
默示预期违约 …… 144

P

拍卖 …… 232
赔偿额 …… 446
赔偿损失 …… 79

Q

其他法律中合同规范的适用 …… 183
企业租赁经营合同 …… 309
清偿 …… 125
清偿费用 …… 127
权利瑕疵担保责任的免除 …… 215

R

融资租赁合同 …… 313
融资租赁合同的内容和形式 …… 315
融资租赁合同的无效情形 …… 317
融资租赁合同的租金 …… 316
如实申报义务 …… 424

S

商业广告的性质 …… 25
涉外合同的法律适用 …… 185
实际违约 …… 145
试用买卖的试用期间 …… 230
试用买卖中买受人对标的物的认可 …… 231
受领迟延的风险负担 …… 211
受托人的报告义务 …… 546
受托人的继续处理义务 …… 555
受托人的披露义务 …… 549
受托人的权限 …… 542
受托人的忠实义务 …… 544
受托人亲自处理委托事务和转委托 …… 545
受托人因过失和越权产生的损害赔偿责任 …… 551
受托人转移利益的义务 …… 549
受赠人的履行请求权 …… 247
双方违约 …… 160
损害赔偿 …… 168
损害赔偿与其他违约责任方式的关系 …… 174

损害社会公共利益的合同 …………………… 68
所有权保留条款 ……………………………… 202

T

提成支付 ………………………………………… 461
提存 ……………………………………………… 130
提存的条件 ……………………………………… 134
提存的通知 ……………………………………… 135
提存的效力 ……………………………………… 136
提存的原因 ……………………………………… 132
提存的主体和客体 ……………………………… 135
提货及提货检验 ………………………………… 438
提交文件和办理托运手续义务 ………………… 428
提前还款 ………………………………………… 271
提前履行 ………………………………………… 90
提示性合同条款 ………………………………… 37
同时履行抗辩权 ………………………………… 85
同时履行抗辩权的效力 ………………………… 86
同时履行抗辩权与合同解除 …………………… 86
同式联运 ………………………………………… 452
同业拆借 ………………………………………… 290
土地使用权租赁合同 …………………………… 308
托运人的变更权和解除权 ……………………… 435

W

完全赔偿原则 …………………………………… 170
危险品的托运 …………………………………… 433
违反法律行政法规的强制性规定的合同 ……… 69
违禁品携带夹带之禁止 ………………………… 402
违约金 …………………………………………… 175
违约金的适用 …………………………………… 177
违约行为的种类 ………………………………… 141
违约责任 ………………………………………… 150
违约责任的归责原则（严格责任） …………… 154
违约责任方式 …………………………………… 161
违约责任与侵权责任的竞合 …………………… 182
委托方的违约责任 ……………………………… 475
委托合同 ………………………………………… 540
委托合同的法定终止要件 ……………………… 555
委托开发合同委托方的义务 …………………… 473
委托开发合同研究开发方的义务 ……………… 474
委托开发完成的技术成果的归属和分享 ……… 479
委托人的介入权 ………………………………… 547
委托人的损失赔偿责任 ………………………… 552
委托人的自动介入 ……………………………… 547
委托人和受托人的合同解除权 ………………… 554
委托人支付报酬的义务 ………………………… 550
委托人支付费用的义务 ………………………… 550
无名合同及其处理规则 ………………………… 183
无效合同 ………………………………………… 60
无效合同和被撤销合同的效力 ………………… 75
物的瑕疵担保责任与违约责任 ………………… 154
误时乘坐 ………………………………………… 395

X

先履行抗辩权 …………………………………… 87
显失公平的合同 ………………………………… 72
现代合同法的特征 ……………………………… 2
限制民事行为能力人订立的合同的效力 ……… 53
向第三人履行 …………………………………… 83
消费保管合同 …………………………………… 524
协议解除的程序 ………………………………… 123
行纪合同 ………………………………………… 557
行纪合同的法律适用 …………………………… 564
行纪合同与其他合同的区别 …………………… 558
行纪人的报酬请求权和对委托物的留置权 …… 563
行纪人的费用负担义务 ………………………… 559
行纪人的介入权 ………………………………… 561
行纪人的提存权 ………………………………… 562
行纪人对委托物的保管义务 …………………… 559
行纪人对委托物的处置义务 …………………… 560
行纪人与第三人之间的关系 …………………… 563
行纪人遵从委托人指示的义务 ………………… 561
行李损害赔偿责任 ……………………………… 416
行李携带与托运 ………………………………… 397
行使撤销权的效力 ……………………………… 97
行使代位权的效力 ……………………………… 93
行使解除权的程序 ……………………………… 123
行使同时履行抗辩权的条件 …………………… 85

S

研究开发方的违约责任 ………………………… 475

Y

样品买卖中的质量瑕疵担保 …………………… 229
样品隐蔽瑕疵 …………………………………… 230
要约 ……………………………………………… 19
要约的撤回 ……………………………………… 22
要约的撤销 ……………………………………… 23
要约的法律效力 ………………………………… 21
要约的有效期间 ………………………………… 21
要约法律效力的消灭 …………………………… 23
要约邀请 ………………………………………… 24
以合法形式掩盖非法目的的合同 ……………… 67
以欺诈手段订立的合同 ………………………… 63
以胁迫手段订立的合同 ………………………… 65
因代表行为越权而订立的合同的效力 ………… 58
因第三人原因违约 ……………………………… 161
因客观原因导致的逾期承诺 …………………… 29
因买受人原因致标的物未按期交付的风险负担 … 209
因无权处分行为而订立的合同的效力 ………… 59
因无权代理而订立的合同的效力 ……………… 54
因债权人原因致使履行困难的处理 …………… 89
因重大误解订立的合同 ………………………… 71
因主观原因导致的逾期承诺 …………………… 29
隐蔽工程检查 …………………………………… 365

应采用而未采用书面形式订立的合同 …… 40
用电人安全用电义务 …… 241
用电人交付电费的义务 …… 240
有关身份关系的协议 …… 7
预期违约 …… 142
约定的免责事由 …… 159
约定解除 …… 119
约定损害赔偿和法定损害赔偿 …… 169
运到期限 …… 380
运费 …… 384
运输包装 …… 429
运输合同 …… 373
运输合同的主体 …… 376
运输路线 …… 383

Z

再承揽 …… 335
赠与财产的登记 …… 245
赠与合同 …… 244
赠与合同的法定撤销 …… 248
赠与合同的法定撤销与赠与义务的法定解除 …… 250
赠与合同的任意撤销 …… 248
赠与合同与遗赠扶养协议 …… 251
赠与人的损害赔偿责任 …… 247
赠与人的瑕疵担保责任 …… 246
赠与义务的法定解除 …… 250
债权从权利的转让 …… 108
债权让与合同的条件 …… 105
债权让与通知 …… 107
债权让与通知的效力 …… 108

债权转让或债务承担的形式 …… 111
债务承担 …… 109
债务承担的条件 …… 110
债务承担的效力 …… 110
招标投标买卖 …… 231
执行政府定价或者指导价的合同履行 …… 83
职务技术成果及其转让使用权 …… 462
质量不符合约定时的违约责任 …… 165
质量瑕疵担保责任 …… 218
质量瑕疵与风险负担 …… 212
质押贷款 …… 284
中断供电的通知义务 …… 239
重复委托 …… 553
主给付义务 …… 42
住房按揭贷款 …… 289
专利实施许可的限制 …… 487
专利实施许可合同让与人的义务 …… 488
专利实施许可合同受让人的义务 …… 489
转包 …… 362
转租 …… 301
自然人订立合同的能力 …… 16
租赁合同的明示续订 …… 307
租赁合同的默示续订 …… 307
租赁合同的内容 …… 293
租赁合同的期限 …… 294
租赁合同的形式 …… 292
租赁合同的主体 …… 291
租赁期间届满租赁物的归属 …… 324
租赁物的改善 …… 300
最密切联系原则 …… 186